四庫全書補正

國立故宮博物院 編

四庫全書補正

子部

臺灣商務印書館 發行

四庫全書補正序

學術者，考知求真之事也。知與真必見之於文辭，載錄於典册，故曰文以載道。我國自有書契以來，歷世彌久，典籍日富，尋覽者既苦學海無涯，典藏者尤苦汗牛充棟，是以前賢董理，披剔群籍，或剖璞爲玉，或穿珠使貫，而類書、叢書興焉。昔人云：有專門之學，則有專門之書。明清儒臣，發中秘所藏，合民間遺簡，類鈔編纂，一成永樂大典，一成四庫全書，皆爲一時冠冕。顧物換星移，且屢經鋒鏑水火，永樂大典已難尋全帙，唯四庫則巋然尚存，舉世推爲東方文化學術之寶藏。

按四庫之成，當時實集千章萬卷於一堂，論其浩瀚，足以方駕運河長城之鉅，而其融匯百家，網羅散佚，厥功尤偉。惜其鈔繕成書，不能盡衆版之善，且不免遺卷殘葉，顛倒舛謬，張之洞有云：「乾隆四庫求遺書，微聞寫官多魯魚。」是清季學人已啟四庫不足盡信之疑。至於清室假修書右文之名，行猜忌僞亂之實，其稍涉

民族大義諸編，固極其芟夷之苛，即在其文綱中作者之姓氏，亦必盡泯之而不止。其摧殘文獻，更爲振古之所絕無，以是發疑正讀，張皇幽渺，以俾金甌玉璧無復或缺，實爲護持此一學術寶藏者之大責先務。

十數年來，本院以職司所在，學林蘄向，發所藏之文淵閣善本暨摛藻堂薈要孤笈，付諸景印流布，今固已化身千萬，人人得取而用之矣。惟古籍日漸散亡，有損難益，全書之出版，雖足慰士林慇望，然不予參定，則昔賢嘔心瀝血之作，反爲訛文脫字及偏私僞誤之所淹没污累。因於景印竣功之後，繼之以補正，因枝以振葉，沿波而討源，且正其魯魚亥豕，亦補其夏五郭公，疏通倫類，還古籍以本來面目，又使微言大義，天地正氣，不爲清室一姓之私欲偏見之所奪訛。是項計劃，經圖書文獻處諸同仁精勤不懈，卒之蕆事，並即將按經、史、子、集四部分期出版。茲值經部補正成書之日，且欣逢本院七十週年，洵爲院慶紀盛最嘉之獻禮。余既喜計劃之初成，爰識數語簡端，兼以誌同仁辛勞，而嘉其有功焉。

中華民國八十四年十月十日衡山秦孝儀心波謹序

凡例

一、四庫全書網羅群書散佚，集千章百卷於一堂，固為我國學術文化之寶庫，然修纂之時，利用版本不足，而館臣又失之疏略，且任意刪削改易原書文字，致使諸多資料失眞失實。本篇引相關版本詳為補綴，匡正缺失，意在使全書益臻完善。

二、本篇於各書之排列，一依四庫總目群書部次之相關次第，至於目前已無相關傳世版本可資考訂者，一概從缺。

三、本篇名為補正，故不同於校勘，不在為四庫著錄諸書審字辨形或詳訂音釋，而在補全四庫本之短卷或脫文，及恢復遭淸室竄改之史料原貌。

四、四庫本著錄體例多不錄原作書目或序跋，至於明人所任意增添之圖表等資料，亦不加收錄。本篇以是等文字均無關本書主題，亦從四庫之例，概不收錄。

五、本篇各頁分上下兩欄，每欄款式全做四庫全書之一葉。各欄中縫標出本篇著錄書之書名，並以國字數目標示葉次；至於書頁最下方之阿拉伯數字，則為本篇總葉次，可與本篇卷前總目相呼應，以便查檢。

六、為醒目及利於尋檢，本篇收錄各書之書名大題，均標於各欄之首行。由於古今不乏異書同名之例，故於大題次行著錄原書作者朝代及姓名；第三行則標注所據以補正書之版本，以示有本有

末。

七、本篇於各書補正之章節條目，爲便於覆按，先引四庫本之原文，並於其下方以國字數目標明商務印書館景印文淵本之册別、葉次。例如：

宋人胡安國撰胡氏春秋傳三十卷，卷十六，公會齊侯于平州章，四庫本「是示天下以無父無君之漸危哉」句（一五一—一三五下），宋本作「是率中國爲戎夷，棄人類爲禽獸」，括號中一五一爲商務印書館景印本之册別，一三五下則表葉次及下欄。

八、古籍標句讀之例並不多見，本篇由於補正之文長短不一，恐閱覽不便，乃比照古書斷句舊法，略加墨圈。

九、本篇參校諸書，凡與四庫本有異體字、古今字、通假字、錯別字、避諱字，或無關文義之衍文者，既不涉本書主題，復不影響前後文義，則不加考訂改變。

十、本篇以補正四庫本之不足爲宗旨，若確知四庫本無誤，而相關版本有誤者，概不加改易或說明。

十一、四庫本謄錄時，於經、傳、注疏，往往以大小字體區別，本篇則以不同字體區別之。例如：元人汪克寬撰春秋胡傳附錄纂疏三十卷，其中卷十九鄭襄伐許章，四庫本只存經文，缺胡傳及其纂疏，今補正之文即以不同字體區分胡傳及其纂疏，如下：

稱國以伐。狄之也。據夷狄但舉號。晉楚爭鄭。鄭兩事焉。及邲之敗。於是乎專意事楚。不通中華。晉雖加兵。終莫之聽也。何氏曰。惡鄭襄公與楚同心。比同爲黨。數侵我諸夏。故夷狄之。至此一歲而再伐許。甚矣。夫利在中國則從中國。利在夷狄則從夷狄。而擇於義之可否以爲去就。其所以異於夷者幾希。況又憑皮外反弱犯寡。周禮大司馬。一歲

之中而再動干戈於鄰國。不既其乎。孫氏曰。背華即夷與楚。比周一歲再伐許。故狄之。春秋之法。中國而夷狄行下孟反者則狄之。本韓子。所以懲惡也。以爲告辭略杜氏曰。不書將帥。告辭略。而從告。乃實錄耳。一字爲褒貶。義安在也。陳氏曰。楚之伯。鄭人爲之也。由齊桓以來。爭鄭於楚。桓公卒。鄭始朝楚。諸夏之變於夷。鄭爲亂階也。至辰陵鄭帥諸夏而事楚矣。敗晉于邲。盟十有四國之君大夫於蜀。鄭。微秦鄭。中國無左衽矣。

十二、四庫全書載籍浩瀚，本篇編纂之前，爲便於工作進行，曾就傳世雍正朝以前四庫著錄書相關版本作調查，部分版本由於散藏海外各地，無從申請影印，以致除少數借用日本所藏者外，本篇大部分均利用目前國內各圖書機構之藏書。

十三、本篇限於人力及時間，於四庫本僅作粗淺搜討及補正，未能作更深入之考訂與鑑別，疏漏之處在所難免，尚祈博雅君子賜爲正謬。

四庫全書補正　子部目次

說苑二〇卷

漢劉　向撰

以明鈔本校補

卷六　復恩

四庫本「晉趙盾舉韓厥」章與「北郭騷踵見晏子」章之間似有闕文（六九六—五一下）。明鈔本其文如下

「蘧伯玉得罪於衛君。走而之晉。晉大夫有木門子高者。蘧伯玉舍其家。居二年。衛君赦其罪而反之。木門子高使其子送之。至於境。蘧伯玉曰。鄙夫之子反矣。木門子高後得罪於晉君。歸蘧伯玉。伯玉言之衛君曰。晉之賢大夫木門子高得罪於晉君。願君禮之。於是衛君郊迎之。竟以爲卿」。

卷十八　辨物

四庫本「五嶽者何謂也」章與「山川何以視子男也」章之間有闕文（六九六—一五八上）。明鈔本作「四瀆者何謂也。江河淮濟也。四瀆何以視諸侯。能蕩滌垢濁焉。能通百川於海焉。能出雲雨千里焉。爲施甚大。故視諸侯也。」

家範一〇卷

宋司馬光撰

以明天啓六年夏縣司馬露刊本

卷三

四庫本「曲禮幼子常視毋誑」條下闕注（六九六—六六八）。明鈔本作「小未有所知。嘗示以正物。以正教之毋誑欺」。又「立必正方不傾聽」條下亦闕注文（同上）。明刊本作「習其自端正」。

二程遺書二五卷

宋程顥　程頤撰　朱熹編

以明翻刊元至正間臨川譚善心本校補

卷三

四庫本「仁則一不仁則一」句（六九八—五八下）。明刊本作「仁則一不仁則二」。

卷六

四庫本「孔子言仁只說出門如見大賓……中禮自然」句（六九八—七〇上）。明刊本「自然」兩字下有小注作「一無自然字」。

卷十五

四庫本「學者先務固在心志」條。「若主於敬。所謂一者無適之謂」句（六九八—一三四下）。明刊本作「若主於敬又焉有此患乎。所謂敬者主一之謂敬。所謂一者無適之謂」。

童蒙訓三卷

宋呂本中撰

以明覆宋紹定己丑眉山李氏刊本校補

卷末跋文

四庫本「其間格言至論。粗可記者一二。稍長。務鑽」句下注闕（六九八—五四三下）。明刊本作「厲」。其後「而親舊几案上亦不復有此」句下亦注闕。明刊本作「書」。又其後「初約呂兄巽」句下注闕。明刊于作「伯喬年」。又後文「淵源所漸者遠」句下又注闕。明刊本作「渡江」。又「中原文獻與之俱南」句下亦注闕。明刊本作「因」。

袁氏世範三卷

宋袁　采撰

以明萬曆三十一年刊本校補

卷上

人有數子無所不愛章

四庫本「凡人之家有子弟及婦女好傳遞言語。則雖謂舅姑伯叔妯娌。皆假合強爲之稱呼」句中有闕文（六九八—六〇四下）。明刊本其文如下

凡人之家有子弟及婦女好傳遞言語。則雖聖賢同居亦不能不爭。且人之作事不能皆是。不能皆合他人之意。寧免其背後評議。背後之言人不傳遞。則彼不聞知。寧有忿爭。惟此言彼聞。則積成怨恨。況兩遞其言。又從而增易之。兩家之怨至於牢不可解。惟高明之人有言不聽。則此輩自不能離間其所親。

同居之人或相往來。須揚聲曳履。使人知之。不可默造。慮其適議及我。則彼此愧慚。進退不可。況其間

有不曉事之人。好伏於幽暗之處。以伺人之言話。此生事興爭之端。豈可久與同居。然人之居處。不可謂僻靜無人而輒譏議人。必慮或有聞之者。俗謂牆壁有耳。又曰。日不可說人。夜不可說鬼。

人家不和。多因婦女以言激怒其夫及同輩。蓋婦女所見不廣。不遠。不公。不平。又其所謂舅姑伯叔妯娌。皆假合強爲之稱呼。

四庫本「寡婦再嫁」章之前有闕文（六九八—六〇八上）。明刊本作「孤女有分。必隨力厚嫁。合得田產。必依條分給。若客於目前。必致嫁後有所陳訴」。

置義莊以濟貧族章

四庫本「不若以其田置義學。能爲儒者擇師訓之」中有闕文（六九八—六一一上）。明刊本作「不若以其田置義學及依寺院置度僧田。能爲儒者擇師訓之」。

近思錄一四卷

宋朱熹 呂祖謙同編 葉采集解

以元刊黑口本校補

卷一

四庫本於「仁者天下之正理」條與「忠信所以進德」條之間有闕文（六九九—七下）。元刊本作「明道先生曰。天地生物。各無不足之理。常思天下君臣父子兄弟夫婦。有多少不盡分處。遺書下同。分者天理當然之則。天之生物理無虧欠。而人之處物每不盡理。如君臣父子兄弟夫婦。一毫不盡其心。不當乎理。是爲不盡分。故君子貴精察而力行之也。」

卷二

四庫本「問作文害道否」條止於「此豈詞章之文也」句（六九九—二五下）。元刊本其下尚有「涵養須用敬。進學則在致知。朱子曰。主敬以立其本。窮理以進其知。二者不可偏廢。使本立而知益明。知精而本

益固。二者亦互相發。」

卷八

唐有天下條。四庫本「雖號治平。然亦非盡善之道」句（六九九—八七上）。元刊本作「雖號治平。然亦有夷狄之風」。

朱子語類一四〇卷

宋黎靖德編

以明成化九年江西藩司刊本校補

卷二

日月升降三萬里中謂夏至章

四庫本「伊川誤認作」句下注闕（七〇〇—三〇下）。明刊本作「東西」。

卷七

問大學與小學不是截然爲二章

四庫本「如二十歲覺悟便從二十歲立定腳力做去。縱待八九十歲覺悟。也當據見定箚住硬寨做去」句（七〇〇—一二〇下）。明刊本作「如二十歲覺悟便從二十歲立定腳力做去。三十歲覺悟便從三十歲立定腳力做去。縱待八九十歲覺悟。也當據見定箚住硬寨做去」。

卷八

四庫本於「近世講學不著實」條與「今之學者直」條之間有闕（七〇〇—一三二下）。明刊本作「今人爲學多只是謾。且恁地不曾眞實肯做。」

卷十七

問引成性存章

四庫本「見孺子則怵惕之心便發」句（七〇〇—三三二下）。明刊本「孺子」下尙有「入井」二字

卷十九

先生問論語如何章

四庫本「學者之用工尤當極其實而不容有一毫」句下注闕（七〇〇—三七四上）。明刊本作「之妄曰大綱也」。

卷四十四

安卿說克伐怨欲不行章

四庫本「克己是教他不得打底。便是從根源上與他說定」句有闕文（七〇〇—九二四上）。明刊本作「克己是教他不得打底。不行是教他未要打底。教他不得打底便是從根源上與他說定」。

卷四十五

吾嘗終日不食章

四庫本「問堯不曾喫辛苦做工夫。依舊聰明聖知無欠缺。但不如孔子於事理又周匝詳盡」句有闕文（七〇〇—九六〇上）。明刊本作「問堯不曾喫辛苦做工夫。依舊聰明聖知。曰堯固是聰明聖知無欠缺。但不如

孔子於事理又周匝詳盡」。

卷四十七

小子何莫學夫詩章

四庫本少一則（七〇〇—九七六下）。明刊本作「詩可以興。須是反覆熟讀。使書與心相乳入。自然有感發處。」

卷六十六

陳日善問內卦爲貞。外卦爲悔是何義章

四庫本「凡悔吝者皆是事之已然者」句有闕文（七〇一—三四二下）。明刊本作「凡悔吝者。皆是事過後方有悔吝。內卦之占是事方如此。外卦之占是事之已然者」。

卷七十

問屯彖章

四庫本「利建侯而本義取初九一爻之義」句有闕文（七〇一—四三〇下）。明刊本作「利建侯而本義取初九。陽居陰下爲成卦之主何也。曰此彖辭一句蓋取初九一爻之義」。

卷七十二

四庫本「今宰相答人書剗地」句下注闕（七〇一—四九二上）明刊本作「委曲」二字。

卷八十一

鷄鳴章

四庫本「舊注謂夫人以蠅聲爲鷄聲。所以警戒所恃以感君聽者。言有誠實而已」句有闕文（七〇一—七二二下）。明刊本作「舊注謂夫人以蠅聲爲鷄聲。所以警戒其君。使夙起耳。先生詩解亦取此說。然以琮觀之。賢妃貞女所恃以感君聽者。言有誠實而已」。

卷八十三

左傳形民之力而無醉飽之心章

四庫本於「李」字下注闕（七〇一—七六八下）。明刊本作「百藥也」。

卷九十

叔器問五祀祭行之義章

四庫本「若說五祀無神處是甚麼道理」句有闕文（七〇一—八六七下）。明刊本作「若說五祀無神。則是有有神處有無神處是甚麼道理」。

墓祭非古章

四庫本於「祭后土」下注闕（七〇一—八九二下）。明刊本作「亦未」。

問墓祭有儀否章

四庫本「家祭」下注闕（七〇一—八九二下）。明刊本作「唐人亦不見有墓」。又其後之闕文。明刊本作「通典載」。

過每論士大夫家章

四庫本多處注闕（七〇一—八九三上下）。明刊本全文如下

過每論士大夫家忌日用浮屠誦經追薦。鄙俚可怪。既

無此理是使其先不血食也。乙卯年。見先生家凡值遠諱早起出主於中堂。行三獻之禮。一家固自蔬食。其祭祀食物則以待賓客。考妣諱日祭罷。裹生絹幓巾終日。一日晚到。閣下尙裹白巾未除。因答問者云。聞內弟程允夫之計。

卷九十一

大抵前輩禮數極周詳鄭重章

四庫本「某尙及見前輩」句下有闕文（七〇一—九〇三下）。明刊本作「禮數之周。今又益薄矣」。

卷九十二

趙子敬送至小雅樂歌章

四庫本「又有變聲六。謂如黃鐘之正聲而用其子聲」句有闕文（七〇一—九一三下）。明刊本作「又有變聲六。謂如黃鐘爲宮。則他律用正律。若他律爲宮。則不用黃之正聲而用其子聲」。

卷一百九

四庫本「聞北朝科舉罷即曉示」句（七〇二—二七一上）。明刊本「北朝」作「虜中」。

卷一百二十二

問前蒙賜書章

四庫本自「又有陳同父」句以下三處注闕（七〇二—五〇〇上）。明刊本原文作「有陳同父一輩說不必求異者。某近到浙中。學者卻別滯文義者亦少。只沈晦叔一等。皆問著不言不語。說著文義又卻作怪。」

卷一百二十六

因說程子耳無聞目無見章

四庫本「蘇子由以爲此理」句有闕文（七〇二—五四三下）。明刊本作「蘇子由以爲此理至深至妙。蓋他意謂六根既不與六塵相緣。則收拾六根之用反復歸於本體而使之不行。顧烏有此理」。

卷一百二十八

因問陳庭秀章

四庫本末句「何以更爲聞後來此輅亦入北朝」（七〇二—五九一上）。明刊本「北朝」作「虜中」。

卷一百三十

張孝純靖康間守太原章

四庫本「金人圍其城」句（七〇二—六四五上）。明刊本「金人」作「虜人」。

靖康間士人陳規守德安府城章

四庫本「金人群盜皆攻不破」句（七〇二—六四九下）。明刊本「金人」作「虜人」。其後一則。四庫本「金人來一齊放下」句（同上）。明刊本「金人」亦作「虜人」。

卷一百三十一

魏公初以何右丞薦爲太常簿章

四庫本小注「酈瓊全軍遁敵。於是魏公罷相」句（七〇二—六五八下）。明刊本「敵」作「虜」。

秦檜初罷相章

四庫本「秦檜之歸自北朝」句（七〇二—六六六上）。明刊本「北朝」作「虜中」。

因話及秦丞相問當時諸公皆入北章

四庫本「當和親時。王倫自金至。欲高宗屈膝……當時北朝諸將爭權。廢劉豫以河南歸我。……今金人以河南歸我。而陝西在其中……未數日。金兵已下陝西矣」一段（七〇二—六六七下）。明刊本「金」皆作「虜」。「北朝」作「虜中」。其後小注「僩錄云。

時金人初以河南之地歸我也」句（七〇二—六六八上）。又「楊錄云。金人只是不曾思量……未幾金人取去矣」句（同上）。明刊本「金人」皆作「虜人」。

秦檜倡和議以誤國章

四庫本「挾敵勢以邀君」句（七〇二—六六八上）。明刊本「敵勢」作「虜勢」。

秦檜在相時章

四庫本「後得秦檜作北朝乞立趙氏。節義可取」句（七〇二—六六九下）。明刊本「北朝」作「虜中」。

秦檜每有所欲爲事章

四庫本「太上只是慮金人故任之如此」句（七〇二—六六九下）。明刊本「金人」作「虜人」。

問秦相旣死章

四庫本末句「又挾金勢以爲重」（七〇二—六七二上）。明刊本「金」作「虜」。

卷一百三十二

徐師川微時嘗遊廬山章

四庫本「詩亦無甚佳者」句下小注「趙遂知院爲帥未行。金退師」句（七〇二—六七四下）。明刊本「金」作「虜」。

岳飛恃才不自晦章

四庫本「單騎見敵。飛作副樞」句（七〇二—六七五上）。明刊本「敵」作「虜」。

吳玠到饒風關章

四庫本「此事惟張巨山退兵記得實」句（七〇二—六七五上）。明刊本「兵」作「虜」。

後世用兵只是胡廝殺章

四庫本「如吳璘敗敵於殺金平。前面對陣交兵正急。後面諸軍一齊擁前爛殺金人」句（七〇二—六七五上）。明刊本「敵」「金人」並作「虜」「虜人」。

古之戰也章

四庫本文中凡「金騎」「敵騎」明刊本皆作「虜騎」

。「金人」皆作「虜人」。其「傷困者即扶歸」句下注闕（七〇二—六七六上）。明刊本闕文作「就藥」。

張棟謂劉信叔親與他言順昌之戰章

四庫本「金人笑是日早敵騎迫城下」句（七〇二—六七六上）。明刊本「金人」作「虜人」。「敵騎」作「虜騎」。以下亦同。又闕文部分明刊本作「甚遂」。

某人作縣臨行請教於某人章

四庫本。小注有一處注闕（七〇二—六七七上）。明刊本作「先問其」三字。

湯思退王之望尹穡三人姦甚章

四庫本「一日只見敵騎十萬突至。驚擾一番而去」句（七〇二—六七八上）。明刊本「敵騎」作「虜騎」。又後文「三人之意惟恐奉之不至。但看要如何。敵見其著數低易之……俾金人聞之。亦以少畏。金騎來

時。思退之望既罷」句（七〇二—六七八下）。明刊本「奉之」作「奉虜」。「敵」作「虜」。「金人」「金騎」並作「虜人」「虜騎」。

呂家之學章

四庫本「後北朝此文亦有人傳之」句（七〇二—六八〇上）。明刊本「北朝」作「虜中」。

熊叔雅章

四庫本「時雍盡搜取婦女予金人。人號時雍爲金人外公」句（七〇二—六八二下）。明刊本「金人」並作「虜人」。

卷一百三十三

伊川嘗說今人都柔了章

四庫本「蓋敵難方急。朝廷無暇治之耳……若更遲四五年敵人不來」句（七〇二—六九一下至六九二上）。明刊本「敵」字皆作「虜」。

建賊范汝爲本無技能章

四庫本「住數月復北走降敵。改名宣生」句（七〇二—六九三上）。明刊本「敵」作「虜」。又後文「欲扣北庭事不可得」句（同上）。明刊本「北庭」作「虜中」。又「既歸即爲敵所誅」句（同上）。明刊本「敵」作「虜」。

西夏李繼遷本夷狄章

四庫本「只見強盛。金人亦不奈何」句（七〇二—六九四下）。明刊本「金人」作「虜人」。

問本朝建國何故不都關中章

四庫本「若橫山之險乃山之極」句下注闕（七〇二—六九五上）。明刊本作「高處橫山皆黃石山不生草木」。

金之舊治在會寧府章

四庫本「金之舊治」（七〇二—六九七下）。明刊本作「虜之舊巢」。

燕山是古幽州章

四庫本「京云有一策可使敵人一兵不反」句（七〇二—六九八上）。明刊本「敵人」作「虜人」。

李若水勸欽宗出章

四庫本「李謂金人可信」句（七〇二—六九八上）。明刊本「金人」作「虜人」。

金人有一謀章

四庫本「金人」（七〇二—六九八下）。明刊本作「虜人」。

烏珠征蒙死於道章

四庫本「有三策獻於其主」句（七〇二—六九八下）。明刊本「其主」作「虜主」。

金至紹興章

四庫本文中凡「金」字（七〇二—六九八下）。明刊本皆作「虜」。

王仲衡章

四庫本「北朝大臣有過時用紫茸氈鋪地」句（七〇二

—六九九上）。明刊本「北朝」作「虜中」。

楊噶堯大師阿固達章

四庫本「按班貝勒北朝謂大官人也」句（七〇二—六九九下）。明刊本「北朝」作「虜中」。又後文「初敵入中國。問何姓最大。中原人答以王姓最大。敵人呼王爲完顏。自是王者之後遂姓完顏。又問敵人今漸衰替」句（七〇二—七〇〇上）。明刊本「敵」字皆作「虜」。

論及北庭事章

四庫本「北庭」二字（七〇二—七〇〇上）明刊本作「北虜」。又後文「曾見有人論北人無事。權在其主。用兵。權在將。故敵主不用兵。此說是大抵當初出時如虎狼」句（七〇二—七〇〇上）。明刊本「北人」作「虜人」。「敵主」作「虜主」。「虎狼」作「夷狄」

邵弘取泗州章

四庫本「吳玠更要人錢。敵騎來走歸矣」句（七〇二—七〇一上）。明刊本「敵」作「虜」。

陳問復讎之義章

四庫本「如本朝靖康金人之禍看來」句（七〇二—七〇二下）。又「彼端人正士豈故忘此讎」句（七〇二—七〇三上）。明刊本「金人」作「虜人」。「讎」作「虜」。又「但不能殺其主耳。若而今捉得其人來殺之。少報父祖之怨」句（同上）。明刊本「其主」作「虜主」。「其人」作「虜人」。

問不能自強則聽天所命章

四庫本該文中凡「金人」（七〇二—七〇四上下）明刊本皆作「虜人」。「北朝」作「虜中」。

秦檜自北朝歸。見金人溺於聲色章

四庫本「北朝」二字（七〇二—七〇四下）明刊本作「虜中」。「金人」作「虜人」。

卷一百三十八

因說諱字章

四庫本「北方法。偏旁字皆諱」句（七〇二—七七二上）。明刊本「北方」作「虜中」。

木鍾集一一卷

宋陳　埴撰

以明刊本校補

卷九

韓宣子適魯見易章

四庫本「周禮在魯。與晉之乘。楚之檮杌。魯之春秋同」句下有闕文（七〇三—七〇一上）。明刊本無「同」字。其下文作「雖均是侯國之史。但列國紀事無法度。獨魯修周公之法。紀事必有法度。孔子修魯史爲經可見。故宣子亦託見而稱之。蓋傷他國之無典刑。獨魯有典刑也」。

卷十一

唐百官志相之名學士之職如何章

四庫本「遂有他官假有參議參」句以下至「宰相者」句之間有三處注闕（七〇三—七二八上）。明刊本全文作「遂有他官假有參議參預之名皆爲宰相者。如杜

淹以吏部尚書參議朝政。魏證以秘書監參預朝政。於是宰相無一官不可爲。在太宗時有十來箇宰相者」。又後文「時急用財則爲鹽鐵轉運使。又其」句下注闕。明刊本作「甚則爲延」。

經濟文衡七二卷

宋朱 熹撰 舊題宋滕 珙編

以明正德四年刊本校補

前集卷七

論天地形質理器之說。答胡用之。四庫本「地之量廣大只是一箇物事」句下注闕（七〇四—四四上）。明刊本作「一故實從」。又後文「所以說坤二而虛用之。云地」句下注闕（同上）。明刊本作「形」。

論天地以生物爲心。答虞士朋。四庫本「夜氣固未」句下注闕（七〇四—四八上）。明刊本作「可謂」。

前集卷十三

論孔孟言性之異。答宋深之四庫本「譬如欲觀水之必清可知矣」句（七〇四—八一下）。明刊本作「譬如欲觀水之必清而其源不可到。則亦觀諸流之未遠者。而源之必清可知矣」。

前集卷二十三

論臣子忠孝之說。答張南軒。四庫本「只爲天下無不是底父母。此說得之」句後有缺文（七〇四—一四一上）。明刊本作「此說得之四體。不言而喻。無人說與他。他自曉得」。

後集卷二十四

論周公定豫州之中。四庫本「周公以土圭測天地之中。則地形有偏耳」句（七〇四—三〇四下）。明刊本作「周公以土圭測天地之中。則豫州爲中。而南北東西際天各遠許多。至於北遠而南近。則地形有偏耳」。

續集卷七

新政類。謂今日當於三事果斷力行章。四庫本「況今秋氣已高。敵情叵測。傳聞洶之」句（七〇四—三六〇上）。明刊本「敵情」作「虜情」。

續集卷十八

邊防類。謂宜絕和議以定修攘章。四庫本「今日之計不過乎修政事。禦外敵而已矣……夫金人於我有不共戴之讎」句（七〇四—四五八下）。明刊本「禦外敵」作「攘夷狄」。「金人」作「金虜」。又其後「惟恐失敵人之驩而不爲久遠之計……自宣和靖康以來。首尾三四十年。敵人專持此計」句（七〇四—四五九下）。明刊本「敵人」作「虜人」。又後文「而解嚴未幾。北使復至……豈可使彼仇讎之人得以制其與奪之權哉」句（七〇四—四六〇上）。明刊本「北」「人」均作「虜」。又其後「顧乃乞丐於仇讎之敵人以爲國家」句（同上）。明刊本「敵人」作「戎狄」。又後文「今彼以好來而兵不戢」句（七〇四—四六〇下）。明刊本「彼」作「虜」。又「使吾修政事。禦敵人之外。了然無一毫可以恃」句（同上）。明刊本「禦敵人」作「攘夷狄」。「了然」作「孑然」。

謂宜罷和議以盡戰守章。四庫本「三論先王制敵人之道。時朝廷遣吏部侍郎王之望出使。約和未還」句（

七〇四—四六一上）。明刊本「敵人」作「夷狄」。「出使」作「使虜」。又後文「恭惟國家之與北朝乃陵廟之深讎。言之痛切。有非臣子所忍聞者……。至遣朝臣持書以復北帥。而爲講和之計」句（七〇四—四六二上）。明刊本「北朝」作「北虜」。「北帥」作「虜帥」。又後文「人心僻違而天地閉塞。乖舛愈盛而禽獸愈繁」句（七〇四—四六二下）。明刊本「乖舛」作「夷狄」。又其後「正使敵人異日果有可乘

而不可失之釁」句（同上）。明刊本「敵」作「虜」。又「彼之情僞。吾之得失。蓋不待明者而後知」句（同上）。明刊本「彼」作「虜」。又後文「雖使敵意效順。無所邀索。乃是深有包藏。尤足疑畏……以必復中原。必滅仇讎爲期而後已」句（七〇四—四六三上）。明刊本「敵」作「虜」。「仇讎」作「胡虜」。又「而敵國外患亦將不得久肆其毒」句（七〇四—四六三下）。明刊本「敵國外患」作「夷狄禽獸」。

謂修德業正朝廷立紀綱章。四庫本「然而敵國憑陵。包藏不測」句（七〇四—四六三下至四六四上）。明刊本「敵國」作「戎虜」。又「庶幾人心厭服。敵國知畏」句（七〇四—四六四上）。明刊本「敵國」作「夷狄」。

大學衍義四三卷

宋眞德秀撰

以明嘉靖六年司禮監刊本校補

卷三

又曰堯發乎諸侯。舜興乎深山。非一日而顯也章

四庫本「安得有極意奢淫之失。窮兵黷武之禍」句（七〇四—五一三上）。明刊本「黷武」作「夷狄」。

卷四

唐文宗性儉素章

四庫本「既剛且明。則於威福之權必能別白」句（七〇四—五三三上）。明刊本作「既剛且明。則於威福之權必能收攬。於君子小人之分必能別白」。

卷六

孟懿子問孝子曰無違章

四庫本「喪三日而殯。凡附於身者必誠必信。此死葬之禮也」句（七〇四—五五二下）。明刊本作「喪三日而殯。凡附於身者必誠必信。三月而喪。凡附於棺者必誠必信。此死葬之禮也。」

卷八

杕杜刺時也章

四庫本「故言人無兄弟。何不與行道之人相親附乎」句（七〇四—五七一下）。明刊本「故言」作「故詩人諷之曰」。

卷九

禮記。孔子侍坐於哀公章

四庫本「公曰。冕而親迎。不已重乎」句（七〇四—五七六上）。明刊本其下有小注作「冕。祭服也。故疑其重」。

孔子曰。天下有道。則禮樂征伐自天子出章

四庫本「天無二日。尊無二上」句（七〇四—五八一下）。明刊本兩句中尚有「國無二王」。又後文「司馬氏再傳。而天下多故。兵難相尋。去亡無幾」句（

七〇四—五八二上）。明刊本「天下多故」作「諸王五胡」。

卷十

春秋傳。齊景公至自田章

四庫本「濟其不及以洩其過」句（七〇四—五九〇上）。明刊本於句下尚有小注作「言洩去其味之過者」。

卷十三

元帝渡江章

四庫本「初五導爲政。陳頵遺導書曰。國家所以傾覆者。正以莊老之俗傾惑朝廷」句（七〇四—六二七上）。明刊本「國家所以傾覆」作「中華所以傾弊」。

梁簡文帝爲太子時講老子於華林園章

四庫本「西晉尙淸虛。使宮廟淪爲丘墟」句（七〇四—六二七上）。明刊本「宮廟」作「中原」。「丘墟」作「胡羯」。

寇謙之奏作靜輪宮章

四庫本「臣按魏燾昏暴之君。其爲異教所惑。不足責也」句（七〇四—六二八下）。明刊本「昏暴」作「夷狄」。

中大同元年三月庚戌上幸同泰寺章

四庫本「織官文錦有爲人類禽獸之形者亦禁。反逆赦而不誅」句（七〇四—六三〇上）。明刊本作「織官文錦。有爲人類禽獸之形者亦禁之。恐其裁翦者有乖仁恕也。臣下雖謀反道。赦而不誅」。

唐代宗始末甚重佛章

四庫本「懷恩出門病死。二寇不戰而退」句（七〇四—六三一上）。明刊本「寇」作「虜」。又後文「子儀挺身。見寇設謀反間之力。推跡本末。皆由人事」句（七〇四—六三一下）。明刊本「寇」亦作「虜」。

元和十三年。以山人柳泌爲台州刺史章

四庫本「臣獨舉憲宗者。英主也。敬宗昏童無足譏者」句（七〇四—六三二下）。明刊本作「臣獨舉憲宗者。以其英明之主不應惑而惑。故深惜之也。自是而後。以藥致疾者又三君。敬宗昏童。無足譏者」。

愈又嘗著原道篇章

四庫本「欺詭譎誕者。焉有所謂誠」句下有闕文（七〇四—六三四下）。明刊本作「以此揆彼。所謂夷夏之分。霄壤之隔也」。

卷十五

子曰。君子成人之美不成人之惡。小人反是章

四庫本「君子之心好善。故惟恐人之不爲善。惡則沮而敗之」句（七〇四—六四九上）。明刊本作「君子之心好善。故惟恐人之不爲善。善則獎而成之。小人之心疾善。故惟恐人爲善。善則沮而敗之」。

卷十六

竇太后言皇后兄信可侯章

四庫本「彼背其主降陛下。陛下侯之。何以責人臣不能守節者乎」句（七〇四—六五四上）。明刊本「不能守節」作「不能盡忠守節」。

憲宗元和中裴度平蔡還章

四庫本「知政事程异。皇甫鎛以言財利幸。嘗論臣事君」句（七〇四—六五六下）。明刊本作「知政事程异。皇甫鎛以言財利幸。俄得宰相。度三上書極論不可。帝不納。纖人始得乘罅。帝嘗論臣事君」。

武宗即位。以李德裕爲門下侍郎平章事章

四庫本「人之有過。則欣喜自得。如獲至寶。旁引曲借。必欲開陳於人主之前。此小人也」句（七〇四—六五七下）。明刊本「此小人也」句下尙有一句作「難進易退。此君子也。叨冒爵祿。蔑無廉恥。此小人也」。

卷二十

崔胤喜陰計章

四庫本「近世有歸自北庭而主和戎之議者……此又挾讎怨以要其君也」句（七〇四—七〇二上）。明刊本「北庭」作「虜廷」。「讎怨」作「賊虜」。

卷二十二

魯平公將出嬖人臧倉者章

四庫本「故治喪之厚薄視其力焉。正所謂義也」句（七〇四—七一五上）。明刊本「正所謂義也」句上尚有一句作「正所謂禮也」。

卷二十四

趙孝成王時。客有見王章

四庫本「秦皇能併六國。卒之滅秦者中車府令高。而非六國也」句（七〇四—七三一下）。明刊本「併六國」作「陷彊胡」。「非六國」作「非胡」。

卷三十一

周公作無逸章

四庫本「蓋欲禁橫斂。必先絕橫斂之源也」句下尚闕一句（七〇四—八〇二下）。明刊本作「觀逸遊田者。橫斂之源也」。

卷三十三

晉侯疾。求醫於秦章

四庫本「主相晉國無亂。諸侯無闕。可謂良矣」句（七〇四—八一四上）。明刊本作「主相晉國。於今八年。晉國無亂。諸侯無闕。可謂良矣」。

卷三十五

緇衣曰。君子道人以言而禁人以行章

四庫本「言可以導人之善而不能禁人之不善。其必以行乎」句（七〇四—八三三下）。明刊本作「言可以導人之善而不能禁人之不善。禁人之不善。其必以行乎」。

衛侯在楚章

四庫本「夫是之謂威儀。非徒事容飾而已」句（七〇四—八三五下）。明刊本作「夫是之謂威。有儀而可

象謂之儀。非徒事容飾而已」。

卷四十

程元振少以宦人直內侍省章

四庫本「詔集天下兵。無一士奔命者。遂寇便橋」句（七〇四—八八三下）。明刊本「遂寇」作「虜扣」。

代宗避吐蕃章

四庫本「乃勸帝徙洛陽。欲遠吐蕃。爲近臣所折」句

（七〇四—八八四下）。明刊本「吐蕃」作「夷狄」。

卷四十二

漢成帝時傅昭儀及子定陶王愛幸寵於皇后太子章

四庫本「適子冠乎阼。禮之用醴」句下之注文有缺（七〇四—九〇八上）明刊本作「冠謂行冠禮也。阼。主階。醴。甘酒。貴於衆酒。」

卷四十三

順帝陽嘉元年章

四庫本「頃之。拜執金吾。梁商子冀爲襄邑侯」句（七〇四—九四二上）。明刊本作「頃之。拜執金吾。二年三月封執金吾。梁商子冀爲襄邑侯」。

西山讀書記四〇卷

宋眞德秀撰

以宋開慶元年福州官刊元明修補本校補

卷一

天命之性

四庫本「民吾同胞物吾與也」句後注文「西銘綱領亦止在體其性之二言也」（七〇五－三八）句後有闕文。宋刊本作「西銘綱領亦止在體其性之二言。而終篇

反復推明。亦欲人不夫乾父坤母之所賦予者。爲天地克肖久子而已。故游先生以爲即中庸之理也。豈不信哉。」又此後四庫本有闕文。宋刊本作「朱子曰。又曰性者萬物之一源。所謂性者。人物之所同。得非惟己有是人亦有是。非惟人有是物亦有是。」

卷二

四庫本「所以有善而無惡。至哉此言矣。」句（七〇五－四七上）後有闕文。宋刊本作「愚按張子有言。爲學大益在自求變化氣質。此即所謂善。反之也。程子亦曰。學至氣質變方是有功。是亦張子之意。」

性命

四庫本「易乾道變化各正性命」句後注文「程子曰。乾道變化生育萬物」句（七〇五－四七上）宋刊本作「朱子曰。乾道變化生育萬物」。

命

四庫本「子罕言利與命與仁」段後注文「註見言仁篇

」句（七〇五－五二下）。宋本作「程子曰。命之理微。仁之道大。」

卷三

四庫本卷尾「右專言心」句後有闕文（七〇五－一〇六下）宋刊本其文如下

愚按。大舜十六字。開萬世心學之源。後之聖賢更相授受。雖若不同。然大抵教人守道心之正。而遏人心之流耳。孟子於仁義之心則欲其存而不放。本心欲其

不喪。赤子之心欲其不失。凡此皆所謂守道心之正也。易言。懲忿窒慾。孔子言克己。大學言好樂憂患。則不得其正。孟子言寡欲。以卜體之養爲戒。以飢渴之害爲喻。凡此皆所謂遏人心之流也。心一而已爾。由義理而發。無以害之。可使與天地參。由形氣而發。無以檢之。至於違禽獸不遠。始也特毫毛之間。終焉有霄壤之隔也。精一之功。所以爲理學之要歟。

卷四

治情

四庫本「樂記曰。君子樂得其道。小人樂得其欲。以道治欲。則樂而不亂。以欲忘道。則惑而不樂。」段（七〇五—一三二上）後有闕文。宋本作

孟子曰。魚我所欲也。熊掌亦我所欲也。二者不可得兼。舍魚而取熊掌者也。生亦我所欲也義亦我所欲也。二者不可得兼。舍生而取義者也。生亦我所欲。所欲有甚於生者。故不爲苟得也。死亦我所惡。所惡有甚於死者。故患有所不辟也。朱子曰。欲生惡死。雖衆人利害之常情。而欲惡有甚於生死者。乃秉彝義理之良心。是以欲生而不爲苟得。惡死而有所不避也。如使人之所欲莫甚於生。則凡可以得生者。何不用也。使人之所惡。莫甚於死者。則凡可以辟患者。何不爲也。設使人無秉彝之良心。而但有利害之利情。則凡可以偷生而免死者。皆將不顧禮義而爲之矣。由是則生。而有不用也。由是則可以辟患。而有不爲也。

是故所欲有甚於生者。所惡有甚於死者。非獨賢者。有是心也。人皆有之。賢者能勿喪耳。羞惡之心人皆有之。但衆人汩於利欲而忘之。惟賢者則能存之而不喪耳。一簞食。一豆羹。得之則生。弗得則死。嘑爾而與之。行道之人弗受。蹴爾而與之。乞人不屑也。萬鍾則不辨禮義而受之。萬鍾於我何加焉。爲宮室之美。妻妾之奉。所識窮乏者得我與。鄉爲身死而不受。今爲宮室之美爲之。鄉爲身死而不受。今爲妻妾之

奉爲之。鄉爲身死而不受。今爲所識窮乏者得我而爲之。是亦不可以已乎。此之謂失其本心。萬鍾於我何加。言於我身無所增益也。所識窮乏者得我。謂所知識之窮乏者感我之惠也。上言人皆有羞惡之心。此言衆人所以喪之。由此二者。蓋理義之心雖曰固有。而物欲之蔽亦人所易昏也。鄉爲身死不肯受嘑爾之食羞。今乃爲此三者而受無禮義之萬鍾。是豈不可以止乎。本心謂羞惡之心。

卷六

崔子弒其君章。四庫本「而仁之爲義可識也」句後有闕文（七〇五—一七五上）。宋刊本其文如下

或問本章之說曰。仁者心之德。而天之理也。非至誠靈性通貫全體。如天地一元之氣。化育流行。無少間息。不足以名之。今子文仕於楚刑執其政柄。至於再三。既不能革其僭王之號。又不能止其猾夏之心。至於戒弦伐隨之事。乃身爲之。而不知其爲罪。文子立於淫亂之朝。既不能止君以禦亂。又不能先事而絜身。至於簒弒之禍已作。又不能上告天子。下請方伯。以討其賊。去國三年。又無故而自還。復與亂臣共事。此二子平日之所爲止於如此。其不得爲仁也明矣。夷齊三仁之見許於夫子。何也。曰此五人者考事察言以求其心。則其中同然。無復一毫私慾之累。異乎二子之爲矣。故程子以爲比干之忠。見得時便是仁。亦此意也。問子文之忠。文子之清。如何以爲未仁。曰

此只就二子事上說。若比干伯夷之忠清是就心上說。若論心時。比干伯夷已是仁人。若無諫紂見殺。與讓圖諫伐之事。亦是仁人。蓋二子忠清元自仁中出。若子文。文子。當時只見此兩件事。是清與忠。不知其如何得仁也。五峰胡氏荅南軒書曰。私意害仁。賢者之言是也。如子文之忠。文子之清。似不可謂之私意。而孔子不以仁許之。仁之道大。須見大體。然後可以察己之偏。而習於正。乍見孺子入井之心。孟子舉

一隅耳。若內交要譽惡其聲。此淺陋之私甚易見也。若二子之忠清而不得謂仁。則難識也。幸深思之。則天地之純。全古人之大體。庶幾可見乎。又書反復來教。似未能進於此者。然則欲進於此奈何。左右試以身處子文文子之地。按其行事而繩以仲尼之道。則二子之未知。庶幾可見。而仁之義可默識矣。又書曰示諭云云。然猶是緣文生義。非有見於言意之表者也。子思曰。思事親不可以不知人。思知人不可以不知天

。仁也者。人之所以為天也。須明得天理盡。然後克己以終之。以聖明實學不與異端空言比也。空言易曉。實學難到。所以顏淵仲弓亞聖。資質。必請事斯語。不敢以言下悟便為了也。南軒嘗言學者要識仁之體。得此一鞭。如拔之九地之下。升諸九天之上。五峰。

卷七

仁下

四庫本「子曰。中心安仁者。天下一人而已。大雅曰。德輶如毛。民鮮克舉之。我儀圖之。惟仲山甫舉之。愛莫助之。小雅曰。高山仰止。景行行止。子曰。詩之好仁如此。鄉道而行。中道而廢。忘身之老也。不知年數之不足也。俛焉日有孳孳而後已。」段（七〇五—二〇五下）下闕注文。宋本作「中心安仁。聖人之任也。雖未至焉。不敢不勉。不以世莫之助而不為。故曰。惟仲山甫舉之。愛莫助之。不以高矣美矣為不可跂及。故曰。高山仰止。景行行止。此所以不知年數之不足。俛焉孳孳斃而后已。鄉道而行。中道

而廢。謂力不足者。非不為也。力極罷頓不復行。」

卷八

禮

四庫本「有所不行。知和而和。不以禮節之亦不可行也。」段後注文「相須相成。合而言之。本一而已也」句（七〇五—二四六上）下有闕文。宋本作「十世

可知章。見內記。」又其後。四庫本「禮。與其奢也寧儉。喪。與其易也寧戚。」段後注文「如此所以無弊也」句（七〇五—二四七上）下有闕文。宋本作「杞宋不足徵周禮二代章。並見內記。」又其後四庫本「禮釋回增美質」句（七〇五—二五一上）下闕注文。宋本作「鄭氏曰。釋猶去也。回邪僻也。質猶性也。」又其後。四庫本「故貫四時而不改柯易葉」句（同上）下闕注文。宋本作「箭□□端本也。四物於天

下是□□□柔□於外或澤於內。用此不變易也。人之得禮亦道然也。」

又其後。四庫本「禮也者。猶體也」句（七〇五—二五一下）下闕注文。宋本作「鄭氏曰若人體耳」。

又其後同段闕注文（七〇五—二五一下）。宋本作「鄭氏曰。致之言至也。一謂說也。經禮謂周禮也。周禮六篇。其官有三百以上。曲猶事也。事禮謂今禮也。禮篇多亡。本數未聞。其申事儀三千。」

卷九

仁義

四庫本「宋牼將之楚。孟子遇於石丘……然而不王者未之有也。」段（七〇五—二七〇上下）後有闕文。宋刊本作「何必曰利。」

勇

四庫本「子曰。好學近乎知。力行近乎仁。知恥近乎勇。」段（七〇五—二八五上）後闕文。宋刊本作

論語。子曰。道不行乘桴浮於海。從我者其由與。子路聞之喜。子曰。由也好勇過我。無所取材。朱子曰。桴筏也。程子曰。浮海之嘆。傷天下之無賢君也。子路勇於義。故謂其能從己。皆假設之言耳。子路以為實然而喜夫子之與己。故夫子美其勇。而議其不能裁度事理以適於義也。南軒曰。夫聖人之勇不可過也。而過焉。是未知所裁度也。

子路曰。子行三軍。則誰與。子曰。暴虎馮河。死而

無悔者。吾不與也。必也臨事而懼。好謀而成者也。
朱子曰。言此所以抑其勇而教之。然行師之要實不外此。南軒曰。夫子路自負其勇。不避禍害。故夫子因病而救之。以爲犯難而輕死。非君子所貴。蓋死或至於傷勇故也。臨事而懼。戒懼於事。始則斷以爲備者周矣。好謀者。或失於寡斷。好謀而成。則思慮審而其發也必中矣。敬戒周密如此。此乃行三軍之道也。若徒以暴虎馮河爲勇。則將至於輕犯禍害。豈君子之所貴乎。

四庫本「孟子對曰。王請無好小勇。夫撫劍疾視曰。彼惡敢當我哉。此匹夫之勇。敵一人者也。王請大之」段(七〇五—二八五上)。上有闕文。宋本作「齊宣王曰。寡人有疾。寡人好勇」。又四庫本同段下闕注文。宋本作「朱子曰。小勇血氣所爲。夫勇理義所發」。

卷十二

四庫本「孟子謂蚳鼃曰。子之辭靈丘。而請士師似也」句之前有闕文(七〇五—三六〇上)。宋刊本作「有官守者。不得其職則去。有言責者。不得其言則去。」又此段下「尹氏曰。進退久速。各當於理而已」下有闕文(七〇五—三六〇下)。宋刊本作「又所就三所去三及其他論出處之節。皆見丁記。」

又其後。豐六二傳四庫本「由攻其所蔽與就其明之異耳」句(七〇五—三七二下)下有闕文。宋本作「左

師蠲龍之事亦然。」

卷十三

四庫本「維鵲有巢。維鳩盈之。之子于歸。百兩將之」章「茲其所以爲夫婦之別乎」句(七〇五—三九一下)後有闕文。宋刊本作「按周南皆天子后妃之詩。別見乙記。」

又其後。四庫本「江有汜。之子歸。不我過。不我過。其嘯也歌」章「以上專言婦道」句(七〇五—三九

六上)下有闕文。宋刊本作「按周南詩言后妃之德化。別見乙記。今取召南詩。言夫人大夫妻之德者。悉列于此。以爲閨門之法焉。」

卷十五

四庫本「孔子曰。過我門而不入我室。我不憾焉者。其惟鄉原乎。鄉原。德之賊也。」章(七〇五—四六二上下)下闕注文。宋本作「以其不見親就爲幸。深惡而痛絕之也。」

又其後。四庫本「萬章曰。一鄉皆稱原人焉。無所往而不爲原人。孔子以爲德之賊何哉」章(七〇五—四六二下)下闕注文。宋本作「愿謹厚之稱。而孔子以爲德之賊。故萬章疑之。」

卷十六

四庫本「論語堯曰。咨爾舜。天之歷數在爾躬。允執其中。四海困窮。天祿永終」章(七〇五—四八二上)。宋本作「論語堯曰。咨爾舜。天之曆數在爾躬。允執其中。舜亦以命禹」。又其下注文「此堯命舜而禪以帝位之辭」句(七〇五—四八二上)。宋刊本作「朱子曰。允信也。中者無過不及之名。」

黃氏日抄存九四卷

宋黃　震撰

以明正德十三年龔氏重刊本校補

卷六

大衍之數五十之可與祐神矣章

四庫本「而下粘其」句下注闕（七〇七—九九上）。

明刊本作「知變化之道。此此知神之（所爲乎）」。

按其中有一「此」字或衍。

卷十二

讀春秋六。昭公章

四庫本「謚法威儀恭明曰昭」句（七〇七—二九一下）。明刊本其後尚多「襄公四年即位。權在仲孫蔑。叔孫豹。季孫行父及其子宿。作三軍以分公室。然自即位至十五年。皆晉悼公再伯之十五年。國以無事。悼公既沒。困於齊。邾莒是歲之師。晉平公爲之平齊。而執邾莒稍吐氣矣。及平公與楚盟於宋。與楚弭兵。楚遂橫行中國。公兩事晉楚。見辱於楚。得脫而歸。不自痛憤。反效夷言作楚宮。卒於楚宮。是豈能自主者哉。」計一百三十二字。

卷三十二

十七代志光武拜大司馬上幸魯祠。孔子對褒成侯章

四庫本「孟從王肅學」句下注闕（七〇七—八八〇下）。明刊本其文如下

讀本朝諸儒理學書

周子太極通書

太極圖說。無極而太極以下詳太極之理。此圖之訓釋也。惟人也得其秀以下言人極之所以立。此所以書圖之本意也。蓋周子之圖太極。本以推人極之原。而周子之言無極。又以指太極之理。辯析其精微。正將以歸宿於其人。而豈談空之謂哉。象山陸氏嘗以無極之字大易所未有。而老莊嘗有之。遂疑其非周子之眞。今觀圖之第二圈。陰陽互根之中有圈。而虛者即易有

太極之體也。其上之一圈。即挈取第二圈中之圓。而虛者表而出之。以明太極之不雜乎陰陽。單言太極之本體也。單出本體於其上。初無形質。故曰無極而太極。所謂無極者。實即陰陽互根乎之太極。未嘗於太極之上別爲一圖名無極也。恐不必以他書偶有無極二字而疑之。惟洞見太極之理。以自求無愧於人極之立。此則周子所望於學者耳。

晦庵講明無極此二字雖老子之所有。而人皆知非老子

之學。象山辯駁無極。雖斥其爲莊老。而人反譏其穎悟類禪學。而禪學即源流於老莊。此固非晚學敢議。其實老子之言無極。指茫無際極而言。周子之言無極。指理無形體而言。象山高明豈不曉此。一時氣不相下。始爲此言。異時祭東萊。自悔鵝胡之會。輒復妄發。則象山之本心篇可知。

太極之理至精。而太極之圖難狀。得晦翁剖析分明。今三尺童子皆可曉。遂獲聞性命之源。以爲脫去。凡近之基本。即盍反而實修其在我者矣。或乃因其餘說。或演或辯。浸成風俗。不事躬行。惟言太極。嗚呼。周子亦不得已言之。孔子惟教人躬行耳。

通書。誠上章主天而言。故曰誠者聖人之本。言天之誠即人之所得以爲聖者也。誠下章主人而言。故曰聖誠而已矣。言人之聖即所得於天之誠也。誠幾德章居第三者。言誠之得於天者皆自然。而幾有善惡。要當察其幾之動。以全其誠爲我之德也。聖章居第四者。

言由誠而達於幾。爲聖人。其妙用尤在於感而遂通之神。蓋誠者不動。幾者動之。初神以感而遂通。則幾之動也。純於善。此其爲聖也。誠一而已。人之不能皆聖者。係於幾之動。故愼動爲第五。動而得其正爲道。故道爲第六。得正爲道。不淪於性質之偏者。能之而王之者師也。故師爲第七。人必有恥。則可教而以聞過爲幸。故幸次之。聞於人必思於己。故思又次之。師以問之矣。思以思之矣。在力行而已。故志學

又次之。凡此十章。上窮性命之源。必以體天爲學問之本。所以修己之功既廣大而詳密矣。推以治人。則順化爲上。與天同功也。治爲次。純心用賢也。禮樂又其次。治定而後禮樂可與也。繼此爲務實章。愛敬章。又所以斟酌人品。而休休然與之爲善。蓋聖賢繼天。立極之道備矣。餘章皆反覆此意以丁戒人心。使自知道德性命之貴。而無陷辭章利祿之習。開示聖蘊。終以主靜。庶幾復其善之動以歸於誠。而人皆可爲

聖賢焉。嗚呼。周子之爲人心計也至矣。

諸子之書與凡文集之行於出者。或累千百言而僅一二合於理。或一意而敷繹至千百言。獨周子文約理精。言有盡而理無窮。蓋易詩書語孟之流。孔孟以來一人而已。若其闡性命之根源。多聖賢之未發。尤有功於孔孟。較之聖帝明王之事業。所謂揭中天之日月者哉。

本朝理學闡幽於周子。集成於晦翁太極之圖。易通之書微。

卷八十八

四庫本「撫州修造德記」之前（七〇八—九四三上）。明刊本多「撫州放生亭記」一則如下。

撫州放生亭記

我宋之得天下也以仁。而維持天下於不壞不泯也。亦以仁。凡前代嚴刑重斂。征行適戍。若土木遊幸。科取無藝之擾盡絕。民心感治。無所乎報。每歲流虹之旦。必相率北向。縱羽毛鱗介。祝聖人壽。蓋發於人心之天。非有取於異端之說也。撫州自天聖二年築放

生亭於南湖。已三百年。須歲聚士子讀書湖西山上。因或易亭扁曰風雩。使得游息而放生。以異端事不得復至。餘曰。若知風雩之說乎。雩者禱雨之地。非士之君也。風乎舞雩者。曾點想像之言。非眞有其事也。縱點嘗風於斯。固不以是而廢禱雨。奈何今借用其名。而遂以廢祝壽乎。若放生而命佛者執役。此即

舞雩巫覡之類。且使夷狄亦　知尊君云爾。衆乃讙請復舊。余謂放生於湖可也。亭於湖之北南面不可也。因別刱亭湖之南北面。以便北向再拜稽首焉。若夫先仁民而後及物。無徒以一時羽毛鱗介飛躍爲仁。而必以平日耕桑隴畝無愁歎爲仁。是又在任宅生之寄者求其本或淳。九年正月朝奉郎知撫州兼江西提舉黃震記。

北溪字義二卷

宋陳　淳撰

以元刊本校補

卷上

四庫本卷端大題後有闕文（七〇九—二下）。元刊本作「性命而下等字。當隨本字各逐件看。要親切又卻合做一處看。要得玲瓏透徹不相亂。方是見得明。」

辨惑編四卷

元謝應芳撰

以明萬曆二年益藩活字本校補

卷二

四庫本卷末圖後少一行（七〇九—五六四上）。明活字本作「按此圖並前說義禮周悉。深足以破俗惑。但今品級高下。各有定制。在人斟酌而行耳。」

理學類編八卷

明張九韶撰

以明刊黑口本校補

卷八

唐太史傅奕曰佛在西域章

四庫本於「僞啓三塗。謬張六道。遂使愚迷妄求」句下有闕文（七〇九—八三五上）。明刊本此段闕文如下

功德。不憚科禁。輕犯憲章。且生死壽夭由於自然。刑德威福關之人主。貧富貴賤功業所招。而愚僧矯詐皆云由佛。竊人主之權。擅造化之力。其爲害政良可悲矣。

程子曰。吾家治喪不用浮屠。在洛亦有一二人家化之。

朱子曰。老子之術須自家占得十分穩便方肯做。纔有一毫於己不便便不肯做。

朱子曰。莊周列禦寇本楊朱之學。故其書多引其語。

莊子說。子之於親也命也。不可解於心。臣之於君則曰義也。無所逃於天地之間。是他看得君臣之義。卻似是逃不得。不奈何須著臣服。他更無一箇自然相胥爲一體處。故孟子以爲無君。此類是也。

問莊子比之老子較平帖些。朱子曰。莊子跌蕩。老子收斂。莊子卻將許多道理掀翻說。不拘繩墨。

朱子曰。莊子比老子便不同。莊子又轉調了精神。盡

發出來粗。列子比老子又較細膩。

朱子曰。莊子云。爲善無近名。爲惡無近刑。緣督以爲經。督舊訓爲中。老莊之學不論義理之當否。而但欲依阿於其間。以爲全身避患之計。故其意以爲。

性理大全書七〇卷

明胡　廣等奉敕撰

以明萬曆二十五年師古齋刊吳勉學重校本校

補

卷一

太極圖「立天之道曰陰與陽」章

四庫本小注「問仁爲用義爲體。若以體統論之。仁卻是用。曰是仁爲體義爲用」句（七一〇—四四下）。

明刊本「若以體統論之。仁卻是用」作「若以體統論之。仁卻是體。義卻是用」。

卷二

志學章第十

四庫本「此言士希賢也」句下小注「勉齋黃氏曰。才說爲學。便以伊尹並言」句（七一〇—七五下）。明刊本「伊尹」下有「顏子」二字。

卷四

朱熹論西銘章

四庫本小注「延平李氏答朱子書……若於此不了了。即體用不能兼舉。處人道之立。源體用兼舉處。人道之立正在於此」句（七一〇—一一〇下）。明刊本作「若於此不了了。即體用不能兼舉矣。此正是本源體用兼舉處。人道之立正在於此」。

卷十四

河圖之說

四庫本「或曰何圖洛書之位與數其所以不同何也」語後小注「潛室陳氏曰……圖書未嘗不相似也。然同方者有內外之分。是河圖猶洛書也」句（七一〇—三二一下）。明刊本作「圖書未嘗不相似。河圖之生成同方。洛書之奇偶異位。若不相似也。然同方者有內外之分。是河圖猶洛書也」。

卷二十二

律呂本原章

四庫本「黃鐘之實二」下小注「以淮南子漢前志定其寸分釐毫」句（七一〇—四七三下）。明刊本其下尚有「絲之法以律書生鐘分定」十字。

卷二十六

朱子曰古今曆家只推算得箇陰陽消長界分耳章

四庫本「正如百貫錢脩一料藥。其不能治病一也」句（七一〇—五八二上）。明刊本作「正如百貫錢脩一料藥。與十文脩一料藥。其不能治病一也」。

卷三十三

問定性書也難理會章

四庫本「問定性書云……此是說物來而順應。第能於怒時遽忘其怒而觀理之是非。是應物來而順應」句（七一〇—七〇八下）。明刊本於「是應物來而順應」句之前尚多「遽忘其怒是應廓然而大公。而觀理之是非」十七字。

卷三十五

四庫本「問程子云……當公之時。仁之氣象於此固可嘿識」句（七一〇—七四六下）。明刊本作「當公之時。仁之氣象自可嘿識曰。公固非仁。然公乃所以仁也。仁之氣象於此固可嘿識」。

卷三十六

潛室陳氏曰性是太極章

四庫本「故曰五行一陰陽。一太極是天地之理」句（七一〇—七七二下）。明刊本作「故曰五行一陰陽。陰陽一太極。是天地之理」。

卷四十九

朱子曰克己亦別無巧法章

四庫本「問某欲克己而患未能。曰此更無商量。爲仁由己而由人乎哉」句（七一一—一二一上）。明刊本作「此更無商量。人患不知耳。既已知之。便合下手做。更有甚商量。爲仁由己而由人乎哉」。

卷六十三

總論

四庫本「東萊呂氏曰……養之無術。無惑乎其治效之卑污蹇淺也」句（七一一—三八九上）。明刊本作「養之無素。導之無術。無惑乎其治效之卑污蹇淺也」。

卷六十五

君道章

四庫本「豫章羅氏曰……自古德澤最厚。則莫若周家之最明」句（七一一—四〇八上）。明刊本作「自古德澤最厚莫若堯舜。向使子孫可恃。則堯舜必傳其子。至於法度則莫若周家最明」。

又四庫本朱子曰「其心之邪正。而其符驗之著于外者」句（七一一—四一〇下）。明刊本於「其心之邪正」下尚多「若不可得而窺者」七字。

又四庫本魯齋許氏曰「人君惟無喜怒也。則賛其喜以市恩」句（七一一—四一四上）。明刊本於「無喜怒

也」下尙多「有喜怒」三字。

卷六十七

學校章

四庫本朱子曰「又學校之政不患法制之不立。而患理義之不足以悅其心。而區區於法制之末以防之」句（七一一—四六二下）。明刊本於「而患理義之不足以悅其心」句下尙多「夫理義不足以悅其心」九字。

用人章

四庫本朱子曰「故賈誼之言曰。習與正人居之不能無正。猶生長於楚之地不能不楚言也。是以古之聖賢欲脩身以治人者。必遠便嬖以近忠直」句中有缺文（七一一—四六九上）。明刊本作「故賈誼之言曰。習與正人居之不能無正。猶生長於齊之地不能不齊言也。習與不正人居之不能無不正。猶生長於楚之地不能不楚言也。是以古之聖賢欲脩身以治人者。必遠便嬖以近忠直」。

卷六十九

禎異章

四庫本「魯齋許氏曰……使四十年間海內殷富。黎民樂業。猗歟偉歟。未見其比也」句中有缺文（七一一—五〇二下）。明刊本作「使四十年間海內殷富。黎民樂業。移告訐之風爲醇厚之俗。且建立漢家四百年不拔之業。猗歟偉歟。未見其比也」。

論刑章

四庫本「況君子得志而有爲。則養之之術亦必隨力之所至而汲汲焉」句（七一一—五〇九下）。明刊本「養之之術」作「養之之具。教之之術」。

大學衍義補一六〇卷

明丘　濬撰

以明嘉靖三十八年福建監察御史吉澄校刊本

校補

卷十二

靈帝初開西邸賣官章

四庫本「君子以之爲盜臣。史書昭然在人耳目」句中有闕文（七一二—一七四下）。明刊本作「君子以之

爲盜臣。況巍巍乎天子。居九重而凝命。乘九龍以御天。忍將天命有德之具。祖宗萬世之器。壟斷罔利以爲己私哉。今去靈帝時。餘千載矣。其所積之財俱已泯滅無餘。而史書昭然在人耳目」。

唐高祖以舞胡安叱奴爲散騎侍郎章

四庫本「高才碩學猶滯草萊。非所以垂模後世也」句中有闕文（七一二—七一五上）。明刊本作「高才碩學猶滯草萊。而先擢舞胡爲五品。使鳴玉曳組。趨鏘廊廟。非所以規模後世也」。

卷二十九

知彭州呂陶言章

四庫本「以中國無用之茶而易外國有用之馬」句（七一二—三七九）。明刊本「外國」作「虜人」。

卷三十二

唐肅宗至德二年章

四庫本此段文字止於「其取用無藝一至于此哉」句（七一二—四〇九下）。明刊本尚有「近世又有建請納

粟輸馬以輔國子生者。鬻及學校士子。作俑者名敎罪人也。前事之失。後之人當以爲戒。幸毋蹈其失以貽天下後世之譏云」。

神宗問王安石章

四庫本止於「則可全十五萬人性命」句（七一二—四一一上）。明刊本其後尙有「所剃者三千人耳」。

高宗紹興七年有言欲多賣度牒者章

四庫本「臣按佛入中國千有餘年」句中有闕文（七一二—四一一上）。明刊本作「臣按佛者夷狄之教。非中國之人所當崇奉。然已入中國千有餘年」。

卷三十五

至正十二年丞相托克托言亦畿近水地章

四庫本「臣按自三代以來。未有建都于幽燕者。遼金以來始相承爲都會。逮於我朝宅中圖大。承上天之新命」句（七一二—四四九上）。明刊本作「臣按自三代以來。未有建都于幽燕者。都于此者。皆割據夷狄之君。惟我朝以華夏正統。承上天之新命」。

卷四十二

家語孔子曰夫先王之制音也章

四庫本「北音極其暴厲。我國家復二帝三王之正統。而世俗所尚之音猶有未盡去者……一洗亢麗微末之習」句（七一二—五一五下）。明刊本作「北音極其暴厲。其後遂有華夷混殽之敝。我國家復二帝三王之正統。革去夷習。而世俗所尚之音猶有未盡去者……以一洗金元亢麗微末之習」。

卷四十四

論樂律之制章

四庫本「或至于用鄭衛之音……豈不愈于鄭衛之音也哉」句（七一二—五三三下）。明刊本作「或至於用鄭。或至於用夷……豈不愈於用鄭用夷也哉」。

卷四十九

春秋左傳君子曰章

四庫本「漢唐以來治雜於霸。陋習相承而不知其非」句（七一二—五九五上）。明刊本作「漢唐以來治雜於霸。甚而以夷狄自處而不知其非」。又後文「而人家所謂養娘者。又皆立契典雇。逮于我朝痛革前弊。立爲官吏宿娼之律」句（同上）。明刊本作「而人家所謂養娘者。又皆立契典雇。至于胡元入中國。五者之倫斁盡。而男女一倫尤甚。我朝承其後。痛加禁革

。立爲官吏宿娼之律。

卷五十一

喪服小記曰親親尊尊章

四庫本「知有母而不知有父。知有慾而不知有理。蓋不知人道者也」句（七一二—六一五上）。明刊本作「知有母而不知有父。以自同於禽獸。知有慾而不知有禮。以自同於夷狄。禽獸非人類。夷狄無人倫。蓋不知人道者也。」

卷六十五

玄宗開元八年章

四庫本「自夫子以下像不土繪。祀以神主。數百年之習乃革」句（七一二—七五〇上）。明刊本「之習」作「夷教」。又後文「乞如聖祖之制。以革千古之陋習」句（七一二—七五〇下）。明刊本「陋習」亦作「夷教」。

卷六十六

元成宗大德十一年制加孔子號曰大成章

四庫本止於「固於聖德無所增益也」句（七一二—七五四下）。明刊本其下尚有「臣觀孔子作春秋。其意切切於華夷之辨。毫髮不肯假借。正恐後世夷狄或至犯我中國之分。防微杜漸。無所不至。豈意奠楹之後。千有八百餘年。天翻地覆。而有蒙古之禍也哉。由是推聖人之心。臣恐其在天之靈必不受也」。

卷八十二

後魏封回爲安州刺史章

四庫本「今所謂中州之域漸染山民之俗。其爲治化之累大矣」句（七一二—九三三下）。明刊本作「今所謂中州之域漸染金元之風。猶有同炕之俗。其爲治化之累大矣」。

卷八十四

曲禮己孤暴貴。不爲父作謚章

四庫本「是一時臣僚不學之過也」句（七一二—九四

二下）。明刊本作「是雖夷狄之君不知禮。亦一時臣僚不學之過也」。

卷八十五

書禹貢曰冀州章

四庫本「而天下郡國乃有背之而不面焉者。我朝得國之正」句中有闕文（七一三—二下）。明刊本作「而天下郡國。乃有背之而不面焉者。元人雖都于此。然夷狄雜氣不足以當中國帝王之統。惟我朝得國之正」。又後文「向明以用文。則有以成文明之化。背幽以建武。則有以張震疊之威」句中有闕文（七一三—三下）。明刊本作「向明以用文。而臨乎華夏。則有以成文明之化。背幽以建武。而禦乎戎夷。則有以張震疊之威。」又後文「自昔都燕者始於召公而極于金元……朝綱正而生靈不敢萌背畔之念」一段中有闕文（同上）。明刊本其文如下「自昔都燕者。始于召公。而極于金元。然召公諸侯也。金元乃夷狄。上不足以

當天心。下不足以乘地氣。無足道者。其人雖不足道。而其事勢。則有可以爲鑒戒著焉。金人之禍在夷狄。所謂土崩之勢者也。元人之禍在中國。所謂瓦解之勢者也。鑒金人之失。則必固邊圉。選將帥。強兵馬。豐貨食。使國勢壯。而外虜不敢興窺伺之心。鑒元人之失。則必謹法度。用賢才。省刑罰。薄稅歛。使朝綱正。而生靈不敢萌背畔之念。

卷八十六

宋仁宗慶曆二年章

四庫本「今京城與北敵爲鄰」句（七一三—一五上）。明刊本「北敵」作「北虜」。

卷八十七

四庫本「自古所以爲天下國家禍患者。盜賊也敵國也……所以禦敵國」句（七一三—二一下）。明刊本「敵國」並作「夷狄」。

卷九十四

明宗長興三年初定國子監校定九經雕印賣之章

四庫本「不意五季干戈擾攘之時。而知所先務。可不謂賢乎」句（七一三—一〇八上）。明刊本作「不意五季之君。夷狄之人。而知所先務。可不謂賢乎」。

卷九十六

元世祖至元二十二年遣使章

四庫本止於「焉足以爲寶哉」句（七一三—一三二上）。明刊本其下尚有「西域胡賈以無用之物。而眩惑元君。以取有用之財。彼夷狄之君。固無足道也。以

上寶玉之器」。

宋因唐制爲公服三品以上服紫章

四庫本「一洗唐宋以來之舊習」句（七一三—一四六上）。明刊本「舊習」作「夷習」。

卷九十八

元志仁宗延祐元年定服色等第章

四庫本「按元朝服色雖禁不許服龍鳳文……上下通用不禁。逮我聖朝立爲定制」句（七一三—一四八上）。明刊本作「按元朝服色無別。當時雖禁不許服龍鳳文……上下通用不禁。此夷狄之俗。無足怪也。聖朝立爲定制」。又此文止於「此先王制禮之深意。杜亂之微權也」句（同上）。明刊本尚有「彼夷狄烏足以知此」句。

卷一百一

大司寇之職章

四庫本「伏惟我聖祖作條訓以示子孫」句中有闕文（

七一三—一八二上）。明刊本全文如下

伏惟我聖祖承元人斁敗彝倫之後。所謂大亂之世也。當是之時。以夷狄之人。爲中國之主。天地於是乎易置。華夷於是乎混殽。自有天地以來所未有也。三綱五常之道。詩書禮樂之教。一切墜地。彼其同類固無足責。而我中國之人。或帝王之苗裔。或聖賢之子孫。或前代之臣子。一旦舍我衣冠。服其氈毳。染其腥

膻之化。習其無倫之俗甚至爲之腹心股肱耳目爪牙。以爲吾中國之害。受其爵祿。爲之輔翼嚮導。感其煦嫗之思。日新月盛。口其語言。家其倫類。淪膚入髓。知有胡人。而不知有吾中國帝王正統之傳。綱常倫理之斁。子承其父。孫襲其祖。習知其故以爲當然。蓋已百年矣。是眞所謂大亂之世也。難以新國待之。苟不痛絕其根源。加之以重典。何以洗滌其腥膻臭穢。而復還我中國之綱常倫理也哉。雖然。隆冬之後。必有陽春。是以我聖祖作爲條訓。以示子孫。

卷一百九

元西僧歲作佛事章

四庫本「異端所爲無足責也」句（七一三—二八三上）。明刊本「異端」作「胡俗」。

卷一百二十二

鼂錯言於文帝章

四庫本「敵惟用弓矢一事……則是敵之長兵一。而我之長兵三。以一制三。敵騎欲來衝突」句（七一三—四二六下）。明刊本「敵」皆作「虜」。

卷一百二十四

宋祁言於仁宗章

四庫本凡「敵」字（七一三—四五四下）。明刊本皆作「虜」。其中「蓋有得於周人薄伐之意」句下有闕文。明刊本作「中國所以制馭夷狄者」。

卷一百二十五

建炎末廣西提舉峒丁李棫始請市馬赴行在章

四庫本「與眞得駑馬而乘之以禦敵」句（七一三—四六四下）。又「以角敵人之所長。非計之得也」句（七一三—四六五上）。明刊本「敵」皆作「虜」。

卷一百二十七

胡寅言於高宗章

四庫本「進戰獲酋人則厚賞」句（七一三—四八七上）。明刊本「人」作「虜」。

卷一百三十一

田況言於仁宗章

四庫本「當北敵人各得環慶齊棣一州征租農賦」句（七一三—五三〇上）。明刊本「敵」作「虜」。

卷一百三十四

高宗建炎四年章

四庫本「平且敵以舟譟而前……敵竟不得濟」句（七一三—五六五下）。明刊本「敵」皆作「虜」。

卷一百三十六

季康子問政於孔子章

四庫本止於「放僻邪侈自不爲矣」句（七一三—五八〇下）。明刊本其下尙多「尙何盜之患哉」句。

卷一百三十八

元末盜賊蜂起章

四庫本「其所事乎兵者。敵國盜賊而已。敵國之害。士大夫講之詳。論之熟矣」句（七一三—六〇二上）

句。明刊本「敵國」並作「夷狄」。又後文「夫平盜賊與馭敵國之術異。何則。敵國之兵甲如雲」句（七一三—六〇二上）。又下文「平盜賊與馭敵國之術異也」句（七一三—六〇二下）。明刊本「馭敵國」並作「攘夷狄」。「敵國之兵」作「夷狄之兵」。

卷一百四十二

杜甫曰射人先射馬章

四庫本「然制勝之要法也」句（七一三—六五二下）。明刊本作「然中國與虜人戰。制勝之要法也」。

卷一百四十三

「馭外蕃」明刊本作「馭夷狄」。「內外之限」作「內夏外夷之限」。

舜典章

四庫本「朱熹曰夏明而大也」句下有闕文（七一三—六五五上）。明刊本作「中國文明之地故曰華夏」。

禹貢五百里綏服章

四庫本「蔡沈曰」條之後闕一條（七一三—六五五下）。明刊本其文如下「林之奇曰。漢魏使外夷入居中國障塞之地。至西晉有劉石之禍。石晉以盧龍賂契丹至重。貴有耶律之難綏服。嚴華夷之辨。萬世不易之治也。」

又後文「內而甸侯二服。外而要荒二服。而綏服居乎其中」句（七一三—六五六上）。明刊本作「內而甸侯二服。爲華夏之地。外而要荒二服。爲夷狄之區。而綏服居乎其中」。

又此段文字四庫本止於「必居然振作修之而不弛也」句（同上）。明刊本句下尚有「先儒謂文以治內。武以治外。聖人所以嚴華夏之辨者如此。噫。辨之者所以防之也。惟其辨之於微。防之於豫。此帝王之世所以中國奠安而無夷狄之禍也。」一段。

五百里要服章

四庫本「蔡沈曰。要服去王畿已遠」句下有闕文（七一三—六五六上）。明刊本作「皆夷狄之地」。

五百里荒服章

四庫本「要荒已爲外國」句（七一三—六五六下）。明刊本「外國」作「夷狄」。又後文「後世爲治者往往昧於輕重緩急之辨」句（同上）。明刊本於「輕重」二字上多「華夷」二字。

東漸于海章

四庫本止於「而以內治治之也」句（七一三—六五七上）。明刊本其下尚有「此無他。天地間有大界限。華處乎內。夷處乎外。各止其所。而天下之理的矣」。

周禮職方氏乃辨九服之邦章

四庫本「當世制也嚴矣。其爲後世慮也遠矣」句中有闕文（七一三—六五八上）。明刊本原文如下「當是之時。華夷之辨截然有一定之限。周道既衰。於是乎腥羶異類始入中國。而與齊民錯居。春秋之時有陸渾

之類已居中國。其後漢唐之世往往有夷狄之禍。此無他。由其不能謹內外之防。而混華夷之俗故也。由是以觀。則禹貢之五服。周人之九服。其爲當世制也嚴矣。其爲後世慮也遠矣」。

春秋隱公二年公會戎于潛章

四庫本刪去胡安國。呂祖謙之言（七一三—六五八上）。明刊本其文如下「胡安國曰。戎狄舉號外之也。天無所不覆。地無所不載。天子。與天地參者也。春

秋。天子之事。何獨外戎狄乎。曰。中國之有戎狄。猶君子之有小人。內君子外小人爲泰。內小人外君子爲否。春秋。聖人傾否之書。內中國而外四夷。使之各安其所也。無不覆載者王德之體。內中國而外四夷者王道之用。是故以諸夏而親戎狄。致金繒之奉。首顧居下。其策不可施也賈誼疏。以戎狄而朝諸夏。位侯王之上。亂常失序。其禮不可行也。荀悅論。以羌胡而居塞內。無出入之防。非我族類。其心必異。萌猾夏之階。其禍不可長也。江統論。爲此說者。其知內外之旨而明於馭戎之道。正朔所不加也。奚會之有書會戎譏之也。

呂祖謙曰。禹服周畿。要荒蠻夷。邈然處於侯甸采衛之外。當是時。華戎之辨固不待聖人而後明也。王道既衰。氊毳異類始錯居中國。疆土相入。蹄輪相交。室廬相望。習熟見聞。寖不知有華戎之辨矣。春秋書魯公會戎於潛。還人心於既迷。遏夷狄於方熾。涇渭

華夷於一言之間。此春秋之功所以與天地並歟。

又其後四庫本自「臣按漢以南單于款五原塞賜姓爲藩臣」句以下至「猶謹其微如此」句與明刊本不同。明刊本其文如下「臣按胡君二儒之言。灼見聖人作春秋之意。所以嚴華夷之辨。萬世主中國者。所當鑑戒也。胡氏所引賈誼荀悅江統三論。其尤切要。而其禍尤大者。在以羌胡而處塞內也。漢以南單于欵五原塞。賜姓爲藩臣。其後劉淵劉聰大爲中國患。魏晉之世。

處鮮卑羯氐於內地。遂迭起亂華。晉遂不支。唐至中葉。以安祿山守范陽。其後盡以蕃將易漢將。夷狄之禍直至唐亡。嗚呼。春秋之於戎夷。以列國之諸侯處於內地。一與夷聚會於壇坫之間。猶謹其微如此。」

又後文。四庫本於「何不思之甚哉」句下有闕文（同上）。明刊本作「蓋人生天地間。華夷之俗雖有不同。而戀土之心則一。方其內附也。未必皆有慕華之心。非迫於不得已。決不肯捐其親屬。舍其田里。而棄

具父祖之塋兆也。其所以來者。非因避不可解之仇讎。必是逭不可生之殺戮。譬若籠中之禽。圈中之虎。其處身非不安。而所以爲之養非不備也。苟有可乘之隙。可出之機。豈肯爲人所拘縶哉。況喜放縱而惡拘束乃夷狄之本性。彼雖有盟誓之言。涕洟之語。未必皆其血誠。斷斷乎眞可信者也」。

又後文。四庫本自「亦使彼得以全其所以報吾之義焉」句以下至「不使之群而居也」句（七一三—六五八下）。刪削甚多。明刊本原文如下「亦使彼得以全其所以報吾之義焉。然則夷狄之內附不可受歟。曰。彼以窮困而歸我。我不受之。仁者不爲也。彼以慕義而歸我。我不受之。義者不爲也。既受之矣。何以處之。曰。因其俗而制之。順其勢而安之。彼之來也。爲仇讎也。在東者則處之於西陲。使其勢不相及可也。彼之來也。爲慕華也。在左者則處之於右地。使其衛吾邊境可也。予之以爵位。而不極其所欲。賜之以金

帛。而不徇其所求。任之以偏裨。而不付以獨柄。如此則彼得以自安。而吾無後患矣。然此所以處新附者耳。若夫久附易世者何以處之曰。晉之劉石苻姚。其先世入內地。皆在漢魏之世。遠者數百年矣。及其一旦紛起。猶藉上世以號召其徒。此前代明鑑也。彼自其乃祖乃父慕義來歸。歷世已久。荷國厚恩。非不知感。染華雅俗既已久變。固無外慕之心。亦無內訌之意。使中國常承平。彼非但無此言。亦無此心也。不

幸一旦板蕩塵坌。遇有機會。轉移之間有興有亡。趨避之頃有安有危。彼或不能不爲騎屋極之計耳。不可以久安而僥倖苟且。而不爲之遠慮也。爲今之計奈何。曰。彼生長中華。世有爵祿。結爲姻婭。相與聯比。皆華夏之人。已久忘其爲夷矣。一旦無故分辨之。彼誠不自安也。必欲安其心而無後患。必須以漸而爲之。因事而處之。不使之群而居也。」

庚辰。公及戎盟于唐章

四庫本刪削胡安國語（七一三—六五八下）。明刊本其文如下「胡安國曰。此蓋徐州之戎久居中國者也。韓愈氏言。春秋謹嚴。君子以爲深得其旨。所謂謹嚴者何謹乎。莫謹於華夷之辨矣。中國而夷狄則狄之。夷狄猾夏則膺之。此春秋之旨也。而與戎歃血以約盟。非義矣。盟于唐而書日者。謹之也。後世乃有結戎狄以許婚。而配偶非其類。如西漢之於匈奴。約戎狄以求援。而華夏被其毒。如肅宗之於回紇。信戎狄以與盟。而臣主蒙其恥。如德宗之於尙結贊。雖悔於終。亦將奚及。春秋謹唐之盟。垂戒遠矣。」

又後文「孔穎達謂此戎蓋帝王所羈縻居九州之內」句以下闕一句（七一三—六五八下）。明刊本作「則是春秋之時已有戎夷居內地也」。又此段四庫本止於「自昔有一種不閑禮義之人耳」句（同上）。明刊本尙有一段如下「在淮者類乎夷。故以夷目之。在徐者類乎戎。故以戎稱之也。夫內地小小戎夷。春秋猶謹之

如此。況後世所謂戎夷。其地大而人衆。往往得志於中國者哉。尤當推聖人謹嚴之心。審於幾微之始。折其萌而遏其端。毋使其至於滋蔓而馴致於無可奈何也。」

僖公三十二年衛人及狄盟章

四庫本刪胡安國。張洽之言及作者按語（七一三—六五九下）。明刊本其文如下「胡安國曰。盟會。中國諸侯之禮。衰世之事已非春秋之所貴。況與戎狄豺狼

即其廬帳。刑牲歃血以要之哉。
張洽曰。非我族類而就其廬帳以與盟於是始。有如唐德宗召平涼之辱者矣。所以特書以示戒也。臣按。中國之於戎狄會之且不可。何可與之盟。」

宣公三年楚子伐陸渾之戎章

四庫本刪胡安國語（七一三—六五九下）。明刊本其文如下「胡安國曰。夷狄相攻不志。此其志何也。爲陸渾在王都之側。戎夏雜處。族類之不分也。特書于

策。以謹華夷之辨。禁猾夏之階。」

成公元年秋。王師敗績于茅戎章

四庫本「于茅戎不言戰。茅戎不能抗王也」句（七一三—六五九下）。明刊本「茅戎」皆作「夷狄」。下文亦同。

九年秦人白狄伐晉章

四庫本「胡安國曰晉常與白狄伐秦」句有闕文（七一三—六六〇上）。明刊本作「胡安國曰。經所謹者華夷之辨也。晉常與白狄伐秦」。又後文「若其同惡相濟。貽患於後焉。不亦甚乎」句（同上）。明刊本作「亦慮其同惡相濟。貽患於後也。中國友邦自相侵伐已不爲義。又與非我族類者共焉。不亦甚乎。」

又。四庫本刪去其後之作者按語（同上）。明刊本其文如下「臣按夷狄不可與共事。後世若唐人之於突厥回紇。宋人之於女眞韃靼。其利害昭然可鑒也。然則武王之於庸蜀羌髳微盧彭濮非與曰。所謂庸蜀之類皆

吾近地之人。習俗少異者耳。非化外之不布帛。不五穀。喜人怒獸者也」。

哀公十有三年公會晉侯及吳子于黃池章

四庫本胡安國語多處刪削。又刪去作者按語（七一三—六六〇上）。明刊本其全文如下「胡安國曰。春秋內中國而外諸夷。吳人主會其先晉紀常也。春秋四夷雖大。皆曰子。吳僭王矣。其稱子正名也。定公以來晉失霸業。不主夏盟。夫差暴横。勢傾上國。自稱周

室於已爲長。而黃池之會書法如此者。訓後世治中國御四夷之道也。明此義則知漢宣帝待單于位在諸侯王上。蕭傅之議非矣。唐高祖稱臣於突厥。倚以爲助劉文靜之策失矣。何況於以父事之如石晉者。將欲保國而免其侵暴得乎。或曰。苟不爲此。至於亡國則如之何。曰存亡者天也。得失者人也。不可逆者理也。以人勝天。則事有在我者矣。必欲顛倒冠屨而得天下。其能一朝居乎。故春秋撥亂反正之書不可以廢焉者也

。

臣按胡氏之言備述中國與夷狄共事之害。後世所當深戒者也。」

於越入吳章

四庫本「吳爭遠國而越滅之」句（七一三—六六〇下）。明刊本「爭遠國」作「侵中國」。

自恆山至於南河千里而近章

四庫本「洛陽爲王城。而陸渾戎密邇乎其境」句中有闕文（七一三—六六一上）。明刊本「而」字下尚有「臯鸞氏」三字。又此段末四庫本「惟明主瓦礫視之可也」句中有闕文（七一三—六六一下）。明刊本作「惟明主寶吾華夏文明之域。以瓦礫視之可也」。

僖公二十三年初平王之東遷也章

四庫本「呂祖謙曰。中天下而畫壤者是爲伊洛」句下有闕文（七一三—六六二上）。明刊本其文如下「萬國莫先焉。自伊洛而俯視夷狄。不知其幾千百等政。

使風俗隳壞。何至淪於戎狄乎。幸有一見被髮之祭。預期爲戎。於百年之前而秦晉之遷陸渾。果不出其所料。抑有由矣。曠百世而相通者心也。跨百里而相合者氣也。」。又其後作者按語。四庫本止於「故識微之君子因微而知著。由邇而察遠」句（同上）。明刊本其下尚有一段如下「自今而知後。而善爲治者亦必謹著於其微。慮遠於其近。防後於其前。恐其一旦馴致於無可奈何之地。而無容吾力也。彼幸有所見者

。特其人所爲者偶以於夷耳。非倣而習之也。而幸有已預知其必爲戎於百年之後。矧世之人明明習爲胡言。祀胡鬼。誦胡書。行胡俗。而又爲胡人之冠服器用。襲用之久而至於相忘。雖朝廷之上。輦轂之下。學校之中。恬然由之而不疑。群然用之而不怪。其爲戎也豈在百年後乎。聖人在天子之位。承帝王之統。主華夏之地。所當痛加禁革者也。」

卷一百四十四

四庫本「馭外蕃」「內外之限」明刊本並作「馭夷狄」「內夏外夷之限」。

論語曰管仲相桓公章

四庫本闕金履祥語（七一三—六六三下）。明刊本其文作「金履祥曰。夫子傷周室之衰。諸夏之弱。夷狄之盛。而許管仲之仁。此聖人衰世之意也。」

又其後作者按語。四庫本止於「管仲之功亦猶是也」句（同上）。明刊本其後尙有一段如下「臣嘗因孔子

及朱氏之言兩推之。有以見我聖祖之有功於天地爲甚大。管仲之功。遏楚而已。楚。中國之諸侯也。漢祖唐宗之功。除秦隋而已。秦隋。中國之天子也。我聖祖除去胡元。恢復帝王之境土。重闡中國之彝倫。其功較之二君一臣。大小輕重何如哉。夫自五代之世。石晉以幽燕十六州之地以賂契丹。宋靖康之變。女眞奄有中國之地。而韃靼人混華夏。至於我聖祖洪武開國之春。幽燕淪於夷狄者四百四十八年。中原變爲夷

狄者二百四十一年。至是始復歸於中國。治教於是乎大明。彝倫於是乎復古。臣恒謂天地開闢以來。夷狄亂華之禍莫甚於胡元。蓋中國全爲胡有者幾百年。我聖祖始復而有之。內外之疆域截然有定限。華夷之倫類秩然有定所。百有餘年矣。臣讀我聖祖未登極之先。傳檄中原有曰。自古帝王御臨天下。中國居內以制夷狄。夷狄居外以奉中國。未聞以夷狄治天下者也。既登極之後。御製大誥有曰。胡元入主中國。非我族

類。風俗且異。言語不通。其所以丁寧諄切。爲天下臣民告者至矣盡矣。蓋欲天下後世同心竭力以遏其萌。杜其漸。以爲千萬世之防也。聖子神孫其尙體聖祖之心。守聖祖之法。嚴封疆之守。謹邊闔之任。防微而杜漸。內脩而外攘。以弘大聖祖之功於億萬斯年。以與天地相爲悠久焉」。

孟子曰。周公兼夷狄驅猛獸而百姓寧章

四庫本於作者按語止於「孟子去聖人時未遠。其或他有所據歟」句（七一三—六六四上）。明刊本其下尙有一段如下「以春秋考之。荊者楚之本號。莊公十年始書荊。至僖公元年乃改稱楚。此魯人作頌之時歟。孟子前引此詩以闢陳相之悖師從夷。後引此詩以闢楊墨之無父無君。夫楊墨之無父無君。其流之弊焉耳。而夷狄則眞無父無君者也。彼其無父無君自在其域中。而出於吾之化外。吾亦末如之何也已。苟吾中國之人所以自爲者。其弊亦將如之。而吾中國之聖賢主中

國之世道者。方且膺而擊之。不少假借。況眞無父無君者哉？彼眞無父無君者。以其敎而爲吾中國之人之師。使中國皆習無父無君之俗。以其政而爲吾中國之人之君。使中國皆爲無父無君之民。世無周公孟子則已。如有周公孟子者出於其間。其膺之闢之。臣知其汲汲焉。不遺餘力矣。先儒有言。周公沒。百世無善治。孟軻沒。千載無眞儒。所以明千載眞儒之道。而光復百世之善治者。正有待於今日之聖明天子。」

漢高祖四年北貉燕人來致梟騎助漢章

四庫本「臣按此中國借兵外國之始」句以下全刪（七一三—六六四下）。明刊本其全文如下「臣按此中國借兵夷狄之始。夫夷狄。豺狼也。不可與共事。有之未必成功。無之未必敗事。方吾有事借助其力。雖若可以快一時之意。然後日之害不能保其必無也。自高祖此舉之後。後世中國之君往往借兵蠻夷。然得其利也無幾。而受其害也亦多矣。彼恃其有勞於我。邀求

無已。予之則無有已期。不予則遂成釁隙。卒之爲中國之蠹。生民之擾。較之所借助者奚翅什百。甚者宗社因之而亡。唐於突厥回紇。宋於女眞韃靼。可鑒也已。嗚呼。君子作事謀始。可不戒哉。」。

文帝時賈誼上疏章

四庫本「凡天子者天下之首也。上也。今匈奴侮慢侵掠至不敬也」句中有闕文（七一三—六六四下）。明刊本原文作「凡天子者天下之首也。何也。上也。蠻

夷者天下之足也。何也。下也。今匈奴侮慢侵掠至不敬也」。又後文「猶爲國有人乎」句下四庫本闕一句（同上）。明本作「可爲流涕者此也」。

班固曰。春秋內諸夏而外夷狄章

四庫本「夷狄之人逐水隨畜射獵爲生」句中有闕文（七一三—六六五上）明刊本作「夷狄之人貪而好利。被髮左衽。人面獸心。其與中國殊章服。異習俗。飲食不同。言語不通。避居北陲寒露之野。逐水隨畜。射獵爲生」。又後文「是故聖王不與約誓。不就攻伐」句中亦有闕文（同上）。明刊本作「是故聖王禽獸畜之。不與約誓。不就攻伐」。又末句「蓋聖王制禦外國之常道也」（七一三—六六五下）。明刊本「外國」作「蠻夷」。

范曄曰。先王疆理九土章

四庫本此段文字刪削甚多（七一三—六六六上）。明刊本原文如下「范曄曰。先王疆理九土。判別畿荒。

知夷貊殊性。難以道御。故斥遠諸華。薄其貢職。惟與辭要而已。若二漢御戎之方。失其本矣。何則。先零侵境。趙充國遷之內地。當煎作寇馬。文淵徙之三輔貪其暫安之勢。信其馴服之情。計日用之權宜。忘經世之遠略。夫豈識微者之爲乎。又曰。自後經綸失方。畔服不一。其爲灰毒。胡可殫盡也。言降及後世。翫爲常俗。終於吞噬神鄉。丘墟帝宅。嗚呼。千里之差。興自毫端。失得之原。百世不磨矣。」

李賢曰。自單于入居西河。美稷之後。種類繁昌。難以驅逼。魏武雖分其衆爲五部。但大率皆居晉陽。暨乎左賢王豹之子淵。假稱天號。縱盜中原。愍懷二帝沈沒虜庭。差之毫端一至於此。百代興滅。殊可痛心也。

臣按天地間有大界限。華夷是也。華處乎中。夷處乎外。是乃天地以山川險阻界別區域。隔絕內外。以爲吾中國萬世之大防者也。奈何自決其防。引而入吾腹

心之內乎。漢自宣帝時徙羌於三輔。其後光武又居匈奴于雲中兩河。卒貽五胡亂華之禍於再易世二百二十五年之後。嗚呼。人君之處事何可不爲深長思乎」。

晉武帝時郭欽上疏章

四庫本此段文字多所改易及删削（七一三—六六六上）。明刊本其全文如下「晉武帝時郭欽上疏曰。戎狄彊獷。歷古爲患。魏初人寡。西北諸部皆爲戎居。今雖服從。若百年之後有風塵之警。胡騎自平陽上黨不三日而至孟津。此地西河。太原。馮翊。安定。上郡盡爲狄庭矣。宜及平吳之威。謀臣猛將之略。出。北地西河安定。復上郡。實馮翊。於平陽以北諸縣募取死罪。徙三河三魏。見士四萬家以充之。裔不亂華。漸徙平陽。弘農。魏郡。京兆。上黨雜胡。峻四夷出入之防。明先王荒服之制。萬世之長策也。武帝不納。」

惠帝元康九年章

四庫本「太子洗馬江統作徙戎論以警朝廷曰」句幾全删削（七一三—六六六上）。明刊本其文如下「惠帝元康九年。太子洗馬江統以爲夷狄亂華。宜早絕其源。乃作徙戎論以警朝廷曰。四夷之中戎狄爲甚。弱則畏服。彊則侵叛。是以有道之君待之有備。禦之有常。雖稽顙執贄。而邊城不弛固守。爲寇賊彊暴。而兵甲不加遠征。期令境內獲安。疆埸不侵而已。及至周室失統。諸侯專征。戎狄乘間得入中國。或招誘安撫

以爲己用。自是四夷交侵中國錯居。及秦始皇幷天下。兵威旁達。攘胡走越。當是時。中國無復四夷也。

又後文「蓋權宜之計。今已受其蔽矣」句以下有闕文（七一三—六六六下）。明刊本作「夫關中帝王所居。未聞夷狄宜在此土也。非我族類。其心必異。而士庶翫習。侮其輕弱。以貪悍之性。挾憤怒之情。候隙乘便。輒爲橫逆。此必然之勢也。」又後文「使屬國撫夷就安集之。幷州之胡本匈奴桀惡之寇也」句中有

闕文（同上）。明刊本作「使屬國撫夷就安集之。戎晉不雜。並得其所。縱有猾夏之心。絕遠中國。隔閡山河。爲害不廣矣。幷州之胡本匈奴桀惡之寇也。」

又後文「數世之後必至殷熾。夫爲邦者憂不在寡而在不安」句中有闕文（同上）。明刊本作「今百姓失職。猶或亡叛。犬馬肥充。則有噬嚙。況於夷狄。能不爲變。但顧其微弱耳。夫爲邦者憂不在寡而在不安。」又後文「豈須此等在內然後取足哉」句（同上）。

明刊本「此等」作「夷虜」。

又其後作者按語。四庫本「其後劉石迭起。率如所料。自長淮之北無復晉土」句中刪削頗多（七一三—六六七上）。明刊本原文如下「其後五胡亂華。率如所料。大抵中原之地。自魏以來遂爲夷居。劉淵。匈奴也。而居晉陽。石勒羯也。而居上黨。姚氏。羌也。而居扶風。符氏。氐也。而居臨渭。慕容。鮮卑也。而居昌黎。種類日繁。其居處飲食皆日趨於華。惟其

桀暴貪悍。樂鬥喜亂之志則無時而可變也。是以劉淵一倡而幷雍之。胡乘特而起。自長淮之北無復晉土」。

又後文末句。四庫本「豫有以杜絕而消弭之哉」句（同上）。明刊本作「豫有以杜絕消弭之。毋謂彼既久處中國。必無後患而輕忽之哉。晉之事可鑒也已。」

惠帝時成都王穎表章

四庫本刪削作者按語之全文（七一三—六六七下）。

今據明刊本補之如後「臣按晉五胡亂華劉淵其始也。自古匈奴之爲中國害。不過侵軼邊境而已。蓋其種類自處其境中。自相雄長。號爲單于。未嘗據中國地。統中國民。稱中國號。如劉淵者也。淵本匈奴種。其先世受漢賜姓以爲劉氏。居中國歷三朝幾二百年。其人雖老長子孫於華夏之地。然猶群居類聚。其衣服食用雖稍變於其舊。然其桀驁狠毒之心。好鬥樂戰之習猶前日也。習知中國之人其性柔而好逸。貪生而畏死

。不耐苦而易飢。故素輕之。然所憚者朝廷之法度。官府之約束。故猶不敢恣肆。一遇朝政有缺。任用匪人。或民心之怨望。或邊鄙之有警。即起而乘之。黨類相扇而動。千百成群。遂成禍亂。以夷之性。因華之俗。用戎狄之猛鷙。假中國之位號。而華人之不逞者。又爲之指示彌縫。所以其毒尤甚。其禍尤慘。觀諸淵聰可鑒也已。自是以後。夷狄之禍此漢魏以前爲甚。濫觴於元魏。洋溢於遼金。滔天於蒙古極矣。不

有聖明者出。安知全天所覆者。不至於盡有夷而無華哉。蓋天地開闢以來一大禍也。我聖祖再造之功如此其大。承其後者尙思履霜堅冰之戒。折其萌而謹其防。毋使其朕兆微形。芽孽微生。則千萬世中國生靈之幸矣。」

唐太宗時突厥旣亡章

四庫本自「朝士多言北狄幸而破亡」句至「永空塞北之地」句中有刪削（七一三—六六七下）。明刊本作

「朝士多言北狄自古爲中國患。今幸而破亡。宜悉徙之河南兗豫之間。分其種落。散居州縣。敎之耕織。可以化胡虜爲農民。永空塞北之地。」又後文於「宜縱之使還故土」句（七一三—六六七下）與「彥博曰」句（七一三—六六八上）之間有闕文。明刊本作「不可留之中國。夫夷狄人面獸心。弱則請服。彊則叛亂。固其常性。今降者衆及十萬。數年之後。蕃息倍多。必爲心腹之疾。不可悔也。晉初諸胡與民雜居中

國。郭欽。江統皆勸武帝徙出塞外以絕亂階。武帝不從。後二十餘年。伊洛之間遂爲氈裘之域。此前事之明鑒也」。

其後作者按語部分四庫本「與竇靜之議略同。惟魏徵之議思患豫防之道。太宗散處其民于諸州」句中多處被删削（七一三—六六八上）。明刊本原文如下「與竇靜之議略同。惟魏徵之議援晉諸胡爲比。得帝王內夏外夷之道。思患豫防之心。彥博謂王者之於萬物。

天覆地載。靡有所遺。是固然矣。然天生豺狼虺蛇。必不生於城郭市井之間。而所以生之者。必有其地。是固有以限之也。則夫聖人之處華夷。可無內外之限哉。太宗從彥博議。散處其民於諸州」。又此段文字四庫本止於「而議事者當援古以證今。昭昭然明矣」句（七一三—六六八下）。明刊本其下尚有一段如下「魏徵曰。晉初諸胡與民雜居中國後二十餘年。伊洛之間遂爲氈裘之域。此前事之明鑑也。雖然。此豈但爲唐一時之鑑哉。乃千萬世之永鑑也。昔人言。非我族類。其心必異。而古詩亦云。越鳥巢南枝。胡馬嘶北風。蓋人生天地間。雖有華夷之殊。而其思鄉土黨同類之心則一也。況彼戎夷稟性絕與華人不同。而不可律以中國之人情。請以晉諸胡質之。五胡之中匈奴爲大。匈奴之種在漢也入居中國。歷漢而魏而晉。已數百年矣。其居中國非不久也。歷代授之以官爵。寬之以力役。非不厚也。而淵聰者。自其高曾以來。皆生長中國。其於故域不相聞也。非一世矣。一旦不幸

國家有事。即相乎而起。以爲中國大害。甚者執天子而折辱之。後世夷狄之處中國者。固未必如晉之多。然涓涓不壅。將成江河。毫末不折。將尋斧柯。爲世道深長慮者。亦不可不防微杜漸也。請以今日論之。國初平定。凡蒙古色目人散處諸州者。多已更易姓名。雜處民間。如一二稊稗生於丘隴禾稻之中。久之固已相忘相化而亦不易以別識之也。惟永樂以來。往往

以降夷寘之畿甸之間。使相群聚而用其酋長。時有征討。起以從行。固亦賴其用矣。然而已巳之變。虜犯近郊。其中亦有乘機易服以劫掠平民。甚至乃有爲虜向道者。此其已然之效可爲明鑑者也。當是時。臣親目擊其事。而議者咸謂事乎之後即與處置。今又踰三十年矣。而其黨類處京城畿甸間者。如故說者。若謂此輩生長中國。受恩厚而染化深。不必他慮。臣竊以爲晉之諸胡。經三朝歷數百年。尚不忘其故俗而爲中國禍害。況今入中國未有百年。而其衣服語言猶循其舊俗者乎。設使未經變故。尙當爲之遠慮。況又有已驗之實效乎。天下之事最難處者莫甚於此。蓋今日慕華歸正之人久居內地。勞效素著。欲如唐太宗。並令渡河。返其舊部。難矣。不得已而思其次。請凡自西北內附者。除已建顯功受封爵者外。其餘有官者遞陞一級。給與全俸。無官者編入隊伍。月支米比常伍加多。勅兵部注撥於迤南衛所。衛不過二百。所不過二

十。官不許專城。卒不許類聚。征操外並免雜役。如此則不失安輯之道。既得其用且免其患矣。

武后時四夷質子多在京師章

四庫本「官戎狄。步釁門。窺圖史成敗」句（七一三—六六八下）。明刊本作「官戎秩。步釁門。服改氊罽。語集楚夏。窺圖史成敗」。

天寶六載章

四庫本「李杜甫爲相。欲杜邊帥入相之路」句下闕一句（七一三—六六九上）。明刊本作「以胡人不知書」。

天寶十四載章

作者按語部分。四庫本「固未嘗無。非惟無異夢」句（七一三—六七〇上）。明刊本作「固未嘗無。非惟無異言。亦無異夢」。又後文「豈非後世之永鑑哉。然唐之蕃將如執失思力出自突厥」句中有闕文（七一三—六七〇下）。明刊本作「豈非後世之永鑑哉。然

則爲今之計若何。曰譬如畜獸然。十虎之間而雜以一狼。亦何不可之有。且唐之蕃將如執失思力出自突厥」。又後文「豈可以非華而不用哉。仰惟我祖宗朝凡諸歸正而建功者」句中有闕文（七一三—六七〇下）。明刊本作「豈可以非華而不用哉。但不可如天寶之末。盡用胡而代漢耳。仰惟我祖宗朝凡諸歸正而建功者」。

卷一百四十五

四庫本「馭外蕃」明刊本作「馭夷狄」。

舜典咨十有二牧章

四庫本於孫覺語之後缺作者按語（七一三—六七一上）。明刊本其文如下「臣按地有內外。勢有遠近。人有華夷。人君爲治。先內而後外。始近而終遠。內華而外夷。然必內者脩而後外者治。近者悅而後遠者來。華人安而後夷人服。苟吾德之不脩。食之不足。君子不用。小人不遠。則近而在吾之內者有不脩矣。內治之不脩。而徒外夷之攘難矣。是故王者之馭夷狄以自治爲上策。」。

大禹謨益曰無怠無荒四夷來王章

四庫本作者按語「是故自古鎭服外國之道。不在於邊鄙而在於朝廷。雖以舜大聖人而伯益猶以怠荒爲戒」句中有闕文（七一三—六七一下）。明刊本其文如下「是故自古鎭服夷狄之道。不在於邊鄙而在於朝廷。不在於羌戎而在於臣庶。內政既修外患自然不作。華風既盛夷心自然歸仰。雖以舜大聖人而伯益猶以怠荒

爲戒」。

又後文「外無邊患則內有善治。而吾君享安富尊榮之樂矣」句中亦有闕文（同上）。明刊本其文作「外無邊患則內有善治。而吾華夏之民得以相生相養。而吾君享安富尊榮之樂矣」。

漢光武建武二十七年章

四庫本「如此匈奴之滅不過數年」句（七一三—六七

四下）。明刊本「匈奴」作「北虜」。

象胥掌蠻夷閩貉戎狄之國使章

四庫本「鄭玄曰。通外國之言者曰象胥」句（七一三—六七六上）。明刊本「外國」作「夷狄」。

其後作者按語「外國之人其拜揖進退拜伏之禮不同於中國」句（七一三—六七六下）。明刊本「外國」作「夷狄」。

宣帝時匈奴呼韓邪單于款五原塞章

四庫本「御史曰單于朝賀宜如諸侯王位次在下」句有闕文（七一三—六七九上）。明刊本作「御史曰聖王之制先京師而後諸夏。先諸夏而後夷狄。單于朝賀。宜如諸侯王位次在下」。又後文「蕭望之以爲單于非正朔所加故稱敵國」句（同上）。明刊本「敵」作「狄」。

凡蕃使見辭同日者章

四庫本作者按語止於「亦恐因此而啓其忿忿不平之心也」句（七一三—六八〇下）。明刊本其下尚有一段如下「臣請自今外夷來朝者。令禮官擇日引見。其辭也亦如之。若夫錫宴給賞尤宜隔絕。使彼此不相知。夫物我相形。雖華人不能無爭。況人面獸心之虜哉」。

漢武帝元狩二年章

四庫本「何至令天下騷動。罷敝中國之人乎」句（七一三—六八一下）。明刊本作「何至令天下騷動。罷敝中國而以事夷狄之人乎」。

卷一百四十六

四庫本「馭外蕃」明刊本作「馭夷狄」。

詩序六月宣王北伐也章

四庫本作者按語部分多處刪削（七一三—六八四下）。明刊本原文如下

臣按。本朝學士朱善曰。先王之法。夷狄侵中國。臣子背君父皆天下之大變。諸侯有能討之者。許之先發

而後聞。其急如此。所以然者。以中國不可一日而不尊。天理不可一日而不明也。今玁狁內侵。不得已而應之。雖六月出師。而人不以爲暴者。知其過之不在於君上。蓋以爲所以勞我者。乃所以安我也。臣之爲言正也。夷狄橫則中國危。攘夷狄固所以正中國也。

其五章曰戎車既安章

四庫本「朱熹曰至于太原。言逐出之而已。不窮追也」句（七一三—六八五上）。明刊本其下尚有「先王治戎狄之法如此」句。

其卒章曰蠢爾荊章

四庫本作者按語「臣按南蠻北狄最爲中國患」句（七一三—六八六上）。明刊本作「臣按中國之外有四夷。惟南蠻北狄最爲中國患」。又後文「雖然時世不同。盛衰亦異」句。明刊本作「雖然時世不同。而夷狄之盛衰亦異」。又末句「則成功不難矣」。明刊本作「則成功不難而夷狄賓服矣」。

趙充國至金城章

四庫本作者按語「臣按充國謂以殄滅爲期」句（七一三—六八七下）。明刊本作「臣按充國謂擊虜以殄滅爲期」。

趙充國奏章

四庫本作者按語「其於寇盜除去其害爾」句（七一三—六九一上）。明刊本作「其於寇賊夷狄除去其害爾」。

卷一百四十七

四庫本「馭外蕃」明刊本作「馭夷狄」。

漢高祖八年章

四庫本「司馬光曰……帝王之御外國。服則懷之以德」句（七一三—六九二下）。明刊本「外國」作「夷狄」。

四庫本作者按語「乃至無策以禦外侮而與之通昏姻。嗚呼。景公不得已而爲之」句（七一三—六九三上）

。明刊本作「乃至無策以禦外侮而與異類通昏姻。決華夷之防。廢徵聘之禮。嗚呼。景公不得已而爲之」。

文帝遣陸賈使南越章

四庫本作者按語「南越亦人也」句（七一三—六九三下）。明刊本作「夷狄雖異類。亦人也」。

文帝時賈誼上疏章

四庫本作者按語「彼分明是遭餌」句（七一三—六九

四下）。明刊本「彼」作「虜人」。又「而彼之貪饕無已」句（同上）。明刊本「彼之」作「虜人」。

武帝建元六年章

四庫本作者按語「匈奴求和親。割所愛而與之固不可」句（七一三—六九五上）。明刊本作「匈奴求和親。夷狄非我族類。割所愛而與之固不可」。又「則曲在我直在彼。可不可乎」句（同上）。明刊本作「則曲在我直在彼。華夏禮義之邦。與夷狄較而曲在我。可不可乎」。

成帝河平二年章

四庫本作者按語「谷永杜欽此議得帝王誠信之道」句（七一三—六九六上）。明刊本作「谷永杜欽此議得帝王以誠信待夷狄之道」。

光武建武二十八年章

四庫本作者按語「柳亦先覺之爲賢」句下有闕文（七一三—六九六上）。明刊本作「此非但可施於待人處

事。雖中國之待夷虜亦莫不然」。

班固曰。和親之論發於劉敬章

四庫本作者按語「此誠練達事體之語也。蓋中國之與外域疆域殊隔」句（七一三—六九七下）。明刊本作「此誠練達事體。通曉夷情之語也。蓋中國之與夷狄氣類不同。疆域殊隔」。又後文「敵人」「敵勢」各作「虜人」「虜勢」。又末句四庫本止於「不可專任邊吏而必主之廷臣」句（七一三—六九八上）明刊本

其下尙有「不可專信內附之虜而必仗之中夏之人」句
。

唐文宗太和五年章

四庫本「在戎人平川之衝」句（七一三—六九八上）
。明刊本「戎人」作「戎虜」。

卷一百四十八

四庫本「馭外蕃」明刊本作「馭夷狄」。

錯又言曰臣聞小大異形章

四庫本作者按語末句止於「不臨事而後悔也」句（七一三—七〇三下）。明刊本其下尙有「錯又謂以蠻夷攻蠻夷爲中國之形。而以兼用漢胡長技相爲表裏。以爲萬全之術。其得中國帝王以全制勝之術也哉」一段。

宣帝元康三年章

四庫本刪作者按語（七一三—七〇三下）。明刊本其文如下

「臣按。夷性好爭。爭則自相仇殺。不暇爲中國患。而或假中國之威以制服其仇。是故夷狄之勢分則中國之威振。而邊圉靖矣。」

哀帝建平中章

四庫本作者按語「夫荒服之外禮教所不及者。聖王所不臣。必欲使冠帶以列位。稽顙而來朝」句（七一三—七〇五上）。明刊本作「夫內夏而外夷。天地之常經。荒服之外禮教所不及者。聖王所不臣。古今之大義也。必欲腥膻之醜類。侏儷藍縷之夷獠。皆冠帶以

列位。稽顙而來朝」。

王莽時匈奴入雲中塞章

四庫本劉貺語「趙簡子起長城。燕秦亦築長城以限中外」句（七一三—七〇五下）。明刊本作「趙簡子起長城以備胡。燕秦亦築長城以限中外」。

唐太宗貞觀二年章

四庫本作者按語「太宗此言得帝王之道」句（七一三

一七〇六下）。明刊本作「太宗此言得帝王馭夷狄之道」。

貞觀十八年章

四庫本胡寅語「要荒在外爲之限禁。自堯舜三代皆不敢廢」句中有闕文（七一三—七〇七下）。明刊本作「要荒在外爲之限禁。其來有時。以杜亂華之階。遏謀夏之禍。自堯舜三代皆不敢廢」。又後文「夫厚遇降人則於中國將薄矣」句（同上）。明刊本「降人」作「夷狄」。

貞觀二十一年章

四庫本「范祖禹曰。舜曰而難任人。蠻夷率服」句中有闕文（七一三—七〇七下）。明刊本其文如下「范祖禹曰。中國之有夷狄。如晝之有夜。陽之有陰。君子之有小人也。中國失政則四夷交侵。先王所以禦之者。亦可得而略聞矣。舜曰。而難任人。蠻夷率服。」

作者按語部分「則知內外之所關係孰輕孰重」句（七一三—七〇八下）。明刊本「內外」作「華夷」。

德宗時陸贄上言章

四庫本作者按語「善爲國者尚思其所以然。而豫爲之圖。豈非邊鄙生靈之幸哉」句（七一三—七〇九上）。明刊本作「善爲國者尚思其所以然而豫爲之圖。使千載之弊一旦而革。豈非邊鄙生靈之幸哉」。

贄又言曰。戎狄爲患自古有之章

四庫本自「夫時勢有盛衰。事機有利害」句以下至「力足以自保。勢不足以出攻」句之間有改易。刪削（七一三—七〇九下至七一〇上）。明刊本其原文如下「夫中夏有盛衰。夷狄有彊弱。事機有利害。措置有安危。故無必定之規。亦無長勝之法。蓋以中夏之盛衰異勢。夷狄之彊弱異時。事機之利害異情。措置之安危異便。知其事而不度其時則敗。附其時而不失其稱則成。形變不同。胡可專一。夫以中國彊盛夷狄衰

微而能屈膝稱臣。歸心受制。拒之則阻其嚮化。滅之則類於殺降。安得不存而撫之。即而叙之也。又如中國彊盛夷狄衰微。而尙棄信忤盟。蔑恩肆毒。諭之不變。責之不懲。安得不取亂推亡。息人固境也。其有遇中國喪亂之弊。當夷狄彊盛之時。圖之則彼釁未萌。禦之則我力不足。安得不卑辭降禮約好通和。啗之以利。以引其懽心。結之以親。以紓其交禍。縱不必信且無大侵雖非御戎之善經。蓋時事亦有不得已而然

也。儻或夷夏之勢彊弱適同。撫之不寧。威之不靖。力足以自保。勢不足以出攻」。

四庫本作者按語「古今制禦之方不出贄所陳四者之策」句（七一三—七一〇上）。明刊本「制禦之方」作「制禦夷狄之方」。

贄又曰夫制敵行師必量事勢章

四庫本「此彼之所長也而中國乃欲益兵蒐乘。角力爭驅」句（七一三—七一〇下）。明刊本作「此戎狄之所長也。戎狄之所長乃中國之所短。而欲益兵蒐乘。角力爭驅」。又後文「此中國之所長也」句下闕一句（七一三—七一一上）。明刊本作「我之所長乃戎狄之所短。我之所易乃戎狄之所難」。

又四庫本未錄作者按語（七一三—七一一上）。明刊本作「臣按。贄所陳。中國戎狄用兵各有短長。此可與鼂錯之疏並觀。」

卷一百四十九

四庫本「馭外蕃」明刊本作「馭夷狄」。

宋太宗時張齊賢奏章

四庫本「自古疆埸之難非屬由外國」句（七一三—七一三上）。明刊本「外國」作「夷狄」。又後文「是故聖人先本而後末。安內以養外」句下有闕文（同上）。明刊本作「人民本也。戎狄末也。中夏內也。夷狄外也」。

王禹偁言於太宗章

四庫本作者按語「嗚呼。人君能盡二言」句下有闕文（七一三—七一四下）。明刊本作「豈但使外夷無患哉。雖中國之治不出此而已矣」。

范仲淹上仁宗和守攻備四策章

四庫本「然萬世之下。備禦之方實不外此」句（七一三—七一四下）。明刊本「備禦之方」作「備禦夷狄之方」。又後文「敵人之向背。將領之壯怯」句（七一三—七一五上）。明刊本「敵人」作「夷情」。

仲淹又言章

四庫本「臣按外國不用中國人。其爲害不深」句（七一三—七一七下）。明刊本「外國」作「戎夷」。

吳育言於仁宗章

四庫本「聖人統馭之策……今西夏止是鈔掠邊隅。當置而不問」句中有闕文（七一三—七一七下）。明刊本全文作聖人統馭之策夷夏不同。雖有戎虜之君向化賓服。終待以外臣之禮。羈縻弗絕而已。一或有背叛。來則備禦。去則勿追。蓋異俗殊方。視如犬馬。不足以臣禮責之。今西夏若止是鈔掠邊隅當置而不問」。

靖康元年。金人犯京師章

四庫本作者按語末句「伏惟聖明決其可否」（七一三—七一九下）。明刊本作「伏惟聖明下其議於群。有司以決其可否」。

卷一百五十

四庫本「馭外蕃」明刊本作「馭夷狄」。

詩小雅出車之三章

四庫本「程頤曰城朔方而玁狁之難除」句下缺一句（七一三—七二〇上）。明刊本作「禦戎狄之道」。

四庫本作者按語「漢人城之以遏敵之內侵」句（七一三—七二〇上）。明刊本「敵」作「虜」。又「程氏謂禦敵之道守備爲本」句（同上）。明刊本「敵」作「戎狄」。

禮記月令章

四庫本作者按語「外恐敵國之侵陵」句（七一三—七二一上）。明刊本「敵國」作「夷狄」。又後文「林木茂密以限馳突」句（七一三—七二一下）。明刊本「限」字下尚多「夷狄」二字。又「以限敵人之馳騎」句（七一三—七二二下）。明刊本「敵人」作「虜人」。

左傳昭公二十三年章

四庫本「天子之守固在四夷。然近者未備何以服遠」句中有闕文（七一三—七二三下）。明刊本作「天子之守固在四夷。然必四境備而後及於鄰封。諸侯服而後及於夷狄。近者未備何以服遠」。

秦始皇三十三年章

四庫本作者按語「昭王時已於隴西北地上郡築長城矣」句（七一三—七二四上）。明刊本「築長城矣」作「築長城以拒胡矣」。又後文「則天下後世亦將有以賴之矣」句（同上）。明刊本作「則天下後世亦將有以賴之限隔華夷。使腥膻桀驁之虜不得以爲吾民害矣」。又「築爲邊墻以抗敵人之馳突」句（同上）。明刊本「敵人」作「虜人」。

始皇又使蒙恬渡河章

四庫本「故歷代設爲重城。屯士卒以戍守之」句下有闕文（七一三—七二四下）。明刊本作「所以絕華夷之通」。

又後文「自古建都于燕者。前有召公奭。後有金元。然王氣之隆正有在乎」句有闕文（七一三—七二五上）。明刊本其文如下「自古建都于燕者。前有召公奭。後有金元。然金元夷狄也。曷足以當此山川之王氣哉。王氣之隆政有在乎。」

文帝十四年章

四庫本作者按語「是以自古聖帝明王于封疆之守尤盡心焉」句中有闕文（七一三—七二六上）。明刊本作

「是以自古聖帝明王知中國之害在於夷狄。故於封疆之守尤盡心焉」。又後文「豈不長寇暴之威而貽中國之恥哉」句（七一三—七二六下）。明刊本「寇暴」作「夷狄」。又「使敵聞之知吾有備」句（七一三—七二七上）。明刊本「敵」作「虜」。

元帝時單于上書章

四庫本「開邊疆之隙。虧中國之固」句（七一三—七二八上下）。明刊本「邊疆」作「夷狄」。

四庫本作者按語「其乘障者幾何不爲敵持首去」句（七一三—七二九上）。明刊本「敵」作「虜」。

卷一百五十一

四庫本「馭外蕃」。明刊本作「馭夷狄」。

武帝元朔二年章

四庫本作者按語「我聖祖得天下遍於西北邊城立爲藩府」句（七一三—七三一下）。明刊本作「我聖祖得天下於中國。蓋當夷狄極衰之際。遍於西北邊城立爲藩府」。又後文「彼所以從入者必有其物」句中有闕文（七一三—七三二下）。明刊本作「彼所以從入者必有其路。所以屯聚者必有其所。所以食用者必有其物」。

北魏中書監高閭表章

四庫本「以爲北部所長者野戰」句（七一三—七三三上）。明刊本作「以爲北狄同於禽獸。所長者野戰」。

唐高祖時突厥歲盜邊章

四庫本作者按語「置舟師于河。扼敵之入」句（七一三—七三四下）。明刊本「敵」作「虜」。

五代晉高祖割幽薊十六州章

四庫本「胡三省曰……自此中國胥爲患矣」句（七一三—七六三上）。明刊本「患」作「夷」。其後作者按語。四庫本自「故二國所受禍略同」句以下至「則隮之天日之上矣」句中有闕文（七一三—七三六上）

。明刊本其文如下「故二國所受夷狄之禍略同。夫自晉天福元年。以賂契丹此地爲虜所得者。首尾四百五十餘年。我太祖始逐出元人而復爲中國有。蓋援之於泥塗之中也。太宗又於此建都。則躋之天日之上矣。」

其議守曰西戎居絶漠之外章

四庫本「此中原積兵之憂也。臣謂塞垣鎭守當務經遠」句中有闕文（七一三—七三七下）。明刊本作「此中原積兵之憂異於夷狄也。臣謂戎虜縱降塞垣鎭守當務經遠」。

其攻策章

四庫本「故動號十餘萬。以我分散之兵拒彼專一之勢」句（七一三—七三八下）。明刊本「故動號十餘萬」作「故犬羊之衆動號十餘萬」。

卷一百五十二

四庫本「馭外蕃」明刊本作「馭夷狄」。

東漢自光武罷都試章

四庫本作者按語部分凡「敵」字（七一三—七四七上下）。明刊本皆作「虜」。

宋制凡上軍遣戍章

四庫本「國家禍亂多起於寇盜」句（七一三—七五〇下）。明刊本「盜賊」下尚多「夷狄」二字。

宋制蕃兵者塞下內屬諸部落章

四庫本作者按語有一處注缺（七一三—七五一上）。明刊本作「雄所」。

卷一百五十三

周禮職方氏掌天下之圖章

四庫本作者按語「而人之中有居中者焉。有處外者焉。中者混而同其性稟」句中有闕文（七一三—七五二上）。明刊本作「而人之中有華有夷。華一而已。而夷則不止於一焉。蓋華夏居中。夷狄處外。中者混而同其性稟」。

通典曰緬惟古之中華章
四庫本「緬惟古之中華。有居處巢穴焉」句（七一三—七五二下）。明刊本作「緬惟古之中華。多類今之夷狄。有居處巢穴焉」。
順帝永和章
四庫本作者按語「臣按帝王之馭外蕃一。惟以義勝之而不校其利」句（七一三—七五六下）。明刊本作「臣按華夷之類不同。而貪得吝與之心則一也。帝王之

馭夷狄一。惟以義勝之而不校其利」。
唐貞元中章
四庫本「儻皆非虛。賊之所處又荒僻」句（七一三—七五九上）。明刊本作「儻皆非虛賊已尋盡。至今賊猶依舊足明欺罔。又自南討以來。賊徒亦甚傷損。察其情理。厭苦必深。大抵嶺南人稀地廣。賊之所處又更荒僻」。
又四庫本作者按語「大抵蠻性陰柔。倚山爲勢」句（七一三—七五九下）。明刊本作「大抵南蠻與北狄不同。蠻性陰柔倚山爲勢」。
宋初言於仁宗章
四庫本作者按語「臣按說者謂蠻無全勝之策」句（七一三—七六一下）。明刊本作「臣按治御南蠻之法與北狄不同。說者謂征蠻無全勝之策何也」。
安南古交阯也章
四庫本作者按語「宋興不能討之。遂使玆地淪侏離藍縷之俗」句（七一三—七六三下）。明刊本作「宋興

不能討之。遂使玆地淪於夷狄之域。而爲侏儺藍縷之俗」。

卷一百五十四

四庫本「馭外蕃」明刊本作「馭夷狄」。
周武王世以時入貢章
四庫本「戎狄交侵。詩人始作疾而歌之」句（七一三—七六六上）。明刊本作「戎狄交侵暴虐。中國被其

苦。詩人始作疾而歌之」。

作者按語部分。四庫本全部刪削。只以「臣按此北狄之在前漢者」一句交代（七一三—七六六下）。明刊本其文如下「臣按戎狄弒中國王而取中國地。周之時已有之。然不在成康之世而在幽王之時。使幽王不寵褒姒。而其臣申侯不與犬戎交通。則彼犬戎者固不敢越其封疆而入吾內地。況又敢剸刃於中國之天王哉。此世道之大變也。」

漢高祖七年章

四庫本作者按語「然是時敵騎乃至四十萬。則是北部之彊自漢初已然矣」句（七一三—七六七上）。明刊本「敵騎」作「虜騎」。「北部」作「北虜」。又後文自「而北部之興亡盛衰。起滅分合不知凡幾」句以下至「非以其地之廣也」句（同上）。四庫本刪易之處頗多。明刊本其文作「而北狄之興亡盛衰。起滅分合。不知凡幾。變而至于胡元極矣。說者以謂。北狄

之盛也。固莫盛于胡元。而其衰也亦莫衰於今日。何也。蓋天下理勢相爲乘除。物極則反。盛極而衰。亦必然之理也。何以明之。自古北狄之爲中國害者。非以其地之廣也」。

又後文自「至于元人崛起」句以下至「無復如前日之耐饑寒。甘勞苦矣」句（七一三—七六七下）。四庫本刪易頗多。明刊本作「至于胡元入中國。奄南北而有之。空其部落。居我內地。棄彼夷習。效我華風。宮居而室處。衣錦而食粟。其黠慧者。又學我道藝雅言而士行。闊步而寬衣。凡其自昔猛鷙之態。皆變而爲柔。耐苦之性皆變而爲驕。況其百年以來。內外官司皆用其國人以爲之長。非獨畿甸間爲然。則雖遠而瘴癘之鄉。細而魚鹽之職。所謂達魯花赤者。非其種類不用也。所至成群。隨在而有。其言語習尚雖多循其舊。然其肢體筋骨。無復如前日之耐飢寒甘勞苦矣」。

又四庫本自「其故域者蓋亦無幾」句以下至「以故不能爲我邊防之害」句（同上）有兩處刪削。明刊本作「其故域者蓋亦無幾。非但失中國之法制。而併與其本來之部落而迷失之游魂殘魄。苟延喘息於草野之間。分散而微弱。紛雜而無統。而其狺狺然見骨必爭者。犬戎之性固在也。方且自相魚肉。自相攘奪。救死扶生之不暇。以故不能爲我邊防之害」。又後文自「彼皆雉竄鼠伏」句（七一三—七六七下）以下至「自

洪武永樂以來」句（七一三—七六八上）。明刊本其文作「彼皆雉竄鼠伏。無有一虜敢張螳臂以當雷霆之威者。僅受一也。先土干降附而還。是以百年之間夷狄懾伏。邊境肅清。自秦以來所未有者書之史册。足以垂耀千古矣。自洪武永樂以來」。又其後「然當是時。彼悉其部落。幷脇烏梁海。海西諸部皆來」句（七一三—七六八上）。明刊本「彼」作「虜」。又「何其多寡之懸絕也。自是以後。托歡爲哈喇所殺」句（同上）。明刊本作「何其多寡之懸絕也臣故曰。北虜之衰莫有衰於今日者此也。自是以後。也先爲哈剌所殺」。又「未有父子繼世者。是其無能爲亦可見矣」句（同上）。明刊本作「未有父子繼世者。是固天厭夷惡而助我皇仁。則其虜之無能爲亦可見矣」。又「我國家都燕。邊防尤宜加慎」句（七一三—七六八下）。明刊本作「我國家都燕。切近邊夷。尤宜加慎」。

突厥阿史那氏章

四庫本「控弦且百萬。唐高祖起太原。遣使往聘與連和」句中有闕文（七一三—七六九上）。明刊本作「控弦且百萬。戎狄熾彊古未有也。唐高祖起太原。遣使往聘與連和」。

四庫本宋祁語「當此時突厥最彊」句（七一三—七六九上）。明刊本作「當此時。四夷侵。中國微。而突厥最彊」。又其後「故詭臣之贈予不可計。於是掃國

入寇」句（同上）。明刊本作「故詭臣之贈予不可計。虜見利而動。又與賊連和殺掠吏民。於是掃國入寇」。

四庫本作者按語「蓋漢唐有邊關以爲之阨塞。宋則失其險隘而以內地爲邊故也」句（七一三—七六九下）。明刊本作「蓋漢唐有邊關以爲之阨塞。而虜未有城池。據中國地。宋則失其險隘。而以內地爲邊故也」。

回紇其先匈奴也章

四庫本作者按語「臣按有唐一代前曰突厥後曰回鶻」句（七一三—七七〇上）。明刊本作「臣按有唐一代北狄最彊者前曰突厥後曰回鶻」。又「宋之契丹拓跋其地與衆未必過此二部」句（七一三—七七〇上）。明刊本「二部」作「一虜」。

大明一統志章

四庫本「北部種落不一。歷代名稱各異」句（七一三—七七〇上）。明刊本「北部」作「北胡」。

又四庫本作者按語自「臣按」以下至「而我朝則居中國之盡處」句刪削頗多（七一三—七七〇下）。明刊本其文如下

「臣按自周以來。北狄之寇止及邊境而已。至五代石敬塘以山前後十六州賂契丹。始據中國地立城廓。大爲中國害。前此如春秋之吳楚。是中國之人居邊夷地。晉宋之五胡。乃夷狄之種居中國地。他如匈奴。烏桓。鮮卑。蠕蠕。突厥。回紇。吐蕃皆是夷狄。居夷狄地。時或爲邊境患耳。至契丹始效中國。稱大號與宋爲敵國。女直又奄中州而有之。蒙古遂混一南北。盡有中國帝王所自立之函夏。嗚呼。作俑者其契丹之阿保機乎。所以肇其端基其禍者。則石敬塘也。豈非萬世之罪人乎。夫夷狄之禍自古有之。而禍之大者始起於此。惟其禍之大。所以防而備之者宜比古人加意百倍。蓋非特爲邊民慮。所以爲宗社計也。自秦漢以

來。建都于關中。洛陽。汴梁。其邊圉皆付之將臣。惟我朝都于幽燕。蓋天子自爲守也。前此都此者。若金若元皆夷也。而夷居於近夷之地。將以臨中國而內侵也。而我朝則居中國之盡處」。

大明一統志曰烏梁海本春秋時山戎地章

四庫本作者按語「臣按三衛有以福餘名者」句中多刪削（七一三—七七一下）。明刊本作「臣按自古北狄種類甚多。今三衛所居在古東胡地。東胡在古有鮮卑。奚契丹等種不一。今則不復識別。以所居觀之。其奚種歟。今衛有以福餘名者」。又後文「夫彼雖內附日久。然所以區處之者不可不以其道」句（同上）刪削頗多。明刊本作「夫彼雖內附日久。然終是夷類。往往隨盛衰以爲向背。朝廷羈縻之固已臣服。然所以區處之者不可不以其道」。又「景泰初三衛爲北部所驅。竄名其中」句（同上）明刊本「北部」作「虜」。「其中」作「虜中」。又本文四庫本止於「我偶襲

而用之不自覺也」句（同上）。明刊本其下尚有一段如下「其後建州董山亦以宴賞厚薄之故而叛。請自今以後。三衛所來朝比諸夷優加禮待。仍詔之。遇有荒歉許其來告。遣使振卹之。其頭目中有子幼孤者。依軍官優給例一體賞賚如此。則彼感我深恩。永爲扞蔽矣。」

卷一百五十五

四庫本「馭外蕃」明刊本作「馭夷狄」

光武建武二十一年章

四庫本於班固語與作者按語之間闕一則（七一三—七七三下）。明刊本如下

蘇轍曰。戎狄之俗。畏服大種而輕中國。戎彊則臣狄。狄彊則臣戎。戎狄皆弱而後中國可得而臣。戎狄皆彊而後侵略之患不至於中國。蓋一彊而一弱。中國之患也。彼其弱者不敢獨戰。是以爭附彊國之餘威。以趨利於中國。而後無所懼。彊者并將弱國之兵蕩然南

下。而無復反顧之憂。然後乃敢專力於中國而不去此二者。以勢相從而不可開。是以中國之士常不解甲而息也。故北狄彊則中國不得不厚西戎之君。

又四庫本作者按語末句「其地處吾近邊。薄於北部。不可概以外國視之使爲敵用」（七一三—七七四上）。明刊本「北部」作「北虜」。「外國」作「外虜」。「敵」作「虜」。

大明一統志西蕃即吐蕃章

四庫本末句「佩玉至印」（七一三—七七五上）。明刊本作「佩金玉印章者前後相望」。

唐書高麗章之前。四庫本有闕文（七一三—七七七上）。明刊本其文如下

大明一統志。女直。古肅愼之地。在混同江之東。後漢謂之挹婁。元魏謂之勿吉。隋唐曰黑水靺鞨。唐初渠長阿固郎始來朝。後乃臣服。開元中以其地爲燕州。置黑水府。其後粟末靺鞨彊盛。號渤海。黑水皆役屬之。又其後黑水浸弱。爲契丹所攻。黑水復擅其地。即金鼻祖之部落也。初號女眞。後避遼興宗諱改曰女直。臣屬於遼部族。散居山谷。至阿骨打始大。易部建國曰金。滅遼。設都於渤海上京。至海陵改爲會寧府。金亡歸元。以其地廣闊。人民散居。設軍民萬戶府五鎭撫北邊。曰桃溫。曰胡里改。曰斡朵憐。曰脫斡憐。曰孛苦江。分統混同江水達達及女直之人。有合蘭府水達達等路。以總攝之。迨入本朝。悉境歸

附。自開元迤北因其部族所居。建置都司一。衛一百八十四。所二十。官其酋長爲都督。都指揮。指揮千百戶。鎭撫等職。給與印信俾仍舊俗。各統其屬以時朝貢。

臣按女直其人有生熟之異。其地有水陸之殊。又有所謂野人者。

國初猶未內附。至永樂二年始立建州。必里兀者。兀者。左右後赤不罕。屯河。安河八衛。三年又置毛憐

。虎兒。文失里。綿奴兒。干堅河。撒力六衛。四年又置古賁河及兀者前至劄童三十九衛。五年又置阿古河至甫門河等三十一衛。六年又置納木河至薛列河等三十衛。其奴兒于都司則七年置也。自卜魯兀至塔麻速等十七衛。亦於是年置焉。木興河至干葛稱哥十一衛則八年置也。督罕河及建州左至於弗提十四衛則十年置焉。十一年置一斡朶倫衛。十二年又置哈兒分等十二衛。十三年又置渚冬河等四衛。十四年又置吉灘河等二衛。十五年又置阿眞同眞等三衛。既有建州。又有左衛。正統間又置右衛。既有益實塔山。至此又各置左衛。與夫阿塔赤河城。討溫茲又皆正統間所置也。其爲千戶所凡二十處。此外又有所謂地面者凡五十有八。古人謂女直不滿萬。滿萬則不可。當以今日觀之。凡爲都司者二。爲衛者一百八十四。爲所者二十。又有地面五十有八。其人豈止萬人哉。我文皇帝神謀慮筭。銷患於未萌。悉分而散之。使之力足以自

立。勢足以相抗。各授以官職而不相統屬。各自通朝貢而不相糾合。是以百年以來無東北之患。其間惟建州。兀者。毛憐三者部落頗衆。時或竊犯邊境。往往生于邊將之貪功生事。或撫馭不以道。或誅求之過其分。請擇人以爲將帥。使之無事而預備之。先事而調和之。因事而切責之。不責之以非常之禮。不徇其分外之求。如此則畏威懷德。而東北無夷虜之患矣。漢書武帝元封三年初。定朝鮮爲樂浪。臨屯。玄菟。眞番四郡。

班固曰。玄菟。樂浪本箕子所封。東夷天性柔順。異於三方之外。

唐書高麗章

四庫本「唐書高麗東跨海距新羅。南跨海距百濟。西北接營州」句（七一三—七七七上）。明刊本作「唐書高麗本扶餘別種。地東跨海距新羅。南亦跨海距百濟。西北度遼水與營州接北靺鞨。其君居平壤城。亦

謂長安城。漢樂浪郡也」。

日本在東海之中古稱倭奴國章

四庫本作者按語「當開國之初。四夷賓服。惟茲倭奴時或犯我海道」句（七一三—七七八下）。明刊本作「當開國之初。四夷賓服。雖西北之虜亦皆遠去邊塞。稽顙闕庭。惟茲倭奴時或犯我海道」。又最末句。四庫本止於「聖人何容心於其間哉」（七一三—七七九上）。明刊本其下尚有一段如下「以上四方夷落之

情。臣伏讀皇明祖訓有曰。四方諸夷皆限山隔海。僻在一隅。得其地不足以供給。得其人不足以使令。其不自揣量來犯我邊。則彼爲不祥。彼既不爲中國患。而我興兵輕伐。亦不祥也。吾恐後世子孫倚中國富強貪一時戰功。無故興兵致傷人命。切記不可。但胡戎與西北邊境互相密邇。累世戰爭。必選將練兵。時謹備之。大哉聖祖之言乎。萬世聖子神孫所當佩服以爲家訓者也。臣故於馭夷狄之後謹錄而備書之。以垂萬世帝王統馭華夷之則」。

卷一百五十六

四庫本「馭外蕃」明刊本作「馭夷狄」

易師六五章

四庫本作者按語「若夫未嘗侵吾地而害吾民」句（七一三—七八〇上）。明刊本作「若夫化外之人。境外之夷。未嘗侵吾地而害吾民」。

春秋昭公十有三年章

四庫本未錄程頤及劉敞之言（七一三—七八一上）。

明刊本其文如下

程頤曰。晉道於鮮虞而遂伐之。見利忘義。夷狄之道也。

劉敞曰。悖信明義。中國之道也。懷利尙詐。夷狄之道也。晉。中國也。鮮虞。夷狄也。晉悖中國之道。反行夷狄之事。故書晉以狄之。噫。人之所以遠於夷狄者。惟在於義利誠僞之間耳。中國一失則遂入於夷

狄。可不愼哉。
四庫本胡安國之言刪削一句。明刊本其文如下
胡安國曰人之所以爲人。中國之所以爲中國。信義而已矣。一失則爲夷狄。再失則爲禽獸。禽獸逼人。人將相食。自春秋末世至于六國之秦。變詐並興。傾危成俗。河決魚爛。不可壅而收之。皆失信棄義之明驗也。
又四庫本亦刪作者按語。明刊本其文如下

臣按。天地生物其動者有三焉。曰人也。夷狄也。禽獸也。人生而幸居天地之中。土稟天地之正氣。以爲中國之人。況又貴爲中國帝王。而立天地之正位也哉。是宜仁育萬民。兼夷狄禽獸而愛之可也。伐之固不可。況以詐道以行之哉。所爲若此。是眞夷狄而已矣。豈但中國居而夷狄行哉。
武帝元朔二年章
四庫本作者按語「四夷入吾境賊吾民」句（七一三—七八二下）。明刊本「四夷」作「夷狄」。又後文「其曲眞有在矣。武帝好武功」句中有闕文（同上）。明刊本作「其曲直有在矣。夫聖人體天地以爲心。兼愛華夷之民。使之各止其所而不相侵害。天之道也。先儒謂武帝欲無夷狄。夫有華即有夷。有陽即有陰也。豈有盡滅絕之理哉。武帝好武功」。又後文「成帝所以立武功者。意欲絕邊患以爲子孫計爾」句（七一三—七八二下）。明刊本「邊患」作「虜患」。

元光二年章
四庫本作者按語「是則帝王之道也」句（七一三—七八四上）。明刊本作「是則帝王制馭夷狄之道也」。
靈帝建寧二年章
四庫本司馬光言「夫蠻夷戎狄就利避害」句（七一三—七八五上）。明刊本作「夫蠻夷戎狄氣類雖殊。其就利避害」。又其後「叛則討之。服則懷之」句下有闕文（同上）。明刊本作「處之四裔。不使亂禮義之

邦而已」。

建寧六年章

四庫本未錄作者按語（七一三—七八六上）。明刊本其文如下

臣按蔡邕謂邊陲之患手足之疥搔。中國之患胸背之瘭疽。郡縣盜賊尙不能禁。況欲伏虜。又曰。欲以齊民易醜虜。皇威辱外夷。就如其言亦已危矣。況得失不可量乎。此皆要言。惜帝不能從。卒致大敗。

隋煬帝大業六年章

四庫本葉適語「併力除治天下困弊。幾至大亂。若高麗則東海一隅之小夷」句中有闕文（七一三—七八六下）。明刊本其文作「併力除治天下困弊。幾至大亂。秦皇漢武甘心快意。其過失固不待論。然要之中國夷狄相爲權衡因循以亂亡。尙有可言者。若高麗則東海一隅之小夷」。

玄宗天寶六載章

四庫本作者按語刪削一小段（七一三—七八八下）。明刊本作「臣按王忠嗣所言恐所得不如所亡。不如厲兵秣馬俟其有釁。非但可用於石堡城。凡國家有事於邊夷。皆當以此爲則。雖然帝王舉事以理爲主」。

宋司馬光上英宗章

四庫本作者按語「臣按聖王之治天下一視同仁。彼處其域中。而我興師出境」句中有刪削（七一三—七九二上）。明刊本其文如下

「臣按。聖王之治天下一視同仁。華夏之分雖有內外。而理之是非曲直則不以內外而異焉。是故華夏各止其所。而天下安矣。彼戎夷越疆界而犯我內地。害我華人。奉天命以行天討。是爲王者之師。彼處其域中而我興師出境」。又後文「臣請今後邊將有不稟朝命而擅出境襲殺者」句（同上）。明刊本「襲殺者」作「襲殺外夷者」。又「好功名希爵賞之徒知所懼。而朝廷享安靖之福矣」句（七一三—七九二下）。明刊

本作「好功名希爵賞之徒知所懼。而戎狄起向慕之心。而朝廷享安靖之福矣」。

司馬光上神宗章

四庫本作者按語「非但古有之」句下闕一句（七一三—七九三下）。明刊本作「今亦有之」。

宣和三年欲復燕雲章

四庫本「草澤安堯臣上書曰。臣觀自古國家之敗。未嘗不因宦者專政」句中刪削一段（七一三—七九五下至七九六上）。明刊本其文如下「草澤安堯臣上書曰。天生北狄謂之犬戎。投骨於地。狺然而爭者犬之常也。今乃搖尾乞憐。非畏吾也。蓋邊境之上未有可乘之隙。陛下將起燕雲之役。異日唇亡齒寒。邊境有可乘之隙。狼子野心。安得不蓄其銳而伺吾隙。以逞其所大欲耶。臣又觀自古國家之敗未嘗不因宦者專政」。

元世祖至元十八年章

四庫本作者按語「所以爲中國生靈計耳。若緬甸接於百夷。占城隔乎交阯」句中刪削一段（七一三—七九六下）。明刊本其文作「所以爲中國生靈計耳。蓋以害中國者莫如北狄。方吾盛時。苟不驅之除之。異日爲吾子孫害必深也。秦皇漢武之心不過如此。世祖之擊此諸國則異於是。緬甸接於百夷。占城隔乎交阯」。又後文「嗚呼。後世履二帝三王之位爲人民之主者。愼勿效尤」句（同上）。明刊本作「嗚呼。世祖爲此豈復有君人之道哉。彼夷狄之主無足怪耳。後世履二帝三王之位。爲華夏人之主者。愼勿效尤」。

卷一百六十

修身則道立章

四庫本朱熹之語末句（七一三—八三〇上）。明刊本尚有「故曰天下畏之」一句。

今天下車同軌書同文行同倫章

四庫本朱熹答語「凡爲車者不合乎此。則不惟有司得

以討之」句（七一三—八三一下）。明刊本作「凡爲車者必合乎此。然後可以行乎方內而無不通。不合乎此則不惟有司得以討之」。

張載曰爲天地立心章

四庫本作者按語「使天下後世知大學之書無一理不該。無一事不在」句中刪削一段（七一三—八三七上）。明刊本其文如下「使天下後世知大學之書無一理不該。無一事不備。而有以爲萬世開太平之具也。我太

祖高皇帝既以之建學立師。設科取士。太宗文皇帝又命儒臣表正之以爲大全書。頒布天下學校。古先聖人所以開太平者。今則眞用之以成太平之治矣。大哉書乎。學校施之以爲教。則足以成天下之人才。經筵用之進講。則足以輔一人之盛治。國家本之以持世。則足以延萬年之國祚。所謂爲天地立心。爲生民立命。爲往聖繼絕學。爲萬世開太平。誠有在乎大學之一書也。三才之道。四德之用。五倫之教。六經之文。萬世之治道事功。皆備載乎是書之中。一世用之。則一世之人蒙其澤。而開一世之太平。千萬世用之。則千萬世之人蒙其澤。而開千萬世之太平。噫。百聖千賢皆莫能外乎孔子之教。千經萬典皆不能出乎大學之書。好治之明君。輔治之良臣。故不必盡讀天下之書。泛舉古人之事。即此一書推而行之。堯舜禹湯文武之王道。不假外求。臯伊傅周召之相業。即此而在」。

困知記二卷續錄二卷附錄一卷

明羅欽順撰

以明萬曆七年澄海唐氏刊本校補

按四庫本凡五卷。明萬曆七年本爲九卷。即困知記二卷。續錄二卷。三續四續各一卷。附錄一卷。續補一卷。外編一卷。今四庫本闕三續。四續。續補。外編四卷以及附錄「答劉貳守煥吾」以後諸章。今皆据以補之。

明刊本於卷前錄有李楨「重校困知記序」。唐伯元「重刻困知記序」及黃芳。林希元兩序。因黃林二人係與羅欽順同時。故權錄此二序如下。

困知記序

困知記四卷。泰和羅整菴先生述其所自得者也。述者何。衛道也。何道。曰聖人之道也。道自聖人爲之乎。曰否。聖同天。天之道聖人形之爾。夫聖混於物而其心體天下之物。故能準乎天而物我無間。理融在中。時而出之。不假思惟。從容中道。蓋非盡性者不能。而舉其大要則誠明二字盡之矣。孔子曰。吾道一以貫之。一者誠之本體。至大而無不包貫者。明之妙用至精而無不當。聖人之能事也。以聖人之事責人。固卒遽而無漸。而工夫次第亦未有舍誠能立。而徒恃意智以爲明者。蓋自小學孝弟謹信。詩書六藝之教。固以培養此誠。而以漸開發其聰明矣。及入大學。則又因其所明而廣之。以格致因其所養。而進之以誠正。

使之益懋德業而極乎事理之詳。以盡成己成物之功焉。是則明以誠致。誠以明達。雖若二事。原無間隙。非謂舍其本原而馳鶩乎外。亦非專守其靈覺之體。不假問學而能瞭然於幾微得失之際也。俗學出入口耳。固無足稱。而釋氏明心見性之說。凌空駕虛。曠然遠悟。有似吾道之一。而其猖狂自恣。茫乎無以爲貫。則與堯舜以來精一用中之說正相反。守之不足以自善。充之不足以成天下之務。蓋不特用處謬戾。而其體

固似是而非也。整菴先生慨然以衛道爲己任。爰述是編。根據往言。意皆獨得於凡。理氣之微。心性之辨。聖學之旨要。治道之機括。神化之妙用。言之皆親切有味。而於禪學尤極探討。以發其所以不同之故。自唐以來排斥佛氏未有若是其明且悉者。衛道於是乎有功矣。夫吾儒之道體用皆實。學成則動罔不善。彼釋氏者。學之而成。特枯槁自私之士。間能善厥用者。亦吾道之緒餘也。顧乃因似亂眞。豈不悲哉。先生

字允升。整菴其別號。官至冢宰。家居泊然。銳意營道。老而不倦。蓋涵養純至。故心體融徹。而群言莫能掩也。記成既自爲序。謂芳嘗備屬員。寓書委綴簡末。顧寡陋深慚蠡測。展玩彌日。粗若有契。爰不自揣。僭爲之辭。嘉請癸巳秋八月壬申。賜進士出身嘉議大夫奉勅總提督倉場戶部右侍郎前南京兵部右侍郎

瓊海黃芳撰

羅整菴先生困知記序

整菴羅先生既辭吏部之命。家居杜門。著書明道。予往得其困知記若干卷。刻之嶺南。忽遷官去。未及叙也。玆又得其續記若干卷。乃合而序之曰。自古聖賢之言學也。咸以躬行實踐爲先。識見言論次之。故傅說告高宗曰。非知之艱。行之惟艱。子貢問君子。子曰。先行其言而後從之。聖賢之重行也如此。故世之論人物者。亦惟即其行履之優劣而爲評品之高下。智識文辭弗與焉。今世君子則爲智識文辭是尙。而行實

不論矣。故聽其言若伊周孔孟復出。考其實則市人不如。憂世君子未嘗不於是三致嘆焉。予觀先生自發身詞林。以至八座。其行己居官如精金美玉。人無得疵。及退居即杜門。惟以著書明道爲事。本分之外一無所預。家人子弟守其家法。欽欽一步不敢肆。其居家又如此。且觀其辭。吏部一節眞有鳳翔千仞之意。雖孟子之辭萬鍾何過焉。可謂躬行君子矣。視夫世之高論闊談者曰我孔孟。我孔孟。周程張朱要不屑爲。爲

聲利束縛不能去。賢不肖何如也。噫。當今人物。舍先生吾誰與歸。百世之下使本朝史册燁然有光如先生者得幾人哉。得幾人哉。是記所言。咸於斯道有所發明。乃若距詖放淫其志。蓋尤拳拳焉。孟子曰。冉牛。閔子。顏淵。善言德行。解者曰。身有之。故言之親切而有味。若先生者不謂善言乎。

嘉靖乙未孟冬朔旦後學同安林希元書于三衢舟中

困知記三續

凡三十六章

人心人欲。道心天理。程子此言本之樂記。自是分明。後來諸公往往將人欲兩字看得過了。故議論間有未歸一處。夫性必有欲。非人也。天也。既曰天矣。其可去乎。欲之有節無節。非天也。人也。既曰人矣。其可縱乎。君子必慎其獨。爲是故也。獨乃天人之際。離合之機。毫釐之差。千里之遠。苟能無所不致其愼。則天人一矣。到此地位甚難。但講學則不可不盡。

朱子語類有云。吾儒只是一箇眞實底道理。他也說我這箇是眞實底道理。如云惟此一事實。餘二則非眞。只是他說得一邊只認得那人心。無所謂道心。愚按此言眞說透禪學骨髓。

明道先生云。知性善以忠信爲本。此先立其大者。記得頭腦分明。工夫切當。始終條理。概具於三言之中。

徐居父問於朱子曰。盡己之謂忠。今有人不可盡告則又當何如。朱子曰。聖人到這裡又卻有義。且如有人對自家說那人。那人復來問自家。其人凶惡。若盡以告之。必至殺人。夫豈可哉。到這裡又卻別是一箇道理。愚嘗因此言而思之。竊以忠之爲義。盡其心之謂也。非盡其言之謂也。今有凶惡之人於此。吾所聞於其讎敵固有不容盡告之者。言之盡必將至於殺人。吾則姑舉其可言者告之。不可言者不以告也。此人聞其

讎敵之言不至已甚。則殺心亦不萌矣。吾之言於彼者雖有所隱而未盡。然所以保全兩家實在於此。此其用心曾有所不盡乎。事理自當如此便是義。似不須云別是一箇道理也。

子見南子。子路不悅。蓋疑夫子欲因南子以求仕也。始夫子入衛。彌子便疑其求仕。故有孔子主我衛卿可得之言。子路欣然奉之以告。未必不意夫子之見從也。而夫子答以有命。則固拂其意矣。及見南子。遂激

發其不平之氣。忿然見於辭色。然當是時。不獨子路疑之。王孫賈亦疑之矣。媚奧之諷殆指南子而言也。後人所謂奧援。蓋出於此。但賈之詞微婉。故夫子應之亦甚從容。子路粗鄙。必然忿厲之甚。有未可遽解者。故夫子不得已而出矢言。然其所謂天厭之者。即獲罪於天之意。亦可見其曲折矣。此章之旨舊說多欠分明。區區之見似頗得當時事實。記以俟後之君子。

侯氏之說中庸。以孔子問禮問官爲聖人所不知。似乎淺近。恐未得爲至也。以孔子不得位爲聖人所不能。尤害事。如此則是孔子非無意得位。但力不能爾。豈所以論聖人乎。大凡解釋經書自不須一一引證。理明足矣。愚見以爲天高地厚罔測所窮。古往今來莫窺所始。聖人所不知殆此類也。有教無類。下愚不移。博施濟衆。堯舜猶病。聖人所不能。殆此類也。以此類求之。庶無遠於至也之義。

作人才。厚風俗。非復鄉舉里選之法不可。科舉取士

惟尚辭華。不復考其實行。其所得者非無忠厚正直之士。任重致遠之才。然而頑嚚鄙薄。蕩無繩檢者。由之而進亦不少也。官使既多若人。風俗何由歸厚。治不古若無足怪也。誠使鄉舉里選之法行。則人人皆務修飭。居家有善行。居鄉有令名。則居官必有善政。其於化民成俗豈不端有可望者哉。易窮則變變則通。孟子曰。以其時考之則可矣。

人而無恆不可以作巫醫。夫子善南人之言。殆亦有所

感而發也。夫醫乃聖人仁民之術所繫。誠不輕矣。世之庸醫素難弗通。經脈莫辨。率以僥倖為事。妄投湯劑。繆施針砭。本非必死之疾因而誤死者往往有之。仁人君子安得不為之動心也。然則教養之法其可以不講乎。巫之所從來者亦遠。本以利人之生。而世之淫巫往往假於鬼神。時日以疑衆。坐妨人事。陰耗民財。為害反甚。雖律有明禁。要不可不思。所以處之之方。

文王之民無凍餒之老。是五十者鮮不衣帛。七十者鮮不食肉也。今之稿項黃馘輩。歲得一布袍。朝夕得一盂蔬食。苟延殘喘。為幸已多。何衣帛食肉之敢望邪。少壯之民窘於衣食者十常八九。饑寒困苦之狀。殆不可勝述。中間一二歲計粗給或稍有羸餘。貪官汙吏又從而侵削之。受役公門不過一再。而衣食之資有不蕩然者鮮矣。此皆有目者之所共見。誠可哀也。仁人君子能不思所以拯之之策耶。

學至於自得蓋難。其人苟能篤信聖人之言而力行之。其所自立可以無愧於君子矣。若夫未得。謂得言行相違。非余之所知也。

五行之質根於地。而其氣則運於天。根於地者隨用而不窮。運於天者參錯以成化。此理之可推者也。七政之齊書于舜典。五辰之撫著在皋謨。孟子亦有天時之說。其來遠矣。窮其本末。不出乎陰陽兩端。夫有氣斯有神。有象斯有數。變化紛紜。胡可勝紀。然太極之妙。無乎不在其流。為讖緯術數之學者。良由昧於

至理而溺於偏見耳。高明之士固宜知所決擇。如洪範五行傳之類。牽合附會。誠無足取。或乃并與其所當信者而不之信。至欲一例破除。將無矯枉過正已乎。

思慮未萌而知覺不昧。朱子嘗有是言。余嘗疑其欠一理字。精思默究。蓋有年矣。輒敢忘其僭越。擬用所字易知字。覺得意義都完。然非敢臆決也。書曰。顧諟天之明命。論語曰。立則見其參於前也。在輿則見

其倚於衡也。非所覺不昧而何。此實平日存養工夫。不容有須臾之間也。

近世言太極者皆不出漢儒。函三爲一之見。函字與生字意義大相遠。若非眞見太極之本體。難乎與之論是非矣。

當理而無私心則仁。乃延平李先生之言。而朱子述之者也。此言須就人事上體認。內外兼盡。則仁之爲義自明。或謂當理即無私心。無私心即是當理。而以析

心與理爲未善。是蓋知其一而不知其二也。且如齊桓公以尊周。漢高祖爲義帝發喪。孰不以爲當理。謂無私心得乎。又如直躬之證攘羊。申生不忍傷父之志而自斃。其無私心不待言矣。謂之當理可乎。果如或者之言。則王伯將混爲一途。而師心自用之害有不可勝救者矣。

聖賢立言各有攸當。誠得其所以言之意。則雖說開說合。其理自無不通。伊川先生云配義與道。謂以義理養成此氣。合義與道也。方其未養。則氣自是氣。義自是義。及其養成浩然之氣。則氣與義合矣。本不可言合爲未養時言也。如言道則是一箇道都了。若以人而言。則人自是人。道自是道。須是以人行道始得。他日又云。中庸曰。道不可須臾離也。可離非道也。又曰。道不遠人。此特聖人爲始學者言之耳。論其極。豈有可離與不可離而遠與近之說哉。向非伊川造道之深。安能說得如此分曉。故不知聖賢所以立言之意

。未可輕於立論也。

延平李先生南軒張先生所見皆眞。有言皆當。宜其爲朱子之所敬畏也。延平因朱子喜看正蒙。嘗語之曰。橫渠說不須看非是不是。恐先入了費力。南軒因朱子有人心之安者是道一言。明謂此語有病。所安是如何。所安若學者錯會此句。執認己意以爲心之所安。以此爲道。不亦害乎。此等言語惟是經歷過來方知其爲至論。不然未有不視爲淺近者也。

南軒與吳晦叔書有云。伯逢前在城中頗欵某。所解太極圖渠亦錄去。但其意終疑。物雖昏隔不能以自通。而太極之所以爲極者。亦何有虧欠乎哉之語。此正是渠緊要障礙處。蓋未知物則有昏隔。而太極則無虧欠故也。若在物之身太極有虧欠。則是太極爲一物。天將其全與人而各分些子與物也。此於大本甚有礙。又答胡廣仲書有云。知覺終不可訓仁。如所謂知者。知此者也。覺者覺此者也。此言是也。然所謂此者乃仁

也。知覺是知覺。此豈可遂以知覺爲此哉。此皆切至之言。不可不詳玩也。近時講學之誤正在此處求。如南軒灼然之見豈易得哉。

彖傳神道設教一言。近世諸儒多錯會了。其所見率與杜鎬無異。夫惇典庸禮命德討罪。無非神道設教之事。不可以他求也。蓋一陰一陽之謂道。陰陽不測之謂神。神道云者。合體用而一名之爾。天地間只是此理。故曰觀天之神道而四時不忒。聖人以神道設教。而天下服矣。此義不明。至使姦邪如王欽若者。得假之以欺其君。以惑其衆。學其可不講乎。

居處恭。執事敬。與人忠。雖之夷狄不可棄也。君子無終食之間違仁。造次必於是。顚沛必於是。工夫即是一般。聖人之言初無二致。但前章三句說得渾淪。告樊遲者較分明易下手。年來常自點檢。只此數語都不曾行得成箇片段。如何便敢說仁能守之。

庚辰春。王伯安以大學古本見惠。其序乃戊寅七月所

作。序云。大學之要誠意而已矣。誠意之功格物而已矣。誠意之極止至善而已矣。正心復其體也。修身著其用也。以言乎己謂之明德。以言乎人謂之親民。以言乎天地之間則備矣。是故至善也者。心之本體也。動而後有不善。意者其動也。物者其事也。格物以誠意。復其不善之動而已矣。不善復而體正。體正而無不善之動矣。是之謂止至善。聖人懼人之求之於外也。而反覆其辭。舊本析而聖人之意亡矣。是故不本於

誠意。而徒以格物者。謂之支。不事於格物。而徒以誠意者。謂之虛。支與虛。其於至善也遠矣。合之以敬而益綴。補之以傳而益離。吾懼學之日遠於至善也。去分章而復舊本。傍爲之什以引其義。庶幾復見聖人之心。而求之者有其要。噫。罪我者其亦以是矣。

夫此其全文也。首尾數百言並無一言及於致知。近見陽明文錄有大學古本序。始改用致知立說。於格物更不提起。其結語云。乃若致知。則存乎心。悟致知焉

盡矣。陽明學術以良知爲大頭腦。其初序大學古本。明斥朱子傳註爲支離。何故卻將大頭腦遺下。豈其擬議之未定歟。合二序而觀之。安排布置。委曲遷就。不可謂不勞矣。然於大學本旨。惡能掩其陰離陽合之跡乎。

王伯安答蕭惠云。所謂汝心卻是那能視聽言動的這箇便是性。便是天理。又答陸原靜書有云。佛氏本來面目即吾聖門所謂良知。渠初未嘗諱禪爲其徒者。必欲爲之諱之何也。

大學八條目八箇字虛。八箇字實。須字字看得有下落不相混淆。方是本旨。而先後兩字果見得親切自然。那動分毫不得。若可隨意那動。先者可后。后者可先。則非所以爲聖人之訓矣。或謂物格知至則意便誠。心便正。身便修。更不用做工夫。此言尤錯。即如此。經文何須節節下而后兩字乎。姑無取證於經文。反求諸身。有以見其決不然者。

湛元明嘗輯遵道錄一編而自爲之序云。遵道者何。遵

明道也。明道兄弟之學。孔孟之正脈也。夫既曰兄弟矣。而所遵者獨明道何邪。上天之載無聲無臭。其體則謂之易。其理則謂之道。其用則謂之神。其命於人則謂之性。此明道之言也。物所受爲性。天所賦爲命。此伊川之言也。中庸測於天命之謂性。旁註云。命脈之命難語。又加一語曰。命門之云。雍語又曰。於穆不已是天之命根。凡此爲遵明道耶。遵伊川耶。余

不能無感也。定性書有云。聖人之喜以物之當喜。聖人之怒以物之當怒。是聖人之喜怒不繫於心而繫於物也。雍語乃云。天理只是吾心本體。豈可於事物上尋討。然則明道之言其又何足遵耶。名爲遵道而實則相戾。不知後學將安所取信也。

明論新論樵語雍語吾閒中皆嘗披覽再三。中間以知覺爲心之本體凡數處。又以天理爲心之本體亦數處。不知所謂本體者一耶二耶。謂心體有二。斷無此理。體既不容有二。則其所認以爲天理者。非知覺而何其教學者每以隨處體認天理爲言。此言如何破得。但以知覺爲天理。則凡體認工夫只是要悟此知覺而已。分明借天理二字引入知覺上去。信乎教之多術也。既又得觀其問辨錄。乃有知覺是心必有所知覺之理一言。似乎稍覺其誤。然問辨續錄又其後出。復有光明洞燭便謂之知性之語。又其門人因或者墮於有物之疑而自爲之說。曰天理者天之理也。天之理則有體而無物。變

動不居。神妙不測。是故知微知彰。知柔知剛。通乎晝夜之道而知何謂爲有物也。答詞明以此說見得是許之。據此二條。似其惑終未之解。夫光明洞燭。神妙不測。心之爲物然爾。豈可認以爲性與天理乎。且知微以下五知字皆指人而言。經文甚明。不應彼此俱失照勘也。

雍語有云。佛之廣大高明。吾聖人已有之。而聖人之中庸精微。佛又何嘗有邪。又曰。中庸精微即是此心感應。發用之妙而廣大高明則心體也。據此言則是佛氏心體與吾聖人無異矣。及答周衝問儒釋之辨。則曰聖人之學至大至公。釋者之學至私至小。大小公私足以辨之矣。夫既許之以廣大高明矣。何爲又有至私至小之議哉。蓋佛氏之廣大高明即本覺之境界也。此正是元明悟處。其所謂聰明聖知達天德者即此。是以概之聖人而不疑。殊不知天德乃帝降之衷。非本覺也。本覺何有於中乎。不中故小。不中故私。狹小偏私。

蓋先儒之所以議佛氏者。舍此則無以爲儒釋之辨。故不得不援之耳。

新泉問辨錄有云。不若大其心。包天地萬物而與之一體。則夫一念之發以至天下之物無不在內。此非余之所敢知也。夫程子所謂仁者。渾然與物同體。乃其理之自然。今欲大其心以包之。則是出於人爲。非所以爲自然之理矣。如此體認。其於道也不亦遠乎。中庸論至誠之德。到其極處惟曰浩浩其天。此其所以爲實學也。

程子所謂必有事焉而勿正。心勿忘。勿助長。未嘗致纖毫之力。此其存之之道。須是灼見仁體後方可議此。今猶未識仁體便要做自然的工夫。已明是助長了。只管翻來覆去。將勿忘勿助四字滕說不置。豈程子之所望於後學乎。誠欲識仁。須實用格物工夫乃可。格物工夫脫不得勿忘勿助。然便要不費纖毫之力是誣也。凡程子之言具於大學或問。中者斷不容易。眞積力久自當豁然有箇覺處。斯識仁矣。識仁固已得其大者。然其間精微處未必便能盡。故程子又有存久自明之訓。說得都無滲漏也。以此知吾人爲學必須循序漸進。範我馳驅。如行萬里之途決非一蹴所能到。其或好高欲速。有能免於差謬而得所歸宿者。鮮矣。

孟子嘗言堯舜性之。湯武反之。又以由仁義行非行仁義稱舜。其義云何。蓋由仁義行。自然從容中道。是則所謂性之也。行仁義者。於道亦無不中。所不足者從容。是則所謂反之也。比觀雍語諸書。每自以爲由

仁義行之學。謂世之學者皆只是行仁義。而以伯道滲之。其言殊可駭。夫苟能躬行仁義。惟日孜孜。斯固可以希反之之聖矣。求十一於千百未易得也。彼伯道直假之而已。何有於躬行乎。吾夫子嘗言。有能一日用其力於仁已乎。我未見力不足者。謂之用力非行仁義而何。吾夫子不應錯以伯道誨人也。爲此言者亦何不思之甚乎。且舜大聖人也。其命禹也猶曰。予違汝

弼。未嘗自以爲聖也。吾夫子亦曰。若聖與仁則吾豈敢。抑爲之不厭。誨人不倦。則可謂云爾已矣。由仁義行者之言蓋如是。吁。言其可不愼乎。

孟子盡心一章實與大學相爲表裡。蓋盡心知性乃格物致知之驗也。存心養性即誠意正心之功也。修身以俟。則其義亦無不該矣。孟得聖學之傳實惟在此。始終條理。甚是分明。自不容巧爲異說。且學而至於立命。地位煞高。非平生心事無少愧怍。其孰能與於此。

王湛二子皆與余相知。於王蓋嘗相與論文而未及細。忽焉長逝。殊可惜也。湛則會晤絕少。音問亦稀。然兩家之書余皆得而覽之。區區之見終未相合。因續記一二于册。道無彼此。自不容有形跡之拘。後之君子幸從而折其衷。斯道之明庶乎其可望矣。

宋儒林希逸嘗著三子口義。近有以刻本貺余者。因得而徧覽之。其於莊列兩家多用禪語以釋其義。往往皆合。余嘗謂莊子列子出入老佛之間。乃知昔人固有先得我心者矣。希逸高才能文。學博而雜。亦是無奈胸中許多禪。何故假莊列之書以發之。然於二子本意十可得其七八。明白條暢。賢於郭張之註遠矣。至於老子殊未見得。只是以己意湊合成文。蓋此書劈初便說無名天地之始。有名萬物之母兩句。至第二十章乃曰。我獨異於人而貴食母。五十二章又曰。天下有始以爲天下母。既得其母以知其子。既知其子復守其母。沒身不殆。五十九章又曰。重積德則無不克。無不克

則莫知其極。莫知其極可以有國。有國之母可以長久。是謂深根固柢。長生久視之道。五千言中。母字凡屢出。詞皆鄭重。則此一字當爲一書之要領無疑。中間許多說話皆是作用工夫。其言取天下言治國。言用兵。諸如此類皆是譬喻其道不出乎深根固柢而已。希逸於譬喻之言亦看得出。但不知其要領之所在耳。三子者之言皆非正當道理。本無足論。顧其言頗有切中事情者。至於造化之妙亦時或窺見一二。要在明者擇

之。
擇焉而不精。語焉而不詳。此言以議揚子雲可也。荀卿得罪於聖門多矣。不精惡足以蔽之。如蘇東坡所論喜爲異說而不讓。敢爲高論而不顧。乃爲切中其膏肓之病耳。且如非十二子及性惡等篇。類皆反覆其詞。不一而足。不可謂不詳矣。顚倒謬戾一至於此。尚何詳略之足議耶。韓昌黎之待荀卿未免過於姑息矣。

文中子議論先儒蓋多取之。至於大本大原殊未有見。

觀其稱佛爲西方之聖人。可以知其學術矣。

歐陽子所著本論蓋原於孟子反經之意。可謂正矣。惜其不曾就君相之身直推明大本所在。猶落第二義也。夫教由身立法。不徒行誠。使君相交。修明善以誠其身。稽古以善其政。風行草偃。乃其自然之理。邪慝之息寧須久後驗乎。

蘇東坡論子思孟軻及楊雄。累千百言於性。實無所見。獨所謂天下之言性者皆雜乎才而言之。此言卻偶中也。自楊雄而下以及近世諸儒誤處往往在此。有能洞明思孟之本旨者。豈非後學之大幸歟。

張子曰。合性與知覺有心之名。蓋兼人心道心而言也。程子曰。自存諸人而言謂之心。則專指道心而言。道心即性。性命於天。程子方欲申明其所謂一理者。故於人心有未暇及爾。夫理之所在神明生焉。理一定而不移。神萬變而不測。凡有心者體用皆然。須如此推尋。心之爲義方盡。張說可疑乃在上三句。末句則明有所本。初非臆見。自不容不尊信也。

困知記四續

凡三十一章

大學誠意是一刀兩段工夫。正心修身是磨稜合縫工夫。

大學所謂明德。即中庸之所謂德性。章句似指心而言。與孟子集註盡心之解無異。恐當與德性一般解說於義爲長。

生民之詩恐當從毛說為正。元妃世妃之辨雖久遠難明。然姜嫄固為人婦矣。夫為人婦。祈子而得子。此常理也。安得謂之無人道而生子乎。然其所以見棄者。意必有奇形怪狀可駭可疑。如宋芮司徒女子之比。其為祥為妖莫可測也。故屢置之危地以驗之。至再至三而不死。則其為祥也可知矣。是固天意之所存也。何取於巨人跡乎。玄鳥生商毛說亦正。

先天橫圖最宜潛玩。奇偶二畫之中。當一線空白處著

太極兩字。其旨深矣。陽奇而陰偶。二氣流行。不容有纖毫間斷。但畫而為圖。若非留一線空白。則奇偶無自而分。此即邵康節所謂一動一靜之間。天地人之至妙至妙者也。偶畫亦有空者。蓋二氣之分實一氣之運。直行去為陽。轉過來便是陰。須空一線方見其轉折處。陰之本體只是後半截耳。只此一奇一偶。每加一倍。其數至不可勝窮。然倍至六畫。則三才之道包括已盡。圖雖無文。而其理甚顯。要在默而識之。

范景仁司馬君實皆以文王配上帝。終周世常然。此當為不易之論。

孔門諸弟子之言散見論語中者凡四十五章。子張第十九在內。若挑出別為一篇以附堯曰篇後。尤得尊聖言之體。當時記錄者慮不及此。何也。

洪範五行以其為民生日用之最切者。故列子九疇之初。所謂民非水火不生活也。五事固切於人身。然心稍有知識。習聞師訓。乃能以漸修其德而弘其用。故次

之。蔡傳謂五事本於五行。殊未見得。謂庶徵本於五事。詳經文驗用之義。本字疑亦未安。又以庶徵配五行。則箕子原無此意。蓋五行質也。質附於地。庶徵氣也。氣運於天。以潤下炎上等語觀之。謂在天為五行。非其實矣。看來庶徵一疇但順經文解說便見天人感應之理。似不必過求。

中庸章句解天命之謂性。大概是祖太極圖說。氣則陰陽五行。理則健順五常。欲令一一相對。自不覺其言

之多也。然太極乃性命之全體。恐須提出此兩字方見頭腦分明。

中庸章句謂非存心無以致知。而存心者又不可不致知。說得極是。但謂尊德性所以存心。質之孟子存心養性之言。似乎倒說了。且專言知而不及行終是欠事。

余嘗再三尋繹。見得致廣大溫故兩句是致知工夫。極高明敦厚兩句是力行工夫。此皆問學之事。即所以尊德性也。意義甚明。但與章句欠合。又嘗從頭體認見

得。洋洋乎三句是以造化言。優優大哉三句是以人事言。即其散殊觀之。爲萬爲千皆小也。自其體統觀之。合千萬以爲一。不亦大乎。德性之中固無不具學問之道。又安得遺其大而專力於其小也。恐不須分小大立說。往答林次厓書雖嘗引章句爲證。只是要見兩股分曉義。無取於小大也。

議禮最難。蓋天下之事有常有變。所遇雖異。而其理皆有不容易者。要在虛心無我。庶幾得之。或稍有偏狥。則更無可言者矣。

喪禮之廢莫甚於近世。更不忍言其所以異於平人者。僅衰麻之在身爾。況復有墨其衰以營營家計者乎。

世道升降繫於人不繫於天。誠使吾人顧惜廉恥之心勝於營求富貴之念。三代之盛未有不可復者。

嘗聞京師有講攘搶之謠。士氣之陋一至於此。非國家之福也。此當有任其責者。

詩云。昊天曰明。及爾出王。昊天曰旦。及爾游衍。

又云無曰高高在上。陟降厥士。日監在茲。何等說得分明。只是人不見詩云雝雝在宮。肅肅在廟。不顯亦臨。無斁亦保。此文王所以與天爲一也。

有來雝雝。至止肅肅。相維辟公。天子穆穆。余嘗喜誦此數句。但覺其妙而不能言其所以妙者。

劉靜修有詩云。鳥聲似共花枝語。好箇羲皇向上人。覺得頗露筋骨。楊月湖特稱賞之。人各有所見耳。

陳子昂感遇詩首章僅四十字。太極生生之妙。陰陽消

長之機隱然皆見於言外。非有所見安能及此。然不知反求諸身。只將作外邊物事看了。故無益於脩德之實。知者見之謂之知。其諸若人之類乎。

孔父仇牧荀息之苑。春秋皆書曰及其大夫。說者皆稱孔父義形于色。仇牧不畏強禦。荀息不食其言。故爲聖人所與。余意不然。仇牧事跡弗詳。姑勿論。若孔父狥其君。以數戰殃民。民心離矣。荀息狥其君。以廢嫡立庶。諸大夫之心貳矣。督與里克因是乃敢肆其

逆謀。即此論之。二人之罪自不容掩。縱其大罪而取其小節。豈所以爲訓乎。原二人之心所以曲狥其君之欲者。凡以爲利其身家計耳。安知貽禍其君若是之烈。而其身卒亦不免。則所謂身家之利果安在哉。竊詳經意。蓋所以深著一人不忠之罪。爲萬世人臣懷利以事其君者之大戒耳。義形于色之說。左傳無之。傳引白圭之詩以斷荀息之事。司馬溫公獨看得好。以謂荀息之言玷於獻公未沒之前。而不可救於已沒之後。左氏之志所以貶荀息而非所以爲褒也。以此觀之。是二人者必非聖人所與。仇牧之死亦可例推。

以傳考經之事跡。以經別傳之眞僞。程子此言學春秋者斷不容易。傳之所以有僞。益傳聞之誤耳。愛憎之言何所不至。一或不審。而遂書之于册。流傳既久。孰從而正之。此史家之通患也。聖經筆削必無所苟。凡三傳之說有與經文不合者。但當一以經文爲正。則辭不費而理自明。

一部戰國策無一句仁義之談。孟子與齊梁之君如何說得相著。事勢至此。要是無下手處。在聖人則不可知耳。

唐郭中令子儀。我朝魏國公達。皆有大賢之資。誠加之學問。與伊呂殆相伯仲矣。

人莫貴於自反。可以進德。可以寡怨。可以利用安身。其說已備於孔曾思孟之書。但少見有能尊信者耳。若每每怨天尤人而不知反求諸己。何但出門即有礙耶

。

告子以義爲外。孟子非之是矣。但詳味孟子之言。疑亦有所未盡。盖仁義皆合內外之道也。論語曰義之與比。就與字看便見分曉。

論衡述太伯入吳采藥及後來讓位事。本末頗詳。宜必有據。謂太王薨而太伯還。尤可見其哀慕之至情。不失送終之禮。果如是。毫髮無遺恨矣。

吾家所藏王充論衡乃南監本。卷末有安陽韓性一序。非有本之學不能爲此文。其亦可謂知言矣。性所著書凡數種。意必多所發明。惜乎不可得而見也。

文貴實。詩書之文無非實者。易彖象之辭特奇。然皆實理。無一字無落著。故曰易奇而法。近世作者往往以新奇相尚。要皆子虛烏有之類耳。

文起八代之衰。此韓文公之所以爲文也。近時學者反極力追踪八代何耶。

明道先生嘗歷舉繫辭形而上下數語。乃從而申之曰。

陰陽亦形而下者。而曰道者。惟此語截得上下最分明。元來只此是道。要在人默而識之也。截字當爲斬截之意。蓋立天之道曰陰與陽。及一陰一陽之謂道二語各不過七八字耳。即此便見形而上下渾然無間。何等斬截得分明。若將作分截看。則下句原來只此是道更說不去。蓋道器自不容分也。

理同而氣異。氣同而理異。此兩說質之大傳形而上下之言。終覺有礙。必須講究歸一。方得觸處洞然。

明道先生答定性書有云。且以性爲隨物於外。則其在外時何者爲在內。是有意於絕外誘而不知性之無內外也。此數句最緊要。最要體認。若認得分明去。用廓然大公物來順應。工夫方有下落。性無內外云者。內外只是一理也。

余嘗誌楊文恪公之墓。公所著述書目頗多。皆據行狀收入。然皆未及見。內皇朝理學名臣錄。頃年方見刻本。公固近世之名臣也。錄中所采不謂之休休有容可

乎。

四庫本附錄只錄與陽明先生論學書等六首（七一四—三七一上）。其餘各書如下

答劉貳守煥吾　乙未秋

前日講論有遺。補之以小簡。遽勞還答。非篤志好學。安能若此。示諭縷縷。大體雖若相同。而工夫終未歸一。再有商確。想不爲煩。來書云。道心即本心。本心即天理。又云求仁之外無餘學。又云孔門答諸子問仁處。只指其要言之。而本體已自在。所言皆當。

但要認得天理及仁字分明。庶乎存養之不差爾。至謂聖賢論心皆指道心言。又謂赤子之心即道心。卻恐未的。僕嘗徧考經書中專言心體者。惟是虞書道心。孟子良心兩言最盡。其他就發用處說爲多。如所謂以禮制心。從心所欲不踰矩。其心三月不違仁。此三心字若認著道心。則禮字矩字仁字皆說不去矣。赤子之心伊川以爲發而未遠乎中。晦菴以爲純一無僞。亦是說發用處。其言皆不容易。若曰道心則人人有之。何獨赤子也。然亦非獨人爾。物皆有之。易不云乎。各正性命。故欲見得此理分明。非用程朱格物工夫不可。夫物我並立而內外形焉。乃其散殊之分。然而內此理也。外亦此理也。所貴乎格物者。正要見得天人物我原是一理。故能盡其性。則能盡人之性。盡物之性。人物之性各在人物身上。而吾乃能盡之者。非以此理之同故耶。凡程朱格物之訓。正所謂合內外之道而顧以爲非。只欲固守此心。而物理更不窮究。則雖名爲

合一。實已分而爲二矣。大抵區區之見與近時諸公異者。只是心性兩字。人只是一箇心。然有體有用。本體即性。性即理。故名之曰道心。發用便是情。情乃性之欲。故名之曰人心。須兩下看得分明始得。孩提之童無不知受其親及其長也。無不知敬其兄。非發用而何。然則良知之說可知已。若但認取知覺之妙執爲天理。則凡草木之無知。金石之至頑。謂之無性可乎

。推究到此。明有窒礙。恐不可不深思也。拙記中此等意思發得已多。但恐散漫難看。近答崇一符臺一書。檃括粗盡。今輒以奉覽。賢契講學益欲得之於心。非若他人出入口耳者。僕是以樂於往復而忘其拙。雖未敢必其有合。其必有以輔區區之不逮者矣。

又

再辱還答。乍合乍離。猶欲致詳。亦難乎其爲言矣。蓋高見已定故也。然重違雅意。因復少效區區。雖若傷煩庶無失爲忠告焉爾。天理通天地人物而言。易所謂性命之理是也。仁字專就人身而言。易所謂立人之道曰仁與義是也。蓋天地人物原無二理。故此理之在人心者。自與天地萬物相爲流通。是之謂仁。果認得天理分明。未有不識仁者。昨因舉來書三語。故著箇及字。惻怛惻隱皆發用之妙。非仁之本體也。

以禮制心三句。皆人心聽命於道心之意。禮非外也。

來書以三念字代三心字。及舉存其誠之說。皆得之矣

。所云格此念作格其非心看自是。如作格物說卻難通。僕於天理精竅見一二。實從程朱格物之訓而入。與賢契素所尊信者終恐難合。伊川先生云。物我一理纔明彼即曉此。此合內外之道也。果見得此理分明。即天人物我一時通徹。更無先後。故曰。知其性則知天矣。來書知所先後。一言容有遷就。未敢以爲然也。

所云良知有條理處謂之天理。天理之明覺處謂之良知。此與良知即天理之言。不審是同是別。即之爲言。還添得註腳否耶。賢契非淺於文義者。稍肯虛心推究。殆不難見也。夫所謂天理者無一物欠缺。無一息間斷。堯草田荆。山傾鐘應。自古至今能幾見耶。便以爲推究得去。恐未可也。

又 丙申秋

五月間獲領華翰。知履任平善。良慰鄙懷。副以佳儀足感至意。聞潮士多肯向學。此第一好消息。聚講之願。賢契恐不得辭。然亦無可辭之理也。來書又論及

心性。足知好學無已。頗記往年奉柬已嘗有。終恐難合之慮。既各安所見。驟難歸一。曷姑置之。大學未嘗言性。言至善矣。正心乃止至善工夫。至善果何物耶。未易識也。中庸未嘗言心。言戒懼慎獨矣。戒懼慎獨非心而何。惟有心地工夫乃無失乎天命之正。其言各有條理。毫髮不差。若欲援此以證心性之爲一物。切恐未當。孟子曰。盡其心者知其性也。者也兩字一呼一應。安得混而無別乎。且性乃生理。今直認爲

生意。難道不錯。理無形。意有跡也。此至精至微處。非言可悉。須自得之。雖然賢契平日所聞蓋已積滿胸中矣。問辯雖勤。匪虛曷受。再三之瀆。得無彼此俱失乎。惟加察焉。是所望也。

答陳靜齋都憲　丙申冬

辱書知嘗通覽拙記。爲幸多矣。奬借之過。殊不敢當。惟不吝切磋乃爲至愛。承諭以人心道心之疑。具悉尊旨。然生之認道心爲未發。非欲與朱子異也。益潛心體認爲日久矣。於是證以中庸之說。其理甚明。若人心道心一概作已發看。是爲語用而遺體。聖人之言殆無所不盡也。惟精是隨時省察工夫。就人心而言。惟一是平日存養工夫。就道心而言。蓋人心常動。動則二三。故須察。道心常定。惟是一理。故只消養。平日既知所養。又隨時而致察焉。則凡人心之發。無非天理之流行矣。此天人之所以一也。察即審也。恐非二事施爲。或謬其病只在本原。若本原未純。驗之雖勤。無益也。鄙見如此。不審猶有窒礙否乎。且朱

子序中庸章句有云。天命率性。則道心之謂也。註解有云。大本者天命之性。天下之理皆由此出。道之體也。夫既以大本爲天命之性。以天命之性爲道心。則道心明是未發。而又以爲指其發於義理者而言。則謂之道心是原未有一定之論也。將求所以歸于至一。非高明其誰望耶。所舉黃勉齋答李貫之問。似與鄙見亦不甚同。蓋渠論人心道心。皆固守師說。且分析太過

。覺少混融之妙也。所謂以理而動。無跡可見。故曰微此言殊有病。天下之動固根于理。動必有跡。安得云微。且既曰以理而動矣。而又曰存之於內。何言之能操。恐非程子意也。若曰必敬而後能存。則其義自明。而於鄙說亦無可疑者矣。主敬持敬爲初學之士言之可也。非所以論細密工夫也。何也。謂之主敬。非心其主孰主之。謂之持敬。非心其孰持之。夫敬實宰乎心。而心反繫於敬。欲其周流無滯。良亦難矣。一有滯焉。安得直乎。此生所以有欲密反疏之疑也。初學之士其心把捉不定。往往爲物所化。以此爲訓。蓋所以防之耳。若論細密工夫。無如操字之約而盡。更不須道。主敬持敬。敬已在其中矣。此致一之妙也。生之從事於斯不爲不久。凡諸儒先之訓見於大學或問中者。皆嘗一一驗之。果能常常提掇此心。有不主於一而更他適者乎。有不整齊嚴肅者乎。有不常惺惺者乎。有不收斂而復容一物者乎。驗之數說。既無不合

。反而驗之身。心若動若靜。亦頗做得主宰。於是始渙然自信。以爲即此是敬。可無待於他求也。是知操之一言乃吾夫子喫緊爲人處。凡有志於學者。果能奉以周旋日用工夫。眞是直截。既無勞擾。亦不空疏。故特表而出之。期與同志之士共學焉。非立異也。況朱子嘗因論敬直窮到底。亦以爲要之只消一箇操字。到緊要處。全不消許多文字言語。是誠先得我心之所同然。惜其混於多說之中。莫或知此言尤爲切要者耳。敬齋箴反覆詳盡。委無罅隙。然所謂動靜弗違。表裏交正。孰非操存之實乎。恐不必將敬字別作一項工夫看也。自領教札以來。紬繹再三。思有以抑。承諄誨而終未能頓。舍其舊又不敢曲爲之說以自欺。爰竭愚衷。以謝明教切磋之惠。尙有望於嗣音。幸無靳也。

又

昨小僕回。又承教札。非志道之篤愛與之誠何能及此乎。

。往復莫逆。欣慰良多。妙合而凝。所舉張南軒之說甚當。朱說似乎少異。請更詳之。如南軒之說。合字自可不用也。所以陰陽者。道來教云。理既是形而上者。雖著所以字亦不妨。此言良是區區之意。但以爲不如伯子之言尤渾然無罅縫耳。然所以兩字果看得透。則所謂原來只此是道。益了然矣。大抵說到精微處愈難爲言。謹此奉酬。伏希裁擇。

答陳侍御國祥　丁酉春

歲前祗領教札。如獲百朋。裁謝草草。實緣匆遽。使者去後。方得究觀。天分之高。學力之優。志向之正。隱然皆有見於言外。爲之降歎無已。第推與之過。殊不敢當遊於聖門。自當守吾聖人家法爾。人心道心之辨僕於此用工最深。竊頗自信。朋友間往往疑信相半。只爲舊說橫在胸中。今得高論。爲之發明。殆非小補。所云中庸言喜怒哀樂之未發。則直謂之中。言既發則必加中。節而後謂之和。此無他。氣用事與不用事之辨也。此數言者尤爲切當。明乎斯義。則區區之說自無可疑者矣。僕嘗謂人心道心之辨明。然後大本可得而立。斯誠講學第一義。高論首及於此。而詞又足以達其意。其有見哉。又承論及佛氏與陸象山。斯亦講學之所不容後者。然彼此之論似乎小有未合。敢略申之。僕論佛氏有見於心。無見於性。高論亦既在所取矣。而又以爲責之甚恕。豈非以佛氏之於此心見之猶有所未盡耶。然既云無見於性。即不得比於孟

子之盡心矣。僕謂象山亦然。高論初以未悉爲詞。既而欲處之告子之列。朱子固嘗以告子目象山矣。蓋以力制其心之同也。然僕嘗細推之。不能無別。告子之不動心。其心死。其時未有佛氏。但以燭理未明而墮於意見之偏。高論以爲學焉而流者是也。然其爲說初無以動人。其害終小。象山之不動心。其心活。蓋誠有得於頓悟之妙。從源頭便是佛氏本來面目。夫豈末流之失手。其人雖遠。其說方行。所以陷溺人心而蓁

蕪正路者。固君子之所深慮。未可容易放過也。請更詳之。又承見諭。因覽拙記至物格則無物數語。心目間恍若有見。惜於不久而晦而遂失之。詳味書詞。足知平日曾用格物工夫。故一旦因所感觸。似乎豁然有箇覺處。其隨晦而失之者。殆工夫欠接續之故耳。惟是操存省察。交致其功。不使有須臾之間斷。則晦者以明。明者益顯。自當久而弗失。詩所謂學有緝熙于光明緊要處。全在緝字也。鏡路二喻皆出於先儒。磨

盡塵垢之昏。則本體瑩然。行到王國之中。則萬方畢會。此理固然無可疑者。倘遺形器之粗。憚積累之勞。而欲徑探夫上達之妙。卻恐反生病痛。妄意推測。如此不識然乎。又承有感於僕所論吳草廬之言。而深病夫近世學者妄議朱傳之失。示及所嘗論辨之說。甚是詳明。自非留心正學安能及此。夫世之妄議朱傳者。其始蓋出於一二人崇尚陸學之私。爲其徒者往往貪新而厭舊。遂勇於隨聲逐響。肆爲操戈入室之計。姑

未論夫至道。就其師說亦何嘗有實見也。浮誕之風日長。忠實之意日微。世道所關有不勝其可慨者矣。然義理眞是無窮。吾輩之尊信朱子者。固當審求其是。補其微罅。救其小偏。一其未一。務期於完全純粹而毫髮無遺恨焉。乃爲尊信之實。正不必委曲遷就於其間。如此則不惟有以服妄議者之心。而吾心正大光明之體亦無所累。且朱子之於兩程子何如其尊信也。觀其註釋經書與程說亦時有小異。豈非惟是之從乎。然

非極深研幾。則所謂是者。要亦未易言也。僕資本中人學無師授。管窺蠡測。何足以究斯道之大全。過蒙不鄙而惠之書。反覆傾倒。曾無少吝。重惟盛意。不可以虛辱。因敢輙效其愚。如此據高見所及。加以培養之功。將來所就。固非朽拙所能量也。夫培養深厚。則所見益精。言愈約而味愈長。行愈力而事愈實。升堂入室。夫何遠哉。千里神交。即同晤語。屬望之意。倍切惓惓。想蒙亮察。凡愚見所未及。更希有以

見教也。不宣。

答劉貳守煥吾　丁酉冬

伻來辱書儀之惠。多感盛情。審知宦況清佳。兼有捧珠之喜。尤用欣慰書中諄諄以講學爲事。志誠篤矣。顧老朽連年臥病。茅且塞心。將何以奉酬高論乎。所舉學者須先識仁一段。以爲中間不曾拈出下手工夫。僕向時亦嘗有此疑。仔細看來。須以意會。蓋首云仁者渾然與物同體。義禮智信皆仁也。中間又云訂頑意

思。乃備言此體。此是明道先生分明指出仁體處。學者便當就此下體認工夫。果看得訂頑意思透時。則章首兩言之義自當了然於心目間。而存之者有其實矣。不然更將孔子答諸弟子問仁之訓。一一潛心體認。眞積力久。庶乎其自得之仁。固不外乎心。然非可以淺近窺急迫求也。今欲灼知仁體所在。而從事於親切簡當工夫。似頗傷於急迫。蓋此理該貫。動靜無乎不在。故欲灼知仁體而存省交致其功則善矣。必欲灼知仁體所在。而求其工夫之簡當。有不墮於佛氏本來面目者幾希。乍見孺子入井之心。孟子明以爲仁之端。恐難作仁體看。體用雖非二物。然自有形而上下之分。若以覺爲仁。則混而無別矣。且覺之一字非惟孔子未嘗道及。程子亦未嘗道及。後學當安所取信乎。鄙見如斯。不容有隱。更希詳擇拙記。誤勞鄭使君翻刻。恐累知言。然詳味其題辭。其篤信好學可想見已。兩賢並處。志同道合。切磋之益豈少哉。僕常念斯道難

明。同志難得。乃因賢契。又知有鄭使君。心之好之亦自有不能已者。第無緣一會耳。力疾裁復詞欠周悉。幸惟亮之。

復張甬川少宰　戊戌春

歲前小兒玥到家得所惠教札及盛製四編。斯文至愛。弗勝感荷。審知道體安和。尤用欣慰。高明之學切於爲己。所造既深。而猶以講習爲事。同聲之應。亦何能已。第書詞過重。殊非淺陋所敢當。惟有以規正而

助益之。乃爲至幸。大學中庸二傳辭皆精練正心之義。與鄙見不約而同。然拙記中僅能略舉其端。不如高論貫穿前後。本末兼盡。晦翁復起。殆莫之能易矣。敬服敬服。但以靈覺。爲性淺陋。殊不能無疑。拙記中於此事論之最詳。想未深契也。切詳高意。蓋以性不不爲少矣。僕於此經未及明習。然所謂據事直書而得失自見。鄙意素亦云然。以此意求之。所見固應脫灑。加之文字縝密行遠何疑。嘆賞之餘。因欲求正一

兩事。如孔父仇牧荀息之死。諸傳皆以爲聖人與之。反覆推尋。深所未喻。三人者惟仇牧事跡欠詳。如孔父徇其君以黷武殃民。荀息徇其君以廢嫡立庶。皆釀成弒逆之禍。罪莫大焉。縱其大罪而取其小節。豈所以垂訓於萬世乎。又況義形于色。及不畏強禦之云。考之左傳俱未見得。不知書及之意果安在也。跂聞高論以決鄙疑。老病交侵。神疲力乏。乘便修復。不能究所欲言者千萬亮之。臨楮惓惓。尤冀爲斯文寶重。不宣。

答陸黃門浚明 戊戌秋

七月二十日得六月十日書。後數日方得五月十九日書。震澤長語及重刻拙記皆如數收領。感慰兼至。跋語簡重嚴健。意味深長。識者無不嘆服。但推與之過。殊不克當爾。拙記恐未足傳。乃勞重刻。原執事之所用心。惟欲共明斯道以盡吾儒職分之常。初非有所私於老朽。老朽亦安得以其私謝。第心識之。審知文候

清佳。績學不倦。尤慰懷想。爲己之學最是涵養體認工夫。常要接續記覽考索皆其次爾。想高見具悉。無俟鄙言。茲因蕭掌教先生處人行。敬此奉復。別錄所疑一一條答如左。義理無窮。識見有限。有所未合。當再商量。弗明弗措煩數非所計也。

程伯子論生之謂性章

此章曲折頗多。僕嘗反覆推尋。覺得纔說兩字正與不容說三字相照應。纔說性時便已不是本然之性。則所

謂不容說者。非本然之性。而何若以爲指天道而言。則此章大旨本因論性而發。既詳於氣稟。卻無一言說著本然之性。而遽推及天道。恐非程子意也。凡人說性。只是說繼之者善也。孟子言人性善是也。此三句蓋以申明。纔說性時便已不是性之意。繼善乃借用易中語。指人性發用處而言。意謂凡人說性。只說得發用處爾。孟子道性善。亦只是就發用處話出示人。觀乎乃若其情則可以爲善等語分明可見。若夫本然之妙

畢竟不容說也。然孟子雖就發用處指示。正欲學者泝流窮源以默識。夫本然之妙如告子輩。則遂認取發用處執以爲性。竟不知有人生而靜一層。此其所以卒成千里之謬也。拙記中又以感物而動一言申繼善。只是要將動靜兩字說教。理一分殊分曉。理一便是天地之性。分殊便是氣質之性。與高見亦何異乎。然天地之性須就人身上體認。體認得到則所謂人生而靜。所謂未發之中自然頭頭合著矣。遠厪誨諭研究再三。而說來說去終是舊時見識。不知理果盡於此乎。抑固而未化也。便中更希明示。

凡言心者皆是已發章

人心道心看得甚好。必使道心常存。而人心之發每不失其正焉。此言尤當。希賢希聖更無他法。但當力踐此言而已。願相與勉之。

新刻楞伽經序章

憂深慮遠。拙記偶未及此。當思所以處之。

能者養以之福章

養之以福。僕於此句平日有疑。因讀漢書作養以之福。其疑遂釋。若曰養之以致福。理無不通。但須增一致字爾。古人屬辭固不必一一對待。然經書語句多有對得整齊者。要之只是順理成章。非有意也。

通書義精辭確章

愛固不足以盡仁。而仁實愛之理。所以最難爲言。來書所疑未爲過也。但博愛之謂仁。太說殺了。愛曰仁

語意卻較寬平。與孟子惻隱之心仁也相似。要之終有所未盡耳。中也者和也。中節也。天下之達道也。其意蓋以發而中節之和爲中。中字該貫體用。在人如何用耳。中也者一句。與上文剛善剛惡柔善柔惡是一類。此處恐不必置疑。

天道之變盡於春夏秋冬章

此前一章已嘗論及。邵學大意亦可見矣。元會運世之說都是從數上推出。初非杜撰。小則一歲。大則一元

。參伍錯綜。其說皆有條理。若比之鄒衍迂誕之談。佛氏宏闊之論。切恐太過。但其學不傳。無由通知其本末耳。高論甚實。僕無得而議之。經綸世變乃邵書本旨。皇帝王伯雖則並稱。而等級至爲嚴密。其以易書詩春秋爲聖人之四府。雖未及儀禮周禮。然有禮樂汚隆乎其間。一言說得卻無滲漏。其前後議論諸儒道不到處頗多。間有一二未純。瑕瑜自不相掩也。若其妙達天人之蘊。朱子特深知之。所著贊辭。稱其手探月窟。足躡天根。其必有所見矣。大抵吾輩博觀群籍。於凡所可疑者不得不疑。可信者不容不信。但當以義理爲之權度耳。

或問楊龜山易有太極章

中字非所以訓極字。而所謂太極者常在天地萬物之中。只要人識得。若識得破時。中央之中與未發之中無非太極之本然也。

梁武帝問達磨章

達磨以造寺寫經並無功德。宗杲以看經念佛爲愚人。來書謂其本意只是要人學他上一乘法。在彼教中高處走耳。極看得破。然所謂並無功德及愚人等語。皆是眞心實話。不知不覺從天理上發出來。僕是用表而出之。以警悟世之迷惑者耳。彼雖異端。天理如何泯滅得。但由之而不知非過許也。

元之大儒稱許魯齋章

君臣之義無所逃於天地間。魯齋生長元之土地。元君

則其君也。況所遇者世祖素知尊孔子。重儒文。其賢亦未易得。必欲守隱居不仕之節。恐非義理之正也。且魯齋之出志在行道。當時儒者之道不廢。雖未必盡由魯齋。然開導從臾魯齋不爲無力。一有不合輒奉身而退。視榮利若將浼焉。聖門家法未之或失。此僕之所以有取於魯齋也。設使身非元民。君非世祖。則高論斷不容易。拙見如此。未知當否。請更詳之。

答林正郎貞孚　己亥秋

劉石竹憲副過家專人送到手札及盛製兩編。開封細讀。志同聲應。如獲至寶。且聞侍奉吉慶。欣慰兼至。曩在仕途。雖未及親接。間獲見一二篇什。心固已奇之矣。比審居閒日久。造詣益深。藏器待時。尤用嘉歎。僕進修不力。徒事空言。以管窺天。見則有限。何足重煩賢者之箋釋哉。適增愧耳。究觀高論。大抵天資明快。故將之不見其難。才思清通。故言之能暢厥旨。於鄙見雖或有合。而獨得之妙亦不苟同。講學固當如是。承欲加之切磋。顧學未成而耄已及。將何以少副愛與之盛心乎。勉摭舊聞。姑用塞責。不自知其可也。幸相與訂之。凡大意相同者皆不贅。今士風日靡。異說瀾翻。非有卓然不惑之君子。其何能定。僕老矣。所望於賢者。益堅任重道遠之志。篤致深潛縝密之功。以振斯文。以式來學。將不止爲一世之士而已。山川間阻。良覿無由。倘不惜嗣音。尤爲至幸。

上卷首章

開卷數語似乎用意過深。德字形字驟難理會。想必有說也。

第四章

謂體用動靜。道心人心皆有之。恐誤也。道心性也。性爲體。人心情也。情爲用。體常靜。用常動。此自然之理。非有意於分別也。但觀樂記。人生而靜。感物而動二語。及伊川顏子所好何學論。便是明證。無

可疑者。看來此段卻是未悉區區人心道心之說。拙記綱領只在此四字。請更詳之。應姸應媸之說固未當。鏡明鏡昏之喻亦未盡。蓋道心常明。其本體然也。人心則有昏有明。凡發而當理。即是人心明處。發不當理。卻是昏處。不可道人心一味是昏也。

第五章

謂佛氏別是一教。不當以吾儒之心性倫理與之並言。朋友間亦嘗有此說。殊不知鄙意正要將來與之並言。

方見得是非分曉。不然則毫釐差處無從辨別。終無以服其心而解其惑也。

第六章

物各付物一以貫之。似說聖人分上事宜。更從天理上研究。方見得理一分殊無非自然之妙也。各親其親。各長其長。便是各私其身之說。非自下學不誠者言也。

第七章

格物既主朱子之說。又有取於陽明何也。二說果可通用乎。

第十一章

理氣二字。拙記中言之頗詳。蓋誠有見其所以然者。非故與朱子異也。今高論所主如是。亦難乎其爲言矣。但氣強理弱之說終未爲的。因復強綴數語。語在下卷第十九章。所疑理散果何之。似看鄙意未盡。記中但云氣之聚便是聚之理。氣之散便是散之理。惟其有聚有散。是乃所謂理也。並無理散之言。此處只爭毫

釐便成二義。全要體認精密也。

第十四章

性之所以難言者。只爲理字難明。往往爲氣字之所妨礙耳。天地之性。氣質之性。宋諸君子始有此言。自知性者觀之。固可默識。在初學觀之。有能免於鶻突者幾希。何也。夫性一而已矣。苟如張子所言。氣質之性。君子有弗性。不幾於二之乎。此一性而兩名。

僕所以疑其詞之未瑩也。若以理一分殊言性。較似分明。學者較易於體認。且於諸君子大意亦未嘗不合也。高論謂理一即本然之性。分殊即氣質之性。特異其言耳。此言誠是。謂一性兩名猶在則未然。只是一箇理字。何從更有兩名乎。況章末又申明其義云。其分之殊莫非自然之理。其理之一常在分殊之中。決不至鶻突人也。所舉三聖及群賢論性之言。中間儘有曲折。正宜講求歸一而顧未之及。末後一段雖詞意高遠。止是贊性之善。終未見有以盡諸說之異同也。

第十五章

非樂於細碎。但恐語焉而弗詳。此理終不明耳。善觀者從細碎處收拾來。自然打成一片。苟不善觀。無怪其感也。

第十八章

足見用心。更得數語發揮其所明者尤善。

第十九章二十章

吾夫子贊易千言萬語。只是發明此理。始終未嘗及氣字。非遺之也。理即氣之理也。賢友往往將理氣二字並說。左顧右盼。惟恐有失。不亦勞乎。須求其所以然可也。拙記嘗再續。於就氣認理之說又頗有所發明。恐未及見。輒以一部奉寄。或可參看也。

第二十四章

無物只是不爲物所蔽。不以辭害意可也。

第二十五章

顏子喟然之嘆。先儒嘗意其在請事斯語之後矣。此非大義所關。不必深泥。但看朱註至明至健兩言。若非見得禮字分明。將何以致其決也。

第三十一章

天地之大德曰生。生生之謂易。性命之理不出乎此。上下之察。朱註明以化育爲言。可謂深得其旨矣。造端乎夫婦。蓋就人事之近而指。言其本始察乎天地即此端之極致。不容復有兩端三端也。今謂生化之源乃

其一端。則造端二字當別有所指矣。可得聞乎。

第三十五章

未發之中。程子所謂亭亭當當。直上直下之正理是也。見得到便信得。及以偏全淸濁爲說。失之遠矣。太極之義。附錄中所答陸黃門書亦有數語可參看。拙記雖無次序。卻有頭腦。前後都相貫穿。只要看得浹洽耳。

第四十章

窮理所以格物。似乎倒說了。

第五十三章

經界之法。古以均田。後世則以之均賦。中間曲折亦不盡同。然行之得人爲利誠亦不少。

第六十四章

泉之源不知亦有濁否。即有之。將來比性不得。程子曰。人生氣稟。理有善惡。然不是性中有此兩物相對而生。其言至矣。第三句須著意理會。

第六十五章

附錄中所答陸書亦嘗論此一段可參看。何如高論雖詳。似乎未悉鄙意。僕所不能無少異於朱子者。只是以上二字。其他無不同也。

第七十九章

所謂理氣二物。亦非判然爲二。未免有遷就之意。既有強有弱。難說不是判然。夫朱子百世之師。豈容立異。顧其言論間有未歸一處。必須審求其是乃爲善

學朱子而有益於持循踐履之實耳。且如中庸章句所解天命之謂性。是人物之性一而已矣。孟子集註所解犬牛與人之性。又不免於二之有。志於學者但草草讀過可乎。大凡兩說之中必有一說至當。果見得到。雖有從有違。自無害其爲尊信也。不審高見以爲何如。

下卷首章

愚之本意蓋謂聖祖雖明二氏之學。而其所尊用以爲萬世無窮計者。惟吾儒之道而已。蓋誠有見乎。二氏之

學不足以經世。不足爲有無。此其所以爲大聖人之見。而聖子神孫所當守爲家法者也。高論似未詳此曲折。反若有取於二氏然者。誠恐害事。切希改而正諸。

第二章

謂易只爲卜筮而作。鄙見終不能無疑。後儒之論恐難盡廢也。

第四章

卦德卦體卦象卦變。孔子以前此說有無不可知。彖傳

則分明可見。非出於後儒之分析也。高論每到分析處多不甚取。似微有厭繁喜徑之意。朱子不曰析之極其精而不亂。然後合之盡其大而無餘乎。

第七章

以後得主爲句。當俟精於易者決之。

第十七章

兩性字微覺不同。前一性字當作性之欲看。後一性字卻是本然之性。

第十八章

畢竟不識本然之性。

第十九章

此章之說未然。謂造化樞紐。品物根柢。指本原處。而言亦過於遷就矣。豈有太極在本原處便能管攝。到得末流處遂不能管攝邪。是何道理。其以形體。性情。君子小人。治亂禍福。證氣強理弱之說。皆未爲當。孟子曰。莫之爲而爲者天也。莫之致而至者命也。

程子謂此二言便是天理。此乃超然之見。理氣更安得有罅縫耶。試精思之。一旦豁然。將有不知手之舞之。足之蹈之者矣。

第二十一章

周子在程朱之上恐未易言。二程所以有功於聖門。有功於後學者。第一是辨異端闢邪說。使聖道既晦而復明。學者不迷其所向。豈小補哉。不知周子緣何卻欠此一節。且天地造化之妙。聖學體用之全。易中言之

甚悉。太極圖說殆不能有所加也。推崇之過聽者能無惑乎。

第二十四章

經緯之說是矣。然區區未嘗疑此二言。

第三十五章

此兩言既在。所取宜有定見。不可爲一物。不可爲二物。竊疑所見猶未定也。

第三十八章

伯子又云。所以謂萬物一體者皆有此理。只爲從那裏來。生生之謂易。生則一時生皆完此理。人則能推。物則氣昏推不得。不可道他物不與有也。觀乎此言。可見記者初未嘗誤。此義理本原精深至論。未可草草看過也。且高論既疑物之偏。恐不能有。何又云人物之生理同而形異耶。煞要尋究人物俱有知覺而所知所覺者則不同。可見理一而分殊矣。

第四十一章

今之禪學有類清談。誠哉是言也。殷監不遠。尚賴憂世之君子相與救之於未然。

第四十二章

終以盲廢一言似欠溫厚。有以潤色之爲佳。

第四十四章

此章之言似乎未甚經意。請更詳之。

第四十九章

可謂深知白沙者矣。論學術不得不嚴。論人才不容不公。使白沙見用於時。做出來必有精采。

第五十一章

性書中有五行之生各一其性辨。考究體認煞用工夫。覺得朱子之言不無窒礙。但渠於性命之理終未能究見端的。若有的見。則於窒礙處須有說以通之。必不爲理氣兩字所纏絆也。

第五十三章

此章之說賢友至以爲盗得法相難。可謂直窮到底。據

鄙見爲盜得法是一道也。此正當理會處。理會得透。方見斯道之大全。

第五十四章

傳習錄中附載陸原靜疑問有云。中也。寂也。公也。既以屬心之體。則良知是矣。今驗之於心。知無不良。而中寂大公實未有也。又論照心妄心。謂妄與息何異。今假妄之照以續至誠之無息。竊所未明。以此見其儘會思索。若能再進一兩步。竊恐終難契合。未必

不爲朱門之曹立之也。意蓋以此望之。非賢友見疑。無由盡此曲折。益以見立言之未易也。

第五十五章

格物通近方見之。不意其侮聖言一至於此。

第五十七章

三百八十四爻俱要看得箇道字分明方是實學。且如屯之九五居中得正而大貞凶。豫之九四既不正又不中。而大有得食。前方丈豈容一口併吞之耶。

第六十章

謂金針爲秘法而非心見之明矣。彼指金針爲心者。果不明耶。殆不誠矣。不明之過小。不誠之罪大。

第六十四章

既與孔氏異。恐不得爲聖人之徒矣。

第六十九章

畢竟消滅。前代姑未論。國初所見。如周顛仙。張三丰者今安在耶。

復南豐李經綸秀才　己亥冬

地之相去殆千百里。兼素昧平生。忽辱專使貽書。殊莫詳所以。不幸適有長孫之戚。勉強披閱。乃知足下之有志於道也。來使繼出盛製一編。亦勉閱一過。才氣充溢。筆勢翩翩。開合迴旋。每極其意之所至。大要以崇正抑邪爲主。誠有志哉。老病忘言久矣。方抱哀悰。又眩於高論。茫然不知所以爲答也。顧來書末簡有指合玄微於談笑間一言。殊覺傷易道之精微。豈

談笑間可盡乎。觀所用合字之意。蓋已自信不疑。故繼以天地間大快之語。高論雖不爲無見。多涉安排。恐當尙有進步處也。又讀書記中論及考亭有云。見知至之先六事而昧乎知。不越於明新物不出乎人己。則汎觀萬物之言礙。又云。致知之論不根至善。窮高極廣。中材阻難。此非老拙之所知也。切詳大學章句。其釋至善之義云。事理當然之極。釋格物之義云。窮至事物之理。欲其極處無不到。事物之理即前所謂事理。極處之極即當然之極。非有二也。總論又云。物格知至則知所止矣。意誠以下則皆得所止之序也。首尾渾融。絕無滲漏。足下無乃玩之未熟而輕於立論乎。至誠盡性。極於贊化育。參天地。不明萬物之理安能贊天地之化育乎。萬物之理與人己之理容有二乎。至以知言有愧議。考亭尤恐獲罪於天下後世之君子。考亭嘗舉禪語以警學者云。諸人知處良遂總知良遂。知處諸人不知眞。知考亭固難。然自知亦非易事。願

足下愼之。損議論之有餘。務誠明之兩進。急於爲己。緩於攻人。足下所從事者其或在此。以此奉酬雅意不識可乎。惟加察焉。幸幸。

答湛甘泉大司馬　庚子秋

宦成志遂。身退名完。古今若此者能幾人。向聞解組榮歸深用爲故人喜。老病不能出。擬專人奉候。久之未有來耗。邑中忽差人送至教札。始知嘗爲武夷之遊。暮宿澄江。侵晨遂發。追候不及。悵怏可言。別楮誨諭諄諄。極感不外。第慚固陋。終未能釋所疑。僕素聞白沙先生人品甚高。抱負殊偉。言論脫洒。善開發人。間嘗與朋友言。使白沙見用於時。做出來必有精采。夫以私心之所歆慕如此。安肯肆情妄議以眩夫人之觀聽耶。其以禪學爲疑。誠有據也。蓋白沙之言有曰。夫道至無而動。至近而神。又曰。致虛所以立本也。執事從而發明之曰至無。無欲也。至近。近思也。神者天之理也。凡此數言亦既大書而深刻之。固

將垂諸百世以昭示江門之教。茲非可據之實乎。易大傳曰。一陰一陽之謂道。又曰。陰陽不測之謂神。程明道先生曰。上天之載無聲無臭。其體則謂之易。其理則謂之道。其用則謂之神。聖賢之訓深切著明如此。今乃認不測之神以爲天理。則所謂道者果何物耶。其於大傳與明道之言殊不合矣。中庸曰中也者。天下之大本也。又曰致中和。明道先生曰。中者天下之大本。天地間亭亭當當。直上直下之正理。出則不是。

惟敬而無失最盡是。則致中乃所以立本也。敬而無失乃所以致中也。今謂致虛所以立本。其於中庸與明道之言又不合矣。中字虛字義甚相遠。潛心體認。亦自分明。虛無津涯中有定止。譬之於秤中其定盤星也。分斤分兩皆原於是。是之謂本。把捉得定。萬無一失。是之謂立。若乃無星之秤。雖勞心把捉。將何所據以權物之輕重乎。此理殆不難見也。夫隨處體認天理一言孰云非是。顧其所認以爲天理者。未見其爲眞切也。僕安得而不疑乎。禪學始於西僧達磨。其言曰。淨智妙圓。體自空寂。千般作弄不出此八字而已。妙圓之義非神而何。寂空之義非虛而何。全虛圓不測之神。又非白沙之所嘗道者乎。執事雖以爲非禪。吾恐天下後世之人未必信也。且吾聖人之格言大訓布在方册。皦如日月。浩若江河。苟能心領而神會之。信手拈來。無非至理。今觀白沙之所舉示曰無學無覺。曰莫杖莫喝。曰金針。曰衣缽。曰迸出面目來。大抵皆

禪語也。豈以聖經爲未足。須藉此以補之耶。先儒有言佛老之害甚於楊墨。孟子於楊墨之淫辭直欲放而絕之。所以閑先聖之道者。其嚴如此。白沙顧獨喜禪語。每琅琅然爲門弟子誦之。得無與孟子異乎。欲人之不見疑其亦難矣。來書謂以白沙爲禪者。皆起於江右前輩。僕亦江右人也。執事豈意其習聞鄉評遂從而附和之耶。何椒丘。張古城。胡敬齋固皆出於江右。若李文正公乃楚人而生長於京師。謝方石。章楓山則皆

越人。亦皆以禪學稱白沙。何也。夫名依實而立者也。苟無其實。人安得而名之。諸君子多善白沙而名其學如此。亦必有所據矣。執事盍反而求之。所辨居業錄中兩條。拙記中頗嘗論及。今又增入夜氣之說。反覆研究。終是不同。益夜氣之所息。其用力處全在旦晝之所爲。不在靜中也。僕與執事相知垂四十年。出處差池無緣一會。往年嘗辱惠問。亟以書報。兼叩所疑。竟未蒙回答。今皆踰七望八。而僕之衰憊特甚。

舊業益荒。忽枉誨言。喜踰望外。使於此稍有嫌忌而不傾竭所懷。則於故人愛與之至情不爲無負矣。是以忘其固陋而悉陳之。固知逆耳之言異於遜志。然與人爲善實君子之盛節也。如曰未然。更希申諭。若夫理氣合一之論。未審疑之者爲誰。自僕觀之。似猶多一合字。其大意正與鄙見相同。無可疑者。知僕之無疑於此。則前此所疑或者未爲過乎。兩詩詞意俱超諷誦無斁。第陽春白雪難於奉和耳。不宣。

湛甘泉原書　原本有誤字落字

水又頓首。言人多言整菴公指白沙先師爲禪。水謂白沙先生非禪也。第一指教之初。便以孟子必有事焉而勿正。心忽忘。忽助長爲標的。又以明道學者先識仁一段。末亦以孟子此段爲存之之法。及水自思。得以書稟問天理二字最爲切要。明道云。吾學雖有所受。然天理二字卻是自家體貼出來。李延平教人默坐澄心。體認天理。水以爲天理切須體認。日用間隨處體認

天理便合有得。先師喜而以書答。水曰得某月日書來甚好。讀之遂忘其□也。日用間隨處體認天理。著此一鞭。何患不到聖賢佳處也。夫禪者以理爲障。先師以天理之學爲是。其不爲禪也明矣。又將講之初發嘆曰。三十年不講此學。講畢水進問云。張東所係門下高弟。如何三十年不講。先生答云。此學非是容易講得。東所尋常來只說此高話。渠不曾問。某亦不語之。自林緝熙出仕去後。遂無人問。某亦不講矣。後水

歸羊城會東所。東所甚見喜。忽問曰。白沙村有一古氏婦人如何。水答曰。聞只坐忘。蓋此婦孀居學佛靜坐故也。東所搖首云。不然不然。三教本同一道。水於言下即知其未問白沙先生爲的也。嗣後遂往往與之辨論儒釋。彼不以爲然。白沙先生聞之。面語水曰。東所是禪矣。但其人氣高。且莫攻之。恐渠不轉頭無益也。據此。則白沙先生之非禪又明矣。以爲禪者皆起於江右前輩。白沙先生自得之學。發於言論。不蹈陳言。遂疑是禪。胡敬軒居業錄有二處。一以答東白先生書。藏而後發之語爲禪。水辨之曰。然則中庸溥博淵泉而時出之者亦禪矣乎。一以靜中養出端倪之語爲禪。水辨之曰。然則孟子夜氣之所息及擴充四端之說亦禪矣乎。蓋人之心天理本體具存。梏之反覆則亦若無有矣。實未嘗無也。夜氣養之。則本體端倪發見。平旦之氣好惡與人相近者是也。見此端倪。遂從此涵養。擴充盛大則天理流行矣。何以謂以禪。後世必

有能辨之者。非慮後世人遂以白沙先生爲禪。足累白沙先生也。恐後世聖者復作遂疑。疑之者之未見也。至於疑水以理氣合一之說。此說蓋自水發之而具存於古訓也。孟子曰。有物必有則。物其氣也。則其理也。又曰。形色天性也。形色其氣也。天性其理也。又曰。其爲氣。是集義所生者。氣其氣也。義其理也。又前所舉夜氣之所息。平旦之氣其好惡與人相近者。平旦之氣其氣也。好惡與人相近理也。至於手容恭。足容重。手足氣也。其恭重理也。一一合觀之。理氣何嘗有二乎。今水也與函丈皆老矣。故以既不得面請教而以墨卿爲道。區區平昔之所欲言。三四十年之所積疑者。敢以附于起居之後幸垂詳焉。悚息悚息。謹啓。

與林次崖憲僉　辛丑秋

頃承光顧。極感高誼。山鄉牢落。愧無以爲禮。匆匆就別。甚欲追送十數里以少盡薄情。而筋力不逮。第

深悵怏而已。隨得留別及留題中墅高作三首。次日又得所與貴同年馬宗孔辨書。時一展玩。宛然故人之在目也。用此爲慰。理氣之論因拙疾艱於往復。未及究竟。此心缺然。執事理學素精。曾不以僕之衰朽空疏見棄。弗明弗措。正在今日。敢復有請。計不以爲瀆也。僕從來認理氣爲一物。故欲以理一分殊一言蔽之。執事謂於理氣二字未見落著。重煩開示。謂理一分殊。理與氣皆有之。以理言則太極。理一也。健順五常。其分殊也。以氣言則渾元一氣。理一也。五行萬物。其分殊也。究觀高論。固是分明。但於本末精粗殊未睹。渾融之妙。其流之弊。將或失之支離。且天地間亦恐不容有兩箇理一太極。固無對也。執事又舉形而上下兩句。謂孔子嘗以理氣並言。僕以只是一箇形字奉答。亦未蒙開納。近細思之。此論最是精微。多言未必皆中。但當取證於聖賢之明訓爾。易大傳曰。易有太極。是生兩儀。兩儀生四象。四象生八卦。

夫太極形而上者也。兩儀四象八卦形而下者也。聖人只是一直說下來。更不分別。可見理氣之不容分矣。中庸曰。大哉聖人之道。洋洋乎發育萬物。峻極于天。優優大哉。禮儀三百。威儀三千。夫發育萬物乃造化流行。三千三百之儀乃人事之顯著者。皆所謂形而下者也。子思明以此爲聖人之道。則理氣之不容分又可見矣。明道程先生只此是道之語。僕已嘗表出。還有可爲證者。一條形而上爲道。形而下爲器。須著如此說。器亦道。道亦器是也。合此數說觀之。切恐理氣終難作二物看。據大傳數語。只消說一箇理一分殊亦未爲不盡也。請再加參酌。求一定論。因風見教至感辯書議論甚正。即其詞而味其旨。其淵源所自非陽明即甘泉。高見固已先得之矣。僕於王湛二子皆相知。蓋嘗深服其才而不能不惜其學術之誤。其所以安於禪學者。只爲尋箇理字。不著偶見如來面目便成富有。而其才辨又是以張大之。遂欲挾此以陵駕古今。殊

不知只成就得一團私意而已。嘗見傳習錄有云。於事事物物上求至善。卻是義外。至善是心之本體。又云。至善即是此心。純乎天理之極便是。更於事物上怎生求。以此知陽明不曾尋見理字。又嘗見雍語有云。天理只是吾心本體。豈可於事物上尋討。以此知甘泉不曾尋見理字。二子平生最所尊信者莫過於明道先生。其遺書具存。不知緣何都不照勘乃爾相反。明道先生曰。所以謂萬物一體者皆有此理。只爲從那裏來。

生生之謂易。生則一時生皆完此理。人則能推。物則氣昏推不得。不可道他物不與有也。只曰萬物皆備于我。不獨人爾。物皆然。都自這裡出去。只是物不能推。人則能推之。詳味此言便是名正性命之旨。便是格物第一義。二子都當面蹉過。謂之尋箇理字不著。可不信乎。抑程子止言物爾未及於事。只如俗說殺人償命。欠債還錢。則事事皆有定理。亦自可見斯理也。在天在人。在事在物。蓋無往而不亭亭當當也。此

其所以爲至善也。果然尋得著。見得眞。就萬殊之中悟一致之妙。方知人與天地萬物原來一體。不是牽合。惟從事於克己。則大公之體以立。而順應之用以行。此聖門之實學也。若但求之於心。而於事物上通不理會。厭煩而喜徑。欲速而助長。則其回光反照之所得。自以爲千載不傳之秘者。圓覺固其第一義矣。儒書中僅有良知一語大意略相似。陽明於是遂假之以爲重。而謂良知即天理。孟子何嘗指良知爲天理耶。是

誣孟子也。嘗閱陽明文錄。偶摘出數處。凡用良知字者。如其所謂輒以天理二字易之。讀之更不成說話。許多聰明豪爽之士不知緣何都被他瞞過。可嘆也。夫如答陸元靜有云。能戒愼恐懼者是天理也。答顧東橋有云。所謂善惡之機。眞妄之辯者。舍吾心之天理亦將何以致其體察乎。答南元善有云。耳而非天理。則不能以聽矣。目而非天理。則不能以視矣。心而非天理。則不能以思與覺矣。答歐陽崇一有云。天理發用

之思。自然明白簡易。天理亦自能知得。若是私意安排之思。自是紛紜勞擾。天理亦自會分別得。蓋思之是非邪正。天理無有不自知者。答魏師說有云。能知得意之是與非者。則謂之天理。諸如此類。非徒手足盡露。誠亦肺肝難掩。曾不自考。顧乃誣孟子以就達磨。裂冠毀冕。拔本塞源。言之可爲痛恨。其自誤已矣。士之有志於學而終不免爲其所誤者。何可勝計。非有高明特立之君子。以身障其流而撲其焰。欲求斯

道大明於世。其可得乎。僕懷此有年。病臥空山。無可告語。玆因辯書所感發。不覺喋喋同聲相應。亦自然之理也。距詖行。放淫辭。在吾次崖。何用多祝。惟冀推廣此意。俾後學皆知所向而弗惑於他歧。斯道斯民。庶乎其有攸賴爾。三詩皆依韻奉答。別楮錄呈。意淺詞凡。伏希覽正。

再答林正郎貞孚 壬寅春

舍親歐陽銀臺及曾進士先後過家。連得教札。兼承道履佳勝。甚慰渴仰之私。所惠續記箋重箋福絹俱奉領訖。珍感珍感。往年附呈謬說。誠不自知其可否。姑藉此以爲受教之地。過蒙不鄙一以高見決之。使得因其所明。益求其所未至。愛與之厚。莫或加焉。細閱重箋。可否大約相半。其所可者亦既歸于一矣。其所否者在僕之愚。或猶未免滯於舊見。尙容子細推尋。以卒承君子之教。再三之瀆。今則有所未敢也。惟是第四章道心之說。第三十五章未發之中之說。實惟義理本原聖學。綱領不容有毫髮差互。而彼此議論參差

乃爾。欲求斯道之明其可得乎。輒敢復效其愚以求歸一之論。計亦在所欲聞而不厭也。夫所謂道心者果何自而有耶。蓋人之生也。自其稟氣之初。陽施陰受。而此理即具主宰。一定生意日滋。纏綿周匝。遂成形質。此上智下愚之所同也。其名爲道心。其實即天理。彼未嘗學問者。雖不知天理爲何物。天理曷嘗有須臾之頃不在其方寸中耶。蓋無爲之宰。譬如形影之相

隨。是以雖其昏擾之極。而至微之體。自有不容離者。不然則所謂我欲仁斯仁至矣。是從何處來耶。善學者固當默而識之矣。今詳高論。乃謂常人滿腔子皆利欲之心。是體固人心也。用亦人心也。夫何有於道。無乃見其末而遺其本乎。若夫未發之中。僕嘗即道心驗之。其義一而已矣。苟明乎道心之說。則未發之中自可不言而喻。今猶未也。當就高論之所及者講之。高論有云。常人未發之中有則有之。次與聖人未發之中異。此言誤矣。中爲天下之大本。大本即天命之性。果如高論是天命之性有二矣。豈其然乎。蓋聖凡之所以分繫於大本之立與不立。而所謂大本者。初未嘗有兩般也。高論又以未發之中。人物皆有之說爲疑。豈不聞乾道變化各正性命。初無分於人物耶。未發之中。性命之實體也。何獨歸之於人而疑物之不能有耶。固知中和本指只就人身而言。然吾人講學須是見得此理。通乎天人物我而無間。方盡中庸一書之義。方

可進於萬物一體之仁。不然則鳶飛魚躍於人有何干涉。子思纔一拈出。程子便指爲喫緊爲人處耶。斯義也。拙記中言之頗詳。且嘗取證於明道先生之言。以見其非臆說。執事亦既聞之矣。倘不終以過高自是見疑而特加之意焉。幸甚幸甚。若此論未能歸一。其他合處雖多。終是無頭腦學問終非完全之物。誤蒙愛與。不敢不盡其愚。友道當然。無嫌可避也。至若造端之說所以不同。蓋僕常玩味此章。似乎只是發明道體。不曾說到做工夫處。故於造端二字只就生化上立說。高論自君子之道法乎天地以下。卻是修道工夫。或問中亦有此意。但求之子思本旨。似乎不甚合耳。然二說各是一義。殆不相妨。非如道心及未發之中斷不容不歸于一說也。

答林之崖僉憲　壬寅冬

鄉親劉司訓處人回送到手書。甚慰饑渴。書詞泉涌。所以開發愚陋者殆無遺論。眞可謂切切偲偲者矣。感

佩感佩。僕雖不敏。然從事於程朱之學也蓋亦有年。反覆參詳。彼此交盡。其認理氣爲一物蓋有得乎明道先生之言。非臆決也。明道嘗曰。形而上爲道。形而下爲器。須著如此說。器亦道。道亦器。又曰。陰陽亦形而下者。而曰道者。惟此語截得上下最分明。原來只此是道。要在人默而識之也。竊詳其意。蓋以上天之載無聲無臭。不說箇形而上下。則此理無自而明。非溺於空虛即膠於形器。故曰須著如此說。名雖有道器之別。然實非二物。故曰器亦道道亦器也。至於

原來只此是道一語。則理氣渾然。更無罅縫。雖欲二之。自不容於二之。正欲學者就形而下者之中悟形而上者之妙。二之則不是也。前書雖嘗舉此二條。只是帶過說。今特推明其意。以見其說之無可疑。惟是默識心通。則有未易言者耳。凡執事之所爲說。率本諸晦翁先生。僕平日皆曾講究來。亦頗有得。謂是理不離乎氣。亦不雜乎氣。乃其說之最精者。但質之明道之言似乎欠合。說來說去未免時有窒礙也。姑借來書父子慈孝一語明之。夫父之慈子之孝。猶水之寒火之熱也。謂慈之理不離乎父。孝之理不離乎子。已覺微有罅縫矣。謂慈之理不雜乎父。孝之理不雜乎子。其可通乎。抑尤有可疑者。曰以氣言之則如何如何。以理言之則如何如何。道器判然。殆不相屬。然則性命之理果何自而明哉。良由將理氣作二物看。是以或分或合而終不能定于一也。然晦翁辨蘇黃門老子解。又嘗以爲一物。亦自有兩說矣。請更詳之。細閱來書。

於明道之言看得似別。蓋其意本歸於一。高論乃從而二之。於子思之言看得又別。以發育萬物。禮儀三百。威儀三千。爲道之所生。不是就把此當道如此。是器外有道矣。是子思語下而遺上矣。豈其然乎。然則謂子思去了太極生兩儀一段。只就天地上說起。乃是箇無頭腦學問。未論誣與不誣。只恐子思子復起不肯承認。抑未聞天地之外別有所謂太極也。豈其急於立

論而偶未及致詳耶。書末所云。如不用格物致知之功。而徒守理一分殊之說。切恐秖爲無星之稱。無寸之尺。非可與議精義入神之妙也。此言卻甚當。近時學術多是如此。區區拙學於鳶魚花竹。亦嘗用心理會。頗見其所以然者。而況於仁敬孝慈之類。人道大倫安敢忽也。然分之殊者易見。而理之一也難明。且如乾之亢龍。坤之龍戰。其爲凶惡不待言矣。而至精之理未嘗不在執事以爲然乎否。子必於此等處皆灼見其所

謂一者。方可謂之精義入神。不然雖毫分縷析。猶爲徒博也。歲中多病。酬答甚艱。而諄諄之誨不可以虛辱。力疾布此大意粗白。愧不能詳也。倘猶有疑。更希嗣教不宣。

答林次崖第二書　甲辰夏

鄉親劉長敎過家。得四月望日書。再承理氣之教。慰感兼至。書詞累幅。遇警策處。老目輒爲之增明。然究其指歸。總是不離不雜之說。僕前書頗嘗推言其窒礙處。不意如水之投石也。人心道心只是一箇心。道心以體言。人心以用言。體用原不相離。如何分得。性命理也。非氣無緣各正太和氣也。非理安能保合亦自不容分也。集義所生。配義與道。是教人養氣之方及養成之效。若論道體只是箇浩然之氣。更從何處尋覓道義乎。今欲援此等以證理氣之爲二物。未見其爲精切也。執事之學誠博。然亦不須多引。且說乾元亨利貞一句。將以爲理乎。將以爲氣乎。區區拙見已具

前書。更不欲泛引瀆陳。誠恐枝葉愈繁而本根終蔽。前書嘗就明道先生元來只此是道一語推明其意。以爲正欲學者就形而下者之粗。悟形而上者之妙。二之則不是也。言雖約而意已盡。義亦甚明。竊謂明道復起。亦必有取於斯言。而來教乃以爲錯看偶記。明道先生又嘗有言曰。灑掃應對便是形而上者。中庸又直指君臣。父子。夫婦。昆弟。朋友爲天下之達道。以此觀之。不曾錯也。參之高論。乃於是道之下添著之所

在三字。明道立言不應缺少。卻恐是錯。又蒙見難萬物之多。三百三千之儀從何處鑽出來。謂僕錯看了聖人立言之旨。敢問高論以萬物皆生於道。道果在何處存站。存站處明白。鑽出來亦明白矣。程子釋逝者如斯之義云。此道體也。天運而不已。日往則月來。寒往則暑來。水流而不息。物生而不窮。皆與道為體。果如高論。程子得無錯乎。且此章章首六句明是一頭兩股。註所謂極於至大。入於至小。解得亦自分明。

高論乃云。子思明曰。大哉。聖人之道洋洋乎發育萬物。將兩句一直說下來。便截斷了。只要遷就己意。更不問子思是如何立言。及說到三百三千之儀。失了頭腦。卻去牽扯中也者天下之大本一句。將來安插在上。講學似此。果何益乎。且吾二人之學皆宗朱子者也。執事守其說甚固。必是無疑。僕偶有所疑。務求歸於至一。以無媿乎尊信之實。道理自當如此。未可謂之橫生議論也。蓋朱子嘗有言曰。氣質之性即太極

。全體墮在氣質之中。又曰。理只是泊在氣上。僕之所疑莫甚於此。理果是何形狀而可以墮以泊言之乎。不離不雜。無非此意。但詞有精粗之不同耳。只緣平日將理氣作二物看。所以不覺說出此等話來。晚歲自言。覺得於上面猶隔一膜。亦既明有所指。此正後學之所宜致察也。高論以陰陽是道之所在。與泊在氣上之言有何差別。但不曾明用泊字耳。非習矣。而不察之過歟。格物之義凡高論所及。皆學者之所習聞。但於豁然貫通處不知何故略不拈及。程子曰。學而無覺

。則亦何以學為哉。此事全在覺悟。不然雖格盡天下之物。內外終成兩片。終不能無惑也。僕言理一分殊最盡只是說道體。又嘗言。所貴乎格物者。正欲即其分之殊而有見乎理之一。方是說下學工夫。舉分殊則事物不待言矣。說正欲便是教學者於分殊上體認。果能灼見此理之一精粗隱顯上下四方一齊穿透。尚安有毫髮之不盡乎。此則所謂物格而知至也。僕雖不敏。

曷嘗徒守理一分殊之說。但偏觀自古聖賢。論學未有專事於博而不歸諸約者。故常以反說約爲主。執事才拈著一句。更不推尋上下文意。轍譬之水上打棍。水底摸針。斯言也。無乃傷於易乎。抑其中或有所不快乎。摸針。橫議。錯看。乃來書三大節目。不得無言。此外更不容強聒。子貢問友子曰。忠告而善道之。不可則止。幸遇同志之友而未覩其同歸。甚爲可惜。然聖訓不敢不遵也。惟心照幸甚。

困知記續補

答胡子中大尹書

頃承見惠長書。欲以發老朽之所未發。愛厚之意何日忘之。第素愚且耄。媿無以奉酬高論也。來書反覆乎致知格物之說。不下二千言。大概以傳習錄爲主。將誠意與格物致知打成一片。更無先後之分。考之大學經文。容有未合程朱訓釋。更不待言。然以爲其說甚長。其未明既久。非有定見。殆不能爲此言也。夫所爲講學者。只緣燭理未明。懷疑未決。故須就朋友商量切磋。審求其是。以弗迷其所往。若所見既定。固當自信而無疑矣。而又奚講焉。且區區謬見。皆嘗著之於篇。賢契既不鄙而偏閱之。異同之際度已判然。如黑白之在目矣。而未聞稍契正。使猶有精華可發。亦將何自而入以究其是非之實哉。況實無所有也。然賢契格致之說雖非僕所取知。其以獨知爲持循之地。則固自修之第一義也。誠加以固守力行之功。必無自

欺。必求自慊。所以潤身而及物者。將豈無其驗乎。老朽屬望。實惟在此。計亦賢契之所自勵而不能自已者也。更有少瀆。來書所舉窮致事物之理一句。朱註原作至字。又窮致中和之理一句。則朱註所無。且大學中庸篇首兩致字。朱子皆未嘗以窮字訓之。亦不容不爲之別白也。一字異同。毫釐千里。切希照悉。

與鍾筠谿亞卿書

四月六日得去年五月所惠書。開封詳讀。宛然故人之

在目也。欣慰無量。緬惟養高林下。心逸日休。剛方之氣不衰。進修之志逾勵。所以增光吾道者多矣。僕年來逾覺衰憊。勉圖寡過以畢餘生。而過終未能寡。無足爲知己道者。承語及拙記。以滋味自別。見稱其言過重。媿非淺陋所能及。然拙記之出。朋友間蓋多見之。求如執事之能留意者鮮矣。近時學子大抵悅新奇而忽平實。就令鄙說稍有滋味。亦何自而相入乎。以此知高明之學篤於爲己。精於取善。志同而聲應。僕將不至於孤立矣。何幸如之。惟是各天一方。無緣聚首。以資切磋之益。念之未嘗不惘然也。往歲甲午秋。嘗辱書及賀儀。追謝弗及。其多即作報書與舍姪入京覓便轉寄。不意中途遭水。書幣皆壞。續令小兒抄白原書寄上。又不審何緣未達。深媿簡禮。今作此書。時有令郎大人可托。亦未卜何時方徹尊覽。令郎克承家學。才志卓然。雖仕途稍淹。要爲遠到之器。前者亦蒙惠問。愛有所自來矣。何日忘之。山林日長

必多著述。如疑誼錄之類。便中倘蒙寄示一二。以相啓發幸甚。拙記頗嘗增續。及近答湛甘泉司馬一書。輒以求教育合商量者。不惜逐條批諭。尤感臨書倍勤。馳遡惟冀爲斯文寶重永綏多福。不宣。

與崔後渠亞卿書

石江少宰過家承惠教札。及新刻楊子折衷。極感能念。伏自光膺召命。再入翰林。旋佐邦禮於南都。屢欲專書奉賀。因乏便未果。竟辱先施。負媿多矣。執事高尚有年。進修不懈。著爲文字。經緯整整。而一味崇正。尤用嘉歎。究觀新刻湛甘泉太宰之辯。可謂諄詳。而執事之助之也尤力。志同聲應。異說其將息乎。然僕以所通之理爲道。甘泉以精神之中正爲道。是亦不能同也。未審高明何以處之。僕年來目益昏。耳益聵。有書不能讀。朋來不能講。茅塞已甚。夫復何言。斯道之明且行。惟吾後渠暨同志諸君子是望。想切留意也。茲遇舍親曾舉人行便。專此寓敬。因附見

區區伏希亮察。不宣。

答蕭一誠秀才書

音問不通。蓋兩年矣。近得前月二十二日所惠書幷疑問十六條。披覽一再。足見向道之勤。良用嘉歎。但書中開門納士之諷。似猶未免於殉名也。老夫山居歲久。開門無日不開。朋來未嘗不見。苟有所問。未嘗不悉心條答。此開納之實也。若彼不吾向。而乃崇飾標榜誘之使來。是我求童蒙也。是好爲人師也。豈不有昧於聖賢之訓哉。此老夫所不能也。至若十六條之問。多是主張自家見解。詞若謙而氣則盈。老夫茫然。殊不知所以爲答。大凡講學須是本領上所見略同。又能擇所信從而不爲異說所惑。方好商量。不然則雖往復頻煩。只滕口說。終無益也。拙記累千萬言。緊要是發明心性二字。蓋勤一生窮究之力。而至於晚年者也。雖或其間稍有未瑩。不應便到相背而馳。今吾子云然。是乃全不相契。而其所見殆非老夫所及矣。

尚安能有益於吾子。猶欲使之譊譊。焉以留空白其失哉。雖然。老夫蓋嘗有所感。不可以一言之。近世以來。談道者所在成群。而有得者曾未一二見。其故何耶。患在欲速而助長耳。孔子云。欲速則不達。孟子云。助之長者。揠苗者也。非徒無益而又害也。程子云。若急迫求之。則是私己而已。終不足以得之也。此皆切至之言。吾子盍試加循省。倘微有此病。宜速除之。就將所論人心道心四言。朝暮之間潛心體認。功深力到。自當見得分曉。切不可著一毫安排布置之私。所見果親。則凡今日之所疑者。皆將渙然冰釋而無事於多辨矣。不審能信得及否乎。隨機接引。老夫所短。後生可畏。必須循序而漸進。此區區愛助之意也。

太極述

周元公先生之太極圖。朱文公先生所以尊信而表章之者至矣。愚嘗熟玩其圖。詳味其說。雖頗通其大義。

然不無少疑。首疑無極之眞。二五之精。妙合而凝之言。未免析理氣爲二物。其說已見於困知記中矣。次疑聖人定之以中正仁義而主靜。不審爲聖人自定耶。爲定天下之人耶。以爲自定。則欲動情勝。乃聖人之所必無。以爲定天下之人。則主靜二字難得分曉。朱門嘗有問及此者。所答亦未見如何。至論下學工夫。僅有君子修之吉一言。疑亦太略。且其圖之作雖極力模擬。終涉安排。視先天圖之易簡精深而妙於自然。

恐未可同年而語也。豈元公未嘗見此圖耶。頃因朋友間有論及周學者。愚謂天地造化之妙。聖學體用之全。易中言之甚悉。太極圖說殆不能有所加。雖有此言。而意則未盡也。於是略倣周說首尾間架。錯取吾夫子十翼中語。組織成篇。以盡愚意。而以先天八卦揭于篇端。其象既陳。其妙因可默識。顧用心專一。何如耳。凡此皆傳吾夫子之舊。不敢妄贊一辭。故名其篇曰太極。述錯取云者。不拘經文前後。要在血脈貫通。亦非敢自用。蓋竊比大學中庸引用詩書例云。

易有太極。是生兩儀。兩儀生四象。四象生八卦。

太極之名始此。述此以明太極之全體也。學者當於一動一靜之間求之。

是故剛柔相摩。八卦相盪。鼓之以雷霆。潤之以風雨。日月運行。一寒一暑。乾道成男。坤道成女。

述此以明太極之妙用也。

天地絪縕。萬物化醇。男女構精。萬物化生。一陰一

陽之謂道。繼之者善也。成之者性也。

述此以明萬物之生無非二氣之所爲。而一物各具一太極也。

行者見之謂之仁。知者見之謂之知。百姓日用而不知。故君子之道鮮矣。

述此以見人性皆善。而其分不能不殊也。

君子體仁足以長人。嘉會足以合禮。利物足以知義。

貞固足以幹事。君子行此四德者。故曰乾。元亨利貞

。述此以明聖學體用之全。即所謂君子之道也。

大哉乾乎。剛健中正。純粹精也。

吾夫子贊乾道之大累至七言。而歸結在一精字。文公謂純粹乃剛健中正之至極。而精者又純粹之至極。得其旨矣。所謂純粹之至極。非太極而何。

故述此以明太極之義。以終此篇之旨。

整菴存稿題辭

余嘗著困知記六卷。乃平生力學所得而成於晚年者也。以俟後之君子宜必有合焉。凡應酬詩文積數鉅册。蓋非所喜爲者。始焉出之弗慎。後來遂不得而辭。操筆輒書。粗淺無法。勉以徇人。可愧多矣。顧嘗費日力勞心思。不忍悉棄也。居閒無事。擇其稍可觀者以類相從。得二十卷。題曰整菴存稿。藏之家塾。以示吾後人。餘稿則盡焚之。後之人於吾晚年成說果能究心。則聖賢門戶可得而入。繼述之善何以加。此或不免爲詞章之學。亦當取法於古之作者。毋事浮夸。以踵余愧。此余所以垂示之意也。其愼藏之。

謝 恩疏併部咨

禮部爲謝恩事。儀制清吏司案呈奉本部送禮科抄出。原任南京吏部尚書。改吏部尚書。未任致仕。臣羅欽順奏該禮部題爲優禮耆舊。以勤勵後學事節。該欽奉

聖旨。羅欽順部首重臣。年至八十。照例賜以羊酒。著撫按官。及門存問。仍月給食米貳石。歲撥人夫四

名應用。欽此欽遵。備行江西布政使司轉行到臣本府縣。嘉靖二十四年四月二十六日本縣移臣知會隨該

欽差巡撫江西等處。都察院右副都御史虞守愚。巡按江西監察御史魏謙吉到臣私宅。以禮存問。臣當即望

闕叩頭。祗受羊酒訖。理合具本謝恩。伏念臣性稟顓蒙。行能淺薄。劣通章句。遂忝科名。久糜倉廩之儲。曾乏絲毫之益。時逢嘉靖。運屬休明。庶勉策於疲駑。俄驟罹乎家難。星霜屢易。疾疢相仍。方當社門

伏枕之時。節奉典禮。持衡之命。信淸時之可戀。揣綿力以難堪。切恐孤恩終成誤國。連章丐免。萬幸矜從。荷恩數以逾涯。悵餘生之莫報。流光易邁。但期勉率乎天常。正學難明。更擬精求於古訓。顧聰明之已耗。嗟志慮之徒存。豈意頹齡。重紆皇眷。門墻卑淺。望高天使之臨。錫予駢蕃。榮類康侯之接。居慚盛典。誤及凡才。茲蓋伏遇我皇上。仁配乾元。德符坤厚。尊臨大寶。默運洪鈞。制作兼乎百王。甄陶盡乎庶類。遂使山林之枯朽。優霑雨露之甘濃。慶洽儒紳。詠歌相屬。歡騰婦子。感戴交深。媿已負於捐軀。誓不忘乎結草。伏願斂時五福。日靖四方。念高皇締造之惟艱。恪遵祖訓。思元子諭教之宜。蚤慎簡宮僚。郊廟尊嚴。百神受職。閭閻給足。九叙惟歌。綿聖壽於無疆。固皇圖於有永。非獨愚臣之至願。實惟海宇之同情也。臣感極詞繁。無任戰悚屏營之至等因。吳本該通政使司官奏奉聖旨。覽卿奏謝。朕知道了。禮部知道。欽此欽遵。抄出送司按呈到部。繹讀前疏。仰見尙書羅。學究根源。德修純懿。譽望重於朝野。縉紳仰爲斗山。因准謝而獻規。見老成之憂國。旣還田而念主。實畎畝之餘忠。允爲社稷宗工。人物司命。而後學所當誦服者也。爲此合咨前去煩爲欽遵。知會須至咨者。

整菴履歷記

余平生無可稱述。惟是履歷之概。不可不使吾後人知之。居閒無事。時追憶其一二。識之於册。事各繫於其年。辭則悉從其實而已。

成化元年乙酉十二月辛巳時加辰。余生於浙東青田之官舍。先公時爲其邑教諭。蓋六年矣。

五年己丑。先公官滿還鄉。學舍中門巷曲折。歸途山行川泛。余略能記之。

七年辛卯。春初入學。夏先公履安慶教授。秋隨先祖母王夫人。先毋曾夫人赴官所。曾夫人常言。吾兒

初入學便循循守規矩。不與他兒同也。

十一年乙未。先姑夫蕭貴步先生來訪。親先公留之館。余從受業。初學作五七言律詩。

十三年丁酉夏。先公膺閩藩聘往考鄉試。蕭先生亦還鄉應舉。余獨處一齋。讀書習字。未嘗輕出。間一二日則往就司訓趙先生解釋大學數條。略能領其大旨。朋輩或相拉遊戲輒辭之。蓋性所不好也。

十四年戊戌春正月。例改題門符。余輒題兩語云不規規於事爲之末。但勉勉於仁義之天。見者頗加歎賞。三月先公還任。同官指門符謂先公曰。令郎已能道此語。何尚不令習舉業乎。先公曰。欲其多讀書爾。乃遣從丁宗仁先生學。端午日。先生面試論語義二篇。未午呈稿覽畢。見諭曰。子學文未久。所作遂能合格。且如是其敏。第勉力不患不遠到也。歸。先公令誦所作良。色喜。無何。聞士美文甫兩曾先生俱及第。先公因賦二絕句。柬丁其一云。雅彥龍頭眞極選。探

花又喜見曾追。便須發奮思齊駕。問學工夫可暫離。其二云。吾鄉多士皆騏驥。逐電奔雲不可追。駑劣自慚空老大。還看綠耳與纖離。時余年方十四。先公屬望已不淺矣。丁先生名榮。懷寧庠生。其學行素爲先公所重。後中成化丁未進士。未授官而卒。

十五年己亥春。得咳疾。久而未愈。先公頗以爲憂。醫療勤至。既愈。日授庭訓。不及從他師。

十六年庚子春。從王應禎先生學。與戴天錫同窗。天錫長余一歲。頗見推讓。其秋先生及天錫皆中鄉舉。後先生未仕而卒。天錫亦中丁未進士。累官桂林知府罷歸。冬。先公官滿挈家還鄉。

十七年辛丑夏四月。余受醮命娶于同里曾氏。秋八月先公赴京。

十八年壬寅春三月。先祖母王夫人卒。冬十月先公守制來歸。喪葬諸事皆命余相守菴叔父理之。

十九年癸卯秋。郡邑取中鄉試。比至會城提學鍾公臥

病。時生儒未試者七八百人。兩司諸公乃合而試之。令嚴甚。不許屬稿。所取僅四之一。余忝首名。

二十年甲辰。讀書里之雙龍觀中。

二十一年乙巳夏四月。先公起復赴京。余始受命理家。

二十二年丙午。郡試提學試。巡按御史試皆叨首選。時提學爲瘠茂馮公。獎與尤至。

弘治二年己酉。小試爲太守顧公天錫所賞。後爲提學

敖公靜之所黜。論偶失旨故也。

三年庚戌春。赴南雍省侍。至則率季弟允恕讀書于率性堂之右廂。凡數月。秋暮方抵家。

五年壬子秋。赴會城應試。八月初七日夜分。吐瀉交作。比曉息僅屬勢頗危。日中猶未能食。既而酣睡。入夜精神方稍回。已決意不入場矣。所親力強之飯。數匕夾持以往。顧病體不堪重勞。乃謂所親曰。日加申吾當出。宜具粥以需。竟如所約。三場畢。自度必

中。中當不出十名。然不意遂叨首選也。冬十一月。與徐廣威同舟北上。至南部。余入省二親。廣威入省其兄廣賢。夏官臘月既望。乃聯騎渡江至徐買車同載。

六年癸丑春正月九日。至京師會試。榜出余名列第七。修撰錢與謙先生所取士也。錢批余論首云。有相業者作士夫。往往爲余誦之。然錄中所刻乃出錢手。非余本色也。廷試擢第一甲第三名。賜進士及第。既而

聞閣老丘文莊公閱余所對策。過有褒語。徐文靖公覆視。頗摘其瑕。余自是益留心於學。皆二公玉成之賜也。釋褐。授翰林院編脩階承事郎。朝退輒閉門讀書。天性簡直。拙於人事。交遊甚寡。凡閱歲。貢生及考滿訓導試卷未嘗過刻。亦不苟容。有執贄求見者。悉堅拒弗納。每得先公書。亦未嘗不以此爲戒也。

八年乙卯夏四月。先公以考滿到京居兩月。陸國子助教。徙居退省堂。間數日輒一往省。冬十二月。聞母

夫人之訃。

九年丙辰春二月。先公乞休得允。遂同舟南還。閏三月抵家。以冬十二月襄事。

十一年戊午春三月釋服。夏四月始出邑城謝諸親友。冬十一月北上。

十二年己未春二月。至京隨復原職。二弟同中進士。遂同居。夏五月。滿初考蒙恩授敕命進階文林郎。封先公編脩。贈先母孺人。內子亦受孺人之封。

十五年壬戌春二月。同考禮部會試。得一卷三場。俱優而藏鋒歛鍔。意其必困於累舉者。頗疑爲鄉友蕭時堅。然不敢以私廢公。遂定爲本房之冠。主考吳匏菴先生寘之首選。及折卷。乃景陵魯鐸。果丙午舉人也。俄充經筵展書官。夏四月陞南京國子監司業。先年起蘭谿章公懋爲祭酒。公以家難辭詔。推補司業以需。而余適承乏。蓋此員缺而不補垂七十年矣。夏六月履任。監規積弛。士多放逸。每遇差撥。即爭辨紛如。余謂放心宜收。非管攝之嚴不可。爭風宜息。非稽考之精。予奪之公不可。持此三者甚力。始而怨謗交集。終亦安之。六館肅如。奏疏言下第舉人當入南監者正宜及時作養。顧往往徑自回家虛縻歲月可惜。請立法以拘制之。當道雖以爲然。然不肯盡從。吾所立法。蓋惟恐人情不便也。

十六年癸亥春二月。先公至自杭。初余改官即以迎養請先公許來一視。過杭則留仲弟允迪所。專使再往乃

至。秋八月大司成章公抵任。未數日。寮屬中有間之者。公頗置疑。徐而察之。知所言皆妄。乃深相信。自是凡事必以見咨余。靡不盡心。相處僅踰年。遂相乖隔。然書尺往來不絕。平生寮友之相得者公其最也。

十七年甲子冬十二月。得告奉先公還鄉。在任將二年。所獎進之士如吳惠。汪立。王思。陸深。董玘。張邦奇。湛若水。楊叔通。陳沂。盛儀。潘鑑。曹琥等

。後皆有名。亦自喜其不謬。所媿學力未充。未能相與痛加切磋耳。

十八年乙丑春正月。道杭少駐。二月抵家。秋疏乞終養。馬端肅公時爲太宰。謂終養之例須單丁乃許。今有兄弟三人。然三人皆從宦。情固可推。理宜酌處。乃行原籍查勘。

正德元年丙寅。勘文到部。馬公已去位。代者漫無可否。倚閣踰年。

二年丁卯春。有爲余叩其所以者。該司固云例不合。乃檄有司催余還任。欲再疏。慮曠日彌久。乃以冬十月復涖南雍。時大司成則歷城王公敕也。

三年戊辰春二月。將滿考。時逆瑾方作威福。南銓忽用其新例。將以余給假始末具奏。或謂還任在新例前兩月。勿奏可也。該司慮禍及。不聽。野亭劉公時爲太宰。謂余奏可緩發。子宜以考績先行一面瑾固當無事。余心知奏上必無全理。然或如所謂。將舉其平生而盡棄之。乃遜辭謝曰。感公厚章。但非力所能。願早爲發奏。俾某得共子職爲賜多矣。野亭爲之色動。四月得報除名。聞吏部據南銓奏辭具新舊例兩請。瑾果怒。余簡伉。竟用新例以示威。云六月抵家。先公泰然如平日。

五年庚午秋八月。更化詔下復原官。冬復被南雍之命。

六年辛未春三月抵任。時大司成則永嘉王公瓚也。五

月上獻納愚忠疏。疏入留中。秋七月聞鄉郡有警急。遣人奉迎先公。九月至官舍。冬復迎守菴叔父來居。

七年壬申夏四月以新例考舊績將北上。仲弟允迪使來迎父叔。余送至嘉興而別。抵淮安。病弗能前。入疏請告踰月。回至龍江寓禪菴以俟報部。書至。乃俾余還任調理。再疏懇之。秋七月。流賊劉六等驟至江上。人爭走避。余不得已復入城。八月得報陞南京太常少卿。知再疏未達。乃復令人入疏吏部。覆奏奉旨不

允。蓋余自入春來。覺心氣虛怯。狀若怔忡。然切欲閒居靜養。而連疏不遂。冬十一月乃勉強供職。

八年癸酉。弘治間嘗有詔錄開國諸功臣後。鳳陽有郭琥者。奏稱滁陽裔孫過有希望。當道頗難之。再奏乃得冠帶。其意未滿。復奏乞一官。遂經營得奉祀。蓋虛銜也。無何又欲比徐楊二王求立祠祭署。祠祭署隸太常。乃數造太常。請爲具奏。河東張公芮爲卿。既許之矣。余未聞也。是春及夏。琥又迭來懇請。張公

將從之。余曰茲事未可輕易。徐楊二王皆太祖至親。滁陽則以義合。其追封王爵。或以大國。或以郡。明有差等。故祠祭署自難概設。且當時二署之設以墳。今爲琥請。何理也。張公直視無言。第令琥姑俟之。後察知余意堅不可回乃已。琥乃自入奏事。下吏部冢宰。邃菴楊公洞燭其情。惡其僭妄。遂請削其奉祀。滁人聞命下。莫不快之。張公猶爲余言。邃菴太過。人性之蔽有如此者。余又考敕賜滁陽王廟碑。已明言王無後。琥雖或有來歷。如碑文何。當初似久參詳。以此知當官處事雖微。不可忽也。秋兩京先後缺祭酒。余連被首薦。皆不果用。有一前輩意余將不釋然。每見輒致寬慰語。且諷余拙。余頗訝其不相知。因賦一二絕句曉之。其卒章云。伊洛淵源世所宗。高談性理半雷同。若無上蔡除根力。遠隔程門一萬重。及再見。頗有慚色。

十年乙亥夏五月陞南京吏部右侍郎。六月履任。友人曾元之在京師以書見賀有云。凡遇員缺。再推而得之

者在他人。人皆曰人也。非天也。在先生。今日人皆曰天也。非人也。余頗以元之爲知言。秋九月兼攝南京工部事。是月晦封孺人曾氏卒于官所。余妻賢而不壽。且余乍進乍退。故封號未及有加。心切哀之。冬十月令子玥扶柩歸葬。

十一年丙子春三月解南京工部事。夏五月因災異自陳乞休。冬十一月再娶臨潼李氏。

十二年丁丑秋七月捧表入賀萬壽聖節。次子翊自家來侍行。九月初至京。駕已而幸既畢事。出至張家灣乃疏乞歸省。至儀眞候報久而未得。乃從浙迤邐西歸泝章江。始得報有旨給驛無及矣。後十二月抵家。

十三年戊寅夏六月還任。冬十二月滿考即日馳疏乞休。泝江西歸。

十四年己卯春正月抵家。五月得部咨奉聖旨。羅欽順學行老成。著照舊用心辦事。所辭不允。未幾又得部

咨改吏部。乃再疏乞休。

十五年庚辰秋八月。得部咨奉聖旨。羅欽順先因推舉改用。成命久下。著上緊到任管事。不准辭。余以先公年益高。己身又多病。出將未免有悔。若懇請未必不從。先公稍不怡曰。兒從宦雖有年。備員而已。今往或可少行其志。何固執乎。余為之悚然。乃決行計。冬十月陛行至京。履任後則以滿考聞蒙恩給誥陞授通議大夫。贈封二代及妻室皆如制。冬十一月毅皇駐蹕通州。二十一日被旨赴在所供事。二十五日賜見潞河驛。十二月朔旦候駕漕運廳前。駕至偕文武諸大臣及科道官入見。遂劾奏諸反者請寘之法。有旨收繫云云。乃叩頭而出。堂中惟設御座。旨則司禮監大監由御屏後傳出。頗聞故典如此。初九日晚前行候駕。次日午駕乃還宮。十日大祀天地。奉旨分獻北海壇。

十六年辛巳春三月十四日入奉遺詔。四月二十二日今上即位。後數日自陳乞休不允。太宰晉溪王公被收。

余奉旨攝篆。首遵詔條備查。先朝得罪官員開具職名事由上請。於是聖恩所及無間存歿。余初閱司稿於王廷陳。事跡頗欠明。遂據實增入數語云。王廷陳近因後任緣事。擬降雜職。候到部之日另行奏請定奪。其後言路中有因他事泛及廷陳者。以為吏部庇之。殆傳聞初稿之誤亦欠審矣。會推吏部尚書。余所舉有白巖喬公。六科獨不附。曰齊某嘗有言矣。余曰。仁者見之謂之仁。知者見之謂之知。齊所固應有見。但衆論

所歸。諸君亦不可不察。往返數四竟亦僉同。是月轉左侍郎。秋七月。太宰熊峰石公入管誥敕。余再被旨攝篆。於是白巖竟代熊峰大司馬幸菴。彭公初至。謂先朝故典。新君即位嘗降敕南京內外守備及諸文武衙門。俾其協心。計安根本重地。乃以咨來屬余奏請。俄又奏留前任郎中欲與同事。數月時已陞陝西參議。余皆不能從也。言官嘗有所指。劾覆奏一從其實。無敢阿私。詔所罷官。有夤緣內監以求進者。奏論其交

通害政。請付法司定罪。竟沮之。冬十月望後。白巖始至。十二月與九卿諸公同上愼大禮以全聖孝疏。疏草余所具也。

嘉靖元年壬午春正月奉敕諭充實錄副總裁。賜宴于禮部。三月駕幸太學。充分奠官。禮畢。賜羊二雙。酒二瓶。寶鈔三千貫。都御史席公自湖廣馳疏。請起遯菴楊公總制三邊吏兵。二部會題擬如所請。蘇郎中以稿來看余曰。遯菴乃舊相。即起亦必禮辭。往返須數月。今邊報孔亟。李亞卿方在彼行事。利害所繫。恐宜三思。蘇以余言告白巖。乃於題本後增二語云。但見有侍郎李某在彼。伏乞聖裁。遯菴由是不果起。余嘗誤為遯菴所知。素尊仰之。但入京踰年。聞諸物論。殊藉藉曉蘇之語非惟事體當然。亦欲以忠於知己者爾。夏四月陞南京吏部尚書。六月履任。八月所遣僕子自家來。聞先公病勢不解。即馳疏乞休。以便養親。奏奉聖旨。卿父既有疾。准暫回省視馳驛去。疾愈

。上緊還任管事。十二月抵家。

二年癸未春三月改禮部尚書。夏四月十九日先公捐館。

四年乙酉春正月庚申葬先公天柱岡之陽。奉遷先夫人祔焉。

五年丙戌春正月具疏遣子珝入京代謝賜祭及營葬恩。秋七月抵家。

六年丁亥春二月復起為禮部。辭疏上奉聖旨。卿學行

簡在。朕心推舉出乎廷議。禮卿缺員。虛位以待。宜勉承新命。上緊前來供職。再不必辭。夏五月改吏部尚書。再疏辭免重任。懇乞休致。奉聖旨。卿才行素著。人望久歸。近自陳休致已有旨勉留。如何復有此奏。既情詞懇切。准致仕。有司仍月給食米四石。歲撥人夫四名應用。該衙門知道。秋九月吏部咨到。遂馳疏謝恩。冬十一月糾合族衆改作羅氏宗祠。又與二弟協謀市地創作小宗祠。羅氏宗祠乃先公創作以祀始

遷之祖。爲會族之處。當時頗病其隘。欲展拓而未能。又欲別祠小宗。而地基弗便。至是適有機會一時並舉。皆所以成先公之志也。是役也。長男琰多效勞云。七年戊子春二月十三。道御史會薦十人以余爲首。忌者大怒。遂窮探其故。既無所得。猶斥三人外補。余前後被薦不啻十數。雖三人被斥。猶或有繼之者。蓋多采用虛名。不知余實無所長。又衰且病也。往年元山席公亦嘗舉以自代。平生僅一識面而已。丙戌之夏。因翊子謝恩歸。以書見貽。頗論及時事。其爲國念可謂惓惓。然余持論既殊。即今復起。亦安能久於其位也。秋七月以大禮告成。下詔覃恩進階榮祿大夫。冬十一月編次所著困知記爲二卷。

八年己丑秋七月初。季弟西野臥病。八月二十五日竟不起。余前後駐邑城凡四十餘日。冬十二月甲申再往視窆。

十年辛卯春二月。楊氏姊壽七十。自往慶之。次子翊

以是月赴京謁選。夏四月會同鄉士友於龍福寺議鄉約。六月續著困知記一卷成。十二年癸巳夏五月。又續著困知記一卷。

十三年甲午年七十生辰將近。親朋陸續稱觴。皆以詩文爲侑。次兒翊在京求得壽文一篇。玉帶一束緘書遣使。以初七日抵家。親朋見之。莫不以爲奇事。江右士夫在都下者凡十人。人賦一詩爲壽。其詩卷題曰天壽平格。諸君之意良厚。然非余所敢當也。

十六年丁酉冬。次兒玥得告歸省。

十七年戊戌。又著困知記一卷。記於是凡三續矣。其冬築壽藏于桃岡。故妻曾夫人自龍塘遷葬壽藏之右。事畢乃促玥還朝。

十八年己亥春三月。買得小徑中峆山地一片。遷葬外祖考妣。立石識之。外祖考曾府君諱朋止妣蕭氏其遺胤止存曾孫一人。年已向衰。猶未有子。不得不爲之遠慮也。初冬玥陞馬湖知府便道過家。留兩月乃之任

。冢孫偁以疾卒。十二月葬陽村。賢而早死。可哀也。爲銘其墓。

二十年辛丑。玥自馬湖入覲疏乞侍養。溫旨賜允。夏四月抵家。

二十一年壬寅。作桃岡書院。去壽藏可百步許。十二月庚子。鷄將鳴。夢中偶得句云。欲窮太極圖中妙。須向姑蘇臺上推。未審爲何祥也。因記二十年前夢中嘗得句云。東海春流呑萬壑。南山晴翠聳層霄。亦未詳所謂漫志之。又記先公官南都時嘗夢題竹。亦止記兩句云。冰霜歲久琅玕老。雨露春深枝葉繁。此實先公眉壽之徵。家庭餘慶之兆也。

二十二年癸卯七月初得曾孫男。字之曰申孫。

二十三年甲辰年八十生辰前後。賀客陸續至。視七十時幾倍之。

二十四年乙巳夏四月二十六日。巡撫都憲東厓虞公奉旨及門存問。五月初七日巡按御史槐川魏公繼至。是月十七日遂具疏令孫男佸賫奉入謝。以八月中至京疏

奏。奉聖旨。覽卿奏謝。朕知道了。禮部知道。十二月佸抵家得部咨知會。

二十五年丙午夏五月。又續著困知記一卷。

二十六年丁未。

羅整菴自誌

整菴羅姓。欽順名。允升字。吉泰和人也。成化乙酉臘月八日生于瀏東青田官舍。弘治壬子秋。江藩以第

一人薦癸丑會試禮部名第七。廷試蒙孝廟親擢第一甲第三名。賜進士及第。授官翰林院編修。壬戌夏陞南京國子監司業。乙丑得告奉侍先公還鄉。因疏乞終養。當道持不下。正德戊辰逆瑾橫益甚。奪職爲民。庚午秋。瑾伏誅。例還舊職。壬申秋。陞南京太常寺少卿。乙亥夏。陞南京吏部右侍郎。戊寅滿考乞休不允。己卯春改吏部右侍郎。辭益懇。庚辰夏有旨著上緊到任管事。不准辭。其年十月履任。辛巳三月武廟上賓。四月今上入繼大統。萬邦胥慶。五月陞本部左侍郎。先後嘗連攝部事。壬午夏陞南京吏部尚書。到任未幾。聞先公病甚。疏乞解官侍養。有旨准暫回省視。冬盡抵家。癸未四月。先公竟捐館。嘗有禮書之命不及拜矣。丁亥春。復以禮部尚書召疏辭不允。俄召爲吏部尚書。辭益力。奉聖旨。卿才行素著。人望久歸。近自陳休致。已有旨勉留。如何復有此奏。既情詞懇切。准致仕。有司仍月給食米四石。歲撥人夫四

名應用。蓋私心雅慕持正而重於變通。量而後入。亦惟古訓之是式耳。何意聖恩弘覆。所以曲成者如是其特。是誠當代之所鮮哉。平生於性命之理嘗切究心而未遑卒業。於是謝絕塵絆。靜坐山閣。風雨晦冥。不忘所事。乃著困知記前後凡六卷。幷得附錄一大卷。所以繼續垂微之緒。明斥似是之非。蓋無所不用其誠。力之殫矣。心之遠矣。亦非有加於分外也。甲辰之冬行年八十。巡撫都御史淨峰張公岳爲請存問之典。乃其爲說。欲使縉紳學子知某以正道正學爲上所尊禮。莫敢不勉率以趨於正。風化所係。誠非淺小。自非道同心契其見於言者。孰能若是之深切哉。百世以俟聖人而不惑。吾固知實理之不容易矣。近得危疾。久而不解。聽天所命。何懼何疑。緣素無功業可記。將來不敢以碑銘爲大手筆累。乃自誌其生卒之概。刻而藏之。使後世子孫由是而知有我足矣。初娶同里曾氏。生二子琰。玥。一女任潔。適萬安劉宏。婿女俱先

卒。繼娶臨潼李氏。生一女端潔。適同邑涑溪尹廷。孫男六人。份。企。佸。偲。位。以。孫女四人。長適蜀江歐陽銳。曾孫男一人申孫。曾孫女二人。平生微言細行。動顧準繩。家庭子弟當有能記之者。其世系之詳具載於先祖考及先考神道之碑。茲不複出。

右誌作於丁未夏四月十六日丁酉。越九日乙巳。考終正寢。享年八十有三。葬以戊申春正月十九日丙申。墓在三十都桃岡之原。酉山卯向。去家僅五里。

困知記外編

壽太宰整菴先生羅公七十序

夫周道微而霸臣興。宋論繁而霸儒競。霸臣必藉強大以假仁。霸儒必抗高玄以邁學。均之求遂其勝心焉爾。故僭侯之咎易指。而異端之過可減。何也。其術自白而其中自辨也。孟子陳王道。朱子申正學。當時角而立者與爭矣。然自漢以來。雖詐力得位。恥居霸名。元 表章。朱書崇信。至于今益尊。昔與角者泯如也。人尙之公。非天道之常乎。弘治中士厭文習之痿而倡古作。嗣起者乃厭訓經之卑而談心學。是故慨顏後之失傳。申象山之獨造。創格物之解。剽禪悟之緒。奇見盛而典義微。內主詳而外行略矣。整菴先生羅公耆年而謝政。天子累虛端揆之位。召之不就。著書四篇。曰困知記。摘似明眞。剔僞正實。其曰思者心之用。得者性之理。是曰立。知能心之用。愛敬天之理。故曰良。析心性以辯儒釋。合理氣以一天人。達

茲四者。而群言統矣。洋洋哉其武夷之衍乎。公莊重方介。言道動矩。造士之嚴。貳銓之定。雖時尙枘鑿。我矱無易。榮與利。譽與毀。不與焉。故君子服其行而信其詞。今甲午歲之臘。公之壽七紀。仲子參軍珝自京師以伻造鄴。索銑蕪言以獻。夫走僻塗而問未士。蓋無所不用其慕情。銑聞天下之生久矣。一治一亂。國囿於氣。一邪一正。學趨於時。上驕而下好。私則治消朴散而名可要則正淆。故天竺之空要於直溫

。桂下之無徑於博約。然世將亂天預生弭之者豈其恝於道之否乎。我公其必享遐期哉。

相臺崔銑

賀整菴老先生八十壽序

君子談世道必先風教。蓋言感之速及之遠。無意相遭而適以相成。猶風之行於物也。今夫草木之生。雨露滋之矣。必披拂於和煦而後生意盎然。至其震林盪谷。斂豐茸於寂寞。霜雪不得專其威也。君子之於人也

亦然。當其勤施篤惠。澤生民而制群動。此有位得志者之常。無足怪也。惟夫身已退而道愈隆。處人之所不能。而薄人之所甚欲。可使遠者慕。近者化。縱懷不肖之心。亦且慼然悔悟。索然潛沮。有不待言說而要約者。其視披拂之與震盪亦何以異。非所謂君子之風乎。今制仕于朝者七十致其事。而大臣以六十告爲鮮。大臣家居八九十者。天子必有存問。而以太宰被是命爲尤鮮。整菴羅先生自侍從登太宰。年六十遽以去請。上不能舍。屢召不應。積二十年。年且八十。上聞而嘉之。特命守臣及門舉禮如制。往時朝廷更定禮樂。天下文學之士顒然向進。而先生有是請。故人不爲重其位而重其去。蓋始知有明哲之幾。邇來邊境多虞。百司飭勵。夙夜不遑。即老且病。不可自引去。而上舉是禮。故人不獨重其壽而重其賢。蓋始知有退休之樂。莫不曰先生之決於幾也如是。其不輕於出也已。吾其可以利於官。亦莫不曰先生之安其樂也如

是。其不苟於處也已。吾其可以病於俗。於是鄉之士人祝之以矜式。邦之大夫頌之以考問。朝之公卿歌之以典刑。自有先生。而後出處之節侃侃然稍著于天下矣。夫出處有節。則士有廉隅。士有廉隅則民有所賴。以免於蠹戾。乃先生以聖賢之學日有俛焉。進于無疆。將謂天以先生風世道也。不亦可乎。洪先幸而生是鄉。又幸爲同姓。嘗竊取行事以鼓舞不怠。且喜斯世皆有遭也。故於祝頌不敢以不文辭。

詩

功成早納尙書履。道直頻刪儒者書。木榻歲深曾　臥。草庭春在不敎除。六經得友千年外。四海憂民一飯餘。空使聖人勤側席。肯同尙父載安車。宗晚學洪先

又序

昔之異端鄉原楊墨皆非吾徒也。故辯之而人莫不信從。今之異端援儒入禪皆吾徒也。故辯之而人不吾信。自非位與德符。道由年永。則吾誰望與。夫天將使斯

民自邪而歸正。由晦以趨明。則必篤生哲人以爲之先覺。如伊尹是已。書之帝迪。詩之天牖。蓋言覺也。乃若漢譯釋書。寔自明帝所得四十二章始。其言以絕欲爲本。初無所謂禪覺者。由晉至唐。剽竊儒言。轉成圓覺頓宗。吾徒反援之以爲簡易。於是仲尼刪述之經尙且擯而不信。又何辯之可施乎。佐生也晚。初入翰林。嘗邂逅太宰整菴羅公于東閣。其後公明農泰和。佐亦棄官歸養。嘗得公所著困知記而讀之三嘆。而作曰。天之覺民其在公乎。彼謂致吾之知不必學古訓而後爲有獲。公則證以經書。而辯其以非爲是。彼謂宗吾自然。不必事躬行而後爲有得。公則求諸實踐。而辯其似是之非。何者。吾儒內外合一之學廓然大公。物來順應。以明覺爲自然。則必以有爲爲應跡。若徒言知而不貴力行。亦奚異於圓覺之說。視有爲如夢幻泡影者哉。公之德望在天下。佐無容論。而其立言家傳人誦。將使邪者自此正。晦者自此明。天下之民

蓋有攸賴焉。昔皇甫謐氏謂保衡壽者百有餘歲。迄于沃丁之世。夫惟久於其道。玆其化所緜成與。今公生自成化乙酉。距今甲辰行年八十。而康健不衰。所謂天壽平格。自伊尹之後。惟公足以當之。且公衛道之功亦旣格于皇天矣。將使斯民終被堯舜之澤。則幡然興起。佐於公重致望焉。南海黃佐

又序

鄉黌之難得也尙矣。今夫士生其鄉。自始學之年以至

於能強立不反。自壯行四方以至於佚老無營。皆其黨里之考長童稚所習見而狎聞者也。群居暇日。持其所短長之行。潔莩繩根。罔漏纖爲。莫慈於父母。不輕予其子以孝名。莫親於昆弟。不輕予同產以友恭之名。況於鄉里習嗜異尙。趁嚮異岐。居處相綴。而成毀衰隆之異望。勢譽相峙。而娼忌歡憐之異情。即有大人先生素節叢徽。往往遏抑不喜道。遇有微疵。輒援議而起。不旋息而遞聞遐外。甚至摘響影而裝綴種種

矣。故信不難於感豚魚。而難於孚鄉里愚夫愚婦之心智。不難於攝天下之聲。而難於收鄉里愚夫愚婦之口。然大人先生昭無疚之學。樹楷世之業。振天下億萬年之譽。能與穹壤相終始。其磨揉漸漬之力。又莫不繇乎其鄉也。整菴先生羅公。致太宰里居者二十五年。鄉之志士才紳欣幸得師。咸托其緒言懿行以自規淑。其志意頗異之倫亦皆懼公。知其所爲思蓋欲徙圖之不遑。頃公壽八十。天子詔撫按臣及門存問。以少牢秬鬯禮命寧公。鄉之志士才紳益信。作德之利相與歌詠其盛。且策己以風來學。其志意頗異之倫亦莫不奔嘆歆羨。謂爲當然。至勃焉。自悔前之爲。孔子曰。不如鄉人之善者好之。其不善者惡之。公何以使鄉之人無賢不肖率嚮風雅化。其頌公也。無賢不肖。率不間其父母昆弟之言若是歟。以昌積觀於公。孝仁信文。建諸躬行。如菽粟水火之常充日用。然新學晚生之嚮公也。亦如求糲粱而嗜鼎旨。聽其議論者。忘倦被

其容。接者不欲離去。著書數萬言。亹亹訓辯。大抵欲挽世溺染而復之。故始雖不免苦心費辭竟丕焉。景附聲應。人誦其自得。天下恃以不惑。蓋公未嘗爲峻絕之行。而尙行者自難彷其純粹。未嘗爲咈古駭常之論。而操奇論者自難越其範圍。今朝之公卿學士。海內之才彥子衿。徒知誦公出處有節。教天下以尙廉恥。而不知公施其子諒深厚之風。並生其鄉之人罔負先覺之付托也。徒知惜公未究經綸於斯學斯世。盡懋淸

直寅亮之業。而未知公衛道之力。庶幾與平水土正人心者同憂患。非直好爲此嘵嘵而已。昌積幸產公鄉。具公親戚子弟。嘗從諸志士事公。一望見公廬。私先嚴檢。無他媿。乃敢暢心入謁。苟有幾微玷志。即強顏就列。退未嘗不汗下竟夕也。由是賴公不屑之誨獲。免下流之行爲多。噫。以積愚之淑乂如此。則彼豪傑之得於親炙者。能不節性日邁乎。一鄉一世之景行若此。則千百世之下。豈無論世責志之人寤寐而承德

者乎。公之名澤當與穹壤相終始。又不獨當時之達尊多歷年所之壽俊也已。眷晚生陳昌積

吏部尙書贈太子太保謚文莊整菴羅先生畫像贊

儒者矩矱。以理爲宗。孰是訓式。言能行從。公嘗自言。四十始覺。彼此一心。聖賢可學。既辨畛域。益謹行藏。小物克勤。舊章不忘。文必布粟。儀則珪璋。位進身退。志謙譽光。司馬洛陽。

當宁眷顧。衛武淇澳。先民寐寤。名辭黨碑。知先誌墓。有寵無驚。不疑何懼。昔拜公堂。聽厲即溫。今睹公貌。意遠思存。豈曰困知。欲明正的。褒古貶今。毫分縷析。公貌在目。公言在書。肅穆公神。對越儼如。身有準繩皆可不朽。小子且興。矧嗣公後。

祭太宰整菴羅文莊公文

曰嗚呼。自少有聞。慕公如渴。知公爲稀。未知所學。爲之慕者。卓行清辭。及見公書。而始仰思。公之立言。不矯不苟。內得之心。不啻出口。儒佛之辯。

本心與天。天有定理。而心幻焉。以幻爲心。其用易肆。推原於天。小心勿貳。故公之行。孝友是先。作止語嘿。無敢弗虔。榮祿早捐。薄俗永絕。位在冢宰。年幾大耋。四方望公。如郊見麟。比接顏色。退然恂恂。天子敬公。歲時問勞。矜式國人。咸賴有造。譬彼一家。外傅之嚴。雖無厲色。子弟具瞻。又如適途。爲指迷者。行雖由人。覺在言下。人方依公。而公遽遐。公能自全。如後進何。不肖見公。公不余棄

。言雖不煩。意獨已至。出入以節。車服以時。小物必戒。終身可師。使以類推。歸于一是。期成此身。為報德地。聞公之訃。索然喪神。孰謂今世。復得斯人。束芻之哀。阻於多故。忽越歲年。中心如負。先茲陳奠。且瀆公靈。愛而不弛。尚牖其明。嗚呼尚饗。吉水晚生羅洪先

又文

曰嗚呼。三代之教出於一故。學術明而士習正。後世

之學淪於離。故異端起而聖教微。襲記問者則溺於口耳。支離之病而昧自得之真。執意見者則陷夫儱侗莽蕩之歸。而歉躬行之實。道之不明或失則煩。或失則虛。其所由來遠矣。無論漢唐入宋。理學大明。周程至矣。延平之下則有朱晦菴。陸象山。真積力行。皆實學也。著述與否不繫焉。後之學于朱陸之門者。各尚師說而濟之以角勝之。私說始騰而道日漓。以迄于今。侈煩飾虛流弊並甚。至論理學。則陽明甘泉二公晰矣備矣。栢皆慕之仰之。第未及在門以罄其說。若平生得於師友所尊信者。則志真力勇。果決必成。有如吳康齋。志大識精。深造自得。有如陳白沙。踐履篤實。議論平正。有如薛文清。三君子皆予所願學。恨生也晚。不及見。弱冠宦京師。與四方學者游。則又知有整菴先生者。好古之勤。力行之實。進退之正。辭受之嚴。鄉里稱之。天下信之。予心嚮往久矣。嘉靖癸卯還朝道泰和。竭一日之程。遂謁見之。素至

則先生夙恙未瘳。扶杖欵迓。惇惇誨論。確有真的。泛及陳王湛三先生之言。以為皆悟後之見學之者。未領厥悟而襲其論。失斯遠矣。且敬服白沙之學之才為不可及。柏曰。王之傳習。湛之雍語。皆立言者也。天下後世必有識之者。若白沙學宗自然。忘己為大。不事著述。間有一二援引托喻。乃其泛應之語。恐未可摘而疵之也。先生首肯。柏二日告別。雖未克成弟子之禮。然登堂階。聞謦欬。而素願慰矣。計往還源

源請益。乃乙巳以罪擯斥。遂歸舊隱。相去日遠。心益不忘丙午夏

困知記後序

察向獲見整菴先生是編。粹然一出于正。竊嘆服之。玆有客貽續編至。復加展玩。心目彌開。先生洵眞儒哉。蓋其遜志惟聖。匪聖弗學也。褆身惟敬。匪敬弗居也。動惟中正之趨。恒恐有過不及。式克獨求墜緒。眞積力久。融會貫通。卓有定見。誠立道明。折之

必悉其幽微。辯之必究其極致。是故精一執中。克復忠恕。格致誠正之本義。升堂覩奧。是闡是敷。理經辭緯。片言弗苟。而凡異說之近理亂眞。足以惑世。誣民者自此可以少息矣。夫吾道淵源。川流日麗。終古常新。晦明通塞。存乎其人。學士經生。讀書較同。識趣或異。志在發策決科。竟於浮華。利達者固不足論志。不止此者。所見又或差池。抗失則虛。偏失則滯。間有資稟英明。高視闊步。自詭於深造。獨得

志則偉矣。顧涵養本源。未必中正純粹。卒之辭意頗辟。有眩光景而忽精義者。有欲以靈覺爲道心者。甚至以主敬爲綴。以朱子之傳註爲支離。後生好事。隨衆觀場。因依以爲新奇。殊不知其起於一念之好。高其流之弊。將有不可勝言者矣。然則求正學於今日。略無可指摘。而足以羽翼聖經賢傳者。微斯編。吾誰與歸。察極無似。第念切緇衣君子必見。近歲如楓山章公。虛齋蔡公。數獲承顏接詞。感其持正。比于先

生。益用仰止。夫愛日於嚴侍。則司成如遺。介石於感時。則峻辭冢宰。而端莊之操。淸肅之行。經世宰物之猶。察往往躬得於聞見。有本者如是。然則是編。豈後世之文學可以擬論哉。察昔昌言于朝。今附題末簡。匪曰阿好。第乏筆力。未能摹寫其妙。始終典學。得其精華。請借以爲贈焉。世之有志者。試即是編。平心易氣。從容潛玩。而無以他說淆焉。不將有所感發興起也夫。

嘉靖甲午季秋望日虞山陳察寓虔抑抑堂拜書

讀困知記後語

天下之物莫不有理。亦莫非吾心之理也。或生而知之。或學而知之。或困而知之。及其知之一也。聖愚相去遠矣。而同歸於知。非曰不絕物耶。是故爲公理。爲正道。爲達德。其於言也爲通訓。夫子博我以文。謂文非道。不可也。謂文非文亦不可也。易大畜曰。君子以多識前言往行以畜其德。夫言行曷託而載。多識以爲畜德。無疑於支離者耶。今夫行邁者一步一趨。跛者可企馮風御氣。力士有弗能。是舉夫人而棄之也。君子之教由乎人所同也。知行相因而先後有序。內外交養而本末必辨。木滋其液矣。而溉之而藩之。不亦遂乎。此亦人事之易見者也。後世言學者大率有二。以讀書爲道問學。不知約之於心。已失朱子之本指。而以靜養爲尊德性。遂流於空寂。則主象山而又甚焉者。人情大抵厭膠擾而樂徑直。陸學蓋于今盛矣

。嘗聞其說而未解於心。就其徒問之。愈覺茫然。嗟乎。天下至愚。乃有如我者耶。繼得整菴羅公困知記讀之。謂格物即分殊。以見理之一。謂道心爲性。人心爲情。謂人之知識不容有二。謂理當於氣。轉折處觀之。印諸經傳。無弗合者。雖誠愚亦時有耿耿焉。已輒自疑。胡爲而異。胡爲而同。將異者爲障。而同者乃偶然耶。已又思之。言所以明道也。行所以信言也。

公立朝有羔羊之節。正家有柳氏之嚴。居鄉有陝洛之化。蚤歲剛毅。晚更和平。有如玉之溫。士無賢不肖。莫不心服其誠。夫焉有誠而非知至者乎。鐸未嘗聞道。而知公之得於格物者。行足以信其言也。於戲。沙瀰杯水頓覺。無期饑食渴飲。公之示我厚矣。因以志幸。非曰能執鞭授綏以相從於赤幟之下也。

嘉靖丙申夏五月戊辰賜進士南京都察院右副都御史奉敕提督操江兼管巡江媚生歐陽鐸識

潮州府刻困知記序

京師多談道之書。予所得凡十餘種。然皆一再閱。置之不復記憶。晚得此編。手之不忍釋。坐臥必觀。出則攜之。予俗吏也。學未有聞。安能別諸書優劣同異。乃於其中漫有去取。殊不自知其何心。豈所謂秉彝之好耶。及來潮。即欲板行之。又思翁此編出已十年矣。必有續記。將遣人致書翁。所求之書未發。適潮之貳守晴川劉子來涖任。劉子翁同邑姻黨也。因詢其書。劉子出諸袖中以授予。予得之。不啻拱璧。讀之

數日夜。遂併刻之以傳。嗚呼。三代而上學出於一。三代而下。異說乃興。然隨興而輒息者。以有孔孟而下群聖賢之迭出也。今去周程張朱數子既遠。士有異學無足怪者。雖經傳炳炳。彼且侮之以文其說。又奚啻糟粕之而已。嗚呼。不有君子其何能息。是編既布。天下之士同予之好者當亦不少。其尚相與及翁門而質諸刻成。書此用述予刻行私意。嘉靖十六年春三月一日。知潮州府事晚生鄭宗古序

書重刻困知記後

太宰整菴先生羅公所著困知記。中丞海虞陳公嘗刻之虔南矣。粲又刻諸家塾云。或曰是書何爲者也。曰公自識其所得也。抑有救世之志焉。夫自宋氏以來。談經者折衷於程朱之書。今之爲新學者視如弁髦而將棄之。猖狂恣睢。一唱百和。末流之害。君子懼焉。是書所爲作乎。是故其辭確。其說詳。其剖析於異同之間明白簡直。無所回互。公豈好辯哉。公亦有不得已

焉爾矣。然則公之學奚師。曰公師程朱者也。而深思力踐。不爲空言。則所自得者多矣。故曰精之又精。乃見其眞斯言也。曰公自謂也非歟。明興言理學獨薛文清爲稱首。其醇且正。以公方之。吾未知所先後也。而深嚴縝密。殆於過之。讀其書。知其用力於斯道之專且久也。粲無似。得侍公最晚。嘗辱與進。以爲可教。因獲窺見是編。而愚惰不立。未之能學也。刻

且成。錄公所貽手書附其後。既以識吾媿。又以視諸同志。期共勉焉。記凡四卷。曰困知者。公之謙也。

嘉靖丁酉冬十二月望吳郡後學陸粲謹識

格物通一〇〇卷

明湛若水撰

以明嘉靖間福建右布政使吳昂校刊本校補

卷六

晉惠帝元康九年條。四庫本「未聞外寇宜在此土也」句(七一六—五九上)。明刊本「外寇」作「戎狄」。又「豈須殊族在內然後取足哉」句(七一六—五九下)。明刊本「殊族」作「夷虜」。又其後「臣若水通曰」文中凡「中外」明刊本皆作「華夷」。又「聖祖高皇帝迅掃元人。驅之北上」句(同上)。明刊本「元人」作「胡元」。又「近聞河套之寇居其土」句(同上)。明刊本「寇」作「胡」。

卷九

既濟象曰條。四庫本臣若水通曰「防諸外患者寇敵也」句(七一六—八五下)。明刊本「寇敵」作「醜虜」。

卷十

左傳成公七年條。四庫本臣若水通曰「以亂弔亂。其何紀極。幾何而不淪胥爲蠻夷也邪」句（七一六—九八上）。明刊本「蠻夷」作「夷狄」。

卷十二

宋徽宗建中靖國元年條。四庫本「中國爲陽四夷爲陰」句（七一六—一一二下）。明刊本「四夷」作「夷狄」。

寧宗嘉定十五年條。四庫本臣若水通曰末句「尚大掠忻都而還。猶爲善承天心乎」句（七一六—一一五上）。明刊本「善承天心」作「用夏變夷」。

元仁宗皇慶二年條。四庫本臣若水通曰「當時仁宗守成之治。其君臣之交儆有如此者。以視天變不恤。遇災異。爲宰相者恬然不求策免」句（七一六—一一六上）。明刊本作「不意元以夷狄之俗。其君臣之交儆有如此者。後之堂堂中國。遇災異。爲宰相者。恬然不求策免」。

張栻曰。紹興六年六月條。四庫本臣若水通曰「是四夷侵中華」句（七一六—一一八上）。明刊本「四夷」作「夷狄」。

卷十四

宋欽宗靖康元年條。四庫本「此乃外域將衰。非中國憂也」句（七一六—一三二下）。明刊本「外域」作「夷狄」。

齊武帝永明八年條。四庫本臣若水通曰「不意北朝之君乃有復古之意也」句（七一六—三〇八上）。明刊本「北朝」作「夷狄」。

卷四十七

宋理宗嘉熙二年條。四庫本自「臣若水通曰。元自太祖至世祖」句以下至「欲其不亡難矣」句一段改易頗巨（七一六—四一三下）。明刊本作「臣若水通曰。孟子曰。吾聞用夏變夷。未聞變於夷者也。臣嘗憤胡

元入主中國。曠古所無之大變。及觀史至楊惟中與姚樞奮然興起道學。而嘆其有以也。豈非用夏變夷者乎。夫蒙古夷狄也。乃能興道學之教。而堂堂大宋乃禁錮道學。指爲僞學。使天理民彝之在人心澌滅殆盡。以陷於夷狄禽獸之歸。尙爲不變於夷狄耶。欲其不亡難矣」。

卷四十八

國朝太祖御製敎民榜條。四庫本臣若水通曰「語曰。天將以夫子爲木鐸。禮敎既衰。彝倫攸斁。我太祖應時而出。仗仁義以興師旅。載復萬世之綱常。豈非上天厭天下之亂。而特眷命以爲木鐸繼天立極也耶」句（七一六—四二二下）。明刊本作「語曰。天將以夫子爲木鐸。有元之世彝倫攸斁。我太祖應時而出。重整中華之正統。載復萬世之綱常。豈非上天厭胡元之亂。而特眷命以爲木鐸繼天立極也耶」。

卷五十

唐太宗貞觀二十一年條。四庫本「朕於漠北所以能取古人所不能取」句（七一六—四三八上）。明刊本「漠北」作「戎狄」。其後臣若水通曰「故能攘寇敵而臣服之」句（同上）。明刊本「寇敵」作「夷狄」。

卷五十六

國朝吳元年條。四庫本臣若水通曰「前元以失其政。是以名分不正。風俗不美」句（七一六—四九三下）。明刊本「前元以失其政」句作「胡元以夷亂華」。又「我皇祖用大義於天下。頓革舊習」句。明刊本「舊習」作「夷習」。

卷五十七

貞觀二十一年條。四庫本「自古皆貴中華賤四夷」句（七一六—五〇四下）。明刊本「四夷」作「夷狄」。又其後臣若水通曰「不惡正直。兼愛四夷」句。明刊本「四夷」作「華夷」。

卷五十八

學記條。四庫本於「臣若水通曰。古人立學二十五家之閭曰」以下注闕（七一六—五一一上）。明刊本其文如下。

臣若水通曰。古人立學二十五家之閭曰塾。五百家之黨曰庠。萬二千五百家之術曰序。三者皆小學也。於國中而后曰學。此太學也。隨地之遠近而有大小之學。學所以明人倫也。人倫者理也。無非教之以天理也。是則無地而非學。無學而非天理矣。竊觀三代以後

。漢至武帝始立太學。宋至仁宗始有郡學。我太祖立國子監於未登極以前之三年。立郡縣學於登極後之二年。至於八年即立社學。其與家塾黨庠術序國學之名雖不同而實一也。先教於社學而後入鄉學。貢舉於鄉學而後入太學。先王教學之道至是大備矣。所貴者明天理人倫以復其性之固有者爾。

學記。比年入學。中年考校。一年視離經辨志。三年視敬業樂群。五年視博習親師。七年視論學取友。謂之小成。九年知類通達。強立而不反。謂之大成。

卷六十一

元世祖至元二十四年條。四庫本臣若水通曰「非忠言篤敬。斯人一心者哉。夫以元代之主猶能興起於一時」句（七一六—五三八上）。明刊本「斯人」作「華夷」。「元代」作「胡元」。

卷六十二

洪武二年條。四庫本「使先王衣冠禮樂之教幾於蕩然

」句（七一六—五四五上）。明刊本「幾於蕩然」作「混爲夷狄」。又其後臣若水通曰「臣以立學撥亂反治。咸與維新之先務矣。夫學校盛於三代。衰於漢唐宋。大壞於元代。聖諭所謂先王衣冠禮樂之教幾於蕩然」句（同上）。明刊本「咸與維新」作「用夏變夷」。「元代」作「胡元」。「幾於蕩然」作「混爲夷狄」。

洪武五年條。四庫本「自禮不明而天下成俗。先王之

禮幾乎熄矣」句（七一六—五四七上）。明刊本作「元以夷變夏。民染其俗。先王之禮幾乎熄矣」。其後臣若水通曰「以爲細故而弁髦之習染之久。交接之間靡然成爲風俗」句（同上）。明刊本作「胡元壞亂。是以臣民習染之久。交接之間靡然夷狄之俗」。

洪武六年條。四庫本「自一時廢棄禮教。因循百年」句（七一六—五四七下）。明刊本「一時」作「元氏」。

洪武二十八年條。四庫本臣若水通曰「自禮之差等不明。而先王之禮法教化蕩然矣。是以人多輕玩。以至僭亂踰越」句（七一六—五五二下）。明刊本作「元以夷狄入主中國。先王之禮法教化蕩然矣。是以官民輕玩。以至僭亂踰越」。又其後「遂以治易亂。復乎古而變乎今」句。明刊本「以治易亂」作「以華易夷」。

卷六十七

宣帝甘露三年條。四庫本「上以四方賓服。思股肱之美」句（七一六—六〇五上）。明刊本「四方」作「戎狄」。

卷七十三

漢武帝元光六年條。四庫本「衛青至龍城得敵首」句（七一六—六五八上）。明刊本「敵」作「胡」。

漢和帝永元四年條。四庫本「羌酋」（七一六—六六〇上）明刊本均作「羌胡」。其後臣若水通曰「羌酋

亦人類也」（同上）。明刊本「羌酋」作「夷狄」。

唐高宗永淳元年條。四庫本「曰吾聞仁貴流象州死久矣」句（七一六—六六三上）。明刊本曰字上多一「虜」字。其餘「敵」皆作「虜」。又四庫本臣若水通曰「其威信服於敵也久矣」句（七一六—六六三上）。明刊本「敵」作「虜」。又「則何以致敵之畏遁」句（七一六—六六三下）。明刊本「敵」作「虜」。

唐玄宗開元元年條。四庫本「寇亦不敢犯」句（七一

六—六六三下）。明刊本「寇」作「虜」。

卷七十四

宋高宗紹興十一年條。四庫本「金國未滅何以家爲」句（七一六—六六八下）。明刊本「金國」作「金虜」。其後臣若水通曰「北寇未必亂中國」句（七一六—六六九上）。明刊本「北寇」作「胡虜」。

楊時上欽宗疏條。四庫本臣若水通曰「北寇漸處中國而不去」句（七一六—六七〇上）。明刊本「北寇」作「夷狄」。

洪武三十年條。四庫本「選精銳步騎巡西北邊以備邊寇」句（七一六—六七四下）。明刊本「邊寇」作「胡寇」。

卷七十八

晉穆帝永和七年條。四庫本臣若水通曰「秦王健氐酋也」句（七一六—七一一下）。明刊本「氐酋」作「胡虜」。

卷七十九

齊武帝永明六年條。四庫本「魏之孝文有志變俗……此魏之治所以爲五代之傑出者與」句（七一六—七一二下至七一三上）。明刊本「變俗」作「變夷」。「五代」作「五胡」。

唐高宗永徽三年條。四庫本「朕聞邊人善爲擊鞠之戲。嘗一觀之。昨初升樓。即有群爲擊鞠」句（七一六—七一五下）。明刊本「邊人」作「胡人」。「群爲」作「群胡」。又「冀杜衆人窺望之情」句。明刊本「衆人」作「胡人」。

卷八十二

齊和帝中興二年條。四庫本臣若水通曰「當五代兵爭之日」句（七一六—七三八下）。明刊本「五代」作「五胡」。

卷八十三

宋高宗紹興四年條。四庫本「金人所愛惟子女金帛」

句（七一六—七四三下）。明刊本「金人」作「金賊」。

洪武三十二年條。四庫本「臣若水通曰。邊守者中國外夷之大防」句（七一六—七四五上）。明刊本「外夷」作「夷狄」。

卷八十四

宋太宗既平太原條。四庫本「北寇未平。方資戰騎」句（七一六—七五三上）。明刊本「北寇」作「北虜」。

又其後自「分遣使臣收買京城諸道私家所產之」句以下注闕（七一六—七五三下）。明刊本其文如下

分遣使臣收買京城諸道私家所產之馬。

臣若水通曰。宋初厩馬之盛。由太宗馬政之脩舉有以致之者矣。至於市蕃馬虧直之禁。則又所以明中國之信義而致外蕃之名馬。其利又不可勝言矣。

宋太宗通利軍上十牧草地圖。帝慮畜牧之地多侵民田。乃遣中使檢視。畫其疆界。又從內侍趙守倫之請於諸州牧龍坊畜牝馬萬五千匹。逐水草放牧。不費芻秣。所生駒可資軍用。自是諸牧馬頗蕃息。

臣若水通曰。軍之所資馬爲用以衛民者也。使牧馬而侵民田。反有以害之矣可乎。太宗遣使而檢視之。則軍民農牧之分明。而二者並濟矣。否則疆界不立。牧地日廣。民田日削。而斯民亦耗甚矣。馬雖蕃。將焉衛哉。太宗之見後世莫及。若夫不遣司馬之官而遣史使。使弊生其間。則亦終必害而已矣。

卷八十五

唐太宗貞觀十八年條。四庫本「臣若水通曰。太宗親征遠夷」句又「以中國之命之財而事帝王所不治之遠夷」句（七一六—七五九下）。明刊本「遠夷」作「夷狄」。

卷八十八

莊公三十年條。四庫本臣若水通曰「王者不治四裔」句（七一六—七八八下）。又「勞中國而事四夷」句

（七一六—七八九上）。明刊本「四裔」「四夷」皆作「夷狄」。

卷九十

嗣聖十四年條。四庫本「此天所以限遐荒而隔中外也」句（七一六—八〇八上）。明刊本「遐荒」作「夷狄」。又「則三代之遠裔皆國家之域中也」句（同上）。明刊本「遠裔」作「遠夷」。

中宗景龍二年條。四庫本自「伏惟陛下百倍行賞。十

倍」句以下注闕（七一六—八〇九下）。明刊本其文如下。

伏惟陛下百倍行賞。十倍增官。金銀不供其印。束帛不充於錫。又曰。沙彌不可操干戈。寺塔不足攘饑饉。臣竊惜之。書奏不省。

臣若水通曰。古之帝王功懋。懋賞官不及。私昵而不作。無益害有益也。中宗所賞者果功乎。所官者非私昵乎。沙彌寺塔非無益乎。中宗嘗崎嶇於危厄之中矣。如少悔悟。宜其罪己以謝萬方也。顧乃逞艷妻妖女。縱欲以蠹國。雖有替否之忠言了不之省卒之。以元首之尊而蹈齊眉之禍。悲夫。

唐中宗景龍二年七月。清源尉呂元泰上疏以爲邊境未寧。鎮戍不息。士卒困苦。轉輸疲弊。而營建佛寺日廣月滋。勞人費財。無有窮極。昔黃帝堯舜禹湯文武。惟以儉約仁義立德垂名。晉宋以降塔廟競起。而喪亂相繼。由其好尚失所。奢靡相高。人不堪命故也。

伏願回營造之資。充疆場之費。使烽燧永息。群生富庶。則如來慈悲之施。平等之心。孰過於此。疏奏不省。

卷九十一

宋儒程顥策條。四庫本「歲幣之遺重乎」句（七一六—八一八上）。明刊本「歲幣」作「夷狄」。又「歲幣之遺豈能遽絕之哉」句。明刊本「歲幣」作「戎狄」。

榕壇問業一八卷

明黃道周撰

以明崇禎十年刊本校補

卷一

盧君復最簡重條。四庫本「漢治雜霸。唐治雜術。宋治積衰」句（七一七—二八一上）。明刊本「術」作「夷」。又後文「宋家天下自燕山來。本是敵國」句（七一七—二八一下）。明刊本「敵國」作「戎狄」。

。又「如不透者。呼韓稽首。屠耆接踵。猶是隋朝世界。天下未平也」句（同上）。明刊本「屠耆接踵」作「金人列庭」。「隋朝」作「漆暗」。

卷四

魏秉德云。此道只須靜觀。久當自徹條。四庫本「譬如鏡子。十分光明。自然老來老照。少來少照。豈必豫先料理老少面孔耶」句（七一七—三〇七下）。明刊本「老來老照。少來少照」作「胡來胡照。漢來漢照」。「老少面孔」作「胡漢面孔」。

卷六

呂而遠因讀史次問條。四庫本「西晉東遷。汴宋北狩。一樣摧頽。何以太興而後晉祚尚崇」句（七一七—三四〇上）。胡刊本「東遷」作「胡塵」。「北狩」作「虜禍」。又後文「建炎而後宋社遂卑。以黃屋屈於金人之詔」句（同上）。明刊本「金人」作「金奴」。又「金人積威。滅遼而後勢無反顧」句（同上）。明刊本「金人」作「金虜」。

而遠又云世事亦自難料條。四庫本「宋人初無雍洛之談。臨時鼠竄。令輜車未及。而敵騎躡進。何如死守之愈乎」句（七一七—三四一上）。明刊本「敵」作「胡」。

而遠又云古今四番黨禍。皆是小人造此名目條。四庫本「黼貫用事而邊塵四起」句（七一七—三四一上）。明刊本「邊塵」作「胡塵」。

卷十一

暑後借王家園與諸友晤會條。四庫本「縣官宵旰。憂簿書錢穀之務。卒無一人起而荷承者」句（七一七—四〇七上）。明刊本「簿書」作「奴虜」。

卷十三

乙亥歲秋。天下方敦辟雍之典條。四庫本「安知無有破敵復疆之日。而終事賞士」句（七一七—四三六上）。明刊本「敵」作「虜」。

羅期生云。經稱生財有四事。備在周官條。四庫本「敵騎乍臨。徵召不集」句（七一七—四三九上）。明刊本「敵」作「胡」。

卷十八

四庫本「又舉蔣問云古曆多疏後曆漸密」條與「又舉蔣問云建文之後爲革除惟幄者極多」條之間闕一則（七一七—五一三上）。明刊本其文如下

又舉蔣問云。易八卦談兵。師同人謙豫是御將要法。坎離兩濟是戰守古方。今寵命空優。唯聞左次。號咷已久不變冥肝。自醫閭抵賀蘭一帶。地險盡爲飲馬之場。山海之守備甚。鬼方河套大寧空巢。奉我濡尾佝賒。無望折首也。不知敗局落在何爻耶。今推環應舉何卦。某云。此有何卦何爻。只落高官肚子。試問戴仍樸看。仍樸云。試問林非著看。非著云。吾門前日抗疏出都。只謂開奉承當師上六。師動以律。律是開承之本。持律重者謂之長子。持律輕者謂之弟子。持

律正者謂之丈人。持律邪者謂之小人。太君受律以爲錫命。只問律有從違。便是邦有治忽。何處不見此爻。何處不成此卦。莫逐野狐傾耳聽冰也。某云。蔣公此處討實經濟。亦見得東山破斧。不是蹈厲餘風。補遂蚩尤。時落握奇之內。蹶張君子亦自無處登壇。

「建文之後爲革除帷幄者極多」句（同上）。明刊本「建文」作「靖難」。又是則四庫本止於「猶有富貴之心也」句（七一七—五一三下）。明刊本其下尚有

「龐德公卻安貧賤一路。革除從難。儘有高賢。土木從塵。唯餘一革。將繇學習致然。亦是風化使爾。士君子守道致身。決不爲風化氣習所壞。邦有道。貧且賤者恥也。此是一條甘草。專賴學者夾以黃連。某云領教。」一段。

六韜六卷

舊題周呂　望撰

以影宋抄本校補

卷二

發啓第十三

四庫本「無取於民者取民者也。無取民者民利之。無取國者國利之」句中有闕文（七二六—一七下）。影宋抄本作「無取於民者。取民者也。無取於國者。取國者也。無取於天下者。取天下者也。無取民者民利之。無取國者國利之」。

卷四

軍用第三十一

四庫本「大扶胥衝車三十六乘。螳螂武士共載。可以擊縱橫敗強敵」句（七二六—二八下）。影宋抄本「可以擊縱橫敗強敵」句作「可以縱擊橫。可以敗敵」。

卷六

練士第五十三

四庫本「名曰陷陣之士」句下有闕文（七二六—三八下）。影宋抄本作「有奇表長劍。接武齊列者聚爲一卒。名曰勇銳之士。」

武經總要四〇卷

宋曾公亮丁度等奉敕撰

以明建刊黑口十一行本校補

前集卷一

軍制章

四庫本「又有輿司馬行司馬。官皆用士。又有小司馬官皆用士」句（七二六—二四四上）。據明刊本「又有小司馬官皆用士」句係衍文。

卷五

軍行次第章

凡兵分數道於賊界相逢條。四庫本「二隊步外分爲兩隊」句（七二六—二九一下）。明刊本「二隊步外」作「一百步外」。

卷七

拒後陣章

四庫本「本朝咸平中。上出北面地圖曰。契丹好遺精

兵出大陣後斷我糧道」句（七二六—三三七下）。明刊本「本朝」作「大宋」。「契丹」作「北虜」。

卷八

四庫本於「后握奇陣圖」之前有闕文（七二六—三三八上）。明刊本其文如下

古陣法叙

古陣法圖藉皆六舊記所傳風后握奇圖云。初受之於玄女。佐黃帝破蚩尤於涿鹿。其文本三百六十字。鎮名

而已。其後太公又增鎮之。漢武帝令丞相公孫弘敷演其義。授霍光。常習八陣於長樂館。而輔少主以令天下。史稱諸葛亮推演八陣圖得其新意。今夔州之南北岸沙中累石爲八陣形勢。凡八行。上相去二丈。桓溫伐蜀路繇之。僚佐觀之。無能知者。視之曰。此常山蛇勢也。晉馬隆征西羌。依八陣法且戰且行。誅斬萬計。遂復涼州。以此論之。公孫弘既已討論。諸葛亮又能推演。桓溫知其率。然其後馬隆依以破敵。則八陣之用無廢矣。唐李筌所戰八陣圖配四正四奇之位于八卦。其形天圓地方。銳其首。雲左右向而垂。飛龍盤屈。虎張兩翼。蛇形宛轉。鳥翔爲突擊之勢。定而不變。及觀握奇至義。則荃盡出臆度。殊乖本文。經曰。天地前衝爲虎翼。風爲蛇蟠。天地後軸爲飛龍。雲爲鳥翔。明四爲正。四爲奇。上之名寓之於正陣。則有天地風雲之目。變之則爲龍虎蛇鳥之名。所謂奇亦爲正。正亦爲奇。出則就敵歸則復列。正合此義也

。其圖已亡。今載其經以俟識者。宗陣法之始也。復有握奇續圖紀。金革旗麾進退趨鬪之法。又載公孫弘范蠡樂毅之說。錯綜於其中。今附其末。蒨說漢儀邊秋日斬牲祀白帝。大司馬隸孫吳六十四陣。其圖亦亡。其說不明。難以究宣。今所不取。唐李靖所作兵法。有分軍定隊之數而無立陣之形。已載於叙戰篇。大宋慶曆中。上出臨機指勝圖賜近臣中有陣制曰。李靖法柔裴緒來諸家之義爲九陣變動之勢。其說頗詳。今

並列于後。

八陣法　握奇圖

金鼓旌旗數　李靖陣法

裴子法　常山蛇陣

八陣圖

八陣法　天陣　地陣　風陣　雲陣　虎翼陣　蛇盤陣

飛龍陣　鳥翔陣

握奇經曰。四爲正。四爲音。餘奇爲握奇。後人解云。天地風雲爲四正。龍虎鳥蛇爲四奇。或總稱之。先出遊軍定兩端。天有衡。地有軸。前後爲風。風輔於天。雲輔於地。衡重列各四隊。前後之衡各三隊。風居四維。故以圖軸單列各三隊。前後之軸各三隊。雲居四角。故以方。天居兩端。地居中間。總有八陣。上訖遊軍。從右躡其敵。或警左或警右。聽音望麾以出四奇。天地前衡爲虎翼。風爲蛇蟠。爲主之義也。虎居於中。張翼而淨。蛇居兩端向敵。而蟠以應之。

天地後軸爲飛龍。雲爲鳥翔。突擊之義也。龍居於中。張翼而進。鳥掖兩端而應之虛實。三軍皆逐天文氣候向背山川利害。隨時而進。以正合以奇勝。

說奇正者多戾。而握奇云。四爲正四爲奇。餘奇爲握奇。或總稱之。先出遊軍定兩端。北奇偶之奇陣數有九。中心奇零者大將握之以應副八陣之急處。

又「后握奇陣圖」之後又有闕文（七二六—三三八下）。明刊本其文如下

恐未必與古合。更俟識者參訂之。

右握奇經雖存。其圖不傳久矣。今採其說列而爲圖。

握奇續圖

金鼓旌旗數

角音二

初警衆　未收衆

革音五

一特名　一結陣　三門

四背　五急背
金音五
一緩　二止　三退
四皆　五急皆
麾色五
一黑　二黃　三白
四赤　五青
旗法八
一天黑　二池黃　三風赤

四雲青
五天前上黑下赤　六天後上黑下白
七地前上黃下青　八地後上黃下赤
一革二金爲天。三革三金爲地。二革三金爲風。三革二金爲雲。四革三金爲龍。三革四金爲虎。四革五金爲鳥。五革四金爲蛇。此八陣各用金鼓之制也。其金革之間加一角音者。在天爲兼風。在地爲兼雲。在龍爲兼鳥。在虎爲兼蛇。加二角音者全師進東。加三角音者全師進西。加四角音者全師進南。加五音者全師進北。鞞音不止者師不整。金革既息而角音不止者。師並旋天圓布不動。前爲右後爲左。天地四望之屬是也。風象天居兩端。其次風。其次雲。左右相向是也。公孫弘曰。地爲靜地方布風雲各在後衡之前。天居兩端。其次地居中間。兩地爲北是也。

卷九

土俗章

四庫本是段終於「若此者皆須大將察理而論於心」句（七二六—三六二上）。明刊本於此句後尚有一段如下

先康之遺風。故其性和平也。其人疾於戰。習於兵。輕其將。薄其祿。士無死志。故理而不用。軍募不息則民輕其將。勝敗無勞。則士薄其祿。不畏威。不貪利。則士無死志。故初理而后不堪用也。專此之道。

限陣而壓之。衆來而拒之。去則追之。以倦其師。則可敗也。皆謂揣其人性之弊。又度其國政之失。因其弊而制之。則我得其利。彼受其害。且易爲之力矣。司馬法曰。人方其性。性則異。言四方之人性有強弱。愚智不同也。教成俗。俗則異。言四方兵勢西與北有兵馬之便。東與南有舟檝之利。西與北寒慘無金鐵。東與南暑濕毀弓弩。中土多五兵雜木。便弓馬舟檝是其異宜也。故燕無函。秦無盧。胡無弓車。言其俗

之所長也。孫武曰。校之以計而索其情。主孰有道。將孰有能。亦言先定彼我之善否。不知此而用兵。猶瞽之無相。其顚隕立可待矣。

卷十二

四庫本「單梢砲」之說明文自「鐵蝎尾二」以下至「守則團敵馬面及甕城內」句（七二六—四一六下）。與「雙梢砲」之說明文自「鐵蝎尾二」以下至「守則設於城內。四面以擊城外寇」句（七二六—四一七下）。與明刊本相校。此二段文字正好互調。

守城章

四庫本「凡賊……使其前敗後絕」一則中有闕文（七二六—四三二下）。且與明刊本略有異同。明刊本作「凡賊有勇悍之卒。必使來突我城門。我當僞爲不知。開門以待。於道路設陷馬坑機橋於重牆曲巷內。出奇伏兵掩擊。逼陷之。或約其過一二百人。即下重門插板。使其前敗後絕。」

又其後。四庫本「凡城中有使至……不得私相探問」句中有闕文且與明刊本略有異同（七二六—四三三上）。明刊本作「凡城中有使至門者。徑遵詣主將。俾校民吏。不得輒見。如得城中飛書。不得輒讀。持送本營。對衆封送主將」。

卷十五

行軍約束章

四庫本「凡隨軍發運糧。須主將密定行期。關報官司

。不得漏泄」條之後闕一則（七二六—四六二上）。

明刊本作「凡一軍正給旗鼓外。更多具其數以備疑兵之用」。

卷十六上

四庫本「邊防」章之前未錄叙文（七二六—四七〇下）。明刊本其文如下

叙曰。王者中在四。東西北元重。懷柔示信。謹疆埸之事。折衝禦侮。張蕃衛之服治險阻。繕甲兵。嚴烽

隧。設亭障。斯長轡遠馭之術也。

國家革五運之澆季。闢四海之封域。舟車所曁聲教大同。若方陲守備。則東起滄海至北。平軍十數城六百餘里。屬河北路。東起大郡。西緣大河。至隰州十三歲千餘里。屬河東路。東起遷安窮邊。至階州十五城。千餘里。

本朝之制。凡一路砦堡關鎮皆屯戎兵。屬陝西路巴蜀之地。黎雅。威茂。文龍。永康屬益別州路。戎瀘夔施。黔雲安屬梓夔州路。荆辰。澧鼎。潭衡。全邵。桂陽屬荆湖南北路。廣桂宜邕欽融。廉雷。容瓊屬廣南東西路。皆山川阻深。縣亙數千里。此自古限隔蠻夷之地。其邊鎮襟帶之處。建都部署鈐轄都巡檢。專督戎政。治城郭。塞蹊隧。置關鎮。立堡砦。以爲禦衝之備。遣衛禁之師。三載更戍。謂之駐泊兵幕。土人泊邊雜之。師隸禁軍額者謂之就糧軍。州兵係訓練者。亦充營陣之役。又約府兵之制。河北河東置義勇

三十餘萬人。陝西以土人願徒邊者。給由置堡。有寇則戰。無事力農。謂之弓箭手。熟戶蕃部置本族巡檢都軍主以一兵宮。凡十一級。蕃部百帳以上補軍主。其次指揮使以下。至正副兵馬位本族巡檢叙王宮之列。至殿侍廷石嵐隰有捉生民兵荆湖施夔間。置砦將蠻酋土人爲之士丁。義軍亦置都指揮使。以下戎校分戍城壘。其非控帶。四夷川郡略而不書。今釐爲五卷。謂之邊防。疆域之遠近。城戍之要害。開卷盡在是矣

。

砦鋪二十六章

四庫本「薄嵒神鋪」與「西曹谷鋪」之間有闕（七二六—四八一下）。明刊本作

東曹谷鋪　北至界首西鐵嶺約五十里。北至契丹界上平砦約三十里。東南至番眼嶺鋪約三十里。東至薄嵒神鋪三十里。東南至北砦約二十五里。西南至西曹谷鋪約二十里。山路闊處約一丈至七尺。挾處約二五尺。惟通單騎。

卷十六下

中京四面諸州章

四庫本「黔州遼主耶律德光初置東北至望海峰五十里」句（七二六—四九七上）。明刊本「遼主」作「虜王」。

又四庫本「利州遼承天后所建」句（七二六—四九七下）。明刊本「遼」作「虜」。

又其後。「暉州胡中呼爲暉州祿州穆州。並曰于越王城耶律遜寧者。遼中大將也」句（七二六—四九八下）。明刊本「遼」作「虜」。

東京四面諸州章

四庫本「乾州在醫巫閭山之南。古遼澤之地。遼主景宗陵寢在焉」句（七二六—五〇〇下）。明刊本「遼主」作「虜主」。

又其後「開州渤海古城也。遼主東討新羅國……遼中

庚戌年討新羅國」句（七二六—五〇一上）。明刊本「遼」字並作「虜」。以下凡「遼」字明刊本皆作「虜」。

卷十八下

北庭章

四庫本「土地肥饒。歷代爲匈奴所居」句（七二六—五四五下）。明刊本「匈奴」作「胡虜」。

故渭州隴西郡章

四庫本「領夷道等十一縣。風俗尚武力。習戰射。西漢六部良善。廣德中西戎犯邊。洮蘭秦渭盡爲外域」句（七二六—五四八上）。明刊本作「領夷道等十一縣。風俗尚武力。習戰射。西漢六郡良家。東漢十二郡。騎士其一出隴西。唐置州升爲都督府。廣德中西戎犯邊。洮蘭秦渭盡爲虜境」。

後集卷二

料敵致勝章

四庫本「本朝至道中府州觀察使折御卿受本州節度使。而兵不滿數千。太宗戒之曰。此人嘗以西戎爲小藩。必輕敵」句（七二六—六三三上）。明刊本「北人」作「北虜」。

卷三

奇計章

四庫本「高宗遣將軍裴行儉討突厥於黑山」與「雍熙初。張齊賢知代州」兩則（七二六—六四三上下）。

四庫本文中凡「敵」字明刊本皆作「虜」。

卷四

臨敵易將章

四庫本於「戰國燕昭王使將樂毅下齊七十餘城」與「後周楊堅爲相」兩則之間有闕文（七二六—六四六下）。明刊本作「晉鎭南將軍杜元凱都督荊州諸軍事。襲吳西陵。督張政大破之。攻吳之名將。據要害之地。恥以無備取敗。不以實聞于孫皓。元凱欲間吳邊將。乃請還其所獲之衆於皓。皓果召政。遣武昌監劉憲代之。放晉軍將至。使其將帥移易。以成傾蕩之勢。竟殄滅焉。皓不悟。致敗」。

擊其後章

四庫本「吐谷渾黨項寇邊。詔霍國公柴紹討之。敵據高臨下。射紹軍。矢下如雨。紹乃遣人彈琵琶。二女對舞。敵異之。駐弓矢相與聚觀。紹見敵陣不整。密使精騎自後擊之。敵大潰。斬首五百餘級」句（七二

六—六五三下）。明刊本「敵」皆作「虜」。

其後四庫本「本朝太平興國中北敵至定州奪唐河橋」。「劉延翰四年從征太原」及「景德元年契丹南牧」三則（七二六—六五四下至六五五下）。文中凡「敵」字明刊本皆作「虜」。其中第二則「豈能爲異地鬼手」句。明刊本「異地」作「虜地」。又「從後急擊殺其將一人」句。明刊本「其將」作「虜將」。

卷五

出奇章

四庫本「突厥犯塞」「王忠嗣少勇敢自負」以及「五代漢高祖在晉陽」三則（七二六—六五七上至六五八上）。文中凡「敵」字明刊本皆作「虜」。其中唯第三則「因遣進攻拔之。敵遁去」句。明刊本「敵」作「戎人」。

伏兵章

四庫本「本朝雍熙中王師北征」及「至道中以李繼隆護送芻粟入威敵軍」兩則（七二六—六六二下）。文中凡「敵」字明刊本皆作「虜」。

多方以誤之章

四庫本「魏將田豫率兵進擊鮮卑柯比。能將銳卒。深入甌脫。鮮卑衆多……去敵衆十餘里結屯營」句（七二六—六六三上）。明刊本「柯比」作「河北」。「能將」作「能單將」。「甌脫」作「虜地」。「鮮卑衆多」作「胡人衆多」。「敵」作「虜」。

聲言擊東其實擊西章

四庫本「越代吳。吳子禦之笠澤」與「後漢將吳漢岑彭討公孫述」兩則之間有缺（七二六—六七二上）。明刊本作「漢王遣將韓信擊魏。魏盛兵蒲坂塞臨晉。信乃益爲疑兵。陳船欲渡臨晉。而伏兵從夏陽以木罌瓶渡軍。木爲罌瓶以度爲軍無船且尚密。襲安邑。虜魏王豹。」

卷六

察虛聲章

四庫本威塞軍節度使曹翰爲幽州東路行營都部署一則（七二六—六七九下至六八〇上）。文中凡「敵」字明刊本皆作「虜」。

四庫本本章尚缺兩則（七二六—六八〇上）。今據明刊本補之於後

後漢末。劉備遣將吳蘭屯下邳。曹公遣曹洪征之。備遣張飛屯固山。欲斷軍後。衆議狐疑。洪曰。賊實斷

道。當伏兵潛行。今反張虛聲此其不能也。宜及未集從擊蘭。蘭破則飛必走。乃集兵擊蘭。大破之。飛果走。

劉裕率兵伐南燕。慕容超走廣固。且乞師於秦。裕築圍守之。秦王姚興遣使告裕。云。慕容氏相與鄰好。又以窮告急。今當遣鐵騎十萬。徑據洛陽。晉軍若不退者便當長驅而進。裕乃呼興使者。謂曰。語改姚與我定燕之後。息甲三年。當平關洛。今能自送。便可速來。劉穆之聞。興使馳入見裕。而秦使已去。裕以興所送并答語示穆之。穆之尤之曰。常日事無大小。必同與謀。此宜善詳。云何率爾便答。此語未能威敵。適促彼怒耳。若燕未可拔。興救奄至不審。何以待之。裕笑曰。此是兵機。非卿所解。故不語耳。夫兵貴神速。彼若審能遣救。必畏我知。寧容先遣信命。此是其見我伐燕內已懷懼。自彊之辭耳。興果不出師。廣固終拔擒。慕容超平齊地。

四庫本於「袁紹將許攸降曹操」條之後闕一則（七二六—六九〇上）。明刊本其文如下

掩襲章

蜀將關羽遣麋芳守南郡。羽領兵圍楚。吳主遣將呂蒙屯陸口。厚與關羽結好。羽多留兵備南郡。恐蒙有變。蒙上疏曰。羽討樊而多留兵。必恐蒙圖其後故也。蒙常有病。乞分衆還建鄴。以理病爲名。羽聞之必撤備。徐以大軍泝江馳上襲其空虛。則南郡可下。而羽

易擒矣。吳主然之。蒙遂稱病而還建鄴。羽稍撤備而悉衆赴樊城。蒙遂發兵逆流而上。伏甲於舟。使更衣爲商人。以理棹達旦。兼行過羽所置屯戍輒縛之。羽遂大驚。師次子南郡襲奪其城。羽吏士攻樊城未下。聞城已陷而家屬無恙。見待甚於平時。無復鬥心。稍稍分散。羽竟爲吳師所擒。荆州遂平。

卷七

持重章

四庫本「秦王翦將兵六十萬。代李信擊荆。荆聞王翦益軍而來。乃悉國中兵以拒。翦至閉營休士曰。飲沐而撫循之。久之。翦使人問軍中」句中有異文（七二六—六九三下）。明刊本作「秦王翦將兵六十萬。代李信擊荆。荆聞王翦益軍而來。乃悉國中兵以拒。秦王翦至。堅壁而守之不肯戰。荆兵數出挑戰。終不出。王翦曰休士洗沐而善飲食。撫循之親與士卒同食。久之。王翦使人問軍中」。

矯情安衆章

四庫本「雍熙中王師大舉北伐幽州。道行營前軍都監郭守文與敵遇。爲流矢中」句（七二六—七〇四上）。明刊本「敵」作「虜」。

卷九

乘風雨破敵章

四庫本於「後漢楊旋爲零陵太守。時蒼梧賊攻劫州縣。賊衆多而旋力」句下注闕（七二六—七三七下）。今據明刊本補之如後

永平中。匈奴殺後部。王安得攻金。滿城。戊已校尉耿共乘城轉戰。會天大風雨。隨而擊戰。殺傷甚衆。匈奴震怖。相謂曰。漢有兵神。眞可畏也。遂解去。

唐蘇定方驍悍多力。爲折衝。隨李靖襲突厥。頡利於蹟口。定方率二百騎爲前鋒。乘霧而行。去賊一里。忽然霧歇。見牙帳遂掩襲之。頡利狼狽散走。

梁將王琳大治舟艦引兵東下。時攻陳霸。先遣侯瑱拒

之。瑱以琳軍威方盛。乃引軍入蕪湖避之。是時西南風急。琳自謂得天助。直趨建康。侯瑱等引兵徐出蕪湖以躡其後。比及兵交。西南風翻爲瑱用。琳兵擲火炬以燒陳船者。則皆返燒其船。琳兵潰亂。投水死者十二三。其餘皆棄船上岸。爲陳軍所殺殆盡。

後魏太武征赫連昌師。次城下。收衆僞退。昌鼓譟而前。會風雨從東南來。沙塵昏冥。宦者趙倪進曰。今風雨從賊後來。我向彼背。天不助人。將士飢渴。願

且避之。更待後日。崔浩曰。不可。千里制勝。一日之中豈得變易。賊前行不止。後已離絕。宜分軍隱山。掩擊不意。風道人在豈有常也。從之。分騎奮擊。昌軍大潰。

隋將皇甫綰屯兵一萬在抱罕。薛舉選精銳二十人襲之。與綰軍遇於赤岸。陳兵未戰。俄而風雨暴至。初風逆舉陣而綰軍遇不擊之。忽返風正逆綰陣。氣色昏昧。軍中擾亂。舉策馬先登。衆軍從之。隋軍大潰。陷抱罕。

又四庫本其後兩則「後魏賀拔岳討萬俟醜奴」及「貞元九年朝廷築鹽州城」（七二六—七三七下）。明刊本置於卷十「分兵勢破之」章中。

卷十

素備章

四庫本「端拱初敵自大石路南侵」句（七二六—七五

四庫全書補正　《武經總要四〇卷　二三

五下）。明刊本「敵」作「虜」。

虎鈐經二〇卷

宋許　洞撰

以明刊本暨明鈔本校補

卷二〇

釁鼓文第二百九

四庫本「用誠致饗神其鑒茲」句(七二九—一三〇下)。明刊本作「今則五兵暴露。群醜縱橫。郊郭羶腥。士庶狼狽。顧我小子承宣王威。虔統大軍。遠臨醜

境。幸異一擊而雄師鴞視。再考而逆黨鹿驚。而贊命收功。決此一舉。神其祐之。尚享。」

又其後四庫本缺「迴兵第二百十」章。明鈔本其文如下

迴兵第二百十

六師十方。日費千金。司馬法曰。國雖大。好戰必亡。老子曰。所處荊棘生焉。曰大軍之後凶年。史記曰。千里饋糧。士邑樵蘇後釁師不宿飽。春秋傳曰。師老爲曲。是故善行師者一進人可否之間。不得已而用之也。夫兵者不祥之器也。雖戰勝以表之。殺人衆多見悲哀哭之。蓋君吊伐之時。不可不用。不失中猶盡善矧有過者乎。史記曰高鳥盡。良弓藏。敵國滅。謀臣亡。所謂亡者非殺其身也。在其去利以富而振之也。臣以爲謂兵不可玩。在乎誅滅叛亂。以不淹留爲妙。故能安邦國。謀臣不可以久在任乎。是以古聖人務舉兵者先慮妨農。務清難者。先不失於此三五之道也

。

江南經略八卷

明鄭若曾撰

以明萬曆三十三年崑山鄭玉淸等重校刊本校

補

凡例

四庫本最末一條「此東南之人均屬桑梓之邦。尙其念此而相與救正之」句（七二八—五下）。明刊本「屬桑梓之邦」作「受倭患之慘」。

卷一上

江防章

四庫本「若縱之過金焦礬諸山。震驚留都。罪在不原」句（七二八—六下）。明刊本「留都」作「陵寢」。

養兵章

四庫本第二條「兵以食爲先。必須糧餉儲足。斯平日捍禦之方。臨事征調之策可以無往不利」句中有闕文（七二八—八上下）。明刊本其文如下「兵以食爲先。向來百姓苦於出兵銀者。爲兵無實用也。若果可以禦寇。而銀數不足。孰不願加添乎。此在大家所損不多。小民亦無大害也。此見一定。則平日捍禦之方。臨事征調之策。無往不利矣。」

又其後。四庫本「何謂糧額」一段之後與明刊本相校。有闕文（七二八—一〇上）。明刊本其文如下

軍門林云。舊制較郡邑設兵。因兵治食。未聞練兵而

加賦也。兵賦之加。其起於官兵不足用乎。故能稽兵額。復兵糧。督總連營。江海合操上之壯金陵百二之勢。下之綏環島友側之謀。計斯得矣。議者猶或舛之。則國朝損兵之罰太嚴也。虜既橫矣。長驅直擣。雖師尙父不能其萬全也。喪數兵而輒戮一將。官兵不益肆乎。故非馳域外之思。負胸中之甲磊磊落落。文法不繩。未足與議也。

練兵章

四庫本未錄軍門林評論一則（七二八—一二上）。今
據明刊本補之如後
軍門林云。練兵之法詳矣。先時倭奴深入。衆不知兵。於是北召青淄之戎。南檄荆麻之戍。衆以寇今不至矣。至且滅此而後朝食。不知環江沿島之險。我人識之。彼不識也。故費餉數歲。亦卒罔功夫。倭夷浮海而來。疏食頹膂。幸一登跳。亦甚敝矣。我人知夷知險。知彼知已。一得善師者節之。則曷我敢承。彼客兵則鮮此著矣。故謀練兵者。莫若練土著。

設險章

四庫本未錄軍門林評論一則（七二八—一二下）。今
據明刊本補之如後
軍門林云按法家論兵。以得地形爲首。此謂境外腹裏。當預長久之計及無形之險。如太倉崑長諸鎮。皆宜設備。深有味乎其言之也。若云內險更責大戶則近累矣。惟以常川操練守城之兵。有事則諒分險地。無事則充役巡司。一以靖江海之兇。一以銷門庭之寇。此說之可行也。

分合章

四庫本未錄軍門林評論一則（七二八—一三上）。明
刊本如下
軍門林云。按此五分合。出奇制勝之大端備矣。兵法有分則條理。有合則聯絡。然分常患其疏。而合常防其混。故合而不分。分而不合非善也。合而有分。分而有合。非之善之善也。即分爲合。即合爲分。善之善也。因地制用。臨陣察幾。妙存於一心耳。

賞罰章

四庫本未錄軍門林評論一則（七二八—一四上）。明
刊本其文如下
軍門林云。信賞必罰。行兵者講之素矣。其不公不明。不足爲勸懲者無論也。即公且明者。未必能斷。或濫且吝。文法橫於胃中耳。故能文法不繩。賞罰不踰

時。將道得矣。禦海不泥功級。尤是東南要圖也。

兵戒章

四庫本於附錄前缺一則（七二八—一五下）。明刊本如下

軍門林云。岳武穆臨戎。必環坐將卒謀敵所以敗我者。至於六七然後合戰。故戰數不敵。用兵之法教誡爲先也。生言量敵慮勝。謀彼酌己之法密矣。舉而措之。孫吳所尙何以加焉。大捷零斬。二言尤近仁者之勇。

兵器章

四庫本於「松江府海防同知鄭元韶條議三法」條之前有闕文（七二八—一六下）。明刊本如下

軍門林云。造器修船。此禦海急圖。生言備矣。嘗清沿海軍器。無一足用。寇至。胡能空拳而戰也。舟師一覽。防冑破也。劉晏言利。每折錙銖。至估船不惜微費。意可稽已。但官錢本自有限。向照尺設兵。今限以大尺。兵減而費無從助矣。故議修船須復原尺。復原尺者。匪直強舟師。亦助修之一策也。

票式章

四庫本未錄軍門林評論一則（七二八—一九上）。今據明刊本補之如後

軍門林云。江海爲留都門戶。江海安則留都安矣。選兵治食。責在守令。故擇守令重久任。斯計之得也。方今天下治安已久。竊意此法不但可行于東南。

守城章

四庫本未錄軍門林評論（七二八—一九下）。明刊本如下

軍門林云。生所論守城之法備矣。至攻城襲城之辨尤確。益攻則有形而可備。襲則無形而難防也。然曰守城。則賊已登岸。縱能全城。已爲中策。不若防之於外。毋剖藩籬。使其內訌之爲善。毋徒曰善守者敵不知其所攻也。

土寇章

四庫本未錄軍門林評論（七二八—二〇上）。明刊本其文如下

軍門林云。行保甲以禦土寇是矣。若沙民嘯聚者不截殺。則招安不出二策。此亦不可執一。當酌時勢。量情罪則恩威不測。盜可弭矣。

卷一下

海防論一

四庫本文末未錄軍門林評論一則（七二八—三二下）。明刊本其文如下

軍門林云。漁船之出洋爲捕魚也。而因可以擊賊。天生自然之利。天設自然之守。荊川諸公必弛此禁。意誠有在矣。故漁船出洋。專令截殺。兵船把港。有事應援。行者有專責。坐者非株守。可稱兩得已。

海防論二

四庫本文末亦未錄軍門林評論一則（七二八—三三下）。今據明刊本補之如後

軍門林云。修塹塘復墩堡者。固護塘之手足也。設遊兵嚴巡哨者。廣守港之耳目也。防海之計此其知所重歟。

海防論三

四庫本未錄軍門林評論及附錄（七二八—三四下）。今據明刊本補之如後

軍門林云。此欲潛銷留衛之桀驁也。然非將領得人。兵強卒銳。適足招侮。故江海聯絡。將卒一心。匪直杜內憂。實禦外患。稽兵額復兵糧之策當與此並行。

附錄

嘗查籌海圖編內會哨論云。浙東地形與福建連壤。浙西地形與蘇松連壤。利害安危。各有輔車相依之勢。故上命浙江巡撫總督浙直福分哨各官互爲聲援。而不計自分彼己。畫地有限。責任相聯。此廟謨之所以爲善。而防禦之所以爲固也。愚考海中山沙南起舟山。

北至崇明。或斷或續暗沙連伏。易於閣淺。賊舟大者不能東西亂渡。如遇東北風也。必由下八陳錢馬蹟等山以犯浙江。而流突乎蘇松。如遇正東風也。必由茶山西行以犯淮楊。而流突乎常鎭。如遇正北風也。必由琉球以犯福建。而流突乎溫台。三途窵遠。瞭望難及。須總兵官撥遊兵把總領哨千百戶等船往來會哨。以交信票爲驗。其在浙江也。南則沈家門兵船哨。至福建之烽火門而與小埕兵船相會。北則馬墓兵船哨。至蘇州洋之洋山。而與竹箔沙兵船相會。其在蘇松也。南則竹箔沙兵船哨。至羊山而與浙江之馬墓兵船相會。北則營前沙兵船哨。至茶山而與江北之兵船相會。諸哨絡繹。連如長蛇。群力合併。齊如扛鼎。南北夾擊。彼此不容。豈惟逐寇船於一時。殆將靖寇患於無窮矣。

江防論二

四庫本未錄「軍門林」一則（七二八—四四上）。今據明刊本補之如後

軍門林云。置將結寨分守江之南北。此俟深入而擊之也。移舟海口。協守崇明。使賊不得入江。計斯得矣。故正官聯而執樞要。是謂善防。

江防論三

四庫本未錄「軍門林」一則（七二八—四四上）。今據明刊本補之如後

軍門林云。此欲併防通泰。懼賊。攻其無備也。古有緣木裹氊而下西蜀。則險不在瞿塘矣。白衣搖櫓以襲荆襄。則備不在洞庭矣。此又策外籌也。生亦知務矣。

湖防論

四庫本未錄「軍門林」一則（七二八—五七上）。今據明刊本補之如後

軍門林云。圖全湖者。其形勝險要詳矣。而船之遲速大小又備焉。膺三吳之寄者。勿謂兵燹弗及而忽之也

。其惟籍諸船而編甲在官乎。匪直爲臨事禦寇計。亦
懼此輩能爲寇也。

卷二上

定夫役章

四庫本末錄「軍門林」一則（七二八—八九下）。今
據明刊本補之如後

軍門林云。此守城之一法也。中稱分信。地廣儲蓄。
愼防禦節更番。條分縷析。彬彬乎整且詳矣。甲寅諸

年之變。郡治賴以不驚。父老類能言之。夫前事不忘
後事之師也。生著輿論抑亦有深見矣。

吳城兵辨章

四庫本末錄「軍門林」一則（七二八—九二上）。今
據明刊本補之如後

軍門林云。按此兵辨詳矣。吳人負氣懷俠。各以所執
相雄。勢使然也。上之人別其類而用之。因才授委。
因委制食。鮮不得其死。命矣。鄙如淘沙。亦可相資

。制禦守土者。亦何貴棄土著也。

吳縣險要總論

四庫本文後未錄「軍門林」一則（七二八—一〇七下
）。今據明刊本補之如後

軍門林云。按吳之六險詳矣。六險惟胥口爲最。寇入
胥口。東可以犯胥門。西北可以掠楓橋。犯閶門。故
倭亂時嘗於此設三營。楓橋則又爲吳財貨所鍾。議者
亦欲於此增重兵。餘仍舊蹟加修足矣。吳與長洲同附

廓。然俗醇人質。賦稅不負。大與長洲殊。豈地里人
情天若爲之限與。

卷二下

滸墅險要說

四庫本文末未錄「軍門林」一則（七二八—一一八上
）。今據明刊本補之如後

軍門林云。按長洲與崑吳常無接壤。賊由諸邑而來。
皆可直突城下。舊有陸涇壩以遏劉河西來之衝。有唐

浦以制吳淞之寇。有鑊底潭以控三泖之患。有夾浦以張犄角之勢。有蠡口以峙郡北之門戶。有滸墅以禦西北之戎。金城湯池。偉乎烈矣。識者輒以爲憂。長蓋四面受敵。險不足憑也。

石湖之戰議

四庫本未錄「軍門林」一則（七二八—一二三上）。今據明刊本補之如後

軍門林云。此論之義精矣。賊遺不取。取必誅。制勝之一策也。

崑山縣城池考

四庫本於「雉堞」後未錄「軍門林」評論（七二八—一二八上）。今據明刊本補之如後

軍門林云。崑蘇之望邑。虜至所先垂涎者。則千墩西嘴之巡司。周市北門之置戍。真義大戶之選練。斜堰巡司之添設。皆無事之時所宜經畫。以爲固險捍衛計也。縱有變故。亦不如甲寅之倉卒。或者又以歲月持久。糧餉有限難之。則惟選練大戶。斟酌以爲遠圖。庶民自爲守。可無冗食之患矣。

斜堰險要說

四庫本未錄「軍門林」評論（七二八—一三三上）。明刊本如下

軍門林云。崑山西限常熟。東屏太倉。若非受寇之區。然偃爾小城。財賦所萃。據此則東西路絕。聲援不通。故江海被兵。此其首禍。所恃周市直其北。真義

駐其西。砽子制其東。千墩當其南。斜堰值西北之交。而爲水陸之會。皆天設之險也。增官置戍。交好友邦。郡邑長城。無踰乎此矣。

卷三上

常熟縣境考

四庫本於「雉堞」後未錄「軍門林」評論（七二八—一四三下）。明刊本其文如下

軍門林云。常熟兼江海之防。且當長江入海之口。備

常熟。實重留都也。審勢審敵。生論盡之矣。

常熟縣備寇水陸路考

四庫本「東通漠渤」與「南距長洲」之間有闕文（七二八－一四四下）。明刊本作

北瀕大江。其道有三。北門直行至福山港。而出江者乃中路也。東北從許浦等港口以出於江者。其東路也。西北從三丈浦等港口出江者。其西路也。三者皆道之正。非間也。

濬白茆港議

四庫本末錄軍門林評論一則（七二八－一四八下）。今據明刊本補之如後

軍門林云。此言遏白茆上游之寇詳矣。吳中北出水之水皆由此港入海。導而濬之。不惟利民。實可弭盜。其策可施。

白茆水兵議

四庫本末錄軍門林評論一則（七二八－一四九下）。明刊本文如下

軍門林云。練土著。議蠲稅。足食足兵之法備矣。猶有所言者。則巡司之兵也。東南巡兵不下數千餘。彼盡給有工食也。舊皆傍司之積棍承當。徭戶既爲多科。而此輩實不用命。孰如徵銀在官。擇勇而役。按月而給之爲愈也。或曰。產鹽之地例當責補鹽課。此似戾之。不知徭戶每兵編銀十兩。兵自取則多至二十五兩有零矣。今令每一兵上銀十七兩。以十兩八錢給兵工食。餘六兩四錢充補船鹽之費。民稱便而課可充。兩利之術也。練兵之法當與練土著同月一合操。

唐市險要說

四庫本末錄軍門林評論（七二八－一五四下）。明刊本作

軍門林云。許浦福山即宋水軍寨設船分所修舊蹟也。梅李當許福白茆適中之會。賊常據焉。戍梅李。後可以捍蔽諸賊。前可以干城生靈。設險而先梅李。此其

特見乎。三丈浦通壩之論。可與鑿白茆之說並傳。

常熟縣倭患事蹟章

四庫本未錄軍門林評論（七二八—一五八下）。明刊本如下

軍門林云。王鈇原不曉兵。賊兵方合。而潛黨不露。襲我之蹟成矣。鈇竟墮之。其死可嘉。其智不足稱也。任兵憲環三丈浦之捷。邑賴以全。此其智勇兼之乎。

嘉定縣城池考。

四庫本於「雉堞」後未錄軍門林評論（七二八—一七五下）。明刊本作

軍門林云。按嘉定不但密邇寶山。常受寇患。邑稱虞美。逮諸屬村鎮。悉皆肥饒。為寇所垂涎舊矣。若食蟹者取其足。食其螯則將破其殼矣。此邑城之所以常被兵也。

江東二旱寨險要說

四庫本未錄軍門林評論（七二八—一七八上）。明刊本作

軍門林云。按國初稱倭之設有深意焉。承平廢弛。故習相沿。不知此地南通蘇壤。北接松江。有地利而不守。遺寇窟以與敵。非計之得也。噫。非長吏廉明撫膺時事者。孰與籌之。

吳淞江兵船議

四庫本「氣勢宏壯。兵稱足矣。兵食不乏。城守自堅」句中有闕文（七二八—一八二下）。明刊本作「氣

勢宏壯。兵稱足矣。復遷嘉定軍儲倉於城內。儲蓄有備。食亦足矣。兵食不乏。城守自堅」。

福船捕盜議

四庫本文末未錄軍門林評論（七二八—一八三下）。明刊本作

軍門林云。稽軍額。足軍糧。使習水禦寇。為省費防海第一義。即恐教之非其人。所稽未必驍健卒也。患

至無備矣。故不如仍福船。揀福兵之爲便時平餉。或少懈彼懷歸矣。及是時。簡土著。擇選鋒。遇缺即以充之。兩利之術也。

黃窪港險要説

四庫本標注闕（七二八—一八四上）。今據明刊本補之如後

黃窪港在嘉定直東濱海之處。南爲吳淞江。北爲劉家河。黃窪實當其中。嘉定太倉。崑山蘇常。皆連壤數

百里。隨地可到。實東南第一險要之地也。往年賊嘗於此登岸。賊一登岸則流禍內地頃刻可至。須得精兵三千人屯據其間。瞭賊一至。則各兵搖旗舉砲。擂鼓吶喊。淞劉二港兵船偃旗。息鼓埋伏。遠處賊見涯上有兵。不敢登岸。水上無兵。可以遯去。俟其去。而內港以舟師邀擊之。擒之則可以成功。不擒則可以免禍。此策之上也但黃窪乃嘉定太倉交界之所。賊若南來。則經由淞口。賊若北來。則經由劉淞二口。若密

黃窪無虞。誠恐風雨之朝。昏黑之夜。關防少疏。越此二口。則黃窪旱兵誠爲緊要也。旱兵三千人。太倉嘉定各千五百人。於沿海七十里之間。分佈哨守。是雖保嘉定太倉。實所以固蘇常之藩籬也。

羅店鎭險要説

四庫本標注闕（七二八—一八四下）。明刊本其文如下。

羅店鎭在縣治東十八里。又東十八里爲月浦。又東爲綵淘。港口吳淞所舊城。南臨江口。北枕綵淘。今既遷入西南。雖云甚邇。恐守江兵船照顧有所不及也。

丙辰以後。賊遂避吳淞而出入乎綵淘矣。羅店去綵淘與縣治爲適中之地。居民稠密。爲賊必由之道。今綵淘雖設兵船防守。然單弱無援。終非萬全之計。似宜團設陸兵一枝。在鎭操演防守。庶幾東可以爲綵淘吳淞聲援。西可以爲縣治外護也。

嘉定縣倭患事蹟章

四庫本文末未錄軍門林評論（七二八—一九五下）。今據明刊本補之如後

軍門林云。是時郡邑多被兵設伏。焚舟鏜也。律矣。張治亦得死所乎。賊既遁而復以風乘。豈被兵亦自有數也。王任二子皆能誓死威止。支吾一邑。意者張總督之敗。亦默有主之者乎。

劉家河險要說

四庫本未錄軍門林評論（七二八—二〇三上）。明刊

本其文如後

軍門林云。河口今已築堡聚兵。仍結以水寨。而改將蘇松參戎坐鎮其間。防守固已密矣。恐終不若以鎮海全衛調此爲尤愈也。

四庫本「崇明新縣乃古之平洋沙也」句下有闕文（七二八—二〇三下）。明刊本作「在府城東三百一十餘里」。

劉家河險要說

四庫本文末闕「築堡之法」一文（七二八—二〇六上）。今據明刊本補之如後

築堡之法

劉家河口闊二里許。兩岸隔遠。銃矢不能相及。潮長風作。船亦難于橫渡。如兵船泊于南岸也。遇北風猛則船粘緊兩岸。如以湧潮疊浪如山。豈能開至北岸耶。北岸泊船亦如之。若以四里之堡每岸分築。每堡各二里許。兵船兩岸傍堡分泊。在堡者倚舟師爲捍衛。

在舟者倚堡城爲依歸。賊豈敢由中流過耶。此曾之初見也。昨訪劉河口。相近居民云。逼岸不可築堡。以潮勢衝激。常有柵沒之患。見今一邊灘長柵沒可徵。須離岸幾十丈。磊石爲基。庶可垂久。若兩堡齊築。宜以撫按行臺及海防把總官公廨建於河北。參府及領陸兵之官設於河南。遇警庶兵有所督率也。若黃窪設堡。基木城陸兵一枝住劄。則河南設堡似在可免。而河北堡必週圍四里寬大以容軍民。亦有理之言也。

塗松險要說

四庫本文末未錄軍門林評論（七二八—二一一上）。今據明刊本補之如後

軍門林云。劉河七鴉爲東南洋入寇之口。人皆知之。蓟子夏駕塗松治兵者易而不設也。併此爲備州治寧矣。

崇明縣海洋路辨章

四庫本文末未錄軍門林評論（七二八—二二七下）。

今據明刊本補之如後

軍門林云。大海汪洋無際。然其中有必經之道。此殆天設之險。以俾我兵可守要害也。若無分深淺。乘潮可至。則禦寇益難矣。

四庫本於「爛沙險要圖」之後缺說明文字（七二八—二三二下）。明刊本其文如後

爛沙險要

爛沙在縣治西南。與南沙相望。西與白茆七丫相通。

益二港之藩籬也。若設兵船守之與二船互相應援。賊不能經達二港。而常孰無東顧之憂矣。

諸沙總論

四庫本於「諸沙紛列。其名甚繁」句之前有闕文（七二八—二三二下）。今據明刊本補之如後

諸沙總論

松江之東南有高家嘴突出海中。與江北之廖角嘴相對。如蟹之有二螯。諸沙列其口腹間。或斷或續。南起

竹箔。北盡三片。橫且蘇松海洋之東。如蟹之石榴黃。然茲匪東吳之外。捍乎殆天設此以限倭船之衛也。使微是沙。則倭自東來直抵海岸。疇能當之。諸沙之東爲大洋。西爲內海。內海之口竹箔沙奠於東北。高家嘴奠於西南。相峙如門。倭船若乘東風飄洋而來。折旋過竹箔入內海。則犯吳淞。犯劉河。犯七丫。犯白茆。犯福山江陰京口。無遠弗屆。故竹箔與高家嘴者。乃蘇松四郡之咽喉。海防第一關鍵也。竹箔者南

沙之南盡處也。其北曰宋信嘴。在於南沙之北。盡處是洪也。自東而西與劉河相對。賊若大洋西來。不經竹箔而由新竈吳家沙之間。歷宋信嘴以入。則劉河受其患矣。又其北爲爛沙。乃長沙之下腳也。其洪與七丫白茆相對。賊若不牧新竈而收此洪。則七丫白茆受其患矣。又其北爲縣後三片二沙。賊若乘東風過茶山。至此則徑入大江。視其舟之所向。若向營前沙北行。則犯江北。若向西南行。則犯崇明。或犯福山等港

。其患不在太倉。而在常熟江陰丹徒矣。此一定不易之勢也。大抵諸沙紛列。其名甚繁。

又「諸沙總論」之後。四庫本亦未錄軍門林評論。明刊本作

軍門林云。按丁巳賊犯諸沙。適我兵聯絡。賊窘焉。相竊嘆曰。不意中國嚴備如此。則諸沙者誠天設之險也。況沙民諳習夷情。可與協守。惟主將號令不嚴。以故賊能突入。若使肅衆志。協心膂。乘其方敝。奮我死力。雖傾島而來。蔑不勝矣。

卷四上

松江府備寇水陸路論。四庫本文末未錄軍門林評論（七二八—二五四上）。今據明刊本補之如後

軍門林云。自嘉靖甲寅賊連歲犯上海及松城。未嘗有借道松邵而竟往蘇州嘉興者。然則上海當賊之來。華亭當賊之去。似未必然。但此中大勢自是如此。惟水備吳淞江黃浦口而歸重于吳淞。陸備青南川柘蔡廟獨

樹營歸重于金山。戰守兩修。雲間安堵矣。

卷四下

華亭縣境考

四庫本文末未錄軍門林評論（七二八—二六六下）。今據明刊本補之如後

軍門林云。邑附郭俗謹繩墨。畏清議。習農織。多集異郡流民。故奸慝潛滋。乃今金淞川柘之間。水陸之卒並陳。防稱密矣。內變卒作。將何恃之。夫城濠曲

港賊舟時伏也。三泖浙直之寇所萃也。不一計維其禍曷已近議濠港置柵以防近盜。三泖設舟。令遊擊分兵巡緝以禦遠賊。誠計之得。若取必于鹽徒不靖亂而爲亂末矣。

金山衛城池考

四庫本於「雉堞」後未錄軍門林評論（七二八—二七〇下）。今據明刊本補之如後

軍門林云。金山誠重鎮。然大洋之寇不能陸登。設一

遊擊。水會浙直。陸控青南川柘足矣。特以守衛之士糧餉不充。近即近衛六七九保之糧派于該衛。民稱便而士不饑。此爲計之得也。若吳淞則決非總兵不可。

曹涇鎮險要說

四庫本文末未錄軍門林評論（七二八—二七七下）。

今據明刊本補之如後

軍門林云。曹涇爲鹽徒淵藪。則區處有方。藉以捍患亦良法也。第死鹽法大事使自得部署團營。萬一不逞。恐蹈前門拒虎。後戶進狼之戒。亦須有以統轄之乃可。

朱涇鎮險要說

四庫本文末未錄軍門林評論（七二八—二七九下）。

今據明刊本補之如後

軍門林云。青柘設屯。此爲久長之慮。但彼民素經戰鬬。誠欲得其死命。雖損民養兵不爲厲也。屯之耕正與汎會。一遇有警。揮鋤而戰乎。抑舍賊而耘也。屯

取諸蕩。則勢不能置田與耕。今查彼業半歸大姓。購之亦無何矣。曹涇賊曾避之。蓋忌鹽徒之悍也。就彼編甲。賊至與爭。而又設備于葉謝張朱二涇之間。寇終不犯矣。

唐行鎮險要說

四庫本於文末未錄軍門林評論（七二八—二九九上）。今據明刊本補之如後

軍門林　云。今把總移鎮川沙矣。旱寨陸登之寇可使

當鋒。黃浦最邇縣治。水哨有船亦徒設。已縱督之。亦適恣其鹽販。此在海防官加之意乎。南滙與川沙聯絡。寇至可得聲援。閔行烏泥唐行諸鎭非有兵也。保甲之法是可無講耶。

上海縣巡司章

四庫本於「七月賊巢川沙」與「賊攻南滙所」兩條之間未錄軍門林評論（七二八—三〇二上）。今據明刊本補之如後

軍門林云。曾聞邑被兵者數歲城完。賊攻之甚急。夜半有乘守懈先登者。一童子覺。呼衆攻擊。賊殺童子而下。初賊抵城下。潮落濠可涉渡。比去則潮至矣。衆盡沒濠中。平旦爲守城者澇。斬其首數十級梟示城上。賊過浦望見之。號泣而去。自是邑解倭患矣。是夜賊已先登。危哉。一童子繫數十萬生靈之命也。謂非天意乎。童子今祀城隍祠。

卷五上

常州府備寇水陸路論

四庫本未錄軍門林評論（七二八—三一二上）。今據明刊本補之如後

軍門林云。三險誠宜豫之。但京口以東雖可恃夾岡以無恐。萬一劇賊舍登陸。斯亦不可不早計也。

武進縣總論

四庫本於文末有闕文（七二八—三一四下）。今據明刊本補之如後

本縣城池

縣附於府。其城即府城也。詳見前。

軍門林云。賊之至也。東西各有險。賊攻其東則須備其西。既守河莊。又守桃花港。武進不可以安枕乎。生於是乎識勢矣。

無錫縣總論

四庫本未錄軍門林評論（七二八—三二四上）。今據明刊本補之如後

軍門林云。二重之守。此不特無錫爲然。不善守者守一城。善守者守于百里之外。

望亭鎭險要說

四庫本末錄軍門林評論（七二八—三二九上）。今據明刊本補之如後

軍門林云。按雙河即生云内一重險也。獨山望亭即外一重險也。此三險獨山爲要。議設巡司。良是雙河望亭分番防守足矣。

無錫縣倭患事蹟

四庫本其末未錄軍門林評論（七二八—三三〇上）。今據明刊本補之如後

軍門林云。二年内賊凡三犯。舉不得志則防守之爲功大也。彼窪夫者。平時亦宜綏結乎。故制寇須練土著。

江陰縣城池考

四庫本雉堞之後未錄軍門林評論（七二八—三三六下）。今依明刊本補之如後

軍門林云。江陰視諸邑爲僻且醇。有警必多被兵。通寇之港多。而沿江諸鎭皆賊藪也。近兵船蛸泊防禦已周。使參練得人。賊不得遡江而西。地方寧矣。

創始於梁繕治于元。國初龍鳳三年。更加修築甃磚疊石。增女墻闢四門。歲久而夷如履平地。正德間知縣劉紘王鉼相繼修築。城還其舊。

青暘鎭險要說

四庫本文末未錄軍門林評論（七二八—三四二下）。今據明刊本補之如後

軍門林云。三沙楊舍其民多梗。生言化賊爲良之策是矣。彼地所恃者戰船。日半就敝。縱歲脩之。亦歸彌文。非先爲不可勝。以待敵之可勝者也。故化盜者先自強。

江陰縣巡司章

四庫本於「八月賊掠縣境官兵擊敗之」之後有闕文（

七二八—三四三下）。今據明刊本補之如後

江陰縣倭患事跡

嘉靖三十五年。四月。賊攻縣城。知縣錢錞死之。賊攻縣城甚急。塡濠直逼城下。錞欲出兵禦之。兵備王副使不聽。錞獨率民兵出城死門。殺賊于賊。賊亦懼而遁。

靖江縣城池考

四庫本「雉堞一千三百七十四垛」後未錄軍門林評論（七二八—三四六上）。今據明刊本補之如後

軍門林云。生言改駐參將於此。重江防也。但恐參將去他郡邑獨遠。即有顧此失彼之憂。終不如遴一把總。使練縣兵。兼攝南港兵船。約會周家橋江陰二總。協力應援。勢強而防密。寇終不犯矣。

新漲沙險要說

四庫本未錄軍門林評論（七二八—三四七上）。今據明刊本補之如後

軍門林云。此沙宜蚤預。縱不能設巡司。就地編保甲足矣。

宜興縣總論

四庫本文末有闕文（七二八—三四九上）。今據明刊本補之如後

軍門林云。宜興當諸郡邑之中。兵燹不及。然江海之防既密。有寇劫必內衝。生言設兵。未雨而徹桑土之意也。

本縣城池

吳孫權所建。修于隋。重築于元。國朝丙申年復增廣之。戊戌年重修。城周圍九里三十步。高二丈五尺。池濶三丈。深一丈五尺。門五座。各有樓。水關南北各一座。

宜興縣備寇水陸路圖

四庫本有圖無文（七二八—三五一上）。今據明刊本補之如後

宜興縣備寇水陸路考

東通太湖。出湖之口有二。由東氿至蜀山橋。烏溪港。東南五十瀆而出者。東南路也。由東氿至橫塘河。下洙巡司。沙塘港。分水墩。東北五十瀆而出者東北路也。皆正道也非間也。

西距建平。其道有。

南通長興。其道一。由東氿歷蜀山橋。烏溪港。香山嘴而南入於長興縣界是也。

北抵武建。其道有四。見武進縣水陸路考。

西南與溧陽爲界。其道一。由西氿歷豬狗塘善權瀆口。而至溧陽也。界是也。

西北與金壇爲界。其道有二。見金壇縣水陸路考。

東北與無錫爲界。其道有四。由北關至常州之西門。繞出白家橋而行者。其北路也。由東氿歷橫塘。下洙橋。周褚店橋。分水墩。百瀆。匾擔河。飲馬橋。龍游河。胡埭。藕蕩橋。錢橋出雙河口。或由北關官塘五十里。至浪打川。刑村。華度。戴埧。北陽湖。北刊溝。藕蕩橋。錢橋出雙河口者。皆東北路也。由陽渡。華溪。花渡橋。至洛社而出無錫之官塘者。其北路也。由東氿。橫塘。下洙橋。沙塘港。竹山嘴。過太湖。收大瑄。小瑄者。太湖中路也。北與太湖者。皆正道也。東與東北皆間道也。

下邾險要說

四庫本未錄軍門林評論（七二八—三五二下）。今依

明刊本補之如後

軍門林云。脩香蘭巡司。香蘭寨故跡。增兵戍守。誠爲得計。下邾仍舊可也。

宜興縣巡司章

四庫本未錄軍門林評論（七二八—三五五上）。今依明刊本補之如後

軍門林云。自倭亂以來。諸郡皆空虛。而常州之餉庫有餘積。豈非外寇罕乘耶。自非聖人外寧必有內憂。

是故土賊當嚴爲之備之。

卷六上

鎭江府總論

四庫本未錄軍門林評論（七二八—三五九上）。今據明刊本補之如後

軍門林云。守采石則賊不得繞溧陽犯留都。守河庄則江防固。斯二者江南大勢也。但四十八衛之卒徒稱桀驚。而一罔驍雄。官民積粟無數。月之支。切恐京口石頭之險。賊亦無畏而乘之矣。故識者深以根本爲憂。

鎭江府備寇水陸路論

四庫本文末未錄軍門林評論（七二八—三六三下）。今據明刊本補之如後

軍門林云。防蘇松則當堵截大海。而吳淞崇明福山劉河諸沙併爲之預。懼登泊也。防鎭江則當堵截大江。而河莊包港。圌山併爲之預。懼登泊也。江海之限。天實爲之。不此之務。俟其跳梁四突。而後馳擊吁無及矣。

丹徒縣總論

四庫本未錄軍門林評論（七二八—三六四下）。今據明刊本補之如後

軍門林云。狼山。靖江此長江天塹也。據此可以雄視江漢。然丹徒。瓜儀之守。可少懈乎。各設重兵互爲犄角。水賊既預。而陸寇亦寧矣。

丹徒縣備寇水陸圖

四庫本有圖無文（七二八—三六五下）。明刊本其後有「丹陽縣水陸路考」。「丹陽」可能是「丹徒」之誤。今錄之如後

丹徒縣水陸路考

東通丹陽。其道有三。見丹陽縣水陸路考。西距句容。其道有二。由運河至丹陽陸行以抵句容之東門者。其東路也。由寵潭驛或炭渚驛山中而行者。

東南路也。東路正道也。東南乃間道也。北枕大江。出江之口有三。由西門京口閘出金山者。其北路也。由鎮江市南三十里。丹徒壩而出焦山之東境河度瓜州者。東北路也。由運河至奔牛鎮而出河莊閘者。東南路也。北與東南皆正道也。東北乃間道也。

圌山兵務議

四庫本「一枝住守安港哨。至黃山門團洲江北周家橋

」句以上可能有闕文（七二八—三六六下）。由於明刊本缺「圌山險要說」及「圌山兵務議」之首數行。故可補之文如下

長江浩渺。賊舟無不可之。極難防守。惟圌山則江心沙塗。如順江扁擔之類。動亙數里。若為外護。中間僅通一路。矢石皆可及。況當江流自東而西。而北轉屈之間。層峰峭壁。俯瞰湍波。賊舟之所必經。平時鹽盜出沒靡常。官民商艘多罹其毒。其險而易於邀截可徵矣。乙卯之夏。無為州同知齊譽嘗於此遇倭。孤軍無援。力戰以歿。豈非失守之明驗歟。告自今屯設重兵。水陸協守。賊必不敢越此而西也。又按圌山屼峙江邊。係千要地。北與周家橋相對。乃鎮江之咽喉。留都之門戶也。把總部下兵船。今當汛期。照舊招集。分為四枝。今該總續報止存三枝。議泊圌山洪北大洋。恐汛時巡守不敷。合照舊仍分四枝。一枝千戶一

員泊守黃門山哨。至靖江江陰二縣。一枝百戶一員泊守安港哨。至黃山門團洲江北周家橋。

下鼻浦險要說

四庫本闕軍門林評論（頁七二八—三六九下）。今據明刊本補之如後

軍門林云。守金焦京口之鎖鑰固矣。增築丹徒堡郡城不孤矣。下鼻浦設兵。亦可與金焦聲援。或以糧餉不足。姑將高資巡司加之意乎。

卷六下

丹陽縣總論

四庫本文末闕軍門林評論（七二八—三七二上）。今據明刊本補之如後

軍門林云。丹陽古之京兆。溫嶠欲圖王敦而謀爲京兆尹。即此地也。雖犯留都者未必盡從此入。而江南糧餉咽喉可少緩耶。練精卒四千分支防守。生言得矣。

延陵險要說

四庫本闕軍門林評論（七二八—三七九下）。今據明刊本補之如後

軍門林云。修練湖不惟通運道。且益民田。守曲阿。所謂伏至險於大順。非與利民制寇兩得之矣。

金壇縣總論

四庫本文末闕軍門林評論（七二八—三八二下）。今據明刊本補之如後

軍門林云。水陸之寇不犯固然。往者會有劫庫之變。是土賊之爲祟也。不可無備。

白龍蕩險要說

四庫本文闕軍門林評論（七二八—三八七上）。今據明刊本補之如後

軍門林云。珥村縣後蔽也。東南有事。誠有間道進襲之憂。就地建堡。團練民兵。眞北門一鎖鑰耳。長蕩白龍二湖當併圖之。

卷七上

行軍節制章

四庫本「賊若據險。我以利餌之」條（七二八—三九四下）。明刊本句末尚有「不入吾計則引而去之」數字。

申飭海防事宜章

四庫本「蘇松常鎮四郡」條（七二八—三九六上）。明刊本文末尚有「違者一體從重究遣」。

卷七下

海防條議章

四庫本「各哨官弁遇警束手無策」條。「待總兵據實轉報上司。如各哨有聞眞正消息。即當星夜分報各上司衙門。不可遲誤」句中有闕文（七二八—四二四下）。明刊本作「待總兵據實轉報上司。不許各官擅越。如違治以軍法。如各哨有聞眞正消息。即當星夜分報上司衙門。遲誤者重究」。

卷八上

兵器總論

四庫本於文末未錄軍門林評論（七二八—四二八下）。今據明刊本補之如後

軍門林云。虜之器械弗及中國。從古以然。我兵破夷。火爲長技。益其一出風濤即利登岸。而飲食火藥又資我所棄者。惟乘未登之時。得善柁者。舟據上風。縱火奮擊。虜鮮有不敗受制於我也。若馳突原野。我械雖精。膽力不齊。間有勝者。亦什居二三。此又難易之勢。器無論也。運用之妙存乎其人。

火器論三

四庫本未錄軍門林評論（七二八—四三〇上）。今據明刊本補之於後

軍門林云。接濟焰硝。沿海通弊。所謂籍寇以兵。兵家大蠹。彼硝戶既嗜奸民之厚直。而奸民又餌外夷之重利。則硝出之民。法將焉禁。必欲設法。其禁私煎乎。益硝與鹽同功異用。硝之在軍需者爲多。民間所

用幾何。若通行天下。收煎戶籍之於官。開煎局。委以良吏。民間所需不過斤以上矣。價納官賣。積爲軍儲。則民無私煎。典有明禁。不尤補於軍政之實用乎。此愚意欲請行而未遑也。

守城論三

四庫本文末未錄軍門林評論（七二八—四五〇上）。今據明刊本補之如後

軍門林云。高城深池所以衛民也。禦寇至於閉門。不

亦危乎。然國家兵防亦既密矣。一有妖氛。期即殄滅。而郡邑設兵。恃其外禦者。今徒爲守城計耳。焉用兵。爲是以牧民禦侮。協守要害。俾寇毋近我城者。守令責也。而移師追擊。設伏出奇。使寇不敢攻城者。又非監司參遊權乎。噫。城陷而援兵未至。寇尙遠而城守先危者。往往可鑒。難乎其人耳。安得文事武備慷慨臨戎者。與之議戰守。

卷八下

選將論

四庫本「仇咸寧之大父爲白戶時。寇騎數萬突至……忠宣從之。仇度寇所必駐之處。掘地坑。令二十人埋伏」句（七二八—四五四下）。明刊本「寇」字並作「虜」。

僧兵首捷記

四庫本未錄軍門林評論（七二八—四六三下）。今據明刊本補之如後

軍門林云。僧有古名將風。僧果可用耳。若倣其成法。不猶愈於操演虛文乎。

四庫本「勒功三誓」之後爲「禦寇說」（七二八—四六六）。明刊本爲「寇術」。其文如下

寇術。倭奴之勝我兵。專以其術也。若以其術還治其人。不必用古兵法。蔑不勝矣。故志之。倭夷慣爲蝴蝶陣。臨陣以揮扇爲號。一人揮扇。衆皆舞刀而起。向空揮霍。我兵倉皇。仰首則從下砍來。又爲長蛇陣。前耀百腳旗。以次魚貫而行。最強爲鋒。最強爲殿。中皆勇怯相參。

賊每日鷄鳴起。蟠地會食。食畢。夷酋據高坐。衆皆聽令。挾册展視。今日劫某處。某爲長。某爲隊。隊不過三十人。每隊相去一二里。吹海螺爲號。聞聲即合救援。亦有二三人一隊者。舞刀橫行。人望之股慄遠避。延頸授首。薄暮即返。各獻其所劫財物。毋敢匿。夷酋較其多寡而贏縮之。每擄婦女。夜必酒色酣

睡。劫掠將終。縱之以焚。烟焰燭天。人方畏其酷烈。而賊則抽去矣。愚詒我民。勿使邀擊。自爲全脫。專用此術。

賊至民間。遇酒饌先令我民嘗之。然後飲食。恐設毒也。行衢陌間。不入委巷。恐設伏也。又不敢沿城而行。恐城上抛磚石也。

其行必單列而長。緩步而整。故占數十里。莫敢近馳。數十日不爲勞。

布陣必四分五裂。故能圍。

對營必先遣一二人跳躍而蹲伏。故能空竭吾之矢石火砲。

衝陣必伺人先動。動而後突入。故乘勢長驅。戰酣必四面伏起。突遶陣後。故令我軍驚潰。

每用怪術。若結羊驅婦之類。當先以駭觀。故吾目眩。而彼械乘慣雙刀上誑而下反掠。故難格。

鈀鎗不露竿突忽而擲。故不測。

弓長矢巨。近人則發之。故射每中。

斂跡者其進取也。張揚者其逃遁也。故常橫破舟以示遁。而突出金山之圍。造竹梯以示攻。而旋有勝山之去。

將野逸則逼城。

欲陸走則取艀。

或計潮以誘沒。

或爲穽以詐坑。

或結稻稈以絆奔。

或插竹簽以刺逸。

常以玉帛金銀婦女爲餌。故能誘引吾軍之進陷。而樂罷吾軍之邀追。

俘虜必開膛而結舌莫辨其非倭故歸路絕。

恩施附巢之居民。故虛實洞知。

賞豐降擄之工匠。故器械易具。

細作用吾人。故盤詰難。

向導用吾人。故進退熟。

預籍富室姓名而次第取之故多獲。

宿食必破壁而處。乘高而瞭。故襲取無機。

間常一被重圍矣。餌以僞鹹而逸之。或披簑頂笠。沮溺於田畝。或雲巾紵履。蕩遊於都市。故使我軍士或愚而投賊。或疑而殺良。

江海之戰本非其所長。亦能聯虛舟。張弱簾。以空發吾之先鋒。捐婦女。遺金帛。以餌退吾之後逐。

凡舟之裙墻左右悉裏布帛被褥而濕之。以拒焚擊。交關間或附蓬而飛越。即雷震而風靡矣。

寇擄吾民。引路取水早暮出入。按籍呼名。每處爲簿一扇。登寫姓名。分班點閘。眞倭甚少。不過數十人爲前鋒。寇還島皆云。做客回矣。凡被我兵擒殺者。隱而不宣。其鄰不知。猶然稱賀。

四庫本另闕「實軍伍論」。今依明刊本補之於後

實軍伍論

今之論兵者有五。曰足軍額。曰選弓兵民壯。曰練鄉民。曰募義勇。曰調客兵。此五者救時之切務也。愚謂皆非探本之論也。何也。衛所軍與弓兵民壯乃官兵也。官兵足。何事他求乎。惟軍則缺伍弓兵民壯則不堪用。故思練鄉民。鄉民不能遽練也。故思召募。召募不得人也。故思徵調。不知向來兵政之敝其原不在於此。乃將官畏死。不敢擅動。官軍殺賊之故也。我朝大明律一款云。

夫兵凶戰危。勝敗者兵家之常也。自古名將如太公。孫武。武侯。其人上下數千年落落可計外。此雖善戰者。不能爲必勝矣。設有所損其數。豈可量哉。蓋我太祖撥亂反正。躬親戰伐。深知馭將之當嚴。而行師之當慎。故以是垂訓。使爲將者常以失機爲憂。全勝爲念。則練兵不敢不預。臨陣不敢不勇耳。此其立法之至意。所以重人之大命也。若其用法。則人有權衡於其間。而未嘗執一。

蓋人情易怠而難久。常恐懼之。猶慮其忽。若立法不嚴。則喪師失律何所不至也。自定律後。莫敢不遵。凡遇用兵。言官引之以糾劾。法司據之以問擬。將官惴惴焉。寧殺其身而不敢損軍士。非閃奸以規避。則顧家兵募義勇以衛鋒。若有敗衄。軍額不虧。則失機之罪免矣。

古者寓兵於農。有事則戰。無事則耕。後世軍自軍。民自民。軍常設以衛民。民常耕以養兵。此國用之所

以常乏。而民力之所以難堪者。端以養兵之費大也。既不用兵以戰。則軍爲徒設。不過聽差點名虛文而已矣。練之似爲徒勞。不練亦無爲害。在班似爲徒養。逃亡亦爲不覺。衛官初以兵缺爲利而侵月糧。法司後查其糧而作羨餘。兵日漸寡。糧日漸縮。若遇寇亂。撫操兵備。見軍無適於用。欲究之則弊久。欲用之則徒使。將官受失機之誅耳。不得已權用民壯義勇。更廣募調以支之。寇平。官各以功擢去。誰復理前任之事也。故雖大亂如倭。朝廷新設總督提督重臣。添設兵備副使海防僉事。一時亦不能正其弊。不容不用夫義勇。民壯弓兵見不堪用。不容不更召募。召募無良。不容不更徵調。徵調不可常。則又議練鄉兵。要之。鄉兵僅可自守而不可爲鄰援。不如復祖宗原設軍額。欲復軍額須復舊設糧額。此相須之事也。糧額如舊。則足軍無難。軍額如舊。則沿海衛所隨在有備。不必募調而常如募調。且實省募調之費矣。

然有軍不練與無軍同。練而不戰與不練同。如愚見是在科道官以蒸民之生命爲重。以一身之利害爲輕。協議會奏。遠稽太祖云云之言。近述聖上屢批戴罪殺賊之例。嚴敕兵備。海道官專督衛所官練軍。限以一年半年務有實用。仍敕總督提督。今後賞罰務查將官功次。若獲級多而損軍少者。准其贖罪。損獲相半者從輕。姑令戴罪。俟後有功准贖。若損軍至幾人而獲級不多。則姑容緩死。或去其官。或行降調。俾之戴罪

殺賊。視後功次大小而量處之。若隊伍敗衂全無斬獲者。照大明律失機處斬。如是則將官莫敢不用軍以戰。而凡戰軍莫敢不用素練者矣。豈非善體太祖立法之意。通其變與民宜之乎。不然。軍固命也。民壯義勇與募調之兵亦莫非命也。軍損三人。則以犯律而論失機。民壯義勇募調之兵。而損三十人三百人。亦以律所不載而不論。可乎。科道官以言爲責。且礙律而不敢言。總督提督奉律以賞罰人者也。顧敢自擅乎。

夫國家設軍衛民。戰死乃其分也。今受民之養而不與民悍患。民反代之戰焉。天下之冤孰甚於此。愚謂此弊若無人敢言。則將官終不用軍以戰。不用軍以戰則軍伍之缺不必查補。而沿海設備非廣募調何人以布列之耶。天下之費吾不知其所窮。而倭寇之患吾不知其所終也。雖然。猶未也。兵必土著。馬牧於官。古之良法也。欲補軍伍。須改遠爲近。則便水土。便勾攝。如是而逃者。乞題照職官謫戍。但逃殺了之例。著爲定法。此非變祖宗之制也。法久弊生。不容不救而通之也。

練兵實紀九卷

明戚繼光撰

以明萬曆刊本校補

卷一

練兵法章

四庫本「以上頭纓俱用白色」與「右千總白旗白邊黃帶」兩條之間有闕文（七二八—七〇八上）。四庫本作「百總與本司把總旗色同。車正旗色與百總同」。

卷三

第十六稽傳令章

四庫本止於「挨次說諭一遍。通畢赴臺報」句（七二八—七三七下）。明刊本其下尚有云。今日奉到號令。審問各已知悉。以上號令旗鼓。但一行出。決要依從。將在軍。君令有所不受。將無還令。將無二令。正謂此也。如違誤承接號令而不誤事。止於綑打。若因而誤事者。軍法從事」。

卷四

第四校圓牌章

四庫本「臨陣時以牌向頭上蹔架。遮當敵箭」句（七二八—七四四下）。明刊本「敵」作「虜」。

第八校大鈀章

四庫本「蓋北方無長鈀。我今器械件件長過他的」句（七二八—七四五下）。明刊本「北方」作「北虜」。

卷八

第二十三刑俘姦章

四庫本「犯者曰。此婦被賊虜去。爲賊人妻奴」句（七二八—七七九上）。明刊本「賊人」作「夷狄」。

墨池編六卷

宋朱長文撰

以明萬曆八年維揚瓊花觀刊本校補

卷三

後漢章誕傳

四庫本「兄康字元將。亦工書。子」句下兩註闕（八一二—七一二下）。明刊本該句作「子熊字少季。亦善書」。

卷五

唐張彥遠釋二王記札

四庫本「敬親今在剡。其後復」下註闕（八一二—八二八下）。明刊本是句作「其後復亡。甚不可言」。又其後「近遣」下註闕（八一二—八二八下）。明刊本是札前二句作「近遣書想即至。此雨極佳」。

五月二十七日札。四庫本一處註闕（八一二—八三三上）。明刊本作「此」。

王獻之札

諸舍復何如札。四庫本闕一字（八一二—八四二下）。明刊本作「張」。

復面悲積蕃札。四庫本闕一字（八一二—八四七下）。明刊本作「惙」。

卷六

祠廟章

唐后土祠神廟碑之後一則註闕（八一二—八九二下）。明刊本作「唐禹廟碑」。

書史一卷

宋米　芾撰

以明萬曆十八至十九年王元貞刊王氏畫苑

本校補

卷一

世南理頭眩藥方雙鈎摹本條

四庫本於「後爲俗人」與「摹石僧希白摹」之間脫兩

葉（八一三—三七上）。明刊本其文如下

世南理頭眩藥方雙鈎摹本在鮑傳師家。後爲俗人添入
羲之兩字。傳入晉州法帖以爲羲之書。聾瞽可笑。

虞世南書經在虞僧寺

世南汝南公主銘起草洛陽王護處。見摹本云。眞跡在
洛陽。好事家有古跋。後十年見眞跡在故相張公孫直
清處。其後止貞觀十年十一月丁亥朔。十六日旁小字
注云。赫赫高門。在裴丞相家是其銘。然此幅文但至
半而止。行下有空白紙猶空十一字。此蓋卒日。猶未
言葬也。闕文尚多。安得便言赫赫高門不當。後幅卻
與前幅不相連屬也。其前標紅綾色如新。有名幾玄題
其標云。故祭酒崔十八丈綽常與寇章賀援碁。皆以鑒
賞相尋。每稱伏膺虞書多歷年所。自會昌以來。時睹
斯帖。因致其眞隸有加。頃年崔丈每送予兄弟下第東
歸。必云此去獲見汝南帖亦何減於昇第耶。所惜者闕
其銘文耳。咸通二年春於存神室輟獻子凝良足嗇愛也
。幾玄不知何人也。虞帖爲時所重如此。今好事家絕

不曾見眞跡。摹本枕臥積時蝩牙頭風四摹帖。一關中
刻石帖今法帖所載耳。世最少者子敬虞帖。今好事家
一字亦無耳。

唐僧高閑草書千文楮紙上眞跡在李熙處。

唐禮部尚書沈傳師書道林寺詩。在潭州道林寺四絕堂
。以杉板略薄布粉不蓋紋。故歲久墨不脫。至裴度書
杜甫詩。粉多只存一甫字在松板節。余嘗爲杜板行以
紀其事。沈板余官潭留書齋半歲臨學。後爲摹石僧希

白摹。務欲勁快。多改落筆。端直無縹緲縈回飛動之
勢。

宣和畫譜二〇卷

宋不著撰人

以明刊本校補

卷十三

小馬圖

四庫本「幹異之。於是歸矣」句（八一三—一四八下）。明刊本作「幹異之。於是歸以視所畫馬本。則腳有一點墨缺。乃悟其畫亦神矣」。

卷十九

武臣劉永年傳

四庫本文中凡「遼」字（八一三—一九三下）。明刊本均作「虜」。

宣和書譜二〇卷

宋不著撰人

以明刊本校補

卷十

正書執筆帖。四庫本文中之「遼人」（八一三—二六〇上）。明刊本皆作「胡人」。

卷十九

雲扃帖。四庫本闕一字（八一三—三〇六上）。明刊

本作「喜」。

廣川畫跋六卷

宋董逌撰

以明萬曆年間王元貞刊王氏畫苑本校補

卷一

書封禪圖後。四庫本「然後可以講禮。石函金册」句下未錄小注（八一三—四四四下）。明刊本作「光紀應邵曰。石紀號有金册玉函」。又其後「王牃銀繩」句下亦無注文（同上）。明刊本作「續漢書曰。梁松

奏當用方石牃。厚五尺三寸。有玉檢拾枝列於方石房。檢中刻三處。深四寸方五寸。有檢蓋金縷玉。周以水銀。和金以爲泥。刻玉璽一方寸二分。一枝方五寸。漢儀。封石檢以金爲繩。以石爲泥。白虎通曰。封禪金泥銀繩。或曰金繩。」

書東丹王千角鹿。四庫本「金謂邪希有鹿兩頭而角且千」句下無小注（八一三—四四六下）。明刊本作「雜俎。邪希有鹿兩頭。食毒草。是其胎矢也。夷謂鹿

爲耶矢爲希。無千角事」。

書駮馬圖上。四庫本「劉原父爲北使。會有獸馬形出道閒食虎豹。北人不知」句（八一三—四四九上）。明刊本「爲北使」作「使虜中」。「北人」作「虜人」。

書李子西兵車圖。四庫本「邊騎奔衝莫有制之」句（八一三—四五三下）。明刊本「邊騎」作「胡騎」。又「則禦強敵若羈縻纍囚」句（同上）。明刊本「強敵」作「強虜」。

卷四

書常彥輔祆神像。四庫本「祆祠世所以奉梵相也」句（八一三—四七六下）。明刊本「梵」作「胡」。又後文「坊常有番人奉事聚火祝詛又有梵祝以贊於禮事……同號祆神者則有別也」句（同上）。明刊本「番人」作「群胡」。「梵祝」作「胡祝」。「祆神」作「胡神」。又其下之小注「有祆神祠字。每年番商祈福。所士女烹宰鼓樂酬之神。後募一番人爲祆主」句（八一三—四七七上）。明刊本「祆神祠字」作「胡袄神祠」。「番商」作「商胡」。「所士女」作「夷士女」。「番人」作「胡人」。

書胡瓌番馬圖。四庫本「幽幷地北數千里。截入北朝。而全燕盡爲北地」句（八一三—四八二下）。明刊本「北朝」作「胡中」。「北地」作「虜地」。又後文「不知本中國之良似於北者」句（同上）。明刊本作「不知中國之良流於虜者」。

卷六

題王居卿待制所藏范寬山水圖。四庫本「所以」下有闕字（八一三—四九六上）。明刊本該句作「所從自來」。

擣衣圖。四庫本闕兩字（八一三—四九六下）。明刊本作「不疑」。

書周昉西施圖。四庫本闕兩字（八一三—四九七上）

。明刊本作「一概」。

書崔白蟬雀圖。四庫本闕兩字（八一三—四九七上）。明刊本作「況景」。

覆局圖。四庫本四處注闕（八一三—四九七下）。明刊本其句分別如下「唐明宗覆局圖」。「余爲書曰此宋文帝棋圖也」。「議者云思莊所以品等致高」。「杭仕齊官。至給事中」。

書時記室所藏山水圖。四庫本多處注闕（八一三—四九七下至四九八上）。明刊本其句分別如下「非其胸中無町畦。得於隨所遇而發於不可索」。「復有烟雲上下而掩靄嵐光出沒明滅。所謂山氣日夕佳者也。李廣見伏虎而射。其精誠已能貫金石矣」。「子其凝心儲思。徐以神覗」。

書王勤學士畫圖。四庫本兩處注闕（八一三—四九八上）。明刊本其句分別如下「雖置塗立木幸而有至」。「縮縮而求循耶」。

書王學士李成畫。四庫本闕一字（八一三—四九八上）。明刊本作「雖」。

書李成畫後。四庫本多處注闕（八一三—四九八下）。明刊本右句分別如下「觀咸熙畫者」。「其有寓而見邪」。「層巒疊翠。嵌欹崒嵂」。「凝念不釋。論與物忘」。「不知其畫忘也」。

書郭恕先畫後。四庫本有闕字（八一三—四九九上）。明刊本其句分別如下「隨意取之。往往得於形似」。「此畫雖與長安寒林大小並行」。「譬若轉崑崙而陵九阪」。

書范寬山水圖。四庫本有闕字（八一三—四九九上）。明刊本其句分別如下「雖不足者猶若有跕」。「世人不識眞山而求畫者疊石累土以自詑也。豈知心放於造化鑪錘者。遇物得之」。「寬於山水爲寫生手。余以是取之」。

書王氏所藏燕仲穆畫。四庫本有闕字（八一三—四九

九下）。明刊本其句爲「至與庸工繪史以丹墨自別者
同稱。此與顏太師列於書藝小人間。可同爲一歎也」
。

書伯時藏周昉畫。四庫本「余曰」以下有闕字（八一
三—四九九下）。明刊本其句作「此固唐世所好。嘗
見諸說太眞妃豐肌秀骨。今見於畫亦肌勝過骨。昔韓
公言曲眉豐頰……昉於此時知所好而圖之矣」。

龍衮百馬圖。四庫本多處注闕。其中並有缺文（八一

三—五〇〇上）。明刊本其句分別作「毛以色異。形
以用異」。「仰乳俛齕。昂首張齦。鬥目怒鬣。木搔
土浴。其態百出。不得執筆而隨其後也。蓋一形所寓
。使形者已異。則安得一以畫耶。且物有同狀而異形
者。有異狀而同形者。可別也而爲異形者。雖可謂之
二實。狀變而實別爲異者謂之化」。「如狀變而隨以
別者」。「昔堅白之說以白馬非馬」。

書御畫瑤池馬圖後。四庫本有闕字（八一三—五〇〇
上下）。明刊本其文如下「黃之池其馬歕沙。黃之澤
其馬歕玉。龍種之與世馬不同如此。仰惟陛下託於筆
墨。記其骨相。具存太蒙之遺種。不在探前趹後。蹄
間三尋。此殆得於歷崑崙宴瑤池之上時耶。非摹擬展
子虔曹霸輩以見巧也。臣其幸得識之。敢不謹書。

書御畫翎毛後。四庫本有闕字（八一三—五〇〇下）
。其句明刊本各作「蓋自元造中筆驅造化」。「是隨
所寓而見。宣和六年」。

跋李祥收吳生人物。四庫本多闕文（八一三—五〇〇
下）。明刊本全文如下

吳生之畫如塑。然隆頰豐鼻。跌目陷臉。非謂引墨濃
厚。面目自具。其勢有不得不然者。正使塑者如畫。
則分位皆重疊。便不能求其鼻目顴頷可分也。楊惠之
與吳生俱出開元時。惠之進學不及。乃改其塑。自畫
爲塑易工。若塑者由彩繪設飾。自不能入縑素爲難。
吳生畫人物如塑。旁見周視。蓋四面可意會。其筆蹟

圜細如銅絲縈盤。朱粉厚簿皆見骨高下而肉起陷處。此其自有得者。恐觀者不能於此求之。故并以設彩者見焉。此畫人物尤小。氣韻落落。有宏大放縱之態。又其難也。

畫繼一〇卷

宋鄧　椿撰

以明萬曆間王元貞刊王氏畫苑本校補

卷三

四庫本范正夫傳「惜乎以名字高才而知鳳翔。還鄉適遭兵變死之」句（八一三—五一五上）。明刊本「適遭兵變」作「適虜人屠城」。

圖繪寶鑑五卷　續編一卷

元夏文彥撰　明韓　昂續

以明崇禎汲古閣刊本校補

卷二

李漸條。四庫本「善畫馬人物」（八一四—五五五上）。明刊本作「善畫番馬人物」。

張符條。四庫本有闕文（八一四—五五五下）。明刊本作「張符。不知何許人。善畫牛。頗工筆法。有得於韓滉。亦韓之派也」。

四庫本李平均條之後注闕一人名（八一四—五五八下）。明刊本作「白旻」。

侯莫陳廈與會稽僧道芬兩條之間有闕文（八一四—五五九上）。明刊本作「王弘。太原人。畫人馬。永徽時人」。

四庫本是卷止於李仁章（八一四—五六六上）。明刊本其後尚有兩條如下

杜韜。京兆人。少爲富商。師衛賢。深得其要。賢後延爲東榻。所畫與賢相爲伯仲。但奇巧不老耳。

趙弘字德彰。善畫花鳥。變邊鸞古體而奪眞像生也。

卷三

宋永錫與許道寧兩條之間四庫本有闕文（八一四—五七〇下）。明刊本其文如下

劉寀少時流寓京師。狂逸不事事。放意詩酒間。善畫水中魚。雖風萍水荇。觀之活動。至於鱗尾。性情遊潛迴泳皆得其妙。官至朝奉郎。

董源江南人。事南唐。爲後苑副使。善畫山水。樹石幽潤。峰巒淸淡。得山之神氣。天眞爛熳。意趣高古。論者謂其畫水墨類王維。著色如李思訓。兼工龍水。無不臻妙。其山石有作麻皮皴者。有著色皴紋甚少。用色穠古。人物多用青紅衣。人面亦用粉素。皆佳作也。

李成字咸熙。唐宗室。避地營丘。遂家焉。世業儒。

善文。磊落有大志。因才命不偶。放意詩酒。寓興於畫。師關仝。凡烟雲變滅。水石幽閒。樹木蕭森。山川險易。莫不曲盡其妙。議者謂得山之體貌。爲古今第一。子覺職踐館閣贈光祿丞。

范寬一作中正字中立。華原人。性溫厚。嗜酒落魄。有大度。人故以寬名之。畫山水始師李成。又師荊浩。山頂好作密林。水際作突兀大石。既乃嘆曰。與其師人不若師諸造化。乃捨舊習。卜居終南太華。偏觀

奇勝。落筆雄偉老硬。眞得山骨。而與關李並馳方駕也。晚年用墨太多。土石不分。

四庫本僧巨然條之後有一人名注闕（八一四—五七二下）。明刊本作「趙令松字永年」。

艾宣與葛守昌兩條之間四庫本有闕（八一四—五七五下）。明刊本作「丁貺。濠梁人。善畫花鳥」。

四庫本荀道隱條之後之人名注闕（八一四—五八二上）。明刊本作「僧擇仁」。

又其後「張戡。瓦橋人。工畫蕃馬。居近燕山。得番人形骨之妙」句（八一四—五八二下）。明刊本「番人」作「胡人」。

又四庫本劉銓與張嗣昌之間有闕文（八一四—五八六下）。明刊本作「李皓字雲叟。唐臣孫也。避亂入蜀畫山林」。

本卷四庫本終於超師條（八一四—五九三下）。明刊本其後尚有數人如下

張武翼。名諒。工道釋人物。其蹟爲畫家格範。今世稱院體者是也。二字永年康年。永年後事劉益學花鳥。康年有父風。未中年而卒。

張戩。不知何許人。志尚清虛。每以琴自娛。工畫山水。應奉翰林日。徽宗遣其乘舟往觀山水之勝。作八景圖。未及進。上而虜禍作。遂留滯湘中。

傅逸京師人。工畫人物。師張諒。善描染。

王晟景陵人。師張諒。長而變法。尤善山水。初學張

戩而後變體。

盧道寧。少事張諒。工畫人物。尤精傅染。作山水。

師賀眞。多作寒林古木。用墨恬淡。

丁睎顏字令子。書畫皆精。全似李伯時。嘗有所畫孝經。

卷四

四庫本李永年與陸青師兩條之間有闕文（八一四—六○三下）。明刊本作「何青年錢塘人。善畫道釋人物」。

又四庫本葉肖岩與豐興祖兩條之間少錄一人（八一四—六○五上）。明刊本作「馬永忠。錢塘人。寶祐畫院待詔。師李嵩。嵩多令代作。」

本卷四庫本終於重陽眞人條（八一四—六一四上）。

明刊本其後尚錄有四人如下

僧玄悟禪師。能詩書。墨竹學樗軒。

僧歸義工山水。

龍門公善墨竹。

隱秀君善山水。

書史會要九卷

明陶宗儀撰

以明洪武間張珪等刊本校補

卷五

四庫本范希聲條之後闕二人名（八一四—七一二上）。明刊本作「李造　明若山」。

四庫本洪元喜條之後亦闕二人名（八一四—七一四下）。明刊本作「林傑　魏悌」。

卷七

四庫本黃溍與張翥條之間有闕文（八一四—七五六上）。明刊本作「范素字太樸。臨川人。官至中書左丞。翰林學士承旨。文藻敏贍。善楷書。有釋智永及虞永興之典則。」

四庫本劉楨與吳叡兩條之間有闕文（八一四—七五八上）。明刊本其闕部分如下

胡長孺。字汲仲。號石塘。金華人。官至□□□縣主簿。耿介不同於俗。下筆言語妙天下。□書學鍾繇。剛勁骨立似其人也。

周伯琦。字伯溫。號玉雪坡眞逸。番陽人。官至江浙行省左丞江南行臺侍御史。潛心古學。小篆師徐鉉張有。行筆結字殊有隸體。嘗著六書正訛及說文字原二書。刊梓于平江路儒學。正書亦善。

胡益。字士弓。番陽人。官至參知政事。眞草師趙魏公。都下碑刻多其所書。

熊朋來。字與可。自號彭蠡釣徒。學者稱天慵先生。豫章人。官至福清州判官。先任福建廬陵兩郡教授。日所至即考古篆籀文字。所作字以篆法寓諸隸體最爲近古。此法蓋倣魏鶴山云。

袁裒。字德平。四明人。所著書學纂要。使游藝者有所歸宿。其論人品格調亦造玄微。所書宗晉。

鄭瑤字彥瑛。與趙魏公同時。其書甚相類。

童德懋與趙魏公同時。專學公草書。每與公代筆以塞

求者之責。
陸友字友仁。平江人。好古博雅。眞草篆隸皆有法。
錢良右字翼之。平江人。耽古篤學。眞草篆隸得筆意。
錢逵字伯行。平江人。才氣飄逸。眞草篆隸不失規矩。
羅充。字□□平江人。從容澹靜。行楷有晉人風致。
四庫本吳叡與宣昭兩條之間有闕文（八一四—七五八上）。明刊本作「俞和字子市。號紫芝生。武林人。眞行草書皆師趙魏公。其合作者用公款識。殆不能辨眞贋。」

又其後。四庫本鄔進禮與張體兩條之間有闕文（八一四—七五九下）。明刊本其文如下
周砥字履道。姑蘇人。性字閒靜。學藝淹該。正行草書運筆分布匀穩。殆非一朝夕之功。
宋克字仲溫。姑蘇人。少俊爽不群。知好學。喜弄筆翰。於草書尤工。
楊基字孟載。其先蜀人。後居中吳。文采秀麗。爲名流所稱。正書師鍾元常。行草師二王。
盧熊字公武。昆山人。雅有材行。篆隸章草悉諳其趣。
宋璲字仲珩。金華人。蚤承家學。有效而風致整峻。大小二篆純熟姿媚。行書亦有氣韻。
又張體條之後四庫本又缺一條（八一四—七五九下）。明刊本作「張瑄字藻仲。江陰人。少敦學行。作字得行楷之法。」
又四庫本陳睿與褚英之間有闕文（八一四—七五九下）。明刊本作

朱芾子孟辨。松江人。才思飄逸。工詞章翰墨之學。眞草篆隸清潤遒勁。風度不凡。
陳璧字文東。松江人。少以才學知名。眞草篆隸流暢快健。富於繩墨。
又明刊本「褚英」作「褚奐」。
四庫本台哈巴哈條之後注闕一人名（八一四—七六二下）。明刊本作「斡玉倫都」。

書史會要補遺

四庫本王廉與陳子翬之間有闕文（八一四—八〇八下）。明刊本其文如下

顧祿字謹中。松江人。少力學。才藻艷發。行楷學蘇文忠而特工於分隸。

滕權字用衡。姑胥人。正書宗虞永興。亦作篆。

又其後張文盛與王奇之間闕一條（八一四—八〇八下）。明刊本作

宋廣字昌裔。南陽人。草師懷素。度越流輩。惜乎常作十數字相聯不斷。非古法耳。

又莫昌與艾斐之間四庫本闕一條（八一四—八〇八下）。明刊本作

危巘字朝獻。翰林承旨。素之弟居撫州金溪。該博經史。精於正書。

其後四庫本張去偏與曹衡之間有闕文（八一四—八〇九上）。明刊本其文如下

端本智。字孝思。南昌人。篤學有高材。草書流暢快健。

胡儼。字若思。南昌人。篤志經史。文辭妍贍。精于草書。

釋道原之後。四庫本闕一條（八一四—八〇九下）。

明刊本作「釋永芳。字草庭。書學張旭」。

外城釋中巽後。四庫本少錄一人（八一四—八〇九下）。明刊本作「釋承傑。字斗南。日本人。書宗虞永興」。

趙氏鐵網珊瑚一六卷

舊題明朱存理撰　趙琦美編

以舊抄本校補

卷一

蘭亭定武本題跋

四庫本唐石刻蘭亭「兩遭兵火之禍而墨本尚存」句（八一五—二七二下）。舊抄本「兵火」作「夷狄」。

卷二

高宗皇帝御札

四庫本「覽卿十二日奏……徐在淮揚。西北敵人來援」句（八一五—二九四下）。舊抄本「敵人」作「虜人」。

壽皇聖帝御札

四庫本「卿總督師旅……如敵人侵犯亦無城壁可守」句（八一五—二九六下）。舊抄本「敵」作「虜」。

又四庫本「卿日近莫知敵情虛實否。敵人漸深入。又不聞敵中別增兵」句（八一五—二九六下）。舊抄本「敵人」作「虜人」。「敵中」作「虜中」。

又四庫本「卿經畫甚當。如金人兵小未須迎金」句（八一五—二九七上）。舊抄本「金人」作「虜人」。「迎金」作「迎敵」。

卷五

四庫本「楊椿書虞秦公祺傳」之前未錄「虞提刑尚書父子詞翰二帖」（八一五—三九九下）。今據舊抄本補之如後

周子和韻送展西歸就試展屢勸予早還家因一致意

兒有掌中杯。但把歸期苦苦催。且世衣冠仍上第。公台元自詩書裡面來。秋色爲渠開。先我梁山馬首回。狷鶴莫輕窺。蕙帳驚猜苔步歸休亦樂哉。

嘉定元年秋七月丁丑漢中澤物堂書

寶唐秋半。十四夕浮雲破處。月華倍明。閒中得此涼天佳景。其視紛紛奪而履危機者何如哉。賦五十六

言即事敬呈。詔使戶部大監兼東諸友。

展頓首再拜

□□□□未滿看。虛庭小飲勝憑闌。浮雲盡捲堂堂見。清影將圓處處歡。一點神光千里在。三秋佳景四并難。人生幾度逢今夕。更覺閒中天地寬。

和退翁賦梅爲壽韻

憔悴朔家種。零落雪邊枝。淡粧素艷無桃夭面柳眉低。懶向深宮點額。甘與孤山結社。照影水之湄。不怨

風霜雪。我今寒歲姿。謝東君開冷蕊美。斜暉強顏紅紫固。皎潔性難移。柢好竹籬茅舍。若話玉堂金鼎老。恐負心期歌罷飲。心賜殘月墮月墮深巵。

寶祐第一癸丑歲書于宛陵道院

卷六

貞居詩帖二

四庫本桂花下約黃秘監飲詩末句闕一字(八一五—四四八下)。舊抄本作「來」。

卷八

辨烏賦

四庫本自「嵩岱峨峨」以下多處注闕(八一五—四八一下至四八二上)。舊抄本其文如下「嵩岱峨峨而萬疊。友朋之高義也。差不謀而相埒兮。觀古而驗今。目爲至孝之感兮。覘瑞應之圖而有云。況顯名於孝烏乎。亦或謂之善禽。摭北齊之蕭兮。李唐之林。列巢門之順兮。棲冠之參。鋪張虛裴之表門兮。鈎索乎□

之孝心。申申虖銜塊以助陶兮。又還觀而南尋。迨天使之口流血兮。庸顯顏烏之誠忱。僉曰昔聞而不見兮。固可紹往哲之徽音。」

贈霄上人序

四庫本「一則曰孝二則曰」下闕一字(八一五—四九四上)。舊抄本作「悌」。

卷九

陳母節義詞

四庫本自「莊時年當二十四。于飛和鳴雙鳳凰」句以下多處注闕（八一五—五六二上）。舊抄本其文作「莊時年二十四。于飛和鳴隻鳳皇。豈期得子才四月。幡然去作諸番客。海中使船惟信風。倏忽千波萬波隔。五稔弗歸鄰媼疑。情以諷莊欲嫁之。正詞厲色卻鄰媼。將焉置此呱呱兒。」

卷十一

張翰林清明上河圖跋

四庫本「使萬姓愁痛。強敵桀驁。而汴之受禍有不忍言者」句（八一五—六二一上）。舊抄本「敵」作「虜」。

卷十三

睢陽五老圖

紹興以來諸跋中。四庫本胡安國跋與舊抄本內容略異。今錄舊抄本之跋文於後

自我朝太祖皇帝定天下以來。天運以還。君臣同心。

人文昭著。治歷律以明時考文。制禮作樂。衣冠制度。以欽貫徹堯舜治詔之理。四時順序。五星聚奎。可法于後世。傳之無窮也。逮夫太宗皇帝華夷一統。天下太平。幾三代以來尚矣。幸遇眞宗皇帝之世。倏有北蕃侵擾。蓋冠萊公朱兵部首舉澶淵之役。請以不殺爲仁。得降人悉皆宥之。故北虜潛地遁去。百餘年間不敢南向牧馬。窺竊中夏。惟二公之力也。遭時之晦。君臣乖違。小人王欽若諂曲之心日勝。所以寇萊公貶雷州而卒。而朱兵部得以苟免以全養老。至夫仁宗皇帝臨朝。以杜正獻公爲丞相。數回內詔而不得久居相位。才九十日而斥之兗州。後來得以引年告老致政。偕其僚友爲五老會。宴賞優游。吟詩唱和。以樂餘齒。俱養高年。實爲五福之人也。有古君子之高風餘韵。以啓後人。形爲繪事。錢翰林爲之序。歐陽文忠輩諸名公鉅賢卿大夫士爲之唱和。其來百有餘年。宗尙其事。表出于人間。範模天下。後世拜瞻其圖像。

使人興仁據德立禮。得斯皋陶稷契夔龍伊傳周召之爲臣子之餘烈。迨夫聞其風而知其德。吾非親炙于斯人之時。幸聞斯人之道。忠心與國。柱石之要。重于後世。以垂鑒于昭代。可無老成人以安天下太平之治也。且夫諸公興立。中國塞垣。華夷之于櫓。人世之大常。鮮羯奴曷敢窺圖而南向。側目而侵疆。卻乃遭乎時君之猜忌。貶斥忠良。遂使小人乘勢。竊美威權。隱惡揚善。前有呂惠卿王荊公之蠹政害民。後有蔡京

童貫容誘蕃寇。陰霾禍心。斲喪神器。蕩折中朝。幸天運之未絕。寶祚之未亡。人民之心誠仰戴之未棄。天下百姓民庶念沾我皇上之恩澤固深。克遷江南。播擾不一。實賴賢臣忠將傑出。遂淂中興于南渡。天宇再造。邦國復暢。以開我大宋無疆之運。繼承大統。北定中原。以敺亂寇。大討以夷猾夏之罪。苟淂政平臣服。蓋春秋之時。賊臣接踵。雖孔子猶不能去。今之奸臣奚能去之。吾方將以春秋之心爲心。以正亂華效。夫孔子之筆也。斯諸大老身雖去世。而名聲道德昭昭列于世矣。使其子孫寶珍而藏之。與經史之鑒世同乎天壤之不朽。永康其大道。以起忠臣烈士之心。得拜觀圖像。與夫誦詠詩章文翰。警世之意云。後學建安胡安國拜書

呂祖謙贊詞

四庫本「金湯苦口。冰蘗心熱。誘敵亂華。宮車不轍」句(八一五—六八七下)。舊抄本「敵」作「夷」。

盧陵五先生像

四庫本王子興文「氣呑強敵。刺血衣裾」句(八一五—六九五上)。舊抄本「敵」作「虜」。又王子啓文「視死如歸。氣折強敵」句(八一五—六九六上)。舊抄本「敵」亦作「虜」。

卷十四

徐幼文畫

四庫本高啓題詩有闕文（八一五—七三四上下）。舊抄本作「幾疊蜀山雲……相見只疑君。久不見幼文。偶于佛慧精舍觀其所畫小圖。悵然思之。遂題。高啓。」

繪事微言二卷

明唐志契撰

據舊鈔本校補

卷上

山水松石格條

四庫本「泉源至曲。霧破山明。精（闕）觀宇。橋約關城」句（八一六—一九一上）。鈔本作「精藍觀宇。橋彴關城」。其下四庫本「桂不疏於吳越。松不難於弟兄」句（同上）。鈔本作「桂不疏於胡越。松不難於弟兄」。

四庫本續畫譜序後有闕。鈔本作

新編畫錄補遺

唐有續畫品。乃李嗣眞爲之。又有後畫錄。乃沙門彥悰爲之。皆與姚最大同小異。前不及漢。後不該唐。故皆不錄。玆所補遺。蓋前與後俱補者也。夫畫自史皇下迨周秦。雖有封膜敬君裂裔諸人。其世遠矣。有

難紀載。今紀自漢魏三國歷南北朝至初唐止。其畫家姓氏亦不過見諸傳記者耳。筆跡無從見也。聊補其名存者若干人。其在齊梁陳不妨重姚最以備周覽。若唐末則有郭若思紀藝在。

前漢

毛延壽　劉白　龔寬　陳敞

後漢

劉褒　蔡邕　趙岐

魏

曹髦　楊修　桓範　徐邈

吳

曹弗興。吳興人。孫權命畫屛。誤點墨成蠅者。

趙夫人

蜀

張墨　諸葛亮。幷子瞻

晉

明帝　荀勖　衛協。有烈女圖毛詩北風圖粉本傳世

夏侯瞻　謝岩　王羲之。子獻之　顧愷之。字長康。小字虎頭。無錫人。俗傳謂之三絕。畫絕。痴絕。才絕。謝安謂生民以來未之有也　戴逵。子勃　丁遠

曹龍　江思遠　謝雉。夏陽人。人物　史道碩。工人馬及鵝　王廙　袁倩

劉宋

顧寶光　史藝　尹長生　康允之　陸探微。吳下人。

事明帝。畫六法俱備。神品　史粲　謝莊　蔡斌　褚靈石　劉胤祖。弟紹祖。子璞皆工人物山水　濮萬年。弟道興

南齊

姚曇度　蘧道愍。甥僧珍　毛惠遠。兄惠秀　沈標

范懷珍　周曇研　丁光　謝赫。弟謝約　宗測　袁質

陶景眞　鍾宗之

梁陳

張僧繇　吳人。官至右將軍。時武帝佞佛。僧繇所畫
釋氏爲多。六法精備。與顧陸並馳　東湘王。即梁元
帝　蕭賁　陸杲　蕭大運　解蒨　焦寶願　嵇寶鈞
聶松　沈標　袁昂　宏肅　沈粲　劉璞　毛稜。惠秀
侄。惠遠子　陸整　僧。凡九人不錄　顧野王。字希
馮。吳人。工草蟲

隋

李雅　閻毗　劉龍。弟袞　陳見喜　展子虔。歷仕三

朝。妙山水　鄭法士。仕南北朝。工人物。子德文。
孫尙子　董展。字伯仁。與展子虔齊名。汝南人　何
稠　王仲舒　解悰　江志　程瓚

魏北齊後周

侯文和　柳儉　高孝珩　田僧亮　蔣少遊　郭道興
楊子華　高尙士　蕭放　馮提伽

初唐　同盛唐共三十四人

趙武端　孫仁貴　董好子。一作奴子畫。畫沒骨畫
何君墨　竺元標　張孝師　閻立德。工部　閻立本。
太常　楊庭光。山水　范長壽。一作何　毛嵩。佛鬼
耿純　程遜　周烏孫　寫意　吳道元字道子。明皇命
入供奉。蚤年筆細。中年行筆磊落如蓴菜條。人物有
八面生動。百代畫聖　楊昇。寫照　鄭虔。山水神品
周昉。士女　王朏。師昉　項容。妙山水　畢宏。山
水松石　王維字摩詰官右丞。精山水。世傳輞川圖
李思訓。子昭道。唐宗室也。父子濟美。工山水林泉

。世稱思訓爲大將軍。昭道爲小將軍　韓幹。長安人
。善馬。明皇奇之　韋鑑。子偃。長安人。工山水龍
馬　邊鸞。花鳥妙　戴嵩。畫牛　朱審。吳人。工山
水　周滉。花竹　王宰。西蜀人。貞元中畫山水樹石
妙　王昭應。一作韶隱。工山水人馬　張立。水墨山
水　劉整任。山水

錄宋郭若虛紀藝

唐永昌元年後盡五代至宋朝熙寧七年。名人藝士編而

次之
唐末二十七人
左全。人物。山水。花竹。翎毛　趙公祐。成都人。
工人物　趙溫奇。畫寺壁　趙德齊。溫奇之子。工人
物　范瓊。工人物　陳皓。宗吳道元　彭堅。宗吳道
元　常粲。善寫貌　常重胤。粲之子亦傳神　呂堯。
壁有名　竹虔。寺壁　孫位。善龍。兼山石　張詢。
成海人。山水妙　張南本。人物　麻居禮。中品師南

本　張素卿。道士也。山水人物　陳若愚。道士　胡
瓌。子虔工馬　荆浩。豫章人。字浩然。自號洪谷子
。業儒。善詩妙山水。有訣傳世　尹繼昭。一作琳
刁光胤。長安人。別號處士。善湖石。花竹。水仙尤
妙　李漢度。京兆人。善馬　辛況。一作澄　張騰。
以寺壁名　張贇。一作藻。工山水　王洽。潑墨山水
高道興
五代凡七十四人僧附

千競　趙嵒。人物　劉彥齊。寒林　胡擢。花鳥　胡
翼。車馬人物山水釋道俱全　王殷。一作商。工釋道
士女　燕筠。學周昉　杜霄。善士女　李元應。弟審
厲歸眞。佛相　李藹之。山水善貓　韋道豐。寒林奇
逸　闕同。長安人。山水師荆浩。受業於其門。晚年
出藍。世傳爲逸品　朱簡章。人物　支仲元。鳳翔人
。人物　枚行思　鍾隱。山水　郭乾暉。營丘人。山
水花鳥妙　郭權。花兎石竹　史瓊。山水　程凝　王

道古。泉石鶴竹　李坡。人馬　唐垓。佛像　王道求
。道古弟　宋單。水墨人物　富久。佛像　左禮。成
都人。學吳道子　張南　王偉。釋道大人物　黃延誥
。草蟲　韓求　李祝。畫竹　張圖。洛陽人。山水
朱繇。師吳道子　李昇。小字錦奴。畫金碧山水。時
人亦名小李將軍　宋楷。寫貌　杜子瓌。佛像　杜弘
義。佛像　房從眞。善馬甲人物　宋藝。寫眞　阮知
晦。精女郎　黃筌。山水竹石師刁處士　高從遇。道

具子　杜倪龜　阮惟德。知晦子。人物山水　杜敬安
。子瓌子。畫佛像　黃居寶。筌之子　黃居寀。弟居
實。兄居寶。俱家傳湖石花鳥。惟居寀之名獨盛焉
蒲師訓。人馬。子延昌　趙元德。字德元。人謂觸類
皆長。子忠義尤工於山水樓閣　張玟。畫美人　張元
。善畫羅漢。時人謂之張羅漢　周道行。番馬　孔嵩
。花鳥　丘潛。山水。舊名文播　丘文曉。花鳥　趙
才。人物　滕昌祐。字勝華。山水菊竹　姜道隱。山

水　楊元眞。羅漢　董從晦　張景思。佛像中品　王
仁壽。人物師王殷　衛賢。樓臺人物　朱悰　丁謙。
竹　曹仲元。一作仲玄。工人物　竹夢松。溧陽人。
人物　陸晃。嘉禾人。善人物　貫休。僧。俗姓姜。
畫羅漢　楚。安僧　傳古。僧。畫龍　郭元芳
宋
仁宗皇帝。畫馬畫龍。上有押字幷御寶　以下錄王公
士大夫有臻乎妙致者十三人　燕恭肅王。竹鶴　嘉王

。花鳥　李後主。李煜也。工山水　燕肅。字穆之。
禮部尙書。工寒林山水　武宗元。官外郎。人物　劉
永年。字公錫。彭城人。武臣。官至節度使。人物山
水俱妙　郭忠恕。字恕先。雒陽人。師關仝　王士元
。宛丘人。山水人物。進士推官　宋道醇。字公達。
擢第爲郎。工山水　宋迪。字復古。道之弟。進士。
師李成。工山水　文同。字與可。永泰人。自號笑笑
先生。又號錦江道人。善墨竹。亦善山水。官員外郎

董源。字北苑。雲山樹石。文人之筆。今古永重　李
公麟。字伯時。號龍眠居士。舒城人。登進士。山水
人物爲宋畫中第一　以下錄高尙其事以畫自娛者二人
李成營丘人。登進士。官光祿。其破墨潤媚。取象幽
奇。山水妙絕。宋畫中逸品　宋澥。長安人。高潔不
仕。工諸仙　以下錄人物門五十一人　王靄。開封人
高益。涿郡人　王瓘。洛陽人　孫夢卿　趙光輔。華
原人。畫院　趙隱士。寫諸仙　孫知微。字太古。寫

釋道 勾龍爽。蜀人。善嬰孩 李文才。寫眞 石恪。字子專。成都人。戲筆妙 趙元長。字慮長。畫院王齊翰。金陵人。兼山水 周文矩。句容人。兼泉石顧德謙。金陵人 郝處。江南人 厲昭慶。建業人顧閎中。江南人 李雄。北海人 侯翼。字子沖。宋人稱家絕藝 高文進。蜀人。子懷節 王道眞。字幹叔。畫院 李用及。善馬 張昉。字升卿 高元亨楊朏。子圭 王兼濟 孫懷悅。靈臺人 陳用志。人

呼爲窰陳 孟顯。字坦之。華池人 陳士元。初名允喜 王拙。字守拙。河東人。子居正 葉進成。吳下人 葉仁遇。田家妙 郝澄。字長源。設色妙 童仁益。字友賢 毛文昌。字則之。蜀人 南簡平涼人。以畫自娛 龍章。子淵。京兆人 武洞清。長沙人。佛像 鍾文秀。翰林侍詔。兼山水 田景。慶陽人李元淵。慶陽人 王易。鄜州人 陳坦。晉陽人。工田家 李八師。道士 以下錄獨工專寫者五人 牟谷

。翰林待詔 高大沖。江南人 尹質。蜀人 歐陽釁。開封人 何充。姑蘇人 以下錄山水門凡二十四人僧附 范寬名中正字中立。時人因其大度。故遂名爲寬 劉永。開封人 王瑞。字子正。師關仝 翟院深。營丘人。師李成 燕貴。時人謂燕家景致 許道寧。學李成妙 紀眞。假范寬筆少差 黃懷玉。跛子。學范中正 商訓。善鼓琵琶 丘訥。河南人。用斧痕皴 龐崇穆。字季和。高尙 李隱。五原人。平遠勝

高克明。絳州人 屈鼎。開封人 郝銳。小幅好 梁忠信。開封人。棧道妙 李宗成。寒林 郭熙。河陽人。爲御畫院長。寒林更妙。時人謂之捲雲皴 董贇。長社人 侯封。畫院 符道隱。長安人 擇仁。僧也。松最妙 巨然。鐘陵寺僧。得董源正傳 繼肇。僧 以下錄花卉門凡二十九人僧道附 劉贊。蜀人夏侯延祐。字景休。畫院 高懷節。文進之子 丘慶餘。蜀人。文播之子。文曉之侄。工花鳥。得居宷傳

。草蟲尤妙。徐熙。金陵人。徐崇矩。得熙父傳。解虔中。江南人。雪竹名世。陶裔。京兆人。唐希雅。嘉興人。侄忠祚孫宿皆善花鳥。竹更妙絕。毋咸之。畫鷄。劉夢松。吳人。水墨花鳥。劉文惠。用色重李符。襄陽人。李懷袞。蜀人。王曉。泗州人。趙昌。字昌之。工花果。王友。設色花果。易元吉。字慶之。花鳥。艾宣。秣陵人。崔白。字子西。濠梁人。兼人物。崔慤。字子中。李吉。開封人。畫院。侯文慶。開封人。董祥。善盆瓶景。葛守昌。開封人。畫院。李祐。河內人。丁貺。濠梁人。居寧。僧戲墨牛戩。道士

新編續紀藝

宋自元豐始。歷元至皇明嘉隆止。其間文人墨士令名傳播爲余所見知聞知者。俱已紀載。然此續多祖元人夏士良圖繪寶鑑一書考訂而增減之。無名無考者多不載。所載者亦不過什之六七耳。畫屬幽芳。以地遠隔別而淪落遺漏者不知凡幾。且妙者未紀。而紀者未必妙。又不知凡幾。尙賴後之賞鑑君子幸爲正其訛誤。增其遺略。共成其美焉。

宋宣和中建五岳觀。大集天下畫史如開科。其畫院內賜金帶者不止百人。今只錄其尤者焉。

楊棐。京兆人。觀音得名。董羽。字仲翔。毗陵人。海水畫院。劉常。金陵人。寫意花卉。趙幹。江南人。善山水花鳥。李公年。浙江提刑。山水妙。嘗誤作公麟。吳元瑜。字公器。善花鳥人物。武臣也。官團練。趙令穰。字大年。宋宗也。弟永年名令松。皆善人物山水。以雪景名。韓拙。字純忠。亦字全翁。有山水純全集行於世。蘇軾。字子瞻。眉山人。作墨竹。師文與可。戚文秀。善畫水。范坦。洛陽人。工山水花鳥。米芾。字元章。山水奇妙。時人謂之米家山孫可元。江南人。山水。劉涇。字巨濟。米元章畫友王持。字正叔。禽鳥師崔白。張遠。字行之。山水

賀眞。延安人。能假郭河陽　何淵。畫院。師高克明
筆　李希成。畫院　劉益。字益之。汴人。工花鳥。
人呼劉村子。寫意　張舜民。字芸窗。號浮休居士。
山水秋景妙　郭思。熙之子。字若虛。有紀藝錄傳世
黃宗道。畫院。工人物番馬。每題京師黃厶　戴琬。
京師人。畫院。工翎毛。徽宗愛之。封其臂　單德淳
。畫院。山水。寫扇尤妙　馬賁。河中人。畫院　李
昭。字晉傑。工山水。墨竹　趙伯駒。字千里。山水

極奇。極工花鳥人物。亦妙成一家。其弟伯驌。字希
逸。次之　廉布。字宣仲。山陽人
歐陽楚翁。字無塵。其子雪友。亦有名山水　米友仁
。字元暉。元章之子。時人謂之小米　江忝。字貫道
。江南人。工山水　馬宋英。溫州人。作松梅　李迪
。河陽人。畫院副使。賜金帶。山水大勝小差　陳所
翁。名容。字公儲。福堂人。進士。善畫龍。信手塗
抹。神妙過人。點睛欲飛。甚言其生動也。宗董羽

李唐。字希古。河陽三城人。畫院名筆。年近八十山
水愈妙。高宗愛之。題卷云李唐可比李思訓　蘇漢臣
。開封人。畫院　吳炳　閻仲宣　林椿　李從訓　李
嵩　王訓成　周儀　焦錫　毛益　陳居中　朱懷瑾
林俊民。俱畫院中　劉松年。錢塘人。工人物山水。
畫院中絕品也　馬遠。興祖孫、工山水。畫院名手。
其兄馬逵無別。晚年遠之畫皆其代作也。遠之子馬麟
亦代馬遠筆　夏珪。字禹玉。錢塘人。山水可亞李唐

。但筆低。有浙氣。時人謂之有筆無墨　王庭筠。字
子端。號黃華老人。得元章筆意

元

李遹。字平甫。號寄庵。欒城人。山水兼。龍虎佳
李衎。字仲賓。號息齋。花竹湖石馳譽　柯九思。字
敬仲。號丹丘生。台州官至奎章閣鑒書。博學能文。
善墨竹墨花　趙孟頫。字子昂。號松雪。宋宗室。吳
興人。翰林學士。諡文敏。書畫俱妙。子雍字仲穆。

善山水蘭　陳琳。字仲美。山水人物花鳥。南渡後出名至元　史杠。字柔明。作人物山水　錢選。字舜舉。號玉潭。霅川人。進士。工人物山水折枝花。每自己賦詩以題之。草蟲亦有古趣　劉貫道。字仲賢中山人。山水人物集諸家長　張衡。山水師荆關　趙淇高吉甫　王鼎　周堯敏　姚雪心　劉廣之　謝顯　沈雪　趙雲岩　劉自然　顧安　陶復初　李賞嶠　謝庭芝　陳仲仁。工人物山水花鳥　孫君澤。杭州人。山水學馬遠夏珪　黃子久。名公望。號一峰。又號大痴道人。常熟人。幼通三教。山水自成一家。元代白眉至明猶在　王淵。字若水。號澹軒。杭州人。所畫皆師古人。一一精妙。元代絕藝　朱德潤。字澤民。吳郡人。山水最佳　曹知白。字貞素。華亭人。工於山水　吳仲圭。名鎮。號梅花道人。嘉興人。山水師巨然而臨摹更勝。亦兼寫墨竹　盛子昭。名懋。嘉興人。父洪甫善畫。懋世其業而過之。善山水。人物最精

致　盛昭。字克明。揚州人。時誤爲子昭　陳君佐。揚州人。工山水　朱裕。延陵人。工山水　沈麟。杭州人。工山水　王蒙。字叔明。吳興人。趙文敏甥。山水師巨然。而晚年自成一家。亦工人物　張遠。華亭人。善臨摹假古。能亂眞　何大夫。畫馬　張中。松江人。山水　蕭圖南。名鵬摶。王子端之甥。工山水　高克恭。字彥敬。號房山。官刑部尙書。善山水。師二米。後兼李成。水口烘染。作者鮮及　倪瓚。字元鎮。號雲林。無錫人。畫林木平遠。竹石殊無市朝塵埃氣。其人至明初尙在　張與才。號薇山。天師張也。弟嗣成嗣德皆畫龍與竹。龍法所翁。竹法與可　丁清溪。人物　張彥輔。山水　方方壺。山水　盧益修。水仙　徐太虛。山水　蕭月潭。白描　以上六人皆道士　溥圓。山水　海雲。竹　雪岑。竹　雪窗。蘭　以上四人皆僧　管夫人。字仲姬。趙文敏之室也。贈魏國夫人。能書善畫。精於竹蘭水仙

宋末有夷人如耶律履等。元有夷人如高麗觀音。西番佛像與伯顏不花等。不惟畫未必妙。雖善不入紀。

明

宣廟御筆。山水。人物。花果。翎毛。草蟲　憲廟御筆。神像　孝廟御筆。神像。其三朝御筆缺。賜臣名寶用不一。今宗室功臣缺　郭文通永嘉人。善山水謝庭循。永嘉人。山水見重朝廷　莊瑾。字公瑾。號采芝。龍江人。善草書。雅淡高致。尤工山水　王紱

。字孟端。號友石生。善書。工竹石　殷善字從善。金陵人。工花鳥　邊景昭隴西人。花果翎毛。工致細巧　李在。字以政。蒲田人。工山水。世重之　戴進。字文進。號靜菴。錢塘人。山水宗諸家而自成一家。子泉亦善畫。今之贋本多其子爲之　夏昶。字仲昭。初姓朱。登第後改夏姓。東吳人。直內閣書文中書。作竹石。書亦妙絕　陳嗣。畫竹。師仲昭　謝宇。字伯寬。中書舍人。工山水花卉　陳叔謙。杭人。博

古器。畫雲林山水。嘗自書一聯云。博古圖蒐周漢制。無聲詩寫晉唐題　姚綬。號雲東逸史。浙江進士。工山水　孫隆。號都痴。毘陵人。花鳥草蟲。自稱爲沒骨畫　毛良。字舜臣。工山水人物　范暹。東吳人。號葦齋。工花鳥　林良。字以善。廣東錦衣指揮。放筆寫水墨禽鳥花石。皆遒勁如草書。人不可及　沈周。字啓南。號石田。又號白石翁。姑蘇人。博學。爲詩新奇。山水初宗大痴　陶成。號雲湖。寶應人。

宦家舉人不第不仕。畫山水。能詩。其貓兎鈎勒。竹尤名世　俞泰。號正齋。無錫人。進士。工山水　王田。字舜耕。山水高房山　何澄。號竹鶴老人。毘陵人。山水兼二米。高房山。歷官至太守。時人謂之以爲何太守焉　吳偉。字士英。號小仙。江夏人。工人物　鍾欽禮。號南越山人。工山水　呂紀。字廷振。四明人。以花鳥得名　朱孔易。華亭人。工山水　黃蒙。字養正。永嘉人。工山水　蔣三松。秣陵人。工

山水 李著字潛夫。號墨湖。金陵人。工山水 蔣貴
。號青山。儀眞人。宗吳小仙人物 唐寅。字子畏。
亦字白虎。長洲有南畿解元圖章。其山水人物爲世人
所罕及 文徵明。字徵仲。號衡山。姑蘇人。徵入爲
翰林待詔。字畫妙絕一時 周臣。字舜臣。東吳人。
山水之妙可媲美唐文陳沈諸子之列 陸治。字叔平。
號包山。東吳人。善青綠山水。貢元 陳道復。字復
甫。號白陽山人。姑蘇人。書畫皆妙。其水墨山水更
勝於花卉。子沱與江亦善畫 王問。字子裕。號仲山
。無錫人。進士。善書畫 仇英。字實父。號十洲。
東吳名筆。人物山水著色其細。美人尤佳 王穀祥。
號西室。長洲人。進士。工花卉 蘇祥。號小泉。揚
州人。工人物山水 文嘉。字休承。號文水。徵仲子
。山水妙 文彭。號三橋。徵仲長子。工蘭竹 沈仕
。號青門。善花卉諸生 朱銓。號樗仙。工山水菊兎
錢穀。字叔寶。號磬石。東吳人 莫是龍。字雲卿。

松江人。工山水 魯治。號岐雲。吳下人。善花卉
馬稷。號醉狂。揚州人。工山水。子雲達亦善畫 謝
時臣。號痴仙。吳縣人。工山水人物 高松。字守之
。號我山。文安人。工梅蘭菊 宋臣。號二水。字子
忠。秣陵人。工山水人物 張路。字平山。學大山水
及大人物 文伯仁。號五峰。長洲人 汪海雲。名肇
。休寧人。善貓兎 馬璧。字文璧。工人物山水 劉
傳。號月川。監生。工山水 張秋江。四明人。以芙
蓉得名 張譽。號峨石。廣東人。工山水 顧正誼。
字仲方。號亭林。松江中書。山水 王一鵬。號西園
。華亭人。山水宗北苑 侯懋功。字夷門。吳縣人。
工山水 蔣乾。字虹橋。長洲人。工山水 汪浩。號
小村。揚州人。工人物山水 杜山狂。吳人。草蟲妙
宋旭。號石門。松江人。工山水 杜君澤。蘇州人。
工山水 孫克弘。號雪居。華亭人。進士。官至漢陽
太守。工於花卉。更妙於竹蘭。亦知山水 馬青丘。

秣陵人。工山水

選集詩句畫題

古畫首以勸戒爲名。次以隱逸爲高。莫不先有題後有畫。畫可以不必用題者。以其瀟灑不拘也。蓋自元人始。若宋代宣和畫院。或某圖某景題目尤重焉。即我國朝宣廟孝廟時。校畫必用之。誠以有題則下筆。想頭反有著落。反有趣味。若使無題。則或意境兩歧。而四時朝暮。風雨晦冥。直任筆所之耳。前人云詩是無形畫。畫是有形詩。如唐人佳什。有道盡意中之事。寫出目前之景。清新俊逸。讀之恍神游於其間。而吾一一描畫出之。一一生動。詎不妙哉。然此非工夫已到心手相應。縱橫中度。左右逢原。豈能率意草草便得。因記唐宋舊人集中。或聯或句。雖不博不該。然稍有畫意者。聊錄一二以資採擇云。

春景

潮頭望入桃花去。一片春帆帶雨來　遊春不覺歸來晚

。花掩重門帶月敲　佳人拾翠春相問。仙侶同舟晚更移　桃花流水杳然去。別有天地非人間　故人家住桃花岸。直到門前溪水流　忽見陌頭楊柳色。悔教夫婿覓封侯　金勒馬嘶芳草地。玉樓人醉杏花天　溪渡夜隨明月入。亭皐春伴白雲飛　馬踏翠開垂柳寺。人耕紅破落花溪　短短桃花臨水岸。輕柳輕絮點人衣　春水斷橋人喚渡。柳陰撐出小舟來　杏花野店過春雨。楊柳江船渡夕陽　桑柘影斜春社散。家家扶得醉人歸　村園門巷多相似。處處春風枳殼花　嫩綠池塘藏睡鴨。淡黃楊柳宿棲鴉　背城野色雲邊盡。隔屋春聲樹外深　興過山寺雲光到。笑引江帆帶月行　雲裡帝城雙鳳闕。雨中春樹萬人家　舍南舍北皆春水。但見群鷗日日來　落花寂寂啼山鳥。楊柳青青渡水人　柳迷春水市。山帶夕陽樓　芳草迷行騎。飛花點客衣　鳥花迷世界。樓閣倚山顛　野寺垂楊裡。春畦亂水間　草閣平春水。柴門掩夕陽　野水多於地。春山半是雲

野水平橋路。春沙映竹村　春流飲去馬。暮雨溼行衣
樹交花兩色。溪合水重流　一水護田將綠繞。兩山排
闥送青來　一徑野花落。孤村春水生　汀花藏宿鳥。
岸柳引歸舟　小桃初豔後。春燕乍飛來　春水渡邊渡
。夕陽山外山　呢喃飛燕子。沙暖宿鴛鴦　坐來不覺
東風急。吹花松花香滿衣　雨過苔生曲徑。春深綠暗
柴門　三間茅屋無人到。十里松門獨自遊
夏景

抱琴來取醉。垂釣坐乘涼　澗水空山道。柴門老樹村
過雨看松色。隨山到水源　巖亭交樹雜。石瀨瀉泉鳴
幽人相對無塵俗。水閣雲深落暮鐘　池邊命酒憐風月
。浦口還舟惜芰荷　百年地僻柴門迥。五月江深草閣
寒　芰荷香遶垂鞭袖。楊柳風橫弄笛船　觸散柳絲迴
玉勒。約開蓮葉上蘭舟　立馬行塘山有色。微風動柳
水無波　隔窗雲霧生衣上。捲幔山泉入鏡中　村徑繞
山松葉暗。柴門流水稻花香　漠漠水田飛白鷺。陰陰

夏木囀黃鸝　六月杖藜來石路。綠陰深處聽潺湲　溪
雲初起日沉閣。山雨欲來風滿樓　門前種柳深巷野。
成谷流泉添入池　船頭且自橫琴坐。靜聽鳴泉不用彈
舍下烟蘿通古寺。湖中雲雨到前軒　水隔淡烟疏竹。
路經微雨落花村　竹密不妨流水去。山高無礙白雲飛
躡谷欹危過曲澗。扳崖迢遞弄泉流　雲藏島外猿啼樹
。竹鎖橋邊賣酒家　橫雲嶺外千重樹。流水溪旁三兩
家　行到水窮處。坐看雲起時　抱琴看鶴去。倚石待

雲來　山中一夜雨。樹杪百重泉　入門穿竹徑。留客
聽泉聲　千巖泉灑落。萬壑樹縈回　竹引攜琴入。花
邀載酒來　水抱孤村遠。山迴一徑斜　洗硯魚吞墨。
烹茶鶴避烟　閣影啣虛壁。松聲助亂流　樹影中流見
。鐘聲隔岸聞　竹深留客處。荷淨納涼時　竹密山齋
冷。荷香水殿涼　被雲尋古道。倚樹聽流泉　褰簾出
野院。植杖候柴門　坦腹江亭暖。長吟野望時　瀑布
杉松常帶雨。夕陽蒼翠忽成嵐　倚樹看山色。濯足聽

溪流　潮平兩岸闊。風正一帆懸　思來江山外。望盡
雲烟生　依依綠柳漁人岸。點點飛花樵子村　歸鳥各
尋芳樹去。夕陽微照遠村耕　川原繚繞浮雲外。宮闕
參差落照間

秋景

水寒深見石。松曉靜聞風　晴山疏雨後。秋樹斷雲中
風鳴兩岸葉。月照一孤舟　來雁青霜後。孤帆遠樹中
芙蓉露下落。楊柳月中疏　天邊來雁小。江闊去帆孤
野竹通溪冷。秋泉入戶鳴　馬遲人意嬾。風急雁行斜
秋塘惟落葉。野寺不逢人　晚景寒鴉集。秋風旅雁歸
亭皋木葉下。隴首秋雲飛　樹樹皆秋色。山山惟落暉
荒城臨古渡。落日滿秋山　鷄聲茅店月。人跡板橋霜
遠聲霜後樹。秋色水邊村　坐深松樹下。日影已西斜
石欄斜點筆。桐葉坐題詩　寒山獨過雁。暮雨遠來舟
疏葦秋前渚。斜陽雨後山　雲歸秋水闊。月出夜山深
江從樹裡斷。山入雨中無　江樓暗寒雨。山郭冷秋山

夜靜江水白。路迴山月斜　竹深村樹遠。月出釣舟稀
野寺人烟迥。山城雁影多　山嵐分竹翠。江雨入林昏
石出倒聽楓葉下。櫓搖背指菊花開　一川紅樹迎霜老
。數曲清溪繞寺深　數間茅屋臨秋水。一片寒山映讀
書　請看石上藤蘿月。已映洲前蘆荻花　林間煮茗燒
紅葉。石上題詩掃綠苔　獨立衡門秋水闊。寒鴉飛去
日沉山　柴門流水依然在。一路寒山萬木中　窗臨絕
澗同流水。客至孤峰起白雲　帆勢依依投極浦。鐘聲
杳杳隔前林　落霞與孤鶩齊飛。秋水共長天一色　閒
觀秋水心無事。坐對寒松手自栽　門前墮葉浮秋水。
籬外寒皋帶夕陽　無邊落木蕭蕭下。不盡長江滾滾來
返照入江翻石壁。歸雲擁樹失山村　藍水遠從千澗落
。玉山高並兩峰寒　日晚江南望江北。寒鴉飛盡水悠
悠　野寺山邊斜有徑。漁家竹裡半開門　山寺僧歸紅
葉晚。野亭人倚白雲秋　曉月午飛千樹裡。秋沙在隔
數峰西　落木蕭蕭疏雨霽。泉聲飛出萬重山　停車坐

看楓林晚。霜葉紅於二月花　滄海古道行應偏。落木寒林聽不窮。山靜泉逾響。松高枝轉疎　野曠天低樹。江清月近人　古道西風瘦馬。小橋流水人家

冬景

家近水村魚易買。雪迷山路酒難沽　隔水叢梅疑是雪。近人孤嶂欲生雲　雪意未成雲著地。秋聲不斷雁連天　窗含西嶺千秋雪。門泊東吳萬里船　野戍荒烟斷。深山古木平　雪迷寒樹短。雲壓夜城低　空林有雪

相待。古道無人獨還　石老苔爲貌。松寒薜作衣　怪來詩思侵人骨。門對寒流雪滿山　日下川上寒。浮雲淡無色　就船買得魚偏美。踏雪沽來酒更香　殘雪滿林路。深山歸寺僧　澗道餘寒歷冰雪。石門斜日到林泉　隔牖風驚竹。開門雪滿山　溪冷泉聲苦。山空木葉乾　雪裡江舡渡。風前竹徑斜　牛羊歸古道。鳥鵲聚寒枝　山雪騎騾出。江風捲釣歸　松歌半岩雪。竹覆一池冰　雪深山路窄。風急雁行斜　塞鴻連暮雪。

江柳動寒條　石床埋積雪。山路倒枯松　石路幾迴雪。竹房猶閉關　夜扣竹林寺。山行雪滿衣　閉戶臨寒竹。無人有夜鐘　風起寒雲斷。夜深關月開　掃雪松下去。捫蘿石道行　掃竹開三徑。疏泉過小林　孤舟蓑笠翁。獨釣寒江雪　海岸畊殘雪。溪沙釣夕陽　野屋流寒水。山籬帶薄雲　竹間窺遠鶴。岩上聽寒泉

雜景

小橋橫落日。幽徑轉層巒　奇石倚林立。清泉繞合灣

密竹滴殘雨。高峰留夕陽　相看臨遠水。獨自坐孤舟
數聲離岸櫓。幾點別州山　沙岸江村近。松門山寺深
遠水兼天淨　孤城隱霧深　欲投人處宿。隔水問樵夫
鳥宿池邊樹　僧敲月下門　野水無人渡。孤舟盡日橫
野岸誰家柳　孤烟何處村　古樹老連石。急泉清露沙
泉聲到池盡。山色上樓多　好山行恐盡。流水語相隨
喬木千齡秀。懸泉百丈餘　白雲知隱處。芳草迷行踪
落日下平川。歸人爭渡喧　明月松間照。清泉石上流

有興常臨水。無時不見山　樹點千家小。山迴萬嶺低
吟詩白雲合。釣處元潭清　野人時獨往。雲木曉相參
。松風吹解帶。山月照彈琴　出門流水住。回首白雲
多　江村片雨外。野寺夕陽邊　松風澗落天然調。抱
得琴來不用彈　舟隨一水遠。路入萬山深　古木疑撐
月。危峰欲墮江　睡起莞然成獨笑。數聲漁笛在滄浪
寶塔孤城上。僧房古樹間　門下水流何處。天邊樹繞
人家

四庫本山水訣條後有闕。鈔本作
錄唐張僧繇撰畫準
靈臺記。整精緻。朝洗筆。暮出顏。勤渲硯。習描戳
。烘天青。潑地綠。上疊竹。賀松熟。勻鎚絹。冬膠
水。夏膠漆。將無項。女無肩。佛秀麗。淡仙賢。神
雄偉。美人長。宮樣粧。坐看五。立量七。若要笑。
眉彎嘴撓。若要哭。眉鎖蹙。氣努狠。眼張拱。愁的
龍。現升降。嘯的鳳。意騰翔。哭的獅。跳舞戲。龍

的甲。卻無數。虎尾點。十三班。人徘徊。山賓主。
樹參差。水曲折。禽噪宿。花馥郁。蟲捕捉。馬嘶蹶
。牛行臥。藤點做。草畫率。紅間黃。秋葉墮。紅間
綠。花簇簇。青間紫。不如死。粉籠黃。勝增光。千
思忖。不如見。
四庫本筆法記條。「或迴根出土。或偃截巨流」句（
八一六—一九四上）。鈔本作「或迴根出土。或偃截
巨流」。

四庫本敘畫之興廢條。「于謹等于煨燼之中。收其書
畫四千餘軸歸于長安」句（八一六—一九八下）下缺
。鈔本作「故顏之推觀我生賦云。人民百萬而囚虜。
書史千兩而烟颺。史籍以來未之有也。」其下「索其
所珍。惶駭不敢緘藏。即時進獻」句（八一六—一九
九上）下缺。鈔本作「表上曰。伏以前代帝王。多求
遺逸。朝覲夕覽。取鑒於斯。陛下睿聖欽明。凝情好
古。聽政之暇。特以怡神。前件書畫。歷代共寶。是

稱珍絕。陛下旁求遺跡。以備石渠。敢不獻呈乎。手詔答曰。卿慶傳台鉉業嗣。弓裘圖書兼蓄。精博兩全。別進元宗馬射圖。恭獲披捧瞻拜。感咽聖靈如臨。其鍾張等書。顧陸等畫。古今共寶。有國所珍。朕以視朝之餘。得以寓目。因知丹青之妙。有合造化之功。欲觀象以省躬。豈好童而玩物。況煩章奏。嘉嘆良深。其書畫」。其下四庫本「餘者遇朱克融之亂。又皆失墜」句(同上)下有缺文。鈔本作「然非戎虜所

愛。及事定。頗有好事者購得之。彥遠時未齔歲。恨不見家內所寶。其」又其下四庫本「聊因暇日。編爲此記」句(同上)下有缺文。鈔本作「且撮諸評品。用明乎所業。亦深於史傳。以廣其所知。云時大中元年歲在丁卯。」

四庫本論名價品第條。「畫則無涯以定名」句(八一六—二〇二上)下有缺文。鈔本作「況漢魏名踪已絕於代。今人貴耳賤目。罕能詳鑒。若傳授不昧。其物猶爲國家之重寶。晉之顧。宋之陸。梁之張。首尾完全。爲希代之珍。皆不可論價。比之書價則顧陸可同。鍾張僧繇可用。逸少」。又其下四庫本「所以書多于畫。自古而然」句(同上)下有缺文。鈔本作「今分爲三。古以定貴賤。以漢魏三國爲上古。以晉宋爲中古。以齊梁。北齊。後魏。陳。後周爲下古。上古質略。徒有其名。畫之踪跡不可具見。中古妍質相參。下古評量科簡。稍易辨解。跡涉時人之所悅。其間

中古可齊上古。顧陸是也。下古可齊中古。僧繇子華是也。近代之價可齊下古。董。展。楊。鄭是也。若銓國朝畫可齊中古。則尉遲。乙僧。吳道元。閻立本是也。至於次第有數百等。今且舉俗之所知而言。凡人民藏蓄。必當有顧。陸。張。吳著名卷軸。方可言有圖畫。惟在通博之人。臨時鑒其妍醜。夫大畫與細畫用筆有殊。臻其妙者。乃有數體。如王右軍書。自有數體及諸行草。各有臨時構思淺深耳。畫之臻妙亦

猶於書。此須廣見博論。不可匆匆一概而取。昔裴孝
源不知畫。妄定品第。大不足觀。」
四庫本論識鑒收藏條。首有缺文。鈔本作「夫識書人
多識畫。」又四庫本「而殊亡銓次者。此皆好事者之
病也」句（八一六—二〇二下）下有缺文。鈔本作
「貞觀開元之代。天子神聖而多才。士人精博而好藝
。購求至寶。歸之如雲。故內府圖書謂之大備。或者
有進獻以獲官爵。有搜訪以獲錫賚。又有從來蓄聚之

家。自號圖書之府。蓄聚既多。必有佳者。妍蚩渾雜
亦在銓量。是故非其人。雖近代亦朽蠹。得其地。則
遠古亦完全。開元天寶間。蹤跡或已耗散。良由寶之
不得其地。夫金出於山。珠產於泉。取之不已。爲天
下用。圖書歲月既久。耗散將盡。名人藝士不復更生
。可不惜哉。夫人不善寶玩者。動見勞辱。卷舒失所
者。操揉便損。不解裝褫者。隨手棄損。遂使眞跡漸
少。不亦痛哉。非好事者不可妄傳書畫。近火燭不可
觀書畫。向風中日中。正餐飲。唾涕不洗手。並不可
觀書畫。凡出法書輒令洗手。要置一几。安床褥。拂
拭舒展觀之。大卷軸宜造一架。觀則懸之。凡書畫時
時舒展。即免蠹溼。余自弱年。鳩集遺失。鑒玩裝理
。孜孜葺綴寶玩。妻子童僕切切嗤笑。或曰。終日事
此無益。竟何補哉。既而嘆若不爲無益之事。則安能
悅有涯之生。是以愛好愈篤。近於成癖。每清晨閒景
。竹窗松軒。以千乘爲輕。以瓢爲倦。身外之累且無

長物。唯書畫猶未忘情。既頹然以忘言。又怡然以觀
閱。常恨不得竊觀御府之名跡。以資書畫之廣博。竊
自分熬熬汲汲名利交戰者。不亦猶賢乎。」
四庫本純全集論山條。首有缺文。鈔本作「凡畫山言
丈尺分寸者。王右丞之法則也。」其下四庫本「雄氣
敦厚。傍有輔峰叢圍者嶽也。」句（八一六—二〇六
上）下有缺文。鈔本作「岡阜朝揖於前者順也。無此
者逆也。用墨而取濃淡者分陰陽也。凹深爲陰。凸面

爲陽。有高低大小之序。以近次遠。至於廣極者也。」其下四庫本「兩山夾水曰澗。陵夾水曰溪。」句（八一六—二〇六下）下有缺文。鈔本作「宜畫盤曲掩映。伏而後見也。春山艷冶而笑。夏山蒼翠而如滴。秋山明淨而如洗。冬山慘淡而如睡。郭氏曰。山有三遠。自下而仰上者謂之高遠。自山前而窺山後者謂之深遠。自近山邊低坦之山謂之平遠。愚又論二遠者。有近岸廣水。曠闊遙山者謂之闊遠。有烟霧暝漠。野水隔而髣髴不見者謂之迷遠。」其下四庫本「以上山之名狀。用備博雅君子之問。」句（同上）下有缺文。鈔本作「若問而無對。爲無知之士。不可不知也。凡畫全景者山重疊覆壓。咫尺重深。不可太實。仍要嵐霧鎖映。林木遮藏。不可露體。如人無依乃窮山也。且山以林木爲衣。以草爲毛髮。以烟霞爲神采。以景物爲粧飾。以水爲血脈。以嵐霧爲氣象。畫若不求古法。不寫眞山。惟務俗變。採合虛浮。自爲超越古

今。心以目蔽。此乃懵然不知山水格要之士難與言之。」

四庫本論水條（八一六—二〇六下）。「言濺瀑者。闞間積水欲流」句。鈔本闕作「山」。其下「噴若雷風。四面叢流。闕三字也。」鈔本闕三字作「謂之淙」。其下「與瀑泉頗異矣。闕四字。」鈔本闕四字作「亦宜分別」。

四庫本論林木條（八一六—二〇七上）。首句「凡林木」下有闕文。鈔本作「者有四時之榮枯。大小之叢薄。咫尺重深以分遠近。故木貴高喬蒼逸健硬。筆跡堅重或麗或質。以筆跡欲斷而復續也。且輕重本在乎行筆。高低則由於用墨。此乃畫林木之格要也。洪谷子訣曰。筆有四勢。筋骨皮肉是也。筋宜絕而不斷。皮宜纏而不軟。骨宜剛正不露。肉宜圓渾不肥。肉多者肥而軟濁也。柔媚者無骨也。骨多者剛而如薪也。勁死者無肉也。跡斷者無筋也。墨焦而質樸。失其眞

也。墨微而怯弱。敗其形也。其木」。其下「虧其生意矣」（同上）下亦有缺文。鈔本作「大凡木貴蒼老健硬。其形甚多。或聳而迸枝者。或曲折而俯仰者。或躬而若揖者。或如醉狂舞者。或如披頭仗劍者。皆松也。又若怒龍驚虬之勢。騰龍伏虎之形。似狂怪而飄逸。似偃蹇而躬身。或坡側倒飲水中。或倒崖而身復起。爲松之儀也。其勢萬狀。變態莫測。凡畫根者。臨岸倒起之木。其根拔出土外。狂而且迸也。其平

立之木。當以太根深入崖中。小根方可出土。凡作枯槎槁木。務要得竅竅空耳。且松爲衆木之長。亭亭氣概高上凌空。而旁枝乃俯然覆掛。下接凡木。荆浩曰。成材者氣概高幹。不材者抱節自屈此也。右丞曰。松不離於弟兄。謂高低相亞。亦爲子孫。至於柏樹則老逸而舒暢。皮宜轉紐捧節有紋。多枝少葉。節眼嵌空。勢若蛟龍。身去復回。蕩迭縱橫。乃古柏之狀也。檜者松身柏皮。其枝橫肆而盤屈。其葉散而不定。

古檜之體也。餘種群木難以具述。惟楸梧槐柳。形儀各異。大概有葉之木貴要豐茂而蔭鬱。寒林之木務枯聳而重深。枯老之木背後當用淺墨樹伴和爲之。林罅不用明白。枝枝葉葉。烟嵐映帶。斯深得乎木之妙用者乎。梁元帝云。木有四時。春英夏蔭。秋毛冬骨。其有林巒者山岩密木也。有林麓者山腳喬木也。林迴者遠林烟暝也。此三者大要不可狂斜倒起。隱隱躍躍。仍要辨其形質。夫質者何。形質備也。叢木用墨點

成淺深相等。又山之衣也。山無草木謂之露骨。如人少衣有威儀耶。否耶。若作一窠一石。又務要減矣。」

四庫本論石條（八一六—二〇七上）。首句「夫」字下有缺文。鈔本作「畫石者貴要磊落雄壯。蒼硬頑澀。礬頭菱面。層疊厚薄。覆壓重深。落墨堅實。凹深凸淺。皴拂陰陽。點均高下。乃爲破墨之功也。」其下「各有古今家數體法存焉」句（同上）下亦有缺文

。鈔本作「昔人云石。無十步眞山。有千里遠況。石爲山之體。貴氣韻而不貴枯燥也。畫之者不可失此論。」

四庫本論雲霧烟霞嵐光風雨雪條（八一六—二〇七上）。「夫通山川之氣。以雲爲總也」句下有缺文。鈔本作「雲出於深谷。納於愚夷。弇日搶空。渺渺無拘」。其下「此陰雲四時之氣也」句（八一六—二〇七下）下有缺文。鈔本作「然雲之體聚散不一。輕而爲烟。重而爲霧。浮而爲靄。聚而爲氣。其有山嵐之氣。烟之輕者。雲展而霞舒。雲者乃氣之所聚也。凡畫者分氣候。別雲烟爲先。山水中所最用者。霞不重以丹。雲不施以彩。恐失其嵐光野色。自然之氣也。」其下「想其時候。方可落筆」句（八一六—二〇八上）下有缺文。鈔本作「爾雅云。天氣下而地不應曰雪。言暗而物輕也。地氣登而天不應曰霧。言暝而物重也。風而雨之爲霾。言無分遠近也。陰風重而爲曀。

言無分於山林也。此皆不時之氣也。至於魚龍草莽之象。呂氏之言甚明。鸞翔鳳翥之形。陸機之論深得。然畫者窮天理之奧。掃風雪之候。曷可不深究焉。」

四庫本論用筆墨格法氣韻條（八一六—二〇八下）。首句「夫畫者」下有缺文。鈔本作「筆也。乃心運也。索之於未狀之前。得之於儀則之後。默契造化。與道同機。握管而潛萬象。揮毫而掃千里。故」。其下「一勾一研。皆有意法存焉」句（八一六—二〇九上）下有缺文。鈔本作「若不從古畫法。只寫眞山。不分遠近淺深。乃圖經也。焉得其格法氣韻哉。」

四庫本論觀畫別識條（八一六—二〇九上）。首有缺文。鈔本作「瓊瑰琬琰天下皆知其爲寶也。非卞氏三獻。孰別其荆山之姿而爲美。驊騮騕褭。天下知其爲馬也。非伯樂一顧。孰別冀北之駿而爲良。是猶畫山水之流於世也。隱造化之情實。論古今頤奧。發天地之形容。蘊藉聖賢之藝業。豈賤隸俗子得以易窺其端

倪。蓋有不測之神思。難名之妙意。寓於其間矣。」其下「凡閱畫先看氣韻。次究格法。不可糅雜」句（同上）下有缺文。鈔本作「何也。且畫李成之格。豈容雜於范寬。正如字法。顏柳不可以同體。篆隸不可以同攻。故所操不一。則所用有差。信乎然矣。歸古驗今。善觀乎畫者。焉可無別歟。近世畫者多執好一家之學。不通諸名流之跡。否則博究諸家精於一家者寡矣。吾謂節明其諸家畫法。自成一家。乃爲精通之

士耳。且觀畫非精通博覽者不能達焉。畫」

四庫本畫史條（八一六—二一〇上）。「多因俗手假名以亂眞耳」句下有缺文。鈔本作「余欲爲無李論」。其下「洲渚掩映。一片江南」句（同上）下有缺文二則。鈔本作「大抵牛馬人物一摸便似。山水摹皆不成。山水心匠自得處高也。」及「凡收畫必先收唐希雅。徐熙等雪圖。巨然或范寬山水圖。不必齊整相對者。裝堂遮壁。蓋古畫自大小不齊耳。」其下「大抵」二字（八一六—二一一上）下有缺文。鈔本作「畫今時人。眼生者即以上古人名差配之。似者即以正名配之。」其下「時易新玩。兩適其欲。乃是達者」句（同上）下有缺文一則。鈔本作「坦然明白易辨者。顧。陸。吳。周昉人物。荆。李。關。董。范。巨然。劉道士山水也。戴牛曹韓亦復難辨。蓋相似者衆也。花鳥又不然。」

四庫本雜說條（八一六—二一一下）。「故古今文人

頗多著意」句下有缺文。鈔本作「張彥遠所次歷代畫人冠裳大半。唐則少陵題詠。曲盡形容。昌黎作記。不遺毫髮。本朝文忠歐公。三蘇父子。兩晁兄弟。山谷。後山。宛丘。淮海。月巖。以至漫仕龍眼。或評品精高。或揮染超拔。然則畫者豈獨藝之云乎。自古文人何止數公。有不能且不好者。將應之曰」。其下「未若休復。首推之爲當也」句（八一六—二一二上）下有缺文一則。鈔本作「余嘗取唐人宋兩朝名臣文

集。凡圖畫紀詠。考究無遺。故於群公略能察其鑒別。獨山谷最爲精嚴。元章心眼高妙而立論有過中處。少陵東坡兩翁雖注意不專。而天機本高一語之確有不期合而自合者。杜云妙絕動宮牆。削壁傳人物。須動字始能了。請公放筆爲直幹。則千丈之姿於用筆之際非放字亦不能辦。至東坡又曲盡其理。如始知眞放本細微。不比狂華生客慧。當其下筆風雨快。筆所未到氣已吞。非前身顧陸安能道此等語耶。」

四庫本畫山水訣條（八一六—二一三上）。「林叢忌頭齊。列岫分高下」句下有缺文。鈔本作「又要稠疊而不崩塞。實裡求虛。簡而恐成孤。虛中求實。」

四庫本泛說條（八一六—二一三下）。首有缺文。鈔本作「近古名人作山水。居其品者亦自不少。且如關仝。范寬。郭忠恕。郭熙。李成。賀眞。張戩。高珣諸公。各得一體。或取於多景。或取於輕秀。或取於緊硬。備求所長而綴其景。得之者衆。惟李蕭二公變體一出。恍然超於今古。簡淡疾速。宜乎神品矣。李先生畫。落墨蒼硬。辟綽簡徑。謂之寔裡有虛。蕭大夫畫在烟雲氣霧得景謂之虛中有寔。如能二體兼之。眞所謂神品也。自劉益。李迫。趙逸。劉春之後。作者布色重厚而鮮明。但筆跡細軟又似女工。且不耐久。後進不知體法。仿而仿之。彌失眞矣。」其下「此是人物景致。便成補衲。非山水也。」句（同上）下有缺文。鈔本作「自江陵登三峽夔門。長流三千餘

重灘逆瀨。匯洑狂瀾。旋渦回流。雄波急浪。備在其間。登山則自夷陵之西。懸崖峭壁。陡岸高峰。峻嶺深岩。幽泉秀谷。虎穴龍潭。臨危列險。無不經歷。畫是今日之畫式也。豈不廣哉。若悟妙理。賦在筆端。何患不精。畫者如是思如是學。不負名矣。」

四庫本泛說條後。缺沈存中括撰圖畫歌一條。鈔本作「畫中是妙言山水。摩詰峰巒面起面。李成筆奪造化工。荆浩開圖論千里。范寬石瀾烟林深。枯木關仝極

難比。江南董源僧巨然。淡墨輕嵐爲一體。宋迪長於遠與平。王端善作寒江行。克明已往道寧逝。郭熙遂得新來名。花竹翎毛不同等。獨出徐熙入神境。趙昌設色古無如。王友劉常亦堪並。黃筌居寀及譚宏。鷗鷺春葩蜀中景。艾宣孔雀世絕倫。羊仲甫鷄皆妙品。惟有長安易元吉。豈止獐猿人不。鵰鷹飛動羨張涇。番馬胡瓌岌然立。濠梁崔白及崔愨。群虎屏風供御幄。海河徐易魚水科。鱗鬣如生頗難學。金陵佛像王齊

翰。顧德謙名皆雅玩。老曹菩薩各精神。道士李劉俱偉觀。星辰獨尚孫知微。盧氏楞伽亦爲伴。勾龍爽筆勢飄飖。錦里三人共輝煥。西川女子分十眉。宮粧撚線周昉肥。堯明擊壤鼓腹笑。滕王蛺蝶相交飛。居寧草蟲名浙右。孤松韋偃世稱希。韓幹能爲大宛馬。包鼎虎有驚人威。將軍曹霸善圖寫。玉花驄並令傳之。馭人相扶似偶語。老杜詠入丹青詩。少保薛稷偏攻鶴。雜品皆奇怪石恪。戴嵩韓滉能畫牛。小景惠崇烟漠

漠。唐僧傳古精畫龍。毫端想與精神通。挐珠奮身奔海窟。鬣如飛火騰虛空。忠恕樓臺眞有功。山頭突出華淸宮。用及象坤能畫鬼。角嘴鐵面頭蓬鬆。侯翼曾爲五侯圖。海山聚出風雲烏。爾朱先生著儒服。呂翁碧眼長髭鬚。愷之維摩失舊跡。但見屢世令人摹。探微眞跡存一本。甘露板壁狻猊枯。操蛇惡鬼銜火獸。鑿石道子傳注吳。僧繇殿龍點雙目。即使便有雷霆驅。仙翁葛老度溪嶺。瀟灑數幅名遷居。輞川弄水幷捕

魚。長河亂葦寒疏疏。子家所有將盈車。高下百品難俱書。相傳好古雅君子。睹詩觀畫言無虛。」

四庫本繪宗十二忌條（八一六—二一四下）。「十一曰濃淡失宜。」句下有缺文。鈔本作「下筆不論水墨設色金碧。即以墨瀋滃淡。須要淺深得宜」。

四庫本畫譜條（八一六—二一七上）。缺一則。鈔本作「江南地闊無塵。人多精藝。三吳之跡。八絕之名。逸少右軍。長康散騎。書畫之能。其來尚矣。好事

家宜置宣紙百幅。用法蠟之。以備摹寫。古時好搨畫。十得七八不失神彩筆跡。亦有御府搨。謂之官搨。國朝宣廟搨寫不輟。承平之時此道甚行。晦塞之後斯事漸廢。故有非常好本。搨得之者所宜寶之。既可希其眞踪。亦得留爲證驗。」其下四庫本又缺無聲詩。山水歌二條。鈔本其文如下

刪兩山居士毛舜臣良著無聲詩

釋像有善功方便之顏。道流具修眞度世之範。帝王崇

天日龍鳳之表。外夷有慕華欽順之情。儒賢見忠信禮義之風。武士多勇悍英烈之貌。隱逸識高世之節。貴戚高侈靡之容。天帝明威福嚴重之儀。鬼神作醜婧馳趡之狀。仕女宜秀色婑䰐之態。田家有醇甿樸野之眞。衣紋有重大而調暢者。有縝細而勁健者。勾綽縱掣。理無妄下以狀高側卷摺飄舉之勢。林木有樛枝挺幹。屈節皺皮。紐裂多端。分敷萬狀。山石多作礬頭。亦爲菱面。要見幽遠而氣雄。崢嶸而秀潤。畫水湯湯

若動。使人有浩然江湖之思。屋木折算無虧。筆墨均壯。深遠透空。花竹得四時節候。陰陽向背。苞萼後先自然。艷麗有態。禽鳥須想像其翔舉飛集之形。知此雖不能盡鑑閱之精。然工拙亦略可見矣。或有逸品高賢寄興寓意者。當求之筆墨之外。

刪弇州山人王世貞著畫苑

山水歌　略刪

畫十三科。獨尊山水。初非學力能成。自是天機獨到。唐則鄭虔王摩詰之輩。宋則郭熙朱學士之流。儒者

多能繪工。所以明窗淨几。佳楮輕縑。號爲水墨神仙。偏貌烟霞境界。曲盡變態。眼前景象層層出筆底。江山涎涎生腳跟。踏盡四海五湖。心中自有千丘萬壑。遠近先分賓主。布置全在安排。淡墨餘而禿筆皴。宿筆烘而濃筆解。妙處不勞用托。陰地須使煤。遠水無波。巨浪有崩騰之狀。遙峰露影。近山宜點齪之繁。春樹薄而秋樹疏。夏雲濃而冬雲黯。點稍有丁香鹿

角。皴石有斧腦箭頭。水邊宜著孤舟。嶺外深藏野寺。人物則三四點而成。江村則八九家。宜畫風烟。起則千里俱昏。雪月白則三更如晝。禽鳥多棲古木。樓臺半隔疏林。巓崖作古木垂籐。怒石起飛。淪濺瀑大。圖障先觀氣勢。小景致只作微茫。錢塘帶月觀潮。左纛無風起浪。烟迷露寺。日落垂亭。平沙闊。落雁成行。山徑晚。征夫問宿。墨濃淡則路分遠近。筆老嫩則樹自陰陽。地靈難以秘藏。心匠齊憑收拾。盈尺

寫寰中之景。使人懷物外之思。訝蓬島而隔塵。凡截匡廬而歸戶牖。細評詳斷。可擅名家技能。壓盡衆人盤礴原非庸史。

四庫本畫說條（八一六—二一七下）。第二則首有缺文。鈔本作「畫家之妙全在烟雲變滅中。米虎兒謂王維畫皆如刻畫不足學也。雲山爲戲墨。此語雖過正。然」。其下復有缺文數則。鈔本作

畫家以古爲師。已自上乘進此。當以天地爲師。每朝起看雲氣變幻。絕近畫中山巒。

趙大年平遠寫景。湖天淼茫之際極不俗。然不奈多皴。雖云學摩詰畫。而摩詰畫正有細皴者。文雅細潤不獨輞川一圖。重山疊嶂亦有之。趙能師其趣。未必能盡其法也。

畫之道所謂以宇宙在乎手者。眼前無非生機。故其人往往多壽。至如刻劃細碎爲造物役者。乃能損壽。蓋無生機也。黃子久。沈石田。文徵仲皆大耋。仇英短

命。趙吳興止六十餘。仇與趙雖品格不同。皆習者之流。非以畫爲寄。以畫爲樂者也。寄樂於畫。自黃公望始開此門庭耳。」

其下「畫之南北二宗自唐時分」一則（同上）。首尾俱有缺文。鈔本作「禪家有南北二宗。唐時始分。」

其下四庫本「以至之四大家」句（八一六—二一八上）下有缺文。鈔本作「亦如六祖之後馬駒雲門也」。

其下四庫本復有缺文一則。鈔本作

張伯雨題倪迂畫云。無畫史縱橫習氣。余家有此幀。又其自題獅子林圖云。余此畫眞得荊關遺意。非王蒙輩所能夢見也。其高自位置如此。又顧謹中題倪迂畫云。初以董源爲宗。及乎晚年。畫益精詣而書法漫矣。蓋迂書絕工緻。晚年乃失之。而聚精於畫。一變古法。以天眞幽淡爲宗。要亦所謂漸老漸熟者。若不從北苑築基。不容易到耳。縱橫習氣即黃子久未斷。幽淡兩言則趙宜興猶遜迂翁。其胸次自別乎。

四庫本畫史條（八一六—二一九下）。有缺文數則。鈔本作「李之純云。舉天下之言唐畫者。莫如成都之多。就成都較之。莫如大聖慈寺之盛。總九十六院畫諸佛如來一千二百一十五。菩薩一萬四百八十八。帝釋梵王六十八。羅漢一千七百八十五。天王大神將二百六十二。佛會經驗變相一百五十。雕塑不與焉。」

「元美公屬陸叔平臨黃安道華山圖四十幅。後有於鱗詩及記。皆俞仲蔚書而叔平畫。皴法不盡到如立粉本者。余借至元宰見而珍之。」

「李伯時書法極精。山谷謂其畫之關紐透入書中。」

「錢叔寶少孤貧。迨壯始從野亭翁遊文太史門下。授以畫法。然性嗜讀書。有異書便手自抄寫。至老不衰。燒香洗硯。悠然自得。其畫晚年於是益妙。」

四庫本畫畫金湯條後（八一六—二二二上）。缺畫牋一條。鈔本作

纂東海屠赤水龍著畫牋

似不似

畫花。趙昌意在似。徐熙意在不似。非高於畫者不能以似不似定其品。蓋意不在似者。太史公之於文。杜陵老之於詩也。

古畫

上古之畫跡簡。意淡眞趣自然。

唐畫

意趣聚於筆前。故不求工而自妙。後人刻意工巧。有

物趣而乏天趣矣。

宋畫

評者謂之院畫不以爲重。以工勝而神不足也。不知如李唐。劉松年。馬遠。夏珪。此南渡後四大家也。畫家雖以殘山剩水目之。然實工極精極。

元畫

今謂士夫畫世獨尙之。蓋士大夫氣者乃士林中所作。全法氣韻生動。不求物趣。以得天趣爲高。觀其曰寫

而不曰畫者。蓋欲脫盡畫工院氣故耳。不知此等謂之寄興。何以上擬古人而爲後世寶。如松雪。子久。仲圭。叔明。舜舉。雲林。形神俱妙。絕無邪氣。此眞士氣畫也。雖宋人復起。亦甘心服其天趣。

臨畫

臨古畫。著色極難。沈石田仿諸舊。筆意奪眞。獨於倪迂不似。蓋老筆過之也。（此段以下缺數行）。

（上有缺文）。董北苑之精神在雲間。趙承旨之風韻在金閶。已（下缺三字）非非非趙也。董也。乃因襲流弊耳。有流弊遂有矯枉。至矯枉轉爲因襲。去董趙愈遠矣。何不尋宗覓派。打成一局。非北苑。非承旨。非雲間。非金閶。非因襲。非矯枉。孤踪獨響。夐然自得。

筆墨

筆與墨最難相遭。具境而皴之淸濁在筆。有皴而勢之隱現在墨。

卷下

四庫本樓閣條（八一六—二三三下）。「畫樓臺寺屋。必須宗前人」句下有缺文。鈔本作「製造。但看了前人樓臺寺宇等跡。今人自不能動一筆。又豈能舍其舊本而別爲創獲哉。」

四庫本名人畫圖語錄條（八一六—二三八上）。有缺文一則。鈔本作

趙文度云。畫山水大幅務以得勢爲主。雖縈紆高下。

氣脈仍是貫串。林木得勢。雖參差向背不同。而自條暢。石得勢。雖奇怪而不失理。即平常亦不爲庸山。坡得勢。雖交錯而自不繁亂。何則。以其理然也。而皴擦勾斫。分披糾合之法。即在理勢之中。至於野橋村落。樓觀舟車。人物屋宇。全在想其形勢之可安頓處。可隱藏處。可點綴處。先以朽筆爲之。復詳玩之。似不可易者。然後落墨方有意味。如遠樹要糢糊。襯樹要體帖。蓋取其掩映連絡也。其輕烟遠渚。碎石幽溪。疏筠蔓草之類。祇不過因意添設而已。爲烟嵐雲岫。必要照映山之前後左右。令其起處至結處。雖有斷續。仍與山勢合一而不渙散。則山不爲烟雲所揜矣。藏蓄水口。安置路徑。宜隱見參半。使紆迴而接山之血脈。總之。章法不用意構思。一味填塞。是補衲也。焉能出人意表哉。所貴乎取勢布景者。合而觀之。若一氣呵成。徐而玩之。神理湊合。乃爲高手。然而取勢之法又甚活潑。未可拘攣。若非用筆用墨

之高韻。又非多閱古蹟及天資高邁者。未易語也。

寒山帚談三卷

明趙宧光撰

以明刊本校補

卷三上

權輿章

四庫本「書法每云。學業先學篆隸而後眞草。又云作字須略知篆勢。能使落筆不庸。是攷文字從規矩準繩中來」句以下注原闕（八一六—二六五下）。明刊本其文如下「是故文字從軌矩準繩中來。不期古而古。不從此來。不期俗而俗。書法所稱蜂腰鶴膝。頭重末輕。左低右昂。中高兩下者。皆俗態也。一皆篆法所不容。由篆造眞。此態自遠。

古篆爲眞草根氐。眞草爲古篆生機。飛白分隸。傳驛定耳。作小楷先學署書。得署書小楷傳驛而定耳○象形古文。方圓不移。大小二篆。惟圓用事。八分以圓法行方。眞楷以方法行圓。行簡法楷。章草法分。稿

書法古。二篆則自相爲法。署書摹印。略竊其緒餘。

字以格力爲主。作古文形事諸書。以頑而能銳。銳而還樸爲格力。作大小籀篆諸書。以圜而能方。方不露圭角爲格力。作分隸飛白。以鋒取波。借波成折爲格力。作徒隸眞楷。以小字如大。大字如小爲格力。作行書稿草。以主客分明。引帶不雜爲格力。體法互明。取近斯顯。不得不分屬以著其說耳。泥則窮矣。

時尙徒隸謂之眞書。眞書行而百家廢矣。書法欲粗識篆體。豈惟篆乎。即各體無不相關。借勢低昂。全合草法。波折向背。全合隸法。大小隨宜。全合鐘鼎。行次貫珠。全合周秦。收鋒則垂露。縱筆則懸箴。拂借柳葉。捺放倒薤。一法不具。不稱大家。

眞書波折飛轉。出于分隸飛白。行止放縱。出于垂露縣箴。戈拂挑剔。出于柳葉倒薤。

四庫本「三曰大篆……有以金闐其文者。爲人剔金棄石」句（八一六—二七三下）。明刊本「爲人」作「

胡人」。

長短經九卷

唐趙蕤撰

以舊鈔本校補

卷三

四庫本「世士不料其數而係其言。故善惡不分。亂實由之」句中有闕文（八四九－五三上）。鈔本作「世士不料其數而係其言。故善惡不分。以覆過爲弘也。朋友忽義。以雷同爲美也。善惡不分。亂實由之。」

樂菴語錄五卷

宋李　衡撰　龔　昱編

以舊鈔本校補

卷四

四庫本「前輩謂胸中無藻鑑不可讀書」。與「鬼神之心便是我之心」。兩條之間有闕文（八四九—三〇九上）。舊鈔本其文如下

夷狄之有君不如諸夏之亡。亡讀作無。豈是諸夏果無君哉。如孟子言三月無君則弔是也。諸夏無君者。是隱居不仕而不得於君也。夷狄有君者得於君也。夷狄之人雖得君行道。然禽獸之俗終不能化。反不若生於中國而不得於君也。雖不得於君。亦可以修身見於世。

物物皆是道。事事皆是道。雖當一一去理會。不可便放過。萬一心與見俱會是大小大事。莊子所謂道在稊稗。道在瓦礫。道在屎溺。卻不可作寓言看了。

刊誤二卷

唐李　涪撰

以明萬曆間新安吳氏校刊古今逸史本校補

卷上

宰相不合受節察防禦團練等使櫜鞬拜禮章

四庫本「又假回騎。軍戎繁雜」句（八五〇—一七〇下）。明刊本「回」作「虜」。

卷下

釋怪章

四庫本「中外寧違其教者」句（八五〇—一七八下）。明刊本「中外」作「夷夏」。

近事會元五卷

宋李上交撰

以清嘉慶間陸奎手鈔本校補

卷四

四庫本「雲韶院」條之後有脫文（八五〇—二八六下）。清鈔本兩條全文如下

雲韶院

教坊記云。宜春人爲戲。則以雲韶添之。雲韶爲宮。蓋賤隸者也。

軟舞　健舞

教坊錄云。迴波樂春鶯囀鳥夜號之類謂之軟舞。阿遼柘枝達摩之屬謂之健舞。

靖康緗素雜記一〇卷

宋黃朝英撰

以鈔本校補

卷一

貌侵條。四庫本南史以下三處注闕（八五〇—三九〇下）。鈔本其文作「南史云。王筠狀貌寢小。北史邢遜傳云。祖效貌寢有風尙。倦遊錄載終愼思風貌寢陋。皆以侵爲寢。蓋循襲之誤也。侵固不當作寢。」

猗覺寮雜記二卷

宋朱　翌撰

以舊鈔本校補

卷上

杜詩云黃鳥時兼白鳥飛條。四庫本「東坡云。不怕飛蚊如立豹矣。何用更說蚊也」句有脫文（八五〇—四四一下）。舊鈔本作「東坡云。不怕飛蚊如立豹。又隨白鳥過長虹。詩話引前證謂白鳥爲蚊。吳江多蚊爾。不知正爲白鷺也。上句云飛蚊如立豹矣。何用更說蚊也」。

「坡云賀雨詩成即諫書」與「淡菜貝中海錯之美」兩條之間有缺文（八五〇—四五三下）。舊鈔本作「陵寢爲柏城。見唐韋彤傳。寢宮所占在柏城中。距陵不遠。白公陵園妾詩。松門到曉月徘徊。柏城盡日風蕭瑟」。

卷下

古人以放動重華文命爲堯舜之名條。四庫本「謚法傳以爲周公所作。以予觀之」句中有脫文（八五〇—四七一上）。舊鈔本作「謚法傳以爲周公所作。莫知所本。止以檀弓有死謚周道之語。故以爲周公所作。以予觀之」。

四庫本五星二十八宿降於世爲人。如東方朔爲歲星條以下與下一條「斗秤欺慢變易之類」句之間有缺文（八五〇—四七七上）。舊鈔本其全文如下

五星二十八宿降于世爲人。如東方朔爲歲星。蕭何爲昴星。李白爲長庚。崔浩傳。火星下秦分爲童謠。國史纂異李淳風奏北斗七星當化爲人。至西市飲酒。使人候之。見七僧共飲一石。太宗召之。七人笑曰。此必李淳風小兒言我也。忽不見。

搜神記。周犨者家貧。夫婦夜田。天帝見而憐之。問司命曰。此可富乎。司命曰。命當貧。有張車子財可以假之。乃借而與之。期曰。車子生乃急還之。田者

稍富。及期。夫婦輦其財以逃。路逢夫妻寄車下宿夜生子。問名于其夫。夫曰。生車間名車子也。自是所向失利。遂貧如故。此與尉遲敬德錢何異。富可妄求乎。雖天帝不能易貧爲富也。然則富貴在天之說亦可疑。已見張平子思玄賦注。

曹相以齊獄市屬後相。夫獄市所以幷容。今君擾心。姦人安所容乎。說者謂獄市市獄也。如鬻獄之類。豈有曹參爲相而容人鬻獄乎。獄也市也二事也。獄如教

唆詞訟資給盜賊。市如用私斗秤欺謾變易之類。皆姦人圖利之所。若窮治盡則事必枝蔓。此等無所容。必爲亂。非省事之術也。

男曰人臣女曰人妾條。四庫本「如孟光字德曜。曹昭字惠班之類是也」句下有脫文（八五〇—四八一下）。舊鈔本作「其自稱也亦以名。如曹大家上書曰妾昭之類是也」。

「韓安國坐法抵罪」與「李適之爲相」兩條之間四庫本有脫文（八五〇—四九二上）。舊鈔本作「世多用孔子作春秋。游夏不能措一辭。孔子世家云。春秋筆則筆。削則削。子夏之徒不能贊一辭。未嘗及子游。豈見云子夏之徒遂增子游。又贊詞非措詞也。

學林一〇卷

宋王觀國撰

以舊鈔本校補

卷五

五姓章。四庫本「半出於四裔部落之號」句（八五一—一三二下）。舊鈔本「四裔」作「戎狄」。

卷十

封窆章

四庫本終於「則封字爲窆字可知矣」句（八五一—二六三上）。舊鈔本其下尚有一段如下

檀弓曰。垂棺而封。又曰。啇既封而弔。又曰。公輸若請以機封。又曰。於其封也。亦予之席。喪大記曰。母譁以鼓封。曾子問曰。既封改服而往。王制曰。庶人垂封。雜記曰。既封而退相見。凡此封字鄭氏注皆曰封當爲窆。釋音皆曰封彼驗反。

容齋隨筆七四卷

宋洪　邁撰

以明弘治間會通館銅活字本校補

卷一

敕勒歌章。四庫本「斛律明月武人也。不以文章顯其主」句（八五一—二七六下）。明刊本「武人」作「胡兒」。「其主」作「老胡」。

卷四

野史不可信章。四庫本「敵騎未退何人可守」句（八五一—三〇三上）。明刊本「敵」作「虜」。又「王馳騎入魏。越十一日敵退」句（同上）。明刊本「敵」亦作「虜」。

卷七

姜嫄簡狄章。四庫本「毛公治詩。爲河間獻王博士」句（八五一—三三六下）。明刊本「治詩」作「趙人」。

卷九

簡師之賢章。四庫本「雖奇異其衣服而人其知」句（八五一—三三九下）。明刊本「奇異」作「夷狄」。

五胡亂華。石宣爲彗兩則。四庫本皆缺。今據明刊本補之如下。

五胡亂華

劉聰乘晉之衰。盜竊中土。身死而嗣滅。男女無少長皆戕於靳準。劉曜承其後。不能十年。身爲人禽。石勒嘗盛矣。子奪於虎。虎盡有秦魏燕齊韓趙之地。死不一年而後嗣屠戮。無一遺種。慕容儁乘石氏之亂。跨據河山。亦僅終其身。至子而滅。符堅之興又非劉石比。然不能自免。社稷爲墟。慕容垂乘符氏之亂。盡復燕祚。死未期年。基業傾覆。此七人者皆夷狄亂華之巨擘也。而不能久如此。今之北虜爲國八十年。傳數酋矣。未亡何邪。

石宣爲彗

石虎將殺其子宣。佛圖澄諫曰。陛下若加慈恕。福祚猶長。若必誅之。宣當爲彗星下埽鄴宮。虎不從。明年虎死。二年國亡。晉史書之以爲澄言之驗。予謂此乃石氏窮凶極虐。爲天所棄。豈一逆子便能上干玄象起彗孛乎。宣殺其弟韜。又欲行冒頓之事。寧有不問之理。澄言既妄。史氏誤信而載之。資治通鑑亦失於不删也。

續筆

卷一

存亡大計章。四庫本「皇家靖康之難。敵騎長驅」句（八五一—四〇九下）。明刊本「敵騎長驅」作「胡騎犯闕」。

李衛公帖。四庫本注缺一字（八五一—四一二下）。明刊本作「沒」。

卷四

淮南守備章。四庫本「紹興之季金兵渡淮」句（八五一—四三二下）。明刊本「金兵」作「虜騎」。

卷七

將帥當專章。四庫本「張彥澤輩駑材反寇」句（八五一—四六二）。四庫本「寇」作「虜」。

卷九

太公丹書。四庫本注缺一字（八五一—四七三上）。明刊本作「好」。

卷十

「唐諸生束脩」章。四庫本「唐世士人多攻書」句下注缺二字（八五一—四八一上）。明刊本作「蓋在」。

三筆

卷三

四庫本黔黎遭兵之苦章（八五一—五五五下）。明刊本「黔黎遭兵」作「北狄俘虜」。又「蓋自古兵荒皆然也」句（同上）。明刊本「自古兵荒」作「北方夷俗」。又「自靖康之後陷於金人者」句（同上）。明刊本「金人」作「金虜」。又「人或哀之則使執爨」句（八五一—五五六上）。明刊本「人」作「虜」。

卷四

眞宗北征章。四庫本「聞范廷召破之於莫州北」句（八五一—五六九上）。明刊本「之」作「虜」。

卷五

四庫本金主誅宗王章（八五一—五七六上）。明刊本「金主」作「北虜」。又「紹興庚申北主亶誅宗室七十二王」句（同上）。明刊本「北主」作「虜主」。又「今北主誅其叔」句（八五一—五七六）。明刊本「北」亦作「虜」。

卷十一

記張元事章。四庫本「自古外國之臣來入中國者必爲人用」句（八五一—六一八下）。明刊本「外國」作「夷狄」。

四筆

卷二

用兵爲目下利章。四庫本「富公奉使契丹國主言欲舉兵」句（八五一—六七八下）。明刊本「國」作「虜」。

卷十一

常何章。四庫本注缺一字（八五一—七四六上）。明刊本作「學」。

東坡誨葛延之章。四庫本注闕二字（八五一—七六八下）。明刊本作「寧復」。

卷十四

王居正封駁章。四庫本注闕字一字（八五一—七六八下）。明刊本作「未欲」。

五筆

卷一

王安石棄地章。四庫本「既以嶺與之。遼遂反瞰忻代」句（八五一—七九五下）。又「慶歷中遼求關南十縣」句（同上）。明刊本「遼」字皆作「虜」。

卷三

州縣名同章。四庫本「先是中原陷沒時。本土遺民或僑寓南方」句（八五一—八一二上）。明刊本「陷沒時」作「陷胡羯」。

卷五

大言誤國章。四庫本「今日彼軍豈能飛渡邪。臣每患官卑。彼若渡江。臣定作太尉公矣」句（八五一—八二六上）。明刊本「彼」字皆作「虜」。「飛」作「盡」。

卷六

李彥仙守陝章。四庫本「敵爲太原。李綱爲宣撫使」

句（八五一—八三四上）。又「三犛諭衆曰。敵實易與」句（同上）。又「少日。敵復據陝」句（同上）。又「奪馬三百。敵解去」句（同上）。又「未閱月。破敵五十餘壁」句（八五一—八三四下）。又「初敵再入陝」句（同上）。又「敵方備南壁」句（同上）。又「始河東之人倡義拒敵」句（同上）。以上凡八處「敵」字。明刊本皆作「虜」。又「十二月金帥烏嚕徹拔圍陝」句（同上）。明刊本「帥」作「酋」

；又「敵傷甚跳奔」句（同上）。又「敵以萬甲逆石鍾谷口」句（八五一—八三五上）。又「營部囂亂。縱兵乘之。敵稍退」句（同上）。又「敵先阻雍不得進」句（同上）。又「繞敵後端」句（同上）。又「先是敵嘗許以河南元帥」句（同上）。又「安用汝富貴爲敵惜其才」句（同上）。又「敵不能察其爲人」句（八五一—八三五上—八三五下）。又「中立孤軍。日與敵确」句（八五一—八三五下）。以上凡九處「敵」字。明刊本皆作「虜」。

卷十

丙午丁未章。四庫本「元海毒亂此其源也」句（八五一—八六八上）。明刊本「元海」作「五胡」。

蘆浦筆記一〇卷

宋劉昌詩撰

以舊鈔本校補

卷八

至和拜相制

四庫本文中有一字注闕（八五二—五三四上）。舊鈔本作「幾」。

資政北節王公家傳

四庫本「明年北兵犯境」句（八五二—五三五下）。舊鈔本「北兵」作「北胡」。又此句以下除「敵曰死守者我也」句之「敵」字舊鈔本作「賊」。及「若輩母誘我。吾誓有死耳」句之「若輩」作「虜賊」外。其餘「敵」字舊鈔本均作「虜」。

卷九

嗀齋銘之前四庫本未錄「祭蝗蟲文」（八五二—五四〇下）。舊鈔本其文如下

「祭蝗蟲文

維某年月日右修職郎特差知壽春府安豐縣王希呂。謹以清酌之奠。祭于蝗蟲之神而告之曰。古先哲王之有天下也。兢兢畏畏于事天治人之禮。無不盡然。猶九年之水。七年之旱。見于堯湯之時。是知數之所鍾有不可得而逭者。則蝗蟲之來此土。食民之產。以肥其身。以孳其子孫。亦宜矣。然嘗聞漢之循吏一有善政而蝗不入境。至于李唐太宗。呑一蝗而衆蝗死。當時仰其德。後世歌其事。鏗鏘炳明。盪人耳目。迨茲以爲美談。今天子嗣神聖位。聰明仁厚出于天性。凡事有不法天。政有不便民者。一切革而去之。老姦巨猾。旣勦以耘。不萌不芽。無所容跡。嶺海吳蜀。江淮荆湖之民甍連壤交。仰事俯育。熙熙于于各得其所。卻視漢循吏唐太宗何啻萬萬不侔。則蝗蟲之來處此土。食民之產以息其身。以孳其子若孫。其爲不可亦明矣。且縣令受天子命來宰是邑。其治以撫養百姓

為事。則蝗蟲之與縣令又不得。並居此土也。道安豈而西北走向十里即虜人之界。彼其暴虐無道。弑君殺母。無所不有。蝗蟲捨此而去彼。誰為不可者。今與蝗蟲約三日北歸。三日不能五日。五日不能七日。若七日不歸。是終不肯歸矣。是狃蕃夷之餘習以害我聖朝之善治。夫狃蕃夷之餘習。害聖明之善治。與傲天子之命吏。不聽其言而為民害者。其罪皆可殺。縣令則取詩人去螟之語。唐相捕蝗之命以與蝗蟲從事。必

盡殺之迺止。無俾遺種于茲邑。蝗蟲有知。其聽縣令言。

野客叢書三〇卷

宋王楙撰

以明嘉靖四十一年王穀祥刊本校補

卷十五

富公奉使語。四庫本「北朝與中國通好。則人主專其利而臣下無所獲」句（八五二—六六七下）。明刊本「北朝」作「北虜」。

附錄。

四庫本「靖康末金人立張邦昌」句（八五二—〇八二下）。明刊本「金人」作「虜人」。

經外雜鈔二卷

宋魏了翁撰

以明寶顏堂秘笈本校補

卷二

四庫本於「辛酉貶京兆李實爲通州長史」與「建安十八年先主進軍圍雒縣」兩則之間少錄一則（八五三—一〇〇下）。明刊本其文如下

契丹傳世至天祚。歷八百餘歲。女眞以小國事之。天

祚不道。凌轢女眞。女眞滋不堪。乃治兵選將以攄其憤。一舉而得契丹地八百里。兵益強。糧益豐。士氣益振。建號大金焉。尙以契丹與中國和約。久慮其援於我也。始遣使通好。獻燕雲之地。圖共舉契丹。朝廷可之。宣和六年。除尙書左丞王安中帥燕山。以降將郭藥師副之。七年冬十二月藥師叛。燕陷。大金遣兵趨京師。明年靖元春正月。傳城下。秋九月。太原破。又明年建元河東河北陷。又明年。京東西雍秦鄜延破。又明年。淮南破。又明年秋九月。我師敗績于富平。吳越。江東西。湖南北。破熙河。涇原陷。又明年紹興元環慶陷。鎭西軍節度使陝西諸路幷宜撫處置使司都統制吳公據和尙原護川口。紹興三年春。金賊都統僞皇弟郎君及渾女郎君。折合董馬五太師。耿太師。率女眞契丹漢兒諸路僞官叛兵數萬。寇金商州。犯洋州。公分布將兵饒風嶺蟬溪分水嶺數路備戰。賊數項來奔衝。公告諭將士戮力迎敵。交戰數十陣。

大勝捷。今年春。金賊四太子又與皇弟郎君。領千戶萬戶酋首率大軍十餘萬來仙人關殺金平。右保蜀碑。

此文不知誰作。知張大吳氏功而形中國無人甚矣。

續古今考三十七卷

元方　回撰

以明萬曆十二年上海王圻校刊本校補

卷五

呂臣爲司徒章

四庫本「此孔壁尙書周官之篇」句與「伏生口授」句（八五三—一七二下）之間脫落一句。明刊本作「伏生口授所無者也」。

素車白馬係頸以組章

四庫本「金人脅降我二帝於青城」句（八五三—一八七下）。明刊本「金人」作「亡金」。

卷六

亞父使人望沛公氣皆爲龍成五色章

四庫本「其後京師師四出誅夷狄者數十年。而北伐尤急」句（八五三—二〇七上）。明刊本「北伐」作「伐胡」。

卷七

玉帛則玉幣之異稱章

四庫本「此親屬私宴之坐故席」句下注缺（八五三—二二六下）。明刊本作「几」。

卷十四

右引緯證郊兵攷章

四庫本「冬十一月後祭天。先母而後父。可疑四也」句（八五三—三〇九下）。句中於「可疑」之上脫落一句。明刊本全文作「冬十一月後祭天。先母而後父

可疑三也。鎬京洛都並不見周人南郊北郊之遺跡。可疑四也。」

孝武五時后土祭地攷

四庫本「然天子望拜」句與「之所與壇場之所連烽」句之間脫落一句（八五三—三一八上）。明刊本全句作「然天子望拜去壇尙遠。有司行奠爵奉牲之事。舉烽火相應。望拜之所與壇場之所連烽」。

卷二十一

漢軍四面皆楚歌章

四庫本自「楚歌者鷄鳴歌也師」句下注缺（八五三—四〇七下）。明刊本作

楚歌者鷄鳴歌也。師古曰楚歌者爲楚人之歌。猶言吳歈越吟耳。高帝令戚夫人楚舞。自爲楚歌。豈亦鷄鳴時乎。史記項羽。漢書項傳。皆書陰陵迷失道。史記注。徐廣曰在淮南。漢書注。孟康曰。縣名屬九江郡。是時九江王都六在淮南。後爲九江郡。項羽由垓下走淮南也。史記高帝紀。書使騎將灌嬰追殺項羽東城。無注。項羽紀引兵東至東城。裴駰曰。縣名屬臨淮。漢書高紀。灌嬰追斬羽東城。晉灼曰。九江縣。項傳東城無注。呂東萊大事記曰。今濠州定遠縣。史記項羽紀。欲東渡烏江。瓚曰。在牛渚。索隱曰。按晉初屬臨淮。漢書項傳與史記同見本也。呂東萊曰。烏江縣本秦東城縣之烏江亭。今屬和州。司馬遷史筆。

自夜聞楚歌而下。至五人共會。其體皆是文勢波瀾可喜。班固時改一二字。因人之文不足爲奇。數日前偶讀遷商君傳。貨殖傳。趙良所言最奇。貨殖言鄭姬趙女淫然亦奇。〇紫陽方氏曰。虞兮之歌氣甚餒。大風之歌慮甚遠。固是成敗不同。人品高下。項羽劣於劉季遠矣。力拔山兮氣蓋世。非人主之度。不學。則氣力適足以亡身。其云。此天亡我非戰之罪尤舛。戰者將之事。非人主之事。爭天下而欲以戰決之可乎。八歲七十餘戰矣。而一敗遂亡。戰何益乎。湯武鳴條牧野一戰而安天下之民。戰又豈在多乎。

卷二十三

後九月章

四庫本與明刊本文有出入（八五三—四二六上下）。明刊本其文如下

漢書帝紀元年冬十月之前書秦二世元年三年。於秦二年書後九月至此漢五年又書後九月。文穎曰。即閏九

月也。時律歷廢不知閏。謂之後九月。顏師古曰。文
說非也。若以律歷廢不知閏者。則當徑謂之十月。不
應有後九月。蓋秦之歷法應置閏總致之於歲末。觀其
此意當取左傳所謂歸餘於終耳。何以明之。據漢書表
及史記漢未改秦歷之前。迄至高后文帝屢書後九月。
是知故。然非歷法也。

治長樂宮章

四庫本「長安故咸陽也」句下缺一句（八五三—四二

六下）。明刊本作「則咸陽為長安別名久矣。是」。
又「高祖雖從婁敬」句下缺二字（同上）。明刊本作
「之言」。又四庫本「班固書西都長安非長安非是」
句下亦缺一句（八五三—四二七上）。明刊本作「後
來習熟不覺也」。

六年冬十月令天下縣邑城章

四庫本「東萊曰。始皇墮壞城郭。高帝令縣邑城。心
量廣狹。世祚短長于是卜矣」句（八五三—四二七上
）明刊本作「東萊曰。始皇幷諸侯而墮壞城郭。高帝
定天下而令縣邑城。心量之廣狹。世祚之短長於是可
卜矣。張晏曰。皇后公主所食曰邑。令各自築其城也
。師古曰。縣之與邑皆令築城。
又後文「論語有千乘之邑。十室之邑。伯氏駢邑皆食
邑。莒父宰武宰。即後世之縣」句（同上）明刊本作
「論語有千乘之邑。十室之邑。伯氏駢邑三百。皆食
邑之邑。子夏莒父宰。子游武城宰。即皆後世之縣」
。

卷三十二

祭天燔柴薦血腥薦熟之疑章

四庫於「所謂騂牲者」句下注明缺一段（八五三—五
三六下）。明刊本作「所謂騂牲者犢也。而色赤。祭
天地之牛。角繭栗則犢也。郊特牲。特一牲也。曰牲
用騂。尙赤也。用犢。貴誠也。曰帝牛不吉。以為稷
牛。注養牲必養二也。然用則一而已。帝牛必在滌三

月。稷牛唯具。通典曰。牲用一犢。而周公卜洛乃曰。用牲于郊牛二。孔傳僞撰之文謂一牛。后稷配天之牛也。然則祭天之犢一牛而已。一牛全胥不解割則焚之。之後所謂牲入。所謂薦血腥薦熟。乃用何等牲乎。通典七獻之文。回謹條書之。而具所疑于后。據通典有虞氏禘黃帝而郊嚳。夏后氏禘黃帝而郊（鯀）。」又後文「孔子曰。禘自既灌而往者吾不欲觀之矣」句（八五三—五三七上）。明刊本於句下尚有「灌裸

也。以鬱鬯之酒灌地以降神也」。又「冬至日于圜丘奏之」句（八五三—五三七下）。明刊本於「圜丘」上多「地上之」三字。又「始曰配以稷皆欺世之論。以祭天爲禘已謬矣」句（同上）。明刊本作「始曰配以稷皆欺世誣民之論。以祭天爲禘祭已太繆矣。」又後文「若白日見鬼可乎」句（同上）。明刊本作「乃若白日見鬼可乎。禮散齊七日致齊三日有云。齊之日及見其所爲齊者。先儒謂此之所見乃妄也。人鬼殊塗

。祭而見齊而見。白日見鬼可乎。」又其後四庫本「據通典六牲用一犢。回謂牲用一犢即是特牲。雖有說而不通。回敢一一辯之」句（八五三—五三八上）。明刊本作「據通典六牲用一犢。回謂牲用一犢即是特牲。說有所據。前已書之。但實牛柴上而燔之矣。乃後復云。牲入薦尸。血腥薦熟。果何牲乎。郊血二字亦說不分曉。據通典云。王服大裘。其冕無旒。尸服亦然。回謂。此乃劉歆周禮司服之文。王之吉服則服

大裘而冕。祀五帝亦如之。此文先儒解說並不分曉。曰帝。曰上帝。曰昊天上帝。曰皇天。曰惟皇上帝。一而已矣。以形體謂之天。以主宰謂之帝。一而已矣。析天與帝而二之。則有如郊祀后稷以配天。宗祀文王於明堂以配上帝。天也帝也。其實亦一而已矣。此乃周公爲成王制禮作樂之事。前代未之有也。漢儒創五帝之說。蓋自月令已有之。而其所從來則自秦創西時祀白帝始。司馬遷以爲僭端見矣。事西方之白帝本

無義理。戎俗邪說至於四時四帝尤妄矣。漢高祖增黑時爲五帝。此事五帝之始也。漢儒耳目自幼學至壯。惟見國家之禮如此。豈敢非議。故撰造古禮符同漢儀。劉歆周禮亦其一也。若但曰祀昊天上帝則大裘而冕。引冬至圜丘爲說。則冬至天寒可以大裘矣。附以祀五帝亦如之。則雖曲爲說而不通。回敢一一辯之。」

鼠璞二卷

宋戴埴撰

以明弘治間無錫華珵刊百川學海本校補

卷上

恩科章

四庫注闕一字（八五四—七四下）。明刊本作「平」。

正衙常參章。四庫本有闕字（八五四—七五下）。明刊本其句作「自東上閤門。入謂之閤」。

椒房章

四庫本自「予攰之」下注闕（八五四—九八上）。其闕文明刊本如下

應劭漢官儀曰。皇后稱椒房。取其實蔓盈升。予攰之江充傳。先治甘泉宮轉至未央椒房。上官桀傳。將軍有椒房中宮之重。劉輔傳。於是減省椒房掖廷用度。及馬援以椒房不預雲臺之次。椒房殿爲后所居。固分

明。師古注椒房。謂以椒和泥塗。取其溫而芳。卻有此理。詩曰。貽我握椒。注椒芬香也。男女相說。交情好也。其義恐出此。離騷經云。播椒房兮成堂。與石崇塗屋以椒。不過取其芬香。於蔓行盈升。初無關涉。成帝寵趙昭儀復見椒風殿以居之。今例以椒風爲皇后事。非是。

宣帝憲宗厲精

宣帝厲精而漢中興。卒任許史恭顯輩。以基讒佞用權

之禍。憲宗厲精而唐中興。卒任梁守謙王守澄陳志玄輩。肇太和甘露之變。自昔英主政自己出。雖不任群臣。耳目必有所寄。宮闈之內。非在外戚。則在宦寺。勢所必至。要之人主之職。在論一相。如挈裘振領。但當選擇賢德以任之。本朝托股肱於宰執。付耳目於臺諫。寄心膂喉舌於侍從百執事。所以通下情絕壅蔽。其紀綱極正。委任一偏。猶有弄權於廊廟之上者。況宦寺外戚乎。

士氣

本朝南渡後。宰相得政最久且專者二。一以威權劫制天下。士誅竄愈多而士氣愈振。無異東漢之季。一以爵祿豢養天下士。容受愈廣而士氣愈衰。無異西漢之季。紹興易相之後。一時人材彬彬輩出。天下猶可爲。不至舉一世之人。團揉如綿。悉入籠絡駕馭之中。委靡成風。如燈消膏。浸微浸滅。精神氣焰索然無餘也。於此時欲振起之。以致精厲之治可乎。

袁張相術

唐定命錄。李嶠昆弟皆年三十卒。母憂之。問天綱。答曰。神氣清秀壽苦不永。又請連榻而寢。視嶠睡無喘息。候其出入在耳中。遂賀曰。必大貴壽。是龜息也。廣異記云。魏元忠謁張。冏藏待之甚薄。質通塞不答。公怒拂衣去。冏藏遽曰。君相在怒中。當位極人臣。袁張天下奇術也。袁非得之睡。將以壽爲夭。張非得之怒。將以貴爲賤。見人於目捷間。欲斷平生

禍福誠難。又有因人事而變者。如芝田錄載葫蘆生。始不許白中令人貴。後因還婦人所遺寶帶。謂近種陰德。位極人臣。遯齋閑覽載胡僧始言大宋不失甲科。後因渡蟻謂丯神頓異。如活數百萬命。小宋今歲首捷。公不出其下。今人盡以禍福委之。定命可乎。

金縢

觀書不可先立議論。只當平平看去。金縢。孔謂請命之書藏於匱。緘以金石。不欲人開。二公倡王啓之。

故見此書。伊川亦謂二公導之如此。欲成王悟周公也。予反覆讀之。二公有代武王之說。只得自以爲功。史乃册祝以命于元龜。乃卜三龜。一習吉。啓籥見書。入井是告啓籥即啓金縢之籥也。太史占筮之書藏於金匱。既取此書以觀筮文而素緘。迨公歸乃納册于金縢。以公歸二字細味之。

困學記聞二〇卷

宋王應麟撰

以元刊本校補

卷二

四庫本「乃命三后。先儒曰。人心不正則入於禽獸。雖有土不得而居」句（八五四—一八三下）。元刊本「禽獸」之上又有「夷狄」二字。

卷六

「陳同甫春秋屬辭。公會戎于潛。公及戎盟于唐」章

四庫本「聖人不與蠻貊共中國。故中國不與蠻貊共禮文」句（八五四—二六五上）。元刊本「蠻貊」作「戎狄」。又「與蠻貊共中國者必不能與蠻貊爭中國」句（同上）。又「避蠻貊之兵以見小國之無策。要蠻貊之好以見中國之無霸」句以上四「蠻貊」元刊本皆作「夷狄」。

卷十五

袁機仲言於孝宗章

四庫本「敵雖強而必七之勢已見」句（八五四—四二二上）。元刊本「敵」作「虜」。

長編宣和五年章

四庫本「乃劉仁恭遺敵。敵不肯割」句（八五四—四二四上）。元刊本「敵」字皆作「虜」。

四庫本「富文忠公出使還。遷翰林學士樞密副使。皆力辭。願思敵國輕侮之恥」句（八五四—四二九下）。元刊本「出使」作「使虜」。「敵國」作「夷狄」。

四庫本「王時雍。徐秉哲等爲賣國牙郎。而不忍以宋宗族交與敵人者」句（八五四—四三〇上）。元刊本「敵人」作「虜人」。又「李鄴以越守降敵」句（同上）。元刊本「敵」並作「虜」。

卷十九

「開禧追貶秦檜」章

四庫本小注「金人南遷錄」句（八五四—四七七上）。元刊本「人」作「虜」。

卷二十

林靈素作神霄錄

四庫本小注「至有號爲女眞者。當時以爲先兆」句（八五四—五〇〇下）。元刊本「以爲先兆」作「以爲金戎猾夏之兆」。

唐有代宗即世宗也章

四庫本「目女冠爲女眞。遂爲靖康之兆」句（八五四—五〇二下）。元刊本「靖康」作「亂華」。

識遺一〇卷

宋羅　璧撰

以舊鈔本校補

卷一

孔子師章

四庫本「使孔子果師聃於莊子輩爾。聃」句下注缺（八五四—五一二下）。舊鈔本作「（聃）道之是（非）」。又後文「後之衛道者」句下亦注缺（同上）。

舊鈔本作「多爲」。

卷二

崛奇可味章

四庫本「狀飛走翕張之勢」句下注缺（八五四—五二五下）。舊鈔本作「而無力有」。

寅正非夏章

四庫本「自夏之前建寅」句下注缺（八五四—五二六下）。舊鈔本作「首正仲」。又後文「書湯即位乃改正朔」句下亦注缺（同上）。舊鈔本作「是歲首建寅」。

改朔章

四庫本「月何嘗改」句下注缺（八五四—五二七上）。舊鈔本作「堯典」。又後文「曰惟元祀十有二月。商謂」句下亦注缺（同上）。舊鈔本作「年爲祀」。

歷代帝陵章

四庫本「秦穆公葬雍……隴之處」句下兩處注缺（八五四—五二九下）。舊鈔本其文作「秦穆公葬雍橐泉祈年館右。樗里子葬於武庫。皆邱隴之處」。

卷七

四庫本卷末未錄「對獨說」（八五四—五八九）。舊鈔本其文如下

「程子曰。天下之物無獨必有對。朱父公廣爲一中又自有對之說。又曰。乾尊坤卑。不可並立。蓋尊無二上意也。以類推之。君對臣。必君令臣行。父對子。

必父召子諾。夫對婦。必夫義婦順。天對地。必天包地外。陰對陽。必陽生陰蓄。日對月。必月受日光。此對而必歸於獨可言也。若中國對夷狄。君子對小人。與耳目手足之對若之何一之。馮億可曰陽一陰二。邵康節有是言。然三綱之正。九疇之叙。雖彝狹小人必藉是以立。是數者非中國君子莫致之。則中國未必不爲夷狄所利賴。君子未嘗不爲小人之㠍幪也。若手足雖對。然左不如右之便。耳目雖對。而耳不兩聽而聰。目不兩視而明。則亦無害其爲獨也。於父子尊卑不並立之說有以矣。」

卷八

三教章

四庫本「唐景福二年易溹水縣南孔子祠爲」句下注缺（八五四—五九六下）。舊鈔本作「孔子」。

卷十

夢卜章

四庫本「則卜載歸師之說。史遷無謂也」句下注缺（八五四—六〇五上）。舊鈔本作「君奭稱」。

丹鉛餘錄一七卷

明楊　愼撰

以明嘉靖間刊本校補

卷四

四庫本卷末缺一章（八五五—二三下）。明刊本其文如下

趙師睪

趙師睪字從善。號墻東。趙千里姪也。嘗學犬吠以媚侂胄。其後韓侂胄敗。有贈之謔詞云。侍郎自號東墻。曾學犬吠村莊。今日不須搖尾。且尋土洞深藏。睪即古擇字。觀其字曰從善。蓋取擇其善者而從之義。

卷九

史通云史記相如傳章

四庫本末句爲「然文君夜奔事亦不自諱何哉」（八五五—四七下）。明刊本其下又有「或者後人妒其才而誣之也」句。

卯色天章

四庫本「東坡詩。笑把鴟夷一樽酒。相逢卯色五湖天」句（八五五—五一上）。明刊本句下又有「葛魯卿詞。春風野外。卯色天如水」。

卷十

四庫本於卷頭缺一章（八五五—五四下）。明刊本作

古書不知名者

馬總意林引相貝經。不著作者。讀初學記始知爲嚴助作。漢有博物記。非張華博物志也。周公謹云。不知誰著。考後漢書注。始知博物記爲唐蒙作。水經引南中行紀。亦不出姓氏。考嵇含南方草木狀。始知陸賈作南中行紀。乃知前人或略後或有考焉。未可遽付之不知也。

韓詩外傳章以下四庫本有缺（八五五—五五下）。明刊本作

二庭

唐詩。二庭歸望斷。萬里客心愁。二庭者沙鉢羅可汗建庭于雖合木謂之南庭。吐陸建牙于鏃曷山謂之北庭。二庭以伊利水爲界。所謂南單于北單于也。近有注唐音云。二庭未詳。明顯如此者尚昧焉。何以注爲。

「佛寺曰香界亦曰香阜」章之前後。四庫本各缺一章（八五五—五六上）。明刊本其文如下

熒臺火井

水經注。火山似火從地中出。名曰熒臺。今南中往往

有之。火井在蜀之臨邛。今嘉定。犍爲有之。其泉皆油。爇之然。人取爲燈燭。正德中方出。古人博物亦未及此也。積陽之氣所產固非怪異。

香阜

佛寺曰香界。亦曰香阜。江總詩。息舟候香阜。悵別在寒林。高適詩。香界泯群有。

彭祖

王逸楚辭注。彭祖好和滋味。善斟雉羹以事帝堯。司馬彪莊子注彭祖八百猶悔不壽。杖晚而唾遠。又曰彭祖餌雲母。御女凡數十娶。晚娶鄭氏。妖嫿敗道而死。非壽終也。東坡詩。空飡雲母連山盡。不見蟠桃結子時。壽下脫恨字。

「漢武帝崩後忽見形」章之後。四庫本少二則（八五五—五七上）。明刊本其文如下

薜荔

楚辭披薜荔兮帶女蘿。注。薜荔無根。緣物而生。不

明言爲何物也。據本草。絡石也。在石曰石鯪。在地曰地錦。繞叢木曰常春藤。又曰龍鱗薜荔。又曰扶芳藤。今京師人家假山上種巴山虎是也。又云。凡木蔓皆曰薜荔。

竹實

李畋該聞集云。舊稱竹實爲鸞鳳所食。今近道竹間時見開花如棗。結實如麥。江淮號爲竹米。以爲荒年之兆。其竹即死。信非鸞鳳之食也。近有餘千人來言彼

有竹實。大如鷄子。竹葉層層包裹。味甘勝蜜。食之令人心肺清凉。生深竹林茂密處。頃因得之。雖日久枯乾而味尙存。乃知鸞鳳所食必非常物也。

宋乾德牂牁入貢章

四庫本「上令作本國歌舞」句(八五五—五七下)。明刊本作「召見詢問地理風俗。令作本國歌舞」。

「六書合體爲字」章之後。四庫本缺一則(八五五—五八上)。明刊本作

駿狼

郭璞客傲云。青陽之翠秀。龍豹之委穎。駿狼之長暉。玄陸之短景。言著生于微。盛生于衰也。駿狼長暉謂冬至之日也。淮南子冬至日在駿狼山。龍豹之義又不可曉。

後漢禮儀志章

四庫本「廢之當自前元入主中國時也」句(八五五—五八上)。明刊本「前」作「胡」。

四庫本「知梵志翻著韈法」章之後缺一章(八五五—五八上)。明刊本作

太白子厚

杜詩語及太白處無慮十數篇。而太白未嘗假借子美一語。以此知子美傾倒太白至難。晏元獻公嘗言韓退之扶導聖教。剷除異端。則誠有功。若其祖述墳典。憲章騷雅。上傳三古。下籠百世。橫行闊視於綴述之場者。子厚一人而已。

唐宋務光諫疏章

四庫本「蘇莫遮帽制。今曲名有之」句(八五五—五八下)。明刊本「帽制」作「胡帽」。

四庫本「文選載木玄虛海賦似非全文」章之前缺三章(八五五—五九上)。明刊本其文如下

黑雲壓城

唐李賀雁門太守行首句云。黑雲壓城城欲摧。甲光向日金鱗開。摭言謂賀以詩卷謁韓退之。韓暑臥方倦。

欲使閽人辭之。開其詩卷。首乃雁門太守行。讀而奇之。乃束帶出見之。宋王介甫云。此兒誤矣。方黑雲壓城時。豈有向日之甲光也。或問此詩韓王二公去取不同。誰爲是。予曰宋老頭巾不知詩。凡兵圍城必有怪雲變氣。昔人賦鴻門有東龍白日西龍雨之句。解此意矣。予在滇值安鳳之變。居圍城中。見日暈兩重。黑雲如蛟在其側。始信賀詩之善狀物也。

東山李白

杜子美詩。近來海內爲長句。汝與東山李白好。流俗本妄改作山東李白。按樂史序李白集云。白客遊天下。以聲妓自隨。效謝安石風流。自號東山。時人遂以東山李白稱之。子美詩句正因其自號而稱之耳。流俗不知而妄改。近世作大明一統志。遂以李白入山東人物類。而引杜詩爲證。近於郢書燕說矣。噫。寡陋一至此哉。

李白詩祖樂府

古樂府。暫出白門前。楊柳可藏烏。歡作沉水香。儂作博山鑪。李白用其意。衍爲楊叛兒。歌曰。君歌楊叛兒。妾勸新豐酒。何許最關情。烏啼白門柳。烏啼隱楊花。君醉留妾家。博山鑪中沉香火。雙烟一氣凌紫霞。古樂府。朝見黃牛。暮見黃牛。三朝三暮。黃牛如故。李白則云。三朝見黃牛。三暮行太遲。三朝又三暮。不覺鬢成絲。古樂府云。即今欲渡畏風波。李白云。即今欲渡緣何事。如此風波不可行。古樂府

云。春風復多情。吹我羅裳開。李反其意云。春風復無情。吹我夢魂散。古人謂李詩出自樂府古選信矣。其楊叛兒一篇即暫出白門前之鄭箋也。因其拈用。而古樂府之意益顯。其妙益見。如李光弼將子儀軍。旗幟益精明。又如神僧拈佛祖語。信口無非妙道。豈生呑義山。拆洗杜詩者比乎。

四庫本「宋太祖曰夏后治水」章之後缺三章（八五五—五九下）。明刊本其文如下

貌字音嘿

莊子人貌而天。史記郭解贊人貌榮名。唐楊妃傳命工貌妃於別殿。皆作入聲。讀杜詩畫工如山貌不同。又曾貌先帝照夜白。又屢貌尋常行路人。梅聖俞詩妙娥貌玉輕邯鄲。自注音嘿。

鶡鴠

鶡鴠不鳴。禮月令文也。禮引詩又作盍旦。注渴旦。鳥夜鳴急旦也。郭璞方言注。鳥似鷄。冬無毛。晝夜鳴。今北方有鳥名寒號蟲。即此也。說文作鳱鴠。又

作鶾鴠。蓋自旱省爲干。故鶾或作爲鳱也。猶禽經鴻鴈之鴈作鳫。厈省爲干。故鶾或爲鳱。皆古鴈字也。然則鶡鴠之正當作鶾。省作鳱。作鶡非。鶡乃鬥鳥。古以其羽爲勇士冠者非此同也。盍旦。渴旦皆以義借用耳。唐詩暗蟲啼渴旦。涼葉墜相思。

滕王

杜子美滕王亭子詩。民到于今歌出牧。來遊此地不知還。後人因子美之詩注者遂謂滕王賢而有遺愛于民。今郡志亦以滕王爲名宦。予考新舊唐書並云。元嬰爲金州刺史。驕佚失度。太宗崩。集官屬燕飲。歌舞狎昵。廝養巡省部內從民借狗求置所過爲害。以丸彈人。觀其走避則樂。及遷洪州都督。以貪聞。高宗給麻二車助爲錢緡。小說又載其召屬官妻于宮中而淫之。其惡如此。而少陵老子乃稱之。所謂詩史者。蓋亦不足信乎。未有暴于金洪兩州而仁於閬州者也。

「南史何點」章之後四庫本缺二章（八五五—六〇上）。明刊本其文如下

茵席

梁崔祖思政事疏曰。劉備取帳構銅鑄錢以充國用。魏武遺女皁帳婢十人。東阿王婦以繡衣賜死。宋武帝節儉過人。張妃房惟碧綃蚊幬三齊茵席五盞盤桃花米飯。祖思所引二君事。皆本史所不載者。又茵席今雲南秧草席也。茵字一作秈。

綠沉

杜詩。苔臥綠沉槍。綠沉以漆著色如瓜皮謂之綠沉。南史任昉卒于官。武帝聞方食西苑綠沉瓜。投之於盤。悲不自勝。綠沉瓜今西瓜也。

四庫本於「芧栗木果也」章之後缺一章（八五五—六一上）。明刊本作

大顛

韓文公與大顛書前人論之詳矣。蘇東坡則力言其爲僞

。朱晦菴則力辨以爲眞。未有折其衷者。予觀黃東發之說有云。韓與大顛書東坡謂妄撰。而晦翁載其全書以爲眞。愚平生讀其書。眞見其與韓文同。蘇公學佛猶辨其爲僞。而先生闢佛反指以爲眞。所不可曉。況據韓文。韓公止因祭神至海上。曾與大顛語。今請之者四。書又亟以道爲望。安有平日謂道其所道。非吾所謂道。而一旦求之亟如此。使其既與習熟而少變其說尚近人情。今未之曾見而先欲聞其道尤不可曉也。

愚按東發朱子之徒。而其說如此。天下之公言也。又有一證人未之引。李漢編韓文序謂收拾遺文無有失墜。總其目七百篇。今內集是也。外集皆非公作。而此書正在外集。其爲妄撰尤灼然矣。或曰晦翁必欲以大顛書爲韓之眞何也。予曰此殆難言也。可以意喻。昔歐陽公不以始倡古文許尹師魯。評者謂如善奕者常留一著。歐公之於尹師魯留一著也。然則朱子之於韓公亦猶歐陽之於師魯乎。不然朱子豈不知大顛書詞非韓

公之筆。東坡之言爲可信。又豈不知外集非韓公文。李漢之序可據耶。

卷十一

四庫本於「考工記以脰鳴者」章以下缺一章（八五五—六三下）。明刊本作

月中嫦娥

月中嫦娥其說始于淮南。及張衡靈憲。其實因常儀占月而誤也。古者羲和占日。常儀占月。皆官名也。見

於呂氏春秋。春秋左傳有常儀靡即常儀氏之後也。後訛爲嫦娥。以儀娥音同耳。周禮注。儀義二字古皆音俄。易小象以失其義叶凶如何也。詩以樂且有儀。叶在彼中阿。太玄以各遵其儀。叶不偏不頗。史記徐廣注音檥船作俄。漢碑凡蓼莪皆作蓼儀。則嫦娥爲常儀之誤無疑矣。每以語人。或猶未信。予曰小說載杭州有杜拾遺廟。有村學究題爲杜十姨。遂作女像以配劉伶。人皆知笑之。不知常儀之爲嫦娥。即拾遺之爲十

姨也。

四庫本於「古治字或借作野」章之前缺一章（八五五—六六上）。明刊本作

謝皋羽詩

謝皋羽晞髮集詩皆精緻奇峭。有唐人風。未可例于宋視之也。予尤愛其鴻門讌一篇。天雲屬地汙流宇。杯影龍蛇分漢楚。楚人起舞本爲楚。中有楚人爲漢舞。鷁鶂淬光雌不語。楚國孤臣泣俘虜。君看楚舞如楚何。楚舞未終聞楚歌。此詩雖使李賀復生。亦當心服。李賀集中亦有鴻門讌一篇。不及此遠甚。可謂青出於藍矣。元楊廉夫樂府力追李賀。亦有此篇。愈不及皐羽矣。其他如短歌行。秦淮沒日如沒鶻。白波搖空溼弦月。舟人倚棹雙聲發。洞庭脫木如脫髮。建業水云。太白八月魚臘滅。武昌城頭鼓鈂鈂。海上曲云。水花生雲起如葑。神龍下宿藕絲孔。明河篇云。牽牛夜入明河道。淚滴相思作秋草。婺女城頭玩月華。星君

冢上無啼鳥。俠客吳歌云潮動西風吹牡荆。離歌入夜斗西傾。佽飛廟下蛇含草。青拭吳鈎入匣鳴。效孟郊體云。牽牛秋正中。海白夜疑曙。野風吹空巢。波濤在孤樹。律詩如驛花殘楚水。烽火到交州。夜氣浮秋井。陰花冷碧田。山鬼下茅屋。野鷄啼苧蘿。戍近風鳴柝。江空雨送船。鄰浦燈下索。鄉夢戍邊回。柴關當太白。藥氣近樵青。暗光珠母徙。秋景石花消。下方聞夕磬。南斗掛秋河。雖未足望開元天寶之蕭墻。

而可以據長慶寶曆之上座矣。集中多皋羽手抄。濕字多作溼。蓋從古字溼之省。史子堅隸格載漢碑有此字。觀者弗識。或改爲沄非。

四庫本於「世謂清談放曠起於晉非也」章之後缺一章（八五五—六六下）。明刊本作

傳說

武丁以夢相傳說事著於書矣。而世猶疑之。曰夢而得賢可也。或否焉。亦將立相之與。且其夐求以象之肖

也。天下之貌相似亦多矣。或外象而內否。亦將寄以鹽梅舟楫之任與。審如是。則叔孫之夢豎牛。漢文之夢鄧通。卒爲身名之累。夢果可憑與。或曰非也。武丁嘗遯于荒野而後即位。彼在民間已知說之賢矣。一旦欲舉而加之臣民之上。人未必帖然以聽也。故徵之于夢焉。是聖人之神道設教也。是所謂民可使由而不可使知也。且又商之俗質而信鬼。因民之所信而導之。是聖人所以成務之幾也。劉禹錫之言曰。在舜之庭

元凱舉焉。曰舜用之。不曰天授。在殷中宗。襲亂而興。心知說賢。乃曰帝賚。堯民知餘。難以神誣。商俗以訛引天而敺。蓋亦意料之言也。莊子載太公之事云。文王見一丈夫釣。欲舉而授之政。而恐大臣父兄之弗安也。欲終而釋之。而不忍百姓之無天也。於是旦而屬之大夫曰。昔者寡人夢見良人黑色而髯。號曰寓而政於臧丈人。庶幾乎民有瘳乎。遂迎臧丈人而授之政。顏淵問于仲尼曰。文王其猶未耶。又何以夢爲乎。仲尼曰默女無言。夫文王盡之也。而又何論刺焉

。彼直以循斯須也。禹錫之言蓋本莊子。彼以武丁文王之用說與望。猶田單之用妄一男子爲軍師。類乎聖人之神道設教以幾成務。而不使民知。恐不如是也。其所云夢賚者。實帝感其恭默之誠而賚之也。其性情治者其夢寐不亂。乃可以孔子夢周公同觀。而非叔孫之踐妖。漢文之啓倖矣。鄭人夢鹿而得眞鹿。心誠於得鹿也。心誠於得鹿者。非天理之公也。而尚可以得

。況誠于求賢而有不得者乎。司馬彪莊子音義謂傳說生無父母。洪氏注楚辭謂說一旦忽然從天而下便爲成人。無少長之漸。此兒童之言也。固不必辨。

四庫本於「月令靡草死注」章之前缺一章（八五五—六八上）。明刊本作

度索尋橦

西域傳有度索尋橦之國。後漢書跋涉懸度。注溪谷不通以繩索相引而度。唐獨孤及招北客辭。笮復引一索

其名爲笮人。懸半空。度彼絕壑。予按今蜀松茂之地皆有此橋。其河水險惡。既不可舟楫。乃施植兩柱于兩岸。以繩絙其中。繩上有一木筒。所謂橦也。欲度者則以繩縛人于橦上。人自以手緣索而進。行達彼岸。復有人解之。所謂尋橦也。非目見其制不知其解。獨孤及之文以十七字形容之。西域傳只四字盡之。可謂工妙矣。

四庫本於「史記世本國語」章之後缺一章（八五五—六九下）。明刊本作

周公用天子禮樂

禮記明堂位曰。成王以周公有勳勞于天下。命魯公世祀周公以天子禮樂。漢儒魯頌閟宮傳遂緣此以解皇皇上帝皇祖后稷之文。宋儒程子曰。周公之功固大矣。然皆臣子之分所當爲。魯安得獨用天子之禮樂哉。成王之賜。伯禽之受。皆非也。其論正矣。其事則未之詳考也。魯用天子禮樂。魯之末世失禮也。非始於成王。伯禽明堂位之作。周末陋儒之失辭也。不可以誣

成王伯禽。自漢儒傅會之太過。宋儒考究之不精。使成王伯禽受誣於千載之下。冤矣哉。昔成王命君陳拳拳以遵周公之猷訓爲言。猷訓之大無大于上下之分。豈其命伯禽而首癈之哉。按呂氏春秋魯惠公請郊廟之禮于周。天子使史角往報之。所謂天子蓋平王也。使成王果賜伯禽。則惠公又何復請之有。其曰天子使史角往報之。蓋亦未之許也。平王猶不之許。而謂成王

賜之乎。且襄王之世衰亦極矣。猶不許晉文公之請隧。而謂成王不如襄王乎。且伯禽之賢雖不及周公。然賢于晉文公遠矣。豈肯受之哉。禮又曰成王康王賜魯重祭。成王既賜。康王又何加焉。此蓋不能自掩其僞矣。然則魯之僭禮何始也。曰著在春秋與魯頌。春秋桓公五年書大雩。雩之僭始于桓也。閔二年書曰禘于莊公。禘之僭始于閔也。僖三十一年書曰四卜郊。郊之僭始于僖也。魯頌閟宮三章首言乃命魯公。俾侯于

東。錫之山川。土田附庸。無異典也。其下乃言周公之孫。莊公之子。以及于享祀不忒。皇皇后帝。皇祖后稷。蓋魯自伯禽而下十有八世。自僖公始有郊祀。而詩人頌之。則其不出於成王之賜益明矣。故論語載孔子之言曰。禘自既灌而往者吾不欲觀之矣。禮記載孔子之言曰。杞之郊也。祀禹也。宋之郊也。祀湯也。魯之郊禘非禮也。當時魯之僭禮。不惟聖人非之。天下有識者蓋亦非之。魯之君臣恐天下議己。乃借名于成王伯禽以掩天下之口。魯之陋儒諂佞。遂作明堂位以文其過。甚矣其無忌憚也孰甚焉。魯頌曰白牡騂剛。白牡周公之牲也。周公既用天子禮樂。胡爲而白其牲乎。白者殷之色也。宋之郊用之宜也。魯人用之不宜也。既不宜矣。用之何義。噫。我知之矣。魯之君臣見宋之郊必私相謂曰。宋無功於周而且郊。何以魯而不郊乎。于是效宋之郊亦白其牲。使後世有王者起以僭分討魯。則以宋爲辭。若其果受成王之賜。則

遂用周之赤色矣。元儒許白雲亦嘗考魯郊廟之事。不出成王之賜。然以程朱嘗引言之。終不敢議。是敢於非周公孔子而不敢于非宋儒也。學者膏肓之病也哉。

宋元祐黨碑章

四庫本「金人猶知惡安石而大儒朱子反尊崇之」句（八五五—七〇下）。明刊本「金人」作「夷狄」。

四庫本於「宋元祐黨碑」章之後有缺（八五五—七〇下）。明刊本其文如下。

玉導

南齊高祖性清儉。主衣中有玉導。上曰留此正是興長弊源。即命擊碎之。玉導未知何物。又按晉書馮遷追及桓玄。玄拔頭上玉導與之曰。汝何敢殺天子。以此例之。則玉導者玉簪或冠筬之類耳。導擇也。義取擇髮。然自唐以後不聞其名。

孔明寫申韓

宋儒論孔明爲後主寫申韓管子六韜曰。孔明不以經術輔導少主。而乃以刑名兵法何耶。唐子西云。人君不問撥亂守文要以制略爲貴。後主寬厚。襟量有餘。而權略智謀不足。當時識者咸以爲憂。六韜述兵權多奇計。管子責輕重。愼權衡。申子覈名實。韓子攻事情。施之後主正中其病。藥無高下。要在對病。萬金良藥與病不對亦何補哉。此言當矣。予又觀古文苑載先主臨終□後主曰。申韓之書益人意智。可觀誦之。三國志載孟孝裕問郤正太子情尙。正以虔恭仁恕答之。

孝裕曰如君所道。皆家門所有耳。吾今所問欲知其權略知調何如耳。然則孝裕之見蓋與孔明合。而後主之觀申韓書。亦先主遺命也。獨以是病孔明。不惟不成人之美。亦不識時務矣。

二變聲

樂律五音之外有二變聲。曰變宮變徵。史又謂之閏宮閏徵。閏即變也。然宮徵有變。而商角羽無變者。何也。蓋臣有常識。民有常業。物有常形。此所以無變也。君總萬務不可執以一方。事通萬變。不可滯於一隅。此所以有變也。

卷十二

四庫本於「呂覽楚之衰也」章之後缺一則（八五五—七一上）。明刊本作

后稷樹藝法

后稷教民樹藝之法曰。五時見生而樹生。見死而穫死。又曰五穀生于五木。氾勝之曰。黍生于榆。大豆生

于槐。小豆生于李。麻生于楊。大麥生于杏。小麥生于桃。稻生于柳。五木自天生。五穀待人生。故五穀候于五木也。故曰見生而樹生也。靡草死而麥。秋至草木黃。落禾乃登。故曰見死而穫死也。

五代人才王朴爲冠其平邊策章

四庫本「外事征伐內修文治」句下有缺文（八五五—七一下）。明刊本作「其論星歷宋定欽天歷不能易也」。

四庫本「書云尸位詩云素餐」章之前缺一則（八五五—七三下）。明刊本作

王符自贊

漢王符自叙贊云。章和二年罷州家居。年漸七十。時可懸輿。仕路隔絕。志窮無如。年有不然。身有利害。髮白齒落。日月踰邁。疇倫彌索。鮮有恃賴。貧無供養。志不娛快。曆數冉冉。庚辛或際。雖懼終徂。愚猶沛沛。

四庫本「關尹子曰狡勝賊能捕賊」章之後有缺（八五五—七四上）。明刊本作

附庸

附庸之國。庸古墉通。城也。尚書大傳。天子賁庸。諸侯疏杼。大夫有石材。庶人有石承。注庸牆也。杼亦牆也。

徐仲車格言

東坡乞一言於徐仲車曰。自古皆有才。獨稱周公之才

。自古皆有功。獨稱大禹之功。以其有德以將之也。

方馬埋輪

孫子兵法云方馬埋輪不足恃也。注云此言專難不如權巧。語言殊爲未明。愚謂方馬如方舟之方。絆馬足不行。埋車輪不動。行師而方馬埋輪。猶作樂而膠柱鼓瑟也。故曰專難不如權巧。

四庫本於「王粲英雄記」章之前缺二章（八五五—七四下）。明刊本作

半山用字

王半山文。梁王墜馬。賈傅自傷。門人泔魚。曾子垂涕。又詩曰泔魚已悔當年事。搏虎方驚此日身。泔魚事出荀子。云曾子食魚有餘曰泔之。門人曰泔之傷人。不若奧之。曾子泣涕曰。有異心乎哉。傷其聞之晚也。

怒字

左傳林楚怒馬及衢而騁。莊子。草木怒生。又說大鵬

怒而飛。其翼若垂天之雲。林希逸曰。莊子好用一怒字。王介甫詩。山木悲鳴水怒流。此老善用古人好字面。

四庫本於「呂氏春秋宋子罕之鄰爲鞔工」章之後（八五五—七五上）缺「科第題名考」一章。明刊本原文如下

科第題名考

唐高祖武德元年孫伏伽　止稱第一人

高宗咸亨元年進士五十四人　狀元杜易簡　進士杜審言

上元二年進士四十五人　狀元鄭進士沈佺期　武后垂拱元年狀元吳道古

垂拱三年狀元陳伯玉

中宗神龍元年進士六十一人狀元姚仲豫　進士黃楚

玄宗開元元年進士七十一人狀元常無名　第二人王灣

開元二年進士十七人狀元孫逖

開元四年進士十六人狀元范崇凱內江人

開元五年進士二十五人狀元王維

開元十一年進士三十一人狀元源少良　進士崔顥

開元十二年進士三十一人狀元賈季陽進士李頎

開元二十年進士二十四人狀元徐徵　進士劉文房

天寶三年進士二十九人狀元羊襲吉　進士第二人岑參

天寶六年進士二十三人狀元楊護　進士包佶

天寶十年進士二十人狀元李巨卿　進士第二人錢起

天寶十二年進士五十六人狀元楊衆　進士張繼皇甫曾
皇甫冉
天寶十三年進士三十五人狀元楊肱　進士韓翃
肅宗乾元二年進士十七人狀元無考　進士劉灣成都人
代宗寶應二年進士二十七人狀元洪源　進士耿湋蕭邁
代宗朝狀元不知何科
大曆四年進士二十六人狀元齊暎　進士李益李端
大曆五年進士二十七人狀元王儲　第二人王建　進士

竇常
大曆十三年進士二十一人狀元楊凝
大曆十四年進士二十人狀元王縉進士竇群
德宗貞元七年進士三十人狀元尹樞
貞元八年進士二十三人狀元賈稜
貞元十年進士二十八人狀元李程
貞元十三年進士二十人狀元鄭巨源
貞元十五年進士十七人狀元封孟紳　進士張籍

貞元十八年進士二十三人狀元徐晦
憲宗元和元年進士二十三人狀元張又新深州人
元和五年進士三十二人狀元李顧行
元和七年狀元李固言
元和八年狀元尹極閬州人　進士張環兄弟七人皆進士
出閬州名士傳
元和十一年進士三十二人狀元鄭澥　進士姚合
元和十三年進士三十二人狀元獨孤梓

元和十四年進士三十一人狀元韋湛
敬宗寶曆三年進士三十五人狀元裴球　進士朱慶餘
文宗太和元年狀元盧儲
太和五年狀元李遠夔州人見蜀志唐詩鼓吹注
太和八年進士二十五人狀元李餘成都人。元稹集云。
李餘劉猛工新樂府　第二人雍陶成都人
太和九年進士二十五人狀元鄭璀
開成元年狀元李肱

開成三年進士四十人狀元裴思謙

武宗會昌二年進士三十人狀元鄭顥　進士趙嘏

會昌三年進士二十二人狀元盧肇宜春人

會昌四年進士二十五人狀元鄭言

會昌五年狀元張濆

會昌六年進士十六人狀元狄思愼　進士薛能

會昌七年狀元顧標

宣宗大中元年進士二十三人狀元盧深

大中五年進士二十七人狀元李郜

大中十年進士三十人狀元崔鉶

大中十二年進士三十人狀元李億

劉蒙大中狀元不知何科見吟窗雜詠

懿宗咸通二年進士三十人狀元薛邁

咸通三年狀元孫龍光

咸通七年進士二十五人狀元韓袞文公之孫

咸通八年進士三十人狀元鄭弘業　進士皮日休

咸通九年進士三十人狀元趙峻

咸通十年進士三十人狀元歸仁紹

咸通十二年狀元公乘億　進士許棠聶夷中

咸通十三年進士三十人狀元鄭昌符　進士張演

僖宗乾符二年進士三十人狀元鄭合敬

乾符三年狀元崔昭緯

乾符四年進士三十人狀元孫渥　進士牛嶠字延峰蜀人

中和五年狀元許佑孫

昭宗龍紀元年狀元張曙成都人　進士吳融

大順元年狀元楊贊禹　進士王駕

大順二年狀元杜荀鶴

景福二年狀元崔昭矩。昭緯之弟。兄弟狀元

乾寧元年狀元蘇檢

乾寧二年狀元趙觀文廣西人

乾寧三年狀元崔諤

乾寧四年狀元楊贊圖

光化三年狀元裴格
光化四年狀元歸修蘇州人
天祐元年狀元杜德祥　進士曹松。王希羽。劉象。柯
崇。鄭希顏謂之五老榜
天祐二年狀元歸係。蘇州人修之弟
天祐三年狀元裴說
天祐四年狀元崔詹是年唐亡
五代梁開平二年狀元崔邈

貞明□年狀元陳逖
後唐同光中狀元王徹。旦之曾祖
狀元王歸璞蘭州人。狀元黃仁穎
天成三年狀元郭晙
後晉狀元寇湘。準之父也。見琬琰集
後周狀元王朴
唐登科記今不傳。考諸類書錄其略
國朝科第名氏

洪武四年會元俞友仁　狀元吳伯宗
洪武五年會元陳忠蒲田人　狀元朱善
洪武十八年會元黃子澄　狀元丁顯　第二名練子寧
第三名花綸杭州人
洪武二十一年會元吳觀玄　狀元任亨泰
洪武二十四年會元許觀　狀元同。後改姓黃
洪武二十七年會元彭泰陝西人　狀元張信　第二名景
清。會試兼刻詩書二經義

洪武三十年會元宋琮　狀元陳郊。初取陳郊。後取韓
克忠
前庚辰科會吳溥　狀元胡靖
永樂二年會元楊相　狀元曾棨
永樂四年會元朱瑨江西人　狀元林環
永樂七年會元陳璲　狀元蕭時中
永樂十年會元林誌　狀元馬鐸
永樂十三年會元洪英　狀元陳循

永樂十六年會元董璘　狀元李騏

永樂十九年會元葉春臨海人　狀元曾鶴齡

永樂二十一年會元伏伯安河南歸德州人　狀元邢寬

宣德二年會元陳詔　狀元馬瑜

宣德五年會元劉哲　狀元林震

宣德八年會元　狀元曹鼐

正統元年會元劉定之　狀元周旋

正統四年會元楊鼎　狀元施槃

正統七年會元姚夔　狀元劉儼

正統十年會元商輅　狀元同

正統十三年會元岳正　狀元彭時

景泰二年會元吳匯　狀元柯潛

景泰五年會元彭華　狀元孫賢。以後俱有會試登科錄可考不載

卷十三

古者西戎用缶以爲樂即古之土音也章。四庫本「缶本中國之樂。西戎竊而用之耳」句（八五五—八〇上）。明刊本「西戎」作「夷人」。

卷十四

四庫本「說文引孔子之言甚多」章之後有缺（八五五—八四下）。明刊本其文如下

夏侯審

雲裡蟾鉤落鳳窩。玉郎沉醉也摩挲。陳王未是風流子。只向波心詠襪羅。此夏侯審詩也。審爲大曆十子之一。詩集不傳。獨此一首見妝臺續集。

四庫本「晉載記書列國之史多誇大不實」句（八五五—八六上）。明刊本「列國之史」作「夷狄之祖」。

宋史表首稱相阿魯圖章。四庫本「原其所以。大臣寡學。又不欲令下有學者得擅其所長」句（八五五—九一下）。明刊本作「原其所以。由胡人在位。大臣寡學。不欲中國之人擅其所長」。又「蓋漢唐皆文人相聚。元則文武相參」句（同上）。明刊本「文武」作

「羯胡」。又「其貽害於後學。禍於斯文者」句（八五五—九二上）。明刊本「後學」作「中國」。

卷十六

四庫本漢賈捐之議罷珠崖疏（八五五—一一三下）與明刊本有繁簡之異。明刊本作「吊古戰場文」如下

吊古戰場文

漢賈捐之罷珠崖疏云。父戰死於前。子鬥傷於後。女子乘亭障。孤兒號於道。老母寡婦飲泣巷哭。遙設虛祭。想魂乎萬里之外。後漢南匈奴傳全用其語。唐李

華吊古戰場文。其存其沒。家莫聞知。人亦有言。將信將疑。娟娟心目。夢寐見之。晚唐陳陶隴西行曰。誓掃匈奴不顧身。五千貂錦喪胡塵。可憐無定河邊骨。猶是春閨夢裡人。正與賈捐之奏李華文意同。而入于貳拾捌字聲詩之間。尤爲精婉矣。又關山月樂府云。昔年嫖姚護羌月。今照票鷂雙鬢雪。青塚曾無尺寸功。錦書多寄窮荒骨。又此詩之餘意。

「吊古戰場文」之後。四庫本又缺數則。明刊本文如下

陳夢祥鳶魚辯

陳白沙詩曰君若問鳶魚。鳶魚體本虛。我拈言意六籍也無書。香山益菴陳夢祥辯之曰。道具體用。體則天命之性。用則率性之道也。性道皆實理所爲。故曰誠者物之終始。體何嘗虛耶。六經所以載道。一字一義皆聖賢窮理之所寓。實心之所發。以之發言則言必有物。以之措行。則行必有恆。故曰君子學以致其道。

書何嘗無焉。以實爲虛。幻也。以有爲無。妄也。其曰言外意。即佛老幻妄之意。非聖人之蘊也。嗚呼。陳公此言鑿鑿乎。聖賢之眞傳不待曲說傍喩而切於日用。是眞知道明理之學也。近日講理學者多諱言之。惟軫菴羅公與之相合而未相聞也。陳公仕爲雲南副使。有才幹。尚氣節。裁抑鎭守太監錢能爲其中傷。土官滇人至今思之。其出處之正。學問之純如此。而人

罕知。憑虛者易高。而摭實者反下。翼飛者騰譽。而特立者蔑聞。是可慨也。

夫子與點論

四子侍坐。而夫子啓以如或知爾則何以哉。蓋試言其用於世者何如也。三子皆言爲國之事。答問之正也。子路乃率爾以對。先陷於不辭讓而對之非禮矣。夫子哂之。蓋哂其不遜。非哂爲國也。曾皙是時手方鼓琴。而心口相與曰。夫子其不悅于爲國乎。又見赤與求

之答。夫子無言。竊意夫子必不以仕爲悅矣。故一承點爾何如之問。從容舍瑟而試問曰。異乎三子者之撰。蓋逆探夫子之意也。夫子云亦各言其志。而點乃爲浴沂詠歸之說。蓋迎合之言。非答問之正也。夫子以行道救世爲心。而時不我與。方與二三子私相講明於寂漠之濱。而忽聞曾皙浴沂之言。若有獨契其浮海居夷之志。曲肱飲水之樂。故不覺喟然而嘆。蓋其意之所感者深矣。所與雖點。而所以嘆者豈惟與點哉。至于三子出而曾皙後。蓋亦自知答問之非正而蒙夫子之獨與。故歷問之。而夫子歷道三子之美。夫子豈以忘世自樂爲賢。獨與點而不與二三子哉。後世談虛好高之習勝。不原夫子喟嘆之本旨。不詳本章所載之始末。單摭與點數語而張皇之。遺落世事指爲道妙。但欲推之過高而不知陷于談禪。其失豈小哉。程子曰。子路冉有公西華言志。自是實事。此正論也。又曰夫子與點。蓋與聖人之志同便是堯舜氣象。又曰上下與天

地同流。且天地同流。惟堯舜可以當之。曾點何如人。而與天地同流有堯舜氣象乎。且聖人之志。老安少懷。安老必有養老之政。懷少必有慈幼之政。非隱居放言亦爲政之事也。點之志與聖人豈若是班乎。此言或出於謝上蔡之所錄。非程子之言亦不可知。縱眞程子之言。吾亦闢之矣。程子之賢不及孟子。孟子曰。琴張曾皙牧皮者。孔子之所謂狂也。點也人品之高下孟子已有定論。且與琴張牧皮爲伍。琴張牧皮又可與

子路冉有若是班也。嗟乎。今之學者循聲吠影。徒知聖人之所與。而不知聖人之所裁也。孔子曰。吾黨之小子狂簡。斐然成章。不知所以裁之。孔子自陳歸魯。欲裁正之者正爲晳輩。惜乎不知所以裁點之事。而徒傳與點之語。使實學不明于千載。而虛談大誤于後人也。朱子晚年有門人問與點之意。朱子曰。某平生不喜人說此話。論語自學而至堯曰。皆是工夫。又易簀之前悔不改浴沂註一章留爲後學病根。此可謂正論

矣。呂與叔程子之門人而上蔡之友也。其詩曰。可憐曾點惟鳴瑟。獨坐春風詠不休。又曰。終日孔門無一事。只輸顏氏得心齋。又因程子吟風弄日之言而演之。心齋之說莊子之寓言。此詩不惟厚誣曾點。又嫁非于顏子矣。其去竹林七賢南朝八達幾希矣。審如是何不徑。

施舍

施舍字左傳國語皆有之。然其解不同。左襄九年。晉侯謀息民。魏絳請施舍。注施恩惠。舍勞役。宣十二年士會稱楚旅有施舍。注旅客來者施之以惠。不勞役。國語單襄公篇注云。施舍所以施舍賓客負任之處。又布憲施舍于百姓。注。施惠舍罪。又聖人之施舍。注。施。予也。舍。不予也。又施舍分寡。注。施。施德也。舍。舍禁也。又明施舍以道之忠恕。注。施已所厚原心。舍過謂之忠恕。合數注觀之。予不予之說恐未當。左傳注。施。施恩惠。舍。舍逋責也。

卷十七

四庫本卷末缺數則。明刊本文如下

曲阜子之多才多藝。闕里之多見多聞。聖則聖矣。學不廢也。近日厭窮理之煩。貪居敬之約者。謂六經爲注腳。謂訓詁爲蛆蟲。不惟明排程朱。蓋已陰叛周孔矣。魏文侯匿謗書。樂羊得成中山之勛。魏襄王信史起鄴令得成漳水之功。故喩喩之中不可不味也。

思而重之。神將通之。精而熟之。鬼將告之。

亘防容蟻而殺人。漂邑突洩一烟而焚宮燒積。人之情不蹶於山而蹶於垤。

貿功以長生。愛時而敬日。非老不休。非疾不息。

陰之行不得於春夏。月之明常壓於日光。天之神陽而禁陰如此。易之扶陽抑陰順天也。

孔子失馬於野。野人閉而不與。子貢妙稱而怒。馬圉諧說而喜。曉俗以鴻文。猶震聾以盼蜑也。外典有之曰。文殊出定出不得。罔明不費纖毫力。落霞與孤鶩

齊飛。秋水共長天一色。故七迷聖途而童子知。黃帝失珠而罔象得也。

人之所未疾者不必改也。人之所既病者不可因也。何必拘拘追先王之蹟。能合先王之意而已。

虞夏君臣賡歌敕贊不過數語。周公而下。其說長爲孺子也。孔子之言渾涵不露。孟子而後發爲雄辯。爲楊墨也。濂洛諸儒文亦甚簡。至朱子而後神搜霆擊爲禪學也。

察見淵魚者不祥。智科隱慝者有殃。楊德祖之解讀碑不如隰斯彌之止伐木也。況變童注謬瓶之沸湯。賂人量檜寢之尺寸哉。

浮屠以身爲旅泊。而嚴其宮室不已。以言爲瘤贅而傳於文字愈多。

世變如輪無暫停也。人心如波無少平也。成之極即壞之漸。治之至即亂之初。故曰無平不陂。無往不復。

禱晴而益雨。禱雨而益晴。則相與匿之以默。雨久而

自晴。晴久而自雨。則相與歸之爲功。緇黃非能惑人。人之自惑也。

孫承節謂無極而太極一句爲墨兵。言添此一層。令士子古今懵然而嘵譁無已也。

秦延君注堯典二字至十餘萬言。而君子譏其繁乎。子襄注周易全書二三萬言。而君子譏其略。

莊周之學出於子夏。李斯之學原於荀卿。

道心如柁。人心如船。弗鼓弗振。罔涉大川。槃水惟

危。清水惟微。勿澆勿濁。乃燭鬚眉。

虞舜重瞳。項羽亦重瞳。晉文駢脅。張儀亦駢脅。

于定國身爲九卿。猶迎師執弟子禮。韓信破趙功成。

禮降將而北面事之。前漢風俗之厚近於三代矣。

以沈充爲父而有沈勁之子。以許敬宗爲祖而有許遠之孫。犧生犁胎。龍寄蛇腹。人能起宗。非以宗起也。

腐薪不可以撻兵。渙泥不可以膠物。

胡燕胸斑聲小。越燕紅襟聲大。

餘目不明。餘耳不聰。故多聞則守之以約。多見則守之以卓。

管子曰道在天者日也。其在人者心也。關壽亭云。日在天之上。心在人之內。

諷誦遺言不若親承音旨。想望風采不若式瞻儀形。言聞不若見也。言之於口。不若會之於心者。其旨深。

玩之於書不若體之於身者。其理實。言知不若行也。

九侯獻美女於紂。而妲己以爲惡。二世見獻鹿於庭。而趙高以爲馬。夫好之與惡放於目。而鹿之與馬著於形。豈有惑哉。還至讒臣孽妾飾僞而作辭也。則君王失己心而人物喪我體矣。

世有莫盛之福者。必有莫痛之咎。人所羨於前者。必所憐於後也。

依飛燕之寵以驕士。借亢龍之勢以陵賢。

檀宜作輻。榆宜作轂。

丹丘千年一燒。黃河千年一清。

孟子戒助長。莊周懲益生。

丹鉛總錄二七卷

明楊　慎撰　梁　佐編

以明萬曆年間張士佩刊本校補

卷十三

四庫本本卷終於「精鑿醍醐」條（八五五—四九四上）。明刊本其下尚有四則如下

慰瞀沈屯褚伯秀云。慰借從鬱。音義始明白。叟叟也。奚。稍門也。叟音蕭。若隱若顯貌。南史楚辭鈔。

風颯颯兮木木㮛㮛。

藏舟船於海壑。正合其宜。隱山嶽於澤中。謂之得所。然造化之力擔負而趨變。故日新驟如遊水。昨我今我。新吾故吾。義亦然也。成玄英疏

藏舟於壑。藏山於澤。此藏大也。藏人於室。藏物於器。此藏小也。小大雖異而藏皆得宜。猶念念遷流。新新移改。是知變化之道。無處可逃也。故曰。藏小大有宜。猶有所遁。

大林丘山之善於人也。亦神者不勝。成玄英曰。自然之理有寄物而通也。與托焉而逃同旨

卷十四

四庫本卷末終於「七十而勑」條（八五五—五〇六上）明刊本其後尚多二十七則如下。

劉孝標世說注

劉孝標注世說多引奇篇奧帙。後劉須溪刪節之。可惜孝標全本予猶及見之。今摘其一二以廣異聞。

鄧粲晉紀曰。周伯仁應答精神足以蔭映數人。曹娥碑在會稽。而魏武楊脩未嘗過江。以上孝標世說注

丁眞永草

蔡君謨在杭日。坐有客曰。隋世稱丁眞永草。永乃知名。丁何人也。蔡云。道護豈其人耶。法書要錄。丁覘與智永同時。善隸書。世稱丁眞永草。非道護也。君謨誤矣。

佳麗

韓子。佳麗也者。邪道之分也。戰國策宮中佳麗好玩。又云。趙天下善爲音。佳麗人之所出也。嚴安疏。佳麗珍怪順于耳目。謝眺詩。江南佳麗地。佳麗字非始自謝也。文選注失引之。

湯武逆取順守

漢儒謂湯武逆取而順守。此言非也。易曰。武湯革命順乎天而應乎人焉。有逆而可以順天應人乎。左傳曰。以亂取國。奉禮以守。猶懼不終。季文子猶知其不終也。而謂湯武爲之乎。然逆取順守之言。實本于左氏而又轉失其指矣。

鐃歌曲

漢鐃歌十八曲自朱鷺至石溜。古今樂錄謂其聲辭相雜。不復可分是也。近世有好奇者擬之。韻取不協。字用難訓。亦好古之弊矣。

范雲詩

古詩君亮執高節。賤妾亦何爲。文選范雲古意詩注。

引之。作擬何爲。擬字勝亦字。

肙母山

文選七發。弭節五子之山。通厲骨母之場。骨當作胥。史記吳王殺子胥。投之于江。吳人立祠江上。因名胥母山。古字胥作肙。其字似骨。其誤宜矣。今雖善書者亦不知肙之爲胥也。

角端步搖

晉書載記贊。角端掩月。步搖翻霜。按角端謂弓也。李陵遺蘇武角端弓。知胡人以角端弓爲貴耳。步搖者慕容也。初莫護跋入居遼西燕代。名冠步搖。諸部因目之爲步搖。後訛爲慕容。因以爲氏焉。

杜詩用走字

李文正先生嘗與門人論詩曰。杜子美詩。北走關山開雨雪。與胡騎中宵堪北走。兩北走字同乎。愼對曰。按字書疾趨曰走。上聲。驅之。走曰奏。去聲。北走關山。疾走之走也。如漢書北走邯鄲道之走。胡騎北

走驅而走之也。如漢書季布北走胡之走。是疑不同。
先生曰。爾言甚辨。然吾初無此意。盧師邵侍御在側
曰。恐杜公亦未必有此意。蓋如此解詩似涉於太鑿耳
。

夏屋渠渠

詩夏屋渠渠。古注。屋組也。字書。夏屋。大俎也。
今以爲屋居非矣。禮周人房俎。魯頌。籩豆大房。注
大房。玉飾俎也。其制足間有橫。下有柎。似乎堂後

有房然。故曰房俎也。以夏屋爲居。以房俎爲房室可
乎。又禮童子幘無屋。亦謂童子戴屋而行可乎。

鬼臾區

漢書藝文志鬼谷區三篇。注即鬼臾區也。郊祀志。黃
帝得寶鼎。冕侯問于鬼臾區云云。注即鬼容區。容臾
聲相近。今按鬼谷即鬼容者。又字相似而誤也。高似
孫子略便謂藝文志無鬼谷子。何其輕於立論乎。

周禮陰事陰令

周禮掌王之陰事陰令。注。陰事。群妃御見之事。漢
掖庭令晝漏不盡八刻。白錄所記推當御見者。今宮中
亦有之。名欽錄簿則其來古矣。

麗字義

麗之爲訓連也。又雙也。周易麗澤兌。周禮麗馬一圉
八麗。三五曆紀古者麗皮爲禮。

匽鼂

說文。鼂。匽鼂也。楊雄訓纂說匽鼂爲蟲名。按臨海
水土志。鼂似鼉。一名匽鼂。又名鼂鼊。一枚有三斛

膏。

步字義

韓文步有新船不知者。改步爲涉。謬矣。南方謂水際
爲步。音義與浦通。韓退之孔戣墓志。蕃舶至步有下
碇之稅。柳子厚鐵鑪步志江之滸。凡舟可縻而上下曰
步。青箱雜記。嶺南謂村市爲墟。水津爲步。罾步即
漁人施罾處也。張勃吳錄地名有龜步。魚步。揚州有

瓜步。羅舍湘中記有靈妃步。金陵圖志有邀笛步。王徽之邀桓伊吹笛處。樹萱錄載唐臺城故妓詩云。那堪回首處。江步野棠飛。東坡詩。蕭然三家步。橫此萬斛舟。

李泌逸事

柳玭稱李泌佐肅宗兩京之復。謀居其多。其功大於魯連范蠡。而取范陽之謀其首也。史多逸其事。惟鄴侯家傳為詳。司馬公通鑑多載之。至朱子綱目乃以家傳

出其子孫。門生疑非實錄。善乎眉山史炤之言曰。家傳誠不可盡信。亦豈得盡不信哉。

玉樹

左思三都賦序譏楊雄賦甘泉。不當言玉樹青葱。誤矣。楊雄言玉樹者武帝所作。集衆寶為之以娛神。非謂自然生之。猶下句言馬犀金人也。

劉履注詩論詩

劉履作選詩補註。效朱子註三百篇。其意良勤矣。然曲說強解。殊非作者之意。如郭璞遊仙詩傳會於君臣治道。此何理耶。且所見寡陋。如儲光羲詩。格澤為君駕。格澤。星名。大人賦。建格澤之長竿是也。履乃云。獅子名曰白澤。白與格相近。白澤即格澤也。此何異村學老之欺小童耶。甘氏星經彼未點目。諸史天文志亦當觸手。臆說若此。何以註為。又以唐宋詩續選。唐詩選未盡善。宋詩尤駁。如王安石雲山詩。子今此去來無時。予有不可誰予規。此乃宋之極下者

。而履乃取之。且云。宋諸家未有過之者。此何異背瞳眛目人語乎。

檮字音

史記上有檮著。下有伏龜。徐廣云。檮音稠。左傳八元八凱有檮戭。漢書藝文志有公檮生。師古曰。檮。直由切。其字從木。霍去病傳有檮余山。獨孟子檮杌之檮。今音濤。蓋因陸德明九經釋音而誤也。左傳杜預史曰檮杌。凶頑無檮匹也。以此證之。則檮杌之檮

亦當作稠音耳。

汲冢書

薛瓚注漢引汲郡古文云。晉武公滅荀以賜大夫原氏黯是爲荀叔。又引翟章救鄭次于南屈。又引梁惠王發逢忌之藪以賜民。今浚儀有逢陂忌澤是也。按此數條今汲冢書不載。則今之汲冢書非發冢所得明矣。汲冢書。古之逸周書也。

李涪譏陸法言

唐李涪云。後魏李啓撰聲韻十卷。夏侯該撰四聲韻略十二卷。至陸法言採諸家纂述而爲己有。原其著述之初。士人尚多專業。經史精練。罕有不述之文。故切韻未爲時人之所急。後代學問日淺。尤少專經。或捨四聲。則秉筆多礙。自爾遂爲切要之具。然吳音乖叫不亦甚乎。今依之以上聲呼恨。去聲呼恐與若存。不爲有識者所笑乎。夫吳氏之言如病瘖風而噤。每啓其口則語涙嗚吶。隨聲下筆。竟不自悟。涪之言若此譏

之甚矣。然陸氏所著亦本先儒。觀其注云。徐邈讀。鄭司農讀。劉昌宗讀。示不敢臆說也。如越席之越音活。華而睆之睆音滑。隆準之準音拙。假借之假音嫁。牢愁之愁音曹。玉鸞啾啾之啾音銚。皆有據證。非盡屬吳音。涪之譏亦過哉。

古文不厭重復

文選不收蘭亭記。議者謂絲竹管弦四言兩意。非也。絲竹管弦本漢書語。古人文辭。故自不厭鄭重。如易曰。明辨晰也。莊子云。周徧咸。又云。吾無糧。我無食。詩云。招明有融。高朗令終。宋玉賦。旦爲朝雲。古樂府云。暮不夜歸。左傳云。遠哉遙遙。邯鄲淳碑云。丘墓起墳。古詩云。被服羅衣裳。後漢書食不充糧。在今人則以爲複矣。

楊氏兩族

劉貢父漢書注云。楊氏有兩族。赤泉氏從木。子雲自叙其受氏從才。而楊脩書稱曰。脩家子雲又似震族。

不知文士聊如此云。其無實然也。

衣字義

春秋緯云。代殷者姬昌。日衣青光。衣之爲言被也。如人著衣。選詩繁星衣青天。注者不達。改衣爲依。非。

邵文敬詩

近傳邵文敬半江帆影落樽前之句。以爲奇絕。遂號爲邵半江。然唐趙嘏詩半江帆盡見分流之句。宋米元章亦云。六朝山色落樽前。已落前人第二矣。

畊耕字異

今字書以畊爲耕。非也。畊上聲。唐六典論府兵之制云。居無事時畊於耕。以此證之。可見畊耕音義有別。

唐府兵利弊

番調有時。數閱有法。說御有律。團伍有籍。兵雖有籍而府實空。將雖有名而權實去。此府兵之善也。諺曰。將軍大彍騎。衛佐小郎官。此彍騎之弊也。

卷十五

四庫本「慮歎變慹姚佚啓態」（八五五—五一三上）條前缺條名。明刊本作「眞人八字義」

四庫本「壬。擔也」（八五五—五一三上）條名爲「壬」。明刊本作「壬字義」

正楊四卷

明陳耀文撰

以明隆慶三年刊本校補

卷一

傅說章。四庫本於說苑與孔融云兩條之間少錄一條（八五六—五八上）。明刊本作「史記云。武丁夜夢。得聖人名曰說。於是乃使百工營求之。得說於傅岩中。」又其後呂氏春秋條（八五六—五八下）。明刊本尚有「高誘注云。胥靡。刑罪之名也」。

卷二

四庫本孔子沐浴而朝章之前（八五六—八二上）。明刊本尚多兩則如下

符子

符子曰。周人有製重裘而好珍羞。欲爲千金之裘而與狐謀其皮。欲爲少牢之膳而與羊謀其羞。言未卒。狐相率逃於重丘之下。羊相呼藏於深林之中。故周人十

年不製一裘。五年不具一牢。何則。周人之謀失之矣。古諺有之。築舍道傍。三年不成。雖則不成。遲猶有望也。若夫休官而謀於子。納妾而謀於妻。欲用孔子而謀於晏嬰。與子西欲成其謀。得乎。

符子云。魯侯欲以孔子爲司徒。將召三桓而議之。左丘明曰。周人云云今末以孔子晏嬰爲證。是豈眞見符子者耶。

仲尼登泰山

宋景文筆記云。仲尼登泰山見七十二家。字各不同。其事甚新。但未詳其所出。

韓書外傳云。孔子登泰山。觀易姓而五。可得而數者七十餘人。不可得而數者萬數也。

又其後四庫本公治長章之後（八五六—八四下）。明刊本多一則如下

胥毋山

文選七發。弭節五子之山。通厲骨毋之場。骨當作胥

。史記吳王殺子胥投之於江。吳人立祠江上。因名胥毋山。古字胥作肙。其字似骨。其誤宜矣。今雖善書者亦不知肙之爲胥也。

善曰。史記曰。吳王殺子胥投之於江。吳人立祠於江上。因名胥毋山。越絕書曰。闔廬旦食。肙山晝游於胥毋。疑骨毋字之誤也。

此注自明

史記集解序。愧非肙臣之多。聞子產之博物。亦此肙

字也。豈待善書者方識之乎。

又其後四庫本西施章之後（八五六—八六上）。明刊本尚有列女傳引古語一則如下

列女傳引古語　風雅逸篇

力田不如遇豐年。力桑不如見國卿。刺繡門不如倚市門。

列女傳。秋胡見路傍婦人採桑。謂曰。力田不如逢豐年。力桑不如見國卿。吾有金。願以與夫人。不云古語亦無末句。今云云定古本耶。

卷三

甄字音章。四庫本吳書條自「堅令人入井探得漢傳國璽」句以下至「張華女史箴云」（八五六—一〇五上）。明刊本文稍異。今條列如下

堅令人入井探得漢傳國璽。文曰。受命□天。既壽永昌。方圓四寸。上紐交五龍。上一角缺。初黃門張讓等作亂。劫天子出奔。左右分散。掌璽者以投井中。

山陽公載記曰。袁術將僭號。聞堅得傳國璽。乃拘堅

夫人而奪之。獻帝起居注云。天子從河上還。得六璽於閣上。

此吳志所引吳書也。今日吳書云云。豈亦逸篇耶。裴松之云。孫堅於興義之中最有忠烈之稱。若得漢神器而潛匿不言。此所謂陰懷異志。豈所謂忠臣者也。吳史欲以爲國華而不知損堅之令德。如其果然。孫皓降晉。何得寶藏之而獨送六璽耶。受命於天。豈取歸命

之堂。匹夫懷璧其罪。況斯物哉。歷觀數說。堅何嘗以甄與己名音叶而爲受命之符耶。

江左諸儒爲吳諱改。出何典記耶。

張華女史箴云。散氣流形。既陶既甄。在帝庖犧。肇經夫人。

四庫本侍中執虎子章（八五六—一〇八上）。明刊本其後尚錄紫濛一則如下

紫濛　秫林伐山

慕容氏所居山名紫濛。晉書讚紫濛移搆。玄塞分疆。

晉書載記慕容廆。鮮卑人也。其先有熊氏之苗裔。世居北夷。邑於紫濛之野。號曰。□□人涉歸。遷邑於遼東北。太康十年。廆又遷於□□之青山。廆以大棘城即顓帝之墟也。元康四年。乃移居之。

贊曰。青山徒搆。玄塞分疆。蠢茲雜種。奕世彌昌。角端掩月。步搖翻霜。乘危蝟起。怙險鴟張。假竊神器。憑陵帝鄉。守不以德。終致餘殃。

以野爲山。誤。以青山爲紫濛。又誤。

茗柯章。四庫本「一本假爲注語。一云于義不貫。已既自相矛盾矣。其云僞書誤人。得無自道也與哉」句（八五六—一一一下）。明刊本作「一本假爲注語。一云于義不貫。已既自相矛盾矣。乃復改易成說。遷就己意。掩目補雀。竟將誰欺耶。其云僞書誤人。得無自道也歟哉」。

卷四

四庫本「灧澦歌」與「集文選文士姓名」兩章之間（八五六—一一三下）。明刊本尚有兩則如下

鸚鵡洲

王僧虔傳。侯景寇夏首有龍五色入城前鸚鵡洲水中。

梁書王僧辨傳云。僧辨攻郢入羅城。有龍自城出。色光耀入城前鸚鵡洲中。

僧虔宋人。齊永明三年卒。安得至梁時見侯景也。

明駝使

木蘭辭。願借明駝千里足。送兒還故鄉。今本或改明作鳴。非也。駝臥腹不帖地。屈足漏明則走千里。故曰明駝。唐制。驛置有明駝使。非邊塞軍機不得擅發。楊妃私發明駝使賜安祿山。荔枝。見小說。後魏書云。高祖不飲洛水。常以千里足明駝更互回恆州取水。以供膳焉。

明鳴之誤。酉陽雜俎已載之矣。

孟婆章。四庫本少錄三條（八五六—一二五上）。明

刊本其文如下

漢書郊祀志。惟太元尊媼神。繁釐注云。泰元。天也。媼神。地也。不云。泰媼。

北戶錄。孟公孟姥船神。

駒駼事未審所出。不敢強爲之說。但一云駒駼事。不著所出。一云。宋汴京勾欄語。自爲異同。殊爲可疑。恐亦如衡波廣記之云耳。

二唐書章。四庫本自「舊唐書人罕。故不知其優劣」句以下與明刊本文字略異（八六五—一二五上）。明刊本其文如下。

舊唐書人罕。故不知其優劣。近南園張公漫錄中載其數處。以舊書證新書之謬。良快人意。余又觀姚崇十事要說。此其大關鍵。而舊書所傳問答俱備。首尾照映。千年之下猶如面語。新書所載則剪截晦澀。事既往。文又不通。良可慨也。歐爲宋一代文人。而劉昫五代不以文名者。其所著頓殊科絕懸如此。宋人徒欲誇當代以誣後世。不知可盡誣乎。今具載二書之文

於左。

二書辭多。此不書

舊唐書。石晉宰相劉昫等撰。非餉也。

苦水變甘泉章

四庫本「皆地脈之異有所產歟」句（八五六—一二八上）。明刊本其下尚有「惠州之佛疏院東。熱泉湯如也。西。泉冷雪如也」句。

四庫本朱淑眞元夕辭之後（八五六—二四九上）。明刊本尙錄清平樂一則如下

清平樂

雲想衣裳花想容三章。皆太白清平調詞也。詞品別出清平樂二曲。謂爲太白所作。又自爲一闋。補之其詞。即勿論前之三調。又何時所進者乎。異哉。

疑耀七卷

明張　萱撰

以明萬曆戊申嶺南張萱刊本校補

卷五

婦人遭亂章。四庫本「宋建炎間金兵犯廣陵……廣陵破。氏在俘囚中。敵人欲脅而污之」句（八五六—二四八上）。明刊本「金兵」作「胡兵」。「敵人」作「胡人」。

陶侃被誣章。四庫本「其始終本末無一可議。不臣之跡果安在哉」句（八五六—二四九下）。明刊本「本末」作「夷險」。

卷七

絹易首級章。四庫本「絹易首級」（八五六—二八五上）。明刊本作「絹易虜首」。其文中「遼人」明刊本均作「胡人」。又末句「往往不能易一首級何也」句。明刊本「一首級」作「虜一首」。

郭汾陽二十四考辯與薛居正子婦章之間未錄「關侯謚辯」（八五六—二九五上）。明刊本其文如下

關侯謚辯

漢關侯之謚壯繆也。陳壽以謚法名與實爽曰繆。傳之謂侯剛而自用戾以取敗也。千載之下卒無一人出半語爲侯表暴者。至令侯與晉賈充。唐許敬宗諸匪人同科。余竊冤之。壽曰。樊鄧之敗。侯實自取。荆州一失。蜀之大事去矣。以繆爲謬固宜嗟嗟。侯死而荆州失

。此非侯罪也。侯圍樊鄧時居江陵。供軍資者糜芳。壯聲援者傅士仁也。二人者憾侯積輕之。不悉相救。更聞侯欲還日置之法。故二人入。權問迎。權夫受鉞矣。不用命者誅。芳仁逗留不當。問乎不即問之語。復宣洩以啓叛心。侯計誠左。然以此罪侯。謚以不美。則當時未聞有此議也。余閱國志。趙翊軍之謚順平也。其議甚詳。當時議謚殊不草草。且張新亭謚桓矣。馬平西謚威矣。黃漢升謚剛矣。諸公皆出髯下者。皆得美謚。侯之忠勇。蜀之朝野誰不傾心。禪雖昏庸。豈昧于侯。諸公議謚時景耀三年也。姜伯約輩豈皆有憾於侯而故加以不美之謚乎。謚法有之。布德執義曰穆。中情見貌曰穆。禮記大傳以序昭穆。古本作繆。左傳穆多作繆。是穆繆古文皆通。夫布德執義。中情見貌。孰過侯者。謚曰壯繆。亦猶秦穆魯穆或作繆耳。而以繆爲繆戾之繆。橫生訾議甚矣。壽之闇於謚也。第壽之議抑亦有端。侯爲氣多上人。於士大夫鮮

所下。士大夫時或宿憾。即當時謚繆爲穆。安知無芳仁輩。若者不以繆戾之繆藉口而甘心。第壽實憾蜀。即諸葛武侯尚不能塞其口。武侯而下。盛名惟侯。謂繆爲謬。惟以快讒慝耳。後主有知。能不令姜伯約輩共拔壽舌乎。余友人謝少連者譔季漢書輒復因沿壽說。故詳辯之以貽少連。且復書一通。告侯祠下。爲侯吐氣。

名義考一二卷

明周　祈撰

以明萬曆十二年東兗黃中色刊本校補

卷三

兩戒章

四庫本「所以限南北也」句（八五六—三一八上）。明刊本「南北」作「戎狄」。又「星經謂北戒爲朔門」句。明刊本「朔」作「胡」。

南北盛衰章

四庫本「元則舉天下而蕩除之勢少衰矣」句（八五六—三二二上）。明刊本作「元則舉天下而腥羶之固厄運也」。

鮮卑章

四庫本文中「東方」一詞（八五六—三二六上）。明刊本皆作「東胡」。

卷五

九夷章

四庫本「北狄從犬。西羌從羊。畜宜犬羊也」句（八五六—三五二上）。明刊本「畜宜」作「性類」。

卷八

酣酗沈湎章之後四庫本無「陰陽二體」章（八五六—三八六上）。明刊本其文如下

陰陽二體

卵古文作𠨘。來可切。男子勢也。象形。今止讀魯管切。訓羽蟲所生也。也古文作𠃟音野。女陰也。亦象

形。今止以爲語已辭。又峻遵綏切。赤子勢也。屄篇夷切。亦女陰也。五方俗乎不同。如謂女陰若鱉音者也之轉也。若卑音者屄之轉也。謂赤子勢若雞音者峻之轉也。於是二體隨方言有音而知其字者鮮矣。

卷十一

傳國璽劈正斧章

四庫本末句「二物者所生當有神物護之」句（八五六

—四三〇下）。明刊本作「二物者不幸皆沒於夷狄。可惜也。」

徐氏筆精八卷

明徐　𤇆撰

以明崇禎五年晉安邵捷春刊本校補

卷二

詩道之敝章

四庫本「詩曰燁之震電。不寧不令」句（八五六—四七一下）。明刊本「詩」字上有「十月」二字。

卷三

「古詞有本」章與「風雅」章之間四庫本缺一章（八五六—四七四下）。明刊本其文如下

對鳳垂龍

賈克妻李氏名婉。字淑文。有對鳳垂龍玉鏡臺。謝眺詠鏡臺詩云。對鏡懸清水。垂龍掛明月。事實本此。

卷三

「如花似乳」章與「東鄰棗」章之間（八五六—四七五下）。四庫本缺「春晝」一章。明刊本其文如下

春晝

春晝之設其來久矣。張衡詩云。衣解巾粉御。列圖陳枕張。素女爲我師。儀態盈萬方。衆夫所希見。天老教軒皇。儼然閨房秘戲之像。徐陵與周弘讓書云。歸來天日。得肆閒居。差有弄玉之俱仙。非無孟光之同隱。優游俯仰。極素女之經文。升降盈虛。盡軒皇之圖勢。雖復考槃在何。不爲獨宿。全用張語。至于俯仰升降。則逼眞房中之術矣。豈曰列圖已哉。

六朝詩似唐章

四庫本「歸華先委露。別葉早辭風」句下缺一句（八五六—四七六上）。明刊本作「胡風吹朔雪。千里度龍山」。

四庫本於「鐵鹿」章與「望羊」章之間缺一章「八五六—四七七下」。明刊本其文如下

破瓜

古詞碧玉破瓜時。郎爲情顚倒。芙蓉凌霜榮。秋容故尙好。夫破瓜時春也。芙蓉凌霜秋也。春時色美。故使郎顚倒矣。而秋時亦不見其不美也。

「望羊」章之後（八五六—四七七下）。四庫本又缺兩章。明刊本如下

綠沈

綠沈本于杜詩。古今辯之多矣。筆叢引援極詳。曰綠沈者綠色深也。或用鐵。或用竹。或用瓜。或用漆。或用筆。或用弓弦。或用屛風。或用扇。非專指一物也。

三彭

道家說三尸即三彭。謂彭琚。彭質。彭矯也。唐詩守庚申之說本此。

四庫本於「鶴雲」與「走竿丸劍」兩章之間（八五六—四七八下）又缺一章。明刊本作。

衣夜襞帷晝空

王勃臨高臺云。錦衣夜不襞。羅幃晝未空。意謂衣夜

當褻而不褻。惟晝當空而不空。其淫樂反易晝夜也。今本作晝不褻。夜未空。澹然無味矣。

四庫本又於「馬飾」章之後（八五六—四七八下）缺兩章。明刊本其文如後。

雲箛枸虡

梁雅樂歌云。雲箛清引。枸虡高懸。皆樂器也。

略彴

略彴。橫木橋也。陸龜蒙詩。頭經略彴冠微亞。腰插

苓箵帶蠡瓶。蘇子瞻詩。略彴橫秋水。浮屠插暮烟。

「井如六博」章之後。四庫本缺三章（八五六—四七九上）。明刊本其文如下

狄香

外國香曰狄香。張衡詩云。灑掃清枕席。鞮分以狄香。

玉衡

張正見鷄詩云。蜀郡隨金馬。天津應玉衡。按春秋緯玉衡星精散爲鷄。

雲母箱

周王褒詩。高箱照雲母。

「羅塵」章與「薤菜簟」章之間。四庫本缺一章（八五六—四七九下）。明刊本作

單情

今人有單相思。雙相思之語。不知梁宮人包明月者。作前溪歌云。單情何時雙。古人已先得矣。

杜律虞注章

四庫本於「長流不知烏江」句下缺一句（八五六—四八四下）。明刊本作「胡語不知有老子」。

溶溶雨章

四庫本缺小注（八五六—四八六下）。明刊本作「溶溶雨。黃云北西廂月色溶溶。夜豈亦雨耶。」

四庫本於「覔句」章之後（八五六—四八九上）缺一章。明刊本作

天子氣象

唐太宗。秋露凝高掌。朝光上翠微。勞歌大風曲。威加四海清。便有天子氣象。

卷四

四庫本於「詠草」章之後（八五六—四九三上）缺「池上篇」一章。明刊本其文如下

白樂天池上篇云。十畝之宅。五畝之園。有水一池。有竹千竿。勿謂土狹。勿謂地偏。足以容膝。足以息

肩。有堂有庭。有橋有船。有書有酒。有歌有絃。有叟在中。白鬚飄然。識分知足。外無求焉。如鳥擇木。姑務巢安。如龜居坎。不知海寬。靈鶴怪石。紫菱白蓮。皆我所好。盡在吾前。時飲一杯。或吟一篇。妻孥熙熙。鷄犬閒閒。優哉游哉。吾將終老乎其間。此篇可當一首園記讀之。灑然不獨。仲長樂志論擅名千古矣。

長吉雋語章

四庫本「不如卻使青龍去」句下缺一句（八五六—四九三下）。明刊本作「又鬈髮胡兒眼睛綠。高樓夜靜吹橫竹。一聲似向天上來。月下美人望鄉哭」。

「犁岳廟」章之後。四庫本缺「僧聯」一章（八五六—四九四下）。明刊本作

方干詩云。慣采藥苗資素饌。每書蕉葉寄新題。予嘗書爲詩僧房中聯。

「曹娥廟潘閬詩」章之後。四庫本缺一章（八五六—

四九六上）。明刊本其文如下

王元之詩

王禹偁過張處士溪居云。雲裡寒溪竹裡橋。野人居處絕塵囂。病來芳草生漁艇。睡起殘花落酒瓢。閒把道衣尋晚照。靜攜茶鼎洗春潮。長洲懶吏頻過此。爲愛山園有藥苗。宋詩之絕佳者。全集少見。謝在杭近抄之內府。

「荆公詩」章之後四庫本缺一章（八五六—四九七下

）。明刊本作

燕子樓

白樂天生平風流。獨以絕句逼死盼盼。稍爲缺陷。宋陳薦彥升賦燕子樓云。僕射新阡狐兎遊。侍兒猶在水邊頭。樂天才思如春雨。斷送芳花一夜休。似不能無恨于白公也。

「祖孫詩」章與「詠針」章之間。四庫本缺一章（八五六—五〇〇下）。明刊本作

洪陸翁

宋洪漸字陸翁。號苽巖。淳安人。夜泊詩云。月浸蘆花水浸天。漁翁醉後正堪眠。夜深何處孤猿咽。不管江邊有客船。清宛可詠。

「題和靖墓」章之後。四庫本缺「陳剛中」章（八五六—五〇三下）。明刊本作

陳剛中

元陳剛中使交南詩云。老母粵南垂白髮。病妻燕北寄黃昏。蠻烟瘴雨交州客。三處相思一夢魂。眞一字一淚。

「黃秋聲」章與「宗藩詩」章之間。四庫本缺「恭靖王」一章（八五六—五〇五下）。明刊本作

恭靖王

肅藩恭靖王博雅善詩。塞上曲云。遠出漁陽北擊胡。將軍談笑挽雕弧。千金底購單于首。贖得沙場戰骨無。有王龍標之致。

「瓊姬墓」章與「威寧伯」章之間。四庫本少「聽潮軒」。「黃旂山」。「贈道士詩」。「樵林居士」四則（八五六—五〇七上）。明刊本其文如下

聽潮軒

國朝張寧題聽潮軒詩有云。天涯共道初來懼。夢裡空驚夜語時。用唐人詩句新巧。

黃旂山　黃增莊擊壤附

黃旂山諱澤。字敷仲。閩之侯官人也。永樂辛卯。以

詩魁省闈。壬辰成進士。超拜河南參政。繼復參湖廣。擢浙江左轄。以憂去。再奪情於浙。前後在浙十餘年。奏罷無徵米百三十六萬石。七冶課銀九萬。兩劾罷貪守令五十七人。竟爲其黨所中逐之。去時正統六年也。亡何土木變起。大盜充斥而公先憂之。計驗歸田後一意著述。時與文人韻士頡頏唱酬。其詩間雜俚語。雖未脫宋元習氣。然清揚瀟散。婉而多風。不作窮愁拂鬱語。今錄其五言古。幽居發長嘆。嘆彼東鄰

姬。芳年得佳婿。跬步無睽離。光陰逐逝水。雲鬟今成絲。良人沒沙漠。訃聞如不知。開窗拂鸞鏡。染黛描雙眉。自矜新寵盛。卻笑傍人癡。古來漆室女。何事傾國葵。我廬旂山陽。我墓旂山麓。薄田百畝餘。亦足供饘粥。有廬可庇棲。有墓足埋玉。人生百年身。譬彼高堂燭。聖人恒戒盈。達士貴知勗。嗟嗟旂山翁。永言保清福。五言律。雨歇夕陽斜。孤舟掛落霞。城頭聞戍角。海口見人家。衰鬢驚秋葉。歸心逐暮

鴉。今宵何處泊。棹月入蘆花。直沽晚渡。臨安多沃土。宜麥復宜蠶。塔影錢王墓。鏡聲淨土菴。吳衣輕白苧。越果重黃柑。父老何爲者。官亭侯使驂。臨安即景。扁舟上石灘。沙淺水痕乾。白首忘機久。清時謝病難。蓬牕孤月瞑。鄉夢五更殘。明發常山道。霜風拂面寒。塔溪夜泊。臺閣雲霄上。蒼蒼日鑒臨。莫張虞氏網。須辨漢郎金。臣道如絃直。君恩若海深。南歸返初服。永遂老農心。出獄。風塵遊歷久。天與老來閑。去國長憂國。還山少出山。人烟秋水外。釣

艇夕陽間。不是無交接。雲深戶自關。歸自紹興。七言律。鰲峰雪霽喜春和。仙佩翩翩候晚過。王宇無雲留璧月。星橋有路上銀河。九重閶闔喧蕭鼓。十二街衢度綺羅。深荷幸生堯舜世。年年侍宴沐恩波。戊戌元夕。江水微茫漾綠波。花前勸酒唱離歌。郎心似水東流急。妾貌如花奈別何。孤棹斜陽郎去遠。重門細雨妾愁多。封侯早佩黃金印。百歲光陰一織梭。惜別

。帝城漏盡禁鐘清。玉珮瑲瑲進列卿。風捲龍旂開鹵簿。雲隨鳳輦出蓬瀛。班分銀燭移花影。樂奏仙韶繞仗聲。侍宴丹霄歸獨後。垂鞭紫陌馬蹄輕。早朝。無諸城外雨初收。江柳依依暫繫舟。上國風雲憐遠別。故山花木憶同遊。簾垂盡省晨開閣。門掩孤村夕倚樓。返棹垂來尋舊好。一樽相候碧溪頭。別友。天風吹袂上層臺。雲外湖山次第開。帆影暝隨孤鳥沒。秋聲遙帶暮潮來。甃花池涸餘衰柳。響屧廊空半綠苔。寂

莫不須傷往事。登臨且醉菊花杯。九日登靈岩山。水落蘇堤見斷橋。栖霞嶺下駐蘭橈。東西兩樹悲風起。南北諸陵王氣消。遺廟殘碑春寂寂。臥麟芳艸雨瀟瀟。古今多少登臨恨。半付江雲半海潮。岳王廟。龍躍雲飛幸有期。託交況在布衣時。九重詔向桐江起。五夜星從御榻移。碧海天空鴻去遠。彤庭春晚鳳歸遲。如今寂寞荒臺上。烟雨冥濛濕釣絲。嚴先生祠。遠山迢遞上青霄。回首吳城路轉遙。十載功名勞夢寐。半

生蹤跡愧漁樵。蒼苔古道連危棧。曲澗流澌擁斷橋。明出梨關歸興動。隔溪喜見木蘭橈。自浙回閩。客懷寥落歎離居。況復他鄉遇歲除。積水連天帆影沒。平蕪飛雪雁行疏。何須凍筆題愁箚。未必浮雲蔽太虛。霄漢春來多雨露。九重應見鳳銜書。淮陽除夕。柴門雨過稻花香。獨步松陰趁晚涼。上疏謫來憐賈誼。辭封歸去想張良。山中有豹藏深霧。渭曲何人釣夕陽。昏黑莫行林外路。淋漓草露濕衣裳。雨後晚步。岧嶤

峰高紫翠深。閑隨飛錫到雲林。橋邊草露霑行屐。磵外松風度梵音。霄漢昔勞青嶂夢。烟霞今遂白頭心。忘形共了三生約。蓮社相過日抱琴。遊鼓山寺。落職南歸逸興多。倚雲閑唱伐檀歌。新開池館移松菊。舊隱巖扉剪薜蘿。細雨半坡黃犢草。清風一棹白鷗波。林泉隔斷紅塵夢。不識春城有綺羅。山莊即事。誰搗霜藤換絳紗。更將凍墨灑寒花。剡溪人去芳魂斷。庾嶺春歸別夢賒。欹枕醉疑雲蕩漾。擁衾吟愛日橫斜。

清風不逐豪華盡。流落山林處士家。梅花紙帳。一氣初分水最先。龍湫源出此山巔。塘開太液池邊石。波漾滄溟鏡底天。濕漲溶溶紅杏雨。晴生淡淡綠蕪烟。品題今入歐蘇筆。長得清名在簡編。石塘春波。禹會諸侯在會稽。何緣鄰境得玄圭。松烟浥露薰龍腦。花氣凝香入麝臍。半笏穹隆從地起。一峰突兀與天齊。群英接武青雲上。俯視衡嵩培塿低。雙墨鍾英。衰軀漸覺病來侵。炎溽蒸人更不禁。解渴每思氷在澗。閉

門還怯暑消金。涼飄落葉疑秋早。月滿虛堂喜夜深。四海蒼生共憔悴。濟時誰解作甘霖。病中苦熱。石仙潭下買荒原。綠麓周圍十畝園。竹塢疏籬新院落。桃花流水舊溪源。青山對酒晴移席。綠樹垂陰晝掩門。浮世纖塵飛不到。此中此意自忘言。山居。十二天閑閬苑西。奚官調護異狻猊。冰刀不剪青絲尾。月斧曾修碧玉蹄。陪直每知依仗立。向人多是隔花嘶。幾回賜浴龍池上。一道芳塵過御堤。三駿圖。疊障迢遙擁畫屏。淩雲寶刹耀丹青。長廊人設松花供。丈室僧翻貝葉經。夜永禪燈光耿耿。春深祇樹影亭亭。隨緣且了三生約。不管流年兩鬢星。瞿雲古刹。新種南園玉一叢。半含粉籜半搖風。數聲戛戛龍吟水。片影翩翩鳳下空。獨伴蒼松霜後綠。肯依繁杏日邊紅。白頭野老歌淇澳。清節相期保始終。顧侍御園翠竹搖風。七言絕。門巷蕭條白髮新。古來憂道不憂貧。一樽獨向東籬坐。卻愛黃花似故人。初冬病起。七言歌行。題

諸葛武侯。像炎精沉赤龍死。五陵松柏號和雨。鑾輿幸許謀已成。天下紛紛各爲主。先生自是人中豪。頡頏管樂輕孫曹。雲窩久蟄一朝起。三軍奔走隨旌旄。間關隴蜀忘勞瘁。欲掃妖氛剪吳魏。五丈陰霾暗將星。江流不盡當年淚。凜凜英魂今有無。錦城冷落故宮蕪。汗青千載芳名在。塵世空驚八陣圖。題息上人聽松樓。南溟息上人。深居絕塵想。鋤雲種青松。松隨白雲長。禪心何悠悠。開樓坐閑敞。微風天上來。木

末動清響。初疑琴聲絃上起。非角非商亦非徵。又疑山陽鋏笛聲。嗚嗚雙蛟夜泣寒。潭水清。如玄都。仙人騎鸞上玉京。疾如長江風帆日走三千里。疾而徐。廣庭涼夜吹笙竽。芭蕉卷綠雨聲碎。池荷瀉露驚遊魚。疏而數。九皋月冷聞孤鶴。蕭蕭黃葉階下飛。簌簌風泉澗邊落。陰晴風雨聲隨變。老衲聽之渾不厭。俗耳昏聾豈解聞。塵眸茫昧何由見。騑騑四牡黃華使。公餘偶向名山去。松下逢人問所之。相邀直到雲深處

。琳宮寶刹何崔嵬。高樓百仞雲中開。徂徠秀色滿窗戶。虬枝戛戛鳴春雷。須臾坐定風轉息。萬籟無聲山寂寂。上人索我聽松詩。醉墨淋漓掃樓壁。詩成相對已忘言。松月娟娟松露滴。上征夷。王將軍。金門朝啓初日紅。珊珊環珮搖春風。宰稽首上邊報。綸音渙發徵才雄。賢侯自是三槐裔。文武全才冠當世。品士論兵邁古風。搴旗斬將多奇計。清晨受脤辭帝京。百官出餞金陵城。龍旗高拂野天迴。鼉鼓長擊江湖平。樓船六月來南楚。鷄犬不驚民晏堵。虬髯劍士氣成虹。碧眼材官力如虎。交城到日瘴烟收。馬箠投江江不流。伐謀悉聽將軍令。敵愾深紆聖主憂。旬宣有道風行草。殲厥渠魁愼天討。散財發粟拔沉微。耄倪共慶來蘇早。九重注意在遺黎。露布應將大筆題。請看漢代麒麟閣。爲問元勳孰與齊。題余將軍借翠軒。括蒼之山凌紫烟。石門丹洞遙相連。飛湍千尺瀉寒玉。晴峰萬葉開青蓮。何人甲第山之麓。鳳舞龍飛長在目。

暮靄朝雲繞座浮。高梧疏竹依窗綠。公餘對此塵慮消。輕裘緩帶風飄飄。藝香積案書千卷。花影當簾酒一瓢。君不見謝安石。瀟灑東山恣登歷。又不見康樂侯。政成好人山中遊。將軍愛山不出戶。借此翠色供吟眸。笑余亦有林泉癖。海內名山遍行跡。明當振珮上蓬萊。浩蕩天風送蜚舃。括山青。遙相憶。題前嶼莊。我志在遺安。卜築得前嶼。門巷隔塵囂。靜中有眞趣。別築亭臺大宅西。閑時登眺拂烟霓。臺江遠樹雲

邊斷。芳前晴峰鳥外低。鳳岡春雨莓苔綠。旂壠秋雲長在目。南風小圃荔枝紅。香露平疇晚禾熟。沙浦寒流漾碧潮。樟林斜日度歸樵。漁樵不作簪纓夢。踪跡何由到市朝。石林昏。青障曉。鶴在雲松魚在沼。白髮柴門長子孫。江湖故舊歸來少。喬木蒼蒼舊縉紳。諸郎守道莫憂貧。床頭萬卷遺書在。期爾淸修繼古人。沙蟹歌。沙上蟹。何橫行。爪甲纖利雙睛明。江湖取食日已飽。香膏凝雪光熒熒。自矜老大無驚駭。豈

料秋容暗中改。易牙調味喜淸新。玉甕橙虀竟成醢。巍巍廊廟姿。竊權蔽光彩。君不見沙上蟹。題梅花。君不見。河陽地煖桃花紅。繁英著雨餘空叢。又不見湘江蘋蓼含秋色。一夕微霜竟蕭瑟。浮艷紛紛不耐看。曾似孤芳雪中白。石根鐵幹冰玉胎。皴皮半裂封莓苔。暗香浮動風前度。疏影橫斜月下來。列仙雜遝朝丹闕。羽蓋霓旌起超忽。醉乘鶴馭下瑤臺。無數遺珠落香雪。山澤癯。宮苑腴。照水懸巖體總殊。楊王筆

意久寂寞。當途太守今有無。羨君家住西湖曲。萬頃湖光映書屋。氣接孤山一脈春。眼空浮世千鍾粟。豈料功名自有期。十年薇省鬢成絲。老天堅爾青青實。金鼎和羹想未遲。白鶴歌。松頭鶴。高且清。縞衣玄裳朱頂明。林空月冷萬籟息。仰天引頸而長鳴。長鳴飛入青雲表。俯視鵾鵬一毫杪。鸞臺鳳閣春沉沉。不管仙禽重凡鳥。瑤池有水亦有芝。不飮不啄心如癡。飄然直下故巢去。白雲卻訝歸來遲。新巢漸多松轉密

。此鳴彼和甘岑寂。諸雛長大毛骨奇。儀表天朝還有日。漁父詞。漁翁家住青溪上。生來不帶封侯相。早年結得白鷗盟。梗跡萍踪甘蕩樣。桃花源頭春水生。執篙童子船邊撐。綸竿在手隨所適。眼中萬事鴻毛輕。江村昃日人爲市。聒耳煩囂算微利。蒲帆半幅西復東。似厭炎塵上衣袂。新蓴長葉鱸漸肥。瓦缸酒熟銜杯時。推篷見月如有待。傍舟何事歸來遲。同雲作霰風飄忽。披蓑獨釣寒江雪。直鈎無餌那得魚。坐對空

山笑衰拙。滄浪濁。滄浪清。濁斯濯足清濯纓。桐江一絲扶九鼎。至今清史流芳聲。題歲寒三友。君不見花與柳。嫩綠嬌紅隨處有。無情惟解賞芳菲。誰信芳菲易衰朽。又不見松竹梅。玉幹瓊枝產深谷。幽人擬結歲寒盟。移種庭前蔭書屋。嚴冬草木皆零落。三樹蒼蒼宛如昨。我心相配金石堅。甘抱長材老丘壑。九重恩下徵賢詔。萬里青雲豁長嘯。濟時事業須早爲。廟廊未可輕年少。公以直道被讒。一去不復。廢居三

十年。不忘憂國。其清風勁節。所謂薑桂老猶辣者。鄧汝高閩中正聲。徐惟和晉安風雅。概未之及。豈遺集久湮不獲寓目耶。余特爲表出。以志高山之仰云。

又國初有莊希俊者。亦閩人。生元季不仕。

聖祖龍興辟倅臨洮擢濟南太守。有擊壤集一卷。其詠牡丹云。亭臺幽處鎖芳菲。一捻春姿百寶圍。色借丹砂連曉瑩。肌生紅玉藹晴暉。風飄香入玻璃酒。露潤光添錦繡幃。每滯遊人歸興晚。接籬倒著步蟾輝。繞屋清陰玉樹連。春深花笑雨餘天。紅潮醉臉施輕粉。綠慘愁蛾掃翠烟。合樹天香風細細。半窗鸞影月娟娟。清平一曲稀人和。且向蹲前問絳仙。獨掃蒼苔坐錦叢。金尊綠酒醮輕紅。鶴翎濕露梳晴日。蝶翅黏香趁曉風。粉黛藏羞綃帳裡。丹青難寫素屏中。醉來捲幔窺明鏡。似約仙娥在月宮。半酣卯酒醉斜曛。綽約宮粧自不群。膏雨弄晴新賜浴。薰風煦暖暗飄芬。錦襠珠佩垂腰衱。玉葉瓊校壓鬢雲。麗質厭隨桃李列。殿

春獨舞絳羅裙。詠紅梅云。綺雲散彩篆烟斜。萬象光中雨寶花。碧玉明珠天女珮。青樓朱箔美人家。蘭堂夜暖流蘇帳。蓬府春生伏火砂。回首桃溪顏色早。已隨流水泛殘霞。夜來微雨浥芳叢。洗淨鉛華笑靨紅。飛觀簾開迎海日。廣庭鸞舞落天風。霓裳光動歌聲裡。繡被香溫醉夢中。坐久忽驚清露冷。恍疑身在蕊珠宮。膏雨收晴布暖曛。芳姿步出萬花群。鳳冠高簇開新艷。鷄舌初含吐異芬。羅襪輕塵凌洛浦。歌臺緩響

遏卿雲。可憐飛燕嬌無力。莫遣東風蕩繡裙。又灞橋風雪一絕。六花飛壓帽簷低。十里西風楊柳堤。詩興不知何處去。蹇驢空過灞橋西。又題漁樵問答云漁翁繫船清溪濱。樵夫息肩臨水瀕。欣然抵掌坐盤石。苦樂何妨同討論。漁翁問樵長所苦。朝去暮來冒風雨。層巒絕壁難躋攀。幽徑荒林足豺虎。何如一葉隨中流。風清月白涼颸颸。瓦甌篷底動春酌。去去來來長自由。樵夫答云。誰所惱。雨笠烟簑足風韻。曉來腰斧

入寒林。晚去舒遲忘遠近。行行且誦復歌歌。暮去朝來樂更多。擔柴入市換春酒。醉來和月眠春坡。樵夫復問漁翁苦。窄窄孤篷無定宇。風波旦夕相喧豗。短棹長篙那得主。何如林下長嬉遊。或薪或棫忘春秋。時來即作會稽守。命薄從教空白頭。漁翁答言余所樂。蓼岸蘋洲隨意泊。女兒江口日初長。新婦磯頭潮未落。齁齁一枕篷底眠。醒來猶在蘆花邊。人間若訪玄眞子。何異隨流覓水仙。兩言問答皆云爾。苦樂平分忘彼此。相攜一笑暮雲橫。坎遇流行隨所止。詩皆清麗。直攄胸臆。亦足傳也。

贈道士詩

宣德間吉水羅明贈道士云。金碧樓臺倚半空。松花不掃白雲封。紫綃製氅烟霞色。斑竹裁冠玳瑁容。龍角捲來天上雨。鶴翎梳破樹頭風。世人若問長生訣。洞裡桃花幾遍紅。新巧可詠。

樵林居士

天順中。淮南蔣主孝恭靖公子也。自號樵林居士。諸家選詩皆不及焉。有五王擊毬圖云。毬門高結春如海。紫袖垂垂剪雙彩。薛王力倦宋王來。興慶宮前花正開。侍兒弄笛申王醉。更有岐王擁花睡。春風不動草如鋪。兄弟相隨入畫圖。黃門擁入五花帳。官奴謾鼓花奴唱。博山火熱水沉香。富貴從來自天降。遲遲春日下龍樓。花萼連輝雨氣浮。大被漸寒歌管歇。三郎別領阿環遊。較元張思廉亦伯仲間也。

「八歲詩」章之後。四庫本缺「魏竹溪」「彭閣老」兩章（八五六—五〇七下）。明刊本其文如下

魏竹溪　黃增

余閱燈市有魏竹溪詩。多雋永可味。佚其半。得之郭聖僕合璧焉。初不知竹溪何人也。載讀其序言。則家學憲未軒先生筆。乃知竹溪名時敏。少游鄉校。以才辟爲邑從事。治文書之暇。不輟翰墨。或揮毫作山水。而尤篤于詩。謁選銓曹冢宰尹公試以詩。有簡拔自慚非漢吏威儀。今喜識周官之句。深加器賞。超除無錫丞。復除桃源丞。所至皆有題詠。致政里居薦紳學士多與酬唱。年八十餘。未嘗一日廢吟事也。其五言若寄吳太守。孤燈殘夜夢。千里故人心。送林郎中致仕。烟雲新世態。花竹舊郊居。其七言若懷江湖故人。千里宦情星拱北。百年人事水流東。秋日病起。黃花籬落家家酒。白雁江天處處砧。寄余汝盛閒吟。有客知何遜。獨酌無人識。馬周尤爲學憲擊節。余所賞

者五絕。亭小貯琴聲。池清蘸花影。曉日上窗紗。幽人夢初醒。休息軒。露濕一庭苔。鴉啼長門樹。寂莫對孤螢。飛入昭陽去。長門怨。六絕。雪裡青山茅屋。雨中芳草溪橋。野艇空橫古渡。滄江自落寒潮。野水渾通籬落。川源綠繞桑麻。雲裡數聲鷄犬。山深更有人家。流水半沉石腳。浮嵐橫抹山腰。閒卻小亭孤棹。幽人遠上雲霄。俱題畫。歲晚行尋溪上。春風遙憶隴頭。何處一聲長笛。月明醉倚南樓。詠梅。七絕。郎去西湖莫賦詩。詩情到處誤歸期。妾心一似湖中藕。不斷長絲與短絲。竹枝詞。短籬疏雨正離披。淡白深紅朵朵宜。自計老年才思減。重陽過後不題詩。賞菊。郎駕扁舟泛五湖。不知湖水幾時枯。願郎早過黃陵廟。苦竹叢邊聽鷓鴣。去日栽松一尺強。如今已見倚雲長。不知萬里關山夜。清夢曾無到故鄉。別後衡門鎖不開。年年春雨長莓苔。東風似欲添離恨。故引雙飛燕子來。閨思。聞說沙場雪未乾。移師又欲破

樓闌。憑誰爲借東風力。吹轉三邊地不寒。征婦怨。
社鼓聲喧送酒盃。春風落盡一庭梅。不知白首狂吟客
。醉飲屠蘇更幾回。殘年。煬帝宮前春已深。含烟帶
雨自陰陰。柳條縱有三千丈。難繫離人一寸心。嫩葉
柔條拂短簷。鶯啼燕語曉風恬。傷春無計留春住。怕
見飛花不捲簾。折楊柳。五律。秋夜懷楊大使。孤館
涼風發。長天自雁過。旅懷秋易斷。鄉思夜偏多。野
曠雲連樹。江寒月浸波。不知楊子宅。秋興近如何。

和除夜。梅花送殘臘。草色報新年。客夢鷄聲裡。鄉
心雁影邊。髮隨時事改。酒爲故人延。卻憶滄江上。
蘆花隱釣船。和王文偉。最喜投閒日。蓴鱸正及秋。
鐘聲林下寺。燈影水邊樓。老去仍青眼。吟多易白頭
。還思爲客處。梧雨滴鄉愁。除夕宿大雲院。巖風吹
野樹。溪雨浸山田。自汲烹茶水。誰供買酒錢。苦吟
方得句。多病只貪眠。不管人間事。清閑過歲年。寄
姑蘇劉欽謨。清貧終不厭。未老亦宜休。楊柳閶門曉

。蒹葭笠澤秋。園蔬乘雨種。林果帶霜收。感慨應懷
古。題詩上虎丘。寄周鶴洲太守。風雨越江邊。郵亭
對夜眠。鄉心孤島迥。客思一燈懸。論舊懷他日。談
詩記往年。離魂將別夢。幾度到臨川。尋幽臨絕壑。
春望倚晴闌。舉世情皆薄。謀生道更難。雲邊雙闕迥
。林下一官寒。自笑卑栖意。塵冠未敢彈。七律。寄
余汝盛。久旱村園豆麥焦。鑿池引水灌田苗。籬疏野
竹橫窗戶。潮滿春帆礙浦橋。酌酒不愁借苜蓿。揮毫

深喜有芭蕉。人生適意應如此。莫怪淵明嬾折腰。琴
川道中。斷雁聲寒隴日昏。畫船撾鼓入孤村。燈前感
舊無書劄。枕上思親有夢魂。短髮尚紆新宦牒。好懷
都負舊琴樽。題詩卻憶山莊下。風雨瀟瀟晝掩門。去
婦辭。鴛帳留春上錦文。高堂賓客賀新婚。穠華似玉
生蘭砌。衰落如花棄草根。薄命謾垂今日淚。愁顏猶
憶舊時恩。班姬紈扇秋風早。滿院蒼苔獨閉門。夏日
寄高尊卿州守。林屋虛寒半掩扉。野情偏稱綠荷衣。

柳風乍起燕雛軟。梅雨初晴荔子肥。歲月無情催客老。溪山有意待君歸。浮沉世事何須問。好整絲綸坐釣磯。效李商隱咏淚。香閨頻蹙遠山眉。不似昭君出嫁時。有恨染斑湘浦竹。多情讀罷峴山碑。殘春故國難爲別。無景新亭空對垂。益世英雄亦如此。楚歌聲斷益堪悲。橋成織女歛雙眉。雨洒人間七夕時。書寄邊鴻持舊節。劍留孤塚對殘碑。鮫人雙袖因珠濕。和氏千行有玉垂。笑殺步兵狂太甚。窮途回首不勝悲。寄

黄文大化州。使節遙臨嶺海西。桄榔椰葉暗春溪。連村禾黍沉雲綠。繞廓桑麻似掌齊。夜月滿城無吠犬。晨烟隨處有鳴鷄。太平氣象多吟咏。喜雨亭前取次題。懶菴。萬事無心酒一瓢。庭前積雪待春消。稽康箕踞眞成癖。陶令歸來懶折腰。看竹熟知傍舍近。尋詩生怕出城遙。紛紛裘馬紅塵裡。忙聽鐘聲趁早朝。題淵明歸五柳圖。栗里柴桑秋正深。歸舟尤喜遂初心。閑情都付籬邊菊。佳趣惟留壁上琴。紅葉客來長不掃

。白衣人去自成吟。一從蓮社攢眉後。直向山中醉到今。殘年書事。塞雁驚寒下浦沙。故人千里未還家。暮年詩酒醫愁藥。浮世功名過眼花。白屋謾栽高士柳。青門懶種故侯瓜。日長社散歸來晚。倚杖行吟送落霞。林泉深處臥烟霞。流水寒雲八九家。江客帆檣懸網罟。野人籬落帶桑麻。案頭墨蹟兒臨帖。燈下車聲婦絡紗。待到春風二三月。石爐敲火試新茶。他驚句甚多。不能殫述。再抽一二以示同好。如殘曆愁中盡

。流年夢裡過。客思秋聞雁。鄉心夜聽潮。林深芳樹合。磵轉夜泉分。流泉分古澗。荒蘚上殘碑。門掩花空落。人閒鳥不知。石壁苔侵字。松杉鳥護林。山花彈綠鬢。月鏡暈青天。有田皆種林。無竹不當樓。身病仍耽酒。家貧易廢詩。梅開人別久。書寄雁來遲。江沙粘野艇。樓月照秋琴。交情貧後見。鄉夢客邊多。天空孤鳥沒。江閣遠帆來。野色低青嶂。亭陰壓翠苔。世途輕白髮。交態重黃金。帶雨隨孤艇。穿林翳

晚鐘。川雲沉野色。溪雨亂泉聲。書帶從爲草。荷衣不受塵。曉日黃泥坂。春風綠草坡。畫牛。俗塵隨事減。詩債少時無。徑竹籠烟翠。池荷戰雨喧。野水帆歸浦。秋山燒隔林。小杓連雲汲。方餅帶月盛。蟹井。旗翻曉帳雲連塞。角奏寒譙月滿樓。送都使。雨餘一水當溪落。嵐淨千峰入戶低。松門書院。催我年光惟曉屋。擾人離思是秋砧。雙杵搗殘千里夢。一尊傾盡百年心。秋日偶成。雉扇影分雙闕下。羊車聲度百

花中。啼鳥無情過別苑。飛花有意到深宮。無題。林隱曉嵐山半出。湖添秋雨水平鋪。西湖。茶竈曉烟籠野色。硯池秋雨洗溪聲。南寺。白酒熟時留客醉。黃花開晚待詩催。世事無憑蕉覆鹿。禪心已作絮沾泥。送僧。數點遙峰天地外。一聲長笛海山秋。幽居。一樽酒盡空明月。千里書來見故人。寫懷。南畝躬耕非管樂。北窗高臥即羲皇。冬蒼草堂。江上有詩楓落早。籬東無酒菊開遲。寄黃儼仁。南畝雨添畊後草。西

齋塵掩讀殘書。看竹有詩留野寺。尋梅無路到溪橋。輓林從韶。庭梅破雪回殘夢。林鳥啼春怨落暉。酒盃此別憑誰共。吟社它生得再回。輓吳拙戒方伯。皆惋轉切情。新越可喜。其爲名卿虛左引之入林不虛也。近有吳韋卿者以老抱關學杜詩。績草幾千餘首。而於潛尉林登程休官後亦稱詩。其詠缾菊云。霜枝分折後。猶貯半缾秋。色自籬間出。香從几上流。差堪娛衆目。寧許插盈頭。一勺涵餘潤。能存數日幽。梅都尉

園看竹云。人去秦臺竹尚青。四時疑有彩雲停。霜中節凜孤臣操。地下根分貴主靈。三徑陰森連舊闕。半溪烟雨暗荒亭。孫枝爲染虹橋血。化碧竿頭似有腥。二詩爲余鑒賞。即未堪雁行竹溪。亦見莆功曹中之不乏人耳。

彭閣老

彭文憲閣老時詠陶潛云。解印歸來雪鬢飄。呼兒滴露寫前朝。丁寧莫汲江頭水。恐是金陵昨夜潮。又詠昭

君詩云。抱得琵琶馬上彈。朔風獵獵雪漫漫。艸中白骨如山積。莫怪將軍出塞難。雋永有味。堯山堂外紀作彭華詩。查文思集無此詩。則出文憲明矣。黃參

石田題畫

沈啓南畫入神品。而詩亦清眞可詠。予嘗得其題畫數首。不必觀丹青水墨而詩亦可當生綃。

「楊椒山臨刑詩」章之後。四庫本少「鄭養晦」及「謝司農詩」二則。明刊本作

鄭養晦　黃增

鄭昭封公字養晦。閩之惠安人。系出莆朱氏。襲母姓。以子苑馬卿一龍封主事。贈中憲大夫。所著小園抱甕錄有蠹木賦。何穉孝司空刻之文徵矣。余錄其桃源行云。當年父老苦秦苛。扶攜去種武陵桃。種桃父老死已久。只有兒孫食土毛。後來漁者因迷路。忽入桃源驚指顧。慇勤相訊果云何。彼此諄諄各言故。我爲先世避秦來。種桃自活山之隈。世世但如桃有實。年年不問今何時。花開葉落長如此。地析天分豈所知。漁人爲道秦不久。鹿因爲馬死劉手。炎精尋蝕復重光。四百餘年有九有。三龍鼎峙難久居。五馬渡江晉室餘。紛紛胡羯彌寰宇。我欲避秦曷去諸。一聞此語共愀然。自是人間別有天。旣脫秦人狼虎口。又免漢魏幾倒懸。爾今遠來可共處。倘若辭歸勿浪語。此中奇隱六百年。未許外人來遊此。漁郎謂我有妻兒。不得久留遂去之。一行一顧一表誌。去後重來失路岐。世

人便作神仙道。神仙蹤跡豈人到。古多避世深谷中。豈獨商山有四皓。吁嗟世變日異常。在處無非爭奪場。不是深居何有鄉。胡能不見網羅傷。手植園竹云。嗟我先人舊卜居。四圍未有一枝竹。鷦鷯巢林鼴飲河。環堵蓬蒿豈問俗。邇來學古手移栽。甫及二年笋抽玉。咫尺琅玕迸地穿。須臾不覺仞有六。居然孫子傍母生。孫子自高母自卻。一年勝似一年高。四時無改幽軒綠。孫風凜凜迫古人。夷齊不食周家粟。西晉七

賢願卜鄰。李唐六逸思改築。嗟予無事時覯之。日食何須更有肉。此身雖瘦道自清。敢望對之仍大嚼。森森君子立園東。安得異時鸞鳳宿。古人以竹比兒孫。我今作歌歌淇澳。二詩清眞簡遠。超然塵埃之外。課子及孫。有處世寧須辭爵祿。立身全賴有詩書之句。今孫又煥以名進士官瑣闈能世其家云

謝司農詩

吾鄉謝大司農杰宿雲窩有詩云。刀圭有分仙緣熟。鷄

犬無聲午夢閒。佳句也。

「纏頭集」章與「沈佺侗」章之間。四庫本缺一章（八五六—五一一下）。明刊本其文如下

黃孔昭　黃增

崇武黃孔昭山人名克晦。以詩鳴海內。舊矣余曾識之燕市中。歿後家遭鬱。攸籍盡燬。黃太傅彭湖撫齊時爲刻之山東。今版不知尙存否。余恐其久而湮也。時摘其七言律云。寒色蒼蒼落日斜。空庭獨立數歸鴉。

石人此際方無淚。羽客今宵亦有家。已判離愁消柏葉。誰堪詩句頌椒花。明朝攬鏡休憐色。未入新年鬢已華。玄官除夕。江田江燕春深巢樹腹。野狐日落吠谿邊。東風那管亂離事。草色藤花似往年。惠陽傷亂。十載珠江又一樽。涼風萬里灑江門。客談遺事猶能記。僧恨留題已不存。暝色未沉天外樹。月光欲動水邊村。孤亭坐久人聲絕。明滅漁燈兩岸昏。海珠寺。四百二峰半是雲。舟中終日對氤氳。天陰不辨神仙氣。

雨過還開錦繡文。石洞別時花自落。鋏橋行處水空聞。夜來葛令親相語。丹竈重泥郤待君。舟中望羅浮。桃花洞口醉如泥。鋏笛橫吹乍出溪。帶月欲歸滄海上。隨風忽過畫樓西。林空巢鶴翛翛起。簷迴飛雲片片低。半夜何人聞此曲。萬家俱向夢中迷。飛雲閣聞笛。千重流水百重花。懸磴依然曲曲斜。亭下小松青蓋偃。峰頭大字綠苔遮。絕憐雲竇敎亡酒。生愛泉聲鬥煮茶。借問主人今強出。還應誰爲伴烟霞。巢雲巖次

泒上人。蒹葭霜落夜迢迢。江水無風也自搖。正憶高樓坐逋客。時聞險語出層霄。隔橋人語三家市。近浦鷄聲半夜潮。新酒滿樽懷我否。可無白鶴一相招。寒夜憶張星湖。風壑雲門險若何。芙蓉步步拂雲多。滿襟落蕊披花人。兩頰蒼苔轉石過。水黑空潭龍蛻朽。天清萬樹鳥聲和。山靈未必欣相迓。凝笑逢人帶女蘿。溪源道中。壑舟無力谷神光。石像千年草樹傍。匪虎不曾悲曠野。猶龍何事蛻高岡。雨深衣袂生秋蘚。

月曉鬚眉帶古霜。誰謂西戎終不返。山中紫氣夜何長。靈坐石老君。京門分袂各沾衣。六載懽生入夜歸。征馬何言難復縶。離筵只勸莫停揮。湖南草爲王孫綠。北渚雲隨帝子飛。千古小山稱小雅。賦成應寄釣魚磯。送顏範卿岷府左相。對酒常逃醉後禪。當歌猶是飲中仙。狂來險語爭千古。老去降心畏少年。燭外天河低入樹。簷間露竹暗浮烟。相看已盡清宵樂。惟問車公何處邊。集李世禎蘭芳亭。靈峰入暝更嶙峋。寺外輕帆泊古津。五岳乍歸天外客。雙林還坐月中人。泉聲隨梵飄松壑。露氣凝雲覆水蘋。明發山巔更滄海。風高從拂白綸巾。鼓山寺。薊門衰鬢颯驚秋。風雨蕭蕭獨倚樓。四海新知名下老。頻年多病客中愁。雲連北極迷宮樹。水發西湖出御溝。京國逢君懽不淺。可憐經月不同遊。病中寄歐禎伯。破曉天鷄隔翠微。五松絕壁倚巍巍。雷霆門峽雙龍走。日月爭池一鳥飛。碣上苔花留篆影。封中雲氣變秋衣。二臺顏色依然

好。爲我西山駐落暉。和詹中丞泰山詩。纔過危橋便隔人。稠花接葉復迷津。朝朝山翠皆成雨。樹樹禽聲各爲春。每以烹茶知水品。不緣垂釣饌江鱗。永和千古風流在。百罰深杯也莫嗔。暮春集曲水亭。漢家列郡古名州。五馬連翩擁七斿。去路雲蒸三伏暑。到城月滿一天秋。窗中遠岫廬山出。門外平潮楚水流。若問襄陽曾出牧。至今耆舊滿歌謳。送黃饒州舊爲襄陽守。纖月西樓已可望。雁聲斷處一痕霜。微紛露葉光

猶淡。初上風簾氣自涼。羌笛漫教悲舊曲。娥眉空與妒新粧。只將今夕娟娟影。預卜中秋一夜長。八月初三夜月。南園斗酒爲誰餞。韶華暗別傷人槩。一風一雨花奈何。春去春來人自換。蛺蝶偏隨坐處飛。殘鶯欲向愁時喚。年少那能不送歸。到是白頭心易亂。送春。五言排律。元戎不復古。僕駟亦無良。歲歲勞占募。區區守大荒。輕車今滿地。比馬各成行。大將高壇上。中軍細柳傍。留侯方虎嘯。尚父欲鷹揚。心苦頭顱白。年高膂力剛。指揮雲鳥集。訓練藻皃忘。令節春鑽木。嘉辰宿在房。百金名下選。三屬戰時裝。芳草承輪碧。飛塵繞陣黃。吹茄凝未徹。職志遠相望。雷鼓聲難及。風熛勢莫當。止齊力劃斷。立壁鋏迴將。盾盡雙龍合。弓皆兩石強。逆鱗攖自碎。怒臂到應傷。揖客元非戇。豎儒固乃狂。觀兵雙眦裂。入幕二毛蒼。氣借銜杯湧。言因說劍長。行看清瀚海。坐見擄名王。欲載班生筆。還歌吉甫章。神機營觀俞都

護車戰。江水含秋淨。潮橫帶岸斜。乍沉青艸堰。俄失白鷗沙。夜色開天鏡。晨光盪日華。一龍吟自冷。乘雁集何加。碧映臨流郭。清涵理釣槎。世人多自喜。河伯未應誇。水滿澄江。七言排律。四門已下先生楊。雙樹因過大士家。床上詩書連釋部。桁間袍帶雜袈裟。疏簾映日垂垂白。絳帳褰風故故斜。古調已知傾海內。同聲猶自滿天涯。水河赤鯉堆霜膾。火圃黃蔬煮綠芽。社友舊曾期慧遠。門生今復識侯芭。酒中爲壽身先起。醉後留懽興轉賒。落日龍鍾扶上馬。寒空蕭瑟數歸鴉。陰沉九陌雲如葉。颯沓千林雪欲花。爲問何時還更約。吟鞭早拂五城霞。歐博士招飲繡佛齋。五言絕。遠影亂歸帆。孤烟發長磬。垂綸岸岸移。楊柳遞相映。題畫。簷口日落昏。牛羊下長阪。笛聲乍有無。漁舟知近遠。背郭草堂。七言絕。五虎山如五虎蹲。盡對無諸舊國門。無諸去後山空在。秋草蕭蕭日又昏。微茫星月下江鄉。三十六灣江水長。夜

半舟人相借問。好風日出到洪塘　靈山廟枕越江皋。中使三年一換袍。神去神來人不見。滿江風雨浪頭高渡頭相送淚沾衣。日暮相思不下幃。潮水莫言還有信。渡船兩日一回歸　南堤楊柳北堤榆。新樹成陰舊樹枯。所恨相逢俱窈窕。悔將薄倖怨狂夫　苦竹渡邊苦竹枝。常思嶺下常思誰。奴自不言誰得會。江風江雨自應知　雲起南臺墨未濃。俄然一雨暗千峰。篙師解說當年事。臺下分明有白龍　越王裡九山分。只見三山翠入雲。山下有山看不得。奴從何處可逢君。款乃歌。馬上寒風拂紫髯。胡沙映月白纖纖。漢家金印元如斗。勳業惟看盡戟尖。送人出塞。懷君山上白雲巢。一雨鳴泉百道交。巖下新松今許長。滿庭風影月中梢　懷君水榭枕江流。楊柳夫容夾岸秋。明月滿天漁唱罷。吟詩誰共白鷗洲　懷君水上木蘭船。白日空維柳樹烟。一片風來何處落。銀河舊泊斗牛邊　懷君白鶴太孤高。夜半寒聲落海濤。遊子貂裘今敝盡。霜前

為緝刷風毛。四懷寄詹汝欽。石罅秋花結紫藤。陰苔如錦覆崚嶒。北宗弟子今誰在。猶說當年有懶僧。懶融洞。虛竇明通一指窺。風吹塔影落霜幃。只緣插漢千餘丈。莫訝高標卻倒垂。塔影。亂山無徑不通樵。漁舍陰陰映綠蕉。樹杪泥乾江水落。村邊沙白瘴烟消。康州圖。詩皆清峭絕塵。戛玉敲金。其它秀句不可殫述。如魚龍夜市飜滄海。星斗春城落暮雲。寒氣猶凌風裡樹。晴光初閃日邊山。得酒有時還罵坐。遊山無處不依僧。老知白璧投人暗。貧笑黃金結客稀。當罇不乞天孫巧。取石曾逢日者看。白髮不堪搖落夜。青燈況對別離罇。山市慣嘗元亮酒。江門堪憶季鷹魚。客中良晤秋三五。水底青天月一雙。江亭中秋。月明應作梅花夢。吏散還書竹葉符。送人令博羅。寒聲萬井傳雙杵。隻影空庭過斷鴻。江湖結客名終在。風雨還家夢未真。水帶平蕪雙鳥下。雲連遠寺一僧歸。晚眺。雲氣未分樵客路。鐘聲乍動羽人宮。嵩山。海

上秋霜知歲隔。花間春雨待泥乾。送燕。語語新俊可喜。與劉長卿。謝臯羽差堪伯仲矣。惜前半偶佚。當覓而補之。

沈倥侗

吳人沈愚號倥侗。善書工詩。雪夜云。尾爐溫酒夜燈前。紙帳梅花伴鶴眠。不似玉堂金馬客。五更風雪去朝天。

「辨琴聲」章之後。四庫本又缺一章（八五六—五一

一下）。明刊本作

梅子馬寄情詩

宣城梅蕃祚喜遊平康。當意則揮千金不惜。有寄馬湘君云。流澌十月下雙魚。傳得金陵一紙書。馬角未寒盟語後。蠅頭猶漬淚痕餘。夢中暮雨題難就。鏡裡春山畫不如。紅杏碧桃千萬樹。待儂花下七香車。麗情綺句溢于筆端。然竟以色死于金陵。

「采蓮曲」章與「林春秀」章之間。四庫本少一章（八五六—五一四上）。明刊本作

顧仲韓

華亭莫廷韓。上洋顧仲韓。皆奕奕才情。盼倩辯麗。稱雲間二韓。廷韓文名滿天下。有石秀齋集行世。仲韓詩僅有存人莫能名者。其諱斗英。籍上海諸生。符丞名世公子也。少有儁才。磊落不羈。窮服饌。娛聲色。選伎徵歌。座客常滿。日費萬錢不吝。每出輒載與俱。畫舫旅栖。盆卉圖書。古尊罍畢具。竟以此傾

父貲。鬱鬱貧病以死。余薄游海上。始知有顧仲韓而墓草宿矣。詩多憐風月。狎池苑大都。流靡以自妍。今錄其尤者。五律如十五畫新蛾。紗窗乍學歌。纖腰微約素。美睞暗迴波。遇賞春愁少。逢歡夜態多。名花非不艷。鮮語奈卿何。花間有贈。曉夢回金屋。簾櫳月色寒。難將鸞鏡擬。猶作翠眉看。滿過還疑滿。殘來似未殘。清光元不異。秖惜夜將闌。殘月如新月。雲巖環四壁。愁病挾書眠。夕枕頻妨雨。晨炊屢

罷烟。寡交憎醴合。多技悔膏煎。欲識山中傲。來聽叔夜絃。答汪育虹問疾。吾意自從好。世情空棄貧。食魚慚幸舍。捫蝨向時人。餅粟傭書滿。山花抱甕新。壯心悲櫪驥。多病亦精神。較嵇還復懶。擬庾更多愁。拙笑安蛇足。癡眞類虎頭。捫胸開五嶽。搖筆吐千秋。不解干人策。文園豈倦遊。幽栖成獨往。孤憤好誰論。市駿臺空築。雕龍筆未貧。簡囊羞子母。扶病賴君臣。不信揮金者。終爲注玉人。古人非困極。

詎以不窺園。志得貧翻樂。生從病益尊。滑稽聊玩世。聚散漫題門。大雅存吾道。頹風不可論。臥病感懷。七律如春染隋堤萬縷搖。隔年惟悴一時消。剪來翠羽初成葉。鎔得黃金乍作條。不雨不風猶自吝。新鶯新燕共爭嬌。行人未許輕攀折。留與娥眉照樣描。新柳。西風蕭瑟柳條輕。翻似依依乍向城。看去尚含南浦恨。折來俱是故園情。楓林解點桃花色。杜宇能爲黃鳥聲。留得舊時餘影在。秋江一路月扶行。殘柳如

新柳。一自瑤臺換羽衣。怕來塵世惹芳菲。人間不合釵頭見。花底誰知月下歸。掠向夜窗驚曉色。穿將珠箔亂朝暉。婆娑冷艷無消息。想爾深深避葉飛。梨花白燕。衰草荒原野燒生。寒消殘燭旅魂驚。異鄉兄弟千行淚。一枕風濤半夜情。欲託緘題無去鳥。誰憐蹤跡尚浮萍。孤篷已是腸堪斷。況是蛩聲又雨聲。夜泊思家。金閨罷繡坐簾櫳。忽下霜前片葉紅。無限閒情憑素管。好隨流水出深宮。空嚴魚鑰門重鎖。誰曉鴻

書路可通。秪恨殷勤題不盡。何時芳樹又西風。御溝紅葉。貧如楊子文難送。渴似相如賦未成。自厭炎霜淹病骨。不妨涼燠換人情。禦寒裘敝翻誇縕。嗜酒囊空每羨酲。吾性寡營今有慕。何當騎鶴聽濤聲。七絕如一片春山乍學描。纏頭初試紫霞綃。章臺無數青青柳。最惹東風是嫩條。秦淮小姬。病臥那知春去來。秪看花謝與花開。傷心不獨憐春盡。虛擲韶光轉自哀。送春。其他警句如樹翻先客醉。山欲借烟奇。苔青

山作黛。沙白水爲衣。窗暗刑花雨。池酣織柳烟。山從斷處教雲補。橋向欹來仗石扶。長林興到頻呼月。野渡人催已上潮。江迴斷岸隨篷轉。風逐流雲帶葉飛。欲延月意窗從破。恐礙荷香麝罷焚。春老惜花悲甚鳥。雨淫憂歲望深農。白髮憐人看未滿。青蚨問我剩還無。皆淒淸有致。讀之欷歔欲絕。傷其才而不遇也。

「墨紗燈」章之後。四庫本缺一章（八五六—五一四

下）。明刊本作

米君夢秋柳詩　黃增

近賦秋柳詩者數十家。無如米君夢之婉轉切悵。附物切情。原草十二。錄其九。離亭當日唱離歌。秖爲柔條傍渭河。恨不任他攀折盡。衰來徒自惋傷多。百年秋思愁中斷。千古春情夢裡過。縱是王孫金勒馬。也應相向歎蹉跎　一夜西風耐便凋。他鄉何處不蕭蕭。依稀有葉還無葉。搖落長條復短條。難忘折來情脈脈。更愁看去路迢迢。經過若問傷心地。涼雨寒烟鎖灞橋　纔失陽和氣便寒。遙林遮霧曉漫漫。微霜未著枝先勁。零露方滋葉已乾。弱質縱凋還自惜。芳心猶在詎應殘。請君試看深秋色。不學青楓更染丹　濯濯芳時枉自矜。枝頭錯許露珠凝。綠陰別去留難住。黃葉飄來掃不勝。新曲更翻成苦調。舊遊重過等寒冰。天涯一望同岑寂。未必豪華在五陵　名擅章臺第一家。忍將憔悴送年華。容銷已失如看葉。才盡難迴比雪花

。纔見高樓堪繫馬。俄同寒樹與栖鴉。榮枯只是尋常事。忽漫逢時莫自誇　何處相逢最有情。平康曲轉大堤橫。迴眸不忍枝頭望。攜手眞愁樹底行。近淚幾絲渾欲斷。牽情千縷苦相縈。自經委謝無窮憶。應悔風花忒煞輕　寶馬香車滿路塵。相看能得幾時新。飄將墮地皆成土。悲自傷心敢怨人。綠謝枉遮千里目。青歸難借一絲春。蕭條隨分黃泥岸。羞把繁華問水濱　不和悲歌也自傷。秋來天地慘茫茫。愁生衰草斜陽外

。怨結歌臺舞榭傍。歲歲煖風吹到冷。枝枝綠葉變成黃。而今始信桓司馬。當墮金城淚兩行 不作風聲作雨聲。牢騷無復繫人情。悲來屈宋應成賦。凋後檉楊莫辨名。寒露降時渾是殺。孤根隨處合王生。秋條好耐三冬過。依舊萌芽各自榮。君夢名雲卿。生于汴。徙于婺。卒于茗。有山居詩極幽人之致。在南中贈余二律。殊獲我心。今佚不存矣。

卷五

「木菴和尚」章之後。四庫本缺「端禪師」。「中峰淨土詩」兩章（八五六—五一七下）。明刊本作

端禪師

元叟端禪師擬寒山子詩云。昨日東家死。西家賻冥財。今朝西家死。東家陳酒杯。東東復西西。輪環哭哀哀。不知本眞性。懵懵登泉臺。又云。近來林下人。多學塵中客。養婦兼養兒。買田又買宅。善果無二三。惡因有千百。他日閻王前。恐難逭其責。又絕句云。人生在世有何事。日用但教心坦平。珠與金銀充屋宇。到頭難免北邙行。又云。天上日沒月又出。山中葉落花還開。黃泉只見有人去。不見一人曾得回。讀此可以警世之貪婪富貴而不知返者。

中峰淨土詩

中峰淨土詩云。富貴之人宜念佛。黃金滿庫穀盈倉。世間受用無虧缺。只欠臨終見願王。貧乏之人念佛時。且無家事涉思維。赤條條地空雙手。直上蓮臺占一

枝。身膺宰輔與朝郎。蓋世功名勢莫量。自性彌陀如不念。未知何以敵無常。此詩可爲富貴人之針砭。

「五井詩僧」章後。四庫本少一則（八五六—五一九下）。明刊本如下

出家偈語

皖城趙我聞字用拙。萬曆癸巳入閩。遍遊名山。與余交最密。用拙深于禪理。歸浮山逾年。薙髮爲僧。更名法鎧。嘗作偈語數十首寄余。今擇其精絕者錄于後

。貧賤之人及早修。彌陀爲爾願無休。今生苦是前生受。莫待來生不盡頭。勸爾做家心早歇。閻羅不待你心休。黃金難買無常帳。滿目妻兒不自由。人生爲寄死爲歸。何事龍華客到稀。馬腹牛胎經幾度。東鄰西父淚沾衣。年老之人不識羞。將心計較幾時休。勸君且自臨臺看。鏡裡人白了頭。無端一念撞將來。觸處無明又入胎。不願此身生淨土。只將皮袋等人埋。獨坐幽齋萬慮忘。半窗風動韻幽篁。居禪不落禪中味。

明月誰知定上方。余錄此偈。揭之座右。日三復之。

「鬼吟」章與「薛禮」章之間。四庫本缺「宮闈凡十則。妓女附五則」（八五六—五二一）。明刊本其文如下

王婉容

宋道君北轅四太子請王婉容爲粘罕子婦。道君抆淚許之。臨別以常御金蓮杯賜之。日期再生偶矣。婉容悲泣就輿。以刀自刺死。袖中有詩云。自矜顏色事君王。顏色那知作禍殃。死別敢忘金菡萏。生飛肯逐野鴛鴦。翠華沙漠風霾暗。青塚陰山草樹荒。願得游魂化飛燕。春歸歲歲傍宮牆。道君見詩大哭曰。吾家義氣獨鍾笄珥。擇地瘞之。以玉杯殉焉。宋子虛詠婉容詩云。貞烈那堪黠虜求。玉顏甘沒塞垣秋。孤墳若是鄰青塚。地下昭君見亦羞。嗚呼。南渡君臣如婉容者鮮矣。毋怪乎王嬙蔡琰之失身也。

薊州溫泉詩

薊州有溫泉。武宗巡幸有王宮人侍駕至其地。題詩云。塞外風霜凍異常。小池何事煖如湯。可憐一派溶溶水。不向人間洗冷腸。後人勒其詩于石。曹能始曾見其石。嘗爲余誦之。近堯山堂外紀作武宗賜詩。誤矣。且云滄海隆冬。全非原詞。

朱靜庵

國初海寧閨秀朱靜菴。尙寶卿朱祚之女。教諭周汝航之妻也。祚以神童見重於仁廟。有雪厓集行于世。而

女有靜菴集。游仙詞云。洞天春煖碧桃芳。瑤草金枝滿路香。吹徹玉簫天似水。笑騎黃鶴過扶桑。秋蝶云。江空木落雁聲悲。霜染丹楓百草萎。蝴蝶不知身是夢。又隨秋色上寒枝。即易安淑眞莫是過也。

鄧氏女

鄧氏女閩邑竹嶼人。萬曆中嫁瓊河鄒氏。夫不類。女鬱鬱不自得。發爲詩詞。多幽憤凄怨語。居二年。竟以怨死。臨終以遺草付其甥張某。人爭傳錄。有東園

踏青云。芍藥叢邊露氣沉。步隨芳草共幽尋。桃花薰日紅濃淡。柳葉迷烟翠淺深。何處香泥忙社燕。誰家晴檻噪時禽。悄寒羅襪渾無力。斜倚東風碧樹陰。又啼鳥落花春已暮。孤燈殘漏夜偏長。又垂簾阻歸燕。開戶入飛花。皆有情想。

青蛾居士

檇李范君和妻姚氏。自號青蛾居士。年二十六而夭。君和輯其詩。名玉鴛閣草。有云。晚烟翠出草亭斜。曲曲深村小築家。幾點病鷗眠夜月。半林殘雪照梨花。又云。簾捲輕寒春帳空。夢殘芳草雨催風。隔窗陣陣聲偏急。狼籍庭前一夜紅。

姑蘇陸氏

吳友趙凡夫博雅士也。室人陸氏爲尙寶公師道女。博極群書。所著詩賦雜文連珠諸作可方古人眞徐淑之流亞也。佳者不能悉錄。今只載其出婢近體四首于後。其一云。翠黛凝愁恨不禁。妾身輕薄主恩深。梅花自有陽春調。楊柳元無別鶴音。舊怨已遺湘浦玦。新歡元是陌頭心。強將雲鬢隨膏沐。半是狂歌半楚吟。其

二云。娉婷仙骨鬥嬋娟。自小承恩拭玉冠。眉黛每欺芳草色。花容常比夜光寒。情深那肯辭同輦。寵極還教離合歡。獨抱瑤琴向何處。春風不是故宮看。其三云。撥盡琵琶奏楚聲。多情元是未知情。非關公子憐奇足。自恨佳人不絕纓。蠟炬夜深空有淚。桃花日暖卻飄英。于今玉貌誰堪賞。笑對秋霜一片明。其四云

。自將雲雨怨新晴。寄與天邊別雁鳴。曲斷不知悲調促。弦膠還有舊恩縈。松頭夜月憐霜景。隴上秋風咽水聲。謾說昭君離紫塞。夢魂猶在漢宮行。

黃氏芍藥詩　黃增

莆田黃氏名幼藻。家蘇州。倅公議愛女也。幼耽風雅。韻言駢語皆臻妙境。世父給諫公謙深加器賞。以方謝道韞名其集曰柳絮編。孀居無子。佚不傳。存者十二首。其詠雨中紅芍藥云。晨妝乍點自傾城。冉冉風

生繡閣清。厭說廣陵春欲暮。胭脂和淚雨中傾。恨白芍藥不開云。灼灼花開門曉紅。玉顏寂寞怨東風。素妝不理因誰倦。一段春藏粉黛中。絕流麗有致。又余族母郭氏郡守郭敦女亦工詩。無子。外孫崇仁令宗震收其遺集藏于家。

張夫人母女倡和詩　黃增

華亭張夫人王氏名鳳嫺。宜春令本嘉妻。懷慶丞汝開母也。以詠雪之才矢汎舟之操課。女引元引慶皆工藻翰。母子時相倡和。有焚餘草。雙燕遺音行於世。夫人賦婕妤怨云。轆轤聲斷井梧飄。隔院笙歌奈寂寥。自向玉階辭鳳輦。誰憐血淚濕鮫綃。月寒永巷衾餘冷。雲捲長門魄暗銷。委砌虫吟如助恨。那堪驚夢響芭蕉。秋夜寄元慶二女云。霜寒烏鵲遶南枝。孤客那堪聽漏遲。三處離愁憑一夢。滿懷別緒屬雙眉。賦成宋玉悲秋日。琴廢相如病渴時。黃葉竹窗添不寐。屋梁落月寄遐思。引元寄妹用母韻云。金風方度井梧枝。

正是懷人病起遲。兩地離愁懸一水。三秋新恨上雙眉。久虛詠雪聯毫句。每憶挑燈共課時。塞雁已歸書未達。江城寒月照相思。和元兒梅妃怨云。深宮靜掩幾更秋。紅葉驚看墜御溝。肯把幽懷托流水。寧將哀怨賦東樓。春深庭院日蝸蝸。悶倚闌干數落紅。聽徹鸞鈴遙過闕。始知笑語在西宮。引元原倡云。莫倚長門嘆月明。古來薄命自傾城。多才縱有東樓賦。不入離宮絃管聲。夫人賦館娃宮云。香徑有基惟鳥跡。屧廊

無主剩苔厓。花錢旋舞留金靨。蝸字縱橫見玉釵。頹榭草深歸燕繞。故宮月冷野狐埋。西風禾黍斜陽道。過此行人合愴懷。引元和云。繁華事去惟荒土。麋鹿踪深只蘚厓。明月尚疑懸玉鏡。妖桃猶似妒金釵。蛾眉一夜歌塵散。魚腹千年俠骨埋。今日姑蘇重回首。嶺雲江水不勝懷。引慶和云。禾黍已蒙香徑土。蘇臺遺恨鎖蒼厓。雲歸疊疊堆鴉鬢。花落紛紛擲燕釵。此日玉笙唯鳥弄。當年寶劍自塵埋。荒烟古柏西風裡。

漫對吳山獨慘懷。夫人和燕子樓云。燕子樓頭燕子回。何年鶴去見歸來。相思怨結東風淚。洒向殘花已剩灰。久廢殘粧不掃眉。看花羞見並頭枝。冬宵夏日愁如許。誰道泉臺懶去隨。引元和云。人自傷心春自回。倚闌愁睹燕歸來。玉簫吹斷秦樓曲。贏得紅顏鏡裡灰。久疏京兆畫雙眉。每對殘花泣剩枝。應有冰心向明月。怎知紅紛不相隨。引慶和云。風吹簾幙正飛霜。香爐熏籠冷繡床。一自王孫遊碧落。湘流不似淚痕長。雒陽三月雨如烟。添得離人思黯然。惆悵秦樓分鳳侶。淸燈寒月自年年。母子姊妹賡酬。古今閨閣盛事。且青出於藍。氷寒於水。尤爲希覯。惜二女皆無年。未見其止也。夫人又有悲感二女遺物詩。壁網蛛絲鏡網塵。花鈿委地不知春。傷心怕見呢喃燕。猶在雕梁覓主人。空閨。一點朱櫻百和香。夭桃灼灼舊時妝。今朝零落空廂底。化作啼鵑血淚長。殘脂。曉妝曾整傅鉛華。玉匣新開門雪花。今日可憐俱委落。餘

香猶自鎖窗紗。剩粉。半年花月病中緣。猶憶絲桐指下傳。腸斷廣陵聲已絕。蕭蕭風雨弔哀絃。廢琴。情致悽惋。讀之一字一涕。它警句甚多。不能殫述。如人世有愁消綠鬢。醫方無藥駐朱顏。帆帶夕陽催落雁。樹啣初月隱啼鴉。村村米熟新醅酒。處處梅含未吐花。鸚鵡和歌花外舌。鷓鴣催句雨中聲。腸斷綵衣分兩地。夢懸春艸隔重關。皆新俊可喜。余尤愛其春朝一絕。微雨滋腴占大有。手執銀瓶酹花酒。籠中鸚鵡

報春歸。先到庭前五株柳。恐詞人學士未易辨此也。

黃門淑媛　黃增

先師攜李黃學士家富青箱。人標黃絹。不獨子姓爲然也。女有閨秀林風。婦則郝法鍾禮玄心。夙悟禪機。彤管並標。女史次公觀察履素元配沈恭人閒靓有效顰集。從妹柔卿有遺芳艸。女柔嘉有閨禪剩詠。猶子茂仲婦項孟畹有裁雲草。月露吟詠。雪齋遺稿。沈恭人詩云。懶性或成癖。偏愁往返頻。牛衣思往泣。馬首恨羈身。故國梅舒萼。江干柳報春。畫樓今夜月。同照別離人。次外君寄懷。殘月青燈夜。幽窗竹徑斜。愁腸方欲斷。孤雁叫天涯。客中聞雁。寒雨瀟瀟掩暮扉。長途客裡怯單衣。無端燕子磯頭夢。繚繞隨君到處飛。歸途風雪。映日初花隔檻明。春風嫋嫋透寒輕。傷心怕聽枝頭鳥。莫向王孫歸路鳴。早春憶外。西山銜日氣如虹。此夜孤舟蘆荻中。柳色年年江上綠。驚濤何日不隨風。江干春泊。物在人亡空自悲。淚痕

時共落花垂。泉臺若有回峰雁。寄我衷腸知不知。悼柔卿遺扇。雲連山色水連天。閒倚篷窗一望烟。縹緲鄉關重樹隔。落霞殘照晚風前。秋日舟中懷孟畹。一天悲喜落孤篷。細認烟波疑夢中。停杯急把離愁訴。催人舟子又匆匆。鴛湖逢諸戚惜別。女柔嘉詩云。簾外飛鴻只向南。離情每借話頭參。十年縹緲邯鄲夢。何日尋盟共結庵。見雁懷女伴。少婦何堪學遠遊。陟阿又問水悠悠。痴心只寫燈前恨。自古紅顏幾白頭。憔悴天涯對阿誰。若爲多露獨含悲。空憐子夜孤亭淚。盡作霜楓帶兩垂。和會稽女子。幾年濠上繫孤舟。不到荒臺夢亦遊。越女自來傾敵國。至今城外水空流。蘇臺懷古次孟畹韻。雲外蒼茫苦問津。乍驚鄉夢轉思親。幾番抗疏惟憂國。半老歸田始作民。解綬已深泉石願。全生何戀宰官身。風前楊柳依然綠。誰訊孤舟野水濱。家嚴忤璫被放南歸。柔卿詩云。陌上柳條新。逢春倍惜春。忽聞啼杜宇。愁殺未歸人。客中聞

子規。不寐聽鐘聲。孤燈滅復明。思君憑夢見。愁極夢難成。憶夫。江頭罷釣歸。月映蘆花白。秋山晚更青。秋水連天碧。秋江晚釣圖。玉露下庭除。金風吹綺疏。坐看簾外月。斜影到窗虛。夜坐。寂寞不禁秋。淒淒獨倚樓。露凝砧欲動。風冷扇初收。征雁驚殘夢。吟蛩引暮愁。多情牕外月。斜影到床頭。秋懷。落葉報秋聲。孤帆景自清。林疏垂露重。風靜遠潮平。蛩語牽人怨。烏啼動客情。涓涓松外月。偏向別離

明。次孟畹泛月懷閒靚嫂。春風日日閉深閨。柳老花殘鶯自啼。寂寞小窗天欲暮。一鈎新月掛樓西。春晚。彤雲密密四山圍。凜冽寒風撼竹扉。萬樹有花蜂不採。三山無路客行稀。窗間夜坐衣嫌薄。爐到更深火自微。惟有烟波江上月。漁翁猶帶蒲蓑歸。詠雪。孟畹詩云。靜夜砧初動。涼風雨乍收。一鈎新月上。應照故園樓。秋夜。分袂空江上。涼風送客舟。離情同岸柳。搖落不勝秋。秋江送別。片片度窗紗。因風六出斜。清光搖玉樹。疑是落瓊花。詠雪。自君之出矣。愁見離亭草。青青襯馬蹄。惆悵長安道。自君之出矣。不忍酌春酒。酒深愁更深。春去人歸否。自君之出矣。懶上晚粧樓。天際團圓月。依依伴獨愁。古樂府。乍得山中信。開緘憶昔期。別來空有句。強半悼亡詩。落葉驚秋早。漸鴻天際聞。遙思鹿門侶。閒看嶺頭雲。答趙夫人見寄。曉粧初拂鏡。花影澹簾櫳。寶髻斜簪鳳。纖腰欲舞風。眉欺楊柳色。裙妒石榴紅

。閑倚清溪上。人疑洛浦逢。美人晚粧。萬木盡秋聲。花香入座清。心愁千里外。目極暮雲平。砧杵他鄉思。尊鱸故國情。更憐今夜月。偏向客邊明。泛月懷閒靚叔母。秋思多搖落。那堪又送君。臨風洒別淚。把酒惜離群。客路飛黃葉。鄉心繫白雲。南來有征雁。信息可相聞。送文卿妹北上。綠樹陰陰映酒旗。欲牽春色上柔枝。年年為惜征夫別。折盡東風總不知。柳枝詞。停橈斜倚畫橋東。隔浦香聞荷芰風。半掩輕

羅遮笑臉。恐郎遙在最高峰。採蓮曲。映水臨風更有情。小窗晴日影縱橫。寒風獨伴遊人詠。不向東樓嘆月明。氷玉孤清世外姿。娟娟新月上疏枝。無情短笛休輕弄。未是春風點額時。詠梅。桃花掩映藏深綠。妖姬兩兩新粧束。賽社歸來笑語喧。暗中遺卻釵頭玉。烟雨堤邊簇錦茵。遊人爭愛百花新。嬌容何似花容好。明歲花開依舊春。笑聲逐隊步香街。明月明燈次第排。就中亦有花羞女。背立清光整鳳釵。柔枝漸漸舒青葉。蚕飢惟恐葉不接。待得絲成自有時。布裙依

舊元歸妾。鴛湖春詞。小窗晴日綠陰遮。簾幙風輕燕影斜。吟罷新詩茶未熟。海榴片片正飛花。夏日即事。細雨凄凄咽暮笳。書成無雁寄天涯。朦朧一片關山月。偏照愁人萬里家。征人曲。鵲鏡慵開塵霧蒙。笙歌遙度粉墻東。瑤階雨散梧桐雨。紫禁秋高荷芰風。鳳輦不來花闇澹。羊車何處月朦朧。此生難識君王面。玉腕年年繫守宮。秋宮怨。盡日思親淚眼枯。倚闌

空自羨慈烏。夢回彷彿音容在。醒後依然形影孤。機杼聲殘餘錦字。衾裯香燼只燻爐。青燈慘淡人何處。不似當年夜辟纑。憶母。秋色蕭森夜似年。青燈聽雨更凄然。堪消俗慮惟杯酒。欲遣閒愁賴簡編。瘦骨豈堪搖落後。薄羅不奈晚風前。近來臥病眞成癖。日影橫窗只懶眠。秋日病中漫書。槩石爲舟擬臥遊。翛然一枕即丹丘。雲隨鳥影疑帆掛。露濕花茵似水流。揮塵不辭杯在手。放歌仍待月當頭。知君夙有澄清志。莫畏風波隱釣鈎。代外賦山舟。空林日暮行人少。維

揚古渡聞啼鳥。閒雲來去數峰青。極浦寒烟孤樹杪。岸闊潮平一雁過。木蘭舟蕩采蓮歌。荒村漁火半明滅。新月如鈎映薜蘿。忽聞野寺初鐘動。棹歌款乃江風送。徘徊枕上意如何。清笳吹起江南夢。揚州晚泊。流鶯啼破晚風涼。越女新裁白苧裳。蕩舟來往青山傍。輕橈緩緩歌橫塘。菱荷花浮水面香。笑聲驚起雙鴛央。一鈎纖月吐秋光。連袂歸來夜未央。采蓮曲。詩

皆清惋鮮妍。不搆思而得。趙碩人陸卿子序之。謂其
夙世才情。信不虛矣。而范夫人徐玉卿序閒靚詩亦云
。洒洒胸臆。致遠思悠。生長繁華。躭情風雅。尤儒
紳佔畢所難也。若柔卿之生死異夢。皈依西聖。柔嘉
之髫年禪悅。想絕桃夭。其誦經聞鳥聲云。迦陵可解
西來意。又報人間夢不長。孫令弘黃媛傳。蓮因夙胎
。絮果陡斷。前言得無詩讖耶。媛名雙蕙。孟畹名蘭
貞。柔卿名淑德。恭人名紉蘭。一門閨閫之盛罕見其

比。乃孟畹之戀戀身後名。永訣一詩更定數字而逝洵
矣。色根易斷。名根難絕。不獨鬚眉男子也。

小青詩　黃增

會稽女子廣陵姬小青。皆以蘭姿蕙質爲人小妻。偶下
材逢妒婦。悒悒幽恨以死。爲世憐惋。新嘉驛題壁詩
。宇內詞人和者非一矣。小青焚餘一書一詞十一詩。
余友孫令弘購得之。既繡諸梨棗。復圖其小像。乞馮
大令書裝演什襲。珍逾琬琰。余一再讀輒泣下沾襟。

賦十絕弔之。情之所至不能已已也。集中寄某夫人書
。絕淒惋綿。至似六朝人語。文多不載。今載其一古
詩。七絕句云。雪意閣雲雲不流。舊雲正壓新雲頭。
米顛顛筆落窗前。松嵐秀處當我樓。垂簾只愁好景少
。捲簾又怕風繚繞。簾捲簾垂底事難。不情不緒誰能
曉。爐烟漸瘦剪聲少。又是孤鴻淚悄悄。古詩。稽首
慈雲大士前。莫生西土莫生天。願爲一滴楊枝水。洒
作人間並蒂蓮。春衫血淚點輕紗。吹入林逋處士家。

嶺上梅花三百樹。一時應變杜鵑花。新粧竟與畫圖爭
。知在昭陽第幾名。瘦影自憐春水照。卿須憐我我憐
卿。西陵芳草騎驎驎。內信傳來喚踏春。杯酒自澆蘇
小墓。可知妾是意中人。何處雙禽集畫闌。朱朱翠翠
似青鸞。如今幾個憐文彩。也向秋風鬥羽翰。脈脈溶
溶灩灩波。芙蓉睡醒欲如何。妾映鏡中花映水。不知
秋思落誰多。百結迴腸寫淚痕。重來惟有舊朱門。夕
陽一片桃花水。知是亭亭倩女魂。絕句。小青名玄玄

。傳者諱其夫併諱其姓。嫡屏之孤山。忳悒侘傺曰。惟臨流語影垂絕圖三像嫡焚其一併全詩事載本傳。及今題詞中其寄所善某夫人書及末後一絕則永訣語也。

賽濤 以下妓女

正德末。古杭清平山巷趙家妻黎氏生二女。庚辰春。黎攜二女觀燈。叢雜中少女爲惡少掠去。賣臨清沈鵬擅名青樓。號賽濤。以詞翰能賽薛濤也。長女歸周子文。子文爲吏赴京。過臨清。見賽濤貌肖其妻。注目

久之。因留宿焉。問所從來。秘不敢言。偶於書中撿一紙。詩曰。日望南雲淚濕衣。家園夢想記依稀。短墻曲卷池邊屋。羅漢松青對紫薇。滿城簫鼓元宵節。小館燈花孤悶時。料得團圞行坐處。有人揮淚說分離。子文詰之。乃告其故。訟之官。攜歸。父母即以賽濤配子文爲妾。有曲江鶯囀集。皆生平所爲詩詞也。

秦淮四美 黃增

冒伯麐選秦淮四美人詩曰。馬湘蘭守眞。趙今燕彩姬。朱泰玉無瑕。鄭無美如英。皆舊院妓也。各以風情韻態價重一時。然馬受知于王百谷張幼于。趙獲交于沈嘉則鄔汝翼。偶因緣綰柳絲。遂爾聲蜚桃葉。其實慧心艷藻。必推朱鄭爲上首。朱詩云。滴破愁中夢。聽殘葉上聲。新詩題未得。偏送別離情。芭蕉雨。夜色涼如水。霜華共月明。誰招青女出。來伴素娥行。霜月。北雁競南飛。寒風正凜冽。客思倦長途。妾心傷久別。厭聞殘漏聲。愁見不圓月。日日數歸期。空

敎淚成血。遊子。入眼春光長似醉。愛春翻作傷春淚。牽情惹恨最愁人。簾外花飛階絮墜。學語新鶯驚夢起。紅粧滿樹催桃李。年華不管是風情。十二闌干春獨倚。亂落桃花飛絳雪。柳梢頭上三更月。一縷名香手自焚。關山夢斷魂飛越。春閨怨。鄭詩云。我欲留秋住。寒衣不忍裁。歸期何用速。尚有小桃開。留秋送劉沖倩。投我以明鏡。照妾如蓬首。報以凝桂脂。餘膏染君手。遺我屑金墨。報君芙容紙。含毫若有懷

。應念人千里。答潘景升寄懷。曲曲迴廊十二闌。風飄羅袂怯春寒。桃花帶雨如含淚。只恐多情不忍看。欲撫朱絃韻未調。琴心不奈可憐宵。移來月色簾生白。遮莫鄰鐘破寂寥。閨懷。沉沉無語意如癡。春到窗前竟不知。忽見寒梅香欲褪。一枝猶憶寄相思。春深鎮日雨瀟瀟。即是無懷也寂寥。最苦與君初別後。孤幃無寐坐通宵。春到深閨徑草迷。柳搖新綠拂墻低。天涯人去歸期杳。空立樓頭聽馬嘶。月落西軒夜色闌

。孤衾不耐五更寒。君情莫作花梢露。纔對朝曦濕便乾。春日寄懷。其才情流麗婉而多風。伯饗謂其手不去書。朝夕焚香持課。居然有出世之想。觀其酒次述懷云。浪說掌書仙。塵心謫九天。喧卑良以厭。徵逐苦相牽。緣綺音誰賞。紅樓任月圓。羞題班女扇。懶擘薛濤箋。度曲翻成偈。鍾情豈是禪。皈依元素志。墮落亦前緣。以我方求渡。逢君轉自憐。眼中知己在。說已竟徒妍。可謂泥裡蓮花。能空色界者矣。趙今

燕詩。月從今夜滿。秋向此時分。莫惜金尊數。清光喜共君。中秋對客。獨坐掩羅幃。愁看雙燕飛。思君不如燕。一歲一來歸。燕來。柳絮春泥玉壘封。珠簾深鎖暮烟濃。分明記得雙栖處。夢繞青樓十二重。憶故居。桃源人去絳幃寒。強折花枝帶笑看。月上梅梢空有影。風吹柳絮不成團。桃源人去絳幃寒。萬樹桃花春未殘。洞口有雲留白鶴。人間無路見青鸞。續首句成韻。五絕楚楚風流。音諧句適。亦平康之秀也。

若湘蘭之遊桃花塢。卻似武陵迷舊渡。翻成我輩是漁郎。夜坐。江光瀲灧人千里。夜色淒涼角數聲。喜客泉。泉本無心留客駐。客歡清淨自徘徊。答顧太湖索畫。換馬敢希燕市駿。爲雲空到楚王臺。有懷。竹榻清人夢。花香媚酒杯。覺來有幽趣。明月滿粧臺。對茉莉有懷。浴罷坐含情。花開雪色明。香魂乘月度。素質傍人清。插鬢頻窺鏡。烹茶旋入璫。相思千里外。孤枕聽殘更。詞雖慳於片玉。管差窺其一斑矣。

梁玉姬　黃增

梁玉姬不知何許人。然云避居霅水。則當爲吳興人也。自署鄉嬛女史。名其集曰鄉嬛集。篤志縹緗。游情竹素。評史則衮正鉞邪。談詩則出風入雅。雖誤墮樂籍。而不染鉛華。其所祠花壇三秀。奉薛洪度主盟。而以蘇小關盼配。蓋自況也。七歲賦落花云。花神風伯苦相殺。折我經春莫逆交。丙夜挑燈腸欲斷。又聞窗外響枝梢。病起。一病經春怯軟羅。輕拈紅豆打鸚

哥。詩逋近日知多少。三月鶯花夢裡過。偶題。參得詩家一字禪。興來落筆似仙仙。箇中意象何人解。鏡裡琪花水裡天。早起。微矇眼角髻兒偏。一線紅痕印頰邊。欲賦曉寒寫幽思。憑誰覓與衍波箋。自題小照。如憨如媚軟紅枝。手按輕羅欲寫詩。一段傷心描未得。眼邊添箇淚痕兒。雜詠。春初早韭自嫌暈。紫蔘青菰不厭耘。欲製荷衣消夏日。擬爲蘆被臥秋雲。作字。近來學得八分書。只恐癡肥似墨豬。閑傍芭蕉拈筆處。翠華滴滴落衣裾。寄懷。春來贏得小宮腰。淡淡纖眉也懶描。欲笑欲啼俱未得。鳥鳴花落送良宵。七言律云。撿點花枝到藥欄。聚愁容易散愁難。門前有客常題鳳。鏡裡何人爲舞鸞。彩筆三春惟剩淚。綃衣六月不禁寒。醒雲醉月情何限。又自籠燈丙夜看。漫興。綠戰紅酣意未窮。遊絲不罷往來氀。落來依草如迴雪。聚處爲茵也怕風。非霧非烟紅滿陣。忽高忽下錦辭叢。可憐金屋盈盈女。欲墜泥塗伴蟻蟲。飛花十三歲作。新聰歌云。綠總女兒顏色濃。盈盈十五淡

眉峰。雲鬢翠綠俊眼溶。朱櫻一點齒牙淙。準如削玉臉含丰。千妖萬媚難繪容。嬌娃合與佳婿逢。綺叢擁抱情所鍾。桃花浪裡翻雙龍。羞生兩頰心忪忪。欲推欲就移腕慵。半甘半苦曲意從。卸去羅襦露酥胸。展舒雪股花城封。玉脂墳起無蒙茸。一朶出水新芙容。奇葩不禁驟雨衝。丁香荳蔻恣狂蜂。纏綿宛轉往來憧。意興躍躍未摧鋒。汗光點點髻亂鬆。低聲細喘口喁

喁。宛如碎月泣寒蛩。檀郎憐惜不忍春。好爲護持情更濃。文鴛彩鳳樂自雍。夕忘寐兮旦忘饔。春心透洽奏笙鏞。誰道巫山隔幾重。處子應勝卓臨邛。夢遊燕子磯云。昭陽殿裡趙家粧。何處飛來砥大江。千古晴空翻濕翠。擊天風雨未曾降。其他艷詞麗句不可勝紀。慧質天成。藻思雲湧。恐蔡文姬李居士未易頡頏也。

薛素素王修微　黃增

素素居京師時爲緹帥外宅人罕識面。余友蘇時欽以雙帕乞畫蘭竹。多方購得之。併題一絕云。翠竹幽蘭入畫雙。清芬勁節伴閑窗。知君已得峨眉秀。我亦前身在錦江。用二姓故實殊有致。畫尤楚楚多姿。其一歸於余。藏之三十五年矣。時欽久游岱。素素不知落何許也。王修微詩云。爾別向何遊。月明江上舟。它日思君處。憑欄看水流。送生甫。月落寒流急。風微桐影斜。更堪霜裡雁。飛過少年家。偶賦。去去應難問。寒空葉自紅。此生已淪落。猶幸得君同。送譚友夏。送春腸已斷。況復送夫君。記得前年別。勞亭日已曛。雨晴山色近。風細水光分。花事凋殘後。奇峰想夏雲。夏前送止生。憶郎此日不曾癡。倚閣憑欄應自知。挑盡殘膏無一語。背人偷看合歡詩。戲贈閨人。半欲窺人半怯人。儘教過眼入簾頻。篙師伐鼓非儂意。寂寂孤舟愁有因。鄰舟女。詩多冷雋微遠。蓋深于情者。且修眞結客與素素俱才而俠。然學道不終。三

嫁未了跡。二姬行事頗類夏微舒母。以視燕樓章臺不無媿色耳。

素帶

吳中有小妓素帶者。能詩。嘗送情人四言云。郎明日別。妾心惙惙。願作郎車。與郎共歇。又云妾作五言詩。試寫梧桐葉。因風寄贈郎。期與郎相接。余聞之沈從先云。

外夷　五則

朝鮮詩

新都汪伯英從萬中丞經略朝鮮。集其國中古今詩四卷。儼然中華之調。今拔其尤者載之。金淨旅懷云。江南殘夢晝厭厭。愁逐年華日日添。鶯燕不來春又去。落花微雨下垂簾。白元恒秋夜云。草堂淸夜雨初收。小雨寒螢濕不流。獨臥床頭思往事。砌蟲啼破一簾秋。申光漢書事云。歸思無端夢自迷。先生今老小村西。杏花繞屋繁如雪。春雨霏霏山鳥啼。南孝溫寒食詩

。天陰籬外夕寒生。寒食東風野水明。無限滿船商客語。柳花時節故鄉情。又有李媛成氏許妹三人。女中之英也。詩法尤儁。李自適云。虛簷殘溜雨纖纖。枕簟輕寒曉漸添。花落後庭春睡美。呢喃燕子要開簾。秋恨云。絳紗遙隔夜燈紅。夢覺羅衾一半空。霜冷玉籠鸚鵡語。滿階梧葉落西風。成氏楊柳詞云。青樓西畔絮飛揚。烟鎖柔條拂檻長。何處少年鞭白馬。綠陰來繫紫遊韁。條妒纖腰葉妒眉。怕風愁雨盡低垂。黃金穗短人爭挽。更被東風折一枝。許妹塞下曲云。寒塞無春不見梅。邊人吹入笛聲來。夜深驚起思鄉夢。月滿陰山百尺臺。西陵行云。錢唐江上是儂家。五月初開菡萏花。半嚲烏雲新睡覺。倚欄閑唱浪淘沙。至于律詩古風尤多雅調。月殿上梁文亦駢麗不能悉錄。

朝鮮許氏

新都汪伯英曾刻朝鮮詩。余已採錄數首。近程將軍相如又輯四女詩行于世。許妹氏者狀元許筠正郎許篈之妹也。兄弟並著才名。而妹詩尤工。游仙詞云。千載

瑤池別穆王。暫教青鳥訪劉郎。平明上界笙簫返。侍女皆騎白鳳凰。瑞風吹破翠霞裙。手把鸞簫倚五雲。花外玉童鞭白虎。碧城邀取小茅君。乘鸞來下九重城。絳節霓旌別太淸。逢著周靈王太子。碧桃花下夜吹笙。紫陽宮女捧丹砂。王母今過漢帝家。窗下偶逢方朔笑。別來琪樹六開花。六葉羅裙色曳烟。阮郎相喚上芝田。笙歌暫向花間畫。便是人寰一萬年。次仲兄

望高臺韻云。層臺一柱壓嵯峨。西北浮雲接塞多。鋏峽霸圖龍已去。穆陵秋色雁初過。山連大陸蟠三郡。水劃平原納九河。萬里登臨日將暮。醉憑長劍獨悲歌。

朝鮮李媛

朝鮮李媛秋思云。翡翠簾疏不蔽風。新涼初透碧紗籠。涓涓玉露團團月。說盡秋情草下蟲。

倭詩

倭夷入貢駐船杭城外湧金門。詠柳云。湧金門外柳如金。三日不來成綠陰。折取一枝城裡去。教人知道是春深。又西風古道摧楊柳。落葉不如歸意多。

蠻歌

粵東俗淫有蠻歌云。老龍山下有狂風。老龍山上月朦朧。檳榔勸郎郎不醉。辜負奴唇一點紅。

「胡忠臣」章之後。四庫本缺「花狀元」一則（八五六—五二四上）。明刊本作

花狀元　黃參

洪武中狀元歷歷可數。有花綸張顯宗狀元不知何年。練子寧送花狀元歸娶詩云。二月都門鶯亂啼。郎君春色上朝衣。潘生況擬供調膳。張敞應須學畫眉。南陌酒香銀甕熟。西湖月朗畫船歸。極知身負君恩重。莫遣心隨粉黛移。綸之少年可知矣。然史傳無所表見。豈早謝人間耶。按錢唐志。花綸洪武十七年浙江解元。田叔禾登科考謂顯宗非狀元也。按弇州筆記。洪武

十八年會試。黃子澄第一。練子寧次之。花綸又次之。廷試擬綸第一。而上以夢故。用丁顯爲狀元。子寧第二。綸第三。則綸乃探花。非狀元也。其稱狀元。或以初擬故。狀元考載此詩。亦稱花狀元也。十七年浙解元乃顧觀。非花綸。張顯宗福建寧化人。洪武十四年登許觀榜第二人。後觀以靖難削籍。故是榜以顯宗爲第一。實榜眼。非狀元也。

「林粵山」章之後。四庫本缺「陳殿元」。「王無留

」兩則（八五六—五二六上）。明刊本其文如下

陳殿元

嘉靖癸丑。狀元及第陳先生謹號環江。授翰林修撰。左遷惠州府推官。終右春坊右中允。早卒。所著詩文稿軼弗傳。天啓丙寅夏日。偶翻舊帙。得先生手書詩一紙。貽先大令者。先大令與先生契厚。蠹蝕之餘。字蹟尚可辨。恐日總湮滅。謹識于後。贈林心泉紀績大羅云。南滇波靜陣雲微。暫假行旌閱戰圍。殺氣隨

風傍戍戟。霜威凝霧護戎衣。鯨鯢忽報吳江盡。狐兎今看越嶺稀。投筆動名成指顧。燕然莫數羽書飛。幕府軍聲動太微。笑談樽俎破重圍。功勞細紀新編簡。汗血環污舊鋏衣。怪洞妖氛須盡掃。窮山水火未全稀。沉冤惟仗留氷鑑。霜節爭傳雨露飛。同林心泉憲伯赴蒼梧舟行即事。嶺海投荒賦式微。得從仙侶解愁圍。舟經水寺聞僧磬。簾放溪風上客衣。對奕坐忘春雨濕。論文閒望暮雲稀。酒闌未盡相看思。兩地征帆共

晚飛。天涯景物轉霏微。多病應寬舊帶圍。按劍知誰憐夜璧。彈冠空自愧宮衣。烟深野圃花容老。日暗郊原樹影稀。獨羡嚶鳴枝上鳥。不因春去更分飛。題小金山控海樓次毛東塘韻。爲愛層樓高控海。少維征棹步苔坡。虛窗隔水塵難到。芳草傍花景自多。雨過不妨遊屐興。風情應送扣舷歌。回瞻蘇老臺前像。涕淚春添兩岸波。粵南蜃氣噓滄海。遠結樓臺駕水坡。晝靜鶯飛紅雨亂。日遲幔捲白雲多。孤峰突起潮頭障。

好鳥長調樹杪歌。憑几凝眸天地闊。不知人世有風波。登羅浮山。悠悠歸棹渡東洲。獨上羅浮作勝遊。征施曉飛千嶂露。振衣涼動一山秋。蓬萊積翠侵禪閣。錦繡生花映石樓。借問仙踪何處覓。採芝遙指白雲頭。青霞洞新搠明覺樓登眺。洞門蘿薜鎖青霞。樓閣新看近築沙。謫吏遠繩蘇老跡。探奇應訪葛仙家。藥槽丹竈留眞勝。晴日和風爲我賒。如意好峰俱著眼。仰天長嘯興無涯。遊天華宮値雨。天華佳勝近如何。乘

興登攀載酒過。古帝宮門空蔓草。諸賢祠廟已新蘿。鶴鳴清漢傳風遠。龍起澄潭帶雨多。回望雙流懸絕澗。滿前郊野借餘波。

王無留

王無留百谷第五子也。文采風流。宛有父風。惜早夭而未盡其才。嘗見其定交行贈黃元常歸建武云。阿翁定交從帝里。遂得因翁交仲子。名父佳兒秀出塵。祇疑已盡東南美。近來復喜得交君。面雖初識名常聞。

翁難爲父仲難弟。此外時流何足云。我最疏狂君獨取。深想談文共揮麈。兩人口角生春風。清響潺潺不關雨。我也奇窮能作客。任取庸夫互彈射。千里多尋朋友盟。一身已結溪山癖。知君家在麻姑傍。煩與傳言君勿忘。親揭烏衣釀仙酒。好待方平來共嘗。

「古文類詩」章之後。四庫本缺「警世語」。「廣夏」兩則（八五六—五二六下）。明刊本作

警世語

經鉏堂雜志云。不結良因與善緣。苦貪名利日憂煎。豈知住世金銀寶。借汝閒看七十年。可以警世。

廣廈

梵志云。多置莊田廣修宅。四鄰買盡猶嫌窄。雕墻峻宇無歇時。幾日能爲宅中客。唐詩云。多少朱門鎖空宅。主人到老不曾歸。此可爲營廣廈者之戒。

宋徽宗年畫章

四庫本「爭如鴝鴿知春意。猶占東風第一枝」句下缺

漏一句（八五六—五三四上）。明刊本作「楊森題草書云。艮岳風清玉几涼。閒將心事鍾王。當時肯草平胡詔。不使金人到大梁。」

松雪畫馬章

四庫本「踏雲追電看神奇」句下缺一句（八五六—五三五下）。明刊本作「黃方伯澤云。黑髮王孫舊宋人。汴京回首已成塵。傷心忍見胡兒馬。何事臨池又寫眞。」。又四庫本「任他評品落人間」句下亦缺一句

（同上）。明刊本作「沈處士周云。隅目晶熒耳竹披。江南流落乘黃姿。千金千里無人識。笑看胡兒買去騎」。

「朱竹」章之後。四庫本缺「六如小調」一則（八五六－五三九下）。明刊本作

六如小調

唐伯虎黃鶯兒云。風雨送春歸。杜鵑愁。花亂飛。青苔滿院朱門閉。燈昏翠幃。愁攢黛眉。蕃蕃孤影汪汪淚。惜芳菲。春愁幾許。綠草遍天涯。又云細雨濕薔薇。畫梁間。燕子歸。春愁似海深無底。天涯馬蹄。燈前翠眉。馬前芳草燈前淚。夢魂飛。雲山萬里。不辨路東西。情致不減金元諸作者。

「詠酒」章之後。四庫本又缺「枝山小調」一章（八五六－五四○上）。明刊本作

枝山小調

祝枝山嘗有幽期賦皂羅袍云。爲想鸞交鳳友。趁殘燈

淡月。悄悄綢繆。一團嬌顫忒風流。驚忙挫過佳時候。鶯慵燕懶。春光怎留。蜂嫌蝶妒。空擔悶憂。恩情不比相思久。

滿江紅詞

四庫本與明刊本略有不同（八五六－五四○上）。明刊本其文如下。

滿江紅詞

漠漠輕寒。正梅子弄黃時節。最惱是欲晴還又雨。寒又熱。燕子梨花都過也。小樓無那傷春別。一片片榆錢筴。一點點楊花雪。傍闌干。欲語更沉吟。終難說。池面盈盈深淺。水柳梢。淡淡黃昏月。是誰人吹徹玉參差。情悽切。左文衡山先生作也。清絕宛媚。何減宋人擅場者。

卷六

「戒石銘」章與「倪朴自敘」章之間。四庫本缺「簡澹齋約」與「表文觸忌」兩章（八五六－五四八上）

。明刊本如下

簡澹齋約

黃州劉秉鑰長史簡澹齋約云。予也避世。卻不避人。惟簡惟澹。時俗恥狥。不迎客來。不送客去。一拱而止。不嫌爲倨。坐不展席。茗煮香焚。兩般清福。與客平分。酒則不飯。飯則不酒。一菜一肉。從其時有。招未必赴。不招自臻。無扳速客。無受殘賓。戒語市朝。戒談閨閫。問辯商證。名理是懇。如此行徑。

野性固然。喜者入社。厭者任焉。

表文觸忌

閩人林伯璟。字懷之。洪武初任福州府學訓導。爲按察司。撰賀聖節表。內用體乾法坤一句。又爲福州中衛撰謝賜公服表。用藻飾太平一句被誅。以法坤與髮髠聲相似。藻餙與早失相似也。伯璟有友漁樵者集。郡志不載。見皇明傳信錄。

「桑悅硯銘」章與「季漢書」章之間。四庫本缺三則（八五六—五四八上）。明刊本作

田子秇磬銘

錢唐田子秇泗濱浮磬贊曰。泗濱之楨。玄玉之英。琢而爲磬。曰浮其名。瑩然浮磬。既輕且清。禹貢。夷則之氣。萬物之成。白虎通。乃球乃石。擊拊戛鳴。率舞者獸。書。同音惟笙。詩。響振百里。顓頊沈明。拾遺記。夏禹高縣。以宣夏情。史記。仲尼有心。鄙哉硜硜。封疆之思。君子聽聲。禮記

悅生篇

仲長統樂志。論極閒適之致。羅景綸山靜日長。備山林之樂。偶讀田子秇悅生篇云。人之有生田不必廣。稼穡足以糊口。宅不必美。完樸足以栖身。背小山面青溪。左林而右圃。妻有隱志婢則愚。足供於內。童僕蠢蠢。足役于外。且耕且織。自食其力。及時輸公。不聞催科。有無貿易。免求于人。出不必車。馬足常健。往來有舟小而安。遠遊不過百里。無貽家室憂

。聚書千金。子孫肯習。良辰佳節。好花能開。數命
酒肴。勿使蹉跎。而或悔心。朋時來不乏鷄黍。不豐
不嗇不孤。嘯歌眠起自如。屏棄束修。無爲理法所苦
。不服藥。不求神仙。尚不知有此身。無論名利。日
度一日。任其年之所之。此外非所知也。

警世格言

朱門一夕之宴。白屋千日之糧。徵聲色則坐揮百萬。
助貧乏則愛惜錙銖。貧而好施。功倍於富。富而好聚

。惡倍於貧。此屠緯眞警世之格言也。

奇字章

四庫本「六曰鳥書」句（八五六—五四九下）。明刊
本作「六曰鳥蟲書」。

「氂毫絲忽」草之後。四庫本缺「事解廿二則」（八
五六—五五〇）。明刊本其文如下

事解廿二則

陶唐丹朱

郡縣志云。堯先居唐後居陶丘。故曰陶唐氏。尚書逸
篇云。堯子不肖。舜使居丹淵爲諸侯。故曰丹朱。

醫王

釋迦佛能醫一切衆生苦惱。名大醫王。

碑陰姓名

漢孔宙碑陰載門生故吏姓名。楊用修云。漢儒開門授
徒。親授業者則曰弟子。次相傳授則曰門生。未冠則
曰門童。總而稱之亦曰門生。舊所治官府其掾屬則曰
故吏。占籍者則曰故民。非吏非民則曰處士。素非所

蒞則曰義士義民。皆讀漢碑者所當知也。

石敢當

今人家正門適當巷路。則豎小石碑鐫曰石敢當。按西
漢史游急就章云石敢當。顏師古注。衛有石蠟。石買
。石惡。鄭有石癸。石楚。石制。皆爲石氏。周有石
速。齊有石之紛如。其後以命族。敢當。所向無敵也
。姓源珠璣曰。五代劉智遠爲晉祖押衙潞王。從珂反

。愍帝出奔遇于衛州。智遠遣力士石敢當袖鐵鎚侍。晉祖與愍帝議事。智遠擁入。石敢當格鬥死。智遠盡殺帝左右。因燒傳國璽。石敢當生平逢凶化吉。禦侮防危。後人故凡橋路衝要之處必以石刻其形。書其姓字以捍民居。或贈以詩曰。甲胄當年一武臣。鎮安天下護居民。捍衝道路三叉口。埋沒泥塗百戰身。銅柱承陪閒紫塞。玉關守禦老紅塵。英雄來往休相問。見盡英雄來往人。二說大不相侔。亦日用而不察者也。

串眉

美女顰眉。額痕成串。梁簡文詩云。長嚬串翠眉。

屈奇

屈奇。短長也。服之不中曰屈奇。淮南子云。聖人無屈奇之服。

艾綬

漢時諸侯王金重盭綬。晉灼曰。盭。草名。出瑯琊平昌縣。似艾可染綠。因以名綬。後人名爲艾綬。

犢鼻褌

犢鼻褌注謂形似犢鼻。非是。按明堂圖人身兩膝以下有穴名犢鼻。褌至犢鼻言其短也。即甯戚南山歌。短布單衣適至骭。杜甫同谷歌。短衣數挽不掩脛之意。

稽首

周禮有九拜。一曰稽首。二曰頓首。前代表文多稱稽首頓首。今人居喪投刺皆曰稽首。則以稽首爲凶拜矣。蓋周禮有凶拜。拜而後稽顙是也。若以稽首爲稽顙。殊非禮也。

返璧

左傳僖公二十二年。僖負羈乃饋盤餐寘璧焉。晉公子重耳受餐返璧。故事本此。今人誤以爲藺相如事。曰完璧曰歸趙。昧之甚矣。

蒙恬筆

蒙恬秦時人。古今傳爲造筆之始。非也。詩云。彤管有煒。孔子作春秋筆。則筆自周時已有筆矣。

哥窯

磁器哥窯。壽州有舜哥山。此窯所出。今賞鑒家解哥字謂其兄所製誤矣。

朱提

漢犍爲郡有朱提山。出銀鋼。朱提銀。八兩爲一流。直一千五百八十。他銀一流直一千。然今之銀直與古大異。而朱提山不聞有鋼矣。今人尺牘往往以銀爲朱提。譬若以玉爲崑岡。珠爲合浦乎。

五夜

五夜者。甲夜。乙夜。丙夜。丁夜。戊夜也。出漢舊儀省中黃門持五夜。

天祿

天祿。獸名。漢時有貢此獸者。因以名閣以藏秘書。

宮

上古居室皆曰宮。不分天子庶人。禮記云。父子異宮。又云。儒有一畝之宮。孟子云。宮室之美。自秦漢以後。則以天子所居爲宮矣。

紫塞

秦築長城土皆赤色。故稱紫塞。

暘有詭

戰國策。秦伐魏。取暘有詭。地名也。華不注。醫無閭。山名也。

風馬牛

牛走順風。馬走逆風。故曰風馬牛不相及。

草堂

杜子美居浣花草堂。李太白懷故鄉。以草堂名集。草堂在成都。周顒昔經蜀。以蜀草堂林壑可懷。乃于鍾山立草堂寺。今人概以草堂名屋何耶。

不睡龍

錢鏐作警枕。名不睡龍。取蔡邕警枕銘。應龍蟠蟄之語。

食魚

列士傳曰。孟嘗君食客三千人。上客食肉。中客食魚。下客食菜。故馮驩歌彈鋏歸來兮食無魚也。

「楊文貞積書」二則之後。四庫本缺「楊文貞母」章一則（八五六—五五上）。明刊本作

楊文貞母

楊文貞公士奇少孤貧。十六歲出爲村落童子師。欲買史略二册百錢不能得。其母夫人畜一牝鷄數歲。命以易之。世有此母。安得不生此子。

「書不讎校」章之後。四庫本缺五則（八五六—五五四下）。明刊本如下

兩腳書廚

永樂中毘陵陳濟善記書文廟謂爲兩腳書廚。古人號書廚者有矣。此云兩腳。文皇亦善諧謔也。

博物

史稱張華博物。識劍識狸。及著博物志。信矣。然左傳引叔向之言曰。子產博物。君子也。又曰。延陵季子閎覽博物。君子也。然子產季子不以博物名。惟張華爲著。

讀書飲酒

謝少連云。讀書須少年。僻地。靜夜。早晨。阮堅之云。飲酒須淡酒。小杯。細談。久坐。二君得讀書飲酒之趣。可謂名言。

痛飲讀離騷

離騷悲憤。令人讀之不歡。故昔人有云。痛飲讀離騷

。蓋醉而後讀。始不爲鬱悒幽憂之氣所擾耳。曹孟德云。惟有杜康。可以解憂。正此意也。

囊螢

隋煬帝宮中囊螢爲戲。車胤無油。囊螢讀書。丁朱崖囊螢當火。恐熱氣蒸人。同一螢火而所用苦樂迴別。

「書畫碑版」章之後。四庫本又缺兩則（八五六—五五五上）。明刊本作

趙家書畫

趙文敏善書畫。而妻管夫人。子雍欒。弟孟籲。孫鳳麟。甥王蒙。皆以畫名。于時惟欒以書名。不聞能畫。

吳興三絕

元季吳興馮應科筆。與趙子昂字。錢舜舉畫稱三絕。

「扇書杜詩」章與「僧善書」章之間。四庫本缺「四十二章經」一則（八五六—五五五下）。明刊本如下

四十二章經

錢塘六和塔上刻四十二章經。乃紹興中諸名臣分寫者。沈該。湯思退。陳誠之。陳康伯。王綸。賀允中。葉義問。楊椿。周麟之。洪遵。楊偰。沈介。趙令譲。孫道夫。王希亮。黃祖舜。張孝祥。宋棐。金安節。董苹。李洪。錢端禮。張宗元。張運。楊朴。莫濛。路彬。張庭實。周操。葉謙亨。胡沂。陳俊卿。鮑彪。陳棠。楊邦弼。張洙。黃子淳。楊倓。沈樞。韓彥直。虞允文。洪邁共四十二人。皆以官爵序次。字俱生硬。無晉人筆法。蓋此四十二人無一人以書名者也。惟錢端禮。虞允文差勝耳。

卷七

「西園雅集」章與「膠山絹海」章之間。四庫本缺兩則（八五六—五六一下）。明刊本其文如下

唐文皇像

余嘗見閻立本寫文皇御容。絹素僅尺許。虬髯鳳目。神彩煥發。傍署云。臣閻立本寫。今藏薛中丞家。

宋太祖像

先伯兄舊有趙文敏寫太祖真像擊球圖。桑皮紙。游絲金筆。闊僅尺餘。今在泉南丁司寇家。

「進稽古錄表」章之後。四庫本缺「祭文」一章（八五六—五六七上）。明刊本作

祭文　黃參

宋張子韶祭洪忠宣曰。維某年月日某官。謹以清酌之奠致祭于某官之靈。嗚呼哀哉。尚享。其子洪邁深感

其情。今世祭文濫觴可厭。使人人如子韶。不知省許多紙筆。黃云。文以足言。言以足志。如子韶云云。不幾于沒字碑乎。豈可爲訓。惟武廟祭靳文禧云。朕在東宮。先生爲傅。朕即帝位。先生爲輔。朕今渡江。聞先生訃。嗚呼哀哉。則言簡意盡者也。

「鐵冠道人」章與「菊坡」章之間。四庫本缺兩章（八五六—五六九下）。明刊本作

龜字諱

唐宋人不甚諱龜字。張志和始名龜齡。開元歌者名李龜年。陸魯望名龜蒙。白樂天幼子名龜郎。咸通中會稽太守王龜。殷踐猷號五總龜。皇祐殿中丞李龜齡。宣和進士戴龜朋。彭千壽名龜年。善畫者劉崇龜。陳朝瑞名總龜。王十朋字龜齡。楊時號龜山。崇寧中黃德邵名龜年。淳祐中。栝蒼教授潘元龜。洪駒父兄字龜父。咸以龜爲美稱也。然蘇子瞻嘲呂微仲晝睡有六眼龜口號。則宋時亦以龜爲戲謔耳。予謂十朋千壽中立德邵皆在子瞻後。豈子瞻時有此謔而後人徑取以爲號耶。大抵子瞻謔事多出宋元小說假托爲多。未必有是事耳。但不知龜字諱于何代。近世以龜命名者絕少。獨鉛山費冏卿弟名龜年。官廣西灌陽知縣。惠安亦有楊龜年官教諭。

潘陳同母辯

齊東野語云。陳了翁之父尙書與潘良貴之父義榮情好甚密。潘一日　陳曰。吾二人官職年齒種種相似。獨

有一事不如公。甚以爲恨。陳問之。潘曰。公有三子我乃無之。陳曰。我有一婢已生子矣。當以奉借。他日生子即見還。既而遣至。即了翁之母也。未幾生良貴。後其母遂來往兩家焉。一母生二名儒。亦前所未有事。噫。此說荒謬不根之甚也。㶿按。了翁年譜。父陳偁仁宗朝爲吏部尙書。以嘉祐二年生了翁。年二十三登進士。至宣和六年卒。享年六十八。又按朱子文集。良貴父名祖仁。贈中奉大夫。未受宋官。所云

官職相似。一謬也。了翁宣和六年卒。良貴宣和初始爲博士。歲月相遠。二謬也。朱子爲潘時作墓志銘云。良貴有兄良佐。以儒學教授諸弟。良貴從授學。是祖仁已有長子。安得言無子。三謬也。了翁閩沙縣人。良貴浙金華人。其母安能來往兩家。四謬也。欲誣名賢捌爲不根之說。名曰齊東野語。豈虛也哉。

「衛夫人」章與「李易安」章之間。四庫本缺一章（八五六—五七二上）。明刊本作

崔鶯墓志

志稱崔鶯鶯嫁太常寺協律郎鄭恒。恒字行甫。文業著于當時。享年六十。夫人崔氏。享年七十有六。子六人。秦貫纂爲銘。其墓誌銘久瘞土中。明成化間。黎人得諸廢塚。塚居邑之西北五十里。曰舊魏縣。蓋古之淇澳也。乃鬻之崔氏爲中亭香案石。又若干年而莫之知。尋得其家。有胥吏名吉者識之。遂白于邑長吏邢公。邢置之邑治而其跡始著。陳眉公收其文于古文品外錄。欲一洗崔氏氷玉之恥。予謂會眞之記出諸微之。鶯鶯之名因以大著。若讀秦之墓誌。不過尋常一貴人妻耳。何足奇。

卷七末「易安更嫁」章之後。四庫本尚缺十五則（八五六—五七二下）。明刊本其文如下

眇倡啞倡

秦少游傳眇倡云。倡貧不能自贍。與母西遊京師。京師色府也。美盼巧笑以千萬計。若具兩目。猶恐不售

。況眇一焉。其瘠于溝中必矣。行抵粱舍。於濱河逆旅有少年見而悅之。爲留飲終日。因大變。娶置別第。謝絕姻黨。身執爨以奉之。倡飯少年亦飯。倡疾少年不食。或有嘲之。少年忿曰。自予得若人。視世之女子無不餘一目者。夫佳目得一足矣。奚以多爲。楊廉夫傳啞娼云。倡錢唐人也。生無啼聲。父母欲棄之。年及笄。天質秀利中益警穎。京師有大木賈過錢唐。聞啞娼名。求見大喜。倍價聘之。左右曰。娼以聲

取悅。啞而倍價以聘。何愚也。賈曰。婦以長舌敗人之家。予聘無長舌。不聘工歌。且笑遂挾之歸。賈侍姬百十人。啞娼寵專房一。飲食非啞娼不甘。賈婦死。推啞娼爲繼。生三子焉。夫倡至于眇啞宜乎無顧盼者。乃少年大賈娶之。少游廉夫傳之。信乎物無定價。隨所遇也。

名人生卒葬地十四則　名姬附

許由塚

箕山有許由塚。乃石槨。歲飢有惡少發之輒合。至今猶存。

扁鵲墓

湯陰有扁鵲墓。墓前有土可以療飢。鄉人試之輒驗。亦理之渺茫者。

徐君墓　黃參

一統志。河南襄城縣城北二十里有徐君墓。墓前有樹。相傳爲季札掛劍處。名曰靈樹。桉史季札使魯過徐。其地今在泗州襄城。非徐地安得有墓。奚從而掛劍哉。史稱札還至徐。徐君已死。則其死在徐明矣。其曰。解劍繫其塚樹。則其塚在徐亦明矣。襄城靈樹之說何據。徐君墓在張湫安平鎭。余舟過其地。展墓而酹以詩。墓上草名劍草。可除眼疾。

郭璞墓

揚子江金山雲根島在水中特起。志以爲郭璞墓在焉。六朝事跡謂璞墓在眞武湖中大墩上。璞爲王敦所害。

當時必有收其骨者。後世皆指水中之山爲璞墓者。以璞精地理。必擇其奇處而名之。金山眞武湖之說謬也。

李白生卒葬

李白舊史稱山東人。父爲任城尉。因家焉。流夜郎赦還醉死于宣城。新史稱白生于巴西。卒葬姑孰東麓。元和末。觀察范傳正祭其塚。訪後裔。惟二孫女。嫁爲民妻。後改葬青山。立二碑焉。㶿按全蜀藝文志載

唐劉全白作白墓碣記云。白廣漢人。玄宗辟翰林待詔。因和番書并上宣唐鴻猷一篇。上重之。欲以編語之任委之。爲同列所謗。詔命歸山。遂放浪天下。以詩酒自適。代宗登極。拜拾遺。聞命之後逝矣。有子名伯禽。全白幼以詩爲君所知。邑有賢宰顧公遊秦。遂表白墳而題其石。冀傳于將來也。貞元六年四月七日記。以此考之。白非生于山東巴西。非死于姑孰宣城。非葬于東麓青山。而生當在廣漢。墓當在秦地。有子伯禽。非斬然後昆也。全白與青蓮同時。墓碣當爲

實錄。二史恐非傳信耳。項斯經李白墓云。夜郎歸未老。醉死此江邊。葬缺官家禮。詩殘樂府篇。歸魂應到蜀。小碣豈旌賢。身沒猶何罪。遺墳野火然。

又

李白生卒二史既自矛盾。後人又有釆石捉月之說。愈不足信。按李陽氷序謂白疾亟。枕上授氷俾爲集。序是白死于牖下。非江中明矣。梅聖俞詩有云。便當騎鯨上青天。青山有冢人漫傳。又信捉月之事矣。陳眉公謂李白生于彰明縣青蓮鄉。故號青蓮。想別有據。

杜甫卒

杜甫生于先天元年壬子。卒于大曆五年庚戌。享年五十有九。舊唐書云。甫以永泰二年啗牛肉白酒一夕卒。當是庚午歲。尚早四年。誤也。新史正之。云大曆中卒。

杜甫卒葬

唐書云。杜甫客耒陽。嘗遊嶽廟。爲暴雨所阻。旬日不得食。耒陽聶令棹舟迎之。乃得還。啗牛肉白酒。一夕卒。王洙序。杜詩亦沿史氏言。醉飽卒。元稹墓志言。甫扁舟下荆楚間。竟以寓卒。旅殯岳陽。殁後四十餘年始克葬。然則甫之埋骨于偃師也明矣。又按劇談云。甫客耒陽。一日舟中飲醉。江水暴漲。甫爲驚濤漂汎。其尸不知落何處。玄宗思甫詔求之。聶令積空土于江上曰。甫爲白酒牛炙。脹而死。按玄宗自

蜀歸。公方爲諫官。帝晏駕。甫在蜀。代宗登極八年甫始卒。年月失實。不足信也。然宋人有題子美墓云。一堆空土烟蕪裡。空使詩人悲歎起。捉月走入千尺波。忠諫便沉汨羅底。固知天意有所存。三賢亦同歸一水。則又言甫死于水矣。

李賀生卒

宋祁唐書李賀傳卒年二十七。李商隱作賀小傳年二十四。王元美巵言賀年二十六。所載不一。商隱與賀同

時當爲實錄。

元微之卒葬

南部新書云。元稹之薨也。卜葬之夕爲火所焚。以煨燼之餘瘞之。予按白居易爲元稹作墓志。以太和五年暴疾薨于位。六年七月十二日祔葬于咸陽縣奉賢鄉洪瀆原。未嘗言及火焚。足徵南部之妄。

白傳葬地

賈氏談錄云。白居易葬龍門山。河南尹盧貞刻醉吟先生傳於石立墓側。洛陽士人過者奠以巵酒。塚前方丈之石常成泥濘。𤊟按居易志銘墓在華州下邽縣臨津里北原。祔侍郎僕射二先塋戒沒後勿建神道碑。但於墓前立一石。刻吾醉吟先生傳一本可矣。龍門山在今西安府韓城縣東北八十里。下邽縣即古渭南縣在華川城西五十里。相去遠甚。賈氏之言似爲無據。

梅花道人墓

元梅花道人吳仲珪墓在蘇州武塘。題曰梅花和尙之塔。今有橡樹猶存。

李空同墓

李夢陽北地人。墓在河南府鈞州大陽山。侍郎崔銑作墓志。

朝雲琴操墓

朝雲墓在惠州西湖。有司爲治墓隧。琴操墓在天目山石佛殿角。後人爲之立碑。至是山者亦題詠甚矣。人之貴附青雲以不朽也。

人倫盛事十二則

兩世史官

有兩世爲史官者。司馬談子遷。劉向子歆。班子固。王銓子隱。姚察子簡。李太師子延壽。劉知幾子餗。若吾閩林文安三世史官。古所希覯。

八龍五馬　黃參

南齊柳元伯子五人。皆領州五馬參差于亭。唐殷文圭云。荀家門內羅列八龍。柳氏亭邊參差五馬。黃云。若吾家璞公蟾公兩校書。璞公子仁溉三史。仁渥太子正字。仁滔御史。仁藻著作郎。仁渭秘書監。庶子仁澤武狀元。世稱一門五學士家。亦何減八龍五馬。

卷八

「交友」章。四庫本「寶法德曰。既然。何一爲富者。一爲貧者哉」句（八五六—五七六下）。明刊本「寶法德」下有小註作「古之名賢」。

「好給沙門」章之後。四庫本缺五則（八五六—五七

六上）。明刊本其文如下

邵吏碎玉

邵伯喻公政偶裁答遠書。呼役取玉印色匣。役失手墜地。邵伯不問也。役請罪。反慰諭之。次日役重價購匣償公。公喜而還其價。其雅量與裴行儉吏碎瑪瑙盤談笑自若。韓琦吏碎玉杯神色不異。何多讓哉。

鬱林石

唐末陸龜蒙績裔孫也。其門有巨石。是績鬱林攜歸者。至龜蒙時猶世保其居。李德裕殷勤戒子孫。不聞子孫保守信。夫子孫賢不肖非祖父文字可訓戒也。今鬱林石移置察院前。巍然數尺。號廉石。吳文定作廉石記。

避嫌

宋宰相韓億謚忠憲。四子綜。絳。維。縝。同奏名禮部。忠憲上疏曰。臣子叨陛下科第。雖非有司觀望。然臣既備位政府。天下將謂由臣致此。臣教子既已

有成。又何必昭示四方以爲榮觀哉。乞盡免殿試唱第。誠懇再三。仁宗嘉歎。遂兪所請。我朝陳循王文之子不第。因而彈劾試官。萬曆初江陵柄國二子皆及第。一子進士。未幾削奪流貶。方之忠憲能無媿乎。

妒婦

南唐樞密杜業妻張氏甚妒。烈祖命元后召誡之。張雪涕曰業事陛下所藉者。駑馬之力未竭耳。若縱之。反貽其禍。將誤於任使矣。烈祖奬嘆以銀盤綵段賞之。

夫妒婦既不利其夫。而又甘言以誑人主。反獲厚賞。可畏哉。

惡婦

婦人之惡過於男子。生前無論。即死後猶能爲祟。如妒婦津是已。溫韜發掘唐帝諸陵。剔取金寶。惟乾陵以風雨屢作不能發。土人云或有游戲侮慢。及取其瓦石皆有靈響。

「壽夭」與「飲食」兩章之間四庫本缺三則（八五六—五七七下）。明刊本其文如下

同干支

先府君與同邑宋某同生正德癸酉。年月日時俱同。同補諸生。同食餼。同月生女。又同遲嗣續。至丁內外艱。偶値疾病。無弗同者。嘉靖戊午宋以病卒無嗣。辛酉府君生余伯兄。及爲邑宰。幷生余及弟。較宋某多三十四年。前半世無弗同。後則迥異。宋號瑤坡。忘其名。

又　黃參

吉水羅循莆田吳希由同干支。同登弘治己未進士。官俱止憲副。俱以癸巳卒。羅以四月吳以九月。但羅子洪先及第第一人。而吳子止廣文也。吳爲四川憲副。備兵威茂。斬馘無算。而羅或以陰德昌後耳。按貢舉考羅循陝西白河人。三甲有羅僑。乃吉水循當作僑。以部本爲正。三元考云。洪先父循亦誤。

又　黃增

余鄉有干支同者。惠安戴一俊與晉江周良賓同生嘉靖戊子。年月日時無弗同者。戴以壬子癸丑聯第。而周至甲子乙丑乃成進士。則遲十二年也。然起家俱戶部。俱出守。戴溫州。周明州。俱浙東。俱轉憲副。俱以守調簡同也。戴歸田之後。周始登第。同卒年六十一。戴年逾八十。戴有子亮機。舉癸卯。周有孫廷瑛。舉乙卯。則同而不同。不同而同也。又余友陳封君賓與邑人王惟翰別駕同干支。王領丁卯鄉薦。而陳以是年舉觀察。亮采福澤壽考復過之。豈自身科名與子

孫榮膴亦互相虧盈耶。同年洪方伯啓睿與韓城薛方同生丙辰乙未。辛丑丁酉同第。萬曆壬辰同試政吏部。然洪舉乙酉。薛舉辛卯。洪由祠部郎督學兩浙。歷參知廉訪左右。轄皆在浙。薛以臨淮令。擢民部調銓部。歷稽勳考功文選請告。洪亦以其年致政。薛後起太常少卿。丙辰不祿。洪亦以其年卒。壽俱六十一同也。又星士連堪與余言。延平羅某與一同年某同干支。同第某科進士。同授楚令。同行取。羅得南刑部。某得南刑科情甚昵。晨夕過從亡厭。會南中大疫。羅舉家死亡略盡。羅亦染是病幾殆。而某獨無恙。每日輒來視羅。羅後疾稍可。怪某不來。詢之則先一日死矣。蓋羅以闔門代死。而某及其身豈非命耶。樂善錄云。太學二士人同命又同發解約差遣相近。彼此知災福。後一選鄂州授。一選黃州授。黃州者死。鄂州者爲裹事。祝曰我與公同干支。出處同。公先我去。我即

死亦後七日矣。若有知幸。入我夢以告。其夜果夢某來云。我生富貴享受過故死。公寒素。未享用故活。後鄂州者官室典郡。以壽終。則儉約長年。奢溢損壽。此又一徵也。又載家司徒懋官與申副使价命同。司徒死亂兵。申死牖下。而申先死。朱宮保衡李大參廷龍命同。朱第壬辰。李第癸丑。遲蚤差二十餘年。而官之崇卑。命之修短又無論矣。萬侍郎宷饒太守才命同。然萬成進士。饒止鄉舉。萬官卿貳。饒止郡守。

萬以謫戍死。而饒則否。饒多子。萬又少子。豈子孫官爵互爲乘除。造物亦忌于多取耶。因并述之。以質知命之君子。

「種菜」章之後四庫本缺兩則（八五六—五七九上）。明刊本其文如下

客酬主　以下俳諧

有人宴屠緯眞酒酸。持杯勸曰。李白斗酒詩百篇。君非青蓮後身耶。緯眞笑曰。令我能吸三斗。他日可爲宰相。其人悟而易酒。張幼于於走吳令招酒酸。幼于先以巨觥勸吳令。令曰。主人未勸客。客反勸主人。辭再三。幼于必勸主人飲。一入口知其意即易酒。

睡丞　黃參

張東海睡丞志云。嘉興丞某嘗訪一鄉貢。坐俟其出輒睡。主人出。恐覺之。相對默坐。亦睡。丞覺不欲妨主睡。坐待又睡。主既覺。丞猶睡。不欲覺之。又睡以待。丞覺晚矣。主睡方酣。遂不交一語而去。余友

沈從先吳人。亦善睡。嘗宿予齋頭。予晨起有親故出殯。往返七十里。暮歸。睡猶未覺也。黃云。余家從兄以葬王父母送殯。留一僕守舍。與之米使自炊。三日歸則反扃其戶。呼之不應。竊意其鑿垣以遁。而四壁宛然。因斬關而入。猶在唵囈中。米仍未炊也。蓋睡兩晝夜視沈更酣耳。

「蹲鴟」章之後四庫本又缺兩則（八五六—五七九上）。明刊本作

君臣無鬚

李勣常疾。醫云得龍鬚燒灰可療。太宗自剪鬚燒灰賜之。服訖而愈。李勣姊病。自爲粥而燎其鬚。余嘗戲謂在杭曰。貞觀時君臣皆無美髯。在杭詫余無典故。余以勣事答之。一座絕倒。

判語諧謔

鄭安晚居青田府。鹿食民稻。犬噬殺之。府囑守黥犬主。幕官擬云。鹿雖帶牌。犬不識字。殺某氏之犬。

償鄭府之鹿足矣。浙右有富人捨竹園于寺後。其子貧甚。取其笋。僧執爲盜。聞于官。守判云。當初捨園指望福田。既無福田還他竹園。二事出隨隱漫錄。亦足解頤。又宋季偶嚴酒禁。有婦首其姑藏私。醞聞之官。官判云。姑誠有罪。然爲婦者宜代受杖。遂杖其婦而遣之。尤一快也

「呂梁洪石硯」章與「印文」章之間四庫本缺兩則（八五六—五八〇上）車。明刊本作如下

國朝事勝前代

謝鐸云。我太祖遠過于宋者五事。一攘夷狄以收服諸夏。二肇基南服而一統天下。三威加勝國而鋒刃不交。四躬自搠業而臨御最久。五申明祖訓而家法最嚴。

陸文量云。本朝政體度越前代者數事。公主寡不再擇婿。中官有寵者賜袍帶不與朝臣并任。王公不敢擅殺人。重臣不得自辟下僚。文廟不用塑像。只用木主。岳鎮海瀆之神不加封號。文武官員不得挾妓。眉公曰更有十事。生員不許陳民間利弊。九鎮鎮府以文臣爲將。天子自爲居守閣臣六卿外廷會推。內廷不得專擅。母后不稱制。勳戚不干政。皇子講官即官坊寮采不立博望。苑不開天策府無殉葬。不用黥刖劓閹之刑。京師有熱審。省直有減刑。非大典不輕赦。三品以上始蔭子入監。紈袴不得濫朝籍。余曰最善者不改元。官員莅任不用謝表。大夫士庶俱戴網巾。不用團扇用摺扇。濱海之地不運糧選官。惟進士舉貢監吏不別開科目。此尤極便于官民。前代未有也。

國朝御寶

國初舊製十七顆。皇帝奉天之寶。即傳璽也。兩郊大祀及聖節青詞宮中用之司官不與焉。皇帝之寶詔赦用之。皇帝行寶頒賜用之。皇帝信寶徵戎伍用之。天子之寶祀百神用之。天子行寶册封蠻夷用之。天子信寶調番卒用之。皇帝尊親之寶薦徽號用之。皇帝親親之寶展宗盟用之。廣運之寶諭臣工鈐號籍用之。制誥之

寶凡制用之。勅命之寶凡勅用之。敬天勤民之寶飭覲吏用之。表章經史之寶。欽文之璽嘉靖十八年新製七顆。奉天承運大明天子寶。大明受命之寶。巡守天下之寶。垂訓之寶。命德之寶。討罪安民之寶。勅正萬民之寶。自皇帝之寶以下十五顆皆司官所得請用。表章經術以下九顆皆藏乾清宮。萬曆丙申宮燬移貯文華殿內臣守之。司官有時請用。用訖仍輸於內。

高柴爲武城宰章。四庫本無小注（八五六—五八一下

）。明刊本作「按檀弓云。成人有其兄死而不爲哀者。聞子羔將爲成宰。遂爲哀。恐成未必爲武城。或誤也。」

「子平」章之後四庫本缺三則（八五六—五八一下）。明刊本作

積惡公忿

人有積惡公忿。莫可誰何者。著書人多厚誣之。以快天下之忿。如秦始皇爲呂不韋子。賈似道爲逃婢姦生。又謂其母遇賈涉挑而從之。又謂賈涉通爨婢生似道。嫡不相容。賣爲石匠妻。愛昧之事誰其知之。奸暴過甚。後世并辱其母。是以君子惡居下流。

大姨夫

邵氏聞見錄云。歐陽文忠與王拱辰同爲薛簡肅婿。文忠先娶長。拱辰娶其次。後文忠再娶其妹。故有舊女婿爲新女婿。大姨夫作小姨夫之戲。余按歐公文集。公初娶胥氏。年十七卒。繼娶楊氏年十八卒。三娶薛

簡肅第四女偕老焉。而王拱辰所娶者第三女也。拱辰喪室又娶薛氏第五女。則王爲大姨夫非歐公也。

太祖御像

長洲王錡寓圃雜記云。吳故墟之西有天王堂。其南廊土地像爲劉總管所塑。甚精絕。永樂初。襄陽閻僞爲蘇州衛百戶。偶睹此像。即伏地泣。人問其故答曰。我高皇帝之容也。蓋僞侍帝左右五年。諦視甚熟。故感泣耳。自是遍傳吳中。余以萬曆壬辰秋客吳。友人

錢允治與余遊吳故墟。入一寺。寺前有土地端坐。錢曰。此我高皇帝像也。余駴詢其故。錢以前言對。其塑像方面大耳。隆準豐頞。與今時所傳畫像大異。近閱張民部萱疑耀云。萱直西省始見內府所藏高成二祖御容。高皇乃美丈夫也。鬚髯皆如銀絲可數。不甚修。無所謂龍形虬髯十二黑子也。成祖豹頞環眼。兩髭橫分。鬢長裹臍。皆翼善冠衣綠不正立。然則高皇之像蘇州天王堂土地所傳非謬矣。吳黃暐蓬軒類記亦載

天王堂事。

「學醫五難」章之後四庫本缺二則（八五六—五八四下）。明刊本作

喉閉樂

喉閉之疾用鴨嘴礬調釅醋灌之即吐膠痰。見癸辛雜志

稀痘方

王損菴筆麈云。姑蘇有二僧賣稀痘藥。服之神驗。王荆石相公許以重利。欲傳其方。峻拒之。後以十金得之於其徒。乃玄參兎絲子二味等分蜜調服也。公欲廣其澤。見人即說。後罕驗。蓋秘方廣傳則不效。人莫喻其理。王先生曰。衆生業力大。製方者心力幾何不能轉之故也。予謂古方療病。今人多不驗。痘瘡五年一發。或時年宜用涼用溫未可執一而治。予幼年見閩中治痘什九用參蓍。近年用補者死。多用涼劑。此可以破其說矣。

「朱晦菴魏鶴山」章之後四庫本缺一則（八五六—五

八六下）。明刊本作

人異

成化間漳平縣有朱孔良家婦懷孕三年乃生子。子生即轉身行步。三日升樓而去。彌月復來。又去。週歲復來。自斷髮爲一結。取小匣盛之。與母別曰。數十年髮解則吾復生。遂去不復來矣。正德間。母猶存。發視之。結如故。絕無影響。邑志載此事亦大異也。

「金字牌」章之後四庫本缺兩則（八五六—五八七上

）。明刊本作

黿蟒　以下果報

趙昭儀既死。趙后夢中見帝問昭儀何在。帝曰。以數殺吾子。今罰爲巨黿。居北海之陰水穴間。受千歲水寒之苦。後北鄙大月王獵于海上。見巨黿出于波上。首猶貫玉釵。有戀人之意。大月王遣使問梁武帝。武帝以昭儀之事答之。武帝后郗氏崩數月。帝常追悼之。一夕聞寢殿外騷窣聲。視之。乃見一蟒盤躃上殿。

睒睛張口向帝。帝大驚。蛇爲人語曰。蟒則妾郗氏也。以生存嫉妒六宮。其性慘毒。罪謫爲蟒耳。無飲食可實口。無穴窟可庇身。又鱗甲有虫唼嚙。肌肉痛苦若加錐刀焉。感帝平昔眷妾之厚。故託醜形。祈一功德拯拔也。以妃嬪之尊。一旦嫉妒。則罰爲黿爲蟒。今之殘忍妒婦亦將來之黿蟒耳。二事須頒行以警長舌。

犬異

錢唐江氏過淨慈寺。歸夢其亡婿卜四爲寺之堆雲菴犬。自言生前爲嘉定徐氏子。因負寺債。遂墮狗胎。于茲三年。願丈人爲懺除之。明發江氏至寺。見犬大慟。呼曰卜四官。何以至是。犬淚下搖尾。隨江氏去。

萬曆壬寅年事僧大壑爲余言。

「雷震毀寺」章。四庫本止於「身首異處」句（八五六—五八七下）。明刊本尚有數句作「後有邊司徒之子一范破產恢復再建叢林。劉氏子復爭之事在萬曆庚

子辛丑間。時傳金沙張芝陽爲蜀憲倡義重興焉。

按四庫本闕甚多。故卷五之後內容安排有出入。如「宗徽宗年畫」。「松雪畫馬」。「滿江紅詞」等章。四庫本在卷五。明刊本已入卷六。

封氏聞見記一〇卷

唐封　演撰

以舊鈔本校補

卷二

石經章

四庫本首句爲「後漢明帝時」（八六二—四二五上）。舊鈔本此句前尚有一段一百六十餘字如下

初太宗以經籍多有舛謬。詔顏師古刊定頒之天下。年

代寖久。傳寫不同。開元以來。省司將試舉人。皆先納所習之本。文字差訛。輒以習本爲定。義或可通。雖與官本不合。上司務于收獎即放過。天寶初敕改尚書古文悉爲今本。十年有司上言經典不正。取捨無準。詔儒官校定經本。送尚書省幷國子司業張參共相驗考。參遂撰定五經字樣。書于太學講堂之壁。學者或就取正焉。又頒字樣于天下。俾爲永制。由是省司停納習本。

其後文「遷延未發。而藩寇海內」句（八六二—四二五下）。舊鈔本「藩」作「胡」。

卷三

制科章

四庫本文中注闕（八六二—四二八上）。舊鈔本作「七曰中書舍人。給事中不入。八曰中書侍郎。中書令不入」。

卷四

尊號章

四庫本「玄宗即位。號開元神武。後稍加爲開元天地大寶聖文神武。則天以女主臨朝」句有脫文（八六二—四三一上）舊抄本作「玄宗即位。號開元神武。後稍加爲開元天地大寶聖文神武應道。肅宗號光天文武。代宗號寶應元聖文武。今上號聖文武神。則天以女主臨朝。」

露布章

四庫本注闕六字（八六二—四三三上）。舊鈔本作「得摧醜虜。斬擒不多」。

卷五

燒尾章

四庫本「上與侍臣親臨焉。既而問吏部船何在」句有脫文（八六二—四三八上）。舊鈔本作「上與侍臣親貴臨焉。既而吏部船爲仗所隔。兵部船先至。嗣立奉觴獻壽。上問吏部船何在。」

圖畫章

四庫本「使數十人吹角十餘匝。取墨汁灘寫於絹上」句有脫文（八六二—四四〇下）。舊鈔本作「使數十人吹角擊鼓。百人齊聲噉叫。顧子著錦襖錦纏頭。飲酒半酣。遶絹帖走十餘匝。取墨汁攤寫於絹上。」又後文注闕一字（八六二—四四一上）。舊鈔本作「戰」。

王氏談錄一卷

宋王欽臣撰

以明寶顏堂秘笈本校補

古今樂律通譜。四庫本「至於北部諸器亦然……今北部樂乃古之清商遺音」句（八六二—五八四下）。明刊本「北部」並作「胡部」。

四庫本「契丹風物」（八六二—五八六上）。明刊本作「北虜風物」。又內文「北人饋客以乳粥。亦北荒

之珍。彼中有鐵腳草」句。明刊本「北人」作「虜人」。「彼中」作「虜中」。

塵史三卷

宋王得臣撰

以明鈔本校補

卷一

國政章

得臣管幹京西漕司文字居洛條。四庫本文中凡「契丹」一語（八六二—五九八上下）。明鈔本皆作「犬戎」。「敵」字作「虜」。又「彼必懷後顧之憂。未敢輕議深入。若車駕不行。蓋恐蕃兵戕害生靈」句（八六二—五九八下）。明鈔本「彼」作「虜」。「蕃兵」作「蕃賊」。

夢溪筆談二六卷

宋沈　括撰

以明刊本校補

卷十一

忠萬間條。四庫本「蕃人祥符中常寇掠邊」句（八六二—七七四上）。又「蕃人畏威不復犯塞」句（同上）。明刊本「蕃人」並作「夷人」。

卷十三

寶元中黨項犯塞條。四庫本文中「敵人」「敵兵」（八六二—七八三上）。明刊本皆作「虜人」「虜兵」。

狄青戍涇日條。四庫本除「譬如奕棋。已勝敵可止矣」句外（八六二—七八五上）。其餘「敵」字明刊本皆作「虜」。

卷十五

幽州僧行均集佛書中字爲切韻訓詁條。四庫本「熙寧

中有人自敵中得之」句（八六二—七九三下）。明刊本「敵」作「虜」。

卷十八

西戎用羊卜謂之跋焦條。四庫本「其五臟謂之生跋焦土人尤神之」句（八六二—八〇八上）。明刊本作「其五藏謂之生跋焦。其言極有驗。委細之事皆能言之。生跋焦土人尤神之。」

卷二十一

延州天山頂有奉國寺條。四庫本「尸毗王出於佛書大智論。言常割身肉盡」句（八六二—八二二上）。明刊本作「尸毗王出於佛書大智論。言嘗割身肉以飼餓鷹。至割肉盡」。

卷二十四

契丹北境有跳兎條。四庫本「予使北日捕得數兎持歸」句（八六二—八三八上）。明刊本「使北」作「使虜」。

卷二十五

天聖中侍御史知雜事條。四庫本「章頻使遼死于彼中」句（八六二—八四四上）。明刊本「彼中」作「虜中」。

景祐中黨項首領趙德明卒條。四庫本「彌歲。夏之戰士益少」句（八六二—八四四上）。明刊本「夏」作「虜」。

珩璜新論一卷

宋孔平仲撰

以鈔本校補

漢高嫚而侮人條

四庫本「罵詈諸侯如奴耳。非有禮節」句（八六三—一〇三上）。鈔本作「罵詈諸侯如罵奴耳。見魏豹傳。」

今之興師條

四庫本「軍旅之費。疑不若漢之多也。」句（八六三—一〇七下）。「軍旅」鈔本作「討虜」。又下文四庫本「今之與契丹。最多者歲纔百萬爾」句（八六三—一〇七下）。「契丹」鈔本作「夷狄」。

晉王坦之條

四庫本「虞預以阮籍裸袒比之伊川被髮。所以氐羌遍於中。以爲過衰周之時」句（八六三—一一五上）。「氐羌」鈔本作「胡虜」。

佛果何如條

四庫本「前漢西域傳。塞王南君。罽賓塞種。捐毒即身毒。天竺也。」句（人六三—一一六上）。鈔本作「前漢西域傳。塞王南君。罽賓塞種。分散往往爲數國。自疏勒以西。北休循捐毒之屬。皆故塞種。捐毒即身毒也。天竺也。」

桓譚新論條

四庫本「楊子雲在長安。素貧約。闕歲已甚」句（八六三—一二五下）。「闕」鈔本作「比」。

仁宗朝條

四庫本「仁宗朝有使北者見北主傳國璽」句（八六三—一三二上）。兩「北」字鈔本均作「虜」。

憲宗元和十四年條

四庫本「天子迎死骨入禁中。不祥之兆也」句（八六三—一三五上）。其下鈔本多「佛者虛無之間。不生不滅。乃以不靈之物愚世。其與俗何異。」

石晉之時條

四庫本「石晉之時契丹入寇。陷數州而太后囚。其後又助北漢拒周。諸部不欲入寇。而其主強之。燕王述軋因衆心所惡。弒其主而自立焉。」句（八六三—一三六上）。「陷數州」鈔本作「胡王死」。兩「其主」鈔本均作「虜主」。

曲洧舊聞一〇卷

宋朱　弁撰

以明萬曆間寶顏堂秘笈本校補

卷八

晁之道嘗言蔡侍郎準少年條。四庫本末句「然則翫月盛于中秋。其在開元以後乎。今則所在皆然矣」句（八六三—三三四下）。明刊本「今則所在皆然矣」作「今則不問華夷所在皆然矣」。

卷九

韓師朴元祐末自大名入相條。四庫本「而張天覺於政和罷。自西都留守徙南陽」句（八六三—三四〇上）。明刊本作「而張天覺於政和初。欲以一身回蔡京黨。紹述之論未幾。果罷。自西都留守徙南陽」。

凡史官記事所因者條。四庫本自「舊屬史館。元豐官制」以下注闕（八六三—三四三下）。明刊本作

元豐官制屬秘書省。國史案著作郎佐主之。四曰臣僚

行狀則其家之所上也。四者惟時政記執政之所自錄於一時政事。最爲詳備。左右史雖二員。然輪日侍立楊前之語既遠不可聞。所賴者臣僚所申。而又多務省事。凡經上殿止稱別無所得。聖語則可得而記錄者。百司關報而已。日曆非二者所有。不敢有所附益。臣僚行狀於士大夫行事爲詳。而人多以其出於門生子弟也。類以爲虛辭溢美。不足取信。雖然。其所泛稱德行功業不以爲信可也。所載事蹟以同時之人考之。自不

可誣。亦何可廢。予在館中時見重修哲宗實錄。其舊書於一時名臣行事既多所略。而新書復因之。于時急欲成書。不復廣加搜訪。有一傳而僅載歷官先後者。讀之不能使人無恨。新唐書載事倍於舊。皆取小說。本朝小說尤少。士大夫縱有私所記。多不肯輕出之。予謂欲廣異聞者。當聽人聚錄所聞見。如段太尉逸事狀之類。上之史官則庶幾無所遺矣。

嬾真子五卷

宋馬永卿撰

以清康熙三十五年刊稗海本校補

卷一

四庫本「今之契丹謂中國爲漢者。蓋有說也」句（八六三—四〇九下）。清刊本「契丹」作「夷狄」。

卷三

僕自南渡以來條。四庫本「蓋北人長於騎射。其所以取勝。獨以馬耳。故一人須有兩馬」句（八六三—四二九下）。清刊本「北人」作「胡人」。「一人」作「一胡人」。

卷四

四庫本「自古中國與邊方戰多用弩」句（八六三—四三八上）。清刊本「邊方」作「夷狄」。

石林燕語一〇卷

宋葉夢得撰

以明正德元年刊本校補

卷十

眞宗幸澶淵章

四庫本「敵既入塞。河北居民驚犇渡河」句（八六三—六二二上）。明刊本「敵」作「虜」。

元豐間劉舜卿知雄州章

四庫本「敵寇夜竊其關鎖去」句（八六三—六二八上）。以下凡「敵」字。明刊本皆作「虜」。

避暑錄話二卷

宋葉夢得撰

以清康熙三十五年稗海本校補

卷下

四庫本「兵興以來。盜賊邊騎所及無噍類」句（八六三—七〇六上）。清刊本「邊騎」作「夷狄」。

四庫本少錄一則。清刊本其文如下

自古夷狄亂華無甚於劉元海。其得志無幾。而子和卒見弒。至聰遂亡。曾不及二十年。其次安祿山不二年

亦弒於慶緒。阿保機雖僅免於弒。不及反國。以帝羓歸元昊。稱兵西方十五六年。其末弒於佞令哥。天之於善惡逆順不可欺如此。桀紂爲虐。所殺中國之人猶可數計。而皆以亡天下。紂不免誅死。豈有裔夷長驅。塗炭毒流。四海因之以死者何可爲量數。而得令終耶。今金賊犯順亦已十年。以天道言之。數之一周也。其將有祿山元海之變乎。

墨莊漫錄一〇卷

宋張邦基撰

以明鈔本校補

卷一

武帝建安二十年條。四庫本「侯爵十八級。銅印龜紐墨綬」句中有脫文（八六四—四上）。明鈔本作「侯爵十八級。關中侯爵十七級。皆金印紫綬。又置關內外侯十六級。銅印龜紐墨綬」。

卷二

杜甫詩東閣觀梅動詩興條。四庫本「余後見別本。遜東海剡人」句有脫文（八六四—八下）。明鈔本作「余後見別本遜文集乃有此詩。而集首有梁王僧儒所作序。乃云遜東海剡人」。

杜子美秦州詩條。四庫本「蓋白題其胡下馬捨之」句有脫文（八六四—十二上）。明鈔本作「蓋白題胡名。對汗珠似無意。後見李長民元叔云。在京師圍城中。戎騎入城。有胡人風吹氈笠墮地。後騎告云。落下白題。其胡下爲拾之」。

題跋最爲難事條。四庫本「惟東坡山谷題徐熙畫菜」句有脫文（八六四—十三下）。明鈔本作「惟東坡山谷每題必有佳思。山谷徐熙畫菜」。

卷三

玫瑰油出北虜條。四庫本「北虜」作「北方」（八六四—二七下）。又其後二「敵」字明鈔本皆作「虜」。

卷四

劉安世器之在都下條。四庫本「夫人安坐於上。呼之即應。乃縋而上」句（八六四—三四下）。明鈔本「乃縋而上」作「乃以衾幗懸縋而上」。

卷五

徽廟見研石與杜子美有憶鄭南玭詩兩則之間。四庫本少一則（八六四—五一下）。明鈔本如下

杜子美詩云。江閣要賓許馬迎。午時坐起自天明。晉王修字敬仁。語林曰。敬仁有異才。時賢皆重之。王右軍在郡迎敬仁。叔仁輒同車。每惡其遲。後以馬迎之。敬仁雖復風雨。亦不以車也。

卷六

一日不書便覺思澀條。四庫本。「字字用意相鈎連。非復便一筆至到底也」句有脫文（八六四—五四下）。明鈔本作「字字用意殊有功。爲天下法書第一。古

所謂一筆書者。謂意相鈎連。非復便一筆至到底也」。

卷九

予四明同僚條。四庫本「翌日復詢彭氏。則亦託者同也」句下有脫文。且其後並少一則（八六四—八七下）。明鈔本其文如下

翌日復詢彭氏。則亦亡矣。乃爲祭。酹而祝之曰。此刹館之客。饜至鼎來。不知其幾何人。胡不訴之。乃獨告於我乎。然我貧無力。曷以副汝之請。當遍告諸有位者。庶有成焉。時崔公成美爲簽判。乃率同僚出金。且令廣德邑宰檀佾庭季辦集之爲作佛事。葬於城西橫山之陽。仍書其事。刊石納壙中。檀與彭蓋鄉人。故亦樂爲之。

枸杞。神藥也。修眞之士服食多昇仙。歲久者根如犬形。夜能鳴吠。羅浮山記云。山上有枸杞樹。大三四圍。高二丈餘。時有赤犬見於其下。夜聞其吠。今所至有之。但鮮得枝幹大者。予外氏家唐州。第宅之盛

甲於漢上。宅東有園在東南城之一隅。城上下枸杞甚茂。枝幹有如盃盂者。春時嫩條如指。甘美無復苦味。一日因欲地骨皮入藥。予與表弟季任命僕斲之。初深三二尺。根已如椽。又深鋤之。其下形如一犬。頭足悉具。惟一足差細。其嫩皮厚寸許。伯舅順圖見之。嘆惋曰。惜乎。靈物爲二子所發。使其歲月益深。必亦能狺狺而吠矣。治其皮得數斤。諸君爭取之而盡

。後予因觀曲轅先生崔公度伯易所進枸杞詩序云。臣昔聞隱君子言枸杞數百歲。根類生物。得而食之。顏長年。後閱仙書。數有驗者。嘗與道士宇文希眞游南岳朱陵洞天。過古蘭若基野。客留宿庵下。有聞類犬吠。希眞謂此非人境。安得有是。客笑曰。岩腹枸杞生而酷似。此其音也。臣憶舊說。黎明祈客欲識其處。未至百步。皆曰。彼婆娑出衆。榮者是也。臣與希眞將前。客急止曰。此神物也。側常有蛇虎守護。必

待有道之士以歸。吾等毋得輒近。自是每念之。或入他山中。遇樵蘇必訪焉。間云。往往有見。但苦在深絕不可到之地。元豐己未三月。陛下親策進士集英殿三館故事。臣得寓直殿廊。入左銀臺門少西十許步。御溝之上有若洞天。所望就視。則枸杞也。其本圍尺有咫。右紐而連理。臣亟詢衛士高年者對曰。聞天聖前尤盛。此荐出者苗耳。臣益悚然。竊語同舍。或曰。事雖可進。而其爲祕也。魯減仙山神壑之嚴乎。既

而嘆曰。下誠有物耶。孕天地陰陽之至和。隱端然不可輒致之神。今乃自托宮槐禁柳之列。備一時洒掃之觀。是豈浪出而徒然者耶。偶臣屬殊方士採製餌服之。節度未得相與。抃舞歡呼。隨萬年之觴。一供吾君。亦臣子心願。目想而深可愧恨慊然者。因感而成詩。姑有待焉云云。予因是如一物生得其地。乃爾悠久。彼南嶽之叢與銀臺之本。雖遠近之有殊。其爲深根蒂固。無芟翦之患。則所托者同也。予方山居小隱。

當蒔百本以供擷芼。雖未能擬西河女子之壽。亦足豐天隨子之七挾也。西河女子杖八十老人者。老人是其子。因不修眞。以致衰老。怒而杖之。

熙寧十年京師春旱條。四庫本「神僧吐霧應精求云云。人多稱之」句有脫文（八六四—八七下）。明鈔本作「神僧吐霧應精求云云。時臺省館閣悉和之。崔伯易云。陽亢彌春帝爲愁。比丘龍起晚神州。慈雲徧覆諸天潤。惠澤相和萬國流云云。人多稱之。」

卷十

韓子蒼與曾公袞吳思道戲作冷語條。四庫本闕十八字（八六四—一〇〇上）。明鈔本作「思道云。御柳陰森蔽烟空。尙記玉宇來清風。月旁九霄凜如冬」。

東園叢説三卷

宋李如箎撰

以明鈔本校補

卷中

執圭鞠躬如也條

四庫本「蓋嘗持以聘鄰國也。鄉黨之文。自執圭鞠躬如也。至私覿愉愉如也。皆言出聘異國之禮儀也。」句（八六四—二一〇上）。鈔本作「蓋嘗持以聘鄰國也。鄉黨之文。自執圭鞠躬如也。上如揖。下如授。勃如戰色。足縮縮如有循享。禮有容色。私覿愉愉如也。皆言出聘異國之禮儀也。」

叩其兩端條

四庫本「天眞不明而人僞勝。則爲小人。爲禽獸。」句（八六四—二一一下）。鈔本作「天眞不明而人僞勝。則爲小人。爲夷狄。爲禽獸。」

子路條

四庫本「夫學道到有疑處。亦甚難得者也。」（八六四—二二上）。鈔本作「夫學道到有疑處。最是罕得。其與尙右尙左之徒有間矣。」

瞽瞍底豫條

鈔本於「瞽瞍底豫」條前多「執中無權之說」及「浚井焚廩」兩條。全文如下。

執中無權之說

孟子嘗謂。執中無權猶執一也。權者所以酌輕重之宜而不失其當者也。人知執中之爲是。而不知有以權之。與執一何異。孟子雖洞明此理。然而臨事之際。亦有執而不通處。如云。可使制挺以撻齊楚之堅甲利兵。蓋謂德義之尊足以無敵於天下也。彼戰國之時。縱是有德有義如廉頗白起之朋。未易以挺撻也。如其說可用。則虞舜周文自當制挺以撻三苗與崇國矣。孟子又有答皋陶爲士瞽瞍殺人之說曰。執之而已。是又謂天下有至公之道。人主不得而私也。豈有人臣行法而

執天子之父之理。使其可執。舜負之而逃。又當追捕也。豈不知議親議貴。公道自存乎其中。春秋爲尊者諱。爲親者諱。是亦公道。非有所黨也。故曰。子爲父隱。父爲子隱。直在其中矣。孟子如此等言論。迺躬坐執一之病也。故荀卿詆其僻違而無類。幽隱而無說。雖非之太過。亦有以致之。

浚井焚廩

孟子云。瞽瞍使舜完稟。捐階。瞽瞍焚廩。使浚井。出。從而掩之。象曰。謨蓋都君。咸我績。倉廩父母。牛羊父母。琴朕。弨朕。干戈朕。二嫂使治朕棲。此亦齊東野人之語。而孟子誤以爲然也。堯以二女妻舜之後。即有遜位之舉。其時舜居攝。十六相在朝。豈容象之作亂至於如此。縱使能害舜。象果可以奪取琴弨。掩有二嫂乎。焚廩而不爲所害。故史遷有兩笠自捍而下之說。掩井何以能出。故史遷有從匿空處出之說。皆相承謬誤而附會之者也。君子所不取。

耕者九一條

鈔本於「耕者九一」條（八六四—二一四上）前。尚有「孟子辭齊王以疾而出弔」一條。全文如下

孟子辭齊王以疾而出弔

孟子辭齊王以疾而出弔於東郭氏。景丑難之。孟子無以解紛。迺引曾子之言以應之。且曰。夫豈不義。而曾子言之。是或一道也。孟子嘗曰。遁辭知其所窮。躬自蹈之矣。

天文曆數說

鈔本於「天文曆數說」條（八六四—二一六上）之前。尚有「微生高」及「晝邑」兩條。全文如下。

微生高

子曰。孰謂微生高直。或乞醯焉。乞諸其鄰而與之。說者皆謂孔子言微生高之非直。是不明夫子之意者也。夫直之爲言有二義。有正直之直。有執直之直。正直之直固君子之所尚。如易所謂直方大者是也。執直之直君子少之。如孔子稱直哉史魚。君子哉蘧伯玉是也。微生高者。想在當時有以執直名之者。夫子見其乞醯於鄰一事。有以知其亦能圓轉委曲以盡人情。初非執直者。蓋取其就直之中亦能圓轉也。不然則乞醯於鄰以與人。何至得罪於君子之門也哉。

晝邑

東漢注云。晝中邑名也。晝音胡麥反。故城在今西安城東南。有晝水因名焉。孟子去齊。宿於晝。今學者相承讀爲晝夜之晝。嘗考之齊地。即無晝邑。趙歧云

。齊西南近邑也。按史記。王蠋晝邑人。注云。晝。齊西南近邑。晝音獲。與東漢注音同。蓋讀爲晝者。俗師相承之誤也。又水經注云。臨淄西南二十五里有澅水。土人謂之宿留水。以孟子去齊嘗宿於此故也。水西有王蠋墓。

月蝕衝條

四庫本「歷家考中星推五緯與太陰之躔度……一日凡

百刻。分爲三十二。每分管三刻八分。刻之一也。」（八六四—二一九上下）。本條鈔本分作三條。「月蝕衝」。「土王」及「氣候」。全文如下。

月蝕衝

曆家考中星。推五緯與太陰之纏度。皆目所能睹。可以的知其在某星幾度。惟太陽特可以數而推其所在。欲觀其的在某星幾度。光旣爍目而星象皆沒。無由可窺。夫日蝕必於朔。月蝕必於望。日蝕必於朔者。月

魄掩之也。月蝕必於望者。日光爍之也。欲知日度之所在。但於月蝕之夜。窺其在某星第幾度上蝕。此星對衝是某星第幾度。審其時刻。則日行之度定在於此。古人謂之月蝕衝。便從此起筭。最爲親切。假如月蝕亥時在角五度。則日於其時定在奎十四度也。

土王

一年之氣。春爲甲乙木。夏爲丙丁火。秋爲庚辛金。冬爲壬癸水。中央爲戊巳土。十有二月。分於四時。

而土居四時之中。蓋四時之末各有十八日土王。故立春後七十二日。而土王十八日。然後立夏。立夏後七十二日。土王十八日。然後立秋。立秋後七十二日。土王十八日。然後立冬。立冬後七十二日。土王十八日。然後立春。四時各十八日。亦計七十二日。是一歲之間。五行各占七十二日。而土在四時之中。故曰中央土。禮所謂播五行於四時者也。

氣候

陰陽之推移。俯仰之間則已變矣。但其變也微而未顯

。至五日則小覺矣。故五日爲候。三候十五日。其變稍著。故三候爲一氣。自此更六氣。其變大著。故六氣爲一時。曰春。曰夏。曰秋。曰冬。四時具而成年。凡一朞七十二候。二十四氣成四時。而一周天二十四氣。每氣十五日。共三百六十日。據一朞之數。當三百六十五日四分日之一。所少者五日四分日之一。故分一日爲三十二分。每氣管十五日七分。此七分前

後相通。一日凡百刻。分爲三十二。每分管三刻八分刻之一也。

卷下

以少敗衆條

四庫本「紹興初。金人之勢方熾。僞齊父子戮力作難。歲爲邊患」句（八六四—二二六上。下）。「金人」鈔本作「北虜」。又下文「紹興二年。敵將入寇。時劉子羽在興元。吳玠楊政在河池」句（八六四—二二六下）。「敵」字鈔本作「虜」。又下文「松門關者。峻險不可陟……乃使郭仲以五千人守之以防不測。敵果出松門……郭仲不能支。遂失松門。敵兵遶出饒豐之後」句（八六四—二二六下）。兩「敵」字。鈔本皆作「虜」。又下文「辛巳。金人悉起。北兵傾國以臨淮甸……王權守鍾離。當敵堂堂之衝。所領止三萬人。金軍初集。思慮精專而兵力數十倍。長驅南下。勢若震霆」句（八六四—二二六下至二二七上）。兩「金」字及「敵」字鈔本均作「虜」。

記時事條

四庫本「其時吳玠鎭蜀漢……而韓世宗亦悉師攻下邳以圖山東。國威甚震。金人稍懼……由是有請和之議。秦檜在北庭。時已熟知金人之情。既自北中脫歸」句（八六四—二二七上）。兩「金人」鈔本均作「虜人」。「北中」作「虜中」。

籌邊條

四庫本「漢中葉。大將軍驃騎之師疾戰窮追。邊騎遠遁。王庭邱墟」句（八六四—二三二下）。「邊騎」鈔本作「氈裘」。又下文「大河之阻雖在中國。而北邊之地率多平陸……戎馬奔突。始難控制。太宗皇帝籌安邊之計。端拱中常下詔」句（同上）。鈔本於「始難控制」下多「而虜勢益橫。爲中國患。我國家祖宗神武不殺。鑑漢唐窮兵之失。不以蕩夷芟獮爲快。」又下文「方田蓋類古井田。溝洫縱橫。若碁局然。

所以隔限代馬。抑彼長技」句（人六四—一二三三上）
。「代馬」鈔本作「胡馬」。又下文「仁宗皇帝時。
又常植楡柳爲塞。以防邊騎之奔突……其後林木既成
。北人患之」句（同上）。「北人」鈔本作「虜人」
。

示兒編二三卷

宋孫　奕撰

以明藍格鈔本校補

卷十四

可稱之地章

四庫本「杜甫祠南夕望詩云。湖南清絕地。回首一茫
茫。爲懷錦水作也」句有脫字（八六四—五一三上）
。明鈔本作「杜甫祠南夕望詩云。湖南清絕地是也。
張孟陽劍閣銘曰。形勝之地是也。杜甫亦曰。惜哉形
勝地。回首一茫茫。爲錦水作也」。

卷二十一

四庫本「通鑑釋文。安帝義熙二年。契丹音乞。徼外
國名」句（八六四—五六三上）。明鈔本「徼外」作
「夷狄」。
又四庫本「顯宗咸康五年。羯部居列切。永和二十年
。索頭昔各切。西北之人。以服飾爲別號」句（八六

四—五六三下）。明鈔本作「顯宗咸康五年。羯虜居列切。虜別號。永和二十年。索虜昔各切。戎虜以索辮髮」。

卷二十三

四庫本「光武以洛去水而爲雒。此類以樸音俗以朴爲樸爾」句有脫文（八六四—五八二下）。明鈔本作「光武以洛去水而爲雒。此類以忌諱而改也。稽古錄云。漢人闕銘。其一曰雒陽令王君闕不知爲何如人。

按顏師古注地理志曰。魚豢云。漢火行忌水故去改如隹。師古謂光武以後應改爲雒耳。南唐劉龑初名巖。採周易飛龍在天之義。改名龑音儼。此類以私意而撰成俗字也。後魏江式嘗譏俗人好撰字。云巧言僞辨。因作誓字。今唐史亦有康誓。又寶懷貞族弟名維鎏。攷諸字書並無此字。自唐史以來相傳以爲先典切。大抵俗書甚多。傳中亦稍有用之者。亦相承之久然耳。又云。榿字字書皆無之。蜀中多此木。相傳以爲丘疑切。按介甫絕句。濯錦江邊木。有榿者與移字同押。則兵宜切是也。杜陵有覓榿木裁詩曰。飽聞榿木三年火。與至溪邊十畝陰。鄭尚明昂作杜詩釋音云。五來切誤矣。宋景文筆記云。周大臣王朴名朴平。而自謂樸。案說文朴無樸。俗音以朴爲樸爾。」

游宦紀聞一〇卷

宋張世南撰

以清康熙三十五年刊稗海之一校補

卷一

劉過字改之能詩詞章

四庫本「威撼邊城。氣吞河朔」句（八六四—五八九上）。清刊本「河朔」作「胡虜」。

卷九

胡堂長伯量記度常卿涵星研章

四庫本有闕字（八六四—六三三上）。清刊本作「在池」。

老學庵筆記一〇卷

宋陸　游撰

以清康熙三十五年刊稗海本校補

卷一

秦會之在山東欲逃歸條。四庫本「舟楫已具。獨懼敵有告者」句（八六五—四下）清刊本「敵」作「虜」。又「以情告之。謂曰。何不告監軍。會之對以不敢。答曰不然」句（同上）。清刊本「謂」「答」兩字皆作「虜」。

政和末議改元條。四庫本「重熙逮建中靖國後。遼避天祚嫌名」句（八六五—七上—下）。清刊本「遼」作「虜」。

四庫本「靖康末括金賂敵。詔群臣服金帶者」句（八六五—七下）。清刊本「敵」作「虜」。

四庫本「使金舊惟使副得乘車三節」句（八六五—一一上）。清刊本「金」作「虜」。

四庫本「謝子肅使金回云。北廷群臣自圖克坦相以下大抵皆白首老人」句（八六五—一一下）。清刊本「金」作「虜」。「北廷」作「虜廷」。又「北姓多三兩字又極怪」句（同上）。清刊本「北」作「虜」。又「己酉春。敵移文境上」句（同上）。清刊本「敵」作「虜」。

卷二

王聖美子韶條。四庫本「明日不能與北使相見」句（

八六五—一四上）。又「北使戲之曰。曾服花蕊石散否」句（同上）。清刊本「北」皆作「虜」。

卷三

种彝叔條。四庫本於「亦非吉兆也」句後有缺（八六五—二八下）。清刊本作「方彝叔赴召時。有華山道人獻詩曰。北蕃群犬窺籬落。驚起南朝老大蟲」。

卷四

故都紫宸殿條。四庫本「靖康後入於金奉使者嘗見之」句（八六五—三一上）。清刊本作「今寶玉大弓之盜未得。而奉使至虜庭。率見之。眞卿大夫之辱也」。

四庫本「姚平仲謀劫敵寨」句（八六五—三二上）。清刊本「敵」作「虜」。又「或問平仲之舉爲敵所笑」句（同上）。清刊本「敵」亦作「虜」。

卷五

吳武安玠條。四庫本「今雖隔在敵境。松楸甚盛。歲

時祀享不輟。敵不敢問也」句（八六五—四四下）。清刊本「敵」字皆作「虜」。

卷六

故事臺官無侍經筵者條。四庫本「唐伯往年使北」句（八六五—五一上）。清刊本「北」作「虜」。

卷七

四庫本「趙相挺之使北。方盛寒。在殿上。北主忽顧挺之耳。愕然急呼侍者。指示之蓋闇也」句（八六五

一六〇下）。清刊本「北」皆作「虜」。「侍者」作
「小胡」。
遼人劉六符條。四庫本「遼主宗眞問曰。如何可收其
心」句（八六五—六〇下）。又「遼主曰。如國用何
」句（同上）。又「其後遼政雖亂。而人心不離。豈
可謂遼無人哉」句（八六五—六一上）。清刊本「遼
」字皆作「虜」。
仁宗皇帝條。四庫本「蓋爲遼晝策增歲賂者」句（八

六五—六一上）。清刊本「遼」作「虜」。

卷八

韓魏公罷政條。四庫本「張俊。韓世忠乃以捍敵有功
拜兩鎭」句（八六五—六九上）。清刊本「敵」作「
虜」。
沈存中辯鷄舌香爲丁香條。四庫本「有合香澤法用鷄
舌香」句（八六五—七二下）。清刊本於句下又有「
注云。俗人以其似丁子。故謂之丁子香」句。

卷九

陳無己子豐詩亦可喜條。四庫本「鄴降金。豐亦被繫
纍而去」句（八六五—七五下）。清刊本「金」作「
虜」。
政和宣和間妖言至多條。四庫本於本則最後「嘗以語
先君」句以下有缺（八六五—八〇上）。清刊本作「
又林靈素詆釋教謂之金狄亂華。當時金狄之語雖詔令
及士大夫章奏碑版亦多用之。或以爲靈素前知金賊之

禍。故欲廢釋氏以厭之。其實亦妖言耳。」

愧郯錄一五卷

宋岳　珂撰

以明岳先聲校刊本校補

卷五

永固更號章

四庫本「且叱奴故戎也」句（八六五—一二三上）。

明刊本「故戎」作「夷狄」。

卷九

四庫本「金年號」章（八六五—一五六上）。明刊本

「金」作「虜」。內文亦然。

卷十五

官稱不避曹司章

四庫本「睿宗時擢中」句下注闕（八六五—一九九上

）。明刊本其句作「睿宗時擢中書舍人。以文嫌名不

拜。開元初復拜中書舍人。曾固辭。議者謂中書乃曹

司非官稱。嫌名在禮不諱。乃就職。然則中書者曹司

也。舍人者官稱也。又有差別輕重。唐人最重諱。而

所言乃如此。與今制尤不同云。」

鶴林玉露一六卷

宋羅大經撰

以清康熙三十五年刊稗海本校補

卷四

史言蜀諸賢凋喪章

四庫本「孔明死則爲劉石。又變爲六朝幅裂」句（八六五—二八五下）。清刊本作「孔明死則爲五胡亂華。爲六朝幅裂」。

唐初蕭銑據荆襄章

四庫本「丙寅。金大舉南牧」句（八六五—二八九上）。清刊本「金」作「虜」。又「所過鈔略甚於敵人」句（同上）。清刊本「敵人」作「戎寇」。又「縱敵入肝脾裏。何以爲國」句。清刊本「敵」作「賊」。

卷十四

嘉泰章

四庫本「鄧友龍使金。有賂驛使夜半求見者。具言金爲蒙古困」句（八六五—三七九上）。清刊本「金」並作「虜」。「蒙古」作「韃所」。又「然觀金之南遷錄……幸金之亂潛告我使」句（八六五—三七九下）。清刊本「金之」作「金虜」。「金之亂」作「虜之亂」。

胡文定春秋傳章

四庫本「近時蒙古入蔡」句「八六五—三八三下）。

清刊本「蒙古」作「韃虜」。

卷十五

秦檜少游太學章

四庫本「金雖不從。心嘉其忠」句（八六五—三八六下）。清刊本「金」作「虜」。又以下凡「金」字清刊本皆作「虜」。又「矧如檜者。密奉敵謀」句（八六五—三八七下）。清刊本「敵」作「虜」。

康節邵子云章

四庫本「吳楚流而入於蠻夷則削而不錄」句（八六五—三九〇上）。清刊本「蠻夷」作「夷狄」。

光堯之喪章

四庫本「金使而弔祭」句（八六五—三九四上）。清刊本「金使」作「金虜」。其餘「金」字皆作「虜」。又「北風誰說競南風」句（八六五—三九四下）。清刊本作「夷風終未變華風」。又「對曰。彼畏陛下威德。非畏臣也。正使臣死於彼亦常分也」句。清刊

本「彼」皆作「虜」。

卷十六

光宗即位章

四庫本「非止外域。姦回諛說尤害于國」句（八六五—四〇〇下）。清刊本「外域」作「夷狄」。

貴耳集三卷

宋張端義撰

以舊鈔本校補

卷上

壽皇議遣湯鵬舉條

四庫本「壽皇議遣湯鵬舉使北……湯侍御史使北。壽皇專差中貴眙眙等人。使回程先取國書星夜以聞」句（八六五—四一四上下）。「使北」鈔本均作「使虜」。

嵩山祖宗陵寢條

四庫本「端平初。金人失國。蒙古許本朝遣使朝陵。使未至陵。三京之師一出。蒙古大怒。盡將陵廟犂爲墟矣」句（八六五—四一七下）。「金人」鈔本作「金虜」。「蒙古」均作「韃酋」。

自古以來條

四庫本「嘉熙戊戌。北兵四至。如入無人之境。成都

一夕焚盡……至今不容經理。北兵往來未已。地之氣今爲不毛……不幸江左。當地勢之南。江流之東。建瓴之勢。爲敵國得之」句（八六五—四一七下）。「北兵四至」鈔本作「韃虜四至」。「北兵往來」作「韃賊往來」。「敵國」作「夷虜」。

李唐樊條

四庫本「誰知建炎至今。宴安江沱。萬一敵國儻用若水之說如之何」句（八六五—四一八上）。「敵國」

鈔本作「夷狄」。

趙嗣良條

四庫本「詩曰。建國舊碑邊月暗。興王故地野風乾」句（八六五—四二三上）。鈔本「邊」作「胡」。

卷中

契丹有玉注碗條

四庫本「因聖節。北使在庭。得見此注。目睨之久。歸遼首問玉注安否」句（八六五—四三一上）。「遼」鈔本作「虜」。

孝廟在御條

四庫本「知閣王抃忽撒起國書云。駕興北使失儀。而孝廟喜王抃之機捷」句（八六五—四三一下）。「北使」鈔本作「虜使」。

建炎之初條

四庫本「建炎之初。敵勢未寧。講和之使來。必煩百官郊迎其書」句（八六五—四三五上）。「敵勢」鈔

本作「虜勢」。

左傳云條

四庫本此條（八六五—四三六下）鈔本作「左傳云。物從中國。名從主人。中國曰太原。夷狄曰太鹵。莒師于蚡泉。公羊曰于濆泉。直泉也。善道當爲善稻。長狄謂之伊緩。賁泉。夷狄謂之失台。」

張元吳昊條

四庫本「後六十年。有施宜生。改名方。南人也。入

大金。曾爲奉使來朝。金主欲南牧。登北高峰發一語云。北風甚緊。次年金主來」句（八六五—四四四上）。「金主」鈔本均作「逆亮」。

卷下

道君北狩條

四庫本「道君北狩在五國城。或在韓州。凡有小小凶吉喪祭節序。北國必有賜賚。一賜必要一謝表。北國集成一帙。刊在榷場中」句（八六五—四五二上）。

「北國」鈔本均作「北虜」。

宣和元年條

四庫本「女眞乃新起。不可交也。願二醫告諸天子。早爲之備」句（八六五—四五四上）。「新起」鈔本作「虎狼」。

吳越錢王入朝條

四庫本「今又以滅金國。蒙古橫行襄蜀。此又自撤藩離矣」句（八六五—四五五上）。「金國」鈔本作「女眞」。「蒙古」作「韃兵」。

李季章奉使條

鈔本本條與四庫本不同（八六五—四五七上）。全文爲「李季章奉使北庭。虜館伴發一語云。東坡作文愛用佛書中語。李答云。曾記赤壁詞云。談笑間狂虜灰飛烟滅。所謂灰飛烟滅四字。乃圓覺經語。云火出木燼。灰飛烟滅。北使默無語。」

開禧議和條

四庫本「王往返至四。敵有一伴使顏元者。問韓侂冑是甚麼人」句（八六五—四五七上）。「敵」鈔本作「虜」。

衛社稷宗社者條

四庫本「和議成。奉使許奕吳衡副之。敵索首謀函首至濠。二使不敢進……敵云旣是講和必無挪出禮數……函首纔至敵界。敵中臺諫交章言韓侂冑忠于其國」句（八六五—四五七下）。鈔本「敵」字均作「虜」

。

均州武當山條

四庫本「均州未變之前。敵至。聖降筆曰。北方黑煞來。吾當避之……次年。有范用吉之變。敵犯武當。宮殿皆爲一空……端平四年。敵圍城。砲聲震天。鐵佛爲之撼。戰後敵攻定城。敵人以砲坐罩鐵佛于其下」句（八六五—四六一下）。鈔本「敵」字均作「韃」。

吳江長橋條

四庫本「吳江長橋焚于庚戌之變。紹興四年。新橋復成」句（八六五—四六三下）。「變」鈔本作「虜」。

曹友聞條

四庫本「辛卯冬。聞蒙古深入天水。守倅棄城不守。時當可藉家丁推友聞爲主守城」句（八六五—四六三下至四六四上）。「蒙古」鈔本作「韃寇」。

書齋夜話四卷

元俞　琰撰

以明鈔本校補

卷一

孟子云人少則慕父母條

四庫本「詩庭燎云。夜未艾。毛詩訓久。閟宮云。俾爾耆而艾。艾猳皆訓老。未聞訓以美好也。」（八六五—六一五上）明鈔本作「詩庭燎云。夜未艾。毛詩

訓久。閟宮云。俾而耆而艾。莊子云。耆艾。年。曲禮云。五十艾服官政。左氏傳云。艾猳皆訓老。未聞訓以美好也。」

禮記綸綍條

四庫本「禮記綸綍之綍。即拂字。或作勃也。」（八六五—六一九上）鈔本作「禮記綸綍之綍。即紼字。或讀作勃。非也。」

卷二

二十四氣之名義條

四庫本「小雪。十月終。是時天將雨雪而未至乎。大水始冰而壯。地始凍而坼。較之十一月大雪。則有間矣」句（八六五—六二五上）。「大水始冰而壯。地始凍而坼」鈔本作「大水始冰而未壯。地始凍而未坼」。

卷三

井泉冬溫夏冷條

四庫本「日行南陸時。偏于赤道之北。隨天輪轉而至午則去北極近……而太陽氣之去地遠也」句（八六五—六二六下）。鈔本作「日行南陸時。偏於赤道之北。隨天轉而至午則去北極近。太陽之氣直射於地。是以熱。日行北陸時。偏於赤道之南。隨天輪運而至午則去南極近。太陽之氣不射於地。是以寒。冬者夏之反。夜者晝之反。知夏之晝則知冬之夜矣。知冬之晝則知夏之夜矣。仲冬井泉所以溫者。夜半之日正在地底空虛之中。而太陽之氣蒸于下也。仲夏井泉所以冷者。夜半之日乃在地底虛空之北。而太陽之北去地遠也。」

邵康節曰條

四庫本「愚謂黃道之南北遠近不同。故日月所行。春秋皆然」句（八六五—六二七上）。鈔本作「愚謂黃道之南北遠近不同。故日月所行。冬夏不同。黃道之東西遠近皆然。故日月所行。春秋皆然。」

禮運云條

四庫本「禮運云。五行四時十二月還相爲本也……猶五行運轉更相爲始也。」句（八六五—六二八上）。鈔本作「禮運云。五行四時十二月還相爲本也。五聲六律十二管還相爲宮也。蓋謂五聲奏迭更相爲宮。猶五行運轉更相爲始也。夫一年有十二月。每月有一管。十二管應十二月。每管各有宮商角徵羽。非但角屬春。徵屬夏也。且以黃鍾一調言之。有黃鍾宮。黃鍾

商。黃鍾徵。黃鍾羽。他調皆然。總而計之有六十調。」

又其下鈔本尙有數則如下

鄭康成曰。聲始於宮。宮數八十一屬土者。以其最濁也。三分宮去一以生徵。徵數五十四屬火者。以其微清也。三分徵益以一生商。商數七十二屬金者。以其濁次宮也。三分商去一以生羽。羽數四十八屬水者。以其最清也。三分羽益一以生角。角數六十四屬木者。以其清濁中也。

宮商角徵羽。乃五弦相並之序。宮徵商羽角。乃五弦相生之序。

周禮祭不用商。觀大司樂可見。至於佩玉亦不用商。觀玉藻可見。先儒謂有殺伐之意故不用。或謂樂以和爲貴。商屬秋而悽愴故不用。或謂周木德。商金音。不用者其以金剋木乎。

或問朱晦庵曰。周禮不用商聲何也。曰。恐是無商調。不是無商聲。愚謂宮商角徵羽此聲也。聲成文則謂之音。如奏商調。當以商聲結尾。其間五聲迭奏。仍舊皆用。若單用一聲而不用四聲相和。則不成音調矣。詹元善教以管吹。習古詩二南七月之屬。壓入音律如關雎。按關字之聲作調。七月按七字之聲作調。失之拘矣。朱晦庵深不取之。愚謂樂之有調。大概與詩之押韻相似。琴調仲呂以散三挑六。俱作挑爲宮。一六皆與三應。當按第十徽挑第六弦。散打第三弦以本聲結尾。或散挑三弦按十勾一亦可。不然則如詩之落

韻也。

司馬溫公論本朝樂。以爲無徵。朱晦庵曰。不特徵無。角亦無。愚謂琴無角調而寄於徵。所謂徵者。乃是商又非徵也。以徵爲商。以角爲徵。混淆久矣。

俗譜徵調。關雎非徵也。乃中呂之商耳。愚嘗依此調作關雎詩譜一篇。又爲宮角徵羽調各一。但成一調。其餘四調皆以次相挨而成。音節順平而諧婉。初不費

力。此禮運旋宮法也。若傳弦而爲二十五調亦可。

周南召南二十四篇與鹿鳴皇皇者華之類。予以中呂商調作譜。離騷九歌以應鍾羽調作譜。調雖不同。其節奏則皆旁通。蓋亦旋宮法也。

予嚮以赤壁賦舊譜不協律。遂用應鐘商調作譜。嫌其聲鬱不暢。改用中呂羽調。皆旋宮法也。

隋萬寶常得旋宮之法。應手成曲。無所凝滯。今人不知旋宮之法。遂指定琴之第一弦爲宮。二爲商。三爲

角。四爲徵。五爲羽。因慢三爲慢角。緊五爲蕤賓。誤矣。殊不知今之五調。乃中呂之五調。中呂以三爲宮。非角也。四爲商。非徵也。五爲角。非羽也。六爲少徵。非宮也。七爲少羽。非商也。彼自不察爾。夫既以二七爲羽。乃指二爲商。何耶。

朱晦庵琴書用旋宮法。極論五音六律之原。越州徐南溪琴統玉譜二書。糾俗譜之謬。蓋祖晦庵之說。近見江西閔節失琴說。亦論音律。但□□□呂五調而已。

予幼疑諸弦隔一之應皆在十徽。獨第三弦在十一徽。初不知其爲中呂之宮也。問諸琴師。皆無說家。姑丈張東洲諱炳炎。咸淳辛未及第。其父諱肖說。爲大理評事。時嘗與徐南溪論琴。得南溪所著琴書。東洲公盡以遺予。遂得其說。蓋與晦庵答吳士元之說同。

書云。聲依永。律和聲。樂記曰。正六律和五聲。弦歌詩頌。此之謂德音。春秋左傳云。穆姜擇美檟爲頌琴。杜預云。頌琴猶言雅琴。愚謂琴之稱頌雅。蓋因

弦歌雅頌而得名。詩三百篇。孔子皆弦歌之。至漢高祖舉兵圍魯。魯中諸儒尚講誦習禮樂。弦歌之聲不絕。魯乃聖人禮義之邦。漢去古亦未遠。故弦歌之遺學猶存也。

孔子以詩被之弦歌。元是聲依永。如蘇東坡醉翁吟。乃是永依聲。

古人鼓琴。先有辭乃成曲。後人鼓琴。先成曲乃有辭。或有曲而無辭。或曲成而旋撰其名。問之則曰。我

彈意卻不知所彈者何意也。有辭乃有意。既無辭。何意之有。彼所謂意。不過桓譚之繁聲鏗鏘而已。

予十三歲時。初學亞聖操。怪其辭甚俚。欲改之未能也。後十年改以論語集句。亦不過永依聲耳。

歸去來辭。舊譜宮不宮羽不羽。琴士商碧山將北遊。求予改。遂以中呂羽調作譜。又作蘭亭譜。亦用中呂羽調。其法先作結尾一句。次作起頭一句。此二句定則其餘皆應手而成。此則聲依永也。

琴史。乃元豐間吾鄉樂圃先生朱伯原所作也。審調篇云。古者推律以立均。依均以作樂。故十二管旋相為均。均為七調。合八十四調。播於聲音。著於歌頌。而作樂之能事畢矣。夫琴之為器也。律呂備焉。八十四調存乎其中。三代之時。士君子舉知樂。度之而立曲。拊之而成文。則八十四調之音皆可以知而鼓之。惟其意之所之耳。自漢而下。舊音略存。而傳習者猶患不及。況周知均調哉。唐人有言。琴通三均。蓋其所知者止三均而已。其九均之音固有不通。遭亂堙沒。世莫得聞也。夫周之曲至漢而存者鮮矣。漢之曲至唐而存者希矣。唐世所傳今人亦有不能者。去古浸遠而浸遺亡也。邇世從事於此者甚多。徒能紀其拂歷之數。作為繁聲淫韻以悅人之聽而已。聲歌篇云。古者弦歌有鼓弦以合歌者。有作歌以配絃者。舜典曰。詩言志。歌永言。聲依永。律和聲。此典樂教人之序也。以聲依永。則節奏曲折之不失。以律和聲則清濁高下之必正。惟達樂者為能弦歌耳。孔子之刪詩也。皆

弦歌之。取其合於韶夏。凡三百篇皆可以為曲琴也。至漢遺音尚在者。鹿鳴。騶虞。鵲巢。伐檀。白駒而已。其餘則亡。文中子嘗閔時之亂。鼓蕩之什。世所不傳而能鼓之。可謂知樂也已。近世操弄皆無歌辭。惟繁聲以為美。其細調瑣曲。雖有辭多近鄙俚。適足以助歡譁而已。伯原諱長文。登嘉祐進士第。與文正范公同時。

卷四

張子韶云條

四庫本「前輩久不以古今灌漑胸中」句（八六五—六二九上）鈔本作「前輩謂人不以古今灌漑胸次」。

予幼愛雜覽條

四庫本「因思對漢武帝。先帝好老而臣尚少。陛下好少而臣已老。時不我逢。奈之何哉。」句（八六五—六三三下）。「固思對漢武帝」鈔本作「因思顏駟對漢武帝」。

齊東野語二〇卷

宋周　密撰

以明正德十年鳳陽知府胡文璧刊本校補

卷二

富平之戰章

四庫本「浚以御營司提舉事務曲端屢挫敵」句（八六五—六四八下）。明刊本「敵」作「虜」。又「四年春。金將羅索破陜州。李彥仙死之。既而與其副薩里罕及哈芬等入邠州。曲端拒之。兩戰皆捷。至白店原金引衆來犯。又爲端所敗。既而金勢復振。獻策者多以擊敵爲便。浚於是欲謀大舉。召端問之。端曰。平原易野敵便於衝突。而我師未習戰」句（同上）。明刊本作

四年春。金虜婁室破陜州。李彥仙死之。既而與其副撒離喝及黑峰等寇邠州。曲端拒之。兩戰皆捷。至白店原虜引衆來犯。又爲端所敗。既而虜勢復振。獻策

者多以擊虜爲便。浚於是欲謀大舉。召端問之。端曰。平原易野賊便於衝突。而我師未習戰。

又四庫本「兵四十萬馬七萬」句（八六五—六四九上）。明刊本「七」作「十一」。又「極言敵鋒方銳」句（八六五—六四九下）。又「都統曲端旗以懼敵」句（同上）。又「而敵復至。於是下令徙治潼州」句（同上）。明刊本「敵」皆作「虜」。又「既而張中孚李彥琪趙彬相繼降金」句（八六五—六五〇上）。明

刊本「金」作「虜」。又「悉陜之兵凡三十萬餘與敵角一戰」句（同上）。明刊本「敵」作「虜」。

符離之師章

四庫本「自海陵之隕。彼嘗先遣使於我矣」句（八六五—六五三上）。明刊本「海陵」作「亮賊」。又「古人不以患遺君父」句（同上）。明刊本「患」作「賊」。又「則無故招致敵兵寇邊」句（同上）。明刊本「敵」作「虜」。又「思欲舉兵復仇以雪大恥」句（同上）。明刊本「舉兵復仇」作「蹀血虜庭」。又「恐敵未必滅。民貧先自爲盜」句（八六五—六五四上）。明刊本「敵」作「賊」。

卷三

誅韓本末章

四庫本「金人使趙之傑完顏良弼來賀正旦」句（八六五—六六四下）。明刊本「人」作「虜」。又「以私覿物擅作大臣饋遺敵人」句（八六五—六六五下）。

明刊本「敵」作「虜」。又「則是金之縣鄙也」句（八六五—六六七下）。明刊本「金」作「虜」。又「且値金國寖微。於是患失之心生」句（八六五—六六八上）。明刊本「國」作「虜」。

卷四

楊府水渠章

四庫本「朕南渡之初金人退而群盜起」句（八六五—六七七下）。明刊本「金」作「虜」。

卷五

方翥章

四庫本「元祐中使金過北門」句（八六五—六八七上）。明刊本「金」作「虜」。

卷六

胡明仲本末章

四庫本「固無挾敵以自重」句（八六五—六九五上）。明刊本「敵」作「虜」。

卷七

畢將軍馬章

四庫本「金人認其旗幟即避之」句（八六五—七〇四上）。明刊本「人」作「虜」。

洪君疇章

四庫本「側耳數日。寂無所聞」句（八六五—七〇五下）。明刊本於句下多「公議」二字。

卷九

李全章

四庫本「時山東已爲元所破」句（八六五—七二五上）。又「會元兵至漣水」句（八六五—七二五下）。又「元先是權上書胡桀」句（同上）。明刊本凡「元」字皆作「韃」。又「擒金人之駙馬」句（同上）。明刊本「之」作「僞」。又四庫本「濠梁歌」之內容部分改易（同上）。

明刊本其文如下

乃作濠梁凱歌以訣之云。春殘天氣何佳哉。捷書夜自豪梁來。將軍生擒僞駙馬。虜兵十萬氷山摧。何物輕環挑胡羯。萬里烟塵暗邊徼。邊臣玩寇不卻攘。三月淮堧驚蹀血。廟謨密運山東兵。李將軍者推忠精。鐵鎗疋馬首破陣。喑嗚叱咤風云生。摧殺群妖天與力。虜醜成擒不容逸。失聲走透虜鼓搥。猶截騰驤三百疋。防圍健使摧賜金。曹家莊畔殺胡林。

又「泗州斬伐儒生無」句（八六五—七二六上）。明

刊本「伐」作「賊」。

卷十一

朱芮殺龍章

四庫本「既而舟上一竅如錢」句（八六五—七五三下）。明刊本「既而」下尚有「視之」二字。

卷十三

張才彥章

四庫本「上方褒和議之功」句（八六五—七六八下）。明刊本「和議」作「和戎」。

卷十五

四庫本「張中孚。李彥琪。趙彬降敵」句（八六五—七八八下）。明刊本「敵」作「虜」。

卷十六

黃門章

四庫本「大般若經載五種黃門云。凡言扇榹」句（八六五—八〇八上）。明刊本句下有小注作「音丑背切」。

卷十七

景定彗星章

四庫本「爲兵喪。爲旱。爲亂。爲邊警」句（八六五—八一五上）。明刊本「邊警」作「夷狄」。

卷十八

開運靖康之禍章

四庫本「阿計替者本河北棣州人陷金」句（八六五—八二四上）。明刊本「人」作「民」。「金」作「虜」。

卷十九

四庫本「不死於兵則死於金。不死於金則死於盜賊」句（八六五—八三三下）。明刊本「金」字皆作「虜」。

隱居通議三一卷

元劉　壎撰

以清鈔本校補

卷十四

禿禿記

四庫本「嗚呼。人固擇於禽獸牝牡也。禽獸牝牡於其配合孕養知不相禍也」句（八六六—一三〇下）。清鈔本「牝牡」並作「夷狄」。

卷十五

四庫本於祭蘇文忠公文之後未錄邪律德光滅晉事蹟（八六六—一三六下）。清鈔本其文如下

「邪律德光滅晉事蹟。玉堂閒話不知誰作也。所記多五代晉漢間事。散見於類書中。惜未覩其全帙爾。嘗見有一段論歷代夷狄之禍。於邪律德光滅晉之事憤慨甚深。千載傷感。因錄其說于左。丙午歲十二月。戎師犯闕。明年三月十七日胡王自汳而北。是日路次赤岡。日過餔。忽廬帳中有聲殷殷然。若雷起于地下。胡王懼。召術者占之。術者紿云。此土地神所作。乃命祭禱焉。四月過邢州。胡王遇疾。嘗一日向夕。有大星墜穹廬之前。胡王見而惡之。但唾祝而已。蕃漢從官皆覩其異。十六日行次欒城。疾遂亟。二十一日乃殂。訪其所殂之地。則曰殺胡林也。初胡王之將南也。下令鎭定間數州。悉使藏冰。至是嬰疾熱作不勝苦。命近州輸冰。於手足心腋之間皆多置冰。以至於

絕。及其殂也。左右破其腹。捐其腸胃。用鹽數斗以內之。載而北去。漢人目爲帝羓焉。嘗試論之曰。夷狄異類。一氣所生。歷代以來互興迭盛。故周文王之時。西有昆夷之患。北有獫允之難。秦項之後。匈奴始強。控弦百萬。抗衡中國。後漢中葉。患在諸羌。桓靈之衰。二虜尤熾。魏晉以降。喪亂弘多。竊命盜國。蓋非一焉。周隋之間。吐渾爲暴。大業之後。突厥稱制。皇唐受命。頗患諸戎。貞觀之初。延陀內侮

。天后之際。奚霫犯邊。次則吐蕃大興。後則回紇作
孽。黃蔡之末。沙陀得志。爰及近世。契丹最雄。自
非明主賢君。神功聖德。則不能攘猾夏亂華之類。拯
橫流熾爨之災。觀夫契丹自數十年以來。頗有凌跨之
意。吞并諸國。奄有疆土清泰之末。橫行中原。興晉
滅唐。假號稱帝。幽燕雲朔盡入提封。玉帛綺紈悉盈
沙漠。石氏失馭。姦臣賣國。雄師毅卒。束手送降。
赤子蒼生。連頸受戮。君父失守。將相爲俘。荊棘旅

於宮庭。孤兎游于寢廟。雲昏日慘。鬼哭神悲。開闢
以還未有若此之亂也。豈非時鍾剝運。天產奸雄。不
然則安得鈎爪鋸牙。恣行吞噬。氈裘左衽。專爲桀驁
。且夫一女銜冤三年赤地。一夫仰訴五月嚴霜。豈有
百萬黎庶膏鋒血刃。而蕩蕩上帝竟無意於覆幬乎。物
不可以終否。道不可以終窮。天方啓漢。眞人崛起。
渠魁隕斃。胜歲日除。詳其殷雷之怪。藏冰之兆。殺
胡之讖。星墜之妖。則胡王之死豈偶然哉。

卷十九

四庫本莊子注與朱陸敗揚雄兩則之間未錄夷狄一則（
八六六－一六六下）。清鈔本其文如下

夷狄

王通謂夷狄之德。黎民懷之。三才其捨諸。夫殘忍貪
暴。戎心之常。亦何德之足言。借曰有德。不過吏卒
盜賊姦人狂夫輩懷之爾。果其德合天心。自爲三才之
所不捨。所謂夷狄而中國則中國之。中國而夷狄則夷

狄之。此春秋之義也。

朱陸敗揚雄章

四庫本「由漢以來。楊墨強盛。以至於今尚未反正」
句（八六六－一六七上）。清鈔本「楊墨」作「胡虜
」。

卷二十一

劉後村諸制

四庫本「春秋之法。斥伯而尊王」句（八六六－一八

一上）。清鈔本作「春秋之法。內華而外夷」。又後文「感辛有伊川之言。抱魯連蹈海之志」句（同上）。清鈔本「伊川」作「爲戎」。又「殄草地之逋敵。分茅土而胙齊」句（同上）。清鈔本「敵」作「虜」。又「立堂門勦敵之勛」句（八六六—一八一下）。清鈔本「敵」作「虜」。又「自拔坎窞之中。來獻版圖之舊」句（同上）。清鈔本「坎窞」作「衽髮」。又「赦詞有曰。土風先職。英雄恥南冠之囚」句（同上）。清鈔本作「赦詞有曰。被髮左衽。英雄恥胡服之歸」。

卷二十二

吳允文諸作。四庫本制置使加職名因作賀語「頃妖狐之馮社。引塞馬之飲江」句（八六六—一九六下）。清鈔本「塞馬」作「胡馬」。又「折箠而笞羌帥」句（同上）。清鈔本「帥」作「虜」。又「月支奪氣。知中國有人」句（同上）。清鈔本「月支」作「羯奴」。

卷二十五

春秋不絕國祀章

四庫本末句作「獨非聖王忠厚之意歟」句（八六六—二一八下）。清鈔本其下尚有一小段如下

是猶可諉曰三代時事也。乃若劉曜雖入洛。而終不窮追絕晉。契丹雖入汴。而終不固守中原。女眞雖蹂及東南。而終不絕宋祀。然則劉曜耶律德光阿骨打之徒。雖虎狼也。猶可恕矣夫。

夕陽亭章

四庫本「石勒猖獗中原。遂陷洛陽」句（八六六—二一九上）。清鈔本「中原」作「亂華」。又後文「劉石亂晉。不兆於上東門之長嘯」句（同上）。清鈔本「劉石」作「胡羯」。又「安史亂唐。不決於漁陽之鼙鼓」句（同上）。清鈔本「安史」作「胡雛」。

卷二十七

西域人知音章

四庫本「乃知人性聰明無分畦畛。詎可謂絕域有遜於中國也」句（八六六—二三五上）。清鈔本「畦畛」作「夷夏」。「絕域」作「夷人」。

卷二十九

市井章

四庫本末句作「乃知舊所疑不差」句（八六六—二五〇下）。清鈔本其下尚有一段如下

後閱毛詩。始知市井二字出于詩序。陳風東門之枌。詩序。男女棄其舊業。亟會於道路。歌舞於市井爾。孔穎達曰。白虎通云。因井爲市。故曰市井。應劭通俗云。市恃也。養贍老少恃以不匱也。俗說市井。謂至市者。當於井上洗濯其物。香潔及自嚴飾乃到市也。謹案古者二十畝爲一井。因爲市交易。故稱市井。然則由本井田之中交易爲市。故國都之市亦因名市井。案禮制九夫爲井。應劭二十畝爲井者。劭依漢書食貨志一井八家。家有私田百畝。公田十畝。餘二十畝以爲井竈廬舍。據其交易之處在廬舍。故言二十畝耳。因井爲市。或如劭言。應氏之說勝于聚井汲水。井邊買賣。然非孔仲達詳明。則二十畝爲井又滋人疑矣。

玉堂嘉話八卷

元王　惲撰

以舊鈔本校補

卷二

西使記

四庫本「土人相傳布達諸國之祖。故諸國皆臣服……內有天使。神國之祖葬所也」句（八六六—四五四下）。鈔本「國」均作「胡」。又下文「又一婦人解馬語。即知吉凶甚驗。其怪異等事不可殫紀」句（八六六—四五五下）。鈔本「婦人」作「胡婦」。

研北雜志二卷

元陸　友撰

以明刊寶顏堂祕笈本校補

卷下

顏魯子侍郎之孫條。四庫本「云是北語其書」句（八六六—五九二下）。明刊本「北」作「虜」。

李伯微條。四庫本「獮。秋畋也。從犬璽聲。息淺切」句（八六六—六〇四上）。明刊本作「獮。秋畋也。從犬璽聲。或從豕。宗廟之田也。故從豕示。按此二文。禰爲息淺切」。

讕言長語一卷

明曹　安撰

以明寶顏堂祕笈本校補

吊古詩條。四庫本「一自班師下內廷。中原俱望掃沈冥」句（八六七—三九上）。明刊本作「一自班師下內廷。中原便覺厭膻腥」。

卷末四庫本終於「僧法常號牧溪善龍虎」條（八六七—六七下）。明刊本其後尚有一條如下

晉袁甫詣中領軍。何勗自言能爲劇縣。勗曰。惟欲爲縣不爲臺閣。何也。甫曰。人各有能有不能。譬繒中之好莫過錦。錦不可以爲帽。穀中之美莫過稻。稻不可以爲薤。

震澤長語二卷

明王　鏊撰

以明嘉靖間刊本校補

卷上

國猷章

自古無有都汴者條。四庫本「是中國與外夷雜此土以處也」句（八六七—一九八上）。明刊本「外夷」作「豺虎」。又「朝議倉皇思爲避敵之計」句（同上）。明刊本「敵」作「狄」。又「二帝死於五國城。而中原遂非其有矣」句（八六七—一九八下）。明刊本「遂非其有」作「淪於夷狄」。

英宗北狩蒙塵條。四庫本文中之「敵人」（八六七—一九八下至一九九上）。明刊本皆作「虜人」。

宋世人才誠非我朝所及條。四庫本「二帝自幸其營爲金人席卷而去」句（八六七—一九九下）。明刊本「金」作「虜」。

井觀瑣言三卷

明鄭　瑗撰

以明寶顏堂祕笈本校補

卷一

四庫本「國朝宋潛溪文工於擬古」與「古史凡閨門醜惡之事人所羞稱」兩則之間有脫文（八六七—二三六下）。明刊本其文如下

宋之得統在太宗平太原之歲。此四明陳子經本晦翁語

錄而書。未易輕變也。遼金之始。夷狄也。秉史筆者當以匈奴突厥之例待之。其君書名書死。而附見其年號于君死之下。使後有考證。宋室南渡。金據中原。則進金比於劉石符姚。書主書卒。分註其年於宋統之下。西夏小夷。亦當黜其年而附見之。元初起亦依遼金初例。既滅金。則亦進之如金之例。祥興既亡。然後帝之可也。或欲始終黜元。如王莽武曌則已甚矣。使光武不中興。中宗不復辟。君子豈能終抑莽曌於分註邪。觀秦始隋煬可見。嗚呼。是豈得已也哉。

四庫本「綱目書曹操責孫權」與「綱目書齊主遊南苑」兩則之間有缺文（八六七—二三九下）。明刊本其文如下

胡粹中元史續編。又下於陳桱續編。德祐北遷。閩廣繼立。宋之統緒猶未絕也。乃遽抑景炎祥興之年於分書。非綱目書蜀漢東晉之例矣。開卷繆亂如此。何以繼紫陽筆削之旨哉。

卷三

禹貢導渭章

四庫本「隴西地淪於金人。南人無得至者」句（八六七—二五一上）。明刊本「金人」作「虜人」。

六研齋筆記一二卷

明李日華撰

以明崇禎間原刻本校補

卷四

龔聖與鍾山鬼隊去奇神變條

四庫本「父子並陷絕域。觸目增感。特作此詼詭之技以宕胸中耳」句（八六七—五五〇上）。明刊本作「父子陷胡。觸目皆異類。特作此詼詭之技以宕胸中耳」。

二筆卷二

群臣所服帶以玉犀金銀爲次條

四庫本文中「敵」字（八六七—六〇〇下）。明刊本皆作「虜」。

趙廣合肥人條

四庫本「建炎陷敵。敵使畫所掠婦人」句（八六七—六〇一上）。明刊本「敵」字皆作「虜」。

巨然畫趙秉文跋

四庫本「天會。金主烏奇邁紀年也」句（八六七—六〇六上）。明刊本「金主」作「金酋」。

二筆卷三

張邦昌條

四庫本「靖康使金營。時圖滅趙宗」句（八六七—六一九下）。明刊本「時」作「虜」。

二筆卷四

建炎三年條

四庫本「敵警急」句（八六七—六四三下）。明刊本「敵」作「虜」。

三筆卷一

禮曰獻鳥者條

四庫本「佛教之背戾佛固已自號矣」句（八六七—六六七下）。明刊本「佛教」作「夷教」。

遵生八牋一九卷

明高　濂撰

以明萬曆十九年原刊本校補

卷二

放生文

四庫本「續魚蝦」之下注闕（八七一—三七九上）。明刊本作「續魚蝦而得度壽」。

梓童寶章

四庫本「饒一著添子孫之福」句下注闕（八七一—三八〇上）。明刊本作「饒一著。添子孫之福壽。退一步。免駒隙之易過」。

卷三

春月氣數主屬之圖

四庫本圖下注闕（八七一—三八九上）。明刊本其文如下

春曰。青陽芳春。青春。陽春九春。

天曰。蒼天。

風曰。陽風。暄風。柔風。惠風。

景曰。媚景。和景。韶景。

時曰。良時。佳時。芳時。

節曰。華節。芳節。良節。韶節。淑節。

辰曰。良辰。嘉辰。芳辰。

草曰。弱草。芳草。芳卉。

木曰。華木。華樹。芳樹。陽樹。

鳥曰。陽鳥。時鳥。好鳥。候鳥。

禽曰。陽禽。時禽。好禽。

肝神圖

四庫本圖上無文（八七一—三八九上）。明刊本其文如下

「神名龍烟。字含明。肝之狀爲龍。主藏。魂象如懸匏。色如縞。映紺生心下。少近後。右四葉。左三葉

。脈出于大敦。大敦左大指端三毛之中也。」
陳希夷孟春二氣導引坐功圖勢
四庫本兩圖皆無文字說明（八七一—三九九上）。明
刊本右圖文字說明如下
立春正月節坐功圖
運主厥陰初氣。時配手太陽三焦
坐功
宜每日子丑時疊手按髀。轉身拗頸。左右聳引各三五

度。叩齒吐納。漱嚥三次。
治病
風氣積滯。項痛。耳後肩臑肩背痛。肘臂痛。諸痛悉
治
明刊本左圖文字說明如下
雨水正月中坐功圖
運主厥陰初氣。時配三焦手少陽相火
坐功

每日子丑時疊手按陛。拗頸轉身。左右偏引各三五度
。叩齒吐納嗽嚥。
治病
三焦經絡留滯邪毒。嗌乾及腫噦喉痺耳聾。汗出目銳
。眥痛頰痛。諸喉悉治。
二月事宜章
四庫本「是月採升麻……中風無久新」句下注闕（八
七一—三九九下）。明刊本作「中風無久新俱治」。

四時纂要條。四庫本有闕文（八七一—四〇〇上）。
明刊本其文如下「二月初八日。十四日。二十八日。
拔白鬚髮良」。
又其後之纂要條。四庫本亦有闕文（八七一—四〇〇
上）。明刊本其文作「是月丁亥日收桃花陰乾爲末。
戊子和井花水服方寸。七日三服。療婦人無子兼美容
顏」。
陳希夷仲春二氣導引坐功圖勢
坐功

四庫本二圖皆有圖無文（八七一—四〇二上）。明刊
本右圖之文如下
驚蟄二月節坐功圖
運主厥陰初氣。時配手陽明太陽燥金
坐功
每日丑寅時握固轉頸反肘後。向頓掣五六度。叩齒。
六六吐納。漱嚥三三。
治病

腰膂肺胃蘊積邪毒日黃。口乾鼽衄。喉痺面腫。暴啞
頭風。牙宣目暗。羞明。鼻不聞臭遍身疙瘡悉治。
左圖文字說明如下
春分二月中坐功圖
運主少陰二氣。時配手陽明大腸燥金
坐功
每日丑寅時伸手迴頭。左右挽引各六七度。叩齒。六
六吐納。漱嚥三三。

治病
胸臆肩背經絡。虛勞邪毒。齒痛頸腫。寒慄熱腫。耳
聾耳鳴。耳後肩臑肘臂外背痛。氣滿皮膚殼殼然。堅
而不痛瘙癢。
陳希夷季春二氣坐功圖勢
四庫本二圖皆有圖無文（八七一—四〇六上下）。明
刊本上圖文如下
清明三月節坐功圖

運主少陰二氣。時配手太陽小腸寒水
坐功
每日丑寅時正坐定。換手主右。如引硬弓各七八度。
叩齒。納清吐濁。嚥液各三。
治病
腰腎腸胃虛邪積滯。耳前熱苦寒。耳聾嗌痛。頸痛不
可回顧。肩拔臑折。腰軟及肘臂諸痛。
明刊本下圖之文字說明如下

穀雨三月中坐功圖

運主少陰二氣。時配手太陽小腸寒水

坐功

每日丑寅時平坐。換手。左右舉托移臂。左右掩乳各

五七度。叩齒。吐納漱嚥。

治病

脾胃結瘕瘀血。目黃鼻衄。頰腫頷腫肘臂外後廉腫

痛。臂外痛。掌中熱。

膽神圖

四庫本有圖無文（八七一—四〇六下）。明刊本之文

如下

神名龍耀。字威明。膽之狀如龜蛇混形。其象如懸匏

。色青紫。附於肝中。

占雨霧條。四庫本「正月朔雨」句下注闕（八七五—

四一一下）。明刊本作「春旱」。

夏月氣數主屬之圖

四庫本文字部分注闕（八七一—四一七上）。明刊本

之說明文字如下

夏曰。朱明氣赤而光明也。長嬴朱夏。炎夏。三夏。

九夏。纁夏。

天曰。昊天。

風曰。炎風。

節曰。炎節。

草曰。茂草。雜草。

木曰。蔚林。茂林。樹茂樹。

心神圖

四庫本有圖無文（八七一—四一七上）。明刊本其文

如下

神名丹元。字守靈。心之狀如朱雀。主藏神。象如蓮

花。下垂。色如縞。映絳生居肺中肝上。對鳩尾下一

寸。心脈出于中衝。中衝左手指端去中二分許陷者之

中

陳希夷孟夏二氣坐功圖勢

四庫本二圖皆無文字（八七一—四二五上下）。明刊本上圖之文如下

立夏四月節坐功圖

運主少陰二氣。時配手厥陰心胞絡風木

坐功

每日以寅卯時閉息瞑目。反換兩手。抑掣兩膝。各五

七處。叩齒。吐納嚥液。

治病

風濕留滯。經絡腫痛。臂肘攣急腋腫。手心熱喜笑不休雜症。

明刊本下圖之文如下

小滿四月中坐功圖

運主少陽三氣。時配手厥陰心胞絡風木

坐功

每日寅卯時正坐。一手舉托。一手柱按。左右各三五度。叩齒。吐納嚥液。

治病

肺腑蘊滯邪胸脇反滿。心中憺心大動。面赤。鼻赤。日黃。心煩作痛。掌中熱。諸痛。

陳希夷仲夏二氣坐功圖勢

四庫本兩圖皆有圖無文（八七一—四三四下。四三五上）。明刊本前圖之文如下

芒種五月節坐功圖

運主少陽三氣。時配手少陰心君火

坐功

每日寅卯時正立仰身。兩手上托。左右力舉各五七度。定息。叩齒。吐納嚥液。

治病

腰腎蘊積。虛勞嗌乾。心痛。欲飲。日黃脇痛。消渴。善驚善忘。上咳。吐生氣泄。身熱而股痛。心頭項

痛。面赤。
後圖之文如下
夏至五月中坐功圖
運主少陽三氣。時配手少陰心君火
坐功
每日寅卯時跪坐。伸手叉指。屈指。腳換踏。左右各五七次。叩齒。內清吐濁。嚥液。
治病

風濕積滯。腕膝痛。臑臂痛後廉痛。厥掌中熱痛。兩腎內痛。腰背痛。身體重。
陳希夷季夏二氣坐功圖勢
四庫本兩圖均有圖無文（八七一—四三八下）。明刊本右圖之文如下
于暑六月節坐功圖
運主少陽三氣。時配手太陰脾濕土
坐功

每日丑寅時兩手踞地。屈壓一足。直伸一足。用力掣。三五度。叩齒。吐納嚥液。
治病
腿膝腰髀。風濕。肺脹滿。嗌乾喘咳缺盆中痛善捷臍。右小腹脹。引腹痛。手攣急身體重。半身不遂。偏風健忘。哮喘脫肛。腕無力。喜怒不常。
左圖之文如下
大暑六月中坐功圖

運主太陰四氣。時配手太陰肺濕土
坐功
每日丑寅時雙拳踞地。返首向肩。引作虎視。左右各三五度。叩齒。吐納嚥液。
治病
頭項胸背風毒。咳嗽止氣。喘渴煩心。胸膈滿。臑臂痛。掌中熱。臍上或肩背痛風。寒汗出。中風。小便數欠淹泄。皮膚痛。及麻悲愁欲哭。洒淅寒熱。

脾神圖

四庫本亦有圖無文（八七一—四三九上）。明刊本其文如下

神名常在。字魂庭。脾之狀如神鳳。主藏魂。象如覆盆。色如縞映黃。正掩臍上近前。横覆于胃脈。出于隱白。隱白。左足大指端側去甲角。如韭葉

飛來洞避暑章

四庫本「初入體涼。再入心涼。深入毛骨。隱隱襲人」句（八七一—四四六上）中有闕文。明刊本其文如下

「初入體涼。再入心涼。深入毛骨俱涼哉。人間抱暑焦爍。雖啖氷雪不解。而嚴冬猶然者。勿令知此清涼樂國。

壓堤橋夜宿

橋據湖中。下種紅白蓮花。方廣數畝。夏日清芬。隱隱襲人。

卷五

肺神圖

四庫本有圖無文（八七一—四五〇上）。明刊本其文如下

神名皓華。字虛成。肺之狀爲虎。主藏魄。象如懸磬。色如縞映紅。生心上。對胸有六葉。脈出于少商。少商。左手大指端內側去甲二分許。臽之中。

陳希夷孟秋二氣導引坐功圖

四庫本上下二圖俱有圖無文（八七一—四五八上。四五八下）。明刊本上圖之文如下

立秋七月節坐功圖

運主太陰四氣。時配足少陽膽相火

坐功

每日丑寅時正坐。兩手托地。縮體閉息。聳身上踴。凡七八度。叩齒。吐納嚥液。

治病

補虛益損。去腰腎積氣。口苦。善太息。心脇痛。不能反側。面塵體無澤。足外熱。頭痛頷痛。目銳眥痛。缺盆腫痛。腋下腫汗。出振寒。

下圖之文如下

處暑七月中坐功圖

運主太陰四氣。時配足少陽膽相火

坐功

每日丑寅時正坐。轉頭。左右舉引就。反兩手。搥背。各五七度。叩齒。吐納嚥液。

治病

風濕留滯。肩背痛。胸痛。脊膂痛。脇肋髀膝經絡。外至脛絕。骨外踝前。及諸節皆痛。少氣。咳嗽喘渴。上氣胸背脊膂積滿之疾。

陳希夷仲秋二氣導引坐功圖

四庫本二圖均有圖無文（八七一—四六〇下。四六一上）。明刊本前圖之文如下

白露八月節坐功圖

運主太陰四氣。時配足陽明胃燥金

坐功

每日丑寅時正坐。兩手按膝。轉頭推引各三五度。叩齒。吐納嚥液。

治病

風氣留滯。腰背經絡。洒洒振寒苦。伸數欠或。惡人與火。聞木聲則驚狂。虐汗出鼽。衄口喎脣胗。頸腫。喉痺不能言。顏黑嘔呵欠狂歌上登欲棄衣裸走。

後圖之文如下

秋分八月中坐功圖

運主陽明五氣。時配足陽明胃燥金

坐功

每日丑寅時盤足而坐。兩手掩耳。左右反側各三五度。叩齒。吐納嚥液。

治病

風濕積滯。脇肋腰股。腹大水腫。膝臏腫痛。膺乳氣衝。股伏兎䯒。外廉足跗諸痛。遺弱失氣。奔響腹脹。脾不可轉。胸以結端似裂。消穀善飲胃寒滿滿。

陳希夷季秋二氣導引坐功圖

四庫本二圖均有圖無文（八七一—四六三上下）。明刊本上圖之文如下

九月節坐功圖

運主陽明五氣。時配足太陽膀胱寒水

坐功

每日丑寅時正坐。舉兩臂。踴身上托。左右各三五度。叩齒。吐納嚥液。

治病

諸風寒濕邪。挾脇腋經絡動衝。頭痛。目佀。脫項。如撥脊痛。腰折。痔瘧。狂顛痛。頭兩邊痛。頭顖頂痛。目黃淚出。衄衂霍亂諸疾。

明刊本下圖之文如下

霜降九月中坐功圖

運主陽明五氣。時配足太陽膀胱寒水

坐功

每日丑寅時平坐。紓兩手攀兩足。隨用足間力縱而復收。五七度。叩齒。吐納嚥液。

治病

風濕。痺入腰。腳髀不可曲。膕結痛。喘裂痛。項背腰尻陰股膝脾痛。臍反蟲。肌肉痿。下腫。便膿血氣。腹脹痛。欲小便不得。藏毒筋寒。腳氣久痔。脫肛。

北高峰頂觀海雲章

四庫本「郊原村落眇若片紙畫圖」句下注闕（八七一—四六八上）。明刊本作「鱗次黑白」。

卷六

腎神圖

四庫本有圖無文（八七一—四七一上）。明刊本其文

如下

神名玄冥。字育嬰。腎之狀。玄鹿兩頭。主藏忘。象如圓石子二。色如縞映紫。生對。臍搏著腰脊。左爲正腎。配五臟。右爲命門。男以藏精。女以繫胞。腎脈出于湧泉。湧泉在足中心。

陳希夷孟冬二氣坐功圖勢

四庫本二圖皆有圖無文（八七一—四七八下）。明刊本右圖之文如下

立冬十月節坐功圖

運主陽明五氣。時配足厥陰肝風木

坐功

每日丑寅時正坐。一手按膝。一手挽肘。左右顧。兩手左右托三五度。吐納。叩齒嚥液。

治病

胃脇積滯。虛勞邪毒。腰痛不可俛仰。嗌乾面塵脫色。胸滿嘔逆。食泄頭痛。耳無聞。頰腫。肝逆。面青目赤。腫痛。兩脇下痛。引小腹四肢滿悶。眩冒目瞳痛。

左圖之文如下

小雪十月中坐功圖

運主太陽終氣。時配足厥陰肝風水

坐功

每日丑寅時正坐。一手按膝。一手挽肘。左右爭力各三五度。吐納。叩齒嚥液。

治病

腕肘風濕熱毒。婦人小腹腫大。夫㿗疝。狐疝。遺溺。閉癃。血睪。腫睪。疝足逆寒善瘈節時腫轉筋陰縮。兩筋攣洞。泄血在脇下喘。善恐。胸中喘五淋。

陳希夷仲冬二氣坐功圖勢

四庫本二圖皆有圖無文（八七一—四八一上下）。明刊本上圖之文如下

大雪十一月節坐功圖

運主太陽終氣。時配足少陰腎君火
坐功
每日子丑時起身仰膝。兩手左右托。兩足左右踏各五七次。叩齒。嚥液吐納。
治病
腳膝風濕毒氣。口熱舌乾。咽腫上氣。嗌乾及腫。煩心心痛。黄疸腸澼。陰下濕飢。不欲食。面如漆。咳唾有血。渴喘目無見。心懸如飢。多恐常若人捕等症

。
下圖之文如下
冬至十一月中坐功
圖運主太陽終氣。時配足少陰腎君火
坐功
每日子丑時平坐。伸兩足拳兩手按兩膝。左右極力三五度。吐納。叩齒嚥液。
治病
手足經絡寒濕脊股內後廉痛。足痿厥嗜臥。足下熱。臍痛。左脇下。背肩脾問痛。胸中滿。大小腹痛。大便難。腹大頸腫。咳嗽。腰冷及腫臍下氣逆。小腹急痛。泄下腫。足胻寒而逆。凍瘡下痢。善思。四肢不收。
陳希夷季冬二氣坐功圖勢
四庫本二圖皆有圖無文（八七一—四八四下。四八五上）。明刊本前圖之文如下

小寒十二月節坐功圖
運主太陽終氣。時配足太陰脾濕土
坐功
每日子丑時正坐。一手按足。一手上托。挽首互換。極力三五度。吐納。叩齒嗽嚥。
治病
榮衛氣蘊。食即嘔。胃脘痛。腹脹。噦瘧飲發中滿食減。善噫。身體皆重。食不下。煩心。心下急痛。溏

瘕泄水閉。黃疸。五泄注下五色。大小便不通。面黃口乾。怠惰嗜臥。搶心。心一痞苦。善飢善味。不嗜食。

後圖之文如下

大寒十二月中坐功圖

運主厥陰初氣。時配足太陰脾濕土

坐功

每日子丑時兩手向後踞牀跪坐。一足且伸。一足用力

。左右各三五度。叩齒嗽嚥。吐納。

治病

經絡蘊積諸氣。舌根強痛。體不能動搖。或不能臥。強立。股臍內腫。尻陰臑胻。足背痛。腹脹腸鳴。食泄不化。足不收行。九竅不通。足胻腫若水脹。

卷十三

本卷末四庫本末錄「高子論房中藥物之害」一文（八七一—六八九上）。明刊本其全文如下

高子曰。自比覺泥水之說行。而房中之術橫矣。因之藥石毒人。其害可勝說哉。夫人之稟受父母精血。厚者其生壯。即多慾尚可支。薄者其生弱。雖寡慾猶不足。故壯者恣慾而斃者有之。未有弱者恣慾而壽者矣。飲食男女。人之大欲也。不可已亦不可縱。縱而無厭。疲困不勝。乃尋藥石以強之。務快斯慾。因而方人術士得以投其好而逞其技矣。搆熱毒之藥。稱海上奇方。入於耳者。有耳珠丹。入於鼻者有助情香。入於口者有沉香。合握於手者有紫金鈴。封於臍者有保

眞膏一丸金蒸臍餅火龍符。固於腰者有蜘蛛膏摩腰膏。含於龜者有先天一粒丹。抹其龜者有三釐散。七日一新方。縛其龜根者有呂公縧。硫黃箍。蜈蚣帶。寶帶。良宵短香羅帕。兜其小腹者有順風旂。玉蟾棍。龍虎衣。搓其龜者有長莖方。掌中金。納其陰戶者有揭被香。煖爐散。窄陰膏。夜夜春。塞其肛門者有金剛楔。此皆用於皮膚。以氣感腎家相火。一時堅舉。

爲助情逸樂。用之不已。其毒或流爲腰疽。聚爲便癰。或腐其龜首。爛其肛門。害雖橫焰。尚可解脫。內有一二得理。未必盡虎狼也。若服食之藥。其名種種。如桃源秘寶丹。雄狗丸。閉精符之類頗多。藥毒懼人。十服九斃。不可救解。往往奇禍慘疾。潰腸裂膚。前車可鑑。此豈人不知也。慾勝於知。甘心蹈刃。觀彼肥甘醇厚。三餐調護。尚不能以月日起人瘻瘠。使精神充滿。矧以此少丸末之藥。頃刻間致痿陽可興

。疲力可敵。其功何神。不過使彼熱毒。如蛤蚧。海馬。狗腎。地龍。麝臍。石燕。倭硫。陽起。蜂房。蟻子之類。譬之以烈火灼水。燔焰煎熯。故腎臟一時感熱而發。豈果仙丹神藥乃爾靈驗效速也耶。保生者可不惕懼。以痛絕助長之念。客曰。某某者每用其藥。今以壽考。何子之泥也。余曰。是誠有之也。但外用者十全二三。內服者無一全於十百。若內若外。豈眞無異術者哉。何能得其眞傳。況比覺爲大道傍門。

得陰陽之妙用。率歸正脈其說。匪徒婬姤快慾之謂。人之一身運用。在於任督二脈。督爲陽父。任爲陰母。尾閭夾脊。爲督脈之關。中脘膻中爲任脈之竅。任炁聚於炁海。督炁聚于泥丸。故陰陽升降。吸即升也。起于臍。呼即降也。轉于腦。其行氣交會。行之至肛門。緊提則炁會。行之至地戶。緊閉則炁交。眞炁一降則天炁人交於地根。得土則止。眞炁一升則谷氣出妾於天根。逢土則息。此爲陰陽大竅。其理最顯最

密。所謂性與命相守。神與氣相依者此耳。故經曰。神馭氣。氣留形。不須別藥可長生。如此朝朝并暮暮。自然精滿谷神。存生死要關。須知窮此妙境。爲吾生保命大藥。乃於金石虎狼求全造化。神靈其謬失不既多乎。吾重爲死。不知害者。感也。

卷十六

四庫本「黃八兄」條有闕文（八七一—七九八下）。明刊本其文爲「色白。有十二蕚。善於抽幹。頗似鄭

花。惜乎幹弱不能支持。葉綠而直」。

又「周染花」條亦有闕文（八七一—七九八下）。明刊本作「色白十二萼」。

類説六〇卷

宋曾慥編

以明天啓六年新野知縣岳鍾秀刊本校補

卷一

四庫本於「方朔乘龍飛去」章與「經見山室」章之間有闕文（八七三—九下）。明刊本作

火齊鏡

周穆王時。渠國貢火齊鏡。大二尺六寸。暗中視之如白晝。人向鏡語。則鏡中響應之。拾遺記

趙后外傳

四庫本於「傳」字下有闕文（八七三—一〇上）。明刊本作「漢河東都尉伶玄撰」。

卷二

寇準傳

四庫本「乃請親征。大敗契丹至令講和者。準之力也」句（八七三—三〇上）。明刊本「契丹」作「戎虜

」。

卷四

論馮道章

四庫本「石晉之末。契丹結釁。無敢奉使者」句（八七三—六四上）。明刊本「契丹」作「與虜」。又「契丹問萬姓紛紛。何人救得」句（同上）。明刊本「契丹」作「虜主」。

卷五

四庫本壓禳法。蕭姓請耶律。木兎諸章中之「遼人」「遼稱」（八七三—七六下）。明刊本作「番中」「番呼」

艾衣章

四庫本「遼主」「南北」「遼稱」諸辭（八七三—七六下至七十七上）。明刊本作「戎主」「番漢」「番呼」。

三節章

四庫本「遼人」（八七三—七七上）。明刊本作「大番」。

種田章

四庫本「遼謂」（八七三—七七下）明刊本作「番呼」。

治盜章

四庫本「正月十三至十五日盜皆原釋」句（八七三—七七下）。明刊本作「正月十三日放契丹做賊三日」。

午日大喊章

四庫本「遼人」「遼國大旺之日」（八七三—七八上）。明刊本作「番兵」「番家大王之日」。

卷六

四庫本「妖巫娼妓街童市女」句（八七三—一〇八下）。明刊本「巫」作「胡」。

卷十三

吹葉成曲章

四庫本「遼人」（八七三—二三七上）。明刊本作「胡人」。

銀牌章

四庫本「北主」（八七三—二三七下）。明刊本作「虜主」。

黑山章

四庫本「北塞」「北人」（八七三—二三七下）。明刊本各作「虜中」「虜人」。

佛粧章

四庫本「遼婦」（八七三—二三七下）。明刊本作「胡婦」。

卷十四

因話錄此兒無尾章

四庫本「兒」字（八七三—二四三上）明刊本俱作「胡」。

卷十六

明皇雜錄貂皮帽步搖釵章

四庫本「士庶好爲豔服」句（八七三—二七五下）。明刊本「豔」作「胡」。

卷十七

智將不如福將章

四庫本「敵」字（八七三—二九六上）。明刊本皆作「虜」。其中「敵騎」作「戎虜」。

卷十八

主皮之議何如章

四庫本「北使」（八七三—三三〇上）。明刊本作「虜使」。

無他起樓臺相公章

四庫本「北使」（八七三—三三〇下）。明刊本亦作「虜使」

卷三十一

四庫本「馬郁鐵搥」章之後似有闕文（八七三—五三一上）。明刊本作

朱梁趙凝氣貌甚偉。每整衣冠。使人持巨鑑前後照之。烏巾上微覺有塵。即令持紅拂去之。

卷五十三

馮道奉使章

四庫本「馮道奉使」（八七三—九一五上）。明刊本作「馮道使虜」。又文中「契丹以道有重名留之」句（同上）。明刊本「契丹」作「虜主」。其後「遼人」皆作「戎人」。又「道在契丹有詩云」句（八七三—九一五下）。明刊本「契丹」作「虜中」。

杖記章

四庫本「党進朔州人」句（八七三—九一六下）。明刊本「朔州」作「北戎」。又後文「罵曰。腳患小瘡那至於爛。過市見縛闌者」句（八七三—九一七上）。明刊本作「罵曰。吾正契丹。何奚之有。腳患小瘡

那至於爛。蓋謂奚之種賤也」。

卷五十六

四庫本於「何樓」「西都詩」兩章之間有闕文（八七三—九八五下）。明刊本作

胡僧詩

余靖尚書使契丹。能爲胡語。使虜作詩曰。夜筵沒羅沒盛也。臣拜洗受賜也。兩朝厥荷通好也。情幹勤厚重也。微臣雅曾拜舞也。祝若統福祐也。聖壽鐵擺嵩高也。俱弗忒無極也。虜主大笑耳。

事實類苑六三卷

宋江少虞編

以日本元和七年活字本校補

按江少虞自序。是書分二十八門。四庫本所錄唯二十四門（總目稱二十二門。蓋傳刻之誤）。缺談諧戲謔。神異幽怪。詐妄謬誤。安邊禦寇四門。今日本刻本凡二十八門七十八卷。應近於實。因用以補之。

卷一

太祖討平諸國章

四庫本「朕憫八州之民久陷彼中。俟所蓄滿五百萬緡。遣使北庭。以贖山後諸郡」句（八七四—五下）。日刊本「彼中」作「夷虜」。「北庭」作「北虜」。

太祖嘗罷朝章

四庫本末句「故不樂也」（八七四—六下）。日刊本作「故不樂耳。孔子稱誡。知爲君之難也。不幾乎一言而興邦乎。太祖有焉」。

宋白言開寶九年雩祀章

四庫本「辰巳間雨霽。洛陽令督役夫輩陰道上泥。布乾土。及郊祀還。雨復作。無畏西僧」句（八七四—八上）。日刊本作「辰巳間雨霽。洛陽令督役夫輩除道上泥。布乾土。及郊祀還御明德門賜赦。觀衛士歸營。車駕還宮。雨復作。無畏胡僧。」

太祖始自總戎爲士卒畏服章

四庫本自「及踐阼」句以下至「必取之耳」句之間多處標注闕（八七四—一〇上下）。日刊本作「及踐祚

。善訓戎旅。隸兵籍者多以配雄武軍。自此或習試武藝。或角力鬥毆。以較勝負。漸增俸緡。遷隸上軍。十月後騎兵皆侵晨出城。習馬至暮歸。飼馬不令飽。雖苦寒。馬常汗。洽耐辛苦。不甚肥盛。初議取蜀。有天武軍主武超曰。西川除在天上不可到。若車舟足跡可至必取之耳。」

卷二

靈州河外寨主李瓊以城降賊章

四庫本「二年契丹寇邊」句（八七四—一三下）。日刊本「契丹」作「北虜」。又後文「當詳而後決。使至部之」句下注闕（同上）。日刊本作「果」。「部」作「許」。

又四庫本「史□唐貞觀三年□以宰相監脩」句（八七四—一五下）。日刊本上闕字作「館」。下作「置」。

太宗留心政事章

四庫本「本官有俸並給見緡凡」句下注闕（八七四—一七上）。日刊本作「手札」。又後文之闕日刊本作「苦」。

太宗淳化五年章

四庫本「終日湛飲聽鄭衛之聲與伶官等嘲謔」句（八七四—一七上）。日刊本「與伶官等嘲謔」作「與胡家樂合奏」。又其後「至略酒筵沈醉」句後之闕。日刊本作「射弓」。

太宗將討太原章

四庫本「見者莫不震懼。會北庭使至宴」句（八七四—一七下）。日刊本「北庭」作「北戎」。又後又「飛舞滿空。北使懼。形於色」句（同上）。日刊本「北」作「戎」。

上覽兵法陰符經章

四庫本末句注闕（八七四—一九下）。日刊本作「以盡損益也」。

太宗親征太原章

四庫本「持重緩行。敵聞之必聚勁兵於彼」句（八七四—一九下）。日刊本「敵」作「虜」。

上親錄京繫囚章

四庫本「且多殺飛走。眞」句下注闕（八七四—二〇上）。日刊本作「誥所」

卷三

龍圖閣直學士陳彭年因次對章

四庫本「先王之」下注闕（八七四—二二下）。日刊本作「成憲」。

上嘗謂近臣章

四庫本至「豈可慘虐剋剝。邀爲己功」句與日刊本略有不同（八七四—二五上下）。日刊本作「眞宗即位。首下詔求直言。上謂近臣曰。朕樂聞朝政闕失以警朕心。然臣寮奏章多是自陳勞績。過行鞭朴。以取幹辦之名。國家政事自有大體。使其不嚴而理。不肅而成。斯爲善矣。豈可虐慘剋下。邀爲己功。」

景德初契丹寇澶章

四庫本「契丹」（八七四—二七上）。日刊本作「匈奴」。其餘凡「敵」字。日刊本皆作「虜」。

眞宗聽政之暇惟務觀書章

四庫本「後有御製讀宋書……書二首」句兩處注闕（八七四—二八上）。日刊本全文作「復有御製讀宋書

二首。讀陳書二首」。

卷四

富鄭公弼章

四庫本「慶曆中以知制誥使北庭」句（八七四—三〇下）。日刊本「北庭」。其後兩「契丹」日刊本皆作「夷狄」。「敵人」作「犬戎」。

秘書監侍講陳堯俞章

四庫本「眞宗自澶淵之役卻敵之後。十九年不言兵」句（八七四—三三上）。日刊本「敵」作「狄」。又後文「今陛下恩足以及禽獸。見昆蟲螻蟻遠而避之。且勒左右勿踐履。此亦仁術也」句（同上）。日刊本作「今恩足以及禽獸而不及於百姓。豈不能哉。蓋不爲耳。外人皆云皇帝陛下仁孝發於天性。每行見昆蟲螻蟻。違而過之。且勒左右勿踐履。此亦仁術也」。

又下文之闕字。日刊本作「某」。

宋鄭公庠初爲翰林學士章

四庫本「蓋梁公之出或」句下注闕（八七四—三四上）。日刊本作「云察」。

六月壬寅章

四庫本「春秋家語」句下注闕（八七四—三六上）。日刊本作「陪（亂政）」。

仁宗十月乙酉章

四庫本「十月……愼罰篇」句中注闕一字（八七四—三七上）。日刊本作「十月甲戌讀王說愼罰篇」。

仁宗皇帝時。學士書詔未嘗有所增損章

四庫本「許中外實封言事……樞密副使」句（八七四—三七）。日刊本作「許中外實封言事。後三日賈魏相矣。春卿罷樞密副使」。

卷五

英宗謂輔臣章

四庫本「雄武軍節度推官章惇」下注闕（八七四—四一下）。日刊本作「前」。

四庫本自「元豐五年五月上謂輔臣」句以下（八七四—三下）。至「朕與卿等終身共守。於是皆拜。以上熙寧奏對」句（八七四—四五上）。文字次第與日刊本不同。日刊本其全文如下

元豐五年五月。上謂輔臣曰。雖周之盛時亦以爲才難。唯能以道汎觀。不拘流品。隨材任使。則取人之路廣。苟不稱職。便可黜退。不可謂已與之官祿。反以係吝而難於用法。如臣下有勞。朝廷見知。雖有過失

。亦當寬貸。如吳居厚使京東治財數百萬。設有失陷官錢二三千緡。其功自可除過。故律有議勞議賢之法。亦周之八柄詔王之遺意也。然有司議罪。自當宮守。誅宥則繫主斷。如此則用人之道無難矣。韓絳嘗言陛下臨御以來。內則講求典禮。總一制度。流斡財弊。總核庶獄。外則團結兵將。討伐違傲。開拓疆境。經制邊用。凡所措置。悉該聖慮。一有奏稟。皆出宸斷。上曰。朕觀三代以至唐。未有百年之間無患難者

。國家承祖宗之業。升平如此。朕嗣守大器。日夜恐懼以思。爲治之道無如擇人。又曰。將帥最難得人。唐三百年中惟一郭子儀耳。朕觀其人。本應武舉。因誦杜牧詩云。未如終始郭汾陽。嗟嘆久之。

元豐中輔臣論及人材。上曰。人材固有小大。若古之立功名者。管仲之於齊。商鞅之於秦。吳起之於楚。皆使政令必行。若於道則未也。傳說之於商。周公之於周。可謂尙道德而兼功名者也。人臣但能言道德而不以功名之實。亦無補於事。

諫官楊繪言。向傳範后族不當守鄆領。安撫使彥博曰。傳範累典郡。非緣外戚。上曰。得諫官如此敢言。甚好。可以止他妄求者。九月。輔臣有言。將帥宜置副貳者。上曰。人之忌能者衆。今舉所知。不過取其出己下者。非有至誠惻怛之心。爲朝廷立事也。

神宗英文烈武聖孝皇帝。嘉祐八年五月始聽講于東宮。天資好學。尋繹訪問。至日昃。內侍言。恐飢當食。上曰。聽讀方樂。豈覺飢耶。英宗以上讀書太多。嘗遣內侍止之。當講讀。正衣冠拱手。雖大暑未嘗使人揮扇。待官僚有禮。伴讀王陶入侍上。率弟顥拜之。陶讀舜本紀。言舜孝友事。大愛慕之。又讀商本紀仲虺作誥。因取尙書讀之。至志自滿九族乃離。上曰。微子去之是也。已上見。

一日宰執對。畢樞密退。富彥國召留之。因奏。臣前蒙宣喻。當君臣相體。悉心盡節。無嫌疑形跡隱避。

臣以謂此誠堯舜盛德。然獨臣蒙此宣喻。臣以謂中書樞密臣僚皆宜知陛下聖意如此。上曰。每如此宣喻諸人。弼又奏。大臣須和乃能成事。若懷私意。各執己見。不務盡理。互相疑間。則無由成事。須衆人一心。則能副陛下委任。臣比見大臣各懷私意。則相率而廢事。上曰。朕夙夜焦勞。正期大臣肩一心。共成國家之務。執政須是不執己見。務求當而已。朝廷事若捨卻義理。何所考據。弼曰今大臣各有蘊蓄。豈不願

盡心以俟陛下。但其間或恐上忤聖意。恐或爲小人所攻。或以事大難行。須是彼此一心。則事無不濟。臣衰老不才。然蒙陛下恩遇殊異。有所見。不敢避忤旨。理須極言。上曰。相公言及此。能用心如此。則天下不勝幸甚。朕無適莫。惟義理所在。與大臣議事。苟見其有理。何所不從。但死或有微詞風指。不肯盡言。寬夫曰。臣等奏事。一言不從。或至再三。陛下未嘗有不從者。上曰。惟先格王正厥事。天地之變。

唯有正厥事。乃所以應之也。弼又言。今所進用。或是刻薄小材之人。恐須多進用醇厚敦實之人。小材雖似可喜。然害事壞風俗。不可。長仲因言盧杞姦邪。而德宗不知。此乃所以爲姦。盧杞非無才。然以其姦邪故害事。上曰。大臣正要與天下圖治。三相既如此。則參樞皆宜如此用心。務相協和。每事求義理所在。朕與卿等終身共守此。於是皆拜。以上熙寧奏對。

卷六

郭進二

四庫本「太宗征太原。北敵由石嶺關入」句(八七四—四九下)。日刊本「敵」作「戎」。

趙韓王章

四庫本少錄一則(八七四—五一下)。日刊本其文如下

太祖時趙韓王普爲相。車駕因出。忽幸其第。時兩浙錢俶方遣使致書及海物十瓶於韓王。在左廡下會車駕

至。倉卒出迎。不及屏也。上顧見問何物。韓王以實對。上曰。此海物必佳。即命啓之。皆滿貯瓜子金也。韓王皇恐。頓首謝曰。臣未發書。實不知。若知之。當奏聞而卻之。上笑曰。但取之無慮。彼謂國家事皆由汝書生耳。因命韓王謝而受之。韓王東京宅。皆用此金所修也。

李尙書章

四庫本「母病累年。稑身扶持起居」句(八七四—五

三上）。日刊本作「母病累年。惡暑而畏風。穆身扶持起居」。

卷七

王元之章

四庫本第三則「禹偁之卒」句前似有闕文（八七四—五五上）。日刊本作

太宗時。禹偁爲翰林學士。嘗草繼遷制送馬五十疋。以備濡潤。禹偁以書不如式。卻之。及出守滁州。閩人鄭褒徒步謁禹偁。愛其儒雅。及別。爲買一馬。或言買馬虧價者。太宗曰。彼能卻繼遷五十馬。顧肯此虧價哉。

卷八

韓魏公章

四庫本文中之「遼人」（八七四—六二下）。日刊本均作「虜人」。又「陶尚書」後之兩則「韓魏公」事跡（八七四—六五上）應併入第六則後。又日刊本尚有一則爲四庫本所無。其文如下

韓侍中薨。差內臣張都知督葬事。玄堂甃以石。一切用度皆出于官。上自撰墓碑。題其額曰兩朝顧命定册元勳之碑。明年曾侍中薨。上題其墓碑額。曰兩朝顧命贊册亞勳之碑。倦遊錄

富文忠章

四庫本其二之「敵」字（八七四—六七上）。日刊本皆作「虜」。又其五則之「敵」字（八七四—六八下）。日刊本亦作「虜」。

李文靖章

四庫本其一「其後契丹講和。西戎納款」句（八七四—六九下）。日刊本「契丹」作「北狄」。又其四「北有強敵西有戎遷」句（八七四—七〇下）。日刊本「強敵」作「強虜」。

卷九

王沂公章

四庫本其二「景福中朝廷始與契丹通好」句（八七四—七一下）。日刊本「契丹」作「北虜」。

范文正章

四庫本其二「後北使至密市」句（八七四—七二下）。日刊本「北」作「虜」。

張乖崖章

四庫本「方燎火爬」句下注闕（八七四—七八上）。日刊本作「庠」。

歐陽文忠公章

四庫本其二「但公名重當代。故其爲外國敬服如此也」句（八七四—七九下）。明鈔本「外國」作「外夷」。

卷十

李文定公章

四庫本其二「欲斬瑋以戒妄言者。迪因奏曰。瑋良將。必不妄言。臣觀陛下意不欲從鄭州門出兵耳」句中

有闕文（八七四—八四下）。日刊本作「欲斬瑋以戒妄言者。文定從容奏曰。瑋武人。遠在邊鄙。不知朝廷事體。輒有奏陳。不足深罪。臣前任陝西。觀邊將才略。無能出瑋之右者。他日必能爲國家建功立事。若以此加罪。臣爲陛下惜之。上意稍解。迪因奏曰。瑋良將。必不妄言所請之兵。亦不可不少副其請。臣觀陛下意。但不欲從鄭州門出兵耳。」又此則四庫本終於「詔二人俱罷」句。日刊本其後尚有一段如下「詔二人俱罷相。迪知鄆州。明日謂復留爲相。迪至鄆且半歲。眞宗晏駕。迪貶衡州團練副使。謂使侍禁王仲宣押迪如衡州。仲宣至鄆州見通判以下而不見迪。迪皇恐。以刃自刎。人救得免。仲宣凌侮迫脅無不至。人往見迪者。輒籍其名。或饋之食。留至臭腐棄捐不與。迪客鄧餘怒曰。豎子欲殺我公以媚丁謂邪。鄧餘不畏死。汝殺我公。我必殺汝。從迪至衡州。不離左右。仲宣頗憚之。迪由是得全。至衡州。歲餘。除

祕書監知舒州。章獻太后上僊。迪時以尚書左丞知河陽。上即位。召詣京師。加資政殿大學士。數日復爲相。迪自以受不世之遇。盡心輔佐。知無不爲。呂夷簡忌之。潛短之於上。歲餘罷相。出知某州。迪謂人曰。迪不自量。恃聖主之知。自以爲宋璟。而以呂爲姚崇。而不知其待我乃如是也。」

錢文僖章

四庫本「臣聞唐室三百年。而魏北一鎭敵人甚少」句

（八七四—八五下）。日刊本「敵人」作「屯戍」。

卷十一

孫宣公章

四庫本於「奭上言切諫。眞宗不納」句與「眞宗已封禪」句之間有闕文（八七四—九一上）。日刊本作

奭上言切諫。眞宗不納。遂爲解疑論以示群臣。俄知密州。轉左諫議大夫。知河陽爲給事中。奭以父年九十乞解官侍養。詔知兗州。上即位。召還以工部侍郎爲翰林侍讀學士。預修先朝實錄。丁父憂。起復舊官。久之。改兵部侍郎兼龍圖閣學士。奭每上前說經。及亂君亡國事。反復申繹。未嘗避諱。因以規諷。又掇五經切治道者。爲五十篇。號經典徽言。上之。畫無逸爲圖。乞施便坐。爲觀鑑之助。時莊憲明肅皇后每五日一御殿。與上同聽政。奭因言古帝王朝朝暮夕未有曠日不朝。陛下宜每日御殿以覽萬機。奏留中不報。上與太后雅受重之。每進見。常加禮久之。上表致仕。上與太后御承明殿。委曲敦諭。不聽所請。因

詔與龍圖閣學士馮元講老子三章。禮部尚書晏殊進讀唐史。各賜帛二百匹。改工部尚書知兗州。宴太清樓。近臣皆預。俄出御飛白書。賜群臣。中書門下樞密院大字一軸。諸學士以下小字各二軸。惟奭與太子少傅致仕晁迥大小兼賜焉。並詔群臣賦詩。翌日奭入謝。承明殿上令講老子三章。賜襲金帶銀鞍勒馬。及行。賜宴於瑞聖園。上賦詩餞行。詔近臣賦詩。士大夫

以爲榮恩。改禮部侍郎。是歲累表聽致仕。病甚。戒其子不內婢妾曰。無令我死婦人之手。年七十。有司謚曰宣。奭舉動方重。論議有根底。不肯詭隨雷同。

眞宗已封禪。符瑞屢降。

寇萊公章

四庫本「今敵騎未退而天雄軍截在其後。萬一陷歿。則河朔皆敵境也」句（八七四—九一下）。日刊本「敵」皆作「虜」。「其後」作「賊後」。又後文「王

公馳騎入魏。方戎人滿野」句（八七四—九二上）。日刊本「戎人」作「戎虜」。又「越數日敵騎退」（同上）。日刊本「敵」作「虜」。

陳康肅章

四庫本「眞宗欲擇臣僚善弓矢美儀彩者伴北使射」句（八七四—九四上）。日刊本「北」作「虜」。

卷十二

曹侍中章

四庫本「晝夜兼行抵其帳。彼主請割關南地」句（八七四—九七下）。日刊本「其帳」作「虜帳」。「彼主」作「戎主」。又後文「復與祀往敵……我主年少。願兄事南朝」句（同上）。日刊本「敵」「我」皆作「虜」。

王文旦章

四庫本其三「端拱中通判鄭州事月餘徙濠」句與「以旦爲玉清昭應宮使」句之間似有闕文（八七四—九八

下）。日刊本作「端拱中。通判鄭州事。月餘徙濠州。遭母喪去。詔復故任。淳化初充殿中丞直史館。明年除左正言知制誥。四年同判吏部流內銓知考課院。會妻父趙昌言參知政事。旦上奏。以知制誥中書屬官。引唐獨孤郁避權德輿故事。因求解職。上嘉而許之。以禮部郎中充集賢殿修撰。掌銓課如故。踰年。昌言罷政事。旦即日復知制誥。依前修撰。仍賜金紫。逮眞宗即位。除中書舍人。數月。召入翰林爲學士。

尋知審官院。兼通進銀臺司。咸平三年。權知貢舉鎖宿。旬日。就拜給事中。同知樞密院事。明年遷工部侍郎參知政事。景德初。契丹入寇。從車駕幸澶淵。時鄆王留守京師。暴得心疾。詔旦權東京留守司事乘傳而歸。聽以便宜從事。三年以工部尚書同中書門下平章事。集賢殿大學士。明年。車駕幸永安。以旦爲朝拜諸陵大禮使。及還。監修國史。大中祥符元年。天書降。以旦爲封禪大禮使。又爲天書儀衛使。從登

封泰山。遷中書侍郎兼刑部尚書同平章事。受詔。作封祀壇頌。遷兵部尚書同平章事。及祀汾陰。以旦爲汾陰大禮使。還遷右僕射同平章事。受詔作汾陰祠壇頌。上更欲遷旦官。旦瀝懇固辭。乃止。加昭文館大學士。及增功臣而已。及聖祖降。又加門下侍郎。玉清昭應宮成。以旦爲玉清昭應宮使。

卷十三

馮起章

四庫本「馮起文炳有清節。不起第。嘗僦舍圃田」句（八七四—一〇五下）。日刊本作「馮起文炳有清節。任知雜卒起官。僦舍圃田」。又「起因爲出己俸百千市之」句。日刊本作「起知其賃廡。爲出己俸百千市之」。

王文正章

四庫本錄十則（八七四—一〇九上）。日刊本凡十一則。所多一則如下

王文正太尉局量寬厚。未嘗見其怒。飲食有不精潔者。但不食而已。家人欲試其量。以少埃墨投羹中。公惟啖飯而已。家人問其何以不食。曰。我偶不喜肉。一日又墨其飯。公視之曰。吾今日不喜飯。可具粥。其子弟愬於公曰。庖肉爲饔人所私食。肉不飽。乞治之。公曰。汝輩人料肉幾何。曰一斤。今但得半斤食。其半爲饔人所廋。公曰。盡一斤可得飽乎。曰。盡一斤固當飽。曰。此後人料一斤半可也。其不發人過

皆類此。嘗宅門壞。主者徹屋新之。暫於廊廡下啓一門以出入。公至側門。低據鞍俯伏而過。都不問。門畢復行正門。亦不問。有控馬卒歲滿辭公。公問汝控馬幾時。曰五年矣。公曰。吾不省有汝。既去。復呼回曰。汝乃某人乎。於是厚贈之。乃是逐日控馬。但見背未嘗視其面。因去。見其背方省。

四庫本其五「恐四方聞之無以威遠」句（八七四—一一〇上）。日刊本「四方」作「夷狄」。

卷十四

寇萊公章

四庫本其二「敵兵既退求和……敵嫌其少。利用復還奏之」句（八七四—一一四下）。日刊本「敵」字皆作「虜」。又「利用至其帳。果以三十萬成約而還」句。日刊本「其」作「虜」。

張乖崖章

四庫本其六「景德中。敵人犯邊」句（八七四—一一六下）。日刊本「敵人」作「虜寇」。

韓魏公章

四庫本其四「自古被這般官爵引得壞了名節爲不少矣」句下有闕文（八七四—一一九上）。日刊本作「後得寬夫書云。君實作事今人所不可及。須求之古人。已上見魏王語錄」

卷十五

四庫本「趙韓王」三則之後少錄「盧多遜」一則（八七四—一二三下）。日刊本其文如下

太祖皇帝以神武定天下。儒學之士初未甚進用。及卜郊肆類。備法駕。乘大輅。翰林學士盧多遜攝太僕卿。升輅執綏。且備顧問。上因歎儀物之盛。詢政理之要。多遜占對詳敏。動皆彌旨。他日上謂左右曰。作宰相當須用儒者。盧後果大用。蓋肇於此。沂國公筆錄。

劉綜章

四庫本「遵海遺賫貢見上。綜時年十六歲」句（八七四－一二六上）。日刊本作「遵誨遺綜貢馬於朝。還日。太祖解眞珠盤龍帶遺賫賜遵誨。綜時年十六歲」。又後文「吾委遵誨以方面。不謂爾善之」句（同上）。日刊本作「吾委遵誨以方面。不得以此爲較。後雍熙二年擢第於梁顥牓中。同年錢若水深器之。推挽於朝。」

唐質肅章

四庫本「然歷君多未可謂完節」句（八七四－一二六下）。日刊本作「然歷君雖多。不間以大忠致君。亦未可謂之完」。

寇萊公章

四庫本「至有以契丹狃開運之勝聞於上者」句（八七四－一二七下）。日刊本「契丹」作「北戎」。

司馬溫公章

四庫本其二「其後物貴而和糴不解。遂爲陝西河東之病。上曰。行之久矣。民不以爲病也」句（八七四－一三○上）。日刊本作「其後物貴而和糴不解。遂爲河東世世患。臣恐異日之青苗。亦如河東之和糴也。上曰。陝西行之久矣。民不以爲病也」。

卷十六

王元之章

四庫本「請明數繼遷罪狀募諸部殺之」句（八七四－一三二上）。日刊本「部」作「胡」。又其後之闕文

（八七四－一三二下）。日刊本作「衆」。

卷十七

賈黃中章

四庫本「因發鑰得寶數十櫃……數不可計」句中有闕文（八七四－一三九上）。日刊本作「因發鑰得寶數十櫃。乃勝國宮闈所遺之物。不隸於籍。數不可計」。又後文之闕字（八七四－一三九下）。日刊本作「幸」。

趙閱道章

四庫本「後知成都。並二」句下注闕（八七四—一三九下）。日刊本作「（並二）侍者無矣。至（和中）」。又其後之闕字。日刊本作「數」。

宣祖配天章

四庫本「有司因請常祀。祈穀神州明堂以宣祖崇配。圜兵北郊雩祀以太祖崇配。奏可」句（八七四—一五一上）。日刊本作「有司因請孟春祈穀。孟冬神州。

季秋大饗明堂。請以宣祖配冬至祀昊天。夏至祀皇地祇。孟夏雩祀。從之。」

卷十九

鐘章

四庫本「然至今言樂者又下其聲」句（八七四—一五七上）。日刊本作「然至今言樂者猶以爲高云。今黃鐘乃古夾鐘也。景祐中李照作新樂。又下其聲」。

抛毬曲章

四庫本「觀宮女戲毬曲十餘闋。爲之傳敍其事甚詳」句（八七四—一六〇下）。日刊本作「觀宮女戲毬。山陽蔡繩爲之傳。敘其事甚詳」。

歌曲章

四庫本「則歌者非郢人也。其曰陽春白雪。國中屬而和者不過數十人」句中有闕文（八七四—一六一上）。日刊本作「則歌者非郢人也。其曰下里巴人。國中屬而和者數千人。陽河薤露。和者數百人。陽春白雪

。和者不過數十人」。

卷二十

乾德樂章

四庫本其二「先是晉天福末契丹之亂。中朝多事」句（八七四—一六七上）。日刊本「契丹之亂」作「戎虜亂華」。

卷二十一

茶利章

四庫本其四「蓋自景德中北敵入寇之後」句（八七四—一七六下）。明鈔本「敵」作「戎」。又「恕在任。值北敵講解」句（同上）。日刊本「敵」作「虜」。

詔藩鎮支郡直屬京師章

四庫本「宋亳鄆濟漕單師不隸節鎮」句中有闕文（八七四—一七八上）。日刊本作「宋亳鄆濟漕單青淄袞沂貝冀滑衛鎮深趙定祁等支郡。並直屬京師。不隸節鎮」。

卷二十三

張客省章

四庫本「瀛州城本隘狹。景德中幾爲北敵所破」句（八七四—一九〇下）。日刊本「敵」作「虜」。

韓稚圭章

四庫本「惟外夷洎僧尼許從夷禮而焚柩」句（八七四—一九一下）。日刊本「外夷」作「胡夷」。

卷二十四

四庫本於「國朝宰相爲僕射」與「李相四美」兩章之間似少錄一章（八七四—二〇〇上）。日刊本其文如下

竇氏父子

先公嘗言。故右諫議大夫致仕竇禹鈞薊人。累佐使府。頗著名。府有子五人。儀儼侃偁僖。俱以進士及第。洎禹鈞懸車。儀儼已居華顯。瀛王馮中令嘗有詩贈禹鈞云。燕山竇十郎。教子有義方。靈椿一株老。丹桂五枝芳。儀終爲翰林禮部禮書。儼終翰林學士禮部侍郎。侃終起居郎。即吾同年第十二也。偁左諫議大夫參知政事。僖終左補闕。儀儼以文學擅大名。自侃已下亦有清望。俱不享壽考。惜哉。時人謂之竇氏五龍焉。

李相四美章

四庫本「又謂子貢曰。女爲君子儒。今上金口崇奬訓

諭」句（八七四—二〇〇下）。日刊本作「又謂子夏曰。汝爲君子儒。又稱季札曰。有吳延陵君子。是知善人君子乃男子之極善美之稱耳。而金口崇奬訓諭」。

玉堂之盛章

四庫本文中一處注闕（八七四—二〇六下）。日刊本作「楊礪錢惟演」。

弟拜相兄草麻章

四庫本首句有闕文（八七四—二〇六下）。日刊本作「錢希白於予爲從父兄也。天聖三年」。

賜宴觀御書章

四庫本三處注闕（八七四—二〇七上）。日刊本前闕字作「琪」。後句作「即召內品裴愈就賜御筵」。

卷二十五

進奏院章

四庫本「人給以銅朱印一紐」句後有闕文（八七四—二〇九下）。日刊本作「院即石熙載舊第也」。

中書五房章

四庫本「每房堂後第一人主生事」章（八七四—二一〇上）。日刊本作「每房堂後官三人。一主生事」。

又「逐房只置堂後堂一人□行遣文書至道中」句（八七四—二一〇下）。日刊本作「逐房有主事守當官名目。行遣文書至道中」。

憲銜章

四庫本「諸州郡」下注闕（八七四—二一七上）。日刊本作「（諸州郡）衙吏並假憲銜」。

賜飲宰相第章

四庫本有一處注闕（八七四—二一七上）。日刊本作「主」。

卷二十六

前任班趁辨章

四庫本「唐朝……闕則補之」句（八七四—二一九下

）。日刊本作「唐官有定員。闕則補之」。

賜笏頭帶章

四庫本「太宗制笏頭帶以賜輔臣。其」句下注闕（八七四—二二六下）。日刊本作「（其）罷免尚亦（服之）」。又後文亦有闕字。日刊本作「初舊服例皆如此。景祐三年八月方著詔其宰相罷免」。

卷二十七

銀臺司章

四庫本有一處注闕（八七四—二二八下）。日刊本作「封駮」。

步行學士章

四庫本首句有闕字（八七四—二二八下）。日刊本作「叔黃鑑輩」。

衛士章

四庫本之闕字。日刊本作「闌」。

功臣號章

四庫本「自是群臣相繼請」句下注闕（八七四—二二九下）。日刊本作「罷」。

使相節度使不領京師官局章

四庫本「東封西祀奉祀皆輔臣爲五使。南」句下注闕（八七四—二三二下）。日刊本作「南郊則用學士。仁宗籍田」。

卷二十八

太尉在三司之下章

四庫本「李載儀自司徒爲太保王智」句下注闕（八七四—二四二上）。日刊本作「興」。

罷代判官章

四庫本有注闕字（八七四—二四四上）。日刊本其句作「或有須籍人代判者。即於賓佐中擇公幹者充。不得吏任」。

卷二十九

制詞異名章

四庫本之闕字（八七四—二四五下）。日刊本作「宥」。又「賜外國曰著書」句。日刊本「著」作「藩」。

四庫本「答北敵書」（八七四—二四六上）日刊本作「答北戎書」。

傃直例章

四庫本其二之闕字（八七四—二五三下）。日刊本作「伴」。

卷三十

學士院章

四庫本之闕字（八七四—二五五下）。日刊本作「下」。

卷三十二

四庫本「後唐案檢」及「三省樞密院印用塗金」兩則之間有闕（八七四—二七三下）。日刊本其文如下

中國衣冠用胡服

中國衣冠自北齊以來乃全用胡服。窄袖緋綠。短衣長靿。靴鞢韄帶皆胡服也。窄袖利於馳射。短衣長靴便涉草。胡人樂茂草。常寢處其間。予使北時皆見之。雖王庭亦深草中。予至胡庭日。新雨過。涉草衣袴皆濡。惟胡人都無所霑。帶之所垂蹀躞。蓋欲佩帶弓劍帉帨筭囊刀礪之類。自後雖去蹀躞。而猶存其環。環所以銜蹀躞。如馬之鞦根即今之帶銙也。天子以十三環爲節。唐武德正觀時猶爾。開元之後雖仍舊俗。而

稍褒博矣。然帶鉤尚穿帶本爲孔。本朝加順折。蓋彌文也。幞頭一謂四腳。乃四帶也。二帶繫腦後垂之。二帶反繫頭上。令曲折附頂。故亦謂之折上巾。唐制唯人主得用硬腳。晚唐方鎭擅命。始僭用硬腳。本朝幞頭有直腳。局腳。交腳。朝天。順風。凡五等。惟直腳貴賤通服之。又庶人所戴頭巾唐人亦謂之四腳。蓋兩腳繫腦後。兩腳繫頷下。取其服勞不脫也。無事則反繫于頂上。今人不復繫頷下。兩帶遂爲虛設。

乾德鑄印章
四庫本「自言其祖」句下注闕（八七四—二七六上）
。日刊本作「思唐」。
禁焚屍章
四庫本「惟外夷禮洎僧尼許從夷禮而焚柩」（八七四
—二七六下）。日刊本「外夷」作「胡夷」。
卷三十三
臣僚卒輟朝章

四庫本「自後遵用其制而」句下注闕（八七四—二七
九上）。日刊本作「而日曆實錄國史皆遺其事」。
接伴遼使章
四庫本凡「遼」字（八七四—二八二下）。日刊本皆
作「虜」。又「嫌朝服太長。步武縈足。欲從其俗」
句（同上）。日刊本「從其俗」作「復左衽」。
置宗正及教授等官章
四庫本闕字（八七四—二八三下）。日刊本作「逐」
。
卷三十四
夏文莊章
四庫本其四於「遂改潤州金壇主簿」句與「平生好爲
詩」之間似有闕文（八七四—二八九下）。日刊本作
「後數年舉制科對策。庭下有老官者。前揖曰。吾閱
人多矣。視賢良。他日必貴求一詩以誌今日之事。因
以吳綾手巾展於前。鄭公乘興題曰。簾內袞衣明黼黻
殿前旌旆雜龍蛇。縱横落筆三千字。獨對丹墀日未斜

。是年制策高等。平生好爲詩」。
卷三十五
梅聖俞章
四庫本闕字處（八七四—二九六下）。日刊本作「送
」。又後文「公聞靈州緇衣戎服」句。日刊本作「公
聞靈州陷。衣胡服」。
范補之章

四庫本其二「始寇萊公南遷日經此酌泉。誌壁而去。未幾。丁晉公竄朱崖復經此。禮佛留題而行。天聖中范諷以殿中丞安撫湖南至此寺。覩二相留題。徘徊慨歎。留詩於寺」句（八七四—二九八下至二九九上）。日刊本作「始寇萊公南遷日。題於東楹曰。平仲酌泉經此回望北闕。黯然而去。未幾丁晉公又過之。題於西楹曰。謂之酌泉。禮佛而去。後范補之爲湖南安撫。留詩於寺。」

馮太傅章

四庫本「碧眼健兒三百騎」句（八七四—二九九下）。日刊本「健兒」作「胡兒」。

蔡子正章

四庫本其一之闕字（八七四—三〇一下）。日刊本作「自廣」。又後文「聖主憂邊。威懷遐遠。驕蹇尚寬天討」句。日刊本作「聖主深仁。威稜遐布。驕虜尚寬天討」。

卷三十七

朱台符章

四庫本「俊邁敏博少有」下注闕（八七四—三一一下）。日刊本作「賦」。又其下之「各」字。日刊本作「名」。「又曰顰多而翠黛難成。望」下注闕。日刊本作「極」。又末句「只少」下日刊本作「原夫」。

王嗣宗章

四庫本兩處注闕（八七四—三一四下）。明鈔本該句作「因抉摘言放陰事數條」。

卷三十八

於越亭詩章

四庫本「世業陷邊塵。草色迷征路」句（八七四—三一七上）。明鈔本「邊」作「胡」。

雍熙以來文士詩章

四庫本闕字處（八七四—三一七上）。日刊本作「（

如）侍讀兵部者」。

錢惟演劉筠警句章

四庫本「太守更籌沃漏長。雲」下注闕（八七四—三二一下）。日刊本作「月」。又「鼓音」下之闕文。日刊本作「（鼓音）記里繩阡遠」。

近世釋子詩章

四庫本「江南僧元淨夢」下之闕字（八七四—三二二上）。日刊本作「眞」。

卷三十九

酒帘章

四庫本「適王經此。對如其言。大喜。嫗至府」句（八七四—三二七上）。日刊本作「自此酒售數倍。王果大喜。呼嫗至府」。

卷四十

四庫本「西山詩」與「奏獻浼瀆」兩則之間少錄一則（八七四—三四三下）。日刊本其文如下

使虜

余尙書靖使契丹。能爲胡語。契丹愛之。及再往。虜情亦親。余作胡語詩云。夜筵沒邏侈盛也臣拜洗。受賜也。兩朝厰荷通好也情幹勒。厚重也。微臣雅魯拜魯也祝若統。福祐也。聖壽鐵擺嵩高也俱可ロ勿反忒無極也。虜主舉大盃。謂余卿能道此。我爲卿飲。余復言之。虜主大笑。遂爲釂觴。漢史記槃木白狼詩。漢語則協韻。夷語不諧。其實時人先作詩。及反用夷

語譯出。不知余眞夷語也。劉亟相沆使虜。使氣凌壓之。契丹館客嘗言。舊人有語云。有酒如澠。繫行人而不住。未有能對者。劉即應曰。在北曰狄。吹出塞以何妨。仁宗時待北虜有禮。不使纖微迕之。兩公俱坐謫官也。

奏獻浼瀆章

四庫本「太祖親征北庭……朔野凍雲飛」句（八七四—三四三下）。明鈔本「北庭」作「北虜」。「朔野

」作「胡野」。

卷四十一

楊文公章

四庫本錄三則（八七四—三四六上）。日刊本有四則。其闕一則如下

楊大年爲學士時。草答契丹書云。鄰壤交歡。進草既入。眞宗自注其側云。朽壤鼠壤糞壤。大年遽改爲鄰境。明旦引唐故事。學士作文書。有所改爲。不稱職當罷。因丞求解職。眞宗語宰相曰。楊億不通商量。眞有氣性。見盧陵居士歸田錄

卷四十一

胡武平章

四庫本注闕處（八七四—三四六下）。日刊本作「受旨」。

夏英公章

四庫本其一有一處注闕（八七四—三四八上）。日刊本作「勒事」。

四庫本其二「後公有辭使契丹表云。義不戴天」句（八七四—三四八上）。日刊本作「後公爲舍人。丁母憂。起復奉使契丹。公辭不行。其表云。父沒王事。身丁母憂。義不戴天。」

凌俶章

四庫本闕字處（八七四—三四八下）。日刊本作「在壁者」。

陶穀章

四庫本「契丹來侵」句（八七四—三四八下）。日刊本作「北戎來侵」。又闕處作「即」。又「漢北有不賓之國。山東屯代叛之師。敵陣未收。將星先落」句（八七四—三四九上）。日刊本「國」作「虜」。「代」作「伐」。「敵」作「雲」。

潘佑章

四庫本一處注闕（八七四—三四九上）。日刊本其句

作「(詞)理精當。雄富典(麗)」。

徐鍇章

四庫本「校秘書時」下有闕字(八七四—三四九下)。日刊本作「吳」。又下文「劉積言云」下之闕文。日刊本作「喪見」。又「後漢杜篤」下之闕文。日刊本作「論」。

卷四十二

湯悅章

四庫本於「世宗每覽江南字。形於嗟歎」句下注闕(八七四—三五〇下)。日刊本作「世宗每覽江南文字。形於嗟重。當時朝臣沈遇馬士元皆以不稱職改授他官。復用陶穀李昉爲舍人。其後擢用扈載。率由此也。」楊文公談苑

章懿太后神道碑

四庫本「膺先帝」下有闕文(八七四—三五二下)。日刊本作「膺先帝權祐之托。難爲直致」。

奬詞臣章

四庫本闕字(八七四—三五三下)。日刊本作「受降」。

音韻章

四庫本「熙寧中有人自彼中得之」句(八七四—三五五下)。日刊本「彼中」作「虜中」。

歐陽文忠公章

四庫本闕字(八七四—三五六上)。日刊本作「兩」。

卷四十三

陳希夷章

四庫本「與語頗」下注闕(八七四—三五七上)。日刊本作「與之聯(和詩什)」。又下文之闕字。日刊本作「遁」。

四庫本其二「賜號希夷。久之辭歸」句(八七四—三五七下)。日刊本作「賜號希夷。屢與之屬和。久之

辭歸」。

卷四十三

魏野章

四庫本闕字（八七四—三五九上）。日刊本作「昭」。

史延壽章

四庫本「視貴賤坐輒箕踞」句（八七四—三六〇下）。日刊本作「視貴賤如一。坐輒箕踞」。又「我無求

於相公。開門延之」句。日刊本作「我無求於相公。相公自欲見我耳。爾不開門。我逕還矣。閽者走白公。公開門延之」。

卷四十五

申國長公主入道章

四庫本其一末句有闕字（八七四—三七四下）。明刊本作「申國俗壽止三十八。尼夏十有六人入滅」。

四庫本「番僧法調」（八七四—三七七下）。日刊本作「胡僧法調」。

喻浩造塔章

四庫本「阿育王所造八萬四千」下注闕（八七四—三七八下）。日刊本作「而此震旦」。

四庫本「王中正」與「王參政」兩則之間少錄一則（八七四—三八〇下）。日刊本其文如下

方士謁鍾弱翁

鍾弱翁傳帥師平涼。戎事有間。延賓客。一日有方士

偕衆道通謁。幅巾衣白紵。短不掩骭。氣局廣深。進退從容中度。從牧童牽黃犢立庭下。弱翁異之。指牧童曰。道人頗能賦此乎。笑曰。不煩我語。是兒能之。牧童乃擘牋放筆大書曰。草鋪橫野六七里。笛弄晚風三四聲。歸來飽飯黃昏後。不脫蓑衣臥月明。既去。郡人皆見方士擔兩大瓮長歌出郭。跡之不見。章質夫聞曰。瓮乃二口。豈呂洞賓耶。見西清詩話

日本僧章

四庫本「塞馬猶向北風。土人莫忘日本」句（八七四—三八一下）。日刊本「塞馬」作「胡馬」。

卷四十六

禮法師章

四庫本闕一字（八七四—三八六上）。日刊本作「（晚）結十（僧）」。

卷四十七

苗訓章

四庫本「此曆更二十年方見其差」句下注闕（八七四—三九三下）。日刊本作「亦有知之者」。

王慶之章

四庫本首數句多處注闕（八七四—三九六上）。日刊本作「僕射相國王公至道丙申歲爲譙慕。因按逃困飢而流亡者數千戶。力謀安集。疏奏乞貨粒牛糧。懇訴甚苦」。

張密學章

四庫本有一處注闕（八七四—三九六下）。日刊本作「垂箔立軒陛。久之。隔箔曆聲（曰）」。

卷四十八

呂端公章

四庫本「命子隨行」下之闕字（八七四—四〇七上）。日刊本作「糾」。又其後「青衣」下之闕字。日刊本作「童」。

韓魏公章

四庫本「公之名住當如州東」下之闕字（八七四—四〇八下）。日刊本作「相」。

卷四十九

名亭章

四庫本「後謌遷太子中允停官。陳有方知蘄水縣」句（八七四—四一四下）。日刊本作「後謌遷太子中允停官。或者解曰。允中亭者官至中允而停也。太子中舍陳有方知蘄水縣」。

邃請殿學士章

四庫本文中之闕字（八七四—四一五下）。日刊本作「邵」。

角聲章

四庫本文中有闕字（八七四—四一七上）。日刊本作「滿」。

卷五十

王繼忠章

四庫本「此人可訝。半生仕中朝半生事外國」句（八七四—四二六上）。日刊本作「此人可訝。半生食漢祿半生食胡祿」又後文除「景德初敵人乞和」句之「敵」作「戎」外。其餘凡「敵」字皆作「虜」。又末句「改姓耶律。卒於外國」句（八七四—四二六下）。日刊本「外國」作「虜人」。

此卷末四庫本止於「寇忠愍」章（八七四—四二七上）。日刊本其後尚有五則如下

曇穎機辯

錢子高明遠始中大科。知潤州。值上元於因勝寺法堂設戲幄。庭下方以花塼遍甃嚴雅始新。子高筋役徒。掘磚埋柱。時長老達觀師曇穎者。法辯迅敏。度其氣驕難諷。但佯其語曰。可惜打破八花磚。錢猒之。謹不敢動。

契嵩師

吾友契嵩師熙寧四年沒於餘杭靈隱山翠微堂。火葬訖。不壞五物。睛舌鼻耳毫數珠。時恐厚誣。以烈火重

煆。煆之愈堅。嵩之文僅參韓柳間。治平中以所著書曰輔教編。攜詣闕下。大學者若今首揆王相歐陽諸巨公。皆低簪以禮焉。王仲儀公素爲京尹。特上殿以其編進呈。許附教藏。賜號明教大師。嵩童體潔。至死無犯。火訖張器不壞。此節可高天下之士。余昔怪其累夕講談。音若淸磬。未嘗少嗄。及終方得其驗。嵩字仲靈。藤州人。詩類老杜。楊公濟蟠收全集。公濟

深伏其才。答高詩有千年猶可吳邦之句。在集。

無名高僧

成都無名高僧者。誦法華經有功。雖王均李順兩亂於蜀。亦不敢害。一旦忽一山僕至寺言。先生來晨請誦經。在藥市奉候。至則已在引入溪嶺數重烟嵐中。有一跨溪山閣所居也。僕傳其語曰。先生請師誦經。老病起晚。誦至寶塔品。願見報。欲一聽。至此品。報之果出。野服藜杖。兩眉垂肩。但嘿揖焚香側聽。聽

罷遂校何人知吾欲此對以十四秀才。既而力爲延譽。拯於孫漢公牓等甲成名。見倦遊雜錄

許希

天聖中。仁宗不豫。國醫進藥久未效。或有薦許希善用針者。召使治之。三針而疾愈。所謂興龍穴者是也。仁宗大喜。遽命官之。賜予甚厚。希既謝上。復西北再拜。仁宗怪問之。希曰。臣師扁鵲廟所在也。仁宗嘉之。是時孔子之後久失封爵。故顏太初作許希詩以諷之。於是詔訪孔子四十七代孫襲文宣王。

竇仁惠

竇儼字望之。薊門人。善推步。逆知吉凶。盧多遜楊徽之俱爲拾遺。儼謂曰。丁卯歲五星聚奎。自此天下太平矣。恨儼不得與也。二拾遺則見之。范蜀公蒙求

二

晉公嘗言。竇家二侍郎儼爲文宏贍。不可企及。有集一百卷。得常楊之體。又撰釋門數事五十件。從一至

百數皆節其要妙曲。故又善術數。聽聲音而興廢之世。撰大周樂正一百卷。周世宗時用兄儀在翰林爲學士。常鄙其詭怪。世宗常令陶人應二十四氣。燒二十四片瓦。各題識其節氣。遂隔簾敲響令下云。無差謬。嘗指明德門。謂盧楊二校書曰。此門相次變爲大宮闕。兵漸消偃。天下太平。幾乎似開無天寶耳。然京師人卻甚逼迫。二校書將來富貴皆見之也。盧雖書軌混同。多遜爲相。貶朱崖而已。微之爲尚書。年皆如其

言。又儀於堂前彫造倚子二隻。以祗右丞洎夫人同坐。儼忽見之。謂兄曰。好工夫。奈其間一隻至甚月日先破。儀於是以幕覆於屏風後。愛護不用。果至是日。有大人至。儀弟其從人不知。急於屏風後取此倚子。就門外下馬。遂爲馬所傷而碎之。此晉公聞楊微之面書說也。又儼謂其弟偁參政曰。儼兄弟五人皆不爲相。兼揔無壽。其閒惟四哥稍得。然結果得自家兄弟姊妹了亦住不得。後偁果爲參政。只有王家大夫人即

王沔參政之母儀儼之妹也。無何亦得疾而逝。偁尋以抱疾而嘆曰。二哥嘗言。結果得自家兄弟姊妹了亦住不得。必不可矣。果數日而薨。晉公嘗謂竇侍郎乃今之師曠也。晉公即偁之婿。

卷五十二

秘閣藏書章

四庫本「端拱元年以崇文院之」下闕字（八七四—四三五下）。日刊本作「中」。又後文「及前賢李王跡數千軸」句（八七四—四三六上）。日刊本「李王」作「墨」。

秘閣畫章

四庫本「千角鹿出出塞外。觀其所畫誠妙筆也」句（八七四—四三七上）。日刊本「塞外」作「虜中」。

張維章

四庫本「維自負其能。少所可意於院內」句（八七四—四三八下）。日刊本作「維自負其能。少肯降屈。

入院內」。

畫三朝聖跡章

四庫本「咸具詔學士李淑等」句下注闕（八七四—四三九下）。日刊本作「譔次序贊爲十卷。曰三朝訓鑒圖。鏤板印賜大臣宗室」。

卷五十三

李成章

四庫本「雖（闕）柏王繼李思訓之徒」句（八七四—

四四八上下）。日刊本作「雖昔稱王維李思訓之徒」。

卷五十四

曆術章

四庫本止於「此誤某字。其精如此」句（八七四—四五五上）。日刊本其下尚有數句如下「大乘除皆不下照位。運籌如飛。人眼不能逐。人有故移其一筭者。朴自上至下。手循一遍。至移筭處則撥正而去。熙寧

中撰奉元曆。以無候簿。未能盡其術。自言得六七而已。然已密於他曆」。見沈括筆談

圍棊章

四庫本其一末句作「東漢馬融著賦焉」（八七四—四五六上）。日刊本其下尚有「今皇帝善弈。可稱絕格也。何耶。凡諸道進棋者皆秋國格。及賜侍御也。盡校二道三道焉。御製局角圖勢數卷班行」。數句

彈棋章

四庫本「四角微隆起」句與「李商隱詩」句下有闕文（八七四—四五六下）。日刊本作「今大名開元寺佛殿上有一石局。亦唐時物」。又日刊本錄兩則。四庫本所闕者如下「彈碁。葛洪西京雜記云。漢成帝好為蹴鞠。群臣以此勞體。非至尊所宜。帝曰。朕好之。擇似此而不勞者。奏之。時劉向乃作彈棋以獻。帝甚悅。賜青羔毬紫絲屐服。以朝覲焉。梁冀善彈棋也。魏文帝好擊劍彈碁。彈碁最精。以巾拂之。他無敵者。自矜奇絕。有客稱能賜之偶局。而所戴葛巾拂擊勢

奇敏焉。藝經云。彈碁二人對局。白黑各六枚。列棋相當。更先彈也。局以石作焉。或云宫中粧奩戲。不知造者。故有鏊背局。似香奩蓋故也。用紅綠牙作碁。上下字號之。手指碁局。取勢相擊。墮多者為負。排之上狹下寬。名八勢也。宋帝嘗謂杜道鞠彈碁為一絕。南朝盛行。太平興國中宣問能者。進局并碁子。上習未久而極其妙焉。」見贊寧要言

卷五十五

史吉章

四庫本文中凡「敵」字（八七四—四六五上）。日刊本皆作「虜」。

任福章

四庫本「有勇幹者除」句下注闕（八七四—四六五下）。日刊本作「有勇幹者除前班官。任以邊事。除福莫州刺史充嵐石濕州都巡檢使。尋改鳳翔秦鳳階成等

路。駐泊馬步軍副都部署。兼知隴州。康定元年遷沂公團練使。充鄜延路駐泊兵馬部署。尋徙知慶州。兼邠寧環慶路兵馬部署。安撫使。是歲九月。福與諸將攻元昊白豹城。援之。破其四十餘帳。獲僞防禦團練使等七人。朝廷賞其功。遷賀州防禦使。兼神龍衛四廂都指揮使。月餘又遷侍衛親軍都虞候。明年春受詔乘傳。至涇原與陝西都部署經制邊事。二月元昊寇渭州。福與諸將出兵合數萬人。禦之先戰小利。乘勝直進。至三川口。忽遇虜兵且二十萬。官軍大敗。矢中福子懷亮之嗌。懷亮墜馬。援福馬鞅告之。福猶趣以疾戰。虜擊懷亮墜崖死。福策馬運四刃鐵簡與虜鬥。身被十矢。頰中二刃。乃爲虜所殺。時年六十一。上聞而惜之。贈武勝軍節度使檢校太尉兼侍中。進封其母董氏。爲隴西郡太夫人。妻王氏封瑯琊郡夫人。子懷德除供備庫副使。懷亮贈率府副率。懷譽除供奉官。懷謹侍禁。孫惟恭惟讓皆除殿直。姪懷玉除借職

。賜田宅。賻贈甚多。」

卷五十六

四庫本「敵未至而民已殘矣」句（八七四—四六七下）。日刊本「敵」作「狄」。

辛仲甫章

四庫本自「敵主曰。中朝黨進者眞驍將也」句以下（八七四—四七一下）。凡「敵」字日刊本皆作「狄」。又「以爲進本北人」句。日刊本「北人」作「虜族

」。又「嘗笑李陵輩苟生。甘恥于荒遠之城。無足取
也」句。日刊本「荒遠之城」作「羊酪之域」。
折御卿章
四庫本「敵中號爲突厥」句（八七四—四七二上）。
日刊本「敵」作「虜」。又後文「乃御卿四世孫。不
類武夫」句。日刊本「武夫」作「胡種」。又末句之
闕字日刊本作「罕」。
馬太尉章

四庫本「知延州或人將謀入鈔。值上元。令大張燈。
累夕大開諸門。敵不測。即皆引去」句（八七四—四
七二下）。日刊本「或人」作「戎人」。「敵」作「
虜」。
雷宣徽章
四庫本「賊圍寺」下注闕（八七四—四七三上）。日
刊本作「數重。及寺壞。惟」。
王顯章
四庫本「契丹引數萬騎獵於威遠軍境。而梁門也。會
雨。敵弓皆皮弦」句（八七四—四七三下）。日刊本
「威遠」作「威虜」。「雨敵」作「兩虜」。
卷五十七
曹瑋章
四庫本文中凡「敵」字（八七四—四七六上）。日刊
本皆作「虜」。
李繼倫章

四庫本文中凡「敵」字（八七四—四七六下）。日刊
本皆作「虜」。又「威遠軍」日刊本作「威虜軍」。
又「彼但勇行。必忘其後」句。日刊本「彼但」作「
貪蛇」。又「邊人」作「胡人」。「邊廷」作「虜廷
」。
楊無敵章
四庫本文中凡「敵」字（八七四—四七九上下）。日
刊本皆作「虜」。

張文定章

四庫本闕字日刊本作「省」。又「邊人言敵欲入寇」句（八七四—四八一上）。日刊本「敵」作「虜」。

王武恭章

四庫本「北敵常呼其名以驚小兒。其爲外域畏服如此」句（八七四—四八三上下）。日刊本「北敵」作「北虜」。「外域」作「戎狄」。

狄武襄章

四庫本其二「漢似戎人戎似漢」句（八七四—四八四上）。日刊本作「漢似胡兒胡似漢」。

卷五十八

魏能楊延朗章

四庫本文中之「敵」字（八七四—四八六上）。日刊本皆作「虜」。

种世衡章

四庫本其一「北可以扼敵要衝」句（八七四—四八八上）。日刊本「敵」作「虜」。又其六則「吾方以信結諸部」句（八七四—四八九下）。日刊本「部」作「胡」。又其七「羌酋蘇慕恩部落最強」句（同上）。日刊本「羌」作「胡」。

王罕章

四庫本「罕不視」下之闕字（八七四—四九一上）。日刊本作「死」。又「最輸力」下之闕字（八七四—四九一下）。日刊本作「曰」。「唐勘」作「磨勘」

。

任福章

四庫本「使鳳川寨。監押」下之闕字（八七四—四九一上）。日刊本作「殿」。又其後「至白豹城各分」下之闕字（八七四—四九二上）。日刊本作「癸」。

趙延進章

四庫本文中之「敵」字（八七四—四九三下）。日刊本作「虜」。

卷五十九

陳恭公章

四庫本「歐陽文忠公等皆是後進。雖貴顯而眷盻亦衰」句中有闕文（八七四－四九五下）。日刊本作「歐陽文忠公嘗問蘇子容曰。宰相沒二十年。能使人主追信其言以何道。子容言。獨以無心故爾。某因贊其語。且言陳執中俗吏爾。特至公猶能取信主上。況如李公之才識而濟之以無心耶。時元祐三年。興龍陽宴尚書省論。是日又見王鞏云。其父仲儀言陳執中罷相。仁宗問誰可代卿者。執中舉吳育。上即召赴闕。會乾元侍宴。偶醉坐睡。忽驚顧拊床。呼其從者。上愕然。即除西京留臺。以此觀之。執中雖俗吏。亦可賢也。育之不相命矣夫。然晚節有心疾。亦難大用。仁宗非棄材之主也。東坡集

姜遵

范仲淹字希文。早孤。從其母適朱氏。因冒其姓。與

朱氏兄弟俱舉學究。少尪瘠。嘗同衆客見諫議大夫姜遵。素以剛嚴著名。與人不款曲。衆客退。獨留仲淹引入中堂。謂其夫人曰。朱學究年雖少。奇士也。他日不唯爲顯官。當立盛名於世。參坐置酒。待之如骨肉。人莫測其何以知之也。年二十餘始改科舉進士。

高保寅

高保寅字齊巽。歸朝知懷州。時蘇易簡王欽若並妙年在同州。錢若水爲從事在光化軍。張士遜其邑人也。保寅一見。皆許以遠大。議者多其知人。范蜀公蒙求

胥內翰

宋鄭公庠省試良玉不琢賦。號爲擅場。時太宗胥內翰偃考之酷愛。必謂非二宋不能作之。奈何重疊押韻。一韻內有環奇擅名。及曾無刻畫之名之句。深惜之。密與自改擅名爲擅聲。後埒之於第一。殆發試卷。果鄭公也。胥公孳孳於後進。故天聖明道間得譽於時。若歐陽公等皆是後進。雖貴顯而眷眄亦衰。

南宮誠章

四庫本闕字（八七四—四九六上）。日刊本作「後」。

卷六十

論取火章

四庫本「此五常之」下有闕字（八七四—五〇三下）。日刊本作「此五帝之世」。

跳兎章

四庫本「予使北日捕得數兎持歸」句（八七四—五〇七下）。日刊本「北」作「虜」。

卷六十一

杜文正章

四庫本文末注闕（八七四—五一八上）。日刊本作「又同」。

陶尚書章

四庫本「吾輩無怪兵革之憂……後皆盡然」句（八七四—五一八下）。日刊本作「吾輩無左衽之憂。有眞主已在漢地。觀虜帳騰蛇氣纏之。虜主必不歸國。未幾德光薨於漢。又孛東起。芒侵於北谷。曰胡雛非久。自相吞噬。安能亂華。後皆盡然」。

寶仁惠公章

四庫本「三漏之籥。八漏之篪」句間有闕文（八七四—五一九上）。日刊本作「七漏之笛」。

卷六十二

辰砂章

四庫本「大者重七八兩至十兩。小者五六兩」句（八七四—五二一下）。日刊本作「大者重七八斤價十萬。小者五六萬」。

蟻鮓章

四庫本文中闕字（八七四—五二三下）。日刊本作「錢」。

西域山水章

四庫本「昔人文章用北邊事多言黑山」句（八七四—五二四下）。日刊本「北邊」作「北狄」。又下文之「遼人」日刊本作「胡人」。「黑水部」作「黑水胡」。

西溪寺名章

四庫本末句作「故知其詳」（八七四—五二八下）。日刊本其下尙有「或以爲褒所獻琢爲蒼璧。未審孰是」一句。

卷六十三

建州多佛刹章

四庫本闕字（八七四—五四〇上）日刊本作「僞唐」。

按四庫本錄二十四門六十三卷。日本刻本尙多四門。並自卷六十二起至卷七十八止。其文如下

卷六十二　風俗雜誌

汜水關有唐高祖太宗像

汜水關東北十餘里即等慈寺。乃唐太宗擒竇建德時下榮之地也。關之西峰曰昭武廟。有唐高祖太宗塑像共處一殿。高祖狀貌如五十許人。儀狀博碩而不甚長。幅巾縷金。赭袍玉帶。躡靴合爪。西南嚮立蓮花上。太宗狀如十七八少年。風骨淸瘦。衣淺黃縷金袍玉帶。手捧冠。制度類遠遊。露首東北向。跣立蓮花上。詢諸士大夫。竟不知其儀制之由。廟乃會昌中所毀佛寺之殿也。至今不傾圮。倦遊雜錄

二

孟州汜水縣有武牢關。城內有山數峰。一峰下有唐昭武廟。按李德祐會昌一品集載昭武廟乃神堯太宗塑像。今殿內有二人立。而以冠傅付之貌。或云失二帝塑像。而但存侍者故也。李學士家談

象祠

道州永州之間。有地名鼻亭。窮崖絕徼。非人跡可歷。其下乃瀟水。無湍險。俗謂之麻灘。去兩州各二百

餘里。岸有廟。即象祠也。孟子曰。舜封象於有庳。所以富貴之也。噫。旣遠不可考。知其以今揆之。此地非遷。孰有肯居也。倦遊雜錄

五丈河

京水自營陽來至于汴。有陳承昭者。本江南節度使。將兵淮上。爲世宗所擒。以爲上將軍。習知水利。國初上言可導京水入踰汴。東北注爲河。通山東之漕。遂遣按行京東地任下。遂調民穿渠貫曹鄆入于黃河。

以大木架汴流上。道京水以過。將引流。車駕臨觀兩淮。未合聯木施芻草氈絮塗茭。泥水即隨過北流爲河。其廣五丈。號五丈河。歲運京東諸州芻粟五十萬斛。商旅交湊。至今賴其利。楊文公談苑

太常寺

太常寺舊在興國坊。今三班院是也。景祐初。燕侍郎肅判寺廳事畫寒林屏風。時稱絕筆。其後爲判寺。好事者竊取之。嘉祐八年。徙寺於福善坊。其地本開封府納稅所。英宗在藩邸。判宗止寺。築爲廨舍。旣成。而已立爲皇子。遂爲太常所請焉。李學士家談

赫連城

延州故豐林縣城。赫連勃勃所築。至今謂之赫連城。緊密如石。斸之皆火出。其城不甚厚。但馬面極長且密。予親使人步之。馬面皆長四丈。相去六七丈。以其馬面密。則城不須太厚。人力亦難兼也。予曾親見攻城。若馬面長。則可反射城下。攻者兼密。則矢石

相及。敵人至城下。則四面矢石臨之。須使敵人不能到城。乃爲良法。今邊城雖厚。而馬面極短且疏。若敵人可到城下。則城雖厚。終爲危道。其間更多到其角。謂之團敵。此尤無益。全籍倚樓角以發矢石。以覆護城腳。但使敵人備處多。則自不可存立。赫連之城深可爲法也。湘山野錄

田

兩浙有葑田。蓋湖上茭葑相樛。結積久厚至尺餘。潤

沃可殖蔬種稻。或割而賣與人。有任浙中官。方視事
民訴失蔬圃。讀其狀甚駭。乃葑園爲人所竊。以小舟
撑引而去。楊文公談苑

開冰

國朝開氷祭司寒常以四月。蓋取豳詩四之日。獻羔祭
韭。殊不知四之日乃今之二月。秘書監李至上言引典
故請改正。太宗曰。今四月。韭可以苫屋矣。何謂薦
新。詔從之。筆談

仙

華岳張超谷嵒石下有僵尸。齒髮皆完。春時遊人多以
酒瀝口中。呼爲臥仙。好事者作木榻以薦之。嘉祐中
。有石方十餘丈。自上而下。正塞嵒口。豈非仙者所
蜕山靈不欲人之褻慢。

二

平涼西有崆峒山。乃廣成子修道之所。山之絕壁有石
穴。謂之皀鶴洞。鶴頂如丹。毛羽皆黑。日照之。金
色粲然。故其下有金衣亭。歲不過一二出。今其地乃
爲僧徒所据。鶴或見。則僧必死亡。反初者。並倦遊

雜錄

燕王好坐木馬子

故觀察使劉從廣燕王壻也。嘗語余。燕王好坐木馬子
。坐則不下。或飢則使就其上飲食。往往乘興奏樂於
前。酣飲終日。亦其性之異也。歸田錄

鬼神

歐陽少師爲河北都轉運。冬月按部滄景間。宿於野亭
。夜半聞車旆兵馬之聲。幾且不絕。問彼處人云。此
海神移徙。五七年間一有之。

劉溫叟不聽樂

先公嘗言。故御史中丞劉公溫叟敢尚名節。遵守禮法
。乃士林之龜鑑也。父名岳。平生不聽絲竹之音。然
亦好歡遇賓朋款狎。輒舉板小謳。時有譏之者。劉答
曰絲竹金石陳之於懸。總歸於一字。吾所不忍聞也。

至於謳者。乃詠歌之聲。予何避哉。然則禮不諱嫌名。二名不偏諱。劉不登嵩華之岳則可矣。而諱岳不聽樂。無乃過當乎。李學士家談

孔嗚射虎

孔嗚魯山處士。旼之弟也。爲順陽令。有虎來至城南。嗚師吏卒往逐之。嗚最居其前。虎據地大吼。吏卒皆失弓槍。偃仆。虎來搏。嗚有小吏。執研趍當其前。虎銜以去。嗚取獵戶毒矢。挺身逐之。左右諫不可

。嗚曰。彼何我死何忍不殺之。逐虎入山。十餘里。竟射中虎。奪小吏而還。小吏亦不死。涑水紀聞

老杜墳

杜甫終耒陽。藁葬之。至元和中。其孫始改葬於鞏縣。元微之爲誌。而鄭刑部文寶謫官衡州。有經耒陽子美墓詩。豈但爲誌。而不克遷或已遷。而故冢尙存耶。

列子廟

列子廟在鄭州圃田。其地有小城。廟貌甚古。相傳有唐李德祐王起題名。而前輩留紀甚多。景祐中。王文惠公爲章惠太后園陵使。還請葺之。於是舊跡都盡。今其牓陳文惠之筆。

綠髹器

綠髹器始於王冀公家。祥符天禧中。每爲會即盛陳之。然製自江南。頗質朴。慶曆後。浙中始造。盛行於時。

錢忠懿貢奉之物

忠懿錢尙父自國初歸朝。其貢奉之物著錄行於時。今大宴所施塗金銀花鳳狻猊壓舞茵蠻人及銀裝龍鳳鼓。皆其所進也。凡獻銀絹綾錦。乳香金器。玳瑁寶器。通天帶之外。其銀香龍香象師子鶴鹿孔雀每隻千餘兩。又有香囊酒甕諸什器。莫能悉數。祥符天聖經火多爇去。今太常有銀飾鼓十枚尙存。

諸郡樓

唐成都府有散花樓。河中府有董風樓。綠莎廳。楊州有賞心亭。鄭州有夕陽樓。有千岩樓。今皆易其名。或不復見。並李學士家談

長沙三絕

長沙人常自咤。吾州有三絕。天下不可及。貓兒頭筝一枝重秤鏊。黑潭取魚一網踰千斤。巨艦漕米一載萬石。倦遊雜錄

唐白文公集

唐白文公自勒文集成五十卷。後集二十卷。皆寫本。寄藏廬山東林寺。又藏龍門香山寺。高駢鎭淮南寄語江南西廉使。取東林集而有之。香山寺經亂亦不復存。其後履道宅爲普明僧院。後唐明宗子秦王從榮又寫本。寘院之經藏。今本是也。後人亦補東林所藏皆篇目次第。非眞。與今吳蜀摹板無異。

李太師手抄書

先公嘗言先伯太師仕後唐明宗朝爲著作佐郎集賢殿直

學士。精於史學。嘗手抄三史書。自撰三史要義一千首。其手抄三史書屬兵火亂離。多亡失矣。今尙存十數卷。

李邯鄲虛宅待夏公

夏鄭公爲宣徽使忠武軍節度使。自河中府徙判蔡州。道經許昌。時李邯鄲爲守。乃徙居他所。虛宅以待之。夏公以爲知體。

孔目官王仁魯知三館故事

先公嘗言吾周廣順初。丁先大師憂。服滿。再授校書郎。故相馮瀛王道爲昭文館大學士。引爲直館。本館孔目官王仁魯唐昭宗朝長安故吏也。年七十餘。衣朱紱。執笏。率其屬來參。吾以新進下位。不敢當其庭趍之禮。使人卻之。將以賓禮見仁魯。援引典故。且言中書令與兩畿簿尉雖名位不等。皆三館學士也。某等人吏豈有不拜本館學士。吾聞其言。遽出見之。仁魯等立於庭。俟吾座。然後旅拜。重疊叙致。頗有風

采。自是朔望必詣旦至第館中故事吾就仁魯而質焉。
吾顯德初任左拾遺充集賢殿修撰。本院孔目官李延遇
年六十餘。即伯父太師直學士院時書吏也。亦衣朱紱
來參謁。展賀既畢。又叙致奕世趍事之幸。吾聞其言
。不覺感愴。且喜其知禮也。今集賢院有伯父太師親
校後漢書一部尚在。青縹白卷者是也。並李學士家談

大夫字

古者大夫字便用疊畫寫之。以夫有大音故也。莊子及

李斯嶧山碑如此。

磬虀

樂石有磬。今浮屠持銅缽亦名磬。世人不識樂石。而
儒者往往不曉磬折義。故不識磬不能知缽。臼擣辛物
作虀。南方善之。所謂金虀玉鱠者。古說虀臼曰受辛
。是臼中受辛物。擣之。今北土謂寒菹爲虀。故不曉
受辛義。恨所不見也。景文公筆記

霓裳曲

王建霓裳詞云。第子歌中留一色。聽風聽水作霓裳。
霓裳曲今教坊尚能作其聲。其舞則廢。不傳矣。人間
又有瀛府獻仙音二曲。云此其遺聲也。霓裳曲前世傳
記論說頗詳。不知聽風聽水爲何事也。白樂天有霓裳
。頗亦無風水之說。第記之。或有遺亡者爾。廬陵歸
田錄

喪禮

居喪之禮近世滅裂。予嘗知辰州。居與蠻獠雜居。其

俗。父母喪。不啗粱鹽酪飛走之肉。惟食藜實蕎豆魚
菜而已。雖未合于古禮。而諸夏閭里之民不逮也。失
禮則求諸野。信哉。

名諱

山藥。按本草本名署預。唐代宗名豫。故改下一字爲
藥。今英廟諱犯上一字。若卻取下一字。呼蕷藥。於
理無害。

二

錢武肅王諱鏐。至今吳越間謂石榴爲金櫻。劉家留家爲金家。田家留住爲駐住。又楊行密據江淮。至今民間猶謂蜜蜂糖。滁人猶謂荇溪爲菱溪。則俗語承諱。久未能頓易故也。並青箱雜記

唐故事

京師風物繁富。而士大夫牽於事役。良辰美景罕或宴遊之樂。其詩至有賣花檐上看桃李。拍酒樓頭聽管絃之句。西京應天禪院有神御殿。蓋在水北。去河南府十餘里。歲時朝拜。官吏常若晨興而留守達官簡貴。每朝罷酒三行。不交一言而退。故其詩曰。正夢寐中行十里。不交言處喫三杯。其語雖淺近。皆兩京之實事也。澠水燕談

皀羅屏風

凡視五色皆損目。惟黑色於目無損。李氏有江南日。中書皆用皀羅糊屏風。所以養目也。王丞相在政府亦以皀羅糊屏風。

罨畫流蘇錫銷

昔之歌詩小說多言罨畫流蘇者。詢之朋游。莫知其狀。予嘗知廣南恩州。恩有匠人求見。問其所能。曰某善錫銷。亦不曉其事。再詰之。則曰。今京師所謂銀泥者是也。又問更有何藝。曰亦能畫罨。遽以小兒衣試之。乃今之生色也。又向在京師常到州西。過一委巷憩茶肆中。對街乃賃凶具之家。命其徒拆卸卻流蘇。乃是四角所繫盤線繪繡之毬。五色。昔謂之同心而下垂者。流蘇帳者。古人係帳之四隅以爲飾耳。

嶺南嗜好

嶺南人好啖蛇。其名曰茅鱓。草虫曰茅蝦。鼠曰家鹿。蝦蟆曰蛤蚧。皆常所食者。並倦遊雜錄

俚俗之語

司馬君實論九旗之名。與旂相近。緩急何以區別。小雅庭燎向晨。言觀其旂。左傳龍尾伏辰。取虢之旂。然則此旂當爲芹音耳。關中人言清濁之清。則不改清

字。丹青之靑則爲萋音。又以中爲烝。虫爲塵。不知旂本是芹音。亦周人語轉如青之言萋也。五方語言若是者多。閩人以高爲歌音。荆楚人以南爲難。荆爲斤。文士作歌詩亦多不悟者。眞宗時試淸明象天賦。有閩人破題云。天道如何。仰之深高。考官亦閩人。遂以中選。又荆南擧人爲雪詩始用先字。其後又云十二峰巒旋旋添。以添爲天也。向丞相敏中鎭長安。士人不敢賣蒸餠。云觸諱。

二

古詩云。袖中有短書。欲寄雙飛鷰。詩意以鷰春來秋去。似可寄書。故偶然耳。今人馴養家鴿通信。皆非虛言也。携至外數千里縱之。輒能還家。蜀人以事至京師者。以鴿寄書。不旬日皆得達及。賈人舶舡浮海。亦以鴿通信。陸機使黃耳寄書。此殆不然。自洛至吳。更歷江淮。犬何能浮水。必從舟檝渡犬。豈能諭意涉人也。若此大通神不可測度。則不從言說耳。或

者陸氏有奴名黃耳。因此以爲眞狗也。

三

南方之人謂水皆曰江。北方之人謂水皆曰河。隨方言之便而淮濟之名不顯。司馬遷作河渠書。并四瀆言之。子虛賦曰。下屬江河。事已相亂。後人宜不能分別言之也。

四

汾晉之間尊者呼左右曰咄。左右必諾。而司空圖作休休記文用之修唐書。學士劉義叟爲予言。晉書咄嗟而辨非是。宜言咄諾而辨。然咄嗟前世文章士多用。或自有義。

五

古今語無雅俗。唯世之罕道者似雅。如古以大爲太。音如舟拖之拖。則言大雅。大夫。大閱。大擧類。不及今人言大之爲雅。古以車音居爲車。昌遮反。漢已來乃言車。居。俗間曰車昌遮反。今縉紳大夫語必曰

車。居。與俗人語則曰車。昌遮反。則今語爲雅。並

景文公筆記

六

京師食店賣酸陷者。皆大出牌牓於通衢。俚俗昧於字法。轉酸從食。陷從酉。滑稽子謂人曰。彼家所賣餕餡。音俊。不知爲何物也。飲食四方異宜。而名號亦隨時俗言語不同。至或傳者。傳失其本。湯餅唐人謂之不托。今俗謂之餺飥矣。束晳餅賦有饅頭。薄持。起溲。牢九之號。惟饅頭至今名存。而起溲牢九皆莫曉爲何物。薄持荀氏又謂之簿夜。亦莫知何物也。

李虞部說

天聖中李虞部略。出知榮州。予自京師從行以歸。至望喜驛。綱角滿前才能通人過往。公顧而歎曰。民之於財利。如魚之於水。水深則魚蕃滋。遊嬉各得其性。竭則相濡以濕。豈暇於遊嬉。財利饒祐。則民樂於爲生。苟不足則盜賊爭訟。不可禁止。尙何責其孝弟

爲哉。蜀平距今六七年。輦輸不絕。民間可見矣。予嘗誦服斯言。自公之歎又四十餘年。有預買紬絹橫科絹帛筒鹽之類。不可具紀。則民間又可知也。初蜀人無出身者不得任鄉里官。公獻呂文靖公生辰詩。其卒章曰。此身若得西歸去。猶勝開籠放雀兒。公笑而甚憐之。未幾得榮州。並湘山野錄

嬉遊

風俗舊以二月二日爲踏青節。都人士女絡繹游賞。緹幕歌酒散在四郊。歷政郡守慮有彊暴之虞。乃分遣戍兵於岡阜坡冢之上。立馬張旗。卓望之。公曰。慮有佗虞。不若聚之爲樂。乃於是日自萬里橋以錦繡器皿結綵舫十數隻。與郡僚屬官分乘之。妓樂數船。歌吹前道。命曰遊江。於是郡人士女駢集於八萬里間。縱觀如堵。抵寶曆寺橋。出讌于寺內。寺前刱一蠶市。縱民交易。嬉遊樂飲。復倍於往年。薄暮方迴。公於馬上作歌。其略曰。我身豈比狂遊輩。蜀地重來治凋

瘵。見人非理則傷嗟。見人歡樂生慈愛。

卷六十三　談諧戲謔

詩嘲

冠萊公與張洎同爲給事中。公年少氣鋭。嘗爲庭雀詩玩張洎曰。少年挾彈何狂逸。不用金丸用蠟丸。譏洎在金陵圍城中嘗爲其主作詔。內蠟丸中追上江救兵也。

二

潁上常夷甫處士以行義。爲士大夫所推。近臣屢薦之。朝廷命之官。不起。歐陽公晚年治第于潁。久參政柄。將乞身以去。顧未得謝。而思潁之心日切。嘗自爲詩云。笑殺汝陰常處士。十年騎馬聽朝鷄。後公既還政。而處士被詔。赴闕爲天章閣待制。日奉朝請。有輕薄子改公詩以戲之曰。卻笑汝陰常處士。幾年騎馬聽朝鷄。

三

余元豐元年調博州高唐縣令。時黃夷仲廉爲監察御史。余往別焉。夷仲口占一絕句。見謔曰。高唐不是那高唐。風物由來各異鄉。若向此中求夢雨。只應愁殺楚襄王。益譏河朔風土人物之質樸也。

四

荆國王文公以多聞博學爲世宗師。當時學者得出其門下者。自以爲榮。一被稱與則往往名重天下。公之治經尤尚解字。末流務爲新奇。浸成穿鑿。朝廷患之。

詔學者兼用舊傳注。不專治新經。禁援引字解。於是學者皆變所學。至有著書以抵公之學者。又諱稱公門人。故張芸叟爲挽詞曰。今日江湖從學者。人人諱道是門生。盛傳士林及後詔公配享神廟。贈官賜謚。俾學者復治新經用字解。昔之從學士稍稍復稱公門人。有無名子改芸叟詩卒句曰。人人卻道是門生。並澠水燕談

五

楊叔賢郎中異眉州人。言頃有眉守。初視事三日。大排樂人。獻口號。其斷句云。爲報吏民須慶賀。災星移去福星來。新守頗喜。後數日召優者。問前日大排樂詞口號。誰撰甚工。對曰。本州自來舊例秪用此一首。湘山野錄

六

朱貞白江南人。不仕。號處士。子銑舉進士。至知制誥。貞白善嘲詠。曲盡其妙。人多傳誦。詠刺蝟云。

行似針氊動。臥似栗裘圓。莫欺如此大。誰敢便行拳。嘗謁一公貴。不甚加禮。廳事有一格子屏風。貞白題詩其上云。道格何曾格。言糊又不糊。渾身總是眼。還解識人無。又題棺木云。久久終須要。而今未要君。有時閑憶著。大是要知聞。題狗蚤云。與虱都來不較多。㩧挑筋鬥大婁羅。忽然管著一藍子。有甚心情那你何。詠月云。當塗當塗見。蕪湖蕪湖見。八月十五夜。一似沒柄扇。建師陳晦之子得誠罷管沿江水軍。掌禁衛。頗患拘束。方宴客。貞白在坐。食螃蟹。得誠顧貞白曰。請處士詠之。貞白題曰。蟬眼龜形腳似蛛。未嘗正面向人趍。如今飣在盤筵上。得似江湖亂走無。衆客皆笑絕。又詠鶯粟子。其警句云。倒排雙陸子。稀插碧牙籌。既似柿牛妳。又如鈴馬兜。鼓搥并㩧箭。直是有來由。

七

李濤相國性滑稽。爲布衣時。往來京洛間汜水關。有一僧舍曰不動尊院。院中有不出院僧。十餘載。濤每

過嘗憩其院。必省其僧。未幾。寺爲火所焚。僧衆皆徙他所。濤後過。但門扉猶在。題詩其上云。走卻坐禪客。移將不動尊。世間顛倒事。八萬四千門。

八

韓浦韓洎晉公滉之後。咸有辭學。浦善聲律。洎爲古文。意常輕浦。語人曰。吾兄爲文。譬如繩樞草舍。聊庇風雨。予之爲文。是造五鳳樓手。浦性滑稽。竊

聞其言。因有親知遺蜀牋。浦題作一篇。以其牋貽洎曰。十樣蠻牋出益州。寄來新自浣溪頭。老兄得此全無用。助爾添修五鳳樓。並楊文公談苑

九

張鑄河北轉運使。緣貝州事降通判太平州。是時葛源初得江東西提點銀銅坑冶。欲薦鑄而移文。取其腳色。鑄不與。但以詩答之曰。銀銅坑冶是新差。職比催綱勝一階。更使下官供腳色。下官縱跡轉沉埋。

十

嘉祐中。禁林諸公皆入兩府。是時包孝肅公拯爲三司使。宋景文公守益州。二公風力久次。最著人望而不見用。京師諺語曰。撥隊爲參政。成群作副樞。虧他包省主。悶殺宋尙書。明年包亦爲樞密副使。而徐以翰林學士承旨。召景文。景文道長安。以詩寄梁丞相。略曰。梁園賦罷相如至。宣室釐殘賈誼歸。蓋謂差除兩府足方被召也。爲承旨又作詩曰。粉署重來憶舊遊。蟠桃開盡海山秋。寧知不是神仙骨。上到鼇峰更上頭。並東軒筆錄

十一

彭齊吉州人。才辨滑稽。無與爲對。未第時常謁南豐宰。而宰不喜士。平居未嘗展禮。一夕虎入縣廨。咥所畜羊。棄殘而去。宰即以會客。彭以預召。翌日彭獻詩謝之曰。昨夜黃斑入縣來。分明蹤跡印蒼苔。幾多道德驅難去。些子豬羊便引來。令尹聲聲言有過。

錄公口口道無災。思量皆解開東閣。留得頭蹄設秀才。南方謂押司錄事爲錄公。覽者無不絕倒。齊以大中祥符元年姚曄下及第。仕至太常博士卒。青箱雜記

十二

景祐元年九月二日。詔先朝免解者。候將來省試與特奏名。時有無名子改王元之昇平詞以嘲曰。舊人相見問行年。名說眞宗更已前。但看綠衫包裹了。這迴含笑入重泉。

十三

參政趙侍郎宅在東京麗景門內。後致政歸睢陽舊第。宋門之宅更以爲客邸。而材植雄壯。非邸可比。時謂之無比店。李給事師中保釐西京時。駝馬市有人新造酒樓。李乘馬過其下。悅其壯麗。忽大言曰。有巴。京師諺語以美好爲有巴。時人對曰。梁苑叔平無比店。洛陽君賜有巴樓。

十四

吳善長郎中儀狀恢偉。頗肖富丞相。文學之譽則未聞焉。有輕薄子贈之詩曰。文章卻似呼延贊。風貌全同富相公。國初有武臣呼延贊者。好吟惡詩。故云。

十五

洗馬歐陽景素有輕薄名。一旦金鑾長老來上謁告曰。院門闕齋供。今將索米于玉泉長老。敢乞一書以爲先容。景笑曰。諾。翊日授一緘。既至玉泉啓封。乃詩一首曰。金鑾來覓玉泉書。金玉相逢價倍殊。到了不干藤蔓事。葫蘆自去纏葫蘆。二僧相視。發笑而已。

並倦遊雜錄

十六

聶崇義建隆初拜學官。河洛之師儒也。郭忠恕嘗玩之曰。近貴全爲聵。攀龍即是聾。雖然三箇耳。其奈不成聰。崇義應聲。反以忠恕二字解其嘲曰。勿笑有三耳。全勝畜二心。忠恕大慚。終以此敗。坐謗時政。擅貨官物。流登州。中途卒。藁葬於官道之傍。他日親友與斂葬。發土視之。輕若蟬蛻。殆非區中物也。

玉壺清話

十七

張唐卿進士第一人。及第期集于興國寺。題壁云。一舉首登龍虎榜。十年身到鳳皇池。有人續其下云。君看姚曄并梁固。不得朝官未可知。後果終於京師。

十八

舊制。三班奉職曰。俸錢月七百。驛券肉半斤。祥符

中有人爲詩。題所在驛舍間曰。三班奉職實堪悲。卑賤孤寒即可知。七百料錢何日富。半斤羊肉幾時肥。朝廷聞之曰。如此何以責廉隅。遂增今俸。

十九

嘗有一名公。初任縣尉。有舉人投書索米。戲作一詩。答之曰。五貫九百五十俸。省錢請作足錢用。妻兒尙未厭糟糠。僮僕豈免遭飢凍。贖典贖解不曾休。喫酒喫肉何曾夢。爲報江南癡秀才。更來謁索覓甚瓮。

熙寧中。例增選人俸錢。不復有五貫九百俸者。此實養廉隅之本也。

二十

石曼卿初登科。有人訟科場覆考落數人。曼卿是其數。時方期集于興國寺。符至。追所賜勑牒靴服。數人皆啜泣而起。曼卿獨解靴袍還。使人露體戴幞頭。復坐談笑。終席而去。次日被黜者皆授三班借職。曼卿爲一絕句曰。無才且作三班借。請俸爭如錄事參。從此罷稱鄉貢進。直須走馬東西南。並筆談

二十一

石資政中立好談諧。樂易人也。楊文公一日置酒。作絕句招之。末云。好把長鞭便一揮。石留其僕。即和曰。尋常不召猶相造。況是今朝得指揮。其談諧敏捷如此也。又嘗於文公家會葬。主客乃執政。及諸貴游子子弟。皆服白襴衫。或羅或絹。有差等中坐。石大慟。人問其故。曰。憶吾父。又問之。曰。父在時當得羅襴衫也。蓋見在執政子弟服羅。而石止服絹。坐

中人皆大笑。石之父熙載。太宗時嘗爲樞密副使。景祐中有輕薄子。以古人二十字詩益成二十八字嘲諠云。仲昌故國三千里。宗道深宮二十年。殿院一聲河滿子。龍圖雙淚落君前。龍圖者王傅文也。嘗更大藩鎭開封知府三司使。一日對上前。因叙揚歷之久。不覺淚下。殿院者蕭定基也。爲殿中侍御史。與韓魏公吳春卿王君貺同發解開封府舉人。作河滿子曲嘲之。因

奏事。上問之。合誦一遍。宗道者王宗道也。爲諸王宮校。及講書凡二十餘年。輒於上前自訴存宗藩二十餘年。求進用。仲昌者郇公之從子。論科場不公。郇公奏聞牒歸建州。當時人以爲雖用古人詩句而切中一時之事。盛傳以爲笑樂。東齋記事

二十二

景德中河朔舉人皆以防城得官。而范昭作狀元。張存任棄雖事業荒疏。亦皆被澤。時有無名子嘲曰。張存

解放旋風砲。任棄能燒猛火油。存後仕至尚書。棄亦仕至屯田員外郎。知安州卒。青箱雜記

二十三

天聖中修國史王安簡。謝陽夏。李邯鄲。黃唐卿爲編修官。安簡神情沖澹。唐卿刻意篇什。謝李嘗戲爲句曰。王貌閑如鶴。黃吟苦似猿。

二十四

天聖中。錢文僖留守西都。而應天院有三聖御像。去府僅十里。朔望集衆官朝拜。未曉而往。朝拜訖。三杯而退。文僖戲爲句曰。正好睡時行十里。不交談處飲三杯。又有人送驢肉。復曰。廳前捉到須依法。合內盛來定付廚。並春明退朝錄

二十五

至和中陳恭公秉政。會嬖妾張氏笞女奴迎兒殺之。時蔡襄權知開封。事下開封窮治。而仁宗於恭公寵眷未衰。止差正郎齊廓看詳公案。時王素爲待制以詩戲廓

曰。李膺破柱擒張朔。董令回車擊玉奴。前世清芬宛如在。未知君可及肩無。廓知事不可。直以簡報王。白不用臨坑推人。東軒筆錄

二十六

進士許洞者善爲辭章。俊逸之士也。因會諸詩僧。分題出一紙約曰。不得犯此一字。其字乃山水風雲竹石花草雪霜星日禽鳥之類。於是諸僧皆閣筆。洞咸平三年進士及第。時無名子嘲曰。張康渾裹馬。許洞鬧裝

妻者是也。

二十七

陶尙書穀嘗曰。尖簷帽子卑凡廝。短靿靴兒末厥兵。末厥亦當時語。余景祐間已聞此句。時去陶公未遠。人皆莫曉其義。王原叔博學多聞。見稱於世。最爲多識。前言者亦云不知謂何說也。第記之。必有知者耳。並廬陵歸田錄

二十八

刁景純愷悌敦厚。周人之急甚於己私。至誠有過人者。在京師賓客造請。雖至貧下。必往報復。晝日未嘗在家。夜歸常至三更。不知者以爲干謁自爲己。其實不然。宋尙書判館事督諸館職。畢集。而景純或數日不至。宋使人邀而譙讓之。王原叔戲改杜工部鄭廣文詩云。景純過官舍。走馬不曾下。驀地趁朝歸。便遭官長罵。李獻臣曰。我能足之。是時西戎唃氏有子名摩氈。而景純常爲宣政使。王某作墓銘即續其後曰。多羅四十年。偶未識摩氈。近有王宣政。時時與紙錢。於是以古文篆隸寫之。加褾軸密使掛景純廳事。景純且出夕還。初不覺知。賓客至者見之。往往誦念而去。景純自外頗聞之。亦不能曉。會一日大雨不可出。始周行廳事間。乃見此圖。問其從者曰。掛此已十餘日矣。劉貢父詩話

二十九

祥符中日本國忽梯航稱貢。非常貢也。蓋因本國之東

有祥光現其國。素傳中原天子聖明則此光現。眞宗大喜。勑本國建一佛祠以鎭之。賜額曰神光。朝辭日。上親臨遣夷使。面乞令辭臣撰一寺記。當時直者雖偶中魁選。詞學不甚優。居常止以張學士君房代之。蓋假其稽古才雅也。既傳宣令急撰寺記。時張尙爲小官。醉飲於樊樓。遣人遍京城。尋之不得。而夷人在閤門。翹足而待。又中人三促之。紫微大窘。後錢楊二公玉堂暇日。改閑忙令。大年曰。世上何人最得閑。

司諫拂衣歸華山。蓋种放得告還山養藥之時也。錢希白曰。世上何人最號忙。紫微失卻張君房。時傳此事爲雅笑。湘山野錄

三十

近世集句始於王荆公。然石曼卿已好爲此體。京師有舉子夜觀人家娶婦。徘徊不去。至排墜門扉。其家大怒喧爭。邏者領赴廂主。廂主以其舉子慰諭遣之。曼卿適過其傍。駐馬集句贈之曰。司空愛爾爾須知。月下推門更有誰。叵耐一雙窮相眼。得便宜是落便宜。

李希聲詩話

蘇協

蘇易簡父協蜀中舉進士。性滑稽。易簡任翰林學士。協爲京府掾。時親王爲尹。每朔旦。父子冠帶晨起。協詣府。易簡入禁中。協笑謂人曰。父參其子。子朝其父。斯事亦倒置矣。初協爲汝州司戶。易簡通判蘇州。書與易簡曰。吾在汝。汝在吳。吾思汝。汝知之乎。其好談諧如此。楊文公談苑

石資政

石資政中立好談諧。士大夫能道其語者甚多。嘗因入朝。遇荆王。迎授東華門。不得入。遂自左掖門入。有一朝士好事語言。問石云。何爲自左掖門入。石方趁班。且走且答曰。秪爲大王迎授。聞者無不大笑。楊大年方與客棋。石自外至。坐於一隅。大年因誦賈誼鵩賦以戲之云。止於坐隅。貌甚閑暇。石遽答曰。口不能言。請對以臆。歸田錄

卷六十四　談諧戲謔

陳亞

陳亞揚州人。仕至太常少卿。年餘七十卒。蓋近世滑稽之雄也。嘗著藥名詩百餘首行於世。若風月前湖近。軒窗半夏涼。棋怕臘寒呵子下。衣嫌春瘦縮紗裁。祈雨僧云。無雨若還過半夏。和師曬作葫蘆羓之類。極爲膾炙。又嘗知祥符縣。親故多于借車牛。亞亦作

藥名詩曰。地居京界足親知。措借尋常無歇時。但看車前牛領上。十家皮沒五家皮。覽者無不絕倒。亞常言藥名。用於世無所不可。而斡運曲折。使各中理。在人之智思耳。或曰延胡索可用乎。亞曰可。沉思久之。因朗吟曰。布袍袖裏懷漫刺。到處遷延胡索人。此贈可遊謁窮措大。聞者莫不大笑。亞與章鄶公同年友善。鄶公當軸將用之。而爲言者所抑。亞作藥名生查子陳情獻之曰。朝廷數擢賢。旋占凌霄路。自是鬱陶人。險難無移處。也知沒藥療孤寒。食蘗何相悞。大幅紙連粘。甘草歸田賦。亞又別成藥名生查子閨情三首。其一曰。相思意已深。白紙書難足。字字苦參商。故要檀郎讀。分明記得約當歸。遠至櫻桃熟。何事菊花時。猶未回鄉曲。其二曰。小院雨餘涼。石竹風生砌。罷扇儘從容。半夏紗廚睡。起來閑坐北亭中。滴盡眞珠淚。爲念婿辛懃。去折蟾宮桂。其三曰。浪蕩去來來。躑躅花頻換。可惜石榴裙。蘭麝香銷半

。琵琶閑坐理相思。必撥朱弦斷。擬續斷來弦。待這冤家看。亞又自爲亞字謎曰。若教有口便啞。但要無心爲惡。中間全沒肚腸。外面強生稜角。此雖一時俳諧之詞。然所託興亦有深意。亞又別有詩百餘首。號澄源集。有歲旦示知己云。收寒歸地底。表老向人間。及與友人郊遊云。馬嘶曾到寺。犬吠乍行村。送歸化宰王秘丞赴闕云。吏辭如賀日。民送似迎時。懷舊隱云。排聯花品曾非僭。愛惜苔錢不是慳。亦自成一家體格。亞性寬和。累典名藩。皆有遺愛。然頗眞率。無威儀。吏不甚懼。行坐常弄瓢子。不離懷袖。尤喜唱清和樂。知越州時。每擁騎自衙庭出。或由鑑湖緩轡而歸。必敲鐙代拍潛徹三十六遍然後已。亦其性也。青箱雜記

王告

廬山簡寂觀道士王告好學。有文與星子令相善。有邑豪修醮。告當爲都工。都工薄有施利。一客道士自言

。衣紫當爲都工。訟于星子云。職位顛倒稱號不便。星子令封牒與告。告乃判牒曰。客僧做寺主。俗諺有云。散衆奪都工。教門無例。雖紫衣與黃衣稍異。奈本觀與別觀不同。非爲稱呼。蓋利乎其中有物。妄自尊顯。豈所謂大道無名。宜自退藏。無抵刑憲。告後歸本貫登科爲健吏。至祠部員外郎江南西路提點刑獄而卒。筆談

杜祁公

杜祁公罷相知兗州。寓北郊佛寺。以待兗州迓吏踰再浹日。會宗袞自汶陽召還。過其寺造謁。而杜公曰。處此幾與在中書日同矣。且莫北去欲識云。郭汾陽曾留此。蓋自戲其居位不久也。

馮吉

先公嘗言。故太常少卿馮瀛王之子性聰敏。美文翰。善談笑。精音律。尤工胡琴。雖教坊供奉號名手者。亦所不及。然稟性滑稽。無操檢。以宰相子。少歷郎官。終不能以文學器業進取顯位。士大夫以此惜之。每朝士燕聚。馮不召往往自至。蓋坐無車。公不樂也。其或酒酣樂作。必自命琴彈三數曲。曲罷賦詩。詩成起舞。其天賦俊逸。又非常人所及也。時人以爲三絕。常於龍門僧院內。故楊凝式少師題壁處。書詩一絕云。少師眞蹟滿僧居。直恐鍾王亦不如。爲報遠公須愛惜。此書書後更無書。其筆札遒麗。自成一家書。並退朝錄

劉鋹

太平興國初。陳洪進與漳泉歸錢淑。由吳越來朝。江南後主與劉鋹同列。因侍宴。鋹自言朝廷威靈僭竊之主。皆不能保其社稷。今日盡在坐中。陛下明年平太原。劉繼亢又至。臣於數人中率先歸朝。願得持挺。爲諸國降王之長。太祖大笑。賞賜甚厚。其談多此類。楊文公談苑

陳貫

陳貫自鹽鐵使除直昭文館。知相州。先是三司副使例爲待制。而貫獨得直館。或唁貫者。貫曰。與其居天章作不才待制。何如在昭文爲有道學士。唁者愧服。貫子安石今爲吏部侍郎。女嫁文潞公。澠水燕談

李退夫

沖晦處士李退夫者。事矯怪。携一子游京師。居北郊別墅帶經灌園。持古風以飾外。一日老圃請撒園荽。即博物志張騫西域所得胡荽是也。俗傳撒此物須主口誦猥語。播之則茂。退夫者固矜純節。執菜子於手撒之。但低聲密誦曰。夫婦之道。人倫之性。不絕於口。夫何客至不能訖事。戒其子使畢之。其子尤矯於父。執餘子呪之曰。大人已曾上聞皇祐中。館閣中。遂爲雅戲。凡欲談話淸談則曰。宜撒園荽一巡。湘山野錄

僧秘演

蘇子美有贈秘演詩。中有垂頤孤坐若癡虎。眼吻開合猶光精之句。人謂與演寫眞。演頷額方厚。顧視徐緩。喉中含其聲。常若鼾睡然。其始云。眼吻開合無光精。演以濃筆塗去無字。自改爲猶。子美詬之。演曰。吾尚活。豈當曰無光精耶。又有一聯云。賣藥得錢秖沽酒。一飲數斗猶惺惺。又都抹去。蘇曰。吾之作誰敢點竄耶。演曰。君之詩出則傳四海。吾不能斷葷酒爲浮圖罪人。何堪更爲君詩所暴。子美亦笑而從之。筆錄

孟郊賈島

孟郊賈島皆以詩窮至死。而平生尤自喜爲窮苦之句。孟有移居詩云。借車載家具。家具少於車。乃是都無一物耳。又謝人惠炭云。暖得曲身成直身。人謂非其身備嘗之。不能道此句也。賈云。鬢邊雖有絲。不堪織寒衣。就令織得能幾何。又其朝飢詩云。坐聞西床琴。凍折兩三絃。人謂其不止忍飢而已。其寒亦何可忍也。

梅聖俞

聖俞嘗云。詩句義理難通。語涉淺俗而可笑者。亦其病也。如有贈漁父一聯云。眼前不見市朝事。耳畔惟聞風水聲。說者云。患肝腎風。盡日覓不得。有時還自來。本謂詩之好句難得爾。而說者云。此是人家失卻貓兒。人皆以爲笑。並歸田錄

陳文惠

陳文惠善爲四句詩。在江湖有詩云。平波渺渺烟蒼蒼。菰蒲才熟楊柳黃。扁舟繫岸不忍去。秋風斜日鱸魚香。文惠年六十餘才爲知制誥。其後遂至眞宰使相。致仕時年近八十。有詩云。青雲豉路遊將遍。白髮光陰得最多。園圃作亭榭。號佚老亭。亦有詩。自後士大夫歸老者往往名亭佚老云。文惠喜堆墨書。深自矜負。號前無古人後無來者。與石少傅同在政府。石欲戲之。政事堂有黑漆大飯床長五六尺許。石取白堊橫畫其中。可尺餘。而謂陳曰。吾頗學公堆墨字。陳聞

之歡甚。石顧小史二人舁飯床出曰。吾已能寫田字。陳爲悵然。文惠性急。在長安與賓客遊佛寺。自以堆墨題名。從者捧硯注視。不覺墨汁污鞋。文惠大怒。捉大筆就窒塞從者鼻竅。他客忍笑失聲不能已。唐書載皇甫湜怒其子。不暇取杖。齕臂血流亦其比也。劉貢父詩話

党太尉

党進北戎人。幼爲杜重威家奴。後隸軍籍。以魁岸壯勇。周祖擢爲軍校。國初至騎帥領節鎭。太祖征太原。我師未成列。賊驍將楊業帥精銳二百餘騎。突我師。進挺身與麾下遂業。敗走入城濠。會援兵至。業緣縋得入城獲免。軍中服進之勇。太祖屢對衆稱之。進不識文字。不知所董禁兵之數。上忽問及軍中人數。先其軍校皆以所管兵騎器甲之數。細書著所持之挺。謂之杖記。如笏記焉。進不舉。但引挺以對曰。盡在是矣。上咲謂其忠實。益厚之。徼巡京師。市井間有

畜鷹鶻音禽者。進必令左右解縱之。罵曰。不能買肉供父母反以飼禽乎。太宗在藩邸。有名鷹鶻。令圉人調養。進忽見。詰責欲解放。圉人曰。晉王令養此。且欲走白晉王。進據止之。與錢令市肉。謂之曰。汝當謹視此。無使爲貓狗所傷。小民傳之爲笑。鎭許日。幕中賓佐有忤意必命批其頰。嘗病瘡。賓佐入視疾。進方擁錦衾。一從事竊語曰。爛兮。進聞之命左右急捉從事。批其頰。殆於委頓。大罵曰。吾正契丹。

何奚之有。腳患小瘡。那至於爛。蓋謂奚之種賤也。過市見縛欄爲戲者。駐馬問汝所誦何言。優者曰。說韓信。進大怒曰。汝對我說韓信。見韓即當說我。此三面兩頭之人。即命杖之。進名進。居常但稱暉。或以爲言曰。自從其便耳。啖肉至數斤。飲酒斗餘。宴會對賓客甚温雅嬉笑。忽擐甲冑。即髭鬌皆傑豎。目光如電。視之若神人。故爲杜氏奴。後見子孫必下拜。常分俸以給之。其所長也。楊文公談苑

梅侍讀

張開封云。梅侍讀詢晚年尤躁於祿位。嘗朝退。過閤門見箱中有錦軸云。胡則侍郎致仕告身。同列取視之。詢遠避之而過曰。幣重而言甘。誘我也。何以視爲。時人多笑之。孫器之云。詢年七十餘。又病足。常撫其足而詈之曰。是中有鬼。令我不至兩府者汝也。有所愛馬。每夜令五人相代牽馬。將之不繫於柱。恐其縶絆傷之故也。又夜中數自出視之。嘗牽馬將乘。撫其鞍曰。賤畜。我已薄命矣。汝豈無分被繡韉邪。

孫何

渝州曰。孫何性落拓而酷好古文。爲轉運使。頗尙苛峻。州縣吏患之。乃求古碑字磨滅者紙本數廳釘於館中。何至則讀其碑。辨識文字。以爪搔髮垢而嗅之。遂往往至暮。不復省錄文案云。器之曰。何爲轉運使。令人負礓礫自隨。所至散之地。吏應對小失誤。則於地倒曳之。故從者憑依其威。妄爲寒暑。所至搔擾

。人不稱賢。

丁度

丁度雖肥。拜起輕健。爲翰林學士。時嘗自前殿將赴後殿。宰相在其後。度初不知。忽見趍而避之。行百餘步乃得直舍隱於其中。翰林學士石中立見其喘甚。問之。度告其故。中立曰。相公不問否。度曰不問。別去十餘步乃悟。罵曰。奴乃以我爲牛也。丁謂貌雎盱若當寒餓者。而貴震天下。相者以爲貞猴形云。並

涑水紀聞

語嘲

丞相王公之夫人鄭氏奉佛至謹。終囑其夫曰。即死願得落髮爲尼。及死。公奏乞賜法名師號。斂以紫方袍。王荆公之子雱少得心疾。逐其妻。荆公爲備禮嫁之。好事者戲之曰。王太祝生前嫁婦。鄭夫人死後出家。人以爲異。又工部郎中侯叔獻妻悍戾。叔獻既死。兒女不勝其酷。詔離之。故好事者又曰。侯工部死後休妻。

二

劉貢父攽文學過人。而又滑稽善謔。知曹州。曰于伋書記自京還。貢父問嘗見王學士渠有老態否。于曰。顏雖未老而鬢已斑矣。貢父曰。豈非急進致然耶。貢父之警辨多類此。

三

胡秘監旦文學冠一時。而輕躁喜玩人。其在西掖也。

嘗草江仲甫升使額告詞云。歸馬華山之陽。朕雖無媿。放牛桃林之野。爾實有功。蓋江小字忙兒。俚語謂牧童爲忙兒也。胡又嘗行一巨璫告詞云。以爾久淹禁署。克愼行藏。由是諸官竪切齒。范應辰爲大理評事。旦畫一布袋。中盛一丐者以遺范。題曰袋裡貧士。

四

劉貢父晚苦風疾。鬢眉墮落。鼻梁且斷。一日與蘇子瞻數人各引古人語以相戲。子瞻戲貢父曰。大風起兮

眉飛揚。安得壯士兮守鼻梁。坐中大噱。而貢父感愴而已。

五

劉貢父晚年鼻既斷爛。日憂死亡。客或戲之曰。顏淵子路微服同出市中。遇孔子。惶怖求避。忽見一塔。相與匿其塔後。孔子過。顏淵曰。此何塔耶。子路曰。所謂避孔塔也。有張獻圖者應舉久不第。好嘲戲。晚以五舉推恩得三班奉職。以詩寄其妻曰。吾今爲奉

職。爾莫怨鸞孤。張文寶永州人。博學有文。從子仲達以詩一軸示文寶。自衒鷺鷥詩最爲得意云。滄海最深處。鱸魚啣得時。文寶曰。更宜彫琢。仲達問如何彫琢。文寶曰。詩固嘉。但鷺鷥足太長耳。仲達赧服。

六

蘇子瞻通判錢塘。嘗權領郡事。新太守將至。營妓陳狀以年老乞出籍從良。公即判曰。五日京兆。判狀不難。九尾野狐。從良任便。有周生者色藝爲一郡之最。聞之亦陳狀乞嫁。公惜其去。判云。慕周南之化。此意誠可嘉。空冀北之群。所請宜不允。其敏捷善謔如此。並澠水燕談

七

石參政中立在中書。時盛文肅度禁林當直。撰張文節公知白神道碑。進御罷。呈中書。石急問之。是誰撰。盛卒對曰。度撰。對訖方悟。滿堂大笑。又劉中師

因上殿。賜對衣腰帶。榮君之賜。衒而不換。遂服之謝於其第。乃寶瓶良帶也。會方霽。庭中尚泥。足跕坐於泥中。袍帶霑漬。石問曰。郎中貴甲幾多。曰若干歲。石輪其指曰。果信果信。土入寶瓶。遂有此撲。

八

尹師魯爲渭帥。與劉滬董士廉輩議水邏城。事既矛楯。朝旨召尹至闕。送中書。給紙札。供片昭文。呂申

公因聚廳啜茶。令堂吏置甌於尹曰。傳語龍圖。不及攀請。只令送茶去。時集賢相幸師魯之議。將屈笑。謂諸公曰。尹龍圖莫道建茶磨磨漿水。亦嚥不下。師魯之幄去政堂切近。聞之擲筆於案。厲聲曰。是何委巷猥語輒入廟堂。眞治世之不幸也。集賢愧而銜之。後致身於禍辱。根於此也。並湘山野錄

九

後唐盧文度。文紀俱在翰林。文度喜屬文。文紀思遲

澀。每書詔事塡委多文度代草之。一日休暇。文紀當直。文度以禁中無事送客郊外。會有密詔數道。亟遣僮騎追其兄。還不及餞飲。縉紳聞而笑之。咸曰。文度自外來躍馬。赴其弟之急難。逮至翰苑中。文紀以書册圍合矣。益言文紀檢閱舊本倉卒也。楊文公談苑

十

晏元獻公以文章名譽。少年富貴。性豪俊。所延賓客。一時名士多出其門。罷樞密副使。爲南京留守。時年三十八。幕下王棋張亢最爲上客。亢體肥大。琪目爲牛。琪瘦骨立。亢目爲猴。二人以此自相譏誚。琪嘗嘲亢曰。張亢觸牆成八字。亢應聲曰。王琪望月叫三聲。一坐爲之大笑。

十一

章郇公得象與石資政中立素相友善。而不喜談諧。嘗戲章云。昔時名畫有戴松牛韓幹馬。而今有章得象也。世言閩人多短小。而長大者必爲貴人。郇公身既長大而語聲如鐘。豈出其類者。是爲異人乎。其爲相。

務以厚重鎭止浮競。時人稱其德量。並歸田錄

十二

王文康公苦淋。百療不差。洎爲樞密副使疾頓除。及罷疾復作。或戲之曰。欲治淋疾。唯用一味樞密副使。仍須常服。始得不發。梅金華詢久爲侍從。急於進用。晚年多疾。石參政中立戲之曰。公欲安乎。唯服一清涼散即差也。蓋兩府在京許張靑蓋耳。

十三

汴渠舊例十月閉口。則舟楫不行。王荆公當國。欲通冬運。遂不令閉口。水既淺澀。舟不可行。而流冰頗損舟楫。於是以脚舡數十。前設巨碓以搗流冰。而役夫苦寒。死者甚衆。京師有諺語曰。昔有磨磨漿水。今見碓搗冬冰。

十四

劉攽博學有俊才。然滑稽喜謔玩。亦屢以犯人。熙寧

中爲開封府試官。出題以教思無窮論。舉人上請曰。此題大象如何。對曰。要見大象當詣南御苑也。又有請曰。至于八月有凶何也。答曰。九月固有凶矣。蓋南苑豢馴象。而牓帖之出常在八九月之間也。馬嘿爲臺官。彈奏攽輕薄。不當置在文館。攽聞而歎曰。既爲馬嘿。豈合驢鳴。呂嘉問提舉市易務三司使。曾布劾其違法。王荆公惑黨人之說。反以罪三司。曾既隔下朝請。而嘉問治事如故。攽聞而歎曰。豈意曾子避席望之儼然乎。望之嘉問字也。並東軒筆錄

卷六十五　談諧戲謔

語嘲

有朝士陸東通判蘇州而權州事。因斷流罪。命黥其面曰。特刺配其州牢城。黥畢。幕中相與白曰。凡言特者罪不至是。而出於朝廷一時之旨。今此人應配矣。又特者。非有司所得行。東大恐。即改特刺字爲準條字。再黥之。頗爲人所笑。後有薦東之才於兩府者。石參政聞之曰。吾知其人矣。非權蘇州日於人面上起

草者乎。

二

王汾口吃。劉攽嘗嘲之曰。恐是昌家。又疑非類。不見雄名。唯聞艾氣。蓋以周昌韓非楊雄鄧艾皆吃也。又嘗同趍朝。聞叫班聲。汾謂曰。紫宸殿下頻呼汝。攽應聲答曰。寒食原頭屢見君。各以其名爲戲也。

三

滕甫之父名高。官止州縣。甫之弟申根暴無禮。其母尤篤愛。用是每陵侮其兄。而閨政多紊。世人譏議不一。章門下惇與甫遊舊多戲玩。一日語之曰。公多類虞舜。然亦有不似者。滕究其說。章曰。類者父頑母嚚象傲。不似者克諧以孝耳。

四

張密學奎。張客省亢兄弟也。奎清素畏慎。亢奢縱跅弛。世言張奎作事笑殺張亢。張亢作事諕殺張奎。楊景宗本以車營卒。由椒房故爲觀察使。暴橫無賴。世

謂之楊滑槌。一日語奎曰。公弟客省俊特可愛。即是性粗疏。奎快然不悅。歸語亢曰。汝本士人。伏膺名教。不知作何等事。致令楊滑槌言汝粗疏也。並東軒筆錄

五

常秩舊好治春秋。凡著書講解僅數十卷。自謂聖人之意皆在是矣。及詔起。而王丞相介甫不好春秋。遂盡諱所學。熙寧六年兩河荒歉。有旨令所在散青苗本錢。權行倚閣。王平甫戲秩曰。公之春秋亦權倚閣乎。秩色頗赭。

六

鄭尙知杭州。王耿爲兩浙轉運使。二人者屢以公事相失。以至互有論列。朝廷未推鞫而耿死。鄭往哭之盡哀。杭州僚屬相駭曰。龍圖素惡端公。今何哭慟也。范極在傍戲曰。諸君不會。龍圖哭所人久矣。

七

熙寧九年。太皇生辰。教坊例有獻香雜劇。時判都水監侯叔獻新卒伶人丁仙見。假爲一道士善出神。一僧善入定。或詰其出神何所見。道士云。近曾至大羅。見玉皇殿上有一人披金紫。熟視之。乃本朝韓侍中也。手捧一物。竊問傍立者。云韓侍中獻國家金枝玉葉。萬世不絕圖。僧曰。近入定。到地獄。見閻羅殿側有一人衣緋垂魚。細視之。乃判都水監侯工部也。手

中亦擎一物。竊問左右。云爲奈何水淺獻圖。欲別開河道耳。時叔獻興水利以圖恩賞。百姓苦之。故伶人乃有此語。

八

景祐末。詔以鄭州爲奉寧軍。蔡州爲淮康軍。范雍自侍郎領淮康節鉞鎮延安。時羌人旅拒戍邊之卒。延安爲盛。有內臣盧押班者鈐轄。心嘗輕范。一日軍府開宴。有軍伶人雜劇稱參軍。夢得一黃瓜。長丈餘。是

何祥也。一伶賀曰。黃瓜上有刺必作黃州刺史。一伶批其頰曰。若夢見鎮府蘿蔔。須作蔡州節度使。范疑盧所教。即取二伶。杖背黥爲城旦。

九

有進士曹奎屢掇上庠南宮高選。居常自負。作大袖袍衣之。袖廣數尺。時有進士楊衛怪之。謂曰。袖何廣耶。奎曰。要盛天下蒼生。衛答曰。此但能盛一箇耳。裴度形貌短小而位至將相。嘗自贊其寫眞曰。爾形不長。爾貌不揚。胡爲將。胡爲相。一片靈臺。丹青莫狀。蓋謂由心吉而致富貴也。張學士耒貌甚美。嘗繪其容以寄兄環。環改裴贊寄之曰。爾形甚長。爾貌甚揚。不爲將。不爲相。一片靈臺。丹青莫狀。

十

曾鞏知襄州日。朝廷遣使按水利振流民者。各辨辟三兩選人充幹當公事。鞏一日宴諸使者。座客有言。昨夕三鼓。大星墜於西南。有聲甚厲。次又有一小星隨之。鞏曰。小星必天狗。下幹當公事也。

十一

陳恭公以待制知楊。性嚴重。少游宴。時陳少常亞罷官居鄉里。一日上謁。公謂曰。近何著述。亞曰。止作得一謎。因謂之曰。四箇腳子直上。四箇腳子直下。經年度歲不曾下。若下不是風起便雨下。公思之良久曰。殊不曉。請言其旨。亞曰。兩箇茶床相合也。方欲以此爲對。然不曉風雨之說。亞笑曰。乃待制廳

上茶床也。苟或宴會。即慳値風。澀値雨也。公爲之啓齒。復爲之開樽。曹琰郎中滑稽之雄者。一日因食落一牙。戲作詩曰。昨朝飯裹有粗砂。隱落翁翁一箇牙。爲報妻兒莫惆悵。見存足以養渾家。

十二

韓龍圖贄山東人。鄉里食味好以醬漬瓜啗之。謂之瓜虀。韓爲河北都漕廨字。在大名府。府中諸軍營多鬻此物。韓嘗曰。某營者最佳。某營者次之。趙閱道笑

曰。歐永叔嘗撰花譜。蔡君謨亦著荔枝譜。今須請韓龍圖撰瓜虀譜。並倦遊錄

十三

仁宗朝有數達官以詩知名。常慕白樂天體。故其語多得於容易。嘗有一聯云。有祿肥妻子。無恩及吏民。有戲之者云。通日通衢遇一輕軿車。載極重而羸牛甚苦。豈非足下妻子乎。聞者傳以爲笑。

十四

吳僧贊寧國初爲僧錄。辭辨縱横。人莫能屈。時有安鴻漸者。文詞雋敏。尤好嘲詠。嘗街行。遇贊寧與數僧相隨。鴻漸指而嘲曰。鄭都官不愛之徒。時時作隊。贊寧應聲曰。秦始皇未坑之輩。往往成群。皆善捷對。

十五

安鴻漸滑稽輕薄。或傳凌侍郎策世緒本微。其義父曾爲鎮所。由公方成童。父攜拜供。漸爲立一名鴻漸因

命名曰。敎之言所由生也。後長立頗銜之。鴻漸老爲敎坊判官。凌公判宣徽院樂籍隸焉。亦微憾之。一日謂之曰。汝今世之一禰衡。爾才雖不逮。偶兗一烹焉。並玉壺清話

十六

有一故相遠派在姑蘇。有嬉遊書其壁上曰。大丞相再從姪某嘗遊。有士人李璋素好訕謔。題其牓曰。混元黃帝三十七代孫李璋繼至。筆談

十七

熙寧新法行督責監司尤切。兩浙路張靚王廷老潘良器等因閱兵赴妓樂筵席。侵夜皆黜責。又有因借同寮般家人而坐計傭者。有作絲鞋而坐剩利者。降斥紛紛。是時孔嗣宗爲河北路提點刑獄。求分司而去。嗣宗性滑稽。作啓事叙其意。略曰。敝屋數椽。聊避風雨。先疇二頃。粗足衣糧。這回自在赴筵。到處不妨聽樂。倩得王郎。伴舅且免計傭。賣了黑黍新絲。不憂剩

利。蓋謂是也。東軒筆錄

十八

熙寧中京師久旱。按古法令。坊巷各以大甕貯水。插柳枝。泛蜴蜥。使青衣小兒環遶呼曰。蜴蜥蜴蜥。興雲吐霧。降雨滂沱。放汝歸去。開封府准堂劄責坊巷寺觀祈雨甚急。而不能盡得蜴蜥。往往以蝎虎代之。蝎虎入水即死。無能神變者也。小兒更其語曰。冤若冤若。我是蝎虎。似恁昏沉。怎得甘雨。

十九

熙寧中初富丞相苦足疾。多不入。曾丞相將及引年。時王介甫趙閱道唐子方爲參政。介甫日進說以更庶政。閱道頗難之而不能奪。但退坐閤中。彈指言苦。唐子方屢爭於上前。既而唐發疽而死。京師人言中書有生老疾死苦之說。謂介甫生。曾公老。富公病。閱道苦。子方死也。並倦遊錄

二十

呂文穆公未第時薄游一縣。胡大監旦方隨其父宰是邑。遇呂甚薄。客有譽呂曰。呂君工於詩。宜少加禮。胡問詩之警句。客舉一篇。其卒章云。挑盡寒燈夢不成。胡笑曰。乃是一渴睡漢狀元及第矣。胡答曰。待我明年第二人及第。輸君一籌。既而次牓亦中首選。

歸田錄

二十一

高英秀者吳越人。與贊寧爲詩友。口給妄罵滑稽。每

見眉目有異。必噂短於其後。人號惡喙薄徒。嘗譏名人詩病云。李山甫覽漢史。王莽弄來曾半破。曹公將去便平沉。定是破船詩。李群玉詠鷓鴣。方穿詰曲崎嶇路。又聽鈎輈格磔聲。定是梵語詩。羅隱曰。雲中鷄犬劉安過。月裏笙歌煬帝歸。定是見鬼詩。杜荀鶴曰。今日偶題題似著。不知題後更誰題。此衛子詩也。不然安有四蹄。贊寧笑謝而已。贊寧錄

二十二

李絢公素嘗有詩贈其同姓人曰。吾宗天下著。勝之取其著而傳之。居甘泉者以謳著。賣藥者以木牛著。圍棋以憨著。裁幞頭者以鞹著。作詩者以豁達著。此數人者皆京師人。名倡李氏住甘泉坊。善歌。李木牛賣藥以木牛自表。人呼李木牛。李憨子圍棊國手無敵。而神情昏濁。故號憨子。鞹李善裁幞頭。而必與人乖剌。人故目之。歲久遂自以鞹爲稱云。豁達老人喜爲詩。所至輒自題寫。詞句鄙下。而自稱豁達。李老嘗書人新潔墻壁。主人憾怒訴官。官爲收之拘縶。使市石灰更汗漫訖。乃得縱舍。此數人因勝之有云。亦遂自託不朽矣。

二十三

祥符天禧中。楊大年錢文禧晏元獻劉子儀以文章立朝。爲詩皆宗尚義山。號西崑體。後進倣效不能自得。切取義山語句。嘗賜百官宴。優人有爲義山者。衣服敗敝。告人曰。吾爲諸館職撏撦至此。聞者歡笑。並劉貢父詩話

二十四

河南尹兼主管鑰。僚屬多才名之士。洎公卿子弟慶曆中有二幕官。本專經推鈍人也。談宴之間默無一辭。折旋舉措殊乏風味。邵職方良佐時寓洛下。嘗謂人河南幕府最爲雄盛。古所謂綠水泛紅蓮也。今日可謂汚泥溝中浸兩莖豹芝耳。湘山野錄

二十五

昔之黠者滑稽以玩世曰。彭祖八百歲而死。其婦哭之慟。其鄰里共解之曰。人生八十不可得。而翁八百矣尙何尤。婦謝曰。汝輩自不諭爾。八百死矣。九百猶在也。世以癡爲九百。謂其精神不足也。又曰。令新視事而不習吏道。召胥魁問之。魁具道笞十至五十。及折杖數。令遽止之曰。我解矣。笞六十爲杖十四邪。魁笑曰。五十尙可。六十猶癡邪。蘇長公取爲偶對曰。九百不死。六十猶癡。後山居士詩話

語病

詩人貪求好句。而理有不通亦語病也。如袖中諫草朝天去。頭上宮花待燕歸。誠爲佳句矣。但進諫必以章疏。無直用藁草之理。唐人有云。姑蘇臺下寒山寺。夜半鐘聲到客船。說者亦云。句則佳矣。其如三更。不是打鐘時。如賈島哭僧云。寫留行道影。焚卻坐禪身。時謂燒殺活和尙。此尤可笑也。若步隨青山影。坐學白塔骨。又獨行潭底影。數息樹邊身。皆島詩。何精麤異也。歸田錄

二

劉子儀嘗賦詩。贈人云。惠和官尙小。師達祿須干。是金用故事。取孟子所謂柳下惠聖人之和。不羞小官。仲尼曰師也達。而子張常學干祿也。或有寫此兩句減去官字。示人曰。是蕃僧也。其名達祿須干云。見者大笑。詩有語病俗忌當避之。此偶自諧合。無若輕薄子何。非筆力過也。劉貢父詩話

三

諫議大夫鮮于公子駿守揚州。嘗至隋煬帝九曲池等處。徘徊賦詩。俾郡中屬和。用陰字韻。郡人秦少游和云。司花人遠樹陰陰。蓋用煬帝司花女故事也。有教官頗通經術。而詩非所長。和詩有蒼鼠臥花陰之句。鮮于公讀之笑曰。老杜玉華宮詩云。蒼鼠臥古瓦。蓋宮久廢故蒼鼠竄於瓦間。今乃臥於花陰。此無限殺大四體也。李希聲詩話

誣罔
劉攽貢父王汾彥祖同在館閣。皆喜談謔。一日劉謁王曰。君改賜章服故致賀耳。王曰。未嘗受命。曰早來聞閤門傳報。君但詢之。王密使人詢閤門。乃是有旨。諸王墳得用紅泥塗之。澠水燕談

二

徐鉉不信佛而酷好鬼神之說。江南中主常語鉉以佛經有深義。卿頗閱之否。鉉曰。臣性所不及。不能留意

。中主以楞嚴經一秩授之。令看讀可見其精理。經旬餘。鉉表納所借經求見言曰。臣讀之數過。見其談空之說。似一器中傾出復入一器中。此絕難曉。臣都不能省其義。因再拜。中主哂之。後嘗與近臣通佛理者說以為笑。專搜求神怪之事。記於簡牘。以為稽神錄。嘗典選。選人無以自通。詭言有神怪之事。鉉初令錄之。選人言不閑筆綴。願得口述。亟呼見問之。因以私禱罔。不遂其請。歸朝。有江東布衣蒯亮年九十餘。好為大言夸誕。鉉館於門下。心喜之。稽神錄中事多亮所言。亮嘗忤鉉。鉉甚怒。不與話累日。忽一日鉉將入朝。亮迎呼為中闌云。適有異人。肉翅自廳飛出。升堂而去。亮目送久之方滅。鉉即喜笑命紙筆記之。待亮如故。江陵從祖重內典。嘗謂鉉曰。公鄙斥浮屠之教而重神變之事。瞿曇豈不得作黃面神人乎。鉉笑而不答。楊文公談苑

三

景祐中有郎官皮仲容者。偶出街衢。為一輕薄子所戲。遽前賀云。聞君有臺憲之命。仲容立馬媿謝。久之徐問其何以知之。對曰。令新制臺官必用稀姓者。故以君姓知之耳。蓋是時三院御史乃仲簡論程掌禹錫也。聞者傳以為笑。

四

京師諸司庫務皆由三司舉官監當。而權貴之家子弟親戚因緣請託。不可勝數。三司使者常以為患。田元均

爲人寬厚長者。其在三司。深厭干請者。雖不能從。然不欲峻拒之。每溫顏強笑以遣之。嘗謂人曰。作三司使數年強笑多矣。直笑得面似靴皮。聞者傳以爲笑。然皆服其德量也。並歸田錄

五

吳中一士人。曾爲轉運司。別試解頭。以此自負。好附託顯位。是時侍御史李制知常州。丞相莊敏龐公知湖州。士人遊毗陵。與其徒飲於倡家。顧謂一騶卒曰

。汝往白李二我在此飲。速遣有司持酒殽來。李二謂李御史也。俄頃。郡廚以飲食至。甚爲豐腆。有一馬醫適在其家。見其事。後至御史之家。因語及之。李君極怪。使人捕得騶卒。乃兵馬都監所假受事兵卒就使庖買飲食。以給坐客耳。李乃杖騶卒。使街司押士人出城。郡僚有相善者出與之別。唁之曰。蒼卒遽行。當何所詣。士人應之曰。且往湖州。依龐九耳。聞者莫不大笑。筆談

六

明肅太后臨朝。襲眞宗故事。留心庶獄。日遣中使至軍巡院御史臺體。問鞫因情節。又好問外事。每中使出入。必委曲詢究。故有司細微無不知者。有孫良孺爲軍巡判官。喜詐僞。能爲朴野之狀。一日市布數十端。雜染百色陳於庭下。中使怪而問之。良孺曰。家有一女。出適在近。與之作少衣物也。中使大駭。回爲太后言之。太后歎其親苦。即命厚賜金帛。京師人

多賃馬出入。馭者先評其直。必問一去耶卻來耶。苟乘以往來。則其價倍於一去也。良孺以貧不養馬。每出必賃之。一日將押大辟囚棄市。而賃馬以往。其馭者問曰。官人將何之。良孺曰。至法場頭。馭者曰。一去耶卻來耶。聞者駭笑。東軒筆錄

七

公在政府。蜀人蘇軾往見公。公因問軾云。近有人來薦王迥。其爲人如何。學士相適否。軾云。爲人奇俊

。公不諭軾意。後數日公宴出家妓。有歌新曲六公者。公方悟軾之言。蓋歌有奇俊王家郎也。既而公語諸子云。蘇軾學士文學過人。然豈享大福德人也。魏王語錄

卷六十六 談諧戲謔

無恥

馮吉瀛王道之子。少好學能文。而輕佻善謔。尤精胡琴。嘗因家會。道命彈胡琴。曲終賜之束帛以辱之。吉致帛於頂。以左手抱琴。右手按膝。如伶人拜起。舉家大笑。終以浮薄。不登清仕。澠水燕談

不識字

梅詢爲翰林學士。一日。書詔頗多。致思甚苦。操觚循階而行。忽見一老卒臥於日中。欠伸甚適。梅忽嘆曰。暢哉。徐問之曰。汝識字乎。曰不識字。梅曰更快活也。筆談

堆墨書田字

陳文惠公善八分書。點畫肥重自是一體。世謂之堆墨書。尤宜施之題牓。鎮鄭州日。府宴伶人戲以一幅大紙。濃墨塗之。當中以粉筆細書四點。問曰何字也。曰堆墨書田字。文惠大笑。澠水燕談

御史抨呂狀元

治平中。御史有抨呂狀元溱杭州日事者。其語有歡遊疊嶂之間。家家失業。樂飲西湖之上。夜夜忘歸。執政笑謂言者曰。軍巡所由不收。犯夜亦宜一抨。野錄

嚼舌而死

金陵道士章齊一善爲詩。好嘲詠。一被題目。即日傳誦。人皆畏之。凡四百餘篇。曲盡其妙。後得疾。嚼舌而死。楊文公談苑

以長官爲笑

五代任官不權輕重。凡曹掾簿尉有齷齪無能。以至昏老不任驅策者。始注爲縣令。故天下之邑率皆不治。甚者誅求刻剝。猥跡萬狀。至今優諢之言多以長官爲

笑。及范文正公仲淹乞令天下選人。用三員保任。方得爲縣令。當時推行其言。自是縣令得人。民政稍稍舉矣。東軒筆錄

語誤

寇萊公與張洎同爲給事中。公年少氣鋭。嘗爲庭雀詩。玩張洎曰。少年挾彈何狂逸。不用金丸用蠟丸。譏洎在金陵圍城中嘗爲其主作詔。內蠟丸中。追上江救兵也。澠水燕談

二

往年士大夫好講水利。有言欲涸梁山泊以爲農田者。或詰之曰。梁山泊古鉅野澤。廣袤數百里。今若涸之。不幸秋夏之交。行潦四集。諸水並入。何以受之。貢父適在坐。徐曰。卻於泊之傍鑿一池。大小正同。則可以受其水矣。坐中皆絕倒。言者大慚。澠水燕談

三

楊叔賢自強人也。古今未嘗許人。頃爲荆門幕。時虎傷人。楊就虎穴。磨巨崖。大刻誡虎文。如鱷魚之類。其略曰。咄乎爾彪。出境潛遊。後改官知鬱林。以書托知軍趙定基打誡虎文數本。書言嶺俗庸獷。欲以此化之。仍有詩曰。日將先聖詩書教。書作文翁守鬱林。趙遣人打碑。次日本耆申某月日磨崖碑下。大虫咬殺打碑匠二人。荆門止以耆狀附遞寄答。

四

一歲潭州試僧童經。一試官舉經頭一句曰。三千大千

。時谷山一閩童接之誦輒不通。因操南音上謂曰。上覆試官不知下頭有世界耶。郡官大笑。湘山野錄

五

孟蜀後主凡命宰相必徵感皇恩二章爲謝。有張格者拜相。其所獻之曲有最好是長街裏聽喝相公來之句。人傳爲笑。

六

徐鉉工篆隸。好筆硯。歸朝。聞鄴中耕人時有得銅雀

臺古瓦。琢爲硯甚佳。會所親調補鄴令。囑之凡經年。尋得古瓦二。絕厚大。命工爲二硯。持歸。面以授鉉。鉉得之喜。即注水。將試墨。瓦瘞土中。枯燥甚。得水即滲盡。又注之隨竭。湆湆有聲嘖嘖焉。鉉笑曰。豈銅雀之渴乎。終不可用。與常瓦礫無異。並楊文公談苑

七

楊文公常戒其門人爲文宜避俗語。既而公因作表云。伏惟陛下。德邁九皇。門人鄭戩遽請於公曰。未審何時得賣生菜。於是公爲之大笑而易之。歸田錄

八

予舉進士。時故老猶能道蜀時事。且言天兵伐蜀。蜀主大懼。合廷臣所以拒天兵者。費鐵嘴越班而對。衆謂鐵嘴不獨有口材。兼有膽勇。諦聽之。乃云。是臣則斷定不敢。於是衆笑而退。

九

楊文公知舉於都堂簾下大笑。眞宗知之。既開院上殿。怪問貢舉中何得多笑。對曰。舉人有上請堯舜是幾時事。臣對以有疑時不要使以故。同官俱笑。眞宗亦爲笑之。並東齋記事

十

太宗欲周知天下之事。雖疏遠小臣。苟欲詢訪。皆得登對。王禹偁太以爲不可。上疏略曰。至如三班奉職。其卑賤可知。比因使還。亦得上殿。當時盛傳此語。未幾王坐論妖尼道安救徐鉉事。責爲商州團練副使。一日從太守赴國忌行香。天未明。彷彿見一人紫袍秉笏。立於佛殿之側。王意恐官高欲與之敘位。其人斂板曰。某即可知也。王不曉其言而問之。其人曰。公嘗上疏云。三班奉職。卑賤可知。某今官爲借職。是即可知也。王憮然自失。聞者莫不笑。

十一

楚執中性滑稽。謔玩元禮。慶曆中韓魏公琦帥陝西。

將四路進兵。入平夏以取元昊。師行有日矣。尹洙與執中有舊。薦于韓公。執中曰。虜之族帳無定。萬一遷徙深遠以致我師。無乃曠日持久乎。韓公曰。今大兵入界則倍道兼程矣。執中曰。糧道豈能兼程耶。韓公曰。吾已盡括關中之驢運糧。驢行速。可與兵相繼也。萬一深入而糧食盡。自可殺驢而食矣。執中曰。驢子大好酬獎。韓公怒其無禮。遂不使之入幕。然四路進兵亦竟無功也。

十二

王介性輕率。語言無倫。時人以爲心風。與王荆公舊交。公作詩曰。吳興太守美如何。柳惲詩才未足多。遙想郡人迎下檐。白蘋洲上起滄波。其意以値風即起波也。介諭其意。遂和十篇。盛氣而誦於荆公。其一曰。吳興太守美如何。太守從來惡祝鮀。正直聰明神鬼畏。死時應合作閻羅。荆公笑曰。閻羅見闕可速赴任。黃振以第四人及第。既而召試館職。一日謁晏丞相。晏語之曰。君久從吏事。必疏筆硯。今將就試。且稍溫習也。振率然答曰。豈有三十年爲老娘而倒繃孩兒者乎。晏公俛而哂之。既而試澤宮選士賦。韻押有王字。振押之曰。率土之濱莫非王。由是不中選。晏公聞而笑曰。黃君竟倒繃孩兒矣。

十三

段少連性夷曠。亦甚滑稽。陳州人。晚年因官還里中。鄉老會飲。段通音律。酒酣自吹笛。座中有知音者

。亦皆以樂器和之。有以老儒獨歎曰。某命中無金星之助。是以不能樂藝。段笑曰。豈惟金星。水星亦不甚得力也。錢公輔與王荆公座。忽語荆公曰。周武王眞聖人也。荆公曰。何以言之。公輔曰。武王年八十猶爲太子。非聖人詎能如是。荆公曰。時是文王尚在。安得不爲太子也。並東軒筆錄

十四

科場中。進士程文多可笑者。治平中。國學試策問體

貌大臣。進士對策曰。若文相公富相公皆大臣之有體者。若馮當世沈文通皆大臣之有貌者。意謂文富豐碩。馮沈美少也。劉原父遂目沈馮爲有貌大臣。又歐永陽主文試貴老爲其近於親賦。有進士散句云。睹茲黃耇之狀。類我嚴君之容。時哄堂大笑。倦遊錄

十五

党進者朔州人。本出奚戎。不識一字。朝廷遣進防秋於高陽。朝辭須欲致詞叙別天陛。閤門吏謂進曰。太

尉邊臣不須如此。進性強狠。堅欲之。知班不免。寫其詞於笏。侑贊於庭。敎令熟誦。進抱笏前跪。移時不能道一字。忽佩回瞻聖容。厲聲曰。朕聞上古其風朴略。願官家好將息。仗衛掩口。幾至失容。後左右問之曰。太尉何故忽念此兩句。進曰。我嘗見措大門愛掉書袋。我亦掉一兩句也。要官家知道我讀書來。

玉壺清話

十六

石曼卿爲集賢校理。微行倡館。爲不逞者所窘。曼卿醉。與之校。爲街司所錄。曼卿詭怪不羈。謂主者曰。只乞就本廂科決。次詰旦歸館供職。廂帥不喻其謔曰。此必三館吏人也。杖而遣之。

十七

司馬相如叙上林諸水曰。丹水。紫淵。灞。滻。淄。渭。八川分流。相背而異態。灝溔潢漾東注太湖。李善注。太湖所謂震澤。按八水皆入大河。如何得東注震澤。又白樂天長恨歌云。峨嵋山下少人行。旌旗無

光日色薄。峨嵋在嘉州。與幸蜀路全無交涉。杜甫武侯廟柏詩云。霜皮溜雨四十圍。黛色參天二千尺。四十圍乃是徑七尺。無乃太細長也。防風氏身廣九畝長三丈。姬室畝廣六尺。九畝乃五丈四尺。如此防風之身乃一餅餤耳。此亦文章之病也。

十八

吳人多謂梅子爲曹公以其嘗望梅止渴也。又謂鵝爲右

軍。有一士人遺人醋梅與燖鵝。作書云。醋浸曹公一甓。湯燖右軍兩隻。聊備一饌。並筆談

十九

康定中西賊寇邊。王師失律於好水川。巨將旌旗者四五。朝廷方擾。時當國一相以老得謝。拂衣晏然而歸兩府。就宅爲賀。因而陳觴。退相飲酣。自矜於席曰。某一山民爾。遭時得君。今還袞紱。告老于家。當天下平定無一事之辰。自謂太平幸民。石參政中立應聲曰。只有陝西一火竊盜未獲。坐客吞笑。簪珥幾墜。湘山野錄

二十

山東經學多不省文章。嘗一縣有兩經生。同官忽舉鄭谷詩句。稱贊其美云。任是深山更深處也。無計避王傜。其一人難曰。此詩句誤矣。野鷹何嘗有王傜乎。一人解之曰。古人寧有失也。是年必當科取毛翎耳。

二十一

楊安國爲翰林侍讀學士。以老欲求外官。告人曰。赤松子贈張良詩云。不如聞早歸山去。免事君王不到頭。吾猶是矣。王充書論儒生文吏皆有所長。而有告短篇言儒生但能滑習章句。漢代秦猶不能知儒生之陋。何獨今人也。

二十二

楊安國判國子監事。每會集學官。飲酒必誦詩。知首包以勸侑舉盃。屬坐客曰。詩之興也。諒不於上皇之世。且飲酒。裴如晦時爲學官。亦舉盃曰。古者伏羲氏之王天下也。不能飲矣。坐客皆笑而楊不悟。

二十三

梁周翰在太宗朝爲館職。眞宗即位。乃除知制誥。柳開贈詩曰。九重城闕新天子。萬卷詩書老舍人。梁與朱昻。楊大年同在禁掖。大年未滿三十。而兩公皆老。數見敕侮。梁不能堪。即好謂大年曰。父母侮我老此者亦留與公爾。朱聞之。背面搖手腋下。謂梁莫與

莫與。大年之歿不及五十也。

二十四

詞人歌詩用也字。本皆作夜音。杜云青袍也自公。白傳云。也向慈恩寺裡游。今人讀爲如字。非也。俗諺猶云。俚人不識月暈。名曰夜環。以言也還爾。張湍爲河南府司錄府。當祭社。買豬以呈君。豬突走入湍家。湍即捉取殺之。吏以白尹。尹召問湍。對按律。豬無故也入人家。主人登時殺者勿論。尹大笑。別市豬。並劉貢父詩話

標目

王琪。張亢同在南京晏元獻公幕下。張肥大。王以太牢目之。王瘦小。張以獼猴目之。一日有米綱至八柏里村。水淺當剝載。府檄張往督之。王曰。所謂八百里剝也。張曰。未若三千年精矣。元獻爲之啓齒。

二

歐陽文忠公不喜釋氏。士有談及佛書者。必正身折之。而公之幼子小字和尚。或問公曰。公既喜排浮屠。而以和尚名子何也。公曰。所以賤之也。如今人家以牛驢名小兒耳。聞者大笑。且伏公之辨也。

三

顧臨學士魁偉好談兵。館中戲謂之顧將軍。一日同館諸公游景德寺。既至寺前柏林。雨暴作。顧戲同館林希曰。雨中林學士。遽答曰。柏下顧將軍。諸公大噱。以爲捷對。並澠水燕談

四

錢俶獻地。弟儀以越州安撫使授愼瑞師等州觀察使。信以湖州安撫使授新嬀儒等州觀察使。儀好晝寢。多以夜決府事。及游宴。信爲沙門返初執政戲之也。

五

徐鉉所居。逼五龍堂。宣徽角抵士將內宴。必先隸習於其中。觀者雲集。鉉方蔬食坐道齋中誦黃庭。聞外喧甚。立遣小童視之。還白云。許趙二常侍與諸常侍

習角抵。鉉笑曰。此諸同察難可接其歡也。京城呼宣徽角抵士皆爲常侍故。並楊文公談苑

六

盛文肅公豐肌大腹而眉目清秀。丁晉公疏瘦如削。二公皆兩浙人也。並以文辭知名於時。梅學士詢在眞宗時以爲名臣。至慶曆中爲翰林侍讀以卒。性喜香。其在官所。每晨起將視事。必焚香兩鑪。以公服罩之。撮其袖以出。坐定。撒開兩袖。郁然滿室濃香。有竇

元賓者。五代漢宰相正固之孫也。以名家子有文行。爲館職而不喜修飾。經時未嘗沐浴。故時人爲之語曰。盛肥丁瘦。梅香竇臭也。歸田錄

七

陳繹晚爲敦朴之狀。時謂之熱熟顏回。熙寧中台州推官孔文仲舉制科庭試對策。言時事有可痛哭太息者。執政惡而黜之。繹時爲翰林學士。語於衆曰。文仲狂躁。眞杜園賈誼也。王平甫笑曰。杜園賈誼可對熱熟顏回。合坐大噱。繹有慚色。杜園熱熟皆當時鄙語。

八

王平甫學士軀幹魁碩而眉宇秀朗。嘗盛夏入館中。方下馬。流汗浹衣。劉攽見而笑曰。君眞所謂汗淋學士也。並東軒筆錄

卷六十七　談諧戲謔

標目

邊人傳誦一詩云。昨夜陰山吼賊風。帳中驚起紫髯翁

。平明不待全師出。連把金鞭打鐵驄。有張師雄者。西京人。好以甘言悅人。晚年尤甚。洛中號曰蜜翁翁。出官在邊郡。一夕賊馬至界上。忽城中失師雄所在。至曉。方見師雄重衣披裘伏於土窟中。袖已污矣。西人呼土窟爲土空。尋爲人改舊詩以嘲曰。昨夜陰山吼賊風。帳中驚起蜜翁翁。平明不待全師出。連著皮裘入土空。張亢嘗謂蜜翁翁無可爲對者。一日。亢有姪不率敎令。將杖之。其姪方醉大呼曰。安能撻我。

但堂伯伯耳。亢笑曰。可對蜜翁翁。釋而不問。

二

孫覺孫洙同在三館。覺肥而長。洙短而小。然二人皆髯。劉攽呼爲大胡孫小胡孫。顧林字子敦。亦同爲館職。爲人偉儀幹而好談兵。攽目爲顧將軍。而又好以反語呼之。爲頓子姑。攽嘗與王介甫爲開封府試官。試節以制度不傷財。舉子多用畜積字。畜本音丑六反。廣韻又呼六反。聲近御名。介甫堅欲黜落。攽爭之

。遂至誼忿。監試陳襄聞其事。二人皆贖。而中丞呂公著又言責之太輕。遂皆奪主刑判。是時雍子方爲開封推官。戲攽曰。據罪名當決醫杖十三。攽答曰。然吾已入文字矣。其詞曰。切見開封府推官雍子方身材長大。醫腿豐肥。臣實不如舉以自代。合坐大笑。

三

王荆公爲館職與滕甫同爲開封試官。甫屢稱一試卷。荆公重違其言。寘在高等。及拆封乃王觀也。觀平日與甫親善。其爲人薄於行。荆公素惡之。至是疑爲滕所賣。公見於色辭。滕遽操俚言以自辨。且曰。苟有意賣公者。令甫老母不吉。荆公怏然答曰。公何不愷悌。凡事須權輕重。豈可以太夫人爲咒也。荆公又不喜鄭獬。至是目爲滕屠鄭沽。並東軒筆錄

四

庫藏中物物數足而名差互者。帳籍中謂之色繳。嘗有一從官知審官西院。引見一武人於格合遷官。其人自

陳。年六十。無材力。乞致仕。叙致謙厚。甚有可觀。主判攘手曰。某年七十一尙能拳毆數人。此轅門也。方六十歲。豈得遽自引退。京師人謂之色繳。

五

舊日官爲中允者極少。惟老於幕官者。累資方至。故爲之者多潦倒之人。近歲州縣官進用者多除中允。遂有冷中允熱中允。又集賢殿修撰舊多以館閣人次者爲之。近歲有自常官超授要任。未至從官者多除修撰。

亦有冷撰熱撰。時人謂熱中允不博冷修撰。

六

館閣每夜輪校官一人直宿。如有故不宿則虛其夜。謂之豁宿。故事豁宿不得過四。至第五日即須入宿。過豁宿例於宿曆名位下。書腹肚不安免。故館閣宿曆相傳謂之害肚曆。並筆談

七

邇英閣講諷之所也。閣後有隆儒殿。在叢竹中。制度特小。王遵叔久在講筵。而身品短小。同列戲之曰。宜爲隆儒殿學士。退朝錄

八

丁晉公爲玉清昭應宮使。每遇醮祭即奏有仙鶴盤舞于殿廡之上。及記眞宗東封事。亦言宿奉高官之夕有仙鶴飛於宮上。及升中展事而仙鶴迎舞。前導者塞望不知其數。又天書每降必奏有仙鶴前導。是時寇萊公判陝府。一日坐山亭中。有鳥鴟幾千飛鳴而過。萊公笑顧屬僚曰。使丁謂見之。當目爲玄鶴矣。又以其令威之裔而好言仙鶴。故但呼爲鶴相。猶李逢吉呼牛僧孺爲且座也。青箱雜記

九

仁廟朝。初薛簡肅公知開封。上新即位。時章獻臨朝。一切以嚴治。人謂之薛出油。其後知成都。歲豐人樂。隨其俗與之遊嬉。作何處春遊好詩十首。自號薛春遊。欲換前所稱謂也。姜樞密遵魯簡肅公亦皆以嚴稱時。目姜爲姜擦子。目魯爲魚頭公。東齋錄

機辨

熙寧中學者以字解相尙。或問劉貢父曰。曾得字學新說否。貢父曰。字書有三牛爲犇字。三鹿爲麤字。竊以謂牛粗大而行緩。非善奔者。鹿善奔而體瘦非粗大者。欲以二字相易。庶各會其意。聞者大笑。澠水燕談

二

陳郎中亞有滑稽雄聲。知潤州。治跡無狀。浙憲馬卿尋因按之。至則陳已先覺。廉按訖。憲車將起。因觴於甘露寺閣。至卒爵。憲曰。將注子來。郎中處滿著。陳驚起遽拜。憲訝曰。何謂何謂。陳曰。不敢望滿。但得成資保全而去。舉族大幸也。馬笑曰。豈有此事。既而竟不敢發。有陋儒者。買所業舉止凡下。陳玩之曰。試請口占盛業。生曰。某卷中有方地爲輿賦。誦破題曰。粤有大德。其名曰坤。陳應聲曰。吾聞

此賦久矣。得非下句云。非講經之座主。乃傳法之沙門乎。滿座大笑。陳尤工藥名詩。有碁爲臘寒呵子下。衫因春瘦縮紗裁。風月前湖近。軒窗半夏涼之句。皆不失風雅。

三

安鴻漸有滑稽清才而復內懼婦。婦翁死。哭於柩。其婦人性素嚴。呼入繐幕中。詬之曰。汝哭何因無淚。鴻漸曰。以帕拭乾。妻嚴戒曰。來日早臨去。管須見淚。漸曰。唯。計窘。來日以寬巾濕紙置於額。大叩其顙而慟。慟罷。其妻又呼入窺之。妻驚曰。淚出於眼何故額流。鴻漸對曰。但聞自古云水出高源。鴻漸秋賦警句。陳王閣上。生幾點之青苔。謝客門前。染一溪之寒水。有才雅以涼德盡掩之。然不聞有遺行。

並湘山野錄

四

文紀性滑稽。孟知祥之僭號。嘗奉使於蜀。適會改元。方春社。知祥張宴設彘肉。語文紀曰。上戊之辰。

時俗所重。不可廢也。願常一臠。文紀笑曰。家居長安。門族豪盛。彘肩不登於俎。時從叔伯祖頗欲大嚼。終不可致。一家奴慧黠。衆以情語之。宅後園有古冢空曠。奴掃除其中。設肉數盤。私命諸從祖食之。珍甚。五房不覺言珍。五房曰。匪止珍哉。今日乃大美元年也。良久冢中二鬼驟至。呼曰。諸君竊食糟彘。敗亂家法。其過已大。乃敢擅改年號乎。知祥有愧

色。清泰即位。將命相。取達官名十人。致瓶中探取
之。首得文紀。遂爲宰相。楊文公談苑

五

梅聖俞以詩知名三十年。終不得一館職。晚年與修唐
書。書成未奏而卒。士大夫莫不歎惜。其初受勑修唐
書。語其妻刁氏曰。吾之修書可謂猢猻入布袋矣。刁
氏對曰。君於仕官亦何異鮎魚上竹竿耶。聞者皆以爲
善對。

六

故參知政事丁公度。晁公宗慤。往時同在館中。喜相
諧謔。晁因遷職。以啓謝丁。時丁方爲群牧判官。乃
戲晁曰。啓事更不奉答。以糞墼一車爲報。晁答曰。
得墼勝於得啓。聞者以爲善對。歸田錄

七

嘉祐初。李仲昌議開六漯河。王荊公時爲館職。頗右
之。既而功不成。仲昌贓敗。劉敞侍讀以書戲荊公曰
。要當知宗人夷甫不與世事可也。荊公答曰。天下之
事所以易壞而難合者。正以諸賢無意。如鄙宗夷甫也
。但仁聖在上。故公家元海未敢跋扈耳。東軒筆錄

八

龍圖劉燁亦滑稽辨捷。嘗與內相劉筠聚會飲茗。問左
右湯滾也未。左右皆應曰已滾。筠曰。僉曰鯀哉。燁
應聲曰。吾與點也。燁又嘗與筠連騎趍朝。筠馬病足
行遲。燁謂曰。馬何故遲。筠其只爲五更三。言點蹄
也。燁應聲曰。何不與他七上八。意欲其下馬徒行也

。青箱雜記

九

石參政中立性滑稽。天禧中爲員外郎。時西域獻師子
。畜於御苑。日給羊肉十五斤。嘗率同列往觀。或歎
曰。彼獸也。給羊肉乃爾。吾輩參預郎曹。日不過數
斤。人翻不及獸乎。石曰。君何不知分也。彼乃苑中
師子。吾曹員外郎耳。安可並邪。

十

張逸密學知成都。善待僧文鑑大師。蜀中民素所禮重。一日文鑑謁張公。未及見。時華楊主簿張唐輔同俟於客次。唐輔欲搔髮。方脫烏巾。睥睨文鑑。罩於其首。文鑑大怒諠呶。張公遽召。才就坐即白曰。某與此官人素不相熟。適來。輙將幞頭罩某面上。張公問其故。唐輔對曰。某方頭痒。取下幞頭。無處頓放。見大師頭閑。遂且權頓少時。不意其怒也。張公大笑

而已。

十一

陳少常亞以滑稽著稱。蔡君謨嘗以其名戲之曰。陳亞有心終是惡。陳即復曰。蔡襄無口便成衰。時以爲名對。爲殿中丞日。知嶺南恩州。到任作書與親舊曰。使君之五馬雙旌。名目而已。螃蟹之一文兩箇。眞實不虛。又嘗曰。平生之一對。最親切者是紅生對白熟者也。

十二

曹琰郎中滑稽之雄者。一日因食落一牙。戲爲詩曰。昨朝飯裏有粗砂。隱落翁翁一箇牙。爲報妻兒莫惆悵。見存足以養渾家。

十三

杜祁公向以太常博士陝西提點刑獄丁太夫人憂。寓華下郡。有進士鞏漢卿者。俊敏有才。公常與之談燕。關中養蠶率是黃絲。故居民夏服多以黃縑爲之。因問

何故。關右人好著黃絹生衣。鞏對曰。似浙中人好喫紫蘇熟水。及見鴨沒池中。公云鴨入池中董。鞏即曰。蟬鳴樹上縮。公嘗撰國初一節將墓碑。其中一句云。某官以生運推移。鞏即下堦磬折曰。日南長至。公笑爲改之。

十四

文潞公始登第。以大理評事知幷州。榆次縣吏新靴衙鼓面新潔。公戲題詩于上曰。置向譙樓一任檛。檛多

檛少不知它。如今幸有黃紬被。努出頭來道放衙。並
倦遊錄

十五

李澣及第於和相凝牓下。後與座主同任學士。會凝作相。澣爲承旨。適當批詔。次日於玉堂。輒開和相舊閤。悉取圖書器玩。留一詩於榻。携之而去。云座主登庸歸鳳閣。門生批詔立鼇頭。玉堂舊閤多珍玩。可作西齋潤筆否。玉壺清話

十六

士大夫筵饌。率以不托或以粉在水飯之前。余近預河中蒲左丞會。初坐即食罨生不托。余驚問之。蒲笑曰。世謂不托爲頭食。宜爲群品之先可知矣。意其唐末五代亂離之際。失其次第。折而下陳。頗鬱餘論。今與牽復坐。客皆大笑。澠水燕談

十七

劉貢父學士攽辨博才敏。嘗出諸人上。一日在館中與諸寮友語及時政事。王學士觀遽止之。使勿言。陸經乃戲王學士云。王三到了是惜命。時貢父應聲對曰。不惟王三惜命。更兼陸四括囊。人皆服其機警。王三陸四皆排行也。魏王語錄

十八

文潞公說頃年進士郭震。任介皆西蜀豪逸之士。一日郭致簡於任曰。來日請飡皛飯。任不曉厥旨。但如約以往。將日中。方具糲飯一盂。蘆菔鹽各一盤。餘更

別無物。任曰。何者爲皛飯。郭曰。飯白。蘆菔白。鹽白。豈不是皛飯。任更不復校。強勉食之而退。任一日復致簡於郭曰。來日請餐毳飯。郭亦不曉厥旨。亦如約以往。迨過日中迄無一物。郭問之。任答云。昨日已曾上聞。郭曰何也。任曰。飯也毛。蘆菔也毛。鹽也毛。只此便是毳飯。郭大噓而退。蜀人至今爲口談。並魏王語錄

十九

前判都水監李立之云。介甫前作相。嘗召立之問曰。有建議欲決白馬河堤。以溉東方之田者。何如。立之不敢直言其不可。對曰。此策雖善。但恐河決。所傷至多。昔天聖初河決白馬。東南汎濫十餘州。與淮水相通。徐州城上垂手可掬水。且橫貫韋城。斷北使往還之路。無乃不可。介甫沈吟良久曰。聽使一淤亦何傷。但恐妨北使路耳。乃止。集賢校理劉攽貢甫好滑稽。嘗造介甫。值一客在坐。獻策曰。梁山濼決而涸

之。可得良田萬餘頃。但未擇得利便之地瀦其水耳。介甫傾首沉思曰。然。安得處所貯許多水乎。貢父抗聲曰。此甚不難。介甫欣然。以謂有策。遽問之。貢父曰。別穿一梁山濼。則足以貯之矣。介甫大笑。遂止。

二十

王嗣宗汾州人。初爲秦州司理參軍。路沖知州事。常次公事忤沖意。怒械繫之。會有獻新果一合者。沖召嗣宗謂曰。汝爲我對一句詩。當脫汝械。嗣宗請詩。沖曰。吉嘉果更將新合。合嗣宗應聲曰。惡人須用大枷枷沖。沖悅即捨之。並涑水紀聞

二十一

胡秘監旦自知制誥落職通判襄州。時謝學士泌知州事。嘗因過廳飲酒。胡面色發赤。謝戲曰。舍人面色如衫色。胡應戶答曰。學士心頭似幞頭。胡時衣緋。倦遊錄

二十二

舒王居前有橫塘。嘗放魚於其間。而夜多爲盜。以手網得之。王與門人閑步。因曰。可以揭牒。時葉致遠戲云。不須爾也。宜以一集句示之。乃書橋柱曰。門前秋水碧鱗鱗。赤鯉躍出如有神。君欲釣魚須遠去。愼勿近前丞相嗔。王爲之啓齒。漢皋詩話

二十三

蘇州李璋舉進士。有聲。才氣過絕於人。放誕浮薄。

竟止於小官。王荆公常拜之。爲舉子。日因與人踢毬。誤墜良家婦頭上。碎其冠梳。其家訟於官。因至庭下。太守曰。若眞舉子乎。吾將試之。璋乞賦題。太守曰。可賦汝踢毬誤碎良家婦冠梳事。璋應聲曰。偶與朋游。閑築氣毬。起自卑人之足。忽升娘子之頭。方一丈八尺之時。毬别無故事其高止於一丈八尺。不妨好看。喫八棒十三之後。著甚來由。太守大笑遣之。李希聲詩話

園荽其如予何

呂惠卿嘗語王荆公曰。面有䵟。用園荽洗之當去。荆公曰。吾面黑耳。非䵟也。呂曰。園荽亦能去黑。荆公笑曰。天生黑於予。園荽其如予何。東軒筆錄

三拗

皇祐中長沙有三拗。開福寺長老有璉每季一剃頭。而致仕焚著作一日一開頂。一拗也。蘇推官居父喪。蹴踘飲樂。而林察推喪妻廬墓。二拗也。時有邊城爲郡守。非賂不行。孔目官陸靜平生不受賕遺。三拗也。

語訛

關右人或有作京師語音。俗謂之獠語。雖士大夫亦然。有太常博士楊獻民。河東人。是時鄜州修城。差望青斫木。作詩寄郡中寮友。破題曰。縣官伐木入烟蘿。匠石須材盡日忙。葢以鄉音呼忙爲磨。方能叶韻。士人而徇俗不典。亦可笑也。倦遊錄

知府具一隻眼

有一南方禪僧到京師。衣間緋袈裟。主事僧素不識南宗體式。以爲妖服。執付有司。尹正見之亦遲疑。未能斷。良久。喝出禪僧。以袈裟送報慈寺尼迦葉披之。人以謂此僧未有見處。卻是知府具一隻眼。

凌床

信安滄景之間多蚊虻。夏月牛馬皆以泥塗之。不爾多爲蚊虻所斃。郊行不敢乘馬。馬爲蚊虻所毒。則狂逸不可制。行人以雙輪小車馬鞍蒙之以乘。謂之木馬。

挽車者皆衣韋袴。冬月作小坐床。冰上拽之。謂之凌床。予嘗按察河朔。見挽床者相屬。問其所用者。此運使凌床。此提刑凌床也。聞者莫不掩口。並筆談

坡拜

先文正公言。今呼諫議為坡拜。蓋唐朝舊語。自外入為諫議。班在給舍之上。歲滿遷給事中。又歲滿遷舍人。故兩省同列謔諫議云。君今上坡。後當復下坡矣。劉公嘉話錄載。初拜諫議者給舍戲之曰。何人驟居

我上。彼曰。以我不才。何不拽下著乃遷也。楊文公談苑

鬼取枉法贓

王嗣宗不信鬼神。疾病。家人為之焚紙錢祈禱。嗣宗聞之笑曰。何鬼物敢問王嗣宗。取枉法贓邪。涑水記聞

卷六十八 神異幽怪

萬年寶

王貴澶州卒。太平興國中。晝忽見使者至營。急召貴偕行。至何橋驛。馬已具。乘之。俄覺騰空而去。少頃至一處。如王者之居。其王謂貴曰。俟汝年五十八。當往于闐國北通聖山。取一異寶以奉皇帝。遂還。軍中失貴已數日矣。所乘馬即營卒馬。知州宋煦以聞太宗。釋之。後貴自陳。年五十八願依前戒西至于闐。許之。至秦州心悔。俄於市中逢一道人。問之。具以實對。即令閉目。少頃令開視。見山川頓異。道士

曰。北通聖山。復引至一池中。有仙童出一物示之。謂曰。持此上皇帝。發之。乃玉印也。文曰。王趙萬年永寶。秦州以聞。

山陽女巫

山陽有一女巫。其神極靈。予伯氏嘗召問之。凡人間物。雖在千里之外。問之皆能言。乃至人中心萌一意。已能知之。坐客方弈棊。試數白黑棊握手中。問其數。莫不符合。更漫取一把棊。不數而問之。則亦不

能知數。蓋人心所知者彼則知之。心所無則莫能知。如季咸之見壺子。大耳三藏觀忠國師也。又問以巾篋中物。皆能悉數。時伯氏有金剛經百册。盛一大篋中。指以問之曰其中何物。則曰空函也。伯氏發以示之曰。此有百册佛經。安得曰空篋。鬼良久又曰。空篋耳。安得欺我。此所謂文字相空。因眞心以顯非相。宜其鬼神所不能窺也。

菜花成佛像

菜品中蕪菁菘芥之類。遇旱其㮄多結成花。如蓮花作龍蛇之形。此常性無足怪者。熙寧中李賓知潤州。園中菜花悉成荷花。仍各有一佛坐于花中。形如雕刻。莫知其數。暴乾之。其相依然。或云李君之家奉佛甚篤。因此有異。

龍卵

天聖中近輔獻龍卵云。得自大河中。詔遣中人送潤州金山寺。是歲大水。金山廬舍爲水所飄者數十間。人

皆以爲龍卵所致。至今匱藏。予屢見之。形類色理。都是鷄卵。大若五升囊。舉之至輕。惟空殼耳。

雷

內侍李舜舉家曾爲暴雷所震。其堂之兩室。雷火自窗間出。赫然出簷。人以爲堂屋已焚。皆出避之。及雷止。其舍宛然。墻壁窗紙皆黔。有一木格。其中雜貯諸器。其漆器銀釦者。銀悉鎔流在地。漆器曾不焦灼。有一寶刀極堅鋼。就刀室中鎔爲汁。而室亦儼然。人必謂火雷先焚草木。然後流金石。今乃金石皆鑠。而草木無一燬者。非人情所測也。佛書言。龍火得水而熾。人火得水而滅。此理信然。人但知人境中事耳。人境之外事有何限。欲以區區世智情識窮測至理。不其難哉。並筆談

二

明道元年。王初知陳留縣。下鄉檢視。忽有暴雷從地中起於初之馬足。二執轡者一驚倒一不覺。初於馬上

躃易。至家數日而卒。時愚爲府推。聞從者言。此蓋雷出地之驗。當其衝者必死。趙康靖公聞見錄

隕星石

治平元年。常州日禺時。天有大聲如雷。乃一大星幾如月。見于東南。少時而又震一聲。移著西南。一震而墜。在宜興縣民許氏園中。遠近皆見火花赫然照天。許氏藩籬皆爲所焚。是時火息。視地中有一竅如杯大極深。下視之。星在其中。熒熒然。良久漸暗。尚

熱不可近。又久之。發其竅。深三尺餘。乃得一圓石。猶熱。其大如拳。一頭微銳。色如鐵。重亦如之。州守鄭伸得之。送潤州金山寺。至今匣藏。遊人到則發視。王無咎爲之傳甚詳。筆談

二

建隆中。南都一夕星隕如雨點。或大或小。光彩燁然。未至地而滅。景祐沂州夜中星隕極多。明日視之。皆石也。聞今沂民猶有畜之者。乃知公羊傳以雨星不及地而復。其說得之。左氏以如雨爲言。皆非也。燕談

彭蠡龍君

彭蠡小龍顯異至多。人人能道之。一事最著。熙寧中王師南征。有軍仗數十船。泛江而南。自離眞州即有一小蛇登船。船師識之曰。此彭蠡小龍也。當是來護軍杖耳。主典者以潔器薦之。蛇伏其中。船乘便風。日棹數百里。絕無波濤之恐。不日至洞庭。蛇乃附一商人船回南康。世傳其封域止於洞庭。未嘗踰洞庭而

南也。有司以狀聞。詔封神爲順濟王。遣禮官林希致詔書。至其祠下。焚香畢。空中忽有一蛇墜祝肩上。祝曰。龍君至矣。其重一肩不能勝。徐下至几案間。首如龜不類蛇首也。使者致語意曰。使人至此齋三日。然後致祭。王受天子命。不可以不齋戒。蛇受命。徑入銀香奩中。蟠三日不動。祭之日。旣酌酒。蛇乃自奩中引首吸之。俄出循案行。色如濕烟脂。爛然有

光。穿一剪綵花過。其尾尚赤。其前已變爲黃矣。正如雌黃色。又過一花。復變爲綠。如嫩草之色。少頃行上屋梁。乘紙旛腳以行。輕若鴻毛。倏忽入帳中。遂不見。明日使者還。蛇在船後。送之踰彭蠡而回。此龍常遊舟楫間。與常蛇無辨。但蛇行必蜿蜒。而此直行。江人常以此辨之。筆談

二

馮校尉浩赴江西漕過松門口。衆傳有小龍王者甚靈。

馮不之信。俄頃。有小蛇出於船下。亦不爲怪。續又漸有大蛇。亦未信。頃之有蛇矯首見形。如水桶大。馮乃焚香禱之。蛇作去勢。一引身長數十丈。湖水爲之兩分。馮方懼焉。亦不爲他害而去。

虹頭如衛子

賈侍中宅。乙巳歲六月三日有虹下飲於井。家人見其頭如衛子。光彩靑紅。連亙于天。是時賈公已病逾月。未幾而薨。

熝鷄

曾太尉言。有親識送熝鷄數隻。因擘開。見小兒手一隻。指掌腕皆宛然。再啓左翅下。亦有一手。如擘碎嬰兒手大。自此不食熝鷄。

貓作人語

乾明寺尼道堅說。王伯庸參政忽病。家人說貓兒作人語云。此亦不祥之驗也。未幾伯庸卒。

野禽入室

范師道居都水監。忽一日有野禽飛來室中。如野雉狀。而文彩過之。捕得甚馴熟。范疑鄰家所養。或南人攜來。將出門外。令人識認。久之。無來認者。忽有閩中客至。見之曰。此山禽也。福唐有之。能學種種聲。范令人數之。無不解。未幾。謫官福唐。人云鄉人來迎。弗可免其去也。

蛟攫馬

閤門祇候郭士遷因出郊。借人馬騎去。時夏熱。因解

於河上。令人浴馬。忽有物在水底如蛟蜃狀。拏攫其馬幷人。須臾不見。人即時出蘇息。說其狀如蛇。即不見其穴處。

葛根毒

楊州賣葛根。其狀甚粗大。買食者多吐血死。原其下有毒蛇。蟠屈後毒人如此。

食蟹而卒

王僅殿丞說。有一官人在河橋時。因祭濟源廟。廟中

有池。養魚於中。令釣之。獲一蟹。煮食之。遂得病而卒。

見人皆有兩頭

愚爲學士時。致齋宗正寺。忽苦河魚。夜至十起。來早中元有張稷秀才見謁。遂延之。忽睹張生有兩頭。心惡之。遂低頭傍視虞候李吉者。亦見二首。因爲書遺囑。與妻李氏謂其死在朝夕。洎歸舍。女子患痢疾。誤服藥。因患口齒卒。遂求出知鄆州。明年七月。妻子又卒。不知兩頭者何祥也。

行有影當前如人狀

愚乞出罷翰林學士爲龍圖閣知鄆州。七月妻病。舉足即有黑影。當前如人形狀。未幾妻卒。向見蘇公每行即前有黑影。當面如人狀。見之不以爲怪。月餘。母氏周國太夫人亡。此亦神物。有所朕兆。以爲先應。

山魈

歐陽永叔任龍圖閣直學士。知南京日。有山魈神爲怪

。未嘗信之。忽一日聞燒帛氣。無處尋求。他日家人啓箱篋。見一複內裙一腰在衆衣之中。已爲煨燼。即餘衣略無損者。因設酒于地曰。爾爲靈非尊重者。當現形飲此酒。祝之數四。自是遂絕。永叔自說。

夜聞鬼聲

永叔又言。曾泊漢江。夜聞人語甚鬧。有歌者哭者。至五鼓遂微。相次天曉。問村人此有塚墓否。云無。遂行一里餘。見一古壘。云是沔城。乃戰國時所築。

二

永叔又言。作河北漕使。夜宿滄洲驛。聞人甚鬧。從者云。此中無人敢鬧。又似在空中。至明方止。問彼人云。恐是海神過。

不毀古塚

道士王清化說修西太一宮有古塚在其北。欲毀之。道士某者再三乞不毀。言不宜毀此。清化遂止。是夕道士夢感一大官。召謝之。後數日遂賜紫。

土地神來謁

僧文旦乞修慈孝寺文字。再奏。後有吳駙馬宅神土地。著紫衣。稱官人。謁文旦語話。至昏送至門外。忽不見。

開墓

張十五者。鄉中衣冠之後。窮窘。遂於自己園中開一墓。取其物。夜聞語云。有少物幾乎被劫去。來日又白同伴。取得銅照等。雖不敗擒。因茲日號叫云殺人。遂患腫毒而死。

二

南京民劫一新墓爲屍掌其面。膜之有血。遂發毒害。意剝其衣物殘其屍。未幾果敗抵法。

鬼敷人皮

歐陽永叔言。祥符辛亥壬子間。護其先君靈櫬於維陽。有人來言。此中非可久居也。向人曾於市中聞呵殿甚嚴。視之無人。又夜向深再聞騶呼者。潛於屏處伺

之。見一官人來過市中橋。下馬坐定。令人於后土廟傳語。某官請來。須臾有一官人來下馬對坐。議云。官府須要一方張人皮用。其後至者云。今歲人皮恐不堪。當侯來年供之。是歲人多患疥。明年疾疫。死者甚衆。未知此生殺之柄小神所主。何事而驗如此。又說在光化乾德有術僧來言。今年山谷間多火印。恐有寇盜。後有張海賊之驗。

畫僧語

頃年京師顯聖寺俗呼爲菩提寺者。有壁上畫者。神僧一夜語軍巡人曰。忽放犨子過橋。所許錢愼勿要。皆楮鏹爾。乃果有人舁犨子來許百緡。辭之不要。相次觀之。乃破蘆蓆三兩領示。

陰聲塚

又有陰聲塚者。陰雨則塚中有歌樂之聲。呂文穆因過其塚。中云相公來且住歌樂。並趙康靖公聞見錄

王元澤託生

興化尉胡滋其妻宗室女也。自言夢人衣金紫云王待制來爲夫人兒。妻尋產子。介甫聞之。自京師至金陵。與夫人嘗坐於船門簾下。見船過。輙問得非胡尉船乎。既而得之。舉家悲喜。亟撫視涕泣。遺之金帛。不可勝數。邀與俱還金陵。滋言有捕盜功。應詣銓求賞。介甫使人爲營致除京官。留金陵且半年。欲丐其兒。其母不可。乃遣之。蘇兗云。涑水紀聞

昭信縣尉廳

寶元己卯歲。予游泗州昭信縣。時大龍吳中復初筮仕。尉此邑。因獲謁之。百姓復訪。其廳已摧。延別齋會話。具述棟橈之由。云此廳不知幾十百年。凡直更無一夜不在其下。今日五鼓忽摧。僕大驚。已謂更人必虀粉矣。急開堂扉呼之。五更俱聲喏。僕怪問曰。汝輩夜來何處打更。更夫對曰。某等皆見甲士數人。仗戈叱起。令速移東廊。稍緩則死。時驚怖顚仆疾走而去。未及廊。其廳已摧。公因謂予曰。僕隸愚賤人也。動靜尚有物衛之。況崇高聰明乎。予後還餘杭。

猶憶公詩送行中有談經飛辨伏簪紳。盃渡西來訪故人之句。湘山野錄

虹

世傳虹能入溪澗飲水。信然。熙寧中予使契丹。至其極北黑水境永安山下卓帳。是時新雨霽。見虹下帳前澗中。予與同職扣澗觀之。虹兩頭皆垂澗中。使人過澗。隔虹對立。相去數丈。中間如隔綃縠。自西望東

則見。蓋夕虹也。立澗之東西。望則爲日所鑠。都無所睹。久之稍稍正東踰山而去。次日行一程。又復見之。孫彥先云。虹。雨中日影也。日照雨即有之。

尸毗王墓

延州天山之顛有奉國佛寺。寺庭中有一墓。世傳尸毗王之墓也。尸毗王出於佛書大智論。言嘗割身肉以飼餓鷹。至割肉盡。今天山之下有濯筋河。其縣爲膚施縣。詳膚施之義亦與尸毗王說相符。按漢書膚施縣乃

秦縣名。此時尚未有佛書。疑後人傳會縣名爲說。雖有唐人一碑。已漫滅斷折。不可讀。慶曆中施昌言鎮鄜延乃壞奉國寺爲倉。發尸毗墓。得千餘秤炭。其棺槨皆朽。有枯骸尚完。脛骨長二尺餘。髗骨大如斗。幷得玉環玦七十餘件。玉衡牙長僅盈尺。皆爲在位者所取。金銀之物即入于彼夫。爭取珍寶。遺骸多爲拉碎。但貯一小函中埋之。東上閤門使夏元象時爲兵馬都監。親董是役。爲予言之甚詳。至今天山倉側昏後

獨行者。往往與鬼神遇。郡人甚畏之。

古鏡

予於譙亳得一古鏡。以手循之。當其中心則摘然如灼龜之聲。人或曰此夾鏡也。然夾不可鑄。須兩重合之。此鏡甚薄。略無銲跡。恐非可合也。就使合之。則其聲當銑塞。今扣之。其聲冷然纖遠。既因抑按而響。鋼銅當破。柔銅不能如此。澄瑩洞徹。歷訪鏡工。皆罔然不測。

物夜有光

盧中甫家吳中。嘗未明而起。墻柱之下有光熠然。就視之。似水而動。急以油紙扇挹之。其物在扇中滉漾。正如水銀而光艷爛然。以火燭之。則了無一物。又魏國大主家亦嘗見此物。李團練評嘗與予言。與中甫所見無少異。不知何異也。予昔年在海州。曾夜炙鹽鴨卵。其間一卵爛然通明。如玉熒熒然。屈中盡明。罯之器中十餘日。臭腐幾盡。愈明不已。蘇州錢僧孺

家炙一鴨亦如是。物有相似者。必自是一類。

咒肉復生

予在中書檢正。時閱雷州奏牘。有人爲鄉民咀死。問其狀。鄉民能以熟食咒之。俄頃。膾炙之類悉復爲完肉。又咒之。則熟肉復爲生肉。又咒之。則生肉能動。復使之能活。牛者復爲牛。羊者復爲羊。但小耳。更咒之。則漸大。既而復咒之。則還爲熟食。人有食其肉。覺腹中淫淫而動。必以金帛求解。金帛不至。則腹裂而死。所食牛羊自裂中出。獄具案。上觀其咒

語。但曰東方王母桃。西方王母桃兩句而已。其他但道其所欲。更無他術。

紫姑神

舊俗正月望夜迎廁神謂之紫姑。亦不必正月。常時皆可召。予少時見小兒輩等閑則召之以爲嬉笑。親戚間曾有召之而不肯去者。兩見有此。自後遂不敢召。景祐中。太常博士王綸家因迎紫姑。有神降其閨女。自稱上帝後宮諸女。能文章。頗清麗。令謂之女仙集行于世。其書有數體。甚有筆力。然皆非世間篆隸。其名有藻牋篆茁。今篆十餘名。綸與先君有舊。予與其子弟遊。親見其筆跡。其家亦時見有其形。但自腰以上見之。乃好女子。其下常爲雲氣所擁。善鼓箏。音調淒婉。聽者忘倦。嘗謂其女曰。能乘雲與我遊乎。女子許之。乃自其庭中涌白雲如蒸。女子踐之。雲不能載。神曰。汝履下有穢土。可去履而登。女子乃襪而登。如履繒絮。冉冉至屋。復下曰。汝未可往。更期異日。後女子嫁。其神乃不至。其家了無禍福。爲

之記傳者甚詳。此予目見者。粗誌于此。近歲迎紫姑者極多。大率多能文章歌詩。有極工者。予屢見之。多自稱蓬萊謫仙。醫卜無所不能。棋與國手爲敵。然其靈異顯著。無如王綸家者。

神珠

嘉祐中揚州有一珠甚大。天晦多見。初出于天長縣陂

澤中。後轉入甓社湖。又後乃在新開湖中。凡十餘年。居民行人常常見之。予友人書齋在湖上。一夜忽見其珠甚近。劉微開其房。光自吻中出。如橫一金線。俄頃忽張殼。其大如半席。殼中白光如銀珠。大如拳。爛然不可正視。十餘里間。林木皆有影。如初日所照。遠處但見天赤如野火。倏然遠去。其行如飛。浮於波中。杳杳如日。古有明月之珠。此珠色不類月。熒熒有芒焰。殆類日光。崔伯易嘗爲明珠賦。伯易高郵人。蓋嘗見之。近歲不復出。不知所往。樊良鎭正

當珠往來處。行人至此往往維舡數宵以待現。各其亭爲玩珠。

二

士人宋述家有一珠大如鷄卵。微紺色。瑩徹如水。手持之。映堂而觀。則末底一點凝翠。其上色漸淺。若回轉則翠處常在下。不知何物。或謂之滴翠珠。佛書西域有琉璃珠。投之水中。雖深皆可見。如人仰望虛

空月形。疑此近之。

巨嵎山

登州巨嵎山下臨大海。其山有時震動。山之大石皆頹入海中。如此已五十餘年。土人皆以爲常。莫知何謂。

海市

登州海中時有雲氣。如宮室臺觀城堞。人物車馬冠蓋。歷歷可見。謂之海市。或曰蛟蜃之氣所爲。疑不然也。歐陽文忠曾出使河朔。過高唐縣驛舍。中夜有鬼

神。自空中過。車馬人畜之聲一一可辨。其說甚詳。此不具紀。問本處父老云。二十年前嘗晝過縣。亦髣佛見人物。土人亦謂之海市。與登州所見大略相類也。

竹化爲石

近歲延州永寧關大河岸崩。入地數十尺。土下得竹笋一林凡數百莖。根幹相連。悉化爲石。適有中人過。

亦取數莖去云。欲進呈。延郡素無竹。此入土數十尺。土下不知其何代物。無乃曠古以前地卑氣濕而宜竹耶。婺州今華山有松石。又如桃核盧根蛇蟹之類。皆有成石者。然皆其地本有之物。不足深怪。此深地中所無。又非本土所有之物。特可異耳。

石龍

治平中。澤州人家穿井。土中見一物蜿蜒如龍蛇。大畏之不敢觸。久之見其不動。試摸之。乃石也。村民

無知。遂碎之。時程伯純爲晉城令。求得一段。鱗甲皆如生物。蓋蛇蜃所化。如石蟹之類。

息石

隨州醫蔡士寧常寶息石云。數十年前得於一道人。其色紫光如辰州丹砂。極光瑩。如人搜和藥劑。有纏紐之紋。重如金錫。其上有兩三竅。以細篾剔之。出赤屑如丹沙。病心狂熱者。服麻子許即定。其斤兩歲息。士寧不能名。乃以歸予。或云昔人所錬丹藥也。形

色既異。又能滋息。必非凡物。當求識者辨之。並筆談

卷六十九 神異幽怪

鱷魚

嶺表異物誌記鱷魚甚詳。予少時到閩中。時王舉直知潮州。釣得一鱷。其大如舡。畫以爲圖而自序其下。大體其形如鼉。但喙長半其身。牙如鋸齒。有黃蒼二色。或時有白者。尾有三鈎極鋸利。遇鹿豕即以尾戰

之以食。生卵甚多。或爲魚或爲鼉黿。其爲鱷者不過一二。土人設釣於大豕之身。筏而流之水中。鱷尾而食之。則爲所斃。

海蠻師

嘉祐中。海州漁人獲一物。魚身而首如虎。亦有虎文。有兩短足在肩。指爪皆虎也。長八九尺。視人輒淚下。舁至郡中。數日方死。有父老云。昔年曾見之。謂之海蠻師。然書傳小說未嘗載。

泥佛自動

邕州交寇之後。城壘方完。有定水精舍泥佛輒自動搖。晝夜不息。如此踰月。時新經兵亂。人情甚懼。有司不敢隱。具以上聞。遂有詔令置道場禳謝。亦不已。時劉初知邕州。惡其惑衆。乃舁像投江中。至今亦無他異。

風卷武成縣

熙寧九年。恩州武成縣有旋風。自東南來。望之插天

如羊角。大木盡拔。俄頃。旋風卷入雲霄中。既而漸近。乃經縣城。官舍民居略盡悉卷入雲中。縣令兒女奴婢卷去復墜地。死傷者數人。民間死傷亡失者不可勝計。縣城悉爲丘墟。遂移今縣。並筆談

異犬

平原劉永錫天聖末以虞曹員外郎知千乘縣。一日與門生對食。永錫以饅頭飼畜犬。門生曰。犬彘食人食。古人所譏。況珍味耶。犬不食。瞪視而去。數日不知所在。一夕犬至跑門閾下。將入。生起潛視之。知其將害己。卷衾詐爲人臥床上。升棟以避之。犬入登床噬之。覺非人也。吼怒。徑出戶外。擲尾作氣。移時遂死。今夫衣士夫衣冠。首鼠貴遊門下。以獵餔啜。雖嗟來不媿。曾斯犬之不若也。

二

楊光遠之叛青州也。有孫中舍者居圍城中。族人在州西別墅。城閉既久。內外隔絕。食且盡。舉族愁嘆。

有畜犬傍偟其側。若有憂思。中舍因囑曰。爾能爲我至庄取米耶。犬搖耳應之。至夜。置一布囊幷簡繫犬背上。犬即由水竇出。至庄鳴吠。居者開門。識其犬。取簡視之。令負米還。投曉入城。如此數月。比城開。孫氏闔門數十口獨得不餒。孫氏愈愛畜之。後數年斃。葬于別墅之南。至其孫彭年語龍圖趙公師民。刻石表其墓曰靈犬誌。

野菌石麵救飢

熙寧中。淮浙連歲蝗旱。居民艱食。通泰農田中生菌被野。飢民多採食。元豐初。青淄荐饑。山中及平地皆生石麵。白如石灰而膩。民有數十斛者。以少麵同和爲湯餅。可食。大濟乏絕。二事頗異。皆所目見。

並燕談

鸚鵡

一巨商姓段者。蓄一鸚鵡甚慧。能誦隴客詩及李白宮詞。心經。每客至則呼茶。問客人安否寒暄。主人惜

之。加意籠豢。一旦段坐事繫獄。半年方釋到家。就籠與語曰。鸚哥我自獄中半年不能出。日夕惟只憶汝。汝還安否。家人餵飼無失時否。鸚哥語曰。汝在禁數月不堪。不易鸚哥籠閉歲久。其商大感泣。遂許之曰。吾當親送爾歸。乃持具車馬攜至秦隴。揭籠泣放。祝之曰。汝卻還舊巢。好自隨意。其鸚哥整羽徘徊。似不忍去。後聞止巢於官道隴樹之末。凡吳商驅車入秦者。鳴於巢外。問曰。客還見我段二郎安否。悲鳴祝曰。若見時爲道。鸚哥甚憶二郎。余得其事於高虞晉叔止。在熙寧六七年間。玉壺清話

雁

華清宮溫泉碑唐太宗撰幷書。又飛白貞觀二字于額。天聖初。自糞壤中發出之。再加刊刻而立於小亭前。

進士劉稹未第居德州孔子廟中。嘗市一雁。翅雖折而尙生。不忍烹。聞自然銅治折傷。乃市數兩煅而淬之。末以飼焉。至春晚遂飛去。是年秋深。忽有群雁集

稹所居之後圃。家僮執挺往擊。諸雁悉驚飛。一雁不去。因梃殺之。燖剝毳羽。見翅骨肉壞。剖之。中皆若銀絲。乃向所養者。稹咨嗟累日。倦遊錄

黿

熙寧十年四月初。澶州監堤岸物料場孫勉侍禁。一日晚見一黿自黃河順流而下。因取弓箭射之。連中而斃。尋拽上岸。分而食之。不數日。孫生一夕暴卒。後兩日復甦。說云其始也。見四人持牒來追生。意其官

府之攝也。曰某未嘗敢爲顯過。何遽致追攝。彼云。所追者太山牒也。生乃誤其死。遂不覺。與之但行。其所經由皆荆棘叢密。行步頗艱。約五六十里。忽至一城。門微開。守閽者數人。皆氊冠大袖。追者曰。取公事來。守者遂開門。放入其中。屋宇廊廡皆如官府。行五十餘步。至一公府門。亦微開。守衛者頗嚴肅。追者報取公事至。如前守者遂放入。復有一人云。未坐。少伺之。茶頃間忽云。卷簾也坐矣。相次追

入。見一人衣金紫正坐。追者持牒上。金紫者視之曰。殺黿邪。仰視之曰。乃韓魏公也。生昔爲公指使。遂再拜懇告曰。黿亦魚鱉類也。殺而食之者甚多。何某獨當死。公笑曰。此中不得比陽間。無可告之理。黿既有詞。須當償命。生因歷叙昔日趍事之勤及老幼無託。涕泣再拜不已。公徐令前低語曰。如今到彼更再三告之。若不肯放汝還。但云命即須償。他固不敢辭。只乞更檢房簿看過。生得旨。遂退出門。又行百

餘步。兩面皆矮槐青密可憂。又至一官府。其門亦閉。守衛者愈嚴密。追者云。公事至。閽者曰當先詣彼處。曰已出頭矣。閽者遂開門。遂入。亦有人云。未坐。又伺候。少頃傳呼云。卷簾也卷簾也。追者領入。見三人盡衣金紫。追者持牒上。皆簽押之。生惶駭顧視間。向所殺者黿已在其左。其一人西向者云。汝無故殺黿。彼有詞。須還他命。生再三懇告。竟不允。不得已遂以公言白之。三人皆驚駭相視曰。誰泄此

。彼人何得知之。其處中者一人尤怒。大呼曰。且令冤照。汝因何知有房簿。遂加凌窘。生不禁其苦。乃具言曰。某昔嘗趍事韓魏公。適見懇告。遂放還。公教言乞檢房簿。三人皆肯首嗟嘆。其東向者一人曰。韓侍中昔在陽間。一生存心救濟天下。今到此尚猶不已。遂令請房簿。須臾數人舁一黑木匣。有三吏由廳階而下。檢之不數十葉。見將上呈。其西向者讀畢。方喚黿諭曰。此人已伏還命。尚有十五年壽在。至時

當令受罪。言訖其黿滅而不見。遂命追者曰。速放還
。出門而悟。魏王別錄。

湫神

寧州眞寧縣要册湫。自唐天后中宗朝多祈雨有驗。歲旱遣中使持錦織及鎮宣徽樂工三五十人。作樂於祠庭。僖宗乾符中。封神爲應聖侯。昭宗光化中進封普濟王。開寶九年太宗在南府。遣親吏市馬秦州。過宿於湫房。夢人告云。晉王登帝位。至長安赦至。果符其

言。遂以聞。明年五月十三日。白龍見池中。長數丈。東鄉吐雲。雲白色。自辰至午而沒。見者數千人。郡以聞。遂下詔封顯聖王。增修祠宇。先是涇州界有湫方四十里。水停不流。冬夏不增減。水清徹不容穢濁。或有喧汙輒興雲雨。歲旱土人多祈雨於此。傳云龍之所居。漢書郊祀志云。春祠官所領湫淵。安定朝那者是也。其後屢稱湫有靈應。朝那無聞焉。而天下山川限曲亦往往有之。皆神龍之所蟠蟄。建州浦城縣福羅山有龍潭。歲旱土人祀之。或投鐵。龍立致雨。

擔夫頂有圓光

祕書丞程希道慶曆中爲果州判官。遇提刑按部。挈之同行。至南山中。日初出薄霧未散。見一荷擔夫頂有紫光。圓徑二尺許。召問之。云向於召罇中得一物方數寸。色如紫玉。置頭巾帶中。不知其他。取令他夫戴之亦然。疑是昔人所煉之大丹。憲使以百錢易之。
並楊文公談苑

慢神速咎

虞部員外郎張著通判潭州。秦時祀於南嶽。舊制設位于壇。敷席于地。列籩篚牲醴之品。當設席之際。著往往以一足指畫。祀罷還府。墜馬折足而卒。三司副使李壽朋奉敕祭西太一宮。李平生不能食素。是日五鼓奉祀。遂茹葷而往。方升殿。暴得疾。口鼻流血。左右扶下殿。已卒矣。噫然也。慢而速咎邪。何誅責之遽也。可畏哉。

仰山神

袁州仰山神祠。自唐以來威靈頗著。幅員千里之內事之甚謹。柔毛之獻歲時相繼。故動以數百羊爲群。祖擇之向以太常博士知宜春。公帑不甚豐。遇廚餼將匱。致奠于神啓其故。命衙校持盃。校執群羊卜之。得吉告。即已一禱。必驅數十頭歸。垂盡復禱。竟亦無他。幷東齋記事

雙峰洞主

俞括朝奉往年爲漳州通判。有神仙降其家。號雙峰洞主。如所謂蓬萊仙者。自言與韓退之等儔。晉爲恆乃其弟子。恍忽不可考。余曾見畫像。乃一纖麗女子也。於括家碧牋上作詩。用篆字。字如指面。極謹敕。非稍箕上插筆。點畫傾攲僅可辨者也。詩云。大笑莫如今日醉。一聲鶯語送。

滕子京

滕子京待制知蘇州日。感疾在床。其二子見其從堂前行過。疑之。往省其父。依然在床上。後數日卒。愚時在蘇丁憂。親聞之。

王監簿

愚初爲學士歲館伴番使。正月五日五更初。院子來報。王監簿在河亭上。因令呼來院子去。未幾。報番使上馬。旋令往家中。因問何來。彼家人怪訝言。在某處。並不曾出。甚怪之。未幾臥疾。遂不起。此與滕子京事甚相類。疑其魂魄已去。

楊龜年

杭州楊龜年新及第年於二月十二日。絕早見王景彝幷行李數十擔出崇明門。未幾景彝卒。並趙康靖公聞見錄

魏大諫

平生頗嘗見怪異。在家居時。因中夏乘涼夜將半。舍南三十許步。忽有人聚語。且悲且嘯。燈火閃閃。其光燄絕碧色。火邊有四五人環坐。或歌或舞。公孰視

之。知必鬼物。因引弓援矢射之。二發中右坐一人。其餘且走而哭曰。射殺于媪也。既而察之。見箭正穿一破缽盂。又嘗在趙州寓護兵魏咸美公署。內有西堂。平常時人皆不敢居焉。其堂內尤有怪。咸美素知公有膽氣。因請公曰。敢宿西堂乎。公曰。何爲不敢。即泊于西堂。獨枕一劍。其夜二鼓初。聞門戶忽自開。公在床偃臥。見美婦女二十餘人。笑語直入於堂內。公問爾等何人。輒敢來此。有姓氏乎。皆不答。公又曰。何不近來。婦女一齊逼於床。公戲之曰。爾等

有變耶。胡不徙吾床於堂下。一人曰。公擲去劍。吾曹徙床豈難也哉。公即取劍擲於地。於是群女遂負床置於門堂外。公猶在床。獨撫股仰視婦人皆羅列於床。公乃曰。得矣。復吾床故處。婦人卻負床於堂內。有一人把火炬燒床帳。俄而火四起。公亦不動。但訝火微熱而不甚炎烈。須臾火盡。婦人笑曰。此何人哉。言訖不見。及曉。具此白主人。主人大駭。是堂爾

後因不復有怪也。是時冀趙間大旱。公與鄉人徐載。王禮徒步閒闊。忽逢一丈夫貌古朴野。服飾弊裂。揖公曰。啜茶一甌可乎。准然而坐。徐頗不悅。以爲何如人耳。啜訖。弊衣者曰。今夜三更當雨。徐不然之。彼丈夫有慍色。迴顧徐閒面上出火焰高二尺許。光溢四坐。客惶駭不已。火滅。彼丈夫亦失所坐處。於是白于魏侯。是夜風清月皎。雲忽瞑合。大雨如注。一夕告足。咸美自此畫神。公以爲信有而且不誣也。公即歸大名。在路爲大旋風所繞。莫能前進。公怒曰

。安有是哉。遂引弓射之。正中一物。風乃止。視之。一白驢首。旋逼而滅之。行者盡懼異之。公至家。鄰舍有巨石磨。以久不爲用。公以手之末指擬而祝曰。儻富貴有命。隨指而旋。有若神助。勢如轉丸者數四。傍觀輿人躍力推舉。輪植不可動。咸伏其異焉。又嘗寢覺手中有金一錠。巨細形體首尾如蠶。不知自何而至。其季弟收之。于今存焉。後於縣郭內買宅居

。日夜以讀書爲業。縣城內有威雄將軍廟。居人敬憚。遠近必禱祀以求靈報。廟有主廟李紹斌者。常與民導神之酒饌而達其意。忽一夕公夢一健步入門呼曰。將軍至矣。公惶駭。具襴靴。竦立於庭中。斯須聞數呵殿趍導至。有頃見一少年。衣錦袍。戴金花帽。跨紅驄馬。至則索胡床據廳事坐。左右僕從衣服鮮明。將鷹犬。操竿挾彈。蹴踘角抵。羅列於庭戶。將軍揖公坐。公辭讓。至於再。至於三。方坐於席次。將軍曰。吾來事有欲便君爾。公避席曰。諾。將軍使小豎持上排十二錢命公曰。唯所意取之。公依旨於第二第四行間各探一錢。將軍笑曰。來年未及第。須後年也。前去甚嘉。將軍指第一行間下一錢云。如此得錢。雖來年及第。然終身敘不進。請善保吾二錢。有疑可決。言訖而不見。公夢覺。夜方半。遂伸紙揮管以記其事。竟不復寐。五鼓俄有叩門者。問之乃主廟李紹斌也。公曰。來何早。紹斌曰。夜來知將軍奉謁。令

紹斌送卦錢來。公視之。乃夢中所探得二錢。圓摸巨細。略無異焉。公甚駭異。因躬備酒饌而往賽謝之。所得二錢藏於篋笥。保惜尤謹。遇事有疑慮則以錢占之。吉凶無不應兆。太平興國四年赴舉。果下第。因遊相國寺之石殿。頗動歸歟之思。復有投筆之謀。忽不決。見一梵僧疏眉大目。謂曰。子前程極遠。何妄想耶。公愕眙拱立。命於泗州院烹茗一啜。復曰。他日當相見。語訖倏之柱中。公徐思曰。吾聞西來有神異高僧。秘靈骨於泗濱者。斯之謂乎。乃繪其像而禮奉之。至太平興國五年閏三月及第。又至道元年八月移知潭州。賜白金五百兩。仍降璽書奬諭。沿汴舟行。既達洞庭湖。方其中流。俄而風濤暴作。雷雨雲霧。昏迷如夜。舟人戒曰。愼無鼓樂及薪松煎油。不如是當有蛟龍出於患害也。整衣冠禱之曰。廷式束髮。仕官已來。常盡簾恪。所治州郡。夙夜在公。今奉朝命。俾典湘潭。命也已矣。則速沈於波中。如其不然

。則無爲恐怖耳。言訖。使庖夫爨松薪熬油作樂。俄頃風止浪息。而前去至潭州。泊於驛門外。岸隈舊有大舟命曰水驛。皆往來星使多居於此舟也。公將家就休。方亭午假寐。如聞人呼曰。起。公未熟寢。如此已數四。因起視舟。水已侵入。將其半也。公驚遽移家。其舟旋爲中斷而沒矣。交政後。與僚屬遊會春園。擊九會。坐床上有圓竅甚小。公移床二十步。謂僚佐曰。吾以九射之。如中則吾前途未易量也。即射之

。正中竅中。飛越快。然不礙。復收丸校竅。竅小不容焉。次日有勑書褒勞公之能績。拜右諫議大夫。知審刑院。廄中有烏馬常乘騎。一日晚歸。弟至曹門外橋南。望有婦人立水面上。向而呼曰。相公放我兒來。所乘馬驚逸。幾不可制。即不見矣。次日水中濯馬足迴。馬病。醫藥至備而無差矣。公對馬曰。吾賴爾力亦多也。今爾病。吾醫療亦極矣。如必不可。爾出吾門外。愼勿於吾面前斃。蓋所不忍。馬即跪前腳。

目有淚下。如辭狀。起而歔欷出門外。即氣絕矣。左右互相嘆訝。魏大諫見異錄

張鄧公

張士遜鄧公生均州鄖鄉深山間。始冠已有純德稱於鄉里。京西舊有神祀。其設頗雄。立二十四司三十六門。公幼往觀之。其巫傳神語曰。張秀才請於中書門下坐。後果以師儒之重相仁廟。出處皆可稱。壽八十六。

趙韓王

趙韓王普年七十一。病久無生意。解所寶雙魚犀帶遣親吏甄潛者。詣上清太平宮。醮星露懇。以謝往咎。上清道錄姜道玄爲公叩幽都乞神語。神曰。趙某開國忠臣也。奈何冤累不可逃。道玄又叩乞冤者。神以淡墨一巨碑示之。濃烟罩其上。但牌底火字爾。潛歸。公力疾冠帶出寢。涕泣受神語。聞牌底火字。公曰。我知之矣。此必秦王庭美也。然當時事曲不在吾。渠

自與盧多遜遣堂吏趙白交通。其事暴露。自速其害。咎豈在予。但願早逝。血面辨於幽獄。曲直自正。是夕普卒。上感悼涕泗。自撰神道碑。八方御書賜之。並玉壺清話

梅公儀

梅公儀知滑州。夜中河決。即部官吏兵卒走河上。疊埽。埽不足。拆官私屋楗塞。俄有一白鬚翁載一船稭稈。中流而下。佐助塡疊。遂定。平曉不知白鬚翁所

在。以爲神也。州民請爲公儀立頌功德碑。朝廷止降詔以褒獎。東齋記事

聱愚子

黃晞閩人。皇祐初遊京師。不踐場屋。居以古學游於搢紳之門。凡著書。自號聱愚子。走京塵幾十年。公卿大臣無不前席。晞履裂帽破。馳走無倦。後詞臣重晞之道者。列章爲薦。極力提挽。朝恩甚優。授京官巨邑。有旨留國子監。將有司業之命。始拜勅。遍謝知己。才三日。晞館於景德如意輪院。一日晚歸。解鞍少憩。謂院僧曰。僕遠人也。懃苦貧寒。客路漂泊。寒暑未嘗溫飽。今日方幸事畢。且放懷酣寢一夕。請戒僧童愼無見喧。僧諾之。局扉遂寢。翌日大曉。寂無所聞。寺僧擊牖大呼。已卒於榻矣。玉壺清話

崔公誼

崔公誼者鄧州學生也。累舉不第。後竟用舅氏賈魏公蔭補莫州任主簿。熙寧初。河北地震。震未已而公誼

秩滿。挈家以南行數程。一夕宿孤村馬鋪中。風雷陰黑。夜半急叩門呼曰。崔主簿在否。送還僕曰在。又呼曰。莫州有書。崔聞之。方披衣遽起。未開門。先問何人書。曰無書。只教傳語崔主簿君。合係地動。壓殺人。數輒敢擅逃過河。已收魂岱獄。到家速來。殆開門。寂無所覩。其妻乃陳少卿宗儒之女。陳卿時知壽州。崔必度其死。遂兼程送妻至壽陽。次日遂卒。湘山野錄

張文孝

洛中地內多宿藏。凡置第宅未經掘者。例出掘錢。張文孝左丞始以數千緡置洛大第。價已定。又求掘錢甚多。文孝必欲得之。累增至千餘緡方售。人皆以妄費。及營建廬舍。土中得一石匣。不甚大。而刻鏤精妙。皆爲花鳥異形。頂有篆字二十餘。書法古怪。無人能讀。發匣。得黃金數百兩。鬻之。金價正如買第之直。鄽掘錢亦在其數。不差一錢。觀其篆識文畫。皆非近古所有。數已前定。則雖欲無妄費安可得也。筆

談

韓魏公

韓魏公自成德移師中山。前驅至沙河而馳報曰。河勢將漲。慮水暴至。願迴轅。少頃公曰。弟具舟。既而徐濟。人望其上流若有神龍偃止之狀。行李方絕。波濤果如山而下。後騎猶有未得渡者。觀者莫不驚歎。以謂盛德所至。神明常輔相之也。魏王別錄

寇萊公

寇萊公貶死雷州。喪還。過荊南公安縣。民懷公德。以竹插地。掛物爲祭焚之。後生笋成林。民以爲神。因爲公立祠。目其竹曰相公竹。王樂道爲記刊石。李承之有詩曰。已枯斷竹鈞私被。既歿賢公帝念深。仆木偃禾如不起。至今誰識大忠心。萊公初登第歸州巴東縣。手植雙柏於庭。至今民愛之。以比甘棠。謂之萊公柏焉。筆談

二

寇萊公嘗知鄧州。鄧人至今廟祀之。熙寧中侍讀學士陳和叔知州。下令閉廟不得修祀。一日陳方食。夾子忽就楪失之。已而乃見在萊公祠外土偶手中。陳大怖駭。立牓示百姓依舊祭享。東齋記事

卷七十　詐妄謬誤

林瑀

仁宗聖性好學。博通古今。自即位。常開邇英講筵。

使侍講侍讀日進經史。孜孜聽覽。中昊忘倦。有林瑀者。自言於周易得聖人祕義。每當人君即位之始。則以日辰支干配成二卦。以其象繇爲人君所行之事。其說支離詭駁。不近人情。及爲侍讀。遽奏仁宗曰。陛下即位。於卦得需象。曰雲上於天。是陛下體天而變化也。其下曰。君子以飲食宴樂。故臣願陛下頻宴遊。務娛樂。窮水陸之奉。極玩好之美。則合卦體。當天心。而天下治矣。仁宗駭其言。翊日問賈魏公昌朝

。魏公對曰。此乃誣經籍。以文姦言。眞小人也。仁宗大以爲然。於是逐瑀。終身不齒矣。

甄履

英宗即位之初。有著作佐郎甄履繼聖圖其序。大略曰。昔景德戊申歲。天書降後二十四年陛下降生之日。復是天慶節。是天書於二紀已前爲陛下降聖之兆也。又邇來市民染帛。以油漬紫色。謂之油紫。油紫者猶子也。陛下濮安懿王子。視仁宗爲諸父。此猶子之義也。又云。京師自二年來。里巷間多云看个羊。陛下生於辛未。羊爲未神。此又語瑞也。又以御名拆其點畫。使兩日相並。爲離明繼照之義。其言詭誕不經。英宗聖性高明。尤惡諛諂書奏。怒其妖妄。御批送中書令削官停任。天下伏其神靈。

宋子京

歐陽文忠公脩自言初移滑州到任。會宋子京曰。有某大官頗愛子文。俾我求之。文忠遂授以近著十篇。又月餘。子京告曰。某大官得子文讀而不甚愛。曰何爲

文格之退也。文忠笑而不答。既而文忠爲知制誥。人或傳有某大官極稱一丘良孫之文章。文忠使人訪之。乃前日所投十篇。良孫盜爲己文以贄而稱美之者。即昔日子京所示之某大官也。文忠不欲斥其名。但大笑而已。未幾文忠出爲河北都轉運使。見邸報丘良孫以獻文字。召試拜官。心頗疑之。及得所獻。乃令狐挺平日所著之兵論也。文忠益歎駭。異時爲侍從。因爲

仁宗道其事。仁宗駭怒。欲奪良孫官。文忠曰。此乃朝廷已行之命。當日失於審詳。若追奪之。則所失又多也。仁宗以爲然。但發笑者久之。

李定

京師百司庫務每年春秋賽神。各以本司餘物貨易。以具酒饌。至時吏史列坐。合樂終日。慶曆中。蘇舜欽提舉進奏院。至秋賽神。例賣拆封紙以充。舜欽欲因其舉樂而召館閣同舍。遂自以十千助席。預會之客亦

醵金有差。酒酣。命去優伶。卻吏史。而更召兩軍女伎。先是洪州人太子中舍李定願預醵廁會。而舜欽不納。定銜之。遂騰謗於都下。既而御史劉元瑜有所希合。彈奏其事。事下右軍窮治。舜欽以監主自盜論。削籍爲民。坐客皆斥逐。梅堯臣亦被逐者也。堯臣作客至詩曰。客有十人至。共食一鼎珍。一客不得食。覆鼎傷衆賓。蓋爲定發也。

劉元瑜

劉待制元瑜既彈蘇舜欽而連坐者甚衆。同時俊彥爲之一空。劉見宰相曰。聊爲相公一網打盡。是時南郊大禮。而舜欽之獄斷於赦前數日。舜欽有詩曰。不及鷄竿下坐人。蓋謂不得預赦免之囚也。舜欽死。歐陽文忠公序其文集叙及賽神之事。略曰。一時俊彥舉網而盡矣。蓋述御史之言也。舜欽以大理評事集賢校理廢爲民。後二年得湖州長史。四十餘卒。並倦遊錄

吳奎

吳奎爲參知政事。會御史中丞王陶以韓魏公不肯押班事。其言兼及兩府。奎乃上章言。邇來天文譴見皆爲王陶召之。又嘗於上前薦滕甫可爲帥。上問其故。奎曰滕甫不唯將略可取。至於軀幹臂力自可被兩重鐵甲。異時上語其事於侍臣曰。吳奎論事大概皆此類也。

常秩

常秩以處士起爲左正言。直集賢院判國子監。不踰年。待制寶文閣兼判太常寺。中間謁告歸汝陰。主上特

降詔自秩始也。會放進士徐鐸榜。秩密以太學生之薄於行者籍名於方册。貯懷袖間。每唱名有之。則揭策指名進呈乞賜黜落。如是者三四。上方披閱試卷。或與執政語。往往不省秩言。秩大以爲沮。遂謁告不朝。一日翰林學士楊繪方坐禁中。俄有報太常寺吏人到院者。繪昔嘗判寺。立命至前。乃故吏也。詢其來之故。即云。常待制以謁告。月餘未有詔。起令探刺消息。楊曰。此禁中。汝得妄入乎。我若致汝於法。則

連及待制。汝速出。無取禍也。先是秩未謁告。時差護向經葬事。至是。經葬有日。上親奠祭。護葬官例合迎駕。秩不候朝參而出迎駕於經門。上祭畢。登輦而去。亦不顧秩。秩愈不得意。或告以不朝參而出就職。又嘗私覘禁中臺官。欲有言者。秩大恐。遂以病還汝陰。既而卒。或云方卒時。狂亂若心疾。將自殺者。然未得其詳。

鄧潤甫

熙寧六七年。河東河北陝西大饑。百姓流移於京西。就食者無慮數萬。朝廷遣使賑卹。或云使者隱落其數。十不奏一。然而流連襁負。取道於京師者。日有千數。選人鄭俠監安上門。遂畫流民圖及疏言時失。其詞激訐譏訕。往往不實。書奏俠坐流竄。而中丞鄧綰。知諫院鄧潤甫上言。王安國嘗借俠奏稿觀之。而有獎成之言。意在非殺其兄。是時平甫以著作佐郎祕閣校理判官誥院。坐此放歸田里。逾年。起爲大理寺丞

。監眞州糧料院。不赴而卒。平甫天下之奇才。黜非其罪而又不壽。世共歎惜。臺官希執政之旨。且將因此以洩荆公也。余嘗爲挽詞二首。頗道其事云。海內文章傑。朝廷亮直聞。黃瓊起處士。子夏遽脩文。貝錦生遷怒。江湖久離群。傷心王佐略。不得致華勛。又曰。今日臨風淚。蕭蕭似綆縻。空懷徐稚絮。誰立鄭玄碑。無力酬推轂。平時憤抵巇。何人全枉狀。路粹豈能爲。蓋爲是也。

鄧綰

馮京與呂惠卿同爲參知政事。呂每有所爲。馮雖不抑。而心不以爲善。至於機事亦多矛楯。會鄭俠獄起。言事者以俠嘗遊京之門。推劾百端。馮竟以本官知亳州。歲餘加資政殿學士知渭州。舍人錢藻當制。有大臣進退。繫時安危。及持正莫回一節不撓之語。中丞鄧綰懼馮再入。又將希合呂公。遽言馮京預政日久。殊無補益。而曰繫時安危。京朋邪徇俗懷利而已。而曰持正不撓。乞罷錢藻以諭中外。而藻竟罷直院。

二

熙寧八年。王荆公再秉政。既逐呂惠卿。而門下之人復爲諛媚以自安。而荆公求退告去尤切。有練亨甫者謂中丞鄧綰曰。公何不言於上。以殊禮待宰相。則庶幾可留也。所謂殊禮。以丞相之子雱爲樞密使。諸弟皆爲兩制。婿姪皆館職。京師賜第宅田邸。則爲禮備矣。綰一一如所戒之言。上察知其阿黨。亦頷之而已。一日荆公復於上前求去。曰卿勉爲朕留。當一一如卿所欲。但未有一穩便第宅耳。荆公駭曰。臣有何欲。而何爲賜第。上笑而不答。翊日荆公懇請其由。上出綰所上章。荆公即乞推劾。先是綰欲用其黨力傷臺官。懼不厭人望。乃并彭汝礪而薦之。其實意在傷也。無何。上黜彭汝礪。綰遽表言。臣素不知汝昨之爲人。昨所舉鹵莽。乞不行前狀。即此二事。上察見其姦。遂落綰中丞。以本官知虢州。亨甫奪校書。爲漳州推官。綰制曰。操心頗僻。賦性姦回。論士薦人。不循分守。又曰。朕之待汝者。義形於色。汝之事朕者。志在於邪。蓋謂是也。

楊繪

楊繪性少愼。無檢操。居荆南。日事遊宴。往往與小人接。一日出家妓延客夜飲。有選人胡師文預會。師文本鄂州豪民子。及第爲荆南府學教授。尤少士檢。半醉狎侮繪之家妓。無所不至。繪妻自屏後窺之。大

以爲恥。叱妓入撻於屏後。師文離席。排繪使呼妓出。繪媿於其妻。遽欲徹席。師文狂怒奮拳歐繪。衆客救之。幾至委頓。近臣不自重。至爲小人凌暴。士論尤鄙之。

許將

曾布以翰林學士權三司使。坐言市易事落職。知饒州。舍人許將當制。頗多斥詞。制下將往見曾而告曰。始得詞頭。深欲繳納。又思之釁隙如此。不過同貶耳

。於公無所益也。遂黽勉爲之。然其中語言頗經改易。公它日當自知也。曾曰。君不聞宋子京之事乎。昔晏元獻當子京爲翰林學士。晏愛宋之才雅。欲旦夕相見。遂稅一第於旁近。延居之。其親密如此。遇中秋。晏公啓宴。召宋出妓。飲酒賦詩。達旦方罷。翌日罷相。宋當草詞頗極詆斥。至有廣營產以殖私。多役兵而規利之語。方子京揮毫之際。昨夕餘酲尙在。左右觀者亦駭歎。益此事由來久矣。何足校耶。許亦憮然而去。並東軒筆錄

侯仁寶

侯仁寶即趙王普之甥也。世爲洛陽大族。知邕州。久在嶺外。求歸西洛而無其計。詐取交趾矯其奏。乞詣闕而陳其策。太宗納之。其舅韓王時已爲盧多遜所譖罷相。出河陽。多遜當國。必知是役之艱。固欲致仁寶於敗績以沮趙普。而太宗復不寤仁寶求歸之矯。盧因奏曰。今果許仁寶。自邕至闕。復還嶺表。率師往

取。反復路遠。恐爲交人先警。豈若就湖南兵數萬乘不備而襲之。太宗深然之。詔團練使孫全與將湖南兵三萬與仁寶。南取交州。兵至白藤。以爲賊可盡滅。仁寶爲交趾所擒。梟首於朱鳶縣。宜然也。全與奔北。斬於闕下。湘山野錄

張杲卿

張杲卿丞相致政。居陽翟於少室山下。造庵爲養性存神之地。間或乘肩輿。而往從者不過五六人。處庵中

往往踰月方歸。一日有道人形神瀟洒。野冠山服來謁
。公與之語。頗達道要。亦究佛理。待之甚喜。既夕
。道人曰。某新自浙中迴。得茗芽少許。欲請相公一
啜。公欣然可之。道人乃躬自滌器。進火烹茶以進。
公頗稱善。良久。又取茶飲。從者各一甌。少時從者
皆昏瞑顛仆且睡。道人即白公曰。某欲往羅浮。煉丹
之藥劑。鼎竈之資行。從多金器。願賜數事。公遽呼
從者皆不應。亦無可奈何。往其所取幾十餘斤悉持去

。殆曉從者始醒。

楊孜

楊學士孜襄陽人。始來京師應舉。與一倡婦往還。情
甚密。倡盡所有以資之。共處踰歲。既登第。貧無以
為謝。遂紿以為妻。同歸襄陽。去郡一驛。忽謂倡。
我有室家久矣。明日抵吾廬。若處其下。渠性悍戾。
計當相困。我視若亦何聊賴。數夕思之。欲相與咀椒
而死如何。倡曰。君能為我死。我亦何惜。即共痛飲
。楊素具毒藥于囊。遂取而和酒。倡一舉而盡。楊執
爵謂倡曰。今儻偕死。家人須來藏我之屍。若之遺骸
必投諸溝壑以飼鵄鴉。曷若我葬若而後死亦未晚。倡
即呼曰。爾誑誘我至此而詭謀殺我。乃大慟。頃之遂
死。即燔瘞而歸。楊後終於祠曹員外郎集賢校理。

史沆

史沆以進士第為著作佐郎。累坐事羈房州。移襄以卒
。沆仕不得志。好持人短長。世亦凶人目之。然亦竟

以此敗。常過江州琵琶亭。作詩牓于楝。其略曰。坐
上騷人雖有詠。江邊寡婦不難欺。若使王涯聞此曲。
織羅應過賞花詩。

王平

御史臺儀。凡御史上事。一百日不言。罷為外官。有
侍御史王平拜命垂滿百日而未言事。同寮皆訝之。或
曰。端公有待而發。苟言之必大事也。一日聞入劄子
。眾共偵之。乃彈御膳中有髮。其彈詞曰。是何穆若

之容。忽覩鬖如之狀。並倦遊錄

蘇曉

乾德初國用未豐。蘇曉爲淮漕。議盡榷舒廬蘄黃壽五州茶貨。置四十四場。一萌一蘖。盡搜其利。歲衍百餘萬緡。淮洛苦之。曉舟敗溺。淮民比屋相賀。

胡旦

胡大監旦知明州。道出維揚。時同年董給事儼知揚州。遇之特歡。截篙投櫓以留之。一日延入後館。出姬

侍列餚餗。其宴豆皆上方貴器。飲酣。胡謂董曰。吾輩出於諸生。所享若此粗亦忝矣。弊舟亦有二三裹鬟。容止玩飾不倖。同年之家。人生會合難得。或不棄。來日能枉駕弊舟數盃可乎。董感其意。大喜。徐又曰。三品珍器。貧家平生未識。可略假舟中聊以夸示荆釵得否。董笑曰。狀元兄見外之甚也。亟命滌濯。以巨奩盡貯之。對面封訖。令送舟中。明日五鼓。張帆淮風。瞥然不告而行。不旬至杭州。薛大諫映亦牓下生也。首問胡曰。過維揚見董同年否。胡曰甚安。又曰。董望之材器英邁。奇男子也。然止是性貪。一日樽前。胡謂薛曰。聊假二千緡創鑑湖別墅。節麾才罷便當謝病。一扁舟釣於越溪。豈能隨蝸蠅競吻角乎。薛公不得已贈白金三百星聊以爲釣溪一醉。且撼頭領之。不爲少謝。後知制誥。爲繼恩平蜀有功。恃勳邀寵。僭溢怨濫。將加恩以銀數千兩賂旦爲褒詔。事敗。且削籍爲典午。竄潯州安置焉。並玉壺清話

石守道

石介性純古。學行優敏。以誘掖後進。敦獎風敎爲己任。慶曆中在太學生徒咨問經義。日數十人。皆怡顏和氣。一一爲講解。殊無倦色。嘗請仁廟駕幸太學。欲爲儒者榮觀。因作慶曆聖德頌。詆忤當途大臣。既而謗介請駕幸太學將有他志。介因罷學官。得太子中允直集賢院通判濮州。持闕于徂徠故棲。歲餘病死。當途者誣奏云。介投契丹。死非其實。遂詔京東提刑

司。發墳剖棺驗其事。繼而有孔直溫者。狂悖抵罪。直溫昔嘗在介書院爲學以爲黨。遂編置介之子弟于諸郡。讒人之口眞可懼哉。倦遊錄

二

石守道介康定中主盟上庠。酷憤時文之弊。力振古道。時庠序號爲全盛之際。仁宗孟夏鑾輿有玉津撥麥之幸。道由上庠。守道前數日於善守堂。出題曰。諸生請皇帝幸國學賦。糊名定優劣。中有一賦云。今國家

始建十親之宅。封八大之王。蓋是年造十王宮。封八大王。元儼爲荊王之事也。守道晨興鳴鼓於堂。集諸生誚之曰。此輩鼓篋游上庠。提筆場屋。稍或黜落伺隱謗有司者。悲哉。吾道之衰也如是。此物宜遽去。不爾則鼓其姓名。撻以懲其謬。時引退者數十人。湘山野錄

卷七十一　詐妄謬誤

石守道

章郇公得象爲相。又以諫宮歐陽脩余靖上疏罷夏竦樞密使。其它升拜不一。是時石介爲國子監直講。獻慶曆聖德頌。褒貶甚峻。而於夏竦尤極詆斥。至目之爲不肖及有手鋤姦枿之句。頌出泰山。孫復謂介曰。子之禍自此始矣。未幾黨議起。介在指名。遂罷監事通判濮州。歸徂徠山而疾卒。會山東舉子孔直溫謀反。或言直溫嘗從介學。於是夏英公言於仁宗曰。介實不死。北走胡矣。尋有旨。編管介之子於江淮。又出中使。與京東部刺史發介棺以驗虛實。是時呂居簡爲京

東轉運使。謂中使曰。若發棺空而介果北走。則雖孥戮不足以爲酷。萬一介死在未嘗叛去。即是朝廷無故發塚墓。何以示後世耶。中使曰。誠如金部言。然則若之何以應中旨。居簡曰。介之死必有棺斂之人。又內外親族及會葬門生無慮數百。至於舉柩窆棺必用凶肆之人。今皆檄召至此劾問之。苟無異說。即皆令具軍令狀以保任之。亦足以應詔也。中使大以爲然。遂

自介親屬及門人姜潛已下。幷凶肆棺斂舁柩之人合數百狀。皆結罪保證。中使持以入奏。仁宗亦悟竦之譖。尋有旨放介妻子還鄉。而世以居簡爲長者。

僧願成

越州僧願成客京師。能爲符籙禁咒。時王雱幼子夜啼。用神咒而止。雱雖德之。然性靳嗇。會章惇察訪荆湖南北二路。朝廷有意經略溪洞。或曰蠻人多行南法畏符籙。雱即薦願成於章。至辰州。先遣張祐李資明夷中及願成等入江南受降。裕等至洞而穢亂蠻婦。酋丑元猛者不勝其憤。盡縛來使。剳斬于柱。次至成。成搏頰求哀。元猛素事佛。乃不殺而遣之。願成不以爲恥。乃更乘大馬擁撾斧以自從。稱廉訪大師。猶以入洞之勞得紫衣師號。時又有隨州僧智緣嘗以醫術供奉仁宗英宗。熙寧中朝廷取青唐武勝。緣遂因執政上言。乞往鄯廓見董氊說令納地。上召見後苑。賜白金以遺行。遂自稱經略大師。深爲上所惡。罷歸。朝廷憐其意。猶得左街首座卒。並筆錄

曹侍中

樞密曹侍中利用澶淵之役以殿直使于契丹。議定盟好。由是進用。當莊獻明肅太后時以勳舊自處。權傾中外。雖太后亦嚴憚之。但呼侍中而不名。凡降恩澤皆執不行。然以其所執既多。故有三執而又降出者。則不得已而行之者。久之爲小人所測。凡有求而三降不行者。必又請之太后曰。侍中已不行矣。請者徐啓曰。臣已告得侍中宅妳婆或其親信爲言之許矣。於是又降出。曹莫知其然也。但以三執不能已。僶俛行之。於是太后大怒。自此切齒。遂及曹芮之禍。乃知大臣功高而權盛。禍患之來非智慮所防也。

二

曹侍中在樞府務革僥幸。而中官尤被裁抑。羅崇勳時爲供奉官監後苑。作歲滿。敘勞過求恩賞。入內唐突不已。莊獻太后怒之。簾前諭曹使召。而戒勵曹歸院

坐廳事。召崇勳立庭中。去其巾帶。困辱久之。乃取狀以聞。崇勳不勝其恥。其後曹芮事作。鎮州奏言芮反狀。仁宗太后大驚。崇勳適在側。因自請行。既受命。喜見顏色。晝夜疾馳。鍜成其獄。芮既被誅。曹初貶隨州。再貶房州。至襄陽渡北津。監送內臣楊懷敏指江水謂曹曰。侍中好一江水。蓋欲其自投也。再三言之。曹不諭至襄陽驛。遂逼其自縊。並歸田錄

李士寧

李士寧者蜀人。得導氣養生之術。又能言人休咎。王

荆公與之有舊。每延於東府。跡甚熟。荆公鎮金陵。呂惠卿參大政。會山東告李逢劉育之變。事連宗子世居。御史府沂州各起獄推治之。劾者言士寧嘗預此謀。敕天下捕之。獄具。世居賜死。李逢劉育磔于市。士寧決杖流永州。連坐者甚衆。始興此獄。引士寧者意欲有所誣衊。會荆公再入秉政。謀遂不行。

李師中

李師中平日議論多與荆公違戾。及荆公權盛。李欲合之。乃於舒州作傅喦亭。蓋以公嘗倅舒而始封又在舒也。吳孝宗對策力詆熙寧新法。既而復爲巷議十篇。言閭巷之間皆議新法之善。寫以投荆公。公薄其翻覆。尤不禮之。並東軒筆錄

黃宗旦

黃宗旦晚年病目。每奏事。先具奏目。成誦于口。至上前展奏目誦之。其實不見也。同列害之。密以他書易其奏目。宗旦不知也。至上前所誦與奏目不同。歸

乃覺之。遂乞致仕。沈存中筆談

丁晉公

丁晉公既投朱崖幾十年。天聖末。明肅太后上仙。仁宗獨覽萬機。當時仇敵多不在要地。晉公乃草一表。極言策立之功。辨皇堂誣罔之事。言甚哀切。自以無緣上達。乃外封題云。啓上昭文相公。是時王冀公欽若執政。丁自海外遣家奴持此啓入京。戒公須俟王公

見啓日方得當面投納。其奴如戒。冀公得之。驚不敢啓封。遽以上聞。仁宗拆表。讀而憐之。乃命移道州。司馬溫公有詩數首。略曰。君心應念前朝老。十載漂流若斷蓬。又曰九萬里鵬容出海。一千年鶴許歸遼。且作瀟湘江上客。敢言瞻望紫宸朝。天下之人疑其復用矣。穆脩聞道州之徙。作詩曰。卻訝有虞刑政失。四凶何事不量移。謂失人心如此。倦遊錄

二

丁晉公之逐。士大夫遠嫌。莫敢與之通聲問。一日忽有一書與執政。得之不敢發。立具上聞。洎發之。乃表也。深自叙致。詞頗哀切。其間兩句曰。雖遷陵之罪大。念立主之功多。遂有北還之命。謂多智變。以流人無因達章奏。遂託爲執政書。度以上聞。因蒙寬宥。

三

丁晉公從車駕巡幸禮成。有詔賜輔臣玉帶。時輔臣八人行在祇候。庫止有七帶。尙衣有帶。謂之比玉。價直數百萬。上欲以賜輔臣。以足其數。晉公心欲之而位在七人之下。度必不及己。乃諭有司不須發尙衣帶。自有小私帶。某可服之以謝。候還京別賜可也。有司具以此聞。既各受賜。而晉公一帶僅如指闊。上顧謂近臣曰。丁謂帶子同列大殊。速求一帶易之。有司奏唯有尙衣御帶。遂以賜之。其帶熙寧中復歸內府。並筆談

四

丁謂有小智。然多希合。天下以爲奸邪。及稍進即啓迪眞宗以神仙之事。又作玉淸昭應宮。耗費國帑不可勝紀。謂既爲宮使。夏竦以知制誥爲判官。一日宴官僚於齋廳。有雜手伎俗謂弄碗注者。獻藝于庭。丁顧語夏曰。古無詠盌珠詩。舍人可作一篇。夏即席賦詩曰。舞拂挑珠復吐丸。遮藏巧便百千般。王公端坐無由見。卻被傍人冷眼看。丁覽讀變色。湘山野錄

李溥

李溥爲江淮發運使。每歲奏計則以大船載東南夷貨結納當途。莫知紀極。章獻太后垂簾。時溥因奏事盛稱浙茶之美云。自來進御惟建州餅茶。浙茶未嘗修貢。本司以羨餘錢買到數千斤。乞進入內。自國門挽船而入。稱進奉茶綱。有司不敢問所貢。餘者悉入私室。溥晚年以賄敗。竄謫海州。然自此遂爲發運司。歲例每發運使入奏。舳艫蔽川。自泗州七日至京。予出使

淮南。時見有重載入汴者。求得其籍。言兩浙牋紙三暖船。他物稱是。筆談

饒餗

撫人饒餗者。馳辨逞才。素押闔於都下。熙寧初免解到闕。因又失意。當朝廷始立青苗。方沮議交上大丞相閉閤不視事之際。生將出關。以詩投相閤曰。又還垂翅下烟霄。歸指臨川去路遙。二畝荒田須賣卻。要錢准備納青苗。相亦以十千賚之。生與劉史館相公沖之有素。時劉相館職知衡州。生假道封下。因謁之。公覩名紙已蹙頞不悅。生趍前丞曰。某此行有少急。不可暫緩。行李已出南關。又不敢望旌麾潛過。須一拜見。但乞一飯而去。公既聞不肯少留。遂開懷待之。問曰。途中無闕否。生曰並無。惟乏好酒耳。遂贈家釀一擔。拜別鞭馬遂行。公頗密幸其去。至耒陽密覘其令譽不甚謹。遽曰。知郡學士甚託致意。有雙壺乃兵廚精醞。仗某携至奉贈具書謝之。其令聞之。以

書爲謝。必非誑詐人。幸以其酒令故人送至。其勢可恃。大喜之。急戒刻木數刻間醵金半鍰賚之。瞥然遂去。後日劉公得謝書方寤。寤已噬臍矣。又下歲下第出京。庇巨商厚貨。以免征筭。自撰除目一紙。盡宰府兩禁三路巨鎮。除拜遷移。皆近擬議。凡過關首謁局吏。坐定遽曰。還聞近日差除事否。仕人無不願聞者。曰某前數日聞鎖院臨出京。在某官宅。恰見內探錄至得之。遂行其間。寧不少關。親舊者聞之。無不

願見讀訖即曰。下第窮生弊舟。然無一物敢煩公吏。略賜一檢。其官皆曰豈敢如是。言訖拜辭。飄然遂行。凡藉此術下汴淮歷江海。其關賦僅免二三千緡。苟移其用以謀大謀。遂爲妙策。

陳孝廉

陳烈福州人。博學不徇時態。動遵古禮。蔡君謨居喪於莆田。烈往弔之。將至近境。語門人曰。詩不云乎。凡民有喪。匍匐救之。今將與二三子行此禮。於是

烏巾襴鞹。與二十餘生望門以手据地。膝行號慟而入孝堂。婦女望之皆走。君謨匿笑受弔。即時李遇畫匍匐圖。倦遊錄

二

君謨蔡公出守福唐。時李太伯自建昌携文訪之。一日命李及陳孝廉烈早膳於後圃望海亭。不設樽酒。膳罷欲起。時方暮春。鬻酒於園。郡人嬉游。籍姬數子。時亦尋芳於此。既太守在亭。因斂袖聲喏而過。蔡公遂留之。旋命觥具。就以爲侑。酒方行歌一拍。陳烈者驚懼怖駭。越墻攀木而遁。泰伯即席賦詩云。七閩山水掌中窺。乘興登臨到落暉。誰在畫簾沽酒處。幾多嗚櫓趁潮歸。晴來海色依俙見。醉後鄉心即漸希。山鳥不知紅粉樂。一聲檀板便驚飛。蓋譏其矯之過也。湘山野錄

韓熙載

李丞相穀與韓熙載頃同硯席。分携結約於河梁曰。各以才命逢其主。穀廣順中仕周爲中書侍郎平章事。熙

載事江南李先主。爲光政殿學士承旨。二公書問不絕。熙載戲貽穀書曰。江南果相我。長驅以定中原。穀答熙載曰。中原苟相我。下江南如探囊中物爾。後果作相。親征江南。賴熙載卒已數歲。先是朝廷遣陶穀使江南以假書爲名。實相覘之。李相密貽熙載書曰。吾之名從五柳公驕忽喜奉。宜善待之。至果爾。容色凜然。崖岸高峻。燕席談笑。未嘗啓齒。熙載謂所親

曰。吾輩綿歷久矣。豈煩至是耶。觀秀實公字也。非端介正人。其守可隳。諸君請觀。因令宿留侯。寫六朝書畢。館泊半年。熙載遣歌人秦弱蘭者。詐爲驛卒之女。以中之弊衣竹釵。旦暮擁箒洒驛庭。蘭之容止。宮掖殆無。五柳乘隙。因詢其跡。蘭曰。妾不幸夫亡無歸託父母。即守驛翁嫗是也。情既潰失慎獨之戒。又以闋贈之。後數日醼于清心堂。李主命玻璃巨鐘滿酌之。轂毅然不顧。威不少霽。出蘭於席。歌前闋

以侑之。轂慚笑捧杯珥幾委。不敢不釂。釂罷。復灌幾類漏巵倒載吐茵。尚未許罷。後大爲主禮所薄。還朝日遣數小吏携壺漿薄餞于郊亭。逮歸京。鸞膠之曲已喧。陶因是卒不大用。玉壺清話

楊安國

楊安國膠東經生也。累官至天章閣侍講。其爲人沽激矯僞。言行鄙朴。動有可笑。每進講。則雜以俚下壓市之語。自晨坐至侍臣中官。見其舉止已先發笑。一日侍仁宗講至一簞食一瓢飲。安國操東音曰。顏回甚窮。但有一羅粟米飯。一葫蘆漿水。又講自行束脩以上。吾未嘗無誨焉。安國遽啓曰。官家昔孔子教人也須要錢。仁宗哂之。翊日遍賜講官。皆懇辭不拜。唯安國受之而已。

彭乘

彭乘爲翰林學士。文章誥命尤爲可笑。有邊帥乞朝覲。仁宗許其候秋涼即途。乘爲批答之詔曰。當俟蕭蕭

之候。爰堪靡靡之行。田況知成都府。會兩蜀荒歉。飢民流離。況始入劍門即發倉賑濟。既而上表待罪。乘又當批答曰。才度巖巖之險。便興惻惻之情。王琪性滑稽。多所侮誚。及乘死也。琪爲挽詞。有最是蕭蕭句。無人繼後風。蓋謂是耳。並東軒筆錄

潘逍遙

潘閬字逍遙。疏蕩有清才。最善詩。王繼恩都知待之甚厚。往往直造臥內。飲笑于婦女閒。未嘗信宿不見

也。忽去半歲。不知所詣。俄而王生辰。閬携香合來謁。王大喜。延之中堂。共宴席罷。王留之。詢其所適。潘曰。雖然游歷山水。訪尋親舊。亦爲太尉謀一長守之策耳。問其策謂何。潘曰。上顧君侯恩禮之厚。天下莫不知。君侯恃上之遇。於人亦有不足者矣。況復綰時權席天寵。娼而嫉者不止南北之朝臣。與諸王戚里亦有不善者。一旦宮車晏駕。君侯之富貴安得如舊邪。王懼然曰。吾亦憂之。先生何以教我。潘曰

。上春秋高。諸子皆賢。何不乘間建白乞立儲嗣。異日有天下。知策自君侯出。何懼富貴之替乎。王曰我欲乞立南衙大王如何。時章聖以襄陽判開封府。潘曰。南衙自謂當立。豈有德于君侯邪。立其不當者善也。王繇是屢以白神功乞别擇諸王嗣位。神功竟不聽。其後繼恩得罪。章聖嗣位。即遂出閬。閬遂亡命。詔天下捕之。其後會赦。方出以信州助教。名羇置信州。久之移泗州散參軍而死。倦遊雜錄

二

潘逍遙閬有詩名。所交游皆一時豪傑。盧相多遜欲立秦邸。潘預其謀。混跡於講堂。若開藥肆。劉少逸鮑少孤二人者爲藥童。唐巾韋帶。氣貌爽秀。後太宗登極。秦邸之謀不集。潘有詩曰。不信先生語。剛來帝里遊。淸霄無好夢。白日有閑愁之句。事敗已。還多遜之宅。斯須將捕於閬。閬覺之。止奔其鄰曰。吾謀逆事彰。吾若就誅。止一身。奈汝並鄰皆知吾謀。編

竄屠戮者不下數十人。今若匿得吾一身。則脫汝輩數家之禍。然萬無搜近之理。所謂弩下逃箭也。吾出門則擒之。汝輩自度宜如何。其鄰無可奈何。遂藏於壁。少頃捕者四集。至則失之矣。朝廷下諸路。畫影以搜。獄既具投多遜於崖。已而沸議漸息。閬服僧衣髡鬚。五更持磬出宜秋門。至秦亭。擎檐爲箍桶匠。投故人阮思道。爲秦掾理陰認之。遂呼至庭。裨葺故桶。阮提錢三鍰。明示於閬。大擲于案。乘馬遂出。閬

諭其意。提金直入于室。因匿焉。阮歸責閽者。案上三鍰。及桶匠安在。皆曰不知。遂杖閽者。令捕之。閽恨之。遍尋於市數日。不得其踪。阮後徐諷秦帥曹武惠彬曰。朝廷捕潘閬甚急。聞閬亦豪邁之士。竄伏既久。欲逭死地。稍裂網。他逸則何所不至。公大臣也。可奏朝廷少寬捕典。或聊以小官召出。亦羈縻之一端。帥然之。遂削奏太宗。以四門助教招之。因遂出。閬有清才。嘗作憶餘杭一闋曰。長憶西湖。盡日

憑欄。樓上望三三兩兩釣魚舟。島嶼正清秋。笛聲依約蘆花裏。白鳥成行忽驚起。別來閑想整釣竿。思入水雲寒。錢希白愛之。自寫於玉堂後。湘山野錄

卷七十二 詐妄謬誤

徐登

徐登者山東人。世傳近二百歲。得異術以固齡體。搢紳所以待禮焉。鄭毅夫鎮荊南唐。詔彥範漕湖北。二公以廣成浮丘禮之。館於楚。登無他奇。朴直不矯。不以屑事干公執。毅夫嘗言。登雖不以實言告人。每說周末國初事。則皎如目擊。校之已百五六十歲爾。文瑩與登游。鄭公夜奔景陵投復守陳少卿宗儒以託死。死之日。親書至荊厚謝公。公甚嗟嘆。囑陳曰。吾死後當竅棺前後。以竹木二枚。等吾身斂之。後三十年當剖棺則實知也。遂殯北塔僧園。後二年陳卿知壽州。因事詣闕補官。遣枉道至景陵。恐其屍解。剖棺視之。則已腐敗世之溺方士者。登可鑑焉。

王素楊忱

初以翰林學士戶部郎中吳奎爲左司員外郎。權知開封府。翰林侍讀學士權知開封府王素充郡收使。初與歐陽脩稱譽富弼於上前。弼入相素頗有力焉。弼既在相位。素知開封府。冀引己以登兩府。既不如志。因詆毀弼。又求外官。遂出知定州。徙知益州。復還知開封府。愈鬱鬱不得志。厭倦煩劇。府事多莽鹵不治。數出遊宴。素性驕侈。在定州益州皆以賄聞。爲人無

志操。士大夫多鄙之。開封府先有散從官馬千馬淸善
督察盜賊。累功至班行。府中賴之。或謂素二馬在外
威福自恣。大爲姦利。素奏悉逐之遠方。於是京師盜
賊屢發求捕不獲。臺官言素不才。亦自乞外補。朝廷
因而罷之。大理寺丞楊忱監蘄州酒稅。仍令御史臺即
日押出城。忱故翰林侍讀學士偕之子。少與弟慥俱有
俊聲。忱治春秋。慥治易。棄先儒舊說。務爲高怪。
以欺駭流俗。其父甚奇之。與人書曰。天使忱慥力扶

周孔。忱爲文尤怪僻。人少有能讀其句者。忱常言春
秋無褒貶。與人談。流蕩無涯岸。要取不可勝而已。
性輕易喜傲忽人。好色嗜利。不修操檢。商販江淮間
。以口舌動搖監司及州縣得其權力。以侵刻細民。江
淮間甚苦之。至是除通判河南府事。待闕京師。弟慥
掌永興安撫司機宜。卒於長安。忱不往視。日遊處於
倡家。會有告其販紗漏稅者。忱自言與權三司使蔡襄
有宿隙。乞下御史臺推鞫。朝廷許之。獄成。以贖論
。仍衝替。忱尙留京師。御史中丞王疇劾奏忱曰。忱
口談道義而身爲沽販。氣陵公卿而利交市井。畜養汚
賤而棄遠妻孥。故有是命。

劉平

靜江軍留後劉平爲鄜延邠寧環慶路副都署。屯慶州。
康定元年正月。鄜延路都署部范雍聞夏虜將自保定軍
土門路入寇。移牒使平將兵。拒土門救應十五日。平
將所部三千人發慶州。十八日至保安軍。遇鄜延路副

都部署石元孫。十九日與元孫合軍趣土門。有蕃官言
賊兵數萬已入塞。直指金明。會得范雍牒。令平。元
孫還軍救延州。平。元孫引兵還。明日復至保安軍。
因書夜兼行。二十二日至萬安鎭。平元孫將騎兵先發
。令步兵飯訖繼進。夜至三川口西十里所止營。令騎
兵先趍延州奪門。是時東染院副使鄜延路駐泊都監黃
德和將兵二千餘人。屯保安軍北碎金谷。巡檢萬俟政
。郭遵各將所部分屯佗所。范雍皆以牒召之。使救延

州。平又使人趣之。明日平旦。平所部步兵尚未至。平子。元孫還逆之。至二十里馬鋪乃遇兵。兵及德和政遵各部兵皆會。凡五將騎。合近萬人。乃引兵東行。且五里。平下令諸軍唱殺齊進。又行五里。三川口遇賊。是時平地有雪五寸許。賊於水東爲偃月陣。官軍亦於水西爲偃月陣相嚮。賊稍遣兵涉水爲橫陣。郭遵及忠佐王信先往薄之。不能入。既而官軍並進擊卻之。奪其傍牌。殺獲及溺水者八九百人。平左耳後及右脛皆中箭。會日暮。軍人爭挈人頭及所獲馬。詣平論功。平曰。戰方急。且自記之。悉當賞汝也。語未竟。賊引生兵大至。直前盪官軍。官軍卻二三十步。是時王德和在陣後。先率麾下二三百人走上西南山。衆軍顧之皆潰。平子侍禁宜孫追及德和。執其馬鞚。拜之數十曰。太保且當勒兵。還與大人幷力卻賊。今先去欲何之。德和不從。宜孫遂與德和俱走。平使軍校以劍遮截士卒。近在左右者得數十人。力戰拒賊。

賊退水東。平率餘衆保西南山下。立寨自固。距賊一里所。賊夜使人至寨旁。問曰。寨內有主將否。平戒軍士勿應賊。又使人詐爲漢卒傳言送文牒。軍士知其詐。斫殺之。至四更。賊使人繞寨訴曰。幾許殘卒。不降何待。平使指使李康應之曰。狗賊。汝不降我何降也。且曰。救兵大至。汝狗賊庸足破乎。及明。平命軍士整促甲馬。再與賊戰。賊又使騎臨陣呼曰。汝肯降乎。我當捨爾。不則盡殺之。平又使李康應曰。我來巡邊。何者爲降。汝欲和者。當爲汝奏朝廷耳。賊乃舉鞭騎自四山下。不可勝計。合擊官軍。死者甚衆。至巳時。平與元孫巡陣東遍。賊騎直前充陣中央。陣分爲二。平與元孫皆爲賊所虜。平僕夫王信以頡敦負留後印。及宣勅。從平在陣與平相失。賊盡奪其衣服幷頡敦等。信逃竄得免。是時黃德和自山中南走出甘泉縣北。稍收散卒。得五六百人。緣道縱兵士剽切民家避寇者貨財及飲酒。殺其牛畜食之。二十五日

至鄜州。二十六日虞候張政自戰所脫歸。德和問曰。汝見劉太尉石太尉乎。後來如何。政當時實與劉石相失。不能知其處。道中聞散卒言。劉太尉以亡失多。不敢歸也。已降賊矣。因言於德和曰。劉太尉二十四再與賊戰。士卒死傷且盡。太尉令軍士曰。汝曹勿復發箭。今日敗矣。吾不能庇汝曹。當解甲降之耳。賊遂執其馬鞚而去。德和曰。果然。吾與汝曹當詭言二十四日不肯降賊。力戰得出。作奏上之。不惟解罪。

亦可收功。汝曹皆有賞矣。政出。因播其言於市里云。平降。散卒既至者。皆言平降以順德和意。有蕃落將呂密實見平與元孫爲賊所虜。幷所得官軍旗幟收卷以去。德和問之。以順指意。言平與元孫降賊。賊以紅旗前道而去。德和喜。命所親吏戚睿作呂密等狀。仍增損其語。使與己意相傳。會睿意謂狀中有名者應得賞。乃更私益兵士曲榮等數人名於其中。德和以密等狀爲奏云。二十三日賊生兵充破大陣。臣與劉平等

阻西山爲寨。二十四日再與賊戰。平以其卒降賊。臣等義不受屈。與數百人力戰得出。會平僕夫王信自延州來。德和與知鄜州張館使雜問之。信私念其主爲大將。而爲賊所擒可醜。因紿言賊使李金明來約和親。平令李康往答之。既而康還言元昊欲與太尉面相約結。平即乘馬入賊軍中。從者不得入。皆見剽剝。信獨脫歸。德和起詣東廟。召信詰曰。軍士來者皆言平降。而汝獨言平往約。何和也。信曰。此非信之所知也

。數日德和召信詣其館謂曰。汝太尉降賊。人人皆知之。我乃取軍士等狀奏之矣。汝今言乃異同。朝廷將有制獄。汝何能受其榜楚乎。我丐汝銀釵一枚。汝鬻之。速去勿留矣。信拜受之。是時鄜州使人監守信。信欲亡不得。身無衣。寒甚。乃爲書遺平子曰。信從大尉。與賊戰不利。太尉入賊中約和親。今乃言太尉叛降賊。朝廷將有制獄。信當以死。明太尉忠赤。保太尉一家。今信衣裝爲賊所掠。飢寒不可忍。願具衣

及錢糧速寄以來。有庖人將如慶州。信與書寄之。鄜延走馬承受薛文仲遇之。得其書以聞。二月一日。德和將其衆歸延州及州城南。范雍使人代領其衆。遣德和歸鄜州聽朝旨。尋又徙之同州。德和始懼。奏言。臣盡忠於國。范雍誣言臣挾軍走。又以書抵鈐轄盧守勤及薛文仲求救云。有中貴人至者。當為力營護之。死生不敢忘。守勤等悉上其書。十一日朝廷遣殿中侍御史文彥博。又內供奉官梁知誠。即河中府置獄案之

。先是有詔平僕人王信乘傳詣闕。既而復械送河中府。彥博案治。德和及信等不能隱。皆服其實。時河東都轉運使王沿又奏言。訪知延州有金明敗卒二人自虜中逃還云。劉平。石元孫。李士彬皆為賊縶縛而去。平在道不食。數罵賊云。狗賊。我頸長三尺餘。何不速斬我。縛我去何也。彥博牒延州。求二卒皆不知處。四月十五日具獄以聞。中書樞密院。共召大理寺。約法准律主將以下先退者斬之。又部曲告主者絞。二十三日兩府進呈奉旨。黃德和於河中府腰斬梟其首於延州城下。王信杖殺。

汪輔之

汪輔之為河北。以輕躁得罪勒令分司。久之除知虔州。到官日上表云。清時有味。白首無成。又云。插筆有風。空囹無日。或解之曰。杜牧詩云。清時有味是無能。閑愛孤雲靜愛僧。欲把一麾江海去。樂遊原上望昭陵。屬意怨望。有旨令復分司。

高遵裕

元豐四年冬。朝廷大舉討夏國。十一月環慶都總管高遵裕出旱海。皇城使涇原副都總管劉昌祚出胡盧河。共趣靈州。詔昌祚受遵裕節制。昌祚上言軍事不稱旨。上賜遵裕書云。昌祚所言迂闊。必若不任事者。宜擇人代之。遵裕由是輕昌祚。既而昌祚先至靈武城下。或傳昌祚已克靈武城。遵裕在道中聞之。即上表賀曰。臣聞昌祚進攻以復得其城。既而所傳皆虛。遵裕

至靈武城。以爲城朝夕可下。徙昌祚軍於閑地。自以環慶兵攻之。時軍中皆無攻具。亦無知其法者。遵裕旋令採木造之。皆細小樸拙不可用。又造土囊欲以塡塹。又欲以軍法斬昌祚。衆共救解之。昌祚憂恚成疾。涇原軍士皆憤怒。轉運判官范純粹謂遵裕兩軍不叶。恐生他變。力勸遵裕詣昌祚營問疾以和解之。遵裕又使呼城上人曰。何不亟降。其人曰。我未嘗戰。何謂降也。

蔣之奇

士大夫以濮議不正。咸疾歐陽脩有謗其私於外子婦者。御史中丞彭思永殿中侍御史蔣之奇承流言劾奏。之奇乃伏於上前不肯起。詔二人具析語所從來。皆無以對。治平四年三月五日俱坐謫官。仍敕牓朝堂略曰。因燕申之言。遂騰空造之語。醜詆近列。中外駭然。以其乞正典刑。故須閱實。其事有一于此。朕亦不敢以法私人。及辯章之屢聞。皆濾讕而無考。反云其事闇昧。不切審實。又曰。苟無根之毀是聽。則謾欺之路大開。上自邇僚。下逮庶君。閨門之內咸不自安。先是之奇盛稱濮議之是以媚脩。由是薦爲御史。旣而反攻脩。脩尋亦外遷其謝上表曰。未乾薦禰之墨。已關射羿之弓。並涑水紀聞

胡枚

職方郎中胡枚判吏部南曹。歲滿除知興元府。先是由判曹得監司者甚衆。枚素有此望。洎得郡殊自失。歷

干執政皆不允。時陳升之知樞密院。枚往謁求薦。陳公辭以備位執政不當私薦一士。枚愀然嘆息曰。興元道遠。枚本浙人。家貧無力之任。惟有兩女。當與富貴人爲婢。庶得貲以行耳。陳公鄙其言。遽索湯使起。枚得湯三奠於地而辭去。陳大駭。是時枚以將還浙右待闕。已登舟。其日作詩書于船窗曰。西梁萬里何時到。爭似懷沙入九泉。是夕溺死汴水。初執政以枚無正室。疑姦吏而謀殺者。方將窮治。會陳公言賣女

奠湯事。及得牖間自題之句。方信其失心而赴水云。
筆錄

程師孟

程師孟能奉權貴。尤好身後名。嘗啓王介甫丞相曰。其所恨微軀日益安健。惟願早就木。冀丞相一埋銘。庶幾名附雄文。不磨滅于後世也。倦遊錄

二

諫議大夫程師孟嘗請於介甫曰。公文章命世。師孟多

幸生與公同時。願得公爲墓誌。庶傳不朽。惟公矜許。介甫問先正何官。師孟曰非也。師孟恐不得常侍左右。自欲豫求墓誌。俟死而刻之耳。介甫雖笑不許。而心憐之。及王雱死。有習學檢正張安國者。被髮藉草。哭於柩前曰。公不幸未有子。郡君妊娠。安國願死託生爲公嗣。京師爲之語曰。程師孟生求速死。張安國死願託生。涑水紀聞

張商英

熙寧中。周師厚爲湖北提舉。常平張商英監荊南鹽院。師厚移官有供給酒數十瓶。陰俾張賣之。張言於察訪蒲宗孟宗。孟劾其事。師厚坐是降官。後數年。商英爲館職。囑舉子於判監舒亶。亶繳奏其簡。商英坐是奪官。始舒亶爲縣尉。斬弓手節級。廢斥累年矣。熙寧中張商英爲御史。力薦引之。遂復進用甚峻。至是反攻商英。然亦世所謂報應者也。筆錄

包孝肅

包孝肅尹京號爲明察。有編民犯法當杖脊。吏受賕與之約曰。今見尹必付我責狀。汝弟呼號自卞我與汝分此罪。汝決杖我亦決杖。既而包引囚問畢。果付吏責狀。囚如吏言。分卞不已。吏人聲呵之曰。但受脊杖出去。何用多言。包謂其市權捽吏於庭。杖之十七。特寬囚罪。止從杖坐以沮吏勢。不知乃爲所賣。卒如素約。小人爲姦固難防也。孝肅天性峭嚴。未嘗有笑容。人謂包希仁笑比黃河淸。筆談

三舍之弊

王荆公在中書作新經義以授學者。故太學諸生幾及三千人。以至包展錫慶院朝集院尚不能容。又令判監直講程弟諸生之業。處以上中下三舍。而人間傳以為凡試而中上舍者。朝廷將以不次陞擢。於是輕薄書生矯飾言行。坐作虛譽。奔走公卿之門者如市矣。會秋試有期。而御史黃庶上言。乞不令直講判監為開封國學試官。又有饒州進士虞蕃伐登聞鼓言。凡試而中上舍

者。非以勢得即以利進。孤寒才實者例被黜落。上即此二說疑程考有私。遂下蕃於開封府。而蕃言參知政事元絳之子耆寧嘗私薦其親知。而京師富室鄭居中。饒州進士章公弼等。用賂結直講余中。王沅之。判監沈季長而皆補中上舍。是時許將權知開封府。惡蕃之告訐抵之罪。上疑其不直。移劾於御史府。追逮甚衆。而蕃言許將亦嘗薦親知於直講。於是攝許將。元耆寧及判監沉季長。黃履。直講余中。葉唐懿。葉濤。

龔原。王沅之。沈銖等皆下獄。其間亦有受請求及納賂者。獄具許將落翰林學士知蘄州。沉季長落直舍人院。追官勒停。元耆寧落館職。元絳罷參政。以本官知亳州。王沅之余中皆除名。其餘停任諸生坐決杖編管者數十。而士子奔競之風少挫矣。筆錄

卷七十三　詐妄謬誤

白玉蓮華盃

有王永年者。娶宗室女。得右班殿直。監汝州稅務。時竇卞通判汝州。與之接熟爾。後卞知深州。永年復為州監押。益相親暱。遂至通家。既而卞在京師。永

年求監金曜門書庫。卞為干提舉監司楊繪。繪遂薦之。永年嘗置酒延卞繪於私室。出其妻閒坐。妻以左右手掬酒以飲卞繪。謂之白玉蓮花盃。其褻狎如是。後永年盜賣庫書。事發下獄。永年引卞繪嘗受其饋送。及嘗納璣貝於兩家。方窮治未竟而永年死獄中。朝議以兩制交通匪人。人至為姦利。落繪翰林學士知制誥

降爲荆南副使。落卞待制降監舒州靈仙觀。明日卞卒於貶所。

毀沮求進

熙寧以來凡近臣有夙望者。同列忌其進用。多求瑕累以沮之。百方挑抉以撼上聽。曾子宣罷司農也。呂吉用代之。遽乞令天下言司農未盡未便之事。張粹明罷司農也。舒亶代之。盡納丞簿言不了事件甚衆。又河北陝西河東爲帥者各矜切徼進。往往暴擿邊事。污衊

鄰帥。得罪則邊功在己也。此風又矣。而熙寧元豐爲甚也。

大卿與丞相放生

光祿卿鞏申佞而好進。老爲省判。趍附不已。王荆公爲相。每生日朝士獻詩頌。僧道獻功德疏以爲壽。輿皁走卒皆籠雀鴿。就宅放之。謂之放生。申既不閑詩什。又不能誦經。於是以大籠貯雀。詣客次搢笏開籠且祝曰。願相公一百二十歲。有邊寨之主。妻病而虞候割股以獻者。天下駭笑。或曰虞候爲縣君割股。大卿與丞相放生。

疑似易乘

永州有何氏女。幼遇異人。與桃食之。遂不飢。無漏。自是能逆知人禍福。鄉人神之。爲創樓以居。世謂之何仙姑。士大夫之好奇者多謁之。以問休咎。王達爲湖北運使。至永州。召於舟中。留數日。是時魏綰知潭州。與逵不叶。因奏逵在永州取無夫婦人阿何於

舟中止宿。又有周師厚者爲湖北路提舉。常平人。或呼爲夢見公。蓋以其姓周也。蒲宗孟爲湖北察訪。因奏師厚昏不曉事。致吏民呼爲夢公。二人者皆以此罷去。蓋疑似易乘使朝廷致惑也。並東軒筆錄

黠胥

陳學士貫爲省副。時三司有一胥魁桀黠狡獪。潛通權倖。省中之事率以咨之。每聲喏使造前。往往陽爲欠伸。不敢當其禮。陳聞而不平。決入省斥逐之。既來

參見嚴顏以待。胥知其意。奉事彌謹。稟承明敏。舉無留事。歲餘。陳亦善待之。一日陳謂胥曰。宅中欲會一二女客。何人可使幹辦。胥曰。某公事之隙暫往督視亦可。陳不知其心有包藏。乃曰。爾若自行。甚善。宴席所須。十未具一。胥乃携十餘歲女子于東華門街。插紙標于首曰。爲陳省副請女客。令監廚無錢陪備。今嫁此女子。要若干錢。遂結皇城司密邏者。俾潛以聞。朝廷將以黜降。賴宰臣辨解。終歲竟罷去。止得集賢學士。舊例省副罷皆得集賢學士

秋霖賦

徐仲謀在皇祐中罷廣東提刑。到闕時京師多雨。遂獻秋霖賦。其略曰。連綿乎七月八月。淹浸乎大田小田。望晴霽而終朝禮佛。放朝參而隔夜傳宣。泥塗半沒於街心。不通車馬。波浪將平於橋面。難度舟舡。時賈文允陳恭公秉政。共引過於上前。且云。陰陽失序。自當策免。然臣等已屢乞罷。而聖恩未允。致有疏遠。小臣以猥語侵侮臣等。實無面目師長百辟。仁宗怒。降仲謀監邵武軍酒稅。

矯僞

夏英公知安陸日。受大勅舉幕職。令錄爲京師。有節度推官王某者。糲食敝衣。過爲廉愼。一馬瘦瘠。僅能移步。席韉繩轡不勝騎。自二車而下列狀。乞以斯人應詔。夏亦自知之。遂改官宰邑去安陸數百里。洎至任。素履一變侈衣靡食。恣行貪墨。夏俾親舊喻之。答曰。某乃妙攫也。必無敗露。請舍人無慮。夏常

謂僚屬曰。世之矯僞有如此者。斯人今爲正郎。不欲道其名也。

伺察

李公素學士爲京西漕運。時李君俞以大理評事知河南府福昌縣。一日得漕牒。令體量簿尉。洎邑界巡檢者。既而召三人者從容飲食。謂曰監司牒令某奏詗同僚之失。某固知諸君無事。竊恐復遺他人來幸各房愼也

。三人相顧而笑。乃懷中各出一牒。乃是令簿尉察知縣巡撿廉縣官也。俱笑而退。後朝廷亦聞其事。乃下詔申戒。其略曰。守倅則互責刺廉。令尉則更容伺察。乃至怨滿行路。章交公車。少時竟罷伺察之名。

踏犁

太子中允武允成獻踏犁具。不用牛。以人力運之。太宗以宋亳牛多死。得此制召之造數具。先遣堯叟於宋州。大起治鑄以給貧民。以時雨沾足。令趁時耕種。

參知政事蘇易簡曰。此長沮桀溺耦耕之遺象也。按耦耕以雙耜並耕了。非踏犁之制。易簡之淺陋甚矣。

勸諭

慶曆中有張待制爲河北路都轉運使檄諸郡邑。俾勸諭村鄉上等人戶多釀豆醬米醋。及修造食氣風藥。准備貧民求之。且一村之民食具醯醢者十無一二。況品劑藥餌。固所不曉。斯言殆爲識者口實。

三虎四聖

考功郎中齊化基資性貪墨。裒斂不知極。竟以贓抵罷。黥配海外。會赦得歸。家于平原。嘗取南郡陽起石。亦貯數十石。他物稱是。其後生馮離散無以自存。

慶曆中詔諸郡轉運使各帶按察使。於是江東有三虎。山東有四聖。三虎者監司有王誥楊閎輩。爭務苛察。聖者探偵之義也。謂俾部下小官。姦憸好進者。廉察屬郡官吏之過失。副是吹毛求疵。刑獄滋彰矣。並倦遊雜錄

賑濟乖方

熙寧八年淮浙大饑。人相食。朝廷遣近臣安撫司監司賑濟。而措置乖戾。不能副朝廷愛養元元之意。安撫先檄郡縣以厚朴炒豆爲屑。開飢民胃口。提刑司督諸郡多造紙襖以衣貧民。提舉司印牓招諭富民。布施錢以種福田。大取識者嗤笑。安撫至通州。勸富民出米麥以食飢者。或對曰。安撫勿卹。東南飢民胃口以開。有紙襖爲衣。而又得福田居之。安撫可無慮矣。聞

者大慚。朝廷知之。重行降黜。澠水燕談

引用乖方

蘇舜欽奏邸之會。預坐者多。館閣同舍一時被責十餘人。仁宗臨朝。歎以輕薄少年不足爲臺閣之重。宰相探其旨。自是務引用老成。往往不愜人望。甚者語言文章爲世所笑。彭乘之在翰林。楊安國之在經筵是也。東軒筆錄

詐佛

程師孟能奉權貴。尤好身後名。嘗啓王介甫丞相曰。某所恨微軀日益安健。惟願早就木。冀丞相一埋銘。庶幾名附雄文不磨滅于後世也。倦遊錄

二

江南一縣郊外古寺。地僻山險。邑人稀至。僧徒久苦不足。一日有僧遊方至其寺。告於主僧。且將與之謀所以警人耳目者。有五百羅漢像。僧擇一貌類己者。衣其衣。頂其笠。策其杖。入縣削髮。誤爲刀傷其頂

。解衣帶白藥傅之。留杖爲質。約至寺。將遺千錢。削者如期而往。方入寺。閽者歐之曰。羅漢亡杖已半年。乃爾盜耶。削者述所以得杖狀。相與見主僧。更異之。共開羅漢堂。門鎖生澀。凝塵滿榻。如久不開者。視亡杖羅漢衣笠皆所見者。頂有傷處血漬。藥如舊。錢有一千皆古錢。貫且朽。因共嘆異之。傳聞遠近。施者日至。寺因太盛。數年其徒有爭財者。其謀稍泄得之外民。澠水燕談

詐修廟

天聖景祐間。京師建龍觀。有道士仇某者。教化修眞武閣。冬夏跣足。推一小車。近世士人洎閭巷小民。軍營卒伍。事眞武者十有七八。無不傾信。所得錢無算。閣竟未畢功。後以姦監敗。因知世間矯僞欺俗之人固不爲少。書之亦可爲輕信者之戒也。倦遊錄

二

蕭琅字大珍。後梁宗室。爲青州刺史。有惠愛。篤信

于民。及死。民為立祠千乘縣西。相與諡曰信公。嘉祐中祠宇頽弊。主廟者賈天恩老伶也。有王乂者主家蒼頭也。幼苦傷寒。汗不浹。病腰不能行。餧而丐且十年。一旦人為灸之。遂愈。天恩教之曰。第云信公召語。能為吾修廟則使爾腰伸。諾之。腰即伸。於是遠近聞者湊爭施錢帛。以新廟貌。踰年得錢數千緡。功未卒而二人爭錢相毆。事稍喧。施者因不復來。世託神佛以誑人邀福者。信之不疑。不復究虛實。可以

為鑒矣。澠水燕談

斥車御史

熙寧初有朝士忘其氏。如河中府龍門縣有薛少卿占籍是邑。一旦為盜斫墳塋之松櫝。薛君投牒訴其事。朝士迂儒也。喜為異論。乃判其狀曰。周文王之苑囿猶得蒭蕘。薛少卿之墳塋乃禁樵採。時又有周師厚者。為荊湖北路提舉。常平水利。是時初定募役之法。師厚書成。上於司農。其間曰。散從官逐月傭錢三貫文

。如遇差作市買。即每月添錢一貫文。慶曆中。衛士有變震驚宮掖。尋捕殺之。時臺官宋禧上言。此蓋平日防閑不至。所以致患至。聞蜀有羅江狗。赤而尾小者。其儆如神。願養此狗。撻庭以警倉卒。時謂之宋羅江。又有御史席平。因鞫詔獄畢。上殿。仁宗問其事。平曰。已從車邊斤矣。時謂之斤車御史。治平中英宗再起呂溱知杭州。時張杞為御史。因彈呂溱昔知杭州。時以宴遊廢政。乞不令再往。其彈詞有朝朝只

在湖上。家家盡發淫風。尤為人所笑。有近臣知潭州。會儂智高犯邕筦。以至乘舡至廣東。廣州被圍。凡官軍戰者皆敗。近臣因會客次。客有歎曰。此皆士卒素不練習行陣。一旦用以應敵。宜有折北。近臣曰。此何異歐市人以戰也。蓋漢書作歐字。音驅。而近臣不識。誤讀為歐打字。坐客皆忍笑不禁。因知伏獵侍郎。杖杜宰相。信有之也。東軒筆錄

竹箭

東南之美有會稽之竹箭。竹爲竹。箭爲箭。蓋二物也。今採箭以爲矢。而通謂矢爲箭者。因其箭名之也。至於用木爲笴。而謂之箭則謬矣。

卜者

京師賣卜者唯利舉場。時舉人占得失。取之各有術。有求目下之利者。凡有人問皆曰必得。士人樂得所聞。競往問之。有邀以後之利者。凡有人問悉曰不得。下第者常過十分之七。皆以謂術精而言直。後舉倍獲

。有因此著名。終身享利者。

誤行黃道

江南陳彭年博學書史。於禮文尤所詳練。歸朝列于侍從。朝廷郊廟禮儀多委彭年裁定。援引故事頗爲詳洽。嘗攝太常卿導駕誤行黃道上。有司止之。彭年正色回顧曰。自有典故。禮曹素畏其該洽。不復敢詰問。

餐

李獻臣好爲雅言。曾知鄭州。時孫次公爲陝漕。罷赴闕。先遣一使臣入京。所遣乃獻臣故吏。到鄭庭。參獻臣甚喜。欲令左右延飯。乃問之曰。餐來未。使臣誤意餐者謂次公也。遽對曰。離長安日都運待制已治裝。獻臣曰。不問孫待制官人餐來未。其人慚沮而言曰。不敢仰昧。爲三司軍將日曾喫卻十三。蓋鄙語謂遭杖爲餐。獻臣掩口曰。官人誤也。問曾與未曾餐飲。欲奉留一食耳。並筆談

六快活詩

六快活詩。長沙致仕王屯田揆譏六君子而作也。六人者即帥周公沆。漕趙公良規。憲李公碩。劉公舜臣。倅朱景陽。許是也。其詩略曰。湖外風物奇。長沙信難續。衡峰排古青。湘水湛寒綠。舟檝通大江。車輪會平陸。昔賢官是邦。仁澤流豐沃。今賢官是邦。刳啗人脂肉。懷昔甘棠化。傷今猛虎毒。然此一郡內。所樂人纔六。漕與二憲僚。守連兩通屬。高堂日成會。深夜繼以燭。幃幙皆綺紈。器皿盡金玉。歌喉若珠

纍。舞腰如素束。千態與萬狀。六公歡不足。因成快活詩。薦之堯舜目云云。餘幾聯皆咄咄猥駁。固不足紀。愚後至長沙訪故老。皆云豈有玆事。蓋公暇以登臨爲適。在所皆爾。一酒食遂類猛虎刳脂啗肉之害。果苛政者復不知如何比耶。所以觸憲網皆自速也。湘山野錄

心疑生怪

慶曆中廣西歐希範白崖山蠻蒙趕內寇。破瓊州及諸寨。時天章閣待制杜杞自京西轉運使徙廣西。既至。得

宜州人吳香等爲鄉道攻破白崖等寨。復瓊州。因說降之。犒以牛酒。既醉。伏兵發擒。誅六百餘人。後三日始得希範。醢之以賜溪洞諸蠻。又取其心肝繪爲五臟圖。傳於世。其間有眇目。則肝缺漏。是時梅公儀爲御史。言杞殺降。失朝廷大信。請加罪。朝廷錄其功。止戒諭之而已。其後杞知慶州。一日方據廁。見希範等訴叱謂曰。若反人於法當誅。尙何訴耶。未幾卒殺降。古人所忌。杞知之。心常自疑。及其衰。乃見祟無足怪也。石普常以過譴僕。命家人殺之。家人不敢。陰解其縛。令逸去。後普病。即見僕爲怪。家人白當時實不殺而陰縱之使去。曾不信。然時時見之。其家諸處尋訪。得僕示之。遂不復見。蓋心有所念。則目有所見。凡事物之變。人情之違戾。皆出於疑也。東齋記事

中書有生老病死苦

熙寧初。富鄭公弼。曾魯公公亮爲相。唐質肅公介。

趙少師抃。王荆公安石爲參知政事。是時荆公方得君。銳意新美天下之政。自宰執同列。無一人議論稍合。而臺諫章疏攻擊者無虛日。呂誨。范純仁。錢顗。錢顗之論尤極詆訾。天下之人皆目爲生事。是時鄭公以病足。魯公以年老皆引去。唐質肅屢爭於上前。不能勝。未幾疽發于背而死。趙少師力不勝。但終日歎息。遇一事更改即聲苦者數十。故當時謂中書有生老

病死苦。言介甫生。明仲老。彥國病。子方死。悅道苦也。東軒筆錄

交趾入寇

熙寧中朝廷遣沉起。劉彝。相繼知桂州以圖交趾。起彝作戰船團結洞丁以爲保甲。給陣圖。使依此教戰。諸洞騷然。士人執交趾圖。言攻取之策者不可勝數。嶺南進士徐百祥屢舉不中第。陰遺交跡書曰。大王先世本閩人。聞今交趾公卿貴人多閩人也。百祥才略不

在人後。而不用於中國。願得佐大王下風。今中國欲大舉以滅交趾。兵法先人有奪人之心。不若先舉兵入寇。百祥請爲內應。於是交趾大發兵入寇。陷欽廉邕三州。百祥未得間往。歸人會石鑑與百祥有親。奏稱百祥有戰功。除侍禁充欽廉巡檢。朝廷命宣徽使郭逵討交趾。交趾請降曰。我本不入寇。中國人呼我耳。因以百祥書與逵。逵檄廣西轉運司按鞫。百祥逃去自經死。涑水紀聞

卷七十四　詐妄謬誤

募役

熙寧初。余罷中丞。復歸翰林。有成都進士李戒投書見訪云。戒少學仁義之道。自謂不在顏回孟軻之後。其辭孟浪。高自稱譽。大率如此。又獻役法大要。以爲民苦重稅。但聞有因役破產者。不聞因稅破產也。請增天下田稅錢穀各十分之一。募人充役。仍命役重輕爲三等。上等月給錢千五百。穀二斛。中下等以是

爲差。計雇役猶有羨餘。可助經費。明公儻爲言之於朝。幸而施行。公私不日皆富貴矣。余試學一事難之曰。衙前爲何等。戒曰上等。余曰。今夫衙前掌官物。敗失者或破萬金之產。彼肯願千五百錢兩斛穀來應募邪。戒不能對。余因謝遣之曰。僕已去言職。君宜詣當官者獻之。居無何復來投書曰。三皇不聖。自生民以來。唯孔子爲聖人耳。孔沒。孟軻以降蓋不足言。今月復有明公可繼孔子者也。余駭懼。遽還其書曰

。足下何得爲此語。因請留書。余曰。若留君書。是當而有之也。死必不敢。又欲授余左右。余叱左右使勿接。乃退。余以其狂妄。常語於同列。以資戲笑。時韓子華知成都。戒亦嘗以此策干之。子華大以爲然。及入爲三司使。欲奏行之。余與同列共笑且難之。子華意沮。乃止。及介甫同制置三司條例。爲介甫言之。介甫亦以爲喜。雇役之議自此起。時李戒已得心疾。罷舉歸成都矣。

提舉常平

何浹以錄事參軍提舉梓州路常平倉等。所至暴橫。捶撻吏民以立威。皆竄匿無地。氣陵提轉。直出其上。公牒州縣云。未得當司指揮。其提轉牒皆不得施行。轉運使李竦判官陳充與之議事不合。輒叱罵之。知州詣之白事。下馬於門外。循廊而進。至其坐榻之側。亦不爲起。浹欲廢廣安軍。衆議以爲旁去他州遠不可廢。有章辟方得其父集賢校理何涉所撰鼓角樓記以呈之曰。先君子亦具言置軍要害之意。浹曰。凡事當從公論。何足憑也。李竦等具奏其狀。詔罷歸。浹緣道上奏訟竦等無所不道。至京師。下開封府鞠問。浹索紙萬幅以答款。府司以數百幅給之。乃一紙書一字。坐上書詐不實。凡一百四十事。由是停官。時所遣提舉官大抵狂妄作威。而浹最爲甚。並涑水紀聞

用事錯誤不害爲美

文士用事誤錯。雖爲缺失。然不害其美。杜甫云。功曹無復漢蕭何。按光武帝謂鄧禹何以不掾功曹。又曹

參嘗爲功曹。云酇侯非也。陳子昂云。吾聞中山相乃屬放麑翁。放麑本秦西巴孟孫氏之臣也。謂之中山誤矣。唐人記韓皐善琴知音。聞止息推說。以謂毋丘儉諸葛誕皆以揚州刺史舉兵討晉。事敗無成。故名廣陵散。言敗於廣陵也。劉道原云。漢魏時揚州刺吏治壽春。毋丘諸葛誕皆死壽春。此時廣陵自屬徐州。至隋唐乃爲揚州耳。事有似而非者。不可不察也。劉貢父

詩話

薦士

吳沖卿初作相。亦以收拾人物爲先。首薦舉諶井。亮釆。洎二人登對。咸不稱旨。又薦李師德爲臺官。而師德不才。自是秉政數年。以至薨。背更不復薦士。而三人者亦竟無聞於時也。東軒筆錄

知人之難

姚嗣宗關中詩豪。忽繩檢坦然自任。杜祁公帥長安。

多裁品人物。謂尹師魯曰。姚生如何人。尹曰。嗣宗者。使白衣入翰林亦不忝。減死一等。黥流海島亦不屈。姚聞大喜曰。所謂善評我者也。時天下久撤邊警。一旦忽元昊以河西叛朝廷。方羈籠開豪之際。嗣宗止因寫二詩於驛壁。詩有踏破賀蘭石。掃開西海塵。布衣能效死。可惜作窮人。又一絕。百越干戈未息肩。九原金鼓又轟天。崆峒山叟笑不語。靜聽松風春晝眠之句。韓忠獻公奇之。奏補職官。繼而一庯生張。亦堂堂人。蝟髯黑面。頂青巾緇裘。持一詩代刺搖袖以謁杜公曰。昨夜雲中兩檄來。案兵誰解掃氛埃。長安有客面如鐵。爲報君王早築臺。祁公亦異之。奏補乾祐一尉。而胸無一物。未幾以贓去任。湘山野錄

賣廟

張諤檢正中書五房公事判司農寺。上言天下祠廟歲時有燒香施利。乞依河渡坊場。召人買撲。王荆公秉政。多主諤言。故凡司農起請。往往中書即自施行。不

由中覆。賣廟勅既下。而天下祠廟各以緊慢價直有差。南京有高辛廟。平日絕無祈祭。縣吏抑勒祝史僅能酬十千。是時張方平留守南京。因抗疏言。朝廷生財當自有理。豈可以古先帝王祠廟賣與百姓。以規十千之利乎。上覽疏大駭。遂窮問其由。乃知張諤建言而中書未嘗覆奏。自是有旨。臣僚起請必須奏稟方得施行。賣廟事尋罷。倦遊錄

人才有長短

仲簡知處州。治爲東南第一。朝廷擢爲天章閣待制。知廣州。會儂智高破邕管沿江而下。屠數郡。遂圍廣。而仲簡應敵之備可笑者甚多。沈起知海門縣有治績。朝廷擢爲御史。後拜待制知桂州。會宜州蠻徭侵王口寨。起備圍甚乖。又欲誅交趾。愈益疏繆。是致交趾入寇。三州被害。孫永俊明文雅稱于時。中間以龍圖學士知秦州。會邊有警。永以怯懦爲邊人所輕。三人者皆才臣。一當邊急而敗事被斥。豈將帥自有體用。非可以常才強也。東軒筆錄

贈縣令詩

元豐中有人爲建州建陽縣令。一舉子以貧謁之。待之甚薄。舉子大怒。作贈縣令詩云。寒儒登第十三年。銜替歸來買盡田。除卻職田清俸外。不知何處遇神仙。詩既盛傳。郡守刺史皆疑其人。終任無薦之者。李希聲詩話

趙昌言

李順作亂於蜀。詔以參知政事趙昌言監護諸將討之。鳳翔是時寇準知州。密上言趙昌言素有重名。又無子息。不可征蜀授以利柄。太宗得疏大驚曰。朝廷皆無忠臣。言莫及此。賴有寇準憂國家耳。及詔昌言行所至即止。專以軍事付王詔。且罷知政事。以工部侍郎知鳳翔府。召寇準參知政事。昌言自鳳翔歷秦陜永興三州。入爲御史中丞。眞宗即位。咸平五年。翰林學士王欽若直館。洪知貢舉。京師豪族有遺知舉洪學士。上怒。下御史臺窮治。事連及王欽若。亦有所受。是時欽若被眷遇。上大怒。以爲昌言操意巇險。誣陷大臣。昌言自戶部尚書兼御史中丞。貶安州司馬。自是不復省錄。十餘年更累赦量移放還。至祥符中乃復敘爲戶部侍郎西祀。恩遷吏部侍郎卒。涑水紀聞

陶穀

陶穀自五代至國初。文翰爲一時之冠。然其爲人傾險狠媚。自漢初始得用。即致李崧赤族之禍。由是縉紳

莫不畏而忌之。太祖雖不喜。然藉其詞筆足用。故尚置於翰苑。穀自以久次舊人。意希大用。建隆已後爲宰相者往往不由文翰。而聞望皆出穀下。穀不能平。乃俾其黨與。因事薦穀以爲久在詞禁。宣力實多。亦以微伺上旨。太祖笑曰。頗聞翰林草制皆撿前人舊本。改換詞語。此乃俗所謂依様畫葫蘆耳。何宣力之有。穀聞之乃作詩書于玉堂之壁曰。官職須由生處有。才能不管用時無。堪笑翰林陶學士。年年依様畫葫蘆

。太祖益薄其怨望。遂決意不用矣。

姜識

慈聖光獻皇后薨。上悲慕甚。有姜識者自言神術可使死者復生。上命以其術置壇於外庭。凡數旬。無効乃曰。臣見太皇太后衣與仁宗宴臨白玉欄干賞壯丹。無意復來人間也。上知誕妄。亦不深罪。止斥於彬乎。蔡承禧進挽詞曰。天上玉欄花已拆。人間方士術何施。蓋謂是也。並東軒筆錄

曹翰

曹翰本隸世宗帳下。多計畫。世宗鎮澶州。因坐便廳視事。忽棟拆有大聲。左右皆走避。翰急抱世宗投階下。屋雖不陷。而世宗加其忠盡。會世宗入爲開封尹。翰在鎮不從。聞周祖寢疾。翰不俟召而來。世宗責之。因屏左右曰。主上寢疾。王爲家嗣。何乃於外司決事。失天下之望哉。世宗寤。即日入止禁中。後爲樞密承旨。世宗親征淮南。翰常往來京師。兵甲多留正陽。翰過正陽二十餘里。適見部送淮南降卒八百人北歸。翰慮其刼正陽庫兵爲亂。矯詔盡斬之。見世宗

。具言其事。世宗不之罪。江南李氏稱藩。首遣翰奉使。翰驕傲自恣。飲酒無筭。多出嫚言。江東君臣不任其恥。中主日餉以食物珍果。幷其器皿合匱悉留之。既而純銀果合都盡用。稜合鈎物皆卻而不受。中主令近臣督課工人。晨夜煆金造器合。嘗召翰飲便殿。有水晶盤盞二副。絕奇妙。翰屢目之。酒罷即以遺

翰。翰辭曰。此珍異之物歸當以獻天子。而老父母見必取之。有所非便。中主又加賜二副。即受。其所獲貲貨直數十萬緡。國初爲筠州刺史。征蜀。而翰爲襄州荆門至石門關以來兵馬部署。翰鑿石通道。萬旅以濟。遂兼水陸轉運使。供饋無闕。征江南。以潁州團練使爲先鋒。先登陷池陽。金陵平。吳將胡則以江州拒命。翰率兵攻圍。數月下之。悉屠其城中三千餘口。得免死者纔二十人。崔憲時匿倉內。獲免。後舉進

士。至侍御。至翰南征。掠奪金寶以鉅萬。上言潁州造佛舍。江州廬山東林寺五百鐵羅漢願載歸。許之。遂調發官船十餘艘。悉載其所獲資貨。置像於其上。時目爲押綱羅漢。以功遷桂州觀察使。仍判潁州。太平興國初。就加威遠軍節度使。充幽州東都部署。開南河。自雄州至莫州。役兵數萬人。入賊境伐木以給用。翰命五駿騎爲斥候。持五色旗。人執其一。前有林木舉青旗。烟火舉赤旗。兵寇舉白旗。水潦舉黑旗。丘陵舉黃旗。虜入寇必狼烟以爲候。翰亦命舉烟境上。虜疑有伏引去。得巨木數萬以濟用度。復歸潁州部內。築烽臺。強取民間絲帛菽粟兵器。爲汝陰令孫崇望所告。遣知雜滕中正鞫得實免死。流登州。後復起爲大將軍。遷右千牛上將軍。翰之遷海上。籍沒其家貲鉅萬計。悉分散其妓妾多爲民妻。翰在貶所作詩千餘首亦可觀。生強記。凡奏事三五十條皆默識不用文記。飲酒至數斗不亂云。

梁迥

梁迥以閤門使使江南。冒于貨賄。誅求無度。凡所貢時果食物。貯以金銀雜寶器者悉留。陶漆者還之。初甚毅然。不御酒食。鮮語屈強。雖承迎曲。至無以得其歡心。後主與群臣甚憂之。既而厚賚貲直數十萬緡。迴大喜。過江登舟宴樂。爲酒令。呼伶人。奏戀情歡曲。戀戀數日不發。南中士人多笑之。

劉承勳

劉承勳者江南人。爲德昌宮使。李氏承吳王基緒。保有江左。籠山澤之利。國帑甚富。德昌宮其外府也。金帛多在焉。簿籍淆亂。鈎考不明。承勳專掌宮事。盜用之無筭。家畜妓樂數十百人。朱門甲第窮極富貴。嘗指妓樂中一青衣云。此女妓教其優劇。止學師巫。持刀勅水。一藝凡費二千緡。他可知也。後主母喪。衛士嘗給服無布。賦以錢。後德昌宮中屋壞。得布四十間。皆義祖時所貯也。殆數千萬端。太祖平荊湖

。畫計以困江左。詔假舟運湖中。米百萬石。承勳求薰其事。亦有姦心。便自結納。既而運米二百萬石。至迎鑾金陵平。承勳見太祖首述其事。太祖曰。此李煜平昔契分。非汝之功也。止以爲鎮將。後貧困。街中求乞。帷薄不整。凍餓死。

李符

盧多遜貶朱崖諫議大夫。李符適知開封府。求見趙普。言朱崖雖在海外。而水土無他惡。流竄者多獲全。春州在內地而近。至者必死。望追改前命。亦以外彰寬宥。乃置於必死之地。普領之。後月餘。符坐事貶宣州行軍司馬。上怒未已。令再貶嶺外。普具述其事。即以符知春州。到郡月餘卒。並湘山野錄

張洎

張洎文章清贍博學多聞。在江南已要近。曾將命入貢。及還。作詩十篇。多訾詆京師風物。有一灰堆之句以悅其主。蘇易簡得其親書本。後洎入爲學士。與蘇

易簡爭寵。頗成不協。上前談議。往往異同。蘇忿之謂同列云。清河公若更相矛盾。即將灰堆之詩進呈矣。張聞之甚懼。稍爲之屈伏爲。金坡遺事

穆脩

文章隨時風美惡。咸通已後文力衰弱。無復氣格。本朝穆脩首倡古道。學者稍稍向之。脩性褊忤少合。初任海州爲軍。以氣陵通判。遂爲捃摭。貶籍繫池州。其集中有秋浦會遇詩。自叙甚詳。後遇赦釋放。流落

江外。賦命窮薄。稍得錢帛即遇盜。或臥病費竭然後已。是故衣食不能給。晚年得柳宗元集。募工鏤板。印數百帙。携入京相國寺。設肆鬻之。有儒生數輩至其肆。未評價直。先展揭披閱。倏就手奪取。瞋目謂曰。汝輩能讀一篇不失句讀。吾當以一部贈汝。其忤物如此。自是經年不售一部。楊文公談苑

柳仲塗

柳仲塗開知潤州。胡旦秘監爲淮漕。二人者但喜以文

驚於時。且造漢春秋編年。立五始先經後經。發凡明例之類。切倖聖作。書甫畢。邀開於金山。觀之頗以作書自矜。開從其招而赴焉。方拂桉開編。未暇展閱。開杖劍叱之曰。小子亂常。名教之罪人也。生民以來未有如夫子者。至若丘明而下。公穀雛郟數子。止敢傳述而已。爾何輩。輒敢竊聖經之名冠於編首。今日聊贈一劍。以爲後世狂斐之誡。語訖勇逐。旦且闊步。攝衣急投舊艦。鋒幾及。賴舟人擁入。參差不免。猶斫數劍於舟耶。以快忿。朝廷授開崇儀使。知寧邊軍。聲壓沙漠。其子涔及第於咸平二年陳堯咨牓昌名日。眞宗召至軒陛。親語涔曰。夜來報至。汝父已卒。今賜汝及第。給錢三萬。俾戴星而奔給護旅櫬。時加軫悼。玉壺清話

二

柳開魏郡人。性兇惡。舉進士。至殿中侍御史。後授崇儀使知全州。道膾人肝。每擒獲溪洞蠻人。必召宴

官僚。設鹽虀遣從卒自背割取肝。抽佩刀割啖之。坐客悚慄。知刑州。常令伺鄰郡。凡有誅戮。遣健步求取肝以充食。湘山野錄

卷七十五　安邊禦寇

西夏

趙元昊娶於野利氏。立以爲后。生子寗令當爲嗣。以野利氏兄弟旺榮爲謨寧令。號抴利王。剛浪唛爲寧令。號天都王。分典左右廂兵馬。貴寵用事。青澗城使

种世衡欲離間其君臣。遣僧王嵩齎龜及書。遺之曰。汝嚮欲歸附。何不速決。旺榮見之笑曰。种使年亦長矣。乃爲此兒戲乎。囚嵩於窖中。凡歲餘。元昊雖屢入寇。常以勝歸。然人畜死傷亦衆。部落甚苦之。歲失賜遺。及緣邊交市頗貧乏。思歸朝廷。而恥先發。慶曆二年使旺榮出嵩而問之曰。我不曉种使之意欲復與我通和邪。即贈之衣服。遣教練使李文貴與之偕詣世衡。時龍圖閣直學士龐籍爲鄜延經略招討使。以元

昊新寇涇原止之於邊。不使前。朝廷亦厭兵。欲赦元昊之罪。密詔籍懷之。籍上言虜驟勝方驕。若中國自遣人說之。彼益偃蹇。不可與言。乃召文貴詣延州問狀。文貴求請和。籍謂之曰。汝先王及今王嚮事朝廷甚謹。由汝輩群下妄加之名號。遂使得罪於朝廷。致彼此之民血塗原野。汝民習戰鬥。吾民習於太平。故王師數不利。然汝豈能保其常勝邪。吾敗不害。汝敗社稷可憂。今若能悔過從善。出於款誠。名體俱正。當相爲奏之。庶幾朝廷或開允耳。因厚贈遣歸。文貴尋以旺榮曹偶四人書來。用敵國修好之禮。籍以其不遜。未敢復書。請於朝廷。朝廷急於息民。命籍復書納而勿拒。稱旺榮等爲太尉。且曰元昊肯稱臣。雖仍其僭名可也。籍上言。僭名理不可容。臣不敢奉詔。太尉天子上公。非陪臣所得稱。今方抑止其僭而稱其臣爲上公。恐虜滋驕不可得臣。旺榮等書自稱寧令謨寧令。此虜中之官。中國不能知其義。可以無嫌。臣

輒從而稱之。旺榮等又請用小國大事之禮。籍曰。此非邊帥所敢知也。汝主若遣使者奉表以來。當爲遵致於朝廷耳。三年正月。元昊遣其伊州刺史賀從勗上書。稱男邦面令國兀卒曩霄或云郎霄上書父大宋皇帝。籍使謂之曰。天子至尊。荆王叔父也。猶奉表稱臣。令名體未正。不敢以聞。從勗曰。子事父猶臣事君也。使得至京師而天子不許。請更歸議之。籍上言。請聽從勗詣闕。更選使者往至其國。以詔旨抑之。彼必

稱臣。凡名稱禮數及求丐之物。當力加裁損。必不得已。乃少許之。若所求不違。恐豺狼之心未易盈厭也。朝廷乃遣著作佐郎邵良佐與從勗俱至其國更議之。四年五月。元昊自號夏國主。始遣使稱臣。八月朝廷聽元昊稱夏國主。歲賜絹茶銀綵合二十五萬五千。元昊洒獻誓表。十月賜詔答之。十二月册命元昊爲夏國主。更名曩霄。趙元昊晚年變一尼。拽利氏寵浸衰。以剛浪崚女爲婦。剛浪崚兄弟謀因成婚邀元昊宴於帳

中。伏兵弒之。事泄。剛浪崚兄弟皆族誅。甯令懼不自安。慶曆八年正月辛未。甯令弒元昊。國人討誅之。立其少子諒祚。

二

拓跋諒祚。嘉祐七年諒祚始請稱漢官。以伶人薛老峰爲副使。稱左司郎中兼侍御史知雜事。又請尚主。及乞國子監所印諸書。釋氏經一藏。幷譯經僧。幞頭工人。伶官等。詔給國子監書及釋氏經幷幞頭。尚主辭。以昔嘗賜姓。其餘皆託辭以拒之。夏當遣使者賜諒祚生辰禮物。命內殿承制余元。臺官上言。元本庖人。更乞擇使者。乃命供備庫副使張宗道。初入境。虜館宗道於西室。逆者至。欲先宗道行馬。及就坐。又欲居東。宗道固爭之。逆者曰。主人居左。禮之常也。天使何疑焉。宗道曰。僕與夏主比肩以事天子。若夏主自來。當相爲賓主。爾陪臣也。安得爲主人。當循故事。僕居主位。爭久不決。虜曰。君有幾首。乃

敢如是。宗道大笑曰。有一首耳。來日已別家人而來。今日欲取宗道首則取之。宗道之死得其所矣。但恐夏國必不敢耳。逆者曰。譯者失辭。某自謂有兩首耳。宗道曰。譯者失辭何不斬譯者。乃先宗道自云。虜國之歡如魚水。宗道曰。然天朝水也。水可無魚。魚不可無水。

三

邢佐臣云。拓跋亮之母本拽利之妻。曩霄通焉。有娠

矣。拽利謀殺曩霄不克。曩霄殺之滅其族。妻削髪爲尼而生諒祚。及甯令殺曩霄。國人誅甯令而立諒祚。始數歲。其母專制國事。兄子沒藏猧龍爲相。母私幸。胡人部細皆移恣橫。大臣屢請誅之。母不聽。嘉祐元年九月。部細皆移謀亂殺國母。沒藏猧龍引兵入宮誅之。其父與左廂軍馬副使遣使就殺之。夏國酋長嵬名山部落。在故綏州。有衆萬餘人。其弟夷山先降爲熟戶。青澗城使种諤使人因夷山以誘名山。賂以金盂

。名山小吏李文喜受其賂。許以來降。名山不知也。既而諤大發兵。奄至圍其帳。名山驚援槍欲鬪。夷山呼之曰。兄約降何爲如是。其姊識其聲曰。汝爲誰。曰夷山也。姊曰。何以爲驗。夷山示之手無一指。姊曰。是也。名山曰。我何嘗約降。夷山曰。兄已受种使金盂。名山曰。金盂何在。文喜方出以示之。名山投槍而出。諤遂以兵驅其部落牛羊南還。衆多遁亡。比至入塞。纔四千餘人。朝廷即除名山諸司使。

四

先是趙元昊每遣使奉表入貢。不過稱教練使。衣服禮容皆如牙吏。寶元元年十二月丙寅。鄜延路奏元昊遣使戴金冠。衣緋佩。蹀躞奉表。納旌節敕告。其表曰。臣本自祖宗出於帝胄。當東晉之末。運創後魏之初基。曩者臣祖遷心知兵要。手握乾符。大舉義旗。悉降諸部。臨河五郡。不旋踵而歸。沿境七州並差肩而克。又曰。臣父德明幸副先局。勉從朝命。眞王之號

。夙感於頒茸。尺土之封。顯蒙於剖裂。又云。稱王則不喜。朝帝乃是從。輻湊屢期。山呼齊伏。願以一垓之土地。建爲萬乘之邦家。于時再讓。靡皇群情。又迫事不得已。順而行之。遂於十月十一日郊壇備禮。爲祖世始文本武興法建禮仁孝皇帝。國稱大夏。年號天授。禮法延祚。伏望皇帝陛下睿哲成人。寬慈及物。許以西郊之地。册爲南面之君。敢竭愚庸。常敦歡好。魚來雁來。任傳鄰國之音。地久天長。永鎭西

邊之患。至誠歷懇。仰俟帝命。

五

寶元元年九月十六日。鄜延路都鈐轄司奏。今月五日。六宅使副金明縣都監新塞解家河盧關路巡檢李士彬申。四月戌時。男殿直懷寶及七羅寨指揮使唆妹引到宥州末藏屈巳團練侍者末藏福羅。以趙元昊所給宥州山遇令公及姪屈訛相公從弟吃也相公告身三通來云。山遇先在元昊處爲樞密。兄弟室家皆居細項。與屈巳

爲婚姻。屈巳居宥州南沒姑川。元昊數誅諸部大人且盡。又欲誅山遇。八月二十五日山遇妹大易里遇乞令公以告。山遇自河外與侍者二人逃歸。既濟河。集緣河兵斷河津三處。二十八日。山遇還至細項。使其弟三太尉者。將宥州兵監河津諸屯。二十九日山遇使侍者吃召屋巳至細項。九月一日山遇與屈巳坐帳中。召福羅告以事狀。山遇哭且言曰。去年大王弟侍中謀反。欲殺大王。賴我聞之。以告大王。存至今我之力也。今乃欲殺我。汝爲我賫此告身三通。赴金明導引告州大人。我當悉以黃河以南戶口歸命朝廷。今以發兵在細項。朝廷欲得質者。以我子若我弟皆可也。大王來追我。自以所部兵拒之。汝至南得何語當丞來。我別以馬七八百匹獻朝廷。更令保使者自保安軍驛路告延州。我此月三日集宥州監州兵之河上。悉發戶口歸朝廷。次福羅既得告身屈巳送至長城嶺南而還。福羅至金明以狀言。本司契勘。前此元昊所部有叛者。爲

元昊所誅也。已具聞奏。今山遇云。欲歸本司。商量以錄白下告身。今李士彬復以告身付福羅。自從其所告諭福羅。以元昊職貢無虧。難議受其降款。已遣還。臣等仍恐虜爲姦詐。已戒緣邊。刺候嚴備去訖。又奏。六日保安軍北蕃官巡檢直劉懷忠狀申。洞知山遇相公屈巳王相公二太尉三太尉吃也相公等。於二日起兵。有衆二千餘人刼掠村社族帳。只在宥州境內尋得保安軍狀云。五日寅時。山遇及弟防禦三防禦姪屈訛

相公從父弟吃也相公。將麾下一十五騎皆被甲。執抵
歸娘族指揮使嚷羅家云。欲歸命朝廷。臣等已令保安
軍詰問山遇等所以來事故。勒令北歸。仍令緣邊部族
首領嚴兵巡邏。或更有此來戶口皆約遣令還。毋得承
受。別致引惹者。詔鄜延路都鈐轄司。嚴敕緣邊諸寨
及蕃官等。晨夜設備遣人詗候。如虜人自在其境互相
攻戰。即於界首密行托備。毋得張皇。或更有山遇所
部來投告者。令李士彬等只爲彼意婉順約回。務令安

靜。所詗知事宜。節次驛置以聞。仍令環慶涇原都部
署司麟府路軍馬司准此。是時知延州路軍馬公事刑部
郎中天章閣待制郭勸。都鈐四方館使惠州刺史李渭。
知保安軍供備庫副使朱吉高繼隆等破後橋寨。

六

康定元年五月十八日。鄜延環慶路經略使范雍奏。體
量到洛苑使環慶路鈐轄高繼隆。禮賓使環慶路駐泊鈐
轄知慶州張崇俊部領兵馬入西賊界。打破賊後橋寨。

先令蕃官奉職巡檢李明領蕃部圍寨。繼隆崇俊領大軍
繼進。與賊鬬敵相殺。又分擘兵甲。令柔遠寨主侍禁
閤門祗候武英監押左侍禁王慶。東谷寨監押奉職左侍
禁閤門祗候北路都巡檢郝仁禹。攻打寨城。其武英先
打破寨北門入城。又令淮安鎮都監西頭供奉官閤門祗
候劉政。東谷寨主左侍禁賈慶。各部領兵馬入城界。
駐泊牽拽策應破蕩卻吳家外藏土金舍利遇家等族帳。
又令入內西頭供奉官走馬承受公事石全正把截十二盤

路口。其殿侍軍員兵士及蕃官使喚得力。或斫到人頭
。或傷中重係第一等功勞者凡一百一十五人。伏乞體
念今來北賊不住來沿邊作過。正當用人之際。特與各
轉補名目。所貴激賞。邊臣及軍各更効命奉聖旨。高
繼隆張俊於見今使額上各轉七資。劉政郝仁禹以下各
轉官有差。並涑水紀聞

七

祖宗朝兩府各臣雖在外鎮。亦以位勢自高。雖省府判

官出按事。至其所部。亦絕燕飲之禮。蓋時風如是。

武穆曹公瑋以宣徽南院判定州。王鬷自三司判官計置河北軍糧至定。武穆一見接之加禮。往往親自伴食。然酒止五行蓋已爲殊待矣。一日語鬷曰。獷犺自保歡好。可百年無事。吾聞李德明有子元昊者。桀黠多謀。能得士心。吾密令畫史圖其狀觀之。信英物也。異日德明死。此子嗣事必爲兩邊之患。料此事不出十年。君必當此變。勉之勉之。鬷莫測其言。後十餘年。

元昊叛。西陲大擾。王鬷果當此時爲樞密使。處置失宜。罷知西京。鬷嘗爲親僚言之。深歎武穆之明議也

八

西邊城寨皆在平地。綏銀靈夏寬宥等州皆然也。太宗時錢若水言綏州不可城。以其下有無定河。歲被水害。今綏水建於山上。不唯水不能害。而控制使利直得勝勢。元豐中收葭蘆米脂等。寨亦據山而城。及城永樂。徐給事禧堅欲於平地。建築未就。爲西戎所陷。

並東軒筆錄

九

河東忠烈宣勇鄉兵。結社買馬。以塡廣銳。禁軍陝西振武亦然。其後宣毅義勇。官助其價。使買馬高大亦以外塡廣銳。大中祥符七年以歸義軍留後曹賢順爲節度。又以其弟賢惠檢校刑部尙書知瓜州。至天聖元年閏九月始遣人貢方物來謝。遠人去來疏數。於中國無所輕重。有道亦任之而已。東齋記事

十

趙元昊二子長曰佞令受。次曰諒祚。其母尼也。有色而寵。佞令受母子怨望。而諒祚母之兄曰沒藏訛嚨者。黠虜也。因教佞令受以弒逆之謀。元昊已見殺。訛嚨遂以弒逆之罪誅佞令受子母。而諒祚乃得立。而年甚幼。訛嚨遂專夏國之政。其後諒祚稍長。卒殺訛嚨滅其族。元昊爲西鄙患者十餘年。國家困天下之力。有事於一方。而敗軍殺將不可勝數。然未嘗少挫其鋒

。及其困於女色。禍生父子之間以亡其身。此自古智賢之君或不能免。況夷狄乎。訛嚨教人之子殺其父以爲己利。而卒亦滅族。此理之然也。歸田錄

十一

康定中羌人盜邊。陷金明縣。又追延州取北關。王師敗于五龍川。都總管劉平石元孫被擒。後數日賊乃出塞。時許懷德爲鄜延總管。聞賊深入。自東路歸。所統兵纔數千至延州東。有百餘山下見賊馬幾萬騎許。

皇遽妄呼曰。令河東廣銳若干指揮往某處。令折家藩兵幾萬騎往某處。既而羌亦退。明日入城。見通判計用章。握手竊語曰。不意賊馬遂至塞外。其黨早來。亦爲擒矣。昨日忽逢賊兵。不覺皇駭。遂詐爲河東救兵。妄語分布。今日幸得相見。切勿與他人說也。相次諸州擒蕃俘問元昊遁歸之因。咸云。聞河東救兵至。遂走出塞。其鈴轄盧押班訟通判計用章之失。自稱賊圍城時。守捍有功。用章屢進狀言賊之遁去由許懷德假言河東救兵使然。完延州者懷德也。既而盧計皆得罪。朝廷嘉懷德之功。擢爲殿前侍衛馬步軍都指揮使。後以年踰七十。特減歲數。仍總宿衛之職。凡領節鉞者二十餘年。

十二

景祐末。夏羌叛。僭號于其境。改易正朔冕服制度。遣使來上旌節。舊制羌人來朝悉服胡衣冠。既至。有司命易之。使者曰。奉本國命來見大國。頭可斷。冠服不易。竟不能奪。遣歸。慶曆初。羌人輸款。保安

軍卒邵良佐已與戎人議定。歲予金帛之數。朝廷遣著作佐郎張子奭假祠曹外郎殿直王正倫假供奉官閤門祇候。至朔方。責戎酋盟書。夏人以金飾頭冠胡犒蹀躞之類。子奭正倫皆受之。既歸。但云。羌人新附。不敢逆其意。止以胡服納保安軍官帑。朝廷亦不罪。盡與所假官。並倦遊錄

占城

慶曆三年正月。廣南東路轉運司奏。前此溫台巡檢邵保以私財募人之占城。取鄰等七人而歸梟首廣州市。乞旌賞。詔補殿侍監南劒州酒稅。初內臣溫台巡檢張懷信性苛虐。號張列潔。康定元年鄰等不勝怨忿。殺之。至是始獲焉。涑水紀聞

卷七十六 安邊禦寇

茂州蠻

茂州舊領羈縻九州。皆蠻族也。蠻自推一人爲州將。

治其衆。州將常在茂州受處分。茂州居群蠻之中。地不過數十里。舊無城。惟植鹿角。蠻人屢以昏夜入茂州。剽掠民家六畜及人。輒州轍取貨於民家。遣州將往贖之。與之講和而誓。習以爲常。茂州民甚苦之。熙寧八年。屯田員外郎李琪知茂州。民投牒請築城。琪爲奏之。乞如民所請。築城繞民居。凡八百餘步。朝廷下成都路都鈐轄司度其利害。時龍圖閣直學士蔡延慶領都鈐轄。李琪已罷去。大理寺丞范伯常知茂州

。延慶下伯常檢度。百常言其利。朝廷遂令築之。既而蠻酋群訴於百常。稱城基侵我地。乞罷築。百常不許。訴者不已。百常以挺驅出。九年三月二十四日。始興築城。裁丈餘。靜州等群蠻數百奄至其處。茂州兵裁二百人。伯常帥之拒擊殺數人。蠻乃退。百常帥遷民入牙城。明日蠻數千人四面大至。悉焚鹿角及民廬舍。引梯衝攻牙城。矢石雨下。百常率衆乘城拒守。至二十九日。其酋長二人爲櫑木所殺。蠻兵乃退。

既而四月初屢來攻城。皆不克而退。然遊騎猶繞四山。城中人不敢出。茂州南有箕宗關路通永康軍。北有東路通綿州。皆爲蠻所據。伯常募人間道。詣成都。及書木牌數百。投水中。告急求援。於是蜀州駐泊都監孫青將數千人。自箕宗關入。蠻伏兵擊之。青死而士卒死傷不多。又有王供備等數千人。自隴東道入。時州蠻請降。從者殺其二子。蠻怒密告靜州等蠻。使遮其前。而自後驅之。壅溪上流。官軍既涉而決之。

殺溺殆盡。既而鈐轄司命百常與之和誓。蠻人稍定。蔡延慶奏。乞朝廷遣乞近上內臣。共經制蠻事。朝廷命押班王中正專制蠻事。中書密院箚子皆云。奉聖旨講和。而中正自云受御前箚子。掩襲叛蠻。其年五月。中正將兵數千。自箕宗關入經恭州蕩州境。乘其無備掩擊之。斬首數百級。鹵掠孳畜。焚其廬舍皆盡。既而復與之和誓。至七月又襲擊之。又隨而與之和誓。及還奏云事畢。始蔡帥恐監司不肯應給軍須。故奏

乞近上內臣共事。中正受宣命。凡軍事皆與都鈐轄司商議。中正將行。奏云。茂州去成都府遠。若事一一大小與鈐轄臣商議。恐失事機。乞委臣專決關。鈐轄司知有旨依奏。中正既至。軍事進止皆由己出。蔡不更復得預聞。事既施行。但關知而已。監司皆附之。遂奏蔡延慶區處失宜。致生邊患。又延慶既與之和誓。而臣引兵入箕宗關。蠻渝約出兵拒戰。蔡由是徙知渭州。以資政學士馮京代之。又奏范百常築城侵蠻地。生邊患。坐奪一官。勒停隴西田肥美。靜時六州引生羌據其地。中正不能討。北路遂絕。故事與蠻爲和誓者。蠻先渝貸。謂之抵兵。又渝求和物。官司乃籍所掠人畜財物使歸之。不在者增其價。然輸誓牛羊豕棘耒耜各一。乃縛劍門於誓場。酋豪皆集。人人引於劍門下過。刺豕血啗之。握地爲坎。反縛羌婢坎中。加耒耜及棘於上。人投一石擊婢。以土埋之。巫師詛云。有違誓者當如此婢。及中正和誓。初不令輸抵兵

求和等物。亦不索其所掠。自備誓直買羌婢。以氊蒙之。經宿而失。中正先自劍門過。蠻皆怨而輕之。自是剽掠不絕。

瀘州蠻

元豐三年。瀘州蠻乞弟犯邊。詔四方館使韓存寶將兵討之。乞弟所居曰歸來州。距瀘州東南七百里。十月存寶出兵。值久雨十餘日。出寨才六十餘里。留屯不進。遣人詔諭乞弟。有文書服罪請降。軍中食盡。存

寶引還。自發瀘州。至還凡六十餘日。朝廷責其不待詔。擅引兵還。命知雜御史何正臣就按斬之。更命林廣將存寶部兵及環慶兵黔南兵合四萬人。以四年十二月再出擊之。離瀘州四百餘里。即深箐皆高。版險絕。竹茂密。華人不能入。蠻所恃以自存者也。蠻逆戰於箐外。廣擊敗之。蠻走。廣伐木開道。引兵踵之。又二百餘里。至歸來州。乞弟逆戰。又敗。乃帥其衆竄匿。五年正月己丑。廣入歸來州。唯茅屋數十間。

分兵搜捕山箐。皆無所獲。所齎食盡。得蠻所儲粟千餘斛。數日已盡。饋運不繼。先是有實封詔書。在走馬承受所。題云。至歸來州乃開。至是聞之。詔云。若至歸來州討捕乞弟。必不可獲。聽引兵還。是役也。頗得黔南。皆土丁遇出征。日給米二升。餘無廩給。諸州民夫負糧者。旣輸糧。官不復給食。以是多餒死不還。有名籍可知者四萬人。其家人輔行及資裝者不預焉。軍士屯瀘州。歲餘罹瘴疫物故者六七千人。所費約緡錢百餘萬。並涑水紀聞

辰州蠻

熙寧五年。辰州人張翹與流人李資詣闕獻書。言辰州之南江乃古銀州也。接施黔牂牁世爲蠻人。向氏舒氏田氏所據。地產朱砂。水銀。金布。黃臘。良田數千萬頃。入路無山川之扼。若朝出偏師。壓境上。臣二人說之。可使納土爲郡縣。書奏。即以章惇察訪荊湖南北路經制南江事。章次辰州。遂令李資張竑明夷中僧願成等十餘人。入境以宣朝廷之意。資等褊宕無謀

。褻慢夷境。遂爲蠻首田元猛所殺。章知不可以說下也。即進兵誅斬。而建沅懿等州又以潭之梅山。邵之飛山。爲蘇方楊光僭所据。遂乘兵勢。進克梅山。建安化縣。又令李諮將兵取光僭。師至飛山。扼險不能度而還。當是時。張頡居憂於鼎州。目覩其事。遂以書詆朝貴言。南江殺戮過甚。無辜者十有八九。以至浮死塞江。下流之人不敢食魚者數月。惇病其說。且

欲分功以啗之。乃上言。昔張頡知潭州益陽縣。嘗建取梅山之議。今臣成功。乃用頡之議也。朝廷賜頡絹三百匹。而執政猶患其異議。會頡伏闕。乃就除爲江淮發運使。便道之官。而不敢食魚之說息矣。東軒筆錄

儂智高

皇祐四年。儂智高世爲廣源州酋長。役屬交趾。稱廣源州節度使。有金阬交趾賦斂無厭。州人苦之。智高

桀黠難制。交趾惡之。以兵掩獲其父。留交趾以爲質。智高不得已。歲輸金貨甚多。久之父死。智高怨交趾。且恐終爲所滅。乃叛交趾。過江徙居安德州。遣使詣邕州求朝命補爲刺史。朝廷以智高怨交趾而來。恐疆埸生事。卻而不受。智高由是怨。數入爲盜。先是禮賓使邢贇坐事出爲洪州都指揮使。會赦。有薦其材勇。前所坐薄。可收使。詔除御前忠佐將兵戍邕州。贇欲邀奇功。深入其境。兵敗。爲智高所擒。贇恐

智高殺之。乃紿言我來非戰也。朝廷遣我招安汝耳。不幸部下人不相知。誤相與鬬。遂至於此。因諭以禍福。智高喜以爲然。遣其黨數十人。隨贇至邕州。不敢復求刺史。但乞通貢朝廷。邕州言狀。朝廷以贇妄入其境取敗。爲賊所擒。又欲脫死。妄許其朝貢。爲國生事。罪之。黜爲全州都指揮使。智高之人皆約還。智高大恨。且以朝廷交趾皆不納。窮無所歸。遂謀作亂。有黃師宓者。廣州人。以販金。常往來智高所

。因爲之畫取廣州之計。智高悅之。以爲謀主。是時武巨陳珙知邕州。智高陰結珙左右。珙不之知。皇祐四年四月。智高悉發所部之人。及老弱盡空。沿江而下。凡戰兵七千餘人。五月乙巳朔。奄至邕。珙閉城拒之。城中之人爲內應。賊遂陷邕州。執珙等官吏。皆殺之。司戶參軍孔宗旦詈賊而死。智高自稱仁惠皇帝。改元啓曆。沿江東下。橫貴潯龔藤梧康封端諸州。無城柵。皆望風奔潰。不二旬。至廣州。仲簡性愚

且狠。賊未至間。僚佐請爲之備。皆不聽。至遣兵出戰。賊使勇士數千人。以青黛塗面。跳躍上岸。廣州兵皆奔潰。先是廣州地皆蜆殼。不可築城。前知州魏瓘以甓爲之。其中隘甚小。僅容府署倉庫而已。百姓驚走。輦金寶入城。簡閉門拒之曰。我城中無物。猶恐賊來。況聚金寶於中邪。城外人皆號哭。金寶悉爲賊所掠。簡遂閉門拒守。轉運王罕時巡按。至梅州。聞之亟還。番禺鄉村亡賴少年乘賊勢互相剽掠。州

縣不能制。民遮馬自訴者甚衆。罕乃下馬。召諸老人。坐而問之曰。汝曹嘗經比變乎。對曰。昔陳進之亂。民間亦如是。時有縣令。籍民間強壯者。悉令自衛鄉里。無得他適。於是鄉村下不能侵暴。亦不能侵暴鄰村。一境獨安。罕即徧移州縣用其策。且斬爲暴者數人。民間始安。罕既入城。鈐轄侍其淵等共修守備。賊掠得海船崑崙奴。使登樓車以瞰城中。又琢石令圓以爲礮。每發輒殺數人。晝夜攻城。五十餘日。不

克而去。時提州鮑軻欲遷其家置嶺北。至南雄州。知州責而留之。軻乃詗廣聲聞日有所奏。罕在圍城中。無奏章。賊退。朝廷賞軻而責罕。罕坐左遷。五月乙巳朔丙寅。儂智高攻廣州。壬申詔知桂州陳曙將兵救之。初直史館楊畋。繼業之族人也。嘗爲湖南提點刑獄。討叛蠻。與士卒同甘苦。士卒愛之。時居父喪。六月乙亥。詔起畋爲廣南西路體量安撫使。畋儒者迂闊無威。諸將不服。尋罷之。七月丙午。以余靖經制

廣南西路賊盜。壬戌。智高解廣州圍。西還攻賀州不克。廣南東路鈐轄張忠初到官。所將皆烏合之兵。智高遇戰于白田。忠敗死。西路鈐轄蔣偕性輕率。措置如狂人。軍于太平場。初不設備。九月戊申。智高襲擊殺之。丙寅又敗官軍於龍岫洞。丁巳以余靖提擧廣南東路兵甲。尋爲經略使。又命樞密宜學士孫沔入內押班石全彬與靖同討智高。西路鈐轄王正倫敗于館門驛。遂陷昭州。樞密副使狄青請自出戰擊賊。庚午以

青爲宣徽使。荊湖南北路宣撫使都大提舉。經制廣南東西路賊盜事。諫官韓絳上言。狄青武人。不足專任。固請以侍從文臣爲之副。上以訪執政。時龐籍獨爲相對屬者。王師所以屢敗。皆由大將權輕。偏裨人人自用。遇賊或進或退。力不制故也。今青起於行伍。若以侍從之臣副之。彼視青如無。青之號令復不得行。是循覆車之軌也。青素名善戰。今以二府將大兵討賊。若又不勝。不惟嶺南非陛下之有。荊湖江南皆可

憂矣。禍難之興未見其涯。不可不慎。青昔在鄜延。居臣麾下。沉勇有智略。若專以智高事委之。使青先以威齊衆然後用之。必能辦賊。幸陛下勿以爲憂也。上曰善。於是詔嶺南用兵皆受青節度。幷處置民事。則與沔等議之。時余靖軍于賓州。聞智高將至。棄其城及芻糧走保邕。丁丑。智高陷賓州。靖引兵出。揚言邀賊。留監押守邕州。監押亦走。甲申智高復入邕州。十一月狄青至湖南。諸道兵皆會。諸將聞宣撫使

將至。爭先立功。余靖遣廣南西路鈐轄陳曙將萬人擊智高。爲七寨。逗遛不進。十二月壬申朔。智高與曙戰於金城驛。曙敗遁歸。死者二千餘人。棄捐器械輜重甚衆。交趾王德政請出兵二萬。助收智高。狄青奏官軍自足辦賊。無用交趾兵。丁未。詔交趾毋出兵。青又請西邊蕃落廣銳近二千騎與俱。五年正月青至賓州。余靖陳曙皆來迎謁。時饋運未至。青初令備五日糧。既又備十日糧。智高聞之。由是懈惰不爲備。上

元張燈高會。先是諸將視其帥如僚宷。無所嚴憚。每議事各執所見。喧爭不用其命。己酉狄青悉集將佐於幕府。立陳曙於庭下。數其敗軍之罪。幷軍校數十人。皆斬之。諸將股栗。莫敢仰視。余靖起拜曰。曙之失律亦靖節制之罪。青曰。舍人文臣。軍旅之責非所任也。於是勒兵而進。步騎二萬。或說儂智高曰。騎兵利平地。宜遣兵守崑崙關。勿使度險。俟其兵疲食盡。擊之無不勝者。智高驟勝。輕官軍不用其言。青

倍道兼行。出崑崙關。直趣其城。智高聞之。狼狽發兵出戰。戊午。相遇於歸仁鋪。青使步卒居前。匿騎兵於後。蠻使驍勇者執長槍居前。羸弱悉在其後。其前鋒孫節戰不利而死。將卒畏青令嚴。力戰莫敢退者。青登高丘。執五色旗。麾騎兵爲左右翼。出槍之後。斷蠻軍爲三。旋而擊之。槍立如束。蠻軍大敗。殺獲三千餘人。獲其侍郎黃師宓等。智高走還城。官軍追之。營其城下。夜營中驚呼。蠻聞之。以爲官軍且

進攻。棄城走。明日青入城。遣裨將于振追之。過由州。不及而還。智高奔大理。捷書至。上喜謂龐籍曰。嶺南非卿執議之堅不能平。今月皆卿功也。狄青還。上欲以爲樞密使同平章事。籍曰。昔曹彬平江南。太祖謂之曰。朕欲以卿爲使相。然今敵尙多。卿爲使相安肯復爲朕盡死力耶。賜錢二十萬緡而已。今青雖有切。未若彬之大。若賞以此官。則富貴極矣。異日復有寇盜。青更立功。將以何官賞之。且青起軍中。致位二府。衆論紛然。爲國朝未有此比。今幸而立切。論者方息。若又賞之太過。是復使青得罪於衆人也。臣所言非徒便於國體。亦爲青謀也。昔衛青已爲大將軍。封侯立功。漢武帝更封其子爲侯。陛下若謂賞功未盡。宜更官其諸子。爭之累日。上乃許之。二月癸未。加青護國軍節度使樞密院副使如故。仍遷諸子官。既而議者多謂青賞簿。石全彬復爲青訟功於中書。五月乙巳。竟以青爲樞密使。先朝時所司奏置云。

呂安道募人能獲儂智高者。有孔目官楊元卿進士石鎭

等十人皆獻策請行。安道一一問之。以元卿策爲善。元卿曰。西山諸蠻凡六十族。皆附智高。其中元卿知其一族。請往以逆順諭之。一族順從。使之轉諭他族。無不聽矣。若皆聽命。則智高將誰與處。此必成擒矣。安道悅。使賫黃魚牛鹽等往之。二族隨元卿出見安道。安道皆補教練使。裝飾補牒。如告身狀。慰勞犒燕。厚賜遺之。於是轉相說諭。稍稍請降。先是智

高築宮於特磨寨。及敗。攜其母弟妻子往居之。聞諸族俱叛。惶懼留其母及弟智光繼封於特磨寨。使押衙一人。將兵衛之。智高自將兵五百。及其六妻六子奔大理國。欲借兵以攻諸族。走告石鎮兄鑒。安道使元卿等十人。發詣族揀完等六州兵。襲特磨寨。殺押衙。獲其母弟子以歸。安道欲烹之。廣南西路轉運司奏。所獲非智高母子。蠻人妄執之以干賞耳。於是安道奏送京師請囚之。以俟得智高辨其虛實。詔許之。緣道不縻縶供待甚嚴。至京師。館於故府司。朝廷給飲膳惟所須。如奉驕子。月費錢三百餘貫。病則國醫臨視。後數月智光狂發毆防衛者。欲突走。伯庸上言。智高母數病。不幸死。無以懲蠻夷。又徒費國財。養之無用。請戮之。上怒曰。余靖欲存以此招智高。而卿專欲敗之邪。自是群臣不敢言。智高母年六十餘。隆準方口。智光年二十八。神識不慧。智高使知所部州。不能治。黜之。其妻美色。智高奪之。繼封十四

。智高長子。智高之僭立爲太子。繼明八歲。安道已獲智高母。召其所親黃汾於詔州。使部送至京師。汾自幕職遷大理寺丞。元卿除三班奉職。鎮除齊郎。其餘皆除齊郎殿侍。以元卿鎮曉蠻語。使留待儂母。元卿等皆憤嘆曰。我初獲母。余侍郎謂我等勿入京師。留此待官賞耳。我等皆曰。智高殺我親戚近數十口。我願至京師分此嫗一臠食之。豈知今日朝夕事之。若孝子之養母。執政者仍戒我云。汝毋得以私憤逼殺此嫗。設有不幸。我等當償其死邪。數見執政。涕泣求歸。不許。

卷七十七　安邊禦寇

儂智高

石鑑邕州人。常舉進士。不中第。儂智高陷邕州。鑒親屬多爲賊所殺。鑑逃奔桂州。智高攻廣州不下。還據邕州。祕書監余靖受朝命討賊。鑒以書干靖言。邕州三十六洞蠻。素受朝廷官爵恩澤。心不附智高。向

者從智高東下。皆廣源州蠻及中國亡命者。不過數千人。其餘皆驅掠二廣之民也。今智高邕州財力富強。必誘脅諸蠻再圖進取。若使智高盡得三十六洞之兵。其爲中國患未可量也。鑑素知諸洞山川人情。請以朝廷威德說諭諸蠻酋長。使之不附。智高孤立。不足破矣。靖乃假鑑昭州軍事推官。間道說諸洞長。皆聽命。惟結洞酋長黃守陵最強。智高深與相結。洞中有良田甚廣。饒粳糯及魚。四面阻絕。惟一道可入。智高

遣守陵書曰。吾鄉者長驅至廣州。所向皆捷。所以還復邕州者。欲撫存汝諸洞耳。中國名將如張蔣偕輩。皆望風授首者。步兵易與不足憂。所未知者騎兵耳。今聞狄青以騎兵來。吾當試與之戰。若其克捷。吾則長驅以取荊湖江南。以邕州授汝。不捷。則吾寓汝洞中休息。士卒從特磨洞借馬教習騎戰。俟其可用。更圖後舉。必無敵矣。并厚以金珠遺守陵。守陵喜。運糯米以餉智高。乘州縣無備。橫行嶺南。今力盡勢窮

。復還邕州。朝廷興大兵以討之。敗在朝夕。汝世受國恩。何爲無事隨之以取族滅。且智高父存勗本居州。弟存祿爲武勒州刺史。存勗襲殺有而奪其地。又以女嫁廣源州刺史。因省其女。遂引兵襲殺刺史。及其婿而奪其地。此皆汝耳目親見也。智高父子貪詐無恩。譬如虎狼不可親也。今汝乃欲延之洞中。吾見汝且爲虜矣。不可不爲之備。守陵由是狐疑。稍疎智高。智高怒。遣兵襲之。守陵先爲之備。逆戰大破之。會

智高亦爲狄青所敗。遂不敢入結洞而逃奔。特磨西接大理。地多善馬。智高悉以所得二廣金帛子女遺特磨布燮儂夏誠。又以其母妻夏誠。弟夏卿。相結納。夏誠許以兵馬借之。智高留其母及一弟一子。并其將於夏誠所居之東十五里絲葦寨。而身詣大理。欲借兵寇西川。使其母以特磨兵自邕州寇廣南。鑑請詣特磨寨。說夏誠。使圖智高。智高以兵守三弦水。鑑幾爲所獲。不得進而還。鑑言於靖曰。特磨距邕州四十日程

。智高恃其險遠。必不設備。鑑請不用中國尺兵斗糧。募諸洞丁壯往襲之。仍以重賂說特磨使爲內應。取之必矣。靖許之。乃許蕭繼將大兵爲鑒後。常與鑒相距。鑑募洞丁得五六千人。率之以進。前知邕州蕭注曰。廣源州本屬田州。儂智高父本山獠。襲殺廣源州酋豪而據之。田州酋長請往擊之。知邕州者恐其生事。禁不許。廣源州地產金一兩。直一縑。智高父由是富強。招誘中國及諸洞民。其徒甚盛。交趾惡之。遣兵襲虜之。智高時年十四。與其母逃竄得免。收其餘衆。臣事交趾。既長。因朝於交趾。陰結李德正左右。欲奪其國。事覺逃歸。因求內附。朝廷恐失交趾之心。不納。智高謂其徒曰。今吾既得罪於交趾。中國又不我納。無所自容。止有反耳。乃自左江轉掠諸洞。徙尸江右文村。陰察官軍形勢。與邕州姦人相結。便爲內應。在文村五年。遂襲邕州陷之。涑水紀聞

交阯

景德中。交州黎桓獻馴象四。皆能拜舞。山呼中節。養於玉津園。每陳鹵簿。必加蓮盆嚴飾。令崑崙奴乘以前導。晉輿服志有象車以試橋梁。亦古制也。

二

淳化中占城國。景德中交州黎桓。並以馴犀爲獻。性絕躁。留養苑中。數日死。大中祥符中。交州復獻馴犀至海岸。詔放還本國。令遂其性。並談苑。

南蕃呼中國爲唐

太宗洎明皇擒中天竺王。取龜茲爲四鎮。以至城郭諸國皆列爲郡縣。至今廣州胡人呼中國爲唐家。華言爲唐言。倦遊錄

高麗

高麗自五代以來朝貢不絕。朝廷每加爵命。必遣使以獎之。故呂相國端呂侍郎文仲祐之皆相繼爲使。三人者皆寬厚文雅。有賢者之風。如孔維輩。或朴魯舉措。爲其所哂。或貪猥不能無求索。甚辱朝命。後劉式

陳靖至其國。國王王治者。因語及中國族望必有高下。如唐之崔盧李鄭。式等言。但以賢才進用。亦不論族姓。治曰。何姓呂者多君子也。蓋斥言三呂。亦因以警使者。

高麗國王王治上言。願賜板本九經書以夸示外國。詔給之。並談苑

契丹

路振奉使契丹至幽州城南亭。是日大風。里民言朝廷

使來率多大風。時燕京留守兵馬太原帥秦王隆慶。遣副留守祕書大監張肅迎國信。置宴于亭中。供帳甚備。大閹具饌醆斝。皆頗璃黃金釦器。隆慶者。隆緒之弟。契丹國母蕭氏之愛子也。故王以全燕之地而開府焉。其調度之物悉侈於隆緒。嘗歲籍民子女躬自揀擇甚尤者爲王妃。次者爲妾媵。炭山北有涼殿。夏常隨其母往居之。妓妾皆從。穹廬弈幕。道路相屬。虜相韓德讓尤忌之。故與德讓不相叶也。蕭后幼時常許嫁韓氏即韓德讓也。行有日矣。而耶律氏求婦于蕭氏。蕭氏奪韓氏婦以納之。生隆緒。即今虜主也。耶律死。隆緒尚幼。襲虜位。蕭后少寡。韓氏世典軍政。權在其手。恐不利于孺子。乃私謂德讓曰。吾常許嫁子。願諧舊好。則幼主當國。亦汝子也。自是德讓出入幃幕無間然矣。既而酖殺德讓之妻李氏。每出弋獵。必與德讓同穹廬而處。未幾而生楚王。爲韓氏子也。蕭氏與德讓尤所鍾愛。乃賜姓耶律氏。是夕宿于永和

館。館在城南。九日虜遣使置于副留守之第。第在城南門內。以駙馬都尉蘭陵群王蕭寧侑宴。文木器盛。虜食先薦駱糜。用杓而啖焉。燕肪羊豚雉兎之肉爲濡肉。牛鹿雁鶩熊貉之肉爲腊肉。割之令方正。雜置大盤中。二胡雛衣鮮潔。衣持帨巾。執刀匕。偏割諸肉以啖漢使。幽州幅員二十五里。東南曰水窗門。南曰開陽門。西曰青音門。北曰北安門。內城幅員五里。東曰宣和門。南曰丹鳳門。西曰顯西門。北曰衙北門

。內城三門不開。止從宣和門出入。城中凡二十六坊。坊有門樓。大署其額。有罽賓。肅愼。盧龍等坊。並唐時舊坊名也。居民棊布巷端直列肆者百室。俗皆漢服。中有胡服者。蓋雜契丹渤海婦女耳。府曰幽都府。光祿少卿郎利用爲少尹。有判宮掾曹之屬。民有小罪皆得關決。至殺人非理者則決之於隆慶。喜釋而怒誅。無繩準矣。城中漢兵凡八營。有南北兩衙兵。兩羽林兵。控鶴神武兵。雄捷兵。驍武兵。皆黥面給糧如漢制。渤海兵別有營。即遼東之卒也。屯幽州者數千人。並隸元帥府。隆慶驕侈。不親戎事。兵柄咸在蘭陵郡王駙馬都尉蕭寧之手。國家且議封禪。有諜者至涿州。言皇帝將親征往幽薊以復故地。然後東封泰嶽。虜大駭。遽以寧爲統軍。列栅于幽州城南。以虞我師之至。既而聞車駕臨岱遂止。虜舊有韓統軍者。德讓從弟也。取蕭后姊封齊妃。韓勇悍多變詐。虜之寇我澶淵也。韓爲先鋒。指麾於城外。我師以巨弩

射之。中腦而斃。虜喪之如失手足。自是虜無將帥。遂以寧統之。年五十。勇略不及韓。虜咸憂焉。虜政苛刻。幽薊苦之。園桑稅畝數倍於中國。水旱虫蝗之災無蠲減焉。以是服田之家十夫並耨。而老者之食不得精鑿。力蠶之婦十手並織。而老者之衣不得繒絮。徵斂調發急于剽掠。加以耶律蕭韓三姓恣橫。歲求良家子以爲妻妾。幽薊之女有姿質者。父母不令施粉白。弊衣而藏之。比嫁不與親族相往來。太宗皇帝平晉陽。知燕民之徯后也。親御六軍。傳于城下。燕民驚喜。謀欲劫守將出城而降。太宗皇帝以燕城大而不堅。易克難守。炎暑方熾。士卒暴露且久。遂班師焉。城中父老聞車駕之還也。撫其子嘆息曰。爾不得爲漢民命也。自虜政苛虐已下事並幽州客司劉斌言。斌大父名迎。年七十五。嘗爲幽州軍政校。備見其事。每與子孫言之。其蕭后隆慶事。亦迎所說。近有邊民。舊爲虜所掠者。逃歸至燕。民爲政資給導以入漢界。

因謂曰。汝歸矣。他年南朝官家來收幽州。愼無殺吾漢兒也。其燕薊民心嚮化如此。十日。自幽州北行。至孫侯館五十里。地無陵。出北安門。道西有華嚴寺。即太宗皇帝駐蹕之地也。民言僧堂東壁有御札十五字。虜不令人見。覆以漆板。虜主每至。必開觀之。自通天館東北行至契丹國三十里。山遠路平。奚漢民雜居益衆。里民言漢使歲至。虜必盡驅山中奚民。就道而居。欲其人烟相接也。又曰。虜所止之處。官屬

皆從。城中無館舍。但於城外就車帳而居焉。契丹國外城高丈餘步。東西有廊。幅員三十里。南門曰朱夏門。凡三門。門有樓閣。自朱夏門入街道闊百餘步。東西有廊舍約三百間。居民列躔肆廡下街。東西各三坊。坊門相對。虜以卒守坊門。持挺擊民。不令出觀。徐視坊門。坊中閒地。民之觀者無多。又於坊聚車橐馳。蓋欲誇漢使以浩穰三里。第二重城。城南門曰陽德門。凡三間。有樓閣。城高三丈。有睥睨幅員約

七里。自陽德門入一里而至內門。內閶闔門凡三門。街道東西並無居民。但有短墻以障空地耳。閶門樓有五鳳。狀如京師。大約製度卑陋。東西掖門去閶闔門各三百餘步。東西角樓相去約二里。是夕宿大同驛。驛在陽德門外。驛東西各三廳。蓋倣京師上元驛也。虜遣龍虎大將軍耶律照里爲館伴使。起居郎刑耶祐副之。二十六日持國信自東掖門入。至第三門名曰武功門。見虜主于武功殿。設山棚張樂。引漢使升。虜主

年三十餘。衣漢服。黃紗袍。玉帶。鞀互靴。方床累茵而坐。左右侍立凡數人。皆胡豎黃金飾杯案。四面懸金紡。絳絲結網而爲案帳。漢官凡八人。分東西偏而坐。坐皆繡墩。東偏漢服官三人。首大丞相晉王韓德讓。年約六十。次曰前都統相公耶律氏。次曰參政僕射姓邢氏。胡服官一人。駙馬相公姓蕭氏。西偏漢服官二人。一曰秦王隆慶。次曰楚王。胡服二人。一曰惕隱相公耶律英。次曰常溫相公。惕隱常溫皆虜官

。呼漢使坐西南隅。將進虜主酒。坐者皆拜。惟漢丞相不起。俄而隆慶先進酒。酌以玉罐玉醆。雙置玉臺。廣五寸。長尺餘。有四足罐醆皆有屈指。虜主座前先置銀盤。盤有三足。有几床。中有金罍。進酒者升以罐醆。授二胡豎執之。以置罍側。進酒者以虛臺退拜于階下訖。二胡豎復執罐醆以退。傾餘酒於罍中。拜者復自階下執玉臺以上。取罐醆而下。拜訖復位。次則楚王進酒如前儀。次則耶律英進酒如前儀。其漢

服官進酒替拜以漢人。胡服官則以胡人。坐者皆飲。凡三爵而退。二十七日。自西掖入。至第三門名曰文化門。見國母於文化殿。設山棚張樂。引漢使升。蕃漢官坐者如故。國母約五十餘。冠翠花玉充耳。衣黃錦小聚袍。束以白錦帶。方床累茵而坐。以錦裙環覆其足。侍立者十餘人。皆胡婢。黃金爲耳璫。五色綵纏髮盤以爲髻。純練綵衣。束以繡帶。有童子一人年十餘歲。胡帽錦衣。嬉戲國母前。其狀類韓丞相。蓋

國母所生韓氏子也。隆慶已下遞相罐醆進酒。如進虜主儀。二胡豎執之。至國母前以授二胡婢。婢以進伶官。致辭於前。文約叙兩朝通讙之意。虜主坐西偏。其售用器皿皆降殺。以餘官進酒。但用小玉卮。蓋尊其國母故也。二十八日復宴武功殿。即虜主生辰也。設山棚張樂。列漢服官于西廡。胡服于東廡。引漢使升坐西南廡隅。國母當陽冠翠鳳大冠。冠有綏纓垂覆于領鳳。皆浮衣黃錦青鳳袍。貂裘覆足。俄而殿上施

紅罽毯。虜主先起。具玉臺酌罐醆以進其國母。拜訖復位。次以餘官進虜主酒。降殺如前儀。次則諸王及蕃官皆進酒。中置其虜食。如幽州宴儀酒十數行。國母三勸漢使酒。酌以大玉斝。卒食盤中餘肉。悉以遺漢使。正月一日。復宴文化殿如前儀。胡服官一人。先以光小玉杯酌酒以獻國母。名曰上壽。其次則諸王遞進酒如前儀。國母亦三勸漢使酒。乃遣贊酒者滂徠之。四日又宴于文化殿。階下列百戲。有舞女八佾。

六日又宴于武功殿。國母不坐。百戲舞女如前儀。隆慶先進虜主酒。衆官皆拜。韓丞相避席。虜主遣一童子。是前日所見狀貌類韓丞相者。就請之。丞相乃坐。七日又宴射于南園。園在朱夏門外。虜遣大內惕隱知政事。令耶律英侑宴贈漢巾的者馬五疋。綵二十段。弓一矢十。英又贈馬二疋。園中有臺榭皆新植。射畢就坐。英舉大觴以屬漢使曰。兩朝通讙千萬年。今日也。願飲此酒。記英姓名耳。八日。辭國母于文化殿。漢使升。酒三行而出。九日。辭虜主于武功殿。遣漢使及從人鞍馬衣物綵緞弓矢。有羌虜名其國曰中京。府曰大定。府無屬縣。有留守府尹之官。官府寺丞皆草創未就。蓋與朝廷通使以來。方議建立都邑。內城中止有文化武功二殿。後有宮室。但穹廬毳幕。常欲遷幽薊八軍及沿靈河之民以實中京。民不堪命。虜知其不可。遽止。中京南至幽州九百里。至雄州白溝河界一千一百四十五里。東至靈河五百里。靈河有

靈錦顯霸四州。地生桑麻貝錦。州民無田租。但供蠶織。名曰太后絲蠶戶。東至黃龍府一千五百里。虜謂黃龍府爲東府。有府尹留守之屬。又東至高麗女眞四十里。自靈河已下事皆接伴副使李諭言。諭嘗使高麗經女真。沙靈河凡五十程。東北至遼海二千里。遼海即東也。樂浪玄兎之地皆隸焉。遼海民勇勁樂戰。歲簡閱以爲渤海都。遼海已下事館伴使劉經言。北至上國一千里。即林胡舊地。本名林荒。虜更其名曰臨潢府。國之南有潢水故也。皮室相公爲留守。西至炭山七百里。炭山即黑山也。地寒涼。雖盛夏必重裘。宿草之下掘深尺餘。有層冰。瑩潔如玉。至秋分則消釋。山北有涼殿。虜每夏往居之。西北至刑頭五百里。地苦寒。井泉經夏常凍。虜小暑則往涼殿。大熱則往刑頭。官屬部落咸輦妻子以從。自臨潢已下事亦劉經言。東北百餘里有鴨池。鶩之所聚也。虜春種稗以飼鶩。肥則往捕之。接伴副使刑祐言之。西南至山後八

軍八百餘里。南大王北大王統之。皆耶律氏也。控弦之士各萬人。二王陸梁難制。虜每有徵發。多不從命。虜亦姑息。此二王事得之於檀州知州馬壽。上國西北餘里有大池。幅員三百里。鹽生著岸如冰凌。朝聚暮合。年深者堅加巨石。虜鑿之爲枕。其碎者類顆鹽。民得採鬻之。上國之地北有秣苴國。有鐵驪國。二國產貂鼠。尤爲溫潤。歲輸皮數千枚。鹽池貂鼠事。皆邢祐言之。虜之兵有四。一曰漢兵。二曰奚兵。三曰契丹。四曰渤海兵。駙馬都尉蘭陵郡王蕭寧統之。契丹諸族曰橫帳兵。惕隱相公統之。即虜相耶律英也。奚兵常溫相公統之。歲籍其兵。辨其耗登以授於虜。給衣糧者唯漢兵。餘皆散處帳族營種如居民。每欲南牧。皆集於幽州。有四路。一曰榆關路。二曰崧亭路。三曰虎北口路。四曰石門關路。榆關在薊州北百餘里。崧亭關在幽州東二百六十里。虎北三百里。石門關在幽州西一百八十里。其險絕悉類虎北口。皆古

控扼奚虜要害之地也。虎北口東三十餘里。又有奚關。奚兵多由此關而南入。山路險隘。止通單騎。諭關事涿列刺史李質言。松亭關石門開等路。幽州客司牛榮言之。虜有翰林學士一人曰劉晟。知制誥五人。其一曰劉經。歲開貢舉。以登漢民之俊秀者。牓帖授官。一效中國之制。其在廷之官則有俸祿。李詢爲工部郎中得俸錢萬米月麥各七石。典州縣則有利潤庄。藩漢官子孫有秀茂者。必令學中國書篆。習讀經史。自與朝廷通好已來。歲選人材尤異聰敏。知文史者以備南使。故中朝聲教皆略知梗概。至若營井邑以易部落。造館舍以變穹廬。服冠帶以郤氊毳。享廚爨以屏毛血。皆慕中國之義也。夫惟義者可以漸化。則豺虎之性庶幾乎變矣。去年車駕東巡。虜受諜者之訴。遂徵兵幽薊。以備王師之至。朝廷推誓大信。邊郡徹警。虜聞之大慚。自以爲誤於小民。失信於大國。於是械送諜者以歸於我。洎臣等持國信以至境上。虜乃下令

曰。昨者徵兵燕薊以備南。敢有言於漢使者。誅及其族。虜下令事魯進聞之於契丹語。自是迎待國信。彌勤至矣。自白溝至契丹國凡二十驛。近歲已來。中路又添頓館。供帳鮮潔。器用完備。燭臺炭鑪悉鑄以銅鐵。奚民守館者皆給土田。以營養焉。國信所至。則蕃官具芻秣。漢官排頓置大閣執杯案。舍利勸酒食與漢使言。率以子孫爲契。觀其畏威懷德。必能久守歡約矣。乘軺錄。

卷七十八 安邊禦寇

契丹

北虜中多有圖籍。亦有文雅相尚。王矩爲工部郎中。本燕人。爲虜將耶律忘其名掌其書記。常從其出入。耶律兄及兄之子。太平興國中戰沒於代郡。後耶律經舊戰處。覽其跡。悲涕作詩。記其兩句云。父子並隨抛陣沒。弟兄空望雁門悲。

二

開寶中。虜涿州刺史耶律琮遺書於我雄州刺史孫全興。求通好曰。兵無交於境外。言即非宜。事有利於國家。專之亦可。其文采甚足觀。並談苑

三

契丹阿保機當唐末五代時最盛。開平中屢遣使聘梁。梁亦遣人報聘。今世傳李琪金門集有賜契丹詔。乃爲阿布機。當時書詔不應有誤。而自五代以來。見於他書者皆爲阿保機。雖今契丹之人。自謂之阿保機。亦不應有失。又有趙志忠者。本華人也。自幼陷虜。爲

人明敏。在虜中舉進士。至顯官。既而脫身歸國。能述虜中君臣世次。山川風物甚詳。又云。阿保機虜人實謂之阿保謹。未知孰是。此聖人愼於傳疑也。廬陵居士集

四

北蕃每宴人使勸酒。器不一。其間最大者。剖大瓠之半。托以金。受三升。前後使人無能飮者。唯方偕一

舉而盡。戎主大喜。至今目其器爲方家瓠。每宴南使即出之。眞宗與北蕃謀和約。以逐年除正旦生辰外。彼此不遣泛使。而東封太山。遣秘書監孫奭特報。亦只到雄州而止。奭牒報北界請差人至白溝。交授書函。是時北朝遣閤門使丁振至白溝以受孫書。厥後北蕃欲討高麗。遣耶律寧持書來告。是時知雄州李允則不能如約止絕。乃遣人引道耶律寧至京。泛使至京自此始矣。至康定中西戎擾邊。仁宗泛使郭積奉使入北朝

。北朝亦遣蕭英劉六符等至京。自是泛使紛紛矣。東軒筆錄

五

契丹之先有一男子乘白馬。一女駕灰牛。相遇于遼上。遂爲夫婦。生八男子。則前史所謂迭爲君長者也。此事得於趙志忠。志忠嘗爲契丹史官。必其眞也。前史雖載八男子。而不及灰牛白馬事。契丹祀天至今用灰牛白馬。予嘗書其事於實錄契丹傳。禹玉恐其非實。刪去之。予在陳州時。志忠知扶溝縣。嘗以書問其八男子迭相君長時爲中原何代。志忠亦不能答。而云約是秦漢時。恐非也。

六

予嘗使契丹。接伴使蕭慶者謂予言。達怛人不粒食。家養牝牛一二。飲其乳。亦不食肉。煮汁而飲之。腸如筋。雖中箭不死。

七

予嘗接伴勸契丹酒。有憑見善者謂予曰。勸酒當以其量。若不以量。譬如傜役而不用戶等高下也。以此知契丹傜役亦以戶等。何以中國而不量戶等役人邪。

八

蕭慶嘗言。契丹牛馬有熟時一如南朝養蠶也。予問其故。曰有雪而少露出草一寸許。如此時牛馬大熟。若無雪。或有雪而沒卻草則不熟。蓋虜中視此以爲豐凶也。並東齋記事

九

幽薊八州陷北虜幾二百年。其間英主賢臣欲圖收復。功垂成而輒廢者三矣。此豪傑之士每深嗟而深惜也。初周世宗既下關南。欲乘勝進攻幽州。將行。夜中疾作乃止。藝祖貯財別庫。欲事攻取。會上仙乃寢。柳仲塗守寧邊。今博野也。結客白萬德使說其酋豪。將納質定誓以為內應。掩其不備。疾趍直取幽州。會仲塗易地。河朔之人至今以為恨。國初有王彥升者。本

市井販繒人。及壯從軍。累立戰功。遷防禦使。性極殘忍。每俘獲戎人。則置酒宴引戎人。以手捽其耳。對客咀嚼。徐引卮酒。戎人血流被面。彥升笑語自若。前後噉千百人。亦可怪也。澠水燕談

十

太祖收晉水浸河東之年。晉危使偽命殿直程再榮間道入契丹求救兵。至西樓。叩於契丹。宣徽使王白曰。南朝今收弊國。危戚不保。乞師以救。白深於術數。謂再榮曰。晉必無患。南兵五月十七日當回。晉次日必大濟。再榮因問他後安危之數。白曰。後十年晉破即掃地矣。非惟晉破。而契丹亦衰。然而扶困卻犯中原。飲馬黃河而返。又曰。晉破二十年後。契丹微弱。滅幾無遺種矣。子但記之。是時王師果不克晉。殆後十年。當太平興國四年方平晉壘。又白嘗謂契丹扶困再犯之事者。太宗征漁陽旋兵。雍熙丙戌歲。命曹武惠彬代燕不利。是年終虜報役王師失勢於河間。虜

乘勝祇黃河而退。皆如王白之言。白冀州人。年七十。語氣方直。雖在契丹。嘗諫曰。南朝天地山河與虜不同。雖暫得少勝。不足永恃。彼若雪恥興兵。復燕薊。破榆關。而直趍灤河。恐穹廬毳幙。不勞一踐而盡。契丹厭其語。欲誅之。蓋賴其學術以免。年八十卒。湘山野錄

唃廝羅

唐末西北蕃在者有回鶻吐蕃。而吐蕃又分為唃廝羅。

始甚強盛。自祥符間衂於三都谷。勢遂衰弱。視中國爲神明。惕息不敢動。異時與回鶻皆遣使。自蘭州入鎭戎軍以修朝貢。及元昊將叛。慮唃氏制其後。舉兵攻破萊州諸羌。南侵至於馬銜山。築瓦山。會斷蘭州舊路。留兵鎭守。自此唃氏不能入貢。而回鶻亦退保西州。元昊遂叛命。久爲邊害。朝廷患之。議者以爲唃氏尚在河隍間。又與元昊世仇。儻遣使通諭朝廷之意。使西戎有後顧之憂。則邊備解矣。仁宗然之。寶

元二年。遣屯田員外郎劉渙奉使。自古渭州抵青堂城。始唃氏遇渙爲述朝廷之意。因以邈川都統爵命授之。俾掎角以攻元昊。廝羅謝恩大喜。請舉兵助中國討賊。自此元昊始病于牽制。而唃氏復與中國通矣。延州當西戎三路之衝。西北金明寨。正北黑水寨。東北懷寧寨。而懷寧直橫山。最爲控要。頃薛向种諤取綏州。建爲綏德城。據無定河。連野鷄谷。將謀復橫山。而朝廷責其擅興。二人者皆黜罷。熙寧五年。韓丞相絳以宰相宣撫陝西。復取前議。遂自綏州以北築賓草堡。東築吳堡。將城銀州。會抽沙不可築而罷。遂建羅兀城。欲通河東之路。既而日月淹久。糧運不繼。言事者屢沮止之。旋屬慶州。遽班師。韓以本官知鄧州。副使呂大防奪職。知臨江軍。棄羅兀等城。而河東路不能通矣。

二

咸平中張文定公齊賢建議。蕃部中族盛兵衆。可以牽

制繼遷者。唯西涼而已。眞宗皇帝用其議。拜潘羅與爲西涼節度使。旁泥埋爲鄯州防禦使。俾掎角攻討。卒致繼遷之死。犄氏遂保。宗歌城用僧立遵爲謀主。部落復盛。勁兵數萬。祥符末遣使貢名馬。請爲朝廷討夏州。眞宗以戎人多詐。命曹瑋知秦州以備之。果得其詐僞之情。及瑋破魚角蟬戮賷樣丹。又於三都谷大破西涼入寇之兵。復以奇計斬立遵。於是西涼破膽矣。並東軒筆錄

高昌國

高昌國唐以車師前王庭地所置西州也。自安史之亂復陷西戎。太平興國中遣使來貢。命供奉官王延德報聘。往復數載。其國無雨。人皆以白堊塗屋以居。嘗雨數寸。室廬皆壞。有勅書樓藏唐朝格律。勅詔開元九年三月九日寒食。至今用之。延德後爲度支使舒州團練使。

日本

公言雍熙初日本僧奝然來朝。獻其國職員令年代紀。奝然衣綠。自云姓藤原氏。爲眞連國五品官也。奝然筆札而不通華言。有所問書以對之。國有五經及釋氏經教。並得於中國。有白居易集七十卷。地管州六十八。土曠而人少。率長壽。多百餘歲。國王一姓相傳六十四世。文武僚吏皆世官。予在史局。閱所降禁書。有日本年代紀一卷。及奝然表啓一卷。因得修其國史傳甚詳。奝然後歸附商人舡。奉所貢方物爲謝。案

日本倭之別種也。以國在日邊。故以日本爲名。不惟改之。蓋通中國文字。故唐長安中遣其大臣眞人來貢。皆讀經史。善屬文。後亦累有使至。多求文籍釋典以歸。開元中有朝衡者。隸太學應舉。仕至補闕。求歸國。授檢校秘書監放還。王維及當時名輩皆有詩序送別。後不果去。歷官左右常侍。安南郡督吳越錢氏多因海舶通。信天台智者教。五百餘卷有錄而多闕。賈人言日本有之。錢俶置書於其國主。奉黃金五百兩。求寫其本。盡得之訖。今天台教大布江左。並楊文公談苑

新羅

天聖中。新羅人來朝貢。因往國子監市書。是時直講李畋監書庫。遺畋松子髮之類數種。曰生笏一束。其人如玉。畋答以某有官守。不敢當。復還之曰。中心藏之。何日忘之。於是使者起而折旋。道不敢者三。新羅箕子之國。至今敦禮義。有古風焉。東齋記事

潞州李筠

潞州節度使李筠謀友。其長子涕泣切諫不聽。使其長子入朝。且詗朝廷動靜。太祖迎謂曰。太子汝何故來。其子以頭擊地曰。此何言。必有讒人謗臣父耳。上曰。吾亦聞汝數諫爭。老賊不聽汝耳。汝父使汝來者。不復顧惜。欲殺之耳。吾今殺汝。何爲歸吾。汝父我未爲天子時。任自爲之。我既爲天子。汝獨不能少讓之耶。其子歸具以白筠。筠反。有僧素爲人所信嚮

。筠乃召見。密謂之曰。吾軍府用不足。欲借師之名以足之。吾爲師作維那教化錢糧各三十萬。且寄我食庫。事畢之日。中分之。僧許諾。乃令僧積薪坐其上。剋日自焚。筠穿地道於其下。令通府中。曰至日走歸府中耳。筠乃與夫人先往。傾家財盡施之。於是遠邇爭以錢糧饋之。四方輻湊。倉庫不能容。旬日。六十萬俱足。筠乃塞其地道。焚僧殺之。盡取其錢糧。遂反。引軍出澤州。車駕自往征之。山路隘狹多石。不可行。上自於馬上抱數石。群臣六軍皆負石。即日開成大道。筠戰敗於境上。走入澤州。圍而克之。斬筠。遂屠澤州。進至潞州。其子開城降。赦之。

侯舍人

太宗末年。關中群盜有馬四十匹。常有怨於富平。人至必屠之。驅略農人使荷畚鍤。隨之曰。吾克富平必夷其城郭。富平人恐。群詣荆姚見同州巡檢侯舍人告急。舍人素有威名。率衆伏於邑北。群盜聞之。捨富

平不攻而去。舍人引兵於邑西邀之。令士皆傅弩。戒勿得妄發。曰賊皆有甲。不可射。射其馬。馬無具裝。又劫略所得非素習戰也。射之必將驚潰。既而合戰。衆弩俱發。賊馬果驚。躍散走。縱兵擊之。俘斬略盡。餘黨散入他州。巡檢獲之。自以爲功。送詣州邑。盜固稱我非此巡檢所獲。乃侯舍人所獲也。巡檢怒。自詣獄。責之曰。爾非我獲而何。盜曰。我昔與君遇於某地。君是時何不擒我邪。我又與君遇某地。君

是時棄兵而走。何不擒我邪。我爲侯舍所破。狼狽失據。爲君所得。此所謂敗軍之卒舉帚可撲。豈君智力所能獨辦邪。巡檢慚而退。

室种

室种者虜相昉之子。來奔於我。以爲諸衛將軍領刺史西京巡檢。种好馳逐射獵。洛中水竹尤勝。种常語人曰。洛陽大好。但苦於園林水竹交絡翳塞。使盡去之。斯可以擊兎伐狐。差足樂耳。並楊文公談苑

自警編九卷

宋趙善璙撰

以明萬曆元年瑞州府刊本校補

卷一

元昊遣使求通條。四庫本「而失久和之強敵也」句（八七五—二一二下）。又「是一舉而失二敵也」句（同上）。明刊本「敵」字皆作「虜」。

傅獻簡公條。四庫本於「簡公」下注闕（八七五—二二二上）。明刊本作「在徐前」。又「公寢」下亦注闕（同上）。明刊本作「爲償之未足」。

卷二

晏元獻公爲童子時條。四庫本注明「闕」處（八七五—二二九上）。明刊本作「帳爲遊息之」

陳忠肅公謫台州條。四庫本「皆令兵甲防送至台郡」句（八七五—二四〇上）。明刊本句下尚有「守以十日之法遣廂巡起遣必爲遷一寺」。

王荆公知制誥條。四庫本有一處注闕（八七五—二五○上）。明刊本作「兄」。

元城先生條與蘇丞相條（八七五—二五○下）之間。四庫本缺一則。明刊本作

貴姓子弟於飲食玩好之類。直是一生將身伏事不懈。如管城之陳醋瓶。洛中之史畫匣是也。更有甚事伯淳與君實。嘗同觀史畫。猶能品題。耐煩伯淳問君實能與他畫否。君實曰。自家一箇身猶不能持。更有甚工

夫到此。程氏遺書

任恭惠與呂許公同年進士條。四庫本有一處注闕（八七五—二五三下）。明刊本作「樞」。

卷二末。四庫本缺兩則（八七五—二五六下）。明刊本作

呂榮陽公爲郡處令。公帑多蓄鰒魚諸乾物及筍乾蕈乾以待賓客。以減鷄鴨等生物也。

蘇東坡云。余少不喜殺生。時未斷也。近年始能不殺豬羊。然性嗜蟹蛤。故不免殺。自去年得罪下獄。始意不免。既而得脫。遂自此不復殺一物。有見餉蟹蛤者。放之江中。雖無活理。然猶庶幾萬一。便使不活。亦愈於煎烹也。非有所求覬。但已親經患難。不異鷄鴨之在庖廚。不復以口腹之故。使有生之類受無量怖苦爾。猶恨未能忘味。食自死物也。又曰。今日從者買一鯉。長尺有咫。雖困。尚能微動。乃置水瓮中。須其死食。生即放之。

卷四

陳公襄平生以道德教育天下英才爲己任條（八七五—二七二下）。四庫本此句有闕文。明刊本作「直學士院陳公歷知僊居河陽縣。留意教化。進縣子弟於學。或讒之於判府富文忠公。謂其誘邑子以資過客。文忠公疑焉。人勸陳公毀學舍以塞謗。不從。而講說不少懈。文忠公益奇之。平生以道德教育天下英才爲己任。」

泰山孫復時。孔給事道輔爲人剛直嚴重條。四庫本於「孔給事」上有闕文（八七五—二七三上）。明刊本全句作「孫泰山先生退居泰山之陽。學春秋。著尊王發微。魯多學者其尤賢而有道者石介。自介而下皆以弟子事之。孔給事道輔爲人剛直嚴重。」

鍾離權開寶間宰江州德化條。四庫本「且疑其家叱罵。詰曰。不然。某之父昔令是邑」句（八七五—二八四上）。明刊本作「且疑其家叱罵。鍾離君怪問之。

婢泣曰。幼時我父於此穴地毬窩道我戲劇歲久矣。而窊處未改也。鍾離君曰。而父何人。婢曰。我父乃兩政前縣令也。」

卷五

呂正獻公條之前四庫本缺一條（八七五—三〇〇上）。明刊本其文如下

恬退

王荆公至和中召試館職。固辭不就。乃除郡牧判官。又辭不許。乃就職。懇求外補。得知常州。由是名重天下。士大夫恨不識其面。朝廷常欲授以美官。惟患其不肯就也。自常州徙提點江南西路刑獄。嘉祐中召除館職三司度支判官。固辭不許。未幾。命修起居注。辭以新入館。館中先進甚多。不當超處其右。章十餘上。有旨令閤門吏齎勅就三司授之。安石不受。吏隨而拜之。安石避之於廁。吏置勅於案。而告安石使人追而與之。朝廷卒不能奪服除複申前令安石辭七八章乃受知制誥。自此不授辭。

卷六

四庫本初寇之入眞定也條。凡「寇」「敵」字（八七五—三一五上）。明刊本皆作「虜」。

「張忠定公閱邸報」條與「方介甫用事」條之間缺一則（八七五—三三三下）。明刊本作

秘書丞劉公爲人剛毅。一毫不挫於人。熙寧中。執政王文公有與之故舊者。欲引修三司條例。公不肯附之

。且非其所爲。執政者寖不悅。當是時其權震天下。人不敢忤。而公憤欲與之校。面語侵之至變色悖怒。而公不少屈。稠人廣坐。抗言其失。聞者縮頸而公意氣自若。久之亦不自安。以親老告歸南康。乞監酒稅以就養。

「契丹求和親」條。四庫本「狄使見呂夷簡」句（八七五—三二八下）。明刊本「狄」作「虜」。

「紹聖初黨禍起」條之後（八七五—三三三上）。四

庫本缺一則。明刊本作

范文正公以言事貶饒州。方治黨人甚急。王子野獨扶病率子弟餞于東門。留連數日。大臣有以讓公曰。長者亦爲此乎。何苦自陷朋黨。公徐對曰。范公天下賢者。顧質何敢望之。然若得爲黨人。公之賜質厚矣。聞者爲公縮頸。

眞宗方議東封西祀條。四庫本「以爲瑋虛張敵勢恐喝」句（八七五—三三九上）。明刊本「敵」作「虜」。

「契丹寇河北」條。（八七五—三八三下）。凡四庫本之「敵」字明刊本皆作「虜」。

范文正公知延州條。四庫本「臣始聞敵有悔過之意」句（八七五—三八五下）。又「敵勢益振」句（同上）。又「果欲爲朝廷招叛敵耳」句（同上）。明刊本「敵」皆作「虜」。

神宗在藩邸條。四庫本「是夕州人譁言敵有變」句（八七五—三八九下）。明刊本「敵」作「虜」。

當官處事務合人情條之後。四庫本缺一則（八七五—三九六下）。明刊本作

延州民二十人詣闕告急。上召問。具得諸敗亡狀。執政惡之。命遠郡禁民擅赴闕者。富韓公言此非陛下意。宰相惡上知四方有敗耳。民有急不得訴之朝。則西走元昊。北走契丹矣。

蘇公頌充北朝生辰國信史條。四庫本「在敵中過冬至」句（八七五—三九六下）。明刊本「敵」作「虜」。

。又「北人深以爲然」句（同上）。明刊本「北」作「虜」。又「因問敵中山川形勢」句。又「敵講公曰久頗用中國典章禮儀」句。明刊本「敵」皆作「虜」。又「未可圖也」句。明刊本作「昔人以謂匈奴直百年之運。言其盛衰有數也」。

孫和甫奉使北朝條（八七五—三九七上）。明刊本「北朝」作「虜中」。又下文「契丹」作「夷狄」。

王公巖叟館伴大遼賀正旦條。四庫本「此非使者所宜知」句（八七五—三九七下）。明刊本「使者」作「夷狄」。

吳奎奉使契丹條。四庫本「吳奎」（八七五—三九七下）。明刊本作「吳文肅公」。「及還中路與邊使遇。北人衣服以金冠爲重」句（同上）。明刊本「邊使」作「虜使」。「北人」作「虜人」。其餘凡「敵」字明刊本皆作「虜」。

劉敞奉使契丹條。四庫本「公素知敵山川道里。敵人

道自古北口回曲千餘里」句（八七五—三九七下）。又「蓋敵人常故迂其路」句（同上）。又「敵人不識以問公」句（八七五—三九八上）。又「敵人益歎服」句（同上）。明刊本凡「敵」字皆作「虜」。

契丹自晉天福以來條。四庫本「敵懼遂請和」句（八七五—三九八上）。又「敵懼求哀於上。遂詔諸將按兵縱敵歸。敵自是通好守約。不復盜邊者三十有九年」句（同上）。又「時敵情不可測」句（同上）。以上五「敵」字明刊本皆作「虜」。又「公開懷與語不以敵人待之」句（八七五—三九八上至三九八下）。明刊本「敵人」作「夷狄」。又「且命報聘見彼主。彼主曰。南朝違約塞鴈門」句（同上）。明刊本「彼主」皆作「虜主」。又「狄主驚曰。何謂也」句（同上）。明刊本「狄主」亦作「虜主」。又「雖敵獲金帛充牣諸臣之家」句（同上）。明刊本「敵」作「虜」。又四庫本「北主大悟。首肯久之」句（八七五—

三九九上）。又「敵大感悟。遂欲求婚」句（同上）。又「狄主曰。卿且歸矣」句（同上）。又「既至。敵不復求婚」句（八七五—三九九下）。又「北主曰南朝既懼我。何惜此二字」（同上）。又「狄主曰。卿勿固執。古亦有之」（同上）。又「臣既以死拒之。敵氣折矣。可勿許敵無能爲也」句（同上）。以上凡「北主」之「北」。「狄主」之「狄」。以及諸「敵」字。明刊本皆作「虜」。

四庫本敵兵退求和親條（八七五—四〇〇上）。明刊本「敵」作「虜」。又「許歲給金繒二十萬。敵嫌其少」句（同上）。又「再至敵帳。果以三十萬成約而還」句（同上）。明刊本「敵」亦並作「虜」。

孔中丞道輔使契丹條。四庫本「北使主客者邀還坐」句（八七五—四〇〇上）。明刊本「北」作「虜」。又「敵君臣默然」句（八七五—四〇〇下）。明刊本「敵」作「虜」。

宣和間條。四庫本「周憲之使邊到敵營」句（八七五—四〇〇下）。明刊本「邊」和「敵」皆作「虜」。又「敵恃彊背約」句（同上）。又「敵大怒曰。此事上面商量已定」句（同上）。又「敵拂袖而起」句（同上）。又「敵日遣親信數輩覘公」句（同上）。又「敵無以應。但憑公再請於朝廷」句（八七五—四〇一上）。又「當公與敵爭。聲聞館外」句（八七五—四〇一下）。又「敵勢日彊。肆爲驕蹇」句（八七五

—四〇一下—四〇二上）。又「敵知無以加之」句（八七五—四〇二上）。以上「敵」字明刊本皆作「虜」。

權公邦彥爲太學博士條。四庫本「豪酋面授國書責公雙跪」句（八七五—四〇二上）。明刊本「豪」作「虜」。又「敵怒。竟莫奪公之志」句（同上）。明刊本「敵」作「虜」。

洪忠宣公皓奉使大金軍前歸條。四庫本「敵遇使人禮

益削」句（八七五—四〇二上）。又「距敵二千餘里」句（八七五—四〇二下）。又「洪皓身陷敵區」句（八七五—四〇二上）。明刊本「敵」字皆作「虜」。

卷八

胡文恭公宿天資謹靜條。四庫本「滄州宜分爲一路以禦敵」句（八七五—四一一下）。明刊本「敵」作「虜」。

諫官陳瓘以言及東朝與政事被謫條。四庫本「曾肇適館伴北使」句（八七五—四三三上）。明刊本「北」作「虜」。

袁抗大監條之後。四庫本缺一則（八七五—四三四下）明刊本其文如下

寇萊公在藩鎮。嘗因生日建山棚大宴。又服用僭侈。爲人所奏。上怒甚。謂王公旦曰。寇準每事欲效朕可乎。公徐對曰。準誠能臣。無如騃何。上意解遽曰。

然此止是騃耳。遂不問。文正公疾亟。上問以後事。唯對以宜早召寇準爲相。

种世衡初至青澗城條。四庫本「逼近賊境。守備單弱。芻糧俱乏」句（八七五—四五〇下）。明刊本「賊」作「虜」。

曹南院瑋知鎮戎軍條。四庫本凡「敵」字（八七五—四五一上）。明刊本皆作「虜」。

卷九

報應篇。四庫本於「盧多遜貶朱崖」條前缺一則（八七五—四五八下）。明刊本其文如下

蘇子由謫雷州。不許占官舍。遂僦民屋。章子厚又以爲強奪民居。下本州追民究治。以僦劵甚明乃已。不一二年。子厚謫雷州。亦問舍于民。民曰。前蘇公來爲章丞相幾破我家。今不可也。其報復如此。

古今説海一三九卷

明陸　楫編

以明嘉靖二十三年雲間陸氏儼山書院刊本校

補

卷一

北征錄。四庫本「上親征漠北」句（八八五—二三一上）。明刊本「漠北」作「北虜」。其後凡「鵶綠川」明刊本皆作「壓虜川」。又後文「騎士云。此云鴛

鴦海子。疑即鴛鴦濼也」句（八八五—二三五下）。明刊本「騎士云」作「胡騎云」。又其後「二十六日發小甘泉。上召語塞外山川。上曰遼東有山。其巔有水」句（八八五—二三五下）。明刊本「塞外山川」作「虜中山川」。又「朕嘗問彼處人。故知之」句（同上）。明刊本「彼處人」作「女直人」。又「其中人迹少至。至則風雷交作。故牧騎少登」句（八八五—二三六下）。明刊本「牧騎」作「胡騎」。又其後四庫本「十六日午次禽敵山。營東北山頂有巨白石。上命光大往書靈濟泉大字」句（八八五—二三七上）。明刊本「禽敵山」作「禽胡山」。又「上命光大往書靈濟泉大字」作「上命光大往書禽胡山靈濟泉大字」。又其後凡「威朔鎮」明刊本皆作「威虜鎮」。又其後。四庫本「三十日至順安鎮。上立帳殿前。指營外諸山曰。此塞外諸山之入畫者」句（八八五—二三八上）。明刊本「塞外」作「虜地」。又「哨馬營

已値敵騎」句（八八五—二三八下）。明刊本「敵騎」作「胡騎」。又「初八日發玉華峰。都指揮庫爾台獲生口一人。至知敵在烏古勒札河。晚遂度飲馬河下營。初九日上以輕騎逐敵人各齎糧」句（同上）。明刊本「都指揮庫爾台獲生口一人」作「胡騎都指揮欵台獲虜一人」。「敵」均作「虜」。又其後「是日哨馬營獲寇卒數人……得上追逐敵兵動靜」句（八八五—二三九上）。明刊本「寇卒」作「胡寇」。「敵兵

」作「胡虜」。又其後凡「平寇詔」明刊本皆作「平胡詔」。又其後「得一本板上有字。就以進。上以命譯史讀之。乃祈雨之言也。北語謂之札達。華言云詛風雨。蓋敵中有此術也」句(八八五—二三九下)。明刊本「上有字」作「上有虜字」。「北語」作「虜語」。「敵中」作「虜中」。又其後「初四日發雄武鎭。晚次清河原」句(八八五—二四〇上)。明刊本「清河原」作「清胡原」。又「孰謂塞外有此奇觀也」也(同上)。明刊本「塞外」作「虜地」。其餘凡

「敵」字皆作「虜」。「靜樂鎭」作「靜虜鎭」。「威遠驛」作「威虜驛」。

卷二

北征後錄。四庫本文中凡「敵」字明刊本皆作「胡」。「平寇詔」作「平胡詔」。「平寇表」作「平胡表」。「殺敗寇兵數百人宵遁」句(八八五—二四四上)。明刊本「寇兵」作「胡寇」。

卷三

北征記。四庫本「忠勇王所部指揮同知巴爾圖等獲諜者。言寇去秋聞朝廷出兵。挾其屬以遁」句(八八五—二四七下)。明刊本「寇」作「虜」。又其後「五月乙亥朔次威遠鎭。丁丑次環州」句(八八五—二四七下)。明刊本「威遠鎭」作「威虜鎭」。又其後「即命草勑。遣中官畢力克及所獲寇卒齎往諭部落」句(八八五—二四八上)。明刊本「所獲寇卒齎往諭部落」作「所獲虜寇卒齎往虜中諭部落」。又其後「癸

丑次金沙濼。寧陽侯陳懋等得寇馬九疋來進。上曰。醜衆多詐。安知非以是誘我也」句(八八五—二四九下)。明刊本「得寇馬九疋」作「得虜寇馬九疋」。「醜衆多詐」作「醜虜多詐」。又「諭諸將曰。今既深入敵地。尤須謹備嚴哨」句(八八五—二四九下)。明刊本「敵地」作「虜地」。又後文「上曰。今出塞已久。人馬俱勞。塞外早寒。一旦有風雪之變」句

（八八五—二五〇上）。明刊本「塞外」作「虜地」
。又「古王者制邊裔之道。驅之而已。不窮追也。且
今餘孽所存無幾」句（八八五—二五〇上）。明刊本
「邊裔」作「夷狄」。「餘孽」作「孽虜」。又「今
塞北萬里無寇跡。雖然數輩偷生窮漠」句（同上）。
明刊本作「今已鏟虜之穴。破虜之衆。塞北萬里無虜
跡。雖有數輩如犬羊棲棲偷生窮漠之境」。又其後「
丙子次清河鎮」句（八八五—二五〇下）。明刊本「
清河鎮」作「清虜鎮」。

卷四

平夏錄。四庫本「是年冬。我太祖高皇帝遣使通聘曰
。足下應時而起。居地上流。區區有長江之險相爲唇
齒」句中有缺文（八八五—二五五上）。明刊本作「
是年冬。我太祖高皇帝遣使通聘曰。胡人本處沙塞。
今反居中原。是寇履顛倒。足下應時而起。居地上流
。區區有長江之險相爲唇齒」。

四庫本少錄「遼志」「金志」「蒙韃備錄」三卷。今
據明刊本補之如下

遼志

本末

契丹之始也。中國簡册有所不載。遠夷草昧。復無書
可考。其年代不可得而詳也。本其風物。地有二水。
曰地也里沒里。復名陶猥思沒里者。是其一也。其源
出自中京西馬盂山東北流。華言所謂土河是也。曰裊

羅箇沒里。復名女古沒里者。又其一也。源出饒州西
南平地松林直東流。華言所謂潢河是也。至木葉山合
流爲一。古昔相傳有男子乘白馬。浮土河而下。復有
一婦人乘小車。駕灰色之牛浮潢河而下。遇於木葉山
。顧合流之水。與爲夫婦。此其始祖也。是生八子。
各居分地。號八部落。一曰祖皆利部。二曰乙室語部
。三曰實活部。四曰納尾部。五曰顛沒部。六曰內會
雞部。七曰某解部。八曰奚嗢部。立遺像于木葉山。

後人祭之。必刑白馬。殺灰牛。用其始來之物也。後有一主號曰迺呵。此主特一髑髏在穹廬中。覆之以氈。人不得見。國有大事。則殺白馬灰牛以祭。始變人形出視。事已即入穹廬。復爲髑髏。因國人窺視之。失其所在。復有一主號曰喎呵。戴野豬頭。披野豬皮居穹廬中。有事則出。退復隱入穹廬如故。後因其妻竊其豬皮。遂失其夫。莫知所如。次復又一主晝里昏呵。惟養羊二十口。日食十九。留其一焉。次日復有

二十口如之。是三主者。皆有能治國之名。餘無足稱焉。異矣哉。氈中枯骨化形治事。戴豬首。服豕皮。罔測所終。當其隱入穹廬之時。不知其孰爲之主也。孰爲之副貳也。荒唐怪誕。訛以傳訛。遂爲口實。其詳亦不可得而詰也。自時厥後。牛馬死。損詞訟龐淹。復遭風雨雪霜之害。中遂衰微。八部大人後復稍整兵。三年一會於各部內。選雄勇有謀略者立之爲主。舊主退位。例以爲常。至阿保機爲衆所立。後併七部

而滅之。契丹始立其國。大原興自阿保機至耶律德光而浸盛。遭五季之衰。天未厭亂。石晉胎釁。產禍諸華。毒痛四海。飛揚跋扈。貪殘僭擬中國帝王名數。盡盜有之。冠履倒植。薰蕕共染。干戈之慘極矣。迨宋眞宗屈己和戎。不復以一矢相加。含容覆護。百有餘年。聖興道三主以來。天誘其衷。革心慕義。貪婪歲幣。顧惜盟好。銷鋒寢柝。號稱無事。南北皆不知兵。各保首領以沒。玆非以德懷遠之明效與祖宗列聖之德。可謂至哉。若遼之威服諸夷。奄有全燕。何其

強也。天祚昏孱。女眞啓心。深入一呼。土崩瓦裂。何其弱也。且兵者不祥之器也。天道好還。盛極而微。理固然也。故其興也勃焉。其亡也忽焉。悲夫。今摭舊聞。哀其本末。雖未能考其異而訂其同。要之大略。其不相遠。後之英主忠臣志欲溯今洄古。可以爲鑒矣。

族姓原始

契丹都部族本無姓氏。惟各以所居地名呼之。婚嫁不拘地里。至阿保機變家爲國之後。始以王族號爲橫帳。仍以所居之地名曰世里。著姓世里者。上京東二百里地名也。復賜后族。姓曰蕭氏。番法。王族惟與后族通婚。更不限以尊卑。其王族后族二部落之家。若不奉北主之命。皆不得與諸部族之人通婚。或諸部族私相婚嫁。不拘此限。故北番惟耶律蕭氏二姓也。

國土風俗

契丹國在庫莫奚東。唐所謂黑水靺鞨者。今其地也有七十二部落。不相統制。好爲寇盜。父母死而悲哭者以爲不旺。但以其屍置于山樹上。經三年後。方取其骨而焚之。因酹酒而祝曰。冬月時面陽食我。若射獵時使我多得豕鹿。其無禮頑嚚。於諸夷最甚。其風俗與奚靺鞨頗同。至阿保機稍幷服諸小國。而多用漢人。漢人又教之以隸書。半增損之。作文字數千以代刻木之約。又制婚嫁。置官號。稱皇帝。

部落

漢時爲匈奴所破。保鮮卑山。魏青龍中部酋爲王雄所殺。衆遂逃橫水之南。黃龍之北。至元魏自號曰契丹。在唐開元天寶間使朝獻者無慮。二十故事以范陽節度爲押奚契丹使。至唐末契丹始盛。

併今部落

初契丹有八部族之大者。曰大賀氏。後分爲八部。部之長號大人。而常推一人爲王。建旗鼓以統八部。每三年則以次相代。或其部有災疾。而畜養衰耗。則八

部聚議以旗鼓立其次而代之。被代者以爲元約如此。不敢爭。及阿保機乃曰。中國之王無代主者。由是阿保機益以威制諸國。不肯代其立。九年。諸部共責誚之。阿保機不得已傳其旗鼓。而謂諸部曰。吾立九年。所得漢人多矣。吾乃別自立一部。以爲漢城可乎。諸部許之。漢城在炭山東灤河上有鹽鐵之利。乃後魏滑鹽縣是也。其地可植五穀。阿保機率漢人耕種。爲

治城郭邑屋廛市如幽州制。漢人安之。不復思歸。阿保機知衆可用。用其妻述律策。使人告諸部大人曰。我有鹽鐵之利。諸部所食。然諸部知食鹽之利。而不知其鹽有主人可乎。當來犒我。諸部以爲然。共以牛酒會鹽池。阿保機伏兵其旁。俟其酒酣。伏兵發。盡殺諸部大人。復併爲一國。東北諸夷皆畏服之。

兵馬制度

晉末。契丹主部下兵謂之大帳。有皮室兵約三萬騎。

人皆精甲兵也。爲其爪牙國母述律氏部下。謂之屬珊。有衆二萬。是先戎主阿保機牙將半已老矣。每南來時量分借五千騎。述律氏常留數百兵爲部落根本。其諸大酋領太子偉王永康南北王子趙麻答五押等。大者千餘騎。次者數百人。皆私甲也。別族則有奚霫勝兵亦千餘。人少馬多。又有渤海酋領。大舍利。高模漢兵步騎萬餘人。竝髡髮左衽。竊爲契丹之飾。復有近界。韃靼。于厥里。室韋。女眞。党項。亦被脅屬。

每部不過千餘騎。其三部落吐渾以陀陌。幽州管內。鴈門以北千餘軍。州部落兵合三五萬餘衆。此是石晉割賂契丹之地。番漢諸族其數可見矣。每契丹南侵。其衆不啻十萬。國主入界之時。步騎車帳不從阡陌東行。一概而行大帳前。及東西面差大首領三人。各率萬騎支散游變。百十里內。外相覘邏。謂之欄子馬。戎主吹角爲號。衆則頓舍。環遶穹廬以近及遠。折木稍屈之爲弓子輔。不設槍營塹柵之備。每行軍聽鼓三

伐。不問昏晝。一布便來。行逢大敵。不乘戰馬。俟近敵師即競乘之。所以新羈戰馬。蹄有餘力。其用軍之術成列而不戰。俟退而乘之。多伏兵斷糧道。隨冒夜舉火上風曳柴積餉。自齎退敗無恥。散而復聚。寒而益堅。此其所長也。

建官制度

賤他姓。貴耶律蕭氏二姓。其官有契丹樞密院。及行官都總管司。謂之北面。以其在牙帳之北。以主番事

。又有漢人樞密院中書省行官都總管司。謂之南面。以其在牙帳之南以主漢事。其陽隱宗正寺也。夷离畢參知政事也。林牙翰林學士也。夷离中刺史也。內外官多倣中國者。其下佐吏則有敞史本古思奴古。都奴古。徒奴古。分領兵馬則有統軍侍衛。控鶴司南王北王。奚王府王帳。分提失哥東西都省。太師兵又有國舅軨轄瞎遙輦裳袞諸司。南北皮室二十部族。節度頻必里九克漢人。渤海女眞五節制五治火帥一百六百九

百家矣。凡民年十五以上。五十以下。皆籍爲兵。時舉兵必殺灰牛白馬祠天地及木葉山神。鑄金魚符調發兵馬。其從馬及傳命有銀牌二百。軍所舍有遠探欄子馬以夜聽人馬之聲。每其立衆所得人戶馬牛金帛及其下所獻牲口。或犯罪沒入者。別爲行官領之。建州縣。置官屬。既死則設大穹廬鑄金爲像。朔望節辰忌日輙致祭。築臺高丈餘。以盆焚食。謂之燒飯。

宮室制度

十宮各有門戶出兵馬。阿保機曰洪義宮。德光曰永興宮。兀欲曰積慶宮。述律曰延昌宮。明記曰章敏宮。突欲曰長寧宮。燕燕曰崇德宮。隆緒曰興聖宮。隆慶曰敦睦宮。隆運曰文忠宮。王府又有四樓。在上京者曰西樓。木葉山曰南樓。謂化州曰東樓。唐州曰北樓。凡受册積柴升其上大會番夷。其下已乃燔柴告天。而漢人不得預。有諢子部百人。夜以五十人番直。四鼓將盡。歌於帳前。號曰聒帳。每謁木葉山即射柳枝

。諢子唱番歌前導。彈胡琴和之。已事而罷。

衣服制定

國母與番官胡服。國主與漢官即漢服。番官戴氈冠。上以金華爲飾。或以珠玉翠毛。蓋漢魏時遼人步搖冠之遺像也。額後重金花織成夾帶。中貯髮一總。服紫窄冠。帶以黃紅色條裹革爲之。用金玉水晶碧石綴飾。又有冠如紗帽無簷。不撒雙馬。額前綴金花。上結紫帶。末綴朱或紫。皁幅巾紫窄袍束帶。丈夫或綠中

單。綠花窄袍。中單多紅綠色。貴者被貂裘。以紫黑色爲貴。青色爲次。又有銀鼠尤潔白。賤者被貂毛羊鼠沙狐裘。弓以皮爲弦。箭削樸爲簳。鞾勒輕快。便于馳走。以貂鼠或鵝頂鴨頭爲捍腰。宋眞宗景德中太常博士王曙。戶部員外郎李維往賀國主生辰。還言國主見漢使彊服衣冠纔已。即帳中雜番騎出郊射獵矣。

漁獵時候

每歲正月上旬出行射獵凡六十日。然後竝撻魯河。鑿冰釣魚水畔。即縱鷹鶻以捕鵝鴈。夏居炭山或上京。避暑七月。上旬復入射鹿。夜半令獵人吹角。傚鹿鳴。鹿既集而射之。宋眞宗時遣使往賀生辰。還言始至長泊。泊多野鵝鴨。國主射獵。領帳下騎擊扁鼓遶泊。驚鵝鴨飛起。乃縱海東青擊之。或親射焉。國主皆佩金玉錐。號殺鵝寀鴨錐。初獲即拔毛插之。以鼓爲坐。遂縱飲酒醉。以此爲樂。又好以銅及石爲槌以擊兎。每秋則衣氈裘。呼鹿射之。夏月以布爲氈帳籍毯

。圍棊雙陸。或深澗洗鷹。

試士科制

太祖龍興朔漠之區。倥偬干戈。未有科目。數世後。承平日久。始有開闢制限。以三歲有鄉村省三試之設。鄉中曰鄉薦。府中曰府解。省中曰及第。時有秀才未願赴者。州縣必報刷遣之程文。分兩科曰詩賦。曰經義。魁各名分焉。三歲一試。進士貢院以二寸紙書及第者姓名。給之號喜帖。明日舉按而出。作樂及門。擊鼓十二面。以法雷震殿試。臨期取旨。又將第一人特贈一官。授奉直大夫。翰林應制奉文字。第二人第三人止授從事郎。餘竝授從事郎。聖宗時止以詞賦法律取士。詞賦爲正科。法律爲雜科。若夫任子之令。不論文武。竝奏。蔭亦有員數。

歲時雜記

正旦

正月一日。國主以糯米飯白羊髓相和爲團如拳大。於

逐帳內各散四十九箇。候五更三點。國主等各於本帳內揔中。擲米團在帳外。如得雙數。當夜動番。樂飲宴。如得隻數更不作樂。便令師巫十二人。外邊遶帳。撼鈴執箭。唱呌於帳內。諸火爐內爆鹽幷燒地拍鼠。謂之驚鬼祟。帳人第七日方出。乃解禳之法。北呼此謂之嬭擔離。漢人譯云。嬭是丁。擔離是日。

立春

立春日婦人進新春書。以黃繒爲幟。刻龍像御之。或爲蝦蟆。

人日

人日。京都人食煎餅於庭中。俗云薰天。未知何所從出也。

中和

二月一日。大族姓蕭者竝請耶律姓者於本家筵席。此節爲瞎里尌。漢人譯云瞎里是請尌是時。

上巳

三月三日。國人以木雕爲兎。分兩朋。走馬射之。先中者勝。其負朋下馬跪奉勝朋人酒。勝朋於馬上接盃飲之。北呼此節爲淘裏化。漢人譯云淘裏是兎化是射。

佛誕日

四月八日。京府及諸州縣各用木雕悉達太子一尊城上舁行。放僧尼道士庶民行城一日爲樂。

端午

五月五日午時。採艾葉與綿相和絮衣七事。國主著之。番漢臣僚各賜艾衣三事。國主及臣僚飲宴。渤海廚

子進艾糕各點大黃湯下。北呼此時爲討賽離。又以雜絲或綵結合歡索。纏于臂膊。婦人進長命縷。宛轉皆爲人象帶之。

朝節

夏至日婦人進扇及脂粉囊。謂之朝節。

三伏

六月十八日。大族耶律姓竝請蕭姓者亦名瞎里尌。

中元

七月十三日夜。國主離行宮向西三十里。卓帳先于彼處造酒食。至十四日。一應隨從諸軍。竝隨部落動番樂設宴至暮。國主卻歸行宮。謂之迎節。十五日動漢樂大宴。十六日早卻往西方。令隨行軍。兵人大噉三聲。謂之迎節。此節謂賽離拾。漢人譯云賽離是月。拾是好。是月好也。

中秋

八月八日。國主殺白犬於寢帳前七步。埋其頭露其嘴。後七日移寢帳於埋狗頭上。北呼此節爲擔褐嬭。漢人譯云擔褐是狗。嬭是頭。

重九

九月九日國主打團斗射虎。少者輸。重九一筵席。射罷。於地高處卓帳與番漢臣登高。飲菊花酒。出兔肝。切以生鹿舌拌食之。北呼此節爲必里遲離。漢人譯之云九月九日也。又以茱萸研酒灑門戶間辟惡。亦有入鹽少許而飲之者。又云男摘二九粒。女摘一九粒。以酒嚥者。大能辟惡也。

小春

十月內五京進紙造小衣甲。幷鎗刀器械各一萬副。十五日一時進垛。國主與押番臣密望木葉山奠酒拜。用番字書狀一紙同焚燒。奏木葉山神云寄庫。北呼此時爲戴辨。漢人譯云戴是燒。辨是甲。

冬至

冬至日。國人殺白馬。白羊。白鴈。各取其生血和酒。國主北望拜黑山。奠祭山神。言契丹死魂爲黑山神所管。又彼人傳云。凡死人悉屬此山神所管。富民亦然。契丹黑山如中國之岱嶽。云北人死魂皆歸此山。每歲五京進人馬紙甲各萬餘事。祭山而焚之。其禮甚嚴。非祭不敢近山。

臘月

臘月。國主帶月戎裝應番漢臣。諸司使已上竝戎裝。

五更三點。坐朝動樂。飲酒罷。各等第賜御甲羊馬。

北呼此節爲沙離𠈳。漢人譯云沙離是戰𠈳是時。是戰時也。

詔盜

五月十三日。放國人作賊三日。如盜及十貫以上。依法行遣。北呼爲鶻里𠈳。漢人譯云鶻里是偷。𠈳是時也。

行軍

契丹行軍不擇日。用艾和馬糞於白羊琵琶骨上灸。灸破便出行。不破即不出。

午日

契丹出軍。每遇午日起程。如不用兵亦須望西。大喊三聲行之。彼言午是北朝大王之日。

旋風

契丹人見旋風合眼。用鞭望空打四十九下。口中道坤不刻七聲。

舍利

契丹國內富豪民要裹頭巾者。納牛駝十頭。馬百疋。并給契丹名目。謂之舍利。

跪拜

凡男女拜皆同其一足跪。一足著地。以手動爲節數。止於三四。彼言捏骨地者即跪。

螃蟹

渤海螃蟹紅色大如碗。螯巨而厚。其脆如中國蟹螯巖

舉鮀魚之屬皆有之。

金志

初興本末

金國本名朱里眞。蕃語舌音訛爲女眞。或曰慮眞。避契丹興宗名。又曰女直。肅愼氏遺種。渤海之別族也。或曰三韓辰之役。拏氏於此地中最微且賤。唐貞觀中靺鞨來中國。始聞女眞之名。世居混同江之東。長白山下。其山乃鴨綠水源。南鄰高麗。北接室韋。西

界渤海鐵離。東瀕海。三國志所謂抱婁。元魏所謂句
吉。唐所謂黑水靺鞨者。今其地也。其屬分六部。有
黑水部。即今女眞。其水掬之則色微黑。契丹目爲混
同江。深二十丈餘。狹處可六七十步。闊者至百步。
居江之南者。謂之熟女眞。以其服屬契丹也。江之北
者謂之生女眞。亦臣服于契丹。後有酋豪受宣命爲首
領。號太師。契丹自賓州混同江北八十里。建寨以守
。又云契丹乘唐衰。併呑諸蕃三古六。女眞在其中。

契丹恐女眞爲患。誘豪右數千家。處之遼陽之南而著
籍焉。分其勢。使不得與本國通。謂之合蘇欵。自咸
州東北分界入宮口。主東沫江中間所居之。女眞咸隸
兵馬司。與其國往來無禁。謂之回霸。抵淩而野居者
。謂之黃頭女眞。又居東沫江之北。寧州江之東。地
方千餘里。人戶十餘萬。無大君長。亦無國名。止是
族帳。散居山谷間。自推豪傑爲酋長。小者千戶。大
者數千戶。蓋七十二部落之一也。僻處契丹東北隅。

臣屬一百餘年。世襲節度使。兄弟相傳。週而復始。
或又云其初酋長本新羅人。號完顏氏。完顏猶漢言王
也。女眞妻之以女。生二子。其長即胡來也。其自此
傳三人以至阿骨打。以其國產金及有金水源。故稱爲
大金。

初興風土

女眞在契丹東北隅。地饒裕山林。田宜麻穀。土產人
參。蜜蠟。北珠。生金。細布。松實。白附子。禽有

鷹鶻海東青之類。獸多牛馬麋鹿。野狗。白彘。青鼠
。貂鼠。其人勇悍好詐。貪婪殘忍。善騎射。喜耕種
。好漁獵。每見野獸之踪。躡而求之。能得其潛藏之
所。又以樺皮爲角。吹作呦呦之聲。呼麋鹿而射之。
其居多依山谷。聯木爲柵。或覆以板與梓皮如墻壁。
亦以木爲之。冬極寒。屋纔高數尺。獨開東南一扉。
扉既掩。復以草綢繆塞之。穿土爲床。熅火其下。而
寢食起居其上。厚毛爲衣。非入室不撤衣。衣屨稍薄

則墮指裂膚。雖盛夏如中華初冬。俗勇悍喜戰鬥。耐饑渴苦辛。騎上下崖壁如飛。濟江河不用舟楫。浮馬而渡。其樂惟鼓笛。其歌惟鷓鴣。曲第高下長短如鷓鴣聲而已。其疾病無醫藥。尚巫覡。病者殺豬狗以禳之。或用車載病者入深山大谷以避之。其親友死則以刀割額。血淚交下。謂之送血淚。死者埋之而無棺槨。貴者生焚所寵奴婢所乘鞍馬以殉之。其祭祀飲食之物盡焚之。謂之燒飯。其道路無旅店。行者息于民家

。主人初則拒之。拒之不去。方具飯食而納之。其市無錢。以物博易。無工匠。其舍屋車帳往往自能爲之。其禮則拱手退身爲喏。跪左膝。蹲右膝。拱手搖肘爲拜。其節序。元旦則拜日相慶。重午則射柳祭天。稅賦無常。隨用度多寡而斂之。與契丹言語不通。而無文字。賦斂科發射箭爲號。事急者三射之。多以牛驢負物。遇雨則張牛革以禦之。緩則射獵。急則戰鬥。宗室皆謂之郎君。事無大小皆屬焉。

男女冠服

金俗好衣白。櫟髮垂肩。與契丹異。垂金鎖留顱後。髮繫以色絲。富人用珠金飾。婦人辮髮盤髻。亦無冠。自滅遼侵宋漸有文飾。婦人或裹逍遙。或裹頭巾。隨其所好。至于衣服。尚如舊俗。土產無桑蠶。惟多織布。貴賤以布之麤細爲別。又以化外不毛之地非皮不可禦寒。所以無貧富皆服之。富人春夏多以紵絲錦衲爲衫裳。亦間用細皮布。秋冬以貂鼠青鼠狐貉或羔

皮。或作紵絲紬絹。貧者春夏竝用爲衫裳。秋冬亦衣牛馬豬羊貓犬魚蛇之皮。或獐鹿麋皮爲袴爲衫。袴襪皆以皮。至婦人衣曰大襖子。不領。如男子道服。裳曰錦裙。裙去左右各闕二尺許。以鐵條爲圈。裹以繡帛。上以單裙襲之。

婚姻

金人舊俗多指腹爲婚姻。既長雖貴賤殊隔。亦不可渝。婿納幣皆先期拜門。戚屬偕行。以酒饌往。少者十

餘車。多者至十倍。飲客佳酒則以金銀器貯之。其次以瓦器列於前以百數。賓退則分餉焉。先以烏金銀杯酌飲。貧者以木。酒三行。進大輭脂小輭脂。如中國寒具以進蜜糕。人各一盤曰茶食。宴罷。富者瀹建茗。留上客數人啜之。或以麤者煎乳酪。婦家無大小皆坐炕上。婿黨羅拜其下。謂之男下女。禮畢。婿牽馬百匹。少者十匹陳其前。婦翁選子姓之別馬者。視之好則留。不好則退。留者不過十二三。或皆不中選。

雖婿所乘。亦以充數。大抵以留馬少為恥。女家亦視其數而厚薄之。一馬則報衣一襲。婿皆親迎。既成。婿留于婦家。執僕隸役。雖行酒進食皆躬親之。三年然後以婦歸。則婦氏用奴婢數十戶。牛馬數十群。每群九牸一牡以資遣之。夫謂妻為薩薩。妻謂夫為愛根。一云婚家富者以牛馬為幣。貧者以女年及笄。行歌于途。其歌也乃自敘家世。婦工容色。以伸求侶之意。聽者有求娶欲納之。即攜而歸。後復方補其禮。偕來女家以告父母。父死則妻其母。兄死則妻其嫂。叔伯死則姪亦如之。無論貴賤。人有數妻。

飲食

飲食其鄙陋。以豆為漿。又嗜半生米飯。漬以生狗血及蒜之屬。和而食之。嗜酒好殺。釀糜為酒。醉則縛之。俟其醒。不爾殺人。

皁隸

皁隸出身與蔭人等。甚以為重。如州郡都吏出職竝補將仕郎授錄事判官。司徒司判寺丞至儒林亦蔭子。部吏缺人。令州縣擇人貢之。十年無公私過補昭信。校尉授下縣令。或錄事漸爾。亦可至知州同州。

浮圖

浮圖之教雖貴戚望族。多舍男女為僧尼。惟禪多而律少。在京曰國師。師府曰僧錄僧正。列郡曰都綱。縣曰維那披剃威儀。與南宋等所賜號曰大師。曰大德。竝賜紫。所謂國師。在京之老尊宿也。威儀如王者。

國主有時而拜。服眞紅袈裟。升堂問話。講經與南朝等僧錄僧正師府僧職也。皆擇其道行高者。限三年爲一任。任滿則又別擇人。張官府設人從僧尼。有訟者皆理而決遣之。並服紫袈裟。都綱則列郡僧職也。亦以三年爲任。有師號者賜紫。無者如常僧服。維那縣僧職也。僧尼有訟者。笞以下決遣之。杖以上者並申解僧錄都綱司。

道教

金國崇重道教。與釋教同。自奄有中州之後。燕南燕北皆有之。所設道職于師府。置司正曰道錄。副曰道正。擇其法籙精專者。授之以三年爲任。任滿則別擇其人。其後熙宗又置道階凡六等。有侍宸授經之類。諸大貴人奉一齋施。動獲千緡道教之傳有自來矣。

科條

金國之法極嚴。殺人剽劫者掊其腦而致之死。藉其家爲奴婢。親戚欲得者。以牛馬財物贖之。其贓以十分爲率。六歸主四沒官。罪輕者決柳條。罪重者贖以物。貸命則割耳鼻以誌之。其獄掘地數丈。置囚于其中。罪無輕重。悉笞背。州縣官各許專決。當其有國之初。刑法並依遼制。常刑之外。又有一物曰沙袋。以革爲囊。實以沙石繫于杖頭。人有罪者持以決其背。大率似脊杖之屬。惟數多焉。自熙宗立。始加損益。首除沙袋之制。至皇統間又下學士院。令討論條例。頒行天下。目之曰皇統新制。近千餘條。海陵熙宗立

。又去脊杖。以其近人心故也。斬刑者與上古之制一也。處死者免決重杖。止令紟紟絞也。流者不流犯人之家屬。徒者非謂杖脊代徒。實拘役也。徒止五年。五年以上即死罪也。徒五年則決杖二百四年。百八十三年。百六十二年。百四十一年。百二十杖。無大小。止以荆決臀。實數也。拘役之處。逐州有之。曰都作院。所徒之人或使之磨甲。或使之土工。無所不可。腳腕以鐵爲鐐。鐮鎖之罪輕者用一。罪重者二之。

朝縱暮收。年限滿日則逐。便不得依舊為百姓。刑法與舊不相遠。惟僧尼犯姦者。強盜不論得財與不得財者。竝處死。強姦者罪死則與古法異。

赦宥

金國以赦宥最為大事。或改元。或生子。或册封。或遷都。或災異。竝皆肆赦罪無減等。一例放之。每赦必有恩。內外小大文武百官竝與覃遷一資。熙宗臨季年。一歲兩赦。海陵立常謂赦宥非國家常典。若惠姦

宄則賊良民。詔告天下。自今以往。更不議赦。不兩年躬自蹈之。其後復有改正隆赦。迨世宗立纔數年間。已降三赦。然洪忠宣松漠記聞云。北朝惜赦無郊霈。余御命十五年才見兩赦。一為舍都姑叛。一為皇子生。豈是時天會年間惜赦。而此後不惜赦邪。

屯田

屯田之制。本出上古。金國行之。比上古之制尤簡。廢齊國後。慮中州有懷王三戶之意。始置屯田軍。非止女眞契丹亦有之。自本部族徙居中土。與百姓雜處。計其戶口給賜官田。使自播種以充口食。春秋量給衣服。若遇出軍之始。月給錢米。米不過十斗。錢不過數千。老幼在家。依舊耕耨。亦無不足之歎。今屯田去處大名府。山東河北兩關諸路皆有之。約一百三十餘千戶。每千戶止三四百人。所居止處皆不在州縣。築寨處村落間千戶。百戶雖設。官府亦在其內。

田獵

金國酷喜田獵。昔會寧四時皆獵。海陵遷燕以都城外皆民田。三時無地可獵。候冬月一出必踰月。后妃親王近臣皆附焉。每獵則以隨駕軍密布四圍。名曰圍場。待狐兔豬獐麋鹿散走于圍中。國主必先射之。或以鷹隼擊之。次及親王近臣出圍者。許諸餘人捕之。飲隨處而進。或以親王近臣共食。遇夜或宿於州縣。或宿於郊野無定。海陵以其子光漢年十二獲獐取而告太廟。熙宗尤甚。有三事令臣下不諫。曰作樂。曰飯僧

。曰圍場。其重田獵如此。

兵制

金國凡用師征伐。上自大元帥。中自萬戶。下至百戶。飲酒會食。略不間列。與父子兄弟等。所以上下情通。無閉塞之患。國有大事。通野環坐。畫灰而議。自卑者始議。畢即漫滅之。不聞人聲。軍將行大會而飲。使人獻策主帥。聽而擇焉。其合者即爲特將任其事。暨師還戰勝。又大會問有功者。隨功高下多少。

支賞舉以示衆。薄則增之。

旗幟

金國以水德。王用師行征旗皆尙黑。雖五色皆具。必以黑爲主。尋常車出入。止用一日旗。與后同。乘則加月旗二。相間而陳。或數百隊。或千餘隊。日旗即以紅綃爲日。刺於黃旗上。月旗即以素帛爲月。刺於紅旗上。近御則又有日月大繡旗二。如大禮祫享册封。一循古制。旗無大小皆循焉。然五方五星五獄青龍白虎朱雀玄武神鳳外。又有五星聯珠一。日月合璧一。象二。天王二。海馬二。鷹準二。太白三。近御又張一大旗。其制極廣。錯綜神物。以猛士執之。傍有數十人。護之各施大繩以備風勢。名之曰蓋天。

車轍

后妃竝用殿車。其車如五花樓之狀。上以錦繡青氊爲蓋。四圍以簾。秋冬亦用氊。竝用金飾。緣柱廊月板護泥。皆飾以金玉。或四輪或兩輪。竝朱車之四角。

后用金鳳。妃用金孔雀。如一品二品車之四角。夫人竝用銀螭頭。

國王轍或紅或黃無定。以金龍爲頂。蓋后用金鳳。太子用金龍。妃紫轍用孔雀。一品青轍用銀浮圖。二品三品用紅浮圖。四品五品青浮圖。

服色

論服色各以官品。如五品官便可服五品服。如武臣至四品皆腰橫金。若文臣則加魚。不待錫賜而皆許自服

焉。

國主視朝服緅紗幞頭。窄袖赭袍。玉帶黃滿領。如遇祭祀。册封。告廟則加衮冕法服。平居閒暇皁巾雜服與士庶無別。

蒙韃備錄

立國

韃靼始起地處契丹之西北。族出於沙陀別種。故於歷代無聞焉。其種有三。曰黑。曰白。曰生。所謂白韃

靼者。顏貌稍細。爲人恭謹而孝。遇父母之喪則剺其面而哭。嘗與之聯轡。每見貌不醜惡。其腮有刀痕者。問曰。白韃靼否。曰然。凡掠中國子女。教成卻之。與人交言有情。今彼部族之後。其國乃韃主成吉思之公主必姬。權管國事。近者入聘於我宋。副使速不罕者乃白韃靼也。每聯轡間速不罕。未嘗不以好語相陪。奉慰勞且曰辛苦。無管待千萬勿怪。所謂生韃靼者甚貧且拙。且無能爲。但知乘馬隨衆而已。今成吉思皇帝及將相大臣皆黑韃靼也。大抵韃人身不甚長。最長者不過五尺二三。亦無肥厚者。其面横闊。而上下有顴骨。眼無上紋。髮鬚絕少。形狀頗醜。惟今韃主忒沒眞者。其身魁偉。而廣顙長髯。人物雄壯。所以異也。成吉思乃舊牌子頭結婁之子。牌子頭者。乃彼國十人之長也。今爲創國之主。譯曰成吉思。皇帝東征西討。其國強大。

韃主始起

今成吉思皇帝者。甲戌生。彼俗初無庚甲。今考據其

言而書之。易於見彼齒歲也。其俗每以草青爲一歲。人有問其歲。則曰幾草矣。亦嘗問彼月日。笑而答曰。初不知之。亦不能記其春與秋也。每見月圓爲一月。見草青遲遲。方知是年有閏月也。成吉思少被金人虜爲奴婢者十餘年。方逃歸。所以盡知金國事宜。其人英勇果決。有度量。能容衆。敬天地。重信義。所傳忒沒眞者乃小名爾。初無姓氏。亦無名諱。近年以

來有女眞叛亡之臣爲用。所以譯曰成吉思皇帝。或曰成吉思者。乃譯語。天賜兩字也。

國號年號

韃國所鄰。前有紇族。左右乃沙陀等諸部。舊有蒙古。斯國在金人僞天會間。亦嘗擾金虜爲患。金虜嘗與之戰。後乃多與金帛和之。按李諒征蒙記曰。蒙人常改元天興。自稱太祖元明皇帝。今韃人甚朴野。略無制度。珙常討究於彼。聞蒙已殘滅久矣。蓋北方之國

。或方千里。或方百里。興衰起滅無常。今韃之始起。竝無文書。凡發命令遣使往來。止是刻指以記之。爲使者雖一字不敢增損。彼國俗也。其俗旣朴。則有回鶻爲鄰。每於兩河博易販賣於其國。迄今文書中自用於他國者皆用回鶻字。如中國笛譜字也。今二年以來。因金國叛亡。降附之臣無地容身。願爲彼用。始教之以文書。於金國往來卻用漢字。去年春。珙每見其所行文字。猶曰大朝。又稱年號。曰兎兒年。龍兒年。自去年方改曰庚辰年。今曰辛巳年是也。又慕蒙爲雄國。故以國號曰大蒙古國。亦女眞亡臣教之也。珙親見其權皇帝摩喉國王。每自稱曰我韃靼人。凡彼大臣元帥皆自稱曰我。彼亦不知其爲蒙是何等名字。何爲國號。何爲年號。今所行文書皆亡。臣識字者。強解事以教之耳。南遷錄載韃有詔與金國。稱龍虎九年非也。以愚觀之。更遲年歲。則金虜叛亡之臣。必教之撰。其誕日以爲節。又必教之。改年立號也矣。

太子諸王

成吉思皇帝兄弟凡四人。成吉思居長。大皇弟久已陣亡。二皇弟名便古得那見。在國中。三皇弟名忒沒葛眞。所統多係自己人馬。善戰有功。成吉思有子甚多。長子比因破金國。攻打西京雲中時陣亡。今第二子卻爲大太子。名約直。三太子名阿戴。四太子名天妻。五太子名龍孫。皆正后所生。其下又有十數人。乃庶生也。女七人。長公主曰阿其鱉拽。今嫁豹突駙馬

。二公主曰阿里黑百。因俗曰必姬夫人。曾嫁金國亡臣白四部。死寡居。今領白韃靼國事日逐看經。有婦士數千人事之。凡征伐斬殺皆自己出。三公主曰阿五。嫁尙書令國舅之子。餘未知名。孫男甚衆。

諸將功臣

元勳乃彼太師國王沒黑助者小名也。中國人呼曰摩喉羅彼。詔誥則曰謀合理。南北之音輕重所訛也。見封天下兵馬大元帥行省太師國王。乃黑韃靼人。十年以

來東征西討。威震夷夏。征伐大事皆決於己。故曰權皇帝。衣服制度全用天子禮。有兒曰計里歌那。自有千騎。不任事。弟二人長曰抹歌見。在成吉思處爲護衛。次曰帶孫歸王每隨侍焉。國王每戒所部將士如己兄弟。只以小名稱之。不許呼他。國王止有一子名袍阿。美容儀。不肯剃婆焦。只裹巾帽。著窄服。能諸國語。其次曰兎花兒太傅國公。聲名亞於摩喉羅。又有鵰博者。官亦穹見。隨成吉思掌重兵。又其次曰按赤那邪見。封尙書令。乃成吉思正后之弟。部下亦有騎軍十餘萬。所統之人頗循法。韃人自言隨國王者惡。隨尙書令者皆善也。其次曰劉伯林者。乃燕地雲內州人。先爲金人統兵。頭目奔降。韃主有子甚勇。而韃主忒沒眞長子戰死。遂將長子之妃嫁伯林之子。同韃人破燕京等處。甚有功。伯林昨已封王。近退閒於家。其子見爲西京留守。又其次曰大葛相公。乃紀家人見。留守燕京。次曰劄八者。乃回鶻人。已老。亦在燕京同任事。燕京等處有紙蟬兒無師。史元帥劉元

帥等甚衆。各有軍馬。皆聽摩喉國王命令。

任相

首相脫合太師者。乃兎花大傅之兄。原女眞人。極狡獪。兄弟皆歸韃主爲將相。其次韃人宰相乃卒埒奪合。又有女眞七金宰相。餘者未知名。率皆女眞亡臣。向所傳有白儉李藻者爲相。今止見一處有所題曰。白倫提兵至此。今亦未知存亡。燕京見有移剌晉卿者。

契丹人。登第見爲內翰。掌文書。又有楊彪者。爲吏部尚書。楊藻者爲彼北京留守。珙所見國王之前有左右司二郎中。使人到則二人通譯其言語。乃金人舊太守女眞人也。

軍政

韃人生長鞍馬間。人自習戰。自春徂冬。旦旦逐獵。乃其生涯。故無步卒。悉是騎軍。起兵數十萬。略無文書。自元帥至千戶百戶牌子頭傳令而行。凡攻大城

先擊小郡。掠其人民以供驅使。乃下令曰。每一騎兵必欲掠十人。人足備則每名需草或柴薪或土石若干。晝夜迫逐。緩者殺之。迫逐塡塞。濠塹立平。或供鵝洞砲座等用。不惜數萬人。以此攻城壁。無不破者。城破不問老幼姸醜貧富逆順皆誅之。略不少恕。凡諸臨敵不用命者。雖貴必誅。凡破城守有所得。則以分數均之。自上及下。雖多寡。每留一分爲成吉思皇帝獻。餘物則敷俵有差。宰相等在於沙漠不臨戎者。亦

有其數焉。凡征伐。謀議先定。於三四月間行於諸國。又於重五宴會共議。今秋所向各掃其國。避暑牧養。至八月咸集於燕都。而後啓行。

馬政

韃國地豐水草。宜羊馬。其馬初生一二年。即於草地苦騎而敎之。卻養三年而後再乘騎。故敎其初是以不蹄齧也。千馬爲群。寂無嘶鳴。下馬不用控繫。亦不走逸。性甚良善。日間未嘗芻秣。惟至夜方始牧放之

。隨其草之青枯野牧之。至曉搭鞍乘騎竝。未始與豆粟之類。凡出師。人有數馬。日輪一騎乘之。故馬不困弊。

糧食

韃人地饒水草。宜羊馬。其爲生涯。止是飲馬乳以塞饑渴。凡一牝馬之乳。可飽三人。出入止飲馬乳或宰羊爲糧。故彼國中有一馬者。必有六七羊。謂如有百馬者。必有六七百羊群也。如出征於中國。食羊盡則

射兎鹿野豕爲食。故屯數十萬之師。不舉烟火。近年以來掠中國之人爲奴婢。必米食而後飽。故乃掠米麥。而於笴寨處亦煮粥而食。彼國亦有一二處出黑黍米。彼亦煮爲解粥。

征伐

韃人在本國時。金虜大定間。燕京及契丹地有謠言云。韃靼去趕得官家沒去處。葛酋雍宛轉聞之驚曰。必是韃人爲我國患。乃下令極於窮荒。出兵勦之。每三

歲遣兵。向北勦殺。謂之減丁。迄今中原人盡能記之曰。二十年前山東河北誰家不買韃人爲小奴婢。皆諸軍掠來者。今韃人大臣當時多有虜掠住於金國者。且其國每歲朝貢。則於塞外受其禮幣而遣之。亦不令入境。韃人逃遁沙漠。怨入骨髓。至僞章宗立。明昌年間。不令殺戮。以是韃人稍稍還本國添丁長育。章宗又以爲患。乃築新長城在靜州之北。以唐古糺人戍之。酋首因唐古糺叛結。即剌都糺木典糺咩糺後典糺等俱叛。金人發兵平之。糺人散走。投於韃人。且回鶻有田姓者饒於財。商販鉅萬。往來於山東河北。具言民物繁庶。與糺同說。韃人治兵入寇。忒沒眞忿其欺凌。以此犯邊。邊州悉敗死。燕虜謂韃人曰。我國如海。汝國如一掬沙。豈能動搖。韃人至今老幼皆能記此語。虜君臣因其陷西京。始大驚恐。乃竭國中精鋭。以忽殺虎元帥統馬步五十萬迎擊之。虜大敗。又再刷山東河北等處。及隨駕護衛等人馬三十萬。令高琪爲大元帥。再敗。是以韃人迫於燕京城下。是戰也。

罄金虜百年兵力。銷折潰散殆盡。其國遂衰。後來凡圍河北山東燕北諸州等處。虜皆不敢嬰其鋒。

官制

韃人襲金虜之俗。亦置領錄尚書令。左右相左右平章等官。亦置太師元帥等。所佩金牌第一等貴臣帶兩虎相向。曰虎鬥金牌。用漢字曰天賜成吉思皇帝聖旨。當便宜行事。其次素金牌。曰天賜成吉思皇帝聖旨疾

。又其次乃銀牌。文與前同。如成吉思亦行詔勑等書。皆金虜叛臣教之。遣發臨民者。四曰宣差。逐州守臣皆曰節使。今在於左右帶弓矢執侍。驍勇者曰護衛。

風俗

韃人賤老而喜壯。其俗無私鬥爭。正月一日必拜天。重午亦然。此乃久住燕地。襲金人遺制。飲宴爲樂也。摩喉國王每征伐來歸。諸夫人連日各爲主禮具酒饌飲燕。在下者亦然。其俗多不洗手而拏攫魚肉。手有脂膩則拭於衣袍上。其衣至損不解浣濯。婦女往往以黃粉塗額。亦漢舊裝。傳襲迄今不改也。上至成吉思。下及國人。皆剃婆焦如中國小兒留三搭頭在囟門者。稍長則剪之。在兩下者總小角垂於肩上。

軍裝器械

成吉思之儀衛。建大純白旗以爲識認。外此竝無他。旗幢惟傘。亦用紅黃爲之。所坐乃金裹龍頭胡床。國王者間有用銀處。以此爲別。其鞍馬帶上亦以黃金盤

龍爲飾。國王亦然。今國王止建一白旗。九尾中有黑月出師則張。云其下必元帥方有一旗。國王止有一鼓。臨陣則用之。鞍轎以木爲之。極輕巧。弓必一石以上。箭用沙柳爲笴。手刀甚輕薄而彎。

奉使

彼奉使曰宣差。自皇帝或國王處來者。所過州縣及管兵頭目處悉來尊敬。不問官之高卑。皆分庭抗禮。穿戟門坐於州郡設廳之上。守守親跪以效勤。宿於黃堂廳事之內。鼓吹旗幟妓樂。郊外送迎之。凡見馬則換易。并一行人從悉可換馬。謂之乘鋪馬。亦古乘傳之意。近使臣到彼國王處。凡相見禮文甚簡。言辭甚直。且曰。你大宋好皇帝好宰相。大抵其性淳朴。有太古風。可恨金虜叛亡之臣教之。今乃鑿混沌。破彼天眞。教以姦計。爲可惡也。

祭祀

凡占卜吉凶。進退殺伐。每用羊骨扇。以鐵椎火椎之

。看其兆拆以決大事。類龜卜也。凡飲酒先酹之。其俗最敬天地。每事必稱天。聞雷聲則恐懼。不敢行師。曰天叫也。

婦女

其俗出師不以貴賤。多帶妻孥而行。自云用以管行李衣服錢物之類。其婦女專管張立氊帳收卸鞍馬輜重車馱等物事。極能走。馬所衣如中國道服之類。凡諸酋之妻則有顧姑冠。用鐵絲結成。形如竹夫人。長三尺

許。用紅青錦繡或珠金飾之其上。又有杖一枝用紅青絨飾。又有文袖衣。如中國鶴氅。寬長曳地。行則兩女奴拽之。男女雜坐。更相酬勸不禁。北使入於彼國王者。相見了即命之以酒。同彼妻賴蠻公主及諸侍姬稱夫人者。八人皆共坐。凡諸飲宴無不同席。所謂諸姬皆燦白美色四人。乃金虜貴嬪之類。餘四人乃韃人。內四夫人者甚姝麗。最有寵。皆胡服胡帽而已。

燕聚舞樂

國王出師亦以女樂隨行。率十七八美女。極慧黠。多以十四絃等彈大官樂等。四拍手爲節。甚低。其舞甚異。韃人之俗。主人執盤盞以勸客。客飲若少留涓滴。則主人者更不接盞。見人飲盡乃喜。如彼擊鞠。止是二十來騎。不多用馬者。爾惡其鬨鬧也。擊罷。遣人來請。我使人至。彼乃曰。今日打毬如何不來。答曰。不聞鈞旨相請。故不敢來。國王乃曰。爾來我國中便是一家人。凡有宴聚打毬或打圍出獵。爾便來同

戲如何。又要人來請喚。因大笑而罰六盃。終日必大醉而罷。且每飲酒。其俗鄰坐更相嘗換。若以一手執盃。是令我嘗一口彼方敢飲。若以兩手執盃。乃彼與我換盃。我當盡飲彼酒。卻酌酒以酬之。以此易醉。凡見外客醉中喧鬨失禮。或吐或臥。則大喜曰。客醉則與我一心無異也。我使人相辭之日。國王戒伴使曰。凡好城子。多住幾日。有好酒與喫。好茶飯與喫。好笛兒鼓兒吹著打著。所說好城子乃好州縣也。

卷十

北邊備對章。四庫本「卿言中國山川悉矣。北方地里亦能詳知之否。大昌對曰。塞外無文史。間有可傳者」句（八八五—二八四上）。明刊本「北方」作「北虜」。「塞外」作「虜」。又後文「則北方事雖不盡知」及「不容雜舉他方也」句。明刊本「北方事」作「虜事」。「他方」作「虜方」。

四海章。四庫本「若夫西北二方有西海」句（八八五—二八四下）。明刊本「二方」作「二虜」。

四庫本「北邊名號」（八八五—二八五上）。明刊本作「虜名號」。下文「他族雖盛。莫之與京也」句（八八五—二八五下）。明刊本「族」作「虜」。又後文「其地正與華夏對立。而力亦相抗。唐自突厥以外。其彊大能與中國抗力者」句中有缺文（八八五—二八五下）。明刊本作「其地正與華夏對立。而力亦相抗。若夫元魏拓跋。本亦北虜。其勢既盛。乃竊用中國禮樂。盜居中國郡縣。不容列爲偏北之虜。故皆不錄。唐自突厥以外。其彊大能與中國抗力者」。

長城章。四庫本「古來築長城以扞北邊者。四世燕趙秦隋也。秦制多承燕趙。而隋氏不盡因秦也」句（八八五—二八七上）。明刊本「北邊」作「北虜」。又「遼陽者遼水之北也。皆燕國沿邊之地。故其建築亦在北地也」句（八八五—二八七上）。明刊本「沿邊之地」作「沿邊胡之地」。又「夫其自代而蔚。則極

北而邊匈奴。中國之地不出此外」句（八八五—二八七下）。明刊本「而邊匈奴」作「而與虜邊」。

天山章。四庫本「蓋北語謂爲祁連也」句（八八五—二八八上）。明刊本「北」作「虜」。

卷十一

志酒章。四庫本「奉使至燕山」句（八八五—二九六上）。明刊本作「使虜至燕山」。

卷十四

西使記。四庫本「土人相傳報達諸羌之祖。故諸羌皆臣服。報達之西。馬行二十日有天房。內有天使神。羌之祖葬所也」句（八八五—三三七下）。明刊本「羌」皆作「胡」。又下文「婦人衣冠如世所畫菩薩狀。男子異服皆善」句（同上）。明刊本「異服」作「胡服」。

卷十五

北轅錄。四庫本「金遣接伴使昭武大將軍」句（八八

五—三三九上）。明刊本「金」作「虜」。以下凡「金」字明刊本皆作「虜」。

忽魯謨斯國章。四庫本「項掛寶石眞珠。寶石金珀龍涎香」句有脫文（八八五—三七二下）。明刊本作「項掛寶石珍珠。珊瑚紉爲纓絡。臂腕腿足皆金銀鐲。此富人也。行使金銀錢。產有眞珠寶石金珀龍涎香」。

卷二十一

靈應傳。四庫本「邊徼事繁。烟塵在望。朝廷以西陲陷敵」句（八八五—三七四下）。明刊本「敵」作「虜」。

卷二十二

洛神傳。四庫本「若有賈人購之。非萬金不可」句（八八五—三八〇下）。明刊本「賈人」作「胡人」。

卷五十八

曾季衡傳。四庫本「五原分袂眞吳越。鷰折鸎離芳草歇」句（八八五—四八五下）。明刊本「吳越」作「

胡越」。

卷六十三

陸仁蒨傳。四庫本「萬戶之內有九品已上官幾人。仁蒨曰。數十人」句中有缺文（八八五—四九七上）。明刊本作「仁蒨曰。常二十人已下。又曰。萬戶之內有五品官幾人。仁蒨曰無。又曰。九品已上官幾人。仁蒨曰。數十人」。

卷八十五

默記。神宗初即位條。四庫本文中凡「北遼」「遼兵」「北方」（八八五—五五四上下）。明刊本均作「北虜」。「遼」作「虜」。

卷八十六

宣政雜錄。四庫本卷端有脫文（八八五—五五九下）。今據明刊本補之如後

政和壬寅。有狐登崇政殿御座。衛士晨起。叱狐不動。呼衆逐之。至西廊下不見。即日得旨。壞狐廟。亦

胡犯闕之先兆也。

宣和初。都下有朱節。以罪置外州。其妻年四十。居望春門外。忽一夕頤頷痒甚。至明。鬚出長尺餘。人問其實。莫知所以。賜度牒爲女冠。居於家。蓋人妖而女胡犯闕之先兆也。又淮南民家兒四歲。自耳目下皆生髯。長寸餘。能作大字。其父入都。持兒示人。日得數緡。月餘。人傳曰。於某處看胡兒也。亦胡寇之警云。

宣和初收復燕山以歸朝。金民來居京師。其俗有臻蓬蓬歌。每扣鼓和臻蓬蓬之音。爲節而舞。人無不喜。聞其聲而效之者。其歌曰。臻蓬蓬。外頭花花。裏頭空。但看明年正二月。滿城不見主人翁。本虜讖。故京師不禁。然次年正月。徽宗南幸。次年二聖北狩。

又有伎者以數丈長竿繫椅於杪。伎者坐椅上。少頃下投於小棘坑中。無偏頗之失。未投時念詩曰。百尺竿頭望九州。前人田土後人收。後人收得休歡喜。更有收人在後頭。此亦虜讖。而兆禍可怪。

又建炎戊申條後四庫本有脫文（八八五—五六〇下）。明刊本作「徽宗崇寧間。曾夢青童自天而下。出玉牌。上有字曰。丙午昌期。眞人當出。上覺默疏於簡札。謂丙午年是昌盛之時。眞仙當降。乃預製詔書。具陳夢意。令天下尋訪異人。以詔揭于寶籙宮。然四方了無異人。至乙巳冬。內禪欽宗即位。意當丙午之期矣。而次年金人犯順。有北狩之禍。僕實從徽宗北

期矣。而次年金人犯順。有北狩之禍。僕實從徽宗北行。每語靑童夢怪。其無驗。後乃悟曰。豈丙午是猖獗之期。而女眞之人出也。蓋事未經變。不能悉其婉言。」

又徽宗北狩條與徽宗遜位條之間四庫本有脫文（八八五—五六一上）。明刊本作「宣和五年間。每夜漏三鼓。街衢稍寂。滿耳聞犬吠。聲勢若舉禁城內百萬之犬俱嗥。無復聞人聲。每深夜獨行。附近察遠。傾耳

聽之。不見犬也。當時已爲異。及靖康末虜犯京師。至今都之始悟其異。晉書載廬江何氏家。忽聞地中有犬聲。掘得一犬。幷雌雄二雛。後里中猶有蠻狄之禍。況此聲舉城之多邪。」

卷八十八

朝野遺紀。文水縣西有山險可據條。四庫本「聚之時。抄敵游騎。且斷其運道」句（八八五—五六七下）。明刊本「敵」作「虜」。

卷九十三

諸史。周王元儼太宗皇帝第八子也條。四庫本「契丹每見南使。未嘗不問王安否。今年王薨。識者亦憂之。謂王之生。彼以爲重。今王之薨。必以朝廷爲輕矣」句（八八五—五八九上）。明刊本「契丹」作「虜主」。「彼」作「虜」。其餘「契丹」明刊本皆作「北虜」。

卷九十四

昨夢錄。西北邊城條。四庫本文中凡「敵」字（八八五—五九一上）。明刊本皆作「虜」。

又建炎初中州有仕宦者條。四庫本「即日命舟以往。兵已去」句（八八五—五九二下）。明刊本「兵已去」作「虜已去」。

卷一百二

睽東志。四庫本「宣和間。沂密有優人持二子。號曰鬍孩兒。年各六七歲。童首而長鬛。所至觀者如堵。

。後失所在。尋而金人入寇。蓋人妖也」一則（八八五—六四二上）。明刊本「鬍孩兒」作「胡孩兒」。「金人入寇」作「胡醜亂華」。

卷一百三

四庫本諸葛武侯薦馬超於先主條後有缺文（八八五—六四五下）。今據明刊本補之如下

端平甲午七月八日。我師尅復彭城。麾下洪福得亡金人手抄詩。余於其中得一二篇。迺知河朔幽燕渾厚之

氣至此散矣。因錄于後。李國棟夏卿感懷云。東金西木兩暌違。由此生男不足依。但願相忘不相顧。莫言誰是復誰非。幾家能用三牲養。千古空傳五綵衣。一把殘骸著無處。不歸溝壑欲誰歸。自注云。珞琭子曰。東金西木定生五逆之男僕。命庚申日甲申時政爲此爾。梁仲經哀遼東一首云。守臣肉食頭如雪。夜半群胡登雉堞。十萬人家靡孑遺。馬蹄殷染衣冠血。珠玉盈車宮殿焚。娟娟少女嬪氈葷。路逢人語辛酸事。骨痛心摧不忍聞。我今來作遼陽客。入境臨風弔冤魄。遼水無聲遼地空。蕭蕭暮雨天垂泣。青綾慣睡直承明。偏裝縵胡不稱情。見說豺狼當路立。自憐烏鵲遶枝驚。安邊計策無何有。憂國形骸太瘦生。何日凱還思舊職。不才猶可薦咸英。史舜元哀王旦一首云。八月風高胡馬壯。胡兒彎弓向南望。鐵門不守犯狐城。失我堂堂仁勇將。將軍之起本儒臣。緯武經文才過人。墨磨盾鼻掃千字。箭射戟牙驚六軍。憶昔同時初上疏

。明日東華聽宣諭。我從金轂東巡邏。公總干戈練征戍。三月和兵好始修。胡兵一夜襲通州。練衣出郊雖頻戰。氊帳沿河未肯休。將軍盡出兵如水。燒胡之車破胡壘。倒戈棄甲十萬人。亂轍靡旗三百里。金甲煌煌金印光。詔書命我守昆陽。然知人有百夫勇。可奈倉無一日糧。叛臣暗作開門策。一虎翻爲群犬獲。胸中氣憤爆雷聲。頷下鬚張蝟毛磔。將軍雖死尙如生。萬里遙傳忠義名。昔聞陝右段忠烈。今見常山顏杲卿

。楝朽榱崩人短氣。平生況切同年義。試歌慷慨一篇詞。定洒英雄千古淚。王旦者昆陽守王子明也。余於感懷篇著其無父子之道。亡國之本也。於哀遼東哀王旦篇著其敗亡之迹。以見天道之好還也。

卷一百七

文昌雜錄。四庫本「契丹謂住處曰巴納。四時皆然如春。巴納之類是也」句（八八五—六六三上）。明刊本「契丹」作「北虜」。

卷一百十三

桐陰舊話。四庫本契丹使每歲至中國索食條。「後聞契丹責伴者以失儀。沙袋擊之至死」句（八八五—六八八上）。明刊本「契丹」作「虜中」。

卷一百十六

拊掌錄。四庫本「紹興九年。金歸我河南地」句（八八六—五下）。明刊本「金」作「虜」。

卷一百十七

漢武故事。四庫本「今上弗聽。乃徙女子燉煌。後遂淪沒不知所終」句（八八六—一一下）。明刊本「淪沒」作「入胡」。

卷一百十九

青溪寇軌。四庫本「歲賂西北二敵銀絹以百萬計。皆吾東南赤子膏血也。敵人得此。益輕中國」句（八八六—二〇下）。明刊本「二敵」作「二虜」。「敵人」亦作「二虜」。

卷一百二十二

江行雜錄。野史條。四庫本「詞云。炎精中否。歎人才委靡。都無英物。敵騎長驅三犯闕……狂談會須灰滅」句（八八六—四五上）。明刊本「敵騎」作「胡虜」。「狂談」作「狂虜」。

卷一百二十四

行營雜錄。坦齋筆衡條。四庫本小注中之「金人」（八八六—五二上）。明刊本均作「金虜」。

又其後「初陳橋兵變。太祖整軍從仁和門入。建炎南渡。御蹕過杭。聞縣名曰仁和。上甚喜曰。此京師門名也。遂都定都之意」句後有缺文（八八六—五二上）。今據明刊本補之如下

道教之方盛也。一時詔命章表皆指佛為金狄焉。試舉其略。政和元年四月。詔曰。朕每澄神。默受帝命。訂正訛俗。閔中華被金狄之教盛行。而至眞之道未正。宣和三年十一月。詔曰。噫。金狄胡風。陰邪之氣。源流泒分。使信者以寂滅為樂。豈非陰氣襲而陽魄散邪。林靈素凡四五表。皆以金狄為語。如賀神霄降云。蠢金狄之成群。干丹霄之正法。如謝駕幸寶籙院聽講大洞經云。幸際玉霄之主。是膺金狄之風。又云金狄至而華風變。又云。期銷金狄之魔。而宣和元年。道德院方奏金芝生。車駕幸觀。因幸蔡京家鳴鑾堂。置酒時蔡京有詩。徽宗即席賜和曰。道德方今喜迭興。萬邦從化本天成。定知金帝來為主。不待春風便

發生。其後女眞起海上。滅遼陷中原。以金為國號。讖金狄之禍。而金帝之來不待春風。蓋虜以靖康元年冬犯京師。以閏十一月二十五日城陷。時太史預借春出土牛以迎。新歲竟無補於事。則徽宗賜和之句甚符。其讖可勝歎哉。坦齋筆衡

卷一百二十五

避暑漫抄。明皇雜錄條。四庫本「初祿山至東都。大設聲樂。揣幽燕戎王番夷君長多未之見。因誑之曰。吾當有天下」句（八八六—五五下）。明刊本「夷君」作「胡酋」。

又其後李芳儀江南國主李景女也條。四庫本「自北庭歸朝。嘗仕遼為翰林學士修國史。著北庭雜記。載其事」句（八八六—五八下）。明刊本「自北庭歸朝」作「自北虜歸明」。「北庭雜記」作「虜庭雜記」。

又下文「深紅暗盡驚邊塵」（同上）。明刊本作「深紅暗盡驚胡塵」。

又藝祖受命之三年條。四庫本「靖康之變。金人入廟。悉取禮樂祭祀諸法物而去」句（八八六—六〇上）。明刊本「金人」作「犬戎」。又後文「後建炎中曹勛自金營回」句（同上）。明刊本「金營」作「虜中」。

又本卷末仇池筆記條後。四庫本有缺文（八八六—六二上）。明刊本其文如下

秦會之有十客。曹冠以塾師爲門客。王會以婦弟爲親客。吳益以愛婿爲嬌客。施全以劃刃爲刺客。李季以章醮爲羽客。龔釜以治產爲莊客。丁禩以通家爲狎客。曹詠以獻計取林一飛還子爲說客。郭知運以離婚爲逐客。初止有此九客耳。秦既死。葬於建康。有蜀人史叔夜者。懷鷄黍吡生芻號慟墓前。其家大喜。因厚遺之。於是謂之弔客。以足十客之數。中興筆記

嶺表或見異物自空而下。始如彈丸。漸如車輪。遂四散。人中之即病。謂之瘴母。海邊時有鬼市。半夜而

合。鷄鳴而散。人從之多得異物。番禺雜記

宣政宮中用龍涎沉腦屑和蠟爲燭。兩行列數百枝。艷明而香溢。鈞天所無也。南渡後久絕此。惟太后回鑾沙漠。復値稱壽。上極天下之養。用宣政故事。然僅列十數炬。太后陽若不聞。上奉卮。問此燭頗愜聖意否。后曰。爾爹爹每夜常設數百枝。諸閤亦然。上因后起更衣。微謂憲聖曰。如何比得爹爹富貴。聞見錄

卷一百二十七

虛谷閒抄。徐太尉彥若之赴廣南條。四庫本「既而話于海船之賈人曰。此所謂龜寶也」句（八八六—七一上）。明刊本「賈人」作「胡人」。

卷一百二十八

蓼花洲閒錄。范文正公四子條。四庫本「洛人奉議郎任譓以壽終」句後有缺文（八八六—八一上）。明刊本作「自古兵亂。郡邑被焚毀者有之。雖賊盜殘暴。必賴室廬以處。故有存者。靖康之後。金虜入中國。

露居異俗。凡所過悉焚毀。如曲阜先聖舊宅。自魯共王後。但有增葺。莽卓巢溫之徒猶假崇儒。未嘗敢犯。至金寇遂爲烟塵。指其像而詬曰。是爾言夷狄之有君者。中原之禍自書契以來未之有也。」

大觀三年條。四庫本「上怒。編管海州。死後七年。金人入汴。高宗中興」句（八八六—八四上）。明刊本「金人入汴」作「金人入寇」。

卷一百三十一

四庫本以北里志所載事辭猥褻故刪去。只存其目。今據明刊本補之。以見原書編輯。

孫內翰北里誌

海論三曲中事

平康里入北門東回三曲。即諸妓所居之聚也。妓中有錚錚者。多在南曲中曲。其循牆一曲。卑屑妓所居。頗爲二曲輕斥之。其南曲中者。門前通十字街。初登館閣者多於此竊游焉。二曲中。居者皆堂宇寬靜。各有三數廳事。前後植花卉。或有怪石盆池左右對設。小堂垂簾茵榻帷幌之類。稱是諸妓皆私有。所指占廳事皆彩版以記諸帝后忌日。妓之母多假母也。俗呼爲爆炭。不知其因。應以難姑息之故也。亦妓之衰退者爲之。諸女自幼丐有或傭其下里。貧家常有不調之徒潛爲漁獵。亦有良家子爲其家聘之以轉求厚賂。誤陷其中。則無以自脫。初教之歌令而責之其賦甚急。微涉退怠則鞭朴備至。皆冒假母姓。呼以女弟女兄。爲

之行第。率不在三旬之內。諸母亦無夫。其未甚衰者。悉爲諸邸將輩主之。或私蓄侍寢者。亦不以夫禮待。多有游惰者於三曲中而爲諸倡所豢養。必號爲廟客。不知何謂。比見東洛諸妓。體裁與諸州飲妓固不侔矣。然其羞匕筯之態。勤參請之儀。或未能去也。北里之妓。則公卿與舉子其自在一也。朝士金章者。始有參禮。大京兆但能制其弄夫。或可駐其去耳。諸妓以出里艱難。每南街保唐寺有講席。多以月之八日相

牽率聽焉。皆納其假母一緡。然後能出於里。其於他處必因人而游。或約人與同行。則爲下婢而納資於假母。故保唐寺每三八日士子極多。益有期於諸妓也。有一嫗號汴州人也。盛有財貨。亦育數妓。多蓄衣服器用。僦賃於三曲中。亦有樂工聚居其側。或呼召之立至。每飲率以三鍰。繼燭即倍之。

天水僊哥

天水僊哥字絳眞。住於南曲中。善談謔。能歌令。常

爲席糺。寬猛得所。其姿容亦常常。但蘊藉不惡。時賢雅尚之。因鼓其聲價耳。故右史鄭休範仁表嘗在席上贈詩曰。嚴吹如何下太清。玉肌無奈六銖輕。雖知不是流霞酌。願聽雷和瑟一聲。劉覃登第。年十六七。永寧相國鄴之愛子。自廣陵入舉。輜重數十車。名馬數十駟。時同年鄭賓先輩扇之。鄭賓本吳人。或薦裴讚爲東床。因與名士相接。素無操守。粗有詞學。乾符四年。裴公致其捷與覃同年。因詣事。覃以求維揚幕。不愼廉隅猥褻財利。又薄其中饋。竟爲時輩所棄斥。極嗜欲於長安中。天水之齒甚長於覃。但聞衆譽天水。亦不知其妍醜。所由輩潛與天水計議。每令辭以他事。重難其來。覃則連增所購。終無難色。會他日天水實有所苦。不赴召覃。殊不知信增緡不已。所由輩又利其所乞。且不忠告而終不至。時有戶部府吏李全者。戶部煉子也。居其里中。能制諸妓。覃聞立使召之。授以金花銀榼可二斤許。全貪其重賂。徑

入曲追天水。入兜輿中相與至宴所。至則蓬頭垢面。涕泗交下褰簾一覩。亟使舁回。而所費已百餘金矣。

楚兒

楚兒字潤娘。素爲三曲之尤。而辯慧往往有詩句可稱。近以退幕爲萬年捕賊官郭鍛所納。置於他所。潤娘在娼中狂逸特甚。及被拘繫。未能悛心。鍛主繁務。又本居有正室。至潤娘館甚稀。每有舊識過其所居。多於窓牖間相呼。或使人詢訊。或以巾箋送遺。鍛乃

親仁諸裔孫也。爲人異常兇忍且毒。每知必極笞辱。潤娘雖甚痛憤。已而殊不少革。嘗一日自曲江與鍜行前後。相去十數步。仝版使鄭光業昌國時爲補袞道與之遇。楚兒遂出簾招之。光業亦使人傳語。鍜知之。因曳至中衢。擊以馬箠。其聲甚冤楚。觀者如堵。光業遙視之。甚驚悔。且慮其不任矣。光業明日特取路過其居偵之。則楚兒已在臨街牕下弄琵琶矣。駐馬使人傳語。已持彩箋送光業。詩曰。應是前生有宿冤。

不期今世惡因緣。蛾眉欲碎巨靈掌。鷄肋難勝子路拳。秖擬嚇人傳鐵券。汾陽王有鐵券免死罪。今則無矣。蓋恐嚇之詞。未應教我踏金蓮。曲江昨日君相遇。當下遭他數十鞭。光業馬上取筆答之曰。大開眼界莫言冤。畢世甘他也是緣。無計不煩乾偃蹇。有門須是疾連拳。據論當道加嚴箠。便合披緇念法□。如此與情殊不減。始知昨日是蒲鞭。光業性踈縱且無畏憚。不拘小節。是以敢駐馬報復。仍便送之。聞者皆縮頸。鍜累主兩赤邑捕賊。故不逞之徒多所效命。人皆憚焉。

鄭舉舉

鄭舉舉者居曲中。亦善令章。嘗與絳眞互爲席糾而充博。非貌者。但負流品。巧談諧。亦爲諸朝士所眷。常有名賢醵宴辟數妓。舉舉者預焉。今左諫王致君調。右貂鄭禮臣彀。夕拜孫文府儲。小天趙爲山崇皆在席。時禮臣初入內庭。矜誇不已。致君已下。倦不能

對。甚減歡情。舉舉知之。乃下籌指禮臣曰。學士語太多。翰林學士雖甚貴甚美。亦在人耳。至如李隙劉允承雍章亦嘗爲之。又豈能增其聲價耶。致君已下皆躍起拜之。喜不自勝。致禮臣因引滿自飲。更不復有言。於是極歡。至暮而罷。致君已下各取彩繒遺酬。孫龍光爲狀元。名偓。文府弟。爲狀元。在乾符五年。頗惑之。與同年侯彰臣潛。杜寧臣彥殊。崔勛美昭愿。趙延吉光逢。盧文舉擇。李茂勳茂藹弟。等數人

多在其舍。他人或不盡預。故同年盧嗣業訴醵罰錢。致詩於狀元曰。未識都知面。頻輸復分錢。苦心親筆硯。得志助花鈿。徒步求秋賦。持盃給暮饘。力微多謝病。非不奉同年。嗣業簡辭之子。少有詞藝。無操守之譽。與同年非舊知聞。多稱力窮。不遵醵罰。故有此篇曲。內妓之頭角者。爲都知分管諸妓。俾追召勻齊。舉舉絳真皆都知也。曲中常價。一席四鐶。見燭即倍。新郎君更倍其數。故云復分錢也。今左史劉

郊文崇及第年亦惑於舉舉。同年宴而舉舉有疾不來。其年酒糾多非舉舉。遂令同年李深之邀爲酒糾。坐久覺。狀元微哂。良久乃吟一篇曰。南行忽見李深之。手舞如蜚令不疑。任爾風流兼蘊藉。天生不似鄭都知。

牙娘

牙娘居曲中亦流輩翹舉者。性輕率。惟以傷人肌膚爲事。故硤州夏侯表中澤。相國少子。離辭年自比員刺硤州不到任。及第中甲科。皆流品知聞者。宴集尤盛。而表中性踈猛。不拘言語。或因醉戲之。爲牙娘批頰。傷其面頗甚。翼日期集於師門。同年多竊視之。表中因厲聲曰。昨日子女牙娘抓破澤顋。同年皆駭然。裴公俛首而哂。不能舉者久之。裴公瓚其年主司。今小天趙爲山每因宴席偏眷牙娘。謂之郡君。爲山內子。予從母妹也。甚明悟。爲山頗憚之。或親姻中聞爲山屬意牙娘。遂以告其內子。他日爲山自外歸。內子謂爲山曰。今日顏色甚悅暢。定應是見郡君也。爲

山愕然。久之無言以荅。亦終不敢詰其言之所來。

顏令賓

顏令賓居南曲中。舉止風流。好尙甚雅。亦頗爲時賢所厚。事筆硯有詞句。見舉人盡禮祇奉。多乞歌詩以爲留贈。五彩箋常滿箱篋。後疾病且甚。値春暮景色晴和。命侍女扶坐於砌前。顧落花而長嘆數四。因索筆題詩云。氣餘三五喘。花剩兩三枝。話別一樽酒。

相邀無後期。因教小童曰。爲我持此出。宣陽親仁已來。逢見新第。郎君及舉人即呈之云。曲中顏家娘子將來扶病奉侯郎君。因令其家設酒果以待。逡巡至者數人。遂張樂歡飲至暮。涕泗交下曰。我不久矣。幸各制哀挽以送我。初其家必謂求賻送於諸客甚喜。及聞其言頗慊之。及卒將瘞之日。得書數篇。其母拆視之。皆哀挽詞也。母怒擲之於街中曰。此豈救我朝夕也。其鄰有喜羌竹劉馳馳。聰爽能爲曲子詞。或云嘗

私於令賓。因取哀詞數篇。教挽柩前同唱之。聲甚悲愴。是日瘞於青門外。或有措大逢之。他日召馳馳使唱。馳馳尚記其四章。一曰。昨日尋偎子。輭車忽在門。人生須到此。天道竟難論。客至皆連袂。誰來爲鼓盆。不堪襟袖上。猶印舊眉痕。二曰。殘春扶病飲。此夕最堪傷。夢幼一朝畢。風花幾日狂。孤鸞徒照鏡。獨燕懶歸梁。厚意那能展。含酸奠一觴。三曰。浪意何堪念。多情亦可悲。駿奔皆露膽。麇至盡齊眉。花墜有開日。月沉無出期。寧言掩丘後。宿草便離離。四曰。奄忽那如此。夭桃色正春。捧心還動我。掩面復何人。岱岳誰爲道。逝川寧問津。臨喪應有主。宋玉在西鄰。自是盛傳於長安。挽者多唱之。或詢馳馳曰。宋玉在西。莫是你否。馳馳哂曰。大有宋玉在。諸子皆知私於樂工及鄰里之人。極以爲恥。遞相掩覆。絳眞因與諸子爭全相謔。失言云。莫倚居突肆。既而甚有恨色。後有與絳眞及諸子昵熟者。勤問之

終不言也。

楊妙兒

楊妙兒者居前曲。從東第四五家。本亦爲名輩。後老退爲假母。居第最寬潔。賓甚翕集。長妓曰萊兒。字蓬僊。貌不甚揚。齒不卑矣。但利口巧言。詼諧臻妙。陳設居止處如好事士流之家。由是見者多惑之。進士天水光遠故山北之子。年甚富。與萊兒殊相懸。而一見溺之。終不□□。萊兒亦以光遠聰悟俊少。尤謟

附之。又以俱善章程。愈相知愛。天水未應舉時已相昵狎矣。及應舉自以俊才期於一戰而取。萊兒亦謂之萬全。是歲冬。大誇於賓客。指光遠爲一鴻先輩。及光遠下第京師。小子弟自南院徑取道詣萊兒以快之。萊兒正盛飾立於門前以俟榜。小子弟輩馬上念詩以謔之曰。盡道萊兒口可憑。一冬誇婿好聲名。適來安遠門前見。光遠何曾解一鳴。萊兒尚未信。應聲嘲答曰。黃口小兒口沒憑。逡巡看取第三名。孝廉持水添瓶

子。莫向街頭亂椀鳴。其敏捷皆此類也。是春。萊兒毷氉。久不痊於光遠。京師以宴下第者謂之打毷氉。

光遠嘗以長句詩題萊兒室曰。魚鑰獸環斜掩門。萋萋芳草憶王孫。醉憑□瑣窺韓壽。困擲金梭惱謝鯤。不夜□□□玉匣。辟寒釵影落瑤樽。欲知明惠多□□。役盡江沈別後魂。萊兒酬之曰。長者車塵每到門。長卿非慕卓王孫。定知羽翼歎□鳳。卻喜波濤未化鯤。嬌別翠鈿粘去袂。醉歌金雀碎殘樽。多情多病年應促。早辦名香爲返魂。萊兒亂離前有闤闠豪家以金帛聘之。置於他所。人頗思之。不得復覩。萊兒以敏妙誘引賓客。倍於諸妓。榷利甚厚。而假母楊氏未嘗優恤。萊兒因大詬假母。拂衣而去。後假母嘗泣訴於他賓。次妓曰永兒。字齊卿。婉約於萊兒。無他能。今相國蕭司徒遘甚眷之。在翰苑時每知聞。間爲之致宴。必約定名占之。次妓曰迎兒。既乏丰姿。又拙戲謔。多勁詞以忤賓客。次妓曰桂兒。最少。亦窘於貌。但

慕萊兒之爲人。雅於逢迎。

王團兒

王團兒前曲自西第一家也。昨車駕反正朝官多居此。

已爲假母。有女數人。長曰小潤。字子美。少時頗籍籍者。小天崔垂休。名徹。本字似之。及第時年二十。變化年溺惑之。所費甚廣。嘗題記於小潤髀上。爲山所見。名就今。字袞求。近白小求宰臨晉。贈詩曰。慈恩塔下親泥壁。滑膩光華玉不如。何事博陵崔四

十。金陵腿上逞歐書。垂休本第四十。後改爲四十一。即崔四十崔相也。次曰福娘。字宜之。甚明白。豐約合度。談論風雅。且有體裁。故天官崔知之侍郎嘗於筵上與詩曰。名澹。贈詩方在內庭。怪得清風送異香。娉婷僊子曳霓裳。惟應錯認偷桃客。曼倩曾爲漢侍郎。時爲內庭户部侍郎。次曰小福。字能之。雖乏風姿。亦甚慧黠。予在京師與群從少年習業。或倦悶時同詣此處。與二福環坐。清談雅飲。尤見風態。予

嘗贈宜之詩曰。綵翠僊衣紅玉膚。輕盈年在破瓜初。霞盃醉勸劉郎飲。雲髻慵邀阿母梳。不怕寒侵綠帶寶。每憂風舉倩持裾。謾圖西子晨粧樣。西子元來未得如。得詩甚多。頗以此詩爲稱。恆持詩於牕左紅牆。請予題之。及題畢。以未滿壁。請更作一兩篇。且見戒無艷。予因題三絕句。如其自述。其一曰。移壁回牕費幾朝。指環偷解薄蘭椒。無端鬥草輸鄰女。更被拈將玉步搖。其二曰。寒繡紅衣餉阿嬌。新團香獸不

禁燒。東鄰起樣裙腰闊。刺蹙黃金線幾條。其三曰。試共卿卿戲語麤。畫堂連遣侍兒呼。寒肌不奈金如意。白獺爲膏郎有無。倘校數行未滿。翼日詣之。忽見自札後宜之題詩曰。苦把文章邀勸人。吟看好箇語言新。雖然不及相如賦。也直黃金一二斤。宜之每宴洽之際。常慘然悲鬱。如不勝任。合坐爲之改容。久而不已。靜詢之答曰。□蹤跡安可迷而不返耶。又何計以返。每思之不能不悲也。遂嗚咽久之。他日忽以紅

箋授予。泣且拜。視之詩曰。日日悲傷未有圖。懶將心事話凡夫。非同覆水應收得。只問僊郎有意無。余因謝之曰。甚知幽旨。但非舉子所宜何如。又泣曰。某幸未係教坊籍。君子倘有意。一二百金之費爾。未及答。因授予筆請和其詩。予題其箋後曰。韶妙如何有遠圖。未能相爲信非夫。泥中蓮子雖無染。移入家園未得無。覽之因泣不復言。自是情意頓薄。其夏予東之洛。或釂飲於家。酒酣數相囑曰。此歡不知可繼

否。因泣下。洎冬初還京。果爲豪者主之。不復可見
。曲中諸子多爲富豪輩日輸一緡於母。謂之買斷。但
未免官。使不復祗接於客。至春上巳日。因與親知禊
於曲水。聞鄰棚絲竹。因而視之。西座一紫衣。東座
一縗麻。北座者偏迺反甲反。麻衣對米盂爲糾。其南
二妓乃宜之與母也。因於棚後候其女傭以詢之曰。宣
陽綵纈舖張言爲街使。郎官置宴。張即宜之所主也。
時街使令坤爲敬瑄二縗。蓋在外艱耳。及下棚復見女

傭曰。來日可到曲中否。詰旦詣其里。見能之在門。
因邀下馬。予辭以他事。立乘與語。能之團紅巾擲予
曰。宜之詩也。舒而題詩曰。久賦恩情欲託身。已將
心事再三陳。泥蓮既沒移栽分。今日分離莫恨人。予
覽之悵然。馳回且不復及其門。每念是人之慧性可喜
也。常語予。本解梁人也。家與一樂工鄰。少小常依
其家學針線。誦歌詩。總角爲人所誤。聘一過客云。
入京赴調選。及挈至京置之。於是客絀而去。初是家

以親情接待甚至。累月後乃逼令學歌令。漸遣見賓客
。尋爲計巡遼所嬖。韋宙相國子及衛增常侍子所娶。
輸此家不啻千金矣。間者亦有兄弟相尋。便欲論奪。
某量其兄力輕勢弱。不可奪。無奈何謂之曰。某亦失
身矣。必恐徒爲因尤。其家得數百金與兄。乃慟哭永
訣而去。每遇賓客話及此。嗚咽久之。

俞洛眞

俞洛眞有風貌。且辯慧。頃曾出曲中。值故左揆于公

貴主許納別室于公琮。尙廣德公主。宣宗女也。頗有
賢淑之譽。從子梲冐其季父梲珠之子于公。柄國時頗
用事。曾貶振州司戶。後改名應舉。左揆爲力甚切。
竟不得。後投跡今左廣令孜門。因中第。遂佐十軍。
先通洛眞而納之。月餘不能事。諸媵之間彰其迹以告
貴主。主即出之。亦獲數百金。遂嫁一胥吏。未朞年
而所有索盡。吏不能給。遂復入曲。攜胥一女。亦當
時絕色。洛眞雖有風情。而淫冶任酒。殊無雅裁。亦

時爲席糾。頗善章程。鄭右史仁表常與詩曰。巧製新章拍指新。金疊巡舉助精神。時時欲得橫波盼。又怕回籌錯指人。離亂前兩日與進士李文遠渭。渥之弟今改名漸。其年初舉。乘醉同詣之。文遠一見。不勝愛慕。時日已抵晚。新月初升。因戲文遠。題詩曰。引君來訪洞中僊。新月如眉拂戶前。領取嫦娥攀取桂。便從陵谷一時遷。予題於楣間訖先回。間兩日。文遠因同詣南院。文遠言前者醉中題姓字於所詣非宜也。

回將撤去之。及安上門。有自所居追予者曰。潼關失守矣。文遠不肯中返。竟至南院。及回固不暇前約。聳轡而歸。及親仁之里。已奪馬紛紜矣。因倉皇而回。遂乃奔竄。因與文遠思所題詩眞讖詞也。

王蘇蘇

王蘇蘇在南曲中。屋室寬博。卮饌有序。女昆仲數人。亦頗善諧謔。有進士李標者自言李英公勣之後。久在大諫王致君門下。致君弟姪因與同詣焉。飲次標題牕窗曰。春暮花株遶戶飛。王孫尋勝引塵衣。洞中僊子多情態。留住劉郎不放歸。蘇蘇先未識。不甘其題。因謂之曰。阿誰留郎。君莫亂道。遂取筆繼之曰。怪得犬驚鷄亂飛。羸童瘦馬老麻衣。阿誰亂引閒人到。留住青蚨熱趕歸。標性褊。頭面通赤。命駕先歸。後蘇蘇見王家郎君輙詢熱趕郎在否。

王蓮蓮

王蓮蓮字沼容。微有風貌。女弟小僊已下數輩皆不及

。但假母有郭氏之癖。假父無王衍之嫌。諸妓皆攫金特甚。詣其門者。或酬酢稍不至。多被盡留車服賃衛而返。曲中惟此家假父頗有頭角。蓋無圖者矣。

劉泰娘

劉泰娘北曲內小家女也。彼曲素無高遠者。人不知之。亂離之春。忽於慈恩寺前見曲中諸妓同赴曲江宴。至寺側下車而行。年齒甚妙。粗有容色。時遊者甚衆。爭往詰之。以居非其所久。乃低眉。及細詢之。云

門前一欅樹。子尋遇暮雨。諸妓分散。其暮予有事北去。因過其門。恰遇犢車返矣。遂題其舍曰。尋常凡木最輕欅。今日尋欅桂不如。漢高新破咸陽後。英俊奔波遂喫虛。同遊人聞知。詰朝詣之者結駟於門矣。

張住住

張住住者。南曲所居卑陋。有二女。兄不振。是以門甚寂寞。爲小鋪。席貨草剉薑果之類。住住其母之腹女也。少而敏慧。能辨音律。鄰有龐佛奴與之同歲。

亦聰警。甚相悅慕。年六七歲。隨師於衆學中。歸則轉教住住。私有結髮之契。及住住將笄。其家拘管甚切。佛奴稀得見之。又力窘不能致聘。俄而里之南有陳小鳳者。欲權聘住住。蓋求其元。已納薄幣。約其歲三月五日。及月初音耗不通。兩相疑恨。佛奴因寒食爭毬。故逼其牕以伺之。忽聞住住曰。徐州子看看日中也。佛奴龐勛同姓。傭書徐邸。因私呼佛奴爲徐州子。日中蓋五日也。佛奴甚喜。因求住住云。上巳日我家踏青去。我當以疾辭。彼即自爲計也。佛奴因求其鄰宋嫗爲之地。嫗許之。是日舉家踏青去。而嫗獨留。住住亦留。住住乃鍵其門。伺於東牆。聞佛奴語聲。遂梯而過。佛奴盛備酒饌。亦延宋嫗。因爲謾寢。所以遂平生。既而謂佛奴曰。子既不能見聘。今且後時矣。隨子而奔。兩非其便。千秋之誓。可徐圖之。五日之言其何如也。佛奴曰。此我不能也。但願保之他日。住住又曰。小鳳亦非娶我也。其旨可知也

。我不負子矣。而子其可便負我家而辱之乎。子必爲我之計。佛奴許之。曲中素有畜鬥鷄者。佛奴常與之狎。至五日因髡其冠。取丹物託宋嫗。致于住住。既而小鳳以爲獲元甚喜。又獻三緡于張氏。遂往來不絕。復貪住住之明慧。因欲嘉禮納之。時小鳳爲平康富家。車服甚盛。佛奴傭於徐邸。不能給食。母兄喻之。鄰里譏之。住住終不捨佛奴。指堦井曰。若逼我不已。骨董一聲即了矣。平康里中素多輕薄小兒。遇事

輒唱。住住詎小鳳也。鄰里或知之。俄而復值北曲王團兒假女小福爲鄭九郎主之。而私於曲中盛六子者。及誕一子。滎陽撫之甚厚。曲中唱曰。張公喫酒李公顛。盛六生兒鄭九憐。舍下雄鷄傷一德。南頭小鳳納三千。久之小鳳因訪住住。微聞其唱。疑而未察。其與住住昵者。詰旦告以街中之辭曰。是日前佛奴雄鷄因避鬥飛上屋傷足。前曲小鐵鑪田小福者。賣馬街頭。遇佛奴父以爲小福所傷。遂毆之。住住素有口辯。

因撫掌曰。是何龐漢打他賣馬街頭。田小福街頭唱。舍下雄鷄失一足。街頭小福拉三拳。且雄鷄失德是何謂也。小鳳既不審。且不喻。遂無以對。住住因大咍遞呼家人。隨弄小鳳。甚不自足。住住因呼宋媼使以前言告佛奴。奴視鷄足且良。遂以生絲纏其鷄足。置街中。召群小兒共變其唱。住住之言小鳳。復以住住家噪弄不已。遂出街中以避之。及見鷄跛。又聞改唱深恨□來悟聽。乃益市酒肉。復之張舍。一夕宴語甚歡。至旦將歸街中。又唱曰。莫將龐大作荍音翹團。龐大皮中的不乾。不怕鳳凰當額打。更將鷄腳用筋纏。小鳳聞此唱。不復詣住住。佛奴初傭徐邸。邸將甚憐之。爲致職名。竟裨邸將終以禮聘住住。將連大第而小鳳家事日蹙。復不侔矣。

附錄

胡證尙書

胡證尙書。質狀魁偉。膂力絕人。與裴晉公度同年。

公嘗狎遊。爲兩軍力士十許輩凌轢。勢甚危窘。公潛遣□□求救於胡。胡衣皀貂金帶。突門而入。諸力士睨之失色。胡後到飲酒。一舉三鍾。不啻數升。盃盤無餘。瀝逡巡主人上燈。胡起取鐵燈臺。摘去枝葉而合其跗。橫置膝上。謂衆人曰。鄙夫讀非次改令。凡三鍾引滿一遍。三臺酒須□仍不得有滴瀝犯令者。一鐵躋自謂燈臺胡復一舉三鍾。次及一角觥者。□□三遍。酒未能盡淋漓。逮至竝坐。胡舉躋將擊之。群

惡皆起。設拜叩頭。乞命呼爲神人。胡曰鼠輩敢爾。
乞汝殘命。叱之令去。

裴思謙狀元

裴思謙狀元及第。後作紅箋名紙十數。詣平康里。因宿於里中。詰旦賦詩曰。銀釭斜解鳴璫。小語低聲賀玉郎。從此不知蘭麝貴。夜來新惹桂枝香。

鄭光業補袞

鄭光業新及第年。宴次有子女卒患心痛而死。同年皆

惶駭。光業撤筵中器物。悉授其母。別徵酒器。盡歡而散。

楊汝士尚書

楊汝士尚書鎭東川。其子知溫及第。汝士開家宴相賀。營妓咸集。汝士命人與紅綾一匹。詩曰。郎君得意及青春。蜀國將軍又不貧。一曲高歌紅一匹。兩頭娘子謝夫人。

鄭合敬先輩

鄭合敬先輩及第。後宿平康里。詩曰。春來無處不閒行。楚潤相看別有情。好是五更殘酒醒。時時聞喚狀元聲。楚娘字潤卿。妓之尤者。余頃年往長安中鰥居僑寓。頗有介靜之名。然惚率交友。未嘗辭避。故勝遊狎宴。常亦預之。朝中知己謂余能立於顏生子祚生之間矣。余不達聲律。且無耽惑。而不免俗。以其道也。然亦懲其事。思有以革其弊。嘗聞大中以前。北里頗爲不測之地。故王金吾式令狐博士滈皆目擊其事

。幾罹毒手。實昭著本末。垂戒後來。且又焉知當今無之。但不值執金吾曲臺之泄耳。王金吾。故山南相國起之子。少狂逸。曾昵行此曲。遇有醉而後至者。遂避之床下。俄頃又有後至者。仗劍而來。以醉者爲金吾也。因梟其首而擲之曰。來日更呵殿入朝耶。遂據其床。金吾獲免。遂不入此曲。其首家人收瘞之。令狐博士滈相君當權日尙爲貢士。多往此曲。有昵熟之地往訪之。一旦忽告以親戚聚會。乞輟一日遂去之

。滈於鄰舍密窺見母與女共殺一醉人而瘞之室。後來日復再詣之。宿中夜問女。女驚而扼其喉。急呼其母。將共斃之。母勸而止。及旦歸告大京尹捕之。其家已失所在矣。以博文事不可不具。載於明文耳。頃年舉子皆不及此里。惟新郎君恣遊於一春。近不知誰何啓迪。嗚呼有危梁峻谷之虞。則回車返策者衆矣。何危禍之惑甚於彼。而不能戒於人哉。則鼓洪波遵覆轍者。甚於作俑乎。後之人可以作規者。當力制乎。

其所志是不獨爲風流之談。亦可垂誡勸之旨也。述才慧所以痛其辱重稟也。述誤陷所以警其輕體也。叙宜之所以憐拯己之惠也。叙洛眞所以誡上姓之容易也。舉令賓所以念蚩蚩者。有輕才之高見也。舉住住所以嘉碌碌者有重讓之明心也。引執金吾與曲臺所以裨將來爲危梁峻谷之虞也。可不戒之哉。

卷一百三十二

四庫本以青樓集所載亦褻狎不典。故刪去只存其目。今亦據明刊本補之如後

青樓集

梁園秀姓劉氏。行第四歌。舞談謔爲當代稱首。喜親文墨。作字楷媚間。吟小詩亦佳。所製樂府如小梁州。青歌兒。紅衫兒。抝塼兒。寨兒令等。世所共唱之。又善隱語。其夫從小喬樂藝。亦超絕云。

張怡雲能詩詞。善談笑。藝絕流輩。名重京師。趙松雪商正叔高房山皆爲寫怡雲圖以贈。諸名公題詩殆遍

。姚牧菴閻靜軒每於其家小酌。一日過鍾樓街遇史中丞。中丞下道笑而問曰。二先生所往可容侍行否。姚云中丞上馬。史於是屏騶從速其歸。攜酒饌因與造海子上之居。姚與閻呼曰。怡雲今日有佳客。此乃中丞史公子也。我輩當爲爾作主人。張便取酒先壽。史且歌。雲間貴公子。玉骨秀橫秋。水調歌一闋。史甚喜。有頃。酒饌至。史取銀二定酹歌。席終左右欲徹酒器。皆金玉者。史云。休將去。留待二先生來此受用

。其賞音有如此者。又嘗佐貴人樽俎姚閻二公在焉。姚偶言暮秋時三字。閻曰。怡雲續而歌之。張應聲作小婦孩兒。且歌且續。曰。暮秋時菊殘。猶有傲霜枝。西風了卻黃花事。貴人曰。且止遂不成章。張之才亦敏矣。

曹娥秀京師名妓也。賦性聰慧。色藝俱絕。一日鮮于伯機。開宴座客。皆名士。鮮于因事入內。命曹行酒。適遍公出自內。客曰。伯機未飲。曹亦曰。伯機未

飲。客笑曰。汝以伯機相呼。可爲親愛之至。鮮于佯怒曰。小鬼頭敢如此無禮。曹曰。我呼伯機便不可。卻只許爾叫㪷王羲之也。一座大笑。

□□姓劉氏。尤長於慢詞。廉野雲□□疎齋趙松雪飲于京城外之萬柳堂。劉□手持荷花。右手舉杯。歌驟雨打新荷曲。諸公喜甚。趙即席賦詩云。萬柳堂前數畝地。平鋪雲錦蓋漣漪。主人自有滄洲趣。遊女仍歌白雪詞。手把荷花來勸酒。步隨芳草去尋詩。誰知咫尺京城外。便有無窮萬里思。

珠簾秀姓朱氏。行第四。雜劇爲當今獨步。駕頭花旦軟末泥等。悉造其妙。胡紫山宣慰嘗以沉醉東風曲贈云。錦織江邊翠竹。絨穿海上明珠。月淡時風清處。都隔斷落紅塵土。一片閒情任春舒。挂盡朝雲暮雨。馮海粟待制亦贈以鷓鴣天云。憑倚東風遠映樓。流鶯窺面燕低頭。蝦鬚瘦影纖纖織。龜背香紋細細浮。紅霧斂。彩雲收。海霞爲帶月爲鉤。夜來捲盡西山雨

。不著人間半點愁。蓋朱背微僂。馮故以簾鉤寓意。至今後輩以朱娘娘稱之者。

趙眞眞楊玉娥善唱諸宮調。楊立齋見其謳張五牛商正叔所編雙漸小卿恕。因作鷓鴣天哨遍耍孩兒煞以詠之。後曲多不錄。今錄前曲云。烟柳風花錦作園。霜芽露葉玉裝船。誰知皓齒纖腰會。只在輕衫短帽邊。啼玉靨。咽冰絃。五牛身去更無傳。詞人老筆佳人口。再喚春風在眼前。

劉燕歌善歌舞。齊參議還山東。劉賦太常引以餞云。故人別我出陽關。無計鎖雕鞍。今古別離難兀。誰畫蛾眉遠山。一尊別酒。一聲杜字。寂寞又春殘。明月小樓閒第。□夜相思淚彈。至今膾炙人口。

順時秀姓郭氏。字順卿。行第二人。稱□□郭二姐。姿態閑雅。雜劇爲閨怨最高。駕□諸旦本亦得體。劉時中待制嘗以金簧玉管鳳吟鸞鳴擬其聲韻。平生與王元鼎密。偶疾思得馬板腸。王即殺所騎駿馬。以啗之

。阿魯溫參政在中書。欲矚意於郭。一日戲曰。我何如王元鼎。郭曰。參政宰臣也。元鼎文士也。經綸朝政。致君澤民。則元鼎不及參政。嘲風弄月。惜玉憐香。則參政不敢望元鼎。阿魯溫一笑而罷。

□娥秀姓邳氏。世傳邳三姐是也。善小唱。能謾詞。張子友平章甚加愛賞。中朝名士贈以詩文盈軸焉。

杜妙隆金陵佳麗人也。盧踈齋欲見之行。李匆匆不果所願。因題踏沙行於壁云。雪暗山明。溪深花早。行人馬上詩成了。歸來聞說妙隆歌。金陵卻比蓬萊渺。寶鏡□□。玉容空好。梁塵不動歌聲悄。無人知我此時情。春風一枕松牕曉。

喜春景姓段氏。姿色不逾中人。而藝絕一時。張子友平章以側室置之。

□檀香姿色嫵媚。歌韻清圓。東平嚴侯甚愛之。

南春宴姿容偉麗。長於駕頭。雜劇亦京師之表表者。

李心心楊奈兒袁當兒于盼盼于心心吳女燕雪梅此數人

者。皆國初京師之小唱也。又有牛四姐。乃元壽之妻。俱擅一時之妙。壽之尤爲京師唱社中之巨擘也。

宋六嫂小字同壽。元遺山有贈觱栗工張觜兒詞。即其父也。宋與其夫合樂妙入神品。蓋宋善謳。其夫能傳其父之藝。滕玉霄待制。嘗賦念奴嬌以贈云。柳顰花困。把人間恩愛尊前傾盡。何處飛來雙比翼。直是同聲相應。寒玉嘶風。香雲捲雪。一串驪珠引。元郎去後。有誰著意題品。誰料濁羽清商。繁絃急管。猶自

餘風韻。莫是紫鸞天上曲。兩兩玉童相竝。白髮梨園青衫老。傳試與留連。聽可人何處。滿庭霜月淸冷。

□□□京師旦。色姿藝竝佳。其兒婦玉葉兒元文苑嘗贈以南呂一枝花曲。又有瑤池景呂總管之妻也。賈島春蕭子才之妻也。皆一時之拔萃者。王玉帶。馮六六王。榭燕。王庭燕。周獸頭。皆色藝兩絕。又有劉信香因李侯寵之。名尤著焉。

秦玉蓮秦小蓮善唱諸宮調。藝絕一時。後無繼之者。

司燕奴精雜劇。聲名與宋郭相頡頏。後有班眞眞。程巧兒。李趙奴。亦擅一時之妙。

天然秀姓高氏。行第二。人以小二姐呼之。母劉嘗侍史開府。高丰神靘雅。殊有林下風致。才藝尤度越流輩。閨怨雜劇爲當時第一手。花旦駕頭亦臻其妙。始嫁行院王元俏。王死再嫁焦太素治中。焦後沒。復落樂部。人咸以國香深惜。然尙高潔凝重。尤爲白仁甫李溉之所愛賞云。

國玉第敎坊副使童關高之妻也。長於綠林雜劇。尤善談謔。得名京師。

張玉梅劉子安之母也。劉之妻曰蠻婆兒。皆擅美當時。其女關關謂之小婆兒。七八歲已得名湘湖間。

王金帶姓張氏。行第六。色藝無雙。鄧州王同知娶之。生子矣。有譖之於伯顏大師欲取入敎坊承應。王因一尼爲地。求問於太師之夫人。乃免。

魏道道勾欄內獨舞鷓鴣四篇打散。自國初以來無能繼者。妝旦色有不及焉。

玉蓮兒端麗巧慧。歌舞談諧悉造其妙。尤善文揪握槊之戲。嘗得侍於英廟。由是名冠京師。

樊事眞京師名妓也。周仲宏參議嬖之。周歸江南。樊飮餞于齊化門外。周曰別後善自保持。母貽他人之誚。樊以酒酹地而誓曰。妾若負君。當刳一目以謝君子。亡何有權豪子來。其母旣迫於勢。又利其財。樊則始毅然。終不獲已。後周來京師。樊相語曰。別後非

不欲保持。卒爲豪勢所逼。昔日之誓。豈徒設哉。乃抽金篦刺左目。血流遍地。周爲之駭然。因歡好如初。好事者編爲雜劇曰樊事眞金篦刺目。行於世。

賽簾秀朱簾秀之高弟。欠耍俏之妻。□年雙目皆無所睹。然其出門入戶。步線行鍼。不差毫髮。有目莫之及焉。聲遏行雲。乃古今絕唱。

天錫秀姓王氏。侯總管之妻也。善綠林雜劇。足甚小。而步武甚壯。女天生秀稍不逮焉。後有工於是者。

賜恩深謂之邦老趙家。又有張心哥亦馳名淮浙。

金獸頭湖廣名妓也。貫只歌平章納之。貫沒流落湘湖間。酸齋嘗有老鶴啄之誚。

周喜歌字悅卿。貌不甚揚。而體態溫柔。趙松雪書悅卿二字。鮮于困學。衛山齋。都廉使公。及諸名公。皆贈以詞。至今其家寶藏之。

王巧兒歌舞顏色稱於京師。陳雲嶠與之狎。王欲嫁之。其母密遣其流輩開喻曰。陳公之妻。乃鐵太師女。妬悍不可言爾。若歸其家。必遭凌辱矣。王曰。巧兒一賤倡。蒙陳公厚眷。得侍巾櫛。雖死無憾。母知其志不可奪。潛挈家僻所。陳不知也。旬日後王密遣人謂陳曰。母氏設計。置我某所。有富商約某日來。君當圖之。不然恐無及矣。至期商果至。王辭以疾。悲啼宛轉。飲至夜分。商欲就寢。王掐其肌膚皆損。遂不及亂。既五鼓。陳宿搆忽刺罕赤闖縛商欲赴刑部處置。商大懼。告陳公曰。某初不知幸寢其事。願獻錢

二百緡以助財禮之費。陳笑曰。不須也。遂厚遺其母。攜王歸江南。陳卒王與正室鐵皆能守其家業。人多所稱述云。

王奔兒長於雜劇。然身背微僂。金玉府總管張公置於側室。劉文卿嘗有買得不直之誚。張沒流落江湖。爲教師以終。

時小童善調話。即世所謂小說者。如丸走坂。如水建瓴。女童亦有舌辨。嫁末泥。度豐年。不能盡母之伎

云。

于四姐字慧卿。尤長琵琶。合唱爲一時之冠。名公士夫皆以詩贈之。後有朱春兒亦得名於淮浙。

平陽奴姓徐氏。一目眇。四體文繡。精於綠林雜劇。

又有郭太香陳德宣之妻也。亦微眇一目。韓獸頭曹皇宣之妻也。亦善雜劇。皆馳名金陵者也。

趙偏惜樊孛闌奚之妻也。旦末雙全。江淮間多師事之。樊院本亦罕與比。

連枝秀姓孫氏。京師角妓也。逸人風高老點化之。遂爲女道士。浪遊湖海間。嘗至松江引一髽髻曰閩童。亦能歌舞。有招飲者。酒酣則自起舞唱青天歌。女童亦舞而和之。眞仙音也。欲於東門外化緣。造菴陸宅之爲造疏語。多寓譏誚其中。有不比尋常鈎子。曾經老大。鉗槌百煉不回。萬夫難敵之句。孫於是飄然入吳。遇醫人李恕齋。乃欲下舊好。遂從俗嫁之。後不知所終。

□□梅善唱慢調。雜劇亦精致。身材短小。而聲韻清圓。故鍾繼先有聲似磬圓。身如磬槌之誚云。

□□□賦性聰慧。記雜劇三百餘段。當時旦色號爲廣記者皆不及也。金玉府張總管置於側室。張沒後復爲娼。

朱錦繡侯耍俏之妻也。雜劇旦末雙全。而歌聲墜梁塵。雖姿不逾中人。高藝實超流輩。侯又善院本。時稱負絕藝者。前輩有趙偏惜。樊孛闌奚。後則侯朱也。

樊香歌金陵名姝也。妙歌舞。善談諧。亦頗涉獵書史。臺端雖廌角峨峨。悉皆愛賞。士夫造其廬。盡日笑談。惜壽不永。二十三歲而卒。葬南關外。好事者春遊必攜酒奠其墓。至今率以爲常。

□□梅姓劉氏。獨步江浙。其女匾匾。姿格嬌冶。資性聰明。雜劇能迭生按之號小技。後嫁末泥安太平常。鬱鬱而卒。有女寶寶。亦喚小技梅。藝則不逮其母云。

□□□楊駒兒之女也。美姿容。善謳唱。公卿士夫翕然加愛。性嗜酒。後嫁樂人查查鬼張四爲妻。憔悴而死。貫酸齋嘗以髻挽青螺裙拖白帶之句譏之。蓋以其有白帶疾也。

張玉蓮人多呼爲張四。□舊曲。其音不傳者。皆能尋腔依詞唱之。絲竹咸精。蒱博盡解。笑談亹亹。文雅彬彬。南北令詞即席成賦。審音知律。時無比焉。往來其門。率富貴公子。積家豐厚。喜延欵士夫。復揮

金如土。無少暫惜愛。林經歷嘗以側室置之。後再占樂籍班。彥功與之甚狎。班司儒秩滿北上。張作小詞折桂令贈之。末句云。朝夕思君泪點成班。亦自可喜。又有一聯云。側耳聽門前過馬。和泪看簾外飛花。尤爲膾炙人口。有女倩嬌粉兒數人。皆藝殊絕。後以從良散去。余近年見之崑山。年餘六十矣。兩鬢如黧。容色尚潤。風流談謔。不減少年時也。

趙眞眞馮蠻子之妻也。善雜劇。有遶梁之聲。其女西夏秀嫁江閏甫。亦得名淮浙間。江親文墨。通史鑑。教坊流輩咸不逮焉。

李嬌兒王德名妻也。姿容姝麗。意度閑雅。時人號爲小天然。花旦雜劇特妙。江浙駙馬丞相常眷之。李生辰相君致賀禮。遇公燕則遺以馬腰截。至今歌館以爲盛事。

張奔兒李牛子之妻也。姿容丰格。妙於一時。善花旦雜劇。時人目奔兒爲溫柔旦。李嬌兒爲風流旦。

龍樓景丹墀秀皆金門高之女也。俱有姿色。專工南戲。龍則梁塵暗簌。丹則驪珠宛轉。後有芙蓉秀者。婺州人。戲曲小令不在二美之下。且能雜劇。尤爲出類拔萃云。

賽天香李魚頭之妻也。善歌舞。美風度。性嗜潔。玉骨冰肌。纖塵不染。無錫倪元鎮有潔病。亦甚愛之。則其人可知矣。

翠荷秀姓李氏。雜劇爲當時所推。自維揚來雲間。石

萬戶置之別館。石沒李誓不他適。終日卻埽焚香誦經。石之子雲壑萬戶。孫伯玉萬戶歲時往拜之。余見其年已七旬。鬢髮如雪。兩手指甲皆長尺餘焉。

□□哥張有才之妻也。美姿色。善歌舞。名雖高而壽不永。張繼娶和當當。雖貌不揚。而藝甚絕。在京師曾接司燕奴排場。由是江湖馳名。老而歌調高如貫珠。其女鸞童能傳母之技云。

陳婆惜善彈唱。聲遏行雲。然貌微陋。而談笑風生。應對如響。省憲大官皆愛重之。在絃索中能彈唱韃靼曲者。南北十人而已。女觀音奴亦得其彷彿。不能造其妙也。

玉□憐湖州角妓。美姿容。善雜劇。涅古伯經歷甚屬意焉。汪曰。若不棄寒微。當以側室處我。涅遂備禮納之。克盡婦道。人無間言。數年涅沒。汪髡髮爲尼。公卿士夫多訪之。汪汨其形以絕衆之狂念而終身焉。

米里哈回回旦色歌喉清宛妙入□□□。雖不揚。而專工花旦雜劇。余曾識□□□虛得也。

顧山山行第四。人以顧四姐呼之。本良家子。因父而俱失身。資性明慧。技藝絕倫。始嫁樂人李小大。李沒華亭縣長哈剌不花置于側室。凡十二年。後復居樂籍。至今老于松江。而花旦雜劇猶少年時體態。後輩且蒙其指教。人多稱賞之。

李芝儀維揚名妓也。工小唱。尤善慢詞。王繼學中丞甚愛之。贈以詩序。余記其一聯云。善和坊裏驊騮搆出。繡鞍來錢塘江邊。燕子啣將春色去。又有塞鴻秋四闋。至今歌館尤傳之。喬夢符亦贈以詩詞。甚富女童。童善雜劇。間來松江。後歸維揚。次女多嬌尤聰慧。今留京口。

□□□張奔兒之女也。十餘歲即名動江□□□無比。舉止溫雅。語不傷氣。綽有閨閣風致。達天山檢校浙省一見遂屬意焉。周旋三歲一作載。達秩滿赴都。且約以明年相會。李遂爲女道士。杜門謝客。日以焚誦

爲事。至期達授諸暨州同知而來。備禮取之後。達沒復爲道士。節行愈勵云。

□鳳歌山東名妓也。善小唱。彭庭堅爲沂州同知。確守不亂。眞恃以機辨圓轉。欲求好於彭。一日大雪。彭會客深夜方散。眞托以天寒不回。直造彭室。彭竟不辭。後意甚密。

大都秀姓張氏。其友張七樂名。黃子醋善雜劇。其外腳供過亦妙。

喜溫柔曾九之妻也。姿色端麗。而舉止溫柔。淮浙馳名。老而不衰。江西亦有喜溫柔。姓孫氏。其藝則不逮焉。

金鶯兒山東名姝也。美姿色。善談笑。搊箏合唱。鮮有其比。賈伯堅任山東僉憲一見屬意焉。與之甚昵。後除西臺御史。不能忘情。作醉高歌紅繡鞋曲以寄之曰。樂心兒比目連枝。肯意兒新婚燕爾。畫船開拋閃的人。獨自遙望關西店兒。黃河水流不盡。心事中條山隔不斷。相思常記得。夜深沉。人靜悄。自來時。來時節三兩句話。去時節。一篇詩記在人心。窩兒裏直到死。由是臺端知之。被劾而去。至今山東以爲美談。

一分兒姓王氏。京師角妓也。歌舞絕倫。聰慧無比。一日丁指揮會才人劉士昌程繼善等於江鄉園小飲。王氏佐樽。時有小姬。歌菊花。會南呂曲云。紅葉落。火龍褪。甲青松枯怪蟒張牙。丁曰。此沉醉東風首句

也。王氏可足成之。王應聲曰。紅葉落。火龍褪。甲青松枯怪蟒張牙。可詠題。堪描畫。喜觥籌。席上交雜荅刺蘇。頻斟入禮。廝麻不醉呵。休扶上馬。一座歎賞。由是聲價愈重焉。

般般醜姓馬字素卿。善詞翰。達音律。馳名江湘間。時有劉廷信者。南臺御史。劉廷翰之族弟俗呼曰黑劉五。落魄不羈。工於笑談。天性聰慧。至於詞章。信口成句。而街市俚近之談。變用新奇。能道人所不能

口成句。而街市俚近之談。變用新奇。能道人所不能道者。與馬氏各相聞而未識。一日相遇於道。偕行者曰。二人請相見。曰此劉五舍也。此即馬般般醜也。見畢劉熟視之曰。名不虛得。馬氏含笑而去。自是往來甚密。所賦樂章極多。至今爲人傳誦。

劉婆惜樂人李四之妻也。江右與楊春秀同時。頗通文墨。滑稽歌舞。迥出其流。時貴多重之。先與撫州常推官之子三舍者交好。苦其夫間阻。一日偕宵遁。事

覺決杖。劉負愧將之廣海居焉。道經贛州。時有全晉菴撥里字子仁。由禮部尚書值天下多故。選用除贛州監郡。平昔守官清廉。文章政事敭歷臺省。但未免耽於花酒。每日公餘即與士夫酣歌賦詩。帽上常喜簪花。否則或果或葉。亦簪一枝。一日劉之廣海過贛謁全公。全曰。刑餘之婦無足與也。劉謂閽者曰。妾欲之廣海。誓不復還。久聞尚書清譽。獲一見而逝。死無憾也。全哀其志而與進焉。時賓朋滿座。全帽上簪青梅一枝行酒。全口占清江引曲云。青青子兒枝上結。令賓朋續之。衆未有對者。劉斂衽進前曰。能容妾一辭乎。全曰。可。劉應聲曰。青青子兒枝上結。引惹人攀折。其中全子仁。就裏滋味別。只爲你酸留意兒難棄舍。全大稱賞。由是顧寵無間。納爲側室。後兵興。全死節。劉克守婦道。善終於家。

小春宴姓張氏。自武昌來浙西。天性聰慧。記性最高。勾闌中作場。常寫其名目貼於四周遭梁上。任看官

選揀需索。近世廣記者少有其比。

孫秀秀都下小旦色也。名公巨卿多愛重之。京師諺曰。人間孫秀秀。天上鬼婆婆。

事事宜姓劉氏。姿色歌舞悉妙。其夫玳瑁斂。其叔象牛頭。皆副淨色。浙西馳名。

簾前秀末泥。任國恩之妻也。雜劇甚妙。武昌湖南等處多敬愛之。

燕山景田眼睛光妻也。夫婦樂藝皆妙。

旦末雙全。雜劇無比。
刑堅堅善唱。工於花旦雜劇。人呼爲小順時秀。
孔千金善撥阮。能慢詞。獨步於時。其兒婦王心奇。
善花旦雜劇。尤妙。
李定奴歌喉宛轉。善雜劇。勾闌中曾唱八聲甘州。喝
釆八聲。其夫帽兒王雜劇亦妙。凡妓以墨點破其面者
爲花旦。
羅春伯聞見錄載陳了翁。題蔡奴像曰。觀全盛時。風

塵中人物尙如此。嗚呼盛哉。余於青樓集不能無感云
爾。
至正丙午夏五月郡人夏邦彥書于風月樓中。

卷一百三十七

復辟錄。石亨嘗往來大同條。四庫本「三月敵入延綏
。命亨征之」句（八八六—一三五上）。明刊本「敵
」作「虜」。

少室山房筆叢三二卷

明胡應麟撰
以明天啓間刊本校補

卷一　經籍會通一

篤而論之則古今書籍盛聚之時章
四庫本「金人也。元季也。皆大厄之會也」句（八八
六—一七三上）。明刊本作「女眞也。蒙古也。皆大
厄之會也」。

卷四　經籍會通四

陸文裕深著史通會要章
四庫本「野史稗官恣爲誕妄」句（八八六—二一二下
）。明刊本作「魏遼金元夷狄僭竊」。
李易安金石錄後序章
四庫本「至冬金陷洪。所謂連艫渡江者又散爲雲烟矣
」句（八八六—二一八上）。明刊本「金」作「虜」
。

復漢關一人弗任也章

四庫本「擣汴洛褫金魄也。韓吳諸帥角而逐焉。即金能絕塞。中國非金有也」句（八八六—二三七下）。明刊本前二「金」字並作「朮」。

荊州既破章

四庫本「荊州既破而呂蒙死。天欲亡漢。故生蒙而又爲漢滅蒙也」句（八八六—二三七下）。明刊本作「羽死踰月而蒙殲。天欲亡漢。故以蒙襲羽。又爲羽滅蒙也」。

卷十七　三墳補逸上

本卷四庫本止於「三十一年秦蘇胡帥師」章（八八六—三五三下）。明刊本尙有一章如下

愼靚王十三年。邯鄲命將軍大夫適子代史皆貂服。趙武靈命國人胡服蓋即此事。貂胡地所產。當時無肯服者。後世極貴重之。實始周末云。以上紀年

張睢陽保障之功章

四庫本「紹興辛巳敵南侵……不類官兵又不類敵人」句（八八六—三八四下至三八五上）。明刊本上下二「敵」字皆作「虜」。

卷二十四　莊岳委談上

四庫本「少奉法隨慕容垂北征沒敵。單馬逃竄。敵騎追將及」句（八八六—四二六上）。明刊本「敵」均作「虜」。

卷三十　雙樹幻鈔上

隋經籍志章

四庫本「亦曰佛陀。亦曰浮屠。皆梵語也」句（八八六—四八五下）。明刊本「梵語」作「胡言」。

按四庫全書提要有少室山房筆叢正集三十二卷。續集十六卷語。今四庫本只錄正集。缺續集十六卷。明天啓間刊本有續集十三卷及甲乙剩言一卷。今據以補之

如後。

甲乙剩言

蜀僧

余過京口。見鄔佐卿語曾於甘露寺遇一蜀僧。與接言論。蓋深於禪理者。因數數往還。佐卿適有所負。迫窘無以應。憂見於色。僧問曰。君須幾何而形困若此。鄔曰。此方以內煎熬地獄。非十金不能免。此僧持几上煮茶銅銚視之曰。此踰十金矣。便命索炭。鄔異

之。即以燃炭。僧出袖中一包。出藥七許。以銚周身擦抹此藥。藥盡。著火中燒。令通赤。急索酒淬之。尋以水洗。則成銀矣。鄔遂得緩子錢之急。明日往謝。僧已行矣。

方子振

人多言方子振小時嗜奕。嘗於月下見一老人謂方曰。孺子喜奕乎。誠喜。明當俟我唐昌觀中。明日方往。則老人已在。老人怒曰。曾謂與長者期而遲遲若此乎。當於詰朝更期於此。方今之曰。圯上老人意也。方明日五鼓而往。觀門未啓。斜月猶在。老人俄然曳杖而來曰。孺子可與言奕矣。因布局於地。與對四十八變。每變不過十餘著耳。由是海內遂無敵者。余過清源。因覓方問此。方曰。此好事者之言也。余年八齡便喜對奕。時已從塾師受書。每於常課必先了。竟且語其師曰。今皆弟子餘力。請以事奕。塾師初亦懲撻禁之。後不復能禁。日於書案下置局布算。年至十三

。天下遂無敵手。此蓋專藝入神。管夷吾所謂鬼神通之而不必鬼神者也。

酒肆主人

余過淮陰市中。憩一酒肆。主人約五十許人。與余談酒事。各極其意。主人忽瞪目視余曰。觀君似解操觚者。余謝曰。非曰能之。嘗窺一斑矣。主人遂與余論詩。上自三百漢魏。下及六代三唐以及我明。無不畢當窾綮。因命酒對坐劇飲。復論天下事事。至於千古

興衰。每太息流涕。忽向余曰。吾閱海內人多矣。少得似君。君得毋金華胡元瑞乎。余曰是也。余因詢其姓字。主人曰。肆門所書。張叔度是也。余復問其鄉縣。主人曰。吾無何有鄉之人也。余笑曰。地且不得。曾謂張叔度是丈人姓字乎。主人起顧余。笑躍身入內曰。毋多談。君且休矣。明日索與相見。衆傭保曰。主人仗一劍躍馬去矣。余遂窮問其人。則曰。主人有錢數百千。令我輩張肆於此。其出處從不能悉也。余意必江淮大俠託於市隱者耳。

天上主司

乙未春試前一夕。余忽夢見冕服一人坐殿上召余入試。既入。則先有一人在坐者。呼之曰易水生。未幾。殿上飛下試目一紙。視之。有晉元帝恭默思道七字。翻飛不定。余與易水生爭逐之。竟爲彼先得。余怒。力往門擊而覺爲不怡者。久之。及入會場。第一題是司馬牛問仁章。始悟所謂晉元帝者。晉姓司馬。元帝是牛金所生。以二姓合爲司馬牛也。恭默思道是訒言破無意耳。可謂大巧。第易水生不解。所謂及揭榜。則湯賓尹第一。蓋以易水二字爲湯也。然夢亦憒憒。書法以水從易音陽。非易也。觀此。則天上主司且不識字。何尤於濁世司衡者乎。

李惟寅

李惟寅太保別僅一再易涼暑耳。遂不良於行。蹣跚出見客道。故殷勤至涕落不能止。因念走馬長干鍾陵躍澗時何輕捷也。而一旦衰憊爾爾。乃知人生壯盛足恃

幾何。不覺覽鏡。亦爲鬢絲興嘆。

趙相國

趙相國以東事憂悴。時或兼旬不起。余往訪之。適日者王生醫者李生兩人在坐。相國謂王曰。我仇忌何日出宮。謂李曰。我何日膏肓去體。余笑曰。使石尚書出京。便是仇忌出宮。沈游擊去頭。是膏肓去體。相國爲之默然。

劉玄子

劉玄子從朝鮮還。言彼中書籍多中國所無者。且刻本精良。無一字不倣趙文敏。惜為倭奴殘毀。至圜溷之間。往往以書幅拭穢。亦典籍一大厄會也。因目不忍見。每命部卒聚而焚之。余乃知國初朝鮮獻顏子朝議以偽書卻之。此四庫之所以不及前代也。且如今中秘所藏。如子華關尹亢倉之類。果皆出於諸賢手乎。嗟嗟眞以為偽。偽或為眞。惟具眼者能別其眞與偽耳。

王長卿

王長卿新安人。能詩。其內人精於鉄繡。嘗觀其繡佛。纖密絢爛。而髮絲。眉目。光相。衣紋。儼若道玄運筦。余所見宋繡最多。此繡當不多讓。即謂之鍼王可也。王行甫注明生諸君多以篇詠重之。第性嚴。妒長卿往朔方謁周中丞。慮有外私。使向繡佛前。受邪淫戒而去。

王太僕

天台王太僕嘗言。天台名山無踰五嶽。皆得覽其概矣。未有若峨嵋之奇俊者。余嘗宿絕頂光相寺。於時蚤秋晚起。遠望寒冽。不減嚴凍。為體戰齒鬥不能止。時寺鷄三號耳。殘月猶在。遠見西極荒垂有一點尖明若火光者。因以問僧。僧云。此天竺雪山為初日所照也。始亦未信。頃之日出。而此山隱隱炫燿天際。已而日色遍滿大千。則山光不復明矣。但見一粉堆耳。余味此言。乃知佛經言。初日始出。先照金剛山頂為足證也。

青鳳子

新安楊不棄精於鑒別法書名畫。吳用卿所刻新帖皆其審定鉤模上石。不棄鄉人有得一石於水濱。狀如鵝子。而青瑩可愛。楊以千錢易之。恒以自隨作鎮紙。及楊來燕。有外國人數來看之。不忍釋手。楊詢之其人曰。此名青鳳子。即吾土價亦不貲。於是聲價一旦貴踴。有一兩殿供事許以千金易去。進內聞為禁中寶重

。夫此一石也。棄之水濱與瓦礫無異。一遇知音遂爲上方大寶。物固有遭與不遭如此哉。

博古圖

鄭錦衣樸重刻小幅博古圖。其翻摹古文及雲雷饕餮犧獸諸象較精於前。且卷帙簡少。使人易藏。雖寒生儉士皆得一見商周重器。大有裨於賞鑒家。第一序艱滯可笑。人謂可比樊宗師。余謂非也。此猶閩粵田農卷舌作燕趙語耳。足爲此圖減價落色。

曹娥碑

聞吳閶韓太史家藏曹娥碑眞蹟。書法甚佳。而有識者謂是贋本。何者。碑辭本作可悵華落。乃以可爲何。當是臨書人不解文義而誤書之耳。余謂墨蹟眞贋我則不知。若曰可悵則是唐人字面矣。且觀其上文曰。生賤死貴。利之義門。下文曰。豔治窈窕。永世配神。則可悵有勸慰之意。如作何悵便與上下文不相協矣。讀者自得之。

沈惟敬

沈惟敬以落魄僑寓燕中。寓傍有閒屋。使賣水擔子沈嘉旺居之。嘉旺本樂淸趙常吉家蒼頭。幼爲倭奴所掠。載還日本凡十八載。泛海而還。還復走燕依趙。趙無所用之。故以賣水自給。惟敬暇則時時從嘉旺談夷中情俗。雖器什鄉語無不了悉。會石大司馬經略東事。而石寵姬之父袁某恒從惟敬游。惟敬日與袁言夷中事若身至之者。袁以告石。石遂召與相見。與語大悅。遂奏受游擊將軍奉使日本。而有封貢之說矣。惟敬

妻姓陳名澹如。本故倡也。惟敬既遠使。石每到門慰藉。至以沈夫人呼之。眞可謂能下賤矣。第下非其所當下。爲可惜耳。

賀啓露布

有一近來聞人賀翰林某啓曰通籍玉堂。帝亦呼庶吉之士。校書天祿。人皆稱劉更之生。此與昔人身坐銀交之椅。手持金骨之朶。可謂今古捧腹。又曾見寧夏露

布。以祿山之亂對宋江之強。彼須山對江。自謂絕異。不知轉入惡道。是以王元美先生謂近來修史之難。正謂此耳。如此等一番大舉動。載此露布一通可也。

卵燈

余嘗於燈市見一燈。皆以卵殼爲之。爲燈。爲蓋。爲帶。爲墜。凡計數千百枚。每殼必開四門。每門必有榱栱窗楹。金碧輝耀。可謂巧絕。然脆薄無用。不異凋冰畫脂耳。縣價甚高。有中官以三百金易去。

陳紀傳

臨朐馮少宗伯嘗問余曰。范曄書陳元方傳與邯鄲淳碑辭稍異。將從碑乎。從傳乎。余曰。觀元方傳便見蔚宗作賊腸腑。蓋碑文明說以何進表薦拜爲五官中郎將而傳則刪去。第謂董卓入洛陽。乃使就家拜官。是陷陳入於卓黨。以爲彼所謂名賢亦復爾也。至於謀說呂布絕婚袁術一事。乃元方爲國破奸。一點赤忠所在竟抹煞不書。益以見小人不成人之美。如此理當從碑。

傳不足據也。馮爲首肯。

李長卿

李長卿嘗言。自古大篇名什銷沒沈烟。令人搜募不得。至於學究所攻。如千家詩及巷里村詞。如呂蒙正蘇秦劉知遠之類。雖窮邊瘴海。莫不誦讀唱演。我不知其何所感格一至於此。余謂天下多凡眼俗耳。惟近於凡俗則行之必遠。此亦勢也。故我輩捉筆得與千家蘇劉傳奇爭上下便足千秋矣。不覺相對大笑。

魏總制

人傳紫陽魏總制與繡水沈中丞不協。當朔方變起。孛賊誘虜深入以撓我師。我師多挫衂不得逞。然魏往往掩敗爲功。會題沈多不與。魏益恨之。時沈軍固原。值虜過靈州而南。魏令烽砲毋達固原。虜遂猝。至圍。沈數日而去。余謂邊塞烽候自有軍法。何得至此。恐言者之過。及見中丞客姚士粦塞上詩有。豈有勝兵雄九地。不傳烽火到孤城之句。乃知人傳者不誣也。

夫大臣爲國家折衝禦侮。以當一面。正須共分猷念。協力相爲。乃欲以敗爲功。欺誤朝廷。固罪在不赦。更復嫌忌同官。以虜猝中。此又刑書所必討者也。

合疊杯

都下有高郵守楊君家藏合疊玉杯一器。此杯形製奇怪。以兩杯對峙。中通一道。使酒相過。兩杯之間承以威鳳。鳳立於蹲獸之上。高不過三寸許耳。其玉溫潤而多古色。至碾琢之工。無毫髮遺恨。蓋漢器之奇絕者也。余生平所見寶玩。此杯當爲第一。

薛校書

京師東院本司諸伎無復佳者。惟史金吾宅後有薛五素素。姿度艷雅。言動可愛。能書作黃庭小楷。尤工蘭竹。下筆迅掃。各具意態。雖名畫好手不能過也。又善馳馬挾彈。能以兩彈先後發。必使後彈擊前彈碎於空中。又置一彈於地。以左手持弓向後。以右手從背上反引其弓以擊地下之彈。百不失一也。素素亦自愛重。非才名士不得一見其面。又負俠好奇。獨傾意於袁六微之。余笑謂袁曰。袁黑橫得素素相憐。能無爲我輩妒殺。素素好佛師兪羨長。好詩師王行甫。人亦以薛校書呼之。雖篇什稍遜洪度。而衆伎翩翩。亦昔媛之少雙者也。

吳少君

余下第後吳少君忽從北來。人寄余一絕云。趙氏連城辨得眞。幾年聲價重西秦。從來有眼皆能識。何意猶逢按劍人。得詩數夕後夢少君曰。余詩中按劍人明日謹避之。余亦不解其意。明日飲朱汝修齋頭。以口語相譴。趙常吉忽使酒至按劍。欲甘心焉。汝修力救余。得絕袖遶柱而逸。趙猶率奴丁數里追索。此余平生所遭最大危厄。乃從朋友得之尹公佗良爲多愧。而少君一詩遂於夢中點出趙氏按劍四字。大可怪也。

友人

友人嘗從關中來言。自環慶以北不復見山。每從馬首

極望。惟見平沙際天。千里超忽。俄有橫山嶙峋。可人忽焉滅沒。知是雲也。余後讀俞羨長詩云。惟有故雲似遠山。乃知是眞境也。又言固原都御史行臺後有園池。池北有堂。池上有亭。堂之顏曰天光雲影。亭之顏曰半畝方塘。棹楔之前曰源頭活水。後曰淸如許。凡歷四中丞所題僅用朱晦庵一絕句耳。又言環縣御史臺廳事寫李獻吉天淸障塞收禾黍。日落溪山散馬群爲杜聯。但改落爲轉。眞所謂點金成鐵也。

前定命

都下有抄前定命者。其辭皆七言。而村鄙若今市井盲詞之類。其言自父母妻子兄弟貴賤庚甲皆具。人皆狂駭。以爲神也。雖三公九卿莫不從風而靡。以爲此邵堯夫再來也。不知此皆從京師日者購其年庚履歷。預爲撰集。使人身自覓索以駭眩之耳。如余未嘗以命問京師日者。則覓之不復有此命矣。且未有文理村鄙若此而足以定人之貴賤壽夭者也。其事易見。何不少察而明墮於其僞術乎。

邊道詩

有一邊道轉御史中丞作除夕詩云。幸喜荆妻稱太太。且斟柏酒樂陶陶。蓋部民呼有司眷屬惟中丞已上得呼太太耳。故幸而見之歌詠。讀者大爲絕倒。然此特近於俚鄙耳。至若閩人王少白有作。即爲衆所傳誦。如宋人口出桌八腳之類最多好事。故爲鏤板。書價一旦騰踴。貿者如市。蓋人喜得之用爲笑資耳。亦詩道一

惡劫也。

都下詩

余頃入都。詞人益寥落無幾。而所見篇什惟吳允兆秋草十詩。及汪明生秋閨雜詠。翼翼可誦。其他惟柳陳父元夕一結云。看他何處不娛人。及楊不棄溪上偶成。沙頭小鴨自呼名而已。至如朗哉公翰諸君都不復進。亦足以見詩道之不振也。

胡孟弢

胡孟弢嘗言於任城客邸。遇一人豐頤長髯。頭著青幘。身被布衲。手捉一扇來謁胡。胡與之言。則道流也。須臾拉胡上太白樓下瞰南池。遠眺洸水。劃然長嘯。有如鳳音。因相與對坐。道人曰。倉卒無以爲娛。聊與君飲。遂袖出一盤。如赤玉。徑八寸許。光瑩可愛。又出二杯。則琥珀也。胡意安所得酒饌乎。未幾。以盤向空言曰。取無魂饌來。忽見鹿脯滿中杯。紅香撲人矣。心益大駭。既飲。而杯復滿。脯亦不見增

減。道流更言曰。明月在酒。清風滿衿。不有歌舞。多負佳客。因向南招之。頃之。有白鶴一雙自南而來。下集客前。相對鳴舞。胡不覺五體投地曰。凡夫不知賢聖。願如此身昔所從來。今何抵止幸一爲指示。道人曰。人有星宿降謫身。有菩薩出世身。有真仙再來身。有山川孕靈身。有鬼神託見身。汝是匡廬山伯。來所從來。止所從止。後當自驗。吾乃言天地之秘未敢盡泄。胡因歷以在朝諸大寮問則曰。趙相國是天目上真。張相國是旌陽顯化。陳相國是參水猿。沈相國是南溟公。孫太宰是金天上相。孫少宰是文昌司命。楊尚書是司祿。褚侍郎是司祿左相。范尚書是貴相。馮侍郎是璧月烏。劉侍郎是江伯。曾侍郎是南岳副司命。石尚書是武曲。李侍郎是北地主者。沈侍郎是優波離尊者。蕭尚書是折威星。呂侍郎是尾火虎。徐侍郎是營室。袁總憲是左執法。李臨淮是次將。李寧遠是上將軍。胡欲更問諸公。而忽聞窗外大聲曰。盜

道多言。有翅不騫。道人曰。余過矣。余過矣。遽起長別。不知所之。余笑曰。可惜。此問答只成得一部天上縉紳耳。何不問胡元瑞以上應少微庶幾解俗乎。

黃白仲

黃白仲寓居武林。余往訪之。適有友人攜一名姬邀余兩人赴飲。黃便入內。少時。其容有蹙。復以他事談說。許時邀者益急。言主人候湖上久矣。余欲捉之偕行。黃復身入內。余聽之。聞刺刺詈聲。余知其以妓

故不敢往也。故促之。黃不得已與余相赴。日未晡。黃便謝歸。主人留之不得。遂去。明日余往佯問於黃曰。年餘四十遂乏血胤。雖一似人女婢。亦不能居命也。奈何。更問昨者遲回之狀。曰。凡赴妓席。必涕泣至歸方已。又問如遠出何以制君。曰。出必歃血莅盟。余因大嗟曰。余方愧王茂弘九錫。不意足下更爲馮敬通也。

知己傳

余嘗於潞河道中與嘉禾姚叔祥評論古今四部書。姚見余家藏書目中有干寶搜神記。大駭曰。果有是書乎。余應之曰。此不過從法苑御覽藝文初學書抄諸書中錄出耳。豈從金函石篋幽巖土窟掘得耶。大都後出異書皆此類也。惟今浙中所刻夷堅志乃吾篋中五分之一耳。別後乃從都下得隋盧思道知己傳二卷。上自伊呂。下至六代。由君相父兄妻子朋友。以及鬼神禽畜涉於知己者皆錄。第諸葛孔明與先主最相知。以爲有君自取之一語。爲大不知己不錄。蓋有激乎其言之地。因尋校此書。惟隋志有之。自唐已下不復有也。能不愧金函石篋遽以語叔祥者乎。

廁籌

有客謂余曰。嘗客安平。其俗如廁。男女皆用瓦礫代紙。殊爲嘔穢。余笑曰。安平晉唐間爲博陵縣鶯鶯縣人也。爲奈何。客曰。彼大家閨秀。當必與俗自異。余復笑曰。請爲君盡廁中二事。比齊文宣帝如廁。令

楊愔執廁籌。是皇帝之尊用廁籌而不用紙也。三藏律部宣律師上廁法亦用廁籌。是比丘之淨用廁籌而不用紙。觀此。廁籌瓦礫均也。不能不爲鶯鶯要處掩鼻耳。客爲噴飯滿案。

丹鉛新錄引

楊子用修拮據墳典。摘抉隱微。白首丹鉛。厥功偉矣。今所撰諸書盛行海內。大而穹宇。細入肖翹。耳目八埏。靡不該綜。即惠施黃繚之辯未足侈也。然而世

之學士咸有異仝。若以得失瑜瑕僅足相補。何以故哉。余嘗竊窺楊子之癖大概有二。一曰命意太高。一曰持論太果。太高則迂怪之情合。故有于前人之說淺也。鑿而深之。明也。汩而晦之。太果則滅裂之釁開。故有于前人之說疑也。驟而信之。是也驟而非之。至剽敓陳言。盾矛故帙。世人率以訾楊子則又非也。楊子蚤歲戍滇。罕攜載籍。紬諸腹笥。千慮而一勢則宜然。以余讀楊子遺文。即前修往哲隻字中窾咸極表章

而屑屑是也。晦伯曰。楊子之言間多蕪翳。當由傳錄偶乏蓋臣鄙人于楊子業。忻慕爲執鞭。輒于佔畢之暇。稍爲是正。甕天蠡海亡當大方異日者。求忠臣于楊子之門。或爲余屈其一指也。夫庚寅人日識。

丹鉛新錄

丹鉛錄序

王融云。余少好抄書。老而彌篤。雖遇見瞥觀。皆即疏記。後重覽省。歡情益深。習與性成。不覺筆倦。

愼執鞭古昔。頗合軌葛。王自束髮以來。手所抄集帙成喩百卷計越千其有意見。偶所發明。聊擇其菁華百分以爲丹鉛四錄云。

南史齊王融字元長。少有雋才。三十內即覬覦公輔。武帝崩。欲擁立竟陵王。不遂伏法。余始讀用脩序。每疑融早年盛氣功名。旋爲爵林。誅僅二十七。安得言老。然猶未敢以用脩爲誤。及讀王筠傳自序云。余少好抄書。老而彌篤。雖遇見瞥觀皆即疏記。後重省

覽。懽興彌深。習與性成。不覺筆倦。自年十三四建武二年乙亥至梁大同六年四十載矣。再抄子史諸集皆一遍。大小百餘卷以備遺忘云云。乃知楊以元禮爲元長。此丹鉛開卷錯處。非記憶之訛則傳錄之舛。第或致誤後學。故謹識之。後倣此。

史稱筠卒時六十九。平生著述一官爲一集凡百卷云。

五行

洪範五行兆于龍馬之圖。列於禹箕之書。羯胡據中土

。黃冠譸愚氓。乃臆撰陰符。厚誣軒帝。名之曰五賊。噫。經以符名既已異矣。符以陰名抑增異矣。天其可以名賊乎。人其可以見賊乎。見賊其可以昌乎。非寇謙之孽徒妖黨。其孰爲此言乎。有聖王出。曷不以造言亂民之刑誅之。而世號傳統繼聖之儒乃取而註之。噫。考亭之門何其無忠臣矣乎。

按陰符已見國策。蘇秦讀之以說諸侯取相印。其文固非秦漢以後。唐褚遂良嘗奉敕寫一百本。至李筌始贗

託軒后以欺人。謂傳謙之者。筌敘云。爾六代前固未聞也。考亭語錄曰。陰符經稱黃帝聖賢。文自平正。卻無蹺蹊如許。噫斯言也。可以蔽陰符之得失矣。取而注之者誰耶。蓋考亭嘗注參同。用脩誤憶爲陰符。故因黃氏日鈔而有斯說。匪實錄也。列有説符莊德充符。班志有泰階六符。柳子厚有貞符。符者合也。豈道家符水上符耶。

黃東發云。經以符言既異矣。符以陰言愈異矣。首云觀天之道。執天之行。盡矣。天之道可觀。天之行其可執耶。謂五行爲五賊。謂三才爲三盜。五行豈可言賊。三才豈可言盜。又曰。天有五賊。見之者昌。三盜既宜。三才既安。賊豈所以爲昌。盜豈所以爲安。至若謂人知其神。而神不知不神所以神。此本老聃可道非道之說。後世有僞爲道書者曰。常清淨經有僞爲佛書者。曰般若經千變萬化。皆不出反常一語。初非異事。乃雷同語耳。言用兵而不能明其所以用兵。言脩煉而不能明其所以脩煉。言鬼神而不能明其所以鬼

神。蓋異端之士掇拾異說。而本無所定見者。豈此其所以爲陰符歟。唐永徽五年嘗敕褚遂良寫一百二十卷。不知果然否。近世大儒亦加品題。則事之不可曉者右見。黃氏日抄用脩全襲其語。黃以近世大儒亦加品題。未嘗謂註解也。凡先秦文字名目如聖賢仁義之類皆與儒書不同。無論異端。即史子居然可見。今欲以儒家槪之。彼其能輸服哉。

又

陰符經之文李筌僞作。或信以爲黃帝。無目者也。其文尚不能望六韜三略之藩籬。素問汲冢之萬一。而以爲軒轅。有目者如是乎。

此書過韜略遠甚。以擬素問汲冢則奇險有加。而淳質稍異。大概戰國先秦之作。非周非漢。高似孫執以爲黃帝。楊用脩執以爲李筌。皆髫髻之見。不必深辯。

又

陰符經非黃帝書。蓋出後漢末唐人文章。惟吳武陵上韓舍人有禽之制在氣一語。梁肅受命寶賦。有天人合發一語。馮用之機論權論兩引之。此外絕無及之者。噫一陰符耳。俄以爲六代。俄以爲唐人。又俄以爲後漢。何無定見如此。蓋既心喜日鈔之說。則曰謙之。又得五勝之說則曰李筌。又得吳武陵輩之文則曰東京。惟務博好奇。故隨所見筆之不忍舍。然使後人何所適從哉。

東京末諸書今行世者如吳越春秋。論衡。潛夫桓譚應劭等作其文皆弱猥繁冗。與西京氣骨絕殊。用脩顧以陰符出其時。胡大弗類也。或以陰符不見藝文志。似非先秦。此則有說素問靈樞皆漢志所無。而王永以即內經迄今無復異論者。信其文非先秦弗能也。漢藝文志兵書稱黃帝風后不下十餘種。安知非先秦遺製後世易名以爲陰符乎。余嘗謂鬼谷即儀。秦越絕即子胥。陰符蓋亦當爾。惜戰國不知何名耳。詳九流緒論四部

正訛二書。

楊謂唐人惟三子引用陰符。此外絕無及之者。按高似孫子略載皮日休陸龜蒙各有讀陰符詩。皮云。三百八十言。出自伊耆氏。中引其語甚詳。陸亦五言長古。用修似未睹子略也。今類刻百川學海中。

又杜哭鄭司戶蘇少監云。從容詢舊學。慘淡閟陰符。

又錢起詩有仙籙滿床閒不厭。陰符在匣老羞看之句。見鼓吹

連山

連山藏於蘭臺。歸藏藏於大卜。此語見於桓譚新論。則後漢時連山歸藏猶存。不可以藝文志不列其目而疑之。至隋世之連山歸藏則僞作取賞者耳。

右二書據孔安國語。周末已亡。此桓君山眯論或東漢人僞作者耳。用脩何遽信之。劉炫隋世嘗僞作連山以取賞。非歸藏也。

考隋志有歸藏二卷。稱子夏傳。或以爲杜鄴子夏。非

卜商也。按鄴西漢末人。與杜欽同時。倶字子夏。君山所謂歸藏必鄴所撰。東京收合新莽燼餘。誤其字爲卜商。故太卜藏之。而桓不考耳。第連山終不可知也。

語林

語林曰。殷浩於佛經有所不了。故遣人迎支道林。林乃虛懷欲往。王右軍駐之云云。支遂止。

此世說所記。考六朝惟裴啓處有語林。宋世已亡。楊何從見之。當誤憶唐語林也。六朝雜說有會林對林。見隋志。又類林辯林笑林見通志。今率不存。

老子

佛經三教論曰。五千文者容成所說老子爲尹談。蓋述而不作。又按莊子引容成氏曰。除日無歲無外無內。則容成氏固有書矣。老子述而不作。此亦其一證也。

按漢書藝文志陰陽家有容成一十四篇。房中類又有容成二十篇。蓋戰國本有此書。第伯陽說則未必此也。用脩以證述而不作之語。故曲信之說者。又有以彭爲彭祖者。彭述而不作將何據哉。

文子

文子引老子曰。人生而靜。天之性也。感物而動。性之欲也。漢儒取入禮記。遂爲經矣。若知其出於老氏。宋儒必洗垢索瘢。曲爲譏評。但知其出於經。則護持交贊。此亦矮人之觀場也。

柳河東謂文子乃後人聚斂而成。蓋書本秦漢人撰。而六朝唐人如李暹徐靈府等皆潤益之。其書雜取經子諸

家語以解道德經。凡稱老子皆假借之詞。楊反謂漢儒取入禮記非也。

漢書注

薛瓚注漢書引汲郡古文云。晉武公滅荀以賜大夫原氏黯是爲荀叔。又引翟章救鄭次于南屈。又引梁惠王發逢忌之藪以賜民。今浚儀有逢陂忌澤是也。按此數條今汲冢書不載。則今之汲冢書非發冢所得明矣。汲冢書古之逸周書也。

汲郡古文者通逸周書。竹書紀年。穆天子傳言之。以皆出于汲冢故也。此三條竹書紀年體謂之逸周書非也。考竹書紀年桓王十三年。晉曲沃滅荀。以其地賜大夫原氏黯。是爲荀叔。顯王四年發逢忌之藪以賜民。此王指周天子。凡年皆繫之。無繫諸侯者。紀年體例自明。

愼靚王元年。翟章帥師救皮氏圍疾西風。按右漢書注三事。今紀年並存。第小異耳。用脩但見逸周書而未見紀年。故以爲不載。非也。漢書注蓋六朝人撰者。所引明日汲冢古文。而云非發冢何也。

逸周書序

晉太康二年。汲郡人發安釐王冢。得竹書數十車。

武帝紀咸寧五年汲郡人發魏襄王冢。太康及安釐並楊誤。

公孫龍

史記載公孫龍爲孔子弟子。其論白馬非馬亦自附于仲尼楚人亡弓之說。

周有兩公孫龍。一春秋仲尼門人。一戰國平原辯士。據孔穿詘公孫龍者。仲尼六世孫也。而與洙泗門人相值。此其誤不辯自明。楊徒以姓名強合。則顏回即羌師。毛遂果編氓。曾參實殺人。秋胡皆戲婦耶。

夏侯湛

夏侯湛樂毅論以爲近王者之師。王通亦取其說過矣。以太初爲孝。若當是傳刻之譌。此論余有辯。見別編

。

姑息

檀弓云。細人愛人以姑息。姑且也。息休也。其義殊晦。按尸子紂棄犁老之言而用姑息之語。注姑婦女也。息小兒也。尸子宋世已不傳。通考可證。凡用脩所引皆得之類書者。

君子愛人以德。細人愛人以姑息二語相對甚明。如楊說上言細人。下復言小兒婦女。何其複也。

秦子符子。麟按下下二條楊蓋得之御覽者。考御覽所引尚衆。二書之目並載隋志中。

秦子曰。玉壺必求其所以盛。干將必求其所以斷。無盛之卮。雖赤瓊碧瓐無貴也。不斷之劍。雖含影承光無取也。符子曰。太公涓釣於隱溪。跽而隱崖。不餌而釣。仰咏俯吟。暮則釋竿。其膝所處。石皆若臼。其跗觸崖若路。二子之姓名罕知。況見其書乎。馬總意林亦不載。今錄其二條。

按馬總意林有秦子用脩所引尚存。何云不載也。秦子名菁。其書隋世已亡。符子名朗。傳見晉史。

王長公云。符子今收道藏中。余嘗讀之。豈僻人僻書也。符堅載記後有朗傳。麟按符子隋志列道家稱二十卷。今載藏經。恐非其全。詩家所用變童承唾即朗事也。楊蓋未讀道藏。其曰意林不載。則今之節本八十家者非馬氏本書也。秦漢間子書自有僻甚者。如纏子之類。余詳考列經籍會通九流緒綸二書。

宋史

宋史爲卷六百文百萬言。又議論多而成功少。見宋史表。

宋史共四百九十六卷。元人進史表云。論建多而成效少。今俱誤。與楊言同。

古書不知名考

馬總意林引相貝經。不著作者。讀初學記始知爲嚴助作。漢有博物記。非張華博物志也。周公謹云不知誰

著。攷後漢注始知博物記爲唐蒙作。水經引南中行紀亦不出姓氏。考稽含南方草木狀。始知陸賈作南中行紀。乃知前人或略後或有攷焉。未可遽付之不知也。按嚴助唐蒙陸賈俱西京人。楊所引之書。班志並無其目。且其體非西京所有。蓋如神異經十洲記之屬。大抵六朝贋作者。此種自是一家學問。若阮孝緒馬端臨諸人庶得其要領。用脩故未了然。難罄論也。隋志有張公雜記注云似博物志而廣記引博物記。有魏宮人事

。蓋漢注即引此書。

相貝經乃朱仲上嚴助者。諸書罕載。僅見緯略云。師曠有禽經。浮丘公有鶴經。雖相畜亦有牛經馬經狗經。下至蟲魚有龜經魚經。唯朱仲所傳貝經怪奇。今錄于此。朱仲受經於琴高。嚴助爲會稽太守。仲遺之以徑尺之貝。幷致貝經曰。皇帝唐堯夏禹三代之貞瑞。靈奇之秘寶。其有次此者。貝盈尺。狀如赤電黑雲。謂之紫貝。素質紅黑謂之朱貝。青地綠文謂之綬貝。黑文黃蓋謂之霞貝。紫愈疾。朱明目。綬清氣障。霞伏蛆蟲。雖不能延齡增壽。其禦害一也。復又下此者。鷹喙蟬脊以逐溫。去水無奇功。貝大者如輪。文王得大秦貝。徑半尋。穆王得其殼懸於觀。秦穆公以遺燕鼂。可以明目遠察。宜玉宜金。南海貝如珠礫。或白駮。其性寒。其味甘。止水毒。浮貝使人寡無以近婦人。黑白各半是也。濯貝使人善驚。無以親童子。黃脣點齒有赤駮是也。雖貝使病瘧黑鼻無皮是也。嚼

貝使胎消勿以示孕婦。赤帶通脊是也。慧貝使人善忘。勿以近人。赤熾內殼赤絡是也。醬貝使童子愚。女人淫。有青脣赤鼻是也。碧貝使童子盜。脊上有縷句脣是也。雨則重。霽則輕。委貝使人志強。夜行伏迷鬼狼豹百獸。赤中圓是也。雨則輕。霽則重。此文奇甚。故錄之。楊以爲嚴作謬矣。

初學記蟲魚類無貝屬。寶玉類亦無之。考藝文類聚乃有之。不列于蟲魚而列于寶玉。其朱仲一篇正與緯略

大全。用脩蓋誤。憶藝文爲初學也。

楊方

漢書趙曄撰吳越春秋。晉書楊方亦撰吳越春秋。今世所行方耶曄耶。

按隋唐諸志。楊方所撰名吳越春秋。削繁南度尚存見通考。蓋以曄所撰太繁。故芟削之。若劉孝標九州春秋抄之類耳。夫東京六代文體迥異。即二書並行。豈能惑具眼哉。方所撰又有五經鉤沉。亦見諸書目中。

不借

陸放翁詩。遊山雙不借。取水一軍持。不借草鞋也。言價賤不須借也。

陸詩穿林雙不借。楊作遊山誤。見瀛奎律髓山岩類。

又履亦名不借。

毌昭裔

毌昭裔孟蜀時人。其子毌煚藏書最富云云。毌昭裔孟蜀人。少寒微。借文選不得。發憤曰。吾他日貴。當鏤板行之。卒如其言。毌煚開元時人。與校秘書。有群書四六行世。見唐藝文志甚明。今以昭爲煚裔子。豈開元後于五代耶。史無藏書最富之文。蓋以校書誤記耳。

王起。陰符非王起。注已辯。正楊惟奣門二字。今見穆天子傳。非八駿名。雲溪友議誤也。

陰符經云。禽之制在氣。王起云。玄龜食蟒。飛鼠斷猿。狼𧏙嚙鶴。青要食虎。皆以小制大。言在氣不在形也。王起唐貞觀時人。博學有聲。太宗嘗撰字試之

。起曰。臣於世間字所不識者惟八駿圖中數字耳。

按王起中唐後人。屢典文柄。爲一時儒宗。武宗嘗戲製乃宂二字以試之。起曰。三教書中臣所不識者惟周穆王傳奣門二字耳。見唐詩紀事中。又一雜說述起語作八駿圖與楊所引同。惟楊以起爲貞觀時人。又以字爲太宗所撰則大誤也。

灰釘

李商隱露布飛走之期既絕。灰釘之望斯窮。宋人小說謂灰釘川。杜篤論都賦。燔唐居灰珍奇椎鳴鏑釘鹿蠡近燕泉。何子元餘冬緒錄中證其非。謂是曹爽在獄中乞棺釘與灰于司馬懿事。其事本不僻也。

按王淩傳請灰釘于司馬懿。懿即送與之。淩因自殺。此云曹爽。用脩之誤。蓋因爽禁獄乞食於懿。懿送鹹豉大豆等物遂憶爲淩也。何餘冬錄先出于楊。此楊引誤。何正指王淩耳。

蕃馬胡兒

宋柳如京詩。鳴骹直上一千丈。天靜無風聲正乾。碧眼胡兒三百騎。盡提金勒向雲看。好事者多圖于屏障間。

唐李益詩。天山雪後海風寒。橫笛偏吹行路難。磧裏征人三十萬。一時回首月中看。柳詩全倣此格。易其語耳。然唐宋界限斬然。又李回樂峰前一絕本不勝此。唐人競繪爲圖。而此首不聞。如京偷其格用之。乃特爲好事玩賞。固宋人易欺。亦詩有遇不遇哉。即此二絕。唐人何等自然。宋人何等費力。作詩三昧可見。然柳詩亦自佳。

唐人好畫蕃馬于屏。花間詞云。細草平沙蕃馬小是也。又曲名涼州伊州。其後卒有祿山吐蕃之亂。宋人愛圖鳴骹胡兒。卒有金元之禍。元曲有入破急煞之名。未幾而亂。

凡一代氣運盛衰率有先兆。用修之說未爲無理。第所

引三事殊不類。花間詞出晚唐。其時祿山已誅。吐蕃垂絕矣。宋人圖鳴骹胡兒。諸畫譜無灼灼者。是圖不盛行于宋。可知入破乃唐曲調非元人也。前人已嘗論之。

詩話總龜雅什門載柳彥塗塞上云。鳴髇直上幾千尺云云。楊作鳴骹又作一千丈並誤。第云好事者畫爲圖。蓋亦宋初一時事。以金元爲應亦遠矣。

丹鉛新錄二

鍾離權

仙家稱鍾離先生者。唐人鍾離權也。與呂喦同時。韓澗泉選唐詩絕句。卷末有鍾離一首可證也。近世俗人稱漢鍾離。蓋因杜子美元日詩。有近聞韋氏妹遠在漢鍾離。流傳之誤。遂附會以鍾離權爲漢將鍾離昧矣。可發一咲也。

用修所解鍾離大可咲。按宣和書譜。神仙鍾離先生不知何時人。自謂生于漢。呂洞賓于先生執弟子禮。其狀虬髯蓬鬢雙髻。自稱天下都散漢。則漢鍾離之名實出此。而用修以杜陵詩誤之。其可咲有如此者。夫漢鍾離地名。而以爲神仙。則韋氏妹即何仙姑耶。漫書此。發讀者一大噱。

神仙通鑑鍾離傳。以爲生漢時。仕至諫議大夫。又仕晉爲大將軍。皆附會也。蓋諫議附會鍾離意。大將則附會鍾離昧耳。又有神仙鍾離簡亦漢人。又元人慶壽詞明稱漢鍾離。豈皆本杜詩耶。

塗廩

戰國處士謂舜塗廩浚井。遭坑焚而不死。列女傳又言二女教之。是以舜爲左慈劉根。而二女爲李全之婦劉綱之妻也。

按左慈劉根皆以幻術聞。劉綱妻則傳奇所謂樊夫人。唐人以爲女仙者。獨李全宋大盜。其妻楊妙眞者。楊安兒妹。有勇力。能用矛。與全同爲宋患。十數載後。全死新塘。楊集群下謂曰。三十年梨花槍天下無敵手。今已矣。宋史全傳紀錄甚詳。齊東埜語始末尤備。悉不言其有道術楊氏與劉綱妻。並舉以証塗廩之謬殊不倫。豈堯女亦劍仙耶。

劉根妻亦稱仙女。唐小說太白救張遵言事。坐中數婦人一自云根妻。用修胡不幷及之。詳太平廣記。

大麓

以大麓爲山麓。是堯納舜於荒險之地。而以狂風霹靂試其命。何異於茅山道士之鬥法哉。

孟子言堯薦舜於天而天受之。使之主祭而百神享之。是亦黄冠之章。醮巫覡之降神乎。

鬼方

高宗伐鬼方之事。惟見於易。鬼方極遠之國。即莫靡之屬也。蒼頡篇曰。鬼之爲言遠也。世本黄帝娶於鬼方氏。漢匡衡疏云。成湯化異俗而懷鬼方。意者湯時鬼方已内屬於式圍之中。而復叛於中衰之日。故高宗伐之以中興殷道也。又西羌傳曰。殷室中衰。諸侯皆

叛。至於武丁征西戎鬼方。三年乃克。故其書曰。自彼氐羌莫敢不來王是其證也。竹書紀年周王伐西落鬼戎。

鬼方事見竹書。高宗三十四年伐鬼方次於荆。三十四年王師克鬼方氏。羌來賓甚明。鬼戎之語絶無所出。史稱陸終氏娶於鬼方生六子。即昆吾大彭五霸迭王者。見鄭氏通志略所引。楊云黄帝。未知何所據也。鬼方前輩有以爲楚者。以楚俗尚巫故謂鬼方。竹書伐鬼方之上有次荆之文。則此説宜可證。楊云極遠恐未然。又一説以即貴州黔中。然秦始置黔中。周世何能至此。蓋當時楚地亦極爲蠻落。春秋始會盟中國耳。以鬼方爲楚見蔡介夫蒙引。

女媧

舊唐書天寶十一載六月。閿鄉縣女媧墓因大雨晦冥失所在。至乾元二年六月。瀕河人聞有風雷。曉見其墓湧出。上有巨石雙柳。萬年後靈異如此。補天之説亦或不誣。

補天之説五尺童子皆知之。古聖賢遺迹自有靈異者。如孔堂絲竹之音。闕里荆棘之闢。亦可証其生前乎。按女媧又有持雙鯉事見酉陽雜俎。使用修憶此。將益信補天之説矣。

義帝

項羽立楚懷王孫心爲帝以從民望。不曰楚帝而曰義帝。猶義父義子之稱。其放弑之謀不待如約之言而後萌

矣。

按立心者項梁非羽意也。當時固以爲楚懷王。至義帝則羽既稱霸。尊之云爾。楊以在如約之前大謬。夫孟子固言義之於君臣也。莊周曰。君臣之義無所逃於天地之間。二子以義言君臣。亦主於放弑乎。

鹽澤醋溝

唐岑參詩。鴈塞通鹽澤。龍堆接醋溝。方回云。鹽澤人皆知之。醋溝人所未知也。非惟人未知。方回蓋亦

不知。此言以掩後人耳。考闞駰十三州志。山氏城北爲高踰淵。又東北醋溝水出焉。水在中牟。鹽澤見漢書。

鹽澤見穆天子傳。戊子。天子至於鹽。註云。鹽鹽池也。今在河東解縣。及竹書紀年王觀於鹽澤是也。漢書遠出其後。且醋溝方但言未知。未嘗自以爲知也。用修逆探譏之。得無以己度人乎。

茶訣

陸龜蒙自云。嗜茶作品茶一書。繼茶經茶訣之后。自注云。茶經陸季庇撰。庇即陸羽也。羽字鴻漸。季庇或其別字。

羽一名疾。字季疵。非季庇也。見本傳。又見皮日休文。

天魔隊

宣和畫譜。拂林圖蓋如唐人胡旋舞。元末天魔隊耳。

天魔舞亦唐時樂。王建宮詞十六。天魔舞袖長。不始

元末也。

張俊張浚二人

張俊附秦檜而傾岳忠武者。張浚廣漢人。嘗稱飛忠孝人也。及飛冤死。後高宗納大學士程宏圖之奏。昭雪光復。浚與參贊。陳俊卿悲感歎服。浚爲都督。俊爲樞密。劉豫遣子麟姪猊合兵七十萬犯淮西。張浚聞之。以書戒張俊曰。賊豫之兵以逆犯順。若不勦除。何以立國。今日之事有進擊無退保也。此見章穎所著岳

飛傳。浚與俊豈可混爲一人哉。今之士夫例以傾岳爲
浚之短。不知受誣千載如此。陳白沙詩。秦傾武穆因
張浚。蜀取劉璋病孔明。蓋言二事皆涉厚誣也。舉世
懵然。失於不考。余故詳著以見賢者之不可厚誣。考
古之不可不精。議論之不可輕立。而益歎今人之不知
學也。麟按。用修沾沾此解。若以辯二張爲獲一真珠
。肸者可大爲捧腹也。第浚亦有說。
與秦檜同陷岳飛者張浚也。浚因酈瓊之軍與岳異同久

矣。豈全無關涉者哉。本傳自明。楊不考。
陳詩秦傾武穆緣張俊。非浚字。其結句云。萬古此冤
誰洗得。老夫無計挽東瀛。蓋以武穆孔明爲被冤。非
楊所見也。崔子鍾頗以岳爲浚所忌致禍。蓋弘正間諸
公史學率草草也。

握槊

胡祭酒儼以角詩。陳思王製其詞云。爲君難。爲臣難
。難又難。按事物紀原文獻通考皆無說。恐胡公之言
亦俚俗傳耳。未足信也。又如握槊世以子建製。及閱
洪氏譜雙云。謂握槊起陳思者。非乃知史傳不載。皆
俗談不足信也。
少時讀一雜說記陳思所製云。爲君難。爲臣亦難。難
又難。凡今角聲將闋有嗚嗚之韻者。皆難字曳聲也。
胡公說或本此。楊諸無所出。恐未然。惟以陳思製則
誠可咲云。
握槊續事始謂陳思製。高承事物紀原同。非不見故典

者也。惟洪遵譜雙謂考之北史胡王之弟。爲握槊之戲
。而不詳其始末。讀北史四夷傳絕無此說。後閱藝術
類蔣少游傳始得之。拜記於左傳云。胡王有弟一人。
犯罪下獄。將殺之。弟從獄中上此戲。意以孤則易亡
也。元魏流入中華。宣武後大行於世。據此則握槊入
中國正齊梁間。三國時迥未聞。洪以中華始創或自陳
思。不然也。陳思窘於子桓。以煮豆獲生事固有相類
者。後人因傳之。又子桓亦魏文耳。果陳思製。胡集

中絕不言及耶。

又北史吐谷渾傳阿豺。命母弟慕利延取箭一枝折之。更命取箭十九雙折之。慕利延不能折。阿豺曰。單者易折。衆者難摧。汝曹知之。此亦握槊之意。竝六朝時。

洪以握槊長行波羅雙陸四名爲一。恐未然。唐人小說云。近有長行之戲。生於握槊。變於雙陸。則握槊名當最先。雙陸次之。長行最後也。劉禹錫觀博云。主

人陳握槊之器於廡下。有博齒。其製用骨。觚稜四均。鏤以朱墨。耦而合數。取應日月。視其轉止。依以爭道。按劉以投子爲博齒。其名甚新。幷識之。

象經

世傳象棋爲周武帝製。按後周書天和四年帝製象經成。殿上集百寮講說。隋經籍志象經一卷。周武帝撰。有王褒注。王裕注。何妥注。又有象經發題義。又據小說周武帝象經有日月星辰之象。意者以兵機孤虛衝破寓於局間。決非今之象戲車馬之類也。若如今之象戲。芸夫牧豎。俄頃可解。豈煩文人之注。百寮之講哉。

按象經之製載太平御覽甚詳。用修似未覩也。今象棋唐世亦已有之。見廣記。岑順下意周武所制不行於時。唐世所行自是今象戲耳。

周武所造象戲。一曰天文。二曰地理。三曰陰陽。四曰時令。五曰算數。六曰律呂。七曰八卦。八曰忠孝。九曰君臣。十曰文武。十一曰禮儀。十二曰。御覽

缺此二字。與今俗象戲迥不同。亦無楊所謂孤虛衝破也。

事物紀原引說苑云。雍門周謂孟嘗君云足下燕則鬥象棋。疑戰國時已有此。御覽不引。而以周武所造當之亦疎略。然古戲如圍彈樗博之屬。魏晉史書幷詞人題詠亡弗具。獨象戲絕無聞。僅唐玄怪錄足徵。余已詳載莊岳委談。今閱紀原亦載玆。第玄怪本據當時戲劇

作此玩世。若毛穎革華耳。紀原遂以眞古冢物。又夢
中說夢也。
古所謂象戲者。如易象之象耳。周武天日月星皆取譬
之義。玄怪錄所言金象將軍。蓋以戲名詭撰。中但有
車馬卒將等。絕無象也。今有象當起於宋世。又因棋
名而增設之。非前代命名之意矣。
司馬溫公七國棋例云。雖名象戲而無象及車者。車即
將及偏裨所乘。象不可用於中國故也。溫公蓋以當時

象戲有象及車。故爲此說。而不知古名象戲以取象之
義。本無象也。宋世棋有象。即溫公語可徵。蓋與今
大略同矣。
晁無咎廣象戲圖序云。象戲。戲兵也。黃帝之戰。驅
猛獸以爲陣。象。獸之雄也。故戲兵而以象戲名之。
棋之有象起宋世。此亦可徵晁序。蓋文士筆端不考事
實。且未別命名之義也。溫公七國棋雖名象戲。實圍
棋局也。今傳於世縱橫各十九路。特周處中。并四路
爲一。小異耳。晁無咎廣象戲圖亦各十九路。而碁用
九十八。世但知溫公七國。而晁戲絕無知者。因并識
之。序載文獻通考。
後魏侍中游藝肇製儒棋。其名智一。禮二。仁三。義
四。信五。善六。敬七。德八。忠九。順十。以投子
二。視彩而行。蓋其製類於握槊打馬。而其義類於周
武象經。皆以退讓爲節。不先鬥爭。今俱泯弗傳。而
圍棋獨盛行千載不少廢。末世所尚即戲劇亦可占矣。

篴
馬融笛賦云。裁以當篴便易持。李善注謂篴馬策也。
裁笛以當馬篴。故便易持。此謬說也。笛安可爲馬策
。古人謂樂之管爲篴。潘岳笙賦云。修篴內辟。餘簫
外逶。裁以當篴者。餘器多裁。衆篴成音。此笛但裁
一篴。五音皆具。當篴之工。不假繁猥。所以便而易
持也。
此沈存中說也。用修引之。失言所自出耳。中頗誤數

字。當是傳錄之譌。按西溪叢語駁沈云。凡說文韻書竝不言簻爲樂管。潘岳笙賦自是檛字。注修長。檛大闢開也。自與簻字不同。言羌人裁之以當馬策。易執持而復可吹也。沈說殊牽強無義理。麟按。用修似未見姚說者。蓋叢語近始有刻本也。第姚所引選注亦誤。考潘笙賦。修檛內辟。善云。修檛。長管也。辟開也。則善注固以檛爲管矣。姚云。簻檛竝音張爪反。筆也。夫二字既曰通用。則皆可爲筆。亦皆可爲管。

奚疑之有。融賦此七字乃亂中語。今以爲馬策。則平易而近俗。以爲樂管。則繳繞而難通。即季長復生。尚費口舌也。

王介甫書

王荊公字本無所解。評者謂其作字似忙。世間那得許多忙事。而山谷阿私所好。謂荊公字法出於楊虛白。又謂金陵定林寺壁有荊公書數百字。惜未見賞音者。何荊公字在當時無一人賞音而山谷獨稱之耶。麟按。謂荊公作字似忙者。見說郛所鈔。宋人雜記。乃戲語非評書也。

米芾書史云。楊凝式書王荊公嘗學之。余與語及此。公大賞嘆曰。無人知之。其後與余書簡皆此類字。又海岳名言云。半山莊臺上多文公書。今不知存否。文公學楊凝式書人尠知之。余語其故。公大賞其鑒。據右二條非極許可語。然出米顛之口。其推服介甫甚矣。謂無一人賞音可乎。今停雲館有王書。然不類楊景度。恐非真跡。

又書史云。王文公作相士。俗亦皆學其體。則王書當時崇尚可見。楊不深考耳。夫書畫詣絕者必傳無疑。纔落第二義。後世事便屬茫昧。即書史所稱劉瑗。滕中。趙霆。沈遼。及唐蕭誠。許渾。今博極之士罕能知其略者。丁卯自以詩見。介甫之罕傳亦何怪哉。墨池編曰。天聖景祐以來。天下人士精於書學者稍復興起。如周子發。石曼卿。蘇子美。蔡君謨之儔。人

亡迹存。皆著在篇中矣。今列於廊廟。布於臺閣。復有數公。有若韓魏公骨力壯偉。文潞公風格英爽。介甫相國筆老不俗。王大參資質沈厚。邵與完筆思快銳。宋次道陸子履碑刻遒麗。滕元發王樂道尺牘流便。王才叔以婉美稱。蘇子瞻以淳古重。及蔡仲遠沈睿達之徒。皆彬彬可觀。予固未量其所至。安敢品之。然金閨玉堂之士。布衣韋帶之流。豈乏能者哉。予病且隱。罕與縉紳接。固不得而知也。後之與我同志者。

固當搜而次之。右宋人朱長文之說。據此則介甫之書當時固已推其與文韓二公竝驅。楊顧謂無一人稱之。皆考覈未精。立論太驟之過。長文有傳見宋史。而墨池編通考失載。豈此書近出耶。

編中所稱王大參樂道才叔之類。今皆無遺迹可考。魏公碑刻尚行世。潞公尺牘載停雲館者殊佳。睿達即沈遼朱。與米芾交。而此殊不列。又魯直少游竝亡稱。蓋當時未甚重也。

古詩後人妄改

古人詩句不知用意用事。妄改一字便不佳。孟蜀牛嶠楊柳枝詞。吳王宮裡色偏深。一簇煙條萬縷金。不忿錢唐蘇小小。引郎松下結同心。按古樂府小小歌有云。妾乘油壁車。郎乘青驄馬。何處結同心。西陵松柏下。牛詩用此意詠柳而貶松。唐人所謂尊題格也。後人改松下作枝下。語意索然矣。

用修此意自佳。然不如枝字本色。一涉松字便著議論。知樂府體者可與語。

關山一點

杜詩關山同一點。點字絕妙。東坡亦極愛之作。洞仙歌云。一點明月窺人。用其語也。赤壁賦云。山高月小。用其意也。今書坊本改點作照。語意索然。且關山一照。小兒亦能之。何必杜公也。載草堂詩餘註可證。

按草堂詩餘蘇子瞻洞仙歌云。冰肌玉骨。自清涼無汗

。水殿風來暗香滿。繡簾開。一點明月窺人。人未寢。欹枕釵橫鬢亂。起來攜素手。庭戶無聲。時見疏星渡河漢。試問夜如何。夜已三更。金波淡。玉繩低轉。但屈指西風幾時來。又不道流年暗中偷換。杜詩非點字。余已詳辨詩藪中。第楊引坡詞一點明月窺人。乃繡簾開一點。點字句絕者。讀本詞楊之誤不辯自明。

李泰伯

小說家載李泰伯不喜孟子事。非也。泰伯未嘗不喜孟也。何以知之。曰考其集知之。內始論引仁政必自經界始云云。由是言之。泰伯蓋深於孟子者也。古詩示兒云。退事當奇偉。夙駕追雄軻。則尊之亦至矣。今之淺學。舍經史子集而勦小說以爲根無之游談。故詳辯之。宋小說載一士人聞泰伯非孟子。撰二絕句投之。李遂罄家釀與飲。酒盡迄不復來矣。

此未熟泰伯常語之故。常語非孟子甚詳。宋人所記。李入場屋出題莫解。所謂曰吾平生書無不讀。必孟子語也。拂袖出。讀盱江集多引孟語。此說固未盡然。第今世士人白首論孟。主司出題尚有憒憒者。李既與軻不合。則場中題面或有不省。亦奚疑焉。余隱之。朱元晦俱有常語辯。載考亭集中。謂小說無根。三子語亦無根耶。

過秦論

擬過秦論云。六王初畢。四海始一。雄圖既溢。武力

未畢。方架黿鼉以爲梁。巡海右以送日。俄而祖龍魂斷於沙丘。鮑魚腥聞乎四極云云。

竹書紀周穆王大起九師。架黿鼉以爲梁。此云秦始恐誤論。擬過秦實宋人場屋體。而此段又本唐人阿房宮賦。然小杜首四語甚奇。而楊四語之中再用畢字。殊失檢點。用修自謂弱冠時作。蓋其後未嘗刪潤也。

璅語

賈誼之過秦以諭漢也。

按秦漢事體懸絕。賈治安正病文帝威不克愛。豈容以秦論之。楊誤憶賈山耳。

阮籍

阮籍登廣武嘆曰。時無英雄。使豎子成名。豈謂沛公豎子乎。傷時無劉項也。

豎子正謂漢高。晉人見解率本莊列。豈容以實求之。

畫記

東坡不喜韓退之畫記。謂之甲乙帳簿。此老千古卓識。不隨人觀場者也。

退之諸記但紀事不錯議論。尙有前輩典刑。特句格太變幻。寡漢人渾朴之致耳。子瞻正與相反。用修好異。特引其言。豈定論哉。

丹鉛新錄三

皋陶有後

左傳皋陶庭堅。不祀忽諸。蓋設監戒之言。如云若敖氏之鬼。不其餒而之比也。後人遂謂皋陶眞不祀。而

蔓說者又言刑官無後。豈不謬哉。按張平子思玄賦云。咎繇邁而種德兮。樹德懋於英六。注英六。國名。楚末乃滅。抱朴子云。秦乃伯益之後。益即皋陶子也。以是參考之。皋陶何嘗無後乎。

史記禹本紀云。帝禹立而舉皋陶。薦之且授政焉。而皋陶卒。封皋陶之後於英六。而後舉益授之政。夫益爲皋陶子。則皋陶之後即益也。何以封其後於英六而復舉益乎。皋益五臣同列虞世。益爲皋子。史傳蔑聞。不祀忽諸之談。蓋春秋時或其後中絕。如宣孟之忠而無後之義。非謂皋陶之身也。考英布封九江王都六。乃項羽時嗣封者。以布自謂皋陶後。故都六以襲舊邦。非謂禹時所封英六二國秦世尙存。楚沒乃滅也。

陳心叔名疑。引路史云。皋陶父大業。娶少典氏之女名華生。陶封於皋。故稱皋陶。帝王紀云。皋陶生於偃。故賜姓嬴。皋陶長子費是爲大費。秦之祖也。次子甄是爲仲甄。封於六。秦本紀云。大業娶女華生大

費。而正義即以大業爲皋陶殆謬。呂覽注云。伯益皋陶之子亦謬。

麟按。以益爲皋陶子謬始曹大家注列女傳云。陶子生五歲而佐禹。注陶子皋陶之子伯益也。故葛稚川張守節皆本之。羅泌能辯益非皋子。而不知伯益之即伯翳。故又以大業爲皋陶父而大費爲皋陶子。其說之舛訛抑有甚焉。考史傳伯益伯翳爲一甚明。余別有辯。路史謂皋陶之後爲李氏。本皋陶爲理官也。斯說得之。

路史又云。堯之諸臣惟彭籛皋陶伯益爲最壽。皋陶年百有六。而伯益逾二百。計其年皆先禹歿矣。據此。則益初佐禹年殆百餘。而列女傳以爲五歲。何老少不倫。至是又皋陶少益數十歲而爲父。益長數十歲而爲子。何後先錯戾如是。雖二家言皆謬悠亡足論者。然互合觀之。眞可一大噱也。

考黥布之會垓下。史有以舒屠六之文。故思玄賦注云。楚末乃滅。然布傳破籍後封布九江王。復都於六。高帝末年布反始滅。今謂滅於楚末。亦注之訛也。至抱朴妄援尤不足辯。而用修信之何哉。

又史記秦本紀云。帝顓頊之裔大業。取少典之子曰女華。女華生大費。索隱曰。此即秦趙之先。尙書謂之伯益是也。據此則伯益之父大業。而裔嬴秦也。謂大業爲皋陶則嬴秦即英六耶。用修欲以證皋陶之多男。不適以誣伯益之二父耶。

陽虎

陽虎將殺季孫不克。取寶玉大弓以叛。明年乃得之堤下。晉明帝覘王敦遁歸湖陰。以七寶鞭獲免。

晉書明帝紀云。王敦將謀簒。下屯於湖。帝乃乘駿馬微行至於湖。陰察敦營壘而出。陰字當屬察字爲句。以上又湖下元無陰字。而下句陰察與微行相應也。自溫庭筠作湖陰曲。後人往往承訛。惟王懋叢書得之。因錄諸右。又明帝自湖遁歸。遇旅嫗與七寶鞭。此云遁歸湖者尤非。敦既屯兵於湖。帝自湖歸則歸於石頭

耳。

井公六博

古樂府井公能六博。玉女善投壺。蓋因井星形如博局而附會之。亦詩人北斗挹酒漿之意也。曹子建詩。仙人攬六著。對博泰山隅。齊陸瑜詩。九仙會歡賞。六博具娛神。戲谷聞餘地。名山憶舊秦。周王子深詩。誰能攬六著。還須訪井公。庾子山詩。藏書凡幾代。看博已千年。陳張正見詩。已見玉女笑投壺。復仙童欣六博。

井公事見穆天子傳。楊以井星形如博局。當之臆說之絕可笑者。蓋未見汲冢書也。按穆天子傳第五卷。記王與隱士井公博。三日而決。一卷中凡兩見。井公必當時有道之士。致周穆以萬乘之尊屢從博戲亦奇矣。古博奕事殆創見於此。王子深誰能攬六著。還須訪井公。正用周穆訪隱士事。若天上井星。從何訪之。庾子山藏書凡幾代。看博已千年。二語亦正用周穆事。圖經稱穆天子藏書於大酉山小酉山。庾詩本之。凡讀書未解。儘缺疑不妨。惟臆說最害事。穆滿藏書事見唐詩鼓吹。皮日休二酉搜來秘檢疎註中。

王僑王子喬

史記封禪書注引裴秀冀州記云。緱氏仙人廟者。昔有王僑犍爲武陽人。爲柏人令。於此登仙。非王子喬也。唐詩王子求仙月滿臺。又云。可憐緱嶺登仙子。猶自吹笙醉碧桃。蓋世以王僑爲王子喬誤也久矣。

史記封禪書宋毋忌王伯僑克尚羨門子高。索隱注司馬相如云。王伯僑古仙人。下復引裴秀記云。緱氏仙人廟者。昔有王喬云云。余按史記王伯僑自是一仙人名。注再引王喬已誤。然裴記王喬。喬字偏傍無立人。用修作僑字從人。蓋因史交王伯僑而誤也。

藝苑卮言云。仙人有兩王喬。其一即太子晉。其一柏人令。天降玉棺者也。此與用修說仝。但楊誤加偏傍耳。余意王喬爲太子者。汲冢書師曠稱晉爲王子。故

樂府稱王子喬。非姓王氏也。喬當是晉别名。惟爲葉縣令。而飛舄與爲柏人令而食芝者。則名姓俱同。又同爲令。同顯迹於令時。最易相亂。非精加考核。未易得之。王子喬斷當從余此說。余嚮以爲三王喬。亦從舊說。未安。

俞豹論諸葛

輟耕錄載俞豹論諸葛孔明忠於玄德。而非忠於漢獻。以漢獻尚在而玄德之立爲不當也。此說謬矣。習鑿齒

曰。惠公朝秦而子圉以立。更始猶存。而光武舉號。先主合議討賊。是宜速尊以奉大統。民欣反正。出覩舊物。可謂識時之卓見。豹蓋亦未嘗見此論也。寡陋不學如此。不自知而輕議大君子。眞可惡也。陶九成取之。亦輕薄子哉。

按此論載俞文豹吹劍錄。乃其兄文龍所作。嘗用是說取解於同文館。楊以文豹爲俞豹。又以論爲文豹之說。竝誤。輟耕錄首末自明。宋鄭如幾嘗作魏春秋。其說與俞相出入。見兩山墨談。

唐五書僧

唐有詩僧九人。今有九僧集。復有五僧善書。劉涇嘗作書話。以懷素比玉。䛒光比珠。高閑比金。貫休比玻。瓈亞栖比水晶。

按九僧乃宋初人。與唐邈不及。余載之詩藪甚詳。唐僧能書者尙衆。如太宗時辯才其一也。

蕭方等

佛氏有方等經。猶云平等世界也。故蕭氏取爲名方等。嘗著三十國春秋。胡三省注通鑑不知此義。蕭方下去一等字。以今人云某人等之等。而不思方等之弟名方諸方知可證乎。亦猶綱目不知盧鴻一爲雙名。而去一字爲盧鴻也。

胡氏注辨方等。不當以死節自任。初未嘗去等字。此乃綱目之誤。已見王伯厚困學紀聞。用修采其說而訛者也。

盧鴻一

唐人有盧鴻一。隱於嵩山。其名鴻一者。尸子云。鴻飛天首高遠難明。楚人以爲鳧。越人以爲乙。鴻常一爾。通鑑綱目書徵嵩山處士盧鴻爲諫議大夫不受。鴻下脫一字。蓋誤。以鴻爲單名而削去一字也。

盧鴻一見舊唐書。新唐書作盧鴻誤也。通鑑采摘止據新唐書。故亦作盧鴻。綱目本通鑑之誤。而通鑑又本新唐書之誤。楊前則并此皆歸咎於綱目。蓋快於指摘紫陽又不熟史學之故。

中潬之戰

胡致堂云。中潬之戰李光弼不遺餘力僅而勝之。使郭子儀相與掎角。賊可平矣。余謂非也。豈有二將共事能成大功者乎。諺曰。稍公多舟必破。四公子奕棋必不勝。相州九節度之敗子儀。光弼俱在焉。以勢相埒而不相下也。儒者紙上之語。使之當國豈不誤蒼生乎。或問予曰。郭李之將齊名。使子儀當中潬之戰何如未可知也。子儀之持重。光弼之勁捷。各有所長。以詩喻之。郭如子美。李如太白。以文喻之。郭如韓。李如柳。論詩文雅正。則少陵昌黎若倚馬千言。單辭追古則杜韓恐不及太白子厚也。

李郭合筴而成嘉山之功。安史由是奪氣。二將議擣范陽賊。幾成擒。哥舒翰敗。遂旋軍相州之師。子儀與光弼已有成議。以魚朝恩不從而潰。此皆史册大故昭昭竹簡者。用脩不熟史學信矣。侯安都周文育竝禽於王琳。耿弇吳漢十二將咸衄於隗囂。將不必多古有然者。惟相州之役不得以此例論也。詳李郭本傳及通鑑

肅宗紀。

岳武穆

岳武穆之世金國方興。而兀朮幹離不皆善用兵。取之亦不易。海陵之主無道遇弑。國又無將。取之比武穆之勢極易。而宋之君皆孱。王臣皆姦邪。失此機會。樓船載國胥沈於海。非不幸也。

武穆用兵時粘罕斡離不皆亡。獨兀朮在。楊蓋誤以撤離喝爲斡離不也。粘罕斡離不二酋可當韓劉輩。非武穆敵。兀朮撤離喝才又下二酋。是時武穆百勝之師乘之如拉朽耳。崔子鍾引李郭敗於思明爲證舛矣。夫安史李郭蓋迭爲勝負。其人逆順固天淵。其才不甚遼絕。迺武穆於兀朮自朱仙以前能少抗乎。突厥之強李靖縛之如拾芥。詎可執一而論。若虞允文采石之戰。正猶謝玄之破符堅。玄破秦兵。不能越江以復尺寸之中

原。其時秦土瓜分。勢易爲力。僅僅若斯。正以玄之材力非元子寄奴比也。逆亮既亡。完顏易主。大定之治冠絕無倫。雍公將略何如錡玠。而欲乘一日之勝拓累葉之基。難矣哉。

郭汾陽衂於安守忠。李臨淮衂於史思明。李郭又同潰於相州。若子儀之戰新店。光弼之戰中潬。皆竭智畢命。又藉回紇之師僅克之故。知安史二盜未易易也。若宗弼巴蜀則大創於吳玠。順昌則折北於劉錡。越江則膽奪於韓世忠。其才不能勝三將。而與武穆同年乎。況金人全力非安史崛起者比也。丘仲深精究史學而有岳飛未必能恢復之論。竊所未解。近日鉅公頗亦采之。吾不可以不辯。詳讀史餘論中。李郭平安史事熟參唐書。洎通鑑自見邙山之役。思明垂滅復振。他可知。

丹鉛新錄四

伐國之女

李德裕云。自古得伐國之女以爲妃后。未嘗不致危亡之患。晉之驪姬。楚之夏姬息嬀。符堅之清河公主。侯景之溧陽公主。隋文帝之陳夫人皆是物也。史蘇所謂我以男戎勝彼。彼必以女戎勝我。隋書曰。興門之男衰門之女信矣。杜牧集載陳希烈桂娘事尤異云云。楚成王滅息以息嬀歸。後莊王滅陳納夏姬。申公巫臣諫止。因自娶之。楚遂滅巫臣家。然則非亡楚也。又息嬀亦未嘗亡楚。與晉獻秦堅事不合。桂娘是李希烈

妾。後以計授陳仙奇殺希烈。楊誤合二人姓名爲一也。陳希烈是玄宗相。廼陷安祿山伏法者。相去亦不遠。凡此類姓名偶誤。或傳錄者之訛。似不必置喙。第用修之語後必信之。余死致累學人不敢避也。隋之亡當由獨孤后陷太子勇於陳氏。無與陳雖爲廣所烝。然非釁所由起。溧陽當侯景死嘗食其肉。然景之亡不由之。

韋孝寬薛仁貴

後周韋孝寬參麟趾殿學士考挍圖籍。唐薛仁貴著周易新生本義四卷。二子皆勇將而精意經術如此。

唐薛氏文士最衆。周易注見鄭氏藝文略。唐書藝文志。蓋別有其人。非爲將者也。唐書仁貴傳竝不言其涉獵經史。即史傳中不盡載著述。然仁貴以武人有此斷所不遺。今新舊唐書無及此者。則此書非其撰述無疑也。韋孝寬雖爲名將。未嘗以勇力聞。仁貴雖以勇聞。然將略亦自翹楚。用修說俱失之。宋人墨池編有薛仁貴碑云。名禮字仁貴。其人在天寶間。則非唐初將帥明矣。

六朝名將如韋叡者。世信知其功名。據南史叡子棱。世稱該洽。叡每坐。使棱說書。其所發摘尤精於棱。又羊侃少愛文史。梁武製武宴詩三十韻示侃。侃即席中應詔。上大賞之。又善音律。自造采蓮棹歌兩曲。甚有新致。侍婢百餘人。俱執金花燭。船中失火。延燒七十艘。侃聞略不介懷。世但知侃忠勇絕人。至風

流廓達鮮知者。所應詔詩必可觀。惜世不傳。諸武人能文事者俱詳見詩藪中。此二子竝梁將。偶以僻故。少拈及者。故因用修語附記之。

女狀元

女侍中魏元義妻也。女學士孔貴嬪也。女挍書唐薛濤也。女進士宋女郎林妙玉也。女狀元蜀黃崇嘏也。崇嘏非女狀元余已辯於詩藪雜編中。用修之誤蓋因元人女狀元春桃記而誤也。元人春桃記今不傳。僅輟耕

錄有其目。大概如琵琶等劇幻設狀元之名耳。王巵言直作蜀司戶參軍。黃崇嘏最得之陳氏名疑亦仍用修之誤。似未詳考黃詩及其事始末也。巵言又云。女挍書乃稱謂之詞。妙玉宋女童應試封孺人。楊說未確。

麟按。女子有官位者巵言采摭幾盡。視用修所錄殆數倍。然尚遺一二。女侍中有陸令萱。即齊陸太姬掌國事者。見北史齊書通鑑綱目等。陳心叔名疑亦遺之。又樂府雜錄有鄭中丞。乃宮中教歌舞者。女子教歌舞

而為中丞尤奇且僻也。

魏安釐王幸姬號龍陽君。見名疑今以為男子非是。或別有一人耶。以其奇僻錄之。

孔北海

孔北海大志直節。東漢名流。而與建安七子竝稱。駱賓王勁辭忠憤。唐之義士。而與垂拱四傑為列。以文章之末技而掩其立身之大閑。可惜也。君子當表而出之。

孔明不取文舉

宋書引諸葛孔明之言曰。來敏亂郡過於孔文舉。此事不經見。當表出之。蓋孔文舉名過其實。清談廢事已有晉人之風。使遇孔明。必遭李平廖立之罰。後人稱之只以才學耳。

既謂北海大志直節。不當以文章末技掩之。又謂名過其實。後人只以才學稱之一文舉也。驟以其善表而出之於前。驟以其過表而出之於後。與建安七子竝稱且不可。而與李平廖立同罰其可乎。

大破賊

謝安聞淝水之捷對奕客云。小兒輩大破賊。晉書云。兒輩遂以破賊。晉書所紀不及世說太字之勝。

大破賊太字是晉唐口語。如寧哥大解事。萬徹大健兒之類。宋世亦有之。向敏中大耐官職等詞是也。若太字。則俗談向無此例。斷為刻本之譌。好奇者往往信之。熟於世說者自當燭鑑。

于蒍

晁叔用詩不擬伊優陪殿下。稍隨于蒍過樓前。劉後村曰。晁氏家世貴顯。而叔用不肯於此時陪伊優之列。而甘隨于蒍之后。可謂賢矣。伊優事見東方朔。傳人皆知之。于蒍事博學者或不知也。按明皇雜錄玄宗御五鳳樓觀酺宴。時命三百里内刺史縣令各以聲樂集樓下。時多以車載樂工數百。皆衣文繡。服箱之上皆爲虎豹犀象之狀。魯山令元德秀惟遣樂工數十人聯袂歌

于蒍而已。

新舊唐書通鑑綱目四書竝載。非僻典也。朱氏綱目云。上御五鳳樓酺宴。命刺史縣令各率所部音樂集樓下。懷州刺史以車載樂工云云。魯山令元德秀惟遣樂工數人連袂歌于蒍。上曰。懷州之人其塗炭乎。立命刺史爲散官。楊以數人爲數十。又不明著懷州刺史俱未妥。

短人

孔子家語。僬僥長三尺。短之極也。而莊子注云。務光長八寸。論衡及何承天篹文云。張仲師長尺二寸。近於誣矣。宋史呂夏卿年老身形漸縮如小兒。小說載嶺南鷄窠鶴髮翁亦縮如嬰孺。此非常理所格也。

李子敖遊鳴鵠嗉中長三寸三分。張仲師長一尺二寸。見劉杳傳。但云出論衡。楊以爲何承天篹文。未知何據。按向承天有皇覽至宋已不傳。

古今語言

江芊罵商臣曰。呼役夫。漢王怒酈生曰。豎儒。幾敗乃公事單故。謂稽康曰。老奴。汝死自其分。樂廣曰。誰家生得寧馨兒。斯竝當時侮嫚之詞。流俗鄙俚之談。而世人以爲上之二言不失清雅。下之兩句殊爲魯朴。何哉。周漢世遠。事已成古。魏晉年近。言猶類今也。已古即謂之文。猶今乃驚其質。作者乃怯書今語。勇效昔言。不亦惑乎。

此劉子玄史通之論。用修喜而錄之。失記所自出耳。

寧馨二字今亦爲雅談。史通之說驗矣。

銑鋧

蕭摩訶與北齊戰。有西域胡妙於弓矢弦無虛發。摩訶遙擲銑鋧。正中其額。應手而斃。鋧音簡。唐秦瓊尤善用之。

摩訶擲銑鋧中西域胡。綱目注云。短兵也。形如小鑿。今以爲簡未之前。聞秦瓊用簡與尉遲門鞭。乃委巷小說平話中事。考瓊本傳但言躍馬挺鎗。取人萬衆中

。無不如意。鄂國傳敬德善馬矟。嘗與齊王元吉戰。三奪其兵。是鄂國所善者矟。而胡公所善者鎗。鞭簡之說絕爲不根。自宋元編演小說。加以傳奇雜劇。今人童稚見之。沁入脾肺。既長又不解。精讀正史。信筆爲其惑亂誤用而不自知。余見數文章名家往往蹈之。李獻吉乃勸人勿讀六代後書。何其隘耶。因楊說附記此。考史傳鎗與矟亦無大別。

單雄信幼時植一棗樹。年十八伐爲槍。號寒骨白。嘗與秦王戰。秦王以太白羽射之。火出。因爲尉遲敬德拉折。則雄信所用亦槍。今俗以爲槊。非也。雜俎所言蓋即尉遲敬德報秦王事。寒骨白之名甚新。

俗傳美良川事。亦有因考秦瓊傳。從秦王夾擊美良川。破尉遲敬德。功最居多。蓋鄂國之驍悍。當時惟胡公能埒之。其後多病。常自云。吾平生苦戰。出血不下數斗。焉能不病乎。俗傳瓊毆血事。亦有因也。必多讀史傳。則此等事自能燭照源流。洞見眞妄。陋學

問中一大關節。不可不知。不佞匪其人第能言之耳。瓊自破宋金剛後。迄無復顯赫功。豈遂以病廢耶。嘔血事亦見隋唐嘉話中。

畢羅

朱文公刈麥詩。霞觴幸自誇眞一。垂鉢何須問畢羅。集韵畢羅修食也。按小說唐宰相有櫻笋厨食之精者。櫻桃饆饠。今北人呼爲波波。南人訛爲磨磨。

畢羅注云修食。當作活字。元人琵琶記以秕糠饆饠充

饑。其義可參。唐世櫻桃饆饠是借此二字爲食物名。
非本旨也。今北人所謂波波乃麵爲之者。南人罕能修
治。文公時南北絕不通焉。可據爲是物也。
酉陽雜俎。衣冠食之精者。蕭家餛飩。庾家粽子。韓
約櫻桃饆饠。不云宰相櫻笋厨也。今雜俎刻多誤。韻
語陽秋十九卷引之可證。

秋胡妻

劉子玄曰。列女傳載秋胡妻者。尋其始末。了無才行

可稱。直以怨懟厥夫。投川而死。輕生同於古冶狗節
異於曹娥。此乃兇險之頑人。强梁之悍婦。輒與貞烈
爲伍。有乖其實焉。余按小說載劉伯玉妻。聞其夫誦
洛神賦。遂投洛水死。名妬婦津。伯玉遂終身不度。
秋胡妻可爲貞烈。則當祠於妬婦津。以劉妻配享可也。
子玄之論義正詞嚴。聖人復起。弗能易矣。用脩以劉
妻配享未愜。當名胡妻所投水曰悍婦川可也。

妬婦乘騂牛

元制。婦人妬者乘騂牛狥部中。北齊制。妬婦賣箒及
皁莢。
唐文皇以藥酒賜房玄齡婦。我太祖爲徐中山易夫人。
即此知婦人妬者必不容於聖王之世。非特乘騂牛。賣
皁莢而已。惜皆不著令甲中。
六朝人有妬記。唐人有補妬記。今亡。余嘗欲更補此
書。惜不獲。用修啇之。
南齊書劉休傳云。明帝憎婦人妒。尚書右丞榮彥遠以

善棋見親。婦妒傷其面。帝曰。我爲卿治之何如。彥
遠率爾應曰。聽聖旨。其夕遂賜藥殺其妻。休妻王氏
亦妒。帝聞之。勅休妾與王氏二十杖令休於宅後開小
店。使王氏親賣掃箒皁莢以辱之。右見南齊書列傳十
五卷。用修以爲北齊制中語。恐一時信筆不檢故。北
齊神武娶蠕蠕女。至因事跪拜之。豈辨此哉。

妒女廟

妒女廟者介子推妹也。在并州壽陽縣。妒婦津在洛水

。朝野僉載云。并州石艾壽陽二界有妒女泉。神廟在焉。瀵水深沈。潔澈千丈。祭者投錢及羊骨。皎然皆見。俗傳妒女者介子推妹。與兄競去泉百里。寒食不許斷火。至今尚然。女錦衣鮮裙。裝束甚都。凡有人取仙丹百合經過者。必雷風雹以震之。右見太平廣記三百九十一卷。近雲間類刻僉載無此文。蓋陶氏節本也。

述異記曰。妒女泉在并州。婦人不得靚粧彩服。至其地。必興雲雨。一名是介推妹。麟按張果傳。武后召果。果卒死於妒女廟前。豈神仙亦畏妒耶。

酉陽雜俎曰。妒婦津相傳晉大始中劉伯玉妻段氏。字明光。性妒忌。伯玉常誦洛神賦。語其妻曰。娶婦如此。吾無憾焉。明光曰。君何以水神善而欲輕我。其夜乃自沈而死。後七日託夢伯玉曰。君本願神。吾今得爲神也。伯玉遂終身不復渡水。有婦人渡此津者。皆攘衣枉粧。然後敢濟。不爾風波暴發。因名曰妒婦津。按二事古今相類有若此者。婦人之惡極矣。夷堅志又有治妒龍事。以龍王夫人殺其妾。因置獄正其罪誅之。嗚呼。安得天帝盡獄此輩。以爲忮悍之戒哉。

丹鉛新錄五

李白出處

太白生於蜀之昌明縣青蓮鄉。昌明今之彰明也。讀書於縣南之匡山。杜子美贈詩所謂匡山太白。非九江人

何得言歸來乎。

正楊曰。容齋二筆云。杜贈李詩。匡山讀書處。頭白好歸來。說者以爲即廬山也。吳曾能改齋漫錄內辨誤一卷。引杜田杜詩補遺云。范傳正李白新墓碑云。白本宗室子。厥先避仇客蜀。居蜀之彰明。太白生焉。彰明綿州之蜀邑。有大小康山。白讀書於大康山。有讀書堂見存。其宅在清廉鄉。後廢爲僧房。稱隴西院。蓋以太白得名。院有太白像。吳君以是証杜句。知

康山在蜀非廬山也。予按當塗所刊李集首載范碑凡千五百餘字。其說但云。自國朝以來。編於屬籍。神龍初。自碎葉還廣漢。因僑爲郡人。無補遺所紀七十餘言。豈非好事者僞爲此書。如開元遺事之類。以附會杜老之詩耶。歐陽忞輿地廣記云。彰明有李白碑。白生於此縣。蓋亦傳說之誤。當以范碑爲正。白與韓荊州書云。白隴西布衣。流落江漢。以上俱正楊。

藝苑卮言云。南部新書曰。李白山東人。父爲任城令。因家焉。少與魯人隱徂徠山。號竹溪六逸。天寶初游會稽。吳筠隱剡中。各稱蜀人。非也。今任城令廳有白詞尚存。至唐范傳正誌其墓曰。白涼武昭王九世孫。昭王隴西人。隋末子孫以罪徙西域。神龍時。白父客自西域逃居綿之巴西。而白生焉。唐魏顥李陽冰序其文。劉全白撰其墓碣。皆曰廣漢人。故論白者或曰隴西。或曰山東。或曰蜀。李陽冰云。李翰林浪跡縱酒以自昏穢。詠歌之際屢稱山東李白。亦云以張垍

讒遂游海岱間。子美所謂汝與山東李白好。蓋白自號也。然則白本隴西人。產於蜀。嘗流寓山東。子美從遊時在山東。故稱山東也。此山東乃關東。非今之山東也。一統志以白爲山東人固已俗然。用脩亦得其一未得其二也。

按古今詩人出處未有如太白之難定者。以爲山東者南部新書也。舊唐書傳也。元微之杜詩序也。晁氏讀書志也。以爲蜀郡人者范傳正碑也。新唐書也。劉全白墓碣也。魏萬李陽冰曾子固太白集序也。唐詩紀事也。彰明逸事也。然余考之魏顥序。言白本隴西。父家於綿。身既生蜀。繼以授籙於齊。育子於魯云。陽冰序則言白本隴西成紀人。中葉非罪謫條支。神龍之始逃歸於蜀。遂指李樹生伯陽。繼亦言授籙於齊紫極宮云云。新書傳則言白系武昭王孫。龍神初潛還廣漢。遂爲郡人。長客任城。與孔巢父等居徂徠山。號竹溪六逸云云。曾子固序則言白蜀郡人。出之齊魯居徂徠

山竹溪。遊梁最久。復入齊魯云云。合諸說而訂之。則卮言所謂白本隴西人。產於蜀流寓山東。其說最完。而紀事末所謂或曰蜀。或曰齊。或曰隴。俱不爲無據也。況白但生於蜀。一出後未常返其故居。隴西以其本宗。山東以其流寓。志白奚不宜者。用修欲專太白於其鄉。凡諸方有據者一概沒之。非通論也。

東山李白

杜子美詩。近來海內爲長句。汝與東山李白好。流俗

本妄改作山東李白。按樂史序。李白集云。白客遊天下以聲妓自隨。效謝安風流。自號東山時人。遂以東山李白稱之。子美詩句正因其自號而稱之耳。流俗不知而引杜詩爲證。近於郢書燕說矣。

晁公武讀書志古人名地理多誤。如云李太白爲山東人。不知樂史所序謂太白攜妓遊山。慕謝安之風。自稱東山李白。杜工部因有汝與東山李白好之句。而俗士不知倒之爲山東也。

陳晦伯曰。樂史序竝無慕謝安風流自號東山之事。考白事見新舊唐書本傳及南部新書。噫傳正新碑杜田既欺人。前代樂史舊序吾子復作僞。今時故知心勞日拙。實繁有徒矣。

麟按南部新書云。白歌咏之際屢稱東山李白。子美所謂汝與山東李白好。當本於此。樂史序無此文。用修蓋誤憶不考。非僞作欺人也。杜田注亦非僞作。是引宋楊天惠彰明逸事而誤爲范傳正碑。其病正與用脩一

類。今竝載下爲二子解嘲。然彰明逸事天惠似得之埜人傳聞。中間附會匡山隴西。穿鑿可哂之甚。豈可引以證杜詩乎。南部新書東山事又本魏萬碑。萬與太白游處宜可信。第白流寓山東甚久。況舊唐元微之序竝稱山東。即子美以此呼李。奚不可者唐時李杜詩題但稱名不稱字。詎至如今人以號爲稱。此則用脩之癖論也。景盧晦伯辯自得之。獨彰明逸事及魏萬序未及考。或亡以服用修之心。余說出庶幾盡之。

魏萬序云。白始娶於安。生一女一男。又合於劉。劉訣。又合於魯一婦人。生子曰頗黎。終又娶於宋間。攜昭陽金陵之妓迹類謝康樂。世號李東山。駿馬美妾。所至二千石郊迎云云。據此則大白蓋四易妻再育子。然李華墓志及他記獨稱白子伯禽。豈白有三子耶。魏萬即白送之還王屋者。其契分特深。序中所言得之目擊。視陽冰傳正輩故應不侔。後之考白履歷當以此序爲準。用修謂白擬謝安石蓋誤憶。康樂又誤認東山

也。萬後名顥又李陽冰序亦載東山事。

楊天惠彰明逸事云。元符二年春正月。天惠補令於此。竊從學士大夫求問逸事。聞唐李白本邑人。微時募縣小吏。入令臥內。嘗驅牛徑堂下。令妻怒。將加詰責。太白亟以詩謝云。素面倚欄鉤。嬌聲出外頭。若非是織女。何故問牽牛。令驚異不問。稍親招引侍研席。令一日賦山火詩。思軋不屬。太白從傍綴其下句。令詩云。野火燒山火。人歸火不歸。太白繼云。焰隨紅日去。烟逐暮雲飛。令慙止。頃之。從令觀漲。有女子溺死江上。令復苦吟。太白輒應聲繼之。令詩云。二八誰家女。漂來倚岸蘆。鳥窺眉上翠。魚弄口傍珠。太白繼云。綠鬢隨波散。紅顏逐浪無。因何逢五伯。應是想秋胡。令滋不悅。太白恐。棄去。隱居戴天大匡山。往來旁郡。依潼江趙徵君蕤。蕤亦節士。任俠有氣。善爲縱橫學。著書號長短經。太白從學歲餘。去遊成都。賦春感詩云。茫茫南與北。道直事

難諧。楡莢錢生樹。楊花玉慘街。塵縈遊子面。蝶弄美人釵。卻憶青山上。雲門掩竹齋。益州刺史蘇頲見而奇之。時太白齒方少。英氣溢發。諸爲詩文甚多。微類宮中行樂詞體。今邑人所藏百篇大抵皆格律也。雖頗體弱然短羽褷褷。已有雛鳳態。淳化中縣令楊遂爲之引。謂爲少作是也。遂江南人。自名能詩。累謫爲令。云始太白與杜甫相遇梁宋間。結交歡甚。久乃去客居魯徂徠山。杜甫從嚴武成都。太白益流落。不

能歸蜀。甫詩又云。匡山讀書處。頭白好歸來。學者多疑太白爲山東人。又以匡山爲匡廬。皆非也。今大匡山猶有讀書臺。而清廉鄉故居遺地尚在。廢爲寺。名隴西院。有唐梓州刺史碑。

按右彰明逸事與杜田注中所引亡一不合。田蓋援逸事以注杜詩。非本傳正碣也。景盧用修晦伯三君俱似未考此。此文載計氏唐詩紀事。其傳會之迹灼然。因父尉任城。白有詞題廳事。遂傳彰明令等詩。因杜匡山

讀書之句。遂傳大匡山。因白自序隴西。遂傳以隴西院。因白自號青蓮。遂傳以清廉鄉。考魏萬李華李陽冰傳。傳正諸文無一合者。大抵白既生其地。則流傳附會自應亡所不至。亡足訝也。清廉鄉。楊直作青蓮亦誤。姚寬叢語引圖經亦稱綿州大康山等總之附會也。又此文稱所收太白少作百餘篇。按晁公武云。太白全集末載少作六十首。皆淺近不類青蓮。蓋即彰明令所收。今不傳。姑執十咏之類又非此也。

李詩題詞

五代劉昫修唐書以白爲山東人。自元稹序杜詩而誤詩云汝與山東李白好。樂史云。李白慕謝安風流。自號東山李白。杜子美所云乃是東山。後人倒讀爲山東。元稹之序又由於倒讀杜詩也。不然則太白之詩云。學劒來山東。又云我家寄東魯。豈自誣乎。宋有晁公武者。孟浪人也。遂信舊唐書及元稹之誤。乃曰太白自敍及詩皆不足信。噫。世安有己之族姓己自迷之而傍

取他證乎。新唐書知其誤。乃更之爲唐宗室。蓋以隴西郡望爲標也。善乎劉子玄之言曰。作史者爲人立傳。皆取舊號施之。於今爲王氏傳必曰瑯琊臨沂人。爲李氏傳必曰隴西成紀人。欲求實錄不亦難乎。

諸辯悉見前。則此又以新唐書爲誤尤不然。新書白傳首言白爲涼武昭王孫。其先徙西域。神龍初遁還巴西。白生於此。長隱岷山。蘇頲爲益州守異之。非以白爲蜀人而何。李陽冰范傳正俱以白本隴西。生於蜀。

新書蓋博參之。楊不略考下文。謬哉。

李姓非一

姓氏譜李氏凡十三望。以隴西爲第一。唐時重族系。雖帝系之貴。亦自屈居第三。而讓隴西第一。則隴西之李與唐室之李不同族明矣。

藝苑巵言別錄。貞觀中上命吏部尙書高士廉等撰氏族志。上之以黃門侍郎崔民幹爲等一。上曰。漢高祖與蕭曹樊灌皆起閭閻布衣。至今推仰以爲英賢。豈在世祿。高氏偏據山東。梁陳僻在江南。雖有人物。蓋何

足言。今欲釐正差訛。捨名取實。而鄉曹猶以崔民幹爲第一。是輕我官爵而狥流俗之情也。乃更命刊定。專以今朝品秩爲高下。於是以皇族爲首。外戚次之。降崔民幹爲第三云云。據此則族望當時自以崔爲第一。文皇怒始更定以皇族第一。楊說竝舛訛也。

楊云唐人姓氏譜。隴西李氏與王家不同族是也。廣記隴西李氏恐不入望。以槖駝云云。因號槖駝。李又詔禁隴西李氏諸姓不得自相婚配。可見非唐宗室矣。

又

據唐人姓譜。則隴西與唐室了不相干。而李氏稱隴西者往往冒爲唐宗室。又矛盾矣。唐自高祖即位。太宗高宗繼之。武后殺唐子孫殆盡。至開元末四十年而太白詩云。我李百萬葉。柯條布中州。是又可疑。蓋唐人十三望之李皆冒稱宗室。旣不封以祿位。惟虛名誇人。曰天潢仙派而已。唐帝亦樂其族姓之繁。不暇考其眞僞也。觀太白自敍之書云。白家世本金陵。此其

自狀明甚。而詩中贈九姓。李者皆曰吾宗。則又可疑。唐之先任於後周。豈有金陵之籍哉。

唐隴西之李自六朝爲巨族。非宗室之李也。然李暠都西涼亦與隴西相近。蓋其望雖異。其地則同。太白之自稱隴西。以地言。不以望言也。乃太白旣唐同宗。當時竝不以王孫稱之。視李賀李約輩若不侔者。賀約乃高祖文皇之後。太白則唐始祖李暠之後。其時偏處

一隅。後又爲周隋臣。太白之先又得罪轉竄入蜀。其同祖在唐末一海宇之先固不得聯譜牒稱王孫也。楊謂唐之李姓皆冒爲帝家。此殊失考。唐李姓十三望。其無顯迹者難以盡徵。相則李義府。李逢吉。李絳。李泌諸人。將則李光弼。李抱眞。李晟。李愬諸人。文詞則李翰。李翔諸人。詩賦則李端李益諸人。紛紜史傳。旁午簡編。不過啻數十百。考其自稱與人稱之。無一以爲宗室者。楊謂冒濫者務虛名以誇人。唐帝亦

樂其天潢之繁衍。而不問眞僞。殆與兒童之見亡異。唐書新舊宗支年表具存。曷嘗以隴西趙郡等李攙入其中也。如適之林甫果係王孫族屬。則史傳已亟書之。至如長吉才江等一列詞埸諸交游。稱謂一則曰王孫。二則曰王孫。讀嘉祐商隱集中有一於此否耶。凡詩人信筆遺詞。率難拘狥。太白所言吾宗及我李。蓋通海內李姓言。非特指皇室及隴西也。

又按用修斷以太白爲蜀人。此乃據自序書而信其家世金陵之語。何也。涼武昭王之世南北瓜分已久。即云先世金陵。後遷隴蜀。亦萬萬不通。蓋後人因白僑寓白門而僞作此書。益信晁公武之精詳。而孟浪二言用修躬自蹈也。

又

小說云。隴西李氏高自標榜。有女人不敢求婚。及年。父母以囊盛。昏夜潛送於少年無妻者。是其自高者乃所以自辱也。

藝苑巵言云。高宗壬戌詔後魏隴西李寶太原王瓊等子孫不得自昏姻。仍定天下嫁女受財數然族望爲時所尙。終不能禁。或載女竊送夫家。或女老不嫁終。不與異姓爲婚。其衰宗落譜。昭穆所不齒者。往往返自稱禁婚。家益增厚價云。觀此。楊說之誤不辨自明。巵言諸說出唐史及廣記御覽等書。原文多。不能備載。

丹鉛新錄六

朱文公

朱文公談道著書。百世宗之。愚詳觀其評論古今人品。誠有違公是而遠人情者。王安石引用姦邪。傾覆宗社。元惡大憝也。乃列之名臣錄。稱其文章道德。文章則有矣。焉有引用姦邪而可名爲道德邪。蘇文忠公文章忠義古今所同仰也。乃力詆之。謂其得志其禍甚於安石。孔子曰。吾之於人也誰毀誰譽。如有所譽。其有所試。文公解之曰。善善速而惡惡則已緩矣。又曰。但有先褒之善而無預詆之惡。信斯言也。文公於此惡惡得爲緩乎。無乃自蹈於預詆人之惡也。夫以安

石之姦。則未減其已著之罪。以蘇子之賢。則巧索其未形之斑。此心何心哉。或曰。不惟此也。秦檜之姦。人欲食其肉者也。文公稱其有骨力。岳飛之死。天下垂涕者也。文公譏其橫。又譏其直。向前廝殺。漢儒如董賈之流皆一一議其言之疵。匡衡之言頗純粹。文公則曰。匡衡有好懷。挾其不成人之美。例如此諸葛亮則名之爲盜。又譏其爲申韓。陶淵明則譏其莊老。韓文公則文致其太顛。往來之書疊疊千餘言。力詆之必使之不爲全人而後已。蓋自周孔以下無一人逃其議。古人謂君子當於有過中求無過。不當於無過中求有過。文公語錄論人皆無過中求有過者也。觀其與同時二三同道私地評論之說。直似村漢罵街。詞訟訐單豈有道者氣象耶。或者門人記錄之過。朱子無忠臣一至此歟。凡用修指摘紫陽語皆割截首尾。不會全文。今詳考錄之則文公之意千載可白。用脩諸誣不辯自明。考亭所輯名臣言行錄前後二集。前集五十五人。後集

四十二人。皆南度以上者也。通一代所稱名臣。必求粹白無疵。自漢唐不過二三數。宋諸君子李韓范馬外趙普王旦咸弗免譏。矧其餘者。今南度前名臣以百計。則此書義例可知也。蓋盡一代聲譽烜赫。事迹關涉者備錄於中。其間碌碌甚衆。若介甫者詎得而遺之哉。名臣錄雖列文公所引諸家雜記。稱與之詞不過十之一。而貶剝之說幾於四之三。又用脩誚朱不當贊其道德

文章。不知名臣錄第綴緝前人議論。元無考亭一語。楊蓋未嘗細讀而驟譏之。果哉。

楚詞後語云。寄蔡氏女者王文公之所作也。公以文章節行高一世。而尤以道德經濟爲己任。被遇神宗。致位宰相。世方仰其有爲。庶幾復見二帝三王之盛。而公乃汲汲以財利兵革爲先務。引用兇邪。排擯忠直。躁迫強戾。使天下之人囂然喪其樂生之心。卒之群姦嗣虐。流毒四海。至於崇宣之際而禍亂極矣。按楊所

引道德文章語或出此。讀此說終篇其罪介甫至矣。楊摘其發端未盡之詞。而驟譏訕之。豈天下皆可欺乎。且紫陽第稱王節行。若道德固未嘗許之也。語意自明。

蘇長公文章氣節世所共推。若其少日縱橫建立之念不謂盡無。今讀蘇所進諸策。使得位神考之世。君臣合筴以赴功名。即不至如介甫之大壞。吾知其不能爲呂文穆李文靖審也。朱亦數稱子瞻才氣。詳語類中。

朱子語類云。沈僴問張韓劉岳之徒富貴已極。如何責他死了。宜其不可用。若論數將之才。則岳飛爲勝。然飛亦橫。只是他猶欲廝殺。按此門人沈僴所問之詞也。向前廝殺言諸將大抵欲和獨武穆主戰耳。今作文公語。且以向前廝殺爲譏。何耶。

郭子儀晚節保身甚闒冗。然當緊要處又不然。單騎見虜云云。飛作副樞。便直是要去做。張韓知其謀。便只依違。然便不做亦不免。其用心如此。直是忠勇也。按此乃朱語。見語類百三十二卷。文公固極贊岳之

忠勇。曷嘗譏之。首以汾陽爲言。蓋深悼其壯憤激烈。明哲未遑。若汾陽與時逶迤。卒建大業則尤美也。當檜亡孝立。武穆尚存。中原計日唾手。而時亡良將。張德遠用李邵二小子。卒致大奔。考亭所爲痛惜哉。若武穆自處至矣盡矣。又奚論焉。

性理錄文公語云。岳飛也橫。只要向前廝殺云云。直是忠勇故也。蓋當時纂集者疎漏。誤合二條爲一則。而又誤幷二說爲一人。楊但讀性理宜如此。奈語錄了

然何。岳被陷當時。公論尚不甚明。故有以横言者。
觀金佗編極雪兹事也。
語類云。秦老倡和議以誤國。挾虜勢以邀君。終使彝倫斁壞。遺親後君。此其罪之大者。至於戮及元老。賊害忠良。攘人之功以爲己有。又不與也。又人問張魏公行狀。秦相叛逆事如何。曰當時煞有士大夫獻謀者。亦有九錫之議矣。吳曾輩是也。按文公極言罪檜。今史傳所未詳者凡數十條。皆滔天之惡。此略舉一二耳。楊率未見。第拾片語輒肆譏彈。甚矣其鹵莽也。夫骨力之云。蓋江充李訓小人有才謂耳。豈稱之哉。

考亭於昌黎病其溺文章。於歐陽譏其耽詩酒。彼儒者論議自往往如此。非獨於眉山父子也。臧大夫概春秋以爲賢。陳仲子通齊國以爲潔。而孔孟之言若彼。豈誰毁誰譽。仲尼自發而自悖之哉。
漢儒董賈尚矣。律以孔孟。則其言詎能無疵。匡衡邪佞比阿。遠非二子比。謂不成人之美。豈不識衡何如人耶。宋許彥周云。論道當嚴。取人當恕。凡此皆紫陽論道之言。楊又不詳考其全文氣脉而毛摘摭之。多見其不量己。醉漢罵街以下丹鉛諸錄誠有然者。豈夫子自道耶。

王安石

弘治中。餘杭周德恭評王安石爲古今第一小人。又曰。神宗之昏惑合赧亥桓靈爲一人者也。安石之姦邪合莽操懿溫爲一人者也。此言最公最明。朱子以安石爲名臣。與司馬竝列可乎。周名理字德恭。所著有綱目

發明。淺陋曲士也。余以安石者謂爲誤國則可。謂爲姦人則不可。朱固未嘗以爲姦人。亦未嘗不以爲誤國也。熟考文公集議論自明。名臣錄辯已見前。周所擬介甫君臣似未嘗讀宋世一書者。余無譏焉。

東坡

東坡伊川戲語相失。門人遂分川洛之黨。非二公意也。朱子學程之學。故其毀垢東坡甚。至云寧取荆公不

用蘇氏。吁怪哉。子嘗以此事如王后蕭妃爭寵。進武曌以間之。荆公獰魂尙在。必將貽骨碎之禍於朱矣。紫陽眉山學術元大不相謀。非黨程氏也。考亭生平嚴闢陸子靜。而切規陳同父。亦黨程乎。二嫗骨醉武曌之言今以爲碎何也。且語類稱子瞻長處凡十餘條。楊豈皆未覩耶。

笨字義

笨字音奔。去聲。粗率也。晉書豫章太守史疇肥大。

時人目爲笨伯。宋書王微傳亦有麤笨之語。今俗諺亦然。朱子語錄云。諸葛亮豈笨者耶。字尙不能識。而欲譏評諸葛乎。

語錄者朱子之語而門人錄之。豈出自朱子筆乎。用修以考亭不識字而妄譏諸葛。余亦以用修不識字而妄譏考亭也。

考亭論三代而下儒者氣象。曰張良諸葛亮只是太粗。蓋以顏孟律之。故有此說。夫論儒者於三代之下。考亭僅舉二子。則粗之一字豈易易哉。

據楊所引語錄本文元無笨字。用修當誤記。考亭論伐吳事耳。先主伐吳無功。孔明嘆曰。法孝直若在。不使主上有此行也。考亭曰。孔明雖正。然盆法孝直輕快。必有術以止之。觀孔明生平議論皆明白正大。與詩書相表裡。當關羽事蓋有難言者。法正輩則疎遠矣。故或可以譎諫止之。噫此未易識也。

凡讀古人文字務須平心易氣熟察上下語脉得其立言本

意乃可。況語錄出之信口。記之門人非文字銖兩稱停者。而毛摘片詞。傳會胸臆可乎。繹朱語二條。皆推服武鄉。而楊以爲譏議。難矣哉。

羊聃字彭祖。少不經學。時論皆鄙其凡庸。先是兗州有八伯之號。其後更有四伯。大鴻臚陳留江泉能食爲穀伯。豫章太守史疇大肥爲笨伯。散騎郎高平張嶷狡妄爲猾伯。而聃狼戾爲瑣伯。蓋擬古四凶也。以語頗

新附錄。

孔明淵明

朱子云。孔明之學出於申韓。淵明之學出於莊老。未學不敢議亦不敢從。

孔明治蜀不專主寬。蓋以劉璋昏暗。故稍以法紀振之。所言治世以大德不以小惠至矣。夫豈尤五兵湯武莫能廢。即孔明有取申韓。亦奚損萬一耶。朱子自據一節言。其他如三顧隆中。六出隴右。大書綱目。固以後世無比矣。淵明詩詞沖澹玄遠。誠老莊意味相近。文公嘗謂古逸民亦何負哉。

感遇詩

或謂予曰。朱子感興詩比陳子感遇詩有理致。予曰。譬之靑裙白髮之節婦。乃與靚粧袨服之宮娥爭妍取憐。埒材角妙。不取笑旁觀。亦且自失所守。要之不可同日而語也。彼以擬招續楚辭。感興續文選無見於此矣。故曰離之則雙美。合之則兩傷。要有契予言者。宋世五言古惟感興三十八章尙有拾遺風格。雖多作儒流見解。其體製實高出一時。梅蘇黃陳諸子各以詩名世。無此調也。苟律以唐人。奚俟用修。即五尺童子今皆能道矣。夫感興本咏懷者也。伯玉唐人。不能追嗣宗。元晦宋人。責以肩伯玉。不已舛乎。楚詞未附擬招。乃呂大臨作。考亭爲題詞。今便據爲朱。與感興竝稱亦誤。

考亭本意愛拾遺詩以溺於方外。故取而矯之。未嘗欲與埒材角妙也。夫感遇在唐未爲絕出。而感興在宋實自超然。謂不當竝論則有之耳。至孔雀東南飛一篇。

本宇宙間孤唱。而楊以邯鄲才人擬之。得無匍匐而歸耶。邯鄲才人一條。陳氏正楊有辯。其詞見南中集。

朱子忿懥

朱子嘗云。某氣質有病。多在忿懥。又云。某之質失之暴悍。又云。不得已有言。則衝口而出。必至於傷事而後已。此亦太陽之餘證也。愼按朱子平日與人論辯多奮發直前而乏和平委曲。此不失爲剛毅。至於聞

呂子約之死。嘆曰。子約竟齎了許多鶻突道理去矣。聞陸象山死。哭之良久。曰可惜死了告子。夫評品切劘。在朋友平日則可至。聞其死亡不加惋惜。而以譏訕何耶。孔子於仲由嘗曰。若由也。不得其死。然戒之也。至聞其死則歎曰。天祝予。朱子學孔子此處太相背矣。子約之死朱蓋惜之。語意自明。余不復辯。

餘詳下方。

朱子語類記陸子靜死。先生率門人往寺中哭之。既罷

。良久曰。可惜死了告子。此説得之文卿。右朱子門人胡泳所記。然不謂耳聞。而云此說得之文卿。蓋記者亦有所疑也。凡語類中門人雜記皆箋所自聞。未嘗假借他人。而此云爾。則其說之譌可知。竊意朱門好事惡陸氏者設爲此言。考亭必萬萬不然。而楊執以爲奇貨。因家語而波及仲尼可乎。

新安平日議論嘗謂陸氏執拗似告子。此大衆所聞也。苟哭其死而爲斯言。何異劉貢父闕漢卿乎。蓋理之必不可信者。楊不能辯折。反從誚之。異哉。朱元晦生平論辯無大鵝湖者。今錄三律於左。

孩提知愛長知欽。古聖相傳只此心。大抵有基方築室。未聞無址可成岑。留情傳注翻榛塞。著意精微轉陸沈。珍重友朋勤切琢。須知至樂在於今。子壽。墟墓興衰宗廟欽。斯人千古不磨心。涓流積至滄溟水。拳石崇成太華岑。易簡工夫終久大。支離事業竟浮沈。欲知自下升高處。眞僞先須辯只今。子靜。德義風流

夙所欽。別離三載更關心。偶扶藜杖出寒谷。又枉籃輿度遠岑。舊學商量加邃密。新知培養轉深沈。卻愁說到無言處。不信人間有古今。文公。方萬里云。文公。於二陸輩行仕宦皆先。今陸氏兄弟詩題乃云示同志。又有榛塞陸沈等語。不遜甚矣。而文公和之詞意渾厚。反以邃密深沈奬借之。冀其自悟。二家氣象居然可見。按方非論學者。而其言如此。所謂塗人皆知也。楊以爲忿懥。然乎。否乎。

又
考朱子他日又錄安石爲名臣。而躋之韓范富歐之等。若此。豈亦有激於他人乎。嗚呼。於東坡乎何損。又於半山乎何益。獨可爲大儒惜耳。朱子學孔孟者也。讀孔孟平日之論。曷嘗譽驩兜而貶元凱乎。朱子嘗譏誚陳同甫躋漢唐於三代。是金精頑鐵作一鍋銷也。朱子以安石與韓范齊名。何不分別金鐵之甚也。辯已見前。不復贅。凡用修此等議論皆不讀本書之過也。宋

名臣錄自大姦慝外。凡在是非間者皆不遺。如趙普。呂夷簡。陳執中類。凡例可知。

丹鉛新錄七

瓊花
楊州有蕃釐觀。觀中有瓊花。即陳後主所謂玉樹後庭花。曲云。瓊樹朝朝新也。其花後萎。好奇者云瓊花無種過矣。宋傅子容詩云。比瑒如礬總未佳。要須博物似張華。因看異代前賢帖。知是唐昌玉蕋花。注云。唐楊汝士云。唐昌觀玉蕋以少故貴。王汝玉名爲玉蕋。王介甫名爲瑒花。取其色白也。山谷名曰山礬。以其可以供染也。即今之梔子花。佛經名簷蔔花。本草名越桃。劉禹錫詩。玉女來看玉樹花云云。張文昌云。五色雲中紫鳳車云云。王建詩。一樹瓏璁玉刻成。飄廊點地色輕輕。女冠夜覓香來處。惟見堦前碎月明。注云。唐元和中。唐昌觀中玉蕋花盛開。有仙女來遊。取數枝飄然而去。余謂此說未必然。蓋因劉張詩有玉女雲車飛輪回首之句。遂傳會其說。又因仙女

取花飄然而去。遂傳會天下無種之說。不知詩人詠物托言也。滇雲處處有之。
麟考瓊花玉蕋。山礬。梔子四種迥異。用修合而一之。大爲孟浪。然其說最易混淆。容齋隨筆。野客叢書俱失之。惟韻語陽秋辯析精當。今竝錄其文而稍爲折衷於後。
野客叢書云。容齋隨筆曰。物以希見爲珍。長安唐昌

觀玉蘂花。魯直所謂山礬者。江東彌山亙野唐昌所產。至於神女下游折花而去以踐玉峰之約。不特土俗罕見。神仙亦然。僕考李衛公集有爲潤州招隱玉蘂花詩云。玉蘂天中樹。金鑾昔共窺。注謂禁林有此木。吳人不識。因余賞翫始得名。又曰。內署沈大夫所居閣前有此樹。每花開花落。空中回旋。久之方集庭砌。大夫草詔之暇。邀余同翫。大夫謂沈傳師也。又觀晏元獻公集有翰林盛諫議借示楊州廟玉蘂詩序云。此花因王元之更名瓊花。亦謂之玉蘂花。二花相近而名字不同。不知其一種邪。或各異耶。據春明退朝錄。招隱玉蘂即后土瓊花也。若然。則玉蘂自是瓊花。非山礬也。所謂事有似是而實非者。此花以罕見爲貴。高齋詩話。蔡寬夫詩話與隨筆之說一同。

韻語陽秋云。江南野中有小白花。木高數尺。春開極香。土人呼爲瑒花。瑒。玉名。取其白也。魯直云。荆公欲作詩而陋其名。予請名曰山礬。野人取其葉

以染黃。不借礬以成色。故以名爾。常有絕句云。高節亭邊竹已空。山礬獨自倚春風是也。近見曾端伯高齋詩話云。此花即唐昌玉蘂花。所謂一樹瓏鬆玉刻成。飄廊點地色輕輕者。以余觀之。恐未必然爾。玉蘂佳名也。此花自唐流傳至今。當以玉蘂得名。不應舍玉蘂而呼瑒。魯直亦不應捨玉蘂而名山礬也。豈端伯別有所據耶。合璧事類引黃詩作染紫。不云染黃。

瓊花惟楊州后土祠中有之。其他八仙近似而非也。鮮于子俊常題詩云。百蘤天下多。瓊花天上希。結根託靈祠。地著不可移。八蓓冠群芳。一株攢萬枝。而宋次道春明退朝錄乃云。瓊花一名玉蘂。按唐朝唐昌觀有玉蘂花。王建詩所謂女冠夜覓香來處。唯見堦前碎月明是也。長安觀亦有玉蘂花。劉禹錫所謂玉女來看玉樹花。異香先引七香車是也。唐苑亦有玉蘂花。李德裕與沈傳師草詔之久。屢同賞翫。故德裕詩云。玉蘂天中木。金閨昔共窺。而沈傳師和篇亦云。曾對金

鑾直。同依玉樹陰是也。招隱山亦有玉蘂花。李德裕所謂吳人初不識。因予賞翫。乃得此名是也。由是論之。則玉蘂花豈二處有哉。其非瓊花明矣。東坡瑞香詞有后土祠中玉蘂之句者。非謂玉蘂花。止謂瓊花如玉蘂之白爾。

鱗總諸家之說校之。瓊花者楊州后土觀中之物。世無別種者也。玉蘂者長安唐昌觀中之物。仙女來遊折花以赴玉峰之期者也。山礬者。本瑒花。而魯直易名山礬者也。梔子者。佛書所謂薝蔔者也。四花皆色白而

有香。然貴賤若天壤之懸。梔子今江南絕多。皆夏間四五月開。而瑒花自是春開。梔子染黃以花。而山礬染黃以葉。二物迥殊。又梔子之名見於本草。世所共悉。不應復作他稱。而薝蔔之名出自佛經。涪老尤不應他有更易。此二花之不同明甚者也。玉蘂既僅見唐昌及禁苑數處。而瑒花紛布野中。且既曰玉蘂。名甚古而至佳。山谷何苦易之。即土人不識玉蘂之名。山

谷淹洽多聞。寧有弗洞曉者。此瑒花之非玉蘂明甚者也。玉蘂自顯於唐昌。而瓊花獨鍾於后土。廣陵長安。道里懸絕。瓊花世無別本。而玉蘂屢見詩詞。又玉蘂既即瓊花。諸題玉蘂者不應絕口不及瓊花之名。又唐昌去吳誠遠。招隱在京口。去廣陵咫尺間。吳人既絕重瓊花。謂無二本。不應招隱有此懵然不知。俟德裕之至而知此玉蘂之非瓊花。明甚者也。緣瓊花之名與玉蘂相亂。后土祠名與唐昌觀名又相亂。瓊花無二本。而玉蘂亦僅數處有之。瓊花謂種出仙苑。而玉蘂

亦仙女經遊。遂致詩人文士往往合爲一種。如宋子京劉原父博洽號爲宋世之冠。亦爾承譌。而子瞻子容輩之誤又不必論者也。用修以即陳後主玉樹后庭花尤爲鹵莽。瓊花相傳唐人所植。六朝何自知之。如止據玉樹之名。何不引甘泉賦中所云也。與此花相類。又有聚八仙。最近似。而亦非見合璧事類甚詳。

唐詩紀事嚴休復玉蘂花詩首云。楊州唐昌觀有玉蘂花

大誤也。唐昌觀在長安光業坊。明皇女唐昌公主下降。故以爲名。其花乃公主手植者也。康駢劇談錄云。唐昌觀玉蘂花每發若瓊林瑤樹。元和中。春物方妍。車馬尋玩者相繼。忽三日有女子年可十七八。衣繡綠衣。乘馬。峨髻雙環。無簪珥之飾。容色婉娩。迥出於衆。從以二女冠。三小僕。僕者皆緋頭黃衫。端麗無比。旣下馬。以白角扇障面。直造花所。異香芬馥。聞於數十步之外。觀者以爲出自宮掖。莫敢逼視。

佇立良久。令小僕取花數枝而出。將乘馬。回謂黃冠者曰。曩有玉峰之約。自此可以行矣。時觀者如堵。咸覺煙霏鶴唳。雲物輝煥。舉轡百餘步。有輕風擁塵。隨之而去。休復禹錫各有詩。王建宮詞。女冠夜覓香來處云云。即追咏唐昌事也。蓋唐昌觀在長安。無所謂長安觀者。葛以王建詩爲長安觀之玉蘂。而禹錫詩題唐昌亦謬也。計氏紀事之誤乃沿尤延之全唐詩話。尤號博洽多識。此亦相承劉宋率爾紀載。不及精詳也。

始讀楊所引傅子容詩。疑唐人有遺帖爲證。及閱周平園題記。乃知宋世僞作唐人帖以致謬誤紛紛。平園辯玉蘂非瓊花。得之目擊最詳。幷錄於此云。唐人甚重玉蘂。故唐昌觀有之。集賢院有之。翰林院亦有之。皆非凡境也。予往因親舊自鎭江招隱來。遠致一本。條蔓如荼蘼。種之軒檻。冬凋春茂。柘葉紫莖。再歲始著花。久當成條。花苞初甚微。經月漸大。暮春方

開。出鬚如冰。絲上綴金粟花。心復有碧筩。狀類膽瓶。其中別抽一英。出衆鬚上。散爲衆蘂。猶刻玉然。花名玉蘂。乃在於此。群芳所無也。宋子京劉原父宋次道博洽無比。不知何故疑爲瓊花。元之知楊州。但言未詳何木。俗呼爲瓊花。子京何以誣元之。蔡君又引晏同叔之言以爲證。甚無謂。劉夢得雪蘂瓊絲之句最爲中的。何必拘李善之注也。山谷始創山礬之名。然二詩序初未嘗及玉蘂。止因好事者僞作唐人帖。

故曾端伯洪景盧信之。其實諸公猶未見此花。所謂信耳而不信目也。

用修以仙女之說爲附會。似止據王建詩注言之。未讀太平廣記合璧事類雞跖劇談諸書也。夫仙女事誠茫渺難信。然嚴劉諸人之詩實因此事發。不可以事爲附會詩也。蕃釐觀后土別名。漢郊祀詩。媼神蕃釐。此祠后土。故以爲名。其花後爲金虜掲去。根復發榮。用修以爲其花後萎亦非也。此花聚訟案不啻數十。用修於諸書一不之考。直據胸臆。合而一之。謬矣哉。

用修以玉樹后庭花即瓊花。是徒知瓊與玉同也。又引曲中瓊樹朝新爲證。以曲有瓊字也。吾則以爲叔寶詞名本於楊之玉樹青葱。謝之林挺瓊樹。不尤吻合無隙耶。楊好爲傅會往往如此。而動詈昔人。姑識以當捧腹。

玉女來看玉樹花。異香先引七香車。攀枝弄雪頻回首。驚怪人間日易斜。此劉賓客和嚴給舍詩也。劉又有楊州瓊花詩序。止言后土廟瓊花一株。潔白可愛。不知實何木也。使誠與玉蘂同。胡以有何木之疑耶。

歷考以瓊花爲玉蘂。其誤蓋始於二宋劉原父不能是正從而和之。三子皆博極群書者。所見若此。故世人無復異議。而晏元獻蘇文忠悉承其誤。然失之未遠猶可言也。洪景盧曾端伯蔡寬夫傅子容以山礬爲玉蘂則失之頓遠矣。然其誤猶本之唐人僞帖也。用脩直以山礬爲梔子。旣無所因。又靡所考。吾弗能知之矣。

噫。一瓊花也。以子京原父次道景盧延之用脩之淹該

。同叔元之子瞻魯直之鴻鉅。相承而胥失焉。餘子蓋亡足深論。名物之學其易言哉。

鄭興裔瓊花辯。瓊花天下無雙。咋因虜騎侵軼。或謂所存非舊。疑黃冠輩以聚八仙花種其處。余細觀熟玩。不同者有三。瓊花大而瓣厚。其色淡黃。聚八仙花小而瓣薄。其色微青。不同者一也。瓊花葉柔平瑩澤。聚八仙葉粗而有芒。不同者二也。瓊花蘂與花平不

結子而香。聚八仙蘂低於花。結子而不香。不同者三也。余尚未敢自信。嘗取二花以試兒童輒能辯之。右

辯聚八仙異於瓊花處最明確。附錄此。

合璧事類辯四花形色甚詳。今竝錄於此。智者讀之。不俟見花瞭然矣。論瓊花云。瓊花天下無雙。惟楊州后土祠一株耳。世傳此花乃唐人所植。樹大而花繁。淸馥異常。潔白可愛。獨殿春芳。冠絕群品。唐賢多題詠之。昨因紹興辛巳之變。虜騎侵軼。或謂今所存

者非其舊。使非老道士唐大寧者力言其不然。鮮不以八仙名之矣。蓋此花雖遭虜人之狼籍。然其盤根非他所比。似有神物爲之遮護。不然靈苗不絕。生意復回。既剪而終盛。孰使之然哉。麟按事類所記此花宋末猶無恙。今不可見矣。

論玉蘂云。玉蘂花所傳不一。有以爲瑒花者。曾端伯有以爲瓊花者。李衛公有以爲山礬者。黃山谷有以爲米囊者。其說皆非也。蓋此花條蔓而生。狀如荼蘼。柘葉紫莖。冬凋春茂。花鬚出始如冰絲上綴金粟。花心復有碧筩。髣髴膽瓶。其中別抽一英出衆鬚上。散爲十餘蘂。猶刻玉然。名爲玉蘂乃在於此。群芳所未有也。今長安唐昌觀所植存否不可知。惟潤州招隱寺之花。識者鮮不爲之嘆賞云。論薝蔔云。薝蔔花一名梔子花。樹高二三尺。葉厚深綠如兎耳。或似柳而短。凡草木花皆五出。惟此花六出。色白中心黃。春末抽蕤。夏初結花。又一種樹高五六尺許。花葉皆差大

。謝靈運目爲林蘭。幷筆之。

論山礬云。山礬花俗名椗花。木高數尺。枝肥葉密。凌冬不凋。花白。未開時木犀相似。及開差大。香絕穠。號七里香。尋常山林間多有之。又有千葉者。按椗即瑒音相近也。

七脩類稿云。齊東野語載瓊花惟楊州后土祠有之。絕類聚八仙。但色微黃而香。宋仁宗哲宗時嘗移植禁苑。逾年遂死。載還復敷榮焉。後惟宦者陳源取孫枝接

於八仙根上。至今流傳杭褚家堂瓊花園是也。然香色亦少異矣。予考爾雅本草諸書不載。惟楊州誌曰。唐所植也。至正間枯死。今不復榮。據此則瓊花植於唐。再榮於宋。又再榮於宋末。一揭於金。再枯於元。世遂無復種矣。合璧事類失載埜語事。七修類稿又似未考。合璧者因竝錄之。

丹鉛新錄八

周禮屨人

周禮屨人掌王及后之服屨。噫。王后之屨而使人造之。不亦褻乎。古之婦工何所用也。夫爲絺爲綌。服之無斁。周之所以興也。婦無公事。休其蠶織。周之所以亡也。曾謂周公制禮而設一官。爲婦女作屨乎。曹操猶使妾賣屨。周公不如曹操乎。

按周禮太宰有內司服奄一人。女御二人。奚八人。凡王后之六服皆掌之。蓋王有外司服而后則有內司服也。首服則弁人追師分掌。獨屨人王與后共意頗疑之。

既歷考漢唐五代。得婦人纏足所自始載。讀周禮屨人所掌王與后及命夫命婦屨名號形色俱同。因釋然頓悟三代以前男女屨舃無大異者。屨人竝職此之由。且古人屨以配冠。其階級斬然。非內飾下裳比也。楊不深考。以晚近世弓纖狀律之。故極言其褻。而周公不免矣。今錄周禮原文。幷考各代屨制於後。

屨人掌王及后之服屨。爲赤舃。黑舃。赤繶。黃繶。青句。素屨。葛屨。辯外內命夫命婦之命屨。功屨。散屨。凡四時之祭祀以宜用之。蓋古者婦人屨與男子同。自后妃以至命婦。制度質采。咸有等差。不得踰僭。故成周特設官掌之。后世驕寵。恣行倡優后飾。以此職廢也。昔人以周禮爲致太平之書。即此可見。豈淺識所窺哉。史記男女同席。履舃交錯。亦似不甚別也。餘詳後條。

又追師掌后之首服。爲副編次追衡。疏曰掌后首服對弁師掌男子之首服也。夫首服男子婦人異。故二官分

掌之。屨舄婦人男子同。故屨人竝掌之。云疏第以弁尊舄卑爲解。蓋疏出唐人。其時女子未有纏札之俗。屨之仝異亡從知也。

又內司服掌后之六服。褘衣。揄狄。鞠衣。展衣。綠衣。素紗。辯外內命婦之服。夫衣視冠則稍褻。視屨則較殊。故自有內司服掌之。然每條之下必繫以祭祀賓客。則用之者明各司所掌非燕居之服也。使婦人屨猶今世。則其事自當職之。縫人而內司服且弗與矣。

夫典絲典枲皆太宰官屬。以考婦工者甚密也。孰謂休其蠶織哉。

雙行纏

墨莊漫錄載婦人弓足始於五代李後主。非也。予觀六朝樂府有雙行纏。其辭云。新羅綉行纏。足趺如春妍。他人不言好。獨我知可憐。唐杜牧詩云。鈿尺裁量減四分。碧琉璃滑裹春雲。五陵年少欺他醉。笑把花前出畫裙。段成式詩云。醉袂幾侵魚子纈。彯纓長戛鳳凰釵。知君欲作閑情賦。應願將身作錦鞋。花間集詞云。慢移弓底綉羅鞋。則此飾不始於五代也。

樂府雙行纏蓋婦人以襯襪中者。即今俗談裹腳也。唐以前婦人未知札足。勢必用此。與男子同。男子以帛。婦人則羅。爲之加文繡爲美觀。以蔽於襪中。故他人不言好。獨所懽知之。語意明甚。考御覽屨詩云。足躡承雲屨。豐趺皜春錦。夫足趺不言小而言豐。則古婦人不纏札。可決千之疑矣。

杜牧之詩。纖纖玉筍裹春雲。見合璧事類。楊作碧琉璃滑誤也。婦人纏足實當起於此時。并楊所引花間詞。商隱絕可證。然合璧引杜詩乃入襪類。恐唐人自以足指爲玉筍。非必以弓纖也。牧之集亦作詠襪詩。楊誤。

自墨莊漫錄以纏足始五代。諸小說所見皆同。余舊頗疑之。因考古昔詩詞。如蠑首。蛾眉。犀齒。蟬鬢。桃腮。杏臉。櫻口。柳肢。凡婦人一身摩頂放踵。亡

不極意形容。而足者。當今自面目外便爲第一義。宋元間咏婦人。舉筆關涉六朝前文士詎容全置弗言。宋玉登徒賦。婦人之陋極矣。而不云其足之巨。陳思甄后賦婦人之姸極矣。而不云其足之纖。又史傳所載古今美婦人必有大異於衆者。果六代前知纏足。則積習之久。其創意出奇。豈無一二殊絕。而史傳杳不聞。又楚宮之腰。漢宮之髻。皆以風俗崇尚。昭灼簡書。至足之弓小。今五尺童子咸知艷羡。當時寧無一酷好

者。而靈運太白沾沾素足之女。俾千載風流之案迨老鐵而發耶。觀木蘭歌始終改服。足具變革之大者。而俱置之。餘可概見矣。

唐以前婦人足與男子無異。則足之服製可知。子建所稱羅襪。成式所賦錦鞋。大概與男子同。或加文繡耳。今世纏足已久。不爾則衆揶揄之。當六代前不以爲人妖乎。莊周云。四者孰知正色。誠然哉。自昔人以羅襪詠女子。六代相承。唐詩尤衆。至楊妃馬嵬所遺。足徵唐世婦人皆著襪。無疑也。然今婦人纏足其上亦有半襪罩之謂之膝褲。恐古羅襪或此類。載考唐人雜說云。崔彥昭與王凝中表有隙。後彥昭相。其母勅婢多製襪履曰。吾妹必與子皆逐。吾將共行。彥昭因不敢爲怨。夫男子之襪行多則敝。使如今之膝褲。即遠行何以多爲據。崔母所言則唐世婦人之襪誠與男子無異。而兩京六代皆瞭然矣。玉堦生白露。夜久侵羅襪。淥水不沾衣。香塵惜羅襪。皆唐詩。餘尚衆。

曹子建賦踐遠遊之文履。又繁欽詩足下雙遠遊。蓋魏晉間履名遠遊也。夫今之婦人足尚弓小。即跬步難之。豈宜以遠遊名屨。籍第令婦人纖足善走。然深居壼閣。亦不宜名履遠遊。蓋即男子履名。婦人共之。繁詩曹賦因寄之題詠耳。

又御覽云。昔製履婦人圓頭。男子方頭。蓋作意欲別男女也。太康婦人皆方頭履。男子無異。按今婦人履與男子絕殊。即欲爲方頭與男子同何可得。而御覽之

言若此。則六代前婦人之履斷可識矣。道山新聞云。李後主宮嬪窅娘纖麗善舞。以帛繞腳。屈上如新月狀。由是人皆效之。以此知札腳五代以來方有之。如熙寧元豐前人猶爲者少。近年則人人相效。以不爲者爲恥也。右墨莊漫錄所引據此。則宋初婦人尚多不纏足者。蓋至勝國而詩詞曲劇亡不以此爲言。於今而極。然美色愈無聞矣。

素足女

李白詩。東陽素足女。會稽素舸郎。相看月未墮。白地斷肝腸。按謝靈運有東陽道中詩云。可憐誰家婦。淥流洗素足。明月在雲間。迢迢不可得。答云。可憐誰家郎。淥流乘素舸。但問情若爲。月就雲中墮。太白全祖之而注不知引。

按謝李之題素足又皆本陶願在絲而爲履。附素足以周旋也。即此知晉唐婦人不纏足無疑。夫足素則不纖。纖則不素。未有旣纏之足濯諸淥流者也。

昔題婦人足不曰素潔則曰豐妍。豐趺皜春錦。足趺如春妍是也。夫今婦人纏足美觀則可。其體質乾枯腥穢特甚。使謝李輩舍其弓纖而詠以潔素。一何舛哉。

浣紗女

太白浣紗女詩。一雙金履齒。兩足白如霜。又曰。履上足如霜。不著雅頭襪。予嘗戲謂太白何迺盼此素足女再三。張愈光云。李可謂能書不擇筆矣。

禺山戲語

張愈光晚年好縱筆草書。不師法帖。嘗題所書後曰。野花艷目不必牡丹。邨酒酣人何須蟻綠。太白詩越女濯素足。行人解金裝。漸近自然。奚事金蓮玉弓乎。可謂善謔。

按楊兩引太白素足女詩。而訝其回盼。張又有野花邨酒金蓮玉弓之說。蓋皆未悉唐初女子不纏足故也。金蓮始六朝潘妃步步生蓮花事。然非言鞋履也。後世相承皆失考。

古今制度創革誠有大不同者。如書籍之雕板。婦人之纏足。皆唐末五代始之。盛於宋。極於元。而又極盛於今。二事顛末絕相類。纏足本閨幃瑣屑。故學者多忽之。因歷考其說。如右顧六代前載籍浩瀚。或他有確證可盡破群疑者。余固不敢執以始於唐末也。博極君子幸共詳焉。

弓足

墨莊漫錄考婦女弓足起於李後主。予按樂府雙行纏知其起於六朝。張禺山云。史記云臨淄女子彈弦躧屣。又云搖修袖躡利屣。意古已有之。再考襄陽耆舊傳云。盜發楚王冢。得宮人玉履。張平子賦云。金華之舄動止遺光。又云履躡華英。云羅襪躡蹀而容與。曹子建賦。羅襪生塵。焦仲卿妻詩。足躡花文履。繁欽詩。何以釋憂愁。足下雙遠遊。梁武帝莫愁歌。足下絲履五文章。卞蘭美人賦。金薳承華足。陶潛賦。願在絲而爲履。附素足以周旋崔豹古今注。晉世履有鳳頭

重臺分稍之制。唐詩便脫鸞靴出翠帷。又麗情集載章仇公鎮成都。有眞珠之惑。或上詩以諷云。神女初離碧玉階。彤雲猶擁牡丹鞋。應知子建憐羅襪。顧步褰衣拾墜釵。李義山詩。浣花牋紙桃花色。好好題詩詠玉鈎。陶南邨謂唐人題。詠略不及之。蓋亦未知博考也。按史記貨殖傳。倡優女子鼓鳴瑟。躧屣必趙衛女子楡長袂。躡利屣。楊所引皆小異。

雙行纏之說已詳辯於前矣。即楊此條所引。益知唐以前婦人無札足者也。

履也。屣也。舄也。屐也。四者小異而大同。古男子婦人共之。蓋其形製不甚懸絕。自唐宋五代纏足。遂專以弓鞋屬之婦人。而履屣屐舄皆歸之男子。考用修所引秦漢六朝語。躧屣利履。玉屐鸞靴。金華遠遊。花文重臺。諸製竝男子同。無一及於弓纖者。當時婦人足可概見。雖鳳頭牡丹等號類今女子所爲。然率是履上加以文繡花鳥作此名耳。惟義山詩較似近之。實

溫杜一時事也。焦仲卿樂府本云。足下躡絲履。卒章又有絲履與前相應。楊作花文履誤。又御覽末引陳思七啓云。金華之舄。動止遺光非張衡也。

唐以前言婦人履舄尚有可考者。補錄下方。其製作無大異於丈夫。亦隨代足證云。

周禮曰。屨人掌王及后服屨。爲赤舄黑舄。

又曰。王后翠衣玄舄瑜翟舄。

赤又曰。命婦之履。功履散履。

漢武帝內傳曰。西王母屨玄璚文鳳之舄。又拾遺記云。王母曳丹玉之履。

列仙傳曰。昭帝葬鉤弋夫人。空棺。但絲屨存。

趙后外傳曰。后順風揚音。帝令馮無方持后屨。恐遂仙去。

西京雜記云。趙飛燕立爲后。女弟合德進同心寶綦履。

風俗通曰。婦女始嫁。作漆畫履。五色綵爲絲。

東宮舊事曰。太子妃有絳地文履一兩。

搜神記曰。宮亭湖有賈客。見一女子曰。可爲買兩絲履。

崔浩女儀曰。婦以冬至進履襪於舅姑。

齊書曰。高帝性儉素。宮人皆著紫履。

梁書曰。江妃寶屧直千萬。又西施響屧廊在吳中汝南。先賢傳曰。戴良嫁女。布裳木屐。

交州記曰。趙嫗者乳長數尺。不嫁。入山著金韡屐。

異苑曰。丹陽縣梅姑者有道術。能著屐行水上。

炙轂子曰。菲絲爲屧。宮中紀嬪皆著。見合璧事類

南史東昏紀云。每出遊。宮人皆露褌著綠絲屧。

鄴中記曰。石虎皇后出女騎千人。皆著五綵靴。

太眞外傳云。妃子死馬嵬。媼得錦袎襪一隻。

玄怪錄曰。橘中一叟云。君輸我王母女龍縞襪八兩。

右皆用脩所遺。然無一語及弓纖也。韓詩。一婢赤腳老無齒。自言赤腳無襪。非以纏札言。

履考

古篆舄字象鵲形。以爲履飾也。履象取諸鵲。鵲知太歲。欲人行履知也。古舄履舄。然敬之無咎。今文改舄作錯。不識古文也。禮注絇履頭飾也。周禮黃繶青絇字一作句。王莽傳句履注其形岐頭。周禮又有鞮鞻氏舞四夷之樂。故以革爲履。取其舞蹈之便。至漢世總章伶人服之。唐世名鸞靴。故妓人從良詩有便脫鸞靴入鳳幃之句。崔豹云。古履絇繶皆畫五色。秦始皇

令宮人靸金泥飛頭鞋。徐陵詩所謂步步生香薄履也。漢有伏虎頭鞋加以錦飾。曰繡鴛鴦履。東晉以草木織成。有鳳頭履。聚雲履。五孕履。宋有重臺履。梁有分稍履。立鳳履。五色雲霞履。隋煬帝令宮人靸瑞鳩頭履謂之仙飛履。又甄琛齊記曰。青州有一種桃花。盛開時探之。煉以松脂。遞相纏織成鞋履。寄往都下人。皆不辯爲何物。嵇含南方草木狀云。晉太康中扶南國進抱香履。以抱香木爲之。木輕而堅韌。風至則

隨飄而動。按婦人履俱見前則。餘從諸經籍考得者補下方。用脩止信筆紀錄。宜多失之。乃太平御覽合璧事類等亦往往疎闊遺漏。即一履推其餘。馬端臨所以嘆著述之不易也。以下止錄履名及履事。餘屬屨舄等悉不錄。楊本言屨也。

說文云。履。足所依也。

又云。靸。小兒履也。鞮。革履也。粗草履也。縶臬履也。古今注云。履。屨之不帶者。

急就章云。麋麈麖鹿皮給履。

又云。履舄鞜裒絨緞紃。顏師古注。鞜。生革之履也。緞。履跟之帖也。紃。緣履之圓緣也。

又云。靸鞮卬角褐襪巾。顏注。靸謂韋履頭深而兌平底也。今俗呼謂跣子。鞮。薄革小履也。卬角屐上施也。如今木履。黃氏補云。下邳謂漆履有齒者曰靳角。徐氏云。鞮亦履。今胡人履連脛謂之絡鞮。

又云。履屬絜粗羸窶貧。顏注。絜。圓頭掩上之履也

。廣韻云。綦。兒履也。皮爲之。粗者麻枲雜履之名也。又云。旃裘鞣韡蠻夷民。顏注。鞣韡。胡履之缺前雍者是也。黃氏云。鞣韡。胡履也。王氏云。新唐書西域傳言曳鞣韡履也。

事物紀原云。世本曰。於則作扉履。宋衷注黃帝臣草曰扉。麻皮曰履。實錄曰三代皆以皮爲之。單底曰履。復底曰舃。古今注曰。舃以木置履下。乾腊不畏泥濕。履乃屨之不帶者。蓋祭服曰舃。朝服曰履。燕服曰屨也。

又云。唐韻曰扉草屨。黃帝臣于則所造。宋衷云草屨爲扉。實錄謂始皇二年始以蒲爲履。

又云草謂之屨。皮謂之履。實錄曰鞋。夏商皆以草爲之。周以麻。晉永嘉中以絲。或云馬周始以麻爲之。名鞋也。古今注曰。魏文帝寵段巧笑。始製絲履。按禮少儀云。國雖靡敝。君子不履絲屨。則周人已用絲爲屨也。

釋名曰。履禮也。飾足以爲禮。

夏關龍逄諫桀曰。君之履非履也。而履春冰。楊作屨非。

武王以履賜太公望云。東至無棣。左傳曰。賜我先君履云云。

莊周云。干將補履不如兩錢之錐。

賈誼治安策引古語云。履惟鮮。不加於首。冠雖敝。不以苴履。急就注引誼疏。今人賣僮僕爲之絲履。又

云。美者黼繡。庶人妾以緣履。詩云糾糾葛屨可以履霜。方言云。履謂之不借。朝鮮洌水之上謂之卬角。南方江淮之間總謂之粗良。徐土邳派之問謂之卬角。二字疑御覽誤。危言載仝。梁益之間曰屣。關之東西曰緉。

六韜曰。舜王天下畝衣絓履。

拾遺記曰。西王母納丹豹文履於穆王。

莊子曰。儒者圓冠方履。

晏子曰。齊景公爲履。黃金之綦飾以銀連以珠良玉之
絇其長尺。
國策曰。春申君上客三千皆躡珠履。
賈子曰。天子黑方履。諸侯素方履。大夫素圓履。
楚昭王曰。楚國雖貧。豈惜一踦履哉。呂氏春秋云踦
奇也。
漢書曰。鄭崇每朝見曳革履上曰。我識鄭尚書履聲。
鹽鐵論曰。古者庶人麤非草履。今者富人革沓絲履。

西京雜記曰。度安世爲侍郎。常著輕絲履。
魏遺令曰。可學作組履賣之。
後魏書曰。王遵業嘗著穿履。好事者多毀新履以學之
。絕可與郭林宗墊中相對。杜頻遊任履穿或本此。
禮記云。披衣韍履。
又云。嚮長者而履。跪而進履。俯而納履。
又云。君子之飲酒。三爵而退則坐取履隱避而後履。
荀卿曰。麤絲之履可以養體。又大布之衣麤紃之履。

東平王蒼傳云。魯國孔氏尚有仲尼車輿冠履。盛德光
靈之遠也。漢書
原憲曳杖拖履行歌頌。事文類聚
雋不疑傳云。暴勝之屣履起迎。見漢書。屣履謂納履
未正也。
皇甫規聞王符至。屣履迎之。後漢書
北齊書云。始安王遙光有躄疾。蹁履者以爲讖已。大
恨之。

事文類聚云。高帝鎮東府。衆僚傾下。虞玩之躡履造
席如平時。南史
漢書云。文帝常履革舄。唐書云。鳴玉曳履。馬周傳
學齋佔僤云。古有履無靴。趙武靈王乃變履爲靴。徽
宗世常變靴爲履。高宗世又變履爲靴。冠履二事反使
今道流得竊其似云。節文
韓非云。晉文公與楚人戰至鳳凰之陛。絲履墜因自結
之。

史記云。東郭先生行雪中。履有上無下足踐地。
又云。黃石公墮履令張良取之。
又云。蕭何賜劒履上殿。
高士傳云。陳仲子織履以爲食。
列仙傳云。嘯父在冀州市中補履數十年。
三國志云。先生少孤織履。曹公駕云。賣履舍長。
高文惠妻書云。余奉織成履一兩。愿著之動與福并。
晉陽秋云。江州刺史王弘造陶潛。潛無履。弘從人脫

履給之。弘令左右爲彭澤作履。左右請履度。潛於坐
伸腳授之。
五燈會元云。達磨既逝。後三歲。魏使遇於葱嶺。持
隻履翩翩西歸。門人啓其壙。空棺。惟一隻革履存焉。
唐書云。滕王元嬰戲典籤妻鄭。鄭以履抵面血流。
又云。元德秀家惟枕履。
神仙通鑑張氳傳云。人贈以孔子木履。
又仙鑑張氳傳云。郭翰贈以孔子二儀。履一雙。後於
晉州尸解。與里人劇飲。留衣履而別。
後漢南陽公主慕道入華陰山。駙馬王咸追至嶺上。見
朱履一雙。取之化爲石。因名其山公主峰。仝上。
玉光八景經曰。東元景道君冠七色耀天玉冠。躡九色
之履。見太平御覽。道家類。
又云。東北始陽宮牛元景足躡五色履。此條亦御覽疑
有誤。
葛仙公絳裙朱履於八月十五上昇。神仙傳

洞冥記云。董謁老少不常。或乘牛或躡履。日三百里。
葛仙公跣足。屈氏二女夜促成雙履獻之。因得道劉諷
仙去。託形杖履葬桑間。神仙傳
葉法善入水。衣履不濡。云與河伯遊。仙傳拾遺
劉平阿遇異人傳道。託形履帽。
袁亢先生褐裘革履。又何尊師衣敝履穿。又嚴東衣敝
履穿惟賫一瓢。

張道成葬後。鶴穿墓出。冠履留棺中。仙鑑

洞神經曰。學道之人敝衣草履。

九眞經曰。學道者勿令人犯履。犯履有忌。

玉光經曰。有五色九色獅子之履。

王喬每乘雙鳧至朝堂。網得之。乃所賜尚書官屬履也。凡稱舄字概不錄。此有履字故存之。杜羨君宜著王喬履出此。真一字不苟也。

靈壽光年二百餘卒。棺僅履存無他物。竝後漢書

神仙傳云。薊子訓卒後。棺中惟隻履。棺蓋飛揚。

仙傳拾遺云。盧眉娘將葬。舉棺覺輕。徹蓋觀之。惟舊履存。太平廣記

王知微羽化後寄書回家。家人發棺。視惟衣履。

劉玄和卒後尸逝柩空。乃葬其履舄。

張淡客死。徐逢源家每七日遺令。令人視之。至四十九日惟敗履存。仙鑑

翟天師乾祐卒後。啓其棺。僅雙履。舒虛寂其弟子也。卒後亦履解棺中。酉陽雜俎

太平御覽云。盧耽有仙術。州守期會。耽後至。化鶴迴翔欲下。爲威儀以箒擲之。得隻履。耽遂飛去。

雜仙傳云。劉道成上昇處石上有隻履痕作白色。

夷堅志云。燕道人尸解。柩惟草履一雙。

文賓買草履爲業。每取嫗數十年輒棄之。列仙傳

侯道華者木履上樹悉折去松枝曰。他日礙吾飛昇。

又云。老君遣韓眞人下迎道華。乃脫履松下。上松之

杪而昇天。

虬髯客傳云。唐文皇不衫不履。

又李衛公得紅拂窺戶者無停履。

李伸見老叟知爲異人。乃具衫履下拜之。問姓名曰。吾唐若山也。以上竝廣記

東陵聖母師劉綱常從獄中飛出。遺所著履一緉。

宋徽宗見前后圭履異於常曰紫虛元君也。仙鑑

女眞王妙想見仙官劒佩曳履升殿。曰吾帝舜也。今王

九疑山。
陳惠虛好道。衣敝履穿不以爲陋。以上並仙傳拾遺。
張殖善役六丁。每日有天女著繡履繡衣冠劒侍前。仙鑑。
太玄女有仙術。吐火張天。噓之即滅。坐炎火中。衣履不燃。女仙傳
桑俱鳳自稱白鹿洞道士。每謁貴顯。一足草履。一足麻鞋。仙鑑

王鼎麻衣草履遍遊各山。又王十八破衣草履。劉晏令妻子拜之。又王四郎布衣草履謁王琚。竝仙鑑
傳燈錄云。南泉禪師舉斬貓兒。語示趙州脫履安頭上而出泉曰。子在即救得貓兒也。
又云。石霜禪謁神鼎。脫隻履而視之鼎曰。汾州出此弟子。又大陽以直掇皮履示浮山。浮山以大陽皮履付投。俱見傳燈錄。
志動禪師問僧曰。我有一信寄雪峰。僧便請師脫雙履抛向前。僧至雪峰。峰問靈雲安否。僧脫履向峰面前。峰休去。
法眞禪師菴側有一龜。問一切衆生皮裹骨這衆生爲甚骨裹皮。師拈草履覆龜背。僧無語。並仝上
眞歇禪師命侍者易新履進正覺。覺卻之曰。吾爲鞋來耶。僧寶傳
悟新禪師聞知事搥行者。忽大悟。奮起。忘納其履。謂晦堂曰。某禪是悟得的。林間錄

禪宗正脉云。靈澄禪師偈。草履祗裁三箇耳。麻衣曾補兩番肩。
明辯禪師贊達磨云。皮髓番成話靶。隻履無處埋藏。
又隻履已歸西國遠。此山空有老猿啼。
詩文玉屑云。病僧詩塵埋牀下。履風動架頭巾。
漢舊儀曰。乘輿帶七尺斬蛇劒履。虎尾豹履。
列仙傳曰。胡母班賚書詣河伯貽青絲履。曹植賀冬表曰。獻白文履七緉。

曹實四民月令曰。八月製韋履。十月製白履。
張華輕薄篇曰。足下黃金履。
甄述女詩云。足躡承雲履。
荊州記曰。興安水邊平石上有石履。
晉書曰。武庫火。厯代之寶皆焚。孔子履。漢祖斬蛇
劍竝失焉。
晉令曰。士卒百工履色無過綠青白。奴婢履色純青。
又曰。凡儈賣者一足著黑履。一足著白履。

晉書曰。符健時河水溢。津監寇登得一履長七尺。
唐五行志曰。文宗時吳越間作高頭草履。
雲仙雜記曰。趙廷芝作半月履。以千紋布爲之。托以
精銀。塡以絳蠟。唐輔明過之奪以貯酒。
又曰。白樂天製飛雲履。以玄綾爲質。四面以素綃作
雲朶。染以四選香。進履則如烟霧。
淸異錄。宣宗性儒雅。令有司效孔子履。名魯風鞋。
宰相以下效之。呼遵王履。

唐實錄曰。大曆中進五朶履。
唐二儀錄云。大曆中進五朶草履。建中時進百合香履
。按五朶履楊引作晉時。或據他書。俟考。竝見六帖
青州雜記曰。桃花有一種盛開時垂絲二三尺者。采之
煉以松脂。遞相纏織成履。寄都下。人皆不辯何物。
楊引作齊記恐誤。當更考。本桃花垂絲。故可織履。
楊脫垂絲二字。義遂難通。見孔六帖。
淸異錄又曰。曹翰性貪侈。爲周世宗樞密承旨。常著

錦襪金線絲履。有朝士某者托無名子作詩嘲之云。不
作錦衣裳。裁爲十指倉。千金包汙腳。慚媿絡絲娘。
李尤文履。銘云。乃製茲履。文質武彬。步此堤道。
絕彼埃塵。晉傅玄亦有銘曰。履正無邪。正者吉之致
。邪者凶之微。又古詩曰。瓜田不納履。
劉相魯都賦云。纖纖絲履。粲爛鮮新。表以文綦。綴
以蠙珠。蘇軾夢中見帝。作履銘曰。寒女之絲。銖積
寸累。步武所至。雲蒸霧起。

梁宣帝履詩。雙鳧政聲宣。竝飛時表異。以上二則竝初學記。

李白送人云。足下遠遊履。淩波生素塵。李集

杜甫大雲寺云。細軟青絲履。

茅亭客話云。大中祥符六年。綿州彰明縣崇仙觀柏柱上有水紋。如畫天尊狀。毛髮眉目衣服舄履。纖悉具備。說郛

莊子衣大布而補之正冠係履以見魏王。莊子

鄭虔履穿四明雪。饑拾山陰橡。杜甫八哀詩

郄超云。謝玄在幕府。使才必盡。凡履屐間皆得其任。世說新語

博異志云。王昌齡以黑草履獻馬當山神。誤納金錯刀。其中忽有赤鯉魚躍入舟。取烹之。金錯刀魚腹焉。說郛

吳沈題留候履云。躡劉舒國步。蹴項立炎基。文集

春渚紀聞云。施妳婁年六十。育沈氏二字。爲人織履

及縫紉之事。說郛

炙轂子曰。西晉永嘉元年始用黃草爲履。宮內妃御皆著之。謂之休鳩頭履。梁天監中。武帝以絲爲之。名解脫履。說郛

侯鯖錄云。蘇子瞻醉臥。有魚頭人身者邀。因被褐草履黃冠而去。

元微之夢遊春詩云。金蹙重臺履。侯鯖錄

南史云。道士邵碩於元徽二年告人曰。吾命終因臥而卒。後有人見碩在荊州以一隻故履縛左腳而行甚疾。遂不知所之。齊始興王傳

韓子曰。鄭人買履者先自度其足爲度。及至市。忘操之。得履。乃曰吾忘度。亟歸取之。人曰何不試以足。曰寧信度亡信足也。說郛開顏集

遯齋閒覽云。范寺丞妻大妒。一日范偶出。同列取官妓雙履置范臥衾中。吏攜衾歸。妻見履。自縊死。

李汝翼爲九江帥。軍士日課履一雙號李草鞋。桯史。

南齊書云。劉瓛年四十未婚。太祖與褚淵爲瓛娶妻王氏。妻椓壁挂履。土落母牀上。母不悅。瓛即去其妻。至孝如此。劉瓛傳

孝德傳云。魏陽雍處大道下。晨夜輦水給行旅兼補履屬不受其直。太平廣記神類

元樂府朱履曲即紅繡鞋也。詞林摘艷

朱文公晚年野服見客。大帶方履。養老奉親書

衡州石室山有僧鬚垂拂履。杜編

六朝前率草爲履。古稱芒屩。蓋賤者之服大抵皆然。

唐張志和以椶爲履。至五代蒲履盛行。九國志云。江南李昪常履蒲靸是也。然當時婦人履亦用蒲者。劉克明嘗賦詩云。吳江江上白蒲春。越女初挑一樣新。纔自繡窻離玉指。便隨羅襪步香塵。石榴裙下從容之。玳瑁筵前整頓頻。今日高樓鴛瓦上。不知抛擲是何人。此詩通篇咏婦人履。殊不見弓纖。意知五代女子尚不皆纏足也。劉仕湖南馬氏。此詩見郡閣雅談。今世蒲鞋盛行海內。然皆男子服。婦人以纏足故。絕無用之者矣。

藝林學山

錦城絲管　詩話上

唐人樂府多唱詩人絕句。王少伯李太白爲多。杜子美七言絕近百。當時妓語獨唱其贈花卿一首。所謂錦城絲管日紛紛。半入江風半入雲。此曲只應天上有。人間能得幾回聞也。蓋花卿在蜀頗僭用天子禮樂。子美

作此諷之而意在言外。最得詩人之旨。當時妓女獨以此詩入歌。亦有見哉。杜子美詩諸體皆有絕妙者。獨絕句本無所解。而近世乃效之而廢諸家。是其眞識冥契猶在唐世妓人之下乎。唐絕增奇取此首入妙品。

花卿蜀小將耳。雖恃功驕橫。然非有韋皋嚴武之權。王建孟昶之力。即欲僭用天子禮樂。惡得而僭之。用脩以子美贈詩爲諷。眞兒童之見也。凡詞人贊歎聲色。不曰傾城則曰絕代。子美蓋贈歌者。偶姓字相合亦

云花卿。實何戡薛濤輩。用修便以破段子璋者當之。然求其說不得也。故有僭用禮樂之解。匡衡解頤。阿平絕倒。斯兼之哉。

李群玉贈歌妓詩。貌態祗應天上有。歌聲豈合世間聞。與杜合者豈亦有所諷耶。

工部諸絕非漫興則拗體。以入歌曲自不宜。獨此首風致翩翩。音節調美。故諸妓女習之。其爲贈歌者益明。信如楊說。則一老頭巾詠史語耳。風致音節何在。

用修以後世眞識在唐妓人之下。不惟誣後世。幷誣妓人矣。杜他自諷時事者。若此篇雖用修親見子美。余不敢謂然。

用修唐絕增奇序以龍標太白爲冠。而謂工部不當學。論自卓然。然實本高廷禮品彙語。高曰盛唐絕句太白高於諸人。其次則王少伯二公篇什亦盛。少陵制作雖多。理趣甚異。僅取數章。至正聲則杜七言絕無復選者。噫。宋元而下有能明目張膽首洩此機者乎。余不敢以用修爲陰襲陽訾。然二君書必皆傳于後世。讀者當自有公論也。

李群玉見江平不流下。

李群玉樂府云。人老自多愁。水深難急流。

此李端古別離詩。見本集及英華品彙甚明。且群玉晚唐亦必不辯此也。楊後引李端全篇亦載二語。此當是一時誤記。

太白子厚

杜詩語及太白處無慮十數篇。而太白未嘗假借子美一二語。以此知子美傾倒太白至難。晏元獻公嘗有言。韓退之扶導聖教。剗除異端。則誠有功。若其祖述墳典。憲章騷雅。上傳三古。下籠百世。橫行濶視於綴述之場者。子厚一人而已。

考子美不但虛心太白。即高岑輩無所不傾倒。然二子詩推轂杜者亦無幾。遂謂子美出高岑下可乎。文人相輕尙矣。子美揖讓諸公正其卓爾難及處。後世驚奇之

士遂爲口實奈何。杜以陰鏗擬李大似輕薄。

劉駕詩

劉駕詩體近卑。無可采者。獨馬上續殘夢一句千古絕唱也。東坡改之作瘦馬兀殘夢便見無味矣。

此晚唐小巧語何絕倡爲入玄怪錄可耳。

賈島佳句

賈島詩。長江風送客。孤館雨留人。全集不載。僅見於坡詩注所引。

二語殊不類浪仙。似許渾姚合語。坡注未足憑。

屏風牒

梁蕭子雲上飛白書屏風十二牒。李白詩屏風九疊。雲錦張牒即疊也。

牒即案牒之牒。子雲所書如今圍屏十二扇者。以文翰故借牒爲言耳。太白屏風九疊。自詠廬山楊曲引以證。余戲謂子雲誠善書。然必以天池爲研。五老爲筆。庶可逞尋丈之勢。又恐爲飛瀑所侵也。

石城樂

石城樂宋臧質作。碧玉歌晉孫綽作。慕容攀牆視慕容垂作樂府皆失其名。

慕容攀墻視三首今載樂府。殊不類垂自作。蓋當時童謠耳。廣記錄唐文皇過垂墓見一人。因問之答曰。我昔勝君昔。君今勝我今。榮華各異代。何用苦追尋。此則垂之鬼所作。然當垂偏霸之日。文皇不知竟何狀耶。漫書發一笑。

金雌詩

隋經籍志郭文著金雄記金雌詩。

隋志緯書小注有金雄記。無所謂金雌詩也。麟按南齊書引郭文舉金雄記云。當復有作肅入草見高帝紀末并諸讖甚詳。

江陵

盛弘之荊州記巫峽江水之迅云。朝發白帝暮到江陵。其間千二百里。雖乘奔御風不以疾也。杜子美詩朝發

白帝暮江陵。頃來目擊信有徵。李太白朝辭白帝彩雲間。千里江陵一日還。兩岸猿聲啼不盡。扁舟已過萬重山。雖同用盛弘之語而優劣自別。今人謂李杜不可以優劣論。此語太憒憒。

此寸木岑樓鉤金輿羽之說也。於答是也何有。李杜竝有岳陽樓詩錄左方以質用脩。太白岳陽樓詩云。樓觀岳陽盡。川迥洞庭開。雁引愁心去。山啣好月來。雲間連下榻。天上接行杯。醉後涼風起。吹人舞袖迴。右李作亦五言律。視杜吳楚東南乾坤日夜等句何如。亡論二公敵國。即李之鳳凰何如崔顥。杜之五夜何如王維耶。

二公製作他不必多論。止據自相酬和之篇。杜贈李二十韻眞可驚風雨泣鬼神。而李飯顆山頭四語殊近鄙猥。豈止兩岸猿聲江陵白帝之相去哉。然以此定李杜優劣誠坐井窺天也。右俱長語其詳具詩數中。

羊腸熊耳

庾開府詩羊腸連九坂。熊耳對雙峰。鮑照詩二崤虎口九折羊腸可謂工矣。比之杜工部高鳳聚螢驥子鶯歌之句。則杜覺偏枯矣。

羊腸熊耳六代尋常。開府之工不在此。高鳳聚螢大家戲劇。工部之偏不在此。

楊又謂杜白白江魚入饌來語粗。不若韋長江釣白魚江平不肯流語拙。不若李水深難急流則皆近之。然杜前句意自工。後句意過苦耳。

評李杜

楊誠齋云。李太白之詩列子之御風也。杜少陵之詩靈均之乘桂舟駕玉車也。無待者神於詩者與。有待而未嘗有待者聖於詩者與。然則東坡似太白。山谷似少陵。余謂太白詩仙翁劒客之語。少陵詩雅士騷人之詞。比之文。太白則史記。少陵則漢書。

二楊語皆爲李左袒者也。其說非更僕可明大略具見詩藪弟二子所引古人擬倫俱似亡當。余嘗以李猶莊周。

杜猶左氏。庶幾近之。

詩史

宋人以杜子美能以韻語紀時事謂之詩史。鄙哉。宋人之見不足以論詩也。杜詩之含蓄蘊藉者蓋亦多矣。宋人不能學之。至於直陳時事類於訐訕。乃其下乘末腳。而宋人拾以爲己寶。又撰出詩史二字以誤後人。如詩可兼史。則尚書春秋可以併省。又今俗卦氣歌納甲歌謂之詩易可乎。

按以杜爲詩史。其說出孟啓本事詩話。非宋人也。若詩史二字所出。又本鍾嶸直舉胸臆。非傍詩史之言。蓋亦未嘗始於宋也。楊生平不喜宋人。但見諸說所載則以爲始於宋世。漫不更考。恐宋人有知。揶揄地下。以明人鹵莽至此。

韓翃詩

唐人評韓翃詩謂比興深於劉長卿。觔節減於皇甫冉。比興景也。筋節情也。

此高仲武中興間氣評語。比興情也。筋節骨也。楊解殊誤。然高評亦未當。余謂君平之詩比興不深於長卿。筋骨不減於皇甫也。

杜詩

韓石溪廷延語余曰。杜子美登白帝最高樓詩云。峽坼雲霾龍虎臥。清江日抱黿鼉遊。此乃登高臨深形容疑似之狀耳。雲霾坼峽。山水蟠拏。有似龍虎之臥。日抱清江。灘石波盪。有若黿鼉之遊。余因悟舊注之非。其云雲氣陰黯。龍虎所伏。日光圍抱。黿鼉出暴。

眞以爲四物矣。

峽坼黿鼉作形似之狀。亦詩家當行。未爲無見。然下云扶桑西枝封斷石。則上當作實景不然冗矣。

月黃昏

林和靖梅詩。疎影橫斜水清淺。暗香浮動月黃昏。葦航紀談云。黃昏以對清淺。乃兩字非一字也。月黃昏謂夜深香動。月爲之黃而昏也。

疎影橫斜於水波清淺之處。暗香浮動於月色黃昏之時。二語於梅之眞趣自曲盡。故宋人一代尚之。然其格卑。其調濫。其語苦。未足大方也。仲言含霜映雪卻月凌風二十字韻度天然。亘千年咏梅亡及者。六朝人可易忽哉。用修似亦有此見第此解黃昏引宋人謬。

麟按二句全出唐人林易二字。然實勝之。

又

午後陰氣用事。而花敷蕋散香。凡花皆然。不獨梅也

。坡詩只恐夜深花睡去。高燒銀燭照紅粧。宋人梔子花詞。惱人惟是夜深時。亦是此理。

花之香於晚者惟梅蓮茉莉爲甚。若蘭蕙之屬則不然矣。高燒銀燭照紅粧。自言花色非言香也。且海棠世謂無香。而楊引之以證花之香於夜者。尤可絕倒。

坡詩題海棠也。次句言香霧。雖不主海棠言。亦詩之病。詩家不必深忌。亦不可不知。

濫浪

蔡衡仲舉溫庭筠詩濫浪二字問予。予曰。宮牆基疊石凹入多作水文謂之濫浪。衡仲嘆曰。不通水經知濫浪何等語耶。因曰古人賦景福靈光含元者。一一皆通水經。以郭熙界畫樓閣知之。

一雅謔最可解頤錄於後見松窗雜錄

唐玄宗欲求良馬伶人。黃翻綽遽對曰。三丞相皆通馬經。帝怪問之。黃曰。臣見三丞相所乘皆良馬。非通馬經而何。夫所乘騎駿則丞相皆通馬經。所作賦工則

詞人皆通水經。又奚疑焉。

綠沈

杜少陵遊何將軍山林詩。雨抛金鎖甲。苔臥綠沈鎗。竹坡周少隱詩話云。甲抛於雨爲金所鎖。鎗臥於苔爲綠所沈。有將軍不好武之意。此瞽者之言也。薛氏補遺云。綠沈精鐵也。引隋書文帝賜張淵綠沈之甲。趙德麟侯鯖錄謂綠沈爲竹。引陸龜蒙詩一架三百竿。綠沈森杳冥。雖少有據。然亦非也。予考之綠沈乃畫工

色之名。鄴中記云。石虎造象牙桃枝扇。或綠沈色。或木蘭色。或紫紺色。或鬱金色。王羲之筆經云。有人以綠沈漆管見遺。南史梁武帝西園食綠沈瓜。是綠沈即西瓜皮色也。梁簡文詩。吳戈夏服箭。驥馬綠沈弓。虞世南詩。綠沈明月絃。劉劭趙都賦。弩有黃間綠沈。若如薛與趙之說。鐵與竹豈可爲弓絃耶。楊巨源詩。吟詩白羽扇。校獵綠沈槍。與杜少陵之句同。皆謂以綠沈色爲漆飾鎗柄耳。

此說本姚寬叢語。余謂綠沈當有二。隋書所載鐵名也。王帖所云漆色也。老杜或以鐵名對金鎖。漆色雖意義可通。然古人之槍往往有純鐵者。如王彥章之屬。詎皆漆柄。又杜以鎗對甲。則所重在刃不在柄。安得據以漆色爲是鐵名爲非耶。如據楊說。鐵與竹不可爲弓絃。則據隋書。漆亦距堪爲甲耶。若周趙二子之見誠可嗤也。

西溪叢語云。杜甫詩。雨拋金鎖甲。苔臥綠沈槍。薛倉舒注引車頻秦書。符堅造金銀綠沈細鎧。金爲綖以緤之。綠沈精鐵也。北史隋文帝常賜張大淵綠沈甲。武庫賦云。綠沈之槍。唐鄭概有亭孤筍綠沈槍之句。續齊諧記云。王敬伯夜見一女。命婢提綠沈漆合。王羲之筆經有以綠沈漆管見遺。亦可愛玩。蕭子雲詩。綠沈弓項縱。恐綠沈如今漆調雌黃之類。非精鐵也。按用修駁周趙諸人之誤。而姚語未盡引。援因并錄之。

余更總會諸家說。酌之姚楊。執以綠沈爲漆固失之。薛氏執以綠沈爲鐵亦未盡。竊意綠沈者顏色之名。凡諸物有此色。皆可名之。或言鐵或言漆。或言竹或言瓜。惟所遇耳。工部意自當主鐵。然謂綠沈之鐵則可。謂綠沈則不可也。

續讀王懋業書論綠沈。乃知古人已先得矣。王曰。杜之綠沈正謂精鐵。唐百家詩亦曰。校獵綠沈鎗。此豈鎗臥於苔爲綠所沈邪。竹坡謂以綠沈爲精鐵。則金鎖

甲當是何物。僕謂金鎖甲者即黃金鎖子甲耳。貫休詩曰。黃金鎖子甲。風吹色如鐵。此亦用金鎖甲事。安謂何物。竹坡言鎗臥於苔爲綠所沈。固已甚鑿。言甲抛於雨爲金所鎖。尤爲不通。僕嘗考之。所謂綠沈者不可專指一物。顧所指何物耳。如梁武帝食綠沈瓜是指瓜也。如人以綠沈漆管筆遺王逸少。是指筆也。如劉邵賦。六弓四弩。綠沈黃間。古樂府。綠沈明月弦。唐太宗詩。羽騎綠沈弓是指弓也。以至宋元嘉間廣

州作綠沈屏風。石季龍用綠沈扇。是亦有綠沈之說。豈可專指一物爲綠沈哉。侯鯖錄引龜蒙詩以證綠沈爲竹。見亦未廣。前此鄭概詩嘗曰。亭亭孤筍綠沈鎗。則知龜蒙之言不爲無自然則綠沈又不可專謂精鐵。蓋有物色之深者爲綠沈也。右王說自當。但云物色深者爲綠沈稍未安。不若言綠色深者爲綠沈也。

裴迪詩

湖廣景陵縣西塔寺有陸羽茶泉。裴迪有詩云。景陵西塔寺。蹤跡尙空虛。不獨支公在。曾經陸羽居。草堂荒產蛤。茶井冷生魚。一汲淸泠水。高風味有餘。迪與王維同時。其詩自輞川倡和外無傳。此詩予見之石刻云。

陸鴻漸與皇甫曾權德輿李季卿輩遊往是大曆元和人。唐書及紀事竝同。傳雖稱羽天寶中爲州伶師。然其時固未嘗以茗荈著也。而裴迪右丞輞川酬倡自當爲盛唐人。去陸頗遠。即迪視維稍晚出。後或及羽周旋亦當

年行懸絕。今此詩仍似羽爲前輩。而迪咏其故居者。必非裴作甚明。蓋用修誤記或後人僞撰。若李赤之題姑熟耳。

幽怪錄

幽怪錄載唐人三句詩云。楊柳裊裊隨風急。西樓美人春夢中。翠簾斜捲千條入云云。按此鬼詩也。見劉諷條下。初不言爲唐人。

牛僧孺所撰。本名玄怪錄。近時乃競刻爲幽怪。不知

始於何時。觀用修所引。則弘正間已誤矣。

御黎

文選魏都賦中山出御黎。王昌齡詩霜飛天苑御黎秋。此李頎七言律句非昌齡詩。詳其聲調自得之。今李集有此而王集無可考也。出天苑故曰御黎。意自聯屬。必以文選爲証。亦太拘也。

方澤

詩話云。杜常方澤在唐詩人中名姓不顯而詩句驚人。今惟存華淸宮一首。孫公談圃亦爲宋人。近注三體者亦引談圃而不正指其非唐人。蓋不欲顯選者之失耳。三體選杜常華淸宮一首壓卷。而方澤自有武昌阻風一首。今云惟存一首誤也。二子唐諸集皆無。自是周伯弢誤。釋天隱注已明言之。

凝音佞

詩膚如凝脂。凝音佞。唐詩日照凝紅香。白樂天落絮無風凝不飛云云。

楊所引唐宋人用者十餘。然俱落何遜梅花詩後也。

劣唐詩

學詩者動輒言唐詩便以爲好。不思唐人有極惡劣者。如薛逢戎昱乃盛唐之晚唐。

戎昱是中唐。薛逢是晚唐皆非盛唐。

劉元濟詩

近覽廬山舊志。見唐人劉元濟經廬嶽迴望江州想洛陽有作云。

此詩英華紀事品彙諸選竝載。非不甚流傳者。元濟當作允濟。其人文名灼灼。景龍間讀唐書者自能識之。二十四學士之一也。

寄衣曲

長孫佐輔盛唐人。詩集亡逸。此詩英華亦不載。故謹錄之。

按佐輔中唐人。見紀事及品彙。謂盛唐誤。

嚴光

余見故蹟遺文有嚴光碣。略云光本姓莊。字子陵。本新野人。其妻梅福季女也。

按徐道暉詩。梅福神仙者。新知是婦翁最明可證。

徘徊

宋賞花釣魚詩徘徊無別押者。優人有太多之譃。余思相如傳。安翔徐徊。昭帝廟號從徊。楊雄賦徊徊徨徨。唐松陵詩有遲徊。庾信文有徠徊。當時諸公未精思耳。

數語惟遲徊當行。徐徊稍可。餘率非詩家語。余謂上五字誠工。即徘徊百押不妨愈出愈奇。不爾即徊字百易。所謂多多益醜也。唐詩有車馬繫遲徊。

楊雄甘泉賦云。徒回回以徨徨兮。見漢書及文選。俱非此徊字。其末又有徘徊招搖之語。楊誤無疑。

季隨

蕭穎士蒙山詩。子尙捐俗紛。季隨躡遐軌。季隨即周八士中一人也。蒙山有季隨隱跡。事未知所出。亦奇聞也。

八士季隨迄今不能定其何世。蒙山隱迹誰則傳之奇聞哉。米顚謂鶴即杜荀。象即章得也。余意蕭詩當是漢魏六代間別有字季隨而隱蒙山者。非必名姓也。羅泌謂王吉張敞咸十有八。此豈可爲局促道哉。宋有胡季隨見朱氏語類。又范季隨見用修詩話歷代可推。

韓詩

韓昌黎贈張曙詩。久欽江總文章妙。自嘆虞翻骨相屯

。以邪佞比人。而忠直自許。此昌黎一生病痛也。

樓船敗將也。杜送武臣用之昭陽禍水也。李賦行樂引之律以楊說。則長卿子雲太白摩詰盡當高閣束之。而楊馬李王世惟死不得當者。則何以故哉。

藝林學山二

古字竄作闕詩話下

古字竄作闕。論語闕見室家之好。易闕觀利女貞。史記以管窺天。莊子上闚青天。陸賈新語楚王作乾谿之

臺闕天文。潘岳秋興賦闕天文之秘奧。杜詩天闕象緯逼正用。上數語不識古字者改爲天闕。王安石云天閱。黃山谷亟贊其是。東坡云只是怕他。末句是張文潛語。作子瞻誤。天闕本龍門故事。珊瑚鉤之論確矣。介甫之閱。用修之闕。一而二。二而一者。天下本無事。庸人自擾之。吾末如之何也已。

游景仁黃鶴樓詩

游景仁黃鶴樓詩。長江巨浪拍天浮。城郭相望萬景收。漢水北吞雲夢入。蜀江西帶洞庭流。角聲交送千家月。帆影中分兩岸秋。黃鶴樓高人不見。卻隨鸚鵡過汀洲。景仁名侶。廣安人。南渡四賢相之一也。文集今不傳。獨此詩見楚志。

宋七言律可追老杜者僅此篇。然詩人玉屑以爲游儀伯。莊楊作景仁恐誤。此詩余已錄詩藪中。玉屑帆影作野色。不如帆影之工也。

蓮花詩

張文潛蓮花詩。平池碧玉秋波瑩。綠雲擁扇青搖柄。水宮仙子鬥紅粧。輕步凌波踏明鏡。杜衍雨中荷花詩。翠蓋佳人臨水立。檀粉不勻香汗濕。一陣風來碧浪翻。眞珠零落難收拾。此二詩絕妙。又劉美中夜度娘歌。菱花炯炯垂鸞結。爛學宮粧勻膩雪。風吹涼鬢影蕭蕭。一抹疎雲對斜月。寇平仲江南曲。烟波渺渺一千里。白蘋香散東風起。惆悵汀洲日莫時。柔情不斷如春水。亡友何仲默常言。宋人書不必收。宋人詩不必觀。余一日書此四詩。訊之曰此何人詩。答曰唐詩也。余笑曰此乃吾子所不觀宋人之詩也。仲默沈吟久之曰。細看亦不佳。可謂倔強矣。

杜祁公以厚德稱而絕句精工乃爾。詩藪雜編搜輯殆無餘力。復遺此。因錄之。仲默故匪讀書者。迺其人溫然長者。以爲倔強寃矣。細看不佳乃老顚述王晉卿語。楊以事相類強移附之。吾不可不爲雪。

休洗紅

余於蜀棧古壁見無名氏號沼者書。古樂府一首云。休洗紅。洗多紅在水。新紅裁作衣。舊紅番作裡。回黃轉綠無定期。世事反覆君所知。此詩古雅。元郭茂倩樂府亦不載。李賀詩云。休洗紅。洗多顏色淡。輕卿騁少年。昨夜殷橋見。封侯早歸來。莫作弦上箭。視前詩何啻千里乎。

此詩二首不著時代。詳其聲調在六代前建安下。詩紀附晉人後。大概得之。其前首云。休洗紅。洗多紅色

淡。不惜故縫衣。記得初按茜人壽百年能幾何。後來新婦今為婆。殊近東西京。然非漢詩也。郭茂倩在嚴羽卿前嚴詩評往往引之。今日元人誤矣。

金海

梁武帝撰金海。王應麟撰玉海。周嗣興撰千字文。隋滿徽撰萬文。

齊張融集名玉海。在梁武帝前。王伯厚蓋祖之非始創也。

繁知一 繁音婆

繁知一蜀之巫山人。贈白樂天詩云。忠州刺史今才子。行過巫山必有詩。為報高唐神女道。速排雲雨候清辭。樂天見之。邀繁生同舟。且曰。巫山有王無競。沈佺期。皇甫冉。李端四詩。竟不肯作古人之服善無我如此。沈與皇甫李端詩人多知之。王無競一首罕傳。今錄於此。神女下高唐。巫山正夕陽。徘徊作行雨。婉孌逐襄王。電影江前落。雷聲峽外長。朝雲無處

所。臺殿鬱蒼蒼。樂天取此在佺期三子之上信哉。

王無競初唐人。沈佺期初盛間人。皇甫冉李端竝中唐人。樂天舉四詩蓋以時代言。非次第優劣也。四詩以全首論。當是皇甫冉第一。而李端次之。佺期無競俱景聯佳。而沈之起語頗生澁。王之頷詞略偏枯。未若王李二子之調美也。但王沈詩讀之自是初唐。而李作盡露中唐面目。惟皇甫全篇合作渾成。流麗優入。盛唐右丞嘉州莫能過也。

薛徐州過巫山讀前人詩悉剗去。獨留李作。不知三子詩已經剗去耶。或壁間不列薛未及知耶。

隱書

漢書藝文志有隱書十八篇。今不可見。大抵歡謔幽奧之辭。書曰。時日曷喪其始也。左傳薳揚求救於楚師。喻眢井而稱麥麴。叔儀乞糧於魯人。歌佩玉而呼庚癸。伍舉刺楚王以大鳥。齊客譏薛公以海魚。莊姬託辭於龍尾。臧文謬書於羊裘。檀弓之蠶績蟹首。淳于髡之蟹螺甌婁。襍見禮記戰國策說苑列女傳諸書。言

無微而可略此之謂也。至於東方朔郭舍人之問對直俳優之雄耳。

漢藝文志隱書十八篇在詩賦類。恐不得如楊所稱。考唐皮日休亦有隱書。其詞乃山林之士假著述以自見者。非隱語也。余意以藝文志例合唐人所著推之。必漢時棲遁之流所作詩賦。如考槃逸民等篇耳。據楊所說此書當入子類雜家。不應類此矣。

十樣蠻箋

韓浦詩十樣蠻箋出益州云云。

蠻諸書悉作鸞。此蓋傳錄之誤。非用修意也。

木客吟詩

山魈一足之怪。家語所謂山之怪夔罔兩。王肅云夔罔兩似夔而夔也。夔亦一足。罔兩字一作魍魎。唐小說有一足叟。自稱太上隱者。作詩云。酒盡君莫沽。壺乾我當發。城市多囂塵。還山弄明月。東坡詩云。山中木客解吟詩即指此詩。

太上隱者詩云。偶來松樹下。閒枕石頭眠。山中無曆日。寒盡不知年。見萬首唐絕甚明。用修所引自是木客詩。然非太上隱者也。木客乃秦時伐木者。若毛女之類見廣記。

鐃歌曲

漢鐃歌十八曲自朱鷺至石留古今樂錄謂其聲辭相襍。不復可分是也。大字是辭。細字是聲。聲辭合寫故致

然爾。此說卓矣。近世有好奇者擬之。韻取不協。字用難訓。亦好古之弊矣。

此說似是而非。鐃歌聲文相亂處誠有之。然如妃呼豨收中吾之類亦不多見。其他句字嵲屼。自是一時體格如此。觀繆襲韋昭所擬。其時去漢不遠。其體格大率相同。即漢人本詞可知。詳見詩藪。

五雲太甲

杜出瞿塘峽詩。五雲高太甲。六月擴摶扶。注不解五雲之義。嘗觀王勃益州夫子廟碑云。帝車南指。遁七曜於中階。華蓋西臨。藏五雲於太甲。酉陽雜俎謂燕公讀碑自帝車至太甲四句悉不解。訪之一公。一公言北斗建午。七曜在。南方有是之祥。無位聖人當出。華蓋以下卒不可悉。愚謂老杜讀書破萬卷自有所据。或入蜀見此碑而用其語也。晉天文志。華蓋杠旁六星曰六甲。分陰陽而配節候。太甲恐是六甲一星之名。然未有攷證。以一行之邃於星曆。張燕公段柯古之殫

見洽聞而猶未知焉。姑闕疑以俟博識。右一則全錄王伯厚困學紀聞語。或用修喜此說信筆鈔之。葺丹鉛者不審。混載楊集。非必有意剽王也。王楊諸子世知其巧麗而不知王之學術有大過人者。星曆尤其所邃。華蓋以下語斷有所出。非杜撰之文。惜不獲起子政光伯輩問之。

嚴羽卿云。太甲疑是太乙之誤。然杜已全用王語。不得爲字訛。第未知杜於此出處能洞然否也。

唐詩翻三百篇意

唐劉采春詩。那年離別日。只道往桐廬。桐廬人不見。今得廣州書。此本詩疏何斯違斯一句。其疏云。君子既行王命於彼遠方。謂適居此一處。今復乃此去更轉遠於餘方。韋蘇州詩。春潮帶雨晚來急。野渡無人舟自橫。此本於詩汎彼柏舟一句。其疏云。舟載渡物者。今不用而與衆物汎汎然俱流水中。喻仁人之不見用。其餘尚多類是三百篇。爲後世詩人之祖。信矣。

用修之說則然。第死劉章興到成章。無暇讀三百篇注疏耳。又仁人不見用等解尤謬。詩家切忌道著幷舉似後人。

黃眉黑粧

後周靜帝令宮人黃眉黑粧。至唐猶然。觀唐人詩詞如蘂黃無限當山額。又額黃無限夕陽山。又學畫鴉黃半未成。又鴉黃粉白車中出。又寫月圖黃罷其證也。然溫飛卿詩有豹尾車前趙飛燕。柳風吹散鵝間黃之句。王荆公詩亦云。漢宮嬌額半塗黃。事已起於漢。特未見所出耳。又幽怪錄神女智瓊額黃。

藝苑巵言云。丹鉛錄稱後周靜帝令宮人黃眉墨粧。云引蘂黃無限當山額。又額黃無限夕陽山語爲證。謂唐尚然。又引荆公詩漢宮嬌額半塗黃。以爲漢已有之。詳語意乃是額間小黃靨耳。非黃眉也。若周天元帝禁天下婦人不得施粉黛。自非宮人皆黃眉墨粧。蓋眉不用黛而止用黃。不欲其飾之美。上等宮掖耳全非額黃意也。亦非靜帝。

麟按介甫題梅又有額黃映日明飛燕之句。詩家用漢宮猶長安。字面非必謂其時有之也。智瓊事見廣記。

張安貧兒鏤臂文

昔日已前家未貧。若將錢物結交親。如今失路尋知己。行盡關山無一人。鏤臂或謂之箚青。狹斜游人與娼狎多爲此態。

此事見酉陽雜俎。張安是長安字。楊非誤乃傳刻訛也。唐宋間惡少競刺其身。恣爲不法。雜俎此類甚衆。非狹斜故也。宋至南渡尚多此俗。水滸傳至不足信。然亦可徵。當時俗習若斯。國朝此風遂絕。惟治遊兒與倡伎密或箚刺名號以互相思憶。斯用修所見者耶。

社南社北

韋述開元譜云。倡優之人取媚酒食。居社南者呼社南氏。社北者呼社北氏。子美社南社北皆春水正用此事。不知改爲舍耳。

按杜舍南舍北皆春水。蓋在蜀草堂詩也。花溪僻地何得有倡優居之。且此詩上以舍字引起下用群鷗。而花徑蓬門意脉直貫。若改爲社。則竝不沾帶矣。且既曰倡優所居。必酒食豐渥之地。而杜詩下有盤飧市遠之句何耶。又既曰倡優取媚酒食。而杜之遺杯殘瀝不以及之。迺與鄰翁對酌何耶。杜他日絕句云雲生舍北泥。豈亦社北耶。考杜集他本絕無社字之訛。特用脩讀書偶得。此遂白賴少陵耳。

眞珠船

王應麟嘗言讀書得一義如獲一眞珠船。

正楊云。王徽之嘗謂讀書得一義如得一眞珠船。見陸農師詩注。

麟按此實王徽之語。然困學紀聞嘗引之。故用修云。

唐詩人鄭仲賢

余弟姚安太守未菴慥字用能酒邊誦一絕句云。亭亭畫舸繫春潭。只待行人酒半酣。不管烟波與風雨。載將離恨過江南。兄以爲何人詩。余曰按宋文鑑是張文潛詩也。未菴取草堂詩餘周美成尉遲杯注云。唐鄭仲賢詩余因歎唐之詩人姓名隱而不傳者何限。或文潛愛而書之。遂以爲文潛作耳。

按唐詩人並無所謂鄭仲賢者。恐草堂注誤此詩亦類文潛。當是其作。俟續考之。

藝林學山三

草堂 詞品

昔宋人選塡辭曰草堂詩餘。其曰草堂者。太白詩名草堂集。見鄭樵書目。太白本蜀人。而草堂在蜀。懷故國之意也。曰詩餘者。憶秦娥。菩薩蠻二首爲詩之餘。而百代辭曲之祖也。今士林多傳其書而昧其名。故於余所著辭品首揭之云。此用脩詞品中第一誤處。蜀草堂始自子美。李於杜年行俱先。詎肯以其草堂名集。蓋楊以李爲蜀人。故傅會其說。靡所不至。夫草堂所選太白止二首。余嘗疑非其作。餘率宋人之製。安

得盡系於李之草堂哉。二詞非太白作。余詳辯於莊岳委談。李集名草堂見唐藝文志。當自他有取義。

又

詩聖如杜子美而塡辭若菩薩蠻憶秦娥者。集中絕無云云。

菩薩蠻起宣宗世。杜何緣預知其調。楊硬遣太白承當。故娓娓不已。且波及少陵。一小詞累二鉅公可笑。

辭名多取詩句

辭名多取詩句。如蝶戀花則取粱元帝翻堦蛺蝶戀花情。滿庭芳則取吳融滿庭芳草易黃昏。點絳唇則取江淹明雪凝瓊貌。明珠點絳脣。鷓鴣天則取鄭嵎春遊鷄鹿塞。家在鷓鴣天。惜餘春則取太白賦語。浣溪沙則取少陵詩意。青玉案則取四愁詩語。菩薩蠻西域婦髻也。蘇幕遮西域婦帽也。尉遲杯尉遲敬德飲酒必用大盃。故以名曲。蘭陵王每入陣先必故歌其勇。生查子查古槎字。張騫乘槎事也。西江月衛萬詩只今惟有西江月。曾照吳王宮裡人之句也。瀟湘逢故人。柳渾詩句也。粉蝶兒毛澤民辭。粉蝶兒共花同活句也。餘皆類推。不能悉載。

詞名如點絳唇青玉案等。或若所言。餘率偶合。豈必盡自詩中哉。如滿庭芳草易黃昏。唐人本形容淒寂。詞名滿庭芳豈應出此。生查子如用修解意。義殊不通。可一唉也。

用修謂查即古槎字。故凡遇此字輒附會之。夫古字固

有通用者。詎容盡爾。詞名生查即歸博望藥名山查亦可乘耶。只今惟有西江月。一作太白。今執爲衛萬恐未然。

菩薩蠻古西域女。蠻國其人皆危髻金冠。瓔珞被體。謂之菩薩蠻。非專指婦髻也。且浮屠未有婦人爲菩薩者。女蠻國亦未必皆婦人。唐宣宗時來貢。因寫其事。取此名。而後人以詞始太白絕無謂。詳見別編女蠻國者。蓋以粧飾類婦人。故名女蠻。使果皆女子。何

能萬里入貢唐朝乎。

蘭陵王者北齊高長恭破周師勇冠三軍。故時人寫之爲蘭陵入陣曲。見本傳通鑑甚明。用修解似在影嚮間。王長公謂楊博於稗史忽於正史。信然哉。尉遲敬德大杯考本傳及唐雜說俱未見所出。豈誤憶元人雜劇功臣燕耶。并識以俟博考。

上江虹

唐人冥音錄曲名上江虹即滿江紅云云。

冥音錄今見太平廣記中古今樂府。多有名同曲異者。如唐人清平調與宋人清平樂迥不同。太白清平樂蓋五代人僞作。因李有清平調。故贋作此詞傳之。至宋人黃鶯兒。桂枝香。二郎神。高陽臺。好事近。醉花陰。八聲甘州之類。與元人毫無相似。若菩薩蠻。西江月。一剪梅。鷓鴣天。元人雖用。悉不可按腔。況冥音所載一字偶同者乎。

十三樓

漢書五城十二樓仙人居也。詩家多用之。東坡辭遊人都上十三樓。不羡竹西歌吹古楊州用杜牧詩婷婷嫋嫋十三餘之句也。永樂中晏振之金陵春夕詩。花月春江十四樓。人多不知其事。蓋洪武中建來賓重譯清江石城鶴鳴醉仙樂民集賢謳歌鼓腹。輕烟淡粉。梅妍柳翠。十四樓於南京以處官妓。蓋時未禁縉紳用妓也。坡按遊人都上十三樓。或其地自有此樓名。坡直用之。如綠衣公言之類非故事也。婷婷嫋嫋之句杜牧本咏

婦人於樓。何與楊以十三餘即爲十三樓大可咲。十四樓語近出。足爲詩家新料。并識之。

辛稼軒

辛稼軒辭。泛菊盃深。吹梅角暖。蓋用易安染柳烟輕。吹梅笛怨也。然稼軒改數字更工。不妨襲用。不然豈盜狐白裘手邪。

辛李皆南度前後人。相去不遠。又二人皆詞手。安得謂辛剽李語耶。

孫洙

孫洙字巨原。嘗注杜詩。今注中洙曰者是也。元豐間爲翰林學士。與李太尉往還尤數。嘗飲李氏時新納妾琵琶會中。使宣召促行。因作詞投李云云。或傳以爲孫覿非也。余按孫覿字仲益。與周平原同時。所著內簡尺牘鴻慶集皆行世。余竝有之。

注杜詩者王洙原叔。今序載杜集中。謂孫洙誤。唐亦有進士王洙字學源。見東陽夜怪錄。拊掌錄云。孫巨

源內翰從劉貢父求墨。而吏送達孫莘老中丞。巨源以求而未得。讓劉。劉曰。已嘗送君矣。已而知莘老誤留也。以其皆姓孫而爲館職。故吏輩莫得而別焉。劉曰何不取其髯爲別。吏曰皆鬍莫能分也。劉曰既皆鬍。何不以身之大小爲別。於是館中以莘老爲大鬍。孫學士巨源爲小鬍。孫學士按漢杜欽杜鄴竝字子夏。而欽盲人呼爲盲子夏。欽因故製小冠。冠之人遂呼小冠杜子夏。而鄴呼大冠。酷類此云。

余戲謂巨源生前之墨既爲莘老所留。死後之詞復爲原叔所奪。何一姓一名觸處不利耶。聞者大笑。

眞丹

王半山和俞秀老禪師辭曰。茫然不肯住林間。有處即追攀。將他死語圖度。怎得離眞丹。漿水價匹如閒也須還。何如直截踢倒軍持。贏取潙山。此辭意勸秀老純歸於禪住山不出游也。眞丹即震旦也。軍持取水瓶也。行腳之具踢倒軍持。勸其勿事行腳也。潙山和尚

欲謀住山曰此山名骨山。和尚是肉人。骨肉不相離。言人不當離山也。皆用佛書語。漿水價也須還則用列子五漿先饋事。此全用靈祐和尚賭潙山踢倒軍持事。出處甚明。楊語皆臆度也。今錄左方。

司馬頭陀自湖南來謂丈曰。頃在湖南尋得一山名大潙。是一千五百人善知識所居之處。丈曰老僧住得否。陀曰非和尚所居。丈曰何也。陀曰和尚是骨人。彼是

肉山。設居徒不盈千。丈曰吾衆中莫有人住得否。陀曰待歷觀之。時華林覺爲第一座。丈令侍者請至。問曰。此人如何。陀請謦欬一聲。行數步。陀曰不可。丈又令喚師。師時爲典座。一見乃曰。此正是潙山主人也。丈是夜召師入室。屬曰。吾化緣在此。潙山勝景汝當居之。嗣續吾宗。廣度後學。而華林聞之曰。某甲忝居上首。典座何得住持。丈曰若能對衆下得一語出格。當與住持。即指淨瓶問曰。不得喚作淨汝喚

作甚麼。林曰不可喚作木楔也。丈乃問師。師踢倒淨瓶。便出笑曰。第一坐輸卻山子也。

右見五燈會元潙山靈祐禪師下。用修所解竝誤。惟骨山肉人語見前本意。自謂百丈不當住潙山耳。楊云骨肉不相離亦誤會也。又以骨人爲骨山。肉山爲肉人。總之皆出處未眞影撰之語。

日驀

南史王晞詩。日驀當歸去。魚鳥見留連。俗本改驀作暮淺矣。孟蜀牛嶠辭日驀。天空波浪急。正用晞語。此語宋人已用。如魚鳥留連不覺日暮之類。今改爲驀未詳。昔蘇長公詩。身行萬里半天下。僧臥一菴初白頭。魯直與文潛語定以白爲日字。張後語蘇。蘇笑曰。黃九要改作日字也無奈他何。用脩謂哉。

戴石屏

戴石屏名復古字式之。能詩。江湖四靈之一也。按晚宋四靈俱永嘉人。故亦號永嘉四靈。一趙師秀。一徐

道暉。一翁靈舒。一徐致中。戴雖與仝時。自是天台人。與四靈絕無與。赤城集瀛奎律髓甚詳。又詩家鼎臠詩人玉屑俱可証。

紇石烈子仁

元將紇石烈子仁上平南辭云。蕫鋒搖。螳臂振。舊盟寒。恃洞庭彭蠡狂瀾。天兵小試。萬蹄一飲楚江乾。捷書飛上九重天。春滿長安。□舜山川。周禮樂。唐日月。漢衣冠。洗五州妖氣。關山已平。全蜀風行。

何用一泥丸。有人傳喜。日邊都護先還。此亦黠虜也。天欲戕我中國人乃生此種。反指中國爲妖氣也耶。非我皇明一汛掃之。天柱折而地維陷矣。

此金將詞。載齊東野語。曰元將何也。當在張浚用兵符離時。故有首三句。紇石烈姓金最多。元將此姓絕少。子仁破宋兵大書史鑑。楊誤乃爾。王長公謂用修詳於稗史而忽於正史。覺稗史亦未詳也。

蠲字音義

東坡醉翁操琅然清蠲云云。

蘇詞今石刻載甲秀堂帖曰。琅然清圜非蠲字也。楊解蠲字爲明潔之義。不知琴譜有疊蠲。謂二指後先齊下也。坡詞必用蠲字亦當出此。楊所解失之。

鬧裝

京師鬧裝帶其名始於唐樂天詩。貴主冠浮動。新王帶鬧粧。薛田詩。九苞綰就佳人髻。三鬧粧成子弟韉。曲有角帶鬧黃鞓。今作傲非也。

按樂天寄翰林學士詩。貴主冠浮動。親王轡鬧裝。白集及文獻通考俱同。通考翰林院類引此詩。非帶字也。薛田九苞綰就佳人髻。三鬧裝成子弟韉。正用樂天語。韉與轡互證自明。楊因近有鬧裝帶之名。遂改白詩轡字爲帶以附會之。又改元調傲黃爲鬧黃。噫亦大橫矣。傲黃蓋顏色之名。如楊說則裝可鬧。黃亦可鬧。帶可鬧裝。鞓亦鬧裝耶。

鬧裝帶。余遊燕日嘗見於東市中。合衆寶雜綴而成故曰鬧裝。白詩之轡。薛詩之韉。蓋皆此類。

醉公子

唐人醉公子辭云。門外猧兒吠。知是蕭郎至。剗襪下香堦。冤家今夜醉。扶得入羅帷。不肯脫羅衣。醉則從他醉。還勝獨睡時。唐詞多緣題所賦。臨江仙則言水仙。女冠子則述道情。河瀆神則詠祠廟。巫山一段雲則狀巫峽。如此辭題曰醉公子即詠公子醉也。

按諸詞所詠固即詞名。然詞家亦間如此不盡泥也。如菩薩蠻稱唐世諸調之祖。昔人制作最衆。乃無一曲與詞名相合。他何類推。

近世論樂府必欲求合本事。靑蓮而下咸罹訕譏。余謂樂府之題即詞曲之名也。其聲調即詞曲音節也。今不按醉公子之腔而但咏公子之醉。不按河瀆神之腔而但賦河瀆之神。可以爲二曲否乎。考宋人塡詞。絕唱如流。水孤邨曉風殘月等篇。皆與詞名了不關涉。而王

晉卿人月圓。謝無逸漁家傲。殊碌碌亡聞。則樂府所重在調不在題。斷可見矣。

右說詳載詩藪論樂府卷中。以詞尤易見。故因楊語漫發之。

搗練子

李后主搗練子云。深院靜。小庭空。斷續聲隨斷續風。無奈夜深人不寐。數聲和月到簾櫳。詞名搗練子即咏搗練。乃唐詞本調也。

人月圓

王晉卿辭。小桃枝上春來早。初試羅衣。年年此夜。華燈盛照。人月圓時。人月圓即咏人月圓。猶是唐人餘意。

乾荷葉

劉秉忠乾荷葉曲云。乾荷葉。色蒼蒼。老柄風搖蕩云云。此秉忠自度曲。亦唐人餘意也。

按此類余嘗疑其先有調而後命名。非先命名而後製曲

也。如憶秦娥本自名秦樓月。乃曲中有此三字摘以爲名。與醉公子等覺微不類。他如唐莊宗如夢令。毛澤民粉蝶兒皆然。又宋人得舊詞不知曲名。因摘末四字名之曰魚遊春水。後遂相沿。又蘇長公百字令以末有酹江月語。易名酹江月云。又一說。論今曲謂黃鶯兒素帶兒。亦咏鶯咏帶者尤非。曲名與詞不同鶯以喻聲。帶以寓情耳。

鷓鴣天

唐鄭嵎詩。春遊鷄鹿塞。家在鷓鴣天。詞名鷓鴣天本此。

鷓鴣天本寓思歸意。故曰家在鷓鴣天。今以曲名始此。則鷄鹿塞又入何調耶。黄鶯兒水底魚鬥鵪鶉混江龍等又本何人詩耶。

藝林學山四

鍾馗 楊子卮言

考工記曰。大圭首終葵。注終葵。椎也。齊人名椎曰終葵。蓋言大圭之似椎爾。金石錄。晉宋人名以終葵爲名。其後訛爲鍾馗。俗畫一神像帖於門首。執椎以擊鬼。好怪者便傳會說鍾馗能啖鬼。畫士又作鍾馗元夕出遊圖。又作鍾馗嫁妹圖。訛之又訛矣。文人又戲作鍾馗傳。言鍾馗爲開元進士。明皇夢見。命工畫之。尤爲無稽。按孫逖張說文集有謝賜鍾馗畫表先於開元久矣。亦如石敢當本急就章中虛擬人名。本無其人也。俗立石於門。書泰山石敢當。文人亦作石敢當。

傳虛辭戲說也。昧者相傳。久之便謂眞有其人矣。

又

蘇易簡作文房四譜云。虢州歲貢鍾馗二十枚。未知鍾馗得號之由也。愼按。硯以鍾馗名。即考工記終葵大圭之義。蓋硯形如大圭爾。蘇公豈不讀考工記者。蓋亦未之審思精考乎。

陳心叔曰。鍾馗武德中應舉不第。觸堦死。后見夢明皇曰。臣終南進士鍾馗。願除天下虛耗之孼事。見逸史。唐書不載。或云北史堯暄字辟邪。本名鍾葵。馗葵音同。見續博物志。又按周禮考工記云。大圭首終葵。注云。終葵椎也。正韻云。葵亦作揆。楊子卮言即以鍾馗之訛本於此似無確據。若以字音相同則左傳殷人七族有終葵氏。爾雅釋草篇有終葵中馗二草名。豈可曲引爲證。或云鍾馗當作終夔。謂六書本義終有窮極畢死之義。古文夔一作馗。集韻馗夔逵𨗈通用。夔山谷孔叢子所謂土石之怪夔罔兩是也。窮治邪鬼故

稱終葵耳。此亦意撰也。若然則作鍾馗亦可。鍾有收聚之義。何必改鍾爲終。俗繪鍾馗執鬼以衛宅。韻府云。鍾馗鬼名。非也。又按孫逖張說文集有謝賜鍾馗畫表。則鍾馗之名不始於開元時矣。

麟按鍾馗之名當起於六朝。蓋習俗相傳鬼神名號固有不可致詰者。必求其人出處以實之。非穿鑿則附會耳。楊謂鍾馗傳爲文人戲作。最爲卓識。其謂大圭之首爲終葵者。本以起下文晉宋間人名終葵。後因人名而

訛爲鍾馗。非即以大圭之首爲鍾馗所本也。名疑謂無確據而引左傳爾雅以駁之。似未深會楊意。然楊亦本金石錄堯暄字辟邪之說。而堯暄乃北朝元魏人。非晉宋人也。又暄本名鍾馗而以辟邪爲字。辟邪固啖鬼之訛所自出。求之鍾葵。義了不相關。又安知堯暄本名非出於左傳爾雅而出於考工耶。凡此類俱荒忽誕漶。起自閭閻。匪若本諸史傳記志者。雖瑣屑隱微。有考必得也。用修心叔俱以鍾馗不始開元時。第據孫逖張說謝表言。余考鍾馗傳。明皇因得夢而召吳道子圖其形。正與孫張二子同時。蓋文士因謝表有之而戲作此傳以爲明皇時也。傳中本稱武德進士。楊以爲開元亦誤。宣和畫譜楊棐傳下稱六朝古碣有鍾馗字。則不但不始開元。亦不始武德矣。余意鍾馗之說必漢魏以來有之。如神荼鬱壘之屬。載記偶亡。無從考訂。後人但見孫張謝表而戲作此傳。世遂以爲開元人。不必深致辯也。

畫家鍾馗嫁妹圖亦有因沈氏筆談云。歲首畫鍾馗於門不知起自何時。皇祐中金陵發一塚有石誌。乃宋宗愨母鄭夫人。宗愨有妹名鍾馗。則知鍾馗之說亦遠矣。按沈說最似可笑。豈有婦人名鍾馗即以爲啖鬼之鍾馗耶。第六朝人好用佛家語及鬼神名以爲小字。或當時已有此畫。因以名其女子亦未可知。如柳達摩肅摩訶之屬。或因婦人貌陋而以鍾馗名之亦未可知。今俗朝女子陋者尚有斯稱。然則存中所引石誌。意蓋以鍾馗

之名其傳在六朝之前。非以婦人名鍾馗即以爲世所畫鍾馗張本也。存中負能考訂而此竟缺焉。豈亦以無確證耶。乃畫家所傳鍾馗嫁妹必因此而譌矣。董逌畫跋亦以鍾馗爲唐人俱誤。

續考北史及魏書堯暄傳。暄字辟邪。上黨長子人。本名鍾葵。後賜名暄。聰了美容貌。以武功至大司農云云。然則暄名正作鍾。非終也。暄以美容貌。宗氏以婦人而竝得鍾馗之稱。可謂枉濫無辜。考暄在魏文時而宗慤當梁世。其時相去頗不遠。固宜爲兄妹耳。聞者噴飯大噱。

按暄本名鍾葵。而以辟邪爲字。辟邪於暄字義既絕不相蒙。於葵義又了不相涉。則所謂辟邪何指也。金石錄徒見名鍾葵而有辟邪之字。便以爲啖鬼之說所自起。後人求之弗得。惟此說僅似可信。故靡然從之。即不以暄爲鍾馗。鮮不以鍾馗之譌本此亡疑。余始亦大以爲然。及閱事物紀原引沈存中說。又取沈說反覆之

。而意宗妹之名本於鍾馗而得。又取魏書反覆之。而疑堯暄之字若於鍾馗有連者。因豁然大悟曰。鍾馗之說蓋自六朝之前固已有之。流傳執鬼非一日矣。堯暄之本名鍾葵。宗氏之妹名鍾馗。皆即以鬼神爲名。故暄名鍾葵而字辟邪者。即取鍾馗能驅邪辟耗之意。後人既不得鍾馗出處。見暄名鍾葵。又有辟邪之字。反以世傳鍾馗爲出於此。豈不甚乖舛哉。余久畜茲疑。未能解脫。一旦參會群籍。不覺洞然。信古今事方册第存亡弗可究也。研名鍾馗或如今研上所刻魁斗之形。楊以研形如圭當之亦大附會。胡不云如椎耶。附笑。

續讀龍舒淨土文。有唐人張鍾馗蓋亦借鬼神爲名。若堯暄及宗慤妹彼此互證。益信余所見不誣。不爾則鍾馗已見武德開元際。豈復襲此人名耶。堯暄舊名馗。作葵當是音同。致訛不必深辯。

書解

古書解者多失其義遂害於理。尙書注怪石之貢以爲可怪之石。若後世靈璧太湖嵌空玲瓏以供戲玩。是禹爲牛僧孺米元章也。

牛僧孺不聞有好石事。李德裕平泉醒酒石。恐楊因牛李誤舉之。俟考。

錦繖夫人

馮寶妻洗氏封石龍夫人。戰則錦繖寶幰。至老未嘗敗。年八十而終。智勇福三者全矣。古今女將第一人也

。綉旗女將與李全戰者見金史可對錦繖夫人。

綉旗女將見宋史李全傳。止云綉旗女將馬上衝擊。未審何人。此云金史。考李全未嘗降金。當是楊誤。洗氏六朝人。見史鑑綱目等書。婦人知大義者不止備智勇福也。

鏡殿

唐高宗造鏡殿武后意也。四壁皆安鏡。爲白晝秘戲之需。帝一日獨坐其中。劉仁軌奏事入。驚走下堦曰。天無二日。土無二王。臣見四壁有數天子。不祥莫大焉。帝立命剔去。后聞之不悅。帝崩。后復建之。楊廉夫詩鏡殿。青春秘戲多。玉肌相照影相摩。六郎酣戰明空笑。隊隊鴛鴦漾淥波。

按此本隋煬故事迷樓記。帝設銅屏四周殿上。白晝與宮人戲樂。纖毫皆入屏中。高宗時武曌用事。中外謂之二聖。劉仁軌蓋假此以諷。故武聞之不悅也。老鐵詩六郎謂昌宗。明空即曌字耳。

春宵秘戲圖

徐陵與周弘讓書歸來天目。得肆閒居。差有弄玉之俱仙。非無孟光之同隱。優遊俯仰。極素女之經文。升降盈虛。盡軒皇之圖勢。則宋人畫苑春宵秘戲圖有自來矣。張平子樂府。素女爲我師。天老教軒皇。抑又古矣。

按漢書藝文志有黃帝養陽方二十六卷。堯舜陰道二十三卷。容成陰道二十六卷。務成子陰道二十二卷。湯

盤庚陰道二十卷。天老襍子陰道二十五卷。天一陰道二十四卷。三家內房有子方十七卷。張衡同聲歌。天老教軒皇。蓋出於此。後世房中淫邪之說其來遠矣。郎仁寶云。漢成畫紂踞妲己於屏。此春畫所自始也。凡房中稱帝王皆假託者。然足見其來之遠。秦漢已然矣。

周昉畫

坡詩書生老眼省見稀。畫圖但怪周昉肥。畫譜亦言周昉畫美人多肥。蓋當時宮禁貴戚所尚。予謂不然。觀

楚辭云。豐肉微骨調以娛。又云豐肉微骨體便娟。便是留佳麗之譜與畫工也。肉不豐一生色。骷髏骨不微。田家新婦耳。屢瞰用脩論色。似左祖豐腴者。亦自得此中眞趣。他日與陸子淵論書又有不豐不艷之說。其意居然可覩。第周生馳譽丹青。正當開寶後。先是玉環以豐腴傾動六宮。虢秦諸姊妹繼用體貌親幸。宮禁貴戚習以相高

積漸入於繪工之筆。畫譜所云非無謂也。東坡書尙肥。於畫家宜有此論。余雖不及覩朝雲。知其必以肌勝矣。附笑。

清溪五曲

琴曆云。琴曲有蔡氏五弄。遊春。淥水。幽居。坐愁。秋思。竝宮調也。蔡氏雅好琴道。嘉平初。入清溪訪鬼谷先生所居山有五曲。一曲製一弄。山之東曲常有仙人遊。故作遊春美。南曲有澗。冬夏常淥。故作淥水弄。中曲即鬼谷子所居。深邃岑寂。故作幽居弄

。北曲高巖。猿鳥所集。故作坐愁弄。西曲灌木吟秋。故作秋思弄。曲成出示馬融。融甚異之。

野客叢書嘗載此說。亦失於辯正。楊復引之而無所發明。豈其以爲實耶。清溪千仞餘乃郭璞遊仙詩。魏晉前無此說不必辯。

琴譜所傳曲此類彌衆。琴曆今不傳。此亦載於類書者。有名而無曲。若今琴譜五弄曲又僞之僞也。

張僧繇

吳道子始見張僧繇畫曰。浪得名耳。已而坐卧其下。三日不能去。庾翼初不服逸少。有家鷄野鶩之論。後乃以爲伯英再生。蓋絕藝必審觀而後論定也。此閻立本事非吳生也。書家亦有酷類茲事者。楊引庾翼不甚切。何若歐陽率更觀索靖碑耶。

豹文鼠

郭璞爾雅序。豹鼠既辯。其業益顯。注漢武帝時謂孝廉郎終軍既辯豹文鼠。人服其博物。爭相傳授爾雅之業。又摯虞三輔決錄云。竇攸舉孝廉郎。光武大會靈臺。得鼠如豹文。以問群臣。莫有知者。攸對曰。鼮鼠也。見爾雅。詔案密書如攸言。賜帛百疋。此事蓋兩見。

野客業書云郭璞注爾雅謂豹文鼮鼠。漢武帝時得此孝廉郎。終軍知之賜絹百匹。其後如崔偓佺劉士玄之徒皆知其說。唐藝文類聚亦云。終軍知豹文鼮鼠。武帝

賜絹百匹。僕考前漢諸書不聞終軍有此事。讀後漢竇攸家傳。光武得豹文之鼠。問群臣。莫知之。惟竇攸曰此鼮鼠也。見爾雅。驗之果然。賜絹百匹。是以徐陵謝啓曰。雖賈逵之頌神爵。竇攸之對鼮鼠。方其寵錫。獨有光前。得非即此事而誤以爲終軍乎。摯虞三輔決錄亦謂竇攸。

按此事兩見。雖王伯厚亦未能定其是非。惟叢書此辯甚明。余考終軍傳誠無此事。但兩漢書或他有未盡讀者。故引之以質諸精洽之□。

六幺

古之六博即今骰子也。晉謝艾傳。梟者邀也。六博得邀者勝。是知梟即骰子之幺也。曲名有六幺。序義取六博之采。

六博者投六箸行六碁。古詩仙人攬六博。其時未有骰子也。骰子當在魏晉間與握槊相先後。古云起自陳思。不必盡然。疑漢以前未有也。六朝盛習樗蒲以五木

行之。其采曰盧。曰雉。曰犢。曰梟。其制如銀杏仁。僅二面。程氏演繁露考訂最爲精詳。儼然六朝遺制在目。其彩初無幺二三四五六等稱。今仍以梟爲幺。實所未諭。且五木止用木五枚。故曰五木。詎得六彩之幺耶。晉書謝艾無傳附見張重華傳中。古投於制不可知。今制未有以幺爲勝者。顧所値何如耳。非若盧雉類有定程也。演繁露曰經之梟名甚多。鄧艾曰六博得梟者勝。此艾因牙上有梟安衆之言耳。麟按演繁露

論盧雉最爲精詳。獨梟不審何采。考六代諸人擲五木但呼盧。而梟之勝敵獨見艾傳。未足徵也。鄧當作謝程誤。

碧鷄漫志云。六幺一名綠腰。元微之琵琶歌云。逡巡彈得六幺徹。霜刀破竹無殘節。沈亞之歌者乘記云。合韻奏腰。又誌盧金蘭墓云。爲綠玉樹之舞。唐史吐蕃傳云。奏涼州胡渭綠腰雜曲。段安節琵琶錄云。綠腰本錄要也。樂工進曲上令錄其要者。白樂天楊柳枝詞云。六幺水調家家唱。白雪梅花處處吹。又聽歌六絕句內樂世一篇云。管急絃繁拍漸稠。綠腰宛轉曲終頭。誠知樂世聲聲樂。老病人驅未免愁。注云。樂世一名六幺。王建宮詞云。琵琶先抹六幺頭。故知唐人以腰作幺。惟樂天與王建耳。或云此曲指無過六者。故曰六幺。至樂天又獨謂之樂世。他書不見也。青箱雜記云。曲有六幺者即霓裳羽衣之曲。按霓裳羽衣曲乃宮調。與此曲了不相關。士大夫論議當思誦之未詳

。率然而發。事與理違。幸有正之者。不過如聚訟耳。若無人攻擊。後世隨此嘖嘖。或遺禍於天下。樂曲不足道也。按此說則六幺本綠腰之譌。篇末數言恍若預爲楊發者錄之。

小梁州

賈逵曰。梁米出於蜀漢。香美愈於諸梁。號曰竹根黃梁州得名以此秦地之西。燉煌之間。亦產梁米。土沃類蜀。號小梁州。曲名有小梁州。爲西音也。

梁州本邊境。唐人寫其意。爲絕句歌之。故號小梁州。凡稱小曲名中例有此字今必求出處。以粱米當之。則小伊州豈亦稻名耶。

藝林學山五

孟子注譚苑

孟子注疏非禮之禮。注云。陳質娶妻而長拜之。西子蒙不潔注云。西施越之美女。過市欲見者先輸金錢一文。此二事不見於他書。若質者古今畏內之最。若西

施事尤可笑。亦後世搖錢樹之比也。

長字當讀爲長少之長。凡年長禮當拜。妻長則無拜之理。故曰非禮之禮也。不然人長拜其妻尚可言禮哉。用修以爲古今畏內之最當是誤讀長短之長耳。且古今畏內更有劇甚者。質之拜妻詎足當首席耶。錢樹出唐小說。某伎女死其子謂母云。阿母錢樹子倒矣。

隋志孟子有鄭玄注七卷。劉熙注七卷。綦毋邃注九卷。通考竝無之。蓋宋世皆亡。惟趙岐注存。今人亦罕讀矣。

又丹鉛錄載馮婦章句讀云。善搏虎卒爲善。句士則之。句野有衆逐虎云云。按此說士字前後相應。文理暢然。過前人所定者不可沒也。幷錄之。

二唐書

五代時劉昫所修唐書。因宋祁歐陽修重修。遂有新舊唐書之名。舊唐書人罕傳。故不知其優劣。近南園張公漫錄以舊書證新書之謬。良快人意。歐爲宋一代文

人。劉乃五代不以文名者。所著絕懸如此。今載二書之文於左。歐爲宋以下論十事要說。

南園漫錄滇人張志淳撰。張含父也。又有續錄十卷。家君宦滇俱得之。余遍閱。絕無論唐書語。蓋用修戍滇日或相討覈則有之。余謂二書得失。猶齊楚魯衛與其爲舊史之猥。亡寧爲新史之僻也。

十事要說舊唐書所無見。吳兢昇平源所述晦伯辯已明。若新唐書乃例傳中語。傳皆宋撰。而蔽責於歐陽何

也。

欛柄

張無垢云。欛柄入手則改頭換面。隨宜說去。今講學者悉用此語。而不知所自出也。

宗杲謂張無垢云。門下既得此欛柄。可改頭換面。說向儒家。用修亦未知張語所自出也。

紫電淸霜

三國典略曰。蕭明與王僧辯書。凡諸部曲竝使招攜。赴投戎行。前後雲集。霜戈電戟。無非武庫之兵。龍甲犀渠。皆是雲臺之仗。唐王勃滕王閣序。紫電淸霜。王將軍之武庫正用此事。以十四歲之童子。胸中萬卷。千載之下宿儒猶不能知其出處。豈非間世奇才。杜子美韓退之極其推服。良有以也。使勃與杜韓竝世對壘。恐地上老驥不能追雲中俊鶻。後生之指點流傳妄哉。

此等語皆用修大偏處。子安誠俊才。第此文之工詎在此事。杜陵用事之妙絕出千古。即子安生開元間。亦當退舍。何以云不能追也。都緣四字稍僻。楊讀六朝人語偶得之。便自手舞足蹈。亦子安有緣耳。

三國典略丘悅撰。以江南關中鄴下爲三國。此蕭明與僧辯書。蓋即蕭淵明。唐人避神堯諱也。子安天才獨步。唐初入盛唐似過右丞而遠韻不及。終是弱於李杜。若其學術殊有足稱。非浮華士也。見史。

晁公武讀書志

晁公武讀書志載人名地里多誤。如云李太白爲山東人。不知樂府所序謂太白攜妓遊山。慕謝安之風。自稱東山李白。杜工部因有汝與東山李白好之句。而俗士不知。倒之爲山東也。太白之生則在蜀。本其胄則在隴西。與山東風馬之不相及也。又以張唐英與張君房合爲一人尤可咲。張君房太宗時人。唐英乃商英之兄。字次功。蜀之新津人。何得爲一人乎。其疏略如此。太白余別有辯。唐英君房誠失之。乃陳氏遺論耳。

然即此便謂晁氏多誤。是放飯流歠而譏人齒決也。楊執以太白爲蜀人。故凡謂白非蜀産者必峻其掊擊。晁不幸適當之。

劉向七略別錄。阮孝緒毋煚書錄。近世俱不傳。獨晁全編載。文獻通考所持論甚有可觀。楊似未深考者。博雅士自能識之。

紫電淸霜凡語也。子安幸而合於楊。故凡語而劇賞。唐英君房小失也。公武不幸異於楊。故小失而大譏。皆非平心易氣之道也。

隋兕科雉

呂氏春秋。楚莊王獵於雲夢。射隨兕而獲之。說苑亦載此事。而以隨兕爲科雉。何子元餘冬緒錄云。隨兕科雉不見他書。今人亦無有識之者。余謂子元但求之書而不求之悟也。隨兕者隨母之兕。科雉者甫出科之雉。豈有別物哉。

按楊說皆臆度。未必然果爾。則商羊即盤庚之羊。孔雀即尼父之雀耶。諸書皆秦漢人撰。必自有此獸。非若六朝唐人造作名義。如銑溪玉格之類也。

又丹鉛總錄二十五卷云。晏子春秋殺科雉者不出三月。呂氏春秋亦載此事。科雉作隨兕。按科雉方乳也。隨兕亦謂兕初生隨牝母者。注乃謂二兕相隨。何其謬耶。

此又以說苑爲晏子春秋。夫子母可爲隨。則二兕亦可爲隨。且安知二兕之云非即子母二兕也。

書稱殺隨兕不出三月。旣能爲人禍福。必爰居羅刹之屬。非恒有物也。此類無他。注釋可考。與其鑿也毋寧闕之。果子母相隨不可殺。則昔人射斷腸之猿行靑蚨之術者。詎無一禍福耶。

許渾

唐詩至許渾淺陋極矣。而俗喜傳之。至今不廢。高棅編唐詩品彙取至百餘首甚矣。棅之無目也。棅不足言。而楊仲弘選唐音自謂詳於盛唐。而略於晚唐。不知

渾乃晚唐之尤下者。而取之極多。仲弘之賞鑒亦羊質而虎皮乎。陳后山云。近世無高學。舉俗愛許渾。斯卓識矣。孫光憲云。許渾詩李遠賦不如不做。當時已有公論。惜乎伯謙輩之懵於此也。

丁卯詩淺陋誠有之。而俊語有自不滅。在晚唐較錚錚。廷禮品彙博采唐詩。固不得盡廢也。至正聲則渾之近體無復一篇意可見矣。用修不詳考。第據方回律髓之語而驟譏之。非通論也。楊載仲弘詩名元世選唐音者。自是楊士弘字伯謙合而為一。果有目者耶。

又按稱渾詩遠賦不如不作。乃唐人語。下復云非謂不工。謂無益風教耳。則唐人固匪論其詩也。

無己學杜與許絕不同。言自應爾。然亦趍渾字韻。不然區區一丁卯。何苦發此機耶。方引陳詩作誰云學許渾。

許渾詩

劉巨濟收許渾手書詩。湘潭雲盡暮烟出。今本烟作山。細思之烟字為勝。

山字勝烟字非也。雲盡而山出。語意自然。易以烟不贅乎。觀下句對巴蜀雪消春水來。氣脈可見。即烟字果渾手書。吾弗許也。

方萬里評下句最佳。上句不及。亦非是。然總之晚唐境界耳。渾烏絲欄手書詩見海岳書史。米顛盛稱之。世遂亡一知者。古人遺迹泯沒不傳。何限惜哉。

坡詩

東坡春事闌珊芳草歇。或疑歇字似趍韻。非也。唐劉

瑤詩。瑤草歇芳心耿耿。傳奇女郎王眞眞詩。燕折鶯離芳草歇。皆有出處。一字不苟如此。

芳草亦未歇。謝康樂詩也。坡當祖此。楊所引誤。

詩句相犯

徐鉉鄰舍詩。壁隙透燈光。籬根分井口。而梅聖俞云。井泉分地脈。砧杵共秋聲。

井泉分地脈。砧杵共秋聲。正鉉詩上聯乃梅作也。

凌歊臺詩

許渾凌歊臺詩曰。宋祖凌歊樂未回。三千歌舞宿層臺。此宋祖乃劉裕也。南史稱宋祖清簡寡欲。儉於布素。嬪御至少。嘗得姚興從女有盛寵頗廢事。謝晦微諫。即時遣出。安得有三千歌舞之事也。審如此。則是石勒之鄴宮。煬帝之江都矣。渾非有意於誣前代。但胸中無學。目不觀書徒弄聲律以僥倖。一第機關用之既熟。不覺於懷古之作亦發之。而後之淺學如楊仲弘。高棅郝天挺之徒。選以爲警策。故至今不廢□。

此本瀛奎律髓語。楊剽以劇罵郢州耳。丁卯詩誠爲穉弱。其佳處亦何可掩。如殘雲歸太華。疎雨過中條。樹色連關迥。河聲入海遙。楸梧遠近千官冢。禾黍高低六代宮。山翠萬重當檻出。水光千里抱城來。夜戰桑乾北。秦兵半不歸。朝來有鄉信。猶自寄征衣。勞歌一曲解行舟。紅葉青山水急流。日暮酒醒人已遠。滿天風雨下西樓之類。選唐詩者可盡遺乎。高廷禮品彙以渾爲正變之首。而正聲則但錄絕句數篇。此深合取捨之宜非楊所解也。

詩人語豈可以事實拘。用修引程泰之論上林賦似得此意者。今欲罵郢州。則又主方萬里之言。何謂耶。此詩佳句如湘潭雲盡暮山出。巴蜀雪消春水來。雖晚唐格調。而清新自得。未易輕也。

選唐音者楊士弘。選鼓吹者元好問。用修自以工考訂饒問學。而仲弘天挺屢以無辜遭劇詆。不亦寃哉。論

郢州得失者。顧華玉王敬美最當。見唐音評點。藝圃擷餘。余非右許以楊語太過中耳。

估客樂

估客樂者齊武帝之所作也。其辭曰。昔經樊鄧後。阻潮梅根渚。感憶追往事。意滿辭不敍。令釋寶月被之管絃。帝遂數乘龍舟遊江中。以紙越布爲帆。綠絲爲帆縴。鍮石爲篙足。篙榜者悉著鬱林布。作淡黃袴舞此曲。用十六人云。按史稱齊武帝節儉。嘗自言朕治

天下十年。當使黃金與土同價。然其從流忘返之奢如此。貽厥孫謀何怪乎。金蓮步地也。

當使黃金與土同價。齊高帝語也。武帝繼高亦有節儉之稱。南史齊書竝可考。見楊劇詆許渾無學。而高武二君之事彰明簡册。憒憒如此。古人目睫之嘆有以哉。此條諸字正楊亦有辨。

八詠

沈約八詠詩云。登臺望秋月。會圃臨春風。秋至愍衰草。寒來悲落桐。夕行聞夜鶴。晨征聽曉鴻。解佩去

朝市。被褐守山東。此詩乃唐五言律之祖也。夕夜晨曉四字似複非複。後人決難下也。東坡詩朝與烏鵲朝。夕與牛羊夕二句尤妙。亦祖沈意。

夕夜晨曉疊用自是六朝詩病。老坡二句是文法尤遠於詩。

八詠各爲詩題。故篇中前六句皆時令語。又夕行晨征解佩朝市皆平頭也。四聲八病起於休文。此可爲律祖耶。

崔魯華淸宮詩

崔魯華淸宮詩四首每各精練奇麗。遠出李義山杜牧之上。而散見於唐音及品彙。漁隱叢語長安古志中各載其一而已。今竝錄於此。

唐詩紀事竝載四首。楊蓋未見此書。然以魯詩爲精練奇麗則誠然。

草遮回磴一首漁隱已有評謂。勝義山。

近人詩誤

薦者祭之名。士無田則薦是也。未聞送人省親而曰好薦北堂親也。夜郎在貴州。而今送人官廣西恒用之。孟諸在齊東。而送人之荆楚襲用之。泄瀉者穢言也。寫懷而改曰泄瀉。是口中暴痢也。館甥女婿也。上母舅詩而自稱館甥。是欲亂其女也。眞如諸天禪家語也。而用之道觀遠公。大顛禪者也。而以贈道人。送人履下第而曰批鱗書幾上。本不用兵而曰戎馬豺虎。本

不年邁而曰白髮衰遲。未有興亡之感而曰麋鹿姑蘇。寄雲南官府而曰有粵伏波試問之曰不如此不似杜是可笑也。此皆近日號爲作手徧刻廣傳者。後生效之。益趨益下矣。謂近日詩勝國初吾不信也。而且互相標榜。不慙大言。造作名字。掩滅前輩。是可以世道慨。豈獨文藝之末乎。百粵伏波是伸默寄黔國詩。何害其美。

詳此條語意皆譏李獻吉好薦北堂親。批鱗書幾上。山連夜郎密。麋鹿上姑蘇。戎馬豺虎。白髮衰遲。悉李詩也。楊說甚拘而可笑。然亦李勸人勿讀書有以致之。子玄所謂時無英雄易爲王霸者哉。

碧琳腴

碧琳腴酒名。見曾吉父詩。可對江瑤柱。江瑤柱蠣黃也。

江瑤柱見藝苑卮言甚詳。與蠣黃殊不類。楊合而一之誤。

錄藝苑卮言說於下方。

蘇子瞻詩云。金虀玉鱠飯炊雪。海螯江柱初脫泉。人或問蘇以荔枝風格云。江瑤柱可敵之。郭璞江賦云云。余甚艷羡其味而不獲。見問之人。或云即瓦壠子稍大者也。己巳晤故奉化令徐君獻忠。始悉之。云奉化四月間南風乍起。江瑤或一再上可得三四百枚。或連歲不上。如蚌而稍大。中肉腥而韌不中口。僅四肉牙佳耳。長可寸許。圓半之白如珂雪。以嫩鷄汁熟過之。一沸即起。稍久則味盡矣。甘鮮脆美。不可名狀。此所謂杜也。今海味不甚重江瑤柱。實少故耳。閩中西施舌。蠣黃。寧波酒蚶。遼東鰒魚爲最。龜腳蟶吐鐵黃螺之類次之。以上俱卮言說蠣黃。余遇閩人每食之。蓋類淡菜而差勝。獨江瑤未染指云。

庾信

庾信詩爲梁之冠絕。啓唐之先鞭。史評之曰綺艷。杜稱之曰清新。又曰老成綺艷清新人皆知之。老成獨子

美能發其妙。余嘗合而衍之曰。綺多傷質。艷多無骨。清易近薄。新易近尖。子山詩綺而有質。艷而有骨。清而不薄。新而不尖。所以爲老成也。

清新綺艷六代之常。獨老成二字於庾爲合。楊說是也。綺多傷質四語尤名言。惟以庾爲梁冠。則非江鮑諸人皆出庾上置何地耶。庾父肩吾乃梁人。信入周。非顯梁世。

王維詩

余嘗愛王維溫泉寓目贈韋五郎云。漢主離宮接露臺。秦川一半夕陽開。青山盡是朱旗遶。碧澗翻從玉殿來。新豐樹裡行人度。小苑城邊獵騎迴。聞道甘泉能獻賦。懸知獨有子雲才。唐宮室盛矣。秦川八百而夕陽一半開。則四百里皆離宮也。奢麗若此而猶以惜露臺事比之。可謂反而諷矣。

右丞自紀景物露臺引韻耳。楊解甚迂。知詩者不待辯。余笑謂露臺右丞用便極贊襄。若丁卯用而下有秦川一半之語。又不知何等誚責矣。

前人詩自有託風者。如沈佺期漢文宜惜露臺費。武帝須焚前殿裘。李商隱雨露偏金穴。乾坤入醉鄉之類。意皆顯然。詎可一律自世人酷好附會。遂使池塘春草。宮殿微風。氣韻丰神盡入烏有。至有以落霞爲飛蛾者。斯文之厄至是。余敢嘿哉。

藝文類聚一〇〇卷

唐歐陽詢等奉敕撰

以明嘉靖六年長洲陸采覆宋刊本校補

卷一

月篇

四庫本「尚書大傳曰。晦而月見西方謂之朓」句下有小注「行疾皃」（八八七—一四五下）。明刊本小注作「朓。條也。條健行疾皃也」。又「朔而月見東方

謂之側匿」句下亦有小注「行遲皃」（同上）。明刊本作「側匿猶縮愞也。行遲皃也」。

風篇

四庫本「又曰凱風自南。吹彼棘心」句（八八七—一五四下）。明刊本於「棘心」下有小注作「南風謂之凱風」。

卷二

雪篇

四庫本「國策曰。魏惠王卒。葬有日矣」句（八八七—一六〇下）。明刊本「國策曰。魏惠王卒」句作「孟子曰。滕文公卒」。

雨篇

四庫本「尚書大傳曰。天之無烈風淫雨。意中國有聖人乎」句（八八七—一六四下）。明刊本於「意中國有聖人乎」句下有小注作「淫雨謂之霖」。

雷篇

四庫本「尚書中侯曰。秦穆公出狩。天震大雷。下有火化爲白雀。銜丹書集公車」句（八八七—一七二上）。明刊本句下有小注作「事具祥瑞部」。

四庫本「史記曰。高祖母曰。劉媼嘗息大澤之陂。夢與神遇。時雷電冥晦」句（八八七—一七二上）。明刊本句下有小注作「事具帝王部」。

霧篇

四庫本「東觀漢記曰。馬援謂官屬曰。吾在浪泊西里

烏間。賊未滅之時。下潦上霧」句（八八七—一七五上）。明刊本「賊」字作「虜」。

卷七

總載山篇

「荊南圖制曰」條。四庫本「又曰襄陽郡中廬縣西百三十里有馬穴山。傍有一地道云。漢時有馬出其中」句（八八七—二五六下）。明刊本句下有小注作「事具馬部」。

崑崙山篇

四庫本「神異經曰。崑崙有銅柱焉。其高入天。所謂天柱也。圍三千里。圓周如削。銅柱下有迴屋焉。辟方百丈」句（八八七—二六三下）。明刊本句下有小注作「事具仙部」。

鍾山篇

四庫本「沈約宋書曰。蕭思話領左衛。嘗從太祖登鍾山北領石上彈琴。因賜以銀酒鍾」句（八八七—二六九上）。明刊本句下有小注作「事具琴部」。

首陽山篇

四庫本「史記曰。伯夷叔齊。孤竹君之二子。讓國逃去。隱於首陽山。採薇而食之。遂餓死首陽山」句（八八七—二七一上）。明刊本句下有小注作「事具讓部」。

卷八

總載水篇

四庫本「文子曰。混混之水濁可以濯吾足。青青之水清可以濯吾纓」句（八八七—二八〇下）。明刊本句下有小注作「事具離騷。云倉浪之水」。

四庫本「尸子曰。凡水其方折者有玉。其圓折者有珠。清水有黃金」句（八八七—二八〇下）。明刊本句下有小注作「淮南子亦云。事具珠玉部」。

四庫本「淮南子曰。往古之時九州裂水。浩漾而不息。於是女媧積蘆灰以止淫水」句（八八七—二八一上

）。明刊本句下有小注作「事具帝王部」。

四庫本「永嘉郡記曰。有柘林水」句（八八七—二八一上）。明刊本句下有小注作「出建安吳興縣」。又「有梧桐水」句（同上）。明刊本下有小注作「有兩源。一出松陽」。又「有桃枝水」句（同上）。明刊本小注作「出東歸長山縣」。

河水篇

四庫本穀梁傳曰「伯尊如其言而河流矣」句（八八七—二八七下）。明刊本句下有小注作「左傳云伯宗」。

江水篇

四庫本列女傳曰「使者還取符。未及。臺已壞。流水而死」句（八八七—二八九下）。明刊本句下有小注作「事具人部賢婦人篇」。

卷九

池篇

四庫本毛詩曰「王在靈沼於牣魚躍」句（八八七—三

〇一下）。明刊本句下有小注作「沼池也」。

四庫本穆天子傳曰「天子觴西王母于瑤池之上。西王母爲天子謠」句（八八七—三〇二上）。明刊本句下有小注作「事具樂部」。

四庫本王羲之書曰「寡人耽之。若是未必後之」句（八八七—三〇二下）。明刊本句下有小注作「事具藝部書篇」。

谿篇

四庫本「管子曰。桓公北征孤竹。至卑耳之谿」句（八八七—三〇五下）。明本句下有小注作「事具武部」。

谷篇

四庫本毛詩曰「又曰。伐木丁丁。鳥鳴嚶嚶。出自幽谷。遷于喬木」句（八八七—三〇六上）。明刊本句下小注作「事具鳥部」。

四庫本韓子曰「傍鄰謂臣愚。遂名爲愚公谷」句（八

八七—三〇六下）。明刊本句下有小注作「說苑又載。事具人部諷篇」。

橋篇

四庫本史記曰「張廷尉奏一人犯蹕當罰金」句（八八七—三二二下）。明刊本句下有小注作「漢書亦云。具官職部」。

四庫本論衡曰「東明走。至掩水以弓擊水。魚鱉浮而爲橋梁」句（八八七—三一二下）。明刊本句下有小注作「事載魏略亦具鱗介部」。

卷十一

帝堯陶唐氏篇

四庫本尙書中侯曰「龍馬銜甲。赤文綠色」句（八八七—三三九下）。明刊本句下有小注作「龍形像焉甲。所以藏圖也。其文赤而綠」。

帝舜有虞氏篇

四庫本禮記曰「又曰昔舜作五絃之琴。以歌南風」句

（八八七—三四一上）。明刊本句下有小注作「事具樂部」。

帝禹夏后氏篇

四庫本論語曰「子曰。禹吾無間然矣」句（八八七—三四三下）。明刊本句下有小注作「孔子推禹之德大。言不能復間廁其間。」

卷十二

漢高帝篇

四庫本史記曰「高祖夜經澤中。前有大白蛇當徑。高祖拔劍斬之」句（八八七—三五二下）。明刊本句下有小注作「事具符命部」。

漢昭帝篇

四庫本漢書曰「母曰趙婕妤。本以有奇異得幸」句（八八七—三五七下）。明刊本句下有小注作「婕妤有奇。謂手指不申及有香氣」。又「及生帝亦奇異」句（同上）。明刊本句下亦有小注作「十四月乃生」。

卷十三

晉成帝篇

四庫本「晉成帝哀策文」句（八八七—三七四上）。明刊本句下有小注作「闕撰人姓名」。

晉康帝篇

四庫本「晉康帝哀策文」句（八八七—三七五上）。明刊本句下有小注作「闕撰人姓名」。

晉穆帝篇

四庫本「晉穆帝哀策文」句（八八七—三七五下）。明刊本句下有小注作「闕撰人姓名」。

晉簡文帝

四庫本「晉簡文帝哀策文」句（八八七—三七六上）。明刊本句下有小注作「闕撰人姓名」。

卷十七

目篇

四庫本左傳曰「睅其目皤其腹」句（八八七—四二九上）。明刊本句下有小注作「事具謳謠篇」。

膽篇

四庫本「吳越春秋曰。越王欲報怨。懸膽於戶。出入嘗之」句（八八七—四三八上）。明刊本句下有小注作「事具水部水篇」。

卷十八

美婦人篇

四庫本史記曰「平陽主因言延年有女弟。上乃召見之

。實妙麗善舞。以爲夫人」句（八八七—四四〇上）。明刊本句下有小注作「事具樂部舞篇」。

四庫本東觀漢記曰「娶妻當得陰麗華。後爲皇后」句（八八七—四四〇上）。明刊本句下有小注作「事具叙志部」。

四庫本俗說曰「宋褘是石崇妓綠珠弟子。有國色。善吹笛。後入晉明帝宮」句（八八七—四四四上）。明刊本句下有小注作「事具樂部笛篇」。

老篇」。

四庫本左傳曰「臣之壯也猶不如人。今老矣。無能爲之」句（八八七—四五三上）。明刊本句下有小注作「事具遊說篇」。

四庫本周書曰「我所保與守守之哉。傳之子孫」句（八八七—四五三下）。明刊本句下有小注作「事具帝王部」。

四庫本東觀漢記曰「矍鑠哉。是翁遂遺援」句（八八七—四五四下）。明刊本句下有小注作「事具武部將帥篇」。

卷十九

言語篇

四庫本大戴禮曰。黃帝弱而能言」句（八八七—四五八上）。明刊本句下有小注作「事具帝王部」。

謳謠篇

四庫本列子曰「不識不知。順帝之則」句（八八七—四六二上）。明刊本句下有小注作「事具雜文部詩篇」。

四庫本東觀漢記曰「張君爲政樂不可支」句（八八七—四六二下）。明刊本句下有小注作「事具職官部刺史篇」。又「昔無一襦今有五袴」句（同上）。明刊本句下亦有小注作「事具職官部刺史篇」。

四庫本新序曰「延陵季子兮不忘舊叙。脫千金之劍兮帶丘墓」句（八八七—四六二下）。明刊本句下有小注作「事具懷舊篇」。

四庫本謝承後漢書曰「賴得皇甫兮復安居」句（八八七—四六三上）。明刊本句下有小注作「事具職官部刺史篇」。又「悒然不樂思我劉君。何時復來安此下民」句（同上）。明刊本句下小注作「事具職官部縣令篇」。又「厥德仁明郭喬卿。忠正朝廷上下平」句（同上）。明刊本句下小注作「事具職官部刺史篇」。

嘯篇

四庫本孫登別傳「因嘯和之妙響動林壑」句（八八七—四六六上）。明刊本於句下有小注曰「事具樂府部琴篇」。

笑篇

四庫本穀梁傳「蕭同叔子處臺而笑之。客不悅」句（八八七—四六八上）。明刊本句下有小注作「事具治政部」。

卷二十

聖篇

四庫本列子「此非人之狀而有大聖之德」句（八八七—四七一下）。明刊本句下小注作「事具帝王部女媧篇」。

卷二十一

讓篇

四庫本家語「吾儕小人不可以入君子之朝」句（八八七—四八九下）。明刊本句下有小注作「事具產業部田篇」。

四庫本史記「王西向讓者三。南向讓者再」句（八八七—四九〇上）。明刊本句下有小注作「事具帝王部」。又「遂辭而去。終身不復見」句（八八七—四九〇下）。明刊本句下小注作「事具隱逸部。又「季札棄室而耕乃金之」句（八八七—四九〇下）。明刊本句下小注作。「事具隱逸篇」。

四庫本漢書「玄成不得已受侯爵」句（八八七—四九一上）。明刊本句下有小注作「事具封爵部」。

智篇

四庫本「禮記曰。舜其大智與」句（八八七—四九四上）。明刊本句下有小注作「事具帝王部」。

性命篇

四庫本「漢書曰。高祖曰。吾起自布衣。提三尺劍以取天下豈非命也」句（八八七—四九五下）。明刊本

句下有小注作「事具軍器部劍篇」。

交友篇

四庫本漢書「一貧一富乃知交態」句（八八七—五〇三上）。明刊本句下有小注作「事具職官部廷尉篇」。

四庫本謝承後漢書「卿子未我忘。當奔葬。巨卿往赴之」句（八八七—五〇三下）。明刊本句下小注作「事具夢部」。

卷二十二

品藻篇

四庫本世說「冀爾時天下無復滯才」句（八八七—五一五上）。明刊本句下小注作「事具職官部吏部尚書篇」。

卷二十四

諷篇

四庫本晏子曰「景公喟然曰舍之」句（八八七—五三四上）。明刊本句下有小注作「事具馬部」。

四庫本列子「臣竊歎之也。公乃止」句（八八七—五三四下）。明刊本句下有小注作「事具朱部乘篇」。

諫篇

四庫本左傳「諺所謂輔車相依。脣亡齒寒者。虞虢之謂也」句（八八七—五三九下）。明刊本句下有小注作「事具武部戰伐篇」。

四庫本東觀漢記「上每有異政輒言。白馬生且復諫矣」句（八八七—五四三上）。明刊本句下有小注作「事具職部光祿篇」。

卷二十五

說篇

四庫本史記「王降漢如反覆手耳」句（八八七—五五〇下）。明刊本句下有小注作「事具治政部奉使篇」。

卷二十九

別篇

四庫本禮記曰「嫁女之家三夜不息燭。思相離也」句（八八七—六〇七上）。明刊本句下有小注作「事具禮部」。

四庫本漢書曰「子夫上車。主拊其背曰。去矣。即貴願無相忘」句（八八七—六〇七下）。明刊本句下有小注作「事具儲官部公主篇」。

四庫本廣州記「構起華館以送陸賈」句（八八七—六〇九下）。明刊本句下有小注作「事具居處部」。

卷三十四

懷舊篇

四庫本左傳曰「黃父之會。夫子語我九言」句（八八七—六八〇下）。明刊本於句下有小注作「事具言語篇」。

四庫本家語「孔子曰。君子也。哀未盡能斷之以禮」句（八八七—六八四上）。明刊本句下有小注作「事具品藝篇」。

卷三十五

愁篇

四庫本後漢書曰「梁冀妻色美。善爲妖態。作愁眉」句（八八七—七〇五上）。明刊本句下有小注作「具美婦人」。

泣篇

四庫本尸子曰「曾子每讀喪禮泣霑襟」句（八八七—七〇九上）。明刊本句下有小注作「已具孝篇」。

四庫本史記曰「乃作麥秀之詩以歌詠之。殷民皆流涕」句（八八七—七〇九下）。明刊本句下有小注作「具麥篇」。

四庫本漢書曰「上慷慨傷懷。泣數行下」句（八八七—七一〇上）。明刊本句下有小注作「具懷舊篇」。

「貧篇」。

四庫本史記曰「楚相孫叔敖死謂其子曰。我死汝必貧困。可見優孟」句（八八七—七一二下）。明刊本句

下有小注作「已具讒篇」。

四庫本謝承後漢書「常遊洛陽市肆。閱所賣書」句（八八七—七一三上）。明刊本句下有小注作「具雜文部讀書」。

奴篇

四庫本新序曰「今以冠冠奴。是奴虜畜臣也」句（八八七—七一七上）。明刊本「畜臣」作「畜惡」。

四庫本「沈約宋書曰。太祖欲北伐」句（八八七—七一七下）。明刊本作「口語曰。虜據滑太祖欲北伐」。

隱逸下篇

四庫本梁王僧孺與陳居士書（八八七—七五一下）。明刊本於該文下又有「孔德璘北山移文曰。鍾山之英。草堂之靈」句。

卷四十

婚篇

四庫本漢書曰「時號爲天子取婦。皇后嫁女」句（八八—四八上）。明刊本句下有小注作「事具人部寵幸篇」。

謚篇

四庫本論語曰「子曰。敏而好學。不恥下問。是以謂之文也」句（八八八—五〇上）。明刊本句下有小注作「事具文部文質篇」。

弔篇

四庫本家語曰「孔子曰。史魚死而屍諫可謂直乎」句（八八八—五二上）。明刊本句下有小注作「事具人部諷篇」。

四庫本淮南子曰「塞上之人死者十九。此獨跛足。故父子相保」句（八八八—五二下）。明刊本句下有小注作「事具戰部馬篇」。

冢墓篇

四庫本越絕書曰「十萬人築治之」句（八八八—五五

上）。明刊本句下有小注作「吳越春秋又載。事具山部」

卷四十一

論樂篇

四庫本「陸機上留田行曰」句（八八八—六九上）。明刊本句下有小注作「平徵調」。

卷四十三

舞篇

四庫本「爾雅曰婆娑舞也」句（八八八—八九下）。明刊本句下有小注作「舞者之容也」。

卷四十四

琴篇

四庫本莊子曰「孔子推琴而起曰。其聖人歟」句（八八八—一〇二上）。明刊本句下有小注作「事具居處部壇篇」。

四庫本華嶠漢書曰「邕笑曰。此足以當之矣」句（八

八八—一〇三下）。明刊本句下有小注作「事具鳥部蟬篇」。

簫篇

四庫本列仙傳曰「世有簫聲云」句（八八八—一一二下）。明刻本句下有小注作「事具神仙部」。

笙篇

四庫本列仙傳曰「道士浮邱公接以上嵩山」句（八八八—一一四上）。明刊本句下有小注作「事具神仙部」。

卷四十六

太傅篇

四庫本尚書曰「豈有非禮而可以養太子哉」句（八八八—一四二下）。明刊本句下有小注作「事具儲君部」。

卷五十

太守篇

四庫本陳江揔爲衡陽王讓吳郡表「芝泥馳印發命開顏闕穎之誠」句（八八八—二二六上）。明刊本作「芝泥馳印發命開函穎之誠」。

令長篇

四庫本司馬彪後漢書「上敕強項令出詣太官賜食」句（八八八—二二〇上—二二〇下）。明刊本句下有小注作「事具公主部」。又「昆輒向火叩頭。多能降雨止風」句（八八八—二二〇下）。明刊本句下有小注作「具火部」。

四庫本風俗通曰「四年中所賜尚書郎屬履也」句（八八八—二二〇下）。明刊本句下有小注作「事具神仙部」。

卷五十二

善改篇

四庫本新序曰「乃命有司無得擅徵發單父。單父大理」句（八八八—二四九下）。明刊本句下有小注作「事具巧藝部書篇」。

赦宥篇

四庫本郭子曰「遂爲夫婦如初」句（八八八—二五六下）。明刊本句下有小注作「事具人部妒篇」。

卷五十三

薦舉篇

四庫本吳越春秋「每陳一篇。王不覺口之稱善」句（八八八—二六三下）。明刊本句下有小注作「事具人部嘯篇」。

卷五十四

刑法篇

四庫本家語曰「孔子初仕爲中都」句（八八八—二七二下）。明刊本句下有小注作「中都魯邑」。

四庫本韓子曰「民莫之犯何爲不治」句（八八八—二七三上）。明刊本句下有小注作「事具水部澗篇」。

卷五十五

談講篇

四庫本郭子「范汪字玄平。在簡文坐談欲屈引長史」句（八八八—二九〇上）。明刊本於句下有小注作「王仲祖也」。

卷五十六

詩篇

四庫本後漢孔融離合郡姓名詩「按轡安行淮謂路長」句下小注「離才字合成舉」（八八八—三〇五下）。明刊本作「魯國孔融文舉」。

卷五十八

書篇

四庫本漢書曰「單于顧左右而驚謝」句（八八八—三三七下）。明刊本句下有小注作「事具鳥部雁篇」。

筆篇

四庫本華嶠後漢書「大丈夫安能久事筆耕乎」句（八八八—三五〇上）。明刊本句下有小注作「事具人部

」。

卷五十九

將帥篇

四庫本東觀漢記曰「在軍旅不忘俎豆」句（八八八—三五五下）。明刊本句下有小注作「事具巧藝部投壺篇」。

戰伐篇

四庫本管子曰「代王即將其國士卒服於齊」句（八八八—三五八下）。明刊本句下有小注作「事具獸部四狐屬篇」。

卷六十

劍篇

四庫本龍魚河圖「光明四照。洞如水精」句（八八八—三七一下）。明刊本句下有小注作「事具地部石篇」。

四庫本山海經「又曰。君子之國其人衣冠帶劍」句（

八八八—三七二下—三七二上）。明刊本句下有小注作「事具人部篇」。

四庫本史記「壯士行何畏。乃前拔劍斬蛇」句（八八八—三七三下）。明刊本句下有小注作「事具帝王部」。

四庫本說苑「太子左帶玉具劍。右帶環佩」句（八八八—三七四上）。明刊本句下有小注作「事具衣冠部」。

刀篇

四庫本論語「割鷄焉用牛刀」句（八八八—三七五下）。明刊本句下有小注作「事具人部」。

弓篇

四庫本新序「彎弓射之。沒石飲羽。下視知石也」句（八八八—三八〇下）。明刊本句下有小注作「事具地部石篇」。

弩篇

四庫本風俗通「彬後知之。思惟必懸弩所爲也」句（八八八—三八三上）。明刊本句下有小注作「事具方術部」。

卷六十一

四庫本後漢張衡西京賦「右有隴坻之隘。隔閡華戎岐梁汧雍。句（八八八—三九〇下）。明刊本句下有小注作「皆山名」。又「窮年忘歸猶不能偏覜」句（八八八—三九一上）。明刊本句下有小注作「音脁」。

四庫本吳都賦「鳥則鵾鷄鸀鳿鶇」句（八八八—三九七下）。明刊本句下有小注作「音霜」。又「山岳之岊冪歷」句（八八八—三九八上）。明刊本於「岊」字下有小注作「音節」。「冪」字下亦有小注作「音覔」。「歷」字下又有小注作「烟貌」。又「其竹則篔簹林箊」句（同上）。明刊本於「箊」字下有小注作「音於」。

卷六十二

宮篇

四庫本漢書「秦倚曲臺之宮。懸衡天下」句（八八八—四〇二上）。明刊本於句下有小注作「衡秤也。言懸法於其上也」。

卷六十六

錢篇

四庫本史記「號鄧氏錢布天下」句（八八八—四六五上）。明刊本句下有小注作「見寵幸篇」。

卷六十九

屏風篇

四庫本謝承後漢書「遂聽置雲母屏風分隔其間。由此爲故事」句（八八八—四八三下）。明刊本句下有小注作「具職官部」。

薦席篇

四庫本呂氏春秋「公衣狐裘。坐熊席。陬隅有竈。是以不寒」句（八八八—四八七上）。明刊本句下有小注作「事具寒部」。

卷七十一

舟篇

四庫本家語「民犯上則君危」句（八八八—五一〇下）。明刊本句下有小注作「事具人部鑒戒篇」。

四庫本呂氏春秋「荊王聞之仕以執圭」句（八八八—五一一上）。明刊本句下有小注作「事具軍器部劍篇」。

車篇

四庫本括地圖「去玉門四萬里」句（八八八—五一五下）。明刊本句下有小注作「事具天部風篇」。

四庫本左傳「狄人滅衛。齊侯使公子無虧戍曹」句（八八八—五一七上）。明刊本句下有小注作「曹。衛下邑」。

卷七十二

酒篇

四庫本崔寔四民月令「各舉椒酒於其家長」句（八八八—五二七上）。明刊本句下有小注作「事具椒篇」。

四庫本干寶晉紀「臣無所施其愚巧也」句（八八八—五二七下）。明刊本句下有小注作「事具橋篇」。

卷七十三

鼎篇

四庫本左傳「鼎之輕重未可問也」句（八八八—五三一下）。明刊本句下有小注作「事具祥瑞部鼎篇」。

四庫本晉中興書「故禹鑄鼎以擬之」句（八八八—五三二下）。明刊本句下有小注作「事具祥瑞部鼎篇」。

卷七十三

樽篇

四庫本淮南子「過者斟酌各得其宜」句（八八八—五三六上）。明刊本句下有小注作「事具人部聖篇」。

四庫本孔融別傳「融常歎曰。坐上客恆滿。樽中酒不空。吾無憂矣」句（八八八—五三六下）。明刊本句下有小注作「事具人部叙志篇」。

巵篇

四庫本戰國策「蛇故無足。子安能爲之足。遂飲酒」句（八八八—五三七下）。明刊本句下有小注作「具遊說篇」。

卷七十四

書篇

「淮南子」條。四庫本「天雨粟鬼夜哭」句（八八八

—五四三上）。明刊本句下有小注作「事具百穀部」。

「漢書」條。四庫本「彭祖以舊恩封陽都侯」句（八八八—五四三上）。明刊本句下有小注作「事具文部硯篇」。

博篇

「山海經」條。四庫本「五色而文。狀如鶉卵」句（八八八—五五二下）。明刊本句下有小注作「事具山部」。

「列子」條。四庫本「置高樓大路設酒。擊博樓上」句（八八八—五五三上）明刊本句下有小注作「事具人部遊俠篇」。

「說苑」條。四庫本「公爲九層之臺三年不成危甚於此」句（八八八—五五三上）。明刊本句下有小注作「事具人部諫篇」。

卷七十五

卜筮篇

四庫本禮記「不敢以其私褻事上帝」句（八八八—五六〇下）。明刊本句下有小注作「言動任卜筮也」。

相術篇

四庫本史記「既死而長子有罪。乃立玄成」句（八八八—五六二上）。明刊本句下有小注作「事具職官部丞相篇」。

醫篇

四庫本左傳「秦伯使醫緩爲之」句（八八八—五六六

上）。明刊本句下有小注作「爲猶治也」。又「居肓之上膏之下若我何」句（同上）。明刊本句下亦有小注作「肓鬲也。心下爲膏」。

四庫本列子「今聖智爲疾者或由此乎」句（八八八—五六六下）。明刊本句下有小注作「事具人部聖篇」。

卷七十六

寺碑齊王巾頭陀寺碑銘。四庫本「況視聽之外若存若亡」句（八八八—五七六上）。明刊本於句下有小注作「文選」。

卷七十八

仙道篇

四庫本淮南子「見處士者深目而玄鬢淚注」句（八八八—五九八下）。明刊本「玄鬢淚注」作「喉渠頭。渠大也」。

梁簡文帝招眞館碑。四庫本「雲興禽繁山響升虹」句

（八八八—六一一下）。明刊本句下有小注作「音絳」。

卷七十九

神篇

四庫本山海經「不食不寢風雨是謁」句（八八八—六一六下）。明刊本句下有小注作「能請致風雨」。

夢篇

四庫本陸機晉書「明府其臨益州乎」句（八八八—六二五上）。明刊本句下有小注作「事具軍器部」。

卷八十

火篇

「山海經」。「尚書」。「左傳」諸條。四庫本皆缺小注（八八八—六二九下）。明刊本各條如下

山海經曰。厭火國獸身黑色火出其口中。言能吐火。

尚書曰。藻火粉米畫爲火形也。

又曰。火炎崑岡玉石俱焚。言火逸而爐玉也。天吏逸德。烈于猛火。

又曰。若火之燎于原不可嚮邇。其猶可撲滅。火炎不可向近尚可撲滅。諭言不可信用尚可刑戮也。

左傳條。明刊本作「是故咮爲鶉火。心爲大火。謂火正之官配食於火星也。建辰之月鶉火星昏見南方。則令民放火。建戌之月火星伏在日下。夜不得見則令民內火禁放火者也。」

四庫本韓子「民之塗其體被濡衣走火者左右各三千人」句（八八八—六三〇下）。明刊本句下有小注作「

事具刑法部」。

四庫本淮南子「陽燧見日則燃而爲火」句（八八八—六三一上）。明刊本句下尚有小注作「陽燧。金也。取金猛無緣者日高三四丈。持以向日。燥艾承之寸餘。有頃焦吹之則得火。」

四庫本列仙傳「甯封子黃帝陶正掌火能作五色烟」句（八八八—六三一上）下缺小注。明刊本作「事具烟

部」。又「須臾朱雀止治上」句（同上）下亦缺小注。明刊本作「事具仙部」。

四庫本東觀漢記「夜作但使儲水。百姓皆悅」句（同前」。明刊本句下有小注作「事具太守篇」。

四庫本抱朴子「光恬坐灰中振衣而起」句（八八八—六三二上下）。明刊本句下有小注作「事具草部」。

四庫本神仙傳「成都市失火潄酒作雨」句（八八八—六三二下）。明刊本句下有小注作「事具仙部」。

四庫本風俗通「魚悉露見。但就把之」句下（八八八—六三二下）。缺小注。明刊本作「事具魚部」。

四庫本異苑「桓靈之際火勢漸微」句（八八八—六三三上）。明刊本句下有小注作「事具水部」。又「漢高斬白蛇劍王莽頭等」句（同上）。明刊本句下有小注作「事具劍部」。

燈篇

四庫本說苑「美人挽絕其冠纓」句（八八八—六三五

上）。明刊本句下有小注作「事具報恩篇」。

燭篇

四庫本「周官司烜氏掌以燧取火於日以供祭祀之明燭」句（八八八—六三七上）。明刊本句下有小注作「曰火陽之絜氣也。明燭以炤饌」。

四庫本禮記「嫁女之家三夜不息燭。思離親也」句（八八八—六三七上）。明刊本句下有小注作「事具婚姻篇」。

四庫本尚書大傳「執燭之明孰與昧行公曰善」句（八八八—六三七下）。明刊本句下有小注作「事具文學篇」。

四庫本韓子「高明者舉賢而任之」句（八八八—六三七下）。明刊本句下有小注作「事具贈答部」。

四庫本謝承後漢書「與客坐闇瞑之中不燃官燭」句（八八八—六三七下）。明刊本句下有小注作「事具刺史部」。

竈篇

四庫本呂氏春秋「燕雀不知禍將至也」句（八八八—六四〇下）。明刊本句下有小注作「事具雀部」。

薪炭灰篇

四庫本禮記「又曰。季秋乃命伐薪爲炭」句（八八八—六四二下）。明刊本句下有小注作「事具炭部」。

四庫本搜神記「須臾而雨作」句（八八八—六四三上）。明刊本句下有小注作「事具旱部」。

四庫本吳越春秋「五月被裘採薪。寧是拾金者乎」句（八八八—六四三下）。明刊本句下有小注作「事具隱逸部」。

四庫本汝南先賢傳「暮輒燃柴薪以讀書」句（八八八—六四四上）。明刊本句下有小注作「事具讀書篇」。

卷八十一

蘭篇

四庫本「易曰。同心之言其臭如蘭」句（八八八—六五五上）。明刊本句下有小注作「蘭芳也」。

四庫本離騷「既滋蘭之九畹兮」句（八八八—六五五下）。明刊本句下有小注作「畹畦也」。

菊篇

四庫本「爾雅曰。菊治蘠」句（八八八—六五六上）。明刊本句下有小注作「今之秋菊也」。

杜若篇

四庫本「爾雅曰。杜若土鹵」句（八八八—六五八上）。明刊本句下有小注作「香草也」。

蕙篇

四庫本離騷「又曰。薜荔拍兮蕙綢」句（八八八—六五八下）。明刊本句下有小注作「薜荔香草。柏榑壁也。綢繆束也。詩云。綢繆束楚」。

芸香篇

四庫本禮記月令「仲冬之月芸始生」句（八八八—六六〇下）。明刊本句下有小注作「香草」。

藍篇

四庫本禮記月令「仲夏之月令民無刈藍以染」句（八八八—六六三上）。明刊本句下有小注作「爲陽長也」。

卷施篇

四庫本「爾雅曰。卷施草拔心不死」句（八八八—六六三下）。明刊本句下有小注作「宿莽草也」。

卷八十二

菱篇

四庫本國語「祭我必以芰」句（八八八—六七〇下）。明刊本句下有小注作「屈到楚卿也。宗老家臣也。屬記也」。

蒲篇

四庫本漢書「直入臥內頓首伏青蒲上」句（八八八—六七二上）。明本句下有小注作「青綠蒲薦也。以蒲青爲薦鋪也」。

荻篇

四庫本毛詩「又曰。毳衣如菼」句（八八八—六七五下）。明刊本句下有小注作「菼。蘆荻也」。

薺篇

四庫本「禮記曰。孟夏之月靡草死」句（八八八—六八二下）。明刊本句下有小注作「薺。亭歷之屬也」。

卷八十三

金篇

四庫本漢書「爲麟趾褭蹄以協瑞焉」句（八八八—六八七下）。明刊本句下有小注作「獲白麟有瑞。故鑄金如麟馬以協嘉祉也。古有駿馬名腰褭。赤喙黑身。日行萬五千里也」。

玉篇

四庫本穆天子傳「用觀天子寶器玉果」句（八八八—六九一下）。明刊本句下有小注作「石似美玉可謂玉

果」。又「璿珠燭銀黃金之膏」句（同上）。明刊本句下亦有小注作「五玉膏皆有精也」。又「四徹中繩」句（同上）。明刊本句下亦有小注作「皆正直也」。

四庫本淮南子「水圓折者有珠。方折者有玉」句（八八八—六九二下）。明刊本句下有小注作「圓陽也。珠陰中之陽也。方陰也。玉陽中之陰。皆以其類生也」。

卷八十四

珠篇

四庫本爾雅「西方之美者有霍山之多珠玉焉」（八八八—六九九下）。明刊本句下有小注作「霍山今在平陽永安縣東北」。

四庫本尚書「淮夷蠙珠洎魚」句（八八八—六九九下）。明刊本句下有小注作「淮夷二水出蠙珠美魚」。

貝篇

四庫本楚辭歌「魚鱗屋兮龍堂。紫貝闕兮朱宮」句（八八八—七〇三上）。明刊本句下有小注作「河伯以魚鱗蓋屋。畫龍文。紫貝作闕朱丹其宮」。

四庫本萬震南州異物志「乃有大貝。奇姿難儔」句（八八八—七〇三下）。明刊本句下有小注作「大貝。文貝也。交阯以南海中皆有之」。

卷八十五

穀篇

四庫本爾雅「穀不熟爲饑。仍饑爲荐」句（八八八—七〇八下）。明刊本句下有小注作「言太山有魚鹽之饒也。不熟。五穀不成。荐。連歲不熟」。

四庫本周官「并州宜五種」句（八八八—七〇八下）。明刊本句下有小注作「五種。黍稷菽麥稻。三種。黍稷稻」。

又四庫本「大宰九職任萬民。一曰三農生九穀」句（八八八—七〇八下）。明刊本句下有小注作「黍稷秫

稻穈大小麥」。

四庫本禮記「孟春天子乃以元日祈穀于上帝」句（八八八—七〇八下）。明刊本句下有小注作「謂以上辛郊天也。郊祀后稷以祈農事。故蟄而郊。郊而後耕。上帝太微之帝。」

四庫本「又曰孟秋農乃登穀。天子嘗新先薦寢廟。命百官始收斂」句（八八八—七〇八下）。明刊本作「又曰。孟秋農乃登穀。天子嘗新先薦寢廟。黍稷之屬於稷是始薦。命百官始收斂。候秋氣始收斂。」

四庫本東觀漢記「按軍出塞無穀。馬故事馬防言當與穀」句（八八八—七〇九上）。明刊本句下有小注作「事具馬篇」。

禾篇

四庫本山海經「崑崙墟上有木禾。禾長五尋」句（八八八—七一〇下）。明刊本句下有小注作「禾。木穀類」。

四庫本史記「北里之禾所以爲盛」句（八八八—七一一上）。明刊本句下有小注作「北里地名」。

四庫本東觀漢記「是歲有嘉禾一莖九穗」句（八八八—七一一上）。明刊本句下有小注作「事具帝王部」。又「因自伏草中盜去乃起」句（同上）。明刊本句下有小注作「事具人部讓篇」。

四庫本續漢書「宮便推與而去。由是發名」句（八八八—七一一上）。明刊本句下有小注作「事具人部讓篇」。

黍篇

四庫本毛詩「或耘或耔。黍稷薿薿」句（八八八—七一二下）。明刊本句下有小注作「耔。耘苗。薿薿。盛貌也」。

四庫本呂氏春秋「飯之美者南海之秬」句（八八八—七一二下）。明刊本句下有小注作「秬。黑黍」。

四庫本史記封禪書「鄗上黍所以爲盛」句（八八八—

七一三上）。明刊本句下有小注作「郜上石山」。

四庫本東觀漢記「耕種禾黍」句（八八八—七一三上）。明刊本句下有小注作「已具禾篇」。

粟篇

四庫本「論語曰。子華使於齊。冉子爲其母請粟。子曰與之釜。請益曰。與之庚。子曰。赤之適齊也。乘肥馬衣輕裘。吾聞君子周急不繼富。又曰。原思爲之宰與之粟九百。辭。子曰。無以與爾鄰里鄉黨乎。」

（八八八—七一三下）

明刊本有小注作「論語曰。子華使於齊。冉子爲其母請粟。子曰與之釜。子華。孔子弟子公西赤之字也。六斗四升曰釜也。請益曰。與之庾。六斛四升曰庾。子曰。赤之適齊也。乘肥馬衣輕裘。吾聞君子周急不繼富。非冉有與之太多。又曰。原思爲之宰。與之粟九百。辭。讓不受也。子曰。無以與爾鄰里鄉黨乎。無止其讓之辭」。

四庫六韜「散鹿臺之金錢以與殷氏」句（八八八—七一三下）。明刊本句下有小注作「事具帝王部」。

四庫本春秋說題辭「五變而蒸飯可食」句（八八八—七一四上）。明刊本句下有小注作「稟受五行氣而成。故五變乃成可食」。

四庫本莊子「不如早索我枯魚之肆」句（八八八—七一四下）。明刊本句下有小注作「事具人部貧篇」。

四庫本賈誼書「汝知小小計而不知大害」句（八八八—七一五下）。明刊本句下有小注作「新序又載」。

四庫本淮南子「又曰。昔者倉頡作書而天雨粟」句（八八八—七一五上）。明刊本句下有小注作「倉頡始視鳥跡之文而造書者也。有書契則作僞萌生。生則去本趣末棄耕作之業。而務錐刀之利。天知其將餓。故爲雨粟。」

四庫本桂陽先賢書贊「衆人遣視信然」句（八八八—七一五下）。明刊本句下有小注作「益部耆舊又載」。

豆篇

四庫本管子「桓公北伐山戎。以戎菽遍布天下」句（八八八—七一六上）。明刊本句下有小注作「事具武部征討篇」。

四庫本鶡冠子「雙豆塞耳不聞雷霆」句（八八八—七一六上）。明刊本句下有小注作「事具天部雷篇」。

麻篇

四庫本毛詩「又曰麻麥幪之」句（八八八—七一七上）。明刊本句下有小注作「幪幪茂也」。

四庫本禮記「以犬嘗麻先薦寢廟」句（八八八—七一七上）。明刊本句下有小注作「麻新齎」。

麥篇

四庫本左傳「帥師取溫之麥」句（八八八—七一七上）。明刊本句下有小注作「溫周也。蘇氏邑」。又「巫曰不食新矣」句（八八八—七一七上）。明刊本句下有小注作「言公不得及食新麥也」。

四庫本家語「地若可入。吾豈忍見宓子哉」句（八八八—七一七下）。明刊本句下有小注作「賈誼書同」。

四庫本莊子「生不施死何舍珠爲」句（八八八—七一七下）。明刊本句下有小注作「事具珠部」。

四庫本東觀漢記「張君爲政樂不可支」句（八八八—七一八上）。明刊本句下有小注作「事具職官部刺史篇」。

素篇

四庫本揚雄答劉歆書「鈆槧二十七歲於今矣」句（八八八—七一九上）。明刊本句下有小注作「事具雄文部」。

錦篇

四庫本左傳「公乘馬夫人魚軒」句（八八八—七一九下）。明刊本句下有小注作「魚軒。夫人車。以魚皮爲飾」。又「重錦三十兩」句（同上）。明刊本下亦有小注作「重錦。錦之熟細者。以二丈雙行。故曰兩

。三十四」。

又「其爲美錦不亦多乎」句（同上）。明刊本句下亦有小注作「言官邑之重重於美錦」。

絹篇

四庫本晉陽秋「是吾俸祿之餘故以爲女糧耳」句（八八八—七二一下）。明刊本句下有小注作「事具官職部刺史」。

羅篇

四庫本「雍門子說孟嘗君曰。今足下下羅羅來淸風」句（八八八—七二三下）。明刊本句下有小注作「事具樂部」。

四庫本世說「手擎飲食」句（八八八—七二三下）。明刊本句下有小注作「事具綾部」。

布篇

四庫本禮記「仲夏月毋暴布」句（八八八—七二三下）。明刊本句下有小注作「不以蔭切于太陽事」。

四庫本左傳「及堞而絕之」句（八八八—七二三下）。明刊本句下有小注作「偪陽人懸布以外試勇者也」。

四庫本晏子「嬰聞佯問者亦佯對之」句（八八八—七二四上）。明刊本句下有小注作「事具棗部」。

四庫本呂氏春秋「孰灌灌可爲莽莽也」句（八八八—七二四上）。明刊本句下有小注作「莽莽長貌。灌灌叢貌」。

四庫本神異經「以火燒即淸潔也」句（八八八—七二四上）。明刊本句下有小注作「事具火部」。

四庫本烈女傳「當恭王之時乙爲郢大夫」句（八八八—七二四上）。明刊本句下有小注作「郢。楚都。今南郡江陵」。

卷八十六

李篇

四庫本「爾雅曰。休無實李」句（八八八—七二七下

）。明刊本句下有小注作「一名趙李」。

桃篇

四庫本列仙傳「得綏山一桃。雖不能仙亦足以豪」句（八八八—七三一上）。明刊本句下有小注作「事具獸部」。

橘篇

四庫本尙書禹貢「橘柚錫貢」句（八八八—七三八上）。明刊本句下有小注作「小曰橘。大曰柚」。

四庫本離騷「后皇嘉樹。橘來服兮」句（八八八—七三八下）。明刊本「后」字下有小注作「后土也」。「皇」字下亦有小注作「皇土」。又「服」字下亦有小注作「服習也」。

柰篇

四庫本魏曹植謝柰表「恩施以口厚非臣等所宜荷之」句（八八八—七四五上）。明刊本作「恩以絕口爲厚」。

卷八十七

棗篇

四庫本「爾雅曰棗壺棗」句（八八八—七四六下）。明刊本句下有小注作「今江東呼棗大而銳上者爲壺棗。猶瓠也」。又「邊要棗」句（同上）。明刊本句下亦有小注作「子細要者」。

栗篇

四庫本韓詩「東門之栗有靜家室」句（八八八—七五〇上）。明刊本「靜」字下有小注作「靜善也」。「家室」下亦有小注作「言東門之栗樹之下有善人可以爲室家也」。

柚篇

四庫本「爾雅曰柚條也」句（八八八—七五三上）。明刊本句下有小注作「似橙實酢出江南」。

杜梨篇

四庫本毛詩「又曰有杕之杜」句（八八八—七五四上

）。明刊本句下有小注作「杕獨也」

瓜篇

四庫本「爾雅曰瓞。瓝其紹瓞」句（八八八—七六一上）。明刊本句下有小注作「郭注俗呼瓝爲瓞。紹者瓜蔓。紹亦著子。但小耳。」

四庫本禮記「爲國君者華之」句（八八八—七六一下）。明刊本句下有小注作「華。中列之巾似綌」。又「爲大夫累之」句（同上）。明刊本句下亦有小注作

「裸也。不巾覆之」。

卷八十八

木篇

四庫本「離其於木也爲科上槁」句（八八八—七六六下）。明刊本句下有小注作「堅多心謂剛中也。山木堅直故多節也。陰含氣故曰科。科。空也。爲日所乾故上槁」。又「地中生木升君子以順德積小以高大」句（同上）。明刊本作「地中生木升君子以積小成大」。

四庫本尙書「兗州厥木惟條。揚州厥木爲喬」句（八八八—七六六下）。明刊本「條」字下有小注作「長也」。「喬」字下亦有小注作「高」也。

四庫本禮記「孟夏之月無伐大樹」句（八八八—七六六下）。明刊本句下有小注作「妨農故也」。

四庫本漢書晁錯上書「木皮三寸」句（八八八—七六七下）。明刊本句下有小注作「地寒故也」。

四庫本淮南子「故葉落而長年悲」句（八八八—七六七下）明刊本句下有小注作「長年人忌木黃善時」。

松篇

四庫本左傳「太叔曰。不然。部婁無松柏」句（八八八—七七一下）。明刊本「部婁」作「培塿」。「塿」字下亦有小注作「塿小阜也」。

四庫本「穆天子傳曰。天子升長松之墱」句（八八八—七七一下）。明刊本句下有小注作「墱坂有長松

。

四庫本漢書「其外隱以金椎樹以青松」句（八八八—七七二上）。明刊本於「金椎」下有小注作「作壁如甬道。隱。築也。以鐵椎築之」。

四庫本「古詩曰。嘉樹生朝陽。凝霜封其條」句（八八八—七七二下）。明刊本句下有小注作「嘉樹。松柏也」。

桑篇

四庫本「爾雅曰。女桑桋桑。檿桑山桑」句（八八八—七七九上）。明刊本於「桋桑」下有小注作「桋音荑。長條者爲女桑」。

四庫本毛詩「蠶月條桑」句（八八八—七七九上）。明刊本句下有小注作「條桑。披枝采其葉」。又「猗彼女桑」句（同上）。明刊本句下亦有小注作「少枝長條。不落束而采之」。

四庫本春秋孔演圖「生丘於空桑之中」句（八八八—七七九下）。明刊本句下有小注作「乳生也」。

四庫本穆天子傳「甲寅。天子作居范宮」句（八八八—七七九下）。明刊本句下有小注作「離宮別名」。又「飲于桑中」句（同上）。明刊本句下亦有小注作「桑林之中」。又「用禁暴民」句（同上）。明刊本句下亦有小注作「虞。主桑者也。不得令民犯桑」。

四庫本離騷「路室女之方桑。孔子遇之以自待」句（八八八—七七九下）。明刊本於「方桑」下有小注作「路室。客舍也」。「自待」下亦有小注作「以其貞信自待」。

榆篇

四庫本「爾雅曰藲莖無姑其實夷」句（八八八—七八四上）。明刊本於「藲莖」下有小注作「詩云。山有樞。今之刺榆也」。「夷」字下亦有小注作「姑。榆也。出山中葉圓厚。剝取皮合漬之。味辛香。所謂無夷是也」。

桐篇

四庫本「爾雅曰。榮桐木」句（八八八—七八五下）。明刊本句下有小注作「梧桐也」。

四庫本莊子小注「注曰」句（八八八—七八六下）。明刊本作「馬彪注曰」。

四庫本「萬畢術曰。桐木成雲」句（八八八—七八六下）。明刊本句下有小注作「取十石甕滿中三四日。氣水置桐蓋之三日如雲彩」。

卷八十九

楊柳篇

四庫本「爾雅曰旄澤柳」句（八八八—七九〇下）。明刊本句下有小注作「生澤中也」。

四庫本「毛詩曰折柳樊圃」句（八八八—七九一下）。明刊本句下有小注作「柳。弱栀之木。樊藩也。折柳爲藩。無益於禁」。

四庫本晉中興書「何以盜官柳種子」句（八八八—七九一下）。明刊本句下還有一句作「時以爲神」。

四庫本毛詩「楊之水不流束蒲」句（八八八—七九二）。明刊本句下有小注作「蒲柳可以爲矢」。

四庫本「爾雅曰檉河柳」句（八八八—七九五上）。明刊本句下有小注作「河旁赤莖小楊也」。

四庫本離騷「雜申椒與菌桂」句（八八八—七九五上）。明刊本句下有小注作「申重也」。又「播芳椒兮成堂」句（同上）。明刊本句下亦有小注作「布香椒於堂上」。

桂篇

四庫本「春秋運斗樞曰。椒桂合剛陽」句（八八八—七九六下）。明刊本句下有小注作「椒桂。陽星之精所生也。合猶連陸而生也」。

四庫本山海經「招搖之山其上多桂」句（八八八—七九六下）。明刊本句下有小注作「桂長丈。餘味辛」

。又「桂木八樹在番禺東」句（同上）。明刊本「番禺」作「賁禺」。句下亦有小注作「八樹成林言其大也。賁隅。番隅」。

四庫本春秋潛潭巴「宮桂鳴下土。諸侯號有聲」句（八八八—七九七上）。明刊本句下小注作「桂。好木。植於宮中。猶天子封有聲譽者爲諸侯。令乃鳴是乃成聲名於下土之祥也」。

四庫本「漢書陸賈傳曰。尉陀獻桂蠹二器」句（八八八—七九七上）。明刊本句下有小注作「桂樹之蠹蟲也」。

四庫本離騷「葛藟藟之于桂樹兮」句（八八八—七九八下）。明刊本句下有小注作「喻小人在伍」。

木槿篇

四庫本「爾雅曰。椵木槿櫬木槿」句（八八八—八〇二下）。明刊本句下有小注作「別二名也。似李樹。花朝生夕落可食也」。

木蘭篇

四庫本「離騷曰。朝搴阰之木蘭」句（八八八—八〇四下）。明刊本句下有小注作「搴。取也。阰。山名也」。

若木篇

四庫本山海經「名曰若木」句（八八八—八〇五下）。明刊本句下有小注作「生崑崙西附西極。其光華赤炤下也」。

幷閭篇

四庫本「山海經曰。脆之山其木多椶」句（八八八—八〇六下）。明刊本句下有小注作「椶樹高二丈許。無枝條。葉大而員。岐生枝頭。美實皮相重被一行一皮者爲一節。可爲索也」。

梔子篇

四庫本「漢書曰梔茜園」句（八八八—八〇八下）。明刊本句下有小注作「梔支子也」。

竹篇

四庫本山海經「傷人必死」句（八八八—八〇九上）。明刊本句下有小注作「始興小桂縣出桂竹也」。又「大可爲舟」句（同上）。明刊本句下亦有小注作「郭璞曰。竹一節間可爲船也」。

四庫本漢書「以竹皮爲冠」句（八八八—八一〇下）。明刊本句下有小注作「今鵲尾冠是也」。又「皆負薪而下淇園之竹」句（同上）。明刊本句下亦有小注

作「衛之苑多竹篠」。

四庫本尚書禹貢「篠簜既敷」句（八八八—八一一上）。明刊本句下有小注作「篠。竹箭。簜。大竹。水去已布生」。

四庫本「莊子曰。鵷雛非練實而不食」句（八八八—八一一上）。明刊本句下有小注作「練食。竹實。取其潔白也」。

卷九十

鳥篇

四庫本毛詩「鳥乃去矣。后稷呱矣」句（八八八—八一三下）。明刊本句下有小注作「后稷初生棄之於水上。鳥舒翼覆之」。

鳳篇

四庫本離騷「爲鳳皇作鶉籠。雖翕其不容」句（八八八—八一六下）。明刊本句下有小注作「言以鶉鴳之籠。不能容藏鳳之形體也」。

四庫本楊龍驤洛陽記「今日晴朗見於水中」句（八八八—八一七上）。明刊本句下有小注作「事具樓篇」。

鴻篇

四庫本周易「其羽可用爲儀吉」句（八八八—八一八下）。明刊本句下有小注作「鴻。水鳥也。適進之義始於下而升。故以鴻喻儀可責也」。

四庫本禮記「前有車騎則載飛鴻」句（八八八—八一

九上）。明刊本句下有小注作「取其飛有行列。舉於旗者以警衆也」。又「孟春之月鴻雁來」句（同上）。明刊本句下亦有小注作「雁自南方來。將北反其居」。又「季秋之月鴻雁來賓」句（同上）明刊本句下亦有小注作「賓言客止來去」。

四庫本左傳「皆服而朝。日旰不召」句（八八八—八一九上）。明刊本句下有小注作「敕戒二字欲共宴食皆服朝衣待命也」。又「二子怒如戚」句（同上）。明刊本句下亦有小注作「戚。孫子邑也」。

鶴篇

四庫本毛詩「鶴鳴于九皋。聲聞于天」句（八八八—八二一下）。明刊本句下有小注作「言身隱而名著也」。

四庫本離騷「緣鵠飾玉。后帝具饗」句（八八八—八二三下）。明刊本句下有小注作「后帝謂殷湯也。言伊尹始仕。緣烹鵠鳥之羹脩飾玉鼎以事殷湯。湯賢之。遂以爲相也。」

四庫本史記「楚王曰善」句（八八八—八二三下）。明刊本句下有小注作「說苑。魏文侯使舍人蔡無擇獻鶴於齊。其事同之也」。

雉篇

四庫本「爾雅曰。鸕諸雉。鶮雉。鷂雉。鳪雉。鷩雉」句（八八八—八二六下）。明刊本作「爾雅曰鸕諸雉。今雉也。鶮雉。長尾走且鳴。鷂雉。青質五采。鳪雉。黃色鳴自呼。鷩雉。似山鷄而小。」

四庫本「易曰離爲雉」句（八八八—八二六下）。明刊本作「易曰離爲雉。取其有文章」。

四庫本周官「重翟錫面」句（八八八—八二七上）。明刊本句下有小注作「重翟。翟雉之扇」。

四庫本「儀禮曰。士相見之禮贄用雉」句（八八八—八二七上）。明刊本另有小注作「取其耿介」。

四庫本左傳「賈大夫」句（八八八—八二七上）。明

刊本句下有小注作「賈國大夫」。又「五雉爲五工正」句（同上）。明刊本句下亦有小注作「五雉見爾雅」。

卷九十一

孔雀篇

四庫本「楚辭曰孔蓋兮翠旌」句（八八八—八三〇下）明刊本句下有小注作「孔雀之羽爲車蓋」。

青鳥篇

四庫本「山海經曰。三危之山有青鳥居之」句（八八八—八三四上）。明刊本句下有小注作「青鳥主爲西王母取食者引自棲息於此山也」。

鷄篇

四庫本說題辭「鷄爲積陽南方之象」句（八八八—八三九上）。明刊本句下有小注作「離爲日積陽之象也」。又「故陽出鷄鳴以類感也」句（同上）。明刊本句下亦有小注作「日將出。預喜於類見而鳴也」。

四庫本「易曰巽爲鷄」句（八八八—八三九上）。明刊本句下有小注作「鷄知時號令之謂」。

四庫本「周官曰工商執鷄」句（八八八—八三九上）。明刊本句下小注作「取其守時而動」。

四庫本毛詩「鷄棲于塒」句（八八八—八三九上）。明刊本句下有小注作「鑿墻而棲曰塒」。又「鷄棲于桀」句（同上）。明刊本句下亦有小注作「棲於弋爲桀」。

四庫本漢書「於是遣王褒持節求焉」句（八八八—八四〇上）。明刊本句下有小注作「金形似馬。碧形似鷄」。

鷹篇

四庫本爾雅「鷹隼醜其飛也翬」句（八八八—八四三下）。明刊本句下有小注作「鼓翅翬翬」。

四庫本左傳「少皞氏爽鳩氏司寇也」句（八八八—八四四上）。明刊本句下有小注作「杜謂鷹也」。

鴿篇

四庫本「詩義問曰。晨風今之鴿」句（八八八—八四五上）。明刊本句下有小注作「餘說並以□爲晨風」。

四庫本「周官考工曰鳥旟七斿」句（八八八—八四五上）。明刊本句下有小注作「鳥隼爲旟」。

卷九十二

烏篇

四庫本爾雅「又曰鸒。山烏」句（八八八—八四七下）。明刊本「鸒」字下有小注作「蜀」。

四庫本毛詩「誰知烏之雌雄」句（八八八—八四七下）。明刊本句下有小注作「時君臣賢愚適同如烏。又「于誰之屋」句（同上）。明刊本句下有小注作「集富人之屋也」。「歸飛提提」句（同上）。明刊本句下有小注作「雅烏一曰鴨居」。

四庫本左傳「烏烏之聲樂齊師其遁」句（八八八—八四七下）。明刊本句下有小注作「烏烏得空營故樂」。

鵲篇

四庫本「爾雅曰。鵲鵙其醜。其飛也翪」句（八八八—八四九下）。明刊本「翪」字作「竦」。並於句下有小注作「竦翅上下」。

四庫本莊子「莊周遊于雕陵之樊」句（八八八—八四九下）。明刊本句下有小注作「樊。蕃也。遊於栗園」。又「翼七尺。目大運寸」句（同上）。明刊本句

下有小注作「周迴一寸」。

四庫本左傳「自衛如晉。將宿於戚」句（八八八—八五三上）。明刊本句下有小注作「戚。孫文子邑」。又「夫子獲罪於君以在此」句（同上）。明刊本句下有小注作「文子時以戚叛」。又「猶燕之巢於幕上也」句（同上）。明刊本句下小注作「言至危」。

四庫本列仙傳「簡狄得而吞之生契」句（八八八—八

五三上）。明刊本句下有小注作「事具符命部」。

鴟篇

四庫本「禮記曰。前有塵埃則載鳴鳶」句（八八八—八五七上）。明刊本句下有小注作「鳶鳴則將風」。

鸕鷀篇

四庫本爾雅「又曰鸕鷀剖葦」句（八八八—八五九下）。明刊本句下有小注作「好剖葦皮食其蟲。因名云江東呼爲蘆虎。似青雀。班長尾鳩」。

四庫本「毛詩曰。肇允彼桃蟲」句（八八八—八五九下）。明刊本句下有小注作「今鸕鷀是也。見詩義疏」。

鵁鶄篇

四庫本說文「一曰鵁鸕」句（八八八—八六一下）。明刊本句下有小注作「似鳧。脚高。毛冠。江東人家養之。以厭火災」。

翡翠篇

四庫本離騷「翾飛兮翠曾」句（八八八—八六四下）。明刊本句下有小注作「曾舉」。

四庫本漢書「貂羽黃金附蟬」句（八八八—八六四下）。明刊本句下有小注作「翠羽飾冠」。

卷九十三

馬篇

四庫本說文「驅馬臥土中也」句（八八八—八六七上）。明刊本「驅」字下有小注作「張扇」。

四庫本山海經「廣圓三百里。其中多馬」句（八八八—八六七上）。明刊本句下有小注作「桃林。弘農湖城縣也」。

四庫本禮記「孟春之月天子乘蒼龍也」句（八八八—八六七上）。明刊本句下有小注作「龍者色青」。

四庫本淮南子「虜北者皆控弦而戰」句（八八八—八七一上）。明刊本句下有小注作「控張也」。又「塞上之人死者十九」句（同上）。明刊本句下亦有小注

作「十人戰九人死」。又「此子獨以跛故。子父相保」句（同上）。明刊本句下有小注作「幽通賦曰。北叟頗識其倚服」。

四庫本萬畢術「馬毛大尾。親友自絕」句（八八八—八七一上）。明刊本句下有小注作「取馬毛大尾置朋友衣中。若夫婦衣中。夫婦自相憎矣」。

四庫本魏志「濊國出果下馬。漢時恆獻之」句（八八八—八七三上）。明刊本句下有小注作「高三尺乘於

果樹下行」。

四庫本詩。漢天馬歌「容與迣萬里」句（八八八—八七四下）。明刊本句下有小注作「迣音逝。超踰也」。

卷九十四

牛篇

四庫本毛詩「爾牛來思。其耳濕濕」句（八八八—八七九上）。明刊本句下有小注作「齝而動其耳」。

羊篇

四庫本毛詩「又曰。無羊。宣王考牧也。誰謂爾無羊。三百維群。爾羊來思。其角戢戢。」句（八八八—八八四下）明刊本作「又曰無羊。宣王考牧也。厲王時牧人。廢宣王復之。誰謂爾無羊。三百維群。爾羊來思。其角戢戢。聚其角而息。戢戢然」。

四庫本周禮「賓客則羊人供法羊。羊泠毛則毳羶」句（八八八—八八四下）。明刊本作「賓客則羊人供法

羊。羊泠毛則毳羶。法羊。食餋積膳之羊也。泠泠。長結總也」又「祭祀割羊登其首」句（同上）。明刊本句下有小注作「登首。報陽也。升首於室」又「受布于司馬。使其買牲而供之」句（同上）。明刊本句下有小注作「布。泉也」

狗篇

四庫本左傳「華臣懼遂奔陳」句（八八八—八八八上）。明刊本句下有小注作「華臣心不自安。見逐狗而

驚去」。

四庫本穆天子傳「走百里執虎豹」句（八八八—八八八上）。明刊本句下有小注作「言筋力猛」。

四庫本楚辭「何少康逐犬而顛隕厥首」句（八八八—八八八下）。明刊本句下有小注作「言少康因獵故水逐獸。於是舍所宿也」。又「兄有噬犬弟何欲」句（同上）。明刊本句下亦有小注作「兄謂泰伯也。泰伯有犬弟鍼欲請」。

卷九十五

犀篇

四庫本「爾雅曰。犀似豕」句（八八八—八九七下）。明刊本句下有小注作「形似牛。豬頭大腹卑腳。腳有三節。黑色。三角。一在頂。一在鼻」。

兕篇

四庫本「爾雅曰兕似牛」句（八八八—八九八上）。明刊本句下有小注作「一角。肉重千斤」。

貔篇

四庫本「爾雅曰。貔白狐其子豰」句（八八八—八九九上）。明刊本句下有小注作「呼鹿反。名執夷」。

鹿篇

四庫本范曄後漢書「能食毒草」句（八八八—九〇一上）。明刊本句下有小注作「華陽國志云。北鹿出雲南雄倉山」。

麐篇

四庫本爾雅「爾雅曰麕牡麌牝麜其子麆其跡解絕有力豣」句（八八八—九〇二下）。明刊本「麜」字下有小注作「音栗」。「麆」字下亦有小注作「音助」。「豣」字下亦有小注作「音育」。

四庫本穆天子傳「白銀之麕」句（八八八—九〇二下）。明刊本句下有小注作「今地中得玉勝金。大即古路夷狄質」。

狐篇

四庫本漢書「陳勝吳廣次所旁叢祠中」句（八八八—九〇四下）。明刊本句下有小注作「次人所止處也。叢。鬼所馮」。

猩猩篇

四庫本「爾雅曰。猩猩小而好啼」句（八八八—九〇七上）。明刊本句下有小注作「今交阯封溪出。狀如貛㹠聲。似小兒啼」。

貂篇

四庫本「魏略曰。扶餘國出貂豽」句（八八八—九〇八上）。明刊本句下有小注作「奴骨反」。

鼠篇

四庫本「爾雅曰鼢鼠。鼸鼠鼷鼠。鼶鼠。鼬鼠。鼩鼠。鼭鼠。鼣鼠。鼫鼠。鼣鼠。鼨鼠。鼮鼠。鼯鼠夷嶋」句（八八八—九〇八上）明刊本作「爾雅曰。鼢鼠。墳地中行者。鼸鼠。鼷鼠。有毒螫。鼶鼠斯。鼬鼠。似貂。赤黃色。大尾。啖鼠。江東呼鼪鼠。鼩鼠劬。鼭鼠時。鼣鼠吠。鼫鼠。石頭似兔。尾有黃色。好在田中食穀豆。鼤問。鼠鼨終。鼠豹文。鼮鼠漢武時得此鼠。終軍知之。賜帛百疋。文綵如豹。鼯鼠夷嶋似蝙蝠。肉翅飛且乳。亦名飛生。音如人食火烟。」

四庫本方言「蝙蝠之關而東謂之服翼」句（八八八—九〇八下）。明刊本「蝙」字下有小注作「音邊」。「蝠」字下亦有小注作「福」。

四庫本史記「劾鼠掠治傳爰書」句（八八八—九〇九下）。明刊本句下有小注作「謂傳囚也。爰易也。以此書易驗者」。

四庫本東方朔神異記「有美尾可來鼠」句（八八八—九一〇上）。明刊本句下有小注作「此尾所在。鼠則入此聚」。

四庫本梁州記「廣徽所謂唐鼠者也」句（八八八—九一一上）。明刊本句下有小注作「博物志曰。唐房升仙。鷄狗並去。唯以鼠惡不將去。鼠悔。一月三出腸

也」。

卷九十六

蛇篇

四庫本爾雅「螣騰蛇」句（八八八—九一六下）。明刊本句下有小注作「能興雲霧」。又「蟒王蛇」句（同上）。明刊本句下亦有小注作「蛇之最大者」。

四庫本山海經「君子服之已心腹之疾」句（八八八—九一六下）。明刊本句下有小注作「今南方蚺蛇吞鹿。已爛。自絞於樹。腹中骨皆穿鱗甲間出」。

四庫本孫子兵法「至擊其中身則首尾俱至」句（八八八—九一六下）。明刊本句下有小注作「張茂先云。會稽多此蛇」。

鼈篇

四庫本淮南子萬畢術「燒黿致鼈」句（八八八—九二一下）。明刊本句下有小注作「取黿夜燒之則鼈至也」。

卷九十七

螺篇

四庫本「易曰離爲蠃」句（八八八—九二五上）。明刊本句下有小注作「剛在外也」。

蟬篇

四庫本「爾雅曰。蜩。蜋蜩。螗蜩。蠽茅蜩。蝒馬蜩。蜺寒蜩」句（八八八—九二七下）明刊本作「爾雅曰。蜩。蜋蜩五采具者。螗蜩俗呼爲胡蟬。蠽茅蜩似蟬而小青。蝒馬蜩蟬中最大者。蜺寒蜩寒螿也。小青赤。」

四庫本方言「宋衛之間謂之螗蜩」句（八八八—九二七下）。明刊本句下有小注作「今胡蟬也。鳴聲清亮江南呼螗蜋也」。

四庫本「毛詩曰螓首蛾眉」句（八八八—九二八上）。明刊本句下有小注作「螓。青蟬也」。

四庫本莊子「累二丸而不墜。則失者錙銖」句（八八

八—九二八上）。明刊本句下有小注作「累二丸於竿頭。是用平停審也。故其承蜩所不過錙銖之間」。

蛾篇

四庫本淮南子「食桑有絲曰蛾」句（八八八—九三六下）。明刊本句下有小注作「吞屬」。

蜂篇

四庫本「爾雅曰。蜂。醜螫。土蜂。木蜂」句（八八八—九三七上）。明刊本「螫」字下有小注作「其腴也」。「土蜂」下亦有小注作「在地中作房者」。「木蜂」下也有小注作「在樹上作房」。

蟻篇

四庫本「爾雅曰。蠪。虰螘。螱。飛蟻。其子蚳」句（八八八—九三八下）。明刊本「螘」字下有小注作「赤駮蚍蜉」。「蟻」字下亦有小注作「有翅者」。「蚳」字下亦有小注作「蟻卵」。

四庫本山海經「朱蟻其狀如蟻」句（八八八—九三八下）。明刊本句下有小注作「蟻。蚍蜉也」。

四庫本管子「無水隰朋曰蟻」句（八八八—九三九上）。明刊本句下有小注作「冬居山之陽。夏居山之陰」。

蜘蛛篇

四庫本「爾雅曰。蜘蛛蛛蝥。又曰。蠨蛸長踦。又曰土蜘蛛。草蜘蛛」句（八八八—九四〇上）。明刊本作「爾雅曰。蜘蛛蛛蝥。北燕謂之蝳蝥。齊人呼杜公。江東呼蝃蝥。又曰。蠨蛸長踦。又曰土蜘蛛。在土中布網者。草蜘蛛絡冪草上。」

四庫本「毛詩曰。蠨蛸在戶」句（八八八—九四〇上）。明刊本句下有小注作「長踦」。

螳蜋篇

四庫本爾雅「莫貈螳蜋蛑」句（八八八—九四一上）。明刊本句下有小注作「有斧虫也」。

四庫本莊子「莊周游雕陵之樊」句（八八八—九四一

上）。明刊本句下有小注作「樊。蕃也」。又「目大運寸」句（同上）。明刊本句下有小注作「周回一寸」。又「集於栗林」句（同上）。明刊本句下亦有小注作「咸。觸也」。又「翼殷不遊。目大不覩。褰裳攫步」句（同上）。明刊本作「翼殷不遊。殷曲大也。目大不覩。不見人者。褰裳攫步。疾行也」。

卷九十八

祥瑞篇

四庫本春秋演孔圖「書記散。孔不絕」句（八八八—九四三下）。明刊本句下有小注作「此魯端門血書。十三年冬。有星孛東方。說題曰。鱗得之月天當有血書端門。子夏至期往視。逢一郎。言門有血書往寫之」。

木芝篇

四庫本離騷「采三秀兮於山澗」句（八八八—九四九下）。明刊本句下有小注作「三秀。芝也」。

雀篇

四庫本尚書中侯「止於昌前」句（八八八—九五九下）。明刊本句下有小注作「事具帝王部」。

四庫本禮稽命徵「則黃雀見」句（八八八—九五九下）。明刊本句下有小注作「黃雀土精」。

四庫本遁甲「白雀不降則無後嗣」句（八八八—九六〇上）。明刊本句下有小注作「赤雀主銜書。陽精也。白雀主銜錢豢。陰精也。不來則國王無後嗣也」。

雉篇

四庫本孝經援神契「德至鳥獸。故雉白首」句（八八八—九六一下）。明刊本句下有小注作「妃房不偏故白雉應」。

四庫本尚書「惟先格王正厥事」句（八八八—九六一下）。明刊本句下有小注作「言至道之王遭變異。正其事而異自消也」。又「惟天監下民典厥義」句（同上）。明刊本句下亦有小注作「祖己既言。遂以道訓

綀王也。言天下視民以義爲常也」。

馬篇

四庫本尙書中侯「帝王錄紀之數」句（八八八—九六二上）。明刊本句下有小注作「事具帝王部」。

狐篇

四庫本尙書大傳「紂大悅」句（八八八—九六三上）。明刊本句下有小注作「翰長毛也。六韜得青狐。班固幽通賦注曰。散宜生至吳得九狐以獻紂也」。

騶虞篇

四庫本「毛詩曰。吁嗟乎騶虞」句（八八八—九六三下）。明刊本句下有小注作「義獸也。白虎黑文。不食生物。有至信之德。則應之而來」。

魚篇

四庫本史記「白魚躍入舟中」句（八八八—九六六下）。明刊本句下有小注作「魚者鱗介之物。兵象。白者殷家之政。言以殷之兵象與周之象也」。

鼎篇

四庫本史記「漢武帝時汾陰巫錦」句（八八八—九六七上）。明刊本句下有小注作「錦。巫名」。

小名錄二卷

唐陸龜蒙撰

以清康熙五十三年刊稗海之一校補

卷上

四庫本後涼呂纂「初纂與沙門羅什棋。殺什曰。必殺爾乃止。答曰。爾難殺我。我則必殺爾也。于是纂竟被殺。其言驗矣」句（八九二—六三九上）。清刊本作「初纂與沙門羅什棋。殺什曰。斫胡奴頭。什曰。不斫胡奴頭。胡奴斫人頭。胡奴超小字。竟殺纂。驗矣。」

事類賦三〇卷

宋吳　淑撰並注

以明覆嘉靖十一年錫山華氏崇正書院刊本校補

卷二十二

獸部　牛條

四庫本「望氣知北雲之驗」（八九二—九九六下）。「雲」明刊本作「夷」。又其下註文「又北方之氣如牛」（同上）。「方」明刊本作「夷」。

太平御覽一千卷

宋李　昉等奉敕撰

以宋慶元刊本校補

卷一

四庫本「又維天之命。於穆不已」句（八九三—一七四下）。宋刊本作「又曰。悠悠蒼天。此何人哉。」又其後易乾鑿度條下（八九三—一七五下）。宋刊本尚有「又曰。輕清者上爲天。重濁者下爲地」一條。

卷二

四庫本刻漏項下（八九三—一八六下）。宋刊本尚有「說文曰。漏以銅盛水。刻節。晝夜百刻」一條。

卷三

四庫本「又日居月諸。照臨下土」二條上下文互併（八九三—一八九上）。宋刊本作「又曰。日居月諸。胡迭而微。又曰。日出東方。照臨下土。」

卷四

四庫本呂氏春秋條下（八九三—二〇一上）。宋刊本尚有「又曰。月群陰之宗。月毀則魚腦減。符子曰。盛魄重輪。六合俱照。非日月能乎」二條。

四庫本崔豹古今注條下（八九三—二〇二下）。宋刊本尚有「漢書曰月立夏。夏至行南方赤道曰南陸。立秋秋分行西方白道曰西陸。立冬冬至行北方黑道曰北陸。分則同道。至則相過。晦而見西方謂之朓。朔而見東方謂之朒。亦謂之側匿。朓音他了反。朒音女六反。朓健行疾貌也。朒。縮遲貌。側匿猶縮懦。亦遲

貌」。

卷八

四庫本古詩條下（八九三—二三二下）。宋刊本尚有「集林曰。昔有一人。尋河源見婦人浣紗。以問之曰。此天河也。乃與一石而歸。問嚴君平云。此織女支機石也」一條。

卷十

四庫本說苑管仲曰條下（八九三—二五一上）。宋刊本尙有「又曰。楚莊王伐陳。吳救之。雨十日十夜。晴。左史倚相曰。吳師必夜至。甲裂壘壞。彼必薄我。何不行列鼓出待之。吳師至。見楚軍成陣而還。」

卷十二

四庫本「又上天同雲。雨雪雰雰」條下（八九三—二五八上）。宋刊本下有「又曰。文王以天子之命。命將師歌采薇以遣之」。又其後「又蜉蝣掘閱。麻衣如

雪」條。宋刊本下有「鄭玄注曰。喩曹昭公君臣朝夕變易衣服。麻衣深衣也」。

露章

漢書曰條下（八九三—二六三下）。宋刊本尙有「又曰。平齊永平十七年。自春迄夏。多甘露降。謁元陵。太常丞上言陵樹葉上有甘露。令百官採之」。「又曰。宣帝詔曰。迺者鳳凰集太山。陳留。甘露降未央宮。宜赦天下」。「范曄後漢書曰。明帝永平十七年。甘露降于原陵」三條。

卷十三

四庫本「詩曰燁燁震」條下（八九三—二七三下）。宋刊本尙有「禮記月令曰春分之日玄鳥至。後五日雷乃發聲。後五日始電」。

卷十七

四庫本「以閏月定四時成歲」（八九三—三〇五下）宋刊本作「乃命羲和。敬授民時」。

卷十八

春上

四庫本「三月中氣日在胃」條（八九三—三一二下）。宋刊本其後尙有「禮曰。仲春之月。天子乃獻羔開水。先薦寢廟」一條。

卷二十

四庫本後漢書禮樂志條（八九三—三三三上）。宋刊本其後尙有以下數條

又曰。立春之日下寬大書曰。制詔三公方春東作敬始愼微動作順之罪。非殊死且勿案驗。

漢書曰。元始中故事兆。五帝郊於洛陽。四方壇皆三尺無等。立春于東郊祭東帝勾芒。月令章句曰。東郊去邑八里木數也。車旗服飾皆青歌青陽。八佾舞雲翹之舞。返因賜文官。太傅司徒以下縑各有差。漢官名秋日賜司徒司空帛三十匹。九卿十五匹。古今注曰建武八年立春。勅賜公十匹。卿七匹也。又曰。立春之

日皆青幡幘迎春于東郭外。令一童男冒青衣。先在東郭外野中迎春至。自野中則迎者拜之而還。弗祭三時不迎。

又郎顗上疏曰。今立春之後。火卦用事。當溫而寒。違反時節。由功賞不至。而刑罰必加也。宜須立秋順氣行罰。臣伏案飛候。恭察衆政。京房作易飛候。以爲立夏之後當有震裂湧水之害。又曰。自司徒居位。陰陽多謬。時劉嶠爲司徒。至陽嘉二年榮免。久無策虛已進賢之榮。天下興議。異人同咨。咨嗟歎也。且立春已來。金氣再見。謂元年十二月己丑夜白氣入王井。二年月己丑。白虹貫日。此金氣再見也。金能勝木必有兵氣。宜黜司徒以應天意。

又郎顗對問曰。方春東作報德之始。元氣開發。養導萬物。王者因天視聽。奉順時氣。務崇溫柔。遵行月令。禮記月令。孟春。天子命相布德和。令行慶施惠。下及兆人。仲春。安萌芽。養幼少。存諸孤。省囹

圄。去桎梏。止獄訟。而今立春之後。考事不息。秋冬之政行乎春。故虹春見掩蔽日曜。凡邪氣乘陽則虹蜺在日。斯皆執事刻急所致。殆非朝廷優寬之本。此其變常之咎也。

國語曰。農祥晨正。唐固注曰。農祥。房星也。晨正謂晨見南方。謂立春之日。

齊人月令曰。凡立春日食生菜不可過多。取迎新之意而已。及進漿粥。以導和氣。

四時纂要曰。立春貯水謂之水神。釀酒不壞。
修眞入道秘言曰。以立春日清朝北望有紫緣白雲者爲三元君三素飛雲也。乘八輿之輪上詣天帝。是太素三元君女真也。天帝是天帝玉清君。天子侯見再拜自陳某飛乞得侍給輪轂。以意云云若雖不見與服之形亦宜拜乞之。他放此。三週見元君之輦者。白日昇天。按舉場常試立春日望三素雲詩取此事。
眞誥曰。立春日勿行威刑。八節同此。

論衡曰。立春爲土象人。男女各二。秉來鉏。典鋤同。或立土牛。象人土牛未必耕也。順氣應時。示率下也。
四庫本春分章下有脫文（八九三—三二四上）。宋刊本其文如下。
禮曰。春分之日玄鳥至。後五日雷乃發聲。後五日始電。傳曰。玄鳥氏司分者也。春分來秋分去。
易通卦驗曰。震東方也。主春。春分日青氣出直震。此正氣也。氣出右物半死。氣出左蛟龍出。震氣不出則歲中少雷。萬物不實。人民疾熱。
孝經說曰。春分之日日在中衡。
又曰。斗指卯爲春分。
卷二十一
四庫本又夏爲昊天條（八九三—三三四下）。宋刊本其下尚有「又夏爲長贏」一條。又其後「正月繁霜我心憂傷」條下缺小注及詩兩句。宋刊本作「正月夏

之四月。建巳之月。純陽用事。而霜多急怕寒。若之異傷害萬物。故必爲之憂傷。民之訛言。亦孔之將。」
又其後「冬之夜。夏之曰」（八九三—三三五上）。
宋刊本尚有「百歲之後。歸于其室」。
四庫本謝承後漢書條下（八九三—三三八下）。宋刊本尚有「又曰。宋均爲九江太守。五月一視事。夏以平旦」。

卷二十三

四庫本魏文帝詩條下（八九三—三三九下）。宋刊本尙有「賈誼鵩鳥賦曰。單閼音遏之歲兮。四月孟夏。庚子日斜兮。鵩集予舍」一條。

四庫本登眞隱訣條下（八九三—三四〇下）。宋刊本尙有「抱朴子曰。或問不熱之道。荅曰。立夏之日。或服玄冰丸。或服飛霜散。及六壬六癸之符則不熱。幼伯子王仲都此二人衣之以重裘。曝之於夏日之中。

周以十爐之火。口不稱熱。身不流汗。蓋用此方者也。」一條。

四庫本「又離南方也」條後有脫文（八九三—三四一下）。宋刊本作「又曰夏至之日。清明風至」。

又其後續漢書禮儀志條下（八九三—三四二上）。宋刊本尙有「又曰。夏至陰氣萌作。恐物不成。以朱索連以桃印文以施門戶。代世所以尙爲飾也。故漢以五月五日朱索五色印爲門戶飾。以止惡氣。」一條。

卷二十四

四庫本「又玉秋三月青女乃出。出降霜雪」條下（八九三—三五〇上）。宋刊本尙有「又曰一葉落而知天下秋」。

卷二十六

四庫本釋名條後（八九三—三五八下）。宋刊本尙有「又曰冬終也。物終成也」一條。

卷二十七

四庫本山海經條後有脫文（八九三—三七〇上）。宋刊本作「地鏡經曰。十二月中草木獨有枝葉垂者下有美玉」。

卷二十八

四庫本三禮義宗條後有脫文（八九三—三七三下）。宋刊本作「後漢書續禮儀志曰。立冬之日。夜漏未盡五刻。京都百官皆衣皂迎氣於北郊」。

四庫本冬至之日立八神樹條後有脫文（八九三—三七

四下）。宋刊本其文如下。

京房易妖占曰。冬至繕宮殿封倉庫。

易說曰。坎北方也。主冬至。

尙書考靈曜曰。冬至日則五星俱起。牽牛日月若懸璧。五星若編珠。

孝經說曰。斗指子爲冬至。至有三義。一者陰極之至。二者陽氣始至。三者日行南至。故謂爲至。

孝經援神契曰。冬至陽氣動。

又曰。冬至日在外衡。

三禮義宗曰。十一月大雪爲節者刑於小雪爲大雪。時雪轉甚。故以大雪名節。冬至中者亦有三義。一者陰極之至。二者陽氣始至。三者日行南至。故謂之冬至也。

又曰。冬至日祭天於圓丘。玉用其蒼璧。牲同玉色。樂用夾鍾。爲官樂。作六變。

五經通義曰。冬至寢兵鼓。商旅不行。君不聽政事。

曰冬至陽氣萌。陰陽交精始成萬物。氣微在下不可動泄。王者承天理故率天下靜而不擾也。

史記曰。冬至短極。縣土灰。孟康曰。先冬至三日懸土灰於衡兩端。輕重適均。冬至日陽氣至則灰重。夏至日陰氣至則土重。晉灼曰。蔡邕律曆記候。鍾律權上土灰。冬至陽氣應黃鍾通。土灰輕而衡仰。夏至陰氣應蕤賓通。土灰重而衡俯。進退先後五日之中。灰動麋解角蘭根出泉水。踴晷以知日至要訣晷景。

又曰。凡候歲美惡候謂歲始。或冬至日產氣始萌臘明日人衆卒歲壹會飲食發陽氣。故曰初歲。

又曰。黃帝得寶鼎。宛朐問於臾區對曰。帝得寶鼎神筴是歲己酉朔旦冬至。得天子紀終而復始。於是黃帝迎日推筴。後率世歲復朔旦冬至。

四庫本冬至井水盛條後有脫文（八九三—三七五下）。宋刊本作「又曰。天文曰。冬至日數來歲正月朔日滿五十者。民食足。不滿五十者。減一升餘日日益一

升。其爲歲伺也。伺。候也。」
又四庫本通曆數家算法條後有脫文（八九三—三七七下）。宋刊本作「魏武帝明罰令曰。聞太原。上黨。西河。雁門。冬至後百有五日。皆絕火寒食。云爲介子推」。

卷二十九

梁書昭明太子傳條。四庫本「是加金博山」句（八八九三—三八〇上）。宋刊本下尙有「冠以太子。美姿容。善舉止故也」。

又四庫本「元日至於月晦。並爲醵酺飲食。出錢爲醵。出食爲酺。士女泛舟或臨水宴樂」句（八九三—三八三下）。宋刊本作「元日至于月晦。民並酺食之。名又似之矣。出錢爲醵。出食爲酺。竟分明擲樗。名爲博射。藝經爲擲博」。

卷三十

三月三日章

四庫本「晉王羲之三月三日作蘭亭。記修禊事也」（八九三—三九五上）。宋刊本作「晉羲之三月三日蘭亭序曰。永和九年。歲在癸丑。暮春之初。會于會稽山陰之蘭亭。修禊事也。群賢畢至。少長咸集。此地有崇山峻嶺。茂林脩竹。又有清流激湍。映帶左右。引以爲流觴曲水。列坐其次。雖無絲竹管絃之盛。一觴一吟。亦足以暢叙幽情。是日也。天朗氣清。惠風和暢。仰觀宇宙之大。俯察品類之盛。所以遊目騁懷。足以極視聽之娛。信可樂也。」

卷三十一

四庫本魏典略條下（八九三—四〇二上）。宋刊本尙有「王翽鄴中記曰。石季龍於水井台藏冰。三伏之月以冰賜大臣。」一條。
四庫本竹林七賢論條下（八九三—四〇五下）。宋刊本尙有「酉陽雜俎曰。魏僕射收臨代。七月登舜山。徘徊顧眺。謂主薄崔撫曰。吾所經多矣。於山川沃壤

。襟帶形勝。天下名州不能過此。唯未審東陽何如。
撫對曰。青得古名。齊得舊號。二處山川形勢相似。
曾聽所謂。不能踰越。公遂命筆爲詩。」一條。
又宋謝惠運詠牛女詩條下（八九三—四〇六上）。宋
刊本尚有「宋顏延之織女贈牽牛詩曰。婺女麗經星。
姮娥棲飛月。慚無一媛靈。託身侍天闕。閶殊闔未央
。銀河豈沐髮。漢陰不夕悵。長河爲誰越。有促讌歸
期。萬頃涼風發。非怨杼柚勞但念芳菲歇。」一條。

又梁庾吾七夕詩條下（八九三—四〇六下）。宋刊本
尚有「隋庾信七夕賦曰。兎月先上。羊燈次安。睹牛
星之曜景。視織女之闌干。於是秦娥麗妾。趙艷佳人
。窈窕名燕。逶迤姓秦。娥麗裝而半故。憐晚飾之全
新。此時併捨房櫳。共往庭中縷條緊而貫中。針鼻細
而穿空」一條。

卷三十三

四庫本史記條下有脫文（八九三—四一三上）。宋刊
本作「又曰。張良見老父出一編書曰。讀是書爲王者
師。後十三年濟北城山下黃石即我也。良後得黃石。
取寶而祠之。及死。葬黃石。每上塚。伏臘祠黃石焉
」。

卷三十五

四庫本梅陶素條「年豐也」句（八九三—四二八上）
。宋刊本下尚有「茗以古人用之。則累年之儲也」句
。

四庫本魏志條「蓋由此也」句（八九三—四三二下）
。宋刊本下尚有「太祖及怒玠」句。

卷三十六

四庫本易條「順乎承天而時行」句（八九三—四三四
下）。宋刊本其下尚有「又云。陰雖有美含之以從王
事。弗敢成也。地道也。妻道也。臣道也。地道無成
而代有終也」一條。
又春秋說題辭「含功以牧生」句下（八九三—四三六

下）。宋刊本尚有「故其立字土力於一者爲地。力勤也。即天也」。

卷三十九

四庫本丘淵之齊記條「以供祀泰山」句（八九三—四六五上）。宋刊本下有「故日奉高三十里。有延陵兒塚」。

卷四十二

四庫本蘭岩山搜神記（八九三—四八八上）。宋刊本作神境記。其後神仙傳「歲常哀鳴」句。宋刊本下尚有「至今饗動岩谷莫年歲」句。

卷四十七

四庫本少錄一則（八九三—五三六上）。宋刊本作「群國志云。漢武好祀天下岳漢。此山預祭。故曰漢祀山」。

卷四十九

四庫本佷山「冬夏常青」句（八九三—五四九下）。

宋刊本下尚有「復有蒼范溪相近」句。

四庫本陽岐山條下有闕（八九三—五五一下）。此即目錄注原闕之高都山。宋刊本作「高都山　江源記云。楚辭所謂巫山之陽。高丘之阻。高丘蓋高都山也。」

又其後萬歲山條（八九三—五五三上）宋刊本作「盛弘之荆州記曰。桂陽萬歲山出靈壽草。仙方服之不死。又有話石山。石有聲如人共話。」又四庫本誤將黃箱山文字冠以萬歲山條。

又其後浮石山條「浮在水上」句（八九三—五五六上）。宋刊本下尚有「昔李遜征朱崖。欲審其實否。牽長索於山底洞過」。

卷五十

四庫本隴山說文條後（八九三—五五七上）。宋刊本尚有「又云震關遙望秦川如帶大」一條。又其後朱圉山「在縣城南」句（八九三—五五七下）。宋刊本下

尙有「梧中聚土地」句。

四庫本三危山尙書禹貢「又云導黑水至于三危。入于南海」句（八九三－五六〇上）。宋刊本作「又云導黑水至于南海。水即自北而南。經三危過梁州入南。」

卷五十二

四庫本西京雜記「漢武昆明池養魚」條後少錄一則（八九三－五七〇下）。宋刊本作「顧愷之啓蒙記曰。

零陵郡有石燕。得風雨則飛如眞燕」。

又桂州興安縣條之後四庫本有脫文（八九三－五七三下）。宋刊本作「又曰。貴州有洞池周十數丈。下有石牛時出池間。歲旱民殺牛析兩。以血和泥塗牛即雨。盡即晴。以爲恒。」

卷五十三

四庫本「子之蕩兮。宛丘之上兮」條之後（八九三－五七六下）。宋刊本尙有「又曰崇丘萬物得極其高大也」一條。

又酈道元注水經條下（八九三－五七九上）。宋刊本尙有「又曰。隋縣有斷蛇丘。隋侯出見大蛇中斷。因舉而藥之。故謂之斷蛇丘。」一條。

卷五十五

四庫本周禮遂人掌邦之野條之後（八九三－五九六下）。宋刊本尙有「又曰。野廬氏掌達國道路至于四畿。比國郊野之道路宿息井樹」一條

又周禮條後有脫文（八九三－五九八下）。宋刊本其文如下。

又曰。正歲帥其屬而慮禁令于國及郊野。去國百里爲郊。郊外曰野。又小宗伯之職。掌建國之神位。若大甸則帥有司而饁。獸于郊。有司。大司馬之屬。饁。饋也。以禽饋四方之神於郊。

漢書曰。王莽天鳳四年八月。莽親之南郊。鑄作威斗。其日大寒。百官人馬有凍死者。

老子曰。天下無道。戎馬生於郊。

卷五十七

四庫本「相傳云建安十三年。曹」句下云闕（八九三—六〇七下）。宋刊本作「操躡劉備於當陽長坂。師頓此林。因謂之曹公林」。又其後闕兩字。宋刊本其文作「廣平有石紐林。要生處也」。

卷五十八

四庫本魏略條闕兩字（八九三—六一三上）。宋刊本

其文作「故去洛水而加佳。魏爲土……故除佳加水」。

又四庫本「又曰流水之爲物也。不盈科不行」條（八九三—六一七上）。宋刊本作「又曰仲尼亟稱於水曰。水哉水哉。何取於水也」。

卷六十三

四庫本丹水尚書逸篇條後（八九三—六四六下）。宋刊本尚有「六韜曰堯伐有扈。戰於丹水之浦」一條。

卷六十九

四庫本水經注「又何懼哉」句（八九三—六九二下）。宋刊本作「羽夜聞其處分曰興霸聲也。遂不渡」。

卷七十五

四庫本阮勝之記「以村之名」句（八九三—七二五上）。宋刊本下尚有「故史記云邗溝即吳王夫差所開漕運。以通上國」。

卷八十一

四庫本洛書靈准聽「得益地之圖來獻」句（八九三—

七六八下）。宋刊本下尚有「舜受終鳳皇儀黃龍感朱草生蓂莢孳」句。

又其後「其所以異於深山之野人幾希」（八九三—七七〇上）。宋刊本句下尚有「舜耕歷山之時。居山之間。鹿豕近人。若與人遊。希遠也。當此之時。舜與野人相去豈遠哉。及其聞一善言。見一善行。若決江河沛然莫之能禦也」。

又四庫本舜作寶築牆條之後（八九三—七七二上）。

宋刊本尚有「又曰舜不降席而天下治」一條。

卷八十三

四庫本春秋演孔圖條下（八九三—七八八上）。宋刊本尚有「逸書曰成湯自契至湯八遷。湯始居亳」一條。

四庫本淮南子條前注闕一字（八九三—七九六上）。宋刊本作「孟」。又淮南子條後。宋刊本尚有「夏侯孝若新論曰紂亂大熟爛矣。武王乃往伐之」。

卷八十六

四庫本昭襄王史記條下（八九三—八一六上）。宋刊本尚有「古史考曰王赧卒後。天下無主四十九年。以歲所在紀之」一條。

四庫本楚義帝史記條前（八九三—八二三下）。宋刊本尚有「尚書中侯曰。空受之帝立」一條。

卷八十七

四庫本孝惠皇帝荀悅漢紀條「作民則也」句（八九三—六三一上）。宋刊本下尚有「群臣莫諫過也」。

卷八十八

孝武皇帝。四庫本漢書武帝紀「舳艫千里」句（八九三—八三七上）。宋刊本下有「太初元年。應劭曰。用夏正以正月爲歲首。故改年爲太初。行幸太山。十一月甲子朔旦冬至祀上帝于明堂」。

卷九十二

四庫本薛瑩漢記贊「豈不痛哉」句（八九四—一八上）。宋刊本下有「左傳曰國於天地有與立焉。不數世淫不能弊也。信矣」。

卷一百二十一

四庫本崔鴻十六國春秋前燕錄條下（八九四—二五一下）。宋刊本尚有「晉書曰廆在位四十九年」一條。

卷一百二十二

四庫本前秦錄「可不勉之」句（八九四—二五九下）。宋刊本下尚有「性至孝。有器度。博才多藝。年十一便有經略大志」一句。又其後「以猛馬吏部尚書遷

太子詹事左僕射。猛辭堅曰。卿允屬明哲。朝野所望」句有脫文（八九四—二六〇上）。宋刊本作「以猛爲吏部尚書遷太子詹事。十一月以猛爲司隸侍中。領選如故。猛上疏曰。伏見陽平公融明德懿親。光祿西河任群忠貞淑愼。處士朱彤博識。聰辯並宜。左右彌綸。暉贊九棘。愚臣庸鄙。請避賢路。堅曰機務俟才。允屬明哲。朝野所望」。

卷一百二十五

四庫本後涼錄「至琨華堂東閣」句（八九四—二八七上）。宋刊本下有「車不得過。纂親將竇川駱騰倚劍于壁。推車過閣」一句。

後燕慕容垂章。四庫本「以開封公慕容詳守中山。五月中山饑」句有脫文（八九四—二八九下）。宋刊本作「以開封公慕容詳守中山。五月詳遂僭稱尊號。九月趙玉麟率衆入中山。殺詳。麟復僭尊號。中山饑」。

卷一百二十八

劉子業章。四庫本「永光元年春。改元大赦」句下有脫文（八九四—三一〇下）。宋刊本作「八月。帝自率宿衛兵誅太宰江夏。王義恭尚書令驃騎大將軍柳元景。尚書左僕射顏師伯。廷尉劉德願。改元爲景和元年。以宮人謝氏爲貴嬪夫人。加虎賁鞁戟鸞輅龍旗。出警入蹕。」

劉準章。四庫本末句作「時年十三」（八九四—三一三下）。宋刊本下尚有「史臣曰。聖王膺籙自非接亂

承微則天曆不至也。自三五以來。受命之主莫不乘淪亡之極。然後符樂推之。運水德遷謝。其來久矣。豈止於區區汝陰揖讓而已哉」。

卷一百二十九

蕭昭業章。四庫本「甚重愛之。時文惠太子禁其起居。節其用度」句有脫文（八九四—三一七上）。宋刊本作「重愛甚。文惠太子崩。昭業每臨哭輒號咷不自勝。俄爾還內歡笑極樂。在世祖喪。泣竟入後宮。常

列故伎二部入閣迎奏。爲南郡王。時文惠太子禁其起居。節其用度」。

蕭寶業章。四庫本「又信鬼神。迎神像」句中有脫文（八九四—三一九下）。宋刊本作「又信鬼神。崔惠景事時蔣子文神爲假。黃鉞使持節相國太宰大將軍揚州牧鍾山王以至尊爲皇帝。迎神像」。

蕭寶融章。四庫本末句「葬恭安陵」（八九四—三二一上）。宋刊本其下尚有評語如下「史臣曰。夏以桀

亡。殷因紂滅。郊天改朔。理無延世。而皇符所集。重興西楚。神器蹔來。雖有寔數。徽名大號。斯爲幸矣。」

卷一百三十

高歡傳。四庫本「神武圍玉壁」句（八九四—三二六下）。宋刊本下尚有「以挑西師不敢應」。又後文「至是。世子爲神武書召景」句（八九四—三二七上）。宋刊本句下尚有「景先與神武約得書。書微點乃來。書至無點」。

高洋傳。四庫本「獲畜十數萬頭」句（八九四—三二九下）。宋刊本作「獲十餘萬口。雜畜數十萬頭。嘗於東山遊宴。以關隴未平。投盃震怒。將佚西伐。西人爲之震怒」。

卷一百三十四

四庫本陳頊傳「南北兗晉三州及雍梁等九州」句（八九四—三五八上）。宋刊本雍字作「盱眙。山陽。平

馬頭。秦歷陽。沛北譙南」。

卷一百四十一

高祖竇皇后傳。四庫本末句「初葬壽安陵」（八九四—四一九下）。宋刊本下尚有「獻陵。上元元年八月改上尊號曰太穆順聖皇后」。

卷一百四十五

四庫本女史章「晉記」條下（八九四—四五八上）。宋刊本尚有「沈約宋書曰。女史執策記言。是司過身

戒夕蠱國畏晨」。

卷一百四十七

四庫本紀年與史記兩條之間有脫文（八九四—四七一上）。宋刊本作

又曰。君在立太子者。所以防篡殺。齊臣子之亂。君在者春秋之義。殺太子與殺君同罪。春秋曰。殺其君之子奚齊。言君者。明與君同也。君薨。夫人無子。有遺腹待其產而立之。何尊適重正也。曾子問云。立適以長不以賢。賢不肖未可知也。尙書曰。知人則哲。唯帝難之。立子以貴不以長者。塞愛憎也。故春秋公羊傳曰。立適以長不以賢。立子以貴不以長。

列女傳曰。魯漆室女倚柱而嘯。鄰婦謂之曰。何嘯之悲也。子欲嫁乎。吾爲子求偶。女曰。吾豈嫁哉。吾憂魯君老而太子少也。鄰婦曰。此乃魯大夫之憂也。且魯國雖有事。婦人何與。女曰。子知其一不知其二也。昔者晉客舍吾家。繫焉。馬佚。馳踐吾園葵。使

我終歲不厭菜。鄰人女奔亡。借吾兄追之。溺流而死。令吾終身無兄。今魯君老。老必將悖。太子少。少必愚。愚悖之間。奸僞互起。夫魯國有事。禍及衆庶。婦人獨安所避之。鄰婦謝曰。子之慮非吾所及也。居三年。魯果內亂。齊楚攻之。男子戰鬥。婦人輸不得休息。

史記曰。周厲王奔彘。太子靜匿召公之家。國人聞之乃圍之。召公以其子代王太子。太子竟得脫。召二相行政。號曰共和。共和十四年厲王死于彘。太子靜長於召公家。二相乃立共和。是爲宣王。又曰。幽王嬖愛褒姒。生子伯服。幽王廢后及太子。而以褒姒爲后伯服爲太子。太史伯陽曰。禍成矣。毋可奈何。申侯怒。乃與犬戎共攻殺幽王麗山下。虜褒姒。於是諸侯共立故幽王太子宜咎。是爲平生。

紀年曰。幽王八年立褒姒之子曰伯服爲太子。

卷一百四十九

四庫本唐書條「洄希惠妃之旨。日譖於惠妃。惠妃泣訴於玄宗。玄宗惑其言。意將廢黜。中書令張九齡奏曰。太子不離深宮」句（八九四—四八四上）。宋刊本作「洄希惠妃之旨規利於己日求其短。譖於惠妃。惠妃泣訴於玄宗。以太子結黨將害於妾母子。亦指斥於至尊。玄宗惑其言。震怒。謀於宰相。意將廢黜。中書令張九齡奏曰。陛下纂嗣鴻業將三十年。太子已下常不離深宮。」

卷一百五十五

敍京都上。四庫本「漢元年更名新城」句（八九四—五三一上）。宋刊本下尚有「屬扶風。後幷於長安。故太史公傳曰長安故咸陽也」。

卷一百五十六

敍京都下。四庫本史記條「婁敬。齊人」句（八九四—五三二下）。宋刊本下尚有「漢五年戍隴西。過雒陽。脫輓輅。木橫展車前。人推之。衣其羊裘」。

又四庫本帝王世紀條「其繩則直是也。周道之隆。蓋自此始」句（八九四—五三七上）。宋刊本作「其繩則直。作廟翼翼。築之登登。削屢馮馮者也。周道之端。蓋自此始。」

卷一百五十八

西京河南府章。四庫本左傳條「周襄王十五年。秦晉遷陸渾之戎于伊川。果驗辛有之言」句（八九四—五五三下）。宋刊本此文和前條分立。前有「帝王世紀曰」。

卷一百五十九

虢州章。四庫本左傳條下（八九四—五五六上）。宋刊本尚有「應劭漢官儀云。弘大也。所以廣大農業也」一條。其後戴延之西征記「道形如函也」。宋刊本句下尚有「孫卿子曰秦有松柏之塞是也」。

卷一百六十

滑州章。四庫本史記條下（八九四—五六三下）。宋

刊本尚有四條如下。

漢志曰。白馬屬東郡。

又曰。酈食其說沛公曰。守白馬之津。以示諸侯形制之勢。則天下知所歸矣。

西征記曰。古有神白馬。因以名縣。

又開山圖曰。白馬群行水上悲鳴。則河決。馳走則山崩。

卷一百六十一

懷州章。四庫本元和郡縣圖條下（八九四—五七〇下）。宋刊本尚有「禹貢曰覃懷底績。至于衡漳」。又其後後漢書曰「光武既定河內。於是拜寇恂爲河內太守」句中有脫文。宋刊本作「光武定河內而難其守。問於鄧禹曰。諸將誰可使守河內者。禹曰。昔高祖任蕭何於關中。無復西顧之憂。今河內帶河爲固。戶口殷實。北通上黨。南迫洛陽。寇恂文武備足。非此子不可也。乃拜恂爲河內太守」。

卷一百六十二

魏州章。四庫本元和郡縣志條「滅趙置邯鄲郡。漢置魏郡。後漢封曹操爲魏王」（八九四—五七九上）。宋刊本作「滅趙置邯鄲郡。漢以秦邯鄲之南部。東郡之邊縣」置魏郡。後漢封曹操爲魏王治鄴。」又漢書曰「勢輕爲姦」句。宋刊本下有「漢初分邯鄲之南部置魏郡」。漢志條下。宋刊本有「又曰。元城屬魏郡。魏武侯公子元食邑於此。因而氏焉」。

博州章。元和郡縣志條下。宋刊本尚有「左傳齊晏子對景公曰聊攝以東。其爲人也多矣」一條。

棣州章。四庫本元和郡縣志條下（八九四—五八四上）。宋刊本尚有「漢志曰。鬲縣屬平原。王莽曰河平」。

卷一百六十三

蒲州章。四庫本十道志條「本漢蒲坂地」（八九四—五八六下）。宋刊本句下尚有「蓋堯舜所都」。

魏志杜畿傳。四庫本「畿爲河東太守。開學宮。後河東多儒者」（八九四—五八七上）。宋刊本作「畿爲河東太守。開置學宮。親執經教。郡中化之。自後河東多儒者。閭閻之間。習於程法。」

卷一百六十四

雍州章。四庫本晉太康地志條（八九四—五九六上）。宋刊本作「雍州西北之地。陽所不及。陰氣壅遏。故以爲名」。又其後三輔黃圖條下。宋刊本尚有「呂

氏春秋曰西方爲雍州」。及「地理通說曰。東自同華略河西北。西自岐隴會原。極于此盡。其地挾澧灞。据函崤。方千里。得百二之固」二條。

夏州章。四庫本漢書條「弘發十策。弘不得一」句（八九四—六〇四上）。宋刊本下有「由是城之。自此爲關中根柢」。

卷一百六十五

秦州章。四庫本史記秦本紀條「善畜養。孝王分土邑之」（八九四—六〇五下）。宋刊本作「善畜養。孝王曰。昔柏翳爲舜主畜多息。故有土賜姓嬴。今其後世亦爲朕息馬。遂分土地爲附庸邑之」。

其後。秦州記條「冬夏無增減」句。宋刊本下有「或說天水取名。由此湖也」。又漢志條下。宋刊本尚有「輿地志曰。石細地名夏禹所生之地。續漢書郡國志曰。成紀古帝庖犧氏所生之地」二條。

沙州章。四庫本西域傳條下（八九四—六〇九下）。宋刊本尚有「漢志曰。燉煌郡龍勒縣有陽關玉門關」一條。

卷一百六十七

荆州章。四庫本「禹貢曰荆及衡陽惟荆州」（八九四—六二〇下）。宋刊本下有注「北據荊山南及衡山之陽。江漢朝宗于海。二水經此州而入海。有似於朝。厥土惟塗泥。厥田惟下中」。又其後春秋元命苞條「分爲楚國」句。宋刊本下有小注云「荆之爲言強也。

陽盛物堅其氣急悍」。

卷一百六十九

揚州章。四庫本隋書條「以幸江都」句（八九四—六三四上）。宋刊本下有「爲錦帆黼帳。作泛龍舟。春江花月夜等曲以幸之。因而都焉」。

又其後宋書條「吹臺琴室」（同上）。宋刊本作「吹觀臺琴室」。其下並有「以爲遊宴焉」句。

河圖松地象條（八九四—六三四上）。宋刊本下有「

此陵交帶崑崙。故廣陵也」句。

壽州章。四庫本項羽本紀條下（八九四—六三六上）。宋刊本尚有「漢書曰。六故國也。屬六安國咎縣。後爲楚所滅。如谿水首受沘。東北至壽春入芍陂。沘音匕。芍音鵲。」

卷一百七十

泉州章。四庫本十道志條「天寶初爲清源郡」（八九四—六四九上）。宋刊本下有「乾元元年又爲州」。

卷一百七十一

越州章。四庫本吳越春秋條「以會稽名山」句（八九四—六五一上）。宋刊本下有「仍爲地號也」。又漢志條「剡縣屬會稽」。宋刊本下有「莽曰盡忠」。

歙州章。四庫本十道志條下（同上）。宋刊本尚有「史記曰越王句踐平吳。徙夫差於甬東」。又漢志條下。宋刊本尚有「風土記曰舜支庶所封。故曰餘姚」。

處州章。四庫本輿地志條「故名青田」（八九四—六

五二下）。宋刊本下有「浮丘公相鶴經曰青田之鶴」。

卷一百七十二

廣州章。四庫本十道志條下（八九四—六六〇下）。宋刊本尚有「又曰南海縣本漢番禺縣地」一條。

又南粵志條下（八九四—六六一上）。宋刊本尚有又曰。秦占氣者以南方有黃氣紫雲之異。使繡衣使者鑿之二十餘丈。乃流血數日以爲鑿龍之效。今所鑿之處形似馬鞍。謂之馬鞍崗。

又曰。石門之水舊曰貪泉。俗云經大庾則淸穢之氣分。飲石門則淄素之質變。
邕州章。四庫本十道志條「漢鬱林郡之嶺方縣」句下有脫文（八九四—六六五下）。宋刊本下作「漢鬱林郡之嶺方縣地。晉置晉郡于此。隋爲鬱林郡之宣化縣」。
卷一百七十三
宮章。易條四庫本「以待風雨」句（八九四—六七一下）。宋刊本下有「蓋取諸大壯」。

卷一百七十五
殿章。四庫本晉宮閣名條「以保漢室者耶」句（八九四—六八九下）。宋刊本下有「然其規矩制度上應星宿。亦所以小安也」句。
卷一百七十六
四庫本襄沔記條之前（八九四—六九三上）。宋刊本下尙有「王子年拾遺記。漢武息於延涼室。臥夢李夫人。授帝蘅蕪之香。帝驚起。而香氣猶著衣枕。歷月不歇。帝彌思涕。乃改延涼室爲遺芬夢堂」一條。
卷一百七十八
四庫本睢陽城故東宮條「大治宮室爲複道」句（八九四—七一一上）。宋刊本下有「自宮連屬於平台。三十餘里複道」句。
卷一百七十九
四庫本崔豹古今注條下（八九四—七一二下）。宋刊本尙有「釋名曰觀於上。觀望也」一條。

卷一百八十一
四庫本張晏曰條下（八九四—七三二上）。宋刊本尙有「勞侍從之事懷故土出爲郡吏會稽東接於海。南近諸越。北抗大江。間者闊焉。久不聞問。具以春秋對。無以從橫說」。
卷一百八十二
四庫本詩「憂心殷殷」句下（八九四—七三四上）。

宋刊本下尚有「又曰高門有閌」。又其後易「出門同人無咎」句（八九四—七三四下）。宋刊本下尚有「不出戶庭無咎」。又禮記條「婦人送迎不出門」句。宋刊本下有「見兄弟不踰閾」。

又四庫本「下邽翟公有言」句上（八九四—七三五下）。宋刊本尚有「夫以汲鄭之賢。有勢則賓客十倍。無勢則否。況衆人乎」。

卷一百八十三

四庫本白虎通條「門四出。河以通方」（八九四—七四〇下）。宋刊本作「門四出。何所以通四方」。又句下尚有「故禮三朝記曰。天子之官四通」。「太公金匱門之書曰。敬遇賓客。貴賤無二」二條。

卷一百八十四

四庫本毛詩斯干條下（八九四—七四八下）。宋刊本尚有「大戴禮曰。隋武子戶之銘曰夫難得而易失」一條。

四庫本爾雅條下（八九四—七五〇下）。宋刊本尚有「說文曰門樞謂之棖。」「魏志華佗曰。戶樞不朽」二條。

四庫本閣章爾雅條下（八九四—七五二上）。宋刊本尚有「史記曰汲黯爲東海太守。以清靜爲政。黯多病。臥閤內不出。歲餘東海大治」一條。

卷一百八十八

四庫本陸機詩條下（八九四—七七七下）。宋刊本尚有「靈光殿賦曰玉女窺窗而下視」。

卷一百九十一

四庫本莊子條下（八九四—八〇〇上）。宋刊本尚有「魏都白藏之藏注曰。白藏庫在西城有屋一百七十四間。爾雅秋爲白藏。因以爲名。」

四庫本宮闕記條「爲市凡九致九州之人」句（八九四—八〇二下）。宋刊本下尚有「在突門夾橫橋大道南又有當市觀」。

又蜀本紀條下（八九四—八〇三上）。宋刊本尙有「郡國志曰。幽州有郊亭。新論云。添縣郊亭本大王所部。其人相與。夜市不爲則有重害焉」。

卷一百九十三

四庫本鄧德明南康記條下（八九四—八一二上）。宋刊本尙有「江寧圖曰。石頭城。吳之金陵城爲石城」。

卷一百九十四

四庫本伏琛齊地記條「平壽城西北有平望亭」（八九四—八二四上）。宋刊本下尙有「亦古縣也。或云秦始皇因爲望海台」句。

卷一百九十六

四庫本漢書條「願陳泰階六符」句（八九四—八三四下）。宋刊本有小注如下「孟康曰泰階三台也。每台而二星凡六星符六星之符驗也。應劭曰。黃帝泰階天符經曰。泰階者天之三階也。上階爲天子。中階爲諸侯公卿大夫。下階爲庶人。上階上星爲男注。下星爲

女主。中階上星爲諸侯三公。下星爲卿大夫。下階上星爲元士。下星爲庶人。三階平則陰陽和風雨時。社稷神祇咸獲其宜。天下大安。是謂太平三階。不平則五神乏祀。日有食之。水潤不浸。稼穡不成。冬雷夏霜。百姓不寧。故治道傾。天予行暴。令好興兵甲。脩宮室。廣苑囿。則上階爲之奄奄。疏闊也。以孝武皆有此事。故朔爲陳之」。

四庫本卷末終於「北面二十四里」句（八九四—八三八下）。宋刊本其下尙有「司馬相如封禪文曰般般之獸。樂我君囿」一條。

卷二百

四庫本東觀漢記又曰李通條「雄爲邵陵侯」句（八九五—二九上）。宋刊本其下尙有「又曰。建武二年定封景丹櫟陽侯。上謂丹曰。今關東故王國雖數縣不過櫟陽萬戶。富貴不歸故鄉如衣錦夜行。故以封卿」。

四庫本「明帝以平錢鳳功封溫嶠始興公。蘇峻邵陵侯

」句（八九五—三一下）。宋刊本作「明帝以平錢鳳
功封始興公。溫嶠建寧公。庾亮永昌公。郗鑒南平公
。卞壺建興公。蘇峻邵陵侯」。

卷二百一

四庫本「宦者封」項下（八九五—三七上）。宋刊本
尚有「漢書曰。高后大謁者寺人張澤勸王諸呂封建陽
侯」一條。

卷二百四

四庫本「丞相上」項下（八九五—五四上）。宋刊本
尚有「尚書曰成湯居亳。初置二相。以伊尹。仲虺爲
之」。
其後國語條「吾觀國人其父兄之食粗而衣惡」句下有
脫文（八九五—五四下）。宋刊本作
而我美妾與馬。無乃非相人乎。且吾聞之。以德榮爲
華。不聞以妾與馬。文子以告孟獻子。獻子囚之七日
。自是子服之妾衣不過七升之布。馬餼不過稂莠。餼

。米也。稂。童糧。
史記曰。黃帝得六相而天地治。神明至。黃帝得蚩尤
而明道。得太常而察地利。得奢龍而辨東方。得祝融
而辨南方。得風后而辨西方。得后土而辨北方。謂之
六相。
又曰。堯舉八凱。倉舒。隤敳。檮戭。大臨。龍降。
庭堅。仲容。叔達爲八凱。即垂益禹皋陶之倫也。庭
堅即皋陶字也。使主后土。后土地官也。以揆百事。
莫不時敘。地平天成。揆度。成亦平也。舉八元。伯
奮。仲堪。叔獻。季仲。伯虎。仲熊。叔豹。季貍爲
八元也。使布五教于四方。內平外成。內諸夏外夷狄
。謂之十六相。亦曰十六族。
又曰。秦悼武王二年始置丞相。官樗里疾。甘茂爲左
右丞相。
又曰。鄭以子產爲相。一年豎子不戲狎。班白不提挈
。童子不犁畔。二年市不豫賈。三年門不夜閉。道不

拾遺。四年。田器不歸。五年士無尺籍。喪期不令而治。鄭二十六年而死。丁壯號哭。老人兒啼。子產去。我死乎。民將安歸。

又曰。公儀休爲魯相。客有遺魚者。不受。客曰。聞君嗜魚。何故不受。相曰。以嗜魚故。今爲相能自給魚。今受而魚誰復給我魚。故不受。食茹拔其園葵而棄之。見布好而出其家婦燔其機。云欲令農士工女安其所。豈可害其貨乎。

卷二百八

四庫本「晉書曰王渾遷司徒。以司徒文官吏不持兵。令皆皂服」句（八九五—八〇上）。宋刊本作「晉書曰王渾。字玄冲。遷司徒。仍加兵。渾以司徒文官。主吏不持兵。持兵乃吏屬。絳衣自以非是舊典。皆令皂服。論者美其謙而識體」。

又其後。王戎代王渾爲司徒條（八九五—五〇下）。宋刊本其後尚有一條如下「又曰。山濤爲司徒固辭。勑斷表臥加章綬曰。豈可以垂沒之年汙官乎。逕出歸家」。

卷二百九

太尉掾章。四庫本汝南先賢傳條下文字脫漏（八九五—九〇下）。宋刊本作

汝南先賢傳曰。李宣字公休。爲太尉黃瓊所辟。時寒暑不和。瓊見掾屬曰。是太尉無德。願諸掾有以匡之。次及宣。宣曰。明公被日月之衣。居上司之位。輔弼天子。處諫諍之職。未有對楊謇謇之言。其所旌命

不授巖谷之士。小掾私所以於邑。

廣州先賢傳曰。鄧盛字伯眞。蒼梧人。

司空掾章。四庫本末句爲「吾復何憂哉」（八九五—九三上）。宋刊本其後尚有一條如下「邴吉別傳曰。原字根矩。魏武皇帝初爲司空辟署。議曹掾請見。禮畢。上送至門中。原辭直去不顧。上還語左右。孤甚敬此人。與其辭遠送之。謂其尙顧而終不顧。此人誠

高士也。人謂曰君。宜謝公。公望君一旦辭不顧揖。原勃然曰。夫何謝哉。夫揖讓者謂其敵耳。吾人臣也。公人君也。君尊臣卑。揖讓何施。且孔子反命曰。賓不顧矣。吾何謝哉。人以語上。上曰。快乎斯言也。夫有斯名而豈徒哉。」

卷二百十五

四庫本尙書郎給青縑白綾被條「若郎處曹。三年稱郎」句有脫文（八九五—一二七上）。宋刊本作「若郎處曹。二年賜遷二千石刺史」。「又曰尙書郎初上詣臺稱守。尙書郎滿歲稱尙書郎中。三年稱侍郎」。

卷二百三十

太僕卿章。四庫本「尙書冏命曰昔在文武」句有脫文（八九五—二三九下）。宋刊本作「穆王命伯冏爲周太僕正。作冏命曰」。

卷二百三十四

校書郎章。四庫本後漢書馬融條下（八九五—二六九上）。宋刊本尙有三條如下

王隱晉書曰。鄭默字思元。爲秘書郎。刪省舊文。除其浮穢。著魏中經。中書令虞松謂默曰。而今而後朱紫別矣。

晉令曰。秘書郎掌中外三閣經書。覆校闕遺。正定脫誤。

晉太元起居注曰。秘書丞桓綏啓校定四部書。詔遣郎中四人各掌一部。

卷二百四十三

四庫本金紫光祿大夫章。下文字與宋刊本不同（八九五—三三三上）。宋刊本其文如下

干寶晉紀曰。尙書僕射季胤母喪。拜金紫光祿大夫。給吏卒門施行馬。

三國典略曰。房謨本姓屋氏。高勃海王入洛。授金紫光祿大夫。累賜奴婢率多放免。王後賜生口黥面爲房字而付之。

光祿大夫章。四庫本漢書百官表注條（八九五—三三四下）。宋刊本下尚有「漢官儀曰。光祿大夫秩比二千石。不言屬光祿大夫勳門外特施行馬以旌別之。」一條。

卷二百四十九

府參軍章。四庫本「薛兼爲軍祭酒條」（八九五—三七六下）。宋刊本下尚有「又曰。郭璞爲尚書郎大將軍。王敦以璞有術取爲參軍。璞畏不敢辭。」一條。

卷二百五十二

留守章。四庫本晉書條（八九五—三九五下）。宋刊本下尚有「後魏書曰。高祖南伐。以太尉元丕廣陵王羽留守京師。並加持節。」一條。

卷二百五十四

刺史上章。四庫本漢書條「漢省丞相遣史。分刺州不常置。武帝初置部刺史。掌奉詔條察州」句（八九五—四○三下）。宋刊本作「漢省丞相遣刺史不當置。武帝元封五年初部刺史掌奉詔條察州郡。秩六百石。員十三人」。

卷二百五十六

良刺史上章。四庫本漢書條「宣帝特賜車以彰之」句（八九五—四一三上）。宋刊本作「漢宣詔賜車。特高一尺。別駕主簿緹紬屏泥於軾前。以彰有德也」。

卷二百六十

良太守章。四庫本漢書條「力行教化。外寬內明」句（八九五—四三九下）。宋刊本作「咸稱神明。奸人

去入他郡。盜賊日少。霸力行教化。而後誅罰。霸以外寬內明。」

卷二百六十一

良太守中章。四庫本魏略條「斐教作車。又命畜豬。貴時賣以買牛。始人以爲煩。一二年間。家有牛車」句（八九五—四四八下）。宋刊本作「斐課人閑月取車材。使轉相教作車。又課民無牛者。命畜豬。貴時

賣以買牛。始人以爲煩。一二年間。家家有丁車大牛。」

卷二百六十四

司法參軍章。四庫本後漢書條「燕有五子皆至刺史太守」句（八九五—四七四上）。宋刊本下有「兩漢有決曹。賊曹掾主刑法。歷代皆有或謂之賊曹。或爲法曹」句。

卷二百六十八

良令長下章。四庫本後趙錄條下（八九五—四九九下）。宋刊本尙有「又後趙錄曰。申錄字道時。爲廣昌令。白烏巢其庭樹。甘露降其廳事。後爲三公。」一條。

卷二百七十

四庫本叙兵上項下（八九五—五一二上）。宋刊本尙有「世本曰蚩尤作兵。宋襄注曰蚩尤神農也」一條。

卷二百七十二

四庫本將帥上項下（八九五—五二七上）。宋刊本尙有「春秋元命苞曰上天一星爲郎將」一條。

又齊王傳條下（八九五—五二九上）。宋刊本尙有「又高紀曰帝置雒陽南宮曰通侯諸將毋敢隱朕」一條。

卷二百七十三

將帥下章。四庫本太公曰夜臥早起條「萬人之將也。知天文。習地理」句有缺文（八九五—五三六上）。宋刊本作「萬人之將也。戰戰慄慄。日愼一日。十萬人之將也。見賢進之。行法不枉。百萬人之將也。知天文悉地理」。

卷二百七十五

良將上章。四庫本論語條「孔注曰」（八九五—五四五下）。宋刊本下有「魯大夫孟之側也。與齊戰。軍大敗」。

卷二百八十四

機略章三。四庫本臧宮將兵條下缺二條（八九五—六

○二上）。宋刊本其文如下
又曰。蜀有妖巫維汜弟子單臣傅鎮等。復妖言相聚入原武城。維或作侫。劫吏人自稱將軍。於是遣臧宮將北軍及黎陽營數千人圍之。賊穀食多。數攻不下。士卒死傷。帝召公卿諸侯王問方略。皆曰。宜重其購賞。時顯宗爲東海王。獨對曰。妖巫相劫。勢無久立。其中必有悔欲亡者。但外圍急不得走耳。宜小挺緩。挺解也。令得逃亡。逃亡則一亭長足以禽矣。帝然之

。即勅宮撤圍緩賊。賊衆分散。遂斬臣鎮等。
又曰。岑彭南擊秦豐。與其大將蔡宏拒彭等於鄧。數月不得進。帝怪以讓彭。彭懼。於是夜勒兵馬。申令軍中使明旦西擊山都。山都縣名屬南陽郡。乃緩所獲虜。令得逃亡歸以告豐。豐即悉其軍西邀彭。彭乃潛兵渡沔水擊其將張楊於阿頭山。大破之。沔水源出武都東狼谷中。即漢水之上源也。阿頭山在襄陽。從川谷間伐木開道。直襲黎丘。擊破諸屯兵。豐聞大驚。

馳歸救之。彭與諸將依東山爲營。豐與蔡宏夜攻彭。彭預爲之備。出兵逆擊之。豐敗走追斬蔡宏。
又其後梁州賊條之「又曰」。宋刊本作「又皇甫嵩傳曰」。

又其後馮異將數萬人條。四庫本「異乃縱兵大戰。伏兵卒起。衣服相亂。赤眉不復識別。遂驚潰大破之」句（八九五—六〇四下）。宋刊本作「異縱兵大戰。日昃賊氣衰。伏兵卒起。衣服相亂。赤眉不復識別。

衆遂驚潰。追擊大破於崤底」。
此下宋刊本尚有
又曰。岑彭將兵三萬餘人南擊秦豐拔黃郵。豐與其大將蔡宏等拒於鄧。數日不得進。彭夜勒兵馬。申令軍中使明早西擊山都。乃緩所獲虜。令得逃亡。歸以告豐。豐即悉其軍西邀彭。彭乃潛兵度沔水。擊其將張楊於河頭山。大破之。從川谷間伐木開道。直襲黎丘。破諸屯兵。豐聞大驚。馳歸救之。彭依東山爲營。

豐與蔡宏夜攻彭。彭先爲之備。出兵逆擊之。豐敗走。又曰。張步據齊地。漢將耿弇征之。步將費邑分遣其弟敢守巨里。弇進兵先脅巨里。使多伐樹木。揚言以塡塞坑塹。數日有降者言邑聞弇欲攻巨里。謀來救之。弇乃嚴令軍中趣脩攻具。宣勑諸部。後三日當悉力攻巨里城陰。緩生口令得亡歸。歸者以弇期告邑。邑至日果自將精兵三萬餘人來救之。弇喜。謂諸將曰。吾所以脩攻具者。欲誘致邑耳。今來適其所求也。即分三千人守巨里。自引精兵上崗坂。乘高合戰。大破之。臨陣斬邑。既而收首級以示巨里。城中兇懼。費悉衆亡歸。

又曰。將軍耿秉與竇固合兵一萬四千騎擊車師。有後王前王。前王即後王之子。其庭相去五日餘里。秉議先赴後王。以爲并力根本。則前王自服。固計未決。秉奮身而起。衆軍不得已。遂進。並縱兵鈔掠。斬首數千級。收馬牛羊十餘萬頭。後王安得震怖。從數百

騎出迎秉降。

又曰。袁紹曹公相持於官渡。沮授說紹沮可遣蔣奇別爲支軍於外以絕曹公之路。紹不從。許攸進曰。曹公兵少而悉師拒我。許下。餘守勢必空弱。若分遣輕軍星行掩襲許。伏則操爲成擒。如其未潰。可令首尾奔命。破之必也。紹又不用。竟爲曹公所敗。

卷二百八十五

四庫本諸葛亮出斜谷條「欲使吾重兵應之」句（八九五—六〇九上）。宋刊本作「欲使官兵重應之。必攻陽遂耳。其夜果攻陽遂。有備不得上」。

卷二百八十六

四庫本南涼禿髮條末句「俄而燕騎大至圍之」（八九五—六一六上）。宋刊本其下尚有「數周。閔衆寡不敵。躍馬潰圍。車走行二十餘里。爲恪所擒」。

卷二百八十七

四庫本自孔融別傳條以下至管輅別傳條（八九五—六

一七上下）內文與宋刊本不同。宋刊本其文如下

又曰。柳元景爲隋郡太守。旣至。而蠻反斷驛道欲攻郡。郡內力少糧杖又乏。元景設方略。得六七百人。乃分五百人屯驛道。或曰。蠻將逼城。不宜分衆。元景曰。蠻聞郡遣重戍。豈悟城內兵少。且表裡合勢。於計爲長。會蠻垂至。乃使驛道兵潛出其後。戒曰。火舉馳進。前後俱發。蠻衆驚擾。投鄖水死者千餘人。斬獲數百。郡境肅然。無復冠抄。

又曰。檀祇爲廣陵相。亡命司馬國璠兄弟自北徐州界聚衆數百潛過淮。因天夜陰闇。率百許人緣廣陵城得入叫喚直上廳事。祇驚起出門。將處分。賊射之。傷敗卻入。祇密語左右曰。賊乘闇得入。掩我不備。但打五鼓。懼明謂曉。於是奔散追討。盡獲之。

又曰。宗慤征林邑。圍區粟城。林邑王范陽邁遣將范毗沙達率萬餘人來救。慤謂諸將曰。寇衆我寡。難與爭鋒。乃分軍爲數道。偃旗臥鼓。慤潛進令曰。聽吾鼓噪乃出。山路榛深。賊了不爲備。卒見軍至。驚懼退走。慤乘勝追討。散歸林邑。仍攻區粟拔之。泛海陵山至八象浦。有大渠南來注浦。宋師沮渠置陣。林邑王傾國來逆。沮渠不得渡。以具裝被象。諸將憚之請待前後軍進然後擊之。慤曰。不然。吾已屠其堅城。破其銳衆。我氣方厲。彼已破膽。一戰可定。何疑焉。慤以爲外國有師子威服百獸。乃制其形與象相禦。象果驚奔。衆因此潰亂。慤率兵直度渠奮擊陽邁遁走。其衆一時奔散。遂剋林邑。

卷二百九十

四庫本蜀大將諸葛亮率衆條「魏使衛尉辛毗仗節而到」句有脫文（八九五—六四一下）。宋刊本作「魏使衛尉辛毗特節勤懿。及軍吏以下不許出戰。姜維謂亮曰辛毗仗節而刻」。

卷二百九十一

四庫本西魏遣將于謹條「楊忠等圍之。梁玉率其太子

以下。出降殺之」句（八九五—六四四上）。宋刊本作「楊忠等率精騎先據江津。斷其走路。梁人堅木柵於外城。廣輪六十里。尋而謹至。悉衆圍之。梁主屢遣兵於城出戰輒爲謹所破。旬六日外城自陷梁主退保子城翌日率其太子以下面縛出降。尋殺之」。

隋末王世充殺其主條。四庫本「諸將計曰。王世充据有東都。患者在於乏食。建德親總軍旅來拒我師」句（八九五—六四五下）。宋刊本作「諸將以二賊合勢

。衆寡不敵。宜退舍之避行。行臺郎中薛收獨進計曰。王世充據有東都。府庫塡積。其下兵士皆是江淮精銳。其所患者在於乏食耳。是以爲我所持求戰不可。建德親總軍旅來拒我師」。

卷二百九十六

又褰旗斬將條。四庫本「至陷者。全部隊皆斬之」句（八九五—六八三下）。宋刊本下尚有「設奇伏掩襲。務應機連捷。前將先合。後將即副。進退應接。乖者並斬之」句。

卷二百九十九

四庫本三國典略條下（八九五—六九八下）。宋刊本尚有「莊子曰筋力之士。矜難勇敢之士。奮忠兵革之士樂戰」一條。

卷三百三

四庫本書曰條下（八九五—七二二下）。宋刊本尚有「又曰惟十有一年。武王伐殷。一月戊午師渡孟津」一條。

卷三百十二

崔鴻十六國春秋條。四庫本「於是大破許軍」句（八九五—七九二上）。宋刊本作「大飲帳中。與張蚝徐成等蚝七吏切跨馬運矛馳入許軍。出入數四。傍若無人。搴旗斬將。搴居孼反。殺傷甚衆。戰及日中。許衆大敗俘斬五萬」。此下宋刊本尚有「裴子野宋略曰。左將軍劉康祖聞虜寇壽陽。自虎牢

率七千人來赴。虜至者八萬騎。康祖令軍中曰。顧望者斬首。轉步者斬足。士皆用命。賊死者萬餘。血流沒踝。流矢貫頸。墮馬死。

宋書鄧琬傳曰。殷孝祖屯軍鵲洲。沈沖之謂陶亮曰。昔孝祖梟將一戰便死。孝祖與賊合戰。每戰常以鼓。蓋自隨軍中人相謂曰。殷統兵可謂死將矣。今與賊交鋒。而以羽儀自顯。欲不斃得乎。

又曰。傅弘之字仲度。涼僞太子赫連瓌率衆襲長安。

弘之領步騎五千大破之瓌又抄渭南。弘之又於寡婦渡破瓌。獲賊二百及義眞東歸。赫連佛佛傾國追躡於青泥大戰。弘之射貫甲冑。氣冠三軍。陣敗陷沒。佛佛逼令降。弘之不爲屈也。

又高祖紀曰。于時北師始。還傷痍未復。戰士纔數千。賊衆十餘萬。舳艫亘千里。孟昶諸葛長仁懼。欲擁天子過江。帝曰。今兵士雖少猶足一戰。若其克濟。臣主同休。如其不然。不復能草間求活吾計決矣。又曰。薛安都北征至陝下。魏多縱突騎。衆軍患之。安都怒甚。乃脫兜鍪解所帶鎧。唯著絳衲兩襠衫。馬亦玄具裝。馳入賊陣。猛氣咆哮。所向無敵。當其鋒者無不應刃而倒。如是數四。每入衆無不披靡。

又曰。高祖義軍進至覆舟東張。疑兵以油帔冠株布滿山谷。帝先馳之。將皆殊死戰。無不當百。呼聲動天地。因風縱火烟焰張天。謙等大敗。

齊書曰。薛安都討魯。爽及沈慶之濟江。安都望見爽

。便躍馬大呼。直往刺之。應手而倒。左右范雙斬爽首。爽世梟猛。咸云萬人敵。安都單騎直入斬之。而返時人皆云關羽斬顏良不足過也。」等六條。

卷三百十三

四庫本善用兵者條「擊其中則首尾俱至」句(八九五｜七九九下)。宋刊本下尚有「夫善戰也。必知戰之日。知戰之地度道設。期分軍離卒。遠者先進。近者後發。千里之會同時而合。若會都市。其會地之日。

無令敵知。知之則所備處少。知所備處多。備寡則專。備多則分。分則力散。專則力併也」。

衛公兵法條。四庫本末句「提劍而叱之」（八九五—八〇二下）。宋刊本下尚有「所過麾城撕邑。下將降旗。一日之戰。不可殫紀」。

卷三百十六

李愬將襲蔡州條。四庫本末句爲「愬不戮一人」（八九五—八二四下）。宋刊本下尚有「其爲元濟執事帳

下及廚廄之間者。使復其職。使之不疑。乃屯軍鞠場。以俟裴度也」。

此下宋刊本尚有

「又曰。石雄爲劉沔裨將。會昌初。回鶻寇天德。詔命劉沔爲招撫迴鶻使三年。迴鶻大掠雲朔北邊牙於五原。沔以太原之師屯于雲洲。沔謂雄曰。黠虜離散。不足驅除。國家以公主之故。不欲急攻。今觀其所爲。氣凌我輩。若稟朝旨。或恐依違我輩捍邊。但能除患專之可也。公乃選驍健乘其不意。徑趍虜帳。彼以疾雷之勢。不暇枝梧。必棄公主亡竄。事苟不捷。吾自繼進亦無患也。雄受教。自選勁騎得沙陀李國昌三部落。兼契苾拓拔雜虜三千騎。月暗夜發馬邑徑趍烏介之牙。時虜帳逼振武。雄既入城。登堞視其衆寡。見氊車從十。從者皆衣朱碧。類華人服飾。雄令諜者訊之。此何大人。虜曰。此公主帳也。雄喻其人曰。國家兵馬欲取可汗。公主至此國家也。須謀歸路。俟

其兵合時不得動帳幕。雄乃大率城內牛馬雜畜及大鼓。夜穴城爲十餘門。遲明城上。立旗張炬火。乃於諸門縱其牛畜鼓譟從之。直犯烏介牙帳炬火燭天。鼓譟動地。可汗惶駭莫測。率騎而奔。雄率勁騎追之。至殺胡山急擊之。斬首萬級。生擒五千。羊馬車帳皆委之而去。遂迎公主還。

又曰。黃巢既陷長安。時鄭畋帳下小校竇玫者。驍敢無敵。每夜率敢死之士百人。直入京師。放火燔諸門

。斬級而還。賊人悚駭。」二條。

卷三百十八

王隱晉書條。四庫本「後風轉下晡賊退」句（八九五—八三〇下）。宋刊本下有「亦不知風。偶自轉爲能感動」。

四庫本管子條下（八九五—八三七下）。宋刊本尙有「列子曰楚攻宋。圍其城。民易子而食之。折骸而煩之。丁壯者皆乘城而戰者太半」。

卷三百二十一

四庫本漢書李陵征匈奴條（八九六—一三下）。四庫本與宋刊本文字不同。宋刊本其文如下「漢書曰。李陵征匈奴戰敗。班師爲單于所逐。及於大澤。匈奴於上風縱火。陵亦先放火。燒斷葭葦。用絕火勢。蕭代誡曰。敵用火焚吾門。思火滅敗。吾當更積薪助火。使火勢盛。敵不得入。亦拒火之方也」。

通典條。四庫本末句作「營中驚亂。急而乘之」（八九六—一六下）。宋刊本下尙有「靜而勿政。凡火攻皆因天時燥旱。營舍矛竹積穗糧。軍營於秸草宿莽之中因風而焚也」。

卷三百二十二

孫子條。四庫本末句作「勝負見也」（八九六—二一下）。宋刊本下尙有「吾以此道觀之。是兵無成勢無常形。臨時變化。不可預傳。故曰料敵在心。乘機在目也」。

卷三百二十三

四庫本「敗」項目下（八九六—二七下）。宋刊本尙有「易曰投戈散地。六親不相能保」。

卷三百三十六

四庫本「詩曰。以爾鉤援。以爾臨衝。以伐崇墉」（八九六—一二三上）。宋刊本作「詩曰。帝謂文王。詢爾仇方。同爾弟兄。以爾鉤援。與爾臨衝。以伐崇墉。毛萇曰。仇匹也。鉤。鉤梯。所以鉤引上城者也

。臨。臨車也。衝。衝車也。墉城也」。

卷三百四十一

四庫本「左傳」條下（八九六—一五七上）。宋刊本尙有「又曰拔旆授衡乃出」。此下尙有。「東京賦曰通帛蒨旆」。

卷三百四十二

四庫本。「釋名」條下（八九六—一六六下）。宋刊本尙有「韻集曰。鐔音覃。劍口也」。

卷三百四十三

漢明帝在位十八年條。四庫本「沈之于洛水」句（八九六—一八〇上）。宋刊本下尙有「洛水淸。往往有人見」。

卷三百四十七

四庫本方言條下（八九六—二〇七下）。宋刊本尙有「墨子曰羿作弓」。

卷三百五十三

說文條。四庫本「建於車」（八九六—二五四上）。宋刊本作「建於兵車。旅賁以先驅也」。

此下。宋刊本尙有十條如下

詩曰。伯也執殳。爲王前驅。

又曰。彼候人兮。荷戈與祋。侯人。道路送迎賓客者也。荷揭也。祋。殳也。祋。丁外切。

周禮曰。車六等之數。殳長四尺。崇於人四尺謂之四等。

左傳曰。宋張匄與子皮。臼任。鄭翩。殺華多僚。子皮。華貙也。任翩貙家臣。

華氏居盧門以南里叛。公子成以晉師至。成前奔晉。今還救宋也。會晉齊衛救宋。與華氏戰于赭立。公子城射華豹殪。張貙抽殳而下。殳長丈二。在車邊。

又曰。莒子庚輿將出奔。聞烏存執殳而立於道。左懼將止苑羊牧之曰。君過之。烏存以力聞可矣。何必弒君成名。遂奔齊。

韓子曰。楚國法太子不得乘車至弟門。時天雨。王急召太子。庭中有水。太子遂驅車至弟門廷尉舉殳擊馬。遂敗其駕。

焦贛易林曰。大過之訟。秉鉞執殳。挑戰先驅。

蕭子良古今蒙隸文體曰。殳書者伯氏之職也。古者文既記笏。武亦書殳也。

司馬兵法曰。兵雜則不利。長兵以衛。短兵以守。太長則犯。太短則不及。太輕則閱。閱則易亂。太犯則不濟。季氏曰。兵長短相爲衛守。合同爲用。太長太

短太輕皆不如法度者也。犯者觸推。故不濟不及者不還於利。閱者不固則破敗。故奔北走擾亂煩也。故初列即戟間焉。一弓一戟相間也。次列殳矛間焉。一殳一矛相間也。

又曰。周左執黃鉞。右執白旄。所以不進者審察斬殺之威也。有司皆執殳戈示諸鞭朴之辱。歐使不行不逵者也。

卷三百五十六

東觀漢記。上不親征條。四庫本「冀蒙救獲生活之」句（八九六—三七六上）。宋刊本下有「恩。陛下輟忘之於河北。誠不知所以然」。

卷三百五十九

世說條。四庫本「悉捉鐵馬鞭」句（八九六—三〇三上）。宋刊本下尚有「爲衛。敦不敢近」。

蕭子雲晉史草。四庫本「有異馬其大非常」句（八九六—三〇四上）。宋刊本下尚有「自遠來。天所送矣

」。

卷三百六十

博物志條。四庫本「偃王葬之徐界中」（八九六—三一二上）。宋刊本下有「今見有狗壟」句。

卷三百六十一

四庫本「詩曰乃生男子。載寢之林」。乃生女子。載寢之地」句（八九六—三一三下）。宋刊本作「毛詩。

鴻鴈斯干曰。乃生男子。載寢之牀。載衣之裳。載弄之璋。乃生女子。載寢之地。載衣之裼。載弄之瓦」。

卷三百六十四

四庫本「亡羊而得牛。斷指而得頭」條（八九六—三三七下）。宋刊本下尚有「燕丹子曰。荆軻謂樊於其曰。今得將軍之首與燕地圖。秦王必喜而見軻。軻將左手把其袖。右手揕其胸。則將軍積忿除矣。於是起

扼腕執刀曰。是日夜所欲。而今聞命。於是自刎。頭墮背後。兩目不瞑。以函盛於其首。與軻入秦」一條。

卷三百八十一

四庫本劉向列女傳條下（八九六—四七三上）。宋刊本尚有「漢武內傳曰西王母乘紫雲之輦。履玄瓊之舄。下輦上殿。呼音共坐。命侍女許飛瓊鼓雲和之簧」。

卷三百八十二

四庫本「詔求能爲韓詩者」條下少錄一則（八九六—四八一下）。宋刊本作「又曰張良貌若婦人」。

卷三百九十五

四庫本「韓子曰。古諺曰爲政若沐也」（八九六—五七八下）。宋刊本下有「雖有棄髮之勞。而有長髮之利也」。

卷三百九十八

太原郭登之條。四庫本「郭遂得無也」（八九六—六○一下）。宋刊本下有「屢經顯官。後徙入關。齎以

自隨插著。步差中忽失所在」。又此下宋刊本尚有「幽明錄曰。謝安石當桓溫之世。恒懼不全。夜忽夢乘桓轝。行十六里。見白鷄而止。不得復前。莫有解此夢。及溫亡後。果代居宰相。歷十六年而得疾。安方悟云。十六里者十六年。見鷄住者。今太歲在酉。吾病殆將不起。少日而卒。

又曰。吳興錢乘孫權時曾晝臥。久不覺。兩吻沫出者數外。其母怖而呼之曰。適見一老公食以熇。筋恨未

盡而呼之。乘本尫瘠。既爾之後。遂以力聞官。至無難監。」二條。

卷四百

四庫本述異記。姚長既殺苻堅條(八九六—六一六下)。宋刊本下尚有「又曰。張駿有疾。夢出遊觀。不識其處。甘泉湧出。有一玄龜向駿張口言曰。更九日當有嘉問好消息。忽然而覺。自書記之。封在筒中。人不知也。因寢疾。經九日而死。」一條。

卷四百一

四庫本述而曰條下(八九六—六二〇下)。宋刊本尚有「子曰若聖與仁則吾豈敢」一條。

卷四百七

四庫本楊戲條「黎韜童幼」句下有缺文(八九六—六七一下)。宋刊本作「相親。後儼痼疾癈頓。韜無行見損。戲經紀振卹。恩好如初」。

卷四百十

四庫本張奐與延叔堅曰條下(八九六—六八四上)。宋刊本尚有「曹植離友詩曰。王旅旋兮背故鄉。彼君子兮篤人綱。勝駕行兮歸朔方。馳原隰兮尋舊疆」。

卷四百十二

四庫本「晉齊獻王司馬攸」(八九六—七〇二下)。與宋刊本文字不同。宋刊本作「又曰。晉齊獻王司馬攸字文猷。晉文少子太后崩。執喪過哀。動必盡禮。左右或以稻米千飯丸

理中丸以進。王對之涕泣不食。經三年。杖然後能起。人有犯諱者。常悲不自勝」。

卷四百三十二

四庫本韓詩外傳「以畜養之」(八九七—九二上)。宋刊本下有「愛子不詈。髦子不笞」。四庫本左傳昭三曰「循牆而走」(八九七—九四上)。宋刊本下有「亦莫余敢侮」。

卷四百六十

四庫本戰國策「趙且伐燕」條下（八九七—二九五下）。宋刊本尚有「戰國策曰。昭陽爲楚伐魏。移兵而攻齊。陳軫爲齊王使見昭陽曰。今子既貴矣。王非置兩令尹也。臣竊爲公譬之可乎。楚有祠錫其舍人酒一巵。舍人相謂曰。數人飲成不足。一人飲之有餘。請畫蛇先成者飲酒。一人蛇先成。乃左手持巵。右手畫蛇。曰。吾能爲足。爲足未成。一人蛇成。奪其巵。曰。蛇故無足。子安能爲足。遂飲其酒。畫蛇足者終

亡其酒。公攻魏殺將得八城。又移師亦攻齊。齊畏公甚。公以是名足矣。冠之非可重也。戰無不勝而不知止者。身且死。爵且偃。猶爲蛇足也。昭陽以爲然。解軍而歸」一條。

卷四百六十六

四庫本「劉義慶世說」條下（八九七—三四三上）。宋刊本尚有「又曰鄧艾口吃。語艾艾。晉文王戲之曰爲云艾艾。故是幾艾。鄧荅曰鳳兮。鳳兮。故是一鳳」。

又釋名曰罵迫也條前宋刊本有「罵詈」二字。

卷四百六十八

莊子孔子謂顏回條。四庫本「足以爲絲麻」句（八九七—三五六上）。宋刊本下尚有「以道自樂。回不願仕也」。

荀子條。四庫本「是以有終身之憂」句（八九七—三五六下）。宋刊本下尚有「而無一日之樂」句。

又其後「有凰有鳳」句。宋刊本下尚有「樂帝之心」。

淮南子條。四庫本「不可以當此樂也」句（八九七—三五六下）。宋刊本下尚有「恐流不能反」。

卷四百六十九

四庫本「吳志」條下（八九七—三六四上）。宋刊本尚有一條如下「石勒別傳曰。勒治門閣至峻。時有醉胡乘馬徑入府門。勒問門吏馮翥。門閣有限走。向馬入門。爲是何人而不彈。白時號胡曰國人。翥見問懼

。設對忘。諱稱向有醉胡乘馬馳來。向即呵制不可與語。胡人難與言。非小吏所制。勒歎曰。故正自難與言。恕龕不問鞭。犯門者沒所乘」。

卷四百七十五

家語條。四庫本「欲得士之用也」句（八九七—四〇一下）。宋刊本下有「惡有道而無天下君子者乎」。

卷四百八十七

語林條。四庫本「賓客莫不皆怒」句（八九七—四九〇上）。宋刊本下尚有「須庾之間。或悲或笑或怒。古詩曰啼呼哭泣。如吹胡笳」。

卷四百八十八

四庫本「詩曰」條下（八九七—四九〇下）。宋刊本尚有「又曰不見復關。泣涕漣漣」一條。

卷四百九十三

後魏書條。四庫本「識者多之」句（八九七—五三一上）。宋刊本下有「道遷不娉正室」。

卷四百九十八

後魏書條。四庫本「此兒豪氣尚爾。況其父耶」句（八九七—五六六下）。宋刊本下尚有「澄聞之大怒。杖之數十」。

卷五百九

高士傳鄭朴條。四庫本「名振京師焉」句（八九七—六三二上）。宋刊本下尚有「馮翊人刊石祠之。至今不絕」。

卷五百十二

四庫本曹瞞傳條下（八九七—六五六下）。宋刊本尚有「陳留耆舊傳曰。高眘字孝甫。敦厚少文華。有沉深之量。撫育孤兄子五人。恩義甚篤。琅邪相何英嘉其履行。以女妻焉」一條。

卷五百二十

四庫本「左傳隱公」條下脫文（八九七—七〇三下）。宋刊本作「又曰。桓公曰。鄭祭仲專。鄭伯患之。

使其婿雍糾殺之。將享諸郊。雍姬知之謂其母曰。父與夫孰親。其母曰。人盡夫也。父一而已。胡可比焉。婦人在室則天父。出則天夫。女以爲疑。故母以所生爲本解之。遂告祭仲曰。雍氏舍其室而將享子于郊。吾惑之以告。祭仲殺雍糾。尸諸周氏之汪。公載以出。曰謀及婦人。宜其死也。」

四庫本僖公中條下缺文（八九七—七〇四上）。宋刊本作「又昭元曰。鄭徐吾犯之妹美。公孫楚聘之矣。

楚子南。穆公孫也。公孫黑又強使委禽焉。禽。雁也。納采用雁。犯懼。告子產。子產曰。是國無政。非子之患也。唯所欲。與犯請於二子。請使女擇焉。皆許之。子皙盛飾而入。布幣而出。子皙。公孫黑也。子南戎服而入。左右射。超乘而出。女自房觀之曰。子皙信美矣。抑子南夫也。夫夫婦婦所謂順也。適子南氏。」

卷五百二十六

四庫本干寶晉紀條下（八九八—二六下）。宋刊本尚有「後魏書曰。胡處少孤。言及父母則若孺子之號。燉煌汜潛家善釀酒。每節常送一壺以給祭事也」一條。

孔叢子條下（八九八—二六下）。宋刊本尚有三條如下

尸子曰。先王之祠禮也。天子祭四極。諸侯祭山川。大夫祭五祀。士祭其親也。

白虎通曰。王者祭宗廟。親自取禽者。尊重先祖。必

欲自射加功力。

又曰。王制曰。春薦韭。夏薦麥。秋薦黍。冬薦稻。韭以卵。麥以魚。黍以豚。稻以雁。春曰祠者。物微故祠名之。夏曰礿者。麥熟進之。秋曰嘗者。新穀熟。冬曰蒸。蒸者爲衆。冬之時物成者衆。

四庫本「汝南先賢傳」條下（八九八—二七上）。宋刊本尚有四條如下

王歆之神境記曰。九疑山既出林過溪。望見舜廟在郡

山之下。而插搆水際。杳若靈居矣。余親負勁策致祠靈堂。乃躬就齋潔奉。奠其宵水。月如鏡焉。潤微響。乃聞廟裡若有絃歌者聲調。如近察復緬邈。此其五絃之音。南風之響乎。

解道虎齊記曰。臨淄城南十五里。天齊淵五泉並出。有異於常。故廟屋以同瓦有天齊字在齊八祠祠天於此。故名云。

越絕書曰。越王既得平吳。春祭三江。秋祭五湖。因

以其時爲之立祠垂之來世。傳之萬載。鄰邦樂德皆來取之。

吳越春秋曰。夫差帥諸群臣出國。東祠子胥江水濱。諸臣並在。夫差乃言曰。寡人蒙先王之遺恩。爲千乘之主。昔不聽相國之言。乃用讒佞之辭。至令相國遠沒江海。自亡已來。濛濛惑惑。如霧蔽日。莫誰與言。泣下沾衿。哀不自勝。左右群僚莫不悲傷。

卷五百三十一

漢雜事條。四庫本末句「具聞之也」（八九八—五九下）。宋刊本下尚有「遂於親陵各賜計吏而遣之」。

又「王隱晉書」條下（同上）。宋刊本尚有一條如下

「帝王世紀曰。漢景帝廟名德陽。宣帝廟名長壽。武帝廟名龍淵。文帝廟名頤成。昭帝廟名徘徊。」

卷五百四十七

禮記外傳條。四庫本末句爲「則不治」（八九八—一六七上）。宋刊本下尚有「衰在外故。有事其布者則

不治其縷。衰在內也。爲布之後即先治也。緦者如絲也。錫衰者先緝錫白之謂也。疑衰者疑其布是絲也。疑衰錫衰二者君之弔服也」。

又其下宋刊本尚有七條如下

又曰。吉冠之布倍於衣也。朝服十五升則冠三十升是也。今喪冠升數少。喪禮簡。斬衰三升冠六升。升者登也。轉祖訓耳。凡麻八十縷爲十升。至六升即爲成布也。凡言受以成布者。概葬之後漸去粗受細。齊衰

四升。冠七升。又有疏衰即三升半之衰也。疏亦粗也。其布在齊斬之間。

左傳僖上曰。許僖公見楚子於武城。許男面縛銜璧。大夫衰絰。士輿櫬。櫬棺。楚子問諸逢伯對曰。武王克殷。微子啓如是。又襄六曰。魯昭公立十九年矣。猶有童心。比及葬。三易衰。衰衽如故衰。言其嬉戲無度。

吳錄曰。諸葛恪將誅。有著衰衣入其閤。令人詰。答

曰。不自知。入時外內守備亦不見也。

鄭玄別傳曰。玄卒。受業者衰絰千餘人。

郭子曰。劉王共在航南酣宴。謝鎮西往尚書墓還。是葬後三日。諸人欲要之。眞長云。仁祖應來便遣要之。果即迴駕。諸人迎之。把臂便下。裁得脫幘。酣宴半坐乃覺。未得脫衰。

釋名曰。衰。摧也。絰。實也。傷摧實也。斬衰。下緝其末。翦斬而已也。大功。其布加粗大之功。不善治之也。小功。精細之小功轉有飾也。緦。絲也。錫也。治其麻使滑易也。繐繐。如流如繐也。

卷五百四十八

重門章。儀禮士喪禮條。四庫本「祝置于庭中」句有脫文（八九八—一七一上）。宋刊本其全文如下

祝取銘置于重。鄭玄曰。重。木也。懸物也。馬曰。重。木也。刊斲治之也。鑿之爲懸簪孔士。重木長三尺也。

禮記雜記曰。重既虞而埋之。就所倚處埋之。

禮記外傳曰。重者未葬之前以代主也。猶以生事之。未忍作木主。主以存神也。設重於庭。懸瓦鬲以養病之米。淅之爲沐。則煮之爲粥。實之重用葦席蓋之。鬼神依而飲食。始死之奠但用。但未有黍稷故也。黍稷在下之中如生時也。殷人作主之後。聯其重懸之於廟梁。去高祖之廟親盡則埋之。周人將葬。重隨柩而朝廟之外柩而埋之於階間。而後作主也。

凶門：
南史孔琳之議曰。凶門柏裝不出禮典起自末代。積習生常。遂成舊俗。凡人士喪儀多出閭里。每有此須動十數萬。損人財力而義無所取。至於寒庶則人思自竭。雖復室如懸磬。莫不傾產殫財。所謂葬之以禮。其此之謂乎。宜一罷凶門之式。
王肅喪服要記曰。魯哀公葬父。孔子問寧設衰門乎。哀公曰。衰門起於禹。禹治水故表其門閭以紀其功。

吾父無功。何用此焉。
韋弘與蔡謨牋問凶門曰。父在母喪應立凶門不。又問與父別止立凶門。愚意猶所疑。厭於父故也。今於父大門之內別立凶門。便爲父一家有二門。以名義言之。門者父之有也。今子復立門。豈合聖人之典訓。苟不出於禮。其所不曰故以諮白蔡荅曰。禮以二瓦器盛始死之祭。擊木裡之葦席。置於庭中。
四庫本又先進曰條下（八九八—一七二下）。宋刊本尙有六則如下
又先進曰。季路曰敢問死。曰未知生焉知死。鬼神及死事難明。語之無益故不答。
又季氏曰。齊景公有馬千駟。死之日民無德而稱焉。伯夷叔齊餓于首陽之下。民到于今稱之。
五經通義曰。崩薨從何王以來乎。曰從周。何以言之。尙書曰。放勳乃殂落。舜曰。陟方乃死。武王既王。是以知武王以前未稱崩薨也。至成王太平乃制崩薨之著。尙書曰。翌日乙丑成王崩。釋名曰。漢以來謂

死爲物。故言其諸物皆就朽故。
史記曰。秦武王與孟說舉龍文鼎絕臏而死。徐廣曰。臏或作脈矣。
又曰。范睢說秦昭王曰。夫以烏獲任鄙之力。荊成孟賁。許慎曰。荊成勇士也。孟賁衛人。慶忌夏育之勇。焉而死者。人之所必不免也。
後漢書曰。馬援謂孟冀曰。方今匈奴烏丸尙擾北邊。

欲自請擊之。男兒要當死於邊野。以馬革裹屍還葬耳。何能臥床上。在兒女子手中耶。冀曰。諒爲烈士當如此矣。

後魏書曰。張預每羨古人食玉之法。乃採訪藍田。躬往攻拒得若環璧雜器形者大小百餘。至而觀之。皆光潤可玩。預乃推七十枚爲屑。日服食之。餘多惠人。後乃聞者更求玉於故處。皆無所見。馮翊公源懷等得其玉琢爲器珮。皆鮮明可寶。預服延年云有效驗。而

世事寢食皆不禁節。又加之好酒損志。及疾篤。謂妻子曰。服玉若能屏居山林。排棄嗜欲。或當大得神力。而吾酒色不絕。自致於死。非藥過也。然吾尸體必當有異。勿使速殯。令後人知食服之妙。時七月中旬。長安毒熱。預停尸四宿。而體色不變。其妻常氏以玉珠二枚唅之。口閉。常謂之曰。君自云食玉有神驗。何故不受唅也。言訖齒啓。納珠。因噓屬其口。都無穢氣。舉斂於棺。堅直不傾委。死猶有遺玉屑數外。裹盛納諸棺中。

卷五百四十九

四庫本史記條下（八九八—一七四下）。宋刊本尚有六條如下

又曰。吳兵入郢。伍子胥求昭王既不得。乃掘楚平王墓。出屍鞭之三百。

又曰。吳王取子胥屍盛以鴟夷。應劭曰。取馬皮以爲鴟夷擅形也。浮之江。吳人憐之。爲立祠於江上。因

命曰胥山。

魏志曰。宣王討王陵乃窮治其事。發陵及令狐思冢。剖棺暴屍於所近市三日。

王隱晉書曰。王浚在幽州謠曰。幽州城門似藏戶。中有伏屍王彭祖。

又曰。趙王倫害張華之時。洛中震悚。唯閻纘敢獨詣東市號哭。弔屍而撫之曰。早語君遜位而不肯去。今果不免禍。車頻奏書曰。初慕容暐在鄴居石虎宮。夢

虎齧其臂。募人求虎殯所在。女子李菀告暐在東明觀下。掘得之。屍僵不毀。暐裸而罵之曰。死胡敢夢生天子。鞭撻毀辱。投之漳河。河流迅疾。終不移轉。暐後爲臣虎所執。乃悟而悔焉。符堅以李菀無狀。無少長。悉坑之。

李固別傳。梁冀誅固而露屍於四衢。命有敢臨者加其罪。固弟子汝南郭況。年始成童。遊學洛陽。乃左提章鉞。右秉鈇鑕。詣闕上書。乞收固屍。不許。往臨哭陳辭於前。遂守喪不去。

卷五百五十一

四庫本後魏書條下（八九八—一九一上）。宋刊本尚有五條如下

南史曰。宋光祿大夫劉鎭之年三十許。病篤。已辦凶具。既而疾愈。因蓄棺以爲壽。九十餘乃亡。此器方用。

宋書曰。王敬則爲既陽令。初至既陽縣陸主山下。宗侶十餘舡同發。敬則舡獨不進。乃令入水推之。見烏漆棺。敬則咒云。若是吉使舡速進。吾富貴當改葬爾。舡須臾進入縣城收此棺葬之。

宋書曰。袁昻爲豫章內史。丁所生母憂。去職以喪還。江路風潮暴駭。昻乃縛衣著棺。誓同沉溺。及風止。餘舡皆沒唯昻舡獲全。咸謂精誠所致。

梁書曰。衡陽宣王子簡位郢州刺史。卒於官。喪將引。柩有聲。議者欲開視。王妃柳氏曰。晉文已有前例。不聞開棺。無益亡者之生。徒增生者之痛。遂止。

晉公卿禮秩曰。諸公及從公薨者賜東園秘器。在外都督者給秘器直錢三十萬。安平王孚薨給東園溫明秘器。楊駿誅。賜五木棺一具。載以官路車。

三十國春秋曰。晉黃門郞殷仲堪遊於江濱。見流棺於水乃接焉。旬日之中門前之溝忽起爲岸。是夕有人通夢於仲堪。自稱徐伯。感君之惠無以報仲堪因問門岸爲何祥乎。對曰。水中之岸其名爲洲。君將爲也。言

終而沒。
四庫本永嘉郡條「有一漆棺。逆水」（八九八—一九一下）。宋刊本下尚有「入溪十餘里便住。有靈下人云是方姥。甚有靈驗」。

卷五百五十七

王褒條。四庫本「褒常所攀」句下有缺文（八九八—二三一上）。宋刊本作「涕。所著樹色與凡樹不同」。

卷五百五十九

四庫本會稽郡十城地志條下有缺文（八九八—二四四上）。宋刊本作
輿地志曰。琵琶折有古冢半在水中甓有隱起字云琵琶。筮云吉。龜云凶。八百年墮水中。謝靈運取甓至京師諸貴傳觀之。
神怪志曰。王果經三峽見石壁有物懸之如棺。使取之乃一棺也。發之。骸骨存焉。有銘曰。三百年後水漂我至長江。垂欲墮欲落不落。逢王果。果悽然曰。數百年前已知有我。乃改葬祭之而去。
蘇州冢墓記曰。宋青州刺史郁泰玄性多仁恕。德感禽獸。初葬之日。群燕數千銜土於冢上。今冢猶高大。與他墳有異。村鄉歲時祭祀至今不絕。

卷五百六十

文信君呂不韋條。四庫本「臣願發昭王不韋冢」句下有缺文（八九八—二四八上）。宋刊本作「視未燒詩書」。

卷五百六十二

唐書條。四庫本「卣。歧王府長史裴子」句下注闕（八九八—二六〇上）。宋刊本作
餘謚曰孝。同時列上中書令張說省之曰。程裴二謚可謂謚之無愧也。
又曰。貞元中太常奏馬燧謚景武上改爲莊武。以避太祖謚。
又曰。元和中。賜太子賓客于頔。謚曰思。初有司謚

曰厲。至是特易之。右丞張正甫封其勑請還本謚補闕。高鉞上疏曰。夫謚者所以懲惡勸善。激濁揚清。使忠臣義士知勸。亂臣賊子畏罪。孔子修春秋。亂臣賊子懼。蓋爲此也。垂範如此。尚不能救。況又隳其典法乎。

大戴禮曰。周公旦爲太師相嗣王作謚法者行之跡也。號者功之狀也。服者位之章也。是以大行受大名。細行受小名。行出於己。名出於人。謚慎也。以人行之始終。悉慎錄之以爲名也。

禮記外傳曰。古者生無爵。死無謚。古謂夏殷之前。謚法周公所爲也。堯舜禹湯皆後追議其功耳。謚者行之跡也。累積平王所行事善惡而定其名也。有大行受大名謂之景行。景大也。有大善若禹湯文武者。小善受小名。若宣若成其德狹也。文經天地。其德博也。武定禍亂。其功大也。

五經通義曰。謚者死後之稱。累生時之行而謚之。生有善行。死有善謚。所以勸善戒惡也。謚之言列其所行。身雖死名常存。故謚也。

四庫本蕭子廣孝子傳曰下有缺文（八九八—二六四下）。宋刊本作

王脩字叔治。北海人。年十歲喪母。母以社日亡。來年社日。脩哀感悲號。鄰人爲之罷社。

世說曰。前輩人忌日唯不飲酒樂。王世將以忌日送客至新亭。主人須臾欲作音聲。王便去。時單往衛洗馬墓下彈馬。

語林曰。桓玄不立忌日。政有忌時。每至日。絃觴無廢。

卷五百六十四

四庫本漢書條下（八九八—二七二上）。宋刊本尚有一條「又曰。樂者四暢交於中。而發作於外。此先王立樂之方也」。

卷五百六十七

四夷樂章。四庫本「帝王之庭不宜作四裔之樂」句（八九八—二九七上）。宋刊本「四裔」作「四夷」。

又五經通義條。四庫本「東裔之樂」句（同上）。宋刊本「東裔」作「東夷」。

其後。四庫本自又曰舞四裔之樂條（八九八—二九七上）。以下至武帝永初元年條之「景曰。臣且不知何獨超世」句（八九八—二九八下）。與宋刊本內容全異。宋刊本其文如下

又曰。舞四夷之樂。明澤廣被四表也。東夷之樂曰侏離。南夷之樂曰任。西夷之樂曰禁。北夷之樂曰昧。東方所謂侏離者何。陽始通。萬物之屬離地而生。故謂之侏離。南方所以謂任者何。陽氣盛用事。萬物懷任。故謂之任。西方所以謂之禁者何。西方陰氣用事。禁止萬物不得長大。故謂之禁。北方所以謂之昧者何。北方陰氣盛用。萬物暗昧不見。故謂之昧。四夷之樂何以作之於廟陳於戶。

王子年拾遺記曰。成王之時南垂之南有扶婁夷國。或於掌中備百獸之樂。婉轉屈曲於指間。人形或長數分。神怪歘忽。樂府傳此末代猶在焉。

風土記曰。越俗飲讌即鼓柈以爲樂。取大素圜柈。以廣尺五六者抱以著腹。以右手五指更彈之以爲節舞者。蹀地擊掌以應柈節而舞。樂部樂志曰。龜茲起自呂光滅龜茲因得其聲。樂記有豎箜篌。琵琶。五絃。笙。笛。簫。觱篥。毛圓鼓。都苔臘鼓。腰鼓。羯鼓。

谿婁鼓。銅拔。貝等十五種爲一部。工二十人。歌曲有善善摩尼解曲。娑伽兒舞曲。小天疏勒監天笁。起自張重華據涼州。重四譯來貢樂器。鳳首箜篌。琵琶。五絃。笛。銅鼓。毛圓。都曇。銅拔。貝等九種爲一部。工十二人。歌曲有沙石彊。舞曲有文曲康國。起自周閔帝娉北狄爲后。得其所獲。西戎狄伏。因得其聲。集器有笛。正鼓。銅枝等四種爲一部。工七人。歌曲有三殿農和去。舞曲有賀蘭體鼻始末。疏勒。

安國。高麗並起。後魏平馮氏通西域。因得其伎。繁會其聲。疏勒樂器有豎箜篌。琵琶。五絃。笛。簫。觱篥。荅臘鼓。腰鼓。羯鼓。谿婁鼓十種爲一部。工十二人。歌曲有元利死讓樂。舞曲有遠解。曲有鹽苗。安國樂器。箜篌。琵琶。五絃。笛。簫。雙觱篥。正鼓。和銅枝。等簫。小觱篥。桃皮觱篥。腰鼓。齊鼓。檐鼓。貝等十四種爲一部。工十八人。歌曲有歌芝栖。舞曲有舞芝栖。北狄樂皆馬上樂也。鼓吹本軍

旅之音。馬上奏之。故自漢以來北狄樂總歸鼓吹署。後魏樂府始有北歌。即魏史所謂眞人歌是也。代都時命掖庭宮女晨夕歌之。周隋代興西涼樂雜奏。今存者五十三章。其名因可解者六章。慕容可汗。吐谷渾部落。稽鉅鹿公主。白淨王太子企兪也。其餘不可解。或可汗之詞。按今大角即後魏代[貝欠]邏迴是也。其曲亦多可汗之詞。北虜之俗皆呼主爲可汗。吐谷渾又慕容別種。知此歌是燕魏之際鮮卑歌。詞虜音不可曉。梁有鉅鹿公主歌似是。姚萇時歌詞華音與此歌不同。梁樂府鼓吹又有大白淨皇太子。小白淨皇太子企兪等曲。隋鼓吹有白淨王太子曲。與北歌校之。其音皆異。

唐書樂志曰。樂安樂後周武帝平齊所作也。行列方正。象城郭。周代謂之城。舞者八十人。刻木爲面。狗喙獸耳。以金飾之。垂線爲髮。畫襖皮帽。舞蹈姿制作猶羌胡狀。

唐會要曰。驃國樂。貞元十八年正月驃國王來獻。凡

一十二曲。以樂工三十五人來朝。樂曲皆演釋氏經綸之詞。驃國在雲南西南。以天竺國相近。故樂多演釋氏之詞。每爲曲皆齊聲唱。各以兩手十指齊斂爲赴節之狀。一低一仰。未嘗不相對。有類中國柘枝舞。驃一作僄。其西則有彌臣國。樂舞亦與驃國同。子習此伎以樂后制使袁滋郗士美至南詔並皆見此樂。

卷五百七十五

十六國春秋條。四庫本末句「吾初在家。恆聞如是」

（八九八—三五二上）。宋刊本其下尚有「諸奴白驢
驢奇而免之。至是衆歸焉」。
又此後宋刊本尚有七條如下
莊子曰。梓慶削木爲鐻。見者驚。猶鬼神。魯侯問其
術。對曰。臣將爲鐻。未嘗敢以耗氣。齊七日。忘吾
四支。然後入山林。觀天性區別見成鐻然後加手鐻似
夾鍾也。
管子曰。黃帝作五聲以正五鍾。一曰青鍾大音。二曰

赤鍾心。三曰黃鍾洫光。四曰景鍾昧其明。五曰黑鍾
隱其帝。五聲既調。然後作五行。
尸子曰。鄭公謂子產曰。飲酒之不樂。鍾鼓不鳴。寡
人之性也。國家之不乂。朝廷之不理。與諸侯交之不
得志也。子之任也。子無入寡人之樂。寡人無入子之
朝。自是以來。子產埋鄭。城門不閉。國無盜賊。道
無餓人。孔子曰。若是鄭公之好樂也。雖抱鍾而朝可
也。

戴延之西征記曰。陝縣城西北二面帶河。河中對城西
北角水湧起銅鍾。翁仲頭髮常出水上。漲減恒與水齊
。晉軍當至。髮不復出。唯見水異嗟嗟有聲。聲聞數
里。翁仲本在城內大司馬門外。爲賊所徙。當西入關
。至此而沒。
呂氏春秋曰。晉平公鑄爲鍾。使工聽之。皆以爲調矣
。師曠曰不調。請更鑄之。公曰。吾皆以爲調矣。師
曠曰。後世有知音者知鍾不調也。臣竊恥之。至於師
涓而果知鍾之不調也。

愼子曰。魯莊公鑄大鍾。曹翽入見曰。今國褊小而鍾
大。君何不圖之。
鬻子曰。大禹治天下也。以五聲聽之政曰。教寡人以
義者擊之鍾。

卷五百八十一

四庫本通禮義纂條下（八九八—三九三下）。宋刊本
尚有一條「樂府雜錄曰。將竿形類小鍾。以手捋之即

嗚」。

卷五百八十四

後周書條。四庫本「方始克諧」句（八九八—四一一上）。宋刊本下有「紹遠乃啓世宗行取」。

卷五百八十九

四庫本長平中源寂使新羅國條後有缺文（八九八—四四一下）。宋刊本作「又曰。李華嘗爲魯山令。元德季墓碑。顏眞卿書。李陽冰篆額。後人爭摹寫之。號爲三絕碑。」一條。

卷五百九十

孔子家語條。四庫本「豈曰過患哉」句下有缺文（八九八—四四七上）。宋刊本作「又孫楚反。金人銘曰。昔太廟左階之前有石人焉。大張其口而書其胸曰。我古之多言人也。無少言。無少事。少言少事後生何述焉。我頌三墳五典八索九丘。賾罔深而不探。理無奧而不鈎。故言滿天下而無口尤。夫唯言立乃可長久。胡不愧然。生鍼其口。自拘廣庭。終身叉手。」

卷五百九十五

四庫本語錄條下（八九八—四八五下）。宋刊本尚有「又幽明錄曰。阮瞻亦著無鬼論。俄而鬼見而瞻死」。

四庫本王平字子均條（八九八—四九〇上）。宋刊本此下尚有二條如下

晉書曰。何曾爲三公。人以小紙爲書者勅記室勿報。

又曰。何綏字伯蔚。曾之孫也。位至侍中尚書。因以繼世名賢。奢侈過度。性既輕物。翰札甚簡。城陽王尼見綏書疏。謂人曰。伯蔚居世而務豪乃爾。豈其免乎。劉與潘滔譖之於東海王越。越遂誅綏。

卷六百十

禮記正義條。四庫本「鄭康成云。月令呂不韋所修。盧植云。王制爲漢文時博士所錄。其餘衆篇皆如此例。但未能盡知所記之人也。」句（八九八—五八九下）。宋刊本作「漢文時博士作王制。其餘衆篇皆如此

例。至漢宣帝世東海后蒼善說禮於曲臺殿。撰禮一百八十篇。號曰后氏曲臺記。后蒼傳於梁國。戴德及從子聖德乃刪后氏記爲八十五篇。名大戴禮。聖又刪大戴禮爲四十六篇。名小戴禮。其諸儒又加月令。明堂位。樂記三篇。凡四十九篇。則今之禮記也。禮記有馬融鄭玄二家注。馬注今亡。唯鄭玄行於世矣。」

此下宋刊本尚有四條如下

漢書藝文志曰。易曰有夫婦。父子。君臣。上下禮義

有所錯。而帝王質文世有損益。至周曲爲之防。事爲之制。言委曲防閑。每事爲制也。故曰禮經三百。威儀三千。及周衰。諸侯將踰法度。惡其害己。皆滅去其籍。自孔子時而不具。至秦大壞。漢興魯高堂生傳禮十七篇。訖孝宣世。后蒼最明。戴德戴聖慶普皆其弟子。三家立於學官。禮古經者出於魯淹中。應劭曰。淹中里名也。及孔氏學七十篇文相似。多三十九篇。及明堂。陰陽。王史氏記所見多天子諸侯卿大夫之制。雖不能備。瘉倉等推士禮而致天子之說。師古曰。瘉與愈同。愈勝也。

漢書曰。樂以治內而爲同。禮以脩外而爲異。同則和親。異則畏敬也。

范曄後漢書曰。曹褒論曰。漢初朝制無文。叔孫通頗採禮經。參酌秦法。雖適物觀時。有救崩弊。先王之宏典蓋多闕矣。

晉書曰。韋逞母宋氏。家世儒學。其父授以周官音義

。謂之曰。吾家世學周官。傳業相繼。此周公所制經紀典誥。百官品物備於此矣。吾無男。汝可授之。勿令絕世。後符堅幸太學。博士盧壺奏曰。廢學已久。書傳零落。比年撰綴。唯周官禮注未有其師。竊見太常韋逞母宋氏傳其父業。得周官。晉義今年八十。視聽無闕。非此母無以傳授後生。於是就其家立講堂。隔絳紗幔而傳受。以宋氏爲文宣君。賜侍婢十人。周官後學傳於世。時稱韋氏宋母。

四庫本釋名條下（八九八—五九〇上）。宋刊本尚有
「春秋握成圖曰。孔子作春秋。陳天人之際。記異考
符」一條。

又「漢書藝文志」條下（八九八—五九一上）。宋刊
本尚有八條如下

又云。劉歆爲左傳學。以左氏丘明好惡與聖人同。親
見夫子。而公羊穀梁在七十之後。傳聞與親見其詳略
不同。嘗共父向校書。父爲穀梁學。數以難其父向。

向不能報也。

漢書曰。春秋所貶損。當時有威權者。是以隱其書而
不宣。及末世口說流行。故有公穀鄒夾之傳。四家之
中公羊穀梁立於學官。

東觀漢記曰。張霸字伯饒。以樊儵刪嚴氏春秋猶多繁
辭。乃減爲二十萬言。更名張氏學。

鄭玄別傳曰。何休字邵公。作公羊解注。妙得公羊本
意。作公羊墨守。左氏膏肓。穀梁廢疾。玄後乃發墨
守。鍼膏肓。起廢疾。休見而歎曰。康成入吾室。操
吾矛以伐我乎。

魏略曰。魚豢嘗問魏禧左氏傳。禧曰。左氏相斫書耳
。不足精意也。

又曰。嚴翰字公仲。善於春秋公羊。時司隸鍾繇不好
公羊而好左氏。以左氏爲太官廚。公羊爲賣餅家。故
嘗數與辯折長短。繇機捷善持論。而翰訥口時屈無以
應。繇曰。公羊高竟爲丘明服矣。翰曰。直故吏爲明
公服爾公羊未肯也。

蜀志曰。孟光字孝裕。洛陽人。博物識古。無書不覽
。尤銳意三長史。於漢書舊典好公羊春秋。而譏訶左
氏。每與來敏爭此二義。常譊譊讙咋。譊許袁切。咋
音俎格切。

晉書曰。王濟解相馬又甚愛之。而和嶠頗聚斂。預嘗
稱濟有馬癖。嶠有錢癖。武帝聞謂曰。卿有何癖。對
曰。臣有左傳癖。

王隱晉書曰。劉兆字延世。以春秋一經三家殊途。命世名儒是非之議紛然。牙爲讎敵。乃思三家之異合而通之。周禮有和怨調人之官。遂作春秋調人七萬餘言。」八條。

卷六百十二

四庫本抱朴子條下（八九八—六〇三上）。宋刊本尚有六條如下

又曰。夫周公上聖而日讀百篇。仲尼天縱而韋編三絕

。墨翟大賢載文盈車。仲舒命世不窺園圃。倪寬帶經以芸鋤。路生截蒲以寫書。黃霸桎梏以受業。甯子夙夜以倍功。故能究覽玄奧。窮測微言。

典論曰。孔融。陳琳。王粲。徐幹。阮禹。應瑒。劉楨七子者。於學無所遺。於文無所假。

文士傳曰。張華窮覽古今。嘗徙居。有書三十乘。

金樓子曰。丘遲出爲永嘉郡公。祖道於東都亭。敬子沈隱侯俱至。丘云。少來搜集書史。頗得諸遺書。無復首尾。或失名姓。凡有百餘卷。皆不得可知。今併欲焚之。二客乃謂主人云。可皆取出共看之。傳金紫末至二客。以向諸書示之。傳乃發擿剖判。皆究其流出。所得三分有二。賓客咸所悅伏。

國朝傳記曰。太宗嘗出行。有司請載副書以從。上曰。不須虞世南在此行秘書。

又曰。太宗稱虞鹽博聞。德行。書翰。詞藻。忠直。一人而已兼是五善。

又以下呂氏春秋。漢書藝文志。抱朴子。劉向七略。穎容春秋例。後漢書。蜀志等條（八九八—六〇三上下）。均原屬卷六百十八之正謬談章。今誤入此。

又其後九眞中經。三元布經。靈寶眞一訣。太上經等條（八九八—六〇三下至六〇四上）均原屬卷六百七十三之仙經下。今誤入此。

四庫本博物項下（八九八—六〇四下）。宋刊本尚有二條。

家語曰。夫子曰。子產於民為惠。主於學為博物。吾以兄事之也。

左傳昭元年曰。晉侯有疾。鄭伯使公孫僑如晉聘且問疾。叔向問焉曰。寡君之疾病。卜人曰。實沈臺駘為祟。史莫之知。敢問此何神也。子產曰。昔高辛氏有二子。伯曰閼伯。季曰實沈。居于曠林。不相能也。日尋干戈以相征討。后帝不臧。遷閼伯于商丘。主辰商人。是因故辰為商星。遷實沈于大夏。主參唐人。

見因以服事夏商。其季世曰唐叔虞。當武王邑姜方震太叔。夢帝謂己。余命而子曰虞。將與之唐。屬諸參。而蕃育其子孫。及生。有文在其手曰虞。遂以命之。及成王滅唐而封太叔焉。故參為晉星。由是觀之。則實沈參神也。昔金天氏有裔子曰昧。為玄冥師。生元格臺駘。臺駘能業其官。宣汾洮。障大澤。以處大原。帝用嘉之。封諸汾川。沈姒蓐黃實守其祀。四國。臺駘之後。今晉主汾而滅之矣。由是觀之。則臺駘汾神也。抑此二者不及君身。山川之神。則水旱癘疫之災於是乎禜之。日月星辰之神。則雪霜風雨之不時。於是乎禜之。若君身則亦出入飲食哀樂之事也。山川星辰之神又何為焉。僑聞之。君子有四時。朝以聽政。晝以訪問。夕以修令。夜以安身。於是乎節宣其氣。勿使有所壅閉。湫底以露其體。茲心不爽而昏亂百度。今無乃一之。同四時也。得生疾矣。僑又聞之。內官不及同姓。內官嬪御。其生不殖。殖長也。美

先盡矣則相生疾。同姓之相與先美矣。美極則盡。盡則生疾之。君子是以惡之。故志曰。買妾不知其姓則卜之。違此二者。古之慎也。一四時。取同姓。二者古人所慎。男女辨姓。禮之大司也。辨別也。今君內實有四姬焉。同姓姬四人。其無乃德是也乎。若由是二者弗可為也已。為治也。四姬有省猶可。無則必生疾矣。據異姓去同姓故言省。叔向曰善哉。肸未之聞也。晉侯聞子產之言曰。博物君子也。重賄之。

四庫本晉書張華傳條下（八九八—六〇五下）。宋刊本尚有

又曰。武帝常問摯虞三日曲水之義。虞對曰。漢章帝時平原徐肇以三月生三女。至三日俱亡。材人以爲怪。乃招攜之水濱洗祓。遂因水以泛觴。其義起此。帝曰。必如所談。便非好事。束晳進曰。虞小生不足以知。臣請言之。昔周公城洛邑。因流水泛酒。故逸詩云。羽觴隨波流。又秦昭王以三日置酒河曲。見金人奉水心之劍曰。令君制有西夏乃霸諸侯。因此立爲曲水。二漢相緣。皆爲盛集。帝大悅。賜晳金五十斤。時有人於嵩高山得竹簡一枚。上兩行科斗書。傳以相示。莫有知者。司空張華以問晳。晳曰。此漢明帝顯節陵中策文也。檢驗果然。時人伏其博識。

又曰。桓溫伐蜀。初諸葛亮造八陣圖於魚復下砂上。壘石八行。相去二丈。溫見之。謂此常山蛇勢也。文武皆莫能識之。

又曰。荀勗嘗在帝坐進飯。謂在坐人曰。此是勞薪所炊。咸未之信。帝遣問膳夫。乃云實用故車腳。舉世伏其明識。

四庫本黃銀。水銀。鉛等項（八九八—六〇五下至六〇六上）。均爲原卷八百十二者。今誤入此。

四庫本季桓子穿井條後（八九八—六〇七下）。宋刊本尚有二條如下

又曰。吳伐越。隳會稽。獲骨一節專車。骨一節其長。專車。專壇也。吳子使來好聘問之仲尼。仲尼曰。丘聞之。禹致群臣於會稽之山。防風氏後至。禹殺而戮之。防風。汪芒氏。君之名。違命後至。故禹殺之。陳尸爲戮。其骨專車焉。此爲大矣。客曰。敢問誰守爲神。仲尼曰。山川之靈足以紀綱天下者。其守爲神。紀綱天下謂名山大川。龍興雲致雨以利天下。社稷之守爲公侯。封國立社稷。而山川之祀者爲諸侯。令守之是公侯。皆屬於王者。客曰。防風何守。仲尼

曰。汪茫氏之君。汪茫。長翟國名。守封嵎山者也。封。封山。嵎。嵎山。在今吳郡永安縣也。為七姓。柒。汪芒氏之姓。在虞夏商為汪茫氏。於周為長翟。周世其國北遷為長翟。今為大人。今孔子時。客曰。人長之極幾何。仲尼曰。僬僥氏長三尺。短之至也。僬僥。西南蠻之別也。長者不過十之數之極也。十之三丈則防風氏。

又曰。仲尼在陳有隼集于陳侯之庭而死。楛矢貫之。石砮其長尺有咫。隼。鷙鳥。鶚也。楛。木名。砮。鏃也。石為之。八寸曰咫。楛矢貫之。墜而死也。陳惠公使以隼如仲尼之館問之。惠公。哀公之孫。悼太子之子吳也。仲尼曰。隼之來也遠矣。此肅慎氏之矢也。肅慎。北夷之國。昔武王克商。通道于九夷八蠻。使各以其方賄來貢。使無忘職業。於是肅慎氏貢楛矢石砮。其長尺有咫。先王欲昭其令德之致遠物也。故銘其栝曰。肅慎氏貢楛矢以分大姬。配虞胡公而封諸侯。分矛也。大姬。武王元安胡公。舜後虞遏父之子胡滿。古者分同姓以寶王。所以展親也。展。重。若夏后氏氏之璜也。異姓以遠方之職貢使無忘服也。故分陳以肅慎氏之貢。陳僞姓。君若使有司求諸故府其可得也。故府舊府。使求得之金櫝如之。

卷六百十五

四庫本伏曼容傳條下（八九八—六二二上）。宋刊本尚有一條如下

又曰。盧黃范陽涿人。少明經。有儒術。天監中歸梁。位步兵校尉兼國子博士。遍講五經。時北來人儒學者有崔靈恩。孫詳。蔣顯。並聚徒講說而音辭鄙拙。唯廣言論清雅。不類北人僕射徐勉兼通經術。深相賞好。後為尋陽太守。武陵王長史卒官。

隋書條。四庫本末句「皇帝服通天冠絳紗袍」（八九八—六二三上）。宋刊本其下尚有「外阼即座。宴畢還官。皇太子每通一經亦釋奠」。又其後馬光為太子

博士條。四庫本終於「而理義弘贍」句（八九八—六二三上）。宋刊本下有「論者莫測其淺深。咸共推服。上嘉而勞焉」。

卷六百十九

採求遺逸章

四庫本李暠條「穿落者親自補治」句（八九八—六四二上）。宋刊本下尚有「眪時侍側前代暠。暠曰躬自補者。欲人重此典籍」。

卷六百二十

孫卿子君者義也條。四庫本自「源濁則流濁」句以下有脫文（八九八—六四八下）。其文如下

鬼谷子曰。事聖君有聽從無諫爭。事中君有諫諍無諂諛。事暴君有補削無矯拂。

又曰。君得名則群臣恃之。君失名則群臣欺之。

尸子曰。孔子謂子夏曰。汝知君子乎。子夏曰。魚失水則死。水失魚猶爲水也。孔子曰。商汝知之。

又曰。日在井中不能燭遠。日在足下不可以視。君之有國猶天之有日。居不高則不明。視不尊則不遠。

韓子曰。晉平公問叔向。齊桓公九合一匡。君之力臣之力。叔向稱管仲隰明之力。師曠曰。君壤地也。臣草木也。壤地美然後草木碩。亦君之力。臣何力之有焉。

又曰。勢者君之輿也。威者君之策也。臣者君之馬也。民者君之輪也。勢固則輿安。威定則策勁。臣順則

馬良。民和則輪利。而爲國皆失此。有覆輿走馬折策敗輪矣。

又曰。爲人君者猶壺也。民亦水也。壺方水方。壺圓水圓。呂氏春秋曰。魏文侯燕飲。皆令諸大夫論己或言君仁。或言君義。或言君智。至任座曰。君不肖君也。得中山不封君弟而封君之子。是以知君不肖。文侯不悅座趨而起。次及翟璜曰。君賢君也。其主賢者其臣之言直。今座之言直。是以知君賢也。

又曰。善爲君者蠻夷反舌皆服。俗淳也。水泉深則魚鼈歸之。人君賢則豪傑赴之。

又曰。君者仁義以治之。愛利以安之。忠信以道之。務除其災致其福。故人之於上也。若璽之於塗也。抑之以方則方。以圓則圓。若五種之地。必應其類而蕃息百倍。此五帝三王之所以無敵也。

又曰。古之王者其所爲少。其所爲少。因者君術也。爲者臣道也。爲則擾矣。因則靜矣。因冬爲寒。因夏

爲暑。君奚事焉。故曰君道無爲。

又曰。昔太古嘗無君。其民聚生群處。知母不知父。無親戚兄弟夫妻男女之別。無上下長幼之道。無進退揖讓之禮。無衣服履帶宮室畜積之便。無器械舟車城郭險阻之備。此無君之患。故臣之義不可不明也。自上世以來。天下亡國多矣。而君道不廢者。天下利之也。

又曰。齊桓公染於管仲鮑叔。晉文染於舅犯郭偃。荆莊王染於孫叔敖。沈尹承。吳闔閭染於伍員文之義。越句踐染於范蠡大夫種。此五君者所染當故霸諸侯。范吉射染於張柳朔王生。中行寅染於籍秦高強。吳夫差染於王孫雄太宰嚭。智伯瑤染於智國張武。中尚染於魏義偃長。宋康王染於唐鞅田不禮。此六君者所染不當。故國皆殘亡身或死辱。爲君非爲君而因榮也。非爲君而安也。以爲行理也。

又曰。先王用非其有如己之有通乎君道者也。君者處

虛素服而無智。故能使衆智也。無能。故能使衆能也。能執無爲故能使衆爲也。無智無能無爲。此君之所執。

又曰。鄭君問於被瞻曰。聞先生之義不死。君信有之乎。被瞻對曰。有之。夫言不能聽。道不能行。則固不事君也。若言聽道行又何死亡。故被瞻之不死亡賢於死亡也。

卷六百二十一

說苑條。四庫本「人臣之術」句（八九八—六五四上）。宋刊本下有「隨順復命。無所敢專」。又「故上安而下治」句。宋刊本下有「生則見樂。死則見思。此人臣之本也」。

卷六百二十二

鄭子產有疾條之前。四庫本脫一條（八九八—六五八下）。宋刊本作「又曰周任有言曰。爲政者不嘗私勞。不罰私怨。詩云。有覺德行。四國順之。詩大雅。覺直也。言德行直則四方順從之。

卷六百二十三

四庫本陸賈時說詩書條下脫二則（八九八—六六三上）。宋刊本作

又曰。賈誼上疏曰。夫仁義恩厚。人主之芒刃也。權勢法制。人主之斤斧也。

又曰。夫三代之所長久者。其已事可知也。已事。已往之事。然而不能從者。是不法聖智也。秦世之所以亟絕者其轍迹可見也。然而不避。是後車又將覆也。夫存亡之變。治亂之機。其要在是而已矣。夫人之智能見已然不能見將然。夫禮者禁於將然之前。而法者禁於已然之後。是知法之用易見。而禮之所以爲至。難知也。若夫慶賞以勸善。刑罰以懲惡。先王執此之政。堅若金石。行此之令。信如四時。據此之公。無私如天地耳。豈顧不同哉。顧反也。爲人主計者。莫如先審取舍。取舍之極定於內。安危之萌應是外矣。安者非一日而安也。危者非一日而危也。以禮義治之

者積禮義。以刑罰治之者積刑罰。刑罰積而民怨背。禮義積而民和親。故世主欲民之善同。而所以使民善者或異。或道之以德教。或歐之以法令。道之以德教者。德教洽而民氣樂。歐之以法令者。法令極而民風哀。哀樂之感。禍福之應也。秦王之欲尊社廟而安子孫。湯武同然。而湯武廣大其德行。六七百歲而不失。秦王治天下十餘歲則大敗。此亡他故矣。湯武之定

取舍審。而秦王之定取舍不審也。夫天下大器也。今人之置器。置諸安處則安。置諸危處則危。天下之情與器無以異。在天子之所置之。湯武置天下於仁義禮樂。而德澤洽於禽獸草木。廣裕累子孫數十世。秦王置天下於法令刑罰。德澤亡一有。禍幾及身。子孫誅絕。此天下所共見也。

又其後唐書曰。又曰。管子。列子等條（八九八—六六三上）。原屬卷六百二十六者。今誤入此。

卷六百二十四

子思問於夫子條下。四庫本有脫文（八九八—六七一上）。宋刊本其文如下

又曰。孟軻問子思曰。堯舜文武之道可力而致乎。子思曰。彼人也。我人也。稱其言履其行。夜思之。晝行之。滋滋焉。汲汲焉。如農之趨時。商之趨利。惡有不致者乎。

又曰。穆公問子思曰。吾國可興乎。子思曰。可。公曰。爲之柰何。對曰。苟君與大夫慕周公伯禽之治。行其政化。開公家之惠。杜私門之利。結恩百姓。脩禮鄰國。其興也勃矣。

又曰。衛君問子思曰。寡人之政何如。答曰。無非君。曰寡人不知其不肖。亦望其如此也。子思曰。希旨容媚則君親之。中正弼非則君疏之。夫能使人富貴貧賤者君也。在朝之士孰肯舍其所以見親。而取其所以見疏乎。是故競求射君之心而莫有非君之者。此臣所謂無非也。公曰。然乎。寡人之過也。今知改矣。答

曰。君弗能焉。口順而心不懌者。臨事必疵。君雖有命。臣未敢受也。

又曰。信陵君問曰。古之善爲國至於無訟。其道何由。答曰。由乎政善也。上下勤德而和。德無不化。俗無不和。衆之所譽政之所是也。衆之所毀政之所非也。毀譽是非與政相應。所以無訟也。

又曰。子順相魏。改變寵之官以事賢才。奪其不任之

祿以賜有功。諸喪職者不悅。造謗言文咨以告。且曰。夫不善前政而有成。孰與變之而起謗哉。子順曰。民之不可與慮始久矣。古之善爲政者。其初不能無謗。子產相鄭三年而後謗止。吾先君之相魯三月而後謗止。今吾爲政日新。雖不及聖賢。庸知謗止獨無時乎。文咨曰。子產之謗嘗亦聞之。未識先君之謗何也。子順曰。先君初相魯。魯人頌曰。麛裘而芾。投之無戾。芾而麛裘。投之無郵。及三月政化既行。民又作

頌曰。袞衣章甫。實獲我所。章甫袞衣。惠我無私。文咨喜曰。乃今知先生不異乎聖賢矣。

卷六百二十六

兒寬爲左內史條下。四庫本有脫文（八九八—六七九上）。宋刊本其文如下

又曰。元鳳中詔曰。夫穀賤則傷農。今三輔太常穀減賤。其令以菽粟當今年賦租稅。元年初詔曰。天下以農桑爲本。日者省用罷不給官。減外徭耕桑者益衆。而百姓未能家給。朕甚愍焉。其減口賦錢有司奏請減什三。上許之。

後漢書曰。建武中田租三十稅一。有產子者復以三年之筭。明帝即位。人無橫徭。天下安寧。時穀尚貴。尚書張林上書言穀所以貴由錢賤也。可盡封錢一取布帛爲租。以通天下之用。從之。魏志曰。太祖初平袁紹。下令田租畝收粟四升。戶絹二疋。綿二斤。餘不得擅興。

晉書曰。武帝平吳後。制戶調之式。丁男之戶歲輸絹三疋。綿三斤。女及次丁男爲戶者半輸。諸邊郡或三分之二。遠者三分之一。夷人輸賨布戶一疋。遠者或一丈。不果田者輸義米戶三斛。遠者五斗。極遠者輸筭錢人二十八文。

齊書曰。高帝初。竟陵王子良上表曰。今所在穀價雖和。而比室飢嗛。縑纊雖賤。駢門裸質。而守宰務在裒刻圍桑品屋以准貲課。致令斬樹發瓦以充重賦。破

人敗產。賈利一時。進違舊科。退容姦利。欲人康泰
。其可得乎。
隋書曰。初蘇威父綽在西魏時。以國用不足爲征租稅
之法。頗稱爲重。既而歎曰。今所爲者。正如張弓。
非平世也。後之君子誰能施乎。威聞其言。每以爲己
任。至是威爲納言奏減賦役從輕典。帝悉從之。
又曰。開皇元年。陳平上御朱雀門觀凱旋。因行慶賞
。頒給所費三百餘萬。帝以江表初定。給復十年自餘

。諸州並免當年租賦。十二年有司上言。庫藏皆滿。
帝曰。朕既薄賦於人。又大經賜用。何得爾也。對曰
。用處常出。納處常入。略計每年賜用至數百萬段。
曾無減損。乃更開左藏之院。搆屋以受之。詔曰。既
富而教方知廉恥。寧積於人。無藏府庫。今年田租三
分減一。兵減半。功調全免。
唐書曰。開元八年二月制曰。頃者以庸調無憑。好惡
須准。故遺作樣以頒諸州。令其好不得過精。惡不得
至濫。任土作貢。防源斯在。諸州送物。作巧生端。
苟欲副於斤兩。遂即加其丈尺。有至五丈爲疋者。理
甚不然。闊尺八長四丈。同文共軌。其事久行。立樣
之時。須載此數。若求兩而加尺。甚暮四而朝三。宜
令所司簡閱。有踰於比年常例尺丈過多者奏聞。

卷六百三十一

晉中興書條下。四庫本有脫文（八九八—七一六下）
。宋刊本其文如下

傅暢晉諸公讚序曰。魏舒雖有宇量。衆望未能悉歸。
侍中任愷爲世祖所委任。秦始中啓舒散騎常侍侍中尙
書令。又爲吏部遷僕射。舒雖體度弘雅。而才鈍無所
創設。遷光祿大夫開府領司徒。世祖臨軒。使太常任
愷拜授朝廷以愷前啓拔舒而爲王人人爲愷怨之也。
宋書曰。劉穆之爲丹陽尹。凡所薦達不納不止。常云
。我雖不及荀文若之舉善。然不舉不善。
又曰。王鎭惡頗讀諸子兵書。喜論軍國大事。騎射非

長而縱橫善果斷。武帝伐廣固。鎮惡時爲臨澧令。人或薦之。武帝召與語。異焉。因留宿。且謂參佐曰。鎮惡王猛孫所謂將門有將。即署前部賊曹。破賊有功。封博陸縣五等子。

又曰。謝晦字宣明。初爲昶建威府中兵參軍。孟昶死。帝問劉穆之昶府誰堪入府。穆之舉晦。即命爲太尉參軍。武帝嘗訊獄其旦。刑獄參軍有疾。晦代之。晦車中一覽訊牒。隨問酬對無失。即日署刑獄賊曹。

又曰。張邵元嘉五年爲征虜將軍。領寧蠻校尉雍州刺史加都督。初王華與邵不和。及華參要親舊爲之危心。邵曰。子陵。子陵華字。方弘至。公豈以私隙害正義。是任也華實舉之。

又曰。晉平王休祐爲南徐州帝就褚彥回求幹事人。爲上佐彥回。舉沈文季轉騎長史東海太守。

卷六百三十三

初霍氏奢侈條後。四庫本云原闕（八九八—七三一上）。宋刊本作

後漢書曰。光武召桓榮令說尙書。甚善之。拜爲議郎。賜錢十萬。使授太子。每朝會輒令榮於公卿前敷奏經書。帝稱善曰。得生幾晚特加賞賜。後榮入會廷中。詔賜奇菓。授者皆懷之。榮獨手捧以拜。帝笑之曰。此眞儒生也。以是愈見敬厚。常令上宿太子宮。後拜太子少傅。賜輜車乘馬。榮大會諸生。陳其車馬印綬曰。今日所蒙。稽古之力也。可不勉乎。

又曰。明帝初即位。賜天下男子爵人二級。漢書音義曰。男子者謂户內之長也。又賜爵者罪得贖。貧者得賣與人乎。三老孝悌力田人三級。過公乘得移與子。若同子產。漢制賜爵自公士也。不得上公乘。故過者得移授也。同産。同母兄弟也。及流人無名數欲自占者人一級。無名數謂文簿也。占謂自歸首。

又曰。管陶公主爲子求郎。不許而賜錢千萬。謂群臣曰。郎官上應列宿出宰百里。有非其人則人受其殃。

是以難之。

又曰。永平中顯宗幸宛。詔諸李隨安衆宗室會見並受賀賜恩寵篤焉。

卷六百三十七

東觀漢記條前。四庫本少一則（八九八—七五八下）。宋刊本作「又曰。鄭弘建初中爲尙書令。舊制尙書郎限滿補縣長。令史補承尉。弘奏以爲臺職雖尊而酬賞甚薄。請使郎補二千石。令史爲長。帝從其議。弘前後所陳有補益王政者皆著之南宮以爲故事。」

卷六百四十一

崔光韶遷廷尉卿條之後。四庫本有脫文（八九八—七八四上）。宋刊本其文如下

北史曰。後魏就德於營州反。使尙書盧同往討之。敗而還。屬侍中穆紹興元順侍坐。因論之同先有近宅與紹。紹頗欲爲言。順勃然曰。盧同終將無罪。太后曰。何得如侍中之言。順曰。同好宅與要勢侍中豈有罪也。紹慚不敢復言。

唐書曰。太宗即位。務止奸忒。風聞諸曹案典多不受賂。乃遣左右試以財物。遺之有司門下。令吏受饋絹一疋。太宗怒將殺之。裴矩進諫曰。此人受賂誠合重誅。但陛下試之即行極法。所謂陷其入罪。死非導德齊禮之義也。太宗納之。

又曰。開元十年。武強令裴景仙犯乞取贓積絹五千疋。事發。景仙逃走。吏捕得之。玄宗怒。命集衆決殺。大理卿李朝隱奏曰。裴景仙緣是乞贓。犯不至死。

又景仙曾祖故司空寂往屬締構首豫元勳。載初年中家陷非罪。凡有兄弟皆被誅夷。唯景仙獨存。今見承嫡據贓未當死。坐有犯猶入議條。十代宥賢功多。宜錄一門絕祀。情或可哀。詔不許。朝隱復奏曰。有斷自天處之極法。生殺之柄人主合專。輕重有條。臣下當守。枉法者枉理而取十五疋便抵死刑。乞取者因乞爲贓數千疋止當流坐。今以乞取得罪處斬刑。後枉法當

科欲何罪。臣所以爲國惜法。期律文詔令減死一等。杖一百。流于嶺南。

又曰。牛僧孺爲御史。長慶元年。宿州刺史李直臣坐贓當死。直臣賂中貴人爲之伸理。僧孺堅執不迴。穆宗面喻之曰。直臣事雖失。此人有經度才。可委之邊任。朕欲貸其法。僧孺對曰。凡人之才止於持祿取容耳。帝王立法束縛姦雄。正爲才多者。祿山朱泚以才過人濁亂天下。況直臣小才。又何屈法哉。

四庫本「罪」項下（八九八—七八四下）。宋刊本尙有「書舜典曰。流共工于幽州。放驩兜于崇山。竄三苗于三危。殛鯀于羽山。四罪而天下咸服。」

卷六百四十四

魏略條下。四庫本脫八則（八九八—八〇三下）宋刊本如下

江表記曰。孫策得太史慈即勑破械。使沐浴賜衣巾。並誤酒食。

魏志曰。田豫爲汝南太守。先是郡人侯音友。前太守收其黨五百餘人。皆當死。豫悉見慰。喻破械遣之。諸囚叩頭願效。即相報語。群賊解放。

吳志曰。陳表傾意待士。皆樂爲用命。時有盜官物者。疑施明。明壯悍。收考極毒。雖死不伏。廷尉以聞。權以表使自以意求其情實。表便破械沐浴。易其衣服。厚設酒食。欲以誘之。明乃首服。

晉書曰。范廣爲堂邑令丞。劉榮坐事當死。郡以付縣

。榮即縣人。家有老母。至節廣輒暫還。榮亦如期而返。縣堂爲野火所及。榮脫械救火。事畢還自著械。

又曰。并州刺史司馬騰執諸胡於山東。賣充軍實。將詣冀州。兩胡一枷。石勒亦在中。

又載記曰。符丕敗。徐義爲慕容永所獲。械埋其足。將殺之。義誦觀世音經。至夜土開。械脫出於重禁之中。若有人脫之者遂奔。

後魏書曰。孝文太和初。時法官及州郡縣多爲重枷。

復以絙石懸於囚頸。傷肉至骨。勒以誣服吏以爲能。帝聞而傷之。乃制非大逆有明證而不疑辭者。不得大枷。

又曰。宋翻爲河南令。縣舊有大枷。時人號曰彌尾青。及翻爲縣主。吏請焚之。翻曰。且置南墻下以待豪猾。未幾。有內監楊小駒詣縣請事。辭色不遜。翻命取青尾鎖之。小駒既免。入訴於宣武。宣武大怒。勑河南尹推之。翻具自陳伏。詔曰。卿固違朝法。豈不

欲作威以買名。翻對曰。造具亦非臣所以留者。非敢施於百姓。欲待兇暴之徒如駒者耳。由是威振京師。

史記條下四庫本脫一則（八九八－八〇六下）。宋刊本作「晉令曰。徒著鉗者刑竟錄輸所送獄官」。

卷六百四十五

四庫本自「誅」項下之史記條之後（八九八－八〇八上）。至前秦錄曰有司奏人有盜其母之錢而逃者條（八九八－八一二下）之間。有脫文有錯簡。如漢書陸續獄急條以下（八九八－八〇八上）至宋書曰王者累遷宣城內史條（八九八－八〇九上）。以及又曰呂后爲太后條以下（八九八－八〇九下）至又曰蕭育當繫條（八九八－八一〇上）。均原屬卷六百四十二「囚」項下。今誤入此卷。宋刊本史記條以下至前秦錄條。其文如下

史記曰。二世遵用趙高之法。乃陰與謀曰。大臣不服。官吏尚強。及諸公子必與我爭奈何。高曰。臣固願

言而未敢也。先帝之大臣皆天下累世名貴人也。積功勞世以相傳久矣。今高素小賤。陛下幸稱舉。令在上位管中事。大臣鞅鞅特以貌從臣。其心實不服。今上出不因此時案郡縣守尉有罪者誅之。上以振威天下。下以除去上生平所不可者。願陛下遂從時無疑。二世曰善。乃行誅大臣及諸公子。

漢書曰。誅彭越。盛其醢以偏賜諸侯。

又曰。公孫弘年八十終丞相位。其後李蔡。嚴青。翟

趙周。石慶。公孫賀。劉屈氂踵爲丞相。自蔡至慶。丞相府客館丘墟而已。至賀屈氂壞爲馬廐車庫奴婢室矣。唯慶以惇謹終丞相位。其餘盡伏誅。

又曰。上遣公孫敖將兵深入匈奴迎李陵。敖軍無功還。言陵教單于爲兵以備漢軍。故臣無所得。上聞於是族陵家。母弟妻子皆伏誅。

後漢書曰。梁冀誅李固而露尸於衢。令有敢臨者加其罪。

又曰。梁冀專權。其同己者榮顯。違迕者劒死。同僚側目。臺閣機事先以聞。冀乃得奏御。內外恐懼。上下鉗口。天子恭己而已。不有所親任。上既不平之矣。冀以私憾專殺議郎。邴遵。上愈益忿。八月癸酉。上問小黃門唐衡曰。左右誰與梁氏不相得者。衡荅曰。單超左悺。上呼超悺入室。上曰。梁將軍兄弟專朝。逼脅內外。公卿已下從其風旨。今欲誅之。於常侍意如何。皆對曰。誠國賊。當誅之日久。臣等弱少。未知聖意如何。上曰。審然者。常侍密圖之。對曰。圖之易耳。但恐陛下腹中狐疑。上曰。姦臣脅國。當伏其罪。復何狐疑。於是命衡呼超等曰。陛下今計已決。勿得數言。恐爲人疑。丁丑冀心疑超等。使中黃門張惲入省宿以防其變。瑗勑吏收惲自外謀圖不軌。於是帝幸殿。召公卿勒兵。使者收冀大將軍印綬更封。比景部鄉侯黃門令瑗將虎賁劒士卒千人司隸與共捕冀宗親送雒陽獄。無少長皆誅之。冀自殺。坐冀所連及公卿列侯校尉刺史二千石死者數十人。冀故吏賓客

免絀者二百餘人。朝廷爲之一空。

又曰。鍾離意爲瑕丘令史。有擅建者盜竊縣內。意屏人問狀。建叩頭伏罪。不忍加刑。遣令長休。建父聞之。爲建設酒謂曰。吾聞無道之君以刃殘人。有道之君以義行誅子罪命也。遂令建進藥而死。

漢雜事曰。上自擊鄧奉。破之於長安。奉降。上以舊功臣不誅。耿弇曰。奉背恩反叛。曝師連年。上既至

。奉親在陳兵敗乃降。不誅無以懲惡。於是誅之。
又曰。秦豐田戎連兵黎丘距漢。上遣朱祐守豐。議者以爲豐已連年。勢必困。上自往。豐必降。上往招。豐出惡言。後數月豐降。祐檻車傳及母妻子。送洛陽大司馬吳漢劾奏。祐知豐狡猾。圍守連年上親至城下而遂悖逆天下所聞。當伏夷滅之誅。不時斬截而聽受降無將帥任大不敬。上乃誅豐召祐。
王隱晉書曰。解結與孫秀不協。秀誅張華。并欲誅結

弟。梁王肜救之。秀曰。我於水中蟹尚惡之。況其兄弟耶。
晉書曰。孟玖譖陸機於成都王穎言其有異心。將軍王闡郝昌公師蕃等皆玖所用。與牽秀等共證之。穎大怒。使秀密收機。其夕機夢黑幔繞車。手決不開。天明而秀兵至。機釋戎服。著白袷與秀相見。神色自若。謂秀曰。自吳朝傾覆。吾兄弟宗族蒙國重恩。入侍幃幄。出剖符竹。成都命吾以重任。辭不獲已。今日受誅豈非命也。因與穎牋詞甚悽惻。既而歎曰。華亭鶴唳。豈可復聞乎。遂遇害於軍中。
又載記曰。昌黎尹孫伯仁護弟乙枚等俱有才力。以驍勇聞。馮跋之立也。並翼開府而跋未知所欲。由是有怨言。每於朝享際。常拔劒擊柱曰。興建大業有功力焉而滯於散將。豈是漢祖山河之義乎。跋怒誅之。
趙書曰。臨沅侯崔約字道恭。與太子詹事羯孫珍會朝。珍患目痛。問約用何方治爲佳。約戲言唯溺取愈。

珍曰。目何可溺。約曰。卿目腕腕正可溺中。珍入奏。天子怒約。父子伏誅。
晉書曰。劉裕誅諸葛長民。士庶咸恨。正刑之晚。若釋桎梏焉。
宋書曰。謝眺初告王敬則友。眺臨誅歎曰。天道其不可昧乎。我不殺王公。王公因我而死。
莊子曰。爲不善乎顯明之中者。人得而誅之。爲不善乎幽闇之中者。鬼得而誅之。明乎人明乎鬼者。然後

能獨行也。

列子曰。鄧析操兩可之說。設無窮之辭。當子產執政作竹刑。鄭國用之。數難子產之治。子產俄而誅之。

愼子曰。有虞之誅以幪巾當墨。以草纓當劓。以菲履當刖。以艾韠當宮。布衣無領當大辟。此有虞之誅也。斬人支體。鑿其肌膚謂之刑。畫衣冠。異章服謂之戮。上世用戮而民不犯也。當世用刑而民不從。

韓子曰。堯欲傳天下於舜。鯀諫曰。不祥哉。孰以天

下傳之疋夫。堯不聽。舉兵誅之於郊。共工又諫流於幽都。天下莫敢言。

又曰。太公東封齊。齊東海上有居士曰。狂獝華士。昆弟二人立議曰。上不臣天子。下不事諸侯。耕作而食。掘井而飲。吾無求於上。太公至營丘使執而殺之。周公聞。發急傳問之太公。荅曰。今有馬如驥之狀。天下至良也。驅之不前。引之不至。左之不左。右之不右。賢士而不爲主用。驥之不可以左右。是以誅之。

會稽典錄曰。孟嘗仕郡戶曹史上虞。有寡婦雙養姑至孝。姑卒病亡。其女言縣以雙煞其母。縣不理斷結竟言郡。郡報治罪。嘗諫以爲此婦素名孝謹。此必見誣。固諫不聽。遂抱其獄文書哭於府門。後郡遭大旱三年。上虞尤甚。太守殷丹下車訪問。嘗具陳雙不當死誅。姑之女改葬孝婦。丹如其言。天應雨注。

襄陽耆舊記曰。李衡聞王道有人物往干之。道曰。多

士世尙書劇曹郎才也。後數年校書郎呂壹操弄權柄。大臣逼畏。莫敢言。或問道。道曰。非李衡無能困之者。遂共薦衡爲郎。衡一引見。口奏壹數千語。孫權有愧色。劉助復告壹。壹即伏誅。

世說曰。桓宣武之誅袁眞也。未當其罪。世以爲冤焉。袁眞在壽春嘗與宣武一妾姙焉生玄。及簒。亦覆桓族。識者以爲天理之所至。

轅

釋名曰。車裂曰轘。轘也者散也。支體分散。
傳曰。齊人殺子亹而轘高渠彌。車裂曰轘。
又曰。楚子爲陳夏氏亂。故伐陳。謂陳人無動將討於少西氏。遂入陳煞夏徵舒。轘之栗門。
又曰。楚觀起有寵於令尹子南。未益祿而有馬數十乘。楚人患之。王煞子南於朝。轘起於四境。
孔藂子曰。齊王行車裂之刑。群臣諫不聽。子高見齊王曰。聞君行車裂之刑。夫車裂之刑無道之刑也。而君行之。臣切以爲下吏之過也。王曰。寡人耳。民多犯法。爲法之輕也。子高曰然。此誠君之盛意也。夫人含五常之性。有哀樂喜怒。無不過其節。節過則毀於義。多犯法。以法之重無所措手足故也。今天下悠悠士無定處。有德則往。無德則去。欲規霸王之業。與衆大國爲難而行酷刑以懼遠近。國內之民將畔。四方之士不至。此乃亡國之道。君之下吏不得以聞。是爲自居於中正之地而闇推之君主使同於桀紂也。且夫爲人臣見主非而不爭。以陷主於危亡。罪之大者也。人主疾臣之弼。已而惡之。資臣以箕子比干之忠。惑之大者也。齊王曰。謹聞命。遂除車裂之法焉。
史記曰。秦發兵攻商君。殺之於鄭澠池。秦惠王車裂商君。徇曰莫如鞅反。滅商君之家。
又曰。張儀西說趙王曰。蘇秦熒惑諸侯以是爲非。以非爲是。欲反之不可一亦以明矣。
漢書曰。陳勝初令銍人宋留將兵定南陽。入武關。留

已徇南陽。聞勝死。南陽復爲秦。宋留不能入武關。乃東至新蔡。遇秦軍。宋留以軍降秦。傳留至咸陽車裂留以徇。
續漢書曰。張角別黨馬元義爲山陽所捕。得鎖送京師。車裂於市。
崔鴻前涼錄曰。武威姑臧氏名白興。以女爲妻。其妻妬之。興怒。以妻爲婢。爲女給使郡縣以聞。張駿大驚曰。自古所未聞也。將爲怪乎。於姑臧市轘煞之。

是月沉陰昏霧霾四塞。

又曰。前秦錄曰。池陽民惑其婦言而欲煞母。遂車載母辭詣親家入南山。母曰。汝詣親家何至是也。兒曰。老婢何言。遂下母於溪谷之間。脫衣將殺之。初婦謂其夫曰。不可不得中衣來也。兒不欲手脫。背坐厲聲令母自脫。母泣曰。我生汝養汝。至於今日。汝信婦言枉煞我。不可不乞我此衣。兒怒曰。老婢復何言。母呼曰。天神山神。當見此不言。未卒聲。見所持

刀忽貫其項。而煞投於山穴。毋乘車卻歸。昏而反家。婦謂其夫還。逆問曰。得中衣來不。毋馳告鄰里。收其婦送官郡縣以聞。堅驚曰。宇宙之內乃有此事。將非怪乎。於是轘而煞之。

崔鴻南燕錄曰。慕容超即位。太后告超曰。左僕射封嵩數遣黃門令牟裳說吾云帝非太后所生。依如故法宜勒兵廢帝。立鍾爲主。超命執嵩斬之。嵩請與母別。超曰。尚知有母。何意問人之親。以五車裂之。

又前秦錄曰。有司奏人有盜其母之錢而逃者。請投之四裔。太后聞而怒曰。三千之罪莫大於不孝。當棄之市朝。奈何投之方外乎。方外豈有無父母之鄉乎。於是轘而殺之。

卷六百四十六

四庫本考竟章少三則（八九八—八二〇下）。宋刊本如下

又曰。董卓被誅。蔡邕在司徒王允坐。殊不意言之而

歎。有動於色。允勃然叱之曰。董卓國之大賊。幾傾漢室。君爲王臣。所宜同忿。而懷其私遇以忘大節。今天誅有罪而反相傷痛。豈不與爲逆哉。即收付廷尉。考竟其罪。邕陳辭謝乞黥首刖足繼成漢史。士大夫多矜救之不能得。太尉馬日磾馳往謂允曰。伯喈曠世逸才。多識漢事。當續成史。爲一代典。且忠孝素著。而所坐無名之誅。無乃失名望乎。允曰。昔武帝不殺司馬遷。使作謗書流於後世。方今國祚中衰不可令

佞臣執筆。在幼主左右旣無益聖德。復使吾黨蒙其訕議。曰碑退而告人曰。王公其不長世乎。善人國之紀。制作國之典。滅紀廢典。其能久乎。邕遂死獄中。

晉書曰。王豹上書。勸齊王冏與成都王穎如分陝之利。會長沙王乂至。於冏案上見豹牋謂冏曰。小子離間骨肉。何不銅駝下打殺。冏旣不能嘉豹之策。遂納乂言。乃奏爲臣不忠不順不義輒都街考竟。以明邪正。豹將死曰。懸吾頭大司馬門見兵之攻齊也。衆庶冤之。俄而冏敗。

三國典略曰。齊兗州刺史武城縣公崔陵恃預舊恩。頗自矜縱。寵妾馮氏假其威刑。恣情取納。風政不立。爲御史所劾。召收繫廷尉考竟。遂死獄中。

卷六百四十八

除肉刑章漢書條。四庫本「故以完易髡」句（八九八—八三〇上）。宋刊本下尙有「以笞代劓。以釱左右趾代刖。此言髡者完之也」。又後文「爲城旦舂罪也」句（同上）。宋刊本下尙有「滿三歲爲鬼薪白粲。鬼薪白粲一歲爲隸臣妾。隸臣妾一歲免爲庶人。應劭曰。取薪給宗廟爲鬼薪。白粲。擣米使正白粲然」一段。此段四庫本誤入卷六百四十九之「鞭」項後魏書條。

其後四庫本之三國典略。齊春秋。齊書三條及南史條至「時舍人曹義達爲」句（八九八—八三〇下）。係屬卷六百四十九「鞭」項下。今誤入此卷中。故「除肉刑」項之漢書條之後。宋刊本有「論肉刑」項。四

庫本亦部分誤入卷六百四十九。此即四庫本卷六百四十九「論肉刑」項下之續漢書條及魏志條至「恨人死之無辜」句（八九八—八三五下）。應置於卷六百四十八之南史條「明習律令。與群臣共議出本當右趾而入大辟者復行此刑」句之上（八九八—八三〇下）。而「論肉刑」項凡錄七條。即續漢書。魏志。王隱晉書。又曰尙書梅陶問光祿大夫祖納。又曰劉頌上書。

博物志。崔寔政論諸條。其中魏志條一析爲二。分別誤接。故其原文如下「魏志曰。鍾繇上疏曰。大魏受命。繼蹤虞夏。孝文革法。不合古道。先帝聖德。固天所縱。典墳之業。一以貫之。是以繼世仍發明。詔思復古刑爲一代法。連有軍事遂未施行。陛下遠追二祖遺意。惜斬趾可以禁惡。恨人死之無辜。使明習律令。與群臣共議出。本當右趾而入大辟者復行此刑。書云。皇帝請問下民鰥寡有辭於苗。此言堯當除蚩尤

有苗之刑。先審問於下民之有辭者也。若今蔽獄之時。訊問三槐九棘群吏萬民。使如孝景之令。其當棄市欲斬右趾者。許之其黥劓。左趾宮刑者如孝文易以髡笞。能爲姦者率年二十至四五十。雖斬其足。猶任生育。令天下人少於孝文之世。下計所全歲三千人。張蒼除肉刑。所殺歲以萬計。臣欲復肉害刑。歲生三千人。疏奏詔曰。太傅學廣才高。留心政事。文於刑理深遠。此大事公卿群僚善共平議。司徒王郎議以爲繇。欲輕減大辟之條。增益刖刑之數。此則起偃爲豎。化屍爲人矣。然臣之愚猶有未合微異之意。夫五刑之屬者在科律。科律自有減死一等之法。不死即爲減死。施行已欠。不待遠假斧鑿於彼肉刑。然後罪次也。前世仁者不忍肉刑之慘酷。是以廢而不用。不用已來。歷年數百。今復行之。恐其所減之文未彰於萬民之目。而肉刑之問已宣於寇讎之耳。非所以來遠人也。議者百餘人。與朗同者多。帝以吳蜀未平且寢。」

卷六百四十九

四庫本「鞭」項只錄至後魏書條（八九八—八三五上）。其中「滿三歲爲鬼薪白粲」云云。係卷六百四十八「除肉刑」下之漢書條文（前已辨明）。宋刊本此項下尚有三國典略。齊書。南史。唐書。晉令。搜神記等十二條。其中三國典略。齊書。南史三條誤入卷六百四十八之「除肉刑」項下（前已辨明）。唐書條以下又全置入「論肉刑」項中（八九八—八三五下至

八三七上）。其中南史一條又與「論肉刑」之魏志條錯簡。宋刊本之南史條如下「南史曰。褚玠爲山陰令。時舍人曹義達爲宣帝寵。縣人陳信家富。諂事義達。信父顯丈恃勢橫恣。玠乃遣使執顯丈。鞭之一百。於是吏人股慄。」

卷六百六十六

陶弘景條。四庫本「飲酒能至一斗而斷不進也」句（八九九—八一下）。宋刊本「進」作「醉」。又此下宋刊本尚有四則如下

老氏聖紀曰。神醫中岳仙人成公與以姚氏泓十五年七月六日仙化。門徒欲厚葬之。輿忽然重起。曰道士絕累與俗有殊。胡爲哀哭厚葬。但建修齋功。此乃合太古淳眞人法也。言訖而化。明日中時有叩石室者。門人出視。見兩童子引入戶。公與欻起去葬於鞏縣界潔素里。

又曰。孟道養字孝元。外名援。平昌人。少時聞有法席。不問遠近。往觀聽焉。及長。性沉靜。學專爲己。不求聞達。閉戶開窗。披書玩古。及入室讀誦。聲纔出口。有劉緩戴詵相造。研論窗玄理。各歎伏。以爲邁絕。

又曰。吳猛字世雲。豫章人也。性純孝。夏夜在父母側不敢驅拂蚊蚋。恐去己而集親。年三十。邑人丁義士奉道以術傳之。鄉人隱銅爲設酒。既去。酒在器中不耗。道士舒道雲病瘧比年。猛授以三皇詩使諷之。頓愈。嘗還豫章。以白羽畫江而渡。縣東有石笥。歷

代未嘗開。猛往發之。多得簡牒古字不可識。縣南有峻石。時立千仞。猿狖不能上。猛仗策登之。縣令新蔡千慶好畋獵。猛屢諫不聽。後慶大獵。四面引火烘天。而猛坐草中自若。鳥獸依附左右。火不能及。慶大駭。因是悔。王敦於坐收猛。俄失之。敦大怒。是歲敦敗猛。登廬山見一叟坐樹下。以玉杯承甘露授猛。又有王房金室見數人與猛語。若舊相識。設玉膏終

日。猛又乘鐵舡於廬山頂。

又曰。錢妙眞。晉陵人也。幼而好道。便欲離俗。親族逼以適人。泣涕固免。遂居大小二茅山後。往燕口洞。手裁書幷詩七章與陶隱居。

卷六百八十五

四庫本「委貌冠形有」句（八九九—二一三下）。宋刊本作「委貌其形。委曲之貌。上小下大」。

卷六百八十六

四庫本司馬彪續漢書條下（八九九—二二四下）。宋刊本尙有「衛宏漢舊儀曰凡齋紺幘耕青幘」一則。

卷六百九十三

四庫本左傳條下（八九九—二七三上）。宋刊本尙有「韓詩外傳曰。東郭書知宋之將亡。故褰褐而過鬲。其朝曰。宋將有棘荆。故褰褐而避之也。居三年。宋果亡。」

卷六百九十四

論語條。四庫本「黃衣狐裘」句（八九九—二七七下）。宋刊本下有「褻裘長短右袂」。又其後「禮曰仲秋獻良裘。季秋獻功裘。良善也。功謂人工粗也」（同上）。宋刊本作「周禮曰。司裘掌爲大裘以供王祀天之服。仲秋獻良裘。季秋獻功裘。良。善也。仲秋鳥獸毛毨因良時而用之。功裘。人功做粗謂孤青麛裘之屬也。大裘廞裘飾皮車。廞淫也。鄭司農云。淫裘陳裘也」。

卷六百九十九

四庫本唐書條下（八九九—三一一下）。宋刊本尙有「又曰始畢可汗衙帳無故自破。高祖曰此何祥也」。

卷七百

四庫本張景洛陽禊賦條下（八九九—三二二上）。宋刊本尙有

劉楨詩曰。明月照緹幕。華燭散炎暉。

釋名曰。小幕曰帟。張在上。弈帟然也。

周禮曰。幕人掌帷帟。鄭司農云帟平帳也。凡喪。王則張帟三重。諸侯再重。卿大夫不重。
又掌次曰。師田則設重帟。
禮曰。君於士有賜帟。

卷七百二

四庫本劉楨魯都賦條下（八九九—三三七下）。宋刊本尙有「宋玉大言賦曰。圓天爲蓋。方地爲輿」。

卷七百三

孔臧與子琳書。四庫本「猶復掌御唾壺」句（八九九—三四二下）。宋刊本下有「朝廷之士莫不榮之」。

卷七百六

「榻」項下（八九九—三五六下）。宋刊本尙有「堅床銘曰體之所安。寢處知歡。久則敬愼。崇德遠姦」。

卷七百十一

四庫本尙書條下（八九九—三九〇下）。宋刊本尙有「論語曰一簞食一瓢飲。簞笥也」。

卷七百十四

釋名條。四庫本「梳言其齒疏也」句（八九九—三九六下）。宋刊本下有「枇言其細相枇也」。

卷七百二十

湯問伊尹條。四庫本「正是四國言正諸身也」句（八九九—四二〇下）。宋刊本下有「故反道而身善矣。行義而人善矣」。

卷七百二十六

司馬遷與任安書條。四庫本與宋刊本不同（八九九—四七〇上）。宋刊本作「司馬遷與任安書曰。僕先人非有丹書剖符之功。依倚卜祝之閒。人主以俳優遇之。」

卷七百二十八

庾翼幼時嘗令璞筮條之後四庫本云原闕（八九九—四八二下）。宋刊本作
載記曰。秦苻融爲司隸校尉。京兆人。董豐遊三年而

返。過宿妻家。是夜妻爲賊所殺。兄疑豐殺之。送豐有司。不堪楚掠誣引殺妻。融察而疑之。問曰。汝行往還有怪異。及卜筮以不。豐曰。初將發。夜夢乘馬南渡水。返而北渡。復自北而南。馬停水中。鞭策不去。俯而視之。見兩日在于水下。左白而濕。右黑而燥。寤而心悸。以爲不祥。還之夕。復夢如初。問筮者。筮者云。憂獄訟。遠三枕避三沐。既至。妻爲其沐。夜授豐枕。豐記筮者之言。皆不從之。乃自沐枕

枕而寢。融曰。吾知之矣。周易坎爲馬爲離。三爻同變而成離。離爲中女。坎爲中男。兩日二夫之象。坎爲執法吏。吏詰其夫。婦人被流血而死。坎二陰一陽。離三陽一陰。相承易位。離下坎上。既濟。文王遇之囚羑里。有禮而生無禮而死。馬左而濕水也。左水右馬。馮字也。兩日昌字也。其馮昌殺之乎。於是推驗。獲昌詰之。具首服曰。本與妻謀殺董豐。期以沐新枕爲驗。是以誤中婦人。

宋書曰。劉休善筮。因尚書令吳喜事明帝。遂見親賞長直殿內。後宮孕者。帝使筮其男女。無不如占。

齊書曰。賀瑒伯祖導養工卜筮。經遇工歌女人病死。爲筮之曰。此非死也。天帝召之歌耳。乃以土塊加其心上。俄頃而蘇。

南史曰。梁大同中同泰寺災。帝召太史令虞履筮之。遇坤之展曰無害。其繇曰。西南得朋。東北喪朋。安貞吉。文言曰。東北喪朋乃終有慶。帝曰。斯魔也。

酉應見卯金來剋木卯。

北史曰。後魏樂平王丕坐事以憂薨。及日者董道秀之死也。高允遂著筮論曰。昔明元末起白臺。其高二十餘丈。樂平王嘗夢登其上。四望無所見。王以問日者。董道秀筮之曰。大吉。王默而有憙色。後事發。王遂憂死而道秀棄市。道秀善推六爻。以對王曰。易稱亢龍有悔。窮高曰。亢高而無人不爲善也。夫如是則可。上寧於王。下保於己。福祿方至。豈有禍哉。今

舍於本而從其末。咎釁之至不亦宜乎。
筮必沐浴條後（八九九—四九〇上）。宋刊本下尚有「鬼谷子曰。夫決情定疑。萬事之基。以正亂治天。決誠爲難者也。先生乃用蓍龜以助自決也。」

卷七百三十二

四庫本昭七年夏四月甲辰條之後（八九九—五一一上）。宋刊本尙有「又曰。夏四月陳災。鄭裨竈曰。五年陳將復封。五十二年而遂亡。子產問其故。對曰。陳水屬也。陳。顓頊之後。故爲水屬。火水妃也。火

畏水。故爲之妃。妃音配。而楚所相也。相。治也。楚之先祝融爲高辛氏火正。主治火事。今火出而火陳。火。心星也。火出於周爲五月。而以四月出者。以長曆推。前年誤置閏。逐楚而建陳也。水得妃而興。陳興則楚衰。故曰逐楚而建陳。妃以五成故五年。妃。合也。五行各相妃合得五而成。故五歲而陳復封。爲十三年陳侯吳歸于陳傳。歲五及鶉火。而後陳卒亡。楚克有之。天之道也。故曰五十二年。」

卷七百三十九

世說條。四庫本末句「向問飮爲熱」（八九九—五六八上）。宋刊本尙有「爲冷。嘗從行棺底下流度涕而悲。王丞相聞之曰。此是有情癡」。

又其下宋刊本尙有一則

應璩新論曰。漢末桓帝時郎有馬子侯自謂識音律。請客鳴笙竽爲作陌上桑。反言鳳將鶵。左右僞稱善。亦復自搖頭。馬子侯爲人頗癡。自謂曉音律。黃門樂人

更往嗤誚。子知不知名陌上桑反言鳳將鶵。搖頭忻喜。賜左右錢帛。無復慚也。虞翻書曰。此中小兒年四歲矣。似欲聰哲。雖蝦不生鯉子。此子似人欲爲求婦。不知所向。君爲訪之。忽怪老癡譬此兒也。

癇

說文曰。癇病也。

續晉陽秋曰。大司馬府軍人朱興妻周。息男道扶年三

歲先得癇病。因其病發。掘地生埋之。爲道扶姑雙女所告。正周棄市刑。徐羨之議曰。自然之愛虎狼。猶仁周之凶忍。宜加顯戮。臣以爲法律之外。故當弘通物之理。愚謂可特原母命投之。遐裔從之。

卷七百四十

春秋後語條。四庫本「老婦恃輦而行」句下（八九九—五七七上）。宋刊本尚有「耳。因是太后怒色稍解。乃徐說之。太后從之」。

此下。宋刊本尚有

又曰。趙平原君家樓臨民家。民家有躄者盤散行及。散音珊。平原君美人居樓上。臨見大笑之。明日躄者至平原君門請曰。臣不幸有跛躄之疾。而君之後宮臨而笑臣。臣願得笑者頭。平原曰諾。及躄者去。平原君笑曰。豎子欲以一笑之故殺吾美人。不亦甚乎。終不殺。居歲餘。門下客稍稍引去過半。平原君怪之。一人前對曰。以君之不殺笑躄者。於是平原君斬所笑美人頭。造躄者而謝焉。

漢書賈誼上書曰。天下之勢方病大瘇。非徒病瘇。又苦𨂂盭。𨂂。腳掌。盭古戾字。謂反戾也。

又曰。方今天下又類辟且病痱。辟。足疾。痱音肥。風疾也。夫辟者一面痛。痱者一方痛。

又曰。哀帝有痿痺。如淳曰。兩足不能相過曰痿。

齊書曰。始安王遙光字元暉。生而躄疾。高帝謂不堪奉拜祭祀。欲封其弟。武帝諫乃以遙光襲爵。足病不

得同朝列。常乘輿。自望賢門入。遙光多忌。人有餉屐者以爲戲己。大被嫌責爲賤云。智不乃葵亦忤旨。

唐書曰。賈直言者父道沖。以伎術得罪。賜酖於路。直言僞令其父拜四方。辭上下神祇。伺使者視稍怠。即取其酖以飲。遂迷仆而死。明日酖洩于足而後復蘇代宗聞之。減父死。直言亦自病躄。

淮南子曰。冠難至。躄者告盲者負而走。兩人皆得其能也。故使瘖者語使躄者走。大失其所也。

偏枯

卷七百四十九

王右軍自叙草書勢條。四庫本留白二十六行注闕（八九九－六三三上）。宋刊本其文如下。

王右軍自叙草書勢曰。昔秦時諸侯爭長。簡檄相傳。望烽走馹。正以篆隸之難不救其速。遂作赴急之書。蓋今草書也。其先出自杜氏。以張爲祖。以衛爲父。索范者伯叔也。二王父子可謂兄弟。薄爲庶息。羊爲

僕隸。自而叙之。亦不失倉公觀鳥跡之意。抑體有疎密。意有倜儻。或有飛走流注之勢。驚竦峭絕之氣。滔滔閑雅之容。卓犖調宕之志。百體千形而呈其巧。豈可一概而論哉。

書斷曰。如淳云作起草爲藁。姚察曰。草猶粗書爲本曰藁。蓋刱文議出於此草書之先。因於起草。

又曰。晉王逸少妻郄氏甚工書。七子獻之最知名。玄之。凝之。徽之。操之並工草書。凝之妻謝蘊有才華。亦善書。甚爲君舅重焉。獻之猶善草書。初學於父。次習於張爾。後改變制度。別刱其法。率爾師心。冥合天矩觀其逸志。莫之與京。齊謝朓字玄暉。風華黼藻。當時獨步。書甚有聲。草殊流美。亦猶薄暮川上。則餘霞照人。晚春林中則飛花滿目。

宋蕭思話工書。學於羊欣。得其草妙。崗連盡望。勢不斷絕。雖無奇峰壁立之秀。可謂有巧矣。袁昂云。羊眞孔草。蕭行范篆。各一時之妙也。

飛白書

宋書曰。王僧虔爲尙書令。嘗爲飛白書。題尙書壁曰。圓行方止。物之定質。修之不已則溢。高之不已則躓。引之不已則遺。是故去之宜疾。當時嗟賞。以比座右銘。

唐書曰。劉洎除散騎常侍。洎性疎俊。敢言太宗。工王羲之書。尤善飛白。嘗宴三品。已上於玄武門。帝操筆作飛白字賜群臣。或乘酒爭取於帝手。洎登御座

。引手得之。皆奏曰。洎登御床。罪當死。請付法。
帝笑而言曰。昔聞婕妤辭輦。今見常侍登床。

卷七百五十

閻立本條。四庫本「汝深戒勿習此末技」句後（八九九—六四三下）。宋刊本尚有「又曰。裴延齡恃恩。惟顧少連不避。延齡及畫一鵰。令群鳥噪之。遂獻焉。」

卷七百五十五

四庫本「魏文帝彈棊賦曰」。下誤接「王粲彈碁賦」文（八九九—六七五上）。宋刊本作「魏文帝彈棊賦曰。局則荊山妙璞。滑如柔荑。碁則玄木北幹。枅樹西枝。象籌列植。下據雙螭。」

吳盛彥翁子擊壤賦條。四庫本「獨擊壤之可娛」。（八九九—六七六下）宋刊本下有「因風託勢。罪一殺兩」。

卷七百五十六

四庫本宣帝時漢陽得鼎條之後（八九九—六八四下）宋刊本下尚有一則「又曰質氏以酒削而鼎食」。

卷七百五十七

四庫本茅君內傳條下（八九九—六八九上）。宋刊本尚有三則如下

朱崖傳曰。朱崖俗多用土釜。

南蠻獠民格曰。諸告言伯叔外祖父母。

郭文傳曰。文以石爲釜。

袁山松後漢書條下（八九九—六九二下）。宋刊本尚有「韓詩外傳曰。舜甑無羶。」

卷七百五十八

漢揚雄作酒賦條。四庫本文（八九九—六九七上）與宋刊本略有異同。宋刊本其文如下「漢書曰。揚雄作酒賦以諷諫成帝。其文爲酒客難法度士。譬之於物曰。子猶缾矣。觀缾之居。居井之湄。處高臨深。動常近危。酒醪不入。藏水滿懷。不得左右。牽於纆徽。

一旦擊礙。爲黨所檑。音雷。身投黃泉。骨肉爲泥。
自用如此。不如鴟夷。」
其後西域記與古樂府詞兩條。四庫本文字與宋刊本有
異同（八九九—六九七下）。宋刊本作「西域記曰。
踈勒王致魏文帝金胡餅二枚。銀胡餅二枚。雜五行書
曰。懸餅井中除邪鬼。楚辭曰。餅甌登於明堂。餅甌
瓦器也。周鼎潛乎深泉。古樂府詞曰。淮南王自言尊
百尺高樓與天連。後園鑿井銀作床。金餅素綆汲寒漿
。」

「魁」項。四庫本只有「易洞林」一條（八九九—六
九八上）。宋刊本下尚有「東宮舊事曰。一升銅魁一
漆二升魁。三漆注醬五升魁二。」一則。
王子年拾遺記條。四庫本止於「承冰而進」句（八九
九—六九九上）。宋刊本尚有「則冰玉等色。侍者謂
冰無枓必融濕席上。乃拂之。玉盤落於階上。冰玉皆
碎。偃更以爲樂玉精干塗國獻也。武帝以此器賜董偃

。」

卷七百五十九

四庫本後漢馮敬通杯銘條下（八九九—七〇七下）宋
刊本尚有「東晳貧家賦曰持缺耳之缺杯」。

卷七百六十二

四庫本周禮條下（八九九—七二五）宋刊本尚有二則
又曰。梓人爲飲器勺一升。杓。尊升也。
禮曰。犧尊踈布鼏音覓。樿之演切勺此以素爲貴也。
鄭玄曰樿木白理也。

又幽明錄條下（八九九—七二八下）。宋刊本尚有一
則「列異傳曰。魏郡張舊家巨富復暴衰。賣宅與黎陽
程應。應入居死病。相繼賣荊民何文。日暮持刀上北
堂中。至二更有一人長丈餘。高冠黃衣來堂前。呼問
細腰。舍中何以有人氣。須臾復有一人高冠青衣。次
又高冠白衣。問並如前。將曙。文下堂如向法呼細腰
。問曰黃衣者誰。曰金也。在堂西壁下。青衣者誰。

曰錢也。在堂前井西五步。白衣誰。曰銀也。在堂東北任下。汝誰也。曰我也在竈下。至明。文桉次掘之。得金銀各五百斤。錢千餘萬。取杵焚之。宅遂清安。」

卷七百六十三

四庫本纂文條下（八九九—七三五上）。宋刊本尙有數則如下

焦贛易林曰。亡椎失斧。公輸無輔。

廣雅曰。柊。揆。敤若臥切。欙。鐇音煩。錌。於業切。椓音卓椎也。

史記曰。張良爲韓報讎。得切刀爲鐵椎重百二十斤。擊始皇於博浪沙中。誤中副車。

又曰。信陵君客朱亥袖四十斤鐵椎。椎晉鄙殺之。奪兵以救趙。

戰國策曰。始皇遺齊君王后連環曰。齊多知能解環。君王后引椎。椎破之。謝秦使曰。謹已解矣。

漢書曰。賈山上書曰。秦王東窮燕齊。南極吳楚。厚築其外。隱以金椎爲馳道之麗至於此。使其後世曾不得斜逕而託足焉。

又曰。淮南王長怨辟陽侯之不救其母也。袖金椎椎殺辟陽侯。

又曰。中山靖王勝來朝。聞樂聲而泣曰。衆喣漂山。聚蚊成雷。明堂執虎。十夫橈椎。

王隱晉書曰。梅陶及鍾雅數說事祖納輒困之。因曰。

君汝潁之士。利如錐。我幽冀之士鈍如椎。持我鈍椎。椎君利錐。皆當摧。陶雅並稱有神錐不可得。椎納曰。假有神錐。必有神椎。

吳越春秋曰。夫差使力士石番以鐵椎椎殺王孫聖。

卷七百六十四

四庫本古詩條下（八九九—七四二下）。宋刊本尙有「沈約宋書曰。廢帝狂悖無道。誅害群公。忌憚諸父並聚之殿內。毆棰陵曳。無復人理。建安王休仁及太

宗山陽王休祐形體並肥壯。帝每以竹籠盛而稱之。」

卷七百六十六

四庫本「禮曰脂膠。無或不良」（八九九—七五〇下）。宋刊本下尚有「監工日號。無作淫巧。以蕩上心」。

又西京雜記條下（八九九—七五五上）宋刊本尚有「元嘉起居注曰。彈廣州刺史韋朗象牙三十九枚」。

卷七百七十四

鹵簿令條。四庫本「衫色各從輅色」句下誤接「巾幘緋衫大袴」（八九九—八〇五下）。宋刊本作「次五副輅。駕士各二十人。衣服同正輅。次耕根車駕六馬。士三十二人。服同玉輅。」

此下。宋刊本尚有二則

「又曰。皇太子金輅駕四馬。僕寺令馭左右率府卒一人。執儀刀。陪乘駕士二十二人。並平巾幘。緋帔衫。大口袴。

又曰。王公已下象輅駕四馬。佐二人。立侍一人。武弁朱衣革帶。在左一人緋裲襠大口袴。執刀在右。駕士十二人平」此下始接「巾幘緋衫大袴」。

卷七百七十五

四庫本洪範五行傳條下（八九九—八一一上）。宋刊本尚有「魏書馬鈞曰。馬先生與高堂隆秦朗爭言及指南車。二子謂古典無記。言之虛也。先生曰。古有之。明帝乃召先生作之。指南車成也。」

晉陽秋條下（八九九—八一二上）。宋刊本尚有

「晉諸公讚曰。文淑破虜之後。名聞天下。當為東夷校尉。入辭。世祖見而惡之。恐居邊不信。密諷監司奏淑作陽遂四望車僭飾過制免官。」

太傅王導妻條。四庫本止於「驅牛而進」句（八九九—八一三上）。宋刊本其下尚有「司徒蔡謨聞之戲導曰。朝廷欲加公九錫。導弗之覺。但謙退而已。謨曰。不聞餘物。唯有短轅車。長柄麈尾。導大怒。」

卷七百七十六

四庫本「轜」項釋名條下（八九九—八二一上）。宋刊本尙有「又曰伏菟在軸上似之也」。

卷七百七十八

四庫本郭丹從師於長安條後有脫文（八九九—八三五上）。宋刊本作「何賢之有伊曰。以地言尉佗不在弊邑。馮弘聞而大悅。還封都亭侯。」

卷七百九十一

夜郎章漢書條。四庫本「蒙迺上書。罪惡未成」句中有脫文（九〇〇—八三下）。宋刊本其文如下

「蒙迺上書曰。竊聞夜郎所有精兵可得十萬。浮船牂柯出不意。此制粵一奇也。誠以漢之強。巴蜀之饒。通夜郎道爲置吏甚易。上許之。乃拜蒙中郎將將千人從巴莋關入。遂見夜郎侯。多同〔多同侯名〕厚賜諭以威德。約爲置吏。使其子爲令。夜郎旁小邑皆貪漢繒帛。以爲漢道險終不能有也。乃且聽蒙約還報。乃以爲犍爲郡。發巴蜀。卒治道。自僰道指牂柯江。蜀人司馬相如亦言西夷卭莋可置郡。使相如以中郎將往諭。皆如南夷。爲置一都尉。十餘縣屬蜀。後數歲。道不通。士罷餓餧。離暑濕死者甚衆。西南夷又數反。發兵興擊。耗費亡功。上患之。使公孫弘往視問焉。還報言其不便。上許之。罷西夷。獨置南夷兩縣一都尉。稍令犍爲自保就。〔令自保守且脩成其郡縣也〕夜郎侯始倚南粵。南粵反。已滅。還誅反者。夜郎遂入朝

。上以爲夜郎王。

又曰。昭帝始元中。牂柯談指同並等二十四邑。凡三萬餘人皆反。〔並音伴。談指同並後皆爲縣。屬漢牂柯郡〕。遣水衡郡都尉發蜀郡。犍爲兵擊破之。後姑繒葉楡人復反。鉤町侯亡波率其人擊之有功。漢立亡波爲鉤町王。至成帝河平中。夜郎王興與鉤町王禹漏臥侯俞。〔漏臥侯邑名。後爲縣。屬牂柯〕。更舉兵相攻。牂柯大守請發兵誅興等。議者以道遠不可擊。遣太中大

夫張匡持節和解。並不從。杜欽說王鳳曰。張匡和解蠻夷王侯。王侯不從。不憚國威。其效可見。恐議者選耎復守和解。選耎。怯不前之意也。選音息兗反。耎音人兗反。太守察動靜有變。迺以聞如此。則復曠一時。曠空也。一時三月。言空廢一時不早發兵也。王侯得收獵其衆。申固其謀黨助衆多。各不勝忿。必相殄滅。自知罪成狂勃守尉。言起狂勃心而殺守尉。遠藏溫暑毒草之地。雖然孫吳將賁育士。若入水火。

往必焦沒。智勇俱亡。所設施屯田守之。費不可勝量。宜因其」下始接「罪惡未成」。

滇章。漢書條。四庫本末句爲「天子注意焉」。（九○○—八四上）宋刊本尚有

及南粤已滅。乃使王然于以兵威風諭滇王入朝。滇王有衆數萬人。其旁東北勞深靡莫皆同姓相杖未肯聽。杖猶倚也。相依倚爲援而不聽滇王入朝也。勞莫數侵犯使者吏卒。元封二年。天子發巴蜀兵擊滅勞深靡莫。以兵臨滇。滇王始首善。以故弗誅。滇王離西夷舉國降。請置吏入朝。於是以爲益州郡。賜滇王印。復長其民。西南夷君長以百數。獨夜郎滇受王印。滇。小邑也。最寵焉。

後漢書曰。滇郡有池周回二百餘里。水源深而末更淺狹。有似倒流。故謂之滇池。河土平敞。多出鸚鵡孔雀。有鹽池田漁之饒。金銀畜產之富。人俗豪俠。居官者皆富及累代。及王莽政亂。益州郡夷揀蠶若豆等

起兵殺郡守。越巂姑復夷人大牟亦皆叛。莽遣寧始將軍廉丹發巴蜀。吏人卒徒十萬擊之。連年不克而還。以廣漢文齊爲太守。群夷始得其和。及公孫述據益土。齊固守拒險。聞光武即位。乃間道遣使。自聞蜀平徵爲鎮遠將軍。封成義侯於道。卒詔爲起祠堂。郡人立廟祠之。

又曰。建武十八年。夷渠帥揀蠶與姑復拼揀揲楡連。然滇池建伶昆明諸種反叛。遣武威將軍劉尙發卒擊之

。尙軍渡瀘水入益州界。群夷皆棄壘奔走。尙進軍。連戰皆破之。追至不韋。孫盛蜀譜曰。初秦徙呂不韋子弟宗族於蜀。漢武開西南夷置郡縣。徙呂氏以充之。因置不韋縣。斬獲甚衆。諸夷悉平。

又章帝元和中蜀郡王阜爲太守。政化尤異。有神馬四疋出滇池中。

其後「漢晉春秋曰。亮在南中所在戰捷聞」（九〇〇—八四上）。宋刊本作「蜀志曰。後主建興二年。諸葛亮率衆南征。所戰皆捷」。

卭章後漢書條之後（九〇〇—八四下）。宋刊本下尙有一則如下

又曰。安帝時永昌益州蜀郡夷並今雲南郡也皆叛。衆十餘萬破壞二十餘縣。益州刺史張喬乃遣從事楊竦將兵至楪榆破之。渠帥三十六種皆來降附。竦因奏長吏姦猾侵犯蠻夷者。九十人皆減死論。

尾濮章。永昌郡條。四庫本「識母。不識父」句（九〇〇—八八下）宋刊本作「識母不復別父。俗云貸老相食。則此濮也。古人所說非目見也」。

卷七百九十七

四庫本維耶離「去舍衛五十里。國人不復奉佛」句（九〇〇—一四二上）宋刊本作「去舍衛五十由旬者晉言三十里。維摩詰家在城內。國人不復奉佛。悉事水火餘外道也」。

卷七百九十九

四庫本「總叙北狄上」項下（九〇〇—一五一下）。宋刊本尙有

說文曰。狄。犬種。字從犬。狄之言滛僻也。

晉中興書曰。胡者北狄之摠名也。

又「白虎通曰狄者易也」（同上）。宋刊本下尙有「言僻易無別」。「又曰貊者略也」（同上）。宋刊本下尙有「云無禮法。又胡者玄也。其被髮左衽。言語贄幣事殊玄也」。

卷八百五

四庫本涼州記條下有脫文（九〇〇—二〇〇下）。宋刊本作「法顯記曰。師子國有玉像。

齊諧記曰。餘杭縣南巷中有一人姓沈名路。入山得一玉肫。從此以後所向如意。家遂殷富。」

四庫本語林條注闕（九〇〇—二〇一下）。宋刊本作「而借其玉枕。持下宋」。

卷八百六

呂氏春秋條。四庫本「隔宅居之分祿」句（九〇〇—二〇八下）。宋刊本下有「食之。其子長反其璧」。

卷八百九

四庫本毛詩條下（九〇〇—二二七上）。宋刊本尚有二條如下

周禮天官下曰。內宰以婦職教九御。大祭祀后祼獻則贊瑤爵亦如之。

左傳昭二曰。燕人歸燕姬賂以瑤甕。

卷八百十一

異苑條。四庫本「陶送付縣」句（九〇〇—二三九下）。宋刊本下有「令河南張標表上尚書」。

卷八百十二

神仙傳條。四庫本「常騎青牛」句（九〇〇—二四九上）。宋刊本下有「世號青牛道士」。

卷八百十三

抱朴子條。四庫本「扣之則漼然」句（九〇〇—二五七下）。宋刊本下有「冰泮」二字。又此下宋刊本尚有「服虔通俗文曰。亂金謂之鉅」。

卷八百十四

四庫本漢書條下（九〇〇—二六三下）。宋刊本尚有「東觀漢記曰。光武起拜朱和建義大將軍。賜絳八百疋」一則。

卷八百十六

四庫本續漢書條下（九〇〇—二七九上）。宋刊本尚

有「魏略曰。大秦國用水羊毛。木皮。野繭絲。作織成皆好色」一則。

卷八百十九

四庫本宋書條下（九〇〇—三〇〇下）。宋刊本尚有「又曰。朱百年隱居山陰。家室素貧。母以冬月亡衣並無絮。自此不衣綿帛。嘗寒時就孔凱宿。衣悉裌布。飲酒醉眠。凱以臥具覆之。百年不覺。引臥具去體謂凱曰。綿定奇溫。因流涕悲動。凱亦爲之傷感。」

又司馬彪續漢書條下（九〇〇—三〇一下）。宋刊本尚有「莊子曰。宋人有善爲不龜手之藥者。世世以洴澼絖爲事。客聞之。請買其方百金。聚族而謀曰。我世世洴澼絖不過數金。今一朝鬻伎百金。請與之。」

四庫本卞彬蚤虱賦序條後（九〇〇—三〇二上）。宋刊本下尚有一則「東觀漢記曰。建初二年詔齊相其止勿復送冰紈方空縠吹綸絮也。」

卷八百二十二

四庫本孟夏條下（九〇〇—三二六下）。宋刊本尚有「又孟秋曰是月也。築場圃。農乃登穀。天子嘗新。先薦寢廟」。

晏子春秋條。四庫本「吾不知晏子之忠臣也」句（九〇〇—三三一下）。宋刊本下有「公以爲然。晏子入朝公色悅。晏子退而窮處。東耕於海濱」。

卷八百二十四

大誥條四庫本「厥子乃弗肯播矧肯穫」句（九〇〇—

三四一下）。宋刊本下尚有「其父已菑耕其田。其子乃不肯播種。況肯收穫乎」。此下宋刊本尚有「爾雅曰。桎桎穫也。郭璞注曰。穫刈禾也」。

卷八百二十五

四庫本「蠶餌絲而商絃絕」句（九〇〇—三五一上）。宋刊本下有「商絃金聲也。春蠶吐絲金死故絕。蹟星墜而渤海決。蹟星。流星也。勃水之勃怒也」。

此下。宋刊本尚有「又曰原蠶一歲再登。非不利也。

然王法禁之者以其殘桑」。

卷八百二十八

四庫本「又曰賈師凡國之賣儥各帥」句（九〇〇—三七六下）。宋刊本下有「其屬。而嗣掌其月」。

卷八百二十九

四庫本北史條有二處云闕（九〇〇—三八三上）。宋刊本其文作「北史曰。和士開母喪。託附者咸往喪哭。鄴中富商丁周嚴興等並爲義孝。有一士人在哭限封

孝琰入弔出謂人曰」。

先賢行狀條。四庫本「乃昔盜牛人也」句下有脫文（九〇〇—三八七下）。宋刊本作「烈使國人表其廬而異焉」。又此下宋刊本尚有「舂」項數條如下

舂

說文曰。舂。擣粟也。

周禮地官下曰。舂人掌供禾物。

禮記檀弓上曰。鄰有喪舂不相。鄭玄曰。相以音聲相助。

穀梁傳文公曰。禮宗廟之事。君親割。夫人親舂。

漢書刑法志曰。罪人獄已決。完爲城旦舂滿三歲爲鬼薪白粲。

漢書曰。呂后囚戚夫人永巷令舂。

又曰。陳咸爲南陽太守。所居以殺伐立威。豪猾吏乃大姓犯法。論輸府爲地臼。木杵舂不中程輒加罪笞。

又曰。江都王建宮人八子。有過者輒令亡贏立或繫居

樹上。或脫鉗以鈆杵舂。不中程輒掠之。

又曰。楚王戊與吳通謀申公曰。生諫之不聽。乃胥靡之。使杵臼雅舂于市。晉灼曰。胥相。靡。隨右左坐輕刑名也。雅正。杵舂。

南史曰。梁武丁貴嬪德后醋忌。遇貴嬪無道。使曰。舂每中程。若有助者。

後魏書曰。高祐爲西兗州刺史。鎮滑臺令一家之中自立一碓。五家之外共造一井。以給行客。不聽婦人寄

春取水。
莊子曰。適百里者宿舂糧。

卷八百三十

鄭氏婚禮條。四庫本「女工所爲例」句（九〇〇—三九七下）。宋刊本作「女工所制縫君子裳高松爲例」。

卷八百三十一

夏官大司馬之職條。四庫本「逆逆要不得令走」句下有脫文（九〇〇—三九八下）。宋刊本作「設此車者

田僕也。中軍以鼙令鼓人皆三鼓。群司馬振鐸。車徒皆作遂鼓。行徒銜枚而進。大獸公之。小禽私之。獲者取左耳。
又曰。田僕掌馭田路。以田以鄙。田路。木路也。田。田獵也。鄙。循行縣鄙。掌佐車之政。佐亦副。設驅逆之車。驅。驅禽使前趨獲。逆。銜還之使不出圍。令獲者植旌。以告獲也。植。樹也。及獻比禽。田弊獲者各獻其禽。比。種物相從次數之。

禮記月令仲冬曰。山林藪澤。有能取蔬食田獵禽獸者。有司教導之。
又季冬曰。乃教田獵以習五戎。
又曲禮曰。國君春田不圍澤。大夫不掩群。士不取麛卵。生乳之時。重傷其類。
四庫本左傳文十年文字（九〇〇—三九九上）與宋刊本不同。宋刊本其文如下
左傳文公上曰。宋華御事逆楚子。勞且聽命。時楚欲

誘呼宋共戰。御事。華元父。遂道以田孟諸。孟諸。宋大藪也。在梁國睢陽縣東北。宋公爲右盂。鄭伯爲左盂。盂。田獵陳名。期思公復遂爲右司馬。復遂。楚期思邑公。今弋陽期思縣。子朱及文之無畏爲左司馬。將獵張兩甄。故置二左司馬。然則右司馬一人當中央。
齊書條。四庫本「王僧達爲宣城太守。性好遊獵。常與少年數十人澤中逐麞鹿」句有脫文（九〇〇—四〇

二下）。宋刊本其文如下
齊書曰。王僧達爲宣城太守。性好遊獵。而山郡無事。僧達肆意馳騁。或三五日不歸。受辭辯訟多在獵所。人或逢不識。問府君所在。僧達報曰在近。
梁書曰。曹景宗幼善騎射。好畋獵。常與少年數十人澤中逐麞鹿。
四庫本「又曰虎命太子宣行祈山川」條有一處注闕「九〇〇—四〇三上）。宋刊本作「戎卒」。

卷八百三十二

莊子條。四庫本有三處云闕（九〇〇—四〇六上）。
宋刊本其文如下「莊子曰。趙簡子田。鄭龍爲右。有一野人。簡子曰。龍下射彼。使無驚吾鳥。龍曰。昔吾先君伐衛。免曹退爲踐土之盟。不戮一人。吾今一朝田而曰必爲我殺人。是虎狼殺人。故將救之。簡子愀焉曰。不愛其身以活人者可無從乎。環車輟田曰。人之田也得獸。今吾田也得士。」

卷八百三十三

魯頌條。四庫本「魯人尊之。駉駉牡馬」句（九〇〇—四一八下）。宋刊本作「魯人尊之。於是季孫行父請命于周。而史克作頌。駉駉牧馬」。又「史克作頌」下有小注作「季孫行父。季父子也。史克。魯史也」。
其後四庫本自尚書條以下至又曰卜式河南人也條（九〇〇—四一八下）。文字與宋刊本不同。宋刊本其文條列如下

史記曰。卜式河南人。少與弟別居脫身出分。獨取畜羊百餘。田宅財物盡與弟。式入山牧羊十餘歲。羊致千餘。上召之曰。吾有羊上林中。欲令子牧之。乃布衣牧羊。歲餘。羊悉肥。上過見其羊善之。式曰。非獨羊也。治民亦猶是也。以時起居惡者輒去。無令敗群。上以式爲奇。拜爲郎。
又曰。衛青平陽人也。其父爲平陽侯家給。使與妾通

生靑。爲侯家人。少時歸其父。父使牧羊民母之子。皆奴畜之。不以爲兄弟。

又曰。范增說項梁曰。以君代爲楚將。必能立楚之後。梁乃求懷王孫在人間爲人牧羊。立以爲楚懷王。後從人望也。

春秋雜記。

又曰。公孫弘淄川人。家貧牧豕海上。年四十餘乃學

漢書曰。蘇武使匈奴欲降之。乃徙武北海上無人處。

使牧羝羊曰。羊乳乃得歸。武仗漢節牧羊。臥起操持。節旄盡落。

又曰。路溫舒字長君。鉅鹿人。父爲里監門使溫舒牧羊。

卷八百三十四

四庫本爾雅條下（九〇〇—四二九下）宋刊本尚有「廣雅曰。曲梁謂之昴。纂文曰楊州取魚罶也。吳人謂之爲笱主」。

又洿項爾雅條項下（九〇〇—四三〇上）。宋刊本尚有「纂文曰。以鐵施竹頭取魚爲洿」。

卷八百三十六

風俗通河南平陰龐儉條「遂巨富」句（九〇〇—四四四上）。宋刊本下尚有「行求老蒼頭堂上作樂。奴在廚中竊言。堂上老母我婦也。婢以告母。呼問事實。復爲夫婦。時人爲之語曰。盧里龐公鑿井得銅。買奴得翁」。

卷八百三十八

四庫本春秋說題辭條下（九〇〇—四六〇上）。宋刊本尚有二條。

尚書大傳曰。秋昏虛星中可以種麥。

孝經援神契曰。黑墳宜黍麥。

卷八百四十一

四庫本「廣志」（九〇〇—四八五下）。宋刊本作「廣雅」。又此條下宋刊本尚有「鄴中記曰石虎諱胡。

胡物皆改名。胡豆曰國豆」。

卷八百四十二

四庫本傳休奕雉賦條（九〇〇－四九二下）。宋刊本尚有「左思魏都賦曰雍丘之粱」。

卷八百四十五

四庫本世說洛陽令郭珍條下（九〇〇－五〇八下）。

宋刊本下尚有

又曰。劉表有酒爵三。大曰伯雅。次曰仲雅。小曰季雅。伯雅容七升。仲雅六升。季雅五升。又設大針於杖端。客有酒輒以劖之驗醉醒也。

又益都耆舊傳條下（九〇〇－五〇九下）。宋刊本尚有八則如下。

郭仲產湘州記云。衡縣東南有酃湖。土人取此水以釀酒。其味醇美。所謂酃酒。每年嘗獻之。晉平吳始薦酃酒於太廟是也。

時鏡新書曰。晉海西令董勛云。正旦飲酒。先飲小者何也。勛曰。俗以小者得歲故先以酒賀之。老者失時。故後飲酒。

十洲記曰。瀛州有玉膏如酒味。名曰玉酒。飲數斗輒醉。令人長生。

南岳夫人傳曰。夫人設王子喬瓊蘇綠酒。

孝子傳曰。蔡順字君仲。母飲酒吐嘔顛倒。恐母中毒。嘗母吐驗之。

楚辭曰。蕙肴設兮蘭籍。奠桂酒兮椒漿。

又屈原曰。衆人皆醉唯我獨醒。漁父曰。衆人皆醉何不餔其糟而歠其醨。

梁四公記曰。高昌遣使獻乾蒲桃凍酒。帝命杰公迓之。謂其使曰。蒲桃七是洿林三是。無半凍酒非八風谷所凍者。又無高寧酒和之。使者曰。其年風災。蒲桃不熟。故駮雜凍酒。奉王急命。故非時耳。帝問木公群物之異。對曰。蒲桃洿林者。皮薄味美。無半者皮厚味苦。酒是八風谷凍成者。終年不壞。今臭其氣酸

洿林酒滑而色淺故云然。

卷八百四十七

四庫本周禮小宰條下（九〇〇—五一九下）。宋刊本尚有「又曰大宗伯以飲食之禮親宗族兄弟」。

韓詩外傳條。四庫本「少而學長而亡之一費」句（九〇〇—五二二上）。宋刊本下尚有「事君而輕負。久交中絕三費」。

史記景帝居禁中條。四庫本「此非不足君所乎」句（

九〇〇—五二三上）。宋刊本作「此不足君所食乎」。條侯免冠謝」。其後宋刊本尚有十數則如下

又曰。東方朔詔賜之食。於前飯已盡。懷其餘肉持去。衣盡汙。

古史考曰。始有燔炙人裹肉燒之曰炮。故食取名焉。及神農時。民食穀。釋米加于燒石之上而食。及黃帝始有釜甑。火食之道成。

戰國策曰。蘇秦之楚三月迺得見王。談卒辭行。楚王曰。先生不遠千里而臨寡人。曾弗肯留。願聞其說。對曰。楚國食貴於玉。薪貴於桂。謁者難見於鬼。王難見於帝。今令臣食玉炊桂。因鬼見帝。其可得乎。

漢書曰。陸賈勸陳平與太尉絳侯和以謀諸呂平。乃以奴婢百人。車馬五千乘。錢五百萬。遺賈爲飲食資。

又曰。萬石君時賜侯食於家。必稽首俯伏而食。如在上前。子孫有過。對案不食。

又曰。有司劾竇嬰矯先帝詔棄市。嬰陽病不食欲死。

或聞上無意殺嬰。復食也。

又曰。昌邑王在喪。詔太官上乘輿食如故。食監奏未釋服未可御故食也。

又曰。鮑宣上書曰。陛下擢臣岩穴。誠冀有益毫毛。豈徒欲臣美食大官重高門之地哉。晉灼曰。高門。殿名也。

又曰。太師孔光聖人之後。先師之子。德行純淑。賜飡十七物。服虔曰。食具十七動物也。

續漢書曰。靈帝數遊於西園。令後宮采女爲客舍主。身爲商賈。行至客舍。采女下酒因共飲食。

東觀漢記曰。光武過鄧禹營。禹進炙魚。上大食啗。百姓聚觀。皆言劉公眞天人也。

又曰。汝郁字叔異。陳國人。年五歲。母疾不能飲食。郁亦不肯食。宗親共奇之。因名曰異。

又曰。趙孝字長平。建武初天下新定。穀食尚少。孝得穀炊熟。令弟禮夫妻使出。比還。孝夫妻共茹蔬菜

。禮夫妻來歸。告言已食。輒獨飯之。積久。禮心怪疑。後掩伺見之。亦不肯後出。遂共蔬食。兄弟怡怡。鄉里歸德。

又曰。梁鴻少孤。以幼童詣太學受業。治詩禮春秋。常獨止不與人同食。

又曰。明德皇后既處椒房。太官上飯。累餚膳備副重加幕覆輒徹去。譴勑令與諸舍相望也。

謝承後漢書曰。茅容字季偉。陳留人。與等輩避西樹下。衆皆箕踞相對。容危坐愈恭。郭林宗見而奇之。共與言。因請寓宿。旦日容殺鷄爲黍。林宗謂爲已設。既而以供其母。自以菜蔬與林宗同飯。林宗起拜之曰。卿賢乎哉。因勸令學。卒以成德也。

後列曰。董宣爲洛陽令。殺胡陽公主奴。帝怒。欲殺宣。後原之勑令詣太官賜食。宣受詔出飯。盡覆杯食按上。太官以狀聞。上問宣。宣對曰。臣食不敢遺餘。如奉職不敢遺力。

又曰。帝愍竇融年衰。遣中常侍中謁者即其臥內。強進酒食。

又曰。趙咨躬率子孫耕農爲養。盜嘗夜往劫之。咨恐母驚懼。乃先至門迎盜。因請爲設食謝曰。老母八十。疾病須養。居貧朝夕無儲。乞少置衣粮妻子物餘一無請。盜皆慚歎。跪而辭曰。所犯無狀。干暴賢者。言畢奔出。咨追以物與之。由此益知名。

卷八百五十四

四庫本「人衣短褐。食糠糟」句後（九〇〇—五五四上）宋刊本尚有「莊子曰播糠眯目。則天地四方易位矣」。

卷八百五十六

四庫本蒼頡解詁條後（九〇〇—五五七上）。宋刊本尚有「說文曰菹菜酢也。蘫瓜沮也」。

卷八百六十

四庫本周禮條下（九〇〇—五七六下）。宋刊本尚有「廣雅曰鐸饘餌也」。

卷八百六十二

四庫本杜寶大業拾遺錄條下（九〇〇—五八九下）。宋刊本尚有一則「廣五行記曰。唐咸亨四年。洛州司戶唐望之各集計至五品進止未出。間有僧來覔。初不相識。延之共坐。少頃曰。貧道出家人。得飲食亦以少。公名人。故闇相託。能設一頓鱠否。司戶欣然。即處分買魚。此僧云。看有蒜否。家人云。蒜盡也。僧即起。司戶留之曰。蒜盡遣買即得。僧云。既蒜盡不可更住。苦留不止。望之果無疾暴卒。」

卷八百六十三

四庫本又曰肉日脫之條下（九〇〇—五九四上）。宋刊本尚有「又曰。鮑宣上書。柰何獨私養外親與幸臣董賢使奴從賓爲肉。」

卷八百六十八

四庫本庾亮鎭武昌條後（九〇〇—六二〇上）。宋刊

本尚有三條如下

又曰。佛圖澄嘗與石季龍升中臺。澄忽驚曰。幽州當火災。仍取酒噀之。久而笑曰。救已得矣。季龍遣驗幽州云是。曰火從四門起。西南有黑雲來。驟雨滅之。雨亦頗有酒氣。

又曰。嵇康從孫登遊三年。康問其所終。不荅。康每歎息將別。謂曰。先生竟無言乎。登乃曰。子識火乎。生而有光不用其光。而果在於用光。人而有才不用

其才。而果在於用才。故用光在乎得薪。所以保其曜。用才在於識眞。所以全其年。今子才多識寡。難乎免於今之世矣。子無求乎。康不能用。果遭非命。

鄧粲晉紀曰。胡毋輔之過河南尹門下。將飲酒。使門卒王子博取火。子博曰。卒也唯不乏吾事。安能爲人使。輔之與語歎曰。吾不及也。因言於河南尹以爲功曹。

卷八百七十一

四庫本吳錄條下（九〇〇—六四二上）。宋刊本尙有

晉書曰。鳩摩羅什。天竺人也。中書監張資病。驍騎將軍呂光博營救療。有外國道人羅。又云能差資病。光喜給賜甚厚。羅什以其誑詐告資曰。又不能爲益。徒煩費耳。冥運雖隱。可以事試也。乃以五色絲作繩結之。燒爲灰末。投水中。灰若出水還成繩者。病不可愈。須臾。灰聚浮出復爲繩。又療果無效。少日資亡。少日猶無幾時。」

又抱朴子條下（九〇〇—六四三上）。宋刊本尙有數則如下

六韜曰。武王伐殷得二大夫而問之。殷國將亡。亦有妖乎。其一人對曰。殷國常雨血。雨灰血石。武王曰。大災妖也。其一人曰。是非大妖也。殷國大妖三十七章雨血雨灰血石。臣不爲妖災。武王踧然而問三十七章之妖。對曰。殷君好射人。喜以人餧虎。喜割人心。喜殺婦。喜殺人父。孤人之子。

吳越春秋曰。吳王欲殺王子慶忌而莫之能。要離謂吳王曰。臣請殺之。乃僞加罪焉。執其妻。焚而揚其灰。

述異記曰。蜀郡成都張伯兒年十餘歲。作道士通靈有鑒。時飲醇灰汁數升。云以洗腸療疾。

從征記曰。自燃灰狀如黃灰生海濱。投水中浣衣不須淋水。

太玄經曰。冷竹爲管。窒灰爲侯。以揆百度。虞翻注

曰。以冷空竹爲管也。空。窒塞也。
物理論曰。宜陽縣金門山竹爲律管。河內葭莩以爲灰。可以候氣焉。

春秋感精符曰。畫遺灰則月暈。

卷八百七十二

韓詩外傳條。四庫本「求其所以來。故大雅云。於萬斯年。不遐有佐」（九〇〇—六四四上）。宋刊本作「其所來。故小雅云。有渰淒淒。興雲祁祁。以是知

太平無飄風暴雨亦明矣」。
四庫本「明以潤帝座章而光」句（九〇〇—六四七上）。宋刊本下有「宋均云。屏星五帝座爲之明以潤。章大也」。

卷八百七十三

四庫本孫氏瑞應圖條下（九〇〇—六六一下）。宋刊本尚有「又曰王者寵近耆老。養有道。則芝莢生」。

卷八百七十六

四庫本崔鴻十六國春秋條下（九〇〇—六八九下）。宋刊本尚有「又曰前秦符堅攻姚萇。多大雷。姚萇營殺七人。萇軍大敗」。
唐書條。四庫本「無雲而雷」句（九〇〇—六九一上）宋刊本下有「聲震裂。未周歲而誅」。

卷八百七十七

「青雲」項河圖條。四庫本多處云闕（九〇〇—六九二下）。宋刊本全文如下「河圖曰。青雲刺月。五穀不熟。傍多赤雲如人頭大戰月旁。有白雲如杵者三貫

月。六十日內有兵戰。月始出有黑雲貫名。激雲不出。三日暴雨。」
「赤氣」項下漢書條。四庫本有多處云闕（九〇〇—六九四下）。宋刊本作「下莖十五餘丈……以此知四方欲動……庚子山陽識官……而並令」。
四庫本「隋大業末越王侗東東都留」句下注闕（九〇〇—六九五上」。宋刊本作「守」。

「黑氣」項史記條。四庫本缺一字（九〇〇—六九五上）。宋刊本作「五」。

「雨」項史記條。四庫本闕一字（九〇〇—六九五下）。宋刊本作「俄」。

春秋繁露條。四庫本有闕文（九〇〇—六九六上）。宋刊本作「春秋繁露曰。木有變則春多雨。此徭役衆。賦歛重故也。」

又京氏別對災異條。四庫本缺一字（同）。宋刊本作「恩」。

其後哀帝時夏大雨雹條。四庫本有缺文（同）。宋刊本作「又曰。哀帝時。夏大雨雹。又冬大風雨雹。其年郡國四十一雨水。明年京師及郡國又四十一雨水。海賊張伯路與平原劉文光等攻厭次殺令長。」

又王莽地皇中條。四庫本「莽令煮莫不爲名不可」句（同）。宋刊本作「莽令煮草爲酪不可食。重於煩費」。

獻帝初平初條。四庫本「太僕袁基及」下注闕（九〇〇—六九六下）。宋刊本作「男」。

又其後獻帝末條。四庫本亦兩處注闕（同上）。宋刊本作「乃收卓尸葬於郿。葬日大風雨。雨水從藏溢。」

續漢書條。四庫本「百姓」下注闕（同上）。宋刊本作「屯戍」。

靈帝建寧元年條。四庫本有闕字（九〇〇—六九六下）。宋刊本作「長樂五官之朱瑀等」。

「雨土」項。京房易傳條。四庫本有脫文（九〇〇—六九八上）。宋刊本作「京房易傳曰。內淫亂。百姓勞苦。則天雨土。此小人將起。是謂黃生目。土失其性。則雨塵土沙灰。皆土之類。」

又隋書條。四庫本有闕字（九〇〇—六九八下）。宋刊本作「後起仁壽宮。丁匠死者大半」。

「雨血」項。四庫本「後趙石遵時雨血周」句下注闕（九〇〇—六九九下）。宋刊本作「遍」。

「雨肉」項魏志條。四庫本「司馬宣王討平之」句下注闕（九〇〇—七〇〇上）。宋刊本作「晉書曰愍帝建興元年十二月。河東雨肉。劉石擁兵。帝竟沒遇害。」

崔鴻十六國春秋條。四庫本兩處云闕（同上）。宋刊本其句作「起于牽牛入紫宮……視之則肉。臭聞」。

「雨毛」項。四庫本漢書條有闕（同上）。宋刊本作「時」。

晉書條。四庫本有闕字（同上）。宋刊本作「晉書曰。武帝時。蜀雨白毛。益州刺史皇甫晏爲牙門張弘謀害。」

又其後四庫本晉書條應作隋書。其文多闕（同上）。宋刊本作「隋書曰。文帝開皇六年。京師雨毛如馬尾。長者二尺餘六七寸。其月梁士彥。宇文忻。劉昉以謀反誅。明年發十萬人築長城。又於楊州開山造瀆以通運。衆役繁興。雨毛之應。」

四庫本「雨水」項（九〇〇—七〇〇下）宋刊本作「雨冰」。

崔鴻十六國春秋條有缺文（九〇〇—七〇〇下）。宋刊本作「崔鴻十六國春秋曰。涼張駿二年九月雨冰。狀若絲纊皆著草。」

「雨魚」項。四庫本「又曰夏赫連勃」下有闕文（九〇〇—七〇一上）。宋刊本作「又曰。夏赫連勃勃。鳳翔元年五月。雨魚于統萬。時興役尤甚」。

「雨帛」項。宋書條。四庫本有闕字（九〇〇—七〇一下）。宋刊本作「紛紛其駃」。

卷八百七十八

四庫本「武帝時二月大雪。人畜凍死」（九〇〇—七〇四上）。宋刊本下尚有「道路相望。時高歡專政。帝政臨虛器」。

京房易飛侯條。四庫本「害五穀者」句（九〇〇—七〇五下）。宋刊本下尚有「君賦斂剋民」。

卷八百八十二

四庫本「崑崙山神。虎身而九尾。人面而虎爪」句（九〇〇—七三五上）。宋刊本作「崑崙山神陸吾。虎身長九首人面」。

卷八百八十四

盧充范陽人條之後。四庫本有脫文（九〇〇—七四九上）。宋刊本其文如下「又曰。麋竺嘗從路歸。未至家數十里。見路次有新婦從麋求寄載。行一十餘里。新婦謝去。謂竺曰。我天使也。令往燒東海麋竺家。感君載故以相語。竺請之。曰不得不燒。君快去。我緩行。日中必發火。竺乃急行至家。使出其財物。明日日中果火大發。」

會稽句章人條之後。四庫本有脫文（九〇〇—七五〇上）宋刊本作「語林曰。宗岱為青州刺史。著無鬼神論甚精。莫能屈。後書生詣岱。談次及鬼論。書生乃拂衣而去曰。君絕我輩血食二十餘年。以君有青牛髯

。奴所以未得相困。今奴已叛。牛已死。今得相制。言絕而失。來日岱亡。」

卷八百八十五

太原王徽之條。四庫本末句「其首在空中揮霍而沒」（九〇一—五下）。宋刊本下有「王至州便殞」。此下。宋刊本尚有二則如下

又曰。張仲舒元嘉十七年七月中晨夕間。輒見門側有赤氣赫然。後空中雨絳羅於其庭。廣七八分。長五六寸。皆以箋紙繫之。紙廣長亦與羅等。紛紛甚駃。舒惡焚之。舒宿暴病而死。

又曰。王愉義熙初在中庭行。帽忽自脫。仍乘空如人所著。及愉母喪月期。上祭酒器在几上。須臾下地。覆還登牀。尋而第三兒綏懷貳伏誅。

卷八百八十六

四庫本軫星逐鬼條之後（九〇一—十上）。宋刊本下尚有二則如下

異苑曰。新野庾寔妻滎陽毛氏女。義熙中五月曝曬席。忽見女在席下蔫上。以驚怛便。女眞形在別牀如故。不旬日而夭也。仲夏忌舉牀第。玆驗矣。

襄陽耆舊記曰。羊公與鄒潤甫登峴山垂泣曰。自有宇宙便有此山。由來賢達勝士登此遠望。如我與卿者多矣。皆湮滅無聞。不可得知。念此人悲傷。我百年後魂魄猶當登此山。

十洲記曰。聚窟洲在西海中申未地。洲上有大樹與楓

木相似。華葉香聞數百里。名此爲反魂樹。即其樹。樹亦能自聲。聲如牛吼。聞之者皆心震神駭。伐其根心在玉釜中煮取汁。更微火熟煎之。如黑飴。令可丸。名驚精香。或名之爲震靈丸。或名之爲反生香。或名之爲鳥精香。或名之爲卻死香。一種五名。斯靈物也。香氣聞數百里。死尸在地聞仍活。

四庫本「精」項下有脫文（九〇一—十下）。宋刊本其文如下

易上繫曰。男女構精萬物化生。

禮記祭義曰。衆生必死。死必歸土。此之謂鬼。骨肉斃于下陰爲野土。其氣發揚于上爲昭明。焄蒿悽愴。此百物之精也。神之著也。

唐書曰。睿宗子申王撝之初生則夭。嘗以示僧萬迴曰。此兒是西域大樹之精。養之宜兄弟則天甚悅。始令列於兄弟之次。

管子曰。故涸澤數百歲。谷之不徙。水之不絕者。生

慶忌。慶忌者其狀若人。其長四寸。衣黃衣。冠黃冠。戴黃蓋。乘小馬好疾馳。以其名呼之。可使千里外一日反報。此涸澤之精也。涸川水之精者。生于蝺。于蝺者一頭而兩身。其狀如蛇。其長八尺。以其名呼之。可以取魚鼈。此涸川水之精也。

列異傳曰。桂陽太守張叔高家居鄢陵。里中有樹大十圍。遣客斫之。樹大血出。客驚怖。叔高曰。樹老汁赤耳。斫之血大流出。空處有一白頭翁出走。高以刀

斫殺之。所謂木石怪夔魍魎乎。

搜神記曰。孔子厄於陳。絃歌於館中。夜有一人長九尺餘。皂衣。高冠。大咤聲動左右。子路引出與戰于庭。仆於地。乃是大鯷魚也。長九尺餘。孔子歎曰。此物也。何爲來哉。吾聞物老則群精依之。因衰而至此。其來也豈以吾遇厄絕糧從者病乎。夫六畜之物及龜蛇魚鼈草木。久者神皆能爲妖怪。故謂之五酉。五酉。五行之方皆有其物。酉者老也。故物老皆爲怪矣

。殺之則已。夫何患焉。

又曰。吳先主時陸敬叔爲建安郡。使人伐大樟樹。下數斧有血出。樹斷有物人面狗身從樹中出。敬叔曰。此名彭侯。乃烹食之。味如狗。

卷八百八十七

四庫本幽明錄條前有脫文（九〇一—十六下）。宋刊本作

又曰。襄陽李除病死中。時其婦守尸至夜三更中。崛然起坐。脫婦臂上金釧。甚遽急。婦因助脫得手。執之還臥。伺察之至曉。心下更暖。遂漸漸得蘇。既活云。吏將某去。比伴甚多。見有行貨得免。歸者即許吏金釧。吏令還取。故歸取以與吏。吏得釧便放令還。

又幽明錄條下。宋刊本尚有二條

又曰。桓玄時牛大疫有一人食死牛肉。因得病亡。玄死時見人執錄將至天上。有一貴人問云。此人何罪。對曰。此人坐食疫牛肉。貴人云。須牛以轉輪肉以充

百姓食。何故復殺之。催令還既更生。具說其事。於是食牛肉者无復有患。

又曰。于慶無病卒。吳猛語慶子曰。于侯筭未窮。方爲請命。未可殯殮。尸臥淨舍。唯心下尙暖。七日時盛暑。慶形體向壞。猛敎令屬纊候氣續爲作水。令以與洗幷飲漱。如此便退。日中許慶蘇。但開眼張口不得發聲。時合門欣喜。以向水洗唅吐腐血數升。能言語。三日平復如常。說初見十數人來執縛桎梏到獄。

同輩十餘人以次語對。未至俄而見吳君北面陳釋聽斷之。王勑脫械歸。所經官府莫不迎接。請謁吳君。皆與抗禮不知悉何神耳。

又博物志條下（九〇一—十七上）。宋刊本尚有一則陸氏異林曰。鍾繇嘗數月不朝會。意性異常。或問其故。云常有好婦來。美麗非凡。問者曰。必是鬼物。可殺之。婦人後往不即前。止戶外。繇問何以。曰公有相殺意。繇曰。無此。勤勤呼之。乃曰。繇意恨有不忍心。然斫之傷髀。婦人即出以新綿拭血。竟路明使人尋跡之至一大冢。木中有好婦人形體如生人。衣青絹衫。丹繡裲襠。傷一髀。以裲襠中綿拭血。

又其後炎帝之女娃條後（九〇一—十七下）。宋刊本下尚有一則「又曰。夸父與日競走。渴飲河。河涸不足。北飲大澤。未至道死。棄其杖。化爲鄧林。」

又四庫本莊子條下（九〇一—十八上）宋刊本尚有又曰。列子行食於道仄。見百歲髑髏攓蓬而指曰。唯

余與女知而未嘗死而未嘗生也。種有幾。得水則爲繼。得水土之際則爲蠅蠙之衣。生於陵屯則爲陵舄。陵則爲鬱棲。鬱棲則爲烏足。烏足之根爲蠐螬。其葉爲蝴蝶。蝴蝶胥也。化而爲蟲。生於竈下。其狀若脫。其名爲駒掇。駒掇千日而化爲鳥。其名爲乾餘胥。乾餘胥之沫爲斯彌。斯彌爲食醯。頤輅生乎食醯黃軦。食醯黃軦生乎九猷。九猷生乎瞀芮。瞀芮生乎腐蠸。腐蠸生乎羊奚。羊奚比乎不箰久竹。不箰久竹生於青寧。青寧生程。程生馬。馬生人。人又返入於機。萬物皆出於機。皆入於機。此言一氣而萬形有變化而無死生也。

又此卷末宋刊本尚有「又曰。馬血之爲燐也。人血之爲野火也。鷂之爲鸇。鸇之爲布穀。布穀之復爲鷂也。燕之爲蛤也。田鼠之爲鶉也。老韭之爲莧也。老羭之爲猿也。羭狀羊。魚卵之爲蟲也。此皆物之變者。」一則。

卷八百八十八

苻堅建元年條。四庫本「入門又變成大鐸」句（九〇一—二二下）。宋刊本下尚有「又曰隆安中東海錯魚皆化虎。上岸而食人」。

又其後司馬軌之條後（九〇一—二三上）。宋刊本尚有「又曰。太元中汝南人入山伐一竹。中央蛇形。已成枝葉如故。吳郡桐盧民嘗伐竹。遺竹一宿。見竿化雉頭。頸盡就身猶未變化。亦竹爲蛇爲雉也。」

此卷末四庫本止於「遂餓死建康獄中」句（九〇一—

二四上）。宋刊本下尚有「顧微廣州記曰。湞陽縣俚民有一家牧牛。牛忽舐此兒。舐處肉悉白。俄而死。其家葬此兒。殺牛以供賓客。凡食此牛肉男女二十餘人悉變作虎。」

卷八百九十

四庫本南州異物志曰。此下錯接南越志之文（九〇一—三四上）。宋刊本作有「南州異物志曰。犀如象大。色黑。頭似豪婦豬。食草木也」。

又四庫本山海經曰巴蛇食象（九〇一—三六下）。宋刊本下有「三歲而出其骨」。

卷八百九十一

後漢書條。四庫本「此乃長者之言也」句（九〇一—四〇上）宋刊本下有「顧命書諸策」。

四庫本「龍魚河圖」條下（九〇一—四一上）。宋刊本尚有數條如下

春秋後語曰。楚黃歇說秦昭王曰。天下強國莫過於秦

楚。今聞大王欲伐楚。此猶兩虎相與鬬。而駑犬受其弊。不如善楚也。

又曰。秦惠王謂陳軫曰。今韓魏相攻。期年不解。或謂寡人救之便。或曰勿救便。寡人不能自爲決。願子寡人計之。軫曰。亦嘗有以卞莊子之刺虎聞於王者乎。王曰不聞。軫曰。卞莊子方刺虎。而卞豎子止之曰。兩虎方食牛。牛甘必爭。爭必鬬。鬬則大者傷。小

者死。從傷而刺之。一舉必有雙虎之名。卞莊子以爲然。立而顧之。有頃。兩虎果鬪。大者傷小者死。一舉果有雙虎之功。今韓魏相攻。期年不解。是必大國傷小國亡。從傷而伐之。一舉必有二實。此此猶卞莊子刺虎之類也。惠王曰善。卒不救。待其敗而攻之。果大剋也。

吳越春秋曰。吳王葬昌門外。金玉精上爲白虎。

列士傳曰。秦召公子無忌。無忌不行。使朱亥奉璧一雙。秦王大怒。將朱亥著虎圈中。亥瞋目視虎。眥裂血出濺虎。終不敢動。

穆天子傳曰。有虎在於葭中。七萃之士曰。高奔戎乃生捕虎而獻之。天子命爲柙而畜之東虞。是曰虎牢。因名其地。今滎陽成皋縣是也。

四庫本宋均爲九江太守條後（九〇一—四二下）。宋刊本尙有一則「璅語曰。周王欲殺王子宜咎立伯服。釋虎將執宜咎。叱之虎弭耳而服。」

又此卷末四庫本少錄一則。宋刊本作「王子年拾遺錄曰。始皇二年。騫涓國畫工者名烈裔。刻白玉兩虎。削玉爲毛。有如眞矣。不點兩目睛。始皇使餘工夜往點之爲睛。旦往。虎即飛去。明年南郡有獻白虎二頭。始皇使視之。乃是先刻玉。始皇帝去目睛。二虎不能復去。」

卷八百九十二

四庫本高山險阻條後（九〇一—四七下）。宋刊本下尙有「范子計然曰豹皮出南郡」。

卷八百九十三

四庫本爾雅條下（九〇一—四九下）。宋刊本尙有「周易說卦曰乾爲馬」。

四庫本夏官上條闕注文（九〇一—五二上）。宋刊本作「鄭司農云。更謂償也。玄謂旬之內死者償以齒毛與賈。受之日淺養之惡也。旬之外死入馬耳。償以毛色。不以齒賈任之。過其任也。其外否。旬之外。踰

二十日而死。不任用非用者罷。馬及行則以任齊其行
。識其所載輕重及道里。齊其勞逸。乃復用之。若有
馬訟則聽之。訟謂賣買之言相負。禁原蠶者。原再也
。天文辰爲馬。蠶書。蠶爲龍精。月直大火則浴其種
。是蠶與馬同氣。物莫能兩大禁再蠶者爲傷馬與。」
此下宋刊本尙有十則如下
論語曰。齊景公有馬千駟。死之日民無德而稱焉。
又憲問曰。驥不稱其力稱其德也。驥古之善馬也。德

謂在五御之威儀。
周書曰。其西天子車立馬乘六青馬。陰羽鳧旌。鳧羽
爲旌旄也。周公旦主東青馬。黑驪謂之母兒。周公主
東則太公主西也。東青馬則西白矣。馬名未聞也。
又曰。義渠以茲白。茲白者白馬倨齒食虎豹。義渠西
戎。茲白一名駿也。
韓詩外傳曰。昔者田子方出見老馬於道。喟然有志。
問於御者曰。此何馬也。御者曰。公家畜也。罷而不
爲用。故出放之。田子方曰。少盡其力。老棄其身。
仁者不爲也。束帛而贖之。窮士聞之。知所歸心焉。
尙書大傳曰。散宜生之犬戎氏取美馬。駮身朱鬣鷄目
者取九六焉。陳於紂之庭。紂出見之。還而觀之曰。
此何人也。散宜生遂趨而進曰。吾西蕃之臣昌之使者。
太公六韜曰。商王拘周伯昌於羑里。太公與散宜生金
十鎰求天下珍物以免君之罪。於是得犬戎氏文馬。毫
毛朱鬣。目如黃金。項如鷄尾。名鷄斯之乘。以獻商

王。
禮斗威儀曰。君乘火而王其政頌平南海輸駮馬。
春秋考異郵曰。陰合於八。八合陽九。八九七十二。
二爲地。地主月。月精爲馬。月數十二。故馬十二月
而生。人乘以理天下。王者駕馬故其字以爲王馬。
春秋說題辭曰。地精爲馬。十二月而生。應陰紀陽以
合功。故人駕馬任重致遠。利天下。月度疾。故馬善
走。

淮南子曰。八九七十二。耦以乘奇。奇主辰。辰主月
。月主馬。馬。十二月而生。

卷八百九十四

「謝承後漢書」條下（九〇一—五六下）。宋刊本尚
有

續漢書曰。張奐字然明。爲安定屬國都尉。羌離湳奴
感切上奐馬二十疋。大豪嘗以金鐻八枚遺奐。奐召主
簿張祁入於羌前。以酒酹地曰。使馬如羊。不得以入

廐。使金如粟。不得以入懷。盡還不受。

東觀漢記曰。張湛爲光祿勳。帝臨朝。或有惰容。湛
輙諫其失。常乘白馬。上每見湛輙言。白馬生復諫矣
。事具職官部光祿篇。

又曰。吳漢兵守成都。公孫述將延岑遣奇兵出吳漢兵
後襲擊。破漢。漢墮水。緣馬尾得出。

又曰。杜林字伯山。與馬援鄉里素相親厚。援從南方
還時。林馬適死。援令子持馬一疋遺林曰。朋友有車
馬之饋。可具以備乏。林受之。居數月。林遣子奉書
曰。將軍內施九族。外有賓客。望恩者多。林父子兩
人食列卿祿常有盈。今送錢五萬。援受之謂子曰。人
當以此爲法。是伯山所以勝我也。

又曰。上始欲征匈奴。與竇固等議出兵調度。皆以爲
塞外草美。可不須馬穀。其各以固等將兵到燉煌。當
出塞上請馬穀。上以固言前後相違。怒不與穀。皆言
案軍出塞無穀。馬故事馬防言宣帝時五將出征匈奴。

候騎得漢馬矢。見其中有粟。知漢兵出。以故引去。
以是言之。馬當與穀。上善其用意微動。勑下調馬穀
。防遂見親近。

又曰。明德后詔書流布。咸稱至德。王主諸處莫敢犯
禁。廣平鉅鹿樂成王入問起居。車騎鞍勒皆純黑。無
金銀采飾。馬不踰六即賜錢五百萬。

卷八百九十五

四庫本載記條「駿逸不虧」句下（九〇一—五九上）

。宋刊本尚有「雋比之鮑氏驄。命鑄銅以爲其象。親爲銘讚鐫其旁。置之薊城東掖門。是歲象成而馬死」。

沈約宋書條。四庫本「如是者十餘迴」句（九〇一—六〇下）。宋刊本下有「一迴一遠。樓跪曰。可汗此非復人事」。

三國典略條。四庫本「今日幸無他不」句（九〇一—六一上）。宋刊本下有「彌曰過夜半則大吉。須臾帝飲酒遇酖而崩。時年二十五。謚曰孝武。殯於草堂佛寺。十餘年乃葬」。

卷八百九十六

列子條。四庫本止於「已得之在沙丘」句（九〇一—六五上）。宋刊本下尚有「穆公曰。何馬。對曰馬牝而黃。使人往取之牡而驪。公不悅。召伯樂曰。敗矣。子之所使求馬者。色物牝牡弗能知。又何馬之能知也。伯樂曰。若皋之所觀天機也。得其精忘其麤。在其內而忘其外。馬至。果天下之馬也。淮南子曰九方禋。餘同。」

此下宋刊本尚有

晏子春秋曰。景公遊於紀得金壺。發而視之。有丹書曰。勿食反魚。無乘駑馬。晏子曰。食魚無反無盡民力也。不乘駑馬。無致不肖於側也。公曰。紀有此書何以亡。晏子曰。紀有此書藏之於壺。不亡曷待。

又曰。景公使人養所愛馬。馬病死。公怒。令人殺養馬者。晏子請數之曰。爾有三罪。使汝養馬殺之。一當死也。又殺公所最善馬。二當死也。使公以一馬之故而殺人。百姓必怨叛。諸侯輕伐吾國。三當死也。公喟然曰赦之。

家語曰。孔子相魯。齊人患其霸也。欲敗其正名。乃選女子八十人衣以文衣而舞容璣。容璣舞曲。及文馬四十駟以遺魯君。陳女樂。列文馬于魯城南高門外。季桓子微服往觀之。再三將受焉。魯君爲周道遊觀。觀之終日。殆於政事。子路言於孔子。孔子遂行。

又曰。魯定公問於顏回曰。子亦聞東野畢之善御乎。對曰。善則善矣。雖然。其馬將必佚。定公色不悅。顧謂左右曰。君子故有誣人耶。顏回退。後三日校來報之曰。東野畢之馬佚兩驂曳兩服入于廐。公聞之越席而起。促駕召顏回。顏回至。公曰。前日寡人問吾子以東野畢之善御。而子曰羔矣。其馬將佚。不識吾子奚以知之。對曰。以政知之。昔者帝舜巧於使民。而造父又巧於使馬。舜不窮其民而造父不窮其馬。故

舜無佚民而造父無佚馬。今東野畢之御也。升馬執轡。御體正矣。馬宜爲車。步驟馳騁。朝禮畢矣。馬步驟馳騁。盡朝禮之舞。歷險致遠。馬力盡矣。然而其心猶乃求馬不已。臣以此知之也。公曰善哉。誠若子之言也。

春秋後語曰。蘇代欲見齊王。齊王怨蘇秦。欲困蘇代。不肯見代。代乃說淳于髡曰。人有賣駿馬欲賣之。比三旦立於市。人莫知之。往見伯樂曰。臣有駿馬欲賣之。比三旦立於市。人莫與言。願子還而視之如旋去而顧之。臣請獻一朝之價。伯樂乃如其言。一旦而馬價十倍。今臣欲以駿馬見於王。莫爲臣先後。先後。導引也。足下有意爲臣伯樂乎。請獻白璧一雙。黃金十溢。以爲馬食。不斥言人欲云爲馬之芻草。淳于髡曰。謹聞命矣。入言之於王而見之。王果善蘇代矣。

又曰。初孫臏與龐涓俱學兵法。涓既事魏惠王。將自

以爲能不及孫臏。乃陰使人召孫臏。孫臏至。以法刑之。斷其兩足。後齊使以爲奇。竊載與之歸。田忌喜而客待之。

卷九百

法眞登羅山疏條。四庫本「旁有金鎖往掩之。得二丈許」句（九〇一—九二下）。宋刊本下有「遂以財雄爲南江都尉」。

四庫本武都故道有怒特祠條後（九〇一—九三下）。

宋刊本尚有
劉義慶幽明錄曰。巴丘縣金崗以上世里名黃金瀨。古
有釣於潭。獲一金鎖。引之滿一船。金牛出。聲貌奔
壯。奮躍還潭。鎖久乃盡。釣人刀斫得數尺。故潭瀨
取名。

卷九百二

廣雅條。四庫本「三歲曰牂」句下（九〇一－一〇一
下）。宋刊本尚有「吳羊犗曰䍩羖羊犗曰羯奎羍羜羔

也」。
四庫本廣陵思王荆傳條後有脫文（九〇一－一〇三下
）。宋刊本其文如下
崔鴻十六國春秋後錄曰。羌抑摩獻羊六角二口。四角
八口。
北史曰。隋漢王諒爲并州揔管。潞州有官羊生三角相
背。以爲諒之咎徵。
帝王世紀曰。湯問葛伯何故不祀。曰無以供犧牲。湯
遺之以羊。
穆天子傳曰。犬戎胡觴天子于雷首之阿。乃獻良馬四
六。天子使孔牙受之曰。雷水之平爰有黑牛白角。爰
有黑羊白血。
又曰。天子飲于文山。乃獻豪牛。四節有豪。
又曰。春山大羊食鹿豕。
山海經曰。錢來之山有獸如羊。而馬尾名曰羬羊。
周易是謀類曰。太山失金鷄。西嶽亡玉羊。鄭玄注曰

。金鷄玉羊二嶽之精。
春秋說題辭曰。羊者祥也。合三而生以養王也。故羊
高三尺。
雜五行書曰。懸羊頭門上除盜賊。
春秋繁露曰。凡贄卿用羔。羔飲之其母必跪。類知禮
者。故羊之爲言祥。故以爲贄。
莊子曰。臧與穀二人相與牧羊而俱亡羊。問臧奚事。
則挾策讀書。穀奚事。則博塞以游。二人事業不同。

其亡羊均也。
又曰。善養生者如牧羊。後者鞭之。

卷九百五

搜神記鄱陽趙壽條。四庫本「忽有大黃犬六七群出吠岑」句（九〇一—一二四上）。宋刊本下有「後令伯婦與壽婦食。吐血幾死。屑桔梗飲之乃愈」。

卷九百七

四庫本愼子條下（九〇一—一三六下）。宋刊本尚有

一則
韓子曰。趙王遊於圃中。左右以兎與虎而輟之。虎盼然環其眼。王曰。可惡哉。虎在左右曰平陽之目。可惡過此。平陽君趙王之弟。

卷九百八

四庫本漢書孝元帝馮昭儀條後（九〇一—一三九下）。宋刊本尚有「淮南子曰。誠中之人樂而伋。伋急也。忠信之人自樂爲之非伋伋也。如鴞之好聲。熊之好

經。夫有誰爲務。

卷九百十一

四庫本玄中記條下（九〇一—一五九下）。宋刊本尚有「鄭氏玄中記曰百歲之鼠。化爲蝙蝠」。
又東方朔神異經條下（九〇一—一六一下）。宋刊本尚有七則如下
論衡曰。人生天地猶魚生泉。蟣虱於人風氣而生焉。食鼠腸脹。鼠子水。午火馬。金亦勝木。鷄何不啄兎

。火亦勝金。蛇何不食猴。
又曰。鼠踐一篋捐不食。
博物志曰。鼠食巴豆三年重三十斤。
東晳發蒙記曰。西域有火鼠之布。東海有不灰之木。
語林曰。簡文爲撫軍時。所坐床上坐塵不聽。左右掃去。見鼠行跡。視以爲佳。
異物志曰。鼠母頭腳似鼠。毛蒼口銳。大如水牛。而獨畏狗。水田時有水災起於鼠。

西域諸國志曰。有鼠王國。鼠大如狗。著金鎖。小者如兎。或如此間鼠者。沙門過不呪願。白衣不祠祀。輒害人衣器。

異苑云。釋道安昔西方適見此俗嗲云。鼠得死人目精則爲王。

干寶搜神記曰。晉太康中。會稽郡蟛蜞及蟹皆化爲鼠。大食稻爲災。始成者有肉而無骨。

幽明錄條。四庫本「怪亦絕。遂大富」句（九〇一—一六二上）。宋刊本作「後遂富。積二三千萬」。

南陽趙度條。四庫本「乃剖腹看臟。有米在焉」句下（九〇一—一六二下）。宋刊本尚有「竇氏家傳云。竇攸治爾雅。舉孝廉爲郎。世祖與百寮大會於靈臺。得鼠身如豹文。熒熒有光煇。問群臣。莫有知者。唯攸對曰。此名鼮鼠。詔何以知之。攸曰。見爾雅。曰詔案視書。果如攸言。賜帛百疋。詔諸臣子弟皆從受爾雅。」

卷九百十三

四庫本「猶」項爾雅條下（九〇一—一七二下）。宋刊本尚有「犺」項。又「魯連子曰。北方有獸名爲犺。生而角當心。俯厲。其角潰心而死。」

四庫本「茲白」項。博物志條下（九〇一—一七六下）宋刊本尚有「虎豹」項。又「博物志曰。逢伯雲所說有獸緣木。綠文似豹。名虎僕。毛可爲筆。」

卷九百十四

四庫本周禮「故人於其親也。至死不窮」句下（九〇一—一七八下）。宋刊本尚有「傳曰或叫于宋太廟曰譆譆出出。鳥于亳社如曰譆譆」。

又其後左傳條（同上）。宋刊本下尚有「又曰鳥則擇木。木豈能擇鳥」。

卷九百十五

四庫本「又曰帝舜云。朕惟不乂。獸舞鳳晨」（九〇一—一八六上）。宋刊本「獸舞」作「百獸」。此下

。宋刊本尚有「又曰。周文王作豐。一朝扶老至八十萬戶。草居陋然。歌即曰鳳皇下豐也。」

卷九百十六

東觀漢記條。四庫本「舉足垂翼。應聲而舞」句（九〇一—一九三下）。宋刊本下有「止縣庭留十餘日去」。

又「荊州記」條下（九〇一—一九八上）。宋刊本尚有「焦贛易林曰。白鶴銜珠」。

卷九百十八

四庫本臨海異物志條下（九〇一—二二一上）。宋刊本尚有「南越志曰。新夷縣鳥多杉鷄」。

卷九百二十

四庫本「又曰燕白脰烏」（九〇一—二三〇上）。宋刊本作「又曰有燕白脰烏。鶡山烏。鶡似烏而小。赤觜穴乳。出西方。」

北史齊蕭倣條。四庫本「舒翅悲鳴。全似哀泣」（九〇一—二三一上）。宋刊本下有「家人則之。未嘗有闕」。

卷九百二十一

易通卦驗條。四庫本「令失節不巢」句（九〇一—二三六上）。宋刊本「令」作「今」。又此下宋刊本尚有「陽氣不通。故言春不東風也」。

廣異記條。四庫本「浴蚕子招絲。象此也」句（九〇一—二三九上）宋刊本下有「式經三十六禽變曰酉爲烏鵲」。

又說苑條下（九〇一—二四〇下）宋刊本尚有一則「論衡曰。夫令鳩雀施氣於雁鵠終不成子者何也。鳩雀之身小。雁鵠之形大。」

卷九百二十三

四庫本。「鳶」項。爾雅條下有脫文（九〇一—二六二上）。宋刊本其文如下

漢書曰成帝河平元年。太山有鳶焚其巢。子墮地黑色。

東觀漢記曰。馬援擊交阯。下潦上霧。毒氣上蒸。仰視鳥鳶。跕跕墮水中。

梁書曰。永安侯蕭確字仲正。少好弓馬。人有笑者。確謂之曰。吾當爲國家破賊。故預習之。每臨陣對敵。意氣安祥。帶甲據鞍。自朝至夕。馳驟往返。不以爲勞。侯景愛之。恆在左右。常從景出獵。見飛鳶。景衆射之。莫能中。確射之。應弦而落。自是王偉忌之。

隋書曰。崔彭善射。達頭可汗遣使上曰。請得崔將軍一與相見。上曰。此必善射聞於虜庭。所以來請耳。遂遣之。及至匈奴中。可汗召善射者數十人。因擲肉於野以集飛鳶。遣其善射者射之。多不中。復請彭射之。連發數矢。皆應弦而落。突厥相顧。莫不歎服。可汗留。彭不遣百餘日。上賂以繒綵。然後得歸。

又曰。長孫晟引啓民可汗歸附。賜射於武安殿。選善射者十二人。分爲兩列。啓民曰。臣有長孫大使得見天子。今日賜射。願入其列。許之。給晟箭六隻。發皆入鹿。啓民列竟勝。時有鳶群飛。上曰。公善彈。爲我取之。十發俱中。應丸而落。是日百官獲賚。晟獨居多。

博物志曰。漢舊使棊國送鳶卵給太官。

晉中興書徵祥說曰。永和九年吳郡獻白鳶。

卷九百三十四

郭子橫洞冥記條。四庫本「產珠。色光白」句（九〇一—三三九上）。宋刊本下尚有「如瓊琰之類」。又

此下宋刊本尚一則「博物志曰。蝮蛇秋月毒盛。無所齧草木以泄其氣。草木即死。樵採設此草木所傷刺者亦殺人。」

卷九百三十五

四庫本錢塘杜子恭條後（九〇一—三四四上）。宋刊本尚有「又曰。吳隱之爲廣州刺史。帳下人進魚每剔去骨存肉。隱之覺其用意。罰而黜焉。」

又鄧析書條下（九〇一—三四五下）。宋刊本尚有「列子曰八紘之北有溟海。魚廣千里。其長稱焉」。

卷九百三十六

夏鯀治水無功條。四庫本「橫於河海之間」句（九〇一—三五一上）。宋刊本下有「後世聖人以魚爲神化之物。以玄字合於魚爲鮌字」。

四庫本續搜神記條下（九〇一—三五四下）宋刊本尚有一則「搜神記曰。宮亭孤石有估客至都。因市一刀

置神廟中而忘取。至湖中忽有一鯉跳入舡。破之得刀。具魚部中。」

卷九百三十七

四庫本「鱮魚」項水經條下（九〇一—三五八上）。宋刊本尚有「潘岳西征賦曰素鱮楊鬐」。

卷九百三十九

四庫本「鰧魚」項山海經條下（九〇一—三七三下）。宋刊本尚有一則臨海水上記曰。鰧魚似鱦。長二尺。

卷九百四十三

四庫本「海月」項臨海水土物志條下（九〇一—四〇一上）。宋刊本尚有「謝靈運詩曰。挂席拾海月」。

卷九百四十四

四庫本「草食之獸。不」下注闕（九〇一—四〇四上）。宋刊本作「疾易藪」。其後「太陰所在。蟄蟲」句下注闕（同上）。宋刊本作「首」。

曹大家蟬賦條。四庫本（九〇一—四〇七上）「抗喬板而理翮」句。宋刊本下有「崇皇朝之輝光。映豹豹而灼灼」。

卷九百四十六

王瓚曰條。四庫本「燕趙之際謂之食厖」句下（九〇一—四二〇上）宋刊本尚有「齊兗以東謂之馬敷」。

吳氏本草經條。四庫本「一名害焦」句下（九〇一—四二一上）。宋刊本尚有「一名致神農。鹹無毒」。

卷九百四十七

四庫本（九〇一—四二四）至（九〇一—四二六）三頁。文詞錯亂。應更正如下。

㈠九〇一—四二四上第四行。下接九〇一—四二五下第十一行至九〇一—四二六下第四行。㈡九〇一—四二六下第四行。下接九〇一—四二五上第一行至下第十行。㈢九〇一—四二五下第十行。下接九〇一—四二四上第五行至下第十六行。㈣九〇一—四二四下第

十六行。下接九〇一—四二六下第五行。

古今五行記條。四庫本「時高歡圍玉璧。五旬不拔」句（九〇一—四二八上）。宋刊本下有「歡疾。班師而薨」。

卷九百四十九

崔氏寔四民月令條。四庫本「詩曰。蟾蜍食明月」句（九〇一—四三五下）。宋刊本「詩曰」作「傅玄詩曰。」

四庫本陶弘景本草經條有闕文（九〇一—四四〇上）。宋刊本其全文如下「陶弘景本草經曰。鼠婦一名蟠負。一名伊威。一名委人。俗言鼠多在坎中背則負之。今作婦字如似乖理。又一名鼠姑。家用此悅媚人甚多方而應少。」

又其後「蠹」項爾雅條下。宋刊本尚有

漢書曰。文帝賜尉佗書衣物。佗因使者獻桂蠹一器。

文子曰。山生金反自刻。木生蠹還自食。

卷九百五十

四庫本永嘉地記條下（九〇一—四四四下）。宋刊本尚有一則「博物志曰。細腰無雌蜂類也。無雌取桑蚕或阜螽子所見抱而成己子。詩云。螟蛉有子。蜾蠃負之。」

又陸機毛詩疏條下（九〇一—四四五下）。宋刊本尚有「晉書載記曰。石勒時河朔大蝗。初穿地而生。二旬則化。狀如蚕。七八月而臥。四日蛻而飛。彌亘百

里。唯不食三豆及麻。并冀尤甚。」

四庫本華陽國志條下有脫文（九〇一—四四六下）。

宋刊本作「賈誼書曰。楚惠王食寒葅而得蛭。因遂呑之。腹有疾而不能食。令尹入問疾。王曰。吾食葅而得蛭。不行其罪。是法廢而威不立。譴而誅恐監食皆死。遂呑之。令尹曰。天道無親。惟德是輔。王有仁德。病不爲傷。王果病愈。」

四庫本「短狐」項地理書條誤接博物志條（九〇一—四四八上）。宋刊本作「地理書曰。車茂安與夏□書云。外生石季甫忽爲鄮令。此縣既有短狐之疾。又沙虱害人。聞此消息倍益愁慮。博物志曰。江南山溪水中有射工蟲。」

卷九百五十一

四庫本「蚤」項曹植論條下（九〇一—四五〇上）。

宋刊本尚有「虞翻與弟書曰。其餘幾何老更衣。希爲蚤虱所咋。故一二相告。省書一過悉以付火。」

又其後「虱蟣」項續晉陽秋條下四庫本有脫文。宋刊本作「晉書曰。阮籍著大人先生傳曰。少稱鄉黨。長聞鄰國。上欲圖三公。下不失州牧。獨不見群虱之處褌中。逃乎深縫。匿乎壞絮。自以爲吉宅。行不敢離縫。匿乎褌襠。自以爲得繩墨也。然炎丘火流。焦邑滅都。群虱處於褌中而不能出也。君子之處域內。何異夫虱之處褌中乎。」

卷九百五十二

四庫本「書曰兗州厥木惟喬」（九〇一—四五七上）。宋刊本下有「厥貢惟木」。

卷九百五十三

彭城王勰從幸代都條。四庫本「風雲與古同」句下（九〇一—四六五上）。宋刊本尚有「帝大笑曰汝此詩亦責我耳」。又此下。宋刊本尚有一則「唐書曰。拔野古僕骨東境。其地豐草。人皆敦富。土多霜雪。其地北東一里曰康干河。有松木。入水一二年乃化爲石

。其色青。有國人居住。其人謂之康于名爲石後仍松文。」

卷九百五十四

北齊書四庫本「祠有柏樹蘭根」句有脫文（九〇一—四七〇上）。宋刊本作「祠有柏樹。卓凶逆無道。不應立祠。至今乃伐柏以爲槨材。人或勸之。不伐蘭根。」

周禮方相氏條。四庫本「魍像好食亡人畏虎與栢」句有脫文（九〇一—四七一上）。宋刊本作「魍像好食亡者肝腦。人家不能常。令方相立於墓側以禁禦之。而魍像畏虎與柏。」

其後水經注條。四庫本「舊有一枯柏樹。望之青秀可喜」句有脫文（同上）。宋刊本作「舊有一枯柏樹。其塵根故株之上多生穉柏。列秀青青。望之可喜。」

四庫本梁書條下（九〇一—四七三上）宋刊本尚有「後周書曰。韋孝寬之爲雍州刺史。先是路側一里置一土堠。經雨頽毀。每須修之。自孝寬臨州。乃勒部內當堠處植槐樹代之。即免修復。行旅又得芘蔭。文帝後見怪問知之曰。豈得一州獨爾。當令天下同之。於是令諸州道路一里種樹一株。十里種三樹。百里五樹焉。」

又隋書條下（同上）。宋刊本尚有一則

又曰。士回以孝聞。開皇初卒。子士雄少質直孝友。喪父。復廬於側。負土成墳。其庭前有一槐樹。先甚鬱茂。及士雄居喪。樹遂枯死。服闋還宅。死槐復榮。高祖聞之。歎其父子至孝。下詔褒揚。號其所居爲累德里。」

卷九百五十五

隋書條下四庫本少錄一則（九〇一—四七八上）。宋刊本作「唐書曰。李龍譽居家以儉約自處。每謂子孫曰。吾性不好貨財。遂至貧乏。然吾近京城有賜田十頃。耕之可以充食。桑若干根。採之可以充衣。」

其後家語條。四庫本「以致殃孽桑穀生朝」句下有缺文（九〇一—四七八上）。宋刊本作「七日。大栱占者曰。桑穀野木而生于朝。意者朝亡乎。太戊恐駭。側身修德」。

又其後呂氏春秋條下。四庫本少錄一則（九〇一—四七八下）宋刊本作「又曰。季春之月也。命野虞毋伐桑柘。野虞主林官也。桑與柘皆可養蠶。故命其官使民不得斫伐。鳴鳩拂其羽。戴勝降於桑。」

又其後神異經條下。四庫本少錄一則（同上）。宋刊本作「任昉述異記曰。桓沖爲江州刺史。遣人周行廬山冀。覩靈異。陟崇巘。有一湖匝生桑樹。湖有敗艑赤鱗魚。使者渴極。欲往飲水。赤鱗張鬣向之。使者不敢飲。」

玄中記條。四庫本「上至天盤屈蜿蜒而下」句（九〇一—四七九下）。宋刊本下有「通三泉」。

又其後「石虎節中記」。宋刊本「節」作「鄴」。又此條下宋刊本尚有一則「氾勝之書曰。種桑五月取椹著水中。濯洒取子。陰乾之。好治肥田十畝。荒久不耕者。先好耕治之。黍椹子各三升。合和種之。黍桑當俱生。鉏之桑。令稀疏調適。黍熟穫之。桑生正與黍高下平。因以利鎌歷地刈之。曝令燥。後有風調放火燒之。常逆起火。桑至春生一畝。食三簿蠶。」

神農本草條下。四庫本少錄三則（九〇一—四八〇上）宋刊本作

典術曰。桑木者箕星之精。

楚辭曰。衣攝葉以儲與兮。攝葉儲與。不舒展之貌。左袪絓於扶桑。袪神也。得己衣服長大。攝葉儲與。不得舒展。得能弘廣。不得施用。東行則左袖絓於扶桑。無所不伏。右衽拂於不周兮。六合不足以肆行。

又曰。路室女之方桑。路室客室。孔子過之以自待。言孔子出過於客舍。其女方採桑。一心不視。若貞信故以自待。」

卷九百五十七

廣五行記條。四庫本「剖而爲兩段」句下（九〇一—四八九下）。宋刊本尚有「中有楊樹之形。黃根紫葉」。

豫章記條。四庫本「戕柯者遂生」句（九〇一—四九三上）。宋刊本作「戕柯者遂生爲樹。今猶存。其木合抱。始倒植之。今枝條皆垂下。」

卷九百五十八

四庫本「檜」項尚書禹貢條檝（九〇一—四九五上）宋刊本尚有「毛詩竹竿曰檜檝松舟」。

其後「古史考曰。烏號柘木……故稱烏號弓」（九〇一—四九五下）宋刊本作「古史考曰。烏號弓以柘枝爲也。

譙周曰。野柘枝勁烏集之。飛起枝彈之。烏乃驚號伐取爲弓。故稱烏號弓。」

卷九百六十

四庫本「茱萸」項風土記條下（九〇一—五〇九下）。宋刊本尚有

異苑曰。庾紹爲東郡令。宗協與紹中表且服茱萸酒。忽見紹來仍求酒。執酒杯還置云。茱萸氣。協云。惡之耶。紹云。上官皆畏況我乎。

蜀都賦曰。其圃則有蒟蒻茱萸。

四庫本「木綿」項（九〇一—五一二上）羅浮山記條下有脫文。宋刊本其文如下

廣志曰。木緜樹赤華。爲房甚繁。偪側相比。爲緜甚軟。出交州永昌。

杭

爾雅曰。杭魚毒也。郭璞曰。杭木子似栗。生南方。皮厚汁赤。中藏卵果。

臨海異物志曰。杭味如楮。

廣志曰。原木漬其汁。消殺衆生。生南。

魄

爾雅曰。魄楒音奚。榼音醯也。魄大木細。葉似檀。

今江東多有之。

廣雅曰。青檀似奚榼。語曰。齊人斫檀奚楒先殫。

楸樸音速卜

爾雅曰。楸樸心也。郭璞曰檞楸楸別名。

檴托檴呼化切。

說文曰。狗杶也。

欒

說文曰。欒木也。似木蘭。從木欒聲。

文木

吳錄曰。南朱桐縣有文木。材堅黑如水牛角。作馬鞭。

山海經曰。符愚之山文木其實如棗。

南方草物狀曰。文木樹高七八丈。其色正黑。如水牛角。作馬鞭。日南有之。

韶

裴淵廣州記曰。韶葉似栗。赤色。子大如栗有棘。刺破其皮。內白豬肪。著核不離。味甜酢。核如荔枝。

平仲

左思吳都賦曰。平仲君遷。平仲實如銀。君遷子如瓠。

君遷

劉欣期交州記曰。君遷樹子如馬乳。

魏王花木志曰。君遷細似甘蕉。子如馬乳。

古度

吳錄地理志曰。廣州有木名古度。不華而實。

裴淵廣州記曰。古度葉如栗。無華。枝柯皮中生子。子似櫨而酢。煮以為粽。數日不煮。化作飛蟻。

吳都賦曰。松梓古度。

柜

爾雅曰。援柜柳。郭璞曰。柜似柳。皮可煮作飲也。

貝多

唐書曰。貞觀中隋婆登國遣使朝獻。其國在林邑南海。行二月。東與訶陵西與迷黎車接。北鄰大海。風俗

與訶陵同。種稻。每月一熟。亦有文字書之貝多葉。
杜寶大業拾遺錄曰。洛陽翊津橋通翻經道場東街。其道場有婆羅門僧及身毒僧十餘人。新翻諸經。其所翻經本從外國來。用貝多樹葉書。書即今胡書體。貝多葉長一尺五六寸。闊五寸許。葉形似琵琶而厚大。橫作行書。隨經多少縫綴其一。怗怗然。
顧徽廣州記曰。貝多似枇杷而有光澤耀日。枝柯去地四五丈作懸根。生地便大如本株形。一樹亦可有數十

根如本形。花白。子不中食。種於精舍浮圖前。
嵩高山記曰。嵩高寺中有思惟樹即貝多也。如來坐貝多下思惟。因以爲名焉。
魏王花木志曰。思惟樹。漢時有道人自西域持貝多子植於嵩之西峰下。後極高大。有四樹。樹一年三花。

射干

孫卿子曰。西方有木名射干。莖長四寸。生於高山之崖。臨百仞之淵。木非長也。所立高也。君子居必擇鄉。遊必就士。
楚辭曰。掘荃蕙與射干兮。芸藜藿與蘘荷。

時好

孫綽子曰。北阜有木焉名曰時好。

摩廚

異物志曰。木有摩廚。生于斯調。摩廚木名也。生於斯調州。厥汁肥潤。其澤如膏。馨香馥郁。可以煎熬。如脂膏可以煎熬食物也。彼州之民仰爲嘉肴。花木志曰。煎熬食物香美如華。夏之人用油。

榕

異物志曰。榕樹栖栖。長與少殊。少時緣木後乃成樹。故爲殊也。高出林表。廣蔭原丘。孰知初生。葛虆之儔。
魏王花木志曰榕木初生。少時緣縛他樹。如外方扶芳藤。形不能自立。根本緣繞他木。傍作連結。有如羅網相絡然。後木理連合。鬱茂扶疎。高六七丈。

嶺表錄異曰。榕樹桂廣容南府郭之內多栽此樹。葉如冬青。秋冬不凋。枝條既繁。葉文蒙細而根鬚繚繞。枝幹屈盤。上生嫩條。如藤垂下。漸漸及地。藤梢入土便生根節。或一大榕樹三五處有根者。又橫枝著鄰。樹則連理。南人以爲常。不爲之瑞木。

夫漏

徐衷南方記曰。夫漏樹野生三月華。五六月成子。如木有煮著豬肉鷄鴨羹中。好可食亦中鹽藏。

都桶

徐衷南方記曰。都桶樹二月花仍連實。七月熟如卵。

魏王花木志曰。南方草物狀都桶樹野生。二月花色仍連著實。八九月熟子如鴨卵。民取食之。其皮核滋味酢出。九眞交趾。

都咸

徐衷南方記曰。都咸樹子大如指。取子及樹皮曝乾作飲。芳香。

千歲

袁山松宜都山川記曰。佷山有異木。人無見其朽者。其名曰千歲。葉似棗色似桑。冬夏青貞強少節目。

愼火

南越志曰。廣州有大樹可以御火。山北謂之愼火或謂戎火。多種屋上以防火。

勝火

伏琛齊地記曰。東武城東南有勝火木。方俗音曰挺子。其木經野火燒炭不滅。故東方朔謂爲不灰之木。

左思齊都賦曰。勝火之木。衡水之草。

播移音泥

林邑記曰。播移樹柯節發根下垂。虛中森羅。望之似懸髮。

四庫本「絡葵」項以下至「波稜」項衍文（九〇一—五一二上下）。乃卷九百八十誤入。

卷九百六十二

四庫本「何隨家養竹。園人盜其竹。何隨行遇見。恐盜者覺。怖。王子淵洞簫賦所稱即此地也」句有脫文（九〇一—五二五上）。宋刊本其文如下

又曰。何隨家養竹。園人盜其竹。何隨遇行見。恐盜者覺怖走。竹傷其足。挈履徐而歸。

文士傳曰。蔡邕經會稽高遷亭。見屋椽竹從東間數第十六可以為籥。取用果有異聲。

神仙傳曰。離婁公服竹汁餌桂得仙。

又曰。壺公欲與費長房俱去。長房畏家人覺。公乃書一青竹戒曰。卿以此竹歸家便稱病。以此置卿臥處。默便來還。長房如言。家人見此竹云是屍。哭泣行喪。

荊楚歲時記曰。夏至節日食糉。周處謂為角黍。人並以新竹為筒糉。練葉。插五絲繫臂。謂為長命縷。

王子年拾遺記曰。蓬山有浮筠之幹。葉青莖紫。子如大珠。有青鸞集其上下。有砂礫細如粉。暴風至。竹條翻起。拂細砂如雪霰。仙者來觀戲焉。風吹竹折。聲如鍾磬之音。

南越志曰。羅浮山生竹皆七八圍。節長一二尺。謂之鍾龍。

湘州記曰。邵陵高平縣有文竹。山上有石床。四面綠竹扶疎。常隨風委拂此牀。

永嘉記曰。陽嶼仙山有平石方十餘丈。名仙壇。有一筋竹垂壇旁。風來輙掃拂壇上。

東陽記曰。崑山去蕪城山十里。峰嶺高峻。故老傳云。嶺上有圓池。魚鼈具有。池邊有竹極大。風至垂屈掃地。恆潔如人掃之。

丹陽記曰。江寧縣南二十里慈姥山積石臨江生箭管竹。王子淵洞簫賦所稱即此也。

卷九百六十三

「筍」項毛詩韓奕條下。四庫本少錄一則（九〇一—五三一下）。宋刊本作「周禮天官醢人曰。加豆之實

。箬菹筍菹」。

卷九百六十四

呂氏春秋條下。四庫本少一則（九〇一—五三六上）。宋刊本作「正部曰王府云赤如鷄冠。黃如蒸栗」。

卷九百六十六

水經條。四庫本「命大夫共會樹下食之」句下（九〇一—五四八下）。宋刊本尚有「縣北有稻田出御米也」。

卷九百六十九

四庫本晉令條下（九〇一—五六三下）。宋刊本尚有「晉宮閣名曰明光殿前梨一株」。

卷九百七十一

林邑記條。四庫本「房綴十數子。家有數百樹」句下（九〇一—五七八上）。宋刊本尚有「雲疎如墜繩也」。

卷九百七十三

四庫本魏略條下（九〇一—五九四上）。宋刊本尚有「魏書曰袁紹在河北。軍人仰棗椹。」

卷九百七十五

四庫本華陽國志條下（九〇一—六〇四上）。宋刊本尚有「博物志曰。野芋食之煞人。家芋種之三年不收。後旅生亦不可食。」

卷九百七十六

說苑條。四庫本「非所以從故也」句下（九〇一—六一二下）。宋刊本尚有「丈人舍之矣。謝之軍門之外」。

卷九百七十八

齊書條下。四庫本少錄一則（九〇一—六二二下）。宋刊本作「又曰。竟陵王子良夏月客至爲設瓜飲」。

四庫本「秦子曰。食瓜者。雖去其」句下注闕（九〇一—六二四下）。宋刊本作「蒂。何以連其根」。

卷九百八十三

四庫本「君子行道不爲莫知而止」句（九〇一—六五三上）。宋刊本作「與君子行遊苾兮。如入蘭芷之室。久而不聞則與之化矣」。

杜衡山海經條。四庫本「名杜蘅。可以走馬」句（九〇一—六五五上）。宋刊本下有「食之而瘿」。

白蛤狸項。四庫本注闕（九〇一—六五七上）。宋刊本作「異物志」。

卷九百八十五

汲冢周書條下。四庫本少錄一則（九〇一—六六七上）。宋刊本作「禮儀曰。君乘木而王地生丹」。

卷九百八十六

四庫本九〇一—六七三上第十三行至九〇一—六七五上第五行文詞錯亂。應更正如下。

㈠九〇一—六七三上第十二行。下接九〇一—六七四上第八行第四字至九〇一—六七五上第四行。㈡九〇一—六七五上第四行之後應接九〇一—六七三上第十

三行至九〇一—六七四上第八行第三字。㈢九〇一—六七四上第八行第四字。下接九〇一—六七五上第五行。

卷九百八十八

四庫本「越絕書曰。今太守舍者。春申君所造後壁屋以爲桃夏宮。今宮者春申君子假君宮也。數失火。因塗雌黃。故曰黃堂」（九〇一—六八六上）。宋刊本作「吳越春秋曰。太官舍春申君所造。殿後殿名逃夏宮。春申子假君宮也。數失火。因塗雌黃。故曰黃堂。臨海水」。

其後淮南萬畢術條下（九〇一—六八六下）。宋刊本尚有「本草經曰。磁石一名玄石。味辛寒。出川谷。」

吳錄地理志條。四庫本「石色赤黑味苦」句下（九〇一—六八八下）。宋刊本尚有「屑此石著創並以切齒立蘇。一名竊齒石。見大康地記也」。

卷九百九十

冶葛項。博物志條。四庫本「野葛食之殺人。家葛種之三年不收。後旅生亦不可食」（九〇一—七〇二上）。宋刊本作「魏武啖冶葛至一尺。亦多飲酖。近世事相傳云」。

卷九百九十九

毛詩疏義條。四庫本「幽荊楊豫。取備飢年」句下（九〇一—七六〇上）。宋刊本尚有「其根爲藕。幽州人謂之光。爲光如牛角」。

冊府元龜一千卷

宋王欽若 楊 億等奉敕撰

以明崇禎十五年匡山黃國琦刊本校補

按。此明刊本訛誤頗多。於善本難求之下。聊作校補之用。亦可見四庫本改易之跡。

卷一一八

晉少帝天福九年正月章

四庫本「直驅鐵騎。深犯封疆……頃議親征。用平燕薊……取此月十三日躬御六師北征攜貳」句（九〇四—一六五下）。明刊本「鐵騎」作「戎虜」。「燕薊」作「醜類」。「攜貳」作「雜虜」。又其後四庫本「斬首三千級。生擒五百人。獲其大將一十七……潰散敵軍。入鵶鳴谷……石公霸遇敵數萬騎於戚城之北。爲敵所圍……忽聞衆至……周等爲敵圍之數重。三人大譟。瞋目奮擊。契丹傷死者甚多……我師搏之。敵騎退走……西岸敵軍數萬……獲敵馬八百匹。執敵

將莫城義節樓」一段（九〇四—一六六上下）。明刊本「大將」作「虜將」。「契丹」作「賊衆」。餘諸「敵」字皆作「賊」。「衆」亦作「賊」。

又其後「人口輜重。悉委之而走。三月癸酉朔。契丹耶律德光領兵十餘來戰」句（九〇四—一六七上）。明刊本「契丹」作「虜主」。又四庫本「既午。其將趙延壽。趙延昭以數萬騎出於王師之西」句（同上）。明刊本「其」作「賊」。又「李守貞以數百騎短兵直進擊之。敵稍退」句（九〇四—一六七下）。明刊本「敵」作「虜」。

二年正月乙丑章

四庫本「況地處要衝。人推勇悍。將控臨於強敵」句（九〇四—一六八下）。明刊本「強敵」作「黠虜」。

世宗顯德元年三月章

四庫本「蓋自忻代歸順之後。契丹猶在境。故命諸將進軍以討之」（九〇四—一七二下）。明刊本「契丹」作「蕃戎」。

六年三月丙寅章

四庫本「帝戎服乘馬率步騎數萬。發自滄州。直趨敵界」（九〇四—一七八上）。明刊本「敵」作「虜」。又「王師數萬。不亡一矢而契丹城邑皆迎刃而下」句（九〇四—一七八下）。明刊本「契丹」作「虜界」。

卷一一九

太武時來大千爲征北將軍章

四庫本「兼悉北境險阻。乃以太千巡撫六鎭。以防蠕蠕」句（九〇四—一八三上）。明刊本「蠕蠕」作「寇虜」。

三年夏四月章

四庫本「前史嘗載邊鄙爲亂。先王必征」句（九〇四—一八九上）。明刊本「邊鄙」作「夷狄」。

十月壬戌制

四庫本「古之命將帥訓甲兵。所以宣威武而懲不庭也」句（九〇四—一八九下）。明刊本「懲不庭」作「制戎狄」。

李自良爲河東軍都將章

四庫本「帝以河東密邇突厥難於擇帥」句（九〇四—一九二下）。明刊本「突厥」作「胡戎」。

卷一二三

十一月帝謂侍臣章

四庫本「淮南獨據一方。多歷年所。外則結連北境與我爲讎」句（九〇四—二五〇上）。明刊本「北境」作「北虜」。

卷一二八

是月代州刺史檢校司空張朗超授檢校章

四庫本「琦謁審琪曰。敵勢經城不問。可見其心……入五臺避敵於鎮州界。策之上也」句（九〇四—三二八上）。明刊本「敵」字均作「虜」。

四年二月辛亥章

四庫本「終殄寇於中山。永摧兇於外域。烽烟南望。」（九〇四—三三九下）。明刊本「烽烟南望」作「犬羊南牧」。

卷一三六

三年八月詔章

四庫本「丙午先鋒指揮使石公霸遇敵萬騎於戚城之北。爲敵所圍」句（九〇四—四五六上）。明刊本「敵

」並作「賊」。

卷一四〇

四庫本「乃力排群醜。體中重瘡。雖敵騎已大奔」句（九〇四—五一七上）。明刊本「敵」作「虜」。

卷二三〇

令德章

四庫本「六軍起纛。五馬渡江」（九〇六—二六上）。明刊本作「六胡猾夏。五馬渡江」。

卷二三三

四庫本「一馬化龍。劉石猾夏。土功競起。版築相誇。雖金碧以輝煌。寔塗膏而潤血」句（九〇六—一七七上）。明刊本作「一馬化龍。五胡猾夏。姦雄竝鶩。逆節相誇。變巢穴爲城池。易穹廬爲宮室」。

卷三五三

趙遐章

四庫本「司州刺史王僧炳頓南安。並扇動夷獠。規翻南鄭。遐率甲卒所在衝擊。數百里間莫不摧靡。前後斬首五千餘級還。」（九〇八—一八三下）。明刊本於此段末猶有「正始三年九月。大破梁衆於黨城桑坪」一句。

卷三九五上

于栗磾章

四庫本「栗磾曰若縛之不勝。豈不虛斃一壯士。自可驅致御前。坐而制之。尋皆擒獲。道武顧而謝之。」

（九〇八—七七二上）。明刊本作「栗磾曰能。道武曰。若縛之不勝。豈不虛斃一將士邪。栗磾曰。自可能致御前坐而制之。尋擒之。」

卷四二〇

李靖宇藥師章

四庫本「俄而突利可汗來奔。遂復定襄常安之地。斥土界自陰山。」（九〇九—三五四上）。明刊本「斥土界自陰山」作「斥土界自陰北至于大漠」。

卷四四四

蔡行遇章

四庫本「周儒以城降寇……坐畚中舁至行帳」句（九〇九—六六九上）。明刊本「降寇」作「降虜」。「行帳」作「虜帳」。

卷四五五

漢白再榮爲護聖左廂都指揮使章

四庫本「明年敵王北去。再榮從敵帳至眞定……相率

殺敵」句（九〇九—八〇九上下）。明刊本「敵」皆作「虜」。

卷四七七

漢龍敏初仕後唐章

四庫本「取幽州路趨西樓。契丹必有北顧之患……二人由介休路出山。夜冒契丹。循山入大呰……有鐵障亦可爲險。況敵衆乎」句（九一〇—三五〇下）。明刊本「契丹」分別作「虜主」「虜騎」。又「敵」作「虜」。

卷五〇三

四庫本「六年討敵將軍王霸屯田新安」句（九一〇—七三八上）。明刊本「敵」作「虜」。

卷五二九

周朗上疏章

四庫本「議者必以爲彼衰不足避。而不知我之病甚於彼矣。若謂民之既從彼必就之。若其來從。我之願也

。彼若能來。必非其種」句（九一一—二〇八下）。明刊本「彼」均作「胡」。「彼必就之」作「狄必就之」。又其後「而令重車弱卒與肥馬悍番相逐。其不能濟固宜矣。漢之中年能事番者。以馬多也。番之後服漢者。以馬少也」句（九一一—二〇九上）。明刊本「番」均作「胡」。

卷五三〇

李沖爲侍中章

四庫本「自西師出後。餉援連續。加氐羌叛逆。所在奔命」句（九一一—二二三下）。明刊本「氐羌」作「氐胡」。

卷五三二

張說上疏章

四庫本「今國家北有勁敵覷邊。南有夷獠伺釁」句（九一一—二六一上）。明刊本「勁敵」作「胡寇」。

甯原悌上疏章

四庫本「今聞彊敵擅命。堅昆婆葛養精蓄銳。以南侵爲多事……高壁藏威。待兵觀變。因二敵之相持。擅漁夫之厚利」句（九一一—二七一上）。明刊本「彊敵」作「黠虜」。「二敵」作「二虜」。

事物紀原一〇卷

宋高承撰。以明正統十二年南昌閻敬校刊本校補

卷二

聖祖號條。四庫本「保生天尊聖號曰。聖祖上靈高道九天。司命保生天尊」句下注闕（九二〇—四四下）。明刊本作「大帝。又六年七月甲午詔加上九天司命上卿」。

卷三

靴條。四庫本「釋名曰非古服。趙武靈王所作。實錄曰北履也。趙武靈王始改服」句（九二〇—八六上）。明刊本作「釋名曰本胡服。趙武靈王所作。實錄曰胡履也。趙武靈王好胡服」。又「筆談曰北齊全用此服。長靿靴也。續事始曰。故事邊裔之服。不許著入殿省」句（同上）。明刊本「此服」作「胡服」。「邊裔」作「胡虜」。

卷四

直昭文條。四庫本「宋朝會要曰。淳化元年八月二十五日以呂誨之等直昭文」句下注闕（九二〇—一二三上）。明刊本作「館。先是但有直史館。至是始命祐之等分直備三館」。「呂誨之」明刊本作「呂祐之」。

卷九

跨馬鞍條。四庫本「國初以婚姻之禮皆北人之法也。謂坐女于馬鞍之側。此北人尚乘鞍馬之義也」句（九二〇—二四四上）。明刊本上「北人」作「胡虜」。下「北人」作「胡人」。

卷十

斬條。四庫本「黃帝內傳曰。擒蚩尤於版泉之」句下注闕（九二〇—二七五上）。明刊本作「上。帝以金鉞」。

錦繡萬花谷一二〇卷

宋不著撰人

以明嘉靖十五年錫山秦氏繡石書堂刊本校補

卷十五

四庫本「敵國」項（九二四—一九六上）。明刊本作「夷狄」。又此項下目「戰義戰德」條下至「招來服遠」條（九二四—一九六上下）。與明刊本不同。明刊本其文如下

金虜。金國其先本新羅人。姓頑顏。奔女眞。有楊哥大師。或曰楊割大師。世居女眞之北同江水上。服屬於契丹。楊哥大師子曰阿骨打。有奇相。嘗朝於契丹。契丹宰相韓欲殺之。其主天祚不肯。天祚嘗遣使求海東青。海東青者。鷹隼之屬最駿者也。使者誅求不已。汙辱其國。女眞不能忍。遂反。以其地產金。故號金國。有衆五百騎。凡三四戰皆勝。然不知兵器。契丹大怒。盡發精兵二十萬討之。大將余都姑爲前鋒

。余都姑者國戚也。會國有密謀廢立。事敗連及都姑。都姑懼誅。遂以衆降金人。金人得余都姑兵數萬。器械俱備。軍遂大振。以粘罕主之。既平契丹遂南侵。宣和犯京師。盟於城下而退。靖康初又至。紹興初又至。遂遍天下。今六世矣。第一世阿骨打名旻。年號天輔。阿骨打死。長子固倫立。年號天會。爲第二世。破京師。固倫死。太子立。年號天眷。爲第三世。先是楊哥大師次子吳乞買世執國柄。第五子名宗亶

。勇而好殺。遂弑天眷而自立。年號天德。爲第四世。宗亶立年。其子亮殺其父自立。年號正隆。紹興末遂犯盟。舉兵至泗上。虐用其下。大將木毒大懷忠弑之於甘露園。國人立其子康王。松漠記謀夏錄。

其後四庫本「赤氣下垂」（九二四—一九六下）。明刊本作「赤氣胡滅」。

三策條。四庫本自「奈何以天子之尊與匈奴約爲兄帝」句以下有刪削及改易（九二四—一九七上）。明刊本其文如下

奈何以天子之尊與匈奴約爲兄弟。帝女之號與胡媼並御。烝母報子從其汙俗。中國異於蠻夷者。有父子男女之別也。婉冶之容。毀節異類。垢辱甚矣。漢之君臣莫之恥也。誠能移其財以養戍卒則民富。移其爵以餌守臣則將良。富利歸於我。危亡移於彼。棄此而不爲。故曰漢無策。嚴尤謂古無上策。爲不能臣妾之也。誠能之而不用耳。秦無策。謂攘狄而亡國也。秦亡

非攘狄。漢得下策。謂伐胡而人病無策也。故曰嚴尤辨而未詳。班固謂其來接以禮遜。何者。禮遜以交君子。非所以接夷狄也。譬之蟲豸虺蜴何禮遜之接哉。故曰班固詳而未盡。出突厥傳。

又其後「張說疏」（九二四—一九七下）。明刊本作「鬥羊論」。其文「因上疏諷諭。帝識其意。納之。後瓜州失守。君奐死。本傳」句。明刊本作「因上巂州鬥羊於帝以申諷諭曰。使羊能言。必將曰鬥而不解

。立有死者。所賴至仁。量力取歡焉。帝識其意。納之。後瓜州失守君奠死。本傳」。

卷四十

西征記。四庫本「昔北敵橫行。擾我嵩岱。哆然四顧。有橫吞天下之心。二公提孤門。屈彊敵。扼東南咽領」句（九二四—五一〇上下）。明刊本「北敵橫行」作「胡羯梟鳴」。「擾」作「腥」。「敵」作「虜」。又其後「強敵磨劍摩崆峒」句（九二四—五一〇下）。明刊本「強敵」作「胡兒」。

續集卷三十三

罷籍民車條。四庫本「邊吏報北兵將入戰」句（九二四—九八二下）。又「北兵以多馬取勝。惟車可以當之。括曰敵之來。民父子墳墓田廬皆當棄去」句（同上）。明刊本「北兵」皆作「北虜」。「入戰」作「入寇」。「敵」作「胡」。

記纂淵海一〇〇卷

宋潘自牧撰

以明萬曆七年刻本校補

卷十四

歸州章。四庫本「本朝開寶」條下多處注闕（九三〇—三四五下）。明刊本其文如下

本朝　開寶歸州直隸京師。咸平屬湖北。建炎屬夔路。紹興復故。尋又屬夔路。淳熙復故。熙寧五年。省興山縣屬秭歸。元祐復置。沿革表　晚日寒天過秭歸。江雲點點上愁眉。況經宋玉悲秋處。不特秋悲冬亦悲。王十朋　靈均遺宅尚蘭畹。熊繹舊城空竹叢。同上。歸州男子屈靈均。歸州女兒王昭君。山窮林薄不肥沃。生爾才貌空絕群。男爲逐臣沉湘水。女嫁穹廬天萬里。漢宮無色楚無人。醜陋險邪君自喜。張天覺

卷十五

恩州章。「集」條下四庫本「下漏一拳小。高凌千級

虛。奇章應未見。名不到中書」句後有缺文（九三〇—三六四上）。明刊本作「西江橫玉虹。西山羅畫屏」。

卷十六

四庫本於「簡州」章下注闕（九三〇—三九三上）。明刊本作

簡州 倚郭 陽安 外縣 平泉

郡號 陽安 三池 簡池 牛鞞

州沿革 井鬼之分。禹貢梁州。職方雍州之域。秦屬蜀郡。漢犍爲郡。牛鞞縣地。宋齊屬蜀郡。西魏置資州及武康郡。後周移治資中。隋置簡州。大業廢。入蜀郡。唐武德復置。天寶曰陽安郡屬劍南道。沿革表

縣沿革 陽安本漢犍爲郡牛鞞縣。西魏改陽安縣。置武康郡治。此隋廢郡後爲簡州治。平泉亦牛鞞縣地。又蜀郡廣都縣地。西魏置婆閏縣。又於廣都地置貴平縣及和仁郡。隋廢郡。貴平屬陵州。更婆閏曰。平泉

屬益州。唐平泉屬簡州。貴平屬陵州。

本朝 省入平泉。沿革表 形勝 銅官山。玉女山。玉華池在陽安縣。三池謂賴相古池。賴簡池。三龍池。郡號取此。三溪爲一郡之勝。龍門。虎岩。鳳池。鹿津皆在陽安。鳳翅山在平泉。牛鞞井在城內。清涼山在陽安。逍遙洞在元都山。平泉山平泉井在本縣。中江水即牛鞞水。輿地紀勝 人物 唐。劉昊以學行爲鄉先。皇朝劉諷即昊之次子。年六十三而致仕。李單爲忠州臨江。今有政聲。許國不附和議休官。鄧宗古父歿。廬墓終制。賜號孝廉。集 入蜀最宜進簡郡。尋山須是訪劉家。古詩

本朝 熙寧五年。廢陵州省貴平縣。入平泉爲鎭。沿革表 城下江流金雁水。亭中人弄玉絃琴。漢唐英氣鍾岷水。鄒魯餘風在簡池。張紹先 簡州初處人最佳。東溪清絕人最好。李良臣 賴簡池臺兩蜀誇。東溪別是一仙家。令人卻憶康王谷。坐看珠簾濺雨花。

卷二十一

中山府章。人物條。四庫本「李百藥郡人。七歲能文。魏立爲鳳閣舍人。與裴炎結交。能保終始。號耐久朋」句中有缺文（九三〇—四七七上）。明刊本作「李百藥郡人。七歲能文。貞觀初拜中書舍人。魏立。同郡人。武后時爲鳳閣舍人。與裴炎結交。能保終始。號耐久朋」。

卷二十九

刪定官章。本朝條下四庫本於「紹熙二年復置局差刪修」句下注闕（九三〇—六六〇上）。明刊本作「紹熙二年復置局差刪脩官三員。題名。錢象元知律令。屢爲刑法官預脩。慶曆嘉祐□敕及州縣諸路條貫。常以犯敕者重。犯令者輕。請移敕文入令者甚衆。又嘗議告捕法以爲罪。有可告捕者皆許捕。□□□□□□□□□良因省去訂捕之條百餘。」

卷三十一

評事章。傳記條下四庫本有缺文（九三〇—六九〇下）。明刊本作

集　廷評近要津。社評　佇聞明主用。豈負青雲姿。岑參送顏評事　棘寺初銜命。梅仙已誤身。劉喜卿　俾參詳讞之聯。侍寵位卿之屬。行陳知德制　用進丞于棘路。陳可叔制

本朝　熙寧置大理獄。至元豐三年始命張仲穎等十二人爲評事。隆興二年。詔大理評事。以八員爲額。會

要

此後四庫本尚缺寺丞章。明刊本作

寺丞

史　李日知遷司刑丞時。用法嚴急。日知獨寬平。無濫冤者。唐書　杜景佺。徐有功爲司刑丞獄。人稱之曰。遇徐杜必生。同上。狄仁傑爲大理丞。周歲斷獄一萬七千人。無冤訴者。唐書　張蘊古上大寶箴除丞。同上

傳記　晉武帝咸寧中。因曹志上書。請還尉置丞。隋改爲勾檢官。唐置丞六人。掌分判寺事。正刑之輕重。六典　參領寺事。會要　唐胡元禮遷少卿。嘗出一死囚。元禮判殺之曰。元禮不離刑曹。此人無活法。李日知報曰。日知不離刑曹。此人無死法。竟以兩狀申。日知果直。御史臺記

集　前爲廷尉察獄。評刑頗聞敬謹。白集行薛元堂制。眷茲廷尉惟良爾。通敏有稱宜丞寺事。初寮制　棲

棲法曹掾。何以盡卑陬。生平企仁義。所學皆孔周。早知大理官。不列三台傳。何況親犴獄。敲榜發奸偷。韓愈詩

本朝　神宗復置大理獄丞四員。命卿少舉官。元豊五年。命莫君陳等九人爲大理丞。始自朝廷差官也。續會要　舊制斷刑寺丞六員。至建炎三年減三員。治獄刑寺丞減二員。中□會要

卷三十八

州縣學章。四庫本經條「經　泮水。頌僖公能修泮宮也。思樂泮水。薄采其芹」句後有缺文（九三一—六四上）。明刊本作「經　泮水。頌僖公能修泮宮也。思樂泮水。薄采其芹。魯侯戾止。言觀其旂。詩魯頌」。

卷四十三

有始無終章。四庫本經條「昔育恐育鞠。及爾顛覆。既生既育。比予于毒。於我乎夏屋渠。渠今也。每食

無餘」句中有缺文（九三一—二〇二下）。明刊本作「昔育恐育鞠。及爾顛覆。既生既育。比予于毒。權輿。刺康公也。忘先君之舊臣。與賢者有始無終也。於我乎夏屋渠。渠今也。每食無餘」。

卷五十四

狥私忘公章。四庫本史條通鑑唐紀「李林甫欲杜邊帥入相之路。欲以固位專寵。乃奏言大臣爲將。怯當矢石。不若用寒族邊人。邊人勇決習戰……盡用邊人」

句（九三一—五〇八上）。明刊本「欲以固位專寵」作「以胡人不知書」。「邊人」皆作「胡人」。

區處得當章。四庫本史條通鑑唐德宗紀「李泌知貢使留長安。久者或四十餘年。皆有妻子買田宅。檢括其中有田宅者停其給。凡得四千。將停其給。其人皆詣政府訴之」句（九三一—五一九上）。明刊本「貢使」「其人」皆作「胡客」。又「於是衆人無一願歸者。泌皆分隸神策鴻臚。所給者不過十餘人。歲省度支

五十萬緡。市人皆喜」句（九三一—五一九下）。明刊本「衆人」作「胡客」。「所給者不過十餘人」作「所給胡客纔十餘人」。

卷五十六

不勞餘力章。四庫本子條少一則（九三一—五七一上）。明刊本作「若天之自高。地之自厚。日月之白」。

其勢使然章。四庫本本朝條有多處注闕（九三一—五七九上）。明刊本其全文如下

本朝　朱門有遺啄。千里來燕鶴。公門冷如水。百呼無一諾。東坡　飽食有殘肉。饑食無餘菜。　先竭是井井。得泉如苦李。同上　尺箠當猛虎。奮呼而操擊。徒手遇蜥蜴。變色而卻走。老泉　袒裼而按劍。則烏獲不敢逼。冠冑衣甲據兵而寢。則童子彎弓殺之矣。

卷六十一

臨危抱佛章。四庫本史條通鑑僖宗紀「李克用曰。當

阽危之時。託爲服肱伊呂。及既安之後。則心膂視爲土芥寇讎」句（九三一—七四〇上）。明刊本作「李克用曰。當阽危之時。譽爲韓彭伊呂。及既安之後。則罵爲戎羯胡夷」。

卷六十五

望聞章。四庫本集條自「楊聲紫」以下注闕（九三二—八七上）。明刊本作

楊聲紫微。垂光虹蜺。文選孔文舉薦禰衡表　名若蘭

芬。左太沖魏賦　芬聲遠暢。禰正平賦　清風激萬代
。名與天壤俱。張景陽詠史　以名聲光國。辨亡論
金聲玉振。寥亮於區宇。褚淵碑　譽滿天下。齊故安
陸王碑　蘭桂有芬。清暉自遠。文選頭陀碑　美聲塞
宇宙。魏文帝典論　芳烈奮于百世。令聞顯於無窮。
選碑　名稱垂於竹帛。選自賦表　白日懸高名。名播
天壤間。

卷七十四

責望章。四庫本史條唐書「太宗謂之曰。不念昔者香
火之言乃來相侵」句後注闕（九三二—二八一上）。
明刊本其文如下
傳記　將軍一陣爲功業。忍見沙場百戰人。南唐近書
集　久客多枉朋友書。素書一月幾一束。虛名但蒙寒
溫問。泛愛不救溝壑辱。杜詩　故友不相恤。新交寧
見矜。李白詩　雖日受千金之賜。一歲九遷其官。感
恩則有之矣。將以稱於天下。曰知己則未也。飛黃騰
踏去。不能顧蟾蜍。韓文　君今得意厭粱肉。豈復念
我貧賤時。孟東野　禁何軒冕貴。不與布衣言。王維
集　親友若雲霄。可望不可攀。高達夫集　倘存平仲
久要之言。無惜詩人金玉之問。張九齡文　不予衾之
眠。信予衾之穿。盧仝文
本朝　念於爾而何負。乃於吾而見殃。歐公集　方傾
耳以聽。願續書諫苑之篇。若有待而言。或能著爭臣
之論。東坡集　可憐狄仁傑。猶復負婁公。欒城集

中原莫道無麟鳳。自是皇家結網疏。詩話總龜　誰知
衰老難爲別。聲問應須續續來。陳後山集
仰羨　附歆艷
經　豈曰無衣七兮。不如子之衣安且吉兮。詩
子　虞世基曰。吾遊矰繳之下也若夫子。王通　可謂
冥冥矣。文中子
史　公孫卿曰。黃帝仙登于天。黃帝采首山銅。鑄鼎
荊山下。鼎既成。有龍垂其髯。下迎黃帝。上騎龍與

群臣。後宮七十餘人俱登天。於是天子曰。嗟乎誠得如黃帝。吾視去妻子如脫屣耳。通鑑 疏廣父子乞骸骨去。道路觀者皆曰。賢哉二大夫。或歎息爲之泣下。西漢本傳 曹丘生謂季布曰。足下何以得此聲於梁楚之明哉。前漢本傳 士有被其容接者名曰登龍門。

卷七十五

著書章。四庫本本朝條下自「義出六經」句下注闕（九三二—二八八下）。明刊本其文如下

事兼百氏。究帝王之則。極聖賢之訓。墳典之苑囿。文章之江海。晏公纂類要 姚鉉謫居連州。常寫所著文粹一百卷。好事者於縣建樓貯之。官屬多遣吏寫錄。吏以爲苦。以鹽水噀之。冀其速壞。縱火焚樓。胡納見聞錄 劉中山見徐堅初學記。愛其書曰。非止初學可爲終身記。春明退朝錄 孔子年六十八歲乃始刪詩定書。繫周易。作春秋。只數年間了卻一生著述。蓋是時學問成矣。涉世深矣。故其述作始可爲萬世法。譬如積水千仞之源。一日決之。滔滔汩汩。直至於海。其源深矣。若夫潢潦之水。乍盈乍涸。終不能有所至者。其源淺矣。古人著書多在暮年。蓋爲此也。劉器之

評文上

子 或問賦曰。童子雕蟲篆刻。壯夫不爲。詩人之賦麗以則。辭人之賦麗以淫。揚子 世所謂王充所著文時有小疵。猶鄧林枯枝滄海流芥。未易貶者。抱朴子

。房玄齡問文子曰。古之文也約以達。今之文也繁以塞。謝靈運小人哉。其文傲。君子則謹。沈休文小人哉。其文冶。君子則典。鮑照。江淹。古之狷者也。其文急以怨。吳筠。孔珪。古之狂者也。其文怪以怒。謝莊。王融。古之纖人也。其文碎。徐陵。庾信。古之誇人也。其文誕。或問孝綽兄弟。子曰。鄙人也。其文淫。或問湘東王兄弟。子曰。貪人也。其文繁。謝朓淺人也。其文捷。江總詭人也。其文虛。皆古

之不利人也。子謂顏延之。王儉。任昉有君子之心焉。其文約以則。文中子

史 左氏艷而富。其失也誣。穀梁清而婉。其失也短。公羊辯

卷八十一

喪夫章。四庫本傳記條之後有脫文（九三二—四七五下）。明刊本其文如下

集 易錦茵以苫席兮。代羅幬以素帷。愁煩冤其誰告兮。提孤孩於坐側。歸空館而自怜兮。撫衾裯以歎息耳。傾想於疇昔兮。目彷彿乎平素。雖冥冥以罔覿兮。猶依依以憑附。晞形影於几筵兮。馳精爽於丘墓。願假寐以通靈兮。目炯炯而不寢。如涉川兮無梁。若陵虛兮失翼。廓孤立兮顧影。魂獨言兮聽響。潘安寡婦賦 日黃昏而望絕兮。帳獨託於空堂。懸明月以自照兮。徂清夜於洞房。忽寢寐而夢想兮。魂若君之在旁。惕寤覺而無見兮。魂廷廷若有忘。長門賦 風蕭瑟而並興兮。天慘慘而無色。獸狂顧以求群兮。鳥相鳴而舉翼。王仲宣登樓賦 綠流茂滋。萍羅是依。山崩川竭。魚鳥何歸。張說之 歸當掩重關。默默想音容。韋應物集 孀居永日。蓬首終年。陳子昂 援詩以示其節。執禮而哭於晝。張九齡文 夫既溘至。妻將疇依。白氏六帖

本朝 夫君去我而何之兮。時節逝兮如波。昔共處兮堂上。忽獨棄兮山阿。歐公述夢賦

卷八十四

牧章。四庫本傳記條下「於是白石俱起成羊」句下二處注闕（九三二—五五一上下）。明刊本作「於是白石俱起成羊。葛洪川畔有牧豎歌竹枝詞者。乘牛扣角至寺而歌。桂陽蘇仙公家貧。常自牧牛。與里中兒更甘爲牛師」。

全芳備祖集五八卷

宋陳景沂撰

以明鈔本校補

卷四

蠟梅章

四庫本於「天向梅梢獨出奇。國香未許世人知。殷勤滴蠟緘封卻。偷被霜風折一枝。」詩後缺吳永齋及樓攻媿詩（九三五—七〇上）。明鈔本其詩如下「惹得西湖處士疑。如何顏色到鵝兒。清香全與江梅似。只欠橫斜照水枝」。又樓攻媿詠蠟梅水仙「七言八句」「二姝巧笑出蘭房。玉質姿容各自芳。品格雅稱仙子態。精神宜著道家黃。宓妃謾詫凌波步。漢殿徒翻半額妝。一味眞香清且絕。明窗相對古冠裳」。

又四庫本「踏莎行」後少錄韓南澗「菩薩蠻」詞（九三五—七〇上）。明鈔本作「江南雪裡花如玉。風流越樣新妝束。恰恰縷金裳。濃熏百和香。分明籬菊豔。卻作梅妝面。無處奈君何。一枝春已多。」

卷五

瓊花章

四庫本「余聞紹興辛巳之變。金兵入揚州。已揭其本而去。何從復得此種也……二花開時。類不類不得知也。獨怪金兵既揭其本。復何從得此種也」句（九三五—七二下）。明鈔本「金兵」皆作「狂虜」。又後文「十一月。金兵渡淮。趨揚州。直入觀。揭花本去。其小者剪而誅之。於時某方避亂奔走。初亦不知也。兵既退。某始以十二月來舊地」句（九三五—七三上）。明鈔本「金兵渡淮」作「逆亮渡淮」。「兵既退」作「虜既退」。

卷十一

荷花七言散句

四庫本錄至牧之「闔閭宮娃能來蓮。明珠作珮龍爲船」句（九三五—一三二下）。明鈔本其下尙有「曲江

千頃秋波淨。平鋪紅蕖益明鏡。韓愈。似說玉皇親謫墮。至今猶著水霜袍。李白。葉展影翻當砌月。花開香散入簾風。白樂天。烟開翠扇淸風曉。水泛紅衣白露秋。許渾。聚成捧足千千坐。散作傳心一一燈。陶弼。道是好花堪譴問。幾時曾上美人頭。韓忠獻。白公去後禪林在。王儉歸來幕府非。張芸叟。漢宮姊妹爭寵新。湘浦妃嬪望所思。歐陽公。雲歸巫女妝猶潤。浴出楊妃睡未醒。杜祁公。五月臨平山下路。藕花

無數滿汀州。僧參寥。眞妃無力半酣後。西子多情欲步時。白氏集。輕含洛浦水雲色。微弄月妃環珮聲。李待制。一奩碧玉烟開曉。十里紅雲風作秋。湛道山。」

又其後五言七詩。梁元帝詩之前（九三五—一三二上）。明鈔本尙有三首如下

五言古詩

圓花一蒂卷。交葉半心開。欣隨玉露點。不逐金風催

曉日照空磯。採蓮承晚暉。風起湖難渡。蓮多摘未稀。棹動芙蓉亂。船移白鷺飛。梁簡文帝。

新亭俯朱檻。嘉木開芙蓉。淸香晨風遠。縟綵寒露濃。瀟灑出人世。低昻多異容。嘗聞色空喩。造物難爲工。留連秋月晏。迢遞東山鐘。柳子厚。

卷十七

薔薇七言古詩

四庫本只錄孟郊詩一首（九三五—一八七下）。明鈔

本尙有儲光羲詩一首

裊裊長數尋。青青不作林。一莖獨秀當庭心。數枝分作滿庭陰。春日遲遲欲將半。庭陰離離正堪玩。枝上鶯嬌不畏人。葉底蛾飛自相亂。秦家女兒愛芳菲。畫眉相伴採葳蕤。高處紅鬚欲就手。低邊綠刺已牽衣。蒲萄架上朝光滿。楊柳園中暝鳥飛。連袂踏歌從此去。風吹香風逐人歸。儲光羲。

卷二十一

水仙花章

四庫本「金人捧玉盤」詩後少錄謝竹友「菩薩蠻」詞（九三五—二一七下）。明鈔本作「相思一夜庭花發。窗前忽認生塵襪。曉起寒艷妝。雪肌生暗香。佳人纖手摘。手與花同色。插鬢有誰苴。除是潘玉兒」。又盧直院卜算子之後。四庫本少錄高竹屋菩薩蠻詞一首（九三五—二一八上）。明鈔本作「雪妒雲娥羞相倚。凌波共酌春風醉。的皪玉壺寒。肯教金盞單。只疑雙蝶夢。翠袖和香擁。香外有鴛鴦。風流烟水鄉。」

卷二十二

瑞香花七言律詩

四庫本少錄誠齋詩一則（九三五—二二二下）。明鈔本作「生來體弱不禁風。匹似蘋花較小豐。腦子濃熏衆香國。江妃寒損水晶宮。銀臺金盞談何俗。礬弟梅兄品未公。寄語金華老仙伯。凌波仙子更凌空。」

後集卷十二

菰五言散句

四庫本於「滑憶凋胡飯。香聞錦帶羹」句後少錄三聯（九三五—三七四上）。明鈔本作

鳴螿隨浮梗。別燕起秋菰。

飯抄雲子白。瓜嚼水晶寒。

秋菰爲黑穟。精鑿成白粲。

群書考索二一二卷

宋章如愚撰

以明正德戊辰建陽刊本校補

前集卷十八

書目類　四庫本「天文二十二家四百四十五卷」句下注闕（九三六—二五三上）。明刊本作「起泰乙雜子星」。

卷六十

元豐九域志章。四庫本「嘉祐四年。以益州路爲成都路」句下注闕（九三六—八一二下）。明刊本作「梓州路。利州夔州路。福建路。太平興國元年爲兩浙西南路。雍熙三年改福建路。廣南東西路」。

卷六十一

四庫本删夷狄類（九三六—八二四上）。明刊本其文如下

夷狄類

東夷。白虎通云夷者蔑也。言無禮儀。或云夷者抵也。言仁而好生萬物抵地而出。故天性柔順。易以道禦。有九種。白畎夷。方夷。于夷。黃夷。白夷。玄夷。風夷。陽夷。率皆土著。喜飲酒歌舞。或冠弁衣錦。器用俎豆。所謂中國失禮求之四夷者也。

卷六十一

昔堯舜羲仲宅嵎夷曰暘谷。注云宅居也。東表之地曰嵎夷。暘明也。日出於谷而天下明。故稱暘谷。羲仲居治東方之官。

夏后氏。太康失德。夷人始叛。其後至后發即位。賓于王門。獻其樂舞。桀爲暴虐。諸侯內侵。

商湯革命。伐而定之。至于仲丁。藍夷作寇。自是或服或叛三百餘年。武乙衰弊。東夷寖盛。遂分遷淮岱。漸居中土。

周初封商太師於朝鮮。太師爲周陳洪範。時管蔡畔周。乃招誘淮夷作亂。周公征定之。其後徐夷僭號。穆

王命楚滅之。至楚靈王會申。亦來同盟。後越遷琅也。遂陵暴諸夏。侵滅小國。

秦幷天下。其淮泗夷皆散爲人戶。朝鮮歷千餘年。至漢高帝時滅。武帝元狩中開其地。置樂浪郡。至後漢末爲公孫度所有。魏晉又得其地。其三韓之地在海上朝鮮之東南。百濟新羅魏晉以後分王韓地。新羅又在百濟之東南。倭又在東南隔越大海。夫餘在高麗之北挹婁之南。其倭及夫餘自後漢。百濟新羅自魏。歷代

並朝貢中國不絕。而百濟大唐顯慶中蘇定方滅之。高麗本朝鮮地。漢武置縣屬樂浪郡。時甚微弱。後漢以後累代皆受中國封爵。所都平壤城則故朝鮮國王險城也。後魏周齊漸強盛。隋文帝時寇盜遼西。王諒帥兵討之。至遼水遭癘疫而反。煬帝三度親征。初渡遼水敗績。再行次遼水。會楊玄感反。奔退。又往。將達涿郡。屬天下賊起及饑饉。旋師。唐貞觀中太宗親征。度遼破之。高宗總章初英國公李勣遂滅其國。古之肅愼宜即魏時挹婁。自周初貢楛矢石砮。至魏高貴卿公末東晉元帝初及石季龍時皆獻之。後魏以後曰勿吉國。今則曰靺鞨焉。大抵東夷書文並同華夏。其閩越之地。秦平天下以爲郡。及秦郡其帥又自王於故地。漢武帝元封初。楊僕滅其國。遷其人於江淮。虛其地。自後雖人度復集。遂爲郡縣矣。宋朝建隆以來。高麗女眞定安請內屬。

辨東夷。東夷海中之國。滅貊弁。韓扶餘。日本倭奴

。毛人蝦蛦。女國琉球。宋朝至者日本國。

南蠻

南蠻其在唐虞與之要質。故曰要服。夏禹之時漸爲邊患。暨于周代黨衆彌盛。故時曰蠢爾荊蠻。大邦爲讎。至楚武王時。蠻與羅子共敗楚師。殺其將屈瑕。楚師後振遂屬於楚。及吳起相悼王。南幷蠻越。遂有洞庭蒼梧之地。秦昭王使將伐楚。略取蠻夷。置黔中郡。漢興以後。時有寇盜。其西南諸夷夜郎之屬悉平定

置郡縣。公孫述時夜郎大姓爲漢保境。後漢初從番禺秦貢。光武建武中武陵蠻師單程大寇郡縣。漢將劉尚戰敗。數歲方平。順帝時武陵太守增其租賦。蠻又舉種反殺鄉吏。東晉時沔中蠻因劉石亂後漸徙於陸渾以南。偏滿山谷。宋齊以後。荆雍二州各置校尉以撫寧之。群蠻酋帥率受南北朝封爵。至後魏末。暴患滋甚。僭稱侯王。屯據峽路。斷絕行旅。周武帝遣陸騰大破之。其獠初因蜀李勢亂後。自蜀漢山谷出。侵擾郡

縣。至梁時。州郡每歲伐獠以利。及後周平梁益。自爾遂同華人矣。自古不臣中國。唐正觀以後置羈縻州領之。五嶺之南至海之北。三代以前是爲荒服。秦平天下開置南海等三郡。秦亂。趙佗據有其地。傳五代九十三歲。至漢武建元中。伏波將軍路博德滅之。分爲儋耳等九郡。其珠崖郡在海洲上。大率數歲一反。元帝初元中納賈捐之。議罷之後。漢光武建武中。交趾女子徵側反。伏波將軍馬援討平之。桓靈以後蠻獠

又據象郡象林縣。遂爲林邑國矣。其餘郡縣歷代雖時有反亂。州郡兵旋平定之。極南之人雕題交趾。其俗男女同川而浴。其西有敢人國。生首子輒解而食之。謂之宜弟。味旨則以遺其君。君善而賞其父。娶妻妾美則讓其兄。烏滸人是也。交趾之南有越裳國。周公居攝六年。天下和平。越裳以重譯而獻白雉。周德既衰。於是稍絕。五嶺自行山之南。一山東盡于海。其南渠海。其北古荒服。日南珠崖皆屬其地。海南諸國

漢時通焉。大抵在交州南及西南。居大海中州上。相去或五三百里。五二千里。遠者二三萬里。乘舶舉航。道里不可詳知。外國諸書雖言里數。又非定實也。其西與諸胡國接。元鼎中伏波將軍路傳德開百越。置日南郡。其徼非諸國。自武帝以來皆獻見。後漢桓帝時。大秦天竺皆由此道遣使貢獻。及孫權遣宣化以事朱應中即康泰使諸國。其所經及傳聞則有百數十國。因立記傳。晉代通中國者蓋少。及宋齊。至者有十餘

國。自梁武隋煬。諸國使至踰於前代。唐貞觀以後。聲教遠被。自古未通者。重譯而至又多梁隋焉。海南國名扶南。丹丹。無論訶陵。闍婆。投和。于佗利頓。遜自薄諸薄毗騫。哥羅。烏篤邊。斗婆登。多蔑羅。利黃支。多摩長槃。婆利。根于脩。赤土。薄剌。陀洹。大山。哥羅分舍。宋朝通貢者有闍婆。占城。注輦。三佛齊。丹流眉。蒲端。勃泥國。

辨日南。驩州日南即越裳林邑之地。漢馬援置銅柱以

表漢界。宋朝開寶以來。交趾修貢請內附。皆受封爵焉。

西戎

西羌本出三苗。蓋姜姓也。其國近衡山。及舜徙之三危。漢金城之西南羌地是也。濱于賜支于河首。綿地千里。南接漢蜀。徼外蠻夷西北鄯善車師諸國。所號無常。依隨水草地。少五穀。產牧爲業。其俗氏族無定。或以父名母姓爲種號。妻後母納釐嫂。如北狄之俗。故國無鰥寡。種類繁熾。在古不立君。臣無相長。一強則分種爲酋豪。蜀則爲人滑落。更相杪掠。以力爲雄。殺人償死。無他禁。今其兵長在山谷。短於平地。不能持久。而果於觸突。以戰死爲吉利。病終爲不祥。甚耐寒苦。同之禽獸。昔夏啓之子太康失國。四夷背叛。及后相立。乃征畎夷。七年然後來賓于后泄。始加爵命。由是服從。后桀之亂。畎夷入居邠岐之間。成湯既興。伐而攘之。及殷中衰。諸戎背叛

。至于武丁。征西戎鬼方堯之。及武乙暴虐。犬戎寇邊。周古公踰梁山而避于岐下。及王季遂伐西落鬼戎。自是之後。更伐始呼翳徒之戎。皆克之。及武王伐商。羌髳率師會于牧野。至穆王時。戎狄不貢。王乃西征犬戎。獲其五王。遂遷戎于太原。夷王衰弱。及宣王立。召秦莊公興兵伐破之。其後侵盜不已。至幽王昏虐。西戎寇周。殺幽王於驪山。周乃東遷洛邑。及平王之末。周遂陵遲。戎逼諸夏。自隴山以東及守

伊洛。往往有戎。於是渭首有狄豲邽冀之戎。涇北有義渠之戎。洛川有大荔之戎。穎首以西有蠻氏之戎。間在中國與諸夏盟會。後晉滅驪戎。是時伊洛戎強東侵曹。魯襄王時秦背自瓜州遷陸渾之戎于伊川。允姓之戎遷于渭汭。東及轘轅。在河南山北者號曰陰戎。秦穆公得戎人由余。遂霸西戎。開地千里。及晉悼公又使魏絳和諸戎。復修霸業。其後陰戎之種遂以滋廣。與晉伐周。後陸渾叛晉。晉荀吳滅之。後楚執蠻氏

而盡囚其人。至周貞王八年。秦厲公滅大荔取其地。趙亦滅北戎。韓魏後稍并伊洛陰戎。滅之。其遺脫者皆走西踰汧隴。自是中國無戎寇。惟餘義渠種焉最爲強盛。屢爲秦患。又昭王起兵滅之。始置隴西北地上郡焉。始皇後務東向。故得繁息。秦平天下。蒙恬西逐諸羌出塞。漢初微弱。景帝時研種求徒於伏道安。故武帝又西邊渡河湟開河。西置四郡。武威。張掖。酒泉。燉煌。其後先零種圍抱罕。漢兵擊平之。始置

護羌校尉。至宣帝代又寇金城。趙充國立屯田。且討降者三萬餘人。置金城屬國處之。自後賓服。後漢光武建中初寇金城。馬援討破降之。徙七千口於三輔。和帝以後又反叛亳。自後稱天子。南入益州。東犯趙魏。寇及戎城。十餘年然後破散。順帝永和中又叛。漢將馬賢戰沒。後段穎窮討。及靈帝末方始平定。自光武以後。匈奴少事。惟西戎屢擾。魏晉二代時亂關隴。不至大傷害。永嘉以後。吐谷渾興焉。本遼東鮮

卑。晉時數百戶西附于陰山屬。晉亂遂吞并諸羌而有其地。至其孫葉延遂爲強國。後魏末。其主夸呂自號可汗。建官多效中國。洎隋煬帝時遣王椎大破之。其主伏允遠遁。收其地列置其縣。鎭戍後轉衰弱。唐初吐番始興焉。其帥後魏末自臨松郡丞。故其主有贊府之號。高宗時遂滅吐谷渾。盡有其地。將軍薛仁貴等大敗於大非川。儀鳳中工部尙書劉審禮又率兵十八萬敗沒於青海。調露中中書令李敬玄大敗於大非川。武

后時王孝傑方大破之。始復龜茲等鎭。萬歲通天初又寇梁州。都督許欽明戰沒。因贊府殺其名將。許欽明之後累破敗。遂劣於曩時矣。

辨西域。漢武帝時張騫開西域。始通者三十六國。在匈奴之西烏孫之南。東漢班超復定五十餘國。條支。安息諸國至于海濱四萬里外。皆重譯來貢。自魏及晉不過三數國耳。後魏所聞十有六國。隋之世來朝有四十餘國。唐破吐番。復四鎭諸國。貢獻倖於前代。宋

朝建隆以來。通貢者于闐。高昌。龜茲。大食。天竺。

辨夏國。自唐來已。跋思恭賜姓李氏。宋朝端拱初賜以國姓。至寶元六年元昊僭竊。

甘涼五州

甘涼五州即漢武取渾邪休屠王地。置河南四郡。南隔距羌。據三關而斷匈奴右臂以通西域。宋國初以來朝貢不絕。皆受封爵。

辨天竺。五天竺即漢之身毒國。亦曰婆羅門也。三萬餘里有邑城數百。在葱嶺南。西羌盛衰。西羌禹貢析支之地。三代爲患。秦漢之興。遂之河塞之外。東漢匈奴少事。惟此屢擾。魏晉時多亂關隴。永嘉以後吐谷渾興焉。隋以其地置郡縣鎭戍。唐初吐番并吐谷渾。黨項諸羌。東接涼松茂嶲。南距婆羅門。西陷四鎭。北抵突厥萬餘里爲強國。今吐番。黨項分處麟府陝西極邊内屬。西域國名。西域諸國。樓蘭。且末。三師四鎭。渠黎。姑墨。溫宿。尉頭。尉黎。危須。山

國。戎瀘。杵彌。渠勒。皮山。靖絕。莎車。休循。捐毒。烏孫。西夜。子合。滿梁。判汗。烏托。大宛。罽賓。雖兜。烏戈山離。條支。安息。大夏。月氏。天竺。康居。奄蔡。高附少府。擇散。堅彌。呼得令短人。厭達。師子。波斯。怛般大盧尼。渠末。披揭槃陀。阿鈞。羌疊是羅。槃弋副貨彌。曹石。河史。悒怛。吐火羅。大食。佛林

卷六十二

北狄

北狄以畜牧爲業。隨逐水草。無文書。俗簡易。以言語爲約束。然各有分地。射獵禽獸。食肉衣皮。習於攻戰。此天性也。畜之所多則馬牛羊。其奇畜則橐駝驢騾駃騠騊駼驒騱。唐則山戎。夏則獯鬻。周則玁狁。懿王時德衰。侵暴及涇陽。人被其苦。至曾孫宣王乃命將討伐至太原。稱爲中興。四夷賓服。其後山戎越燕伐齊。後又伐燕。齊桓公救燕敗走之。襄王之時

。戎狄至雒巴東至衛境。侵盜尤甚。晉文公乃興師攘卻。居於西河圁洛之間。號曰赤翟。白翟。而晉北有林胡。樓煩之戎。燕北有東胡。山戎。各分散溪谷。自有君長。往往而聚之者百有餘戎。然不相統一。及晉悼公納魏絳之謀。和諸戎。戎服而晉強。晉侯賞魏子金石之樂。至安王之時。趙襄子踰句注而破之。洎于戰國。趙武靈王變俗胡服。習騎射。北破林胡。樓煩。築長城。自代傍陰山下至高闕爲塞。而置雲中。

鴈門。代郡。其後燕將秦開襲破東胡。卻千餘里。燕亦築長城。自造陽至襄平置上谷。漁陽。右北平。遼西。遼東郡以距胡。匈奴之先。夏后之後。殷伐奔北夷。至七國時國漸強盛。以爲鄰敵。秦始皇平天下。北卻匈奴。築長城。渡河以陰山爲塞。及秦亂。劉項相持之際。未遑邊備。單于頭曼稍稍渡河。南復其故地。至冒頓。匈奴益強盛。盡服從北夷。南與諸夏爲敵國。圍漢高帝於白登。帝因婁敬說妻以宗女公主呂

治。文帝復通和親。其後復大入蕭關。於是細柳。棘門。霸上三軍以備焉。納晁錯說。召人實塞下。終景帝時不爲大患。武帝因王恢議誘單于入塞不克。自爾侵盜尤甚。衛青。霍去病累歲窮計。盡徙漠北矣。漢境又至于陰山關河西置酒泉等郡。隔統羌胡。逐通西域。宣帝時。其國亂。賢王以下爭立爲五單于。呼韓邪南移近塞。朝漢爲藩臣。郅文奔康居爲甘延壽誅滅。至成帝時。單于又求朝賜以後宮王嬙。單于喜甚。

上書願保塞。上谷以西至燉煌請罷邊備塞吏卒以休。天子人民郎中侯應習邊事。陳十不可及。王莽輔政。易單于璽曰章。改號恭奴。單于復大寇盜。莽又改號降奴。服于發兵屯戍。議滿三十萬十道窮追分裂爲十五單于。嚴尤諫陳五難。至後漢建武二十四年。其國饑疫死耗。分爲南北單于。其南單于欵塞願永爲藩蔽。扞禦北狄。入居雲中。後又徙居美稷。藏宮等上書請逐滅北匈奴。光武務欲息人不許。和帝時北單于爲

竇憲破滅。安帝時南單于屢被鮮卑侵掠。靈獻之際轉又挫服。魏武帝時分爲五部。置於西河離石諸郡。劉元海則左賢王之孫。而南匈奴種微矣。初烏桓漢武帝時霍去病擊匈奴左地。因徙於上谷漁陽之間。爲漢偵察匈奴動靜。始置護烏桓校尉監統之。至後漢漸強盛。光武納班彪册。又置校尉。獻帝以後寇掠又甚。竟爲曹公所滅。自桓靈之際。鮮卑又盛。盡有漢北匈奴故地。至光武中。其帥爭立。國亂。壇石石槐之種。

魏文帝時爲小種。鮮卑軻北能破滅。北能明帝以後國亂離散。諸部大人慕容拓跋宇文更盛。益稱大號。跨有中州焉。蠕蠕自拓跋初徙雲中。即有種落。後魏太武神麚中強盛。又盡有匈奴故地。其主社崙始號可汗。猶言皇帝。以後常與後魏爲敵國。明帝熙平以後其國主爭立大亂。東西魏之時。突厥既強。蠕蠕生奔西魏。悉被誅滅。自蠕蠕衰弱。突厥漸盛。至西魏大統中大破蠕蠕。又盡有匈奴故地。其主士門號可汗。由

古之單于也。北齊後周爭結婚姻。項府藏事之。至大邏便沙鉢略分爲二國。大邏便之後爲西突厥焉。隋文帝開皇中。本國荒亂。其主染于朝。隋幷徙種落於朔州及夏勝二州之間。煬帝親幸其部。其後始畢可汗圍帝於鴈門。因隋亂。華人奔湊。又更強盛。控弦百萬。勢陸中夏。唐武德中寇原州。貞觀初頡利又至渭橋。四年李靖滅其國。靈州總管張寶相擒頡利獻焉。太宗納溫彥博議置其餘種於河南朔方之地。其後滋繁分

爲二州。至阿史那元珍叛還故地。開元初。本落亂。又請降復處河南。俄又叛去。其西突厥自隋開皇中國亂。各自爲一國。大業末。西突厥被北突厥所滅。北突厥武后嗣聖初。其主默啜寇定趙二州。大殺掠而去。自三代以還。北狄盛衰可略而紀。其小國者時有侵擾。不爲大患者則不暇錄焉。

辨契丹。蓋契丹本與漢異種而同類。東晉建元中爲慕容氏所破。走松漠間。唐太宗以其部爲松漠都督府。

武宗賜奉國契丹。即今稱大遼。其妃耶律氏。

總論

中國之有夷狄。如晝之有夜。陽之有陰。君子之有小人也。中國失政。四夷交侵。先王所以御之者。亦可得而略聞矣。舜曰。而難任人。四夷率服。又曰。無怠無荒。四夷來王。然則欲其率服。莫若難任人。欲其來主。莫若無怠荒。柔遠能邇。治內安外。而殊俗之民嚮風慕義。不以利誘。不以威脅而自至矣。欲附者則撫之。不欲者不強致也。故不勞民。不費財。至於後世之君。或讎疾而欲殄滅之。或愛悅而欲招來之。是二者皆非也。何則。彼雖夷狄。亦猶中國之民。趨利避害。欲生惡死。豈有異於人乎。王者於天地之間無不養也。鳥獸草木猶當愛之。況人類而欲殘之乎。殘之固不可。況不能勝而殘其民乎。仁人之所不爲也。爲之者秦始皇是也。山川之所限。風氣之所移。言語不通。嗜慾不同。得其地不可居。得其民不可使

也。列爲州縣。是崇虛名而受實弊也。且得之既以爲功。則失之必以爲恥。其失不在於己而在於子孫。故有征討之勞。飯餉之煩。民不堪命。而繼之以亡。隋煬者是也。且中國地非不廣也。民非不衆也。曷若無失修其禮樂。利政以惠養吾民。使男有餘粟。女有餘布。民筆不試。以致太平。不亦帝王之盛美乎。故有求於外。處彼其難也。無求於外。如此其易也。然而人君常捨所易行所難何哉。忽近而喜遠。厭故而謀新

。不入於秦則入於隋。雖不至於仁。而常與之同事。其累德豈細哉。范文正公唐鑑。

夷狄不可以中國之治治也。譬若禽獸。然求其大治。必至於大亂。先王知其然。於是以不治治之。治之以不治者。乃所以深治之也。春秋書公會戎于潛。何休曰。王者不治夷狄。錄戎來者不拒。去者不追也。東坡。

古者九夷八蠻無大君長。紛紛藉籍。不相統制。惟北狄之種當爲大國以抗中夏。然蠻夷之俗。種姓分別。千人爲郡。百家爲黨。見利則聚。輕合易散。族類不一。其心終不相愛。故其兵利於疾戰而不利於遲久。北狄之人綿地千里。控弦百萬。侯王君長通爲一家。人畜富庶。蔓延山谷之間。其心常有所愛重而不忍去。故其兵利於遲久而不利於疾戰。此二者其大小之勢合有所便宜乎。中國之所以待之者合有道也。今夫北狄之人伏於陰山之下。養兵休士。居而不戰。此其志

未嘗須臾忘中國也。然其心以爲戰而勝人。猶不若不戰而屈人之兵。戰而不勝。民之死者未可知也。故常大言虛竭而不進以謀弊中國。蓋其所愛者愈大。故其謀之愈深。而發之愈緩以求其不失也。若夫西戎南蠻西南夷之民。悉其衆庶尚不能當狄人之半。而其酋長每爲亂不能自禁。此誠無愛於其心。而僥倖於一戰。以用其烏合之衆而已。故夫蠻夷之人擾邊求利。其中非有大志者。其類皆可以謀來也。愚嘗觀於西南徼外以臨蠻夷之衆。求其所以爲變之始。而遂至於攻城郭。殺人民。縱横放肆而不可救者。其積之莫不有漸也。夫蠻夷之民寧絕而不通。今邊鄙之士利其貨財而納之於市。使邊民陵侮欺謾而奪其吏。長吏又以爲擾民而不之禁。窮恚無聊。莫可告訴。故其勢必至於解仇結盟。攻剽蹂踐。殘之於鋒鏑之間。而後其志得伸也。嗟夫。爲吏如此。又見其不知本矣。通關市戢。吏民待之如中國之民。彼尚維此激怒而爲此哉。然事不

患乎不知。而患乎人之不能戍。昔班超處西域數十年。西破龜茲。北狄。匈奴。及將東歸。或以爲必有奇謀。乃就問其計。然其言止曰。察見淵中魚不祥。屯戍之士皆非忠臣孝子。不可盡繩以法。當是時莫不皆笑。以爲不足用。然及西域之亂終亦如此。故夫謀非必奇而後可以用。而在乎當否而已。古者四夷皆置校尉。而益州有蠻夷騎都尉以治其事。使其強者不能內侵。而弱者不爲中國之所侮。蓋爲是也。蘇子由文。

戎狄自古迭爲中國患。由秦以來未有得志於南蠻者也。蓋以瘴毒險阻。不得天時地利。所恃者人和而已。而民從征役。皆知必死。如往棄市。則是三者皆亡矣。秦發閭左戍五嶺而陳項起。秦遂以亡。漢初呂后欲誅趙陀。士卒不能踰嶺。武帝擊越。發兵江淮。因巴蜀罪人等放棄之。蓋不可以中國之師涉其地也。遂滅南越以爲九郡。元帝卒罷朱崖。光武遣馬援擊交趾。最爲有功。然三年而後士卒死者什五六。乃得一女子之首。其難也如是。是以聖王不重外而輕內。不勤遠而忘邇。恐征伐不息。變生於內而搖其本也。唐鑑。

戎狄之俗畏服大種而種中國。戎強則臣狄。狄強則臣戎。戎狄皆弱而後中國可得而臣。戎狄皆強而後侵掠之患不至於中國。蓋一強而一弱。中國之患也。彼其弱者不敢以戰。是以爭附強國之餘威。以趨利於中國而後無所懼。強者並將弱國之兵。蕩然南下而無復反顧之憂。然後乃敵專力於中國而不去。此二者以勢相從而不可間。是以中國之士不解甲而息也。昔者冒頓

老上之盛。惟西戎之無強國也。故匈奴之人得以盡力而苦吾中國。使西戎有武力戰勝之君。則中國之禍將有所分而不專。何者。彼畏西戎之乘其後也。故北狄強則中國不得不厚西戎之君。而西戎之君亦將自托於中國。然而西戎非有強力自負之國。則其勢亦將折而入於匈奴。惟其國人而好勇。其君之意欲區區自立於一隅而不畏北狄之衆。而後中國可得而用也。然天下

之人皆以北方有強捍不屈之匈奴。而又重之以西戎之大國。則中國不勝其困。此何其不思之甚也。夫烽火之人。惟其愚陋而多怨。是故可與共憂也。惟強狠而好勝。是故可以激而壯也。使之自相攻擊而不相下。則其勢必走於中國。中國因而收之。而其不服者乃可圖也。然天下之議又將以爲戎狄之俗不喜自相攻鬥。而喜擊中國之衆。此其勢固不可而合也。愚亦以爲不然。夫四夷之所以喜攻中國者。爲吾兵之能苦戰。而

錦繡金玉之所交會。今使吾兵精而食足。據險阻。明烽燧。吏士練習而不敢懈。彼雖有壯騎。無所施設。則其利不在於攻。中國堅坐而相守。不出十年。彼外無所掠虜。將不忍而熱中。將反而求以相調以爲起兵之名。彼兵交於匈奴而怨結於中國。則何以自固。故中國舉而收之。必將得其歡心。然天下之心常畏其強而莫或收之。而使爲北狄之用。此何其不識戎狄之情也。蘇子由文。

北狄之畏。其性譬如禽獸。便於射獵而習於馳騁。生於斥鹵之也。長於霜雪之野。飲水食肉。風雨饑渴之所不能困。上下山坂。筋力百倍。輕死而樂戰。故常以勇勝中國。至於其所以擁護親戚。休養生息。畜牛馬。長子孫。安居佚樂而欲保其首領者。蓋無以異於華人也。而中國之士常憚其勇。畏避而不敢犯。氊裘之民亦以此恐愒中國而奪之利。此當今之所謂大患也。昔者漢武之世。匈奴絕和親。後二十年之間。漢兵深入。不憚死亡。捐命絕漠之北以決勝負。而匈奴孕

重墮壞。人畜疲弊。不敢言戰。何者。勇士壯馬非中國之所無有。而窮追遠逐。雖匈奴之衆。以終有所不安也。故夫敵國之盛。非鄰國之所深憂者。要在休兵養士而集其勇氣。使之不懾而已。今天下之勢。中國之民優游緩帶。不識兵革之勞。驕奢怠隋。勇氣消耗。而戎狄之賂又以百萬爲計。轉輸天下。日言厚禮。以滿其不足之意。使天下之士耳熟所聞。目習所見。

以爲生民之命寄於其地。故俯首柔服。莫敢抗拒。凡中國勇健豪壯之氣。索然無復存者矣。夫戰勝之民。勇氣百倍。敗兵之卒。沒世不復。蓋所以戰者氣也。所以不戰者氣之畜也。戰而後守者氣之餘也。古之不戰者。養其氣而不傷。今之士不戰而氣已盡矣。此天下之所大憂也。昔者六國之際。秦人出兵於山東。小戰則殺將。大戰則割地。兵之所至。天下震慄。然諸侯猶帥其敗散之兵。合從以擊秦。砥礪戰士。激發其

氣。長平之敗。趙卒死者四十萬人。廉頗收合餘燼。北摧栗腹。西抗秦兵。振刷磨淬。不自屈服。故其民觀上之所爲。日進而不挫。皆自奮怒以爭死敵。其後秦人圍邯鄲。梁王使將軍新垣衍好趙。欲遂帝秦。而魯仲連慷慨發憤。深以爲不可。蓋夫天下之士所爲。奮不顧身。以抗強虎狼之秦者。爲非其君也。而使諸侯從而帝之。天下尚誰能出身以拒其君哉。故魯仲連非徒惜夫帝秦之虛名。而惜乎天下之勢有所不可也。

今尊奉夷狄無知之人。交歡納幣以爲兄弟之國。奉之如驕子。不敢一觸其意。此適足以壞天下義士之氣。而長夷狄豪橫之勢耳。愚以爲養兵而自重。卓然特立。不聽夷狄之妄求。以爲民望。而全吾中國之氣。如此數十年之間。天下摧折之志復壯。而北狄之勇非吾之所當畏也。蘇子由文

要害類

四庫本「漢備匈奴要害」句（九三六—八二五上）。

明刊本「匈奴」作「北虜」。

三國六朝要害章。四庫本「王孟相繼粗知守險之道。使非後嗣之庸失其所守未易取也」句下有脫文（九三六—八二七下）。明刊本其文如下

國家駐蹕東南。勢益倚重。張忠獻抱武侯忠憤之心。期滅鴟張之虜。然富平之師亦竟有馬謖之誤。建炎四年。張浚決策治兵移徼可東問罪。復永興軍。至富平縣。虜兵大至。直擊我軍。諸軍無援。虜乘勢而前。

後退保興州。幸而吳武安兄弟。吳玠諡武安。弟璘諡武順。爲國長城。既有仙人關之捷。紹興四年兀朮散離喝六入仙人關。吳玠預爲壘。於關傍號殺金平。楊政言於玠曰。此地爲蜀阨塞。死不可失。且地名亦善。破之必矣。玠命璘領士射之。連戰皆捷。又有饒風嶺之捷。紹興三年。虜入金州。時知興元府劉子羽遣統制官守饒風嶺。且報陝西統制吳玠。而玠日夜馳至饒風嶺。子羽與玠邀擊。虜棄輜重去。又有大散關之

捷。紹興三十一年九月。虜酋合兵自大散關入攻黃牛堡。吳璘以官軍用神臂弓射退。又遣別將劫虜橋頭寨。復捷。蜀口走鈴虜兵胥遁。蓋人和地利之兩盡也。

自荊蜀至漢沔鎭守之地。延平。西陵。樂鄉。土明。公安。荆州之鎭守也。進而有北則在城江陵下。羌成爲鎭守焉。又進而有漢上。則赭陽。新野。樊鄧。襄陽爲鎭守焉。衡沔爲水陸之衝。蜀之鎭守也。進則劍閣爲鎭守。又進則漢中爲鎭守。又進則武都爲鎭守。自荊蜀踰於漢沔。其表裏可考者如此。

卷六十三

守江所以守淮章

四庫本於「此守江所以守淮也」句下有脫文（九三六—八三一上）。明刊本作

「若置江而不知所守。而不知所備。則戚昕之兵單弱無以禦舴艋之勢。陳長城公時隋軍伐陳。楊素引舟師下三峽。陳將軍戚昕守狼尾灘。楊素造大艦曰五牙。

次曰黃龍。其餘平乘舴艋有等差。吾彥之告不聽。無以止流柹之船。晉武帝與羊祜陰謀伐吳。造大船木柹。蔽江而下。吳建平太守吳彥取木柹以白吳主曰。晉必攻吳。宜增建平兵。吳主不從。晉果大舉伐吳。王渾出江四。王濬下巴蜀。遂克吳。高宗南渡。兀朮常犯順窺邊矣。韓忠武以八面控扼而敗之於黃天蕩。高宗建炎四年。虜入寇。益兵儀眞。勢接建康。兀朮軍其南。撻疎軍其北。韓世忠提海艦接戰。相持四十八

日。敗虜於黃天蕩。再以鐵綆鉤其船於金山。而兀朮遂遁。建炎四年時虜入寇。兀朮遣使與世忠約戰。世忠募船百餘艘進泊金山下。命工鍛鐵相聯爲長綆。貫一大鉤。授軍之強健者。分海船爲兩道出其背。每縋一綆即拽一舟。而虜不得渡。兀朮遁走。逆亮嘗欲投鞭而渡矣。虞忠肅厲民兵於釆石。紹興三十一年十一月逆亮親統御軍必欲由釆石而渡。執紅小旗麾衆渡江。時主權所留水軍車船咸在。惟提舉張振王琪任責。虞允文自建康使人督之。振琪徐出列于江岸。賊見大驚。我軍用海鰍船迎擊。虜舟沉溺。其回者亮皆殺之。遂不能濟。允文舟以捷聞。再以輕舭拒之於楊林。而逆亮遂斃。虜往來望見車船遽卻。我軍復以海鰍船先往北岸。載楊林度口用弓射之。虜兵棄船上岸。悉蹈泥而斃。未幾虜酋殺亮。是知江之當守。而又知守之之備也。必操舟若神。緩急可仗。毋爲應故事而已。必入水如履。慓捍可用。毋但廁軍籍而已。王羲之

與殷浩書曰。今軍敗於外。糧竭於內。保淮之志非復所及。莫若還保長江。且知天塹以限南北者。在是淮泗。皆不及於江也。及與會稽王昱牋則曰。宜令廣陵。許昌。譙梁。彭城諸軍皆還保淮。爲不可勝之基。何也。蓋殷浩居元戎之任。當率大軍保江以固國。而淮北諸軍乃當內徙。守淮以成。首尾之勢爾。江流上下昔楚之興也。」

後集卷三十一

士門天子學。四庫本「詩曰鎬京辟雍。王世子曰禮在瞽宗」句中有脫文（九三七—四一三上）。明刊本作「詩曰鎬京辟雍。又周官大司樂掌成均之法。文王世子曰。禮在瞽宗。書在上庠」。

卷四十二

四庫本於「北齊常以季秋皇帝講武於都外」與「隋大業七年」兩則之間缺一則（九三七—五九六上）。明刊本作「昭帝常於秋末講武於都門之外」。

卷四十三

仁宗時米守信守澧州章。四庫本缺一字（九三七—六○八下）。明刊本作「丁」

卷四十五

有兵車有民車章

四庫本「北兵將入境。遣中貴人取兩河民車爲備」句（九三七—六三四上）。明刊本作「北兵」作「北虜」。

卷四十八

漢軍政章。四庫本於「當是時緜有復」句下注闕（九三七—六七五下）。明刊本作「宜也節。節物算事。筭有咸通成三。有咸筭四十。建始閒吏有資昭紀」。

卷六十四

西南蕃漢牂牁郡章。四庫本末句爲「元豐十年十月丙申。西南石蕃來貢」（九三七—九○一下）。明刊本其下尚有「孝宗乾道四年。西南夷首領兼霸州刺史董高等上言乞內附。自是頻遣使入朝授以眞命」。

續集卷一

四庫本「安國云河圖者伏羲氏王天下」章之前缺一句（九三八—四下）。明刊本作「推伏羲神禹畫卦作範之原。辨劉牧易置圖書之央」。

卷三

卦象之用不同章。四庫本「是之謂納甲之象」句下注闕（九三八—四六下）。明刊本作「三日出爲爽。震受四方。庚八日兌受丁上。玆乎如繩」。

卷三十七

奉使章。四庫本脫「不可使士夫辱於虜庭」一則（九三八—四六七上）。明刊本其文如下

不可使士夫辱於虜庭

辟擇班行之彥。遴選儒碩之英。而使之俛首屈膝於氈毳武校之前。蓋亦國體之所關。毋徒罪士大夫之不勇於行也。昔隆興初。兵交使行始於盧仲賢之開端。訖

於王倫之成事。皆取辦於胥吏之流。未至辱我士夫也。孝宗皇帝之爲國體慮也深矣。今使行人銜命揚揚出境。奉玉帛之盛。隨禽獸之所竄而朝之。不已過乎。況亡虜之餘假息于汴。乃吾祖宗開基建國。立郊社宗廟。正南面朝群臣。而八蠻六狄奉祭臣妾之地也。如使人者仕祖宗之朝。奉祖宗之典禮。入祖宗都城。望祖宗之宮闕。而拜犬羊於祖宗之殿下。其顙得無泚乎。萬言書

卷四十二

梁陳與魏不能相統一章。四庫本「蓋自開闢以來」句以下改異（九三八—五四三上）。明刊本作「蓋自開闢以來。既無左衽盡爲衣冠之事。則亦必無衣冠盡爲左衽之理。中國之君不足以君中國。則天以夷狄警之。夷狄之主不足以主夷狄。則天以中國正之爾」。

隋兵章。四庫本刪削一段（九三八—五四五上）。明刊本其文如下

隋唐征遼

南北之末一也。周齊自與北虜相敵。及其既一也。隋唐復與四夷爲鄰矣。然煬帝太宗俱征遼東。而廢興不同。亦猶秦皇漢武俱伐匈奴。乃有存亡之異者。何哉。亦顧其所以爲民者如何爾。嘗因是而觀天地陰陽之運。而知中國四夷盛衰之故。帝王盛時。夷狄雜處乎中國。有封建以維繫之。有教禮。有染浹。之如陰陽二氣之適中。非溫然春和。則湛然秋清也。自秦以來

。封建壞而教化不行。夷狄之與中國遂有內外之限。中國盛。則猶陽居大夏而爲極暑。漢武帝。唐太宗是也。夷狄盛。則猶陰居大冬而爲極寒。符秦。元魏是也。是故漢唐盛時。皆有無夷狄之心。不知降羌已在金城。煎當已在三輔。胡雛已在闕庭。何異一陰萌於盛夏乎。符秦元魏之盛也。皆有無中國之心。不知六朝正統未嘗一日不存。而唐隴西公。名虎。唐之祖。已在西魏六柱國之列。何異一陽生於隆冬乎。然則秦

隋固可鑒。而漢唐亦未可決也。惟宋太祖之有天下也。有慮夷狄之志。而未嘗有無夷狄之心。至於女眞。始也修貢於建隆。而終也犯蹕於靖康。此又天地陰陽之一變也。要知彼之據中原也。必不如元魏之久。而此之復版圖也。必不如六朝之遂。不振也反變爲常。夷狄自夷狄。中國自中國。亦必有時焉爾。

卷五十一

四庫本刪去「四夷」章（九三八—六二五上）。明刊

本其文如下

四夷。禦戎之策前史論之詳矣。然皆知有人事而未知有天時也。蓋中國治亂舉在人事。而夷狄盛衰乃在天時。中國之治斯民也。有禮樂敎化以導之。有典刑號令以紀之。有士農工商以任之。有城邑井里以保之。是皆修諸人事而已。雖有水旱禮瘥。亦在夫政里所以拯救何如。非天時之所能治亂也。夷狄則不然。恃甲馬以爲強。資人蓄以爲富。雨露膏沐。雪霜以時。則水草甘美。人蓄蕃滋。往往飛騎控弦。雄霸一方而抗衡上國矣。是皆在天時所以養育之也。若乃雪霜不時。旱役交興。人畜死亡。而骨肉怨叛則在天。天心所以譴罰如何。而非人力所能致矣。如漢武之遠討非不酷也。而匈奴輒投。魏武之大搜非不快也。而蠕蠕常寇邊。唐宗之親征非不銳也。而高麗終不克。三帝之時人事可謂修矣。而夷狄莫之畏。則以天未悔禍而夷狄方睦故也。至如宣光之朝匈奴。隋唐之平突厥。武

宗之臣回紇。元魏之定蠕蠕。高宗縣高麗之國。宣宗來吐蕃之臣。豈有勞於人事哉。特以天命既回。夷狄自衰故爾。夫以漢宣之德則不及太宗。漢宣之威則不及武帝。而匈奴於文武則內侮。於宣帝則入朝。以魏明之德則不及孝文。魏明之威則不及太武。而蠕蠕於文武則內侮。於明帝則入朝。是果何謂哉。況高麗之強。望突厥遠甚。高宗之威。望太宗又遠甚。而太宗能平突厥。反不能平高麗。而高宗乃能平之。良由天

運去來自然致此。有非人力所能爲也。議者或謂宣帝能朝匈奴。則以武帝殘之。明帝能臣蠕蠕。則以太武困之。高宗能平高麗。則以太宗摧之。蓋火然於已吹之後。而墻頹於旣雨之餘。謂先世誅窮必爲後世之利。審如是說。則昭帝之時胡不能朝匈奴。宣武之時胡不能臣蠕蠕。漢安之時西羌作亂幷涼。武后之時。突厥何擾燕趙。是皆奮自亂亡之餘。而猶能若此爲梗也。又況東漢匈奴之破。李唐突厥之亡。與夫回紇之衰。吐蕃之亂。皆因天災流行。怨仇內作之所致。未始賴先世窮誅之力。則夷狄盛衰端有在於天時矣。然而夷狄盛衰雖在天時。而邊境安危實在人事。苟中國人事之脩。則夷狄雖盛無能爲也。苟中國人事之廢。則夷狄雖衰亦能爲害也。如漢初之匈奴。魏初之蠕蠕。唐初之突厥。宋朝之契丹。非不赫然強且盛也。何害中國升平之治哉。如新室之北狄。後漢之西羌。東晉之東夷。李唐之南蠻。非不蕞爾衰自微也。而中國重

受其荼毒。則以人事修廢不同故耳。是故中國治則足以禦夷狄之盛。中國不治則不足以乘夷狄之衰。又其甚則反爲所乘。而中國不勝其禍矣。如西漢之於匈奴。隋唐之於突厥。可謂足以禦其盛者也。如安帝之於西羌。靈帝之於鮮卑。可謂不足以乘其衰者也。如周幽王之犬戎。晉黜帝之契丹。可謂反爲所乘而不勝其禍者也。歷觀自古中國能敗夷狄者。必因夷狄自敗也。夷狄能亂中國者。必因中國之自亂也。夷狄自敗雖繫之天。而中國自亂則不得不歸之人。故善馭夷狄者。宜任彼之天而時脩我之人事。幸而遇其衰。則安中國以乘之。不幸而遇其強。則安中國以禦之。故夷狄無常勢。而中國有常利。此禦戎萬全之策也。而秦漢以還。議者紛紛。或誇征伐之功。或守和親之便。或言守禦之利。更相矛盾。互有得失。卒未有一定之論。是皆可與言人。而未可與言天者也。必上應天心。下符民事。則守禦之策其爲庶乎。若征伐和親之計。

乃因時施宜矣。方夷狄鼎盛。而中國未遑。則和之可也。及夷狄既亂。而中國力強。則征之可也。和親之計則宜先時而謀。征伐之計則宜後時而動。先時而謀所以相天時。後時而動所以盡人事。若漢祖之和匈奴。唐宗之伐突厥。可謂順天應人而知時適變者矣。漢祖唐宗易地則皆然。

卷五十六

四庫本終於「其中有守。孟子之道」章（九三八—六

八四下）。明刊本其後尚有數段如下

伯夷　柳下惠

以清和成性

言聖人者止是謂成性。夷惠得言聖人者。以其於清和成性也。柳下惠之和。和而若無所守。則成何道理。故不易其介。以直道事人。和而近於清也。伯夷之清既如此。又恐拘則隘甚矣。不念舊惡與得仁何怨。此清而近於和也。若不然。則何以階於聖人。但德差偏。

以身救天下之弊

聖人所以太過人者。蓋能以身救天下之弊耳。昔伊尹之任。其弊多進而寡退。苟得而害義。故伯夷出而救之。伯夷之清。其弊多退而寡進。過廉而復刻。故柳下惠出而救之。柳下惠之和。其弊多汙而寡刻。惡異而尚同。故孔子出而救之。是故伯夷不清。不足以救伊尹之任。柳下惠不和。不足以救伯夷之清。此三人者。因時之偏而救之。非天下之中道也。王安石

明君臣之義

周之興也。一時君臣方以拯民爲急。則萬世大倫有未暇及。異時作樂且著其未盡善之懷。則聖人不得已之意。正欲有所托而後見也。於是伯夷者出焉以任其責。周之衰也。考槃在阿之樂往往形於歌詠。而柏舟之仁人每每致其不遇之嘆。自是長沮桀溺之徒滿天下。君臣之大倫廢矣。於是柳下惠者出焉以明其義。彼豈不知食粟之美甘於采薇。避世之樂愈於三黜。亦曰君

臣天地之大義也。大義不明。則天下後世不得以安其生。吾寧屈吾身以明大義。毋寧吾身獲出處之便。而天下後世被不可以朝居之禍。

其量宏

退之頌伯夷只說得伯夷介處。要說伯夷心。須是聖人語。不念舊惡。怨是用希。又曰。伯夷不食周粟。其道雖隘。而乃能不念舊惡。其量亦宏。程頤

孔孟之論各有主

孔子之時道雖不明。而異端之害未甚。故其論伯夷也以德。孟子之時道益不明。異端之害滋深。故其論伯夷也以學。道未盡乎聖人。則推而行之。必有害矣。故非拔本塞源不能也。同上

清之過

才不同則無朋。而勢遠絕則失衆。才高者身之累也。勢異者衆之棄也。伯夷叔齊嘗試之矣。與其鄉人立以其冠之不正。舍而去之。夫以其冠之不正舍之而去。則天下無乃無可與其處者耶。舉天下而無可與共處。則是其勢豈可以久也。苟其勢不可以久。則吾無乃亦將病之。與其病而後反也。不若其素與之之爲善也。伯夷叔齊惟其往而不反。是以爲天下之棄人也。以夷齊之不吾屑而棄夷齊者。是固天下之罪矣。而以吾之潔清而不屑天下。是夷齊亦有過耳。蘇轍

老聃 莊周

老氏所該者衆。

百家之學惟老氏所該者衆。今摭其易知者言之。曰慈。曰儉。曰不敢爲天下先。曰無爲民自化。好靜民自正。無事民自富。無欲民自樸。無情民自清。此近理之言也。曹參以之相漢。收寧一之效。文帝以之治漢。成富庶之功。雖君子有取焉。曰元牝之門。爲天地根。綿綿若存。用之不勤。此養生之言也。而爲方士者祖焉。曰將欲翕之。必固張之。將欲奪之。必固與之。此陰謀之言也。范蠡用之以取吳。張良本之以滅

項。而言兵者侚焉。曰大道廢有仁義。曰失道而後德。失德而後仁。失仁而後義。失義而後禮。禮言忠信之薄而亂之起者。此矯弊之言。而放蕩者宗之。至其以事物爲粗跡。以空虛爲妙用。蒙莊因之。以荒唐謬悠之辭譁于世。而清談者效之。自其近理者言之。固在所可取。然皆吾聖人之所有也。下此則一偏一曲之學。其弊有不勝言者。養生之說。則神仙方藥之所自出也。陰陽之術。則申商韓非之所本也。放蕩之害。至劉伶阮籍而甚。清談之禍。至王弼何晏而極。皆以惑亂世主。斲喪生民。雖老莊之學初未至此。然本原一差。其流必有甚焉。以是言之。曷若由堯舜周孔之道爲無弊哉。眞德秀

申韓出於老莊

聖人之所爲。惡夫異端盡力而排之者。非異端之能亂天下。而天下之亂所由出也。自老聃之死百有餘年。有商鞅韓非著書言治天下。無若刑名之嚴。及秦用之

。終於勝廣之亂。教化不足而法有餘。秦以不祀天下被其毒。後世之學者知申韓之罪。而不知老聃莊周之使然。何者。仁義之道起於夫子父子兄弟相愛之間。而禮法刑政之原出於君臣上下相忌之際。相愛則有所不忍。相忌則有所不敢。夫不敢與不忍之心合。而後聖人之道得存乎其中。今老聃莊周論君臣父子之間。汎汎乎若萍浮於江湖而適相値也。夫是以父不足愛而君不足忌。不忌其君不愛其父。則仁不足以懷。義不足以勸。禮樂不足以化。此四者不足用而欲置天下於無有。夫無有豈誠足以治天下哉。商鞅韓非求其爲說而不得。得其所輕天下齊萬物之術。是以敢爲殘忍而無疑。蘇軾

刑名原於道德之意

嘗論黃老之道德本於清淨無爲。遣去情累。而其末多流爲智術刑名者何哉。天淸淨者見物之情。而無爲者知事之要。據其要而中其情者。智術之所從出也。仁

人生於恩。恩生於人情。聖人節情而不遺也。無情之至。至於無親則忍矣。刑名之所以用也。張耒

其辭夸

聖賢以爲尋常事者。莊周夸言之。如逍遙養生篇。曲譬廣諭。張大其說。論其要。逍遙一篇乃子思所謂無入而不自得。而養生一篇乃孟子所謂行其所無事而已。楊時

別集卷十一

四庫本「春秋意在示人。春秋之文莫不一。一意在示人。如土功之事。無小大莫不書之。其意止欲人君重民力也。程氏」(九三八—八四三上)明刊本作「春秋譏失禮。禮一失則爲夷狄。再失則爲禽獸。春秋之法謹嚴。中國而用夷禮則是夷狄矣。程氏」

卷二十二

三代御夷狄之後。四庫本缺堯舜御夷狄章(九三八—九九〇上)。明刊本其文如下

堯舜御夷狄

堯舜得名義與權。故不患夷狄。

堯舜之時。南自淮徐。東被青州之境上。凡海濱廣斥山谷深袤之地。教治所不及者。大抵皆夷狄也。盡與中國錯居。又非若後世之有玁狁狄人乃在長城之外。相去且數千里而以爲難治也。堯舜之土地既狹又無利兵危失詐謀奇計。而夷狄不能侵暴者。名義與權皆得也。同上

春秋御夷狄

四庫本「會戎爲非。追戎亦非。春秋書公會戎于唐。蓋譏其戎不可會而戎之會也」句有脫文(九三八—九九一上)。明刊本作「會戎爲非。追戎亦非。夷狄之於中國。猶陰之有陽。猶君子之有小人也。天之道豈以陽而廢陰。人之道豈以君子而廢小人哉。特使之各安其所而不能爲吾之病斯足矣。春秋書公會戎于唐。蓋譏其戎不可會而戎之會也。」

宣帝御夷狄

四庫本「漢宣帝非專於兼夷狄。強其在我而彼不得不弱。漢武帝好大喜功」句有脫文（九三八—九九三上）。明刊本作「漢宣帝非專於兼夷狄。強其在我。而彼不得不弱。中國與夷狄迭爲盛衰。亦猶陰陽之消長也。未有中國盛而夷狄不衰者。如唐虞三代之時是也。亦未有夷狄盛而中國不衰者。如春秋東晉五代之時是也。故喜其爲治者。強其在我以弱其在彼者而已矣

。不必虛內務外以治夷狄爲先。但自治其中國。使中國盛而夷狄自衰爾。漢武不知此而好大喜功。」

晉宋御夷狄

四庫本「今北敵之強比曩時之魏伯仲爾。其一定之計蓋以和爲戰。以戰爲和。是術也。而吾之所以待之者。反不先立其在我而乃蹈其術中可乎。萬石上兵事」句中有闕文（九三八—九九四下）。明刊本作「今此虜之強比曩時之伯仲爾。彼其雖以權詐立國。大抵先立其一定之計。蓋以和爲戰以戰爲和。是虜人常用之至術也。而吾中國之所以待之者。反不先立其存我。而乃蹈其術中可乎。黃萬石上兵事」。

又此句之後四庫本刪削一段。明刊本其文如後

自晉以後。符秦元魏諸戎及石晉之契丹。近代之逆亮。皆隨起隨滅。天意常福華而禍夷。

江左自晉分南北。符秦幷吞諸燕。在夷狄爲盛。後魏始於東晉。紀及齊梁又爲夷狄之最盛。然符秦之興止

四十四年。魏之興雖百有餘年。然自佛貍之盛訖太和之衰僅七十餘年。其他諸虜隨起隨滅。大略不過三四十年亡。高齊宇文周之盛亦不出三十年之近。此上天滅虜之常數。符堅魏太武皆以其回山倒海之勢。掃國南下而死。魏宇文亦以遷都洛陽而死。石晉契丹乘中華之弊。迨據洛陽。一旦有稱帝之樂。至殺胡林而死。近者逆亮。遠去巢穴。授首江上。如出一轍。此戎虜將滅。不安其常之明驗也。天之於虜豈有不忘之理

。而虜亦豈有能安中國者乎。霍遞進當世急務

秦隋御夷狄

四庫本「自秦漢以來。中國所甚患者不過匈奴。當始皇時天下新統一。常得秘記。於是空國以事。不復計較國內虛實與民之安危」句有闕文（九三八—九九四下）。明刊本作「自秦漢以來。中國所甚患者不過匈奴。蓋諸胡強盛。綿跨西北。當始皇時。天下新統一。常得秘記。言滅秦者胡也。於是空國以事胡。不復計較國內虛實與民之安危」。

漢唐御夷狄

四庫本末句「亦豈李靖。李勣爲將便能制之如此」句（九三八—九九五下）。明刊本其下尚有一句如下「乃是中國自西晉之亂。向時衣冠禮樂之境。犬羊十居其九。如此數百年。當是時乃是天道回轉復還中國。突厥所以亡。乃天亡也。葉正則」。

唐太宗御夷狄

四庫本唐太宗伐高麗一節。「其益不已。是欲廡與瘦也」句有脫文（九三八—九九六下）。明刊本作「其益不已則死於中國而貪四夷。是欲廡與瘦也」。又後文「故其即位猶喜馳馳海外。狃於常態故也」句（同上）。明刊本作「故其即位猶喜驅馳海外。鞭撻四夷。狃於常態故也」。又「干戈未定而兩都不守」句（同上）。明刊本作「干戈未定而大戎內興。邊將外侮。兩都不守」。

又四庫本「唐太宗屈意事戎」與「唐太宗伐夷狄而矜功」兩則之間缺一則（九三八—九九七下）。明刊本其文如下

唐太宗引諸戎入朝適以亂華

突厥部落分散。其降唐者尚十萬口。詔群臣議區處之宜。朝士多言。宜悉從之河南兗豫之間。散居州縣。教之耕織。可以化爲農民。顏師古請皆寘之河北。分立酋長。領其部落。李百藥以爲宜。因其離散。各即

本部署爲君長。不相臣屬。國分勢敵。各自保全。必
不能抗衡中國。竇靜以爲宜。假之王侯之號。妻以宗
室之女。分其土地。析其部落。使其權弱勢分。易爲
羈制。溫彥博請準漢武故事置降匈奴於塞下。使爲中
國扞蔽。魏證以爲宜縱之。使還故土。不可留之中國
。帝卒用彥博。兼置四都督府六州以處降衆酋長。至
者皆拜將軍中郎。布列朝廷。五品以上百餘人殆與
朝士相半。因而入居長安者近萬。家斷曰。先王之制

戎狄荒服。夷不亂華。所以辨族庶。別內外者。孔子
美齊威之功曰。微管仲。吾其被髮左衽矣。聖人之懲
戎狄如此。太宗既滅突厥。而引諸戎入中。使殊俗醜
類與公卿大夫雜處於朝廷。苟欲冠帶四夷以夸示天下
。而不知亂華亦甚矣。然則中國幾何不胥而爲夷也。
是以唐室世有戎狄之亂。豈非太宗之所啓乎。

唐太宗伐夷狄而矜功條

四庫本自「以兵臨之。如疾風於振槁」句以下至「爲
之者秦始皇是也」句之間有刪削（九三八—九九八上
）。明刊本其文如下

以兵臨之如疾風之振槁。左衽之民解之內附。自以爲
開闢以來未之有也。昔之有天下者。莫不冠帶四夷爲
盛德大業何哉。故嘗試論之曰。中國之有夷狄。如晝
之有夜。如陽之有陰。君子之有小人也。中國失政。
四夷交侵。先王所以御之者亦可得而略聞矣。舜曰。
其難任人。蠻夷率服。又曰。無怠無荒。四夷來王。

然則欲其率服。莫若難任人。欲其來王。莫若無怠荒
。柔遠能邇。治內安外。而殊俗之民嚮風慕義。不以
利誘。不以威脅而自至矣。欲附者則撫之。不欲者不
強致也。故不勞民。不費財。至於後世之君或奮疾而
欲殄滅之。或愛悅而欲招徠之。是二者皆非也。何則
。彼雖夷狄。亦猶中國之民也。赴利避害。欲生惡死
。豈有異於人乎。王者欲天地之間無不養也。鳥獸草
木猶當愛之。況人類欲殘之乎。殘之固不可。況不能

勝而自殘其民乎。仁人之所不爲也。爲之者秦始皇是
也。

唐太宗自謂得上策條

四庫本末句爲「又況從而區處之。與秦漢並稱乎」（九三八－九九八下）。明刊本其下尚有「若太宗者。又其以爲有策。則是不能知先王所以待夷狄之意。而何自謂得上策乎」。

卷二十三

太祖造浮梁渡江條

四庫本有脫文（九三八－一〇〇二上）。明刊本作「冬遣八作使郝守濬率丁匠。自荊南以大艦載巨竹絙。幷下朗州。所造黃黑龍船於采石磯。跨江爲浮梁。或謂江闊水深。古未有浮梁而濟者。乃先試於石碑口。乃成。十一月移於采石磯。繫纜三日成。不差尺寸。王師過之如履平也。」

古今合璧事類備要三六六卷

宋謝維新編

以明嘉靖三十一年至三十五年三衢夏相仿宋刊本校補

前集卷十一

晴霽章

四庫本「鞭陽石」下注文「宜都郡有三大石。一爲陽一爲陰。鞭陰石則雨。鞭陽石則晴」句下注闕（九三九－九七上）。明刊本作「宋求初學可記」。

卷三十

美婦章

四庫本於「巫山鬱雲」條下有脫文（九三九－二五七下）。明刊本其文如下

星妃臨水　旦而視之。靚若星妃臨水而脈脈盈盈。遠而望之。杳如峽女行雲而朝朝暮暮。歐公荷花賦。西施掩面　毛嬙鄣袂。不足程式。西施掩面。比之無色

。選神女賦。**衛后鬒髮**　衛后興於鬒髮。飛燕寵於體輕。張平子西京賦。趙飛燕體輕能掌上舞。

西子玉顏　發西子之玉顏。注。越女西施姿色絕世。曹植賦。**南威國色**　晉文公得南威。三日不朝。遂還之曰。後世必有以色亡國。戰國策。又驪姬者國色也。注。其色一國之選。公羊傳。**樊姬山眉**　樊姬爲卷髮。號新興髻。爲薄眉。號遠山眉黛。施小朱。號慵來粧。趙后外傳。**壽陽梅額**　宋武帝女壽陽公主。冬

日臥簷下。梅花落額上成五出花。主拂之不去。皇后留之。自後有梅粧。宋書。**眉不加黛**　卓文君眉色不加黛。如望遠山。時人效之。號遠山眉。臉際常若芙蓉。肌膚如脂。玉京記。**粧不施粉**　虢國夫人不施粧粉。自有美艷。常素面朝天子。楊妃外傳

詩集　**花容**　雲想衣裳花想容。春風拂檻露華濃。若非群玉山頭見。會向瑤臺月下逢。李白集。**蓮步**　玉質隨月滿。艷態逐春舒。絳唇漸輕巧。花容轉虛徐。

杜牧。**眉畫月**　動衣香滿路。移步襪生塵。冰下看粧影。眉頭畫月新。駱賓王。**釵橫雲**　金釵橫處綠雲墮。玉筋凝時紅粉和。杜牧之。**號夫人**　虢國夫人承主恩。平明上馬入宮門。卻嫌脂粉涴顏色。淡掃蛾眉朝至尊。仝上。**杜秋娘**　京江水清滑。生女白如脂。其間杜秋娘。不勞朱粉施。杜牧之。

醜婦

卷三十七

四庫本「御殿唱名」下注文有闕（九三九—三〇五上）。明刊本其句作「臚錄覆考編排皆始於祥符景德之間」。又其後「分第授官」及「殿試糊名」二事類下皆標注闕（同上）。明刊本其全文如下

分第授官　正奏名第一甲賜進士及第。第二甲同第三甲第四甲賜進士出身。第五甲賜同進士出身。特奏名第一等二名。附前五甲。餘並登仕郎。第二等京府助教。第三等上州文學。第四等下州文學並郊。第五等

諸州助教。進士第一人承事郎。第二第三人文林郎。第四第五人從事郎。以下至第五甲並迪功郎。官品。

殿試糊名　淳化三年三月。上御崇政殿覆試合格進士。先是胡旦。蘇易簡。王世則。梁顥。陳堯叟皆以所試先成擢上第。由是士爭習浮華。尚敏速。或一刻數詩。一日十賦。陳靖上疏請糊名考校。上嘉納之。始糊名第優劣。太宗。

後集卷三

四庫本原闕（九三九—五七一上）。明刊本其文如下

遜位

古今源流　禪遜之說自堯舜始。五帝官天下。所謂禪遜與賢者也。三王家天下。所謂禪遜與子者也。自時厥後。或以父子而禪遜。或以兄弟而禪遜。或以昭穆宗祧入繼大統而禪遜。此其禪遜之正者也。迺若王莽曹操。司馬懿。劉裕。皆其脅之使從。迫之使受。奚取於禪遜之名哉。惟我國朝以宋受禪于周而得禪遜之正統。以太宗之受禪于太祖而得禪遜之大義。即此一道所以夐出於千古。超絕於漢唐。此其緜三百年之天子而傳千萬世之國家。皆創業垂統。貽謀燕翼。其禪遜之有道者云。

事類　**遜位**　光宅天下。將遜于位。遜于虞舜。書。**庸命**　朕在位七十載。汝能庸命巽朕位。**嗣位**　堯聞之聰明將使嗣位。**遜德**　三載汝陟帝位舜遜于德弗嗣。**受終**　正月上日受終于文祖。**受命**　正月朔旦受命于神宗。並同上。**與子**　至於禹而德衰。不傳於賢而傳於子有諸。孟子曰。否。天與賢則與賢。天與子則與子。孟萬章。**薦天**　堯薦舜於天而天受之。暴之於民而民受之。使之主祭而百神饗之。是天受之使主事而事。治百姓安之。是民受之也。天與之。人與之。同上。**利民**　堯舜之傳賢也。欲天下之得所也。堯舜之利民也大矣。韓文對問。**考績**　乃言底可績。注。堯呼舜曰。汝言致可以立功三年矣。三載考績。故命

汝升帝位。書。**與賢** 見前與子下注。**傳子** 父有天下傳歸於子。子有天下尊歸於父。此人道之極也。朕平暴亂。立諸侯。偃兵息民。天下大安。此皆太公之教訓也。今上尊太公曰太上皇。前高祖紀六年詔。**可托** 以天子遜於子州支父。子州支父曰。唯無爲可以托天下。莊子。**乃試** 堯將遜位於舜。舜禹之間岳牧咸薦。乃試之於位。典職數十年。功用既興。而後授政。示天下重器。王者大統。傳天下若斯之難也。史

。**舜禪** 或問舜禹有土乎。曰舜以堯作土。禹以舜作土。注。因聖以舜禪舜禹也。無舜禹之時則不阼矣。楊重黎。**發誠** 自高祖以來。三遜于位以授其子。獨睿宗發誠。高祖元宗又豈其心哉。**相授** 禹繼舜。舜繼堯。三聖相授守一道。前仲舒策。**總朕師**。朕宅帝位三十有三載。耄期倦于勤。汝惟不怠總朕師。大禹謨。**陟元后** 帝曰來。禹。天之曆數在爾躬。汝終陟元后。同上。**繼統業** 舜即天子之位以禹爲相。因堯之輔佐。繼其統業。前仲舒策。**解重負** 堯樸桷不斲。素題不枅。養生之具不加厚。增以重任之憂。故天下而傳之舜。若解重負。淮精神訓。**天下利** 堯知子丹朱之不肖。不足受天下。於是乃權受舜。受舜則天下得其利而丹朱病。受丹朱則天下病而丹朱得其利。堯曰。終不以天下之病而利一人。而卒以天下受舜。史本紀。**大公建** 唐堯舉聖人而禪大公乃克建。唐柳子厚正符論。**尚德推賢** 舜受禹以天下。尚德推賢。

不失其序。荀成相。**攝位行政** 苛詩書述虞夏之際。舜禹受禪。積德累功。合於百姓。攝位行政。考之於天。經數十年然後在位。前異姓諸侯表。**得人而傳** 堯舜以天下爲心。得其人而後傳。史傳。**退居舊宮** 皇太子主鬯十載。練達政經。宜從春宮付以社稷。予當以道君號。退居舊宮。予體道爲心。釋此重負。大器有托。實所欣然。宣和傳。**光膺永世** 尚賴股肱同德。中外協謀。期共底於中興。以光膺於永世。咨爾

有衆。宜體朕懷。超然獨斷。高宗三十二年丙子。上行內禪之禮。有司設伏紫宸殿下。百寮起居畢。宰執陳康伯等言。臣等不才輔政。今陛下超然獨斷。高蹈堯舜之舉。臣心實欽仰。但自此不復。日望清光。不勝依戀。因再拜辭。相與泣下。幾至慟哭。上亦爲之揮淚曰。朕在位三十六年。今老且病。久欲閑退。此事斷自朕意。非由臣下開陳治迹。統類。希闊甚盛

史臣曰。堯舜所以高出百王者。以其得天下及其傳天

下而知之。湯有慚德。武未盡善。況於後世乎。大哉太祖皇帝之受命與太上皇命之中興也。高宗謳歌獄訟歸而不釋。則不得已而履大位。及夫爲天下得人則舉成業授焉。不徇群臣。不謀卜筮。惟視天意之所在而已。自堯舜以來數千載。始有太祖及我太上皇。豈非希闊甚盛之際哉。同上。仰副傳授 高宗三十二年上受禪時。皇太子服履袍。內侍扶掖至御榻前。側立不坐。百官拜舞山呼。起居畢。宰執陳康伯等升殿奏。願陛下即御座以正南面。仰副太上皇傳授之意。天顏愀然曰。君父之命出於獨斷。此大位懼不敢當。同上。敢忘副托 有天下終歸於子。敢忘副托之恩。孝宗受禪詔書。于湖賀太上皇帝遜位表 爲天子父寔倉皇蜀道之歸。尊太上皇亦草昧漢邦之始。未有躬致垂衣之治。而獨心懷脫屣之高。

受命

古今源流 聖人之興必有天命。帝王而上。天命隱然

於君德之中。漢唐而降。人事顯然於天命之際。故堯舜禹湯文武之興。謂之不有天命。固不可自秦漢而下魏晉六代以至于隋唐。謂之不有天命。亦不可惟我國朝之興。蓋自唐末以至五代。天人之厭亂極矣。而後唐明宗有天生聖人之祝。太祖皇帝實生是年。則天命實有所屬。至於掌軍政之時。中外已有推戴之義。陳橋之事固拒不可。革命之日市不易肆。邵雍所謂超絕漢唐之第一事。豈非我宋受命之本哉。聖子神孫相爲

繼守。至於南渡中興。太祖受命於南京。而高宗亦受命於南京。則天意有歸矣。至于今日。宣二祖之重光。襲四宗之緝熙。然則天會蓋將億萬斯年。豈止如周人之卜世三十。卜年八百而可以言天命哉。

事類 **眷命** 皇天眷命爲天下君。書。**曆數** 天之曆數在汝躬。汝終陟元后。**啓迪** 啓迪有命。眷求一德。俾作民主。**顧諟** 先王顧諟天之明命。**申命** 天其申命用休。**明命** 受天明命。以有九有之師爰革夏命

。**簡在** 惟簡在上帝之心。**佑德** 非天我有周。惟天佑子一德。**錫疇** 禹乃嗣興。天錫禹洪範九疇。並同上。**定鼎** 成王定鼎于郟鄏。卜世三十。卜年八百。左傳。**維新** 周雖舊邦。其命維新。詩。**復受** 武王有聖德。復受天命。**帝遷** 帝遷明德。**天立** 天立厥配。**保右** 保右命之。自天申之。並同上。**助順** 天之所助者順。易。**火烏** 白魚入于王舟。有火復于王屋。流爲烏。此王者受命之符。漢策。**赤帝** 帝拔劍斬蛇。有一老嫗夜哭吾子白帝子也。今赤帝子斬之。漢高祖紀。**有符** 王者受命。信有符乎。漢書。**有真** 帝王之興自有眞也。光武紀。**薦于天** 昔者堯薦舜于天而天受之。孟。**應乎天** 湯武革命。應乎天順乎人。**錫勇智** 天乃錫王勇智。表正萬邦。**亶聰明** 亶聰明。作元后。**作君師** 天佑下民。作之君。作之師。**尹多方** 天惟式教我用休。簡畀殷。尹爾多方。並同上。**握乾符** 聖皇乃握乾符稽帝文。班固東都賦。**繫**

唐統 體元立制。繼天而作。繫唐統。接漢緒。同上。**殆天授** 漢高祖是殆天受。非人力也。**得天統** 漢得天統。**五星聚** 漢元年冬。五星聚于東井。此高帝受命之符也。**火爲主** 後漢光武童謠云。劉秀發兵捕不道。四七之際火爲主。**天子氣** 漢高祖於芒山澤間。所居上常有雲氣。秦始皇聞東南有天子氣。常東游以厭之。**真英主** 唐李密見太宗不敢仰視。嘆曰眞英主也。**作符命** 揚雄爲新莽獻符命。時人語曰。愛淸

靜。作符命。陳符命　唐宗楚客。見符瑞門。惟茲德
正哉惟茲德。實受命之符。柳正符命。于其人　受命
不于天于其人。同上。元德升聞　舜元德升聞乃命以
位。書。明德昭升　丕顯文武。克謹明德昭升于上。
惟時上帝集厥命于文王。同上。大德受命　有大德必
受命。記。天祚明德　天祚明德。有所至止。左傳。
睢水不流　漢高祖爲項羽圍睢水上爲之不流。幸大風
得脫免。滹沱冰合　後王良兵起。逐光武於滹沱河。

冰合得濟。興於民間　漢宣帝興於民間。起自南陽
後光武起自南陽而有天下。白水真人　以貨泉之文爲
白水眞人。同上。金陵天子　晉元帝。一馬化龍　兄
弟五人南渡。元帝中興晉室。故當時讖之曰五馬渡江
。一馬化爲龍。同上。五胡亂華　西晉劉淵。石勒。
慕容赫連。號稱五胡。以亂中華。號爲後梁　梁王詧
以江陵有王氣。徙都江陵。號爲後梁。名曰世民　唐
書生謁高祖。及見太宗曰。龍鳳之姿。天日之表。既

冠必能濟世安民。高祖懼及語泄。使人追之而不知其
所以往。乃採其語。名之曰世民。讖記宮中　唐高祖
李淳風言唐中世必有女主興。主已讖記於宮中。後卒
爲武后。即位靈武　唐明皇幸蜀。肅宗即位於靈武。
遂臣萬方　唐承天命。遂臣萬方。韓愈平淮西碑。與
天齊壽。天錫皇帝。與天齊壽。同上元和聖德詩。殷
憂啓聖　殷憂啓聖。柳文。多難興王　多難興王。同
上。卜三十八百　成王卜世三十。卜年八百。天所命

也。左傳。欲自一傳萬　秦始皇自稱始皇帝。欲自一
世以傳之萬世。吾爲周文王　曹操曰。若天命在吾爲
周文王矣。五運推睠命　國朝太祖即位。赦五運推移
。於焉睠命。三靈卜膺圖　三靈改卜王者。所以膺圖
。同上。將校共推天命　太祖即位赦曰。旗鼓纔出於
國門。將校共推於天命。詔書出迎康王　元祐皇后降
手詔迎康王曰。漢家之厄十世。宜光武之中興。獻公
之子九人。惟重耳之尚在。茲爲天意。夫惟人謀。紹

二聖之丕圖　仁宗即位制。先皇帝紹二聖之丕圖。膺
三靈之眷命。**啓千齡之休運**　請立興龍節表。皇帝陛
下。誕膺駿命。千齡啓運。**曾子固太祖皇帝總叙**　蓋
唐之興自天寶以後。紀綱寖壞。不能自振。以至於失
天下。五代興起。五十餘年之間。更八姓。十有四君
。危亡之變數矣。其尤甚也。契丹遂入中國。擅名號
。當是時。天地五行。人事之理。反易繆亂。不同夷
狄者亡幾耳。太祖爲天下所戴。踐尊位。以生民爲任

。故勸農桑。薄賦歛。緩刑罰。除舊政之不便民者。
詔令勉勵相屬。推其心。無一日不在百姓也。知方鎮
之病民也。故設通判之員。使歛以繩墨。憂吏久不良
也。故數使在位舉其所知。患吏或受賕或不奉法也。
故罪至死徙。一無所貸。原其意。蓋以謂遭世大衰。
不如是。吏不知禁。不能救民於焚溺之中也。征伐既
下諸國。必先以逋欠。滌煩苛。賙乏絕。雪冤滯。惠
農民。拔人材。申命郡邑。反複不倦。或遇水旱。輙

蔬食請禱。欲移災於己。其於群臣有恩舊勞能。待之
各盡其分。以位貴之。以財富之。有男使尚公主。有
女使嫁宗室。其予之之周也如此。即材可用。雖仇不
廢。不可用。雖光顯矣。不處以勢。其有罪。多縱貸
之。或賜之使自媿。及至堅明約束。以整齊天下者。
亦使之不能踰也。強僭之國皆接以恩禮。商賈往來不
禁。自出境犯其令者。乃爲之置市邊邑使兩利。有所
乏少。常振助之。征伐所加。必其罪暴著。師出未嘗
不以其義也。其君長已降。及就俘執。道路勞問迎致

。使者相望。既至。不罪數辱之。優假秩祿。及其定
親吏屬。賜以田宅。使子孫世守。擁護保全。皆得以
壽考終。自晉既覆滅。契丹寖大。中國惴畏不敢當。
太祖拔用材武。護西北邊。寵以非常之恩。任屬專。
聽信明。嘗遣戍守戒之曰。我猶赦汝。郭進殺汝矣。
有訟進者謂曰。進軍政嚴。此必犯進法。送進使殺之
。關市租賦諸將得恣用。不問出入。以其故士附。鬥

者盡力。諜者盡情。邊臣可委者。皆十餘年不易其任。然位不過巡檢使。衆不過三五千人。蓋任專則勢便。位不極則士勵。兵少則用約。御將亦多術矣。總其所長。能兼用之。故省費息民。振新集之庶。屈憑陵之虜也。蓋太祖篤於孝友。有天下之人二。聰明智勇。有天下之材。仁心愛人。有天下之志。包含偏覆。有天下之量。守之以勤儉恭愼。虛心納諫。鑒於粵蜀。以奢爲戒。思天下之重。不復遊畋。封拜諸子。務

自約損。不盡循故典。收納學士大夫。用之不求其備。或守難進之節。亦不奪也。晚喜讀書。勸諸將以學曰。欲使之知治道也。兼覆夷夏。從容以德。江南平。覽捷書而泣曰。師征不義。而顧令吾民死兵。彼何負哉。秦州已入。尙波于之地。卻而不受。錢俶來朝。復歸之越。契丹願聽盟約。逡巡退抑。不自矜伐。天下之大勢。連數十程之鎭。割其故地以小其力。易動難蓄之兵。斂置懷服以消其難。至於舉賢良。崇孝

悌。綴禮樂。明考課。雖寓內初輯。然庶政大體彌綸備具。遺文故事施於後世。皆可爲法。民於是時從死更生。室家相保。士農工賈各還其職。鳥獸草木亦莫不遂。前世舊臣。備將相。處腹心爪牙之任者。一旦回心奉令。北鄉如素委質。天下廣都通邑。兼地千里。懷二三之臣。負衆自用。令之不從。召之不至者。尙數十。皆束衽來庭。代易奔走。如水走下。粵蜀吳楚甌閩之君。分天下爲八九。曰帝與王。傳子若孫。

更數十歲者。編名囚虜。並聚闕下。四海之內混齊爲一。海東之國高麗。極南交趾。西戎吐蕃回紇。北狄契丹。皆請吏奉貢。天地所養。通途之屬。莫不內附。當是時。更立天下。與民爲始。天地五行人事之理。亂而復正。蓋太祖之於受命。非如前世之君。圖衆以智。圖柄以力。其處心積慮。非一夕一日在於取天下也。其在天者曆數。在人者群臣萬民。三軍之士不歸周。歸太祖。未有知其所以然者。所謂天也。及其

傳天下也。舍子屬弟。是則太祖之受天下。與舜受之堯。禹受之舜。其揆一也。其傳天下。與堯傳之舜。舜傳禹。其揆一也。受天下及傳天下。視天與人而已。非其心未嘗有天下。豈能如是哉。世以謂太祖不世出之主。與漢高祖同。太祖爲人有大度。意豁如也。知人善任。使與漢高祖同固然也。太祖承自天寶以後。更五代二百餘年極弊之天下。漢祖承全盛之秦。二世之末。天下始亂。所因之勢既殊。太祖開建帝業。作則垂憲。後常可行。漢祖粗定海內而已。不及一。太祖立折杖法。脫民搒笞死禍。定著常刑。一本寬大。漢祖雖約法三章。然肉刑三族之誅。至孝文始去。不及二。太祖功臣皆故等夷。及位定。上下相安。始終如一。漢祖疑間諸將。夷滅其家。不及三。太祖削大弱強。藩臣遵職。漢祖封國過制。反者更起。累世乃定。不及四。太祖征伐必克。漢祖數戰輙北。不及五。太祖文武自出。群臣莫及。漢祖非得三傑之助。

不能無失。不及六。開寶之初。南海先下。趙佗分越而帝。漢祖不能禁。不及七。太祖不用兵革。契丹自附。漢祖折厄白登。身僅免禍。不及八。太祖後宮二百。問願歸者後去四之一。漢祖溺於衽席。女禍及宗。不及九。太祖明於大計。以屬天下。漢祖擇嗣不審。幾墜厥世。不及十也。漢祖所不可及。其大者如此。是則自三代以來。撥亂之主未有及太祖也。三代盛矣。然禹之孫太康失國。湯之孫太甲放廢。文武之後世三四傳。昭王不返於楚。繇漢以下。變故之密蓋不可勝道也。太祖終始大基。流風餘澤。所被者遠。五聖遵業。至今百有二十餘年。上下和樂。無變容動色之虞。接於耳目。治安久長。自三代以來所未有也。維太祖創始傳後。北迹堯舜。綱理天下。軼於漢祖。太平之業施於無窮。三代所不及。成功盛德。其至矣哉。蓋唐天寶十四年。天下戶八百九十一萬。太祖元年戶九十六萬。末年天下既定戶三百九萬。今上元豐

二年。戶一千三百九十一萬。六聖之德澤。覆露生養。斯其所以盛也。本原事實。其所繇致此有也哉。

尊號

古今源流　尊號之名古無有也。古者將欲美其君之德。故即其德而形容之。如稱堯之欽明文思。舜之濬哲文明溫恭。湯之寬仁。文王之德之純。皆此類也。帝王而降。德既無有。於是有就其功而極其形容。故秦漢以來尊天子曰皇帝。而尊號之名立焉。然尊號雖以

是而侈乎君。而亦臣子報稱歸美之義。姑托是以致其推尊之禮。論者又未可盡。以是而貶於後世也。

事類　曰都　益曰都。帝德廣運。乃聖乃神。乃武乃文。歸美　臣能歸美以報其上焉。顯美　賈誼云。三王之建天下名號顯美。休明　擁神休。尊明號。同符三皇。錄功五帝。揚雄甘泉傳。神武　開元元年。群臣上尊號曰開元神武皇帝。聖文　開元二十七年。群臣上尊號曰開元聖文神武皇帝。元本紀。定議　光武

夜夢乘赤龍上天。覺悟心中動悸。異因再拜曰。此天命發於精神。異遂與諸將定議上尊號。馮異傳。象德　是時賊未平。帝欲明年。遂改元。而術家爭言數終百六。宜有所變。示天下復始。帝乃議更益大號。贄奏。三代而上。所稱象其德不敢有加焉。陸贄奏議。徽猷　元化以成而徽猷未復。柳京兆府請復號表。殊號　德合天者謂之皇。德合地者謂之帝。德合人者謂之王。父天母地。養人理物。各得其宜。謂之天子。是皆

至德之殊號。致美之盛名。唐陸贄傳重論尊號狀。不伐功　大禹。汝惟不伐。天下莫與汝爭功。戒言聖　漢光武戒諸上書不得言聖。道之極　見前遜位門傳子下注。功之表　白虎通曰。號者功之表也。昔者神農有教田事之勳。燧有興火食之利。伏羲正五始。祝融續三星。人為之名以美其事。柳請復尊號表。都顯號　魏證曰君都顯號　流祚無疆。唐書。受顯冊　陛下發揚洪休。膺受顯冊。天人合慶。日月揚光。寰光之間

歡欣踴躍。同上。**表成功**　宜加明號以表成功。柳第五表自上尊號表。**爲上儀**　昭盛德爰自中古寶爲上儀。**令聞不已**　亹亹文王。令聞不已。又明明天子。令聞不已。詩。**遹駿有聲**　文武有聲。遹駿有聲。同上。**無窮之聞**　亦有無窮之聞。書。**必得其名**　故有大德必得其位。必得其名。**上疏比擬**　高帝五年。諸侯王上疏曰。大王功盛德厚。而位號比擬亡上下之分。昧死再拜上皇帝尊號。前漢書。**上議尊號**　諸將上議

尊號。馬武先進曰。大王雖執謙退。奈宗廟社稷何。後光武紀。**蜚英騰茂**　舒盛德。發榮號。作春秋。一藝襲六爲七傳之無窮。蜚英聲。騰茂實。此前聖之所以永保鴻名。常爲稱首者用也。相如封禪書。**配德昭功**　切觀前代之盛。咸保鴻名而崇明號。或配其德。或昭其功。蓋所以揚景光。彰純懿。以示遠也。柳爲文武百官請復尊號表。**昭示來載**　陛下功崇德鉅。天成地平。宜加尊號於殊常。以昭示於來載。同上賀册

尊號表。**取正於經**　置郵傳命。未足以諭非常之德。襲秦常之號。以冠古之美。屈守文之名。天號人稱。不滿事實。乞令公卿得竭思慮。取正於經。以定大號。擇日以頒天下。韓愈請上尊號表。**天意人事**　裴冕任河西。召還。道遇太子平涼。遂從至靈武。與杜鴻漸。崔倚同辭進曰。主上厭于勤。宗社神器要須有歸。今天意人事屬在殿下。宜正位號。有如逡巡。失億兆心則大事去矣。**王教國風**　禹不自滿。成不敢康。

罔盤于田。不邇于色。自閨閫以施王教。由家道而形國風。會昌二年尊號册文。**天地祖宗**　有其德而無其號。拒乎天而違乎人。伏願早建大號以副天地祖宗之心。柳京兆府請復號表。**睿神文武**　元和三年。上尊號曰上睿神文武皇帝。憲宗本紀。**至尊之稱**　帝德廣運而尊號猶缺。郊廟備禮而祝嘏無辭。陛下不建至尊之號。恐違列聖之心。臣等請上尊號。柳爲百官上尊號表。**至德之號**　國朝太祖建隆四年上尊號第三表批

答。尊我以至德之號。加我以仁聖文武之名。復兼至德之稱。深惟溢美之懼。群公卿士其將何道以弼予。無使名過于實也。**昭受鴻名** 乾德元年范質等上尊號曰。應天廣運仁聖文武至德皇帝册文。仰惟重日月之明。監億兆之精。凝旒端委。昭受鴻名。如山岳之固。如松柏之貞。乾健不息。品物咸亨。承天之祐。萬壽千齡。**永協隆平** 開寶元年趙普等上應天廣運聖文神武明道至德仁孝皇帝册文。伏惟成德大業。治定功

成。不矜於己。不有其名。坤厚載物。乾元利貞。溫恭允塞。永協隆年。**過陳虛美** 四年上尊號批答。大慶殊休。未洽於庶彙。鴻名懿號。先加於眇躬。三拜封章。過陳虛美。**實多慚德** 九年晉王等上尊號批答。今汾晉未平。燕薊未復。謂之一統。無乃虛文。仍曰太平。實多慚德。**對揚鴻休** 太宗興國三年。皇弟廷美等上應運統天聖明文武皇帝尊號册文。伏惟順考古道。對揚鴻休。克錫綏萬邦純嘏。**增益尊號** 端拱

二年詔四方上表只稱皇帝。呂蒙正曰。陛下功茂德盛。但可增益尊號。今忽省去。群情增駭。**龐鴻之稱** 同上詔曰。涉道獨淺。燭理未明。四時罕保於人和。庶政詎臻於無事。寡昧之愧。諒交積於予懷。龐鴻之稱。徒有加於人上。豈敢以謙德自私。必將以古道自法。其前所加尊號宜從省去。今後四方所上表只稱皇帝。**四字之文** 至道元年上法天崇道上聖至仁皇帝號不允批答。陶唐以茅茨采椽。聿脩儉德。伯陽謂孤寡

不穀。用示謙稱。秦稱三五之號。唐極尊大之名。朕纂紹已來。褒崇太過。勉徇群臣之請。尚加四字之文。法天者蓋導讓德之心。崇道者庶取還淳之旨。唯聖與仁則吾豈敢。同上。**靡上虛名** 咸平二年。宰相上崇文廣武聖明仁孝皇帝尊號批答。古先哲王尊道貴德。務宣至化。靡上虛名。遽覽上封。過陳徽號。顧惟涼薄。但益兢慚。**已慚溢美** 五年。群臣上表加應道章德尊號批答。且思微號。肇自唐宗王者。有功受之

無愧。五代而下。二聖膺乾。德皆龐洪。禮猶遜順。惟太祖威加四海。辭立極居尊之名。惟太宗功庇生人。止法天崇道之號。肆朕沖眇。叨荷慶靈。前所推崇。已慚溢美。

欽承惕厲　眞宗祥符元年上崇文廣武儀天尊道寶應彰感聖明仁孝尊號批答。位號之稱。賓實斯在。苟預虛美。人其謂何。朕以孟冬式遵茂典。昭答殊貺。有事大封。勉徇輿情。奉承先志。遽觀來表。願益徽名。方且欽承。更宜惕厲。用爲顯號。非所

克當。

勉徇愧惕　第五表允批答。朕將陟員丘。躬陳大祀。報上穹貺施之德。崇二聖配侑之儀。卿等率和有衆。悃愊上言。奉我嘉稱。成茲溢美。嘉乃稱君之善。奉茲建顯之文。勉循傾輸。良多愧惕。

歸美之情　三年上崇文廣武儀天尊道寶應彰感欽明上聖至德仁孝皇帝尊號批答。朕致饗坤元。式昭世事。群情欣戴。封疏咸臻。罄歸美之情。極推高之說。夫以堯典攸述。實首於欽明。洛書是陳。聿崇於睿聖。

將順其美　第五表批答。夫褒贊成功。將順其美者。臣子之志。允恭克遜。謙尊而光者。后辟之心。故天之廣覆。以不宰而爲先。人之持盈。惟若沖而能久。亟頒詔諭。未悉予懷。

表功副實　五年上崇文廣武感天尊道應眞祐德上聖欽明仁孝皇帝尊號批答。夫號以表功爲先。名以副實爲重。苟或溢美。即爽至公。欽惟祖宗垂厥憲度。肆予寡德。敢怠丕承仰基命之開先。本宗祊之積累。豈於予躬。敢自崇大。

象德顯美　天禧三年上

體元御極感天尊道應眞寶運文德武功上聖欽明仁孝皇帝尊號第一表批答。太古之時。稱謂以象德。三王之代。名號以顯美。顧惟菲躬。獲承丕號。遽陳衆志。願益徽稱。溢美滋多。靦顏增極。

五謂曰俞　祥符元年王旦等曰。陛下膺圖纂服。紹休聖緒。昭姓考瑞。繼成先志。誠宜述宣鴻德著於微册。端委法坐。祗受尊名。茲事體大。不可闕也。陛下猶以撝挹沖讓。至于五謂始曰俞哉。夫體元則大之謂儀天。抱一守柔之

謂尊道。寶命玄應之謂輔德。明章通感之謂合符。謹奉上尊號曰。崇文廣武儀天尊道寶應章感聖明仁孝皇帝。**五表不允**　神宗熙寧十年事。見前注。**頗極褒揚**　大中祥符五年第五表批答。卿等繼率群倫。五陳封奏。加予稱號。頗極褒揚。以爲宗社之蒙休所宜。典册之備物。考賓實之過差。雖慚溢美。拒傾輸之盡禮。亦阻歡心。勉徇勤誠。良增愧恧。**深思抑損**　仁宗乾興元年宰相等請復尊號詔。徽號之文肇于近古。夫惟

至德。乃可誕膺。朕緬慕前規。深思抑損。冀蠲虛稱。式協憂勤。**過爲賓實**　同上三上表請復尊號允詔。夫以涼薄之資。荷于詒燕之辱。遂臻嘉靖。用庇蒼黔。敢冒天功。過爲賓實。是用及建元之慶。協肆眚之辰。昭示素懷。咸蠲虛美。而中外一辭。疏封三上。裁以質文。就爲損益。加于弗類。誠亦未遑。勉循嘉請。增用恧焉。**固當勉己**　天聖八年宰相請加尊號不允批答。顧循□沖。獲紹基構。無忘兢業。庶保盈成

。至於體洪覆之曰生。欽妙樸之惟靜。固當勉於行己。豈須飾以爲名。**是惟英睿**　寶元元年。宰相等加上尊號第五表批答。寶用善元。易冠丕稱。是惟勉德。匪曰名功。至於英睿之烈。后辟罕兼。未實而居。省己胡益。遽加徽顯。是黷齊明。宜損溢言之華。姑循備物之典。其所上尊號內英睿二字宜不允。**乞上尊號**　慶曆五年不許上尊號詔。朕以寡薄紹膺駿命。間者公卿百寮大事之始。乃顧增顯號以歸美于眇質。朕惟皇

帝之號稱謂已極。浮文溢美。抑又何加。況今百度缺然。五紀或沴。履謙畏滿。或顗有終。華言過實之名。非朕志也。將來中外文武臣僚不得乞上尊號。**體天法道**　寶元元年群臣上尊號曰寶元體天法道欽文聰武聖神英睿孝德。仁宗不許。謂宰相曰。唐穆宗云。強我懿號。不若使我爲有道之君。加我虛尊。不若處我於無過之地。朕每愛斯言。卿亦悉此意。本朝長編。**畏天保民**　同上。張士遜等上寶元體天法道欽文聰明

聖神孝德皇帝尊號册文。伏惟儆置器之安。思守文之難。翕對丕名。懋恢令聞。畏天保民。遹觀厥成於皇萬年如日之升。本支綿線。福作莫京。**以冠元首**　景祐二年呂夷簡等上表陛下紹累聖之緒。膺千齡之期。天贊慶靈。日躋濬哲。夫祗遹天命。修明憲度。皇猷無外。光被四表。欽文之謂也。講修鄰好。戢濟暴亂。睿智獨運。燭見萬里。聰武之謂也。知萬物之機。妙天下之用。周流不測。變化無窮。聖神之謂也。歲曆更號。天符薦休。事沿盛唐。以冠元首。臣等上尊號曰。景祐體天法道欽文聰武聖神孝德皇帝。並同上。**持守萬年**　英宗治平四年。韓琦等上體乾膺歷文武聖孝皇帝尊號册文。伏惟無前之蹟。本忘其名。徇衆之欲。勉而是誠。斯亦踵　祖宗之舊。而慰夷夏之情。惟持其盈以守其成。壽考萬年。以安以榮。**道常無名**　神宗熙寧四年上尊號不允批答。夫道以常無名爲尊號。以不言所利爲大。朕方命有司議合宮之配。以

昭嚴父之孝。乃敢前受寶册。自爲光榮哉。自是三上表終不允。**朕德罔克**　七年。韓絳等上紹天憲古文武仁孝皇帝尊號不允批答。朕獲紹祖宗之基。已當帝皇之號。內惟菲薄。竊慕往初。況夙戒於齋輅。將親饗於太壇。惟時肅雍。敢自尊顯。念報上之義。庶言則同。然溢美之稱。朕德罔克。**揣實揆時**　元年上尊號不允批答。朕以薄德嗣膺基緒。繼天理物。常懼弗任。揣實揆時。朕猶不敢。並同上。**謙厚不實**　哲宗元祐元年服除不上尊號詔。進中書省檢會故事將來服除百官等合拜表上尊號。朕惟先帝臨御十有九年。威加四夷。澤被萬物。功德可謂博矣。群公卿士每上徽號。則拒而不受。其謙厚不實至矣。以眇眇之身。紹承統緒。今近思稽用故典。此豈朕所以御訓嗣事。紹休前人之意哉。將來服除。依元豐三年詔書。更不上尊號。**益恢孝治**　紹興中上太上皇太上皇后尊號。用鋪張於至德。仍訂正於舊章。處上鴻名。益恢孝治。令

省上尊號　眞宗乾興二年詔。朕憂勤二紀。臨制萬邦。乃者迫以群情。屢增顯號。重違率籲。勉徇昌言。今以剛辰肇乎元歷。爰今布和之令。獲伸克己之懷。自今中外所上表章。宜令省去尊號。用令省上尊號。益敦進道之風。不得稱四字　仁宗明道二年去尊號中睿聖文武字求言詔。惟睿之猷箕。疇之所演。若聖之美漢。光之靡當。文在化成。武由定亂。內惟菲薄。難以具膺。宜令天下於朕尊號內其表奏。並不得稱膺

聖文武四字。荷上靈之祥　天聖二年王欽若等上聖文睿武仁明孝德皇帝尊號册文。夫惟睿作聖。所以膺景命。懿文經武。所以紹鴻業。顯仁爲明。所以運群物。純孝爲德。所以形萬方。伏惟徇黔首之戴。荷上靈之祥。躡九重之遐蹟。保四海之永康。恢一祖二宗之聖緒。與天地而無疆。紹九重之德。天禧九年王旦等上崇文廣武感天尊道應眞祐德上聖欽明仁孝皇帝册文。伏惟總列辟之令猷。紹九重之至德　保祐黎獻。錫

羡千億。與天比崇。萬壽無極。研至道之精　三年寇準等上體元御極感天尊道應眞寶運文德武功上聖欽明仁孝皇帝册文。伏惟奉丕天之律。研至道之精。時乘在宥。日謹持盈。爲列辟之稱首。流無疆之淑聲。千祿百福。錫羡奠京。本神靈之繫　明道二年。呂夷簡等上睿聖文武體天法道仁明孝德皇帝册文。洪惟本神靈之繫。憑積累之厚。夫智迎事解。意發天合。不曰睿聖乎。興學招士。包戈服遠。不曰文武乎。居上凝

命。御氣生物。不曰體天乎。執象觀妙。抱一無爲。不曰法道乎。靡惠不孚。靡幽不燭。不曰仁明乎。竭恭致養。率禮範俗。不曰孝德乎。並同上。兼天下之微　英宗治平二年韓琦等上尊號第三表不允批答。朕覽前世之載。近事之實。惟至聖爲能兼天下之微。惟至功爲能享天下之報。謹微端始。莫或敢承。

詩集　册函　孔雀扇分香案出。袞龍衣動册函來。金泥照耀傳中旨。玉節從容引上台。盛禮永尊徽號畢。

聖慈□□不勝哀。薛逢觀册憲宗皇帝尊號詩。

改元

古今源流　改元之說古無有也。堯舜有天下。書惟載其即位之始。而曰月正元日。則元之名昉於此。厥後夫子之序書於成湯之後。曰大甲元年。而當時伊尹亦有元祀之稱。亦不過紀其即位之始年。未嘗有改元之說也。至若夫子作春秋。於公即位而每公皆以元年書。亦不過重其謹始之意。惟史載文王則以爲受命稱王

。而改元之說紛紛焉。要之文王以服事商九年。大統未集。越二年。武王繼之伐殷。故書稱惟十有一年。正所以表文王未嘗稱王之心也。自時厥後。如秦司馬公作通鑑。以秦昭襄王五十二年繼於赧王之後。亦惟因年以紀事。曷嘗侈其改元之名哉。爰自漢之文帝既稱元年矣。而又於其間稱後元年焉。景帝繼之曰元年矣。而又曰中元元年。是以啓武帝改元之漸也。然當武帝之初。亦不過即元年而更爲建元之名。自是而後。恰值六年之間各有一事。於是因大星而改元光。因六年無事而改元朔。又因六年獲白鼎而改元鼎。又因六年封泰山而改元封。推原其由。武帝亦未嘗侈爲改元之名。特因事而改之耳。惟武帝既因事而改。故昭宣而後不拘六年之名。凡所謂神爵甘露黃龍之名。或一年而改。或間歲而改。其後又有賢明之君。或僅改一二。如後漢光武之建武三十一年。而後改中元是也。或終其身而不改。如唐太宗之正觀二十三年是也。

是以漢唐而降。故各有隨其鼎峙之勢而自稱年號者。如三國之魏吳蜀是也。又有隨其分裂之勢而各據年號者。如南北朝之晉宋齊梁陳。與後魏北齊後周是也。是以彼此各有元年。惟主正統者則以正統之元年爲準。若夫天下一統。如秦隋漢唐五代以及我宋。則同一改元之名號。而僭竊之名號無有焉。此論者所以即後世之改元者爲重事也。

事類　資始　大哉乾元。萬物資始。易。善長　元者

善之長也。同上。維新 其命維新。詩。正始 元年者正始之義也。履端 履端於始。左傳。正本 春秋謂一爲元。視大始而欲正本也。正朔 漢賈誼改正朔。更始 與民更始。新民視聽。告元 漢終軍對宜曰。昭時令曰改定告元。同上。體元 王者體元。御極 漢東都賦。在德元 其維王位在德元。書。正次王 春秋之文正次王。王次春。漢仲舒策。若帝之初 正月朔旦。受命于神宗。率百官若帝之初。書。歲且更

始 數將稽終。歲且更始。記。辭所謂大 一者萬物所從始也。元者辭之所謂大也。仲舒策。謂一爲元 春秋謂一爲元。求端於天 春者天之所爲正者。王之所爲王者。宜求端於天。並同上。繼天而作 體元立制。繼天而作。東都賦。觀象考曆 觀象考曆本乎元。賈至旌儒廟頌。改元更號 太宗開寶九年改太平興國元年制。自登宸極。再易朔辰。改元更號。舉前古之舊章。蕩穢滌瑕。洽普天之大慶。宜改紀元 端拱

三年改淳化元年制。朕受天明命。司牧黎元。寰宇幸致於和平。稼穡屢觀於豐稔。慶茲玄感。思舉舊章。因斯獻歲。取象陽春。宜改紀元之號。仍覃之物之恩。同上。俾易新元 眞宗至道四年改咸平元年詔。承上穹之眷命。宅大寶以踰年。四序履端。萬物資始。式遵古義。俾易新元。錫瑞紀年 景德五年改大中祥符元年詔。荷上帝之眷懷。啓靈心而降鑒。神告先期。天垂寶籙。祗膺景貺。躬受丹書。載窺秘檢。誕錫

元符。嘉應非常。惕然增懼。且詳觀載籍。眇覿前聞。聖若羲黃。八卦演連山之象。功齊舜禹。九疇浮出洛之文。何涼德之感通。偕昔王之盛美。是用時均慶賜。仰答高明。虔增錫瑞之名。用易紀年之號。更始紀元 仁宗改天聖元年詔。王者繼聖。子民握圖。御宇必因歲始以正天瑞。肆予沖人。穹昊眷懷。宗社垂祐。四時調豫。百穀順蓄。政刑交修。夷夏胥悅。顧慚涼德。享是洪休。萬彙發春。三朝協序。思與民而

更始。宜建號以紀元。**式新端歷** 寶元三朝改爲唐定詔。導迎至和。消伏衆變。推榮正本。協紀求中。庶回靈鑒之孚。式新端歷之授。**冀自天祐** 慶曆九年改爲皇祐制。春夏之交。霖雨作沴。傷暴禾麥。潭溢隄防。河朔之民尤罹弊苦。粒食罄闕。廬寶蕩空。流離鄉邦。攜挈老幼。十室而九。自秋徂冬。當原究其由來。冀消弭於災變。仍更紀歲之名。用冀自天之祐。**冀召太和** 日食正陽。改皇祐六年爲至和德音。皇天降譴。太史上言。豫陳薄蝕之災。近在正陽之朔。永思厥咎。在予一人。德不能綏。理有未燭。賞罰不序。聽納不明。庶政未惕於上。衆冤或壅于下。有違萬物之情。以累三光之明。是用改避正寢。卻去常珍。俾更元曆之名。冀召太和之福。**律新正始** 英宗改嘉祐爲治平制。自親庶政。甫涉逾年。中外乂寧。風雨時若。惟春秋之正始。蓋歷代之通規。獻歲發春。方臨吉旦。律新正始。祗率舊章。**來正新統** 神宗改熙

寧爲元豐制。賴天之祐。年穀順成。其因來歲之正。以新元統之號。**易冠元名** 徽宗改崇寧爲大觀制。兵革不試。囹圄屢空。邊陲晏安。年穀豐稔。乾高垂象。日當交而不虧。坤厚薦珍。禾與芝而並秀。是用因三朝之慶會。順一氣之發生。易冠元之名覃。作解之澤既革。而當惟新是圖。**肇更年號** 己酉朔旦冬至改重和赦。雲物龍翔而抱月。檜芝斃伏而如丹。金篆浮波。河伯順流而聽命。瓊科宣籙。青華正晝以臨壇。茲者氣應中冬。日極南至。當甲子之月朔。且逢己酉之會。復元遂契史區之言。上同黃帝之世。于時太一。適次乾維。叢祥並胙於邦圖。冠號肇更於年號。與四時而合序。以莫不增。參萬歲以成純。終而復始。同上。**惟新大政** 太宗改淳化爲至道德音。當惟新於大政。冀永保於鴻猷。發號改元。與民更始。**景慕前修** 眞宗改咸平七年爲景德制。我國朝皇天眷命。四海歸仁。太祖以神武定寰中。肇基王業。太宗以睿文

化天下。光闡鴻圖。朕寐寐賢良。焦勞疲瘵。親臨庶
政。期及小康。時惟獻歲。氣正陽春。諸方之貢物盈
庭。蕃國之衆豪在列。仗衛森金石成音。是宜景慕前
修。昭宣令典。覃作解之寬恩。建紀元之新號。與民
更始。保國隆平。僕屬景命 哲宗改元豐九年爲元祐
御札。永惟春秋正始之義。深見天人相與之符。即位
逾年。改元布政。以僕屬景命。以作新斯民。顧惟守
成。敢忘繼序。受命之符 同上。改紹聖五年六月朔

爲元符詔。統承聖緒。紹述先猷。克享天心。屢蒙嘉
貺。甘露荐降。靈光屬天。申錫無疆。神璽自安。敕
命之幾。惟聖時憲。思答神休。以協瑞應。其易統年
之號。用昭受命之符。春秋謹始 徽宗建中靖國御札
。思建皇極。嘉靖庶邦。端好惡以示人。本中和而垂
政。稽曆數在躬之文。念春秋謹始之義。肇親元統。
國有典常。足遵踰歲之期。以易紀年之號。
歷代年號

古今源流 年號之名萌於漢之文帝。始於武帝。其後
宣帝以好瑞之心。屢因祥瑞而名其年。然以光武亦好
圖讖。終其身亦惟止於建武之名而已。魏晉六朝而降
。或以一字而名其年。或以二字而名其年。或以三字
四字而名其年。要之不過矜耀美名。間或在意義而亦
不盡專己。我宋之興。大抵專以法祖爲名。其勝於漢
唐以下人主之紛紛紀年者大有間矣。
事類 元鼎 漢武帝初汾殷得寶鼎于后土。改元元鼎

。乾封 天大旱不甫。而曰乾封之祥。改元乾封。太
初 落下閎顓頊曆爲太初曆。改元太初。後元 漢文
帝即位十五年。改曰後元。大同 武帝改元大同。後
再加一字。曰中大同。大通 改元大通。再加曰中大
通。黃初 司馬公作通鑑。不書蜀青龍年。而改爲黃
初元年。不紀 范蜀公作唐鑑於高宗。後不爲高宗紀
年。而以中宗紀年。五鳳 寶建德冬至大會僚吏。有
五大鳥集其宮。群鳥從之。又宗城人獻元圭一。孔德

紹曰。昔天以是授禹。今瑞與之侔。國宜稱夏。建德然之。紀年五鳳。**乾封** 唐高宗封泰山。紀年乾封。**天寶** 唐開元末於弘農古函谷關得寶符。白石赤文。改元天寶。**通天** 萬歲登封元年。復作明堂。改曰通天宮。改元萬歲通天。**總章** 高宗分萬年置明堂縣。示必欲立之。改元總章。**景雲** 景雲見。改元景雲。並同上。**景德** 眞宗改景德制。太祖以神武定寰中。肇基王業。太宗以睿文化天下。光闡鴻圖是宜景慕前

修。改爲景德。**祥符** 因天書降。改元大中祥符。同上。**天聖** 仁宗以章聖臨朝。推尊母后以二人共聖。故改元天聖。**康定** 以西北二虜之役。期天下無事。改元康定。**皇祐** 以雨災赦天下。改元皇祐。**至和** 以日食正陽。改元至和。並同上。**元符** 哲宗即位。以甘露靈光改元元符。**建炎** 高宗取法藝祖。以開火德中興。改元建炎。**淳熙** 孝宗取法淳化雍熙。改元淳熙。**慶元** 寧宗取法慶曆元祐。改元慶元。**寶慶** 今上取法寶元慶元。以表即位之初元。改元寶慶。**紹定** 取法紹興嘉定之政。改元紹定。**端平** 取法端拱咸平。改元端平。**嘉熙** 取法嘉祐淳熙。改元嘉。**淳祐** 取法淳化嘉祐。改元淳祐。**寶祐** 取法開寶皇祐。改元寶祐。**開慶** 取法開寶慶歷。改元開慶。**太平興國** 太宗改太平興國。制千官在列。萬國來庭。百職各思於振舉。兆民俾樂於和平。**建中靖國** 徽宗改建中靖國御札。思建皇極。嘉靖庶邦。端好惡以示人

本中和而立政。

後集卷五

恢復章

四庫本「古今源流」下「然天誅一施。強寇隨斃。彼氣已先沮」句（九三九—五八四上）。明刊本「強寇」作「韃攬」。「彼」作「虜」。又「惟恢復可喜」下之「寇」字（九三九—五八五下）。明刊本均作「虜」。又「以中原爲憂」下「朕念寇讎未復……而以

中原久陷塗炭爲憂」句（同上）。明刊本「寇」作「虜」。「塗炭」作「腥膻」。又「大一統之恩」下「興念燕雲久淪邊圉。故家望族流移四野之悲」句（同上）。明刊本作「興念燕雲久淪胡虜。故家望族散依四貊之酋」。又其後「復九世之讎」下「玉帛定兩國之好。旋拓故疆」句（同上）。明刊本作「夷狄無百年之運。遂即天誅」。又後文「果振下齊之旅」句。明刊本作「果應擒胡之月」。又「遺禽悉就於俘纍。

旋旆來歸」句。明刊本「旋旆來歸」作「種類無遺」。又「端平平蔡露布」明刊本作「端平滅虜露布」。

親征章

四庫本「急幸澶淵」「率師親征」二事類下凡「寇」「敵」二字（九三九—五八六下至五八七上）。明刊本皆作「虜」。

奏捷章

四庫本「馬牛敵血」（九三九—五八八下）。明刊本「敵」作「虜」。其後「代馬未全知」（九三九—五八九上）。明刊本「代」作「胡」。

和戎章

四庫本「割愛降婚」（九三九—五九〇上）爲明刊本所無。但明刊本另有「貢臣僕職」「遣使請婚」兩則如下

貢臣僕職　皇宮淑女嬪於穹廬。掖庭良人降於沙漠。夫貢子女方物。臣僕之職也。詩曰。莫敢不來享。來

王荒服。稱其來不言往也。公反其盟。諱而不書。奈何以天子之尊與匈奴約爲兄弟帝女之號。與胡媼並御蒸母報子從其污俗。中國異於蠻夷者。有父子男女之別也。婉冶之姿。毀節異類。垢辱甚矣。同上。遣使請婚　突厥遣使請婚。恐豺狼之心弱則順服。強則驕逆。月滿騎肥。乘中國飢虛。講親際會。窺犯亭障。復何以防之。魏知古傳

古今源流至論四〇卷

宋林　駉撰

以元刊本校補

前集卷三

四庫本「鄉評」與「慶曆人材」兩章之間有闕文（九四二—四〇上）。元刊本其文如下。

開國紀綱

自三代後。本朝有超越古今者五事。此程伊川之言也

。而推原其由。蓋以忠孝廉恥爲之紀綱之效也。伊川語錄。嘗觀三代之後。本朝有超越古今者五事。如百年無內亂。四聖百年相授。受命之日市不改肆。百年未嘗誅殺大臣。至誠以待夷狄。此皆大體以忠孝廉恥爲之綱紀。故能如此。自三代後。本朝百三十年無事。此呂微仲之言也。而推原其由。亦以事親治內。勤儉寬仁之法之驗也。長編。元祐八年。上讀寶訓畢。呂大防進曰。祖宗家法甚多。自三代後。惟本朝百三十年。中外無事。蓋由祖宗所立家法最善。臣請舉其略。事親之法。事長之法。治內之法。外戚之法。尚儉之法。勤身之法。尚禮寬仁之法。噫。貽厥孫謀以燕翼子。大矣哉。我藝祖之紀綱也。愚嘗遠稽前代。近觀我朝。有治多而亂少者。有治少而亂多者。有治亂之適相當者。大抵以紀綱爲憑藉扶持之本。夫所謂紀綱者。非但制度法令而已也。品式條目而已也。自其身而形於家。閨門肅肅。無以異於宗廟之間。衽

席雍雍。無以異於朝廷之上。內外有章。宮庭有度。此一家之紀綱也。自其家而惟之國。君臣相正。有同德協心之和。官師相規。無分朋植黨之私。宮府一體。上下一心。此一國之紀綱也。舉而措之天下。則尊君卑臣。內夏外夷。截然有分而不相悖。井田溝洫。貢賦車乘。繩然有法。而不可越。此天下之紀綱也。嘗謂漢以規模爲紀綱。故大綱正而衆目未張。唐以法令爲紀綱。故衆目張而大綱未正。周與我朝以禮樂爲

紀綱。故大綱既正而衆目復張。此古今治亂之所由分也。方漢之始興也。非劉不王。約在盟府。親疏有別也。中朝相通。權在大臣。內外無間也。漢高祖約曰。不劉不王。不功不侯。又申屠嘉爲宰相。欲斬宦官鄧通。以此知內外相通。列置郡縣。分設刺史。尊卑相臨也。漢刺史六百石。郡守二千石。然刺史以六條問事。專察郡守。漢以規模爲紀綱亦善矣。然呂氏之勢益橫。而事皆關於房闥。家之紀綱安在哉。高祖末

年。呂氏專權。政由房闥。恭顯之寵益盛。而事皆由於璫宦。國之紀綱安在哉。弘恭石顯至以宦官用事。盡逐蕭望之諸賢。邊陲之釁既開。而夷狄幾擾中國。天下之紀綱又安在哉。高祖北伐匈奴。白登遭圍。自後寇云中寇鴈門。無日無夷狄之擾。然幾危而安。幾仆而興者。規模宏遠而尚有大綱之舉。是故諸呂之變一日掃除而無遺孽之尚存。周勃入比軍誅呂祿。呂産。而呂氏之族盡殲矣。恭顯之專一日失執而至祈死之

不暇。本傳。夷狄之強。一日爭立而甘心來朝之恐後。此漢大綱舉而衆目未張之驗也。宣帝單于爭立。呼韓邪遂來朝謂水。方唐之始興也。凌烟起舞。春風和氣。宮庭和穆也。太宗置酒凌烟上壽。高祖乃起舞作樂。周典建官。星羅碁布。而朝廷整肅也。唐依六典建官。府衛置兵。首重尾輕。郡國聯屬也。太宗置府衛在關中凡五百。以示內重。唐以法令爲紀綱亦粗矣。然宮闈夫婦之間。民無則焉。一傳而殲之武氏。而諸李幾無遺育。家之紀綱何取哉。高宗立武昭儀爲后

。使專政。盡殲李氏。開元以後。權在輔相。姦臣擅國。蒙蔽中外。而安史之禍成矣。國之紀綱何取哉。王國忠。天寶中爲相。擅權專政。安祿山反。朝廷皆不知之。隔絕中外。引戎亂華。民無聊生。冠履倒置。而中國之禍慘矣。天下之紀綱又何取哉。吐蕃寇關中。然漢雖壞而復存。唐一墜而莫救者。蓋漢之亂形在外。唐之亂本在內耳。是故漢之宮闈有釁。猶非其

君之罪也。唐人武韋之變是誰之咎歟。漢之姦佞擅朝。猶非宰相爲之也。唐人燕薊之叛。是誰爲之歟。引戎亂華。雖萌蘖於漢末。而夷夏貿亂。在唐尤甚。是亂形不待見於衰世。而釁端已成於太宗。此唐衆目張而大綱未舉之驗也。洪惟藝祖。仁義立國。土地不如漢。戶口不如唐。紀綱修明與周比隆。齊家治國平天下之道。千載一日也。周之思齊。姜任爲萬世賢后之則。關雎風化爲四方示儀之地。我朝慈闈一言載在金

匱。而社稷蒙福焉。昭憲太后問太祖曰。汝自分所以得天下者乎。上曰此皆祖考及太后餘慶也。后曰不然。政由柴氏。使幼兒主天下。群心不附故爾。汝後當傳位汝第。上曰。敢不如母教。遂召趙普爲誓書。藏之金匱。戚里有過。例繩國法。而私謁不得焉。王繼勳殘暴。太宗斬於洛陽市。杜彥士敗易。太宗責受刺史。內言不在於外。私恩不在於公。則一家之紀綱與周何如也。周以冢宰統六卿。而言有繩聯之意。以內

庭屬外朝。而近習無竊政之弊。我朝官莫重於三省。而置給舍。使小大之相制。柄莫尊於樞府。而統閫宦。俾內外之相通。見給舍樞府門。財用布中外而總三司。見三司革門。吏治在州縣而置監司。則一國之紀綱與周何如也。若夫天下之勢。則雖無周之封建。而朝廷郡縣合爲一體。初無此重彼輕之患。雖無周之井田。而賦入有經。賑恤有廩。民生盛時。未嘗見暴兵虐刑之慘。則天下之勢其與周略相當也。夫惟國家尊

嚴。凜然太阿之出匣。天下磐固。屹然泰山之四維。故雖天聖事由於簾帷。未幾。景祐之間威權在人主。天聖初。明肅后同仁宗垂簾聽政。未幾還政。范韓。呂文諸公輔相。政事在大臣矣。熙豐法變於小人。未幾。元祐之初。公道在廟堂。正論在臺諫矣。王安石。呂惠卿。熙寧初行新法。至元祐初。司馬公相盡革前弊。靖康勢憂於夷狄。未幾。中興以來。諸將奏功。酋虜送死矣。中興本末。其視周之末年。天下不稟

王命者已半。是又不及吾宋之治勢。則我藝祖肇造之規模。漢不及也。唐不及也。雖周亦不及也。爲子若孫者。烏可一日不守維持之具哉。嗚呼。寬仁能使其國之常存。而不能使國之常強。權勢能使其國之常強。而不能使國之常治。扶持寬仁之過。而振救權勢之偏者。紀綱也。我國家不敢恃寬仁以得天。不敢恃權勢以制人。而其修身齊家治國平天下之道。以爲億萬年不窮之用。賴有此具爾。詩曰。不愆不忘。率由舊

章。愚有望於今日。

中興功業

愚嘗拜觀紹興之詔曰。小雅盡廢。宣王復周。炎正中微。光武隆漢。此我高宗遠慕周漢中興之功也。紹興改元德音曰。聖人受命以宅中。莫大邦圖之繼王者。體元而居正。蓋新年紀之頒頒。又曰。小邪盡廢。宣王嗣復於宗周。炎正中微。光武系隆於我漢。然嘗論之。自古中興之功有二曰。平外寇也。夷內難也。宣

王當小雅陵遲之餘。外夷交侵。四海鼎沸。於是起而任征伐之責。薄伐玁狁。至於太原。則北伐詩也。蠢爾蠻荊。大邦爲讎。則南征詩也。經營四方。告成於王。平淮夷也。截彼淮浦。王師之所。平徐方也。然宣王所平者外寇。而內難無有也。並詩。光武處大盜竊弄之後。群雄雲集。九縣飆回。於是起而任驅除之勞。一駕而平尋邑。再駕而誅銅馬。北顧大槍裂。西盼而隗囂縛。王郎赤眉之寇甫定於前。朱鮪更始之盜

繼清於後。然光武之功不過夷內難。而外寇無有也。今也蠻夷猾夏。莫盛於高宗。寇賊姦宄。亦莫甚於高宗。以身當之。皇威一伸。風飛雷厲。天戈所指。乾清坤夷。盛矣哉。噫。不遇天下之至難。無以知天下之大功。此中興之詔所以稱於周漢者。皆兼夷內難平外寇之功也。自今觀之。金山之役。虜舟鼓噪而進也。兩道夾出。兀朮哀降。非江上之偉績歟。中興本末。建炎四年。兀朮回至鎮江。韓世忠駐揚子江。集金

山之役海船百餘搬進金山下。命工鍛鐵爲長綆。貫一大鈎。平旦。虜擁千船噪而前。世忠遂分海船爲兩道。出其背。每縋一綆則曳一舟而入。虜不得渡。虜敗。兀朮竊載以逃。和尚原之役。虜騎掃國而來也。一矢飲羽。兀朮幾殲。非全蜀之大功歟。同上。紹興元年。初兀朮駐兵熙河。秦雍至是移寨欲窺蜀。玠於鳳翔府之和尚原先處戰地。誘致其來。兀朮造浮橋於寶鷄縣。玠遣吳璘選勁弓强弩分番迭射。與虜戰二十餘

。兀朮中箭而遁。是役也。兀朮往返萬里。殆未二年。其衆損者過半。兀朮有從馬數百。至是僅留其六。於是北歸燕山。維楊之戰。彼謂天下無復國家。有雨雪助靈。天喪其魄焉。同上。紹興四年。韓世忠駐兵揚州。至大伕鎮勒精兵爲五陣。設伏兵二十餘處。兀朮勒精兵趨江口。世忠鳴鼓。伏者四出。吾旗與虜旗雜。虜兵亂。我兵各將長矛。上揕人胸下梢馬足。虜人馬俱死。遂擒孛菫撻也。十二月。虜衆屯於後塹。

雨雪乏糧。又聞其主晟病。馬一夕遁。仙關之戰。彼謂天下無復國家。有地名殺金。天相其役焉。同上。紹興四年。兀朮撒離曷大入仙人關。吳玠預爲壘於關旁。號殺金坪。楊政言於玠曰。此地爲蜀阨塞。死不可失。且地名亦善。破之必矣。三月。虜攻壘益急。玠命璘領射士射之。連戰皆捷。是役也。虜自元帥以下。皆令持弩而來。既不得騁。則還據鳳翔。不敢動矣。其戰順昌也。刀斧交馳。狂虜魄喪。是役也。欲

自燕以南而棄之。其孰使之然哉。同上。紹興十年。虜衆圍順昌。劉錡敗之。兀朮自將牙兵三千爲援。錡將士皆死鬥入虜陣中。斫以刀斧。至有奮手捽之與俱墜於豪者。虜衆大敗。與兀朮戰於宛城縣。殺其將阿李朶菫孛。朝廷詔書不許深入。岳飛遂班師。而所取州縣旋復失之。奉使洪皓時在燕京。密奏虜欲棄燕以南。王師退。自失機會也。其戰拓皋也。麾兵一呼。虜勢狼狽。是役也。捷凱疊奏。蓋軍興以來所未有。

又豈偶然之故哉。繫年錄。楊沂中。劉錡。王德。田師中。張子蓋及金人戰於拓皋鎮。敗之。前一日錡至皋。虜將以鐵騎夾道而陳。德曰賊兩隅皆勁騎。吾先破之。乃與師中麾兵薄其右隅。虜陳動。德乘勢大呼。諸軍皆鼓噪。金人大敗。劉光世。韓世忠。張俊。岳飛。楊沂中。劉錡捷書繼至。自軍興以來。未有如今日之盛也。劉猊之犯金陵也。群酋並進。吹唇沸地。楊將軍一鼓破之。繫年錄。劉猊犯建康。楊沂中與

統制官吳錫以勁騎五千突其軍。賊衆大敗。猊抵。李諤曰。適見髯將軍銳不可當。果楊殿前也即道去。乃在順昌聞猊敗遁去。孔彥舟亦引去。逆亮之寇江上也。旌旗相望。投鞭斷流。諸大將諸酋殲之。我高宗平外寇之難也如此。其視周宣何如哉。同上。金主亮自將入寇。亮衣橘紅袍。所乘馬金甲。兵號百萬。氈帳相望。鉦鼓之聲不絕。遠近大震。我軍用海鰍船迎擊之。諸將並進。亮爲衆酋所弑。方苗劉之中變。蓋腹

心之患也。勤主之師一至。而洗日之功隨奏。蓋不啻拉朽也。中興本末。建炎三年。衛營前軍統制官苗傅與副統制劉正彥。見王淵擢用。且乘有耿難。遂圖不軌。執淵殺之。併殺內侍數十人。乞隆祐太后聽政。請上爲太上皇帝。赦書至江寧。呂頤浩寓書於張俊。劉光世約共起兵。謝嚮微服至平江。見張俊等令嚴備而緩進。呂頤浩自江寧起兵。光世自鎮江以兵來會。韓世忠以兵由海道至平江。俊曰投鼠忌器。不可急也

。遣馮輔甘言誘賊矣。勤王之師五萬發平江。二兇擢朱勝非請復辟。造其弟約擊勤王之師。絅敗一兇開湧金門去。世忠追至浦城。遂擒之。方逆豫之外竊。蓋身臂之疾也。勁騎之兵一出。而三道之寇隨潰。蓋不啻射癰也。中興本末。建炎二年。濟南府守臣劉豫爲虜所間。粘罕遣人啗豫以利。豫即詣軍前通款。四年虜立豫於北京。國號大齊。紹興四年。遣其子麟姪猊。引金虜分道入寇。紹興五年。賊衆十萬次濠壽之間

。張俊拒之。俊遣楊方中悉衆以出。大破其衆。猊敗遁去。麟聞猊敗。亦望風潰。金虜遣使問豫罪。豫懼。免猊爲庶人。七年虜廢豫。李成擾亂我淮甸。其鋒未易破也。乃命張俊。而巢穴遂掃焉。建炎元年。維州歸信縣弓手李成數寇兩淮。紹興元年。張俊會諸將討賊。賊將馬進銳卒數萬來犯。楊沂中語俊曰。彼衆我寡。當以奇勝。前後夾擊。大破之。范汝爲動搖我全閩。其勢未易拔也。乃命世忠。而蠻觸遂淸焉。建

炎四年。建州民范汝爲反。韓世忠約兵趨建。時賊於正南路植巨木爲鹿角。及設陷馬坑以拒王師。世忠命諸軍偃旗仆鼓。由山路徑達鳳皇山。繞出賊背。汝爲震怖。以謂從天而下。賊敗走。汝爲竄入回源洞自縊。張遇跋扈。呂頤浩單騎下之。中興本末。建炎二年。有張遇等號一窩蜂破鎮江。王淵招安之。猶從兵劫掠。乃語呂頤浩圖之。頤浩單騎自入賊營。遇等出迎。惟劉彥不至。乃斷其足。劉忠。陸梁。韓世忠奪軍

破之。同上。紹興九年。山東賊劉忠者。自黥其額。號花面獸。據潭之白綿山。韓世忠入湖南平之。其徒斬其首以降。楊么受紿於岳飛。曹成受餌於李綱。而武陵廣右之境始平。建炎四年。鼎州武陵縣土豪鍾相。以左道惑衆。孔彥舟捕鍾相檻送行在。楊華。楊太最爲劇盜。太年幼。楚人謂幼爲么。故曰楊么。么聚衆數萬。據江湖以爲窠穴。有周倫。楊欽。夏誠。劉衡分布遠近。岳飛使任士安爲賊餌。先揚言岳太尉兵

二十萬至矣。及是止見士安等軍。賊併力拒之。飛伏大兵四合敗之。楊么赴水死。又紹興四年。虜賊曹成自賀州至郴州。湖廣宣撫李綱遣使臣諭之。成赴同參。綱奏成已受招。詔陞成防禦使。桑仲送死於霍明。范瓊殺身於劉子羽。而隨郢京東之民始安。我高宗之夷內難之難也如此。其視光武又如何哉。紹興二年。鄧隨郢鎮撫使桑仲與其下謀再攻金。居霍明獨不從。曰。朝廷既招安。我輩無事且已。仲怒。自馳至郢州

起軍。明即擒而殺之。以仲再反聞於朝。又建炎三年初。金虜寇京東。命平寇前將軍范瓊禦之。瓊鎮兵轉入江西。引兵赴闕上。命張浚君瓊赴都堂與劉子羽作文書。笱榜皆備。賜瓊死。其事難其功倍。雖鐫石鼓之詩。勒浯溪之碑。不足以形容萬一。除兇報千古。雪恥酬百王。愚請誦此以贊。

卷四

溫公之學章

四庫本「遠人且敬之。況吾國乎。凜然遺像。後人尊仰。」句（九四二—五三上）。元刊本「遠人」作「夷狄」。

卷五

法帝王章

四庫本「此陳瑩中之言也。則我朝成法又同符而一揆也」。句中有闕文（九四二—六六下）。元刊本其文如下。

此陳瑩中之言也。則我朝之治。堯舜其治也。陳瑩中云。太平之功堯不及也。舜不及也。三代不及也。漢唐不及也。六聖相承。自三代以來未有此。范祖禹之言也。則我朝之治三代其治也。范祖禹之宗訓典亭。自三代以來。未有六聖相承。其德克類者也。生民以來。未有如大宋之隆。曾南豐非溢美也。奏議。曾鞏云。基厚者勢隆。力大者任重。生民以來既濟登茲者。未有如大宋之隆也。因歷敍太祖至英宗。三代之後

。本朝有超越古今者五事。程伊川非侈辭也。伊川語錄。嘗觀三代之後。本朝有超越古今者五事。如百年無內亂。四聖百年相授。命之日市不易肆。百年未嘗殺大臣。至誠以待夷狄。此皆大體以忠孝廉恥爲之綱紀。故能如此。則六五帝。四三王我祖宗其奚遜。五事歷將前代舉。帝堯而下固無之。愚請泚筆以賡是詩。康節詩云。吾曹養拙賴明時。爲幸居多寧不知。天下英林中遁跡。人間好景處開眉。生來只慣見豐稔。

老去未嘗經亂離。五事歷將前代舉。帝堯而下固無之。

家學

論家學之源流有二。曰祖訓。曰父政。述漢文故事於武帝之朝。讀太宗政要於憲宗之世。此祖訓之所當講明也。惠帝守漢高之約束。肅宗修明帝之故事。此父政之所當遵守也。嗟夫。先疇畎畝。農夫服之。高曾規矩。工者用焉。況任國家之重寄。守祖宗之大器。

而可無家學源流乎。然耳聞不如目見之詳。方册不如告詔之切。問安侍膳皆訓諭誘掖之言。面命心傳。無非危微精一之旨。是故舜受堯之天下也。父子一堂。揖遜相授。則一時之所告語者深矣。輔佐則因堯也。法度則因堯也。舜何容心哉。武王繼文王之統也。朝夕定省。跬步不忘。則平日之所唯諾者至矣。人材則因文也。政事則因文也。武王何容心哉。是故堯舜之盛。相映典謨。文武之政。互載方册。皇乎鑑鏘於帝王之時者有由矣。聖宋天開。明君代出。炳炳乎三百年之光。繩繩乎十四傳之盛。然遠者難知。近者易見。難知則難行。易見則易守。方太宗之法太祖也。蓋有得躬傳之實。嗣位之詔。曰先帝紀律已定。謹當遵守。則夫創業之宏模。御兵之聖略。同一軌轍也。長編。太宗嗣位詔。先帝創業垂統十七年。事爲之防。曲爲之制。紀律已定。物有其常。謹當守。不敢踰越。仁宗之法眞宗也。蓋有得於資善面戒之日。嗣位之詔

曰。奉眞考之業。思眞考之養民。則夫守成之丕憲。愛民之眞意。同一念慮也。長編。慶曆四年。上御邇英閣。出御書十三軸凡三十五事。一曰遵祖宗之訓。二曰奉真考之業。三曰念祖宗之艱難。四曰思真宗之養民。孝宗之法高宗者。又有得於德壽。侍養之久。聖政之序。曰進而得之。諄諄之訓。退而求之。渾渾之書。則夫中興之神筭。立政之成法。又同符而一揆也。

後集卷四

四庫本於浙江潮章之前缺「東南旺氣」章（九四二—二一〇下）。元刊本其文如下

東南旺氣

昔邵康節與客謂天下將治地氣自北而南。將亂自南而北。然後知顧將有治亂之別爾。南北何與焉。康節先生治平間與客散步天津橋上。聞杜鵑聲。慘然不樂。客問其故。則曰。洛陽舊無杜鵑。今始至有所主。客曰何也。康節曰。不二年上用南士爲相。多引南人。

專務變更。天下自此多事矣。客曰。聞杜鵑何以知此。康節曰。天下將治地氣自北而南。將亂自南而北。今南方地氣至矣。禽鳥飛類。得氣之先者也。夫天無常時也。地無常勢。民物無常。盛衰非無常也。運於天者無常。則亦不可得而常也。是故天運所在。雖丘墟而金湯。瓦礫而甍棟。被髮左衽之鄉而爲冠帶衣履之地。天運不留。雖膏腴而斥鹵。桑麻而丘壑。詩書禮樂之俗而爲干戈戰鬥之場。皆天也。非人之所能爲也。嘗推古今旺氣往來之變矣。自黃唐至夏商。王氣在乎東。自周初至秦漢。王氣在乎西。自漢末至隋唐。王氣在乎北。自唐中葉而後。王氣始轉而南。至于今日。王氣始盛於南矣。由今論之。黃帝涿鹿之邑。蚩尤阪泉之戰。顓帝都而龍城。舜耕而歷山。夷齊封國於孤竹。並本紀世家。史記。箕子建國朝鮮。漢書地理志。燕尾箕分野也。殷道衰。箕子去之朝鮮。教其民以禮義。田蚕織作。少昊爽鳩氏之邑。有商薄姑

氏之封。皆自東方。同上。齊地虛危之分野也。少昊之世有爽鳩氏。虞夏時有季萴。殷時有逢公柏陵。殷末有薄姑氏。皆爲諸侯國。故吾夫子所謂。道不行於諸夏。乘桴浮于海。此見東隅之美也。東土得運凡千有五百年。而王氣始轉而西。自后稷封斄。斄音台。與郃同。太王邑岐。而周業已興。文王宅豐。武王都鎬。而周業始降。毛詩。秦據咸陽。六國納土。賈生

過秦論。漢都長安。諸豪徙居。高祖紀。帝王於此而肇興。土宇於此而削平。而陝西赫然號爲雄鎮。故賈生著過秦。夸言陝西其險其富之盛。此見西土之強也。本傳。西土得運又千有百年。而王氣始轉而河朔。自西漢宣元以來。匈奴講和。河朔無匹馬之擾。民物蕃息。土地富饒。歷漢至唐。往往爲諸華之甲。中夏有警。西北相埒。而幷冀屢有興王爭伯之資。陝西多有折北不支之患。其間自陝西而併北者三。符秦滅前

燕。後周滅北齊。自河朔而併西者八。光武併赤眉。魏武破馬超。韓遂。劉元海篡西晉。石勒滅前趙。慕容沖逐符堅。元魏滅赫連夏。唐太宗自并州卷甲入關。安祿山自幽州陷長安。於此知西北盛衰之勢。故杜牧罪言。謂山東王不得不王。伯不得不伯。此見此士之盛也。本傳。牧爲罪言。其辭曰。生人常病兵。兵祖於山東。羡於天下。不得山東兵。不可犯山東之地云云。山東。王者不得不可爲王。伯者不得不可爲伯

。猾賊得之。足以致天下不安。河朔得運又九百年而王氣始盡。轉而南。嗚呼。至南而極矣。蓋自安史唱亂。長驅而南。河朔相望。奔爲盜區。魯岐公固守南陽。襄漢以南達于湖廣。賴以保全。張巡許遠固守睢陽。江淮以南極于閩海。咸免寇掠。並本傳。由是東南泰然按堵。縣邑之增不啻三倍。戶口之增不啻十倍。財貨之增不啻數十百倍。而唐卒賴江淮以中興焉。噫。此未足爲盛也。天涵地育。聖作明興。至于本朝

尤盛焉。慶曆中。徂徠所頌者十一人。而東南已居其七。是人才富於昔時也。石介慶曆聖德頌。惟汝仲淹。汝誠予察。仲淹。蘇州人。又曰。日銜汝來。汝予黃髮。杜衍。越州人。又曰。惟修惟靖。立朝讜讜。歐陽脩吉州人。余靖杜州人。又曰。汝得象殊。重謹微密。得象建州人。晏殊撫州人。又曰。襄雖小臣。名聞于徽。蔡襄。興化人。七人之外。有賈昌朝。富弼。韓琦。王素。熙寧中。陳許京東等郡。所漕僅百

餘萬。而東南至六百萬。是財賦衍於昔時也。熙寧八
年。張方平言。今日之勢。固依兵而立。兵以食爲命
。食以漕運爲本。漕運以河渠爲主。國初六浚河渠。
三道通京師。漕運之立。上供年額作河東南諸路。通
之六百萬石。廣濟河京東列郡。通之六十二萬石。惠
民河陳許等郡。通之六十萬石。況夫黃旗紫蓋。運在
東南。三光五嶽。坌集英靈。皇天后土。儲產和氣。
雄吳會駐蹕之都。謁江左衣冠之域。天心之所寵顧。

遺黎之所依歸。豪傑之所降附。其眷眷於東南也厚矣
。是故東南地不宜牧。至我高宗而馬益蕃。繫年錄。
紹興十三年上諭大臣曰。人言南地不宜牧馬。朕昨自
創行。雖所養不多。方二三年已得駒數百。此後不患
不蕃。東南民不能兵。至我高宗而兵可用。繫年錄。
紹興五年。李彌正乞募東南民兵教習。上曰。朕自知
南兵可用。向有五百人皆平江人。在張俊軍中。率先
犯陣。則夫山川之改觀。民俗之變革。物產之轉移。

人才之涵養。不知其幾倍於本朝。又不知其幾倍於唐
也。噫。楚雖三戶。尚可亡秦。漢項羽傳。吳特一隅
。猶伯中國。矧據吳楚之全壤。當東南之王氣。則掃
清河朔。剷平關洛。庶毋負上天眷佑之意云。

卷六

氣節章。四庫本「有如霜降水涸。涯涘乃見。疾風凜
凜。勁草自若。而能挺身不變者。此尤可敬」與「伏
覩建炎之詔」句之間有闕文（九四二—二六〇上下）

。元刊本作「靖康之際。事勢一變矣。太原張述古與
城存亡。頭可斷而腰不可屈。汾州張克戩與城終始。
家可死而朝廷不可負。高宗中興統類。渡江之際。事
勢又再變矣。吳武安責虜以神人憤疾。天地不容之書
。至今讀之。令人毛竦。紹興二年。金賊掃地而來寇
蜀。吳武安公遂爲清野之謀。分屯諸將示以椅盧之勢
。一夕潛遁。撤離喝歸乃服侯善用兵。密退。通書百
端間誘。侯復書云。玠蒙示書。具審雅懷。士各有主

。不容緘默云云。華夷異城。君臣異行。此天下大義。古今通理。夷狄之亂中華。與夫叛臣賊子稱兵北上。率不旋踵夷滅無遺類者。以其悖大義。反常理。神人憤疾。天地不容也云云。玠世爲宋臣。食趙氏之祿。孕子育孫於中原之地。若有二心。天地鬼神實誅之。李顯忠責虜以汝本遠夷。遽墜大信之言。至今聞之猶有生氣。李顯忠縛撒里曷南歸。乃解而放之。於是授之三箭。使折以自誓。公曰。汝國本遠夷。太宗優禮厚幣。講好脩睦。而汝國遽墜大信。猖狂至此。我宋何負焉。今還語而王。歸回二聖。復我疆土。繼好息兵。免南北生靈無罪被殺一也云云。

卷七

氏姓章。四庫本「若是則房多而訛其望」句與「王制不明。私意妄改。其弊一至於此歟」句之間（九四二—二七三下）有闕文。元刊本作「其者夷狄之部而冒中國之族。臣下之卑而同天子之姓。尊卑混淆。貴賤

無別。尤君子所不滿者。知遠之劉出於沙陀部人。能無累於劉累之後。五代漢劉知遠。其先沙陀部人。冒姓劉氏。敬塘之石出於西夷部種。能無累於石蜡之後。此夷狄之僭也。石氏出爲衛大夫石蜡之後。五代史晋紀。石敬塘其父臬棙鷄。本出於西夷。其姓石氏不知得其姓之始也。婁敬以漢帝賜氏爲劉。漢婁敬。勸高祖都關中。後帝賜姓爲劉。安抱玉以唐帝賜姓爲李。此臣下之僭也。李抱玉。本姓安。名重章。天寶末。元宗以其戰河西有功。爲改抱玉。至德二載上言。臣恥與逆臣共宗。詔賜之姓。舉旗以李爲氏姓。嗚呼。」

續集卷一

衛兵下章。自「大夫議郎謁者僕射以文屬。分屬」句以下注闕（九四二—三三八上下）。元刊本其文如下「之後政令不行於其間。而又光祿大夫不在宿直。議郎不與執戟。後志。自五官至羽林凡七署。惟議郎與

光祿大夫同不在直中。餘同後志。惟不在宿直執戟之列。則凡爲禁衛者皆非士人之流。而郎官三省盡爲諸黃門之廬耳。故宦官內典門戶外與政事。竇武說太后曰。故事黃門常侍。但當給事省內典門戶。且令乃使與政事。而任權重。子弟布列。好爲貪暴。及何進誅宦者。太后不聽。曰中官領統禁省。自古及今。漢家故事。我柰何禁之與士人共對事乎。則知士人不爲郎中久矣。後盡除宦者。選三署郎入守宦官之廬。即此

可見。何進傳。推原其故。皆光武不任三公。多置黃門。光武不用三公。事歸甚閣。後官少府屬多置黃門。其流禍至是也。唐制有八衛。各分左右。自左右以至千牛。皆典扈從。是故宮禁宿衛是統是司。內廂儀仗是臨是職者。左右衛也。皇城四面。宮城內外諸門。置兵分助其役者。驍衛也。正衙朝會。鸞鎧旅卒。兩廂列仗。唱警應蹕。而武衛之職舉焉。正殿之前。隊立于階。長樂永安隊列于廡。而威衛之職專焉。皇城之四面。宮苑之城門。則職于領軍。京城烽堠之宜。南衛番上之數。則職于金吾。禁衛名籍。器仗出入。則職于監門。供御兵仗。宿衛弓箭。則職于千牛。綱舉目張。惟唐爲詳焉。此唐人十六衛之制也。唐百官志。有八衛。各分左右。曰左右衛。曰驍衛。曰武衛。曰威衛。曰領軍。曰金吾。曰監門。曰千牛。共十六衛。每位有上將軍。有大將軍。有將軍。自左右衛至領軍。並掌宮禁宿衛。金吾掌宮中京城警。監門掌諸門禁衛。千牛掌侍衛。凡五府。外府之番上者十

二衛。受其名簿而配以職。除監門千牛。凡左右四衛不須故。但十二衛五府謂親勳羽三衛外府。折衝府也。五府。惟左右衛兼領之餘。但翊衛二府而已。餘見杜牧原十六衛。

又其後形勢章。四庫本「此知兵之言也。故曰守江陵如守蜀」句與「夫長江可以固吾國也」句之間(九四二—三四二上)有闕文。元刊本其文如下

恭惟我高宗皇帝。紹開中興。或攻或守。莫不由此。韓公世忠以六萬駐山陽。如老熊之當道。既收效於大儀。復決勝於高郵。乘機至徐之駕口者。皆淮東之戰也。以建康鎮江淮東宣撫使駐鎮江。是歲。兀朮合三路兵入寇。騎兵自泗取揚。步兵自楚取高郵。王自鎮江濟師。以前軍統制解元守高郵候虜步兵。而王親提騎直往大儀。以當淮泗之寇。至大儀。勒精兵爲五陣。設伏二十餘處。戒圖嚴鼓之節。則次第起擊。兀朮

厲兵秣馬。直起江口。至大儀五里所。王縱虜騎過吾軍之東。直北符小麾鼓一鳴。伏者四起。虜全裝陷。徐綽弓刀無所施。王東西麾勁騎。四面蹂之。虜大半乞降。解元至高郵。虜設水軍夾河而陣。虜整隊迭出。一日之間力戰十三。相拒未退。王遣成閔援之。閔與元軍合大戰。俘生女真及千户張等。虜敗去。餘並見事實本傳。劉猊以十萬犯順。張公俊力主必戰之軍。楊公行中遂大捷於藕溏。而逆虜狠狽不動者。皆淮西之戰也。劉猊挾虜來寇。已渡淮涉南壽春區合肥。朝議欲退師保江。公奏俊等渡江則無淮南。而長江之險與虜共矣。淮南之屯正所以屏蔽大江。若叛賊得據淮西。因糧就運以爲家計。江南其可保乎。楊行中以十月四日抵操州。劉猊分兵來攻。行中是月十日大破猊於藕溏。事實。則以戰守淮。非中興之成策乎。富平失利。吳公玠以孤軍守和尚原。虜酋黠桀。每進必敗。今年敗之於饒峰。明年敗之於仙人。以至順之取

。三路之復。皆隴蜀之守也。侯與曲端起兵涇源。招流民潰卒。捍禦金賊。師次富平。都統制會諸將議戰。侯曰。兵以利動。今地勢不利。將何以戰。宜徙據高阜。制賊馬衝突。諸將不聽。既而賊驟至。王師大潰。五路悉陷。侯獨整衆保和尚原。明年金國皇姪設立郎君率兵犯原上。侯擊破之。紹興三年春。撒離喝與四太子哀兵三十萬。自商於出漢陰擣梁注。金州失守。侯急率麾下騎兵倍道疾馳。晝夜數百里。急調兵

利閬。徑趨金洋治饒風嶺寨棚。方據要險。而賊已麾中軍急上。遂大戰饒風嶺上凡六晝夜。賊皆敗衄。紹興四年春。賊復大入。召諸路簽軍列屯寶鷄。綿亘數百里。進攻鐵山。鑿崖開道。於仙人關高嶺上。立大棚。下瞰侯營。循嶺東下直交侯軍。侯遣五將分更劫寨。日夜數十合。金人困憊。死傷以萬計。即斂兵宵遁。事實。則以守。守蜀非中興之妙筭乎。荆鄂守於內。襄陽戰于外。一出唐蔡。再出商洛。河南爲之震恐者。又非中興戰守荆襄之明驗乎。紹興三十一年九

月。言者謂攻守並用。軍之善謀也。今劉琦守維陽。則分萬人自禁泗入山東。成閔。吳拱在荊襄。則分萬人自襄漢入京西云云。初宣諭使汪徹道出九道。自鄂諸至襄陽撫諸軍。議者欲置襄陽而併力守荊南。徹奏襄陽重地。爲荊襄門户。不可棄也。至是秋高徹還鄂。以調兵食。成閔遣統制官召樽以四千人守德安府。樽乘虛擣蔡入其城。斬虜酋陽萬户衆皆遁去。餘並見

中興統類。

民兵章。四庫本「蓋邊兵居沙磧之地。苦寒好勇。自古禦寇卻敵非此不可」句（九四二—三五五下）。元刊本「邊兵」作「戎狄」。「敵」作「胡」。

卷二

舟師章。四庫本「豈非自用所長而不陷其所短耶。」句（九四二—三六八下）以下有闕文。元刊本其文如下。

蓋自六飛南渡駐蹕吳。會士卒服習。隨用隨效。又非國初比也。方逆虜有維楊之役。彼謂鼓行而前無足畏也。而風潮效靈。一隅千里。我是以有海道之安。見中興治跡統類。方逆虜有儀真之役。彼謂南北夾軍。可以利涉也。而提艦接戰。鼓枻若神。我是以有黃天蕩之捷。高宗朝。兀朮入寇。世忠以舟師赴難。兀朮聞世忠在京口。勒二十萬騎北還。世忠遂提兵截大江以邀之。兀朮遣使通問。世忠亦遣使報之。約日會戰

數十百合。虜終不得渡。虜乃益兵儀真。勢接建康。
兀朮軍其南。撻辣軍其北。世忠提海艦中流。南北接
戰。相持黄天蕩四十八日。虜自知力憊。舟師中流鼓
栧若神。生路乘絕。乃一夕潛鑿小河而逃。方逆虜有
江上之役。彼謂投鞭於江可以斷流也。而千艘一炬。
虜酋授首。我是以有江海之勝。逆虜犯順。至楊林瞰
江。恃軍以爲師可渡也。李顯忠措置依山列馬步軍。
五分戈船。以其二泊於東西岸。其一泊中流。藏其三
於蘆州港中。頃之。咸麾戰艦渡江。呼聲震天地。賊
且及岸。虜漸登陸。遣張俊。王琪盛。新載阜。張振
。張榮道擊之。及速遣戈船併進。以神臂克敵弓射之
。賊船退道間者。巷中所匿戈船出斷其後。奪賊船二
千餘艘。繼之輕舸。縱火焚其戰舡。火光蔽天。煙焰
徹天。逆虜受首以敗。則東南長技之明驗可見矣。今
以江爲門戶。以淮爲藩籬。當以中興論。不當以國初
論也。江漢一詩。愚請泚筆以頌。

卷五

鬻爵章。四庫本「夫何文帝從晁錯備邊之言。令民納
粟以拜爵」句與「景帝之世。上郡之旱而復脩賣爵之
令」句之間有闕文(九四二—四一一上)。元刊本作
「帝雖以爲權時之宜。而不知作俑於後世也。故」
宰相下章。四庫本「三十餘年絕無邊塵之警」句上有
闕文(九四二—四二三上)。元刊本作「虜酋授首。
隻輪不返。至使」

卷八

祿秩上。四庫本「丞相司直」之前有闕文(九四二—
四六九上)。元刊本其文如下
二千石
太子太傅　太子少傅　將作大匠　大長秋典屬國　長
樂少府　建平四年四太后各置少府皆中二千石。長信
少府　水衡都尉　以上並表。
考異。按表以上並二千石。及考荀悅漢紀。太傅以下

比二千石。未知熟當。以俟考訂。

京輔都尉 左輔都尉 右輔都尉 以上元帝增秩。司隸校尉 按荀悅漢紀。校尉並比二千石。未比孰是。

城門校尉 八校尉 郡太守 按漢制增秩者中二千石。元年建昭 年益三河太守秩。長信中太僕 並表。

諸侯太傅 諸侯御史大夫 後志。漢初皆秩二千石。

諸侯中尉 哀帝曰。傅相中尉皆國二千石。中少府 師州傳。左曹右曹 大郡都尉 元記。州牧 朱博傳

。又曰秩真二千石。長陵令 呂后六年秩長陵令二千石。大內 史記孝景本紀。上大夫 文帝費新平至上大夫。鄧通韓嫣爲上大夫。

東萊曰。上大夫。官名。百官表不載。按韓安國傳壺。遂官至詹事。史記叙傳稱爲上大夫。然則上大夫蓋指九卿二千石之類也。予按周官有中大夫而亡上大夫。記曰。上大夫卿即上大夫。乃卿也。中大夫。亞卿也。有卿而又有上大夫。則贅矣。或者史家之飾文。非官秩也。王莽改秩二千石爲上大夫。何算焉。

比二千石。

卷九

久任章。四庫本「有治并州十六年」句以下注闕（九四二—四八七下至四八八上）。元刊本其文如下。

具爲績效。班班可考。然則久任之制誠今古不易之良法矣。祖宗朝大而在中書者二十年。呂夷簡。微而典作坊者八年。魏正。三司數易。司馬公憂之。嘉祐七

年司馬光疏。內任數易。上官均憂之。哲宗朝上官均疏云云。云爲吏部者必滅裂於條令。爲户部者必滅裂於國計云云。藩郡之於民事必類。皆苟簡而不爲三年之計。是雖有苟簡滅裂之虞。而未始有送往迎來之擾也。至於監司守令。誠不可不重其任矣。祖宗朝知秦州者。六年不遷。宋璟。宰相盧者。七年不遷。刁術。故六年而易轉運使十六人。王舉正以爲憂。仁宗朝。二年而換知州七人。范鎮亦拳拳有言焉。仁宗朝。

是雖有移易送迎之擾。而非邊鄙利害之所繫也。至於沿邊守帥。尤不可不重其任者。昔我藝祖留心邊任。李漢超守關南。十七年。郭進控西山。二十年。賀惟忠守易州。十餘年。李謙溥守隰州。十年。姚內斌守慶州。十餘年。董遵誨屯環州。十四年。遠或三年。近猶八九年。假之事權。略其細故。不爲間言輕有移易。張方平疏云云。遠或二十年。近猶八九年。假之事權。略其細故。不爲間言輕有移易。其予之也豐。

則得以養武士。行間諜。而蕃夷情狀久而無不知之。東平西定。各得所欲。非此之由乎。若夫武臣指邊郡爲發身之地。地形山川未及知。軍員士伍未及識。吏民士俗未及諳。已復去矣。此張公方平所以深議於慶曆也。慶曆八年。張方平上疏云云。武臣指邊郡。謂之邊任。借之爲發身之地。歷邊任者。曾無寸勞薄效。不數年徑至橫行。而又移換易改。地形山川未及知。軍員士伍未。

玉海二〇〇卷

宋王應麟撰

以元後至元六年慶元路儒學刊明正德嘉靖萬曆間遞修本校補

卷十五

紹興海道圖

四庫本「然敵舟從大海北來」句（九四三—三七六下）。元刊本「敵」作「虜」。

嘉祐契丹地圖

文中四庫本「北」字（九四三—三八六下）。元刊本皆作「虜」。

熙寧北道刊誤志

四庫本文中凡「敵」字（九四三—三八六下）。元刊本皆作「虜」。又「遼人」元刊本作「虜人」。

淳熙北邊備對

四庫本「北方」（九四三—三八七上）元刊本作「北

虜」。

卷二十

周百縣章

四庫本「周官有在鄉之縣。有在遂之縣。有閒田之縣」(九四三—五〇九下)。元刊本作「周官有在鄉之縣。有在遂之縣。有采色之縣。有閒田之縣」

卷二十五

三國六朝攻守要論

四庫本「何繼筠鎮棣州以距契丹」(九四三—六三六下)。元刊本「契丹」作「北虜」

卷三十三

唐太宗飛白詔

四庫本「劉邵飛白書勢」(九四三—七六七上)。元刊本作「劉邵飛白書勢曰。素幹冰鮮蘭墨電掣。直准箭馳。屈擬蠖螯」。

卷四十七

四庫本「慶元續後漢書」條(九四四—二八〇下)與「編年」條(九四四—二八一上)間。元刊本多「建隆編」「三朝北盟集編」二條文字如下

建隆編

陳傅良摭太祖政事。起建隆迄開寶。書其綱要。又考累朝沿革得失疏于下。凡以表見立國之初意。以建隆命編。蓋繫之始年也。

三朝北盟集編

徐夢莘收羅野史及他文書多至二百餘家。爲編年之體。會粹成書。傳聞異辭者又從而訂正之。號三朝北盟集編。自政和七年海上之盟迄逆亮之斃。上下四十五載。具列事實制敕詔誥國書奏疏記序碑誌之文。成二百五十卷。又綱目一冊。慶元二年。下臨江軍鈔錄以進。十一月。除直祕閣。後又得未見之書。再編集補三帙。

汪藻金人背盟錄七卷

卷五十六

四庫本卷末末錄「百忍圖」一文（九四四—五〇四上）。元刊本其文如下

忍。元亨利君子貞。初吝終吉。傳曰。忍。剛中而柔。制乎外。治氣養心。君子之吉。彊力忍垢實左右。商王伊尹以之。必有忍乃其有濟。君陳以之。能忍恥者安。能忍辱者存。忍之時義大矣哉。測曰。心上有刃忍。君子以順德容物。初一。罵汝毋嘆。唾汝毋乾

。艱貞吉。測曰。毋歎毋乾。忍艱難也。次二忍辱。至三公。无咎。測曰。先辱後榮。量有容也。次三小不忍亂大謀。有悔。測曰。小不能忍必敗謀也。次四剛而忍。胥利用入郢。測曰。剛能堅忍能乃成也。次五詘一人之下。信萬乘之上。王用亨于漢中。測曰。以詘求信。忍有功也。上六勝不如忍有善。无吉。測曰。忍終則喜慶大來也。

質曰。忍久德其至乎。樂天知命忍之原也。懲忿窒慾忍之方也。天爲剛德猶不干時。天且忍而況人乎。川澤納汙。山藪藏疾。地猶忍而況人乎。尺蠖之屈。龍蛇之蟄。物皆忍而況人乎。不爲已甚。犯而不校。聖賢之忍也。執雌持下。柔弱受垢。老氏之忍也。無諍三昧。面壁九年。釋氏之忍也。天子不可不忍。武王之銘曰。少間弗忍。終身之羞。諸侯不可不忍。詩刺鄭莊公。小不忍致大亂。卿大夫不可不忍。傳謂魯以相忍爲國士。庶人不可不忍。白圭之治生以薄飲食。

忍嗜欲。節衣服。仁者其言也訒。訒。忍也。言可不忍乎。動心忍性。增益所不能。性可不忍乎。羑里陳蔡。忍不可忍之患難。簞瓢縕袍。忍不可忍之困窮。其守節也。忍餓於首陽。忍竭於盜泉。其篤學也。忍寒於映雪。忍痛於焠掌。險阻艱難。晉侯忍以定霸。臥薪嘗膽。越子忍以復讎。子房忍取履。淮陰忍跨下而爲人傑。丙吉忍汙茵。師德忍唾面而爲長者。裴度則忍事。陸遜則忍辱。趙襄子范睢則忍詬對敵。能忍

者勝。一慚不忍者終身慚。不善加己。直爲受之。張霸之忍也。終身讓路。不枉百步。崇仁軌之忍也。忍於怨。若藺相如寇恂忍於誣。若直不疑。卓茂劉寬不耐煩者。嵇康所以逢咎耐辱者。司空圖所以避禍。司馬子長以隱忍成書。謝安石以忍須臾成名。自反而縮。勇而忍也。不報無道。強而忍也。忍謗以無辨。忍侮以自省。忍笑於口。忍愧于顏。苦言忍而受。交友忍而久。如金忍于百鍊。如松柏忍于霜雪。夫一忍可

以支百勇。故肥家以忍順。養生以忍默。忍過事堪喜。忍事敵災星。古之人忍恥於三比。忍慍於三已。於佩韋。忍於吸醯。彼鄉原之合汙。非忍也。長樂老之癡頑。非忍也。挾輈不能忍爭。拂衣不能忍怒。倒執手板不能忍懼。吁。艱哉。忍者仁之端也。忍然後有不忍之心。其流於殘忍者。爲佳兵。爲峭法。爲終訟。爲鬥狠。一朝之忿。忘身及親。莫大之惡成於斯。須不忍可不戒歟。不忍小忿。富辰諫周輕不忍久。司

馬譏吳。故曰。萬事之中。忍字爲上。忍之一字。衆妙之門。忍之少時。福祿無期。又曰。習忍可以至容。知此者其張公藝乎。書忍字至百餘焉。家親而天下疏。忍於外易。忍於內難。公藝處家之心。推之治天下。裕如也。」深寧叟述

卷一百八

漢碭極樂條

四庫本末句爲「碭極樂名」（九四五—八三二下）。

元刊本其下尚有「師古曰。巴俞。賨人也。勁銳善舞。本從高祖定三秦有功。高祖喜觀其舞。因令樂人習之。故有巴俞之樂。」

唐驃國樂條

四庫本「大抵皆外國之器」句（九四五—八三五下）。元刊本「外國」作「夷狄」。

卷一百十

景德巢笙和笙條之後四庫本有缺文（九四五—八九六

）。元刊本其文如下

說文　笙。正月之音。物生。故謂之笙。　王廙笙賦曰。不周之竹。曾城之匏。　潘岳賦曰。惟簧能研群聲之清。惟笙能揔衆清之林。河汾有曲沃之垂匏。鄒魯有汶陽之孤篠。基黃鍾以舉韻。望鳳儀以擢形。寫皇翼以插羽。摹鸞音以厲聲。大不踰宮。細不過羽。唱發章夏。導揚韶武。」

卷一百十二

選舉志

四庫本「直講四人」與「武德初以國子監爲國子學」句之間有脫文（九四六—三四上）。元刊本作「龍朔二年。東都置國子監。經有大小中。習業有歲限。每歲仲冬舉其成者送尚書省。明年以書學隸蘭臺。筭學隸秘閣。律學隸詳刑。」

卷一百十三

周入學舍采章

四庫本「夏小正曰。丁亥萬用入學」句下有脫文（九四六—六〇下）。元刊本作「夏小正曰。丁亥萬用入學。天子乃帥三公九卿諸侯大夫親往視之」。又其後釋奠「適東序釋奠於先老」句下無疏文（同上）。元刊本作「疏。釋奠無尸者。主於行禮。非報功也。立學爲重。故及先聖。常奠爲輕。故惟祭先師。四時釋奠不及先聖」。

卷一百三十五

乾道定十三戰功章

四庫本自「張俊明州」條以下至「紹興六年十月楊沂中敗僞齊于藕塘」條（九四六—五七四上至五七六下）。除「金亮」「金主」元刊本並作「逆亮」。「金人」作「金虜」外。其餘凡「金」「敵」字元刊本皆作「虜」。

卷一百三十九

慶曆兵錄　贍邊錄　嘉祐兵數章

元豐五年六月上謂輔臣條。四庫本末句爲「或更戍他郡不徙。以逸民力也」（九四六—六七三下）。元刊本其下尚有一段如下

或更戍他郡。不但以逸民力也。所以勞苦其身。使習於南北風土之異。而不得坐食於本營三司禁旅。就糧州郡。亦不得常坐食於京師。自列郡各置禁軍。於是嚴差出占破之令。而壯城作院各置指揮。由是在京禁旅無就糧者。而廂軍亦升禁軍。不復戍役矣。太祖親製軍政以遺後世。如南北倉請糧之制。習其筋力以戒

其驕惰。自押官以上。各以階級相承。三路更戍之法。得古人維持萬世之意。若近而遠。迂而直。必涉於艱危變故。然後知其不可及。甘陵之亂。獨河東戍兵閉營格鬥。終不少屈。賊內有腹背憂。天誅亟決。元豐間。頒團結之法。欲兵食其地。習其將。於是始變更戍之制。自置將官。常在本營。不復分番屯札駐泊。飽食安坐。養成驕惰之性。

卷一百四十六

周戎路章

四庫本「春官。巾車。王之五路……注。即戎謂兵事」條以下少錄詩一則（九四六—七八四下）。元刊本作「詩采芑。方叔率止。四騏翼翼。路車有奭。箋。率者。率此戎車士卒而行也。六月。戎車既飭。箋。革路之等。其等有五。元戎十乘。以先啓行。戎車既安。如輊如軒。元。天也。夏后氏曰。鉤車。先正也。殷曰寅車。先衰也。周曰元戎。先良也。肇前曰啓

。後曰殿。元戎十乘。以先軍行之。前者所謂選鋒也。輊。車之覆而前也。軒。車之卻而後也。戎車既安正矣。從後視。視之如軒。是適調也。元戎甲士三人同載。左持弓。右持矛。中御戈殳戟。殳插於輢。上建鳥章。畫急疾之鳥。張逸云隼是也。白旆繼旐者。謂絳白緇通帛爲旆。亦是絳也。此旗而言。旐者散則通名。

卷一百四十七

紹興海鰍船章

四庫本文中「金人」（九四六—八〇六上）。元刊本作「金虜」。其餘「敵」字元刊本皆作「虜」。

四庫本「扼敵國之襟喉」句（九四七—五〇五上）。元刊本「敵國」作「夷虜」。

卷一百七十六

至道開公田章

四庫本「呂景初傳遷右司諫安撫河北。還奏比部員外郎鄭平占籍眞。然嘉祐中薛向孫琳始議方田」句中有脫文（九四七—五四五下）。元刊本作「呂景初傳遷右司諫右司諫安撫河北還奏比部員外郎鄭平占籍眞定。有田七百餘頃。因請均其徭役。著限田令。 志天下墾田。景德中。丁謂著會討錄。總一百八十六萬餘頃。以是歲七百二十二萬餘戶計之。是四戶耕一頃。知隱田多矣。川峽廣南之田。頃畝不備。第以五賦約之。天聖中。國史志云。開寶末。墾田二百九十五萬餘頃。至道二年。三百十二萬餘頃。天禧五年。五百二十四萬餘頃。而開寶之數乃已倍於景德。謂所錄固未得實。皇祐治平中。皆有會計錄。皇祐中。二百二十八萬餘頃。治平中。四百四十萬餘頃。相去不及二十年而數增倍。以治平數視天禧猶不及。而叙治平錄者。謂此特計賦租以知頃畝之數。而賦租所不加者十居其七。率而計之。天下墾田無慮三千餘萬頃矣。

祖宗重擾民。未嘗窮按。故莫得其實。治平中。廢田見於籍者猶四十八萬餘頃云。皇祐中。墾田視景德增四十一萬七千餘頃。歲入九穀。迺減七十一萬八千餘石。田賦不均。其弊如此。 乾興初。始立限田法。形勢戶敢挾他戶田者聽人告。予所挾田三之一。 錢彥遠傳 國家戶七百三十餘萬。而定墾田二百一十五萬餘頃。其間逃廢之田不下三十餘萬頃。

蘇轍曰。丁謂之記景德。田況之記皇祐。皆以均稅言

。然嘉祐中。薛向孫琳始議方田。

卷二百八十一

漢鹽鐵論章

四庫本「不知嫁穡可以富國也」句（九四七—六四七下）。元刊本句下尚有小注作「董仲舒曰。今鹽鐵之利二十倍於古。人必病之。卜式爲御史大夫。見郡國作鹽鐵器苦惡價貴。或強令民買之。乃今孔僅言船筭事。上不說。是時議未興也。」

唐鹽池鹽法章

四庫本「劉晏正鹽官法以裨用」句以下有闕文（九四七—六五一上）。元刊本作

劉晏正鹽官法以裨用度　班宏以竇參欺己。稍不合揚子院鹽鐵轉運之委藏也。參議所代。宏不可。程昇爲揚子院留後。韓自知揚子留後　崔造爲相。以戶侍元琇判鹽鐵諸道有鹽鐵處仍置院。歲盡宰相計殿最以聞。正元二年。元琇以京師錢重物輕。發江東鹽監院錢四十萬緡入關　顏眞卿爲河北招討使。時軍費困竭。李萼勸收景城鹽。使諸郡相輸。用度遂不乏。第五琦得其法以行。軍用饒雄。盧坦治東川　蠲山澤鹽井。榷率之籍。杜中立。宣宗出爲義武節度。舊徭車三千乘。歲輓鹽海瀕。民苦之。中立置飛雪將數百人。具舟以載。民不勞而軍食足。盧商刺蘇州計口售鹽無常額。人便之。鄭畋僖宗時。請以嶺南鹽鐵使委廣州節度韋荷。歲煮海取鹽直四十萬緡。市虔吉米以贍

安南。大曆中。榷鹽使錢義方撰鹽宗神祠記云。若陰陽調和。鬼神驅造。不勞人而擅利。與鑿泉煮海。不相爲謀。崔倕以侍御史幹池鹽于蒲。脩牢益謹衡石煎和。既精飴散乃盈。百官志　諸鹽池監一人掌鹽功簿帳。

唐鹽池有六。一在幽朔。二在河東。一在鹽州。一在解梁。皆河勢屈曲。回抱而中有鹽泉。蓋水性至曲而折。鹹性至折而聚。積千里之潤。伏脈地中。聚而作

鹹。小池謂之女池。開元中。置女鹽監。後以水淡遂廢。梁肅鹽池記黃河自崑崙山。東會溟漲。九折迴互。鹽泉各一。郇瑕氏之池。瀆流其長。北浴陵阜。南瀕山麓。蒸騰雲霓。出入日月。武后省方。流潦旋敗。皇明天啓。鹽乃旋復廣岸砥平。脩畦綺分。浚白波騰。或滀或汩。狀雲洩而雨駭。或花明而雪凝。京坻蘊崇。豆區嘉量。隸戶征筭。鹽人揭書。雷軿雲艫。登陸騾水。代增淳鹵。利倍農穡。

唐鹽池使　晉司鹽都尉

會要　景雲四年三月。蒲州刺史充關內鹽池使。先天一年九月。豳州刺史強循充鹽池使即鹽州池。開元十五年五月。朔方節度蕭嵩加關內鹽池使。李涵爲關內鹽池判官。元和中。置河北榷鹽使。安邑解縣榷鹽使一員。司空輿韓約。晉傳　杜預拜度支尚書。較鹽運制課調。王允之除錢唐令領司鹽都尉。

卷一百八十八

淮南浙西江東西制置使告契丹諸國及中原檄

四庫本「我軍過之若駭鯨之決細網。奔兕之觸魯縞。未足以喻其易」與「士百其勇。人一其心」兩句之間有缺文（九四七—七九〇下）。元刊本作「秦人之鹿掎角以攻。常山之蛇首尾相應」。

卷一百九十三上

瀛州防禦使何繼筠彰德軍節度使韓重贇破契丹章

四庫本「契丹」（九四〇—一〇一上）元刊本皆作「

北虜」。「敵」皆作「虜」。

太平興國親征幽州。太平興國親征契丹。給事中知代州破契丹諸文。四庫本「敵」字（九四八—一〇四下至一〇五下）元刊本皆作「虜」。

景德親征章

四庫本「自是遼主與母并統軍之兵……嵓嵐軍賈宗奏敵數萬來寇……北面言敵主與母率衆至唐河……緣胡盧河西而東下……威敵嵓嵐軍保州莫州北平寨……北

面上言敵聚急攻瀛州……其爲城兵所殺者三萬餘人」（九四八—一〇七上）。元刊本作「自是虜主與母幷統軍之兵……旹嵐軍賈宗奏虜數萬來寇……北面言虜主與母率衆至唐河……緣胡盧河西而虜下……威虜旹嵐軍保州莫州北平寨……北面上言虜衆急攻瀛州……虜爲城兵所殺者三萬餘人」。又後文「敵人雖有善意……言契丹過天雄……敵騎止而不進……有敵帥異其旗幟出行軍……敵師悉遯……及是朔人喪氣。敵騎漸北」（九四八—一〇七下）。元刊本作「戎人雖有善意……言戎寇過天雄……戎騎止而不進……有戎帥異其旗幟出行軍……戎師悉遯……及是戎人喪氣。胡騎漸北」。又其後四庫本「契丹各團結北去……時國主暗弱」（九四八—一〇八上）。元刊本作「戎人各團結北去……時虜主暗弱」。又「契丹舉國入寇……南北敵遣使致書乞和……敵人雖有善意……李繼隆奏契丹入平瀘州……敵師悉遁……契丹請和」（九四八—一〇八下）。元刊本作「犬戎舉國入寇……南北戎遣使致書乞和……戎人雖有善意……李繼隆奏戎寇入平瀘州……戎師悉遁……北戎請和」。

江西制置使岳飛復襄陽章

四庫本「於是劉豫求救於金。金齊之兵俱來」句（九四八—一一四上下）。元刊本作「於是劉豫求救於虜。虜僞之兵俱來」。

四川宣撫副使兼陝西河東招撫司隨軍轉運誅吳曦章

四庫本文中之「金國」（九四八—一一五上）元刊本皆作「金虜」。

卷一百九十三下

四庫本於「叙兵勢」章之前有脫文（九四八—一一八上）。元刊本其文如下

夷狄

控弦玉塞。躍馬金山。候滿月而窺兵。乘折膠而縱鏑胡旌飈月。朔馬騰風。隼質難羈。狼心自野。假

豹姿於羊質。騁狼性於梟心。　苗氏弗懷。首罹虞竄
。質支自立。終伏漢誅。犯順者無赦於國章。除殘者
罔限於夷服。　敢包狼心。竊發蠆毒。　狼心忘恩。
鴟義竊發。　螘聚實繁。豺牙益厲。　羌髳佐周。貉
燕助漢。　二三其德。大棄齊盟。千萬爲徒。長驅醜
類。　益縱癸辛之惡。來窺戊巳之屯。　陰蓄豕心。
潛搖蠆尾。詐搖尾以乞憐。欲磨牙而恣螫。　不爲牽
羊御璧之恩。尙作走雉竄蒿之計。　地接犴貙。文漫

勞於諭蜀。性同盤瓠。聲肯變於吠堯。　獸窮搏人。
鹿急走險。鳩集餘衆。蟻結凶徒。　收合餘燼。包藏
禍心。外雖效於牽羊。內實懷於首鼠。　兎伏鳥飛。
狼心梟響。蠡賊內訌。蛇豕荐食。　鳥飛獸走。草轉
水移。　虜馬飲江。已兆佛貍之死。秦兵出項。難逃
淝水之誅。　俄聞蠭蝟之來。敢肆犬羊之侮。　惟犬
羊貪得之愚。搖蜂蠆自防之毒。　爰驅烏合之師。力
抗鷹揚之旅。　匪疚匪棘。乍叛乍臣。　緣蟻聚之未

鋤。致狼心之弗譓。失蕃臣恭順之禮。背王朝怙冒之
恩。　兵出無名。師曲爲老。　振鴞響而挺炎。恣狼
心而逞暴。　漢過不先。楚氛甚惡。　凡爾武夫之腹
心。莫得月氏之要領。庶邦憤積。稽其六月之師。逋
寇禍盈。窮此百年之運。　豈期投筆以臨江。妄意揮
戈而卻日。　生戴斗之鄉。居寒露之野。　投鞭長江
。窺鼎上國。　兎伏鳥飛。狼心梟響。　天驕日逐。
蒲海藁街。　玁狁匪茹。大邦爲讎。　脩戎矛與偕行

。望烽燧不得臥。　留犂結好。甌脫游魂。　惟聖主
以息民爲念。常徧覆包含而無所殊。故黠羌有輕我之
心。謂廣大繁昌而莫己若。　畎澮下流。不朝于海。
根荄弱植。自絕于天。　方當破竹。猶繫苞桑。　相
鼠無牙。安能穿屋。羝羊羸角。徒欲觸藩。　暫假游
氣。尙稽靈誅。　未終瘈狗之狂。已觸駭鯨之勢。
勢將異於連鷄。鬥尙同於困獸。釁起射天。妖凝鬥日
。

叙兵勢章

四庫本「山川積雨。盡消敵騎之塵」句（九四八—一一八上）。元刊本「敵騎」作「胡騎」。又其後「太白入月。星垂滅敵之祥……高鋒彗雲。士倍禽王之氣」句（九四八—一一八下）元刊本「敵」作「狄」。「王」作「胡」。又「朔兵雲合。得以毒攻毒之機」句（同上）。元刊本「朔」作「胡」。「毒」並作「狄」。又「痛飲黃龍。濟師蒼兕」句。元刊本「痛飲」作「攘狄」。

叙克捷章

四庫本「節解懷破竹之憂」句（九四八—一一九下）。元刊本「節解」作「胡危」。又其後「過大峴不出。知燕兵之無足憂」句（九四八—一二〇上）。元刊本「兵」作「虜」。又「出奇謀於堂上。視大敵於目中」句。（同上）。元刊本「大敵」作「醜虜」。「兵行如鬼將通於神」句（同上）。元刊本「兵」作「胡」。又其後「受堂上之奇謀。制目中之醜類」句（九四八—一二〇下）。元刊本「醜類」作「醜虜」。又「閏運百年。天聲萬里」句（同上）。元刊本「閏運」作「虜運」。

歸美章

四庫本「用瀛漠爲四守。統華夏爲一家」（九四八—一二三上）。元刊本「瀛漠」作「夷狄」

卷二百三

起聯用事章

四庫本「世宗遵而伐敵」句（九四八—一二三上）。元刊本作「世宗遵而伐虜」

小學紺珠一〇卷

宋王應麟撰

以元後至元刊本校補

卷四

大經中經小經條

四庫本於本條下（九四八—四五二下）。元刊本多「八圖」。「文章三易」。「文有二道」。「三多」。「辭賦十家」。「八詩」等六條。全文如下

八圖

太極　三才正性　天文　地理　王伯學術　九流學術

帝王紹運　百官文武　黃忠文公裳爲翊善作八圖獻。

文章三易

易見事　易識字　易讀誦　顏氏家訓。沈約曰。文章當從三易。

文有二道

著述　出於書之謨訓。易之象。係春秋之筆削。比興出於虞夏之詠歌。殷周之風雅。

三多

看讀多　持論多　著述多　楊文。莊公言學者當取三多。三多之中。持論尤難。

辭賦十家

荀卿　宋玉　枚乘兔園　相如上林　賈誼鵩鳥　子淵洞簫　孟堅兩都　張衡二京　子雲甘泉　延壽靈光文心雕龍。凡此十家。辭賦之英雄。

八詩

天成　玄澤　維南有山　楊之華　二月　英英有蘭和風　嘉木　唐玄宗時宰相蕭嵩會百官。賦詩八篇雅頌體。

六帖補二〇卷

宋楊伯嵒撰

以清康雍間傳鈔宋淳祐四年衢州儒學本校補

卷九

園囿章。四庫本輞川別墅條（九四八—七七七上）後少錄一則。清傳鈔本作「處士墅　溫造字簡輿。性嗜書。然盛氣。少所降屈不喜爲吏。隱王屋山。人處其居曰處士墅。」

卷十三

性不好章。四庫本言談不嘗及老莊條（九四八—八〇〇上）後少錄一章。清傳鈔本作

不藏書

家無卷軸　沈不害字孝和。雖博宗經典而家無卷軸。每製文。摻筆立就。曾無尋檢。周弘正常時稱之曰。沈先生可謂意聖人乎。

卷二十

伶樂章。四庫本琵琶槽條「匠料之徵」句（九四八—八三二下）後有闕文。清傳鈔本作「失厚薄不中。一鴿少其翼。公以形全者進於其上。」又此條後闕一則。清傳鈔本作「長離　諸山記仙樂。謝英妃撫長離。即大箏也。」

排韻增廣事類氏族大全二二卷

元不著撰人

以元建陽書坊刊本校補

卷七

金帶之寵條

四庫本「羅彧。宋景德中扈駕親征至澶淵……上遣彧使金。賜以錦衣金帶及錦旗」句（九五二—二三三上）。「使金」元刊本作「使虜」。

卷十一

五世封忠條

四庫本「五世封忠」條（九五二—三三一上下）。元刊本作「知遇」條。全文如下

知遇

劉季孫字景文。監饒州酒務。時荆公爲江東提刑。按酒務至廳事。見屏間小詩云。呢喃燕子語梁間。底事來驚夢裡閑。說與傍人應不解。杖黎攜酒看芝山。即不問務事。升車而去。差掛學事。由此知名。後知隰州卒。家無餘財。但有書三萬軸。畫數百幅而已。六客詞。

喻林一二〇卷

明徐元太撰

以明萬曆四十三年宣城徐氏重刊本校補

卷四十六

生促章

四庫本「采采榮木。結根于茲」條之後少錄一則（九五八—六六〇上）。明刊本作「悲晨曦之易夕。感人生之長勤。陶靖節集賦。」

卷五十七

不量章

四庫本「竟以淺深」條有闕文（九五八—八〇四下）。明刊本其全文如下

竟以淺深較其優劣。亦猶蟻蛭之小比峻於嵩華。牛涔之微爭長於江漢。法苑珠林序。

卷六十一

敬畏章

太玄經第三應條上四庫本注闕（九五九—二〇下）。明刊本作「次五」。

卷七十四

審任章

墨子親士條。四庫本「是故不勝其任而處其錄。此非祿之主也」句有脫文（九五九—一八九上）。明刊本作「是故不勝其任而處其位。非此位之人也。不勝其爵而處其祿。此非祿之主也」。

卷七十五

行令章

毛詩正義棫樸條。四庫本「以興隨民而化者。乃由諸臣賢者以力行之故也」句有脫文（九五九—二一〇上）。明刊本作「以興隨民而化者。是文王之政令也。此政令所以得隨民而化者。乃由諸臣賢者以力行之故也」。

卷九十八

風俗章

四庫本補文選戴逸學校疏條之後少錄一則（九五九—五二二上）。明刊本其文如下

胡人食肉飲酪。衣皮毛。非有城廓田宅之歸居。如飛鳥走獸於廣埜。美草甘水則止。草盡水竭則移。玉海地理議邊。

卷一百一

貴平章

太平御覽天部下條四庫本一字注闕（九五九—五六三上）。明刊本作「天」。

卷一百五

至治章

道德經指歸卷十條。四庫本一字注闕（九五九—六一二下）。明刊本作「如胎」。

卷一百七

四庫本要地章與暴兵章之間未錄馭夷章（九五九—六三七下）。明刊本其全文如下

馭夷

山石漸漸然高峻。不可登而上。戎狄衆彊而無禮義。不可得而伐也。鄭氏箋詩漸漸之石。

匈奴之性。獸聚而鳥散。從之如搏影。史記主父傳。

以爲不壹勞者不久佚。不暫費者不永寧。是以忍百萬之師。以摧餓虎之喙。運府庫之財。塡盧山之壑。而不悔也。前漢書匈奴傳。

其視戎狄之侵。譬猶蚊虻之螫。敺之而已。前漢書匈奴傳。

夫飛鴞惡鳥也。食桑葚猶懷好音。雖曰戎狄。其無情乎。苟感之有物。非難化也。晉書殷仲堪傳。

夷戎醜類。屯結無賴。雖有犬羊之盛。終有庖宰之患。晉書劉胤傳。

遂使桃蟲鼓翼。四夷諠譁。晉書張軌傳。

犬馬肥充則有噬齧。況於夷狄。能不爲變。晉書江統

傳。
魏處戎夷。繡居都鄙。晉書載記。
戎狄獸性。本非人倫。鴟鳴狼踞。不足喜怒。鋒目蠆
尾。何關美惡。南齊書孔稚珪傳。
蟻聚蠶攢。窮誅不盡。馬足毛群。難與競逐。南齊書
孔稚珪傳。
霜露所均。不育異類。姬漢舊邦。無取雜種。梁書陳
伯之傳。

鷹海龍堆。天所以紀夷夏也。炎方朔漠。地所以限內
外也。元史高麗傳。
將爲陛下以耀蟬之術振之。賈子匈奴。
彼其群臣。雖欲毋走。若虎在後。衆欲無來。恐或軒
之。此謂勢然。其貴人之見單于。猶迮虎狼也。其南
面而歸漢也。猶弱之子慕慈母也。其衆之見將吏。猶
噩迮仇讐也。南鄉而欲走漢。猶水流下也。賈子匈奴
兵革者國之用。城壘者國之固也。而欲罷之。是去表

見裡。示匈奴心腹也。匈奴輕舉潛進以襲空虛。是猶
不介而當矢石之蹊。禍必不振。鹽鐵論和親。
飾几杖修。樽俎爲賓。非爲主也。炫耀奇怪。所以陳
四夷。非爲民也。夫家人有客。尙有倡優奇變之樂。
而況縣官乎。鹽鐵論崇禮。
漢之有匈奴。譬若木之有蠹。如人有疾。不治則寖以
深。鹽鐵論世務。
不一命大將以掃醜虜。而州稍稍興。役連連不已。若

排榱障風。探沙灌河。無所能禦。徒自盡爾。潛夫論
救邊。
扁鵲治病。審閉結而通鬱滯。虛者補之。實者瀉之。
猶邊境犬羊。不可久荒以開敵心。意林潛夫論。
夷狄窘迫。罔知所安。譬秋枯之隕晨風。激雹之不及
掩耳目也。藝文類聚職官部太守碑。
蠻夷懷鳥獸心。難養易動。今君性嚴急。水淸無大魚
。察政不得下和。事文類聚交代。

若魚之走淵。猿狖之騰木。戰則蜂至。敗則鳥竄。玉海兵捷露布。

經濟類編一〇〇卷

明馮琦 馮瑗編

以明萬曆三十二年周家棟等虎林刊本校補

卷三

夏赫連勃勃刻石都南頌其功德章

四庫本「河源望旗而委質。北敵欽風而納款」句（九六〇—六九下）。明刊本「北敵」作「北虜」。

卷六

石勒傳論章

四庫本「蠢茲外部。自古爲虞。限以塞垣。猶懼侵軼。況乃身爲奴隸。窺我王政」句（九六〇—一六五上）。明刊本「外部」作「雜種」。「身爲奴隸」作「入居中壤」。

劉淵傳論章

四庫本「劉氏北部出自匈奴。慕冒頓之餘威。悲呼韓之失業久矣。投之遐遠。猶懼外侵。而處以封畿。窺

我中釁。昔者幽后不綱。驪笑暗于戲水。襄王失御。
隗怨生于闕洛。至于筭強弱。妙兵權。體興衰。知利
害。習爲既久未可量也」句（九六〇—一六六上）。
明刊本「劉氏北部出匈奴。慕冒頓之餘威。悲呼韓之
失業久矣」作「彼夷狄者。人面獸心。見利則棄君親
。臨財則亡仁義者也」。「驪笑」作「胡塵」。「隗
怨」作「戎馬」。「習爲既久」作「于我中華」。

苻堅傳總論

四庫本「自兩京殄覆。九土分崩。赤縣飈烽燧之烟。
紫宸委荊棘之莽」句（九六〇—一六四上）。明刊本
作「自兩京殄覆。九土分崩。赤縣成蛇豕之墟。紫宸
遷黿龜之穴」。又後文「乘羯運之危亡」句（同上）
。明刊本「羯運」作「羯虜」。

卷九

治道章

四庫本「臣以國家兵甲之強。朝廷物力之盛。滅敵人

甚易」句（九六〇—二七五下）。明刊本「敵人」作
「戎人」。

韓琦論時事章

四庫本「蓋以西北二邊。禍釁已成。而上下泰然。不
知朝廷之危」句（九六〇—二九一下）。明刊本「二
邊」作「二虜」。

卷二十五

四庫本解危章之後無「劉峻辨命論」一文（九六〇—
八二九上）。今據明刊本補之如後。

劉峻辨命論　主上嘗與諸名賢言及管輅。歎其有奇才
而位不達。時有在赤墀之下。豫聞斯議。歸以告余。
余謂士之窮通。無非命也。故謹述天旨。因言其致云
爾。臣觀管輅。天才英偉。珪璋特秀。實海內之名傑
。豈日者卜祝之流乎。而官止少府丞。年終四十八。
天之報施。何其寡歟。然高才而無貴仕。饕餮而居大
位。自古所歎焉。獨公明而已哉。故性命之道。窮通

之數。夭閼紛綸。莫知其辨。仲任蔽其源。子長闡其惑。至於鶡冠甕牖。必以懸天有朝。鼎貴高門。則曰唯人所召。譊譊讙咋。異端斯起。蕭遠論其本而不暢其流。子玄語其流而未詳其本。嘗試言之曰。夫道生萬物則謂之道。生而無主謂之自然。自然者物見其然不知所以然。同焉皆得不知所以得。鼓動陶鑄而不爲功。庶類混成而非其力。生之無亭毒之心。死之豈虔劉之志。墜之淵泉非其怒。升之霄漢非其悅。蕩乎大

乎。萬寶以之化。確乎純乎。一化而不易。化而不易。則謂之命。命也者。自天之命也。定於冥兆。終然不變。鬼神莫能預。聖哲不能謀。觸山之力無以抗。倒日之誠弗能感。短則不可緩之於寸陰。長則不可急之於箭漏。至德未能踰。上智所不免。是以放勛之世。浩浩襄陵。天乙之時。焦金流石。文公疐其尾。宣尼絕其糧。顏回敗其叢蘭。冉耕歌其芣苢。夷叔斃淑媛之言。子輿困臧倉之訴。聖賢且猶若此。而況庸庸

者乎。至乃伍員浮屍於江流。三閭沈骸於湘渚。賈大夫沮志於長沙。馮都尉皓髮於郎署。君山鴻漸。鎩羽儀於高雲。敬通鳳起。摧迅翮於風穴。此豈才不足而行有遺哉。近世有沛國劉瓛。瓛弟璡。並一時秀士也。瓛則關西孔子。通涉六經。循循善誘。服膺儒行。璡則志烈秋霜。心貞崑玉。亭亭高竦。不雜風塵。皆毓德於衡門。並馳聲於天地。而官有微於侍郎。位不登於執戟。相次殂落。宗祀無饗。因斯兩賢。以言古

則。昔之玉質金相。英髦秀達。皆擯斥於當年。韞奇才而莫用。候草木以共雕。與麋鹿而同死。膏塗平原。骨塡川谷。堙滅而無聞者。豈可勝道哉。此則宰衡之與皁隸。容彭之與殤子。猗頓之與黔婁。陽文之與敦洽。咸得之於自然。不假道於才智。故曰死生有命。富貴在天。其斯之謂矣。然體命周流。變化非一。或先號後笑。或始吉終凶。或不召自來。或因人以濟。交錯糾紛。迴還倚伏。非可以一理徵。非可以一途

驗。而其道微密。寂寥忽慌。無形可以見。無聲可以
聞。必御物以效靈。亦憑人而成象。譬天王之冕旒。
任百官以司職。而或者睹湯武之龍躍。謂戡亂在神功
。聞孔墨之挺生。謂英睿擅奇響。視彭韓之豹變。謂
鷙猛致人爵。見張桓之朱紱。謂明經拾青紫。豈知有
力者運之而趨乎。故言而非命者有六蔽焉爾。請陳其
梗概。夫靡顏膩理。哆嗚顣頞。形之異也。朝秀晨終
。龜鵠千歲。年之殊也。聞言如響。智昏菽麥。神之
辨也。同知三者。定乎造化。榮辱之境。獨曰由人。

是知二五而未識於十。其蔽一也。龍犀日角。帝王之
表。河目龜文。公侯之相。撫鏡知其將刑。壓紐顯其
膺籙。星虹樞電。昭聖德之符。夜哭聚雲。鬱興王之
瑞。皆兆發於前期。渙汗於後葉。若謂驅貔虎。奮尺
劍。入紫微。升帝道。則未達窅冥之情。未測神明之
數。其蔽二也。空桑之里變成洪川。歷陽之都化爲魚
鱉。楚師屠漢卒。睢河鯁其流。秦人坑趙士。沸聲如
雷震。火炎崑嶽。礫石與琬琰俱焚。嚴霜夜零。蕭艾
與芝蘭共盡。雖游夏之英才。伊顏之殆庶。焉能抗之
哉。其蔽三也。或曰明月之珠不能無纇。夏后之璜不
能無考。故亭伯死於縣長。相如卒於園令。才非不傑
也。主非不明也。而碎結綠之鴻輝。殘懸黎之夜色。
抑尺之量有短哉。若然者。主父偃。公孫弘對策不升
。第歷說而不入牧豕。淄原見棄。州部設令。忽如過
隙。溘死霜露。其爲詬恥。豈崔馬之流。及至開東閣
。列五鼎。電照風行。聲馳海外。寧前愚而後智。先

非而終是。將榮悴有定數。天命有至極。而謬生妍蚩
。其蔽四也。夫虎嘯風馳。龍興雲屬。故重華立而元
凱升。辛受生而飛廉進。然則天下善人少惡人多。闇
主衆明君寡。而薰蕕不同器。梟鸞不接翼。是使渾敦
檮杌踵武於雲臺之上。仲容庭堅耕耘於巖石之下。橫
謂廢興在我。無繫於天。其蔽五也。彼戎狄者。人面
獸心。宴安鴆毒。以誅殺爲道德。以蒸報爲仁義。雖

大風立於青丘。鑿齒奮於華野。比於狼戾。曾何足喻。自金行不競。天地版蕩。左帶沸脣。乘間電發。遂覆瀍洛。傾五都。居先王之桑梓。竊名號於中縣。與三皇競其萌黎。五帝角其區宇。種落繁熾。充牣神州。嗚呼。福善禍淫。徒虛言耳。豈非否泰相傾。盈縮遞運。而汩之以人。其蔽六也。然所謂命者。死生焉。貴賤焉。貧富焉。治亂焉。禍福焉。此十者。天之所賦也。愚智善惡。此四者。人之所行也。夫神非舜

禹。心異朱均。才絓中庸。在於所習。是以素絲無恒。玄黃代起。鮑魚芳蘭。入而自變。故季路學於仲尼。厲風霜之節。楚穆謀於潘崇。成弒逆之禍。而商臣之惡。盛業光於後嗣。仲田之善。不能息其結纓。斯則邪正由於人。吉凶在乎命。或以鬼神害盈。皇天輔德。故宋公一言。妖星三徙。殷帝自翦。千里來雲。若使善惡無徵。未洽斯義。宜于公高門以待封。嚴母掃墓以望喪。此君子所以自彊不息也。如使仁而無報。奚爲修善立名乎。斯徑廷之辭也。夫聖人之言。顯而晦。微而婉。幽遠而難聞。河漢而不測。或立教以進庸怠。或言命以窮性靈。積善餘慶。立教也。鳳鳥不至。言命也。今以片言辯其要趣。何異乎夕死之類而論春秋之變哉。且荊昭德音。丹雲不卷。周宣祈雨。珪璧斯罄。于叟種德。不逮勛華之高。延年殘獷。未甚東陵之酷。爲善一。爲惡均。而禍福異其流。廢興殊其跡。蕩蕩上帝。豈如是乎。詩云。風雨如晦。

鷄鳴不已。故善人爲善。焉有息哉。夫食稻粱。進芻豢。衣狐貉。襲冰紈。觀窈眇之奇舞。聽雲和之琴瑟。此生人之所急。非有求而爲也。修道德。習仁義。敦孝悌。立忠貞。漸禮樂之腴潤。蹈先王之盛則。此君子之所急。非有求而爲也。然則君子居正體道。樂天知命。明其無可奈何。識其不由智力。逝而不召。來而不距。生而不喜。死而不慼。瑤臺夏屋不能悅其神。土室編蓬未足憂。其慮不充。屈於富貴。不遑遑

於所欲。豈有史公董相不遇之文乎。

卷三十四

四庫本僕射議章之後無「劉敞論輔郡節制議」一文（九六一—一二五上）。今據明刊本補之如後。

劉敞論輔郡節制議　臣伏睹詔勅建置輔郡。改張官司。實欲開廣王畿。增重京邑。垂制久遠。強幹弱枝者也。然臣切有所惑。以謂許鄭陳滑曹既在寰內。則不當復存軍額猶稱節鎮。節鎮之設。蓋古方伯連率之謂。非寰內諸侯也。凡改制立法。固必關盛衰之中。然

後可以求世無敝。昔孔融疾曹操專法。漢王室寡弱。於是建議欲復古千里之制。不以封建。操遂惡融。終於害之。然此本由漢家制度無法。不稽古爾。設令京師諸侯素有分限。則強臣何由因緣以覬覦。今朝廷甫欲建設近輔。周衛都內。誠不宜復存五州節制之號。以開後世諸侯因緣封建之萌。何況今之節制重於古之封建。孔子曰必也正名。名之不正。五變之末。至於民無所措諸手足。故不可不審也。漢武本置三輔。皆治長安中。非不知鼎立千里之內爲便也。其意乃實不欲使億兆之衆偏有所分而已。及唐雖以同華爲二輔。各自一郡。然猶不立軍額者。皆方面征鎮當一道者也。臣謂今日事體固當法之。忠武彰化等軍額盡可停罷。存其州名。於理爲允。伏乞令近臣詳議。

卷三十五

理財章

四庫本「擊右賢王。獲首領萬五千級。明年大將軍將六將軍仍再出擊番。得首領萬九千級。捕斬渠魁之士。受賜黃金二十餘萬斤。敵數萬人。皆得厚賞」句（九六一—一二四七上）。明刊本「擊番」作「擊胡」。「首領」「渠魁」皆作「首虜」。「敵」作「虜」。

卷三十八

貨殖章

四庫本末句「番禺亦其一都會也」後有缺文（九六一

—三七三上)。明刊本作「珠璣犀瑇瑁果有之湊」。

卷五十七

四庫本「諸葛亮率軍北駐漢中臨發上疏」後有缺文(九六二—一一三上)。明刊本其文如下

曹休爲吳所敗。亮欲出兵擊魏。群臣多以爲疑。亮復上表。先帝慮漢賊不兩立。王業不偏安。故託臣以討賊也。以先帝之明。量臣之才。故知臣伐賊。才弱敵強也。然不伐賊。王業亦亡。惟坐而待亡。孰與伐之

。是故託臣而弗疑也。臣受命之日。寢不安席。食不甘味。思惟北征。宜先入南。故五月渡瀘。深入不毛。幷日而食。臣非不自惜也。顧王業不可保。偏安於蜀都。故冒危難以奉先帝之遺意。而議者謂爲非計。今賊適疲於西。又務於東。兵法乘勞。此進趨之時也。謹陳其事。如左高帝。明並日月。謀臣淵深。然涉險被創。危然後安。今陛下未及高帝。謀臣不如良平。而欲以長策取勝。坐定天下。此臣之未解一也。劉繇王朗各據州郡。論安言計。動引聖人。群疑滿腹。衆難塞胸。今歲不戰。明年不征。使孫策坐大。遂幷江東。此臣之未解二也。曹操智計殊絕於人。其用兵也。髣髴孫吳。然困於南陽。險於烏巢。危於祁連。偪於黎陽。幾敗伯山。殆死潼關。然後僞定一時耳。況臣才弱。而欲以不危而定之。此臣之未解三也。曹操五攻昌霸不下。四越巢湖不成。任用李服。而李服圖之。委夏侯而夏侯敗亡。先帝每稱操爲能。猶有此失。況臣駑下。何能必勝。此臣之未解四也。自臣到

漢中。中間朞年耳。然喪趙雲。陽群。馬玉。閻芝。丁立。白壽。劉郃。鄧銅等。及曲長屯將七十餘人。突將無前賨叟青羌散騎武騎一千餘人。此皆數十年之內所糾合四方之精銳。非一州之所有。若復數年。則損三分之二也。當何以圖敵。此臣之未解五也。今民窮兵疲而事不可息。事不可息。則住與行勞費正等。而不及蚤圖之。欲以一州之地與賊持久。此臣之未解

六也。夫難平者事也。昔先帝敗軍於楚。當此時。曹操拊手謂天下已定。然先帝東連吳越。西取巴蜀。舉兵北征。夏侯授首。此操之失計。而漢事將成也。然後吳更違盟。關羽毀敗。秭歸蹉跌。曹丕稱帝。凡事如是。難可逆見。臣鞠躬盡力。死而後已。至於成敗利鈍。非臣之明所能逆睹也。

晉哀帝時。寇逼河南。太守戴施出奔。冠軍將軍陳祐告急。桓溫使竟陵太守鄧遐率三千人助祐。并欲還都洛陽上疏　巴蜀既平。逆胡消滅。時來之會既至。休泰之慶顯著。而人事乖違。屢喪王略。復使二賊雙起。海內崩裂。河洛蕭條。山陵危逼。所以遐邇悲惶。痛心於既往者也。伏惟陛下。稟乾坤自然之姿。挺羲皇玄朗之德。鳳棲外藩。龍飛皇極。時務陵替。備徹天聽。人之情僞盡知之矣。是以九域宅心。幽遐企踵。思佇雲羅。混網四裔。誠宜遠圖廟筭。志存經略。光復舊京。疆理華夏。使惠風陽澤。洽被八表。霜威

寒飆。陵振無外。豈不允應靈休。天人齊契。今江河悠闊。風馬殊邈。故向義之徒覆亡相尋。而建節之士猶繼踵無悔。況辰極既迴。衆星斯仰。本源既運。枝派自遷。則晉之餘黎。欣皇德之攸憑。群凶妖逆。知滅亡之無日。騁思順之心。鼓雷霆之勢。則二豎之命。不誅而自絕矣。故員通貴于無滯。明哲尙于應機。介如石焉。所以成務。若乃海運既徙。而鵬翼不舉。永結根于南垂。廢神州于龍漠。今五尺之童。掩口而嘆息。夫先王經始。玄聖宅心。畫爲九州。制爲九服。貴中區而內諸夏。誠以晷度自中。霜露惟均。冠冕萬國。朝宗四海故也。自彊胡陵暴。中華蕩覆。狼狽失據。權幸楊越。蠖屈以待龍申之會。潛蟠以俟風雲之朝。蓋屯圮所鍾。非理勝而然也。而喪亂緬邈五十餘載。先舊徂沒。後來童幼。班荆輟音。積習成俗。遂望絕於本邦。宴安於所託。眷言悼之。不覺悲歎。臣雖庸劣。才不周務。然攝官承乏。屬當重任。願竭

筋骨。宣力先鋒。翦除荆棘。驅諸豺狼。自永嘉之亂。播流江表者。請一切北徙。以實河南。資其舊業。反其土宇。勤農桑之務。盡三時之利。導之以義。齊之以禮。使文武兼宣。信順交暢。井邑既脩。綱維粗舉。然後陛下建三辰之章。振旂旗之旌。冕旒錫鑾。朝服濟江。則宇宙之內。誰不幸甚。夫人情昧安。難與圖始。非常之事。衆人所疑。伏願陛下决玄照之明。斷常均之外。責臣以興復之效。委臣以終濟之功。

此事既就。此功既成。則陛下盛勳。比隆前代。周宣之詠。復興當年。如其不效。臣之罪也。褰裳赴鑊。其甘如薺。詔曰。在昔喪亂。忽涉五紀。戎狄肆暴。繼襲凶跡。眷言西顧。慨歎盈懷。知欲躬率三軍。蕩篠氛穢。廓清中畿。光復舊京。非夫外身殉國。孰能若此者哉。諸所處分。委之高算。但河洛丘墟。所營者廣。經始之勤。致勞懷也。于是改授并司冀三州。以交廣遼遠。罷都督溫表。辭不受。

卷六十九

蘇洵審敵策

四庫本「天生匈奴。使之僻處邊隅。各守疆界。非必預伏之衅也」句（九六二—五一六上）。明刊本作「天生北狄。謂之犬戎。投骨於地。狺然而爭者犬之常也」。

策斷三首

四庫本「西北爲中國患至深遠也」句（九六二—五二

一上）。明刊本「西北」作「二虜」。又四庫本是文止於「夫御戎之術不可以逆知其詳。而其大略臣未見有過此者也」句（九六二—五二四下）。明刊本其後尚有論北狄之勢一段如下。

其次請論北狄之勢。古者匈奴之衆不過漢一大縣。然所以能敵之者。其國無君臣上下朝覲會同之節。其民無穀米絲麻耕作織紝之勞。其法令以言語爲約。故無文書符傳之繁。其居處以逐水草爲常。故無城郭邑居

。聚落守望之助。其旃裘肉酪足以爲養生送死之具。
故戰則人人自鬥。敗則驅牛羊遠徙。不可得而破。蓋
非獨古聖人法度之所不加。亦其天性之所安者。猶狙
猿之不可使冠帶。虎豹之不可被以羈紲也。故中行說
教單于。無愛漢物。所得繒絮皆以馳草棘中。使衣袴
弊裂。以示不如旃裘之堅善也。得漢食物皆去之。以
示不如湩酪之便美也。由此觀之。中國以法勝。而匈
奴以無法勝。聖人知其然。是故精修其法而謹守之。

築爲城郭。塹爲溝池。大倉廩。實府庫。明烽燧。遠
斥堠。使民知金鼓進退坐作之節。勝不相先。敗不相
後。此其所以謹守其法而不敢失也。一失其法。則不
如無法之爲便也。故夫各輔其性而安其生。則中國與
胡本不能相犯。惟其不然。是故皆有以相制。胡人之
不可從中國之法。猶中國之不可從胡人之無法也。今
夫佩玉服韍。冕而垂旒者。此宗廟之服。所以登降揖
讓。折旋俯仰爲容者也。而不可以騎射。今夫蠻夷而

用中國之法。豈能盡如中國哉。苟不能盡如中國。而
雜用其法。則是佩玉服韍。冕垂旒而欲騎射也。昔吳
之先斷髮文身。與魚鱉龍蛇居者數十世。而諸侯不敢
窺也。其後楚申公巫臣始教乘車射御。使出兵侵楚。
而闔廬夫差又逞其無厭之求。開溝通水。與齊晉爭強
。黃池之會。彊自冠帶。吳人不勝其弊。卒入於越。
夫吳之所以彊者。乃其所以亡也。何者。以蠻夷之資
而貪中國之美。宜其可得而圖之哉。西晉之亡也。匈
奴鮮卑氐羌之類紛紜於中國。而其豪傑間起。爲之君

長。如劉元海。符堅。石勒。慕容儁之儔。皆以絕異
之姿。驅駕一時之賢俊。其彊者至有天下大半。然終
於覆亡相繼。遠者不過一傳再傳而滅。何也。其心固
安於無法也。而束縛於中國之法。中國之人固安于法
也。而苦其無法。君臣相戾。上下相厭。是以雖建都
邑。立宗廟。而其心岌岌。然常若寄居於其間。而安
能久乎。且人而棄其所得於天之分。未有不亡者也。

契丹自五代南侵。乘石晉之亂。奄至京邑。睹中原之富麗。廟社宮闕之壯而悅之。知不可以留也。故歸而竊習焉。山前諸郡既爲所併。則中國士大夫有立其朝者矣。故其朝廷之儀。百官之號。文武選舉之法。都邑郡縣之制。以至於衣服飲食。皆雜取中國之象。然其父子聚居。貴壯而賤老。貪得而忘失。勝不相讓。敗不相救者猶在也。其中未能革其犬羊豺狼之性。而外牽於華人之法。此其所以自投於陷阱網羅之中。而

中國之人猶曰。今之匈奴非古也。其措置規畫皆不復蠻夷之心。以爲不可得而圖之。亦過計矣。且夫天下固有沉謀陰計之士也。昔先王欲圖大事。立奇功。則非斯人莫足與共。秦之尉繚。漢之陳平。皆以樽俎之間而制敵國之命。此亦王者之心。期以紓天下之禍而已。彼契丹者。有可乘之勢三。而中國未之思焉。則亦足惜矣。臣觀其朝廷百官之衆。而中國士大夫交錯於其間。固亦有賢俊慷慨不屈之士。而詬辱及於公卿

。鞭朴行於殿陛。貴爲將相。而不免囚徒之恥。宜其有惋憤鬱結而思變者。特未有路耳。凡此皆可以致其心。雖不爲吾用。亦以間疏其君臣。此由余之所以入秦也。幽燕之地。自古號多雄傑。名於圖史者往往而是。自宋之興。所在賢俊。雲合嚮應。無有遠邇。皆欲洗濯磨淬。以觀上國之光。而此一方獨陷於非類。昔太宗皇帝親征幽州。未克而班師。聞之諜者曰。幽州士民謀欲執其帥以城降者。聞乘輿之還。無不泣下

。且胡人以諸郡之民非其族類。故厚斂而虐使之。則其思內附之心豈待深計哉。此又足爲之謀也。使其上下相猜。君民相疑。然後可攻也。語有之曰。鼠不容穴。銜窶藪也。彼僭立四都。分置守宰。倉廩府庫莫不備具。有一旦之急。適足以自累。守之不能。棄之不忍。華夷雜居。易以生變。如此則中國之長足以有所施矣。然非特如此而已也。中國不能謹守其法。彼慕中國之法。而不能純用。是以勝負相持而未有決也

。夫蠻夷者以力攻。以力守。以力戰。顧力不能則逃。中國則不然。其守以形。其攻以勢。其戰以氣。故百戰而力有餘。形者有所不守。而敵人莫不忌也。勢者有所不攻。而敵人莫不備也氣者有所不戰。而敵人莫不慴也。苟去此三者。而角之於力。則中國固不敵矣。尚何云乎。伏惟國家留意其大者而爲之計。其小者。臣未敢言焉。

王者不治夷狄論 夷狄不可以中國之治治也。譬若禽獸。然求其大治。必至於大亂。先王知其然。是故以不治治之。治之以不治者。乃所以深治之也。春秋書公會戎于潛。何休曰。王者不治夷狄錄戎。來者不拒。去者不追也。夫天下之至嚴。而用法之至詳者。莫過于春秋。凡春秋之書公。書侯。書字。書名。其君得爲諸侯。其臣得爲大夫者。舉皆齊晉也。不然則齊晉之與國也。其書州。書國。書氏。書人。其君不得爲諸侯。其臣不得爲大夫者。舉皆秦楚也。不然則秦

楚之與國也。夫齊晉之君所以治其國家。擁衛天子。而愛養百姓者。豈能盡如古法哉。蓋亦出於詐力。而參之以仁義。是齊晉亦未能純爲中國也。秦楚者。亦非獨貪冒無恥肆行而不顧也。蓋亦有秉道行義之君焉。是秦楚亦未至純爲夷狄也。齊晉之君不能純爲中國。而春秋之所與者常在焉。有善則汲汲而書之。惟恐其不得聞於後世。有過則多方而開赦之。惟恐其不得爲君子。秦楚之君未至於純爲夷狄。而春秋之所不予者常在焉。有善則累而後進。有惡則略而不錄。以爲不足錄也。是非獨私於齊晉而偏疾於秦楚也。以見中國之不可以一日背。而夷狄之不可以一日嚮也。其不純者。足以寄其褒貶。則其純者可知矣。故曰天下之至嚴而用手法之至詳者。莫如春秋。夫戎者豈特如秦楚之流入於戎狄而已哉。然而春秋書之曰。公會戎於潛。公無所貶。而戎爲可會。是獨何歟。夫戎之不能以會禮會公亦明矣。此學者之所以深疑而求其說也故

曰。王者不治夷狄錄戎。來者不拒。去者不追也。夫以戎之不可以化誨懷服也。彼其不悍然執兵以與我從事於邊鄙。則亦幸矣。又況知有所謂會者而欲行之。是豈不足以深嘉其意乎。不然。將深責其禮。彼將有所不堪而發其憤怒。則其禍大矣。仲尼深憂之。故因其來而書之以會。曰若是足矣。是將以不治深治之也。由是觀之。春秋之疾戎狄者。非疾純戎狄也。疾其以中國而流入於戎狄者也。

蘇轍論　儒者必慎其所習。習之不正。終身病之。公羊之書好為異說而無統。多作新意。以惑天下之耳目。是以漢之諸儒。治公羊者。比於他經。最為迂闊。至於何休。而其用意又甚於公羊。蓋其勢然也。經書公及戎盟于潛。公羊猶未有說也。而休以為王者不治夷狄錄戎。來者不拒。去者不追也。夫公之及戎盟于潛也。時有是事也。時有是事而孔子不書可乎。故春秋之書。其體有二。有書以見褒貶者。有書以記當時之事。備史記之體。而其中非必有所褒貶予奪者。公之及戎盟于潛。是無褒貶予奪者也。而休欲必為之說。是以其說不得不妄也。且王者豈有不治夷狄者哉。王者不治夷狄。是欲苟安於無事者之說也。古之所以治夷狄之道。世之君子嘗論之矣。有用武而征伐之者。高宗文王之事是也。有修文而和親之者。漢之文景之事是也。有拒絕而不納之者。光武之謝西域去匈奴之事是也。此三者。或制之焉。或不能制之焉。然皆所以適吾中國之便。而置夷狄於不便之地。此所以治

之之大要也。今日來者必不可拒。則是光武之謝西域以息中國之民者非乎。去者必不可追。則是高宗文王。凡有所以伐其不服而計其不庭者。皆非也。凡休之說。施之於中國彊盛夷狄暴橫之時。則將養冠以遺子孫之憂。施之于中國新定休息自養之際。則為夷狄之所役。使以自勞弊而不得止。凡此二者。休之說無施而可也。蓋聞之聖人之于夷狄也。吾欲其來則來之。

雖有欲去者。不可得而去也。吾欲其去則拒之。雖有欲來者。亦不可得而來也。夫如是。故其伸縮進退。莫不在我。而休欲聽其自來而自去也耶。此其尤不可者也。治休之學者曰。孔子之於春秋。托始以治天下。當隱桓之際。未暇遠略。故先書晉滅夏陽。不書楚滅穀鄧。夫穀鄧之不書。是楚之未通而不告也。如使聖人未欲與夷狄交通。則雖有欲至者。尙可得而至哉。愚故曰。春秋之書公及戎盟于潛。是記事之體。而

何休之說妄也。

北狄論　北狄之民。其性譬如禽獸。便於射獵。而習於馳騁。生於斥鹵之地。長於霜雪之野。飲水食肉。風雨饑渴之所不能困。上下山坡。筋力百倍。輕死而樂戰。故常以勇勝中國。至於其所以擁護親戚。休養生息。畜牛馬。長子孫。安居佚樂。而欲保其首領者。蓋無以異於華人也。而中國之士常憚其勇。畏避而不敢犯氊裘之民。亦以此恐喝中國而奪之利。此當今之所謂大患也。昔者漢武之世。匈奴絕和親。攻當路塞。天下震恐。其後二十年之間。漢兵深入。不憚死亡。捐命絕幕之北以決勝負。而匈奴孕重墮壞。人畜疲弊。不敢言戰。何者。勇士壯馬非中國之所無有。而窮追遠逐。雖匈奴之衆。亦終有所不安也。故夫敵國之盛。非鄰國之所深憂也。要在休兵養士。而習其勇氣。使之不懾而已。方今天下之勢。中國之民。優游緩帶。不識兵革之勞。驕奢怠惰。勇氣消耗。而戎狄之賂又以百萬爲計。轉輸天下。甘言厚禮。以滿其

不足之意。使天下之士耳熟所聞。目習所見。以爲生民之命寄於其手。故俯首柔服。莫敢抗拒。凡中國勇健豪壯之氣。索然無復存者矣。夫戰勝之民。勇氣百倍。敗兵之卒。沒世不復。蓋所以戰者氣也。所以不戰者氣之畜也。戰而後守者。氣之餘也。古之不戰者。養其氣而不傷。今之士不戰而氣已盡矣。此天下之所大憂也。昔者六國之際。秦人出兵於山東。小戰則

殺人。大戰則割地。兵之所至。天下震慄。然諸侯猶帥其渙散之兵。合從以擊秦。砥礪戰士。激發其氣。長平之敗。趙卒死者四十萬人。廉頗收合餘燼。北摧栗腹。西抗秦兵。振刷磨淬。不自屈服。故其民觀其上之所爲。日進而不挫。皆自奮怒以爭死敵。其後秦人圍邯鄲。梁王使將軍新垣衍如趙。欲遂帝秦。而魯仲連慷慨發憤。深以爲不可。蓋天下之士所爲。奮不顧身。以抗強虎狼之秦者。爲非其君也。而使諸侯從而帝之。天下尚誰能出身以事非其君哉。故魯仲連非徒惜夫帝秦之虛名。而惜夫天下之勢有所不可也。今尊奉夷狄無知之人。交歡納幣。以爲兄弟之國。奉之如驕子。不敢一觸其意。此適足以壞天下義士之氣。而長夷狄豪橫之勢耳。愚以爲養兵而自重。卓然特立。不聽夷狄之妄求以爲民望。而全吾中國之氣。如此數十年之間。天下摧折之志復壯。而北狄之勇。非吾之所當畏也。

尹洙叙燕策。戰國世燕最弱。二漢叛臣持燕挾虜。蔑能自固。以公孫伯珪之彊。卒制於袁氏。獨慕容乘石虎亂乃幷趙。雖勝敗異術。大概論其彊弱。燕不能加趙。趙魏一則燕固不敵唐。三盜連衡百餘年。虜未嘗越燕侵趙魏。是燕獨能支虜也。自燕覆於虜。虜日熾。大顯德世。雖復三關。尙未盡燕南地。國初虜與幷合。勢益張。然止命偏師備禦師伐蜀伐吳。泰然不以兩河爲顧。是趙魏足以制虜明矣。幷寇既平。悉天下銳專力於虜。不能攘尺寸地。頃嘗以百萬衆駐趙魏。訖敵退。莫敢抗世。多咎其不戰。然我衆負城有內顧心。戰不必勝。不勝則事亟矣。故不戰未當咎也。原其弊在兵不分。設兵爲三。壁于爭地掎角以疑其兵。頓堅城之下。乘間夾擊。無不勝矣。蓋兵不分有六弊。使敵畜勇以待戰。無他支捂。一也。我衆則士怠。二也。前世善將兵者必問幾何。今以中才盡主之。三也。大衆儻北。彼遂驅無復顧忌。四也。重兵一屬。

根本虛弱。纖人易以干說。五也。雖委大柄。不無疑貳。復命貴臣監督。進皆由中御。失於應變。六也。兵分則盡易其弊。是有六利也。勝敗兵家常勢。悉內以擊外。失則舉所有以棄之。符堅淝水。哥舒翰潼關是也。是則制敵在謀不在衆。以趙魏燕南。益以山西。民足以守。兵足以戰。分而帥之。將得專制。就使偏師挫衄。它衆尚奮。詎能繫國安危哉。故師覆于外。而本根不搖者。善敗也。昔者六國有地千里。師敗

於秦。散而復振。幾百戰猶未及其都。守國之固也。陳勝項梁舉關東之衆。朝敗而夕滅。新造之勢也。以天下之廣謀其國。不若千里之固而襲新造之勢。徼幸於一戰。庸非惑哉。兵久弭。士大夫誦聖謂百世不復用。非甚妄者不談。然兵果廢則已。儻後世復用之。鑑此少以悟世主。故跡其勝敗云。

高宗時胡寅上疏言。女眞驚動陵寢。戕毀宗廟。劫質二帝。塗炭生民。乃陛下之大讎也。自建炎至紹興。卑辭厚禮。以問安迎。請爲名而遣使者。不知幾人矣。知二帝所在。見二帝之面。得女眞之要領。因講和而能息兵者誰歟。但見通知之使歸未息肩。而黃河長淮大江相繼失險矣。夫女眞知中國所重在二帝。所恨在劫質。所畏在用兵。則常示欲和之端。增吾所重。平吾所恨。匿吾所畏。而中國坐受此餌。既久而後悟也。天下其謂自是改圖矣。何爲復出此謬計邪。苟曰姑爲是。豈有脩書稱臣。厚費金帛。而成就一姑息之

事也。苟曰以二帝之故不得不然。則前效可考矣。況歲月益久。虜情益闊。必無可通之理也。適觀何蘚之事。恐和說復行。國論傾危。士氣沮喪。所繫不細疏入詔褒諭之。會張浚奏言使事。兵家機權。後將關地復土。終歸於和。未可遽絕。乃遣蘚行寅。因乞外知邵州。宰執入見。秦檜獨留身。言臣僚畏首尾。多持兩端。此不足以論大事。若陛下決欲講和。乞專與臣議。勿許群臣預。高宗曰。朕獨委卿。檜曰。臣恐未

便。望陛下更思。三日。檜復留身奏事。帝意欲和甚堅。檜猶以爲未也。復進前說。又三日。檜復留身奏事如初。知帝意不移。乃始出文字。乞決和議。然猶以群臣爲患。中書舍人勾龍如淵。爲檜謀曰。相公爲天下大計。而邪說橫起。盍不擇人爲臺諫。使盡擊去。則事定矣。檜大喜。即擢如淵爲中丞。劾異議者。卒成檜志。

四庫本卷末馮「孝宗時金使者至」章。明刊本其後尚

有眞德秀疏如後

寧宗時。金人屢遣使來督歲幣。起居舍人眞德秀上疏請絕之。女眞以韃靼侵陵。徙巢于汴。此吾之至憂也。蓋韃靼之圖滅女眞。猶獵師之志在得鹿。鹿之所走。獵必從之。既能越三關之阻以攻燕。豈不能絕黃河一帶之水以趨汴。使韃靼遂能如劉聰石勒之盜有中原。則疆埸相望便爲鄰國。固非我之利也。或如耶律德光之不能即安中土。則奸雄必將投隙而取之。尤非我之福也。今當乘虜之將亡。亟圖自立之策。不可幸虜之未亡。姑爲自安之計也。夫用忠賢。脩政事。屈群策。收衆心者。自立之本。訓兵戎。擇將帥。繕城池。飭戍守者。自立之具。以忍恥和戎爲福。以息兵忘戰爲常。積安邊之金繒。飾行人之玉帛。女眞尚存則用之女眞。強敵更生則施之強敵。此苟安之計也。陛下以自立爲規模。則國勢日張。人心日奮。雖強敵驟興。不能爲我患。以苟安爲志嚮。則國勢日削。人心

日偷。雖弱虜僅存。不能無外憂。蓋安危存亡。皆所自取。若夫當事變方興之日。而示人以可侮之形。是堂上召兵。戶內延敵也。帝納之。遂罷金國歲幣。

卷八十一

四庫本卷末爲陳堯原孝論（九六三—一二三上）。明刊本其後尚有論兄弟十則如下

鄭武公娶于申曰武姜。生莊公及共叔段。莊公寤生。驚姜氏。故名曰寤生。遂惡之。愛共叔段。欲立之。

亟請于武公。公勿許。及莊公即位。爲之請制。公曰
。制巖邑也。虢叔死焉。他邑唯命。請京。使居之。
謂之京城大叔。祭仲曰。都城過百雉。國之害也。先
王之制。大都不過參國之一。中五之一。小九之一。
今京不度。非制也。君將不堪。公曰。姜氏欲之。焉
辟害。對曰。姜氏何厭之有。不如早爲之所。無使滋
蔓。蔓難圖也。蔓草猶不可除。况君之寵弟乎。公曰
。多行不義必自斃。子姑待之。既而大叔命西鄙北鄙

貳於己。公子呂曰。國不堪貳。君將若之何。欲與大
叔。臣請事之。若弗與。則請除之。無生民心。公曰
。無庸。將自及。大叔又收貳以爲己邑。至于廩延。
子封曰。可矣。厚將得衆。公曰。不義不暱。厚將崩
。大叔完聚。繕甲兵。具卒乘。將襲鄭。夫人將啓之
。公聞其期曰。可矣。命子封帥車二百乘以伐京。京
叛大叔段于鄢。段不弟。故不言弟。如二君。故曰克
。稱鄭伯。譏失教也。謂之鄭志。不言出奔。難之也
。

漢趙孝弟趙禮爲餓賊所得。孝聞之。即自縛詣賊曰。
禮久餓羸瘦。不如孝肥飽。賊大驚。並放之。謂曰可
且歸。更持米糒來。孝求不能得。復往報賊。願就烹
。衆異之。遂不害。鄉黨服其義。

許荆祖父武太守第五倫舉爲孝廉。武以二弟晏普未顯
。欲令成名。乃請之曰。禮有分異之義。家有別居之
道。于是共割財產以爲三分。武自取肥田廣宅奴婢強

者。二弟所得並悉劣少。鄉人皆稱弟克讓。而鄙武貪
婪。晏等以此並得選舉。武乃會宗親泣曰。吾爲兄不
肖。盜聲竊位。二弟年長未豫榮祿。所以求得分財。
自取大譏。今理產所增三倍於前。悉以推二弟。一無
所留。于是郡中翕然。遠近稱之。

山陽張儉爲中常侍侯覽所怨。覽爲刊章下州郡以名捕
儉。儉與孔融兄褒有舊。亡抵于褒不遇。時融年十六
。儉少之而不告。融見其有窘色。謂曰。兄雖在外。

吾獨不能爲君主邪。因留舍之。後事泄。國相以下密就掩捕。儉得脫走。遂幷收褒融送獄。二人未知所坐。融曰。保納舍藏者。融也。當坐之。褒曰。彼來求我。非弟之過。請甘其罪。吏問其母。母曰。家事任長。妾當其辜。一門爭死。郡縣疑不能決。乃上讞之。詔書竟坐褒焉。融由是顯名。

袁譚自稱車騎將軍。出軍黎陽。袁尚少與其兵。而使逢紀隨之。譚求益兵。審配等又議不與。譚怒。殺逢

紀。曹操渡河攻譚。譚告急于尚。尚乃留審配守鄴。自將助譚。與操相拒於黎陽。大戰城下。譚尚敗退。操將圍之。乃夜遁還鄴。操進軍。尚逆擊破操。操軍還許。譚謂尚曰。我鎧甲不精。故前爲曹操所敗。今操軍退。人懷歸志。及其未濟。出兵掩之。可令大潰。此策不可失也。尚疑而不許。既不益兵。又不益甲。譚大怒。郭圖辛評因此謂譚曰。使先公出將軍。爲兄後者。皆是審配之所構也。譚然之。遂引兵攻尚。

戰于外門。譚敗。乃引兵還南皮別駕。王修率吏人自青州往救譚。譚還欲更攻。尚問修曰。計將安出。修曰。兄弟者左右手也。譬人將鬥而斷其右手曰。我必勝。若如是者可乎。夫棄兄弟而不親。天下其誰親之。屬有讒人交鬥其間以求一朝之利。願塞耳勿聽也。若斬佞臣數人。復相親睦。以御四方。可橫于天下。譚不從。尚復自將攻譚。譚戰大敗。嬰城固守。尚圍之急。譚奔平原。而遣穎川辛毗詣曹操請救。劉表以

書諫譚曰。天降災害。禍難殷流。初交殊族。卒成同盟。使王室震蕩。彝倫攸斁。是以智達之士。莫不痛心入骨。傷時人不能相忍也。然孤與太公志同願等。雖楚魏絕邈。山河迥遠。戮力乃心。共奬王室。使非族不干吾盟。異類不絕吾好。此孤與太公無貳之所致也。功績未卒。太公殂殞。賢胤承統。以繼洪業。宣奕世之德。履丕顯之祚。摧嚴敵于鄴都。揚休烈于朔土。顧定疆宇。虎視河外。凡我同盟。莫不景附。何

寤青蠅飛于竿旌。無極游于二壘。使股肱分成二體。胸膂絕爲異身。初聞此問。尙謂不然。定聞信來。乃知閼伯實沈之忿之已成。棄親即讎之計已決。旃旆交于中原。暴尸累于城下。聞之哽咽。若存若亡。昔三王五伯。下及戰國。君臣相弒。父子相殺。兄弟相殘。親戚相滅。益時有之。然或欲以成王業。或欲以定霸功。皆所謂逆取順守。而徼富強于一世也。未有棄親即異。兀其根本。而能全於長世者也。昔齊襄公報九世之讎。士匄卒荀偃之事。是故春秋美其義。君子稱其信。夫伯游之恨于齊。未若太公之忿于曹也。宣子之臣承業。未若仁君之繼絕也。且君子違難。不適讎國。交絕不出惡聲。況忘先人之讎。棄親戚之好。而爲萬世之戒。遺同盟之恥哉。蠻夷戎狄將有誚讓之言。況我族類而不痛心耶。夫欲立竹帛于當時。全宗祀于一世。豈宜同生分謗。爭校得失乎。若冀州有不弟之傲。無慚順之節。仁君當降志辱身。以濟事爲務

。事定之後。使天下平其曲直。不亦爲高義耶。今仁君見憎于夫人。未若鄭莊之于姜氏。昆弟之嫌。未若重華之于象敖。然莊公卒崇大隧之樂。象敖終受有庳之封。願捐棄百痾。追躡舊義。復爲母子。昆弟如初。今整勒士馬。瞻望鵠立。又與尙書諫之。並不從曹操。遂還救譚。至黎陽。尙聞操渡河。乃釋平原還鄴。尙將呂曠高翔畔歸曹氏。譚復陰刻將軍印以假曠翔。操知譚詐。乃以子整娉譚女以安之。而引軍還。尙使審配守鄴。復攻譚于平原。配獻書于譚曰。配聞良藥苦口而利于病。忠言逆耳而便于行。願將軍緩心抑怒。終省愚辭。益春秋之義。國君死社稷。忠臣死君命。苟圖危宗廟。剝亂國家。親疏一也。是以周公垂涕以斃管蔡之獄。季友歔欷而行叔牙之誅。何則。義重人輕。事不獲已故也。昔先公廢黜將軍。以續賢兄。立我將軍以爲嫡嗣。上告祖靈。下書譜牒。海內遠近莫不備聞。何意凶臣郭圖。妄畫蛇足。曲辭諂媚。

交亂懿親。至令將軍忘孝友之仁。襲閼沈之跡。放兵鈔突。屠城殺吏。冤魂痛于幽冥。創痍被于草棘。又乃圖獲鄴城。許賞賜秦胡。其財物婦女豫有分數。又云。孤雖有老母。趣使身體完具而已。聞此言者莫不悼心揮涕。使太夫人憂哀憤隔。我州君臣監寐悲嘆。誠拱默以聽執事之圖。則懼違春秋死命之節。貽太夫人不測之患。損先公不世之業。我將軍辭不獲命。以及館陶之役。伏惟將軍。至孝蒸蒸。發于岐嶷。友于之性生于自然。章之以聰明。行之以敏達。覽古今之舉措。睹興敗之徵符。輕榮財于糞土。貴名位于丘岳。何意奄然迷沈。墮賢哲之操。積怨肆忿。取破家之禍。翹企延頸。待望讎敵。委慈親于虎狼之牙。以逞一朝之志。豈不痛哉。若乃天啓尊心。革圖易慮。則我將軍匍匐悲號于將軍股掌之上。配等亦當敷躬布體。以聽斧鑕之刑。如又不悛。禍將及之。願熟詳吉凶。以賜環玦。譚不納。

晉王覽。母朱氏。遇兄王祥無道。覽年數歲。見祥被楚撻。輒涕泣抱持。至于成童。每諫其母少止凶虐。朱屢以非理使祥。覽輒與祥俱。又虐使祥妻。覽妻亦趨而共之。朱患之。乃止。祥喪父之後。漸有時譽。朱深疾之。密使酖祥。覽知之。徑起取酒。祥疑其有毒。爭而不與。朱遽奪反之。自後朱賜祥饌。覽輒先嘗。朱懼覽致斃。遂止。

庾袞少履勤儉。篤學好問。事親以孝稱。咸寧中大疫。二兄俱亡。次兄毗復殆。癘氣方熾。父母諸弟皆出次于外。袞獨留不去。諸父兄強之。乃曰。袞性不畏病。遂親自扶侍。晝夜不眠。其間復扶柩哀臨不輒。如此十有餘旬。疫勢既歇。家人乃返。毗病得差。袞亦無恙。父老咸曰。異哉此子。守人所不能守。行人所不能行。歲寒然後知松柏之後凋。始疑疫癘之不相染也。

顏含。祖欽給事中。父默。汝陰太守。含少有操行。

以孝聞。兄織。咸寧中得疾。就醫自療。遂死于醫家。家中迎喪。旐每統樹而不可解。引喪者顚仆。稱織言曰。我壽命未死。但服藥太多。傷我五臟耳。今當復活。愼無葬也。其父祝之曰。若爾有命復生。豈非骨肉所願。今但欲還家。不爾葬也。旐乃解。及還。其婦夢之曰。吾當復生。可急開棺。婦頗說之。其夕。母及家人又夢之。即欲開棺而父不聽。含時尚少。乃慨然嘆曰。非常之事古則有之。今靈異至此。開棺

之痛既孰與不開相負。父母從之。乃共發棺。果有生驗。以手刮棺。指爪盡傷。然氣息甚微。存亡不分矣。飮哺將護。累月猶不能語。飮食所須託之以夢。闔家營視。頓廢生業。雖在母妻不能無倦矣。含乃絕棄人事。躬親侍養。足不出戶者十有三年。石崇重含惇行。贈以甘旨。含謝而不受。或問其故。答曰。病者綿昧。生理未全。既不能進噉。又未識人惠。若當謬留。豈施者之意也。織竟不起。含二親既終。兩兄繼沒。次嫂樊氏因疾失明。含課勵家人。盡心奉養。每日自嘗省藥饌。察問息耗。必簪屨束帶。醫人疏方應須髯蛇膽。而尋求備至。無由得之。含憂嘆累時。嘗晝獨坐。忽有一青衣童子年可十三四。持一青囊授含。含開視。乃蛇膽也。童子逡巡出戶。化成青鳥飛去。得膽藥成。嫂病即愈。由是著名。

夏侯湛昆弟誥　惟正月才生魄。湛若曰。咨爾昆弟。淳琬瑫謨總瞻。古人有言。孝乎惟孝。友于兄弟。死喪之戚。兄弟孔懷。又曰。周之有至德也。莫如兄弟

。於戲。古之載于訓籍。傳于詩書者。厥乃不思。不可不行爾。其專乃心。一乃聽。砥礪乃性。以聽我之格言。淳等拜手稽首。湛若曰。嗚呼。惟我皇乃祖滕公。肇釐厥德厥功。以左右漢祖。弘濟于嗣君。用垂祚于後世。世增敷前軌。濟其好行美德。明允相繼。冠冕胥及。以逮于皇曾祖愍侯寅亮。魏祖用康乂厥世。遂啓土宇。以大綜厥勳于家。我皇祖穆侯。崇厥基

以允釐。顯志用恢。闡我令業。維我后府君侯。祗服
哲命。欽明文思。以熙柔我家道。丕隆我先緒。欽若
稽古訓。用敷訓典籍。乃綜其微言。嗚呼。自三墳五
典。八索九丘。圖緯六藝。及百家衆流。罔不探賾索
隱。鈎深致遠。洪範九疇。彝倫攸叙。乃命世立言越
用。繼尼父之大業。斯文在茲。且九齡而我王母薛妃
登遐。我后孝思罔極。惟以奉于穆侯之繼室蔡姬。以
致其子道。蔡姬登遐。隘于穆侯之命。厥禮乃不得成

用。不祔于祖。始惟乃用騁其永慕。厥乃以疾辭位。
用遜于厥家。布衣席槁。以終于三載。厥乃古訓無文
。我后丕孝于心。用假于厥制。以穆于世父。使君侯
惟伯后聰明叡智。奕世載德用。慈友于我后。我惟蒸
蒸是虔。罔不克承厥誨。用增茂我敦篤。以播休美于
一世。厥乃可不遵。惟我用夙夜匪懈。日鑽其道。而
仰之彌高。鑽之彌堅。我用欲罷不敢。豈唯予躬是懼
。寔令跡是奉。厥乃晝分而食。夜分而寢。豈惟令跡

是畏。寔爾猶是儀。嗚呼。予其敬哉。兪予聞之。周
之有至德。有婦人焉。我母氏羊姬。宣慈愷悌。明粹
篤誠。以撫訓群子。厥乃我齔齒。則受厥教于書。學
未逴。惟寧敦詩書禮樂。孳孳弗倦。我有識。惟與汝
服厥誨。惟仁義惟孝友是尚。憂深思遠。祗以防于微
翳。義形於色。厚愛平恕。以濟其寬裕。用緝和我七
子。訓迪我五妹。惟我兄弟姊妹。束修慎行。用不辱
于冠帶。寔母氏是憑。予其爲政蕞爾。惟母氏仁之不
行是戚。予其望色思寬。獄之不情。教之不泰是訓。

予其納戒思詳。嗚呼。惟母氏信著于不言。行感于神
明。若夫恭事于蔡姬。敦穆于九族。乃高于古之人。
古之人厥乃千里承師。矧我惟父惟母。世德之餘烈。
服膺之弗可及。景仰之弗可階。汝其念哉。俾群弟天
祚于我家。俾爾咸休明是履。淳英哉。文明柔順。琬
乃沉毅篤固。惟瑫厥清粹平理。謨茂哉。雋哲寅亮。
總其弘肅簡雅。瞻乃純鑠惠和。惟我蒙蔽。極否于義

訓。嗟爾六弟。汝其滋義洗心。以補予之尤。予乃亦不敢忘汝之闕。嗚呼。小子瞻。汝其見予之長于仁。未見予之長于義也。瞻曰俞。以如何。湛若曰。我之肇于總角。以逮于弱冠。曁于今之二毛。受學于先載。納誨于嚴父慈母。予其敬忌于厥身。而匡予之纖介。翼予之小疵。使予有過未曾不知。予知之逌改。惟沖子是賴。予親于心。愛于中。敬于貌。厥乃口無擇言。柔惠且直。廉而不劌。肅而不厲。厥其成予哉。用集我父母之訓。庶明厲翼。邇可遠在茲。瞻拜手稽首曰俞。湛曰都。在修身。在愛人。瞻曰吁。惟聖其難之。湛曰都。厥不行惟難。厥行惟易。淳曰俞。明而昧。崇而卑。沖而恒。顯而賢。同而疑。厲而柔。和而矜。湛曰俞。乃言厥有道。淳曰俞。祗服訓。湛曰。來琬汝亦昌言。琬曰俞。身不及於人。不敢墮於勤。厥故惟新。湛曰俞。珨亦昌言。珨曰俞。滋敬于己。不滋敬于己。惟敬乃恃。無忘有恥。湛曰俞。謨

亦昌言。謨曰俞。無忘于不可不虞形貌。以心訪心於虞。湛曰俞。總亦昌言。總曰俞。若憂厥憂以休。湛曰俞。瞻亦昌言。瞻曰俞。復外惟內。取諸內不忘諸外。湛曰俞。休哉。淳等拜手稽首。湛亦拜手稽首。乃歌曰。明德復哉。家道休哉。世祚悠哉。百祿周哉。又作歌曰。訊德恭哉。訓翼從哉。內外康哉。皆拜曰欽哉。

康常德志兄弟論　客謂陸平原曰。吾聞天降地騰。夫婦之情見矣。星分岳列。兄弟之義存焉。是以聖人之立教也。上稽玄極。下順人情。故使判合爲同穴之親。昆季有異居之道。斯則人倫之大典。豈作者之謬陳哉。而子大夫名爲習禮。伯仲無門庭之別。室家匪琴瑟之間。雖激揚風俗。獨爲君子。違道任心。將使先人事也。事不師古。蒙竊惑焉。豈有說乎。願聞其旨。平原曰。何居斯言之玷。可謂末學。膚受會莫是師。即如君子之談。必且輕于身而累于俗矣。獨不聞夫

六龍方駕。斯有御天之功。駟馬斑如。用效行地之力。是故大鵬之始宛轉北溟。鄧林之初婆娑下土。至于羽翮相資。遂能負蒼天而遊。罩青雲而立。此則相須之道弘也。至如梁山萬仞。上干星辰。楚殿三休。俯臨風雨。及土石異勢。榱桷分離。遂與沙麓俱崩。拗塘共泯。此則相須之道乖也。是知同德者易爲功。離心者難爲力。在物猶爾。而況人乎。然不善莫大于不睦。溺于情者薄于義。寡于私者豐于道。故牝鷄晨鳴

。三賢孥戮。關睢樂得。十亂同知。故名賢之所聞。豈烏有之談也。且夫兄弟者。同天共地。均氣連形。方手足而猶輕。擬山岳而更重。雲蛇可斷。兄弟之道無分。鶺鴒載飛。急難之情斯切。先王知兄弟之爲重也。故歌之于韶夏之舞。誦之于風雅之篇。敦骨肉而正人倫。風鬼神而動天地。大矣哉。請爲左右梗概其說。夫兄弟之情也。受之于天性。生之于自然。不假物以成親。不因言而結愛。鬩墻不妨于禦侮。踰里猶

惜于伐樹。馭朽則須洛而歌。彎弓則涕泣而道。斯乃情存于不捨。義形于惻隱。豈如悠悠良辰。從容永嘆而已。是以四鳥禽也。不能各離別之聲。三荆木也。不能忍分張之痛。矧在人流。有靦面目。折枝分骨。如何勿傷。至于夫婦之爲義矣。非有血屬之親。辟猶風虎雲龍。騰嘯相感。如髧彼兩髦。結歡二族。始有共牢之禮。終爲同穴之親。斯亦未爲輕也。然而德在聽從。主唯蘋藻。不可以寄百里之命。不可以託六尺

之孤。況有棄姓無常。拂衣再醮。至如買臣之室。主父之妻。固未可以言也。自非道讚移天。德均惟鵠。孰能長螽斯之羽翼。茂葛藟之本根者乎。是以通人君子。動無失德。全同生之重。則恭順有章。戒惟家之索。而椒蘭無替。夫妻和于鼎飪。兄弟穆于清風。綠衣無燕燕之悲。角弓匪騂騂之嘆。其或分星宅土。開國承家。則能藩屏維城。左右王室。力足拔山。不敢問九鼎之重。才能動俗。不敢窺司馬之門。遂使封家

長蛇。望國門而歛跡。井蛙幕燕。睹盤石而飛鳴。故能本支百代。洪基峻極。配合二儀。平章百姓。其在白屋黃冠。華門圭竇。三逕五畝。有足相容。至有同衾共席。推梨讓棗。樂以簞瓢。榮同華萼。死生契闊。白刃交前。弟瘦兄肥。無胥遠矣。爾其友于怡怡。楊名以顯。高視風俗長揖縉紳。斯又足爲樂也。而無賴之徒。不思其友。或溺于私愛。棄彼天倫。生在膏腴。乘藉地勢。錫珪分竹。奄有山河。不能輔車相依

。股肱同患。乃欲搖動我家宗。拔塞我本源。竟而靑蠅飛于干旌。無極游于二壘。集矢長勺。撫劍共池。是以五爭四裂。非關蛇鬥之妖。九合一匡。猶見蟲流之衻。鬼神不勝其酷。生民不勝其弊。吁可畏也。何其謬哉。又有里閈之人。繩樞之子。栖息不過于蓬蓽。咀嚼不越于糟糠。無財可不忿爭。乃復尺布斗粟。不能相容。睚眦蠆介。側目切齒。遂使蕞爾箕帚。蠢爾孩童。萋菲其章。成是貝錦。于是乎分裂蝸角。稱

兢鴻毛。骨肉爲行路之人。兄弟無陟崗之望。痛矣。何必情矣。宮之奇脣亡之歎。深可撫心。王叔治斷臂之言。足爲流涕。其知也如此。其謬也如彼。遠乎得失。豈可同年而言哉。是知禍福無門。唯人所召。靜言成敗。則可得而論。何則。存亡之道。若行邁之有途。得之者安于廟堂。失之者顚沛斯及。至如三叔狼顧。七國鷄連。貔虎搏笠。江山表裡。當其時也。滄波可汲而斷。泰山可蹋而覆。朱旗尙卷。蒼兕未馳。

不得高壘之謀。勿俟銜枚之陣。固以冰判瓦解。魚潰鳥驚。身膏草莽。名彰史策。經過者爲之迴車。言談者爲之洗耳。斯豈時不利而兵不勁者哉。固以天地所不容。人神所同惡者也。斯乃在和不在衆。在德不在強。商周之不敵亦所聞也。假使驅長狄。駕遺風。宋萬附輿。慶忌參乘。勍弓飲石。長劍掛頭。冠鷄佩猳。施象拉兕。然而使之超九折。跨三危。浮呂梁。赴滄海。五尺童子知其必亡。何則。道之非也。苟令心

腹無瑕。昆季輯穆。雖使要離策杖。不占緩步。周流九逵。容可危乎。近者劉荆州之意氣。袁渤海之從横。當其吐納荆揚。鞭笞河朔。猛將厲于鵰鶚。謀臣盛于雲雨。從容嘯吒。有席捲八荒之心。固以震懾人靈。薫灼宇宙者。既而良圖未就。壯志先秋。瘡痏寔生。蕭墻糜潰。天道與人共往。生人與草木俱萎。雖陸于曹公。尙無旰食之暇。安得馬上而舞哉。斯有惑之甚也。豈如稷契昇朝。同心同德。魯衛爲政。雖休勿

休。得使康哉良哉。洋洋盈耳。卜代卜年之祚。悠悠無極。是知管蔡之玉食。不如夷齊之餓死。君頹之萬石。不如延陵之退耕。詩不云乎。彼令兄弟。綽有餘裕。不令兄弟。交相爲瘉。善哉言也。吾無間然。今吾子以同穴者。重之于天倫。異居者成之于行路。是見詩人之糟粕。未睹宮墻之室家。固未可與適道也。若以骨肉遠而爲疏。即手足無心腹之用。判合近而爲重。即衣衾爲血屬之親。若衣衾附體而可離。手足遠身而可絕。斯則室家之不侔于兄弟。固亦明矣。况作者之意有異是乎。夫異家者所以避私。同穴者示以不返。故傳曰。昆季一體。又兄弟之道無分。然而有分者何謂。異居同財者。若委支體于行路。阻天倫于胡越。固非其所謂願聞也。且余聞士龍。少遭憫凶。攀風樹而興嘆。懷仁義以罔極。零丁齡齓。霜露摧心。契闊九夷。更相爲命。常恐黃耳蕭條。白駒超忽。洞庭木葉零。巖花落無時。雖復飲啄相依。光華未著。

跼天蹐地。每深慚德。友于兄弟。何日忘之。將謂吾子有以成教。而反問我比以流俗。秖足以攪其心慮。非所望于吾賢也。于是客赧然而起。曰僕固小人。無聞至道。雖生堯舜之代。未登孔丘之堂。苟有胸而無心。遂逐情而忘性。言排名養之外。身陷泥塗之下。今子大夫。幸而見睹。博我以友弟。弘我以禮經。洋洋乎理出天人之表。恢恢焉道周仁義之鄉。而今而後。謹聞命矣。是知安社稷。御邦家。調陰陽。化風俗

。播淸猷于緗素。垂令範于黎甿。橫之于天地而自安
。處之于生死而無慮者。其惟兄弟乎。

卷八十四

四庫本論人章。蘇軾伊尹論之後缺「蘇轍三宗論」（
九六三—九一下）。明刊本其文如下

蘇轍三宗論　黃帝堯舜。壽皆百年。享國皆數十年。
周公作無逸。言商中宗享國七十五年。高宗五十九年
。祖甲三十三年。文王受命中身。享國五十年。自漢
以來。賢君在位之久皆不及此。西漢文帝二十三年。

景帝十六年。昭帝十三年。東漢明帝十八年。章帝十
三年。和帝十二年。唐太宗二十三年。皆近世明主。
然與無逸所謂不知稼穡之艱難。不聞小人之勞。惟耽
樂之從。或十年。或七八年。或五六年。或四三年。
無以大相過也。至其享國長久。如秦始皇。漢武帝。
梁武帝。隋文帝。唐玄宗。皆以臨御久遠。循致大亂
。或以失國。或僅能免其身。其故何也。人君之富。
其倍於人者千萬也。膳服之厚。聲色之靡。所以賊其
躬者多矣。朝夕於其間。而無以御之。至於夭死者勢
也。幸而壽考。用物多而害民久。矜己自聖。輕蔑臣
下。至於失國宜矣。古之賢君。必致於學。達性命之
本。而知道德之貴。其視子女玉帛與糞土無異。其所
以自養。乃與山林學道者比。是以久於其位而無害也
。傳說之詔高宗曰。王人求多聞。時惟建事。學于古
訓。乃有獲。事不師古。以克永世。匪說攸聞。惟學
遜志務時敏。厥修乃來。允懷于茲。道積于厥躬。惟

斅學半。念終始典于學。厥德脩罔覺。監于先王成憲
。其永無愆。嗚呼。傳說其如此矣。

其後四庫本「長來李光弼郭子儀論」與「崔鶠楊嗣復
論」二文之間缺「蘇軾韓愈論」（九六三—一二八下
）。明刊本其文如下

蘇軾韓愈論　聖人之道。有趨其名而好之者。有安其
實而樂之者。珠璣象犀。天下莫不好。奔走出力。爭

門奪取。其好之不可謂不至也。然不知其所以好之之實。至于粟米蔬肉桑麻布帛。天下之人內之于口而知其所以爲美。被之于身。而知其所以爲安。此非有所役乎其名也。韓愈之于聖人之道。蓋亦知好其名矣。而未能樂其實。何者。其爲論甚高。其待孔子孟軻甚尊。而拒楊墨佛老甚嚴。此其用力亦不可謂不至也。然其論至于理而不精。支離蕩佚。往往自叛其說而不知。昔者宰我子貢有若更稱其師。以爲生民以來未有如夫子之盛。雖堯舜之賢亦所不及。其尊道好學亦已至矣。然而君子不以爲貴。曰宰我子貢有若智足以知聖人之汙而已矣。若夫顏淵。豈亦云爾哉。蓋亦曰。夫子循循焉善誘人。由此觀之。聖人之道果不在于張而大之也。韓愈者。知好其名而未能樂其實者也。愈之原人曰。天者日月星辰之主也。地者山川草木之主也。人者夷狄禽獸之主也。主而暴之。不得其爲主之道矣。是故聖人一視而同仁。篤近而舉遠。夫聖人之

所爲異乎墨者。以其有別焉耳。今愈之言曰。一視而同仁。則是以待人之道待夷狄。待夷狄之道待禽獸也而可乎。教之使有能。化之使有知。是待人之仁也。薄其禮而致其情。不責其去而厚其來。是待夷狄之仁也。殺之有時而用之有節。是待禽獸之仁也。若之何其一之。儒墨之相戾。不啻若胡越。而其疑似之間。相去不能以髮。宜乎愈之以爲一也。孔子曰。汎愛衆而親仁。仁者之爲親。則是孔子不兼愛也。祭如在。祭神如神在。神不可知。而祭者之心以爲如其存焉。則是孔子不明鬼也。儒者之患。患在于論性。以爲喜怒哀樂皆出于情。而非性之所有。夫有喜有怒而後有仁義。有哀有樂而後有禮樂。以爲仁義禮樂皆出于情而非性。則是相率而叛聖人之教也。老子曰。能嬰兒乎。喜怒哀樂苟不出乎性而出乎情。則是相率而爲老子之嬰兒也。儒者或曰老易。夫易豈夫子之徒歟。而儒者至有以老子說易。則是離性以爲情者。其弊固至

此也。嗟夫。君子之爲學。知其人之所長而不知其弊。豈可謂善學耶。

卷八十九

四庫本宋司馬光「訓儉」與吳隱之「爲左衛將軍」兩章之間有缺文（九六三—二七七下）。今據明刊本補之如後

廉　十三則

呂覽誠廉篇　石可破也。而不可奪堅。丹可磨也。而不可奪赤。堅與赤性之有。性也者。所受於天也。非擇取而爲之也。豪士之自好者。其不可漫以汙也。亦猶此也。昔周之將興也。有士二人處於孤竹。曰伯夷叔齊。二人相謂曰。吾聞西方有偏伯焉。似將有道者。今吾奚爲處乎此哉。二子西行如周。至於岐陽。則文王已歿矣。武王即位。觀周德則王使叔旦就膠鬲於次四內。而與之盟曰。加富三等。就官一列。爲三書同辭。血之以牲。埋一於四內。皆以一歸。又使保召

公就微子開於共頭之下。而與之盟曰。世爲長侯。守殷常祀。相奉桑林。宜私孟諸。爲三書同辭。血之以牲。埋一於共頭之下。皆以一歸。伯夷叔齊聞之。相視而笑曰。譆。異乎哉。此非吾所謂道也。昔者神農氏之有天下也。時祀盡敬而不祈福也。其於人也。忠信盡治而無求焉。樂正與爲正。樂治與爲治。不以人之壞自成也。不以人之庳自高也。今周見殷之僻亂也。而遽爲之正與治。上謀而行貨。阻丘而保威也。割牲而盟以爲信。因四內與其頭以明行。揚夢以說衆。殺伐以要利。以此詔殷。是以亂易暴也。吾聞古之士。遭乎治世不避其任。遭乎亂世不爲苟在。今天下闇。周德衰矣。與其並乎周以漫吾身也。不若避之以潔吾行。二子北行至首陽之下而餓焉。人之情莫不有重。莫不有輕。有所重則欲全之。有所輕則以養所重。伯夷叔齊此二士者。皆出身棄生以立其意。輕重先定也。

孔子見齊景公。景公致廩丘以爲養。孔子辭不受。出謂弟子曰。吾聞君子當功以受祿。今說景公。景公未之行而賜我廩丘。其不知丘亦甚矣。遂辭而行。曾子衣弊衣以耕。魯君使人往致邑焉。曰。請以此修衣。曾子不受。反復往。又不受。使者曰。先生非求于人。人則獻之。奚爲不受。曾子曰。臣聞之。受人者畏人。予人者驕人。縱子有賜。不我驕也。我能忽畏乎。終不受。孔子聞之曰。參之言足以全其節也。子思

居于衛。緼袍無表。二旬而九食。田子方聞之。使人遺狐白之裘。恐其不受。因謂之曰。吾假人遂忘之。吾與人也如棄之。子思辭而不受。子方曰。我有子無。何故不受。子思曰伋聞之。妄與不如遺棄物于溝壑。伋雖貧也。不忍以身爲溝壑。是以不敢當也。

子列子窮。容貌有飢色。客有言于鄭子陽子者曰。子列子禦寇。蓋有道之士也。居君之國而窮。君無乃爲不好士乎。子陽令官遺之粟數十秉。子列子出見使者。再拜而辭。使者去。子列子入。其妻望而拊心曰。聞爲有道者。妻子皆得佚樂。今妻子皆有飢色矣。君過而遺先生。先生又辭。豈非命也哉。子列子笑而謂之曰。君非自知我者也。以人之言而知我。以人之言而遺我粟也。其罪我也。又將以人之言。此吾所以不受也。且受人之養。不死其難。不義也。死其難。是死無道之人。豈義哉。其後民果作難。殺子陽子。列子之見微除不義遠矣。且子列子內有飢寒之憂。猶不苟取。見得思義。見利思害。況其在富貴乎。故子列

子通乎性命之情。可謂能守節矣。

公儀休者。魯博士也。以高第爲魯相。奉法循理。無所變更。百官自正。使食祿者不得與下民爭利。受大者不得取小。客有遺相魚者。相不受。客曰。聞君嗜魚。遺君魚。何故不受也。相曰。以嗜魚。故不受也。今爲相能自給魚。今受魚而免。誰復給我魚者。吾故不受也。食茹而美。拔其園葵而棄之。見其家織布

好。而疾出其家。婦燔其機云。欲令農工女安。所讎其貨乎。

漢羊續爲南陽太守。時權豪之家多尙奢麗。續深疾之。常斂衣薄。食車馬羸敗。府丞嘗獻其生魚。續受而懸于庭。丞後又進之。續乃出前所懸者以杜其意。續妻後與子秘俱往郡舍。續閉門不內。妻自將祕行其資藏。唯有布衾斂袛裯。鹽麥數斛而已。顧勅秘曰。吾自奉若此。何以資爾母乎。使與母俱歸。

鄭均字仲虞。東平任城人也。少好黃老書。兄爲縣吏。頗受禮遺。均數諫止不聽。即脫身爲傭。歲餘得錢帛。歸以與兄曰。物盡可復得。爲吏坐臧。終身捐棄。兄感其言。遂爲廉潔。

晉胡威。字伯武。一名貔。淮南壽春人也。父質以忠清著聞。少與鄉人蔣濟朱績俱知名于江淮間。仕魏至征東將軍。荆州刺史。威早厲志。尙質之爲荆州也。威自京都定省。家貧無車馬。僮僕自驅驢單行。每至客舍。躬放驢。取樵炊爨。食畢。復隨侶進道。既至。見父停廐中十餘日。告歸父。賜絹一疋爲裝。威曰。大人清高。不審于何得此絹。質曰。是吾俸祿之餘。以爲汝糧耳。威受之。辭歸。質帳下都督先威未發。請假還家。陰資裝于百餘里。要威爲伴。每事佐助。行數百里。威疑而誘問之。既知。乃取所賜絹與都督。謝而遣之。後因他信以白質。質杖都督一百。除吏名。其父子清愼如此。於是名譽著聞。拜侍御史。

歷南鄉侯。安封太守。遷徐州刺史。勤于政術。風化大行。後入朝。武帝語及平生。因嘆其父清。謂威曰。卿孰與父清。對曰。臣不如也。帝曰。卿父以何爲勝耶。對曰。臣父清恐人知。臣清恐人不知。是臣不及遠也。帝以威言直而婉。謙而順。

卷九十五

朱光庭「請戒約傳習異端」章。四庫本「三才一貫。純粹不雜。有聖人作。因天禁也」句（九六三—五〇

八上）。其中「天禁」兩字之間有脫文。明刊本作「因天叙而惇五典。因天秩而庸五禮。因天命而章五服。因天討而用五刑。然後三綱五常立而萬事咸治。聖人爲能以皇極之道。彌綸輔相於其中。故天下無一民一物不得其所。此極盛之治。後世無以復加也。不幸三代既還。王道不振。黃老雜之於前。釋氏亂之於後。黃老之術主於清淨虛無。世惑猶淺。唯是釋氏最爲大惑。人無賢愚。皆被驅率。高明之士則沉溺於性宗。中下之材則纏縛於輪回。愚淺之俗則畏懼於禍福。甚可怪也。聖人曰。天命之謂性。儒者當盡而後知。苟不務知此而求他可乎。聖人曰。未知生焉知死。儒者當窮理而後知。苟不務知此而求他可乎。聖人曰。惠迪吉。從逆凶。惟影響。儒者當視履而後知。苟不務知此而求他可乎。聖人言行布在方册。明如日星。可師可法。今士大夫被儒者服。當法師聖人言行。而乃自暴自棄。區區奔走從事胡法。古者學非而博。在

四誅而不以聽。今之棄先聖之言。從胡人之學。無乃學非而博者乎。豈可以不禁之也。學官教多士以禮義。禮官正朝廷之典禮。若習異端。尤當深責。古者道路男子由右。婦女由左。重其有別。今之士大夫與民庶之家。婦女恣入寺門。敗壞風俗。莫此之甚。此不可以不禁也。」

又其後。四庫本自「不當縱異端之術以惑天下」句至「則座下聽法者不禁而自止矣。伏望聖慈特賜睿斷施行」句之間有錯簡亦有脫文改易（九六三—五〇八下）。明刊本其原文如下「不當縱異端之術以惑天下。伏望聖慈特賜睿斷施行。

鄭獬禮法論　孔子作春秋。常事不書。變禮則書。明聖人之典禮。中國世守之。不可以有變也。甚矣。浮屠氏之變中國也。浮屠。夷禮也。古者建辟雍。立太學。以育賢士。天子時而幸之。躬養三老。五更習大射。講六經。用以風動天下之風教。而今之浮屠之廟

蘿蔓天下。或給之土田屋廬以豢養其徒。天子又親臨之。致恭乎土木之偶。此則變吾之辟雍太學之禮而爲夷矣。古者宗廟有制。唐虞五廟。商周七廟。至漢乃有原廟。行幸郡國及陵園皆有廟。漢之於禮已侈矣。而今之祖宗神御。或寓之浮屠之便室。虧損威德。非所以致肅恭尊事之意也。此則變吾之宗廟之禮而爲夷矣。古者日蝕星變。水旱之眚。則素服避正殿。減膳徹樂。責躬以答天戒。而今之有一災一異。或用浮屠之法。集其徒螺鼓呶噪而禳之。此則變吾之祈禳之禮

而爲夷矣。古者宮室之節。上公以九。侯伯以七。子男以五。惟天子有加焉。五門六寢。城高七雉。宮方千二百步。而今之浮屠之廟。包山林。跨阡陌。無有裁限。穹桀鮮巧。窮民精髓。侈大過於天子之宮殿數十百倍。此則變吾之宮室之禮而爲夷矣。古者爲之衣冠。以莊其瞻視。以節其步趨。禁奇邪之服不使眩俗。而今之浮屠。髡首不冠。其衣詭異。方袍長裾。不

襟不帶。此則變吾之衣冠之禮而爲夷矣。自有天地。則有夫婦。則有父子。則有君臣。男主外。女主內。父慈子孝。天子當扆。群臣北面而朝事之。而今浮屠不婚不娶。棄父母之養。見君上未嘗致拜。此則變吾之夫婦父子君臣之禮而爲夷矣。古者喪葬有紀復奠祖薦虞禮之祭。皆爲之酒醴。牢牲籩豆鼎篚享薦之具。而今之舉天下凡爲喪葬。一歸之浮屠氏。不飯其徒。不誦其書。舉天下詬笑之以爲不孝。狃習成俗。沈酣潰爛。透骨髓。入膏肓。不可曉告。此則變吾之喪葬

之禮而爲夷矣。故自古聖人之典禮皆爲之淪陷。幾何其爲不盡歸之夷乎。使孔子而在。記今之變禮者。將操簡濡筆。擇書之不暇。而天下方恬然不爲之怪。朝廷未嘗爲之禁令。而端使之攻穿壞敗。今或四夷之人有扣弦而向邊者。則朝廷必擇師遣兵以防捍之。見一虜夫一獠民。必擒捽之。束縛之。而加誅絕焉。彼之來。小不過利吾之囊篋。困窖牛羊。大不過利吾之城

郭土地而已。而浮屠之徒滿天下。朝廷且未嘗擒捽束縛而加誅焉。反曲拳跪跽而尊事之。彼之所利。乃欲滅絕吾中國聖人之禮法。其爲禍豈不大於扣弦而向邊者耶。豈莊子所謂盜鉤金者誅。盜國者爲諸侯者耶。夫勝火者水也。勝夷狄者中國也。中國所以勝者以有典禮也。宜朝廷敕聰博辯學之士。刪定禮法。一斥去浮屠之夷。而明著吾聖人之制。布之天下。上自朝廷。下至士大夫。俾遵行之禮行而中國勝矣。中國勝則爲浮屠氏之說又何從而變哉。」

卷九十六

四庫本方術。「林靈素」章之後有缺文（九六三—五六三下）。明刊本其文如下

元順帝時。西番僧教帝行房中運氣之術。號演揲兒法。又進僧伽璘眞善秘密法。帝皆習之。詔以西番僧爲司徒。伽璘眞爲大元國師。各取良家女三四人奉之。謂之供養。嘗謂帝曰。陛下尊居萬乘。富有四海。不過保有見世而已。人生能幾何。當受此秘密大喜樂禪定。於是帝日從事於其法。廣收女子。惟淫戲是樂。帝諸弟八郎者。與哈麻妹婿禿魯帖木兒。及老的沙等十人。號倚納。皆有寵。在帝前相與褻狎。甚至男女裸處。號所處室曰皆。即兀該。猶華言事事無礙也。君臣宣淫。而群僧出入禁中。無所禁止。醜穢外聞。皇太子既長。深疾二僧等所爲。欲去之未能也。

卷九十八

四庫本酒八則於晉劉伶酒德頌之後尚缺二則（九六三—六三一下）。今據明刊本補之如後

唐皮日休酒箴。皮子性嗜酒。雖行止窮泰。非酒不能適。居襄陽之鹿門山。以山稅之餘。繼日而釀。終年荒醉。自戲曰。醉士居襄陽之洞湖。以艒艑載醇酎一甔。往來湖上。遇興將酌。因自諧曰酒民。於戲。吾性至荒而嗜於此。其亦爲聖哲之罪人也。又自戲曰醉士。自諧曰酒民。將天地至廣。不能害醉士酒民哉。

又何必廁絲竹之筵。粉黛之產也。襄陽元侯聞醉士酒民之稱也。訂皮子曰。子耽飲之性於喧靜豈異耶。皮子曰。酒之道。豈止於充口腹。樂悲歡而已哉。甚則化上爲淫溺。化下爲酗禍。是以聖人節之以酬酢。諭之以誥訓。然尙有上爲淫溺所化。化爲亡國。下爲酗禍所化。化爲殺身。且不見前世之飲禍耶。潞酆舒有五罪。其一嗜酒。爲晉所殺。慶封易內而耽飲則國朝遷。鄭伯有窟室而耽酒。終奔於駟氏之甲。欒高嗜酒

而信內。卒敗於陳鮑氏。衛侯飲于籍圃。卒爲大夫所惡。嗚呼。吾不賢者。性實嗜酒。尙懼爲酆舒之僇。過此吾不爲也。又焉能俾喧爲靜乎。俾靜爲喧乎。不爲靜中淫溺乎。不爲酗禍之波乎。既淫溺酗禍作於心。得不爲慶封乎。鄭伯有乎。欒高乎。衛侯乎。蓋中性不能自節因箴以自符。箴曰。酒之所樂。樂其全眞。寧能我醉。不醉於人。

宋蘇軾酒經　南方之氓。以糯與秔雜以卉藥而爲餅。嗅之香。嚼之辣。揣之枵。然而輕。此餅之良者也。吾始取麪而起肥之。和之以薑液。蒸之使十裂。繩穿而風戾之。愈久而益悍。此麴之精者也。米五斗以爲率。而五分之。爲三斗者一。爲五升者四。三斗者以釀。五升者以投。三投而止。尙有五升之贏也。始釀以四兩之餅。而每投以二兩之麴。皆澤以少水。取足以散解而勻停也。釀者必甕按而井泓之。三日而井溢。此吾酒之萌也。酒之始萌也。甚烈而微苦也。三投

而後平也。凡餅烈而麴和。投者必屢嘗而增損之。以舌爲權衡也。既溢之。三日乃投。九日三投。通十有五日而後定也。既定乃注以斗水。凡水必熟而冷者也。凡釀與投必寒之而後下。此炎州之令也。既水五日。乃篘得二斗有半。此吾酒之正也。先篘半日。取所謂贏者爲粥。米一而水三之。揉以餅麪凡四兩。二物并也。投之糟中。熟撋而再釀之。五日壓得斗有半。此吾酒之少勁者也。勁正合爲四斗。又五日而飲。則

和而力。嚴而不猛也。𥶾絕不旋踵而粥投之。少留則糟枯中風而酒病也。釀久者酒醇而豐。速者反是。故吾酒三十日而成也。

天中記六〇卷

明陳耀文撰

以明萬曆三十七年重刊本校補

卷四

春。四庫本養之如春條之後注闕（九六五—一五三上）。明刊本作「孟玉燭寶典曰。正月爲端月。梁元帝要纂曰。正月曰孟陽。孟陬。上春。開春。發春。獻春。首春。首歲。獻歲。發歲。初歲。肇歲。方歲。華歲。」

立春。下寬大書條。四庫本「退貪殘。進柔良。下用者如故事」句下注闕（九六五—一五八下）。明刊本作下當用者如故事。「同上。獻帝起居注曰。建安二十二年二月壬申詔書。絕立春寬緩。詔書不復行。」

人日。問故事條。四庫本「正月一日爲難云云」句下注闕（九六五—一六九下）。明刊本作「七日爲人時」。

寒食。四庫本門鷄條多字注闕（九六五—一八二上下）。明刊本皆作「卵」。

又其後四庫本「汎舟曲江。江淮間寒食。家家折柳插門」條（九六五—一八五上）。明刊本「汎舟曲江」作「析柳插門」。

卷五

冬至。迎至條。四庫本「從樂五日。從者就也」句中有脫文（九六五—二三〇下至二三一上）。明刊本作「從樂五日。天下之衆亦家家從樂五日。以迎日至之禮。鄭玄注曰。從者就也」。

卷六

律。四庫本律本條有多處注闕（九六五—二三九下）。明刊本其全文如下

「律本。黃帝使泠綸自大夏之西。昆侖之陰。取竹之解谷生其竅厚均者斷兩節間而吹之以爲黃鐘之宮。制十二筩以聽鳳之鳴。其雄鳴爲六。雌鳴亦六。比黃鐘之宮而皆可以生之。是爲律本。至治之世。天地之氣合以生風。天地之風氣正。十二律定。漢志呂覽云。阮隃之陰嶰谿之谷。」

其後聲管條。四庫本「上古聖人本」句下注闕（九六五—二三九下）。明刊本作「陰陽」。又其後自「案歷而候之」句以下三處注闕（九六五—二四〇上）。明刊本其文作「案曆而候之。氣至者灰去。其爲氣所動者其灰散。人及風所動者其灰聚。殿中候用玉律十二。惟二至乃候靈臺。用竹律六十候日如其曆。後漢志」

六律相生條。四庫本兩句注闕（九六五—二四〇下）。明刊本其句分別爲「郎宮京房知五聲之音六律之數」。「焦延壽六十律相生之法」。

函三條。四庫本有闕文（九六五—二四一上）。明刊本作「故陰陽之施化。萬物之終始」。「又經歷於日辰而變化之情可見矣。」

相生條。四庫本有闕文（九六五—二四一上）。明刊本其全文如下「相生。周十一辰在六律爲陽則當位。自得而下生陰。在六呂爲陰則得其所衡而上生於陽。推等之術無重上生下之法也。所謂律取妻。呂生子。陰陽升降。律呂之大經也。晉志」

聲生於音條。四庫本有闕文（九六五—二四一下）。明刊本其文如下「戊癸爲宮辰。謂子爲黃鐘。丑爲大呂。寅爲太族。卯爲夾鍾。辰爲姑洗。巳爲中呂。午

爲蕤賓。未爲林鍾。申爲夷則。酉爲南呂。戌爲無射。亥爲應鍾。宋志」

玉紀條。四庫本注有闕文（九六五—二四一下）。明刊本作「察五行之聲。鑄金均其清濁」。「和大樂而成政道」。

卷七

王地條。四庫本「說子均垍」下注闕（九六五—二九四下）。明刊本作「皆爲」。

卷八

龍駒石條。四庫本「有人曾畜一石。羌人以十萬購之」句（九六五—三五九下）。明刊本「羌」作「胡」。

卷十

拜井條。四庫本「敵騎散走。匈奴遂於城下擁絕澗水」句（九六五—四四三下）。明刊本「敵」作「胡」。又「敵出不意。以爲神明」句（九六五—四四四上）。明刊本「敵」作「虜」。

猛火油條。四庫本有一處注闕（九六五—四六四上）。明刊本作「不閏月」。

卷十三

神明之奧條。四庫本「間者狂逆構亂。九服分崩」句（九六五—五六八下）。明刊本「狂逆」作「羯胡」。

卷十四

觀項下四庫本原書闕一葉（九六五—六二一上）。明刊本其文如下

觀

觀。觀也。於上觀望也。釋名

兩觀　子家駒曰。諸侯僭於天子。大夫僭於諸侯久矣。昭公曰。吾何僭矣哉。子家駒曰。設兩觀乘大路。公羊昭二十五傳。禮。天子諸侯臺門。天子外闕兩觀。諸侯內闕一觀。註。夏五月壬辰。雉門及兩觀災。兩觀。微也。然則曷爲一言雉門災及兩觀。主災者兩觀也。上定二

昆吾。衛侯夢於北宮。見人登昆吾之觀。注云。衛有觀在古昆吾氏之墟也。今濮陽城中。左哀十七

青梧。五柞宮有青梧觀。觀前有三梧桐樹。樹下有石騏驎二枚。刊其脅爲文字。是秦始皇酈山墓上物也。頭高一丈三尺。東邊者前左腳折。折處有赤如血。父老謂其有神。皆含血屬筋焉。西京雜記

白楊。營合圍會。然後先置乎白楊之南。校獵賦注。白楊。觀名。

飛廉延壽。公孫卿謂武帝曰。仙人好樓居。於是上令長安作飛廉桂觀。甘泉則作延壽觀。史記

卷十七

四庫本「破荆」與「以子易弟」（九六五—七八三下）兩條間。明刊本多一則如下

飲酖死弟。汝南李洪爲太尉掾。弟殺人當死。洪自劾詣閤。乞代弟命。使飲酖而死。弟用得全。孔融汝穎優劣論

卷十九

四庫本醜奴條（九六五—八六八上）。明刊本作「胡奴」。

卷二十

四庫本三交五覺條（九六五—九〇二上）。明刊本作「五交三覺」。

卷二十

四庫本「李師師」條（九六五—九一八上）後。明刊

本尙多「謝天香」「嚴蕊」兩則

謝天香。鉅野有禯芳亭。邑人秋成報祭所也。一日鄉耆謀立石。其中延士人王維翰書禯芳亭字。維翰久之未至。有妓謝天香者問云。祀事既畢。何爲遲留不飮。衆曰。俟維翰書石耳。謝遂以身畜當筆。書禯芳二字。會維翰至。書亭字以完之。父老遂命刻之石。王謝遂成夫婦。後三戲謝詩曰。昔日章臺曾舞腰。行人無不折枝條。天香曰。從今已付丹青手。壹任狂風不

動搖。後維翰登進士。與天香偕老。志

嚴蕊。天台營妓嚴蕊。字幼芳。色藝冠一時。間作詩詞。有新語。唐與正賞愛之。其後朱晦菴以使節行部至台。欲摭與正之罪。遂指其嘗與蕊爲濫。繫獄月餘。蕊雖備箠楚。而一語不及唐。吏因好言誘之。其辭益堅。仍繫于獄。苦楚幾死。然聲價愈騰。至徹阜陵之聽。未幾。朱公別除而岳霖商卿爲憲。因賀朔之際。憐其悴病。卒命之作詞自陳。即日判令從良。繼而宗室近屬納小婦。以終身焉。齊東埜野

卷二十六

異才條。四庫本兩句注闕（九六六—一九〇上）。明刊本作「不必采於崑崙之山」「聖賢所出何必常處」昔武王伐紂」。

四庫本於「嘔血」。「作士人」兩則之間少錄十二則（九六六—二一〇上）。明刊本其文如下

給車。晉武帝時荀勖爲中書監。和嶠爲令。故事。監

令由來共車。嶠性雅正。常疾勖諂諛。後公車來。嶠便登。正向前坐。不復容勖。勖方更覓車。然得去。監令各給車自此始。世說

不迎。劉喬字仲彥。南陽人。齊王冏爲大司馬。初嵇紹爲冏所重。每下階迎之。喬言於冏曰。裴張之誅。朝臣畏憚。孫秀故不敢受財物。嵇紹今何所逼忌。故畜裴家車中張家奴婢耶。樂彥輔來。公未嘗下床。何獨加敬于紹。冏乃止。紹謂喬曰。大司馬何故不復迎

客。喬曰。似有正人言以卿不足迎者。紹曰。正人爲誰。喬曰。其則不遠。紹默然。晉書

鬼子。盧志於衆坐問陸士衡。陸遜陸抗是君何物。答曰。如卿於盧毓盧珽。士龍失色。既出戶。謂兄曰。何至如此。彼容不相知也。士衡正色曰。我父祖名播海內。寧有不知。鬼子敢爾。世說

結援。王導初在江左。欲結援吳人請婚。陸太尉對曰。培塿無松柏。薰蕕不同器玩。雖不才。義不爲亂倫

之始。上

俎上腐肉。蘇峻事平。王庾諸公欲用孔坦爲丹陽。亂離之後百姓彫弊。孔慨然曰。昔肅祖臨崩。諸君親升御床並蒙眷識。共奉遺詔。坦疏賤不在顧命之列。既有艱難則以微臣爲先。今猶俎上腐肉。任人膾截耳。於是拂衣而去。諸公亦止。上

不筮。郭璞嘗遇顏含。欲爲之筮。含曰。年在天。位在人。脩己而天不與者。命也。守道而人不知者。性也。自有性命無勞蓍龜。晉書

時務。王導名位隆重。百僚宜爲降禮。太常馮懷以問於顏含。含曰。王公雖重。理無偏敬降禮之言。或是諸君事宜。鄙人老矣。不識時務。既而告人。吾聞伐國。不問仁人。向馮祖思問佞於我。我有邪德乎。晉書

雅尙尊嚴。蔡充字子尼。祖睦。蔡邕孫也。充少好學。有雅尙。體貌尊嚴。莫有媟慢於耳前者。高平劉整有雋才而車服奢麗。謂人曰。紗縠人常服耳。嘗遇蔡

子尼在坐。終日不自安。見憚如此。充歷成都王東曹掾。故稱東曹。別傳

充虛。劉眞長王仲祖共行。日旰未食。有相識小人貽其餐肴。案甚盛。眞長辭焉。仲祖曰。聊以充虛。何苦辭。眞長曰。小人都不可與作緣。世說

移簾。桓溫議移洛陽鍾簴。王述曰。永嘉不競。暫都江左。方當漸平。區宇旋軫。舊京若其不爾。宜改遷

園陵。不應先事鍾簴。溫不能奪。晉書
澄裁。周勰爲謝安主簿。居喪廢禮。崇尙老莊。脫落
名教。時韓康伯領中正。不過勰品。爲之議曰。拜下
之敬猶違衆從禮。情理之極。不宜以多比爲通。時人
以康伯爲澄世所不能澄。裁世所不能裁。上
坐有婦人。初淮陵內史虞玭子妻裴以尺牘辨利廉。服
食絕谷。常衣黃。衣狀若學道者。司馬道子常延致之
。甚悅其才。每與百官飲宴。裴亦預焉。悉令與賓客

談。衆人皆爲降節。王恭辭曰。恭聞男女之別。國之
大節。未聞宰相之坐有失行婦人。一坐竦然。道子慚
。續晉陽秋。

卷二十七

一代偉人條。四庫本兩句注闕（九六六—二五六下）
。明刊本作「亦未必八索九丘。五經之外。冠冕之表
。復自有人。車騎神機秀發信一代之偉人。由余日磾
。豈足爲多也。載記」

又此則後四庫本亦注闕。明刊本作「一代英雄。王謐
字稚遠。劭子也。初劉裕爲布衣。衆未之識也。惟謐
獨奇貴之。常謂裕曰。卿當爲一代英雄。晉書」

卷二十八

人瑞條。四庫本「劉鄴少時投於泊仁表通未。鄴爲宰
相。仁表竟貶死南荒」句中有脫文（九六六—三一九
上）。明刊本作「劉鄴少時投於泊仁表。兄弟嗤鄙之
。咸通末。鄴爲宰相。仁表竟貶死南荒。上」

卷二十九

心醉忘疲條。四庫本「少與從兄安」句下注闕（九六
六—三二五上）。明刊本作「豐王延」。
裸形條。四庫本「又」字下注闕（九六六—三三〇下
）。明刊本作「何惡乎」。
作達條。四庫本「風氣」下注闕（九六六—三三〇下
）。明刊本作「韻度」。
玉盃盛穢條。四庫本兩句注闕（九六六—三四五下）

。明刊本作「金碗玉盃而盛狗屎可乎」「棲集梟翟」。

卷三十

座主辱門生條。四庫本有脫文（九六六—三九三下）

。明刊本作全文如下

「座主辱門生。封舜卿梁時知貢舉。後門生鄭致雍同受命入翰林爲學士。致雍有俊才。舜卿才思拙澀。及試五題。不勝困弊。因託致雍秉筆。當時議者爲座主辱門生。同光初致仕。北夢瑣言」

又此則以下。明刊本尚多五則如下

學士將軍。後唐同光中。賜承旨盧質論思。翊佐功臣。旋授節制。河中王道詩云。視草北來唐學士。擁髦西去漢將軍。時人榮之。續翰林志

開閣取玩。李澣爲翰林學士。常陞殿侍宴。翰衣綠。左右揖令退。澣叱之。遂賜緋與坐。主和凝同任學士。會凝入相。澣常草制命。開凝閣盡取器玩圖書以歸。其縱率如此。會廢學士院。出爲吏部員外郎。遷禮

部郎中知制誥。復置翰林遷中書舍人。再爲學士。時濤在西掖。搢紳榮之。分紀

五鬼。南唐李璟即位。馮延己喜形於色。璟未聽政。延己屢入白事。璟不悅曰。書記自有常職。餘各有司存。何不憚煩也。俄拜諫議大夫充翰林學士。復結魏岑侵損時政。與其弟延魯及陳覺查文徽等。更相推唱。時人謂之五鬼。九國志

宿儒。建隆元年。學士王著以酒失。扈蒙以請求。皆貶官。太祖謂宰相曰。深嚴之地當以宿儒處之。范質對曰。竇儀清介重厚。然頃自翰林遷端明矣。帝曰。禁中非此人不可。卿當諭以朕意。勉令就職。分紀宋史

恨不得爲。淳化四年。以張洎錢若水爲翰林學士。洎等赴上。帝曰。學士之職清切貴重。非他官可比。朕常恨不得爲之。故事。學士赴生有勅設。久罷其事。當令設之。仍召樞密直學士及知制誥預坐。洎博涉經

史。多知典故。每上有著述或賜近臣詩什。洎必上表。援引經傳。以將順其意。上因賜詩褒美。有翰長老儒臣之句。後判吏部銓嘗引對選人。上顧之。謂近臣曰。張洎富有文藝。至今尙苦學。江東士人之冠也。

上

洎字師黯。南唐爲清輝殿學士。入宋與蘇易簡同在禁林。甚被寵顧。與蘇易簡不協事。文引作張垍。置之劉禕之柳公權之間。誤。

又四庫本經史要錄條以下與詹事章間（九六六—四〇三上）。明刊本尙多「抄撮六經」「迭處禁密」「寫宣」「復召」「流入補」「藥術進」六則如下

抄撮六經。崔鄲愍即位。選侍講學士。轉中書舍人。入思政殿謝恩。奏曰。陛下用臣爲侍講半歲有餘。未常問臣經義。今蒙轉改。實慚尸素。有媿厚恩。帝曰。朕機務稍閑。即當請益。鄲退與同列高重抄撮六經。加言要道。區分事類。凡十卷。名曰。諸經纂要。冀人主易於省覽。上嘉之。賜綵二百疋。

迭處禁密。高元裕自侍講爲中丞。文宗難其代。元裕表言兄少逸才可任。因遷少逸議諫大夫。代元裕爲侍講學士。兄弟迭處禁密。時人榮之。

寫宣。王起開成三年入翰林爲侍講學士。文宗或僻字疑事。令中使口宣起。具榜子附使者上。凡十篇。號曰。寫宣。唐書

復召。鄭覃太和三年充翰林侍講學士。覃長於經學。

稽古守正。文宗尤重之。李宗閔牛僧孺以覃與李德裕善。惡覃。禁中言事。奏爲工部尙書罷侍講學士。上好經義。心頗思之。六年二月。復召爲侍講學士。七年。德裕作相。上嘗于延英謂宰相曰。殷侑通經學。爲人頗似鄭覃。宗閔曰。覃誠有經學。於議論不足聽覽。德裕曰。殷鄭之言。他人不欲聞。惟陛下切欲聞之。覃嘗嫉人朋黨。爲宗閔所薄故也。舊唐

流人補。李訓太和八年自流人補四門助教。召入內殿

。面賜緋魚。充翰林侍講學士。入院日賜宴。宣法曲第子二十人。就院奏法曲以寵之。兩省諫官鄭肅高元裕等伏閤切諫。言訓姦邪。海內聞知。不宜令侍宸扆。帝終不聽。

藥術進。鄭注始以藥術游長安。始李愬病痿。注治之有狀。王守澄神其術。太和八年注進藥方一卷。上令守澄召對浴堂門。賜金紫。召對之夕。慧出東方。九年充翰林侍講學士。召自九仙門。帝面賜告身。時李訓附注以進。已在禁庭。二人相洽。日侍君側。講貫太平之術。以爲朝夕可致昇平。兩姦合從。天子益惑其說。既得行其志。生平恩讎。絲毫必報。朝士相繼斥逐。班列爲之一空。後敗。籍沒其家財。得絹一百萬匹。他貨稱是。

卷三十二

五義條。四庫本「唯度主而行之」句（九六六—四九八上）。明刊本作「唯度主而行之。吾從其風諫乎」。

四庫本「五義」與「朝有直臣」兩條間（九六六—四九八上）。明刊本尚多九則如下

五常之性。諫者何。諫間也。因也。更也。是非相間。革更其行也。人懷五常。故有五諫。謂諷諫。順諫。窺諫。指諫。伯諫。諷者。智也。禍患之萌。深睹其事。未彰而諷告。此智性也。順諫者。仁也。出辭遜順。不逆君心。仁之性也。窺諫者。禮也。視君顏色。不悅且卻。悅則復前。以禮進退。此禮之性也。指諫者。信也。指質相其事也。此信之性也。伯諫者。義也。惻隱發於中。直言國之害。勵志忘生爲君。不避喪身。義之性也。白虎通

諫官補郡。宣帝時選博士諫大夫通政事者補郡國守相。以蕭望之爲平原太守。望之雅意在本朝。遠爲郡守內不自得。乃上疏曰。陛下哀愍百姓。恐德化之不究。悉出諫宮以補郡吏。所謂憂其末而忘其本者也。朝

無爭臣則不知過。國無達士則不聞善。願陛下選明經術。溫故知新。通於幾微謀慮之士。以爲內臣與參政事。諸侯聞之則知國家納諫。憂政亡有闕遺。若此不怠。成康之道其庶幾乎。外郡不治。豈足憂哉。前漢

耆老久次。楊雄字子雲。以耆老久次轉爲諫議大夫。

疾免復召爲諫議大夫。家至貧嗜酒。人稀至其門。時有好事者。載餚酒以從遊學。上。

篤行。江革轉諫議大夫賜告歸。天子思革篤行。詔齊相曰。諫議大夫江革前以病歸。今起居何如。夫孝者。百行之冠。衆善之始也。縣以見穀千斛賜巨孝。常以八月長吏存問。致羊酒以終厥身。後漢

作賦。李尤字伯仁。侍中賈逵廉尤有楊雄之才。明帝召作東觀辟雍德陽諸觀賦銘。拜諫議大夫。晉書

喜得諫議。張普惠字洪賑。身長八尺。容貌魁偉。精於三禮。兼善春秋百家之說。任城王澄重其學業。爲其聲價。轉諫議大夫。澄謂普惠曰。不喜君得諫議。唯喜諫議得君。時靈太后父司徒胡國珍薨。贈相國太上秦公。普惠以前世后父無太上之號。詣闕上疏。陳其不可。太后覽表。親至國珍宅。召集五品已上博議其事。遣使召普惠與相問答。又令侍中元。又中常侍賈璨。監觀得失。太后復遣元義賈璨。宣令謂普惠曰。朕向召卿與群臣對議。往復旣終皆不同。卿表朕之所行。孝子之志。卿之所陳。忠臣之道。群公已有成議。卿不得苦奪。朕懷後有所見。勿得難言。普惠於

是拜令辭還。初普惠被召。傳詔馳驊騮馬。來甚迅速。佇立催去普惠。諸子憂怖涕泣。普惠謂曰。我當休明之朝。掌諫議之職。若不言所難言。諫所難諫。便是唯唯。曠官尸祿。人生有死。死得其所。夫復何恨。然朝廷有道。汝輩勿憂。及議罷。旨勞還宅。親故賀其幸甚。時中山杜弼遺書。普惠曰。明侯淵儒碩學。身負大才。秉此公方來居諫職。謇謇如也。諤諤如也。一昨承胡司徒第。當面折庭。諍雖問難。鋒至而

應對。響出宋城之帶。始縈魯門之柝。裁警終使群后逡巡。庶寮拱默。雖不見用於一時。固已傳美於百代。聞風快然。敬裁此白。普惠美其此書。每爲口實。

魏書

蹇諤不顧。隋煬帝驕矜自負。以爲堯舜莫己若。而諱亡憯諫。乃曰。有諫我者。當時不殺。後必殺之。大臣蘇威欲開一言。不敢發。因五月五日獻古文尚書。帝以爲訕己。即除名。蕭瑀諫無伐遼。出爲河西郡守

。董純諫無幸江都。就獄賜死。自是蹇諤之士去而不顧。外雖有變。朝臣鉗口。帝不知也。身死人手。子孫勦絕。爲天下笑。唐吳兢疏

與聞政事。王珪爲諫議大夫。嘗有論諫。太宗稱善。遂詔每宰相入內。平章大計。必使諫官隨入。與聞政事。唐書

四匭。武后垂拱二年。有魚保宗者上書請置匭以受四方之書。乃鑄銅匭四區。共爲一室。列於朝堂。東方

春色青。有能告以養人及勸農。可投書於青匭。銘之曰。延恩。南方夏色赤。有能正諫論時政之得失。可投書於丹匭。銘之曰。招諫。西方。秋色白。有能自陳抑屈。可投書於素。

卷三十四

令我獨悴條。四庫本「李盛仲和爲」下注闕（九六六—五六二下）。明刊本作「郡守」。又「狗吠何諠諠。有」下注闕（同上）。明刊本作「叟來在門披衣出

」。

卷三十五

四庫本水火三昧與玄奘兩條間（九六六—六二七下）。明刊本尚多五則如下

無上士。釋曇崇偏精六行。冠達五門。同學號爲無上士。

大善知識。智顗禪師眼有重瞳。俊朗通悟。詣金陵瓦官寺。創弘禪法。徐陵等明時貴望。學統釋儒。並稟

禪慧。俱傳香法。禹穴慧榮住莊嚴寺。道夸吳會。世稱義虎辯。號懸流聞。顗講法。故來設問。輕誕自矜。揚眉舞扇。扇墮地。顗應對事理涣然。淸顯譴榮曰。禪定之力。不可難也。時沙門法歲撫榮背曰。從來義龍。今成伏鹿。扇旣墮地。何以遮羞。榮曰。輕敵。夫勢未可欺也。一日夢巖岩萬重。雲日半垂。其側滄海無畔。泓澄在於其下。又見一僧搖手伸臂。至于岐麓。挽顗上山云云。顗以夢中所見通告。門人咸曰。此會稽天台山也。聖賢之所託矣。昔僧光道猷法蘭曇密。晉宋英達。無不栖焉。周與慧辨等二十餘人隱淪斯岳。先有靑州僧定光久居此山。積四十載。定慧兼習。蓋神人也。顗未至二年。預告山民曰。有大善知識當來相就。顗至。與光相見。即陳賞要。光曰。大善知識憶吾早年山上。搖手相喚不乎。顗驚異焉。知通夢之有在也。又聞鐘聲滿谷。衆咸怪異曰。鐘是召集有緣。爾得住也。陳永陽王伯知躬著願文曰。天

台闍梨。德侔安遠。道邁光猷。宣帝求釋門誰爲名勝。陳暄奏云。瓦官禪師德邁風霜。禪鏡淵海。昔在京邑。群賢所宗。今高步天台。法雲東靄。願陛下召之。乃還都。勑立禪衆于靈耀寺。未爲靈曜褊隘。更求閑靜。忽夢一人。翼從嚴正。自稱名云。余冠達也。請住三橋。顗曰。冠達梁武法名。三橋豈非光宅耶。乃移居之。卒後枯骸特立。端坐如生。顗初居臨海。民以滬魚爲業。罾網相連四百餘里。江滬溪梁六十餘所。即以福緣所得金帛買斯海。曲爲放生之池。又表聞陳宣勑禁採捕。時還佛壟如常習定。忽有黃雀滿空。翺翔相慶。嗚呼山寺。三日乃散。顗曰。此乃魚來報吾恩也。又居山有蕈。觸樹皆垂。隨採隨出。供僧常調。顗若他涉。蕈即不生。因斯以談。誠道感矣。希世挺生。釋曇延弘裕方雅。詞辨優贍。有薛居士者學總玄儒。聞而謁之。言詭相高。戲題方圓動靜四字。命延體之。延應聲曰。方如方等城。圓如智慧日。

動則識波浪。靜類涅槃室。薛驚異絕。嘆曰。由來所未見。希世挺生即斯人也。爾後恒來尋造。質疑請義。八能。什貞觀左掌仙文。右掌人字。口流津液。充潤榮府。從幼至終。未嘗患渴。舌文交加。狀如羅綺。八歲通詩禮。和庾尚書林檎之作。沙門洪偃才邁儒英。鈎深釋傑。面相謂曰。權高多知。耳白有名。我有四絕。爾具八能。謂義導書詩辨貌聲棊是也。學士傅縡嗟曰。三千稱首。七十當初。是上人者。當爲酧對

。時人語曰。錢塘有貞觀。當天下一半。

東山法門。初祖達摩傳慧可。慧可嘗斷其左臂。以求其法。慧可傳璨。璨傳道信。道信傳弘忍。弘忍信周氏黃梅人。初弘忍與道信並住東山寺。故謂其法爲東山法門。舊

尼章中。四庫本出家與鎖骨菩薩兩條之間有脫文（九六六—六三三下）。明刊本其文如下

優婆塞夷。肇曰。義名。信士男。信士女。淨名疏云。此云。清淨士。清淨女。亦云善宿男。善宿女。優婆塞梵語波索迦。唐言近事男。優婆夷。梵語夷即女聲字也。又云。鄔波斯迦。唐言近事女。言近事者。親近承事諸佛法。故後漢書名伊蒲塞。注云即優婆塞也。中華翻爲近住。言受戒行堪近僧住也。翻典供。神之最高謂之大覺。教通三世。衆別四部。二從於道。二守於俗。從道則服像尊儀。守俗則務典供事。像尊謂比丘。比丘尼也。典供謂優婆塞。優婆夷

也。釋彥槃福田□

道術。桓溫以雄武專朝。顗覦非望。時有遠方比丘尼名有道術。於別室浴。溫竊窺之。尼倮身先以刀自砍腹。次斷兩足。浴竟出。溫問吉凶。尼云公若作天子。亦當如是。晉書

天女來迎。咸康中。竹林寺尼淨松見天女持五色花。自空來迎。遂騰空直上。所行之路。有如虹蜺。直屬于天。鑑

生兜率天。南齊禪林寺比丘尼釋淨秀。挺慧悟于曠劫。體妙解于當年。七歲自然持齋。十二便求出家。二十九方落髮。青園躬修三葉。夙夜匪懈。有開士馬先生者於青園見上。即便記云。此尼當生兜率天也。宋大明中。黃脩儀及南昌公主深崇三寶。敬仰德行。初置精舍居之。明帝賜號曰。禪林。上前後違和。恒有瑞相。天監五年八月得病。苦心悶不下飲。彭城寺令法師以六月十九日夜得夢見一處。謂是兜率天。上住止。嚴麗非世間。比言此是上住處。即見上在中。於是法師有語上。上得生好處。當見將接。上是法師小品檀越。勿見遺棄。上即答云。法師丈夫又弘通經教。自應居勝地。某甲是女人。何能益法師。又云。不如此也。雖爲丈夫。不能精進持戒不及。上時體已轉惡。漸就綿綴。久復動轉。自云。上兜率天。見彌勒及諸善薩。皆黃金色。上手中自有一琉璃清淨甖。可高三尺許以上。彌勒即放光明。照于上身。至兜率天

亦不見飮食。自然飽滿。故不復須人間食也。但聞人間食皆臭。是以不肯食於彼。天上得波利餅。將還。意欲與令法師。有人言令法師是人中果報。那得食天上食。不聽將去。自後體中亦轉惡。不復說餘事。但云。有三十二童子。一名功德天。二名善女天。是迦毗羅所領。恒來在左右。與我驅使。或言得人餉飮食。令衆中行之。復云。空中晝夜作伎樂鬧人耳也。沈約行狀

尼戒。宋元嘉十一年。師子國尼鐵索羅等。於建康南林寺壇上爲景福寺尼惠果淨音等。受戒法事。薩婆多師資傳

尼講。晉廢帝大和三年。洛陽東寺尼道馨通法華維摩。研窮理味。一方宗師。僧史略

先知禍福。爾生榮之害朝士。山偉與儀曹郎袁昇。屯田郎李延考。外兵郎李奐。三公郎王延業。方駕而行。偉少居後。路逢一尼。望之嘆曰。此輩緣業同日而

死。謂偉曰。君方近天子。當作好官。既而昇等四人
皆死河陰。竟如其言。後魏書
戒德尊嚴。宋初有法瓊尼。南方人。不知因緣所出。
辟穀食棗栗。不著綿帛。戒德甚尊嚴。禪定多所感通
。會稽恭子張使君蒞廣州。便供養之。隨使君還吳。
又隨出入。尼自剋亡日捨命。後勿棺斂。但以乞鳥鳥
。至破崗。如期而終。使君依旨送林野間。停再七日
七夕。鳥獸不敢侵。乃收殯焉。江總祖母就瓊尼受戒
勑。江集
神尼。隋文帝以後。魏大統七年六月十三日。生於同
州般若寺中。于時赤光照室。流溢外戶。紫氣滿庭。
狀如樓閣。色染人衣。內外驚禁。妳母以時炎熱就而
扇之。寒甚幾絕。困不能啼。有神尼者名曰。智仙。
河東蒲坂劉氏女也。少出家。有戒行。和尚失之。恐
其墮井。見在佛屋。儼然坐定。時年七歲。遂以禪觀
為業。及帝誕日。無因而至。語太祖曰。兒天佛所祐

。勿憂也。尼遂名帝為那羅延。言如金剛不可壞也。
又曰。此兒來處異倫。俗家穢雜。自為養之。太祖乃
割宅為寺。內通小門以兒委尼。不敢名問。後皇妣來
抱。忽見化而為龍。驚惶墮地。尼曰。何因妄觸我兒
。遂令晚得天下。及年七歲。告帝曰。佛法將滅。一
切神明。今已西去。兒當大貴。從東國來。佛法當滅
。由兒興之。一切神明還來。尼沉靜寡言。道成敗吉
凶。莫不符驗。及周滅二教。尼隱皇家。內著法衣。
戒行不改。帝後果自山東入為天子。重興佛法。每以
神尼為言。又云。我興由佛法。由小時在寺。至今樂
聞鐘聲。乃命王劭為尼作傳。其龍潛所經四十五州。
同時悉改為大興國寺。般若其一也。於天下舍利塔內
。各作神尼之像焉。續高王劭舍利記。
途饉女。比丘尼經一云除饉女。康僧惠法鏡經云。凡
夫貪染六塵。猶餓夫食飯。不知厭足。今聖人斷貪除
六情饑饉。故號出家女為除饉女也。

倒立而化。開元中。溫州淨居寺尼玄機景雲中得度。
嘗習定於平陽大日山石窟中。或者云。嘗與兄宿覺同
參六祖。因著圓明歌與證道歌相表裏。後倒立而化法
。屬以生死顛倒語呵之。應聲而仆。將葬之。夕風雷
陰黯。若有神物移之。越二日。有自大日來者云。是
夕空中有簫磬聲。釋鑑

又其後「法江法海」與「赤眼歸宗」兩條間（九六六—六三一下）。明刊本尚多六則如下

帝爲製讚。釋德感儀容瓌麗。學業精贍。天皇悅其對
。敡爲之讚曰。河汾之寶。山嶽之英。早祛俗累。夙
解塵纓。緇門仰德。紺宇馳聲。式亞龍樹。爰齊馬鳴
。上

宇宙高士。釋法愼。時賢推服。聲振京口。黃門侍郎
盧藏用才高名重。罕於推挹。一見法愼。慕味循環不
能離坐。退而歎曰。宇宙之內信有高人。陸象先。嚴
挺之。房琯。王昌齡等僉所贍奉。願同酒掃。卒後。
李華爲碑。李陽冰題額

方外高士。徑山法道欽。德性冰霜。淨行林野。代宗
召至京師。鄭重咨問法要。司徒楊綰篤情道樞。行出
人表。一見欽於衆。退而嘆曰。此實方外之高士也。
難得而名焉。名賢執弟子禮者。相國崔渙裴晉公度第
五琦陳少遊等。自淮而南婦人禮乞號。皆目之爲功德
山焉。高僧傳。崔圖問弟子今欲出家得否。師曰。出
家乃大丈夫事。非相之所能爲。公於是有省。傳燈

塵外摩尼。什神邕丱角聰悟過人。孔釋二典。一讀能
誦。公卿籍其風宇。追慕者結轍而至。著作郎韋子春
剛氣而贍學。與之訓抗。子春折角。滿座驚服。苑舍
人歎曰。闍梨可謂塵外摩尼論中師子。時人以爲能言
。高僧

三宣三一。揚州釋法愼傳法于舊章淮甸之間。稱爲碩
匠。天寶初。晉陵義宣往師之。毗陵多出名士。僧有
三宣。謂慧德與義也。義時于江都習業。與會稽曇一

。閩川懷一。慶雲靈一同門爲朋也。晉陵既有三宣。
愼朋復出三一焉。江表資爲美談。宋高僧
三上人。杭州靈隱山寺仲道標經行之黃門練詩章才體
占健。比之潘劉。當時吳興有晝。會稽有靈徹。相與
讃唱。遞作笙簧。故人諺曰。□之晝能淸秀。越之徹
洞冰雪。杭之標摩雲霄。每飛章□韻竹夕花。時彼三
上人當四面之敵。所以辭林樂府當。采其聲詩。景陵
于陸羽云。夫日月雲霞爲天標。山川草木爲地標。推

能歸美爲德標。居閑趣寂爲道標。爾後聲價軼于公卿
。至今杭州謂之西崩和尚矣。宋高僧傳

卷三十九

貧賤章憂貧條。四庫本「宣子曰。吾有卿之曰者欒武
子無一卒之田」句有脫文（九六六—八三〇下）。明
刊本作「宣子曰。吾有卿之名而無其實。無以從二三
子。吾是以憂。子賀我何故。對曰。昔欒武子無一卒
之田」。

苫蓋條。四庫本一句注闕（九六六—八三一上）。明
刊本作「論斷金」。

卷四十一

見形廢宅條。四庫本於「未得移生」句下注闕（九六
六—八九九上）。明刊本其文如下
未得移生。荀極善畫。乃潛往畫鍾門堂。作太傅形像
。衣冠狀貌如平生。二鍾入門。便大感慟。宅遂空廢
。世說。孔氏志怪曰。于時咸謂勗之報會過于所失彼

。此書畫巧妙之極。
畫聖。抱朴子云。衛協張墨並爲畫聖。孫鴻之上林苑
圖協蹤最妙。嘗畫七佛圖。不點眼睛。人或疑而有請
。協謂不爾即恐勝空而去。顧愷之以丹靑自名。獨愼
許可。謂七佛與烈女圖偉而有情勢。毛詩北風圖巧密
於情思。而自以所畫爲不及。謝赫云。古畫皆略。至
此始精六法。頗爲兼善。雖不備該。形似而有氣。顏
陵跨群雄。曠代絕筆在第一品。曹不興下。張墨荀勗

上。名畫記
好畫。戴安道就范宣學。視范所爲。范讀書。亦讀書。范抄書。亦抄書。唯獨好畫。范亦爲無用。不宜勞思於此。戴乃畫南都賦圖。范看畢。咨嗟。甚以爲有益。始重畫。世説
過江第一。晉王廙字世將。善屬詞。攻書畫。過江後爲晉朝書畫第一。音律衆妙畢綜。元帝時爲左衛將軍。封武康侯。時鎭軍謝尙於武昌樂寺造東塔。戴若思

造西塔。並請廙畫。廙畫爲晉明帝師。書爲右軍法。時右軍亦學畫於廙。廙畫孔子十弟子。贊云。余兄子羲之。幼而岐嶷。必將隆余堂構。今始年十六。學藝之外。書畫過目便能。就余請書畫。法余畫孔子十弟子圖以勵之。嗟爾。羲之可不勗哉。畫乃吾自畫。書乃吾自書。吾餘事雖不足法。而書畫固可法。欲汝學書。則知積學可以致遠。學畫可以知師弟子行己之道。名士畫記

誤筆成牛。王獻之善丹青。桓溫使畫扇。筆誤落。因就畫一烏駮牸牛。甚妙。晉書。子敬又書駮牛賦於扇上。此扇義熙中尤在。名畫記
古來未有。顧愷之字長康。小字虎頭。多才藝。尤工丹青。傳寫形勢。莫不妙絕。世說云。謝安謂長康曰。卿畫自生人以來未有也。又云卿畫蒼頡古來未有也。顧常悅一鄰女。乃畫女於壁。當心釘之。女患心痛。告於長康。拔去釘乃愈。搜神記云。思江陵美女畫

像□之於壁玧之。顧虎頭爲人畫扇。作阮籍嵇康都不點眼睛。送還扇主曰。點眼睛便欲能語。俗說。顧云。畫人四體妍媸。本無關于妙處。傳神寫照。正在阿堵中。世說
登樓去梯。顧凱之建層樓爲畫所。疾風暴雨烈暑祁寒。並不下筆。炎涼皆適。天地明朗。時乃染毫登樓去梯。妻子罕見。畫品
其後四庫本自六代之樂條以下至采菱陽河條（九六六

一九〇五下至九〇七上）係卷四十二之樂章誤入。其
原文明刊本如下
海圖。李思訓子昭道。變父之勢。妙又過之。官至太
子中舍。創海圖之妙。世上言山水者。稱大李將軍。
小李將軍。昭道雖不至將軍。俗因其父呼之。上
地獄變相。張孝師爲驃騎尉。善畫。嘗死而後生。故
畫地獄相爲尤工。吳道元見之。因效爲地獄變相。
寫馬神采。曹霸高貴鄉公髦之後。髦之筆迹獨高魏代
。天寶末。詔寫御馬及功臣相。筆墨沉著。神采生動

雅律。張志□號烟波子。常漁釣於洞庭湖。顏魯公於
吳興知其高節。以漁歌五首贈之。張乃爲卷軸。乃隨
句賦象人物舟船烟波風月鳥獸。皆依其文寫之。曲盡
其妙。爲世之雅律。名畫要錄
寫貌海山。顧況字逋羽。文嗣之暇兼攻小筆。嘗求知
新亭監。人或詰之。謂曰。余要寫貌海中山耳。仍辟

畫者王默爲副。尙書故實。王默早年授筆法於可廣文
處。平生大有奇事。顧著作知新亭監時。默請爲海中
都。巡問其意云。要見海中山水耳。爲職半年解去。
爾後落筆有奇趣。名畫
畫得情性。周昉善屬文。窮丹青之妙。郭汾陽婿趙縱
侍郎嘗令韓幹寫眞。衆稱其善。後復請昉寫之。二者
皆存能名。汾陽嘗以二畫張旅坐側。未能定其優劣。
一日趙夫人歸寧。汾陽問曰。此畫誰也。云。趙郎也
。復曰。何者最似。云。二畫皆似。後畫者爲佳。蓋

前畫者空得趙郎狀貌。後畫者兼得趙郎情性笑言之姿
爾。後畫者乃昉也。汾陽喜曰。今日乃決二字之勝負
。於是令送錦綵數百疋以酧之。見聞志
田家水牛。韓滉字太沖。公退之暇。留意丹青。書師
張顚。畫師陸探微。能圖田家風俗。人物水牛。曲盡
其妙。議者謂驢牛雖目前之畜。狀最難圖也。惟晉公
於此工之。能絕其妙。畫錄

畫牛。戴嵩。初韓滉鎮浙西命爲巡官。師滉畫皆不及。獨於牛能盡野性。過滉遠甚。至於田家川原亦各臻妙。弟嶧亦以畫牛得名。善作奔逸之狀。嵩善畫水牛。畫飲水之牛則水中見影。畫牧牽牛則牛瞳中有牧影。拾遺

有藏戴崧牛鬥。與客觀。旁有一牧童曰。牛鬥力在前。尾在兩股間。今尾棹。何也。

馬工惠嘗得鬥水牛一軸云。厲歸其畫甚愛之。一日。

展曝於書室雙扉之外。存輸租莊賓適立於砌下。疑玩久之。既而竊哂。公見而詰之。莊賓曰。某非知畫者。但識眞牛。其鬥也尾夾於髀間。雖壯夫旅力不可少開。此畫牛尾舉起。所以笑其失眞。見聞志

水火。張南本畫佛像鬼神甚工。猶善畫火。中和年嘗於成都金華寺大殿畫八明王。有一僧遊禮至寺。整衣升殿壁間。見所畫火勢焰過。人驚懼幾仆。時孫位以畫水得名。世之論畫水火之妙者。獨推此二子。蓋水幾於道而應於神。非筆端深造。理窟未易形容也。」

圍棋章。四庫本自棋聖條以下注闕（九六六—九一四上至九一五下）。明刊本其原文如下

手談。王中郎以圍棋是坐隱。支公以圍棋是手談。世說。王以圍棋爲手談。故其在哀制中祥後。客來即用方幅爲會戲。語林

中興之冠。江霦善奕。爲中興之冠。徐廣晉紀。王恬字敬豫。與濟陽江霦俱善喪棋。爲中興第一。晉中興

書。江霦與王恢等棋第一品。道第五品。苑汪棊品。

劫急。陳留阮蘭字弘茂。爲開卦令。縣側有劫賊。外白甚急。數簡方圍棋長嘯。吏云。劫急。簡曰局上有劫。亦甚急。陳留志

奕具投江。陶侃爲荊州見州佐史。奕具投之于江曰。圍棋堯舜以敎愚子。博殷紂所造。君並國器。何以此爲。將吏則加鞭朴曰。樗蒲者牧豬奴戲耳。

父子圍棋。王導嘗共其子悅圍棋爭道。導曰。與汝有

瓜葛□得爾耶。世說

不即下。江僕射霦年少。王導呼與共棊。王手嘗不如兩道許而欲敵。導戲試以觀之。江不即下。王曰。君何不行。曰。死不得耳。傍有客曰。此年少。戲乃不惡。王徐舉手曰。此年少非惟圍棊見勝。上

圍棊應答。殷仲堪在都。嘗往看棋。諸從在瓦棺寺前宅上。于時袁羌與人共在窗下圍棋。仲堪在裏。問袁易義。袁應答如流。圍棋不輟。袁意傲然。殊有餘地。殷撰辭致難。每有往復。俗說

忘憂。祖納。逖兄也。好奕棋。王隱謂之曰。禹惜寸陰。不關奕棋。納曰。聊以忘憂耳。隱曰。古人遭時則以功達其道。不遇則以言達其才。裁成國史。俱取散愁。何必圍棋。必然後忘憂也。祖逖傳王隱傳

曳墮不變。裴遐。綽子也。嘗在東平將軍周馥坐。與人圍棊。馥司馬行酒。遐未即飲。司馬醉。怒曳遐墮地。遐徐起還坐。顏色不變。復棊如故。其性虛和如此。晉書

惟許圍棊參軍于瓚陳節戲事曰。夫嬉戲非爲治之本。自今樗蒲擲馬諸不急戲。宜一斷之。翼曰。今惟許其棋餘悉斷。庾翼集

空如龍鳳。晉羅什與人棊。拾敵死子。空處如龍鳳形。

爛柯。信安郡石室中。晉時樵者王質伐木入山。見二童子棋。與一物如棗核。食之。不覺飢。以所持斧置坐而觀。童子指謂之曰。汝斧柯爛矣。質歸鄉閭。無復時人。述異記。昔有人駕牛採樵。入蒙秦山。見二

老人奕棋。其人係牛。坐斧而觀局。未終。老人謂曰。非汝久留之所。樵人起而斧柯已爛。牛已爲枯矣。黎州圖經

賜局。何承天素好奕棋。頗用廢事。又善彈箏。文帝賜以局子及銀裝箏。承天表謝。上答曰。局木之賜。何必非張武之金耶。南史

劇棊。羊玄保爲黃門侍郎。善奕。棊品第三。宋文帝

亦好奕。與賭郡。玄保戲勝

其後奏事不中條。四庫本自「朝廷不治實爾之罪」句以下注闕（九六六—九一六至九一七下）。明刊本其原文如下

朝庭不治。寔爾之罪。世祖失容。放碁曰。不聽奏事。實在朕躬。樹何罪置之。弼奏事訖曰。爲人臣而逞其志於君前者。非無罪也。乃詣公車。自劾請罪。世祖曰。吾聞築社之役。蹇而築之。端冕而事之。神與之福。然則卿有何罪。魏書

奕棋杖僕。甄琛字思伯。舉秀才。入都積歲。頗以奕棋棄日。至乃通宵不止。手下蒼頭。常令秉燭。或時睡頓。大加其杖。如此非一。奴後不勝楚痛。乃白琛曰。郎君辭父母。仕宦京師。若爲讀書執燭。奴不敢辭罪。乃以圍棋日夜不息。豈是向京之意。而賜加杖罰。不亦非理。琛惕慚感。遂從許叡李彪假書研習。聞見益優。上

二絕。北齊楊子華善畫。王子沖善棊。通神號爲二絕。名畫

猧子亂局。夏日明皇與親王棊。令賀懷智獨奏琵琶。妃子立於局前觀之。上欲輸次。妃子將康國猧子放之。令於局上亂其輸贏。上甚悅焉。天寶遺事楊妃外傳

爭先。一行本不解棋。因會燕公宅。觀王積薪棊一局。遂與之敵。笑謂燕公曰。此但爭先耳。若念貧道四句承除語。則人人爲國手。酉陽語資

老姥指教。翰林棊者王積薪。從明皇西幸。寓宿深溪之家。但有婦姑。止給水火。纔瞑闔戶。積薪夜聞姑謂婦曰。良宵無以爲適。與子手談可乎。堂內無燭。婦姑各在東西室對談已。而姑曰。子已北矣。吾止勝九枰耳。遲明王具禮請問出局。盡平生之好。布子未及數十。姑謂婦曰。是子可教以常勢。

投壺章。四庫本投壺條（九六六—九二二上）。明刊本作「驍傑」。

優人章。飲五日夜條。四庫本止於「不及紂二日耳」句（九六六—九二三下）。明刊本下尚有

不亡何待。優莫曰。桀紂之亡也。遇湯武令天下盡桀也。而君紂也。桀紂並世焉。能相忘然亦殆矣。新序

又此則下明刊本尚有十二則如下

漆城。優旃者。秦倡侏儒也。善為笑言。然合於大道。秦二世立。又欲漆其城。優旃曰。善。主上雖無言。臣固將請之漆城。雖於百姓愁費。然佳哉。漆城蕩

蕩。寇來不能上。即欲就之。易為漆耳。顧難為蔭室。於是二世笑之。以其故止。史記

狩樂忘返。苻堅嘗如鄴。狩于西山。旬餘。樂而忘返。伶人王洛叩馬諫曰。臣聞千金之子。坐不垂堂。萬乘之主。行不履危。故文帝馳車。袁公止轡。孝武好畋。相如獻規。陛下為百姓父母蒼生所係。何可盤于游畋。以玷聖德。若禍起須臾。變在不測。其如宗廟何。其如太后何。堅曰。吾過也。自是遂不復獵。載記

論孔弟子。北齊石動筩嘗於國學中看博士。論云。孔子弟子達者七十二人。幾人已著冠。幾人未著者冠。博士曰。經傳無文。動筩曰。先生讀書豈合不解。孔子弟子已著冠有三十。未著冠有四十二人。博士曰。據何文以知之。曰論語云冠者五六人。五六三十人也。童子六七人。六七四十二人也。豈非七十二人。坐中皆大笑。博士無以應之。啓顏錄

旱魃戲。侍中宋璟疾。負罪而妄訴不已者。悉付御史臺治之。謂中丞李謹度曰。服不更訴者出之。尚訴未已者且係。由是人多怨者。會天旱有魃。優人作魃狀戲於上前。問魃何為出。對曰。奉相公處分。又問何故。曰。負冤者三百餘人。相公悉以係獄抑之。故魃不得不出。明皇心以為然。又璟使御史蕭隱之。充使括江淮惡錢。隱之嚴急擾煩。怨嗟盈路。上於是貶隱之官。罷璟為開府儀同三司。通鑑

圓夢脫命。安祿山之叛也。玄宗幡遷於蜀。有陷在賊中者。多爲祿山所脅從。而黃幡綽同在其數。亦得出入左右。及收復。幡綽被拘。至行在。上憐其敏捷什之。有於上曰。黃綽幡在賊中與大逆圓夢。皆順其情而忘陛下積年之恩。祿山夢見衣袖長忽至階下。綽曰。當垂衣而治之。祿山夢見殿中槅子倒。綽曰。革故從新。推之皆此類也。綽曰。臣實不知大駕塵蒙赴蜀。既陷在賊中。寧不苟悅其心以脫一時之命。今日得再見天顏。若與大逆圓夢。必知其不可也。上曰。何以知之。對曰。逆賊夢衣袖長。是出手不得也。夢槅子倒者。是胡不得也。以此臣故先知之。上大笑而止。明皇十七事

步打狀元。僖宗頗工衆藝。於音律博蹴踘門鷄。自以爲能于步打。嘗謂優人石野豬曰。朕若作步打。進士舉須爲狀元。野豬對曰。若遇堯舜作禮部侍郎。恐陛下不免落第。北夢瑣言續世說作若應擊毬進士舉。

乞禁明月。唐昭宗時財用窘乏。李茂貞令榷油以助軍銀絹例物。此鐶掉腦後可也。一坐失色。檜怒。明日下伶於獄有死者。於是語禁始益繁。芮燁令柃等吻禍。蓋其末流焉。桯史

彌遠彌堅。史彌遠用事選人改官多出其門。制閫大宴。有優爲衣冠者數輩。皆稱爲孔門弟子。相與言吾儕皆選人。遂各言其姓曰。吾爲常從事。吾爲於從政。吾爲吾將仕。吾爲路文學。別有二人出曰。吾宰予也。夫子曰。於予與改。可謂僥倖。其一曰。吾顏回也。夫子曰。回也。不改吾爲。四科之首而不改。汝何爲獨改。曰。吾鑽故改。汝何不鑽。回曰。吾非不鑽而鑽彌堅耳。曰。汝之不改宜也。何不鑽彌遠乎。

大韓小韓。韓平原在慶元初。其弟仰胄爲知閤門事。頗與密議。時人謂之大小韓。求捷徑者爭之。一日內燕。優人有爲衣冠到選者。自叙履歷材得美官。而留滯銓曹。自春徂冬。未有所擬。方徘徊浩歎。又爲日

者弊帽持扇過其旁。遂邀使談庚申。問以得祿之期。
日者厲聲曰。君命甚高。但於五星局中財帛宮若有所
礙。目下若欲亨達先見小寒。更望成事必見大寒可也
。優蓋以寒爲韓。侍燕者。皆縮頸匿笑。桯史
鳳凰見瑞。金章宗蒲察皇后沒世。中宮久虛。官人李
師兒性慧黠。大蒙愛幸。欲立以爲后。金朝故事其娶
后尙主。皆諸部部長之家。而李氏微甚。其大臣固執
不從。臺諫以爲言。章宗不得已。進封爲元妃。而勢

位熏赫。與皇后侔。其兄弟皆擢顯近。勢傾朝廷。四
方射利競進之徒爭趣其門。一日。章宗宴宮中。優人
玳瑁頭者戲於前。或問上曰。有何符瑞。優曰。汝不
聞鳳凰見乎。其人曰。知之而未聞其詳。優曰。其飛
有四。所應亦異。若向上飛則風雨順時。向下飛則五
谷豐登。向外飛則四國來朝。向裏飛則加官進祿。上
大笑而罷。金史妃傳
鍾庸大鶴。宋端平間。眞德秀應召而起。百姓仰之若
元祐之仰涑水也。繼參大政。未及有所建置而卒。魏
了翁帥師亦未及有所經略而罷。臨安優人裝一生儒。
手持一鶴。別一生儒與之邂逅。問其姓名曰。姓鍾名
庸。問所持何物。曰。大鶴也。因傾蓋歡然。呼酒對
飲。其人大嚼。洪吸酒肉。靡有孑遺。忽顛仆于地。
群數人曳之不動。一人乃批其頰大罵曰。說甚中庸大
學。典了許多酒食。一動也不動。遂一笑而罷。鶴林
玉露

客人賣傘。嘉泰末年。平原公恃有扶日之功。凡事自
作威福。政事皆不由內出。會內宴。伶人王公瑾曰。
今日政如客人賣傘。不由裏面。後寧宗恭淑后上仙。
而曹氏爲婕妤。平原特以爲親屬。偶值眞里富國進馴
象至。平原語公瑾曰。不聞有眞里富國。公瑾曰。如
今有假楊國忠。平原雖憾之而無罪加焉。白髓
卷四十二
祭祀章卿士立祠條。四庫本自「祀百辟卿士有益於民

者。蜀」句以下注闕（九六七—九下至十一上）。明

刊本其文如下

祀百辟卿士有益於民者。蜀郡以文翁。九江以召父。應詔書歲時郡二千石。率官屬行禮奉祠。信臣家在南陽。亦爲立祠。漢書

立廟沔陽。諸葛亮初亡所在。各求爲立廟。朝議以禮秩不聽。百姓遂因時節私祭之於道陌上。言事者或以爲可聽立廟於成都者。後主不從。習隆向充等共上表

曰。臣聞周人懷召伯之德。甘棠爲之不伐。越王思范蠡之功。鑄金以存其像。況亮德範遐邇。勳益季世。而蒸嘗止於私門。廟像闕而莫立。使百姓巷祭。戎夷野祀。非所以存德念功。述追在昔者也。宜因近其墓立之於沔陽。使所親屬以時賜祭。於是始從之。襄陽記

珍新先奠。羊玄保自少至老謹於祭奠。四時珍新。不未得祠薦者口不妄嘗。宋書

祭用土產。張沖永明八年爲假節。監青冀二州行刺史事。沖父初卒。遺命曰。祭我必以鄉土所產。無用牲物。沖在鎮西時還吳國。取菓菜。每至嘗烝。輒流涕薦焉。齊書

給酒助祭。胡叟少孤。言及父母則淚下若孺子之號。燉煌范潛家善釀酒。每節送一壺與叟。許赤武裴定宗等謂潛曰。再三之惠以爲過厚。子惠於叟何其恒也。潛曰。我恒給祭者以其恒於孝思也。論者以潛爲君子矣。後魏

酌水祭海。王義方初爲太子校書。魏徵張亮皆厚禮之。亮誅。坐與交遊。貶授儋州吉安丞。行至南海。舟人將以酒脯致祭。義方曰。黍稷非馨。義在明德。乃酌水而祭。唐書

郊丘

太壇太折。祭天曰。燔柴。祭地曰。瘞埋。爾雅。圓丘太壇祭天。方澤太折祭地。廣雅

承天。五祀。南郊。北郊。西郊。東郊。中兆。正謀五者。天子。公侯伯子男。卿大夫。士。所以承天也。禮合文嘉

天位地利。祭帝於郊。所以定天位也。祀社於國。所以列地利也。禮運

以事類祭。今尚書夏侯歐陽說類。祭天名也。以事類祭之。奈何天位在南方。就南郊祀之是也。五經異義

子道事之。王者所以祭天地何。王者父事天。母事地。故以子道事之也。祭日以丁與辛何丁。者反覆自丁

寧。辛者當自剋辛也。五經通義

陽義陰象。成帝初即位。丞相御史大夫桓譚奏言。帝王之事莫大於承天之序。承天之序莫重於郊祀。故聖王盡心極慮以建其制。祭天於南郊。就陽之義。瘞地於北郊。則陰之象也。因其所都而各饗焉。昔者周文武郊於酆鄗。成王郊于雒邑。由北觀之。天隨王者所居而饗之可見也。甘泉泰畤。河東后土之祠宜可徙置長安。漢書

晝暝。丹陽方儲聰明善天文。爲洛陽令。章帝欲出南郊。儲上言當有疾風暴雨。乘輿不可以出。上疑其妄。儲飲酖而死。果有大風暴雨。洛陽晝暝。後書

黃郊。靈帝建寧二年。迎氣黃郊。道於洛水西橋。逢暴風雨

卷四十三

四庫本鬼神畏鼓條（九六七—六九下）與晚衙鼓（九

六七—七〇上）兩則間。明刊本多十則如下

動物。杜鴻漸自蜀南始臨嘉陵江。乘月色。與從事楊炎杜亞輩登驛樓望江。日行觴謔話。命家童取羯鼓。酣奏數曲。四山猿鳥皆驚飛鴻嗷。衆悉異之曰。昔夔之擊撫百獸舞庭。此豈遠耶。鴻漸曰。某有別墅。近華嚴閣。嘉時登閣。奏此。忽見群羊躑躅于山下。某不謂以鼓然也。及止。群羊亦止。復鼓。羊亦然。旋有二犬走而吠之。及群善側遂俯仰。若有所聽。少選

則復宛頸搖尾。亦從而變態。是知率舞固不難矣。
羯鼓。羯鼓出外。夷以戎羯之鼓。故曰。羯鼓。羯鼓
錄。玄宗好羯鼓。而寧王善吹橫笛。帝常稱羯鼓八音
之領袖。諸樂不可方也。蓋本戎羯之樂。其音太簇一
均。龜茲高昌疏勒天竺部皆用之。其聲焦殺。特異衆
樂。志。玄宗洞曉音律。由之天縱。凡是管絃。悉造
其妙。若製作曲調。隨意即成。雖古之夔曠。無以過
。尤愛羯鼓橫笛云。八音之領袖也。諸樂不可爲比。

嘗値二月詰旦巾櫛方畢時。宿雨初晴。景色明麗。小
殿庭內柳杏將吐。高力士遣取羯鼓。上旋命之。臨軒
縱擊一曲。名春光好。神思自得。又製秋風高。每至
秋空迥徹。纖羅不起。即奏之。必遠風徐來。庭葉墮
落。其妙絕天神也如此。
解穢。上性儁邁。酷不好琴。嘗聽彈正弄。未及畢。
叱琴有曰。待詔出去。謂宦者曰。速召花奴。將羯鼓
來。爲我解穢。

能事。宋開府雖耿介不倫。亦深好聲樂。尤善羯鼓。
始承恩顧。與上論鼓事曰。頭如青山峰。手似白兩點
。案此即羯鼓之能事。山峰欲不動。雨點取碎急。東
都留守鄭淑祖母即開封之女。今尊賢里。鄭氏第小樓
即是夫人習鼓之所也。
善羯鼓。曹嗣王皐爲節度使。有客懷二捲見之。皐捧
而嘆曰。此至寶也。必開元中供御捲也。已而問之。
果得于高力士矣。杜鴻漸爲三川副元帥。成都匠者有

以二杖獻之。鴻漸示于衆曰。此尤物也。必常衣襟下
收之。積時也。已而問之。果養之脊溝中二十年矣。
廣德中。蜀客前雙流縣丞李琬者。嘗至長安。夜聞羯
鼓聲。曲頗妙。謂鼓工曰。君所擊者豈非耶婆色鷄乎
。雖至精能。然而無尾。何也。工大異之曰。君固知
音者。具言所以。琬曰。夫耶婆色鷄掘拓急偏解之。
工如所敎。果能諧協而盡其聲矣。上泣而謝之。柘枝
用渾脫解。甘州用結了頭解之類是也。並羯鼓錄。

不鳴。貞元十三年六月丙寅。天晦街。鼓不鳴。
銅鼓。貞元中。驃國進樂。有銅鼓。咸通末。龔州刺史張直方因葺城池掘得一銅鼓。捨于延慶。以代木魚。僖宗朝林藹守高州。鄉野牧童聞田中蛤鳴。欲進捕之。一蛤躍入穴中。掘而取之。得一銅鼓。其上隱起。多鑄蛙黽之狀。豈鳴蛤。乃銅鼓之精耶。嶺表錄異
禁用。鄭餘慶。兼判太常卿事。初德宗自山南還宮。關輔有懷光吐蕃之虞。都下驚擾。遂詔太常習樂去大

鼓。至是餘慶始奏。復用大鼓。唐書
建福。新進士放榜後。翌日。排建福門候謁宰相。有詩曰。華陽觀裏鐘聲起。建福門前鼓動時。即其事也。南部新書
時鼓。張薦明爲道士。高祖召見。延入内殿。薦明聞宮中奏時鼓曰。陛下聞鼓乎。其聲一而已。五音十二律。鼓無一焉。然和之者鼓也。五代史
卷四十五

四庫本「令輸玉粟」與「高府」條（九六七—一六九下）間。明刊本多一則如下
分倉養母。齊有北郭騷者結罘罔。捆蒲葦。織屨履。養其母猶不足。踵門見晏子曰。願乞所以養母。晏子之僕謂晏子曰。此齊國之賢者也。今乞所以養母是說夫子之義也。必與之。晏子使人分倉粟分府金而遺之。辭金而受粟。有問。晏子見疑於齊君。出奔。北郭子召其友而告之曰。說晏子之義而嘗乞所以養母焉。

吾聞之曰。養及親者身伉其難。今晏子見疑。吾將以身死白之。著衣冠。令其友操劍奉笥而從。造於君庭求復者曰。晏子天下之賢者也。去則齊國必侵矣。必見國之侵也。不若先死請以頭託白晏子也。因謂其友曰。盛吾頭於笥中。奉以託。退自刎也。其友因奉以託。其友謂觀者曰。北郭子爲國故死。吾將爲北郭子死也。又退而自刎。齊君聞之。大駭。乘馹而自追晏子。及之國郊。晏子不得已而反。呂氏春秋

卷四十七

四庫本「練帽自表」條後注闕一行（四六七—二五九上）。明刊本作「碧帽爲識。張巡前此遣將李滔救東平。遂叛入賊。大將田秀榮潛與通。」

又易青以碧條後。四庫本兩行注闕（九六七—二七六上）。明刊本作

「衣畫雲霞。前蜀王衍嘗與太后太妃遊青城山。宮人衣服皆畫雲霞飄然。望之若仙。」

卷四十八

四庫本「玉屐」（九六七—三〇四上）「木履畫屐」（九六七—三〇四下）條間。明刊本多「屐謎」一條文字如下。

「屐謎。范廉爲吳興太守。廣陵高爽有險薄才客干廉委以文記。爽嘗有求。不遂。乃爲屐謎以喩。廉曰。刺鼻不知嚏。□面不知瞋。嚙齒作步。數持此得勝。人譏其不計恥辱。以此取名位。梁書」

帷章下向帷悲泣條。四庫本「傍人爲之感傷。終身」句下脫文（九六七—三二三下）。明刊本作「如此。齊書。」。又此條以下四庫本並有脫文如下

雲錦。七月七日宮掖之內。張雲錦之帷。燃九光之燈。候西王母至也。王母以紫錦帷。漢武內傳

綺羅。淮南王見八公至。足下及履迎之。登思仙之臺。張綺羅之帷。神仙傳

繡帷。趙飛燕爲皇后。其弟上遺金錯繡帷。西京雜記

帷宮漢安帝好微行。于郊坰間。或露宿。起帷宮千間。皆用錦罽文繡。拾遺記

幄

覆帳。幬也。說文。大帷。廣韻。覆帳謂之幄。小雅。幄屋也。以帛衣板旋之。形如屋也。釋名

大帷。在上曰帟。四旁及上曰帷。上下四方悉周曰幄。幄。大帷也。三禮圖

幕人堂。幕人幄帟。注帷幕皆以布爲之。四合象宮室

。曰幄。至所居之幄也。周禮
在幄射犬。楚子伐鄭。諸侯還救鄭。晉侯使張骼輔躒致楚師。求御于鄭。鄭人卜宛射犬。吉。大叔曰。不然。部婁無松柏。二子在幄坐。射犬于外。襄二十四
幄幕九張。子產子大叔相。鄭伯以會子產。以幄幕九張行。大叔以四十。既而悔之。每舍損焉。及會亦如之。昭四
虎幄。衛侯爲虎幄于籍甫。哀下

丹綃華幄。燕昭王二年。廣延國來獻善舞者二人。一名。
又丹綃華幄條下。四庫本注闕（九六七—三二四上）。明刊本作「（一名旋）波。一名提（謨）」。
其後。四庫本「滅葭」與「伏青蒲」兩則之間有脫文（九六七—三三六上）。明刊本其文如下
鋪薦席。景公飲酒移於晏子。晏子曰。夫鋪薦席陳簠簋者。有人臣不敢與焉。又移於司馬穰苴。司馬穰苴曰。鋪薦席陳簠簋。有人臣不敢與焉。上
捐席。文公至河。令席衽捐之。咎犯聞之曰。席蓐所臥也。而君棄之。臣不勝其哀。韓子
車席泰美。趙簡子謂左右曰。車席泰美。夫冠雖惡頭必戴之。履雖善足必履之。今車如此。其大美也。吾將何以履之。且夫美而耙上。妨義之道也。上
賜汝席。衛嗣公時。有人於令左右縣。令發褥而席弊。嗣公令人遺席曰。吾聞汝發褥而席弊。其賜汝席。

縣令大驚。以君爲神。上
舍者避席。陽朱南之沛。至梁遇老子。老子曰。睢睢盱盱而誰與居。夫太白若辱盛德如不足。陽朱曰。聞命矣。其往也。舍者避席。其來也。煬者與之爭竈。列子
同席。申屠嘉兀者也。與鄭子產同師伯昏瞀人。合堂同席而坐。莊子
裘坐熊席。衛靈公天寒鑿地。宛春諫曰。天寒起土。

恐傷民。公曰。天寒乎。宛春曰。公衣狐裘。坐熊席。陬隅有竈。是以不寒。呂覽

不重席。孟獻伯相魯。不坐重席。韓子

三經席。孔子困於陳蔡之間。居環堵之內。坐三經之席。說苑

蓋席。仲尼之畜狗死。使子貢埋之曰。丘也貧無蓋。與之以席。檀弓

艾席。老萊子親沒隱蒙山之陽。梜木爲床。薦艾爲席

。皇甫謐高士傳

馬薦席。蘇秦激張儀令相秦。以馬薦席坐之。史記

拔刀斷席。任安田仁俱爲衛將軍舍人。居門下。衛將軍從此兩人過平陽。至主家。令兩人與騎奴同席而坐。此二子拔刀斷席而坐。主家皆怪而惡之。莫敢問也。上

弊席。陳平以弊席爲門。上

莞蒲爲席。文帝以莞蒲爲席。漢書

卷四十九

照見前途條。四庫本「嘉祐中有吳」句下注闕（九六七—三七八上）。明刊本作「僧持一」。

卷五十一

四庫本「楝」章下因脫文而接「楚」章（九六七—四六八下）。其脫漏部分明刊本作

楝

金鈴。苦楝子亦曰金鈴子。花落子謂之石茱萸。本草

鳳食。七月。其樹楝。楝實。鳳凰所食也。淮南

豸食。風俗通云。獬豸食楝。荊楚歲時記。又云。蛟龍畏楝。目五日。

荊

楚。楚荊也。牡荊。蔓荊也。廣雅。一名羊櫨。一名空疏。六甲陰符。

卷五十四

無用條。四庫本「國有千以犬馬有用而豺鹿無用也」

句有脫文（九六七—五七六下）。明刊本作「國有千金之馬而無千金之鹿。家有千金之犬而無千金之豺。以犬馬有用而豺鹿無用也」。

豳殺條。四庫本「後果有靖康北狩之禍」句（九六七—五九六上）。明刊本「靖康北狩」作「北虜犬羊」。

又其後鳥喙條。四庫本注闕（九六七—五九六上）。明刊本作「隨子瞻」。

卷五十五

黑大虫條。四庫本「金人認其旗幟即避之」句（九六七—六三六下）。明刊本「金人」作「金虜」。

六角條。四庫本將牬牛條文誤入（九六七—六四一上）。明刊本作「周成王時東夷送六角牛」。

其後四庫本「牬角」條（九六七—六四一上）。明刊本作「牬牛」。

白角條。四庫本「犬戎人觴天子于雷首之阿」句（九六七—六四一上）。明刊本「人」作「胡」。

衣繡條。四庫本「衣以得乎」句（九六七—六四三上）。明刊本作

衣以文繡。食以芻菽。及其牽而入于太廟。雖欲爲孤犢。其可得乎。莊漁父

廬山精條。四庫本「自京將駱駝至郡。擊射至斃」句中有脫文（九六七—六四九下）。明刊本作「自京將駱駝至郡。因風而逸于廬山下。南土無此畜。人見而大驚。因聚徒擊射至斃」。

卷五十八

鵬章。四庫本圖南條之後注闕（九六七—七六〇至七六二上）。明刊本其文如下

鵬雕。楚文王少時好畋獵。天下快狗名鷹畢聚焉。有人獻一鷹曰。非王鷹之儔。文王見之。爪頭神爽。殊絕常鷹。故爲獵於雲夢。罝網雲布。烟燒漲天。毛群飛旋。爭噬競搏。此鷹軒頸瞪目。遠視雲際。無搏噬之志。王曰。吾所獲以百數。汝鷹曾無奮意。將欺余

耶。獻者曰。若効於雉兎。臣豈敢獻。俄而雲際有一物。翱翔飄颻。鮮白而不辨其形。鷹見之便竦翮而升。矗若飛電。須臾。羽墮如雪。血下如雨。良久。有一大鳥墮地而死。度其兩翅。廣數十里。喙邊有黃。衆莫能識。時有博物君子曰。此大鵬雛也。始飛故爲鷹所制。文王乃厚賞獻者。幽明錄孔氏志怪。漢武帝時。西域黑鷹得鵬雛。衆莫識。惟東方朔識之。

食駝。崑崙層期國出大鵬。飛則蔽日。能食駱駝。人

拾得其翅。裁爲水桶。

羽蔽。元成吉思皇帝西征萬餘里。有大鳥。其一羽足以蔽千人。蓋鵬類也。

金翅鳥

食龍飲鳳。齊景公謂晏子曰。寡人既得寶乘聚萬駟矣。方欲懸黎會金玉。其得之即奚若。晏子曰。臣聞琬琰之外有鳥焉。曰金翅。民謂爲羽豪。其爲鳥也。非龍肺不食。非鳳血不飲。其食也。常飢而不飽。其飲也。常渴而不充。生未幾何。夭其天年而死。珠玉之珍。非乃爲君之患也。

夢食小龍。初武帝夢金翅鳥下殿庭。搏食小龍無數只。飛上天。及明帝即位。誅高武子孫盡。明帝名鸞故也。位齊

四種。龍類有四種生。卵生。胎生。濕生。化生。亦有四種生。金翅鳥食之。搏取龍時以兩翅扇海。令開。乃啣出。起世經

鶴

陽鳥。鶴者陽鳥也。而遊於陰。因金氣依火。精以自養。行必依洲嶼。止不集林木。蓋羽族之宗長。仙人之麒驥也。相鶴經。鶴愛陰而惡陽。雁愛陽而惡陰。禽經

胎化。散幽經以驗物。偉胎化之仙禽。鍾浮曠之藻質。抱清迥之明心。鮑炤舞鶴賦。鶴胎生者。形體堅小。惟食稻粱。雖其馴熟。久須飛去鸛合。而卵生其體

大。食魚蝦喙蛇鼠。不能去耳。雲憍類要
影生。鶴影生。今鶴雌雄相隨。如道士步斗履。其跡
而孕。內典
皋禽。英偉不群而幽蕙之芳駭。峻概獨立而皋禽之振
。抱子。聆皋禽之夕聞。月賦
介鳥。遇九皋之介爲兮。怨素意之不逞。遊塵外而瞥
天兮。據冥翳而哀鳴。忍玄賦。鶴鳴九折之澤聲聞於
天。此增益也。鶴鳴參天。夫則不聞鳴在於澤。云。

何謂乎。論衡藝增篇
夜鳴。鶴大如鵝。長三尺。腳青黑。高三尺餘。赤頰
。赤目。喙長四寸。多純白。亦有蒼色者。今人謂之
赤頰。常夜半鳴。其鳴高朗。聞八九里。唯老者乃聲
下。今吳人園中及士
其後。鴻翼條。四庫本「有時而南有時而北。有時而
」句下注闕（九六七—七七〇上）。明刊本作「有時
而往。有時而來。四方無遠。所欲至而至焉。惟有羽

翼之故。是以能通其意於天下。于寡人之有仲父。猶
飛鴻之有羽翼也。管子
獻鷹。曹伯陽即位。好田弋。曹鄙人公孫彊好弋。獲
白鴈。獻之。且言田弋之說。因訪政事。大說之。有
寵。使聽政焉。左傳
鴈賀。秦穆公得百里奚。公孫枝歸取鴈以賀曰。君得
社稷之臣。實社稷之福。公不辭。再拜而受。說苑
秕飼。鄒穆公令食鳧鴈必飼以秕。無敢以粟。賈誼書

射鴈。梁君出獵見白鴈。欲自射之。道上有驚鴈駭者
。梁王怒。命射此人。其御公孫龍諫曰。昔衛文公時
大旱三年。卜云。必須人祝。文公曰。求雨爲民也。
今殺之不仁。吾自當之。言未卒而雨下。今重鴈殺人
何異虎狼。梁君引龍登車。入郭呼萬歲。曰。善哉。
今日獵得善言也。新序
獻大鴈。杜鄴與王音書云。昔文侯寤犬鴈之獻。而父
子益親。師古曰。文侯廢太子擊。擊臣趙食唐進大鴈

於文侯。應對以禮。文侯感寤。擊得立。前書。韓詩外傳作晨寤。

虛發而下。更羸與魏王處京臺之下。仰見飛鳥。更羸謂魏王曰。臣爲君引弓。虛發而下鳥。有間鴈從東方來。更羸以虛發而下之。魏王曰。然則射可至此乎。更羸曰。此孽也。王曰。先生何以知之。對曰。其飛徐而鳴悲。飛徐者故瘡痛也。鳴悲者久失群也。故瘡未息。而驚心未去也。

又呼鷄祝祝條。四庫本自「養鷄百餘牢」句下注闕（九六七—七八一上）。明刊本作「養鷄百餘年。鷄皆有名字。千餘頭暮棲于樹。晝日放散。呼名即種別而至。神仙傳。祝鷄翁善養鷄。今世人呼鷄皆曰祝起。此也。博物志。 俗傳鷄本朱氏翁化爲之。故呼鷄皆曰。朱朱。謹按說文解喌。喌二口爲誰。州其聲也。讀若祝祝者。誘致禽畜和順之意。喌與朱相似耳。風俗通

又此條以下。明刊本當多六則如下

山鷄爲鳳。楚人擔山雉者。路人問何鳥也。擔雉者欺之曰。鳳凰也。路人曰。我聞有鳳凰。今直見之。汝販之乎。曰。然則十金弗與。請加倍乃與之。將欲獻楚王。經宿而鳥死。路人不遑惜金。惟恨不得以獻楚王。國人傳之。咸以爲眞鳳凰貴。欲以獻之。遂聞楚王。王感其欲獻於己。召而厚賜之。過於買鳥之金十倍。尹文子

雙頭。太初二年。月氏貢雙頭鷄。四足一尾。鳴則俱鳴。拾遺

碧鷄。方士言益州有金馬碧鷄之寶。可祭祀致也。宣帝使王褒往祀焉。漢書

巽羽。幽通賦。巽羽化乎宣室兮。彌五辟而成災。應劭云。宣帝時未央宮路軨中雌鷄化爲雄。元后時始爲太子妃。至平帝。歷五葉。而王莽簒漢

長鳴。成帝時交阯越巂獻長鳴鷄。即下漏驗之。晷刻

無差。一鳴一食。長距善門。西京雜記

山鷄舞。山鷄愛其毛羽。映水則舞。魏武時南方獻之。帝欲其鳴舞而無由。公子蒼舒令取大鏡著其前。鷄鑒形而舞。不知止。遂乏死。韋仲將爲之賦其事。異苑

其後龍鄉條。四庫本「故梁國寧陵種龍鄉也。今」句下注闕(九六七—七八四下)。明刊本缺處作見都印文曰。種龍出鳴鷄。陳留風俗傳。龍鄉輟曉。

謝希逸朱宣武誄

汝南。汝南出長鳴鷄。漢舊儀。東方欲明星爛爛。汝南晨鷄登壇喚。曲終漏盡嚴具陳。月沒星稀天下旦。古鷄鳴歌。惟憎無賴汝南鷄。天河未落猶爭啼。徐陵烏棲曲

五時。有司夜鷄隨鼓節而鳴不息。從夜至曉。一更爲一聲。五更爲五聲。亦曰五時鷄。

玉鷄。扶桑山有玉鷄。玉鷄鳴則金鷄鳴。金鷄鳴則石鷄鳴。石鷄鳴則天下之鷄悉鳴。而潮水應之矣。神異經。石鷄清響而應潮。孫綽望海賦

潮鷄。愛州移風縣有潮鷄。鳴長且清。如吹角。每潮至則鳴。一名林鷄。其冠四開。如芙蓉。輿地志。述異記以爲伺潮鷄。

細尾。馬韓國出細尾鷄。其尾長五尺餘。魏志

承露。南郡獻長鳴承露鷄。江表傳

狼肓。狼肓之鷄特稟異聲。狼肓地名。

長尾鷄。馬韓有長尾鷄。尾長五尺。後四夷傳

容鷄。高興縣多容鷄。其形如鷄。來則年穰。南越志

時夜。見卵而求時夜。見彈而求鴞炙。注云。見卵而責司晨之功。見彈而求鴞炙之實。崔云。時夜司夜謂鷄也。莊子

五指五色。玄鷄白頭金之病人。鷄有五指者亦殺人。鷄有五色者亦殺人。龍魚河圖

呼人姓名。老鷄能呼人姓名。殺之則止。白澤圖

羽蓋條。四庫本自「皇后法駕乘重翟羽」下注闕（九
六七—七八八下）。明刊本作
蓋。徐廣車服注
爲鶾。已看能類鼈。猶訝雉爲鶾。柳詩
鷰
瑤光星散。瑤光星散爲鷰。運斗樞
天女。鷰一名天女。又名名鷙鳥。古今注。入山見白
鷰。其君宜得貴女。注云。今俗名鷰爲天女。京房易

占
處屋。秦兵攻趙。魏大夫以爲於魏便。子順曰。秦貪
暴之國也。勝趙必復他來。吾恐於時受其師也。先人
有言。燕雀處屋。子母相哺煦煦焉。其相樂也。自以
爲安矣。竈突決上。棟宇將焚。燕雀顏色不變。不知
禍之將及己也。今子不悟趙破患將及己。可以人而同
於燕雀乎。孔叢子
照窟。春申君都吳宮。因加巧飾。春申死。吏照鷰窟
。失火遂焚。吳地記
啣土。臨江閔王榮坐寢廟壖爲宮。上徵榮。榮詣中尉
府。中尉致都責訊王。王恐。自殺。葬藍田。燕數萬
啣土置塚上。百姓憐之。史記。王莽開哀帝母丁姬塚
。有鷰數千啣土投其窟中。漢書。宋青州刺史都泰玄
字義貞。好黃老。故老。
白燕條四庫本自「遊翔庭宇。經九」句下注闕（九六
七—七九一上）。明刊本闕處作

「月乃去。衆燕翼隨。恒有數千。起居注」
又此條下明刊本尙多十四則如下
巢林。宋文帝元嘉二十八年。魏人破南兗徐豫青冀。
殺掠不可勝計。丁壯即加斬截。嬰兒貫於槊上。盤舞
以爲戲。所過郡縣。赤地無餘。春燕歸來。巢於林木
。
共啣繡像。宋劉義隆時。天竺僧求那跋摩將詣揚州。
路過靈鷲寺。謂諸僧曰。此間尋有異瑞。兼值王者登

臨。其年冬。果有群燕共啣繡像委之堂內。及齊王蕭道成初爲始興。太守遊於此寺而起白塔。廣弘明集

鷾鴯。鳥莫知於鷾鴯。鷾鴯。鷰也。莊子

塗巢。鷰戊巳日不啣泥塗巢。此非才智。自然得之。博物志

乙。齊魯之間謂燕爲乙。作巢避戊巳。玄中記云。千歲之鷰。戶北向。述異要云。五百歲鷰生胡。生髯。酉陽

玄鳥。郯子云。少皞時玄鳥氏司分者也。左傳鳦。玄鳥也。燕也。齊魯謂之鳦。取其鳴自呼。廣韻

赤燕。少昊氏之時。赤鷰啣羽而飛。集戶遺其丹書。田俅子

吞卵。秦之先帝顓頊之苗裔。孫曰女脩。女脩識玄鳥隕卵。女脩吞之。生子大業。史記

遺卵。有娀氏有二佚女爲之九成之臺。飲食必以鼓。帝令鷰往視之。鳴若謚隘。二女愛而爭搏之。覆以玉筐。少選祭而視之。鷰遺二卵北飛。遂不反。二女作歌。一終曰。鷰鷰往飛實。始作爲北音。

培城。北涼沮渠蒙遜起遊林堂。于內苑圖列古聖賢之象。堂成讌群臣談論經傳。顧謂郎中劉昞曰。仲尼何如人也。昞曰。聖人也。遜曰。聖人不凝滯于物而能與世推移。畏于匡。辱于陳。伐樹于宋。聖人固若是乎。昞不能對。遜曰。卿知其外。不知其內。昔魯人有浮海而失津者。至于亶洲。見仲尼及七十子遊於海中。與魯人一木杖。令閉目乘之。使歸告魯侯築城以

備寇。魯人出海投杖水中。乃龍也。具以狀告。魯侯不信。俄而有群燕數萬。啣土培城。魯侯信之。大城曲阜訖而齊寇至。攻魯不克而還。此所以稱聖也。十六國春秋

巢幕。吳公子札自衛如晉。宿于戚。聞孫林甫擊鍾聲曰。異哉。夫子獲罪於君以在此。懼有不足而又何樂。夫子之在此也。猶鷰之巢於幕上也。左傳。危素卵

之累殼。甚玄蔦之巢幕。潘岳西征賦

爭巢。李惠長於思察。雍州聽事有燕爭巢鬥已累日。惠令人掩獲。試命綱紀斷之並辭。惠乃使卒以弱竹彈雨燕。既而一去一留。惠笑謂吏屬曰。此留者自計爲巢功重。彼去者既經楚痛。理無固心。群下伏其深察。後魏

兆祥。侍中紀睦初生有白燕一雙出。既表素質。宦途亦通。宣城記

燕女墳。襄陽霸城王整之姊嫁爲衛敬瑜妻。年十六。而敬瑜亡。父母舅姑咸欲嫁之。誓而不許。乃截耳置中爲誓。乃止。所住戶有燕窠。常雙飛來去。後忽孤飛。女感其偏栖。乃以縷繫足爲記。後歲。此燕果復更來。猶帶前縷。女復爲詩曰。昔年無偶去。今春猶獨歸。故人恩既重。不忍復雙飛。雍州刺史西昌侯藻嘉其美節。乃起樓於門題曰。貞義衛婦之閭。又表於臺。南史。宋末娼家女姚玉京嫁襄州小吏。衛敬瑜溺水而死。玉京守志養舅姑。常有雙燕窠梁間。一日爲鷙鳥所獲。其一孤飛悲鳴徘徊。至秋翔集玉京之臂如告別然。玉京以紅縷繫足曰。新春復來爲吾侶也。明年果至。因贈詩云云。自爾秋歸春來凡六七年。其年玉京病卒。明年燕來。周章哀鳴。家人語曰。玉京死矣。墳在南郭。燕遂至墳所亦死。海風清月明。襄人見玉京與燕同遊溪水之濱。唐李公撰燕女墳記

列從。呂光大安三年。白燕遊酒泉。群黑燕列從。涼州記

童子。孫氏妻黃見一童子當前。以釵擲之。躍入雲中。夜聞戶外歌曰。昔塡夏家塚。葺泥頭欲禿。人寄黃氏居。非意傷我目。尋覓巢中得一白燕。左目傷。續異記

白燕巢庭。高士馬樞目常黃。能視闇中物。有白燕一雙。巢其庭樹。馴狎櫚廡。時上几案。春來秋去幾三十年。陳書

寄書長安。民郭行先有女紹蘭適巨商任宗。爲賈於湘中數年。音信不達。紹蘭見雙燕戲於梁間。長吁淚下。語燕欲憑附書於婿。燕子飛鳴上下。似有所諾。遂飛泊膝上。蘭乃吟詩云。我婿去重湖。臨窗泣血書。殷勤憑燕翼。寄與薄情夫。小書其字。繫於足上。燕遂飛鳴而去。任宗時在荆州。忽見一燕飛鳴。泊於肩上。見有書繫足上。解而視之。乃妻所寄也。宗感而泣下。遂歸。首出詩示蘭。後張說傳其事。開天遺事

共乳。雇玄暐居父喪。廬有燕更巢共乳。

容綀。俗傳燕巢人家。巢戶內向及良過尺者。吉祥也。集賢張公每歲燕巢正寢。其長可容足綀。戶悉內向。數年遂登庸。瑣率錄遯叟閑覽

妒燕。漢戶部侍郎范質言嘗有燕巢於舍下。雛已哺食矣。其雌者爲猫所搏食。雄啁啾久之方去。即時又與一燕爲匹而至。哺雛如故。不數日。雛相次墮地。宛轉而殭。兒童剖腹視之。則有疾藜在嗉中。蓋爲繼偶者所害。王堂閑話。夷堅志張子韶事同

巢燕不歸。宋錢惟演自兗守罷。遂築室于楊。亦既五年。忽春深。巢燕不歸。已疑之。默訪諸寺觀州宅。皆不至。不二年。二城丘墟矣。滄山雜識

臘丸。金宣撫使田琢字器之。明昌丙辰從軍塞外。合虜里山野舍。春末有雙燕爲巢。土人不識。屢欲捕之。田曲爲全護此燕。晝出夜歸。田必開戶待之。忽一日飛止坐隅都無驚畏。巧語移時不去。田思明日秋社

燕當歸矣。此殆爲留別語也。因作詩贈云。幾年塞外歷奇危。誰謂烏衣亦此飛。朝向蘆陂知有爲。暮投第舍重相依。君憐我處頻迎語。我憶君時不掩扉。明日西風悲鼓角。君應先去我何歸。遂細書爲臘丸係其足上。明年四月。田受代歸。又八年泰和甲子。田爲潞州觀察判官。四月十二日偶坐廨舍之含翠堂。忽雙燕至。一飛簷戶間。一上硯屏。田諦視即前燕也。臘丸尚在。田謂同年龐鑄畫爲圖。自作序。求趙閑作賦詩

。中州集

鷔水底條。四庫本兩處注闕（九六七—七九三上）。明刊本分別作「燕凡狐白貂鼠之類」。「燕不入室」。

四庫本黃口與獻雀兩條間（九六七—七九四下）。明刊本尙多一則

識雀音。論語疏。公冶長辨鳥雀語。云唶唶嘖嘖。白蓮水邊有車覆。粟車腳淪泥。犢牛折角收之不盡。相呼共啄。人驗之果然。邢昺云。舊說冶長解禽語。故係之縲絏。海錄。益部耆舊傳河內太守楊宣桂陽。先

賢傳成武丁事同。

獻雀條。四庫本「而綴以五彩」句下有闕文（九六七—七九四下）。明刊本作「而綴以五彩。王大悅。申叔告子順曰。王何以爲也。對曰。正且放之。示有生也。子順曰。此處委巷之鄙事。非先王之法也。且又不令。申叔曰。何謂不令。曰。夫爵者宜受之於上。不宜取之於下民。非所得制爵也。昔虢公祈神。神賜之土田。是失國而受田之祥也。今以一國之王。受民之爵。何悅乎。孔叢子」

又此「獻雀」條與以下之「止肩」條間（九六七—七九四下）。明刊本尙多十則如下

探鷇而食。趙武靈王自號主父。廢長子章而傳國於公子何。主父遊沙丘。公子章作難與何戰。敗。章趍主父。主父聞之。何遂圍主父。飢探雀鷇而食之。三月餘。遂餓死沙丘。東魏爲侯景檄梁文云。徒探雀鷇。無救府藏之虛。空請熊蟠。詎延晷刻之命。庾信哀江

南賦云。探雀鷇而未飽。待熊蟠而詎熟。史記

彈丸加頸。莊辛謂楚王曰。夫雀俯啄白糧。仰棲茂樹。鼓翅奮翼。自以爲無患。與人無爭也。不知夫王孫公子左挾彈。右持攝丸。以加其頸。晝棲乎茂樹。夕調酸鹹矣。國策

爵命之祥。圉人魏尙。高帝時爲太史。有罪繫詔獄。有萬頭雀集獄棘樹上。拊翼而鳴。尙占曰。雀者爵命

之祥。其鳴即復也。我其復官也。有頃。詔還故官。
陳留耆舊傳

相殺。漢中平三年八月。懷陵上有萬餘雀。先極悲鳴已。因亂門相殺。皆斷頭懸著樹枝枳棘。到六年靈帝崩。夫陵者。高大之象也。雀者。爵也。天戒若曰。懷爵祿而尊厚者。自還相害至滅亡也。搜神記

集陵。中平三年八月。懷陵上有萬餘雀。

啣環。弘農楊寶性慈愛。年九歲。至華陰山見一黃雀

爲鴟梟所搏。逐樹下。復爲螻蟻所困。寶懷之以歸。置諸梁上。夜視爲蚊所嚙。乃移置巾箱中。啖以黃花。逮十餘日。毛羽成。飛翔朝去暮來宿巾箱中。如此積年。忽與群雀俱來哀鳴。遶堂數日乃去。是夕。寶三更讀書。有黃衣童子曰。我王母使者。昔使蓬萊爲鴟梟所搏。蒙君之仁愛。見赦今當受賜南海。別以四玉環與之。曰。令君子孫素白。且從登三公事。如此環矣。寶之孝大聞天下。名位日隆。子震。震生秉。秉生彪。四世名公。及震葬時。有大鳥降。人皆謂貞孝招也。齊諧記。駱賓王啓云。陰山之雀敢懷餐蕊之心。漢東之蛇。期致投珠之報。又曰。白羽書生自銘恩于食稻。黃衣童子將賽德于蕊花。昔日黃雀報恩而至。蔡邕論。弘農楊氏高都東房承四太尉之後。世傳黃雀所啣玉環。至天寶中。爲楊國忠所奪。今不知所在。傳載

入幕。王祥繼母朱氏思黃雀炙。忽有數十黃雀飛入其幕。得以供母。鄉里以爲孝感。晉書

雀飛入手。任城魏肇之初生。有雀飛入手。占者以爲封爵之祥。異苑

長嘯雀來。上虞縣奚奴多諸方術。向空長嘯。則群雀來萃。夜哭。蚊虻悉死於側。上

雀集鷄背。丞相府有將雛鷄。雀飛集其背上。驅之復來。如此再三。令璞卜之。此晉王即祚之漸也。同林

卷五十九

鸜鵒章來巢條。四庫本兩處注闕（九六七—八一〇上）。明刊本分別作「遙遙鸜鵒」及「昭二十五」。

卷六十

避狼城條。四庫本「洛南有避狼城。是其處也」句（九六七—八七三下）。明刊本作「洛南有避狼城云。幽王時群臣爲狼食人。故築城避之。今洛中有狼村是其處也。」

求子猿條之後四庫本注闕（九六七—八七六上至八七

十下）。明刊本其文如下

浴子。北齊高昂字敖曹。其母張氏生一男二女。令婢爲湯。將浴之。婢置而去。養猿繫解以兒投鼎中。爛而死。張使積薪于村外。縛婢及猿焚殺之。揚其灰于漳水。然後哭之。昂性似其母。北史十九

山公。王績遊嵩山。月夜見一人胡鬢眉皓而瘦。稱山公。與績談文。異義出於言外。績疑其怪。潛問。匣取鏡。鏡光出而胡者失聲。俯伏化爲猿而殞。異聞集

。李約多蓄古器。養一猿。名山公。嘗以之隨。逐月夜泛江。登金山。擊鐵鼓琴。猿必嘯和。傾壺連豆。不俟外賓。約汧公子也。因話錄。

守火執爨。魏元忠素強正。其微時家貧止一婢。廚中方爨。出外汲水。回乃見老猿爲其守火。婢驚白元忠。猿執爨口。猿恐我乏。使爲我爨。不亦善乎。後亦無他。廣異傳

山猿報時。商山隱士高太素累徵不起。在山中構道院

二十餘間。太素起居清心亭下。皆茂林秀竹。奇花異卉。每至壹時。即有猿一枚詣亭前。鞠躬而啼。不易其猴。太素因目之爲報時猿。天寶遺事

四叟。唐王縉讀書嵩山。有四叟携榼來相訪。自稱木巢南林大節孫文蔚石媚虬。高談劇飲。既醉。俱化爲猿。升木而去。樹萱錄

白猿脂。同昌公主疾甚。毉者云。紅蜜白猿脂食之可愈。內庫得紅密數石本。兜離國所貢白猿脂數甕。本

南海所獻。□□縮。

巴兒。段公路咸通十年往高涼。程次青山鎮。其山多猿。有黃緋者絕大。毛彩殷鮮。眞謂奇獸。多群行。玄者善啼。啼數聲則虫猿叫嘯。騰擲如相呼焉。其音淒入肝脾。韻含宮徵。方知當一部鼓吹不獨蛙聲矣。因召獵者捕而養之。名曰巴兒。極馴不貪。食於樹杪。問呼之則至。後自潘州回路。歷仙虛。聞舊山猿啼不食而卒。乃積薪藏坎。北戶錄

巴西侯。吳郡張鋋罷秩歸蜀。行次巴西。會日暮。有人道左出拜曰。吾君巴西侯奉邀。鋋既見。飲酒命樂。夜將半。鋋假寐。將曉。□而寤。見身臥石龕中。有巨猿醉臥于地。宣室志

野賓。五仁裕畜一猿。號野賓。呼之則應。後因爲患。項上係紅絲一縷。題詩送之。孤雲兩角山。有棲宿免勞。青嶂夢躋攀。應悵碧雲心之句。後入蜀。行次嶓冢廟前。見群猿飲千清流。有巨猿捨群而前於道畔古木之間。垂身下顧。紅綃髣髴而在。從者指之曰。此野賓也。呼之。聲聲相應。移時哀叫數聲而去。許遠尙聞嗚咽之聲。疑其腸斷矣。繼作一篇末句云。數聲腸斷和雲叫。識是前年舊主人。王氏見聞

鳴哀。峽長十百里。兩岸連山略無絕處。重巖疊障。隱天蔽日。自非亭午分夜不見曦月。每至晴初霜旦。林寒澗肅。常有高猿長嘯。屬引清遠。漁者歌曰。巴東三峽巫峽長。猿鳴三聲淚沾裳。

朝野僉載六卷

唐張　鷟撰

以明萬曆間繡水沈氏尚白齋刊寶顏堂秘笈本

校補

卷一

廣平王條。四庫本「亦如冉閔殺番」（一〇三五—二二五上）。明刊本「番」作「胡」。

卷二

周推事條。四庫本「元禮外域人薛師之」（一〇三五—二二八下）。明刊本「外域」作「胡」。

卷四

周則天朝條。四庫本「契丹之孫萬榮之寇幽」句（一〇三五—二五四上）。明刊本「之孫」作「賊孫」。又其後「聞敵駱務整從此數千騎來」（同上）「聞敵已退」「去敵七百里」。明刊本「敵」皆作「賊」。

周右拾遺條。四庫本「遇契丹之孫萬榮」句（一〇三五—二五八上）。明刊本「之」作「賊」。

周春官條。四庫本「翻爲敵踏歌」句（一〇三五—二五八上）。明刊本「敵」作「賊」。

卷五

英公李勣爲司空條。四庫本自「汝長生不知事尚書侍郎。我老翁不識」句以下有脫文。並將下一則之文誤置其下（一〇三五—二六七下）。其原文應作「汝長生不知事尚書侍郎。我老翁不識字。無可教汝。何由可得留。深負媿汝。努力好去。侍郎等惶懼。遽問其姓名。今南院看牓。須臾引入注與吏部。令史英公時爲宰相。有鄉人嘗過宅。爲設食。食客裂卻餅緣。英公曰。君大少年。此餅犂地兩遍。熟概下種。鋤塒收刈。打颺訖磑。羅作麵。然後爲餅。少年裂卻緣是何道。此處猶可。若對至尊前。公作如此事。參差斫卻你頭。客大慚悚。浮休子曰。宇文朝華州刺史王羆。有客裂餅緣者。羆曰。此餅大用功力。然後入口。公

裂之。只是未飢且擎。卻客愕然。又臺使致羆食飯。使人割瓜皮大厚投地。羆就地拾起以食之。使人極悚息。

刑部尚書李日知自爲畿赤不曾打杖行罰。其事亦濟。及刑部尚書有令史受敕。三日忘不行者。尚書索杖剝衣。喚令史總集欲決之。責曰。我欲笞汝一頓。恐天下人稱你云。撩得李日知。嗔喫李日知。杖你亦不是人。妻子亦不禮汝。遂放之。自是令史無敢犯者。設

有稽失。衆共謫之。」

趙州石橋條。四庫本「天后大足年。默啜破趙定州復欲南過。至石橋。馬跪地不進。但見一青龍臥橋上。奮迅而怒。已乃遁去」句（一〇三五—二七一下）。明刊本「復」「已」皆作「賊」。

唐新語一三卷

唐劉肅撰

以清康熙三十五年刊稗海本校補

卷二

高祖即位條。四庫本「以舞人安叱奴爲散騎常侍」句（一〇三五—二九七上）。又「而先令舞人致位五品」句（一〇三五—二九七下）。清刊本「舞人」均作「舞胡」。

中宗朝鄭普思承恩寵條。四庫本「則反者不死。臣請死」句（一〇三五—三〇七上）。清刊本於兩句之間多「今聖躬萬福。豈有天耶」九字。

卷四

司農鄉姜師度條。四庫本「號曰平壤渠」（一〇三五—三二五下）。清刊本「壤」作「虜」。

開元九年條。四庫本「外連甲兵。內興宮室」句（一〇三五—三二六下）。清刊本「外連甲兵」作「外討

戎夷」。

郭元振爲涼州都督條。四庫本「自是寇不復縱」句（一〇三五—三二七上）。清刊本「寇」作「虜」。又「遠邇畏慕」（一〇三五—三二七下）。清刊本「遠邇」作「夷夏」。

卷五

李玄通刺定州條。四庫本「孤城無援遂陷北庭」句（一〇三五—三二八上）。清刊本「北」作「虜」。

四庫本李多祚靺鞨部長也條（一〇三五—三二九下）。清刊本「部長」作「酋長」。

卷七

盧承慶爲吏部尚書條。四庫本「改注曰。非力所及考中上。衆推承慶之弘恕」句（一〇三五—三四九下）。清刊本作「改注曰。非力所及考中中。既無喜容亦無愧詞。又改曰。寵辱不驚考中上。衆推承慶之弘恕。」

李靖既平突厥條。四庫本「開元中祿山果叛」句（一〇三五—三五一上）。清刊本「祿山」作「六胡」。

卷九

開元初左庶子劉子玄奏議條。四庫本「蓋時俗無識。故致斯謬」句（一〇三五—三六四下）。清刊本「時俗」作「虜俗」。

卷十

故事江南天子條。四庫本「北朝雜以外國之製」句（一〇三五—三七二下）。清刊本「外國」作「戎狄」。

武德貞觀之代宮人騎馬者條。四庫本「依周禮舊儀。多著羃羅。全身障蔽」句（一〇三五—三七三上）。清刊本作「依周禮舊儀。多著羃羅。雖發自戎夷而全身障蔽」。又是則末「神龍之末羃羅始絕」句（同上）。清刊本其下尚有「開元初。宮人馬上始著胡帽。靚粧露面。士庶咸效之。天寶中。士流之妻或衣丈夫服。靴衫鞭帽。內外一貫矣。」

次柳氏舊聞一卷

唐李德裕撰

以明嘉靖間長洲顧氏文房刊本校補

玄宗嘗幸東都條。四庫本末句「前後奉詔滅火。反風照然。編諸耳目」（一〇三五—四〇七下）。明刊本作「奉詔致雨滅火。反風昭昭然遍於耳目」。此下並有「今洛京天津橋有荷澤寺者。即高力士去請咒水祈雨迴至此寺前。雨大降。明皇因於此地造寺而名荷澤焉。寺今見存。」

興慶宮上潛龍之地條。四庫本「及祿山犯闕。乘傳遽以告」句（一〇三五—四〇八下）。明刊本「祿山」作「羯胡」。

四庫本卷末少錄二則（一〇三五—四〇九下）。明刊本作

玄宗於諸昆季友愛彌篤。呼寧王爲大哥。每與諸王同食。因食之次。寧王錯喉噴上鬍。王驚慚不遑。上顧其悚悚。欲安之。黃幡綽曰。不是錯喉。上曰。何也。對曰。是噴帝。大悅。

安祿山之叛也。玄宗忽遽播遷於蜀。百官與諸司多不知之。有陷在賊中者。爲祿山所脅從。而黃幡綽同在。其數幡綽。亦得出入左右。及收復賊黨就擒。幡綽被拘至行在。上素憐其敏捷。釋之。有於上前曰。黃幡綽在賊中。與大逆圓夢。皆順其情而忘陛下積年之恩寵。祿山夢見衣袖長。忽至階下。幡綽曰。當垂衣而治之。祿山夢見殿中槅子倒。幡綽曰。革故從新。

誰之多此類也。幡綽曰。臣實不知陛下大駕。蒙塵赴蜀。既陷在賊中。寧不苟悅其心。以脫一時之命。今日得再見天顏。以與大逆圓夢。必知其不可也。上曰。何以知之。對曰。逆賊夢衣袖長。是出手不得也。又夢槅子倒者。是胡不得也。以此臣故先知之。上大笑而止。

劉賓客嘉話錄一卷

唐韋絢撰

以明嘉靖間顧氏文房刊本校補

張巡之守睢陽條。四庫本「玄宗已幸蜀。賊勢方熾」句（一〇三五—四五六下）。明刊本「賊勢」作「胡羯」。又後文「干犯闕庭」句。明刊本「干犯」作「羶臊」。

又四庫本「祿山將亂於中原」句（一〇三五—四五九上）。明刊本「祿山」作「逆胡」。

四庫本「蔡之將破」（一〇三五—四六〇下）與「石季龍」（一〇三五—四六一上）兩則之間。少錄十七則。明刊本其文如下

公嘗於貴人家見梁昭明太子脛骨微紅而潤澤。豈非異也。又嘗見人腊長尺許。眉目手足悉具。或以爲僬僥人也。

元公鎭南海日。疽生於鬢。氣息惙然。忽有一年少道士直來房前。謂元公曰。本師知病瘡。遣某將少膏藥來。可便傳之。元公寵姬韓氏家號靜君。遂取膏疾貼之於瘡上。至暮而拔。數日平復。於蒼黃之際。不知道士所來。及令勘中門至衙門十餘重。並無出入處。方知是其異也。盛膏小銀合子。韓氏收得。後猶在。

蜀王嘗造千面琴散在人間。王即隋文之子楊秀也。

李汧公勉取桐絲之精者。雜綴爲之。謂之百衲琴。用蝸殼爲徽。其間三面尤絕。異通謂之響泉韻磬。紘一上。可十年不斷。

絳州碧落碑文。乃高祖子韓王元嘉四男。計誼譔諶。爲先妃所製。陳惟玉書。今不知者皆妄有指說。荀輿能書。嘗寫狸骨方。狸骨。理勞方也。右軍臨之。謂之狸骨帖。

昔中書令河東公。開元中居相位。有張憬藏者能言休咎。一日忽詣公。以一幅紙大書台字授公。公曰。余見居台司。此意何也。後數日。貶台州刺史。

河東公出鎮幷州日。上問有何事但言之。奏曰。臣有弟嘉祐。遠牧方州。不記去處。手足支離。常繫念慮。上因口敕張嘉祐可忻州刺史。忻州。河東屬郡。上意不疑。公亦不讓。豈非至公無隱。出於常限也。

王平南廙。右軍之叔也。善書畫。嘗謂右軍曰。諸事不足法。唯書畫可法。晉明帝師其畫。右軍學其書。

京國頃歲。街陌中有聚觀戲場者。詢之乃二刺蝟對打。令既合節奏。又中章程。

汲冢書蓋魏安釐王時衛郡汲縣耕人於古冢中得之竹簡

漆書。科斗文字。雜寫經史。與今本校驗。多有同異。耕人忘其姓名。

世謂牡丹花近有。蓋以前朝文士集中無牡丹歌詩。公嘗言楊子華有畫牡丹處。極分明。子華。北齊人。則知牡丹花亦久矣。

王僧虔。右軍之孫也。齊高祖嘗問曰。卿書與我書孰優。對曰。陛下書帝王第一。臣書人臣第一。帝不悅。嘗以撅筆書。恐帝所忌故也。

陸暢常謁韋臯。作蜀道易一首。句曰。蜀道易。易於履平地。臯大喜。贈羅八百疋。臯薨。朝廷欲繩其既往之事。復開先所進兵器。其上皆刻之秦二字。不相與者。欲窘成罪名。暢上疏理之。云臣在蜀日見造所進兵器。之秦者匠之名也。由是得釋。蜀道難。李白罪嚴武作也。暢感韋之遇。遂反其詞焉。

魏受禪碑。王朗文。梁鵠書。鍾繇鐫字。謂之三絕。

古鐫字皆須妙於篆籀。故繇方得鐫刻。張懷權書斷曰

。篆籀。八分。隸書。草書。章書。飛白。行書。通謂之八體。而右軍皆在神品。右軍嘗醉書點畫類龍爪。後遂爲龍爪書。如科斗玉筯偃波之類。諸家共五十二般。

舒州灊山下有九井。其實九眼泉也。旱則殺一犬投其中。大雨必降。犬亦流出焉。

南山久旱。即以長繩繫虎頭骨投有龍處。入水即掣不

定。俄頃。雲起潭中。雨亦隨降。龍虎敵也。雖枯骨猶能激動如此。

五星惡浮圖佛像。今人家多圖畫五星雜於佛事。或謂之禳災。眞不知也。

武后朝。宰相石泉公。王方慶琅耶王。后嘗御武成殿閱書畫。問方慶曰。卿家舊法書帖乎。方慶遂進。自右軍已下至僧虔智永禪師等二十五人。各書帖一卷。命崔融作序。謂之寶章集。亦曰王氏世寶。

今延英殿。紫芝殿也。謂之小延英。苗韓公居相位。以足疾步驟微蹇。上每於此待之。宰相傳小延英自此始也。

八分書起於漢時王次仲。次仲有道術。詔徵聘於車中。化爲大鳥飛去。遺二翮於山谷間。今有大翮山。小翮山。偶忘其處。

李約嘗江行。與一商胡舟楫相次。商胡病。固邀與約相見。以二女託之。皆異色也。又遺一大珠。約悉唯唯。及商胡死。財寶數萬。約皆籍送官。而以二女求配。始殮商胡。時自以夜光含之。人莫知之也。後死胡親屬來理資財。約請官司發掘驗之。夜光在焉。其密行有如此者。

楊祭酒愛才公心。嘗知江表之士項斯。贈詩曰。度度見詩詩總好。及觀標格過於詩。平生不解藏人善。到處相逢說項斯。項斯由此名振。遂登高科。

東都頃年創造防秋館。穿掘多得蔡邕鴻都學所書石經

。至今人家往往有之。

王內史借船帖書之尤工者也。盧公尙書寶惜有年矣。張寶獲致書。借之不得。云只可就看。未嘗借人。盧公除路州旌節。在途。纔啓程。忽有人將書帖來就公求售。閱之。乃借船帖也。公驚異問之。云盧家郎君要錢遺賣耳。公嗟訝。移時不問其價還之。後不知落何處。

飛白書始於蔡邕。在鴻都學見匠人施堊帚。遂創意焉

。梁子雲能之。武帝謂曰。蔡邕飛而不白。羲之白而不飛。飛白之間在卿斟酌耳。

章仇兼瓊鎮蜀日。仇嘗設大會。百戲在庭。有十歲女童。舞于竿杪。忽有物狀如鵰鶚掠之而去。群衆大駭。因而罷樂。後數日。其父母見在高塔上。梯而取之。則神形如癡。久之。方語云。見壁畫飛天夜叉者。將入塔中。日飼果食飲饌之類。亦不知其所。自四日。方精神如初。

傳記所傳漢宣帝以皀蓋車一乘賜大將軍霍光。悉以金較具。至夜車轄上金鳳皇輒亡去。莫知所之。至曉乃還。如此非一守車人亦嘗見。後南郡黃君仲北山羅鳥。得鳳皇子。入手即化成紫金毛羽冠翅。宛然具足。可長尺餘。守車人列云。今月十二日夜車轄上鳳皇俱飛去。曉則俱還。今日不返。恐爲人所得。光甚異之。具以列上。後數日。君仲詣闕上金鳳皇子云。今月十二日夜北山羅鳥所得。帝聞而疑之。以置承露盤上。俄而飛去。帝使尋之。直入光家。止車轄上。乃知信然。帝取其車。每遊行輒乘御之。至帝崩。鳳皇飛去。莫知所在。嵇康詩云。翩翩鳳轄。逢此網羅。正謂此也。

昔東海蔣潛嘗至不其縣。路次林中遇一屍。已臭爛。烏來食之。輒見小兒長三尺。驅烏。烏飛起。如此非一。潛異之。看見屍頭上著通天犀簪。揣其價可數萬錢。潛乃拔取。既去。衆鳥爭集。無通驅者。潛以此簪上晉武靈王晞。晞薨。以襯衆僧王武綱以九萬錢買

之。後落褚太宰處。復以餉齊故丞相豫章王。王薨。後內人江夫遂斷以爲釵。每夜輒見一兒遶床。啼叫云。何爲見屠割。天當相報。江夫惡之。月餘乃亡。

又四庫本於「予與竇丈」（一〇三五—四六四上）與「昌黎」兩條間有脫文。明刊本作

晉書中有飲食名寒具者。亦無注解處。後於齊民要術并食經中檢得。是今所謂鐶餠。桓玄嘗盛陳法書名畫

。請客觀之。有客食寒具。不濯手而執書。因有污處。玄不懌。自是命賓不設寒具。

又「昌黎」條之後。明刊本尚有以下諸則

今謂進士登第爲遷鶯者久矣。蓋自毛詩伐木篇詩云。伐木丁丁。鳥鳴嚶嚶。出自幽谷。遷于喬木。又曰。嚶其鳴矣。求其友聲。並無鶯字。頃歲。試早鶯求友詩。又鶯出谷詩。別書固無證據。豈非誤歟。

東晉謝太傅墓碑。但樹貞石。初無文字。蓋重難製述之意也。

千字文。梁周興嗣編次而有王右軍書者。人皆不曉其始。梁武敎諸王書。令殷鐵石於大王書中撮一千字不重者。每字一片紙。雜碎無敘。武帝召興嗣謂曰。卿有才思爲我損之。興嗣一夕編次進上。鬢髮皆白。而賞錫甚厚。右軍孫智永禪師自臨八百本。散與人外。江南諸寺各留一本。永公住永欣寺。積年學書後。有筆頭十甕。每甕皆數萬人來覓書。兼請題頭者如市。

所居戶限爲之穿穴。乃用鐵葉裹之。人謂之鐵門限。後取筆頭瘞之。號退筆塚。自製銘誌。

鄭廣文學書而病無紙。知慈思寺有柿葉數間屋。遂借僧房居止。日取紅葉學書。歲久殆遍。後自寫所製詩並畫同爲一卷封進。元宗御筆書其尾曰。鄭虔三絕。

郭侍郎承嘏嘗寶惜法書一軸。每隨身攜往。初應舉就雜文試。寫畢。夜色猶早。以紙緘裹置於篋中。及納試而誤納所寶書帖。卻歸鋪於燭籠中取書帖觀覽。則程試宛在篋中。遽驚。嗟計無所出。來往棘闈。門外忽有老吏詢其事。具以實告。吏曰。某能換之。然某家貧。居興道里。儻換得。願以錢三萬見酬。公悅以許之。逡巡。賫程試入而以書帖出授公。公愧謝而退。明日歸親仁里。遽以錢送詣興道欵關久之吏。有家人出。公以姓氏質之。對曰。主人死已三日矣。力貧未辦周身之具。公驚嘆久之。方知棘闈所見乃鬼也。遂以錢贈其家。

張尙書牧弘農日。捕獲發塚盜十餘輩。中有一人請間言事。公因屏吏獨問。對曰。願以他事贖死。盧氏南川有堯女冢。近亦曾爲人開發。獲一大珠幷玉盌。人亦不能計其直。餘寶器極多。世莫之識也。公因遣吏發驗其冢。果有開處。旋獲其黨。考訊。與前通無異。及牽引其徒。皆在商州治務中時商牧名卿也。州移牒。公致書皆怒而不遣。竊知者云。珠玉之器者。入京國貴人家矣。然史傳及地里書並不載此冢。且堯女

舜妃者。死於湘嶺。今所謂者。豈傳說之誤歟。矧貽訓於茅茨土階。不宜有厚葬之事。即此墓果傳人哉。

聖善寺銀佛。天寶亂。爲截將一耳。後少傳白公奉佛用銀三鋌添補。然猶不及舊者。

果州謝眞人上升。前在金泉山道場。上帝錫以馬鞍。使安其心也。刺史李堅遺之玉念珠。後問念珠在否。云已在玉皇之前矣。一日眞人於紫極宮致齋。金母下降。郡郭處處有虹霓雲氣之狀。至白晝輕舉。萬目覩焉。

賈嘉隱年七歲條。四庫本「嘉隱云。番頭尙爲宰相。獠面何廢聰明。徐狀番也」句（一〇三五―四六五下）。明刊本「番」字均作「胡」。

洛陽有僧房中條。四庫本「曹紹夔素與僧善乃笑曰」句（一〇三五―四六六下）。明刊本作「曹紹夔素與僧善。夔來問疾。僧具以告。俄擊齋鍾磬復作聲。紹夔笑曰」。

雲谿友議三卷

唐范攄撰

以明刊本校補

卷上

南陽錄章。四庫本「乃得牧羊村婦」句（一〇三五—五六六上）。明刊本「村婦」作「胡婦」。又「此幼雛必爲國盜」句（同上）。明刊本「幼雛」作「胡雛」。又「愧於元魏之主」句（一〇三五—五六六下）。明刊本「元魏」作「夷狄」。

江都事章。四庫本「眞壯士也。可以撲殺西域健兒」句（一〇三五—五七〇下）。明刊本「兒」作「胡」。

四庫本新羅誚章（一〇三五—五七五上）。明刊本「新羅」作「夷君」。又「吾雖僻處之邦」句（同上）。明刊本「僻處」作「夷狄」。又「不知學道爲新羅所嗤」句（一〇三五—五七五下）。明刊本「新羅」作「夷狄」。

舞娥異章。四庫本「公命綬繫而聽之」句（一〇三五—五七七下）。明刊本作「死而無恨歟。乃命綬繫而聽之」。

卷中

辭雍氏章。四庫本「端端得此詩。憂之候涯」句（一〇三五—五八六下）。明刊本「憂之候涯」作「憂心如病」。

李右座章。四庫本「從古以來賢才屈抑多矣」句（一〇三五—五八七下）。明刊本作「從四夷八蠻分爲左

衽矣」。

中山悔章。四庫本「若李君之在邊。非賢莫並」句（一〇三五—五九七下）。明刊本作「若李君之在胡。但見異類」。

贊皇勳章。四庫本「黑山永破和親國」句（一〇三五—五九八上）。明刊本「國」作「虜」。

卷下

和戎諷章。四庫本「憲宗皇帝朝以北師頻侵邊境」句（一〇三五—六〇一下）。明刊本「師」作「狄」。又「豈能將玉貌。便欲靜邊塵」句（一〇三五—六〇二上）。明刊本「邊」作「胡」。又末句「隙末烽塵轉更多」句（同上）。明刊本「隙末烽塵」作「生得胡鷂」。

郭僕奇章。四庫本「願作遠方之鬼。恥爲愚俗蒼頭」句（一〇三五—六〇五上）。明刊本「遠方」作「夷狄」。

名義士章。四庫本「聲動華夏皇唐之義士也」句（一〇三五—六〇六上）。明刊本「華夏」作「華夷」。

雜嘲戲章。四庫本「遮渠不道是吳兒」句（一〇三五—六一五下）。明刊本「吳兒」作「胡兒」。

雲仙雜記十卷

唐馮贄撰

以明刊本校補

卷十

金鹿銀鸞章。四庫本「皆古賂遠人奇貨」句（一〇三五—六九一下）。明刊本「遠人」作「夷狄」。

鑑誡錄一〇卷

後蜀何光遠撰

以清康雍間鈔本校補

卷六

布燮朝章。四庫本「思鄉云。塞北行人絕」句（一〇三五—九〇一下）。清鈔本「塞北」作「虜北」。又末句止於「製作實爲高手」句（同上）。清鈔本以下尚有一段如下「義宗生居蠻貊。蔑有漢朝。前蜀號大漢國。章次嘲諧。頗生輕易。國師常螢辯廣光業等酬酢偈句。皆失機宜。義宗赴還。遇鴆而卒。議者以南康王韋皋于沉黎大興黌序喪亂之後。遂至夷亂。華風文流異域。自有唐蠻子朝覲。罕有若義宗者。國俗之間無不繕寫洞雲歌行者也。」

屈名儒章。四庫本「不可與缺唇人科名。中外所聞」句（一三五—九一三上）。清鈔本「中外」作「四夷」。

北夢瑣言二〇卷

宋孫光憲撰

以清康熙三十五年刊稗海本校補

卷一

日本國王子碁條。四庫本「此日本人猶不可輕」句（一〇三六—四下）。清刊本「日本」作「夷」。

卷十

杜孺休種青蓮花條。四庫本「有染戶家池生青蓮花。

刺史致書問染工」句中有脫文（一〇三六—七二下）。清刊本作「有染戶家池生青蓮花。刺史收蓮子歸京。種於池沼。或變爲紅蓮。因異之。驛致書問染工」。

卷十七

朱邪先代條。四庫本「太宗於北方沙陀磧立沙陀府以招集降戶」句（一〇三六—一〇七上）。清刊本「戶」作「虜」。

南部新書一〇卷

宋錢易撰

以明刊本校補

卷五

四庫本少錄四則（三一〇三六—二〇六下）。明刊本其文如下：

「潘炎。建中中爲翰林學士。恩渥極異。其妻劉晏女也。有京尹伺候。累日不得見。乃遺閽者三百縑。夫

人知之。謂潘曰。豈爲人臣。而京兆尹願一謁見。遺奴三百縑。其危可知也。遽勸避世。

張說爲左相。知京官考其子均任中書舍人。特注之曰。父教子忠。古之善訓。祁奚舉午。義不勝私。至如潤色。王言章施。帝載道參。墳典例絕。功常恭聞。前烈尤難。其任豈以嫌疑。敢撓綱紀。考上下。

大曆八年七月。晉州男子郇謨以麻辮髮。持葦席哭于東市。人問其故。對曰。有三十字請獻於上。若無堪。即以席貯屍棄之于野。上聞賜衣館於客省。每一字論一事。時元載執政也。尤切於罷宮市。

裴延齡嘗放言德皇曰。陛下自有本分錢。未用之不竭。上驚曰。何爲本分錢。延齡曰。準天下貢賦。常分爲三。一爲乾豆。二爲賓客。三爲充君之庖。今奉九廟與鴻臚供蕃使。曾不用一分錢。而陛下御膳之餘。其數極多。皆陛下本分錢也。上曰。此經義人總未曾言。自茲有意相姦邪矣。」

卷八

盧常侍銓條。四庫本「乃遽別爲一調以嘲曹。因舉座歡笑而散」（三一〇三六—二三四上）。明刊本作「乃號爲怨胡天。以曹狀貌甚胡。滿座歡笑。盧因目丹霞爲怨胡天」。

儒林公議一卷

宋田　況撰

以清康熙三十五年刊稗海本校補

太宗纂嗣下河東條。四庫本「蓋深愛契丹強盛」（一○三六—二七六下）。清刊本作「蓋深憤醜虜憑陵」。

寶元初拓跋元昊初叛條。四庫本「元昊既忿。且以爲辭。遂併集部落入寇」句（一○三六—二七八下）。

清刊本「部落」作「醜類」。

景德初條。四庫本「契丹南侵。車駕幸澶淵」句（一○三六—二八一上）。清刊本「南侵」作「入寇」。又「既四顧。滿野皆敵騎」句（同上）。清刊本「敵」作「虜」。又「及契丹講和。車駕還京師」句。清刊本「契丹」作「虜寇」。又「今陛下初御海內。爲敵人陵侮」句。清刊本「敵人」作「夷狄」。又「非天表瑞貺。盛儀畢備。則不足聳敵人而掩茲醜」句。清刊本「不足聳敵人」作「無以聳狄人」。

李漢超將勁兵五千條。四庫本「漢超乃自奮勵。終能北禦彊敵不內侵」句（一○三六—二八六上）。清刊本「敵」作「寇」。又「敵人懾縮不敢內侵」句。清刊本「敵人」作「夷狄」。

慶曆初夏寇方盛條。四庫本「以安天下威四方也」句（一○三六—二九三下）。清刊本「四方」作「四夷」。又「適足取敵人之輕」句（同上）。清刊本「敵

人」作「夷狄」。

契丹自安巴堅雄據燕之地條。四庫本「諸國遂漸爲制」句（一○三六—三○○下）。清刊本「國」作「戎」。又其後「彼民既不樂附。又爲彼所侵辱……甚至右彼而下漢」句（一○三六—三○一上）。清刊本「彼」字皆作「虜」。

太宗既夷幷壘條。四庫本「我民每被分時。父母妻子各隨敵騎而去」句（一○三六—三○一下）。清刊本

「我民」作「漢人」。「敵騎」作「虜居」。又「敵亦深入自驚恐」句(同上)。清刊本「敵亦深入」作「虜人」。

四庫本眞宗與北國修好條(一〇三六—三〇一下)。清刊本「北國」作「北戎」。又「獨抗章曰。二漢雖議和親」句中有脫文(同上)。清刊本作「獨抗章曰。古者尊中國賤夷狄。眞若首足。二漢雖議和親」。

契丹既有幽薊條。四庫本「自言公主皆有所私。久已

離異。今秋其主迫令再合。公主兇狠。必欲殺其妾與子。故歸朝廷頗論其國中機事。言其主已西伐元昊」句(一〇三六—三〇四上下)。清刊本「公主」皆作「僞主」。「其主」作「虜主」。

涑水紀聞一六卷

宋司馬光撰

以舊鈔本校補

按此舊鈔本凡二卷。係分卷多寡不齊所致。非其文有大異同。然序次略異。錯字亦多。雖不盡理想。尙聊以見四庫本改易之迹。

卷一

建隆元年正月辛丑朔章

四庫本「鎭定奏契丹與北漢合勢南侵」句(一〇三六—三一八下)。舊鈔本「南侵」作「入寇」。

卷二

曹侍中將薨。眞宗親臨視之章

四庫本文中凡「敵」字(一〇三六—三三一上下)。舊鈔本皆作「虜」。

瑋在秦州有士卒十餘叛章

四庫本「敵」字(一〇三六—三三一下)。舊鈔本皆

作「虜」。

卷四

又曰太宗初築塘泊章

四庫本「蓋以遏敵人之奔軼」句（一〇三六—三五〇）。舊鈔本作「蓋欲斷虜入寇之路」。又「可以限絕契丹隄塞」句。舊鈔本「契丹」作「北胡」。又「敵自梁門遂城之間積薪土爲甬道而來」句（一〇三六—三五〇下）。舊鈔本「敵」作「胡」。

張述晦之章

四庫本「十一月夏人寇承平砦」句（一〇三六—三五二）。舊鈔本「人」作「虜」。

文公罷三藩接伴條。四庫本「北使大悅」句（一〇三六—三五三下）。舊鈔本「北」作「虜」。

卷五

四庫本始平公自鄆徙并過京師章之後有缺文（一〇三六—三五七）。舊鈔本如下

狄青平邕州。還除州。事在朔記。

拽利其弟曰天都王剛浪唆者。皆元昊妻之昆弟也。與元昊族人嵬名等四人爲謨寧令。共掌軍國之政。而剛浪唆勇健有智謀。尤用事。种世衡知清澗城。白始平公遣土僧王嵩遺剛浪唆書及銀龜曰。鄉者得書。知有善意。欲背僭僞歸款朝廷甚善。事宜早發。狐疑變生。欲以聞知於元昊。因嵩而使剛浪唆麾下校練使李文貴詣世衡所。陽爲不喻曰。前者使人以書來何意也。

豈欲和親耶。公以其言妄。止文貴於青澗城。後數月。元昊寇涇源。葛懷敏戰沒。會梁適使契丹。契丹主謂適曰。元昊欲歸欵南朝而未敢。若南朝以優禮懷來之。彼必洗心自新矣。於是密詔公招懷元昊。元昊苟肯稱臣。雖仍其僭稱亦不害。若改稱單于可汗。則固大善。公以爲若此間使人往說之。則元昊益驕。不可與言。乃自青澗城召李文貴謂之曰。汝之先王及今王之初奉事朝廷。皆不失臣節。汝曹忽無故妄加之名。

使汝王不得爲朝廷臣紛紛至今。使彼此之民肝腦塗地。皆汝群下之過也。汝犯邊之初。以國家承平日久。民不習戰。故屢以汝勝。今邊民亦習戰。汝之屢勝。豈可常耶。我國家富有天下。雖偏師小衂。未至大損。汝兵一敗。社稷可憂矣。天之立天子者。將使溥愛四海之民而安定之。非欲殘彼而取快也。汝歸語汝主。若誠能悔過從善。降號稱臣。歸欸朝廷。以息彼此之民。朝廷所以待汝者。禮數賞賜必優於前矣。文貴頓首曰。此固西人日夜之願也。龍圖能爲言之朝廷。使彼此息兵。其誰不受賜。公乃厚待而遣之。頃之。文貴復以剛浪唆等遺公書來言和親之意。用隣國抗敵之禮。公上之朝廷。爲還書草。稱剛浪唆等爲太尉。使公報之。公曰。方今抑其僭名而稱其臣。已爲三公。則元昊可降屈邪。不若稱其胡中官謨寧令。非中國之所論。無傷也。朝廷善而從之。剛浪唆又以書來欲仍其僭稱而稱以欸。公不復奏。即日答之曰。此非邊

臣之所敢知也。若名號稍正。則議易合耳。於是元昊使伊州刺史賀從勗上書稱男邦泥定國兀卒曩霄上書父大宋皇帝。從勗至京師。朝廷復遣趙良佐張子奭等往復議定名號及每歲所賜之物。及他盟約。使稱臣誓表上之。朝廷册命爲夏國王。先是元昊娶尼生子。甚愛之。剛浪唆恐其廢立。會元昊妻拽利氏子甯令娶剛浪唆女爲妻。剛浪唆謀於成婚之夕。邀元昊至其帳。伏兵殺之。未發。其黨有告之者。元昊圍拽利氏盡滅族。

李戎訟世衡擅用官物奏劾公止其官。奏世衡披荆棘。謹守法。庸吏耳。移環州。泣別子古。上彥遠書。除天興尉。

卷六

「眞宗晚年不豫」與「胡順之爲浮梁縣令」兩則之間有缺（一〇三六—三六五上）。舊鈔本作

宮美以鍛銀爲業。納隣娼婦劉氏爲妻。善播鼗。既而

家貧。復售之。張耆時爲襄王宮指使。言於王。得召入宮。大有寵。王乳母秦國夫人性嚴整。惡之。固令王斥去。王不得已。置於張耆家。以銀五挺與之。使築館居於外。徐使人請於秦國夫人。乃許。復召入。宮美由是時爲開封府通引官。給事王宮。及王即帝位。劉氏爲美人。以其無宗族。更以美爲弟。改姓劉。云樂道父爲者。俱爲襄王宮指使。故得詳耳。

四庫本「景德初契丹南侵」句（一〇三六—三六七上

）。舊鈔本「南侵」作「入寇」。又以下凡「敵」字舊鈔本皆作「虜」。

寇準從車駕在澶淵章

四庫本文中凡「敵」字舊鈔本皆作「虜」。又「準爲宰相。不能殄滅強敵。卒爲城下之盟以免。又足稱乎」句（一〇三六—三六七下）。舊鈔本「強敵」作「凶醜」。

卷七

四庫本「景德中契丹犯澶淵」句（一〇三六—三七四上）。舊鈔本「契丹」作「虜」。又「今強敵迫近。四方危心」句（一〇三六—三七四下）。舊鈔本「強敵」作「胡虜」。又「敵乘其勢」舊鈔本作「虜乘其勢」。

王欽若爲亳州判官章

四庫本「欽若曰。不與則示怯。不如與之。彼以虛言相恐喝耳。未必敢來」句（一〇三六—三七七下）。

舊鈔本作「欽若曰。不與則示怯。不如與之。太后曰。夷狄豺狼奈何延之塞內。欽若曰。虜以虛言相恐喝耳。未必敢來。」

王旦字子明章

四庫本「景德初契丹南侵」句（一〇三六—三七九上）。舊鈔本「南侵」作「入寇」。

卷八

李文定公迪罷陝西都運使還朝章

四庫本「上怒瑋虛張賊勢恐喝朝廷」句（一〇三六—三八一上）。舊鈔本「賊」作「虜」。又「既而羌衆果入寇」句（一〇三六—三八一下）。舊鈔本「羌衆」作「虜」。

二年夏五月庚辰章

四庫本文中凡「賊」字（一〇三六—三八八上）。舊鈔本皆作「虜」。

卷九

寶元二年十二月乙丑章

四庫本「夏人寇掠保安軍」句（一〇三六—三九四上）。舊鈔本「人」作「虜」。

康定初夏人寇延州章

四庫本（一〇三六—三九四下）。舊鈔本「夏人」作「夏虜」。又「俟其復歸」句。舊鈔本「其」作「虜」。又「寇至圍城。吉率衆拒守數日而寇去」句。舊鈔本「寇」並作「虜」。

羌酋慕恩部落最強章

四庫本「羌酋」（一〇三六—三九七下）。舊鈔本作「胡首」。

環原之間屬羌章

四庫本「其北有三川通于西夏」句（一〇三六—三九八上）。舊鈔本「西夏」作「夏虜」。

東染院使种世衡長子詁初抗志章

四庫本「公時爲樞密使。奏稱嵩入夏境即被囚」句（一〇三六—三九九上）。舊鈔本「夏」作「虜」。

嘉祐七年拓跋諒祚始請稱漢官章

四庫本「夏館宗道于西室」句（一〇三六—三九九下）。舊鈔本「夏」作「虜」。又「逆者曰。君有幾首乃敢如此」句（同上）。舊鈔本「逆者」作「虜」。

卷十二

范帥雍在鄜延章

文中四庫本凡「敵」字（一〇三六—四二一下）。舊

鈔本皆作「虜」。
金明既陷章
四庫本「敵據險邀之」句（一〇三六—四二一下）。舊鈔本「敵」作「虜」。
康定元年三月癸酉章
四庫本「昨者夏人寇延州」句（一〇三六—四二三下）。舊鈔本「人」作「虜」。
康定元年秋章

文中四庫本「夏人」（一〇三六—四二四下）舊鈔本皆作「夏虜」。又「以牽制其勢」句（同上）。舊鈔本「其」作「虜」。
四庫本李士彬世爲屬國邊酋章（一〇三六—四二七上）。舊鈔本「邊酋」作「胡酋」。又「邊兵近十萬人」句（同上）。舊鈔本「邊」作「胡」。又其後「夏人」舊鈔本作「夏虜」。又「敵騎」作「虜騎」。「降藩」作「降虜」。其餘凡「賊」字舊鈔本皆作「虜」。又最後「後十餘年卒于夏地」句（一〇三六—四二七下）。舊鈔本「夏地」作「虜中」。
吉嘗從都監王凱及中貴人將兵數千人章
四庫本文中凡「賊」字（一〇三六—四二九上下）舊鈔本皆作「虜」。「夏人」作「夏虜」。
卷十三
石鑑邕州人嘗舉進士章
四庫本「智高父存勗本居廣源州。弟存祿爲武勒州刺

史。存勗襲殺存祿而奪其地。此皆汝耳目親見也」句中有缺文（一〇三六—四三七下）。舊鈔本作「智高父存勗本居廣源州。弟存祿爲武勒州刺史。存勗襲殺存祿而奪其地。又以女嫁廣源州刺史。因省其女。遂引兵襲殺刺史及其婿而奪其地。此皆汝耳目親見也」。
卷十四
高遵裕既敗歸章

四庫本文中凡「賊」字（一〇三六—四四六下至四四七下）。舊鈔本皆作「虜」。

永洛既失守章

四庫本「豈不爲西人之羞哉」句（一〇三六—四四八上）。舊鈔本「西人」作「夷狄」。

澠水燕談錄一〇卷

宋王闢之撰

以清康熙三十五年刊稗海本校補

卷二

狄武襄公條。四庫本「馳突出圍。敵人畏懾無敢當」句（一〇三六—四七九下）。清刊本「出」作「賊」。

王武恭公條。四庫本「外至遠方君長皆知其名職。稱之曰黑相。北人常呼其名以驚小兒。爲四方畏服」句（一〇三六—四八〇上下）。清刊本「遠方」作「遠夷」。「北人」作「北虜」。「四方」作「戎狄」。

韓魏公條。四庫本「元勳舊德。中外具瞻」句（一〇三六—四八一下）。清刊本「中外」作「夷夏」。

青箱雜記一〇卷

宋吳處厚撰

以清康熙三十五年刊稗海本校補

卷二

世議道依阿詭事四朝十一帝條。四庫本「石晉之末。結釁邊境。懼無敢奉使者」句（一〇三六—六一七上）。清刊本「結釁邊境」作「與虜結釁」。

後山談叢四卷

宋陳師道撰

以明寶顏堂秘笈本校補

卷一

澶淵之役所下一紙書爾。眞宗既渡河。澶淵之役詔諸道會兵三則。四庫本凡「敵」字（一〇三七—六三上）明刊本皆作「虜」。

萊公既逐章。四庫本文中凡「敵」字（一〇三七—六三下）。明刊本皆作「虜」。又「若車駕不起轉。恐契丹殘害生靈」句（一〇三七—六四下）。明刊本「契丹」作「夷狄」。又其後「兼彼大敵頗乏糧糗。雖恃雄銳之衆。必懷苟且之憂」句（同上）。明刊本「大敵」作「大戎」。「雄銳」作「腥羶」。

始講和章。四庫本「敵使韓杞匿其善飲」句（一〇三七—六四下）。又「是以知敵之情也」句（同上）。明刊本「敵」並作「虜」。又「既見問。故契丹曰」

句（同上）。明刊本「契丹」作「虜主」。又「從古至今。契丹因戰而利者惟晉氏爾」句（同上）。明刊本作「從古至今。夷狄得志于中國惟晉氏爾」。又其餘「敵」字。明刊本均作「虜」。

又四庫本「邊人獵而不漁」句（一〇三七—六八上）。明刊本「邊人」作「胡人」。

談苑四卷

舊題宋孔平仲撰

以明寶顏堂秘笈本校補

卷四

陶穀久在翰林章。四庫本「敵騎未退。天雄軍橫截其後。萬一陷沒。則河朔皆敵土也」句（一〇三七—一四七上）。明刊本作「虜騎未退。天雄軍截其賊後。萬一陷沒。則河朔皆虜適也」。又「敵騎滿野。屯塞四門。終日兀坐。越七日敵退」句（一〇三七—一四七下）。明刊本「敵騎」作「戎虜」。「敵」作「虜」。

四庫本卷末止於「七歲曰竹馬之游」句（一〇三七—一五四下）。明刊本其後多「掌漏官曰壺郎。藩岳謂刁斗。曰金柝金銅點是也」。

畫墁錄一卷

宋張舜民撰

以清康熙三十五年刊稗海本校補

四庫本「北人待南人禮數皆約毫末」句（一〇三七—一五八下）。清刊本「北人」作「北虜」。

永洛之役條。四庫本「是時夏人雖入月城」句（一〇三七—一五八下）。清刊本「夏人」作「胡人」。

有唐茶品條。四庫本「熙寧中蘇子容使遼」句（一〇

三七—一六七上）。又「此乃上供之物。儔敢與北人。未幾有貴公子使遼。廣貯團茶。自爾北人非團茶不納也」句。清刊本「遼」「北」皆作「虜」。

四庫本「遼歲使正旦生辰」句（一〇三七—一六九上）。清刊本「遼」作「虜」。又「南使至北帳殿前……彼中上供佛」句（同上）。清刊本「北帳殿前」作「北虜帳前」。「彼中」作「虜中」。又「遼傳大駭」句。清刊本「遼」作「虜」。

元祐末宣仁聖烈太后上賓條。四庫本「遼使回至滑州死」句（一〇三七—一七四下）。清刊本「遼」作「虜」。

元祐末宇文昌齡命稱聘契丹皇城條（一〇三七—一七五下）。四庫本「璪哀請故事死於北」句（一〇三七—一七五下）。清刊本「北」作「虜」。四庫本「北方棺銀裝校三百兩」句（一〇三七—一七六上）。清刊本「北方」作「北虜」。又「既至遼境益甚」句（

同上）。清刊本「遼」作「虜」。

玉壺野史一〇卷

宋釋文瑩撰

以舊鈔本校補

卷一

太祖問趙韓王章。四庫本「雍熙三年。參大政公嘗爲起居舍人使契丹。其主曰」句（一〇三七—二九一上下）。舊鈔本「其」作「敵」。又「進本北人。中國無之」句（一〇三七—二九一下）。舊鈔本「北人」

作「彼族」。又「嘗笑李陵輩苟生。甘恥於沙漠之域」句。舊鈔本「沙漠」作「羊酪」。

卷二

開寶塔成欲撰記章。四庫本「中有鄙佛爲遐裔語」句（一〇三七—二九二上）。舊鈔本「遐裔」作「番人」。

江南邊鎬初生章。四庫本「愼勿以葷肉噉我」句（一〇三七—二九三上）。舊鈔本「葷肉」作「葷羶」。

乾德三年章。四庫本「自相呑噬。安能他及。後皆盡然」句（一〇三七—二九五下）。舊鈔本「他及」作「亂華」。

卷四

景德初章。四庫本「遼人請盟」句（一〇三七—三〇九上）。舊鈔本「遼人」作「北戎」。

眞宗爲開封尹章。四庫本「半生食官祿半生食他祿」句（一〇三七—三〇九下）。舊鈔本「官」作「漢」

。「他」作「蕃」。又「咸平六年敵至望都」句（同上）。舊鈔本「敵至」作「蕃寇」。其餘「敵」字舊鈔本皆作「蕃」。

眞宗車駕巡師大名章。四庫本「北有契丹西有賊」句（一〇三七—三一〇上）。舊鈔本「契丹」作「蕃寇」。

卷五

王顯太宗在藩章。四庫本「但無陰德。爾非儒家」句

中有脫文（一〇三七—三一六下）。舊鈔本作「但無陰德爾。及長太宗愛之曰。爾非儒家」。

卷七

太祖生於西京夾馬營章。四庫本其文多缺（一〇三七—三二六下至三二七上）。舊鈔本其文如下

太祖生於西京夾馬營。至九年西幸還其盧駐蹕。以鞭指其巷曰。朕憶昔得一石馬兒爲戲。群兒屢竊之。朕埋於此。不知在否。劚之果得。然大愛其山川形勢。

樂其風土。有遷都之意。李懷忠爲雲騎指揮使諫曰。京師正德天下之中。黃汴環流。漕運儲廩。可仰億萬。不煩飛挽。況國帑重兵。宗廟禁掖。若泰山之安根本不可輕動也。遂寢議拜安陵奠哭爲別。

開寶初太宗居晉邸章。四庫本「妖氛夜起亙北陸。臣聞崔翰領節」句有脫文（一〇三七—三二八上下）。舊鈔本作「妖氛夜起亙北陸。邊情頗搖。太宗召向相敏中于玉華殿密議之。向奏曰。臣聞崔翰領節」。

端拱中或言威敵軍糧運不繼章。四庫本「率精銳萬餘騎數來巡徼邊」句中有脫文（一〇三七—三三一下）。舊鈔本作「率精銳萬餘騎。邀于中道。時尹繼倫爲沿邊都巡檢。領所部數千巡徼邊野」。

錢文僖若水嘗率衆過河章。四庫本「制邊安疆之策無他……邊人未嘗侵境」句（一〇三七—三三二下）。舊鈔本「安疆」作「滅寇」。「邊人」作「北敵」。

卷八

唐彥猷侍讀詢章。四庫本「忽一客攜黃筌梨花臥鵲於花中。斂羽合用價數百緡」句有脫文（一〇三七—三三六上）。舊鈔本作「忽一客攜黃筌梨花臥鵲圖求貨。其花畫全株臥二鵲於花中。斂羽合目。其態逼眞。合用價數百緡」。

徐省騎鉉事江南後主章。四庫本有一處注闕（一〇三七—三三六下）。舊鈔本作「恬然」。

太宗居晉邸章

四庫本自「歲自可增一運」句以下注缺。並注「以上共脫三百零四字」（一〇三七—三三九下至三四〇下）。舊鈔本其文作「歲自可增一運。太宗以白太祖。遂立爲永制一歲。晉邸歲終籌攢年費何啻數百萬計。惟失五百金屢籌不出。一蒼頭偶記之。晉王一日登府樓遙觀。尋檣者賞歎精捷。令某府取庫金與之。時信不在。後失告之。魏丕爲作坊使舊制床子弩止七百步。上令丕增至千步。求規於信。信令懸弩於架。以重墜其兩端。弩勢負取所墜之物較之。但於二分中增一分以墜新弩。則自可千步矣。如其制造。後果不差。

景祐元年。張唐卿牓賜恩澤出身章服等制誥詞略云。青衿就學。白首空歸。屢陳鄉老之書。不預賢能之選。靡負激昂而自勵。止期華皓以見收。仁宗怒曰。後世得不貽其子孫之羞乎。御筆抹去。宋鄭公別進云。久淪巖穴。夙蘊經綸。鶯遷未出於喬林。鴞薦屢光於鄉校。縱轡誠虧於遠到。摶風勉屈於卑飛。上頗悅。

安鴻漸滑稽輕薄。或傳凌侍郎策。世緒本微。其父曾爲鎮所由。公方成童。父攜拜鴻漸爲立一名。漸因命名曰。教之安言所由生也。鴻漸老爲教坊判官。」按。舊鈔本文亦不全。

卷九

李先主傳。四庫本「此兒異常。吾深愛之。及長身長七尺」句（一〇三七—三四一下）。舊鈔本作「此兒異常。吾深愛之。慮失保佑。汝無子。可賜汝養之。溫得主。致保姆。命師傅鞠育之。及長身長七尺」。

又其後「乃市炭一秤。權」句下注缺（一〇三七—三四四上）。舊鈔本作「重炭」。又「宣置法太過。盡奪官以」句下數處注缺（一〇三七—三四四上下）。舊鈔本其句作「宣置法太過。盡奪官。以團副置於蘄春。遣潤州節度使王興代之。時天下罹亂。刑獄無典。因是凡決死刑方用三覆五奏之法。民始知有邦憲」。又後文「梁□徐知諤狎侮」句有脫文（一〇三七—

三四四下）。舊鈔本作「粱王徐知諤溫之少子也。該明經術。風度□□。善爲詩屬文。好游樂。善狎侮」。

卷十

江南遺事首章。四庫本多處注闕（一〇三七—三四八上）。舊鈔本其文如下

鍾山相李建勳少好學。風調閑粹。徐溫以女妻之。奩橐之外復賜田沐邑。歲入巨萬。雖極富盛。不喜華靡。屏斥世務。喜爲方外之遊。偏覽經史。資稟純儒。故所以常居重地寡斷不振。其爲詩少猶浮靡。晚年方造平淡。嘗別墅於蔣山。泉石佳勝。再罷相逼疾求退。以司徒致仕。賜號鍾山公。或謂曰公未老無疾。求此命無乃欲爲九華先生耶。九華即宋齊邱。常乞骸屢矯國主。公曰。吾嘗笑宋公輕以出處。敢違素心。吾必非壽考之物。勞生紛擾。耗其心魂。求數年閒適爾。常畜一玉磬尺餘。以沈香節爲柄。叩之聲極清越。

客有談及猥俗之語者。則擊玉磬數聲於耳。

常夢錫鳳翔人章。四庫本「自割地之後。公卿在坐有言及大國爲小朝得無愧乎」句有脫文（一〇三七—三五二上）。舊鈔本作「自割地之後。公卿在坐。有言及大朝者。夢錫大笑曰。君輩嘗言致君如堯舜何。一旦自以大國爲小朝。得無媿乎。」

宋齊丘豫章人章。四庫本「事三朝惟延卜祝占相者。國家發難尙欲因其釁以窺覬」句有脫文（一〇三七—三五二下）。舊鈔本作「事三朝惟延卜祝占相者數十輩置門下。傳云。齊邱少夢乘龍上天。至垂老猶抱狂妄。及國家發難。尙欲因其釁以窺覬」。

侯鯖錄八卷

宋趙令畤撰

以清康熙三十五年刊稗海本校補

卷二

余崇寧中坐章疏條。四庫本「當時若不嫁殊域。祗是宮中一舞人」句（一〇三七—三六六下）。清刊本「殊域」作「胡虜」。

卷四

江鄰幾雜誌條。四庫本「陳執中館伴北使」句（一〇三七—三八〇上）。清刊本「北」作「虜」。

卷六

宣和五六年間條。四庫本「至金人南下。無貴賤皆逃避。多爲北人所擒」句（一〇三七—三九五下）。清刊本作「金賊犯闕。無貴賤皆逃避。多爲北賊虜去」。

數年雍丘菜園人浚井條。四庫本「邊烽擾天下。到處皆來併」句（一〇三七—三九五下）。清刊本作「金賊亂天下。諸賊皆來併」

梅聖俞詩條。四庫本「豈唯能寫人心語」（一〇三七—三九九下）。清刊本作「豈唯能寫胡人語」。

卷七

种太尉師道條。四庫本「預知金人南下」句（一〇三七—四〇三上）。清刊本作「預知金賊反復」。又後文「外塞干戈裡」句。清刊本「干戈」作「胡兒」。

又「從今一掃烽烟盡。緣知不敢正南行。後金人南伐搆兵皆如其言」句。清刊本作「從今一掃胡兵盡。萬年不敢正南行。後金人奔突犯闕皆如其言」。又「後欲擊敵」句作「後欲擊賊」。

東軒筆錄一五卷

宋魏　泰撰

以清康熙三十五年刊稗海本校補

卷一

眞宗次澶淵章

四庫本「今敵騎未退。而天雄軍截在其後。萬一陷沒。則河朔皆敵境也」句（一〇三七—四二〇上）。清刊本「敵」皆作「虜」。「其後」作「賊後」。又「

王公馳騎入天雄。方旌旗滿野」句（同上）。清刊本「旌旗」作「戎虜」。又「越七日敵騎退」句。清刊本「敵」作「虜」。

又四庫本「遼犯澶淵」句（一〇三七—四二〇下）。清刊本「遼」作「虜」。又後文「二軍最切敵境。而攻圍百戰不能下。以至敵退出界」句（同上）。清刊本「敵境」作「虜境」。「敵退」作「賊退」。

卷四

楚執中性滑稽章

四庫本「元昊族帳無定」句（一〇三七—四三四下）。清刊本作「虜之族帳」。

卷八

麟州踞河外章

四庫本「使彼見之。亦伐謀之一端也」句（一〇三七—四六二上）。清刊本「彼」作「賊」。又後文「元昊望見。遽語獻策邊人」句（同上）。清刊本「邊人

」作「戎人」。

卷九

富鄭公弼章

四庫本「慶曆中以知制誥使契丹」句（一〇三七—四六七上）。清刊本「契丹」作「北虜」。又後文「但能捐金帛之數厚契丹而弊中國耳」句。又「歲出以賜契丹」句。清刊本「契丹」皆作「夷狄」。又其後「契丹無厭。好窺中國之隙」句。清刊本「契丹」作「

犬戎」。

慶曆中呂許公罷政事章

四庫本「介實不死。必北走矣」句（一〇三七—四六八上）。清刊本作「介實不死。北走胡矣」。

西戎初叛章

四庫本「蓋西人前一夕偷號入金明寨。殺李士彬。故東北路斷而重兵壓境」句（一〇三七—四六九上）。清刊本「西人」作「西賊」。「重兵」作「賊兵」。

又後文「德和誣奏三將皆降」句（一〇三七—四六九下）。清刊本「皆降」作「降賊」。

太祖聖性至仁章

四庫本「敵聞此語。知神兵自戢」句（一〇三七—四七〇下）。清刊本「敵」作「賊」。

卷十五

邊人傳誦一詩章

四庫本「昨夜陰山吼大風」句（一〇三七—五〇一上）。清刊本「大風」作「賊風」。下句同。又「一夕兵馬至界上」句（一〇三七—五〇一下）。清刊本「兵馬」作「賊馬」。

北番每宴人章

四庫本「惟方偕一舉而盡。其王大喜」句（一〇三七—五〇三上）。清刊本「其王」作「戎王」。

道山清談一卷

舊題宋王　暐撰

以明弘治間無錫華珵刊本校補

裕陵嘗因便殿與二三大臣論事條。四庫本「蓋北有強鄰……未嘗一日不念之。二敵之勢所以難制者。有城國。有行國。依古以來。未有敵國外患如今之強盛者。比之漢唐奚啻十倍。大臣皆言陛下聖慮及此。二敵不足撲滅矣」句（一〇三七—六五七上）。明刊本作「蓋北有狂虜……未嘗一日不念之。二虜之勢所以難制者。有城國。有行國。古之夷狄能行而已。今兼中國之所有矣。比之漢唐最爲強盛。大臣皆言陛下聖慮及此。二虜不足撲滅矣」。

元祐五年條。四庫本「先公爲契丹賀正使。遼主問范純仁今在朝否」句（一〇三七—六六三上）。又「先是遼主聞先公言純仁以足疾外補」句。明刊本「遼主」均作「虜主」。

默記三卷

宋王　銍撰

以明嘉靖二十三年刊本校補

卷上

張茂實太尉章。四庫本「鄭公使遼作殿前步帥中丞」句（一〇三八—三三六下）。明刊本「遼」作「虜」。

卷中

神宗初即位章。四庫本「一日語及北邊事曰。太宗自燕京城下軍潰。敵人追之」句（一〇三八—三三八下）。明刊本「北邊」「敵人」皆作「北虜」。又「此乃不共戴天之讎」句（一〇三八—三三九上）。明刊本「此」作「虜」。又「蓋已有取契丹大志」句（同上）。明刊本「契丹」作「北虜」。

揮麈錄二〇卷

宋王明清撰

以明汲古閣影宋鈔本校補

揮麈前錄　卷一

明清側聞章。四庫本「故馬政廢闕。武備不修。遂致外敵內侵。危弱之甚」句（一〇三八—三六八下）。明鈔本「外敵內侵」作「胡虜亂華」。

李和文遺事章。四庫本「上曰。當以遺敵主」句（一〇三八—三六九上）。明鈔本「敵主」作「虜主」。

又「此天下至寶。賜外裔可惜」句（同上）。明鈔本「外裔」作「外夷」。

紹興戊午章。四庫本「且叱奴外裔也。尤當避」句（一〇三八—三七二上）。明鈔本「外裔」作「夷狄」。

卷三

吳越國忠獻王錢佐薨章。四庫本「靖康末。敵騎犯闕。主避敵南來」句（一〇三八—三八二上）。明鈔本「敵騎」作「胡騎」。「避敵」作「避狄」。

本朝以來以遺逸起達者章。四庫本「使敵託夢寐以辭行」句（一〇三八—三八三下）。明鈔本「敵」作「虜」。

亡友薛叔器家有關外侯印章。四庫本「友人家有邊敵將軍章」句（一〇三八—三八三上）。明鈔本「邊敵」作「邊虜」。

韓似夫與先子言章。四庫本「頃使金國見金主所繫犀

帶」句（一〇三八—三八七上）。明鈔本「金主」作「虜主」。又「金主云。此石晉少主歸獻耶律氏者」句（同上）。明鈔本「金主」亦作「虜主」。

建炎己酉章。四庫本「金人舉國南侵時。太上駐蹕維揚。敵既次臨淮郡」句（一〇三八—三八八上）。明鈔本「南侵」作「南寇」。「敵」作「虜」。又「敵初不測其多寡」句（同上）。明鈔本「敵」亦作「虜

」。

卷四

太平興國六年章。四庫本「契丹素不順中國」句（一〇三八—三九四上）。明鈔本「契丹」作「犬戎」。又「頗見晉末陷敵者之子孫」句（同上）。明鈔本「陷敵」作「陷虜」。

揮麈後錄 卷一

太祖嘗令於瓦橋一帶章。四庫本「逮敵馬南騖。遂爲

坦途」句（一〇三八—四〇五下）。明鈔本「敵馬」作「胡馬」。

是月奉職。程若英乃文臣程博文之子章。四庫本「宜防邊方之亂」句（一〇三八—四一四上）。明鈔本「邊方」作「夷狄」。

靖康元年正月章。四庫本「金人侵濬州」句（一〇三八—四一五上）。明鈔本作「金賊犯濬州」。

卷二

曹功顯勛語明清章。四庫本「上爲康王再使敵中」句（一〇三八—四二〇下）。又「今陷敵中愈當虔事」句（一〇三八—四二一上）。明鈔本「敵」字皆作「虜」。

祖宗開國以來章。四庫本「敵人未南來。河北蜂起」句（一〇三八—四三九上）。明刊本「敵人」作「胡馬」。

卷三

靖康中有解習者章。四庫本「敵騎南侵。擇西北帥守」句（一〇三八—四五一下）。明鈔本「敵騎南侵」作「虜騎南寇」。

薛紹彭章。四庫本「而此刻非敵所識」句（一〇三八—四五二上）。明鈔本「敵」作「虜」。又「踰月之後敵騎忽至」句（同上）。明鈔本「敵騎」作「虜騎」。

靖康初。童貫既以誤國竄海外章。四庫本「敵人立張

邦昌爲王」句（一〇三八—四五二下）。又「欽叟不能抗敵之命」句（同上）。明鈔本「敵」字皆作「虜」。

秦會之嘗對外舅自言章。四庫本「靖康末與莫儔俱在敵寨」句（一〇三八—四五三上）。明鈔本「敵」字作「虜」。又「儔陳計於二人」句（同上）。明鈔本「二人」作「二賊」。

卷四

徽宗宣和七年章。四庫本「信通鵬海漲。威竄塞沙氈」句（一〇三八—四五五下）。明鈔本「塞沙氈」句作「犬戎羶」。又「端信奇工通造化。豈比優人能幻假」句（一〇三八—四五六下）。明鈔本「優人」作「胡人」。

宣和初。徽宗有意征遼章。四庫本「遼主望之不似人君」句（一〇三八—四五七上）。明鈔本「遼主」作「虜主」。

靖康之變章。四庫本「段光遠三人所上敵人書」句（一〇三八—四五八上）。明鈔本「敵人」作「虜酋」。

四庫本「張邦昌爲金人所立」句（一〇三八—四六一下）。明鈔本「金人」作「虜人」。又「金人立張僞詔與其謝牘併錄於後」句（一〇三八—四六二上）。明鈔本「金人」亦作「虜人」。又「敵人強立邦昌。僭位之後雖竊處宸居」句（一〇三八—四六三上）。明鈔本「敵人」作「虜人」。

卷八

五代李濤與弟澣俱才望章。四庫本「耶律德光侵京師。載之以歸」句（一〇三八—四九八上）。明鈔本「載」字作「虜」。又「建炎初守越州。隨敵北去」句（一〇三八—四九八下）。明鈔本「敵」作「虜」。

王倫字正道章。四庫本「大遼不可滅。金人不可盟」句（一〇三八—五〇〇下）。明鈔本「金人」作「女

眞」。又「三四往返竟留北邊」句（一〇三八—五〇一上）。明鈔本「北邊」作「虜中」。又「既拘於北。北人欲用爲留守」句（同上）。明鈔本兩「北」字皆作「虜」。

蘇叔黨以黨禁屛處潁昌章。四庫本「未幾金人南侵」句（一〇三八—五〇二下）。明鈔本「金人南侵」作「金虜南寇」。

建炎初高宗駐蹕維揚章。四庫本「敵騎忽至」句（一〇三八—五〇四上）。明鈔本「敵騎」作「虜騎」。

卷九

王廷秀字穎彥四明人章。四庫本「強敵兇焰可畏。行者開道避之」句（一〇三八—五〇六上）。明鈔本「強敵」作「強虜」。又「嘗陷敵逃歸」句（一〇三八—五〇六下）。明鈔本「敵」字亦作「虜」。又「北人以睿聖不當即位。兵禍連年」句（一〇三八—五〇七上）。明鈔本「北人」作「狄人」。又「前此選人

知鄭州滎澤縣敵兵偶不曾到」句（一〇三八—五〇八上）。明鈔本「敵兵」作「虜兵」。

穎彥又記章。四庫本文中凡「敵」字（一〇三八—五一〇上至五一一上）明鈔本皆作「虜」。「大渠」「大帥」皆作「大酋」。

建炎庚戌章。四庫本「首領驍勇其來接戰」句（一〇三八—五一三下）。明鈔本「驍勇」作「驍賊」。又「使立而無死。將楚州得全」句（一〇三八—五一四下）。明鈔本「楚州得全」作「盡殄群醜」。其餘凡「敵」字明鈔本皆作「賊」。

卷十

靖康末駙馬都尉王師約之子殊章。四庫本「則諸物悉爲敵得」句（一〇三八—五一五下）。明鈔本「敵」作「虜」。

周望字仲弼蔡州人章。四庫本「靖康之亂金人再至闕」句（一〇三八—五一六下）。明鈔本「至」字作「

犯」。又「又慮敵騎乘冬深入」句（一〇三八—五一七下）。明鈔本「敵騎」作「胡騎」。又「磵砂渡將官張超失守敵登岸」（一〇三八—五一七下）。又「陳淬與敵遇於馬家渡」（一〇三八—五一八上）。又「陳淬孤軍不能當敵」（同上）。又「諸將兵歸城中懼其抗敵取怒也」（同上）。以上四句之「敵」字明鈔本皆作「賊」。又「望自謂敵不敢犯境」句（一〇三八—五一八下）。明鈔本「敵」作「虜」。又「敵

自越州躡來」句（同上）。明鈔本「敵」作「賊」。又「二月十八日張俊馳報金人侵秀州」句（同上）。又「二十一日。金人侵吳江縣」句（一〇三八—五一九上）。明鈔本「侵」字皆作「犯」。又「即發遣騎兵。敵行破矣」句（同上）。明鈔本「敵行」作「虜行」。又「諸將奔遁潛伏外邑。覘敵人之行也」句（一〇三八—五一九上）。明鈔本「敵人」作「胡人」。又「既墮敵計。則又再遭官軍之毒」句（一〇三八—五一九下）。明鈔本「敵」作「虜」。又「自敵中逃歸者多困餓僵仆」句（同上）。明鈔本「敵」字作「賊」。

紹興戊午秦會之再入相章。四庫本「遂舉以使金……今日無故誘致北使」句（一〇三八—五二〇上）。明鈔本「金」「北」皆作「虜」。又其後「且豫臣事金人。南面稱王。以爲子孫帝王萬世之業牢不可拔。一旦金人改慮。捽而縛之。父子爲戮。商鑒不遠。而倫

乃欲陛下效之。夫天下者祖宗之天下也。陛下之位祖宗之位也。奈何以祖宗之天下爲金人之天下。祖宗之位爲金人藩臣之位。陛下一屈膝敵人。則祖宗社稷之靈盡爲草萊。祖宗數百年之赤子盡爲奴隸。朝廷之宰輔盡爲陪臣。天下士大夫皆當含羞忍恥反顏事仇。異時敵人無厭之求。安知不加我以無禮如劉豫也哉。夫三尺童子至無知也。指仇人而使之拜。則怫然怒。堂堂天朝。相率而拜仇人。曾童稺之所羞而陛下忍爲之

耶。」一段（一〇三八—五二〇上下）。明鈔本作「且豫臣事醜虜。南面稱王。以爲子孫帝王萬世之業牢不可拔。一旦豺狼改慮。捽而縛之。父子爲虜。商監不遠。而倫乃欲陛下效之。夫天下者祖宗之天下也。陛下之位祖宗之位也。奈何以祖宗之天下爲犬戎之天下。祖宗之位爲犬戎藩臣之位。陛下一屈膝虜人。則祖宗社稷之靈盡污夷狄。祖宗數百年之赤子盡爲左衽。朝廷之宰輔盡爲陪臣。天下士大夫皆當裂冠毀冕變

爲胡服。異時豺狼無厭之求。安知不加我以無禮如劉豫也哉。夫三尺童子至無知也。指犬豕而使之拜。則怫然怒。堂堂天朝。相率而拜犬豕。曾童穉之所羞而陛下忍爲之耶」。又其後「敵之情僞已可見」句。「就令敵決可和盡如倫議」句（一〇三八—五二〇下）。明鈔本「敵」皆作「虜」。又「況金人計略百出」句（同上）。明鈔本作「況醜虜變詐百出」。又「危如累卵尚未肯臣人」句（同上）。明鈔本「人」作「虜」。又「如頃者敵人反覆」句（同上）。明鈔本作「如頃者醜虜陸梁」。又後文「則我豈遽出敵人下哉。今無故欲臣之。屈萬乘之尊。下北庭之拜」句（一〇三八—五二一上）。明鈔本「敵人」作「虜人」。「北庭」作「穹廬」。又其後「孔子稱管仲相桓公。民到於今受其賜。夫管仲伯者之佐。尚能展一匡之勳而爲衣裳之會。秦檜大國之相也。反欲舍中興之美而爲降王之事」句（同上）。明鈔本作「孔子曰。微管

仲吾其被髮左衽矣。夫管仲伯者之佐。尚能變左衽之軀而爲衣裳之會。秦檜大國之相也。反驅衣裳之俗而爲左衽之鄉」。又其後凡「敵」字明鈔本皆作「虜」。又「更鋼狄摩挲。何處天意。從來高難問」句（一〇三八—五二一上至五二二上）。明鈔本作「聚萬落千村。狐兎天意。從來高難問」。

卷十一

紹興己未章。四庫本「北使飲食臭腐。致行人有詞」

（一〇三八—五二五下）。明鈔本「北」作「虜」。

紹興庚申章。四庫本「敵人敗約復取河南故地」句（一〇三八—五二五下）。明鈔本「敵人」作「虜人」。又「金人長驅犯淮勢須興師」句（同上）。明鈔本「金人」作「金寇」。

近有名家子知邵州時章。四庫本「自眷秦會之甫自北方來歸」句（一〇三八—五二六下）。明鈔本「北方」字作「虜中」。

紹興壬戌罷三大帥兵柄時章。四庫本「雖云講和。敵性難測」（一〇三八—五二七上）。明鈔本「敵性」作「虜性」。

姚宏字令聲越人也章。四庫本「紹興辛巳歲。金主舉國侵淮」句（一〇三八—五二八下）。明鈔本「金主舉國侵淮」作「完顏亮舉國寇淮」。

紹興壬戌夏章。四庫本「顯仁皇后自北邊南歸」句（一〇三八—五三〇下）。明鈔本「北邊」作「虜中」。其餘凡「敵」「金」二字明鈔本皆作「虜」。

揮麈三錄 卷一

明清前年虱底百僚章。四庫本「杜充書敵騎至和州」句（一〇三八—五三五下）。明鈔本「敵騎」作「虜騎」。又「敵騎自江黃間南渡」句（一〇三八—五三六上）。明鈔本「敵騎」作「胡騎」。又「敵人破黃州由鄂州渡江」句（一〇三八—五三六上）。明鈔本「敵人」作「胡人」。又「慮敵騎不測馳突」句（同上）。明鈔本「敵騎」作「胡騎」。又「人馬已自建康府徑路侵杭州界」句（同上）。明鈔本「侵」作「犯」。又「又探報敵人已入杭州」句（一〇三八—五三六下）。「敵人已在西興下寨」句（一〇三八—五三七上）。明鈔本「敵人」皆作「虜人」。又「後聞敵人自采石濟師」句（一〇三八—五三七下）。明鈔本「敵人」作「胡人」。又「建康守陳邦光及戶部尚書李梲皆降于敵」句（同上）。明鈔本「敵」作「虜

」。又「敵衆犯外城。知州事周杞守子城以拒敵」句（同上）。明鈔本「敵」皆作「賊」。又「張俊擊退敵騎」句（一〇三八—五三八上）。「敵人以越爲巢穴」句（同上）。明鈔本「敵」皆作「虜」。又以下除「意謂敵人未必侵犯」句（同上）及「管待敵人與之飲燕」句（一〇三八—五三八下）之「敵人」明鈔本作「虜人」外。其餘之「敵人」明鈔本皆作「胡人」。「敵騎」作「胡騎」。又「通判曾忞罵敵不屈而

死」句（一〇三八—五三九下）。「敵既不知其地勢。又不測兵之多寡」句（同上）。明鈔本「敵」字皆作「賊」。

先正有言。太祖舍其子而立弟章。四庫本「金人所以未有悔禍之意」句（一〇三八—五四二下）。明鈔本「金人」作「黠虜」。

卷二

靖康丙午章。四庫本「金人內逼。次歲之春。京城不守。忞其威福。妄有易置」句（一〇三八—五四八下）。明鈔本「金人內逼」作「直戎亂華」。「威福」作「號舞」。

本卷第十六則四庫本未錄。明鈔本其文如下

靖康末。虜騎渡河。直抵京城。危蹙之甚。欽宗命王幼安襄爲西道摠管。招集勤王之師。以爲捄援。幼安辟先人爲幹當公事。先人爲草檄文。晁四丈以道讀之。激賞不已。云。此出師表也。今錄于後。叛服者

夷狄之常性。勢有汙隆忠義者。臣子之大方道無今古。矧黃屋有阽危之慮。而赤縣無援助之師。念聖神施德於九朝。方黎庶痛心於四海。敢緣尺牘。盡露肺肝。在昔高帝被圍於平城。文皇求盟於渭水。將相失色。智勇呑聲。蓋自竹帛已來。有斯妖孽之類。致鬼區獸夷之肆暴。豈人謀神理之能容。蠢彼小羌。尤爲遺燼。聲教僅通於上國。名號不齒於四夷。緣威懷之並施。乃信義之俱棄。聖上天臨萬宇。子育群生。霄憂

兼夷夏之心。夕惕紹祖宗之業。宣恩屈己。猶負固以跳梁。繼好息民。更執迷而猖蹶。始鴟張於沙漠。再豕突於帝畿。既邊圉之弛防。又廟堂之失策。竄窾旁吞於黑水。攙搶直拂於紫躔。睥睨望萬雉之墉。蹂踐連千里之境。鯨鯢我郡邑。魚鼈我人民。氛祲烟塵。共起焰天之勢。衣冠士庶。咸罹塗地之冤。赤子何辜。蒼天不弔。寇攘驅掠。不可數知。焚蕩傷夷。動以萬計。然而天惟助順。神必害盈。終無摩壘之兵。僅

保傳城之衆。能接歲而再至。既經時而何施。今則脊尾俱搖。腹背受敵。舊地皆失。內潰有強鄰之侵。衆心自離。外隳無諸國之助。咸聞氣奪。尙敢尸居。匪惟難犯於金湯。固已自迷於巢窟。無牙而穿屋。情狀可知。羊羸角以觸藩。進退不果。尙假息游魂於城下。已叩閽請命於軍中。而況六師用壯以方張。諸將不謀而問會。熊羆之旅。則帶甲百萬。騄驥之足。則有駷三千。人知逆順。而四面聲馳。士識恩讎。而方萬

響動。務施遠略。必解長圍。速勞貔虎之師。盡掃犬羊之衆。嘯聚之黨。將就戮除。噍類之徒。尋當殄滅。涓時並進。旨日克平。義動顯幽。包胥泣秦庭之血。誠開金石。霽雲射浮圖之甎。盍思古人。謂誓死起救於將顚。勿令後日譏擁兵坐觀而不赴。某恭被眷筭。外總戎昭。籌筆非良。敢效流馬之運。輪蹄並進。盡提水犀之軍。戈矛相望於道塗。舳艫御尾於淮海。已浮楚澤。前壓師濱。誓資衛社之何盟。共濟勤王之

盛舉。望龍虎之氣行。瞻咫尺之天聽。烏烏之聲。益勞方寸之地。同扶王室。各奉天威。誓爲唇齒之依。期壯輔車之勢。共惟某官誠深體國。義切愛君。忠孝貫於神明。威名慴於夷虜。決策定難。素高平日之謀。拯溺救焚。豈有淹時之久。雪宗祧之大憤。拯黎庶之橫流。勢方萬全。士在一舉。九金鼎就。難逃魑魅之形。萬里塵清。永肅乾坤之照。乘彼瓜分之後。在我皷行而清。賈涕而言。至誠斯盡。

竊惟國家道德仁義章。四庫本凡「敵」字（一〇三八—五五一下至五五二下）。明鈔本皆作「虜」。其中「我尚飲爾酒乎」句（一〇三八—五五二上）。明鈔本作「我尚飲虜賊酒乎」。

錢義妻德國夫人章。四庫本「建炎初侍其姑秦魯大主避敵入淮」句（一〇三八—五五三下）。明鈔本「敵」作「虜」。又「同時被掠儕類六十輩」句（同上）。明鈔本「掠」作「虜」。

卷三

劉廷者開封人向氏甥章。四庫本「上書自奮應募。願使敵廷召對稱旨」句（一〇三八—五五五下）。明鈔本「敵廷」作「虜廷」。又「己酉歲金人渡淮」句（一〇三八—五五六上）。明鈔本「金人」作「金寇」。又「軍民迺共推誨領郡適敵寨于郊外」句（同上）。明鈔本「敵」作「虜」。

方務德帥荆南有寓客張黜者章（一〇三八—五六〇下）。明鈔本「北敵」作「北虜」。又「敵人往湖南劫掠」句（同上）。明鈔本「敵人」作「虜人」。又「此項來寇人數不多」句（同上）。明鈔本「來寇」作「虜寇」。又「宣司不信其誠心遂率衆渡淮降敵」句（一〇三八—五六一下）。明鈔本「敵」字作「虜」。

汪明遠爲荆襄宣諭使章。四庫本「金亮遣劉蕚領兵號二十萬」句（一〇三八—五六三下）。明鈔本「金亮

」作「逆亮」。其後「俘掠」作「俘虜」。「敵中」作「虜中」。「敵人」作「虜人」。

四庫本「金亮篡位之後」（一〇三八—五六三下）。明鈔本「金亮」作「逆亮」。又下文自「且看敵軍有陣腳不固不肅者」句至「敵軍如此。我輩如何可戰」句（一〇三八—五六四上）。明鈔本凡「敵軍」皆作「虜軍」。又「軍馬渡江有殿後者必爲敵騎所追」句（同上）。又「敵騎果下馬來追襲」句（一〇三八—

五六四下）。以上兩「敵騎」明鈔本皆作「虜騎」。
又「諸軍遂就采石各上戰艦以備敵人」句（同上）。明鈔本「敵人」作「虜人」。又「金亮築臺江岸。刑白馬祭天」句（同上）。明鈔本「金亮」作「逆亮」。又「令軍士以寸札弩射敵人赴水者」句（同上）。明鈔本「敵人」作「虜人」。

揮麈錄餘話　卷一

高宗建炎二年章。四庫本「建康避敵幸浙東」句（一

〇三八—五六九上）。明鈔本「敵」作「狄」。
建炎庚戌章。四庫本「李漢超守關南以拒敵」句（一〇三八—五八〇上）。明鈔本「敵」作「虜」。又「而邊境遐裔無內外之患者此也」句（一〇三八—五八〇下）。明鈔本「遐裔」作「夷狄」。又「自昔外裔橫而窺中國者」句（一〇三八—五八二下）。明鈔本「外裔」作「夷狄」。又「以聖神文武幹運六合鞭笞四裔」句（一〇三八—五八三上）。明鈔本「四裔」作「四夷」。
熙寧中蔡敏肅挺以樞密直學士帥平涼章。四庫本「聖主憂邊威靈遐布強敵」句（一〇三八—五八三下）。明鈔本「強敵」作「驕虜」。

卷二

蔡元長少年鼎貴章。四庫本「宣和末金人內侵。盡以平日之所積用巨艦泛汴而下」句（一〇三八—五九七上）。明鈔本「金人內侵」作「金寇豕突」。

建炎戊申冬章。四庫本「已而敵人南寇。六飛渡江」句（一〇三八—五九八上）。明鈔本「敵人」作「虜人」。
四庫本「秦會之自敵中還朝」句（一〇三八—六〇一上）。明鈔本「敵中」作「虜中」。
明清第三錄章。四庫本「敵人議立張邦昌以主中國」句（一〇三八—六〇一下）。明鈔本「敵人」作「虜人」。又「先覺遣人疾馳以達敵人」句（一〇三八—

六〇一下—六〇二上）。明鈔本「敵人」作「虜酋」。又「會之還自敵中」句（一〇三八—六〇二上）。明鈔本「敵中」作「虜中」。

秦會之范覺民同在廟堂章。四庫本「敵騎初退欲定江西二守臣」句（一〇三八—六〇二上）。明鈔本「敵騎」作「虜騎」。又「既已投拜委質於敵」句（同上）。明鈔本「敵」作「賊」。

秦熺本王喚之孽子章。四庫本「會之任中司。敵拘北去」句（一〇三八—六〇二下）。明鈔本「敵」作「虜」。

王仲嶷字豐父章。四庫本「敵人寇江西坐失守」句（一〇三八—六〇三上）。明鈔本「敵人」作「虜人」。

廉宣仲布章。四庫本「自其鄉里山陽避敵南來」句（一〇三八—六〇四上）。明鈔本「敵」作「寇」。又「聞若愚用事敵間」句（同上）。明鈔本「敵」作「

賊」。又「吾從敵所得寶貨盈屋」句（同上）。明鈔本「敵」作「盜」。

靖康之末二聖北狩四海章。四庫本「士大夫捄死不暇往來敵中」句（一〇三八—六〇八下）。明鈔本「敵」作「虜」。

唐牛奇章玄怪錄章。四庫本「建炎中金人駐楚泗間」句（一〇三八—六一五上）。明鈔本「金人」作「金寇」。又「敵誓於衆。整師大入」句（同上）。又「敵衆辟易散走。損折甚多」句（同上）。明鈔本「敵」作「虜」。

鄭德象滋晚守京口章。四庫本「俟應辦敵使至郡按治之時」句（一〇三八—六一五上）。明鈔本「敵」作「虜」。

玉照新志六卷

宋王明清撰

以舊鈔本校補

卷一

中書劄子條。四庫本自「未蒙朝廷召命。義難自」句以下注闕（一〇三八—六一九下）。舊鈔本作「進老於田閭衆所共惜。臣未敢別乞朝廷任使。欲望聖慈且令召還書館舊職。有不如臣所舉。甘坐罔上不忠之罪。俟敕旨奉聖旨依奏許朝參令發來赴闕依舊供職。

又云。中書省劄子已降敕旨奉使高麗船第一隻賜號淩虛致遠安濟神舟。第二隻賜號靈飛順濟神舟。右奉聖旨額且令御書院如法書寫。一面疾速入急遞至明州交割及本州製造牌額安排所有敕牒令安燾等收掌。

又云。均州奏爲本州編管。前漳州軍事判官練亨甫逐次與兄練劫弟練沖甫往女弟子魯麗華家。踰濫後收養在寶林院郭和尙房下。令求食。因探見魯麗華與百姓王九在店飲酒。喚歸寺毆打魯麗華致樂營。將申舉已送司理院照對去訖奏聞。

又云晉州奏據雄州防禦推官知秀州崇德縣。」

圓鏡枉斷哀絃條。四庫本「饒州舉子張生南宮不利歸」句（一〇三八—六二四下）。舊鈔本作「饒州舉子張生游太學。與東曲妓楊六者好甚密。會張生南宮不利歸」。又此條「圓鏡枉斷哀絃」係一詞。其前有脫文。舊鈔本其詞作「事往人離。還似暮峽歸雲。隴上流泉強分。鸞鏡枉斷哀絃」。

卷二

陳瑩中諫垣集言之詳矣章。四庫本「竭生靈膏血以取必爭之地。使上累聖德。億兆同憂。今敵人之乞和非畏吾也」句有脫文（一〇三八—六三〇上）。舊鈔本作「竭生靈膏血。數挑胡敵。以取必爭之地。使上累聖德。億兆同憂。且天生北狄。謂之犬戎。投骨於地。狺然而爭者犬之常也。今乃搖尾乞憐。非畏吾也」

。又其後「敵情叵測。安得不蓄其銳而俟吾隙以逞其所大欲耶。將見四方交侵。雖有智者不能善其後矣」句（同上）。舊鈔本「敵情叵測」作「狼子野心」。「四方」作「四夷」。又「蓋不欲弊中國怒遠方也」句（一〇三八—六三〇下）。舊鈔本「遠方」作「遠夷」。又「王者不治遠人。春秋亦內諸夏而外吳楚」句（一〇三八—六三一上）。舊鈔本「遠人」「吳楚」並作「夷狄」。又「嗜好迥殊。習俗詭異」句（同上）。舊鈔本「嗜好迥殊」作「種類乖殊」。又「故能威鎮四夷。北人不敢南下」句（一〇三八—六三一下）。舊鈔本「北人」作「胡人」。又「閉關据扼。荷戟而守之」句下有脫文（同上）。舊鈔本作「無使夷狄乘間伺隙窺我中國」。

卷四

元符末巨公爲太學博士輪對建言章。四庫本「震耀一時。禍福倚伏有如此者」句（一〇三八—六四九下）

。舊鈔本作「震耀一時。紹興中亦有爲館職者。於言路有宿憾。欲露章以論。既聞之怨於當時。乞易地以避焉。改普安郡王府教授。已而孝宗正儲位以潛邸舊恩。位極人臣。榮冠今古。二公之事絕相似。禍福倚伏有如此者。」

明清近又得伸上邦昌全文章。四庫本「今兵退多日」句（一〇三八—六五一下）。舊鈔本「兵」作「敵」。

胡偉元章。四庫本「宜乎召金人之禍而致國之危焉」句（一〇三八—六五四下）。舊鈔本「金人」作「金虜」。又「書之內作色荒數語」句（同上）。舊鈔本作「書云內作色荒。外作禽荒。甘酒嗜音。峻宇彫牆。有一于此。未或不忘」。

避亂錄章。四庫本「未幾金兵犯平江」「諸將如郭仲威輩先敵」。「始旻將至。兵稍遲。皆以爲金人」三句（一〇三八—六五五上）。舊鈔本「金」「敵」皆

作「虜」。又「鎮江日見敵騎馳逐於江岸」「拒金人之出。金船實不可出」二句（一〇三八—六五五下）。舊鈔本「敵」「金」均作「虜」。此下類同。

卷五

雷轟薦福碑章。四庫本「有客打碑來薦福」句（一〇三八—六六〇上）。舊鈔本下尚有「無人騎鶴上揚州」句。

中興初政治章。四庫本「靖康之末。金人議立僞主」

句（一〇三八—六六〇下）。舊鈔本「金」作「虜」。又後文「今日金所立者誰」句（一〇三八—六六三上）。舊鈔本「金」作「虜」。

洪芻駒父等獄案章。四庫本「王及之責授隨州別駕恩州安置」句（一〇三八—六六四下）。舊鈔本其下尚有「周懿文責授隴州別駕英州安置」句。

卷六

秦檜初擢第章。四庫本「靖康中張邦昌使金」句（一〇三八—六七一下）。舊鈔本「金」作「虜」。又「薦引入臺至中司」句（同上）。舊鈔本作「薦引入臺。浸遷中司」。又「金人尼瑪哈妄思易置君位」句（同上）。舊鈔本「金人」作「虜酋」。又「檜既陷敵無以自存。張遜於金之左戚烏舍之門」句（一〇三八—六七二上）。舊鈔本「敵」作「虜」。「張遜於金之左戚」作「託迹於虜之左戚」。又以下凡「敵」字舊鈔本皆作「虜」。又「士夫重足而立。使其無死奈

何。此檜之罪不可逃也」句（一〇三八—六七二下）。舊鈔本作「士大夫重足而立。使其無死奈何。後來完顏亮舉國南寇。豕突兩淮。極其蹂踐。適自天幸。完顏亮自斃。不然殆哉。由會之軍政弛備所以致此。此會之之罪。不可逃者也。」

靖康元年章。四庫本「金人初犯京師」句（一〇三八—六七六上）。舊鈔本「金」作「虜」。又「使伯紀命大將姚平仲謀劫敵寨」句（同上）。舊鈔本「敵」

作「賊」。又「敵先爲備」句。舊鈔本「敵」作「虜」。又「蓋中國之撫四方猶上穹之統群物」句（一〇三八—六七六下）。舊鈔本「方」作「夷」。又其後「昌時全盛。憤四郊之多壘。赫一怒以安民」句（同上）。舊鈔本作「慎昌時之全盛。蠢爾羯寇。干于天誅。猛將如雲。憤四郊之多壘。元甲耀日。赫一怒以安民」。又後文「王者大一統。會茲御極之年。中國有至仁。盍效充庭之貢。乃連叛將。共縱野心」句（同上）。舊鈔本作「春秋書王者大一統。會茲御極之年。夷狄聞中國有至仁。盍效充庭之貢。顧肅慎之末裔。爲女眞之小邦。宜修獻楛之恭。自甘長革之陋。乃連叛將。共縱野心」。又「盡矢矢石之技。屹然金湯之雄」句（同上）。舊鈔本「矢石之技」作「豺狼之力」。又「惟兼憂外敵之生命」句（同上）。舊鈔本「敵」作「夷」。又其後「擄掠我人民。爭攘我牛馬。三鼓而竭。撫轍先奔千里者饑。樵蘇後爨。但知

逞其壯氣。不自善其歸途。可破之形有識共見」句（一〇三八—六七七上）。舊鈔本作「虜掠我人民。敓攘我牛馬。發冢取貨。增盛怒於田單。髡髮爲兵。渺長思於管仲。神奪其魄。肆耽荒淫。罪通於天。決取殄滅。特遊魂於死地。似絕命於歸途。可破之形有識共見」。

建炎己酉章。四庫本「時高宗南幸。先人揣知禍亂未已。是後敵騎果至」句（一〇三八—六七八上）。舊鈔本作「時高宗皇帝六飛南幸。先人揣知胡羯之亂未已也。辭之。臨行移書志升。乞備西境。言極激切。是冬虜騎果至」。其後「然海門中流至淺狹。不可浮大舟。匪敵騎能窺」句（一〇三八—六七八下）。舊鈔本「敵騎」作「夷狄」。又其後「萬一敵過江陵不可攻。直抵安吉廣德以搖錢塘」句（一〇三八—六七九上）。舊鈔本作「萬一虜騎過江。金陵不可攻。豖突直抵安吉廣德以搖錢塘」。又其後「何惜建此於朝

而始終錢塘之人也」句下脫一句（一〇三八—六七九下）。舊鈔本作「張睢陽守一城。捍下天以蔽江淮。阻遏賊勢」。又「挫其賊鋒。較之輕重。張睢陽何足道哉」句（同上）。舊鈔本作「挫賊鋒使胡馬不敢南牧。較事機輕重。張睢陽何足道哉」。

聞見錄二〇卷

宋邵伯溫撰

以明崇禎汲古閣刊本校補

卷三

伯溫侍長老言章。四庫本「時契丹通和。兵革不用」句（一〇三八—七二九上）。明刊本「契丹」作「北虜」。

卷九

富韓公初遊場屋章。四庫本「故薦公以使不測之遼」句（一〇三八—七六二上）。又「不報公能使遼」句（同上）。又「且言遼既通好」句（一〇三八—七六二下）。明刊本「遼」皆作「虜」。又「敵萬一敗盟。臣死且有罪」句（同上）。明刊本「敵」亦作「虜」。又「亦願陛下思金人玩弄我朝之恥」句（同上）。明刊本「金人玩弄我朝」句作「夷狄輕侮中原」。又「此朝廷特用非以使遼故也」句（同上）。又「嗚

呼使遼之功偉矣」句（同上）。又「公使遼之功非公之心也」句（同上）。明刊本凡「遼」字皆作「虜」。又「獨爲知之」句（同上）。明刊本作「獨爲知公者也」。

慶曆二年大遼以重兵壓境章。四庫本「遼意叵測。在廷之臣無敢行者。富韓公往聘。面折遼之君臣。遼辭屈」句（一〇三八—七六二下）。明刊本「遼」字皆作「虜」。又「富弼不能止敵人谿壑無厭之求」句（

一〇三八—七六三上）。明刊本「敵人」作「夷狄」。又「若遼乞和親。弼亦忍棄之乎」句（同上）。明刊本「遼」作「虜」。

卷十二

眉山蘇明允先生嘉祐初遊京師章。四庫本「衣不衷之衣。食犬彘之食」句（一〇三八—七八五下）。明刊本「不衷」作「夷狄」。

卷十三

李承之待制奇士蘇子瞻所謂李六文人豪也章。四庫本「未死奸諛骨已寒」句（一〇三八—七九四上）。明刊本作「已死英雄骨尚寒」。

卷十九

四庫本「唯宗顯能誦之。年幾九十乃死」句（一〇三八—八二九上）。明刊本句下尚有一段如下

康節先公常言本朝祖宗立天下之士非前代可比。內無大臣跋扈。外無藩鎮強橫。亦無大盜賊。獨夷狄爲可

慮。故有十六國詩云。普天之下號寰區。大禹曾經治水餘。衣到弊時多蟣虱。瓜當爛處足蟲蛆。龍章本不資狂寇。象魏何嘗薦亂胡。尼父有言堪味處。當時欠一管夷吾。又作觀碁詩。歷叙古今至西晉云。二主蒙霜露。五胡犯鼎彝。世無管夷吾。令人重歔欷。常曰孔子念管仲之功自不以被髮左衽爲幸。若管仲者可輕議哉。嗚呼。有以也夫。

清波雜志一二卷

宋周　煇撰

以宋刊本校補

卷一

四庫本「高宗繇康邸使北庭」句（一〇三九—四上）。宋刊本「北庭」作「虜廷」。

高宗自相州提兵渡河章。四庫本「大王治兵復仇行紹大統」句（一〇三九—五上）。宋刊本「復仇」作「討賊」。

朱弁新安人章。四庫本「王倫使金被留館於雲中」句（一〇三九—五下）。宋刊本「金」作「虜」。又「強敵所以未有悔禍之意」句（一〇三九—六上）。宋刊本「強敵」作「黠虜」。

高宗即位於南京章。四庫本「方結衷言。既驅車而北渡。未寒口血。復擁衆以南侵」句（一〇三九—六上）。宋刊本「方結衷言」句作「要質賢王」。「未寒

口血」作「連結異域」。又「廷臣乏策。敵使詭和」句（一〇三九—六下）。宋刊本「敵」作「虜」。又「肆令敵騎薦食都畿」句（同上）。宋刊本「騎敵」作「狼子」。

卷二

徽宗嘗出王琖玉巵以示輔臣章。四庫本「臣昔使遼。見有玉盤盞皆石晉時物」句（一〇三九—一六上）。宋刊本「遼」作「虜」。

卷三

煇憶年及冠從父執陳彥育章。四庫本「陳句容人素與先人厚善」句（一〇三九—一八下）。宋刊本「容」作「舍」。

昭慈聖獻上賓庭臣進挽歌辭章。宋刊本「飲馬驅驕敵」句（一〇三九—二二下）。宋刊本「驕敵」作「驕虜」。

卷四

待之以禮答之以簡章。四庫本「呂正獻公以翰林學士館伴北使彼」句（一〇三九—二八下）。宋刊本「彼」作「虜」。又「北使愕然語塞」句（同上）。宋刊本「北使」作「虜使」。

卷五

陳東字少暘章。四庫本「靖康初敵犯闕」句（一〇三九—三二下）。宋刊本「敵」作「虜」。又「徐暉乞借官充使奉親王歸」句（一〇三九—三三上）。宋刊

本「充使」作「入虜」。

四庫本「使北者冬月耳白即凍墮」句（一〇三九—三四上）。宋刊本「北」作「虜」。

四庫本「煇出疆時見彼中所用定器色瑩淨可愛」句（一〇三九—三六下）。宋刊本「彼」作「虜」。

紹興辛巳冬章。四庫本多處改易。宋刊本作「紹興辛巳冬。胡馬飲淮。煇在建康城中。南北既交兵。捷音日馳。後生輩喜躍。獨老成人有憂色。言頃歲擾攘。三鎮失守。何嘗不日報捷於外路。一日傳虜酋有來日早炊玉麟堂之語。聞者震駭。且日見俘獲係路氣象不佳。未晡坊巷皆執兵扞衛。如是者一月。未幾遂有鳴鏑之變。爲夷狄戒天意也。孔常甫武仲云。石氏時胡王死其母。囚後。又助北漢拒周諸部力諫。而虜主強之。燕王述軋因衆心弑虜主而自立。干紀妄動。其報如此。與完顏亮之事同。

四庫本「李寶海道與敵人戰」句（一〇三九—三七上

）。宋刊本「敵」作「虜」。

卷六

徽宗在潛邸章。四庫本「時識者皆知必致銅駝荊棘」句（一〇三九—四一下）。宋刊本「銅駝荊棘」作「夷虜亂華」。

宣和五年章。四庫本「衛膚敏假給事中往賀金主生辰」句（一〇三九—四六下）。宋刊本「金主」作「虜酋」。又「金主即宴」句（同上）。宋刊本「金主」

作「虜主」。又「時敵已萌寒盟」句（同上）。宋刊本「敵」作「虜」。

卷七

曹武惠彬下江南章。四庫本「敵犯淮甸亦知守靜名。不犯其室」句（一〇三九—四九下）。宋刊本「敵」作「虜」。

卷十

東坡云昔僦宅於眉章。四庫本「它日學問有成」句（

一〇三九—七二上）。宋刊本句下尚有「乃其志也」四字。

至和三年章。四庫本「范中濟子奇出使遼道」句（一〇三九—七六上）。宋刊本「遼」作「虜」。又「敵情得嘿然」句（同上）。宋刊本「敵」作「虜」。

卷十一

政和二年章。四庫本「左右爭獻言」句（一〇三九—七九下）。宋刊本句下尚有「爲異指點閧然。大司樂田爲押登壇歌。壇上大呼曰田」。

櫻桃抄章。四庫本「奈敵人自若」句（一〇三九—八二上）。宋刊本「敵人」作「胡兒」。

監安上門光州司理參軍鄭俠上疏章。四庫本「遂敵人輕肆敢侮」句（一〇三九—八二下）。宋刊本「敵人」作「夷狄」。

卷十二

至道元年章。四庫本「數十輩連袂宛轉以足頓地爲節

」句（一〇三九—八六下）。宋刊本句下尚有一句作。「上笑。令罷牂狪使十數輩從者百餘人」。

四庫本「金改吾趙州爲沃州」句（一〇三九—八七上）。宋刊本「金」作「虜」。

紹興四年章。四庫本「敵雖講和。戰守之備何可少弛」句（一〇三九—八九上）。宋刊本「敵」作「虜」。

邵氏聞見後錄三〇卷

宋邵　博撰

以明崇禎三年汲古閣刊津逮秘書本校補

卷一

仁皇帝崩條。四庫本「北主執使者手號慟」句（一〇三九—二一八上）。明刊本「北主」作「虜主」。

卷八

初回紇風俗朴厚條。四庫本「中國爲之虛耗而其俗亦

壞」句（一〇三九—二五〇下）。明刊本「其俗」作「虜俗」。又後文「中外者天也」句（同上）。明刊本「中外」作「華夷」。

梁武帝以熒惑入南斗條。四庫本二「魏」字（一〇三九—二五一下）。明刊本並作「虜」。

突厥本西方賤種條。四庫本「天初無中外之辨」句（一〇三九—二五二上）。明刊本「中外」作「夷夏」。

唐鄭元璹使突厥條。四庫本文中「契丹」（一〇三九—二五二下）二字。明刊本作「北虜」。又以下凡「北主」明刊本均作「虜主」。「北事」作「虜事」。

太史令傅奕上疏請除佛法條。四庫本「漢明帝始立祇神。洎於苻石羌氏亂華」句（一〇三九—二五三下）。明刊本「祇神」作「胡神」。「羌氏」作「羌胡」。

卷二十六

楚氏洛陽舊族元輔者條。四庫本「初避寇入潁陽」句

（一〇三九—三四四上）。又「寇勢逼亦棄于山谷中」句。明刊本「寇」皆作「虜」。

卷二十七

宣和殿聚殷周鼎條

四庫本「國破。寇盡取禁中物」句（一〇三九—三四五上）。明刊本「寇」作「虜」。

北窗炙輠錄一卷

宋施德操撰

以舊鈔本校補

卷上

進道嘗渡揚子江條。四庫本「周公保取吾……不爲不義事」句中兩處注闕（一〇三九—三六五下）。舊鈔本此句作「周公保取吾背子來。德立強忍爲取之。乃拈香曰。姚投平生不爲不義事」。

卷下

子範謂余曰劉信叔守合淝條。四庫本「自金人南下。內外將士無一人爲國家捐軀幹。出死力。一見敵人之前驅者。望風奔潰。相襲爲常」句（一〇三九—三八〇下）。舊鈔本「南下」作「犯順」。「一見敵人」作「以逆虜人」。

正夫謂子才條。四庫本有闕字（一〇三九—三八三上）。舊鈔本作「正夫謂子才以無厚入有間妙矣」。

六義之說條。四庫本「有人之四體。使無精神血脈以妙於其間。則塊然棄物而已矣」句有脫文（一〇三九—三八八下）。舊鈔本作「有人之四體。使無精神以妙於其間。則塊然棄物。凡作詩孰不有賦比興。然不能善其事。亦塊然棄物而已矣」。

闕子開頗有前輩氣條。四庫本自「又曰長官嘗有一帖」句以下注原闕（一〇三九—三九二下）。舊鈔本其文亦有闕字。大略如下。

長官嘗有一帖。老夫尚藏之。明日取呈。明日其人來。子開冠□□□者。禮畢。蔣遂出其父帖。亦止令開圖書。其後乃署名曰澥上蔣處士。子開既知□□乃謝罪曰。某不知。昨日遂失禮於長者。蔣退乃意送出門而去。蔣布衫草履。□□□□□而子開實世家。又盛怒如此。一聞先生之語。遽悚然改容。遂與其人爲禮如此。□□□弟氣可喜。子開名演。有詩名江浙間。

進道說張安道年德俱高。士大夫多往拜之。公初不令止。有孫延嗣爲鄰郡倅。一日往拜公。公曰。

桯史一五卷

宋岳　珂撰

以元刊本校補

卷一

汴京故城章。四庫本「靖康塞馬南牧」句（一〇三九—四一四上）。元刊本「塞」作「胡」。

施宜生章。四庫本「彼中法無驗不可行」句（一〇三九—四一四下）。元刊本「彼中」作「虜」。又「彼中附試畔歸之士謂之歸義試」句（同上）。元刊本「彼中」作「虜有」。又「金主亮有意南牧。校獵國中」句（一〇三九—四一五上）。元刊本「金主」作「逆」。又「紹興三十年使來賀正旦」句（同上）。元刊本「使」作「虜」。又「肅以吏部尙書侍讀館之都亭。時和盟方堅」句（同上）。元刊本「和」作「戎」。

卷二

李順吳曦名識章。四庫本「開禧二年正月。大將吳曦叛蜀歸款于敵。甲午即蜀王位。丁酉受僞册」句（一〇三九—四一七下）。元刊本「敵」作「虜」。「僞册」作「虜册」。

牧牛亭章。四庫本「檜在北。不久即逃歸」句（一〇三九—四二〇上）。元刊本「北」作「虜」。

卷三

歲星之祥章。四庫本「建炎庚戌塞馬飲海」句（一〇三九—四二三下）。元刊本「塞馬」作「狄騎」。又「時敵初退。師尚宿留淮泗」句（一〇三九—四二三下）。元刊本「敵」作「虜」。

趙希光節概章。四庫本「此直愚騃無知爲人所啗」句（一〇三九—四三〇上）。元刊本「人」作「虜」。

卷四

葉少蘊內制章。四庫本「以制四裔之命」句（一〇三九—四三四下）。元刊本「四裔」作「四夷」。

乾道受書禮章。四庫本「紹興要盟之日。彼先約毋得擅易」句（一〇三九—四三五下）。元刊本「彼」作「虜」。又「益思媚彼。務極其至」句（同上）。元刊本「彼」亦作「虜」。又「而受書之儀特甚金主渝平」句（同上）。元刊本「金主」作「逆亮」。又「彼屢以爲言」句（同上）。元刊本「彼」作「虜」。

又四庫本「若其不許。似不必更責以禮度」句（一〇三九—四三六上）。元刊本「似不必更責」作「犬羊豈可責」。又「他時陳我師旅。恢復故疆」句（同上）。元刊本「陳我師旅」作「翦除醜類」。又「朕痛念祖宗陵寢淪於外域四十餘年」句（同上）。元刊本「外域」作「腥羶」。又「彼遣吏部郎中因彥皐」句（一〇三九—四三七上）。又「范知彼法嚴」句（同上）。元刊本前後二「彼」字皆作「虜」。又「金主大駭」句（同上）。「金主怒。拂袖欲起」句（一〇三九—四三七下）。「金主曰何不拜」句（同上）。

元刊本「金主」皆作「雍酋」。又「既而其太子謂必戮之以示威」句（同上）。元刊本「其」字作「虜」。又「致之北庭。金主益怒」句（同上）。元刊本「北」作「虜」。「金主」作「雍酋」。又「彼直其詞遂不竟。十月范還彼之報章」句（同上）。元刊本兩「彼」字皆作「虜」。

卷五

劉觀堂讀赦詩章。四庫本「彼帥烏珠讀之以爲不歸德

其國」句（一〇三九—四三九下）。元刊本「彼帥」作「大酋」。又「秦檜懼當制者之不能說彼也」句（同上）。元刊本「彼」作「虜」。

宣和服妖章。四庫本「而金兵南下卒於不能制也」句（一〇三九—四四一下）。元刊本「金兵南下」作「金虜亂華」。

陽山舒城章。四庫本「不爾幾殆。蓋天實爲之」句（一〇三九—四四二下）。元刊本「天實爲之」作「天褫其魄」。又「自敵入境江浙無所不至」句（同上）。元刊本「自敵入境」作「虜自亂華」。

何處難忘酒章。四庫本「和氣襲萬物。歡聲連四裔」句（一〇三九—四四三下）。元刊本「四裔」作「四夷」。

義騎傳章。四庫本「開禧間。北兵入淮甸」句（一〇三九—四四四上）。元刊本「北兵」作「虜犬」。又「倉卒間兵至而逃」句（同上）。元刊本「兵」作「虜」。

趙良嗣隨軍詩章。四庫本「建國舊碑邊月暗」句（一〇三九—四四六上）。元利本「邊」作「胡」。又「上京蓋金之會寧」句（同上）。元刊本「金之」作「今虜」。又「敵釁固非所卹」句（同上）。元刊本作「犬羊固不足卹」。

卷七

吳畏齋謝贄啓章。四庫本「地隔中原又閱一甲子」句

（一〇三九—四五四下）。元刊本「地隔」作「虜污」。又「小國以難從而求釁」句（同上）。元刊本「小國」作「逆亮」。

楚齊僭册章。四庫本「於虜。天未悔禍。顛倒冠履一至於此」句（一〇三九—四五八下）。元刊本「天未悔禍」作「犬羊亂華」。

嘉禾篇章。四庫本「淪於異域。黎庶徯望。匪伊朝夕」句（一〇三九—四五九下）。元刊本作「墮于殊俗。豺狼野心終不可豢」。

卷八

日官失職章。四庫本「時金主易位。蒙古鬩其境」句（一〇三九—四六二上）。元刊本「金主」作「虜酋」。「蒙古」作「蒙韃」。

紫宸廊食章。四庫本「是歲敵方搆兵北邊賀使不至」句（一〇三九—四六二上）。元刊本「敵方搆兵」作「虜方拏兵」。

皇城王氣章。四庫本「遂改元阜昌。且祈於金人」句（一〇三九—四六三上）。元刊本「金人」作「金酋」。

玉虛密詞章。四庫本「如是北兵偃戢。普率康寧之後」句（一〇三九—四六六上）。元刊本「北」作「賊」。

四庫本「金主辭怪」章（一〇三九—四六六下）。元刊本「金主」作「逆亮」。又「金主亮未簒僞封岐王爲平章政事」句（同上）。元刊本「金主」作「金酋」。又「且驟施於國海昏疑焉」句（同上）。元刊本「海」作「東」。又「其桀驁之氣已溢於辭表。它蓋可知也」（一〇三九—四六七下）與「軟屏詩」句（同上）之間。四庫本脫一句。元刊本作「犬狺鴞鳴。要充其性。不足乎議」。

卷九

四庫本「正隆南侵」章（一〇三九—四六九下）。元

刊本「侵」作「寇」。又「金國正隆丁丑春二月。金主御武德殿召其臣」句（同上）。元刊本「金國」下多一「僞」字。「金主」作「逆亮」。又「梁王者大帥烏珠之封」句（一〇三九—四七〇下）。元刊本「大帥」作「大酋」。又「李大諒征蒙」句下有闕文（同上）。元刊本作「記謂嘗追册」。

鼈渡橋章。四庫本「既卻金主於采石」句（一〇三九—四七〇下）。元刊本「金主」作「逆亮」。又「已

而雍公竟如鎭江。金主未渡遇弑」句（一〇三九—四七一上）。元刊本「金主未渡」作「亮不克渡」。

燕山先見章。四庫本「以百年怠墮之兵而當新銳難當之敵」句（一〇三九—四七二上）。元刊本「難當之敵」作「難敵之虜」。

黑虎王醫師章。四庫本「金主索我大臣」句（一〇三九—四七五下）。元刊本「金主」作「逆亮」。

卷十

劉蘊古章。四庫本「劉蘊古燕人也。金兵將南侵。使之僞降以覘國」句（一〇三九—四七八下）。元刊本「金兵」作「逆亮」。「侵」作「寇」。又「因縱諜彼國虛實以啗朝廷」句（同上）。元刊本「彼」作「亮」。又「願得自將以與敵角」句（同上）。又「是必姦人來爲敵間」句（同上）。元刊本「敵」皆作「虜」。

大散論賞書章。四庫本「自敵人九月六日叩關」句（

一〇三九—四八〇上）。又「而敵壁愈堅。相持已踰四月矣」句（同上）。元刊本「敵」字皆作「虜」。又「有此重賞而敵不破滅無有也」句（一〇三九—四八二上）。元刊本「敵」亦作「虜」。

紫巖二銘章。四庫本「恃敵好而不固圉」句（一〇三九—四八四上）。元刊本「敵」作「虜」。

卷十一

三忠堂記章。四庫本「右相杜充擁衆背叛」句（一〇

三九—四九一上）。元刊本「背叛」作「臣虜」。又「胡銓毅然上書乞斬王倫等使」句（同上）。元刊本「王倫等使」作「相參虜使」。

卷十二

淮陰廟章。四庫本「北兵入塞。舊廟當無復存」句（一〇三九—四九七下）。元刊本「北兵」作「虜既」。

卷十四

八陣圖詩章。四庫本「浮尸蔽江一千里」句（一〇三九—五一一上）。元刊本「浮尸」作「虜尸」。

開禧北征章。四庫本「不知彼法何以不禁也」句（一〇三九—五一二上）。又「彼法簡便大抵如此」句（同上）。元刊本「彼」作「虜」。

二將失律章。四庫本「彼將實欲迎降。忠義敢死。已肉薄而登矣」句（一〇三九—五一三上）。元刊本「彼將」作「虜守」。又「敵人坐其南門覆諸山下矣」句（一〇三九—五一三下）。元刊本「敵人」作「虜人」。又「敵人布薩貝勒者」句（同上）。元刊本「敵人」作「大酋」。又「奈何執以與敵」句（同上）。又「實在旁不能救。泣而逃敵」句（同上）。元刊本「敵」作「虜」。又「明年有自北逃歸者云。見俊邁尚在彼」句（一〇三九—五一四下）。元刊本「北」「彼」二字皆作「虜」。

卷十五

淳熙內禪頌章。四庫本「強敵外陵。亂臣內訌」句（一〇三九—五一五下）。元刊本「強敵」作「犬羊」。「亂臣」作「狗鼠」。

愛莫助之圖章。四庫本「靖康喪亂之酷者此圖也」句（一〇三九—五一九上）。元刊本「喪亂」作「裔夷」。

獻陵疏文章。四庫本「獻陵嗣位未幾而有敵禍」句（一〇三九—五二〇上）。元刊本「敵」作「狄」。

郭倪自比諸葛亮章。四庫本「督府嘗欲舉以使北而不克」句（一〇三九—五二二下）。刊本「北」作「虜」。

四朝聞見錄五卷

宋葉紹翁撰

以清文瑞樓烏絲欄鈔本校補

目錄

卷三丙集。四庫本「秦檜待虜使」條（一〇三九—六四二下）。「虜使」鈔本作「敵使」。

卷五戊集。四庫本「李季章使敵詩」條（一〇三九—六四五下）。「敵」鈔本作「虜」。

卷一　甲集

潘閬不與先賢祠條

四庫本「上怒既怠。有爲閬說上曰。閬不南走粵。則北走遼。惟上招安之」句（一〇三九—六四六下）。「遼」鈔本作「胡」。

請斬喬相條

四庫本「文忠眞公奉使北庭。道梗不得進……謂敵既據吾汴。則幣可以絕」句（一〇三九—六五九下）。

鈔本「北」「敵」兩字。均作「虜」。又下文「喬公行簡……謂蒙古漸興。其勢已足以亡金。金昔吾之讎也」句（同上）。鈔本「蒙古」作「強韃」。兩「金」字均作「虜」。又下文「古人脣亡齒寒之轍可覆。宜姑與幣。使得拒敵」句（同上）。「敵」鈔本作「韃」。

請斬秦檜條

四庫本「先是敵入中原。朝廷議割四鎮不決。敵騎奄至。欽宗亟引從臣入內問計……銓疾其從敵人貶號之議。故請斬之。非疾和議也」句（一〇三九—六六二上）。鈔本「敵」字皆作「虜」。又下文「公封事未達北庭。間者募以千金。及敵得副本。爲之動色」句（同上）。鈔本「北庭」作「虜庭」。「敵」作「虜」。

卷二　乙集

高宗駐蹕條

四庫本「時呂公頤浩提師於外。以書御帝曰。敵人專以聖躬爲言。今駐蹕錢塘。足以避其鋒。伐其謀」句（一〇三九—六七二下）。「敵」鈔本作「虜」。

吳雲壑條

四庫本「制中又有謀動干戈而未已。與外欲生事外裔而開邊境之釁。蓋秦檜欲脅君固寵。金人又藉之以堅和好」句（一〇三九—六七五下）。鈔本「外裔」作「夷狄」。「金人」作「金虜」。

陸放翁條

四庫本「天資慷慨喜任俠。常以踞鞍草檄自任。且好結中原豪傑。以滅敵自啇」句（一〇三九—六八三下）。「敵」鈔本作「虜」。

函韓首條

四庫本此條（一〇三九—六八九上至六九〇上）凡「敵」字鈔本均作「虜」。

柔福帝姬條

四庫本「柔福帝姬先自金間道奔歸。自言於上」句（一〇三九—六九四下）。「金」鈔本作「虜」。

劉錡邊報條

四庫本「憲聖嘗從上航海。倏敵騎數十輩掩至。欲拏御舟」句（一〇三九—六九五下）。鈔本「敵」作「虜」。

開禧兵端條

四庫本「韓侂胄亟欲興師北伐。先因生辰使張嗣古假

尚書入敵中。因伺虛實……張歸。即邀第亟問張以敵事。張曰。以某計之。敵未可伐」句（一〇三九—六九六下）。鈔本三「敵」字均作「虜」。又下文「韓默然。風國信所奏。嗣古詣北廷。幾乎墜笏……又遣李壁因使事往伺。壁歸。力以敵中赤地千里。斗米萬。與蒙古為讎。」句（同上）。鈔本「北廷」作「虜廷」。「敵中」作「虜中」。「蒙古」作「韃」。

迯曦僞服印條

四庫本「敵授以印。鑄用今文。曰蜀王之印」句（一〇三九—七〇一上）。「敵」鈔本作「虜」。

萬弩營條

四庫本「紹興末。孝宗命張浚置御前萬弩營於鎭江……甲申與敵鬥皆有功」句（一〇三九—七〇一上）。「敵」鈔本作「虜」。

秦檜待北使條

本條名目（一〇三九—七〇一下）鈔本作「秦檜待虜

使」。又內文「北使心欲百官迎拜」句至「敵始知朝廷有人」句（一〇三九—七〇二上）。凡「北」字「敵」字鈔本均作「虜」。

司馬武子忠節條

四庫本「中原既陷敵。忠義之士欲圖其國。挈而南向本朝者甚多。……初司馬池之後朴字文秀。借兵部侍郎使敵營。丞相燕國王完顏宗幹見而異之。因授以尚

書右丞。朴不屈。然猶從其出入敵中」句（一〇三九―七〇四下）。鈔本「陷敵」作「陷虜」。「使敵營」作「使虜」。「敵中」作「虜中」。又下文「其兄璘猶在敵中。以弟故與通國善」句（一〇三九―七〇四下至七〇五上）。「敵」鈔本作「虜」。又「先是敵主完顏褒之皇太子以都元帥留守大梁」句（一〇三九―七〇五上）。鈔本「敵」作「虜」。又「吾祖尙書靖康間奉使金敵。辭氣激烈。謀略深遠」句（同上

）。鈔本「敵」作「虜」。又「今通國又繼之。皆以忠義憤發效死。北庭事雖未成。亦可謂是以似之。惜乎時予在敵中。不能爲作傳……敵知豪傑必出於此。故遣其子乘十六傳而來。亦神矣。」句（一〇三九―七〇六上）。鈔本「北庭」作「虜庭」。兩「敵」字均作「虜」。

高宗六飛航海條

四庫本「有宣教郎知餘姚縣李穎士者。募鄉兵數千。列其旗幟以捍拒之。敵既不知其地勢。不測兵之多寡。爲之小卻」句（一〇三九―七一八下）。「敵」鈔本作「賊」。

王正道條

四庫本「揮麈錄載王正道倫死於敵。謂敵人欲用爲留守。不從殺之。紹翁按。前後敵使於洪公皓。司馬公朴。敵皆嘗以要職強之。皆不屈。然亦未嘗殺之」句（一〇三九―七二〇上）。「敵」字鈔本均作「虜」

。又下文「蓋倫拘留北庭。密約宇文虛中劫敵反其地而南。謀泄爲敵所害」句（同上）。鈔本「北庭」作「虜庭」。「敵」作「虜」。

張通古條

四庫本「紹翁竊謂。彼法至嚴。爲之使者。豈敢乞歸」句（一〇三九―七二〇上・下）。鈔本「彼」作「虜」。又下文「紹翁嘗考記載。胡公封事一出。敵中購以千金」句（一〇三九―七二〇下）。鈔本「敵」

作「虜」。

卷五　戊集

畢再遇條

四庫本「建旗曰畢將軍。敵騎望其旗已。相顧愕視……蓋先是敵中有畢將軍廟。甚靈異。其後浸以不靈。其形又絕肖。且登其號於旗。敵兵以爲本國之神」句（一〇三九—七四五下）。鈔本「敵」均作「虜」。

周虎條

四庫本「開禧間守和州。敵騎蔽野。居民官軍無以爲食……士卒感其誠意。遂以血戰。敵騎幾殲」句（一〇三九—七四六上）。「敵」字鈔本均作「虜」。

田俊邁條

四庫本「郭杲兵敗乞和於敵。敵曰我不要別物。但要俊邁」句（一〇三九—七四六下）。「敵」字鈔本均作「虜」。

臣寮雷孝友上言條

四庫本「復任西帥。付以全蜀。識者蓋已寒心。果挾強敵以畔。人尤不能無疑於侂胄。」句（一〇三九—七五〇上下）。「敵」鈔本作「虜」。又「是以督府每遣小使使敵帥。書問往復。必以首謀姦臣爲言」句（一〇三九—七五一上）。「敵」鈔本作「虜」。

又臣寮上言條

四庫本「況比者小使之遣敵。使嘗以侂胄首謀爲言。是敵人亦知兵事之興非出於陛下之意也」句（一〇三

九—七五四下）。「敵」鈔本均作「虜」。

李季章使敵詩條

本條條目鈔本作「李季章使虜詩」。又內文「開禧初。韓欲興兵未有間。既遣張公嗣古出使覘敵……壁使敵詩云。天連海岱壓中州。煖翠浮嵐夜不收」句（一〇三九—七六六上）。「敵」鈔本均作「虜」。

癸辛雜識六卷

宋周　密撰

以清康熙三十五年刊稗海本校補

前集

閩鄞二廟章。四庫本「此二事余所目擊」（一〇四〇—一二下）。清刊本作「此二事皆余侍邊之所目擊也」。

吏鬼凡二出。不審其爲吏之名耶。若然。恐是魁字。抑未審。魁者。大首之意。謂之諸吏之首邪。大抵又恐是不大關涉急要。故不以他考深求也。魁字是矣」。

別集卷下

一彪條。四庫本「北中謂一聚馬爲彪」句（一〇四〇—一四一下）。清刊本「北中」作「虜中」。

歸潛志一四卷

元劉　祁撰

以舊鈔本校補

卷九

王翰林從之條。四庫本「若道漢家一百年。自嚴陵釣竿上來且道得」句下注闕（一〇四〇—二八七上）。舊鈔本作「然關風甚事」。

金朝律賦之弊條。四庫本三處注闕（一〇四〇—二八七上）。舊鈔本其句作「以是有甘泉甜水之論。文風寖衰。故士林相傳。但君題小賦必曰」。

李屏山平日喜佛學條。四庫本於「公親教企隆持香爐三棹腳作禮同語」句下注闕（一〇四〇—二九二上）。舊鈔本作「梁」。

卷十

金朝名士大夫多出北方條。四庫本闕一字（一〇四〇—三〇〇上）。舊鈔本作「梁」。

趙閑閑條。四庫本闕一字（一〇四〇—三〇〇下）。舊鈔本作「妬」。

輟耕錄三〇卷

元陶宗儀撰

以元刊本校補

卷三

岳鄂王章。四庫本「彼國安能八十年。漠漠凝塵空偃月」句（一〇四〇—四四八上）。元刊本「彼國」作「北虜」。又「帝幸燕雲困楚囚」句（一〇四〇—四四八下）。元刊本「楚囚」作「虜囚」。

卷八

老苗章。南村野史曰「貪財好色固苗性所然」句（一〇四〇—五〇〇上）。元刊本「苗」作「夷」。

聶碧窗詩。四庫本「又咏燕姬云」句（一〇四〇—五〇一上）。元刊本「燕姬」作「胡婦」。

卷九

想肉章。四庫本「靖康丙午歲大金入汴」句（一〇四〇—五一一下）。元刊本「大金入汴」作「金狄亂華

」。

卷十

丘眞人章。四庫本「老氏西行。或化人而成道」句（一〇四〇—五一九下）。元刊本「化人」作「北胡」。

卷十二

特犍藥草。四庫本「駙馬武延秀久踐外國。無功於此」句（一〇四〇—五四七上）。元刊本「外國」作「虜庭」。又「特犍藥是外國語」句。元刊本「外國語」作「虜語」。

卷十九

神人獅子章。四庫本「象人衣褶」句（一〇四〇—六二一下）。元刊本作「胡人衣褶」。

卷二十

箕仙咏史章。四庫本「五方雲擾亂中國」句（一〇四〇—六三二上）。元刊本「五方」作「五胡」。

水東日記三八卷

明葉　盛撰

以明萬曆間崑巘重華刊本校補

卷一

景泰元年九月二十六日章

四庫本「禮部會奏。敵請遣使迎復」句（一〇四一—六下）。又「朝廷因通和壞事欲與敵絕」句（同上）。明刊本「敵」字皆作「虜」。

卷二

眞定邏卒獲一人章

四庫本「眞定邏卒獲一人爲敵語甚習。以爲先被擄見留。敵酋額森將窺臨淸」句（一〇四一—一〇上）。又「兵部奏敵酋爲計至此」句（同上）。明刊本「敵」皆作「虜」。又「闕文」部分（同上）。明刊本作「郎中家人居京師」。又「以貿易習敵語不事作業」句（同上）。明刊本「敵」亦作「虜」。

弋謙代州人章

四庫本「敵酋額森犯紫荊口時」句（一〇四一—一〇下）。明刊本「敵」作「虜」。

景泰二年章

四庫本「北敵之來朝者宜驅置於南方」句（一〇四一—一一下）。明刊本「敵」作「虜」。

景泰元年八月十一日章

四庫本「上意屢以敵情多詐爲疑」句（一〇四一—一三上）。明刊本「敵」作「虜」。

卷二末四庫本有脫文。明刊本其文如下

顧都御史佐性嚴重。聲望偉然。未嘗口毀譽人。或以爲言。則曰。我知善則當舉。我知不善則當去。我何可徒言哉。且晚東朝房小憩。前呵雙藤立戶外。官僚行道以此爲驗。往往有挽驢駐馬折而還者。雖公遭時得君之盛。要亦有慴伏彈壓之實焉。

劉原博嘗見姚榮公小像僅寸許。周遭皆書公詩句警聯。如詠團扇云。掩歌聲不散。障月影同圓。御溝詩云。靜極金殿影。淸斷玉街塵。此類甚多。

別集詩題有折枝禽鳥者非也。曰過枝可耳。

焚黃之禮行於墓次。蓋自宋世已然。朱子亦云。不知於禮何據。張魏公得贈謚其家。則惟告廟云。今則世皆然矣。意者流俗以加有官封必爲明器。人馬僕從類非祠廟中所可容。亦以義起然爾。無他據也。

思陵已入土。壽皇所御衣冠皆以大布。此爲革去千古之弊。而百官俱用紫衫皁帶。乃王丞相以親老爲嫌。不肯素服。議者有有君無臣之譏。近日之論乃鑒其失。然猶未能仿口古制也。又記在長沙初奉諱時。方語從吏車帷常易紫以青。適未即出而何漕已易之如所言矣。蓋於心有不安。故不約而同也。此朱晦庵云。

卷三

松江李壚沈夢萱先生章

四庫本「試招撫四裔」句（一〇四一—一七下）。明

刊本「裔」作「夷」。

定襄伯郭登治大同章

四庫本「一日敵兵迫城下」句（一〇四一－一八下）。明刊本「敵兵」作「達賊」。

卷五

興安侯徐亨章

四庫本「強敵視之嬰兒耳」句（一〇四一－二八上）。明刊本「敵」作「虜」。

卷六

都督喜信回回人章

四庫本「佛本西域固宜神則有當事者」句（一〇四一－三四上）。明刊本「西域」作「夷人」。

國子祭酒雲間陳先生章

四庫本「盧都御史睿在邊以敵使入境」句（一〇四一－三六下）。明刊本「敵」作「虜」。

卷七

太監沐敬建文中人章

四庫本「逾月不與敵遇」句（一〇四一－三九下）。明刊本「敵」作「虜」。

四庫本「己巳敵騎之薄都城」句（一〇四一－四四下）。明刊本「敵」作「虜」。

卷十一

自舊年十一月初二日南濤別後章

四庫本有「闕」字（一〇四一－六五下）。明刊本作「則」。

卷十三

襄陽武侯家章

四庫本有缺字（一〇四一－八二上）。明刊本作「訓擊」。

卷十四

廣州府學教授長樂鄭萬奎章

四庫本「魏晉以降海宇紛爭。歧爲南北。干戈相仍」

句（一〇四一—八四下）。四庫本「海宇」作「五胡」。「歧爲南北」作「裂冠毀冕」。「干戈」作「羶穢」。

卷十四末四庫本注缺（一〇四一—八八上）。明刊本作「則明早便當遠行矣。原溥不覺怒而捶之。昨聞原溥有調外之命。則此說又偶中矣。聞景瓚所占不皆中。凡此偶中則亦甚奇也。」

卷十六

今印行宋名臣言行錄前集章

文中四庫本注「缺」（一〇四一—九五上）。明刊本作「守」。又其後「趙崇」下注缺（一〇四一—九五下）。明刊本作「硂」。

卷十七

袁伯長謂唐僧一行陋章

四庫本「一覽可盡」句（一〇四一—一〇〇下）。明刊本句下尚有「且言其身至開平。見所謂衍迤平曠。靡有紀極。始謂視兩戎之說倍蓰不足議也」。又「通西皆界以格。大約南北」句（同上）。明刊本「格」作「方格」。又「南北」句下明刊本尚有「九十餘格」四字。

四庫本「四海都歸掌握」句（一〇四一—一〇〇下）。明刊本「四海」作「夷夏」。

卷十八

南陽郡葉縣南頓鄉高貴里葉氏章

文中四庫本有一處注「闕」（一〇四一—一一一上）。明刊本作「門文」。

卷二十三

括蒼王交山先生廉論寇準奉駕親征之非章

四庫本「宋徽欽時金人入界」句（一〇四一—一四一上）。明刊本「金人入界」作「金虜入寇」。又「與敵背城一戰以決勝負」句（同上）。明刊本「敵」作「虜」。又「至冬金復入寇」句（一〇四一—一四一

下）。明刊本「金」作「虜」。

卷二十四

祭酒安成李先生章

四庫本「有如代馬越鳥。南北背馳」句（一〇四一—一四六下）。明刊本「代」作「胡」。

楊廉夫正統辨章。四庫本「周君墓表」句以下（一〇四一—一四六下）至「公深是之而不能主也」句（一〇四一—一四七上）。與明刊本不盡相同。明刊本其

文如下

進士周君墓表。其言曰。宋承中華之統三百餘年。致治幾於三代。不幸遼金二虜孽牙其間。至元氏遂以夷狄入而代之。誠有天地以來非常之變。然一統者亦幾百年有不得而廢之者。於是正統之論益紛紛矣。當元至正中。危素始逮言修宋史。而二虜皆有故臣。遂爲三史。于時以布衣慨然爭之。不合徑去者。吾家季大父伯中與里人周公以立也。豈非偉男子哉。蓋當是時

。得入史館以爲至幸。一俛首聽事即富貴可指日得。而二公不屑也。其視區區之富貴爲何如哉。以立所上書萬言。其略曰。遼與本朝不相涉。又其事首已具五代史。雖不論可也。所當論者宋與金而已。然本朝平金在先。而事體輕。平宋在後。而事體重。宋之爲宋媲之漢唐而有光。遼金之爲遼金。比之元魏而猶歉。或曰。金人嘗甘心於徽欽。靖康統絕。則金當續矣。臣愚應之曰。周幽王嘗陷犬戎之難。平王東遷。宗國

黍離矣。仲尼作春秋。乃明尊周之義。周之統未嘗繇幽王而絕也。晉懷愍亦罹青衣之辱。元帝南渡。神州陸沈矣。朱子述綱目。亦中帝晉之義。晉之統未嘗隨懷愍而遂亡也。聖賢經世立法。正以存天下之大防焉耳。書奏不報。伯中復上書。揭文安公與二公言合。同館皆嚾然以爲狂。

又「中外之辨豈不明甚」句（一〇四一—一四七上）。明刊本「中外」作「夷夏」。又「吾率中土之士奉

天除亂以安中夏」句（一〇四一—一四七上）。明刊本「除亂」作「逐胡」。

卷二十五

宋元祐中游師雄爲陝府轉運判官章

文中四庫本一處注「缺」（一〇四一—一五四上）。明刊本作「如衛霍去病冢象祁連山」。

卷二十八

予嘗謂己巳北狩一事章

四庫本「堅必與敵絕」句（一〇四一—一七三上）。明刊本「敵」作「虜」。

卷三十

予自癸未歲廣州病後章

四庫本「中書舍人東陽」句下（一〇四一—一八六下）缺一字。明刊本作「吳」。

卷三十一

江南並海之河江港汊通潮汐者章

四庫本「塞且風沙數日輒一作」句（一〇四一—一八七上）。明刊本「且」作「北」。

安陽公居政府之五年章

四庫本於「再贈嘉議大夫」句以下（一〇四一—一八九上）缺一段。明刊本作「僉書樞密院事上輕車都尉。追封魯郡侯。諱毅。妣以孫婦趙氏讓封。初追封湯陰縣君。再封高陽郡君。累封高陽郡夫人。進封魯郡夫人。姓宋氏。公初贈嘉議大夫。禮部尚書。上輕車

都尉。追封高陽郡侯。進贈中奉大夫湖廣等處行中書省參知政事護軍。追封魯郡公。配高氏萬寧縣尹榮女。初封恭人。再封湯陰縣君。累封高陽郡君。進封高陽郡太夫人。追封魯郡夫人。恭謹令淑。孝敬事姑。惠慈睦姻。性多愍惻。尤樂施予。聞故舊家有喪。致廢飲食。拯閭里貧病。如捄溺焚。魯公待客好豐。諸子隆師蓄書。嘗鬻簪珥以繼其資。雖居中饋。經營彌縫。能使夫子處約之久。不失令名。有古賢媛之風焉

。至順二年辛未五月庚子卒于揚州。壽六十有七。由僉樞而下。皆以安陽公貴推恩。伯子有恒大寧路儒學正調。大理路軍民總管府知事。篤於養志。力於幹蠱。魯公年四十不親細故。內獲夫人儉勤之助。外藉伯子開敏之資。安居道樂。專致教子。以有今日。先魯公祥之二日卒。年四十有五。時論惜之。娶李繼狄集賢直學士文中之女。仲子有壬。是爲安陽公。登延祐二年進士第。初授同知遼州事。登山北廉訪司。經歷

吏部主事。南臺內臺監察御史。詹事院中議中書左司員外郎。右司左司兩郎中。兩淮都轉運鹽使兩爲參議中書省事治書省御史陞中奉大夫兼奎章閣學士院侍書學士。同知經筵事拜中書參知政事轉通奉大夫以本官知經筵事。在位有相業。臨事決議不愧古人。以封讓祖姑者。其初娶景州儒學教授永平趙兼善女。金源世科進士家也。繼室趙氏。銀青榮祿大夫中書平章政事魯國公世延女也。並封魯郡夫人。叔子有儀。經筵檢

討武昌水陸事產副提舉。娶劉平江知州傑之女。季子有孚國學上舍生。登至順元年進士第。授承事郎湖廣等處儒學副提舉。改湖廣行省檢校官。娶張繼賈安慶總管汝三女也。女二。長巽貞適江西行省都事趙彝。次安貞未嫁而卒。孫男四。寶山燕山。白者黑者。孫女五。小茶三茶增茶順茶相茶。公器識深長。學問篤實。內行愼獨。外交盡忠。性不能酒。長盛暑衣冠儼然。書不釋手。爲貧謀養。不擇祿仕。間關外補四十

餘年。僦屋以居。糴市以食。親故嘗靳之曰。君位劣祿薄。親年又高。何狷介至是。公笑曰。爲臣當廉。何有大小之別。」

卷三十二

英宗皇帝御祥鳳樓章

四庫本「平北將軍總兵官撫寧侯景昌」句（一〇四一—一九二下）。明刊本「北」作「胡」。

宋劉文節公光祖章

四庫本二注闕（一〇四一—一九二下）。明刊本作「有」及「通後又有」。

崑山卜龔鈍庵老先生今年八十七矣章

四庫本一處有缺文（一〇四一—一九四下）明刊本作「且於吾徒」。

丞相雍國忠肅公奏議章

四庫本「但知采石之戰有七千卒而卻敵兵四十萬」句（一〇四一—一九六上）。又「敵必叛盟。兵必分兩

道」句（同上）。又「然敵兵必出兩淮」句（同上）。又「他日敵重兵出上流」句（同上）。又「敵重兵出淮西」句（一〇四一—一九六下）。又「破敵于俄頃之間」句（一〇四一—一九六下）。以上凡「敵」字明刊本皆作「虜」。又「今殘兵奔播有可乘之機」句（一〇四一—一九七上）。明刊本「兵」作「虜」。

卷三十三

四庫本「未歸三尺土難保百年身」章。於「其言曰子」句之後（一〇四一—二〇二下）缺一大段。今明刊本全文如下。

未歸三尺土。難保百年身。已歸三尺土。難保百年墳。不知何人語。要亦至理也。已新除永寧倉官彰德安陽縣人。監生出身。問韓魏公之後。其言曰。子孫聞在浙中安陽絕無人。雖有韓磐知縣家非其族也。城中有魏公廟。有司歲一祭。晝錦堂記在其中。即蔡襄所書著。墳去城不及三十里。碑石羊虎悉無存者。多是

近年營建。趙王府時鑿之煉之盡矣。數年前亦經盜發。今惟荒烟野草之區而已。聞之慨然。愈增感乎斯言。

景泰壬申歲。予出官山西時。山西巡按御史慈溪王鼎是年蒞事大同宣府。七年始以訃還。巡按凡會五人華亭張鎣。安化璩安淶水張鵬通許賈恪蜀人黃紀是已。紀不及相見。而於先人嘗奉賻也。天順二年有兩廣之行。廣東巡按者呂益曰。侃莊歙李曰良。王朝遠涂棐棐嘗遇之道次清軍則宋欽採珠則呂洪護軍則王齊。廣

西巡按則吳禎。吳綽。劉淵。袁紀禎。又協贊清軍者易廣。廣東勘劇賊劉清事又有馮定。己酉歲復來宣府。則有吳瑞馮昱。展毓與今馮徽又二人矣。御史巡按。祖宗成憲也。一方得一人則一方倚賴之。一年得一人則一年倚賴之。不得其人則否。其所任不既重矣乎。

西園雅集圖李伯時之筆不可知已。僅於黃文獻公晉卿述古堂記中得之。近時楊文貞公嘗見劉松年臨本。楊文定公嘗見趙仲穆臨本。然皆有不同處。予嘗於董仲

魯中舍家見。匹紙水墨入細一卷亦奇絕。不曾裝褫。亦無題款。不知爲何人筆也。

卷三十四

御用監太監陳蕪交阯人章

四庫本「東夷北狄西戎南閩」句（一〇四一—二〇三上）。明刊本「狄」作「虜」。

又四庫本「王榮。中義。張壽。鄭祥」諸名之後（一〇四一—二〇六上）有闕字。明刊本作「同知 陳忠」。

卷三十八

卷末四庫本止於「燕山大都題額」（一〇四一—二一三一下）。明刊本其後尚有一段如下「此吾家所藏范德機先生海角亭記。石本書出漢八分隸。先生筆也。惟草廬先生之次虞。范。揭。楊。歐陽圭齋危太樸皆元之季世文章大家。當時刊刻膾寫文集甚多。今予所見者草廬支言集一百卷。虞道園學古錄五十卷。遺稿六卷。范詩書坊本七卷。揭詩書坊本三卷。揭曼碩集五

十卷。內闕十三卷。楊詩書坊本八卷。危有手筆詩文十餘册在危山處。予從潮州人家追還。其借去二册。止存一册。未分卷。他如草廬諸經著述。范燕然等諸稿。危雲林等集皆未嘗見。圭齋雖宋學士。所序七年寓燕之作。亦皆不復可見。僅有萬家近年收錄三册耳。固予寡陋而然。要之其所存亦鮮矣。噫。諸公人品高下固自有定論。而其文章論議皆一代奇偉。後學所

不可不知者。今僅踰百年之久。而皆不可得而見之。惜哉。於是吾家虞大有補遺。揭文有續錄。歐陽有第三冊。自餘有得。則姑附漫錄中。吾家子弟尙有以知予意也。」

明刊本凡四十卷。四庫本止於卷三十八。缺卷三十九。四〇兩卷。今補於後

卷三十九

寰宇通志有景泰七年五月十五日御製序。是月初九日

所上表。陳德遵筆也。總裁則閣中五人纂脩。彭時等四十二人有引用書目。有凡例。此書印裝已備。方欲下頒。適天順改元。遂已之。後來遂有重脩之舉。所謂大明一統志也。玆用略具當時序表凡例如左。序曰。昔孟軻氏之意以謂天之高也。星辰之遠也。苟求其已然之跡。則其運有常。雖千歲之久。其日至之度。可坐而致。朕亦以謂地之大也。山川之邈也。苟求其已然之跡。則其理有定。雖萬邦之廣。其事物之實可坐而得。故古之人求博於其約。求難於其易。務簡以盡煩。務邇以盡遠。率猶是也。嗟夫深居九五而欲知四海萬邦之詳。不出戶庭而欲究古今興替之悉。自非大有所從事焉。則雖役耳目於宵旰。疲精神於簡編。安能得博且難盡。煩且遠於務求之頃哉。是必如堯舜之知。不偏物急先務乃可耳。於戲。禹貢不可尙矣。周禮職方氏亦成周致治之書。至於後世紀勝之類尤多。然皆述於偏方。成於一手。非詳於古則略於今。非

失於簡便則傷於浩繁。不足以副可坐而得之意肆。朕皇曾祖考太宗文皇帝。嘗思廣如神之知。貽謀子孫以及天下後世。遣使分行四方。旁求故實之。凡有關輿地者。采錄以進。付諸編輯。事方伊始。而龍馭上賓。因循至今。而先志未畢。則所以成夫繼述之美者。朕焉得而緩乎。竊嘗觀之。善其事者。莫先於知。知者所謂務求其已然之跡也。是故語上而不察日月星辰之麗乎天。四時五行之成乎歲。則徒見夫形而上者。

其何以參高明覆幬之功。語下而不察百穀草木之麗乎土。山川嶽瀆之別其區。則徒見夫形而下者。其何以贊博厚持載之力。語人而不察聖愚賢否之殊其情。可予可奪。可親可疏。語物而不察洪纖高下之各其類。可栽可培。可傾可覆。以至語爲天下而不察古今事物之異其域與時。可與可觀。可因可革。可損可益。可勸可懲。而志其實。其何副祖宗思盡財成之道。輔相之宜。以左右民之志於悠久哉。此朕之於是編所爲惓

惓而不敢少緩也。問與二三儒臣商之使。或先後有一未備。不足以全其美。乃復遣人采足其繼。俾輯成編。爲卷凡百一十有九。名曰寰宇通志。藏之秘府。而頒行於天下。蓋不獨以廣朕一己之知。而使偏方下邑。荒服遠夷。素無聞見之人咸得悉睹而偏知焉。則知之盡仁之至。庶幾乎無間於遠邇先後矣。表曰。光祿大夫少保兼太子太傅戶部尚書文淵閣大學士同知經筵事臣陳循。光祿大夫少保兼太子太傅工部尚書東閣大學士同知經筵事臣高穀。光祿大夫少保兼吏部尚書東閣大學士經筵官臣王文。資政大夫太子少師兼戶部右侍郎翰林院學士經筵官臣蕭鎡。通議大夫兵部左侍郎翰林院學士兼左春坊大學士經筵官臣商輅。伏蒙皇帝陛下命臣等充總裁官脩寰宇通志。茲者編輯已成。凡百一十有九卷。謹用繕寫裝潢進呈。臣循等誠惶誠恐。稽首頓首上言。伏以仰一人而定天下。作之君。作之師。睹萬國之在目中。有其人有其土。雖疆宇廣大

而無外。惟聲敎漸被之有餘。誠曠古所罕逢。實今日之幸遇者也。粵稽虞廷五服五千。大禹任土而作貢。商家九圍九有。成湯纘服以建中。與周禮之職方。暨秦皇之分郡。日月所照霜露所墜之域。在聖世莫不尊親。溥博如天淵泉如淵之仁綏萬邦。均陶化育。惟古帝王之統御。咸資簡册。以考求氣習剛柔。緣高山大川之限隔。物生豐嗇。由來今往古之差殊。固分野應乾象而分。賴民彝匪坤維能易。隨時因革。爲郡爲縣

爲州。循分高卑。相統相承相屬。徵輸貢賦有無之攸見。巡守朝覲道里之所經。上而宮室城邑國都。製有關於禮度。下及人倫德行道誼。事有補於勸懲。凡當景範於前聞。或足表章於後代。如金玉珠璣之爲至美。猶布帛菽粟之不可無。志雖纂於胡元。奈篇帙浩繁之靡恃。書嘗肇於聖祖。適承明製作之未終。夫既有所啓於先。信當無少稽於後。況聖作物。覩車同軌而書同文。道洽政通。化愈隆而德愈盛之時乎。恭惟

皇帝陛下聖神文武。富貴崇高。孳孳乎惟文敎是崇。業業乎惟皇圖是保。繼志述事。成欲就未就之功勳。制度考文。授當行而行之法式。鋭聖情於要典。運神算於淵衷。謂九山九川以盡禹貢之九州。與四荒四裔以至爾雅之四極。自東西自南北無遠邇。悉入於編摩。若秦漢若晉唐。暨後先咸歸於纂輯。舟車所至。人力所通。形勝名望錄奚彼此之分。詩書所稱。史傳所紀。人物才良。載靡古今之間。俗不嫌於鄙雅。賢豈

論夫窮通。咸在所收。均爲可述。詳其大而略其細。惟故實之是珍。存所信而遺所疑。必見聞之足據。辭可以興觀群怨。微鉅兼該。事或關常異盛衰。取舍惟當比之前志。其文須省。其事須增。是乃全書勿求爲同。勿求爲異。欲使撫卷帙洞燭乎八埏。庶幾坐廟堂克知夫四表。豈徒資翫一時而已。將與天下後世共之。此誠聖明知。周乎萬務。上符祖宗高出於百王者也。臣循等章句末學。樗散凡材。挾册登朝。本以任夫

粗淺。按圖應制。實未達於精深。以管窺蠡測之微。究天覆地載之大。敢不效愼勤於筆札。期酬報於簡編。雖義類凡例大有據依。奈詞意腐庸。鮮能稱愜。次第無法。詳略過中。文采弗彰。事蹟未備。望特垂於原宥。賜弘運於斧斤。有社稷有民人。萬載永昭於圖籍。得祿位得名壽。四海溥戴於生成。無任瞻天仰聖。激切屏營之至。謹奉表隨進以聞。凡例曰。凡建置沿革。郡名。山川。形勝。風俗。土產。城池。祀典

。山陵。宮殿。宗廟。壇壝。館閣。苑囿。府第。公廨。監學。學校。書院。樓閣。館驛。堂亭。池館。臺榭。橋梁。井泉。關隘。寺觀。祠廟。陵墓。墳墓。古蹟。名宦。遷謫。留寓。人物。科甲。題詠等類。各司府州或載或否。皆從其所有無。所載之下書州縣名。而州縣字或有或無。悉從舊文。庶不失實。又如名宦人物等類。書鄉貫州縣否亦然。其樓閣堂亭等類下或有不註廢毀等字者。見其尚存也。各司府州之

城牽連附書於山川等類下。獨兩京之城大書并書各類。視他處較詳者。重京師也。一郡名止書前代所名今不因者。庶省重複。各司府州所通有而名異。如山川之類者。皆書通有。而名同如土產穀米等食物。又如公廨。縣非附郭。及其所屬倉庫稅課。造作織染司局。陰陽醫學等類雜職官司。額止一所。無多寡有無之異者。則皆殺煩不書。獨學校不殺者。崇文教也。其僧道司則以寺觀爲其所統。故於司府州縣所在寺觀之下附見。通志所引用如書則曰某書。非書則曰某云。非引用者據實書也。書法或有不一者。蓋仍舊文而然。不拘書法而仍舊文。懼穿鑿失眞也。凡事覈而所自出之書。或涉不經。亦所不棄。所進通志表。多舉纂脩類例。可以互見。故不復贅於此。若書目多不能具今大明一統志家有而人見之云。多李少保呂逢原所爲。彭則進總裁也。

卷四十

日記三十七卷已載瀛國公事。近見寰宇通志。政和志。符臺外集。乃知此詩余應作。袁忠徹以爲虞先生作。非也。通錄于此。通志云。國朝之初閩儒余應因讀元虞集所草庚申君非周王已子之詔。作詩曰。皇宋第十六飛龍。元朝降封瀛國公。元君詔公尙公主。時蒙賜宴明光宮。酒酣舒指爬金柱。化爲龍瓜驚天容。元君含笑語群臣。鳳雛寧與凡禽同。侍臣獻謀將見除。公主夜泣沾酥胸。瀛公晨馳見帝師。大雄門下參禪宗

。幸脫虎口走方外。易名合尊沙漠中。是時明宗在沙漠。締交合尊情頗濃。合尊之妻夜生子。明宗隔帳聞笙鏞。乞歸行宮養爲嗣。皇考崩時年甫童。文宗降詔移南海。五年仍歸居九重。壬癸枯乾丙丁發。西江月下生涯終。至今兒孫主沙漠。吁嗟趙氏何其隆。維昔祖宗受周禪。仁厚綽有三王風。雖因浪子失中國。世爲君長傳無窮。政和志云。福建政和縣儒學訓導余應。悲宋室以仁義亡。因覽虞文靖公爲文宗皇帝所草順

皇帝非周王己子之詔。撰詩以述其事。詩同。但賜宴作錫宴。仍歸作乃歸。祖宗作宋祖。袁忠徹所紀則曰。予幼時聞諸先生與先人言。宋幼主北遷。元降封爲瀛國公。一夕世祖夢金龍舒爪纏殿柱。明日瀛國來朝。立所夢柱下。世祖感其事。欲除之。謀諸臣下。瀛國知懼。遂乞從釋。號合尊大師。往西天受佛法。獲免過。朔北。扎顏之地。謁周王。即明宗。見瀛國后罕祿魯氏。郡王阿兒廝蘭之裔孫也。明宗愛而納之。

未幾。生妥懽帖睦爾。後有言於文宗。詔曰。明宗在朔漠之時。素謂非己子。遂兩徙高麗海島。尋移廣西。文宗崩。丞相燕銕木兒請於文后卜答失里。立太子燕帖古思。后不從命。立明宗次子。亦鄰眞班。是爲寧宗。寧宗崩。燕銕木兒復請立燕帖古思。后曰。吾子尚幼。明宗長子妥懽帖睦爾在廣西。年十三矣。乃命中書右丞闊里吉思往廣迎之。至良鄉。燕銕木兒旣見。且陳迎立之意。妥懽帖睦爾幼且畏之。一無所答

。於是燕銕木兒疑之。適太史亦言不可立。立則天下亂。遂不果。文后視政一年。燕銕木兒薨。學士虞集上封事不肯草詔文。后與大臣及學士巙巙等定議立姪妥懽帖睦爾爲皇帝。且詔尊。文后曰。燕銕木兒猶懷兩端。遷延數月。天殞厥躬。永惟皇太后之子一以至公爲心。親挈大寶。畀予兄弟。跡其定策兩朝。功德隆盛。帝以虞集之上封事。乃曰。唵嗒餓秀才怎麼知我家事。集驚懼喪。明帝立之八年六月。撤文宗廟主

。徙文后幽於東安。放其太子燕帖古思於高麗。中道謀殺之。嗚呼。順帝享國實由文后。然聽讒臣之言。遂至文后母子被害。夫宋待柴世宗之後。代居顯官。詳見史册。而瀛國孤兒寡婦。元君忍不相容也。瀛國居燕八年。因殺文丞相。方給衣糧。此待之薄甚。迨感夢有疑。瀛國佯知假往西天。又遇周王奪其后而生順帝。以明宗朔漠之言觀之。明爲遺腹也。而天不負宋而又享國之久。然順帝之負文后豈其少恩哉。國祚

之歸于大明宜矣。予歸老于家。或誦虞文靖公詩所紀瀛國之事。因而有感。遂幷書舊所聞者。使知宋三百年之德澤不泯也。如是順帝幽文后殺其太子。此又天使宋之遺孽滅胡之報復也。

永樂十年五月十八日我太宗文皇帝御武英門命內官李謙王吉於古今通集庫取宋列帝遺像。命臣忠徹及畫士百戶徐英觀之。上笑謂忠徹曰。宋太祖以下雖是胡羊鼻。其氣象淸癯若太醫然。十九日上復御武英門。命臣忠徹同內官王吉看元列帝像俱魁偉雄邁。上曰。都喫綿羊肉者。及觀順帝像。顧謂臣忠徹曰。唯此何爲類太醫也。忠徹斯時承命未實。俯首莫對。今蒙賜老田里得以歷考宋元史傳。暨元學士虞集作第十六飛龍之詩。果符太宗文皇帝之言。感念聖鑑之明。愧當時不能對此爲恨。庸書以俟秉筆者補之。

今戶部左侍郎楊公鼎有自述平生榮遇數條。多可徵者。間摘其要于此。

國朝之制。册后妃幷親王行傳制禮。雖公侯伯之封不行。獨進士行焉。王侯受封謝用上表札。雖三公九卿不用。而進士獨用焉。王侯上謝表。上不御正殿不更服。百官不朝服不稱賀。惟進士上表御正殿更服。百官朝服侍班稱賀。重科目得賢也。

正統十二年二月十八日。朝廷以人才須先作養方得實用。文華門會官以狀元吉水劉儼淳安商輅。榜眼天台杜寧。廬陵陳文。嘉禾呂原。關西楊鼎。探花監利裴

綸。陳倉劉俊。庶吉士西蜀江淵。武城王玉十人者。預選惟寧一人。侍講綸儼輅三脩撰淵文鼎原俊五編脩。而檢討一人玉也。令日於東閣以學士提督進學作文遇會講經筵則侍班。是月二十一日得旨也。

正統十四年十月。北虜犯順。詔選翰林六科六部屬各道官十五人。各分要地。授監察御史。勑令選練民兵。兼統軍衛。以為保障。境內竊發。即時殄滅。京畿有警躬率策應。凡軍需機務悉聽從便區畫。蓋侍講徐

珵彰德。編脩楊鼎濟南。檢討王玉衛輝。給事中金達順天王庚潞州。御史白圭澤州。李賓懷慶夏裕兗州。戶部郎中謝佑大名。主事王偉廣平刑部郎中陳金保定。主事姚龍河間。既擬以它事不果行者給事中孫祥主事汪滸王槩也。

天順三年四月六日早有旨賜侍郎僉都御史通政詹事學士卿尹等官若干遊西苑。先酒飯。於左順門東北廊。訖趍右順出西華西上西中西苑四門。北入椒園至行殿。殿枕太液池。下瞰如鏡。出北行至圓殿。由東城門入上殿。殿前古松極奇怪。又旨賜觀燈。於是由右順門入傍武英殿。過御橋。北行歷思善門。西折而由仁智門至仁智殿前。丹陛丹墀。設燈幾千盞。各極其巧異。詣殿內中設御座。後樹青斧扆。上有升降珠龍。四圍諸燈或沙或紽。或水或木。或瓦或瓷。或鮫綃或琉璃。或線結或剪刻。雕鏤製體莫能形容其詳也。東西壁下數百竿。飛則鳳鵬鶴鸛鷗鶻鴇鴉燕鵲鴻鴈孔雀

。而潛則蛟龍黿鼉龜鱉鰲蜃鯢鯨之物。走則麟犀獅象虎豹牛馬犬豕駝騾鹿兎熊羆。而微則蜂蝶蛙蚓蝎蚌蟬蛾蝦蟹之類。水陸飛潛。無不備有。比日燈也。殿左設一橱。內蘊圓機輪轉。上樹十餘人。各異衣冠。左出右入。周而復始。兩傍又樹兩人。以杖笞之。若使之出入。然殿右設一鼓倚立。一童子執雙槌。兩目口舌俱能動搖闔闢。以槌左右聲鼓。儼然若生。從容敬觀。訖出至奉天門。賜宴於右廊。極其品味之美。

皇上即位之明年。歲在乙酉。既擇孟春吉日祈穀。禮上帝於大祀壇。復擇仲春元辰親耕於南郊。其禮儀悉遵祖宗以來斟酌古今定制。前二日進耒耜。御覽畢。以鼓吹導出郊外。預命朝臣一十二員。充三公九卿。從耕左右。於是少保吏部尚書。華蓋殿大學士李賢。禮部尚書姚夔。兵部尚書王竑。工部尚書白圭。吏部右侍郎翰林院學士彭時。戶部左侍郎楊鼎耕其左。廣平侯袁瑄。隆平侯張佑。定襄伯郭登。吏部左侍郎翰林院學士陳文。吏部右侍郎尹旻。通政使張文質。耕其右。是日駕出。鹵簿導從。詣大次服袞冕。禮先農畢。易常服。戶部尚書馬昂進耒耜耕藉。三推訖。詣坐大次前。望耕從耕者。各五推九推訖。京尹及赤縣令率耆庶終畝禮畢。宴勞百官耆宿於藉田畔。還賜三公九卿司徒等。采緞楮幣各有差。

成化元年三月十日。上幸國學鹵簿大樂前導。詣學服皮弁。首謁先師孔子。行釋奠禮惟正位。上親行獻爵

。其四配十哲。兩廡從祀諸賢。各遣文職大臣祭服分獻。於是少保兼吏部尚書華蓋殿大學士李賢。禮部尚書兼翰林院學士陳文。工部尚書白圭。戶部左侍郎楊鼎。奠東配東哲東廡。太子少保戶部尚書馬昂。兵部尚書王竑。吏部右侍郎兼翰林院學士彭時。兵部左侍郎王復。奠西配西哲西廡。其公侯駙馬伯都督文官三品以上。翰林院檢討以上。國子監各官陪祭。酒畢。上易常服。分獻陪祀官亦易服。同文武百官俱詣彝倫堂。上升座。祭酒司業行禮訖。進講武官都督以上。文官三品以上。及翰林學士升堂賜坐。侍講畢。賜茶。上還朝。百官慶賀。翌日。祭酒率學官諸生上表謝恩。各賜襲衣拜楮幣有差。

虞臺嶺觀音堂記。康里脫脫二子鐵木兒塔識達識帖睦邇父子俱有傳在元史。惟達識帖睦邇稍劣云。此碑至元五年立。已云和寧忠獻王史乃云至正初封謚。蓋史誤也。

肉羹肥油點皆圓。惟人肉羹點皆半側不圓。食人肉多者睛有黃色。頭恒暈欲墜地。洪武初經亂。人皆能言之。今日總塡諸公語如此。

楊郎中琛。馮御史徽。聶御史發良。言近於代邸得拜觀金符上有陰文。謹身之符四字。王印妃印。累朝册寶。洪武求樂中所製者。制範書刻皆極精工。近年所頒則不逮遠甚也。

劉江事見前。近從廣寧侯安家詢知江本名榮父諱江。仍其籍名。後改今名矣。蓋俗從戈者多仍。故爲戶舊名。雖數世不易也。楊文敏公撰廣寧伯劉榮碑。失言其故。致不明耳。執筆丈人不可不知。

桂苑叢談一卷

舊題唐馮翊子撰

以明刊寶顏堂秘笈本校補

客飲甘露亭章。四庫本「西坐一人。北番之服」句（一〇四二－六五五上）。明刊本「北番」作「北虜」。又其後「西坐者乃笑而言」句（一〇四二－六五五下）。明刊本「西坐者」作「虜服」。又下文凡「西坐者」皆作「虜服」。

史遺章。王積薪隨明皇西幸條。四庫本「姥笑曰。止此已無敵於人間矣。自是王之藝絕無其倫」句（一〇四二－六五七下）。明刊本作「姥笑曰。止此已無敵於人間矣。王謝而別行。不數十步。回顧皆失向之室廬矣。自是王之藝絕無其倫」。

太平廣記五〇〇卷

宋李　昉等奉敕撰

以明嘉靖四十五年談愷刊本校補

卷二六五

劉祥章。四庫本內容與明刊本有異（一〇四五—十下）。明刊本其文如下

劉祥東莞莒人也。宋世解褐爲征西行參軍。少好文學。性韻剛疏。輕言肆行。不避高下。司徒褚淵入朝以

腰扇障日。祥從側過曰。作如此舉止。羞面見人。扇障何益。淵曰。寒士不遜。祥曰。不能殺袁。劉安得免寒士。永明初遷長沙諮議參軍。撰宋書。譏斥禪代。王儉密以啓聞上。銜而不問。兄整官廣州卒。祥就整妻求還資。撰連珠。多肆譏訕。事聞上。別遣敕祥曰。卿素無行檢。朝野所悉。輕棄骨肉。侮蔑兄嫂。此是卿家行不足。乃無關他人。卿才識所知。蓋何足論。位涉淸途。於分非屈。何意輕肆口噦。詆目朝士。造席立言。必以貶裁爲口實。冀卿年齒已大。能自感勵。日望悛革。如此所聞。轉更增甚。誼議朝廷。不避尊師。肆口極辭。彰暴物聽。近見卿連珠寄意。悖慢彌不可長。原卿性命。令卿萬里思。若能改革。當令卿還。後至廣州。終日縱酒病卒。

劉孝綽章。四庫本與明刊本內容不同（一〇四五—十下）。明刊本其文如下

劉孝綽

劉孝綽彭城人。幼聰敏。七歲能屬文。舅中書郎王融深賞異之。每言天下文章。若無我當歸阿士。阿士孝綽小字也。與到洽友善。同侍東宮。孝綽自以才優於洽。每於宴坐嗤鄙其文。洽銜之。孝綽爲廷尉。正携妾入官府。其母猶停私宅。洽爲御史中丞劾奏之。坐免官。高祖爲藉用詩奉詔作者數十人。孝綽尤工。即日敕起爲諮議。後遷黃門侍郎。坐受賕爲餉者。所訟左遷。孝綽少有盛名。而使氣負才。多所淩忽。有不

合意。極言詆訾。領軍臧盾。太府卿沈僧果等並被時遇。孝綽尤輕之。每於朝集會同處。公卿間無所與語。反呼騶卒訪道塗間。事由此多忤。

又許敬宗章。四庫本內容與明刊本不同。與卷二百四十九卷本傳亦異（一〇四五—十一上）。明刊本如下

許敬宗

許敬宗新城人。武德初太宗聞其名。召補學士。文德皇后喪。百官衰絰。率更令歐陽詢狀貌醜異。衆共指

之。敬宗見而大笑。爲御史所劾。左授洪州司馬。累遷給事中兼脩國史禮部尙書。嫁女於蠻酋馮盎之子。多納金寶。爲有司所劾。左授鄭州刺史。永徽間復拜禮部尙書。帝將立昭儀。大臣切諫。敬宗陰揣帝私。即妄言曰。田舍子賸穫十斛麥。尙欲更故婦。天子富有四海。立一后謂之何哉。帝意遂定。第舍華僭至造連樓。使諸妓走其上。縱酒奏樂自娛。及卒博士袁思古議曰。敬宗位以才昇。歷居清級。然棄長子於荒徼。嫁少女於夷落。聞詩學禮。事絕於趨庭。納采問名。惟聞於黷貨。請謚爲繆。

盈川令章。四庫本內文與明刊本不同（一〇四五—十一下）

明刊本其文如下

楊炯。華陰人。幼聰敏博學。以神童舉。與王勃。盧照鄰。駱賓王齊名。嘗謂人曰。吾愧在盧前。耻居王後。當時以爲然。拜校書郎。爲崇文館學士。則天初

坐事。左轉梓州司法參軍。秩滿授盈川令。炯爲政殘酷。人吏動不如意輒榜殺之。又所居府舍多進士。亭臺皆書牓額爲之美名。大爲遠近所笑。

崔湜章。四庫本與明刊本異（一〇四五—十一下）。

明刊本其文如下

崔湜。仁師之子。弟澄液。兄蒞。並有文翰。列居清要。每私宴。自比王謝之家。謂人曰。吾門戶及出身。歷官未嘗不爲第一。大丈夫當先據要路以制人。豈

能默默受制於人。湜執政時年三十六。嘗暮出端門下天津。馬上賦詩曰。春還上林苑。花滿洛陽城。張說見之嘆曰。文與位固可致。其年不可及也。後附韋后。比相又附太平公主。門下客獻海鷗賦以諷。湜稱善而不悛。蕭至忠誅。流嶺外賜死。

杜審言章。四庫本與明刊本內文不同（一〇四五—十一下）。明刊本其文如下

杜審言襄陽人。擢進士爲隰城尉。恃才高。以傲世見

疾。蘇味道爲天官侍郎。審言集判出爲人曰。味道必死。人驚問故。答曰。彼見吾判必羞死。又嘗語人曰。吾文章當得屈宋作衙官。吾筆當得王羲之北面。其矜誕類此。後病甚。宋之問等候之。答曰。甚爲造化。小兒相苦尚何言。然吾在久壓。公等今且死固大慰。但恨不見替人云

杜甫章。四庫本與明刊本內文不同（一〇四五—十二上）。明刊本其文如下

杜甫審言之孫。少貧不自振。客吳越齊趙間。舉進士不第。天寶間奏賦三篇。帝奇之。使待制集賢院。數上賦頌。因寓自稱道。且言先臣恕預以來。承儒守官十一世。迨審言以文章顯。臣賴緒業。自七歲屬辭且四十年。然衣不蓋體。常寄食於人。竊恐轉死溝壑。伏惟天子哀憐之。若令執先世故事。則臣之述作。雖不足鼓吹六經。至沈鬱頓挫。隨時敏給。楊雄枚皋可企及也。有臣如此。陛下其忍棄之。祿山亂。天子入

蜀。甫避走三川。會嚴武節度劍南。往依焉。武以世舊待甫甚善。親至其家。甫見之。或時不巾而性褊躁傲誕。嘗醉登武牀。瞪視曰。嚴挺之乃有此兒。武亦暴猛。外若不爲忤。中銜之。好論天下大事。高而不切。然數嘗寇亂。挺節無所污。爲詩歌情不忘君。人憐其忠云。

陳通方章。四庫本與明刊本內文不同（一〇四五—十二下）。明刊本其文如下

陳通方登正元進士第。與王播同年。播年五十六。通方甚少。因期集撫播背曰。王老奉贈一第。言其日暮途窮。及第同贈官也。播恨之。後通方丁家難。辛苦萬狀。播捷三科爲正郎判鹽鐵。方窮悴。求助不甚給之。時李虛中爲副使。通方以詩爲汲引云。應念路傍憔悴翼。昔年喬木幸同遷。播不得已薦爲江南院官。

李賀章。四庫本內文與明刊本不同（一〇四五—十二下）。明刊本其文如下

李賀。唐諸王孫也。年七歲。元和中以歌詩著名。韓退之皇甫湜覽賀所作奇之。相謂曰。若是古人。吾曹有不知者。若是今人。豈有不知之理。因連騎造門。請見賀。總角荷衣而出。二公面試一篇。賀承命欣然。操觚染翰。傍若無人。題曰。高軒過。二公大驚。以所乘馬聯鑣而還。元稹以明經中第。願與賀交。賀見刺曰。明經及第。何事來見李賀。稹慚而退。未幾制策登科。爲禮部郎官。乃議賀父名晉。不合舉進士。時輩從而排之。賀竟不第。

按唐李公藩嘗綴賀歌詩爲之敘未成。知賀有外兄。與賀有筆硏舊。召見託以搜采放失。其人諾且請曰。某盡記賀篇詠。然刪改處多。願得公所輯視之。當爲是正。公喜幷付之。彌年絕蹟。復召詰之。乃云某與賀中表。自幼同處。恨其倨忽。常思報之。今幸得公所藏幷舊有者。悉投匽中矣。公大恚叱出之。

又李群玉章。四庫本與明刊本內文不同（一〇四五—

十三下）。明刊本作

李群玉澧州人。好吹笙。常使家僮吹之。性喜食鵝。及授校書郎。即歸故里。盧肇送詩云。妙吹應諧鳳。工書定得鵝。題黃陵廟詩有曰。黃陵廟前春已空。子規啼血淚春風。不知精爽落何處。疑是行雲秋色中。群玉自以爲春空便到秋色。踟躕欲改。恍若有物。告以二年之兆。至潯陽具述其事於段成式。群玉亡後。成式哭之。詩曰。酒裡詩中三十年。縱橫唐突世喧喧

。明時不作禰衡死。傲盡公卿歸九泉。

又溫庭筠章。四庫本內文與明刊本不同（一○四五—十四上）。明刊本其文如下

溫庭筠。太原人。大中初應進士。苦心研席。長於詩賦。然士行塵雜。不脩邊幅。能逐絃吹之音。爲測艷之詞。公卿家無賴子弟裴諴。令狐縞之徒。相與蒱飲。酣醉終日。由是累年不第。徐商鎭襄陽往依之。署爲巡官。咸通中失意歸江東。路由廣陵。心怨令狐綯

在位時不爲成名。既至。與新進少年狂遊俠愈。久不刺謁。又乞索於揚子院。醉而犯夜。爲虞侯所繫。敗面折齒。方還揚州。訴之令狐綯捕虞侯治之。極言庭筠狹邪醜迹。自是污行聞於京師。

薛能章。四庫本內文與明刊本不同（一○四五—十六下）。明刊本其文如下

薛能。會昌間進士。自負過高。從事西川日。每短諸葛功業。爲詩曰。陣圖誰許可。廟貌我揶揄。又云。焚卻蜀書宜不讀。武侯無可律吾身。譏李白曰。我生若在開元日。爭遣名爲李翰林。又曰。李白終無取。陶潛固不刊。自題其集云。詩源何代失澄清。處處狂波污後生。常感道孤吟有淚。卻緣風壞語無情。難甘惡少欺韓信。枉被諸侯殺禰衡。縱到緱山也無益四方聯絡盡蛙聲。放誕如此。後軍亂被害。

卷二七六

索充宋桶章。四庫本「虜下男字也。君妻當生男。已

後果驗」句中有缺文（一○四五—八三下）。明刊本作「虜去上半。下男字也。夷虜陰類。妻當生男也。已後果驗」。

卷三二二

呂順與庾崇之間四庫本缺桓恭章（一○四五—三四九上）。明刊本作

桓恭爲桓民參軍。在丹陽。所住廨床前有一埳穴。詳見古冢。視之果有壞棺。恭每食常先以飯投穴中。如

此經年。忽見一人在床前云。吾沒已來七百餘年。嗣息絕滅。承嘗莫及。嘗食見餐。感君之德。報君以寧州刺史也。未幾果達。

卷三四〇

李章武章。四庫本「我本寒微。曾辱君子厚顧。心常感念。久已成疾。自料不治。曩所託萬一。至此願申。九泉啣恨」句後有缺文（一〇四五—四五四下）。今據明刊補之如後

千古睽離之嘆。仍乞留止。此冀神會於髣髴之中。章武乃求鄰婦爲開門。命從者市薪芻食物。方將具絪席。忽有一婦人持帚出房掃地。鄰婦亦不之識。章武因訪所從者。云是舍中人。又逼而詰之。即徐曰。王家亡婦感郎恩情深。將見會。恐生怪怖。故使相聞。章武許諾云。章武所由來者正爲此也。雖顯晦殊途。人皆忌憚。而思念情至。實所不疑。言畢。執帚人欣然而去。逡巡映門。即不復見。乃見飲饌。呼祭自食。

飲畢安寢。至二更許。燈在床之東南。忽爾稍暗。如此再三。章武心知有變。因命移燭背墻。置室東西隅。旋聞室北角悉窣有聲。如有人形。冉冉而至。五六步即可辨其狀。視衣服乃主人子婦也。與昔見不異。但舉止浮急。音調輕清耳。章武下床。迎擁攜手。款若平生之歡。自云在冥錄以來。都忘親戚。但思君子之心如平昔耳。章武倍與狎暱。亦無他異。但數請令人視明星。若出當須還。不可久住。每交歡之暇。即懇託在鄰婦楊氏云。非此人誰達幽恨。至五更有人告可還。子婦泣。下床與章武連臂出門。仰望天漢。遂嗚咽悲怨。卻入室。自於裙帶上解錦囊。囊中取一物以贈之。其色紺碧。質又堅密。似玉而冷。狀如小葉。章武不之識也。子婦曰。此所謂靺鞨寶。出崑崙玄圃中。彼亦不可得。妾近西岳。與玉京夫人戲。見此物在衆寶璫上。愛而訪之。夫人遂假以相授。云洞天群僊。每得此一寶。皆爲光榮。以郎奉玄道有精識。

故以投獻。常願寶之。此非人間之有。遂贈詩曰。河
漢已傾斜。神魂欲超越。願郎更迴抱。終天從此訣。
章武取白玉寶簪一以酬之幷答。

卷三九〇

武瑜章。四庫本「盜當發狂。相次皆卒」句中有缺文（一〇四五—七五五下）。明刊本作「盜當發狂。勿加擒捕。即命修之。群盜三十餘人同時發狂。相次皆卒」。

卷四二二

四庫本盧元裕章後缺盧翰。李修。韋宥三章（一〇四六—一六五下）。今據明刊本補之如後

盧翰

唐安太守盧元裕子翰。言太守少時嘗結友讀書終南山。日晚溪行崖中。得一圓石。瑩白如鑑。方執翫。忽次墮地而折。中有白魚。約長寸餘。隨石宛轉。落澗中漸盈尺。俄長丈餘。鼓鬐掉尾。雲雷暴興。風雨大至。出紀聞

李修

唐浙西觀察使李修。元和七年爲絳郡守。是歲其屬縣龍門有龍見。時觀者千數。郡以狀聞于太府。時相國河東府張弘靖爲河中節度使。相國之子故舒州刺史以宗嘗爲文以讚其事。出宣室志

韋宥

唐元和故都尉韋宥出牧溫州。忽忽不樂。江波修永。

舟船燠熱。一日晚涼。乃跨馬登岸。依舟而行。忽淺沙亂流。蘆葦青翠。因縱轡飲馬。而蘆枝有拂鞍者。宥因閑援熟視。忽見新絲箏絃周纏蘆心。宥即收蘆伸絃。其長倍尋。試縱之。應乎復結。宥奇駭。因寘於懷。行次江館。其家室皆已維舟入亭矣。宥故駙馬也。家有妓。即付箏妓曰。我於蘆心得之。頗甚新緊。然沙洲江徼。是物何自而來。吾甚異之。試施於器。以聽其音。妓將安之。更無少異。唯短三二寸耳。方

饌。妓即置之。隨置復結。食罷視之。則已蜿蜒搖動。妓驚告。衆競來觀之。而雙眸瞭然矣。宥駭曰。得非龍乎。命衣冠焚香致敬。盛諸盂水之內。投之于江。纔及中流。風浪皆作。蒸雲走雷。咫尺昏晦。俄有白龍百尺。孥攫昇天。衆咸觀之。良久乃滅。出集異記

卷四七五

淳于棼章四庫本「田子華數言笑以解之。向者群女姑姊亦紛然在側」句中有缺文（一〇四六—四八四上）明刊本作「田子華數言笑以解之。向者群女姑娣各乘鳳翼輦。亦往來其間。至一門號修儀宮。群仙姑姊亦紛然在側」。

卷四九二

靈應傳。四庫本「邊徼事繁。烟塵在望。朝廷以西陲陷敵。蕪沒者三十餘州」句（一〇四六—五七八下）。明刊本「敵」作「虜」。

卷五〇〇

四庫本卷末袁繼謙章後缺「帝羓」章（一〇四六—六二四下）。今據明刊本作「晉開運末。契丹主耶律德光自汴歸國。殂于趙之欒城。國人破其腹。盡出五臟。納鹽石。許載之以歸。時人謂之帝羓」。

酉陽雜俎二〇卷

唐段成式撰

以明萬曆三十六年李雲鵠刊本校補

卷三

僧一行窮數有異術章

四庫本末句「乃持入道場。一夕而雨」（一〇四七—六六六上）。明刊本此句下尚多一段文字如下「或云。是楊州所進。初範模時。有異人至。請閉戶。入室數日。開戶模成。其人已失。有圖幷傳于世。此鏡五月五日於揚子江心鑄之。」

卷五

張芬曾爲韋南康親隨行軍章

四庫本末句「彈成天下太平字」（一〇四七—六七二上）。明刊本此句下尚多「字體端嚴。如人模成焉」九字。

四庫本「建中初」與「元和中」兩則之間則（一〇四七—六七二上）。明刊本多一則如下「元和中。江淮術士王瓊嘗在段君秀家。令坐客取一瓦子。畫作龜甲懷之。一食。頃取出。乃一龜。放於庭中。循垣西行。經宿卻成瓦子。又取花含默。封於密器中。一夕開花。」

張魏公在蜀時章

四庫本「良久喝曰。婦女風邪」句（一〇四七—六七二下）。明刊本作「良久。曲終而舞不已。僧喝曰。婦女風邪」。

虞部郎中陸紹章

四庫本「鄰院僧右邀之」句（一〇四七—六七三上）。明刊本作「鄰院亦陸新熟也。遂令左右邀之」。

卷八

許超夢盜羊入獄章之後。四庫本少一則（一〇四七—六九一上）。明刊本其文如下「補闕。楊子孫堇善占夢。一人夢松生戶前。一人夢棗生屋上。堇言松丘壟

間所植。棗字重來。重來呼魄之象。二人俱卒。」

卷十一

四庫本「夫學道之人須鳴天鼓以召衆神也」與「隱訣言太淸外術」兩則之間（一〇四七—七〇六上）。明刊本多七則如下

玉女以黃玉爲誌。大如黍。在鼻上。無此誌者。鬼使也。

入山忌日。大月忌三日。十一日。十五日。十八日。

二十四日。二十六日。三十日。小月忌一日。五日。十三日。十六日。二十六日。二十八日。

凡夢五藏得五穀。肺爲麻。肝爲麥。心爲黍。腎爲菽。脾爲粟。

凡人不可北向理髮。脫衣及唾。大小便。

月朔日忽怒

三月三日不可食百草心。四月四日勿伐樹木。五月五日勿見血。六月六日勿起土。七月七日勿思忖惡事。八月四日勿市履屣。九月九日勿起床席。十月五日勿罰責人。十一月十一日可沐浴。十二月三日可戒齋。如此忌。三官所察。凡存修不可叩頭。叩頭則傾九天。覆泥九天帝號於上境。太乙泣於中田。但心存叩頭而已。

老子拔白日。正月四日。二月八日。三月十二日。四月十六日。五二十日。六月二十四日。七月二十八日。八月十九日。九月十六日。十月十三日。十一月十

日。十二月七日。

卷十二

李白名播海內章

四庫本「及祿山反。製樂府詩」句（一〇四七—七一三上）。明刊本「樂府詩」作「胡無人」。

大曆末禪師玄覽住荊州陟屺寺章

四庫本「大海從魚躍。長空任鳥飛」下少一句（一〇四七—七一四下）。明刊本作「欲知吾道廓。不與物

情違」。

卷十三

顧況喪一子章

四庫本「老人喪其子。日暮泣成血」句（一〇四七—七一六下）。明刊本於此句下尚多「心逐斷猿驚。跡隨飛鳥滅」。

卷十四

太眞科經說有鬼仙章

四庫本末句「神荼鬱壘領萬鬼」（一〇四七—七二三上）。明刊本其下尚有一段如下

「舊儺詞曰。申作食 狒胃食虎。雄伯食魅。騰蘭食祥。攬諸食咎。伯倚食夢。強梁祖名共食磔。死寄生窮。奇騰根共食蠱。王延壽所夢有遊光。羿毅 諸渠印堯 夔瞿 傖獰 將劇 摘脈 堯峴寺。一曰堯峴

吐火羅國縛底野城。古波斯王烏瑟多習之所築也。王初築此城。高二三尺即壞。歎曰。吾應無道。天令築此城不成矣。有小女名舟息。見父憂恚問曰。王有鄰敵乎。王曰。吾是波斯國王。領千餘國。今至吐火羅國中欲築此城。垂功萬代。既不遂心。所以憂耳。女曰。願王無憂。明旦令匠視我所履之跡。築之即立。王異之。至明。女起步西北。自截右手小指。遺血成蹤。匠隨血築之。逐日轉蹤匝。女遂化爲海神。其海神至今猶在堡子下。澄清如鏡。周五百餘步。

卷十六

四庫本「北方之先索國」句（一〇四七—七四三上）。明刊本「北方」作「北虜」。

卷十八

又四庫本於「白奈」與「菩提樹」兩則之間（一〇四七—七五四下）。明刊本多一則云「比閭。出白州。其華若羽。伐其木爲車。終日行不敗」

四庫全書補正．子部 / 國立故宮博物院四庫全書補正編輯委員會編輯．-- 初版．-- 臺北市；臺灣商務，民88
面； 公分

ISBN 957-05-1627-5(精裝)

1. 四庫全書 2. 叢書 - 中國 - 清(1644 - 1912)

082.1 88013563

四庫全書補正 子部

定價新臺幣三〇〇〇元

編輯者 國立故宮博物院四庫全書補正編輯委員會
主任委員 秦孝儀
總主編 吳哲夫
執行編輯 王福壽 吳璧雍
出版者
印刷所 臺灣商務印書館股份有限公司
臺北市重慶南路一段三十七號
電話：(〇二)二三一一六一一八
傳眞：(〇二)二三七一〇二七四
郵政劃撥：〇〇〇〇一六五—一號
出版事業登記證：局版北市業字第九九三號

•中華民國八十八年十一月初版第一次印刷

ISBN 957-05-1627-5（精裝） 60853020